Scenic Spots In Yunnan
之旅
YUNNAN
香格里拉探秘之旅
loring the mystery of Shangri-La
一大理一丽江一迪庆
这条线路，可观赏雪山、峡
、湖泊等壮丽的自然风光；
、纳西、彝、藏等多种民族
人独特的民族风情，可了解
老而神奇的东巴文化和世界
丽江古城；还可探索迪庆高
拉世外桃源之奥秘。
喀斯特地质奇观之旅
Touring in areas of Karst landscape
昆明一石林一九乡一阿庐古洞
一罗平一丘北普者黑
这条线路可观赏喀斯
特地貌之山、水、林、洞
等自然奇观，可领略彝、
壮、苗、瑶等民族风情，
还可系统了解云南省的历
史发展状况。
中越之旅
A trip to Vietnam across the border
昆明一弥勒一开远一蒙自一屏边一河口
这条线路可观赏云南著名十八怪之
一：火车不通国内通国外一滇越铁路沿
途的奇山异水，热带雨林；游览小白龙、
大围山等自然保护区景色；体验南溪河
漂流的惊险，享受跨国边境旅游，饱览
异国风光。
川
贵
州
广
西
南
越
老
挝
金
沙
江
绥江
水富
永善
豆沙关风景名胜区
盐津
黄连河风景名胜区
威信
大关
威信风景名胜区
小山峡
彝良
镇雄
昭通市
大龙洞
鲁甸
巧家
以礼河风景名胜区
会泽
宣威市
东山风景名胜区
轿子山风景名胜区
东川区
珠江源风景名胜区
富源
元谋
狮子山风景名胜区
沾益
武定
禄劝
寻甸风景名胜区
寻甸
麒麟区
胜境关风景名胜区
富民
嵩明
马龙
九乡风景名胜区
SCENIC SPOTS OF THE JIUXIANG REGION
禄丰
昆明市
宜良
陆良
彩色沙林风景名胜区
西山森林公园
安宁市
呈贡
师宗
罗平
滇池风景名胜区
SCENIC SPOTS OF THE DIANCHI LAKE REGION
阳宗海景区
石林
澄江
晋宁
石林风景名胜区
SCENIC SPOTS AND HISTORICAL SITES OF THE STONE FOREST REGION
易门
抚仙湖--星云湖风景名胜区
泸西
阿庐古洞风景名胜区
九龙池风景名胜区
红塔区
白龙洞
弥勒
白龙洞风景名胜区
江川
华宁
峨山
锦屏山风景名胜区
普者黑风景名胜区
新平
通海
丘北
广南
燕子洞
浴仙湖风景名胜区
八宝风景名胜区
石屏
建水
开远市
异龙湖风景名胜区
砚山
清华洞
富宁
元江
建水风景名胜区
JIANSHUI REGION OF SCENIC SPOTS AND HISTORICAL SITES
西畴
个旧市
文山
红河
蒙自
龙老宫洞风景名胜区
观音山风景名胜区
蔓耗风景名胜区
老君山风景名胜区
柳井风景区
老山风景名胜区
元阳
麻栗坡
屏边
马关
小白龙
老君山自然保护区
绿春
大围山风景名胜区
金平
南溪河
河口
江城
云南省测绘局
第一测绘大队编制
审图号：云S(2000)019号
（注：行政区域界线不作划界依据）
U0920585

云南经济年鉴

YUNNAN JINGJI NIANJIAN

2000

云南省人民政府经济技术研究中心
云 南 省 人 民 政 府 研 究 室
云 南 经 济 年 鉴 编 辑 部

编 辑 说 明

一、2000年编辑、出版的《云南经济年鉴》，是自1999年创刊以来的第9卷。其指导思想是：在中共云南省委、省人民政府的领导下，坚决执行党和国家的路线方针和政策，准确而及时地向国内外传播云南省的经济信息和有关情况，为各级领导、各行各业和国内外各界友好人士提供咨询服务，为在西部大开发中，把云南建成绿色经济强省、民族文化大省和中国连接东南亚、南亚的国际大通道而努力，为建设有中国特色的社会主义作出应有的贡献。

二、本卷经济年鉴，按照总体设计方案进行编纂，内容丰富、翔实、准确，具有政府经济公报的权威性、信息性、资料性和存史价值。因此，本卷经济年鉴，可作为各级领导、各有关部门和单位在进行工作决策和制定工作方案中作为重要参考的依据；并可供国内外各界友好人士，进一步认识云南、了解云南经济社会发展情况，在与云南进行经济技术合作交流中作为重要参考资料。

三、本卷经济年鉴的总体设计方案和框架结构，是借鉴《中国经济年鉴》编纂方案，并结合云南实际而制定的。内容主要是：汇集由党、政各有关权威部门领导和单位提供1999年度云南经济各个方面的情况，同时将2000年一季度的重要文献和报告列为"特载"公布。全书共设置9个篇章，省行政区划列为"附录"，插有云南省最新的交通图、旅游图和若干彩图，并首次改为大16K标准版面。因此，本卷经济年鉴基本做到了时效性强，装璜美观、大方。案头置上一卷，信息丰富，年复一年传给后人，将成为千金难买的重要宝书、史料。

四、本卷经济年鉴的问世，是集体劳动的结晶。首先，到了省委、省政府和有关部门领导的大力支持与帮助；同时，也得到了各地、州、市和各县区、市领导以及有关部门的大力支持与协助，选派了140多位国家机关工作人员参与组稿、撰写、编稿和审稿等工作。并得到了许多企事单位和有关部门，以及出版、印制、发行等单位的热情协助。在此，谨对大家付出的辛勤劳动表示衷心的感谢！

五、本卷经济年鉴，由于首次改为大16K标准版面，工作量增大，组稿和编校审稿工作涉及面广，内容和装帧质量要求高，出版周期加快，加上我们工作人员的水平有限，难免在工作中出现不足之处和一些差错。为此，敬请各位领导和广大读者提出批评意见和宝贵建议。我们一定针对存在问题，在今后工作中采取措施改进和完善，把《云南经济年鉴》越办越好。

《云南经济年鉴》编辑委员会

组　成　人　员

顾　　　问：李嘉廷

主任委员：邹纲仁

副　主　任：车志敏　庞锡钧　李现武　赵　钰

委　　　员：赵钟岳　何远灿　贺全礼　祝培礼　何　宣
张淑静　夏代忠　李崇仁　周乃国　杨俊东

主　　　编：车志敏　张淑静　祝培礼

副　主　编：何　宣　周乃国　李崇仁

编　　　辑：王建中　刀　玲　车光杰　张重慰　葛　君
杨　丽

美工插图：筱　青　葛　君　麦出海　李亚平　何昆生
刘坚杰　可顺祥

编务、校对：何应罴　刘玉清　张耀昆　李琼芳　李　斌

英语目录翻译：杨　烨

《云南经济年鉴》编撰人员

（按篇目顺序排列）

王建中	金振东	陈晓光	杨安立	戴启文	杨　明	周永碧
何丛蓉	侯　斌	王世能	杨家全	王鸿智	李苦峰	王信用
沈正操	和开道	马全林	张洪德	马舜祖	李尚君	黎小浪
尹立新	魏兰荣	唐安娜	黄　媛	杨腾辉	王　靓	杨如孟
董晓明	沈　宾	张品金	吴自民	张　建	丁　俊	朱学武
陈思信	董福敏	杨运生	曹智华	武　炜	徐宗碧	王保明
董进云	周玉康	宜晓昆	杨正良	王志强	赵建军	潘卫红
杨焕臣	孙　寿	陈保邦	秦　勰	黄志宏	陈志栓	刘　畅
王白水	刘成奇	冯雁云	冷少萍	酒卫红	冯　林	王露霞
王冠新	杨家勇	舒　征	潘世豪	张宝安	李光龙	曹　宏
方　雄	罗　杨	徐天才	杨志宏	王耀希	张继红	郎畴生
王光明	吴仁宇	黄在楷	卢红军	赵丕德	沈璐娟	陈　波
杨永坤	李亚平	李　雁	何友良	赵一丹	熊国璋	施双林
杨育德	吴志湘	陶焰真	和光益	周韶昌	徐鹏声	刘晓艳
姚　斌	马洪纯	赵建雄	李万翔	张琼芬	刘　鹏	程　燕
柳　彬	岩　绍	杨吉堂	杨德坤	朵明先	李　平	杨本强
何兴庚	周家骅	段忠喜	喻　飞	罗桂年	李崇仁	李春龙
耿　霁	金丽霞	黎　晶				

目　　录

·特　载·

第一篇　重要经济文献

第二篇　重要经济法规

第三篇　国民经济发展述评

第四篇　地州市经济发展概况

第五篇　城市经济发展概况

第六篇　经济研究概况

第七篇　云南经济大事记

第八篇　云南国民经济统计资料

第九篇 云南部分行政企事业单位概况

·补白·

彩色目录

Main Contents

Special Editting

Chapter 1 Major Economic Documents

Chapter 2 Major Economic laws and Regulations

Chapter 3 Commentary of Yunnan National Economic Development

Chapter 4 Economic Development in Prefectures and Districts of Yunnan

Chapter 5 Commentary of Cities' Economic Development in Yunnan

Chapter 6 A Brief Economic Researcl

Chapter 7 Majar Events

Chapter 8 Statistics of Yunnan National Economic

1999年5月1日中国·昆明世界园艺博览园开园式之前，中共中央总书记、国家主席江泽民(中)，高兴地邀请中共云南省委书记令狐安(右)、云南省省长李嘉廷(左)在世博园大花钟前留影。

中国昆明国际旅游节 2000.4.10

云南各族人民团结起来

努力把云南省建设成——

绿色经济强省

民族文化大省

中国连接东南亚、南亚的国际大通道

具备国际竞争实力的——

玉溪红塔烟草(集团)有限

玉溪红塔集团董事长、总裁　字国瑞

玉溪红塔烟草(集团)有限责任公司 于1995年由玉溪卷烟厂改制而成，是一个以烟草加工为主，多元化经营的大集团公司。集团的卷烟生产全部实现高效、连续和自动化。管理实现电脑网络化。主要产品"红塔山"荣获国优金奖。据北京名牌资产评估事务所发布的'99品牌研究报告，"红塔山"品牌价值423亿元，连续5年居中国第一品牌冠位。1999年先后推出"红塔山"(12mg金装2000)、"玉溪"(11mg金装)、"恭贺新禧"(硬盒)、"红梅"(硬盒)等新产品投放市场，收到良好的市场效应。全年生产卷烟195.6万箱，实现工商税利171亿元。仍然保持多年来行业内产量第一、销量第一、效益第一的榜首地位。跨行业多种经营成效显著，到1999年底累计投资突破100亿元，投资项目63个，已投产41个。全年实现产值36.62亿元，销售收入36.79亿元，收到了良好的经济效益和社会效益。

企业地址：云南省玉溪市高新技术开发区
邮　编：653100
电　话：(0877)2968165
传　真：(0877)2968562
网　址：www. Hong　ta. com

责任公司

中央政治局常委、全国政协主席李瑞环视察集团香烟生产线

集团职工业余合唱团

红塔(集团)全貌

企业的电脑网络[illegible]

玉溪红塔集团现代化高速卷烟机组

玉溪红塔集团现代化卷包生产线

政府发布公告 吸烟有害健康

绿色环境的曲靖卷烟厂生产车间

曲靖烟草企业

党委书记、经理、厂长：魏　剑

曲烟企业是一个从烤烟种植到卷烟生产，集农、工、贸、产、供、销为一体的现代化大型企业。多年来，企业坚持走科技兴烟的道路，在烤烟生产中探索出“三田、三化、两膜一袋双配套”的模式。烟叶质量达到国内先进水平,部分县市（区）的烟叶达到或接近国际水平，成为全国、全亚洲最大的优质烤烟基地。曲靖卷烟厂充分发挥得天独厚的烟叶原料优势，以市场为导向，以科技质量求发展。经“八五”、“九五”技术改造，具备了国际先进水平的打叶复烤、制丝、卷包设备，形成年产100万箱优质卷烟的生产规模。主要生产“福”牌、“石林”、“吉庆”等优质系列产品，积极参与市场竞争，走规模化、集约化生产经营道路，企业的经济效益年年上升，两个文明同步发展。

1995年，曲烟加盟云南红塔集团，并获“中国明星企业”称号。1998年，顺利通过ISO9002质量体系认证,获得了走向全球、与国际质量体系接轨的“通行证”。1999年,曲烟收购烤烟307.87万担，完成收购总值14.6亿元；生产卷烟82.504万箱,实现税利25.19亿元。经济效益居全国烟草行业前列。

如今，在日益激烈的市场竞争中,曲烟沐浴着新世纪的阳光，禀承“竞争不息，追求不止”的企业精神，牢记“造福民众,贡献社会”的企业宗旨，经过大刀阔斧的机构、干部制度、用工制度、分配制度等方面的改革，正以崭新的面貌创造辉煌的未来。

厂址：云南省曲靖市麒麟北路
电话：(0874)3511001
邮编：655001
电挂：3628
传真：(0874)3511040

成熟采摘　享誉全国的优质烟叶　薄膜覆盖烟地

省委书记令狐安(右 2)视察曲靖卷烟厂

1998年4月，曲靖卷烟厂通过ISO9002质量体系认证

引进意大利12000公斤/小时打叶复烤生产线

制丝生产线一角

曲烟科技大楼

大棚育苗

政府发布公告 吸烟有害健康

李嘉廷省长视察云南省电力调度所

国家电力公司到省调电力通信中心
检查安全文明生产达标工作

云南省电力寻呼台

云南省电力

云南省电力调度所成立于50年代，是云南省电力集团有限责任公司的直属单位，代表省电力公司在电网调度运行工作中行使调度指挥权，对全网各发供电单位进行组织、指挥、指导和协调，保障电网的安全、稳定和经济运行，并对云南电网的调度运行、继电保护、电力专网通信、电网调度自动化等专业进行技术管理，促进各专业技术进步。

云南省电力调度所紧紧抓住云南电力工业改革开放的历史机遇，依靠科技进步，不断采用国内先进技术、设备，注重技术、人才培养，强化基础管理，经过40多年的艰苦创业，发展成为电力调度、通信、自动化、继电保护等专业齐全、设备装备优良、技术力量较强的大一型企业，在国内同行业中具备了一定的技术、人才、设备优势。微波和光纤通信、自动发电控制(AGC)、鲁布革至省调的计算机通信系统、漫昆安全稳定综合控制系统等方面处于国内先进水平，为保障电网的安全稳定经济运行建立了重要的技术手段。我所内设调度、 运行方式、继电保护、自动化、通信五个主要专业科室，所办、生计科、

云南电力调度中心

局调度所

财供科、人劳科、党办、工会等6个管理科室。

截至1999年年末,在职职工人数达183人,技术力量雄厚，共有电网调度、运行方式与计算、继电保护、安全自动装置、计算机、电网调度自动化、远动、电力载波、微波、光纤、有线、无线、程控交换机、卫星通信、电力寻呼等各类专业技术人员129人,占全所职工人数的70.5%,是云南电力系统人才密集、技术密集、设备密集型的企业之一。

截至1999年年末，我所直接调度的装机容量已经达到488.3万千瓦，其中水电站13座，共计装机容量278.3万千瓦，火电站6座，共计装机容量210万千瓦，220千伏变电站29座，共计变电容量657.2万千伏安。根据《电网调度管理条例》和《电力法》，电网实行“统一调度、分级管理”的原则，现在云南电网形成了二级调度体制，我所是云南省的最高一级调度机构，下设10个地区调度机构。随着云南省电力工业的发展,云南省电网的扩张和延伸,我所的调度管辖范围还将继续扩大，为云南省的经济建设与发展作出更大的贡献。

国家电力公司总经理高严视察云南省电力调度所

国家电力调度通信中心副总经理陆延昌
视察云南省电力调度所

云南省电力调度所自动化机房

云南省以礼河发电厂

以礼河发电厂 是我国“一五”计划期间兴建的全国五大水电站之一，也是我国第一座高水头，跨流域、梯级开发的引水式电站。整个工程分四级开发，1953年开始踏勘，1956年开工至1972年10月，四个梯级电站全部竣工，总装机容量32.15万千瓦，设计年发电量16亿千瓦时(实际多年平均发电量12.6亿千瓦时)。上游的毛家村水库为全国大型水工建筑物，是全国第一大土坝(坝高82.5米)，总库容5.53亿立方米。

以礼河发电厂(原称201电厂)，成立于1960年6月，现为国家大二型企业，注册资金3.767亿元。以礼河电厂自建成投产以来，长期担负着云南省电力系统主力发电和调峰任务，进入八十年代中期，鲁布格、漫湾电厂建成发电，以礼河电厂逐渐转变为汛期蓄水为主，枯期发电为主的调频、调峰、调相和事故备用的电厂。

以礼河发电厂1984年9月通过省电力局企业整顿验收合格。1985年6月被中共云南省委、省政府授予“文明工厂”(后改为“文明单位”)称号，是云南电力系统第一家跨入省局级文明单位行列的企业，1995年5月安全文明生产达局标、1996年成为原电力工业部安全文明达标企业。1993年10月进行首轮“劳动、人事、工资”制度配套改革以来，至1999年11月有在职职工1179人、离退休职工841人。

以礼河实业有限公司开展多种经营，下设机电、机化、疏浚、运输、建安、物资等分公司和以礼河纯净水厂，机电公司可对外进行机电设备、发电机、变压器的检修；机化公司对外承包土石方工程施工;疏竣公司可进行机械清淤、河道疏竣工程；运输公司对外开展客运货运业务；建安公司可承担房屋建筑土建工程；物资公司经营机电、建材、日用百货；以礼河纯净水从今年5月投产以来，除电厂内部销售外，市场销量也较好，以礼河纯净水商标已经过云南省有关部门的注册，目前小瓶以礼河纯净水已投放省内市场。

(勒环境撰稿)

二级电站水库清淤

亚洲最大的土坝——以礼河电厂毛家村水库大坝

(摄影: 谢振辉　黄敏榕)

一丝不苟调试设备

精心检修

以礼河纯净水瓶装生产线

宏伟壮观的三级电站主厂房

丰富多彩的职工文化生活

云 南 省 电

云南省电力设计院 创建于1958年，是云南省从事电力工程勘察设计的专业设计院，持有国家颁发的电力工程勘察设计、电力工程监理、电力工程总承包的甲级证书和环境影响评价乙级证书。主要服务范围包括：电力系统规划；大、中、小型火力发电；高压、超高压输变电；电力调度及通讯；工业与民用建筑；岩土工程；计算机网络等工程项目的勘察、设计、咨询、监理、总承包和环境影响评价等。

该院专业人才齐全，技术力量雄厚，装备水平精良，实践经验丰富。拥有当代勘察设计单位先进的技术装备，建立了MIS和CAD计算机网络，工程设计全部实现计算机化，生产、经营和管理工作均初步实现了现代化的计算机管理。根据GB/T19001—ISO9001标准建立了完善并能有效运作的质量保证体系，1997年10月通过了中国长城(天津)质量保证中心CNACR(ISO9001)的认证注册，1999年11月档案管理工作晋升国家一级。

该院遵循“严格管理、精心设计、信誉至上、竭诚服务”的质量方针和“信守合同、确保质量、控制造价、优质服务”的质量目标，为云南电力工业的发展做出了重要贡献。四十年来的工程实践，使该院在发、输、变电工程勘察设计，尤其是在山区、高海拔重冰区和复杂地质地貌地区的电力工程勘测设计方面，积累了丰富的经验和业绩，累计有45项获国家、部、省级优秀勘察设计和科技进步成果奖。

该院历来坚持“两手抓，两手都要硬”的方针，建立和培育良好的企业精神和企业文化，使“两个文明”建设得到同步发展，已连续八年保持昆明市“文明单位”称号，连续三年保持省级“文明单位”称号；1994年获云南省勘察设计单位综合实力50强排序第七名，1996年获全国勘察设计单位综合实力100强排序第77名。

云南省电力设计院全体职工将继续发扬“团结、求实、开拓、奉献”的企业精神，充分发挥和利用自己的人才和技术优势，不断拓宽服务领域，继续为云南电力工业的发展作出更大的贡献。

法人代表：吴继志　　联系电话：(0871)3169743

通信地址：昆明市白塔路201号　　传真：(0871)3137381

邮编：650011

由该院承担设计的220kv西湖变电所，为云南省第一座“达标投产”的样板变电所，于1998年建成投产

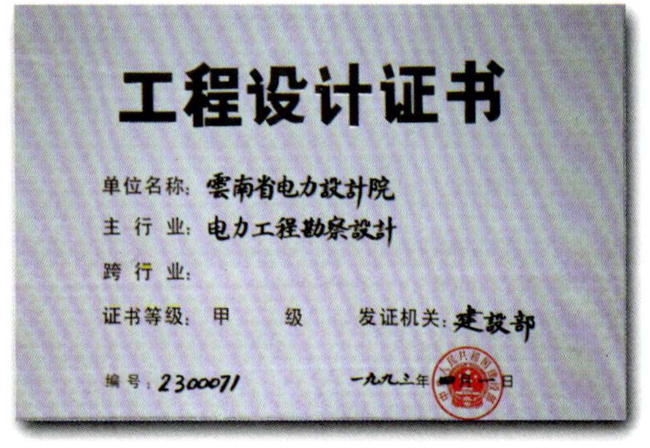

工程设计证书

单位名称：云南省电力设计院

主 行 业：电力工程勘察设计

跨 行 业：

证书等级：甲　级　　发证机关：建设部

编号：2300071

工程设计证书

由该院承担设计的500kv漫湾～昆明两回输电线路，分别于1993年和1995年建成投产，先后荣获国家级优秀设计铜质奖和部级优质工程奖。

编号:0697A152

长城(天津)质量保证中心
质量体系认证证书

兹证明 云南省电力设计院
位于 昆明市白塔路32号 650011
其质量体系符合 GB/T 19001-1994—ISO 9001:1994 标准
该质量体系适用于:工程勘察、设计、咨询和服务
本证书有效期自 1997年10月10日至2000年10月9日

质量体系认证机构(盖章) 代表(签名)

发证日期:1997年10月10日 发证日期:1997年10月10日
换证日期:1998年10月12日 换证日期:1998年10月12日

国际认可论坛多边承认协议(IAF/MLA)集团承认

国家认可注册号: SC 06

1997年10月，通过了中国长城(天津)质量保证中心CNACR(ISO9001)的认证注册。

国家第七届优秀工程设计

铜 奖

全国优秀工程勘察设计评选委员会
一九九六年

工程设计奖状

由该院承担设计的2×200MW阳宗海发电厂，座落于昆明东南宜良县阳宗海湖畔，花园式的电厂已成为阳宗海湖畔一道美丽的景观。

宣威发电厂 位于宣威市城南三公里处，厂区东靠贵昆铁路干线，西临326国道，南濒电厂水库，北接宣威城区，距宣威火车站2.5千米，北盘江上游的盘龙河从厂区西侧流过。宣威发电厂1958年建厂，经四期扩建后装机容量200MW(4×25MW+2×50MW)。建成35千伏、110千伏、220千伏系统联网线和用户直供线15条，以及水库、煤场等附属设施。截至1999年末,累计发电量288.24亿千瓦·时，为云南省工农业生产用电和人民生活用电作出了重要贡献。五期扩建(2×300MW)工程，1997年3月11日工程项目建议书获国务院批准，1999年10月9日可研报告又获国家计委批准。2000年3月31日，按现代企业制度组建宣威发电有限公司。

多年来，全面完成或超额完成省局(集团公司)下达的发电任务和各项经济技术指标，安全生产水平稳步提高，消耗指标逐年下降。安全文明生产成绩显著，1992年安全文明生产达局标，1996年安全文明生产达部标。

荣获省

电厂远景

1999年多种经营完成产值4000万元，比上年增加500万元。该厂有实业公司、八方公司、云达公司和大昌经营部四个具有法人资格的经济实体，面向市场打出当家强项和拳头产品。漂珠砖系列产品获1995年国家科委昆明博览会金奖，该产品还填补了云南省的一项空白。加强对五期扩建工作的领导和内部管理，扩建工作成效显著。2000年底第一台300MW机组将发电。

在治理污染方面，提前两年实现煤灰不下河的环境治理目标。粉煤灰综合利用率达40—60%，高于全国平均利用率，被国家经贸委评为“全国资源综合利用先进企业”。

多年来，该厂坚持“两手抓，两手都要硬”的方针，把精神文明建设放在突出的位置来抓,先后获得了云南省“文明单位”、省局(集团公司)“先进企业”、曲靖市“文明工厂”、宣威市“文明工厂”等上百项荣誉称号。

位称号

厂大门

2台30万千瓦机组扩建工地

老厂生产车间

生产区大门

铁塔产品

质量体系认证证书

云南电力线路器材厂 建于1959年，隶属于云南电力集团有限公司。主要产品有：(1)500kv及以下各电压等级输变电热浸镀锌铁塔、铁附件及变电构架；(2)220kv及以下各电压等级环形钢筋混凝土电杆。年镀锌铁塔加工能力达到18000吨，是云南省惟一获得500kv输变电线路铁塔生产许可证的企业，连年被云南省政府命名为“重合同，守信用”先进企业。先后被国家电力公司、云南电力集团有限公司、云南省政府、昆明市政府命名为“双文明单位”。

云南电力线路器材厂人员配备齐全、合理，技术、设备力量雄厚，拥有先进的意大利角钢数控生产线二条，国产角钢数控生产线一条，数控液压冲孔板材机一套，各类专用设备188台(套)，微型计算机61台，技术生产经营均运用计算机进行管理。并于1997年12月通过了新时代质量体系认证中心ISO9002质量体系认证。厂里以“聚集专业人才，制造优质产品，提供满意服务，树立良好信誉”为质量方针，产品销往全国各地，先后完成了500kv漫—昆Ⅰ回、Ⅱ回，四川自—蓉线、二—自Ⅱ回线、江苏阳—淮线等工程的铁塔加工任务。产品多次获得省优、部优称号，优质的产品和良好的售后服务得到了业主和施工单位的好评。

今年，云南电力线路器材厂承担了国家重点工程—500kv大朝山至昆明输电线路铁塔的加工任务，本着夺金牌、创一流的目标，全厂职工在厂长陆飞龙的带领下，将抓住国家西部大开发的机遇，致力于电力工业的改革与发展，以崭新的面貌迈进新世纪。

法人代表(厂长)：陆飞龙
地址：昆明市新闻路493号
联系电话：(0871)4141724、4141657
邮政编码：650032
E-mail:yndlqa@pub1ic.km.yn.cn

生产车间先进的意大利角钢生产线

试验场和成品库

生产车间

1988年生产的鲁布革电厂220千伏出线特殊铁塔--中国第一斜基塔

水泥杆产品

嵩明县电力公司

书记、经理：周凤照

团结奋进、开拓创新的公司领导班子

嵩明县电力公司　现为昆明供电局代管趸售电县级供电企业，承担着全县六乡三镇32万人口生产生活用电的供电任务，1999年供电量1.051亿KW.h。

九十年代以来,公司通过一系列改革，推进现代化管理，狠抓电网建设：两个110KV电源点先后落户嵩明，35KV、10KV网架焕然一新，自然村通电率达99.8%，10户人家以上的自然村全部实现通电。自1996年初，该公司开始实施农村电网规范化改造，并将改造后的村纳入规范化管理，创建规范化用电村，实现三公开(电量、电价、电费公开)、五统一(统一电价、统一发票、统一抄表、统一核算、统一考核)、四到户(抄表到户、收费到户、开票到户、服务到户)和两监督(群众监督和舆论监督)。规范化用电村线损由以前的40%以上降到18%以下，到户电价由平均1.2元/kw.h降到0.56元/kw.h,至1998年底，全县有153个村纳入规范化管理，受益农户21610户。每年可减轻农民负担349.5万元。嵩明县电力公司因此荣获1996年度国家电力公司授予的电力“三为”服务达标单位称号，其小街镇农电管理站被评为1999年全国“为人民服务，树行业新风”农电示范窗口。

嵩明县经过95—98年的大胆尝试，不仅为县内“两改一同价”工作奠定了基础，而且在全省起到了很好的示范带头作用，引起各级党委政府的重视和关注。1998年7月，昆明市副市长徐之信偕省、市物价局长到嵩明考察农村电价整改及农村电网改造工作，省委、省政府批示，在全省推广嵩明经验。1998年8月31日，全省农村电价整改及农村电网建设(改造)会议召开，牛绍尧副省长率队亲临嵩明作现场交流。1999年1月，国家计委宋密司长到嵩明考察农电工作，对嵩明取得的成绩给予了充分肯定。

荣誉

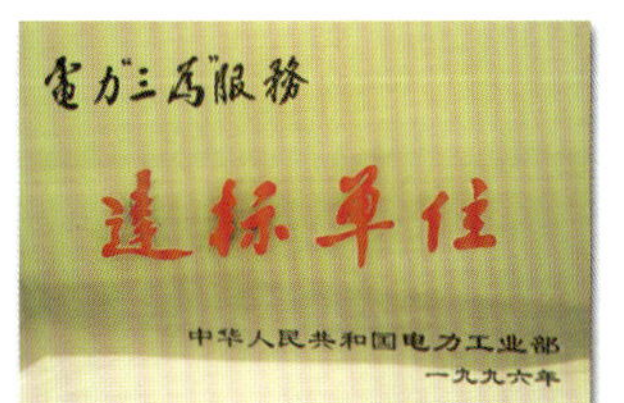

1999年，该县被列为云南省20个“两改一同价”工作试点县之一，公司75.4%的职工抽调参加农网改造工作，1999 年完成农网改造投资 4889.3 万元。到 2000年3月底，“一户一表”改造完成44582户，外加95-98年改造完成的21610户，全县共有66192户实现抄表、收费到户，占全县农户数的90.1%。全县电改结束后，每年可以减轻农民负担 700 余万元。2000年5月底 嵩明县农网改造工作顺利通过省级专家组验收。2000年6月,嵩明县电力公司被国家计委表彰为全国第一批农网改造48个先进集体之一。

公司经理周凤照率全体干部职工向关心、支持嵩明农电工作的各级领导、各界人士表示衷心的感谢。

主控室　变电站值班室

书记、经理：周凤照
副　经　理：俞俊云、霍文先
工会主席：杨弘
电话(传真)：0871-7911082
邮　　编：651700
地　　址：嵩明县嵩阳镇通灵街77号

嵩明縣電力公司

变电站高压设备

嵩明县供电管理局办公大楼

李嘉廷省长视察鲁布革电厂时和领导班子亲切交谈

鲁布革发电厂 建于云、贵两省交界的黄泥河上，总装机容量为60万千瓦。是我国改革开放后第一个引进外资、对外开放、部分工程实行国际招投标的国家重点工程。电厂主要机电设备由德国、挪威等发达国家引进，具有国际八十年代先进水平。

电厂1988年12月首台机组投产发电，1991年4台机组全部建成投产发电。投产10多年来，该厂培育了“科技、高效、文明、进取”的企业精神，先后获得了云南省文明单位、国家电力公司双文明单位、全国质量效益型先进企业、一流水力发电厂等荣誉称号。至2000年5月1日，已累计发电257亿千瓦时，为云南的经济发展作出了应有的贡献。

该厂充分利用自身的地理优势和人才优势大力发展多种产业，目前以形成了以旅游为龙头，集机电安装检修、建筑安装、物业管理、通讯工程等为一体的多种产业格局。上游的小三峡、下游的万峰湖和迷宫式的现代化地下厂房构成了具有鲁布革特色的旅游胜境和科普教育基地。电厂热忱欢迎各界人士光临、旅游观光。

地址：罗平县罗雄镇文笔路131号

电话：(0874)8257328 8257319

传真：(0874)8213993

绿树成荫的鲁布革电厂厂区

现代化的中心控制室

老挝国家文化宫

马尔代夫议会大厦

中国云南国际经济技术合作公司

中国云南国际经济技术合作公司　是云南省人民政府直接领导下的国有大型外经贸企业，1984年6月12日经国务院批准成立，至今已有16年时间。

公司主要业务是：对外承建各类工程，对外派遣各类劳务，开展进出口贸易，在海外举办独资、合资企业，实施我国政府交予的对外经济技术援助项目。

十六年来，在省委、省政府的领导下，认真贯彻执行党中央改革开放的方针政策，以“履约、保质、薄利、重义”为宗旨，按照“勇于开拓、加强合作、注重实效、稳步发展”的经营方针，同亚洲、非洲、欧洲、拉丁美洲、大洋洲四十余国商界，进行效果显著的互利合作，使公司一直保持了持续发展的良好势头。

十六年来，我公司在国外实施了140余个各类项目，均取得了圆满成功，其中：五次获得所在国政府授予的奖状、奖章和勋章。公司本着“质量第一，信誉至上”的原则，严守合同，保质、保量、按期地完成各类工程。由于业绩显著，公司先后被国务院11个部、委、办评为“中国五百家最大服务企业”之一，被云南省劳动竞赛委员会评为全省大型先进企业，还多次受到了云南省人民政府表彰。1999年公司获得北京九千标准质量体系认证中心颁发的质量体系认证证书和带有UKAS皇冠标志的国际标准认证证书。

公司以“产品质量创 100% 合格，售后服务创 100%满意”为质量方针，不断开拓进取，与社会各界携手共创美好的未来！

法人代表：晏连昆
公司地址：昆明市春城路202号
电话：(0871)3545885
传真：(0871)3547663
邮编：650041

越南铝型材厂

巴基斯坦卡拉奇真纳立交桥

云南省畜牧科技信息中心

中心主任：涂 毅

信息大楼

1999年12月9日，云南省机构编制委员会下发了云编办(1999)92号文件，**云南省畜牧科技信息中心**正式成立。

该信息大楼的综合布线，采用美国MOD-TAP公司5类8芯双绞线星形物理结构，通过不同的适配器或网络设备构成不同的逻辑结构。它包括工作区、水平区和管理区三个子系统，共有638个信息点：语章点310个、数据点328个，均可与Internet联网；大楼各个房间和写字间，均可实现上网，并设有每次培训35人的现代化教学培训室。

该中心以加强政府对畜牧业宏观经济调控提供有效的畜牧信息服务，并充分利用中心的网络优势，逐步实现外与国际Internet网、内与农业部畜牧兽医信息网、国内有关信息网，及地县联网。已建立《云南省牧业信息网》，开展畜牧业技术经济预测分析，为促进畜物业和畜牧业经济发展，增加畜产品有效供给和增加农民收入提供有力的支持。充分发挥信息的引导、咨询、监督、服务功能，逐步培育智能化、网络化、实用化、国际化的畜牧信息产业。

《云南省牧业信息网》的主要栏目及内容为：牧业概况、公务指南、政策法规、近期要闻、科技成果、科研动态、科技推广、专家论坛、生产统计、实用技术、工作动态、明星人物、市场信息、疫情公告、在线网刊、企业介绍、BBS站等。

地址：云南省昆明市穿金路156号齐宝酒店19/F
电话：(0871)5611587
传真：(0871)5611592
邮编：650224

西南农业科技

—云南省

党总支书记、校长杨国良

云南省楚雄农业学校 始建于1958年5月，座落在彝州首府鹿城花果山，环境优美且幽雅。校园占地114.4亩，校舍建筑面积2.2万平方米，固定资产1025万元，教职工编制118人，其中高职12人，中职45人，具备28个班的办学条件，现有在校生1074人。

办学40多年来,学校总结了有特色的管理经验。管理上以人为核心，充分发挥党组织特别是全体教职工的积极性,营造宽松、和谐、积极奋进的环境，让每个人的潜力均得到最大限度的发挥。教学工作以育人为核心，遵循“学校一切工作均以学生为本”的宗旨，所开设的六个专业，十余种教学班类均瞄准市场经济建设前沿的人才需求信息，进行教学、科研和改革，实施“田园化教学”，走“产、学、研”道路，坚持“多证制”、“顶岗实习制”等智能素质培养格局，使毕业生就业成功达90%以上。实践是学习的基础,学习是创业和创新的基础，创新是强盛的前提，采取“低重心”管理模式，管教、管导、管心灵。以树立正确的人生观,价值观、世界观,立足人人成“精英”,

校党政领导及学科级干部

学校馆、部、室负责人

人才的摇篮

楚雄农业学校

要求事事成“精品”。楚雄农校毕业生一部分在县处级领导岗位被称为公仆，一部分在科研岗位成果累累，西南边陲农业第一线8000多“楚农”毕业生捷报频传！仅校内就有“中国植病研究会会员”、“中国农学会会员”、“省蚕学会”、“省农学会”、州“生态经济”、“土管”、“种子”、“园艺”等学会会员59人。近年来,被省委、省政府授予“文明单位”称号、被农业部评为“实践教学服务先进单位”、省部级“合格中专”、省级“双拥先进单位”、州级“党建目标管理先进单位”。州内毕业生38人被评为“有突出贡献的优秀科技人才”，19项科研成果获省部级、州级科技进步奖，省劳动厅批准建立第80国家职业技能鉴定所在校内成立。政治强、业务精、作风硬是学校现实精神所体现,团结奉献、求实勤奋、严谨创新是学校管理工作的主要目标。面对新的挑战,我们视之为机遇，坚信云南省楚雄农业学校在祖国大西南这片沃土上将继续显现培养农科人才的独特优势。

果蔬专业教师指导学生

蚕桑专业学生在桑园劳动

学校实验实习基地

南方民

南方民族医药进修学院 是云南省教委审查批准成立的一所纯医学专业民办高等教育机构。1999年6月该院被全国民办高工委评为“全国优秀民办高校。”2000年被云南省教委批准为云南省首家学历文凭考试学院。学院位于昆明市东郊白沙河休闲公园旁，苍松翠绿，树木成荫，是刻苦攻读学问较为理想的地方。学院拥有在校生1400余人，占地面积200亩，自建校舍12000平方米，固定资产1200万元以上。自建教学楼、礼堂、图书馆、解剖室、标本室、中草药民族医药陈列室、民族药园、实验室、附属医院、可容纳250多名学员的阶梯教室。学院学生分别来自全国17个省区148个县区25个民族，任课教师均为教授、副教授、硕士研究生及留学生，是一所起点高、规模大、环境优美、风景秀丽的医学专业进修学院。

六年来，学院认真贯彻党的教育方针，坚持教书育人，弘扬民族文化，以振兴民族医药为办学宗旨。在教学计划中，学员除了完成国家规定的自学高等教育考试科目外，还必须完成中医院校本科生应该完成的专业科目、部分西医的基础理论及临床知识，还要学习民族民间单方、验方、秘方。毕业的学生不仅要掌握中西医理论知识和临床诊断方法，还要学会10门以上的民族医药和相应的治疗方法。因此学院毕业的学生既能适应县级以上医院工作，又能适应乡、村、镇医院的需要；既能诊断治疗常见病、多发病，又能处理治疗部分疑难杂症。学院创办者关祥祖院长从事民族医药研究二十多年来，发表学术论文60余篇，主编学术著作20余部。1994年6月在美国拉斯维加斯城第一届国际民族医药大会上荣获金杯一

省教委领导视察学院

关院长陪同世界卫生组织官员考察民族医药后合影

族医药进修学院

等奖，中央人民广播电台、人民日报、新华通讯社20多家新闻媒体都作过报导。1997年10月，在北京首届国际民族医药大会上，获两项一等奖；1998年5月，在美国旧金山获国际民族医药金像二等奖,并在此会上被评为“国际百名民族医药之星”。1999年5月关祥祖参加国家教育部举办的首届全国民办高校校长学习班，全面系统地了解和学习国际、国内民办高等教育的现状和法规，1999年12月荣获世界传统卫生组织颁发的莫妮卡科学奖。同时，该院被评为全国优秀民办高校。

院长:关祥祖

(1994年-6在美国拉斯维佳城获国际金杯一等奖)

电话：(0871)3857343
3836089
邮编：650216
地址：昆明市东郊白沙河

各族学生在教学大楼前留影

99级新生军训

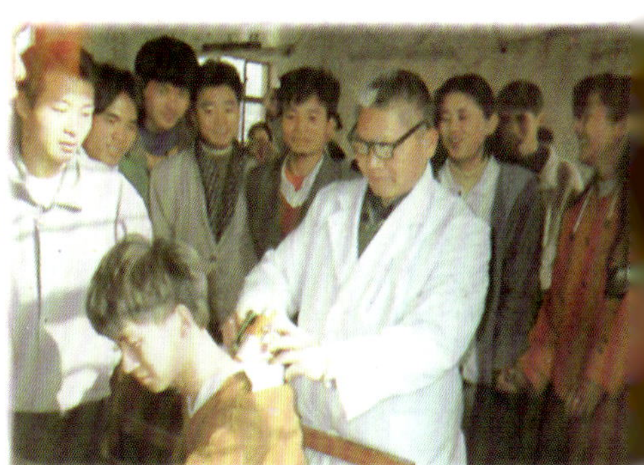

杨顺发教授在作壮医示范教学

楚雄雁塔药业有限责任公司

朝气蓬勃的党委和企业工委领导班子

楚雄雁塔药业有限责任公司 1998年7月14日在原楚雄州制药厂的基础上成立，是楚雄州制药行业的骨干企业。公司地处楚雄市鹿城南路，左依风景秀丽的的灵秀湖，右靠苍劲挺拔的雁塔山，注册商标得名“雁塔”。公司占地3.98万平方米，现有职工270余人，各类专业技术人员占四分之一，固定资产2100万元。公司生产、技术和设备先进，质量管理体系健全，注册品种165个，年生产酊水糖浆200吨，口服液100万盒，胶囊剂3亿粒、颗粒剂400吨，片剂4—6亿片，大蜜丸600万粒及大量药酒。省优产品“强力银翘片”荣获第40届妇女儿童保健品博览会铜奖、全国消费者协会信得过产品金奖；省内独家产品“陈香露白露片”、

州、市政法部门到公司检查创安工作

展销产品

职工庆“五一”联欢晚会

工会开展文体活动

“黄连上清片”、“痢宁片”、“当归养血糖浆”等畅销全国十多个省市和地区，在全国建立了八大销售网点。1997年获得国家外经贸部小额边贸出口权。

1999年在产品更新换代，市场疲软，原料价格上涨、竞争激烈的情况下完成工业总产值1319.4万元，销售收入1222.2万元，实现税利435.3万元,税利等于“八五”期间五年的总和。1999年度，公司分别获得“省节能降耗劳动竞赛先进企业”、“省级质量信得过班组”、“省级优秀QC小组”、“州重合同守信用单位”。董事长、总经理、党委书记李光能被评为全国合同制工作先进个人，受全国总工会的表彰奖励。

董事长兼总经理李光能与深圳宏盛昌药业公司经理黄宏林签订合作项目

1999年公司新开发了“彝止血”、“彝止痛”、“彝心康”、“三阳皮傣”、“果衣咳喘冲剂”、“蜂毒擦剂”、“三珍酒”、“安坤洗剂”、“咳课期酒”等12个新产品。在省内外有较高的声誉，产品远销东南亚国家。生产高质量的产品奉献给消费者，是雁塔人依靠先进的技术实力，建立在科学严谨的管理和全体员工尽职尽责基础上，对广大消费者的庄严承诺，她凝聚着雁塔人——拥有蓝天，共享健康的美好祝愿。

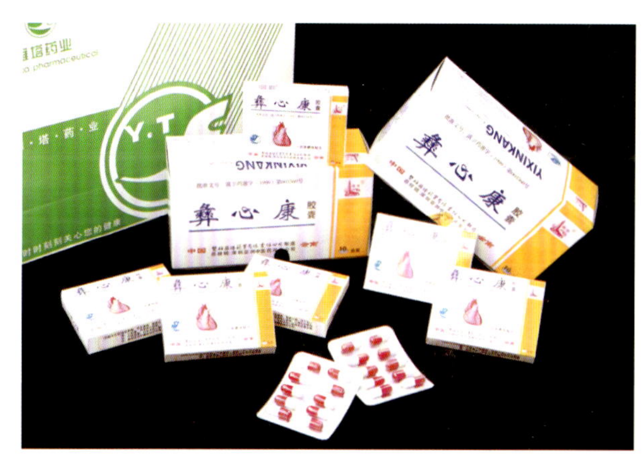

近年新开发销往各地的新产品

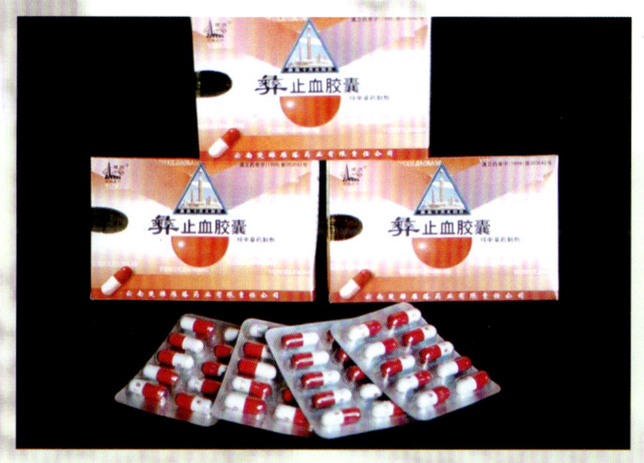

具有彝州特色高效的新药

地税大厦外貌

局长:林树华

团结拼搏勤奋进取的领导班子

宽敞整洁的连然镇纳税厅

安宁市地

成立五年的**安宁市地方税务局**,在五年多的时间里,共组织地方各税收8.8亿元,为安宁市的经济建设和发展交出了一份令政府和人民满意的答卷。基础建设和精神文明建设喜获丰收,整洁的办税环境,周到细致的服务态度随时迎接每一个纳税人的到来。

安宁地税局机关,基层征收机构十二个单位获得安宁市委、市人民政府授予的“文明单位”称号;全局文明单位创建面达到100%。市地税局机关获昆明市文明单位称号和花园式单位称号;连然、昆钢分局获得昆明市团委、昆明市地税局颁发的“青年文明号”称号。在创建全国优秀卫生城市活动中,安宁地税再次被评为“卫生好”单位及安宁市级三星级花园单位称号;机关全部科室和连然分局全部被安宁市精神文明建设委员会评为“文明科室”。

安宁地税在各级领导关怀和支持下,在局领导的正确决策下,层层建立落实目标责任制。分析发掘增收因素,加强重点税源的监控管理,追踪反馈信息,积极主动地掌握税收收入的主动权,为安宁市的经济、城市建设迈上新台阶提供了必不可少的经济保障。

安宁市地方税务局1999年度完成各项税收任务21762万元。比上年增长

方税务局

1.4%，增收307.2万元，完成昆明市地税局下达任务20788万元的104.7%，实现了税收收入连年增长的佳绩。

目前，安宁地税人以饱满的热情、昂扬的斗志,以建设安宁为己任,认真贯彻“加强征管，堵塞漏洞，惩治腐败，清理欠税”的工作方针。扩大计算机管理内容,提高税务人员素质,不断进取，为安宁更加美好的明天再创辉煌。

该局局长林树华，现年44岁，中国社会科学院财贸经济系商业专业硕士研究生毕业。1989年至1997年在税收、财务、物价大检查工作中，成绩显著，被昆明市人民政府税收物价大检查办公室连续8年评为先进个人。林树华多次评为先进共产党员，优秀共产党员，荣获各种获奖证书14本，是安宁市、昆明市两级劳动模范。他率领全局职工每年都超额完成政府下达的税收任务，为安宁市经济腾飞做出贡献。

地址：安宁市中华路地税大厦

电话：(0871)8695246(办)

邮编：650300

手机：13908870910

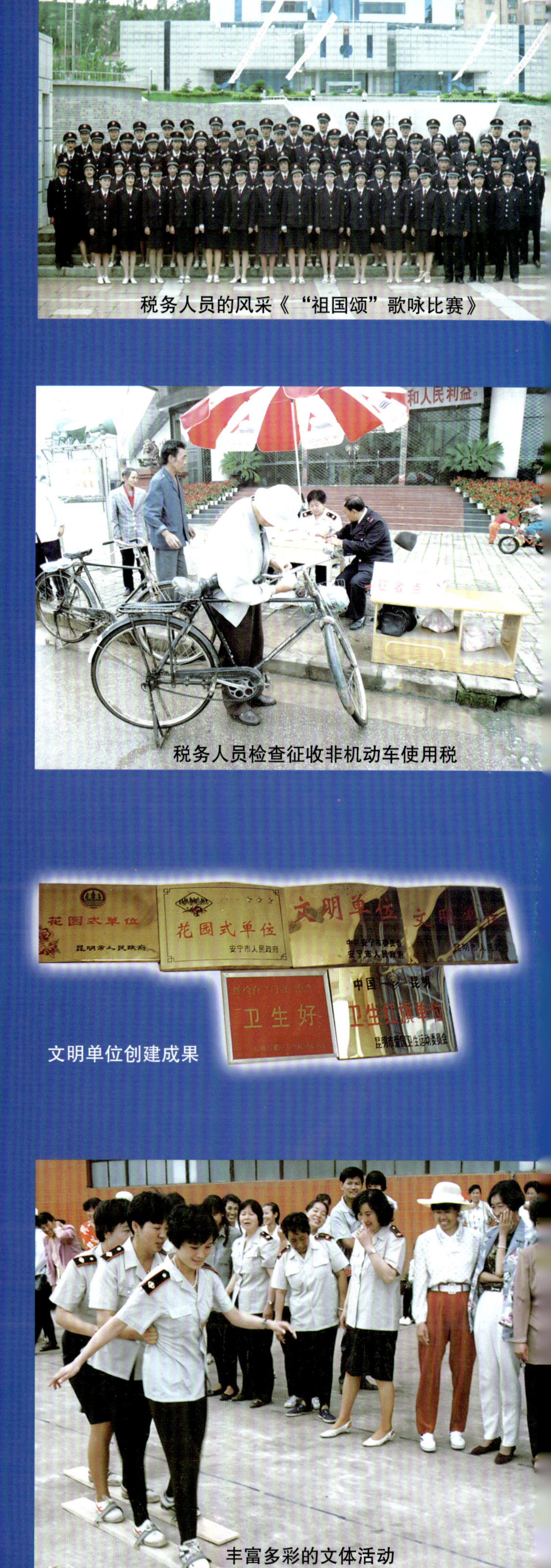

税务人员的风采《“祖国颂”歌咏比赛》

税务人员检查征收非机动车使用税

文明单位创建成果

丰富多彩的文体活动

人生路漫漫　中国人寿长相伴

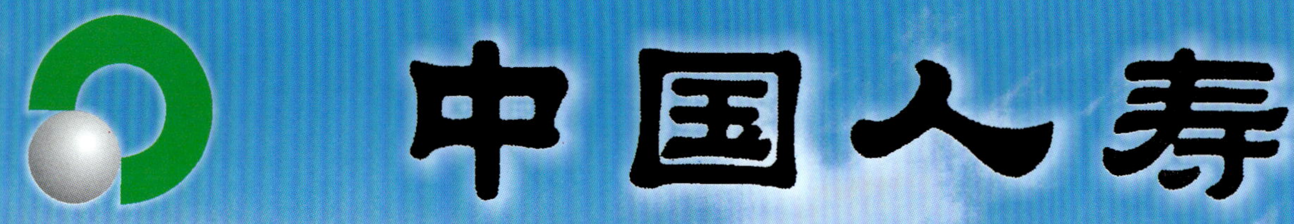

CHINA LIFE

中国人寿保险公司云南省分公司是我省唯一的国有人寿保险公司，截止1999年底拥有133个分支机构，193个代办所，有正式职工1100余人，代办员1000余人，营销员4400余人，资产总额达28.09亿元，机构网点遍及全省城乡，为您提供文明周到的优质人身保险服务。

1999年，中国人寿保险公司云南省分公司共为全省882.6万余人次提供各种人身保险保障，保险金额达2072亿元；共向75万人次给付各种人寿保险给(赔)付金达6.16亿元，在云南省寿险市场上发挥着主渠道作用。

中国人寿保险公司与共和国同龄，历史悠久，实力雄厚，网络齐全，信誉卓著，经营稳健，在全国各地设有分支机构3400多个，代办网点8万多个，随时随地为您保驾护航。公司将借机构体制改革的东风，走现代化企业经营之路，不断提高科学管理水平，坚持“忠诚服务、笃守信誉”的企业宗旨，坚持“四个一流”的具体目标(一流的品牌、一流的服务、一流的管理、一流的队伍)，充分发挥国有专业保险企业的主渠道作用，在新的世纪为把公司建设成规模最大、管理水平最高、效益最好的一流的现代化商业保险企业而奋斗。

经营宗旨： 忠诚服务　笃守信誉　求实创新　稳健经营

社会理念： 促进改革　保障经济　安定社会　造福人民

养老保险： 国寿养老金还本保险、国寿松柏养老金保险、国寿松鹤养老金保险。

医疗保险： 国寿康宁终身保险、国寿附加住院医疗保险、国寿附加住院医疗生活津贴保险、国寿附加意外伤害医疗保险、国寿附加意外伤害生活津贴保险。

少儿保险： 国寿英才少儿保险、国寿学生平安保险、国寿独生子女两全保险、国寿少儿两全保险、国寿子女教育婚嫁备用金保险。

高保障型保险： 国寿祥瑞还本终身保险、国寿祥和定期保险、国寿祥运定期保险。

家庭保险： 国寿家庭幸福保险、国寿全家福保险(A、B型)、国寿辉煌人生保险。

外伤害意保险： 国寿团体人身保险、国寿旅游意外保险、国寿机动车驾乘人员意外伤害保险、国寿意外伤害急救保险、建筑工程团体人身意外伤害保险、国寿人身意外伤害综合保险、国寿安居定期保险。

参加保险小窍门：

一、充分享受上门服务

中国人寿保险公司为您提供上门咨询、上门办理保险、协助保险理赔等，服务到家。您可以接受中国人寿业务员的上门服务，也可以要求中国人寿分支机构派人上门为您提供人身保险服务。

二、明明白白购买保险

在购买保险前应认真听取业务员的详细介绍,仔细阅读保险条款,与业务员充分讨论,消除心中的疑问。特别是应弄明白购买保险后自己所能享受的权利和应尽的义务，做到心中有数，避免因误解条款而产生不必要的纠纷。

三、保险索赔有诀窍

1、出险时应及时通知中国人寿保险公司和为您提供服务的业务员。

2、备齐必要的材料以便办理索赔手续。例如医疗保险索赔需要以下材料：保险单、保险给付申请书、身份证明、医疗费用收据、诊断证明和病历以及必要的事故证明等。您可查询保险条款“保险金的申请”一栏中的详细说明，也可向业务员咨询。

3、达成赔偿协议并办理相关手续后，中国人寿保险公司将在10个工作日内向您支付人身保险金。

中國太平洋保險公司

昆明分公司

党委书记、总经理：吴致钊

中国太平洋保险公司 是全国性公有股份制商业保险公司，总公司设在上海，目前在全国各省、市、区设有80多个分公司，1000多个支公司、办事处，在美国、英国、香港等世界主要金融中心设有分支机构。

1999年太保昆明分公司全体干部职工在分公司党委、总经理室的领导下，落实年初确定的“调整、管理、巩固、发展”的指导思想，取得产险适度增长，寿险有所突破的良好业绩，全年完成保费3.55亿元，处理赔案17655件，支付赔款8551万元，积极履行了保险的经济补偿功能和保障功能。昆明分公司目前在全省的7个支公司、5个办事处、540余个代理网点，将一如既往地竭诚为云南人民提供优质保险服务。

地址：昆明市园通街23号太平洋大厦

电话：5190599

邮编：650031

传真：5136331

迅速查斟，及时赔付。图为吴致钊总经理在受灾现场

公司领导与寿险营销员在一起。

中国农业银行曲靖市分行

党委书记、行长：沈 锐

省市农行领导及有关人员现场了解烤烟收购情况

中国农业银行曲靖市分行 于1979年恢复成立。1999年，各项贷款额达48.91亿元。至今，已发放农业贷款31.08亿元，并向贫困地区注入贷款12亿多元，累计实现利润2.1亿元。

该行积极发展金穗信用卡和储蓄卡业务，发卡量144825张，存款额达19170万元；发展特约商户125户，信用卡累计消费额达3066万元。在积极参与拓展房地产信贷业务的同时，代理业务项目累计达28个，代理收付金额为175577万元。并向客户提供保管有价证券、金银珠宝、信用卡等贵重物品“保管箱”业务。目前，全市农行网点电子化复盖面达100%，实现省内储蓄存款通存通兑。已全面开通全国、全省电子联行汇兑系统和全国范围内信用卡自动授权系统，极大地方便了客户。

迄今，全行共有88个单位分别荣获县级以上“文明单位”称号；涌现出受地厅级以上表彰的先进集体290个、先进个人841人次；分行被全国金融工会授予“先进单位”和“模范职工之家”称号。

地址：云南省曲靖市麒麟东路

电话：(0874) 3290066

邮编：655000

中国农业银行
AGRICULTURAL BANK OF CHI

曲靖农行大厦

分行电脑信息中心

中国工商银行罗平县支行

行长：刘孝金

中国工商银行罗平县支行 下辖6个营业网点，业务范围有：存款、结算、信贷。随着改革开放的深入发展，我行树立了“资产质量高、经济效益高、自身素质高”的经营观念，内强素质、外树形象，各项工作有了长足发展。截止1999年末，各项存款余额16104万元，是1985年分设时的8.6倍，经营实力进一步增强；贷款余额9382万元，为分设时的7.4倍，为我县的经济发展作出重要贡献。

罗平县支行全行储蓄业务全省电脑联网，资金汇划实时汇兑，在全县率先开通自动取款机ATM，在会计、出纳、储蓄等服务窗口率先推行“柜员制”这一新型劳动组合，保证了为客户提供准、快、好的服务。进一步健全了内控机制，做到依法合规经营，加强“三防一保”和社会治安综合治理工作。党风廉政建设、精神文明建设工作卓有成效，支行1992年被评为省级文明单位并保持至今，许多职工多次受到县委、政府和上级行的表彰。

电话：(0874)8212500
传真：(0874)8212431
地址：罗平县振兴街16号
邮编：655800

ATM自动取款机　　罗平县支行办公大楼外景

中国建设银行罗平县支行

行长：田 政

领导班子研究建行发展规划
(左：副行长周理林；中：行长田政；
右：副行长迟维骏)

中国建设银行罗平县支行 于1978年12月批准成立，现有支行营业室、储蓄专柜、鲁布革电厂分理处、振兴街储蓄所、振兴街西段储蓄所五个对外营业网点。主要经营范围:办理人民币存款、贷款、结算、储蓄业务;办理票据贴现、委托贷款业务;办理工程预、决算业务及审价咨询业务;代理保险业务。

二十二年来,在社会各界的大力支持和帮助下,该行积极筹措资金，拓展服务领域，加大信贷投入，支持、服务了鲁布革电站、南昆铁路等国家重点建设项目,有力地支持了罗平县的电力、旅游、交通、化工、建筑行业及城镇建设的发展，同时也发展了自身业务并取得较好的经济效益，得到了各级党委、政府和上级行的肯定。近几年来，先后被省政府表彰为“重合同、守信用”先进企业；被省纪委表彰的金融系统党风廉政建设量化考核优秀单位；市委、市政府命名为文明单位；被县委、县政府表彰为精神文明建设先进集体、优秀基层党组织。两次荣获全省建行系统筹资金杯奖、一般性存款余额位次一等奖。被建行云南省分行树立为“先进集体标兵”。

建行罗平县支行1999年度被建行曲靖市分行授于党风廉政建设责任制量化管理优秀单位，该行还被中共云南省委、云南省人民政府授于文明单位等光荣称号。

行　长： 田　政
副行长： 迟维骏、周理林
地　址： 罗平县罗雄镇文笔路17号
邮　编： 655800
电　话： 8212228　8216665

荣誉

营业、办公综合大楼

中国农业银行罗平县支行

开拓进取，团结务实的领导班子，党委书记、行长李坤(右一)，党委副书记廖宠泽(中)，副行长王鑫(左一)

农行罗平县支行　于1980年1月从人民银行分离出来，挂牌恢复成立，1999年年末，全行12个对外营业机构，1980年各项存款余额为362万元，其中：储蓄存款25万元。1999年末，各项存款余额达28917万元，是1980年的79.88倍，其中：储蓄存款12004万元，是1980年的480.16倍；1980年，各项贷款余额906万元。1999年末，各项贷款余额为32389万元，是1980年的35.7倍。二十年来，农行罗平支行不断深化改革，全行各方面都得到突飞猛进的发展。累计实现利润5000余万元,成绩显著。该行1996年被省分行评为“三防一保先进单位”；1997年被省分行评为三类地区A级行；1998年被罗平县委、县政府评为“财贸先进单位”；被县政府评为“重合同、守信用”先进单位及“创建文明安全小区先进单位”；支行营业部被省分行确认为“省分行级基层文明示范窗口单位”。

该行为支持罗平县地方经济的发展作出了巨大的贡献，受到农总行和省、市分行，县委、政府等有关部门的表彰和奖励，在农行的发展史上谱写了光辉的篇章。

罗平县支行营业部

地址：云南省罗平县云贵路202号
电话：(0874)8218172
邮编：655800

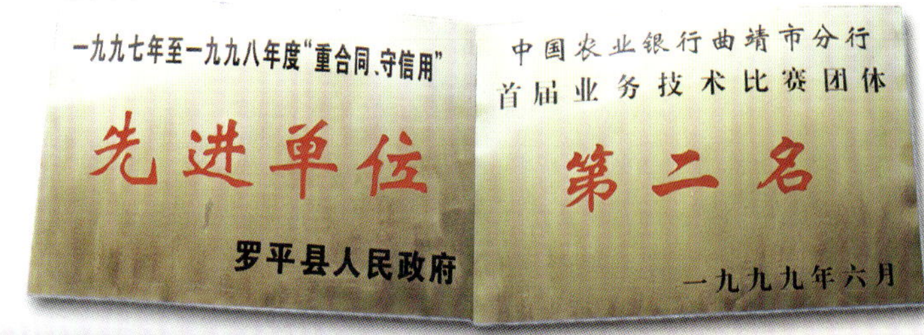

农行罗平县支行贷款1000万元，支持扩建后的“九龙大道夜景

罗平县地方税务局

局长、党组书记：张春碧

局务会议研究安排工作

罗平县地方税务局　成立于1994年7月，五年来，一直围绕组织收入这个中心，依靠各级党委、政府的支持，加强征收管理，严重依法治税，优化税收服务，两个文明一起抓，取得了丰硕的成果。税收收入年均以25%的速度递增，先后有九个部门被评为县级以上文明单位。

1999年，罗平县地方税务局在市地方税务局和县委、政府的领导下，坚定信心、团结奋斗，按照"加强征管、堵赛漏洞、惩治腐败、清交欠税"的工作方针，发扬"铁的心肠、铁的手腕、铁的纪律、铁面无私"的四铁精神，整肃税风税纪，抓好勤政廉政教育，开展公开办税，改善办税环境，提高执法水平和服务质量，树立了良好的地税形象。全年共征收各项税款8102万元，超年初计划1000万元，为罗平经济发展、社会稳定进步作出了积极的贡献，为迎接建国五十周年和澳门回归，顺利跨入新世纪新千年写下了辉煌的一页。

局长：张春碧　　副局长：唐孝周、柏所荣

地址：罗平县罗雄镇红星街22号　电话：(0874)8212943　邮编：655800

罗平县行政事业单位个人所得税专项检查动员大会

罗平县农村信用合作社联合社

主任、经济师：王石所

领导班子成员开会商谈信用联社发展规划

营业部办公大楼

罗平县农村信用合作社联合社 始建于1954年，经过四十五年的努力奋斗，其发展由小到大，机构网点遍布城乡，成为农民脱贫致富奔小康的坚强后盾，是城乡农民自己的银行，是支持农业和发展农村经济的主力军。截止1999年年底，该联社各项存款达14580万元，各项贷款余额为14320万元，固定资产达1340万元，实收资本1700万元，该联社有职工158人，设联社1个，14个独立核算机构，1个营业部，16个信用分社。在新的一年里，该联社全体职工，同心协力，务实创新，高效廉洁，以一流的服务质量，热诚为城乡各界人士服务。

主任：王石所　副主任：岳德宽、梁光华

地址：罗平县红星街258号　电话：(0874)8212409　邮编：655800

营业室工作人员聚精会神办理业务

曲靖市明通集团公司

曲靖市明通集团集团公司 下设曲靖市明通拍卖有限公司、曲靖市民联典当行、曲靖市明通集团公平寄售行3家实体企业。注册资金1068万元。主要从事典当、拍卖、寄售等业务。其中，拍卖公司系曲靖市主管部门同意，省主管部门审查批准成立的合法拍卖企业。经曲靖市政府同意，由省政府指定为曲靖市公物拍卖人，系曲靖市行政辖区内唯一一家合法公物拍卖人。按照《拍卖法》和有关法律规定，严格执行公开、公正、公平、价高者得的原则进行拍卖业务。典当行主要为非国有中小型企业发放质押贷款。本公司重合同、守信用，在此特向关心支持公司发展的各级领导和各界朋友表示感谢！并望一如既往地给予关心和支持。

地址：曲靖市麒麟区麒麟南路110号

电话：(0874)3328182　3325958

董事长:付明通

主办曲靖市首届艺术品拍卖会

民联典当行营业部

洪灾无情，明通有情——
向灾区捐献20余万元的崭新衣服

昆明食品(集团)股份有限公司

鲜肉零售点(专销放心肉)

董事长兼总经理：赵文富

生猪屠宰流水生产线

冻品市场繁荣兴旺

昆明食品(集团)股份有限公司 系1998年先后经昆明市人民政府和云南省体改委批准，按照党的十五大精神和省市政府有关国有企业改革的部署，依照《公司法》在原国有企业昆明市食品公司的基础上，经过改制而设立的以经营肉类食品为主营业务的股份制流通企业。为适应建立社会主义市场经济体制的需要，公司制定了“公司+农户+精深加工+连锁经营”的总体发展思路。作为昆明食品集团的核心企业，集团公司拥有昆明肉类联合加工厂、冷冻冷藏有限公司、活猪贸易有限公司、裕丰连锁经营有限公司、民联工贸有限公司、采购批发有限公司等10个紧密层控股子公司。集团公司同时还与市属的官渡、西山、晋宁、禄劝、富民、安宁、宜良、嵩明、东川等11个县(市)区食品公司及养猪专业大户组成协作层。拥有晋宁、禄劝等几个年出栏20万头生猪的规模化活体储备库猪场。1999年生猪购进53万头，其中规模化猪场活体储备饲养出栏11万头，上调生猪34.17万头，县区地销20万头，专供世博会3万头，较好地完成了政府交给的保障市场供应的重大责任，为丰富春城人民的菜篮子作出了贡献。

地址：云南省昆明市如安街3号
电话(传真)：(0871)3635306
邮政编码：650031
电子信箱：kmsp@public.km.yn.cn

昆明裕华煤炭公司

团结奋进 阔步前进

昆明裕华煤炭公司受到社会的高度赞誉

总经理:王加林

团结奋进的干部班子

昆明裕华煤炭公司是一个诞生在改革开放大潮中的民营企业。公司主要经营煤炭、金属材料、矿产等，业务辐射云南、贵州、四川、广西、广东、湖南及周边国家和地区，年销售额超亿元。

该公司自1993年成立后,王加林总经理就瞄准了云南煤炭流通领域这个大市场，他深知在市场经济的大潮中，激烈的竞争是残酷的，可他义无反顾地把企业推向竞争的潮头，力争拼搏，开拓进取，以良好的信誉，灵活的方式，稳定的渠道，灵通的信息，高效的办事效率为核心，在市场竞争中立于不败之地，为广大客户提供最优质、最满意的服务。

近两年来，市场发生了变化,煤炭的需求下降，在销售困难的情况下，他没有后退，更没有失去信心，唯一想到的就是发展和扩大企业的经营，增大企业的吞吐量。公司紧紧围绕两个根本性的转变，以经营效益为中心、市场服务为中心，以深化改革为动力，以强化管理为手段，立足自身挖潜力，在抓好两个文明的同时，着眼提高职工的经营素质，形成了“为广大客户服务、为生产服务、为国企服务解难、为市场服务、与各界朋友共求发展”的经营宗旨，保持了经济运行的平稳态势，在同行业中享有很高的声誉。1996年、1997年连续被上级有关部门评为“优秀企业”、“优秀纳税企业”等，受到社会的高度赞誉。

公司全体员工，将在总经理王家林的领导下，始终恪守“质量第一、信誉至上、以优取信、以快取胜”的宗旨，重管理，抓质量，不懈努力，不断开拓，一如既往地为社会各界提供优质服务。

宽敞的货场

电话：(0871)5170432
地址：昆明市席子营177号

巨大的金属吞吐量

云南宜良磷化工总厂

法人代表(厂长):王福邦

重钙.普钙获金奖.银奖

云南宜良磷化工总厂位于景色秀丽的石林、九乡、阳宗海风景名胜区旁，距昆明53公里。工厂经过四十多年的艰苦创业,现已发展成为拥有总资产2亿元的国有中一型企业。

本厂生产的“石林”牌过磷酸钙(普钙)质量标准HG2740—95，有效磷(P_2O_5)≥18%；重过磷酸钙(重钙)质量标准HG2219—2224—91，有效磷(P_2O_5)≥42—44%；富过磷酸钙(富钙)质量标准Q/YLH02—1999，有效磷(P_2O_5)≥28%；复混肥质量标准GB15063—94，含氮(N)，磷(P_2O_5)、钾(N_2O)等多种养分；氟硅酸钙质量ZBG12017—89，白色粉末结晶。

本厂产品“石林”牌过磷酸钙(普钙)经中国磷肥、硫酸协会统计，质量名列全国第一。普钙、重钙分别荣获国家科委等联合举办的新技术新产品展览交易会“金奖”、“银奖”。富钙、复混肥、氟硅酸钠质量均达到国家标准。产品畅销全国，远销日本、韩国、缅甸、孟加拉等国家，深受用户亲睐。本厂宗旨：以质量求生存，以信誉求发展。与用户真诚合作，共谋发展，同享丰收的喜悦。

电　话：(0871)7524407　7523740
传　真：(0871)7524407
邮　编：652100
地　址：昆明市宜良县城东郊汇东桥南侧

生产车间

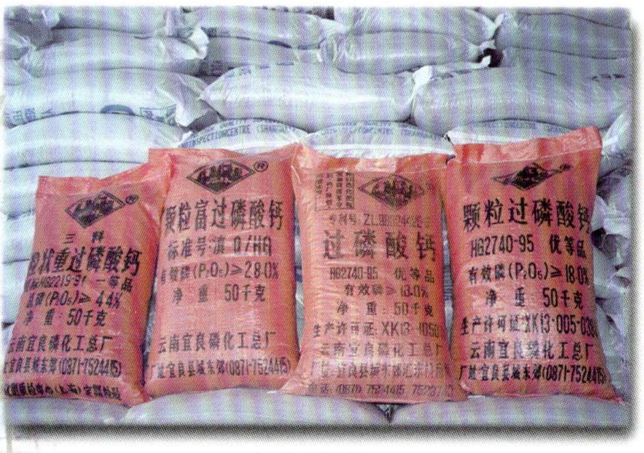

主要产品

厂长：陈卫东

追求艺术真谛 融入时代风光

昆明雅光装饰雕塑厂

昆明雅光装饰雕塑厂 致力于玻璃钢浮雕、圆雕、木雕、园林雕塑、佛像雕塑、工艺品设计制作，以及门窗、门套、花瓶、花栏杆、各种柱头、柱脚、深井浮雕、檐头造型、檐廊图案等设计制作。1992年建厂以来，为曲靖市工人文化宫、安宁温泉公园、云南师范大学、西双版纳、楚雄等以及省外城市、单位设计制作了上百件永久性艺术雕塑，得到了相关职能部门和社会各界的好评。

昆明雅光装饰雕塑厂将在厂长的带领下，全体员工的积极努力下，竭诚为社会提供更多艺术精品。

地址：昆明市金马镇刘家营155号内
电话：(0871)5634580
传呼：126-29348
手机：13708401942

云南省农业科学院 生物技术研究所

云南省农业科学院生物技术研究所是在原云南省遗传工程研究室的基础上，于1992年成立。同时，经省政府批准在所内建立了云南省农业生物技术重点实验室，并在1994年10月建成通过验收。国内外发表研究论文40多篇。

签定云南省农业生物的技术联合实验室协议

几年来，该所共主持承担各类科研项目66项。其中国家攻关子专题1项，省攻关3项，省院省校重大科技合作项目7项，省基金重点4项，省第一层次人才培养1项，第三层次2项，省重大农业科技成果推广1项，国际合作1项，其它省级项目及行业、院列课题46项。经过"八五"以来的刻苦攻关，取得了较大的科技成果。共获得省部级以上科技成果奖15项，在国内外有关学术刊物上发表研究论文200余篇，出版专著1本，部分科技成果达到国内先进或领先水平，并在推广应用中取得了显著的社会经济效益。

云南省主要农作物功能基因的PNA系列分

生物所及重点实验室成立以来，不断扩大对外的合作与交流，向美国、日本、菲律宾国际水稻研究所和香港中文大学等国家和地区派出访问学者10人次，成果累累，受到了上级领导和国内外科技界的好评。

云南省陆良县三岔河水泥厂

- 龙海山牌水泥　云南建材行业推荐品牌
- 龙海山牌　水泥浇筑精品工程
- 龙海山牌水泥　省级金奖产品

厂　长：俞树荣

云南省陆良县三岔河水泥厂 位于陆良县城东部，工厂原料含量大，交通方便，电源充足；以生产425R、525R型普通硅酸盐水泥、道路专用水泥和矿渣硅酸盐水泥为主，年生产能力21万吨。生产工艺布局科学合理,设备先进,检测手段一流，并取得了采用国际标准产品标志证书和云南省产品采用国际标准认可证书。所生产的“龙海山”牌水泥是省优名牌，中国名牌水泥，凭借资源、规格、质量、品牌、管理、技术等诸多方面的优势，畅销省内外，产品供不应求，深受广大用户的欢迎和信赖；产品质量连续10年保持三个100%合格。

陆良县三岔河水泥厂取得国家颁发的“生产许可证”，取得农业部“全面质量管理合格证书”“二级计量合格企业”。是国家中型二档乡镇企业,云南省百强乡镇企业，名列全省五十强水泥企业第十九位，中国乡镇企业库入库“明星企业”，全国经营之光大会“百强企业”，云南省乡镇企业产品监测中心“云南水泥明星企业”，云南省质量管理协会、省乡镇企业技术推广站“优胜企业”，中共曲靖市委、市人民政府“文明单位’和曲靖市乡镇企业“二十强企业”，曲靖市乡镇企业管理局“市级文明乡镇企业”。连续十年被陆良县人民政府评为“重合同，守信用”先进企业。“龙海山”牌系列水泥产品被中国消费者协会等单位评为“中国名牌产品”，获省级名牌和省级金奖荣誉，连续四年获云南省建材行业推荐产品，云南省技术监督局推荐产品，并获云南省质量管理先进企业称号等殊荣。

云南陆良县三岔河水泥厂生产的“龙海山”牌水泥，除广泛用于县内各大建筑外，还销往省内各地(州)县，并远销到贵州、广西等省(市)县，被国家重点工程——南昆铁路、曲陆高等级公路使用，并获得好评。陆良县三岔河水泥厂用质量创名牌，用名牌创效益，将在陆良经济发展和建设的征途中再立新功。

厂　长：俞树荣
书　记：宋建桥
厂　址：陆良县三岔河镇小罗依村
邮　编：655603
电　话：(0874) 6971188
6971306
6971239

驻外办事处联系电话：
昆明办：(0871)7176978
曲靖办：(0874) 3136125
路南办：(0871) 7711239
泸西办：(0873) 6621395
弥勒办：(0873) 6123805
富源办：(0874) 4617598

国家中型二档乡镇企业
中华人民共和国农业部
一九九六年八月

昆明市东站菊花立交桥选用了"龙海山"牌水泥

陆良县三岔河水泥厂：
1994年云南省50强水泥企业
评价排序第19名
一九九五年六月

龙海山牌普通硅酸盐水泥525#
省级金奖
一九九六年

证　书
化验室（检验室）合格证
云南省建材工业局

云南省公路局劳动服务中心

云南省公路局云路劳动服务中心 是云南省公路局下属单位，1984年成立。云路中心现有职工100余人，总资产1100万元。1999年完成产值5800万元，人均2.69万元。服务中心现有10个下属单位，经营范围有公路修建、公路交通工程设计与施工，公路绿化种植、工程机械、劳保用品、计算机、电器、测绘仪器、土杂百货、印刷、旅行社、招待所及酒店等。

中心下属的云南省公路局道桥技术工程公司是云南省目前唯一获得交通部颁发的交通工程施工资质的单位。公司技术力量雄厚，配有中、高级管理人员和技术人员，技术工人的比例达50%以上。拥有先进的施工机械和设备。近几年来先后完成了我省的重点工程南过境高架桥、安楚、丽大、昆玉、玉元等高等级公路及高速公路的标线、标志牌、防护栏、绿化等工程的施工，工程质量均被评为优良。 公司始终坚持“质量、信誉、团结、求实、进取”的企业精神.

总经理：徐光辉

大营街 玉溪
DAYINGJIE YUXI
1 出口 EXIT 1Km

花乡美景　舍我谁芳

云南省农科院园艺所花卉研究中心

熊丽所长(右二)陪同李岚清副总理参观花卉研究中心

云南省农科院园艺所花卉研究中心是集科研、生产、销售为一体，具有较强技术力量，拥有先进生产设施的专业化花卉种苗研究生产实体。

该中心占地面积90亩，总投资1650万元。现有设施大棚37000平方米(其中引进法国自控温室8400平方米)，配有土壤蒸汽灭菌系统和从以色列引进的自控喷滴灌系统。主要功能区分为品种选育区、原种资源圃、原种繁殖区、示范栽培区。另有组培室2000平方米及过渡配套设计4000平方米、冷库包装间600平方米。中心还配套建成病毒检测室、土壤养分监测室、信息技术室。目前中心鲜切花种苗年生产能力可达5000万株。设有选育、植保、栽培、扦插、盆花、种苗过渡生产及开发销售等部门。自承担实施国家计委“云南花卉优质瓶苗组培快繁国家重点工业性试验项目(鲜切花部分)”以来，每年为花卉种植者大量提供各类花卉种苗，以品质优良得到广大种植户的认可,除在云南当地市场占有重要位置外，还大量销往其它省市，同时还充分利用栽培设施，向社会推出大量盆花，包括适宜夏季生产的新几内亚凤仙、何氏凤仙、盆栽非洲菊和适宜冬季生产的蝴蝶花、欧洲报春、四季报春、荷苞花等。并为盆花生产者提供非洲紫罗兰、新几内亚凤仙等盆花苗。

中心成立以来先后荣获国家、省、市、院内多项奖励。农业部市发(1998)9号文中，下达云南省农科院园艺所花卉中心是“农业部第三批花卉产品质量监督测试中心(昆明筹建单位)”。2000年中心被评为“全国花卉生产示范基地”。

今后,中心将以科技为支撑,充分利用本省丰富的花卉种质资源，以生物技术为主要手段进行花卉育种,选育云南花卉名优品种,规模化生产新、优、花卉优质种苗。并结合配套综合栽培技术、重大病虫害防治等研究,,逐步成为云南花卉独立自主、持续发展的技术支撑，加快云南花卉产业的发展步伐。

地址：云南省农科院园艺所
(昆明北郊龙头街)
邮编：650205
电话：(0871)5893553
5892602(办公室)
5891617(基地)
7475354(斗南门市)
传真：(0871) 5893553
5892173
所长：熊　丽
电子信箱：
flower@public.km.yn.cn

云南伽玛刀治疗研究中心

云南伽玛刀治疗研究中心是由昆明医学院和三家附属医院(附一院、附二院、附三院)共同购置、组建和管理的世界最新一代OUR—XGD型旋转式伽玛刀。

中心由新中国第一代神经外科老专家，曾留学法国的云南省神经外科开创者、一等功臣和全国劳动模范李秉权教授为中心名誉主任。由全国神经外科学会第二、第三届委员，立体定向功能神经外科学会首届理事，云南省神经外科学会第一、二届主任委员，曾留学法国的国务院特殊津贴获得者，昆明医学院第一的附属医院神经外科田芳镇教授为中心主任，主持中心工作。由云南省神经外科开创者之一、在前苏联列宁格勒神经外科研究所留学过的神经外科和神经电生理专家吴致勋教授，云南省神经内科开创者、曾留学法国的全国神经内科学会委员、云南省神经内科主任委员老专家王荪教授，国内著名的肿瘤专家周克敏教授等担任常务顾问。本中心还特聘请了省内一大批在神经外科、神经内科、精神病学、肿瘤放疗和影像学界颇有建树的知名专家为学术顾问。

松果体区肿瘤

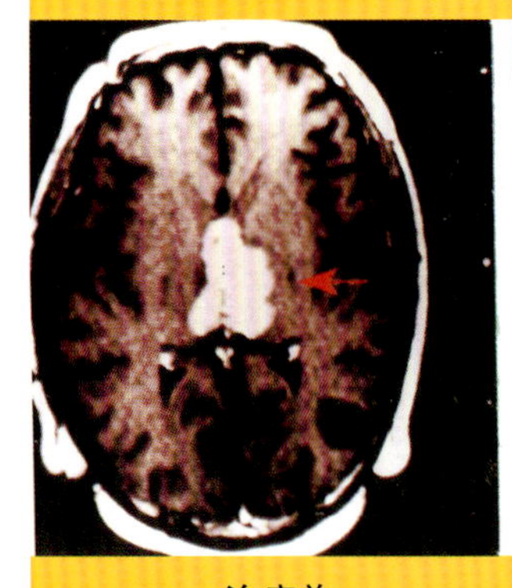
治疗前

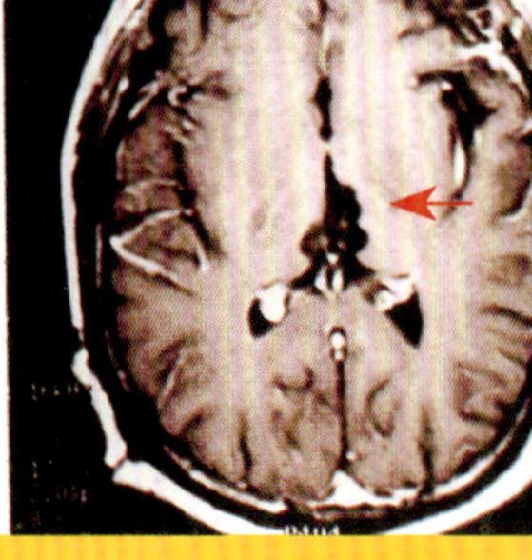
治疗后肿瘤消失

中心集医学院和三家附属医院的众多专家和设备优势，特别是神经外科、神经内科和肿瘤放疗科在省内最先开始诊疗工作，四十多年来诊治了成千上万的病人，声誉卓著。医疗设备先进,拥有核磁共振(MRI)一台，CT五台，数字减影血管造影机（DSA)三台(其中双“C”型臂一台)，单光子发射断层扫描机(SPECT）等大型设备。中心已治疗150人次，痛苦小、安全、疗效好，不需要开颅就能“切除”颅内肿瘤。

伽玛刀治疗的适应症：脑内血管畸形；颅内肿瘤：听神经瘤、脑膜瘤，垂体腺瘤、生殖细胞瘤、部份实质性颅咽管瘤、松果体区肿瘤、胶质瘤、脊索瘤，脑转移瘤等；常规开颅手术后残留或复发的颅内肿瘤，高龄或体质弱不能接受手术者；部分鼻咽部或眶内肿瘤；鼻咽癌，视网膜黑色素瘤等；功能性脑神经疾病：顽固性疼痛、癫痫、三叉神经痛、巴金森氏病、部份精神病患者。

地　　址：昆明市人民西路189号(昆明医学院正大门左侧)
电　　话：(0871)5386716　　　邮编：650031
联系人：李园园、汤红艳
乘车路线：乘坐5、53、54、61、101路公共汽车即可到达
就诊时间：每周一至五

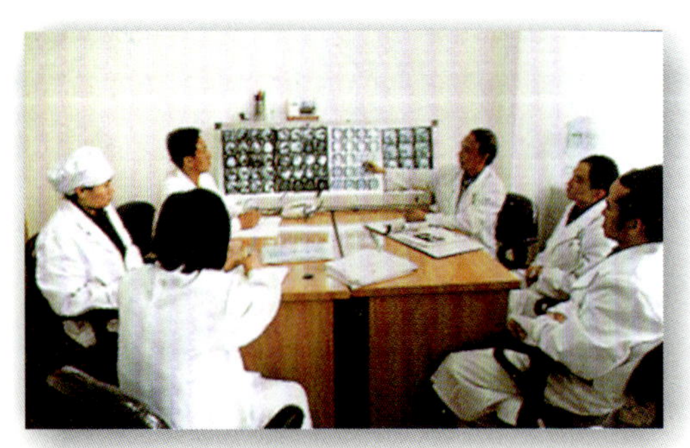
集体会诊

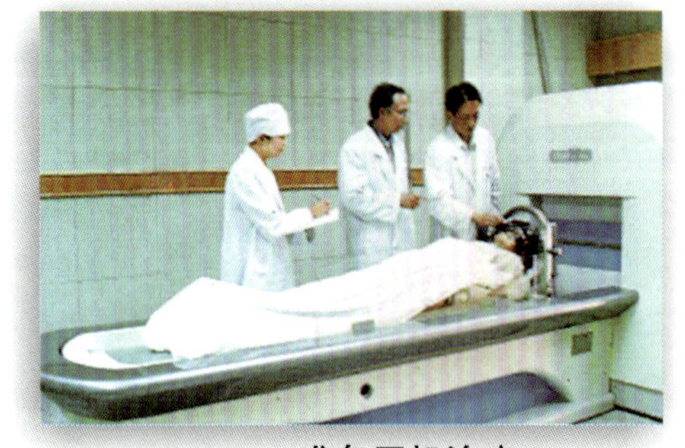
准备开机治疗

云南省国防工业学校

校长：徐德才

云南省国防工业学校 是一所以工科为主的综合性省部级重点中专学校。学校创建于1983年10月，座落在昆明市北市区龙泉路23号，占地面积6.5万平方米，建筑面积3.5万平方米。学校环境优美、管理有序，是昆明市官渡区文明安全单位、昆明市文明单位、省级文明学校。

诞生于改革开放大潮中的国防工业学校，十多年来，披荆斩棘，茁壮成长，从最初的3个专业，150名学生，发展到现在的的11个专业，1600余名学生。学校现设机械、化工、财会、电子、计算机等类型应用专业。教学设施齐全：有多媒体语音室、电工电力拖动、电子、物理、化学、化工原理、公差、液压、材力、计算机、自动化仪表、电教室等25个实验室；有能藏书24万册现藏书7万余册的图书馆，136种报刊杂志的阅览室；有车、钳、铣、镑、磨、热处理等工种齐全的机加实习工厂和电工实习车间。

坚持社会主义办学方向，全面贯彻党的教育方针，实施素质教育，培养德、智、体全面发展的中等专业人才是学校始终不渝的办学宗旨；重视基础，加强实践，拓宽知识，培养能力，严于治校，严于治学是学校教学的基本原则；团结、奋进、求实、创新是学校的校风。深化教育教学改革，不断提高教学质量，从97届毕业生起在中专学校中率先开展专业技术等级鉴定，全面实行“双证”制。已毕业的近3000名毕业生，驰骋在国防工业，机械、烟草、民航、化工、交警、医疗卫生、金融等企事业单位和国家机关。绝大多数毕业生思想素质好，理论基础扎实,实践能力强，受到用人单位的好评。

学校领导班子商讨学校发展规划

校址：昆明市北郊龙泉路23号

校长：徐德才

书记：李必熊

电话：(0871)5813917

邮编：650222

语音室

教学大楼

云南省嵩明县第一中学

校长：段加友

精诚团结务实进取的领导班子

嵩明县第一中学 始建于1925年，占地123.8亩现拥有教学班30个，1995年被评为云南省二级一等完全中学，1999年荣获嵩明县文明单位称号，昆明市文明学校。已申报昆明市园林学校。

嵩明一中倍受县委、政府的重视，1999年，投入739万元巨资，建设了科技楼、学生宿舍、学生食堂；改造了校园环境，园林学校已具雏形。学校有一个精诚团结，务实进取的领导班子，确立了"一切为了学生"的目标，建立了一支政治坚定、思想过硬、知识渊博、品格高尚、精于教书、勤于育人的教师队伍，校风、教风、学风建设成效显著。多年来，教职员工忠于职守、勤于奉献，高考、中考质量名列昆明市郊县区同级学校前茅，学生的理想教育、养成教育、素质教育、创造教育落在实处，为上级学校输送了大批新生，为社会培养了万名高素质的建设人才，为嵩明县的经济与社会发展作出了较大贡献。

嵩明一中将以崭新的姿态，迎接二十一世纪的到来，为建成昆明市窗口学校竭尽全力。

校长：段加友
书记：储培德
副校长：陈洪良　朱国英(女)
电话：(0871)7913587
校址：嵩明县嵩阳镇北街
邮编：651700

学生聚精会神在上课

园林式的学校，嵩明一中

昆明农牧中等专业学校

昆明农牧学校 位于昆明市东郊白沙河畔，学校于1983年创办，1985年经省人民政府批准为省第一所职业中专学校。

学校坚持农业技术教育,为农业经济发展服务的办学方向；以“团结、勤奋、求实、创新”为校训；贯彻理论联系实际，培养与使用相结合的原则。开设“兽医与饲料科学”、“农业技术推广”、“园艺、花卉”、“烟草”、“企业管理”、“财务会计”等专业。十多

年来，已为昆明地区，全省边远、贫困少数民族地区培养32000多名各个专业毕业生，为促进当地经济发展作出了贡献。

学校1977年,经省、市教委验收认定学校为省级合格职业中专学校。今年学校省职教社年终总评先进团体，二人获优秀社员奖。在参加我省珠算竞赛中获团体一等奖和多项个人奖。学校18班周刚同学获全国中专作文大奖赛特等奖。

昭通市万和酱菜厂

昭通市万和酱菜厂 是一个有200多年酱菜生产历史的国有老字号企业，特别是公私合营至今的40余年中，她经历了由小到大、由弱到强、由无到有的发展和壮大，目前已成为昭通市的龙头企业和纳税大户。

该厂生产的“万和”牌系列昭通酱、酱油、食醋及“恩安”牌卤腐、咸菜等，由于内在质量赢得了广大消费者的厚爱。特别是系列昭通酱，1980年至今，一直保持云南省优质产品称号；1996年又分别获第八届中国食品博览会“金奖”，北京星火计划暨科技攻关成果博览会“优秀项目奖”；1994年、1997年两次获“云南省消费者喜爱产品”称号，1999年荣获“中国'99昆明世界园艺博览会‘云南名特优指定产品称号’”、中国食品工业协会评为“国家质量达标食品”。同年，“万和”商标又被云南省工商局定为云南省重点保护商标。

该厂采用传统工艺与现代技术相结合，保证了产品质量，并且获得了保险公司质量保证保险。在市场经济异常活跃的今天，该厂领导带领全厂职工,利用科学的管理方法,建立起现代化企业制度，在原有的基础上又不断开发出多个品种，现已形成了规模化生产，产品已达30多个品种系列。诚望国内外有识之士与该厂一同携手，共同发展，共创明天的辉煌!

厂　长：黄世忠
电　话：(0870) 2235718
传　呼：1278010509
手　机：13908700984
联系人：杜　曦
传　呼：1278005557
电　话：(0870) 2221084　(0871)8217724
传　真：(0870) 2235718
地　址：昭通市环城西路53号
驻昆办：昆明市云南省土特产品商业城15-4#

载歌载舞参加社会活动

陆良县文化小学

篮球兴趣组活动

陆良县文化小学　是一所省一级二等示范小学，占地21.4亩，现有57个教学班，学生4338人，教职工130人，党员20人，小中高1人，特级教师2人，小学高级教师44人，市中青年学术技术带头人1人，市教研教学优秀人才3人。

学校有着400多年悠久的办学历史和光荣的革命史。多年来，学校不断继承和发扬优良的办学传统，全面贯彻党的教育方针，持之以恒地坚持“三抓”，即以德育为首位，抓做人教育，以师德为重心，抓队伍建设，以教学为中心，抓质量提高。形成了一个“严谨、勤奋、文明、创新”的校风，造就了一支素质优良，充满活力的教师队伍，培养了大批全面发展，各有特长的优秀学生，赢得了较高的办学声誉，取得了一项项殊荣：省“文明单位”、省“文明学校”、“全国模范职工小家”、“全国红旗大队”、“市教研教学示范学校”……

体育课

跨入二十一世纪，学校将在原有基础上励精图治、再创辉煌，立志以“继承、改革、发展、创新、求实”为宗旨，以“主动参与”为主题，以创新精神为核心，以课堂教学改革和优化为重点，以教师队伍建设为根本，以活动课为两翼，以校园文化为依托，全面落实素质教育，力争把我校办成一所“两全一大三好三园”校。

老师指导学生写书法

校　　长：李彦平　　副 校 长：梁东生　王关芝

教导主任：滕文斌　　总务主任：史石祥

电　　话：(0874)6221500　　邮　　编：655600

地　　址：陆良县中枢镇文化小学

罗平县罗雄镇东屏小学

校长、书记：
吕凤娥（省特级教师）

教师的风采

东屏小学建校历史悠久，它始建于1924年，是罗平县为女孩创建的第一所女子学校。迄今已走过了75个春秋。至今，已成为有36个教学班，2300多名学生，80位教师的重点小学。学校有计算机室，语音室、微格室等，已进入现代教学的先进行列，是罗平县小学教育的窗口学校。

在各级政府、各级领导的关心支持下，东屏全体教职员工以辛勤的汗水浇灌出了鲜艳的花朵，学校获得了各项荣誉：1992年获“小学义务段达标单位”，县“先进单位”；1995年获地级“文明单位”；1997年先后获县级“文明学校”、市级“文明学校”、省级“文明单位”。少先队工作先后获得县”先进集体”、“省红旗大队”、“省雏鹰大队”等荣誉。教师个人有国家级表彰1人次，省级表彰9人次，市级26人次，县级67人次，镇级70人次。学生有2人获得“十佳少先队员”称号。师生参加县、市、省级的竞赛多次获得奖励。该校校长，书记：吕凤娥曾荣获省特级教师等光荣称号。罗平县罗雄镇东屏小学于2000年3月份被评为省一级三等示范小学。现已申报省红领巾示范学校。

校址：罗平县罗雄镇红星街东屏小学
电话：(0874)8211337　邮编：655800

学校领导班子

学生上电脑课

荣誉

园长：潘庆美

云南省
陆良县机关幼儿园

云南省陆良县机关幼儿园 始建于1958年秋。该园环优美，各种游乐设施别具一格，是一所清洁、美观、适合幼儿身心发展的花园式乐园。一切为了孩子，一切为了家长是该园的办园宗旨。该园现有12个班，幼儿612人，教职工36人，该园21位教师中有大专毕业生6人，中专生15人，学历全部达标。

该园于1991年被批准为曲靖地区首批实施《规程》的示范性幼儿园，是陆良县唯一一所示范性幼儿园，自建园来，园领导认真贯彻党的教育方针，坚持社会主义的办园方向，执行《幼儿园工作规程》和《幼儿园管理条例》，精神以师德规范了全体教师的行为，做到为人师表。

多年来,经过全体教师不断的探索和实践，辛勤的汗水换来了丰硕成果。专题研讨“户上活动的设计与组织”，取得了良好的效果；1995年参加曲靖地区组织的幼儿园教具制作竞赛获个人一等奖和集体二等奖；1996年参加县教委组织的幼儿园学前班玩教其制作竞赛,获两个个人一等奖和集体一等奖；1997年参加地区“幼儿故事演讲”比赛，3名幼儿分别获得一、二、三等奖；同年组织“幼儿优秀活动录相选送“教学活动获省二等奖。1996年以来，该园23位教师撰写论文28篇，并分别获地、县一、二、三等奖，其中5篇选送省教研室参评。1998年该园被批准为省一级三等幼儿园。

该园园长潘庆美，获县优秀教师,县优秀教育工作者，还获县优秀共产党员等光荣称号。

县领导与教师共庆“99”教师节

大班毕业联欢会

地　址：陆良县城北门外
园　长：潘庆美
书　记：魏鸭长
副园长：牛芸花
电　话：(0874)6221109
邮　编：655600

天真活泼可爱的孩子们

《云南经济年鉴》荣获云南省新闻出版局

'99颁发的——云南省'97、'98年鉴系列综合特等奖

经云南省人民政府批准，由省人民政府经济技术研究中心主管的《云南经济年鉴》，于1992年创刊，每年出版一卷，每卷120万字左右，由出版部门正式出版，向国内外公开发行。

《云南经济年鉴》为政府大型信息公报，内容全面、丰富、翔实、准确，具有高度的权威性、信息性、资料性和存史价值，可作为各级领导、各企事业单位、各行各业，以及国内外友好人士了解云南经济发展情况、认识云南省情、准确制定工作方案、开展经贸活动和进行科研、文化、教育等方面交流的重要参考和决策依据。

编辑部电话：(0871)3621538、3623087
地　　址：昆明市五华山云南省政府经济技术研究中心
邮　　编：650021
传　　真：(0871)3619083

翠峰一水滴三江
珠流萬里入南洋
最是陽春三月
青山滿目杜鵑香

戊寅仲夏　令狐安

珠江源 位于云南省曲靖市沾益县境内的马雄山麓，距沾益县城约50公里。珠江源风景区是著名的省级风景名胜区和国家级森林公园。景区森林茂密，溪流淙淙，有“一水滴三江，一脉隔双盘”的奇异景观。春夏时节，漫山遍野的马樱花如火如荼，鲜艳夺目，令人留恋往返。在省、市、县政府和旅游部门的领导和大力支持下，共投入资金1800万元对珠江源进行了大规模的建设，现已经完成了水、电、路、通讯等基础设施的建设，凭借珠江源的“山”、“水”、“树”、“洞”、“花”五大优势，建成了七大景区，即入口区、源头区、休闲区、果园区、运动区、山林区和探源怀古区。七大景区各具特色，风格炯异，分别具备了吃、住、娱乐、购物、游览、观光、探险、运动等功能。景区内的马樱花和伏地松、天下第一罗盘、天下第一棋盘、霞客草堂、珠源禅寺等组成了珠江源头绚丽而独特的自然和人文景观。

(沾益县水电局、旅游局)

滇东奇彩林 爨乡同乐园

陆良县 位于云南东部，距省会昆明130公里，石林40公里，曲靖65公里。县境三面环山，南盘江穿境而过，交通通讯便利，线路辐射四方。

陆良县滇东高原明珠，云南第一大平坝，孟获的故乡，爨文化的发祥地，这里，历史悠久，文化灿烂，物华天宝。大山的粗矿，河流的秀美，民风的淳朴，积淀了这里厚重的历史。这里，自然条件优越，旅游资源丰富，有与石林、土林并列“三林”的省级风景名胜区彩色沙林；有立于南朝时期，被康有为称为“天下神品第一”的龙爨颜碑；有早在三亿四千万年前的古地理标志之一的牛头山古陆和神秘的南方古长城；有三国时期孟获与孔明交战的古战场；有建于元代后被列为省级保护文物的千佛塔和大觉寺；有宋代爨氏避署胜地，现为道教胜地的终南山；有与终南山毗邻的国家级五峰山森林公园；有巍峨壮丽可俯瞰陆良坝子的龙海山及千年古刹龙凤寺；有景色壮观万亩连片的白水鱼塘荷花池；有古人治水工程“杜公河”；有25.3公里长的人工运河新盘江；有风光旖旎的麦子河、石墙寺、响水坝等人工湖泊；有高山飞瀑大叠水……

自然与人文的交融，古老与现代的并存，辉映了一幅瑰丽诱人的爨乡画卷。

山常绿，水常流，情无限，陆良欢迎您，彩色沙林欢迎您。这里，可探询南中文化的源头，品味爨乡文明的醇享，冯吊诸葛孔明的伟业，追寻七擒孟获的足迹，观赏彩色沙林的奇观，游览五峰终南的胜境。

特　　载

1999年5月1日，江泽民总书记亲临’99昆明世博会主持开幕式，并作了重要讲话。之后，江泽民总书记一行到大理等地视察。图为在大理视察受到各族人民群众热烈欢迎的情景。

政 府 工 作 报 告

——2000 年 1 月 22 日在云南省第九届人民代表大会第三次会议上

省　长　李嘉廷

各位代表：

我代表省人民政府，向大会作政府工作报告，请予审议，并请省政协委员提出意见。

一、在战胜困难中继续前进的一年

1999 年是我省经济社会发展遇到困难较多的一年。在党中央、国务院和中共云南省委的的正确领导下，全省各族人民高举邓小平理论伟大旗帜，紧紧抓住承办中国 '99 昆明世界园艺博览会的历史性机遇，认真贯彻执行中央扩大内需等一系列方针政策，克服有效需求不足、支柱产业和传统产业受到严峻挑战、自然灾害频繁发生等多种困难，各项工作取得了新的成绩，实现了省九届人大二次会议批准的经济社会发展主要目标，保持了经济发展、社会稳定、民族团结、边防巩固的大好局面。

（一）国民经济持续增长，人民生活进一步改善

1999 年全省国内生产总值预计完成 1850.4 亿元，比上年增长 7.1%。其中，第一产业增长 3.6%，第二产业增长 6.3%，第二产业增长 10.4%。

1、农村经济全面发展。农业战胜了冬春夏连旱、洪涝等自然灾害，粮食连续 7 年获得丰收，主要农产品产量提前一年实现"九五"计划，完成增加值 400 亿元。农业结构调整和农业产业化步伐加快，发展冬季农业和畜牧业成为农民增收的重要路子。建成稳产高产农田 220 多万亩（累计 2387 万亩），新增有效灌溉面积 40 万亩，水利化程度达 47%。科技进步对农业增长的贡献率有所提高。乡镇企业总收入达 2138 亿元，增长 20%。

2、工业生产平稳增长。完成增加值 680.2 亿元，增长 6%。克服市场疲软等不利因素，工业产品产销率达到 97%。卷烟工业继续发挥着重要的支撑作用，有色、化工、建材有较快增长。

——第三产业高速发展。旅游业创造了前所未有的佳绩，全年接待海外游客 104 万人次，增

长36.7%，旅游创汇3.3亿美元，增长27.6%；接待国内游客3673.8万人次，增长31.5%；旅游总收入204.7亿元，增长49.5%。交通客货运量、邮电业务总量、餐饮服务收入等快速增长。第三产业对经济增长的贡献又一次超过第二产业。

——固定资产投资继续增长。进一步加大了对基础设施、市政建设、小城镇建设、技术改造等的投入。27项重点工作超额完成投资计划，其中昆玉高速公路、迪庆机场等14项建成投产。全年固定资产投资完成720亿元，其中公路建设投资完成93.8亿元，为历史上最多的一年，通信投资增长30%，经经济适用住房为重点的房地产投资增长37.5%。

3、财政金融运行平稳。依法加强税收征管，堵塞漏洞，完成地方一般预算收入172.6亿元，比年初预算超收1.6亿元。试行零基预算、政府采购制度以及加强预算外资金管理取得实效。全省一般预算支出完成377.4亿元，确保了提高“三条保障线”标准、增加机关职工工资等方面的需要。金融机构新增各项存款180亿元，新增贷款198亿元，保险、证券业有新的发展，防范和化解金融风险、打击金融犯罪成效显著。

4、人民生活进一步改善。城镇居民人均可支配收入6250元，农民人均纯收入1435元，实际分别增长4.7%和4%。社会消费品零售总额完成540亿元，实际增长9%。商品零售价格指数下降1%，居民消费价格与上年基本持平。城乡居民人均居住面积有所增加。下拨救灾资金3.8亿元，解决了400多万灾民的生产、生活困难。

5、民族地区经济社会有新的发展。召开了全省民族工作会议暨第四次民族团结进步表彰大会，制定了加快少数民族地区发展的特殊政策措施，签订了民族团结目标管理责任书。民族地区的资源开发、基础设施建设、科教事业和少数民族干部的培养等工作取得新的成绩。

6、扶贫攻坚成效显著。全省投入扶贫资金30多亿元，建成高稳产农田地184万亩，解决了80万人、80多万头大牲畜的饮水困难。全国56个民族中唯一不通公路的独龙族聚居地——独龙江乡通了公路。全省行政村实现了97.3%通公路、98%通电话和95%通电。贫困地区农民人均纯收入和人均粮食产量有所增加，又有110万贫困人口解决温饱。

（二）世博会获得圆满成功，在国内外树立了云南新形象

中国’99昆明世界园艺博览会是我国政府首次主办、云南省政府承办的一次国际盛会。在党中央、国务院的直接领导和亲切关怀下，在中央各部委和兄弟省市区的大力支持下，我们克服困难，精心组织，奋力拼搏，使世博会达到了世界一流、中国气派、云南特色的高标准。参展国家、国际组织和入园人数超额完成了组委会确定的目标。在筹备速度、展区面积、室外展园数量、展出植物数量、珍稀植物种类等5个方面，创造了AI级世博会的新纪录。安全、通信、卫生、供水、供电等保障工作做到了万无一失。以昆明市为重点的全省城市基础设施建设和精神文明建设成效显著。创造了世博精神，云南的知名度大为提高，各族人民的开放意识、可持续发展观念明显增强。世博会的成功举办，充分显示了中华民族巨大的凝聚力、创造力和伟大的奋斗精神，显示了社会主义国家可以集中力量办大事的优越性和高度的组织管理能力。事实又一次雄辩地证明：外国人能办到的事，中国人也能办到；其他省区市能办好的事，云南同样可以办好。

（三）国有企业改革脱困取得新进展，其它各项改革稳步推进

国有企业三年改革脱困工作进展顺利。列入计划的15户国有大中型企业完成了改制工作，23户企业基本脱困。国有商业银行共核销兼并破产企业呆坏帐9亿多元。有13户企业列入国家“债转股”计划，省级财政“债转股”和“借改投”资金累计达到50亿元。国有企业“放小”工作继续推进，中小企业活力进一步增强。

社会保障制度改革取得较大进展。10个中央行业养老保险统筹移交地方的工作圆满完成。156万国有企业职工参加了养老保险统筹，确保了企业离退休人员基本养老金的按时足额发放。城镇养老保险统筹覆盖面达到76%。年末城镇登记失业率2.8%。再就业网络基本形成，累计有11万多下岗职工实现了再就业，进入再就业服务中心的人员基本生活都得到了保证。所有县市都建立了城镇居民最低生活保障制度。医疗、失业、工伤、生育保险制度改革取得实质性进

展。

农村改革进一步深化，基本完成了第二轮土地承包期延长30年合同续签到户工作，乡镇企业产权制度改革取得明显成效。金融、财税、投融资体制改革继续推进。城镇住房制度改革迈出重大步伐，住房二级市场在部分市县顺利启动。完成了东川、畹町、寻甸行政区划的的调整和变更。

（四）对外开放进一步扩大，对内开放成效明显

对外经贸努力克服亚洲金融危机的不利影响，全年完成进出口总额16.6亿美元，其中，边贸进出口额2.88亿美元，比上年增长1.2倍。实际利用外资2.38亿美元。澜沧江——湄公河次区域合作继续加强。同世界各国的友好交往进一步扩大，新缔结了两对友好城市。首次召开对内开放工作会议，确立了对内开放的总体思路、目标和重点。承办了六省区市七方经济协调会第15次会议，区域合作进一步巩固和增强。滇沪、滇粤等横向经济联合势头良好。全年签订国内合作项目1067项，引进省外到位资金33亿元，增长13.2%。

（五）实施科教兴滇战略力度加大，科技教育事业有了新的发展。

科技工作取得新的成绩，300多项成果获得省级以上奖励，1042项获专利授权。建成10个重点实验室和4个中试基地。55个县推广了电脑农业专家系统。省属应用型科研机构转制工作开始启动，民营科技进一步发展。省院、省校合作取得新的进展，共实施科技合作项目51个。大学科技园被列为全国首批试点单位。培养和引进高层次人才迈出了重大步伐，新增两院士3人，选拔出省级跨世纪学术和技术带头人培养对象45人。有组织地到省外引进亟需的优秀人才246人。

教育事业进一步发展。小学适龄儿童入学率达99%，又有20个县基本实现“普九”，11个县基本实现“普六”，16个县基本扫除青壮年文盲。中小学布局调整初见成效。民族地区、贫困地区办学条件不断改善。教师合格率有较大提高。高校“共建、调整、合作、合并”工作进展顺利，内部改革继续深化。职业教育、成人教育和民办教育有了新的发展。

（六）可持续发展观念逐步深入人心，人口、资源、环境工作得到加强

切实加强了计划生育的基层和基础工作，建立和完善经常性管理和服务机制，扩展和延伸基层服务网络，进一步促进了各族人民婚育观念的转变。全年人口自然增长率11.66%，完成了国家下达的人口计划。加强了土地资源管理，严格控制占用耕地，实现了占补平衡。

精神组织实施了滇池治理“零点行动”，列入考核的253户企业中98.4%排放已达标，滇池污染治理取得阶段性成果。以污水和垃圾处理为重点的城市环境整治工程取得明显进展。

全面实施天然林保护工程，有效遏制了超限额采伐、毁林开荒和乱占林地的行为。超额完成了当年植树造林和公益林建设任务。自然保护区和生物多样性保护工作进一步加强。制定了退耕还林（草）工作方案，进行了试点。生态建设工程开始启动。

（七）精神文明建设取得新成绩，民主法制建设继续推进

社会主义精神文明建设取得重大成果，创造了“爱国爱乡、知难而上、团结奋斗、争创一流、敢为人先”的世博精神。围绕建设民族文化大省，深入开展群众性精神文明创建活动，加大了艺术精品、民族文化和千里边疆文化长廊3大工程建设力度，建立了100个省级爱国主义教育基地和30个科普教育基地。昆明市被评为首批全国创建文明城市的先进城市。一大批精神文明建设的先进单位、先进个人受到中央和省的表彰。《壮丽中华》、《世纪木鼓》等作品获全国第七届“五个一工程”一本好书奖。建成了全省广播电视干线网，广播、电视人口覆盖率分别达到83.6%和86%。卫生事业继续发展，已有125个县基本达到初级卫生保健合格标准。全民健身运动蓬勃开展，竞技体育取得新突破，共获国内重大比赛金牌9枚、远南残疾人运动会金牌18枚。社会科学和决策咨询研究质量不断提高，推出了一批有影响、有水平的研究成果。双拥工作取得新的成绩，复转军人安置继续处于全国先进行列、军政、军民团结进一步增强。

民主法制建设得到加强。主动接受省人大的法律监督、工作监督和省政协的民主监督，广泛听取人大代表、政协委员以及专家学者的建设和

意见，积极配合省人大做好立法工作，全年提请省人大审议地方性法规12件，发布实施政府规章16件，政府依法行政的自觉性有新的提高。在全省所有市县开通了“148”法律服务专用电话，法律服务和保障能力不断加强。

深入开展“扫黄打非”，进一步整顿、净化了文化市场。强化社会治安综合治理，集中力量侦破了一批危害严重、影响恶劣的大案要案，严厉打击了走私和毒品犯罪，积极稳妥地处理人民内部矛盾，保持了社会稳定，维护了国家安全。取缔和打击邪教组织“法轮功”的斗争取得了决定性的胜利，对省内几个邪教组织也进行了坚决打击。

（八）“三讲”教育取得实效，政府机关作风明显改进

通过开展以“讲学习、讲政治、讲正气”为主要内容的“三讲”教育，省政府系统领导班子和领导干部增强了政治意识、大局意识、责任意识、纪律意识和廉洁意识，更加坚定了正确的政治方向、政治立场和政治观点。“领导当楷模，机关作表率，基层树形象”的要求得到进一步落实，政府机关的工作作风有明显改进，“三乱”等不正之风受到整治，反腐败斗争取得了阶段性成果。

各位代表，过去一年我们取得的成绩，是在邓小平理论指引下，在中共云南省委的正确领导下，在省人大的法律监督、工作监督及省政协的民主监督下，全省各族人民认真贯彻党中央、国务院一系列方针政策，团结拼搏、奋力开拓的结果，成绩来之不易。我代表省人民政府，向奋斗在全省各条战线上的工人、农民、知识分子、干部、人民解放军和武警部队官兵、公安干警以及各族、各界人士，表示崇高的敬意！向所有关心、支持和帮助云南发展的香港、澳门特别行政区同胞、台湾同胞、海外侨胞和国际友好人士，表示衷心的感谢！

在肯定成绩的同时，我们也清醒地看到，我省经济社会发展还面临着许多困难和问题，突出的是：社会有效需求不足，通货紧缩趋势尚未有效遏制，农民收入增长缓慢，国有企业经营困难，就业压力加大，实现财政收支平衡的难度较大。社会治安形势仍较严峻，保持社会稳定的任务还很艰巨。政府工作也存在缺点和不足，主要是：从云南实际出发，创造性地解决经济社会发展中出现的新情况、新问题的措施不够有力，科学化、民主化决策机制尚不健全，实际工作中因地制宜、分类指导和抓落实不够，机关作风有待进一步改进，少数干部以权谋私的问题时有发生，勤政廉政建设还需要进一步加强。所有这些问题，我们将高度重视，并在今后工作中认真加以解决。

二、明确目标，真抓实干，努力做好本世纪最后一年的各项工作

2000年是世纪交替之年，也是完成“九五”计划和本世纪末重要奋斗目标的最后一年。做好今年的工作，对于实现跨世纪发展的宏伟目标，具有承上启下的重大意义。

当前，我省经济社会发展既面临着极其难得的机遇，也面临着十分严峻的挑战。我们面临的机遇主要是：世界经济形势趋于好转，亚洲经济开始复苏，有利于我省扩大对外开放和加快经济发展；我国即将加入世界贸易组织，可为我省参与国际经贸合作创造便利条件；国家实施西部大开发战略，为我省跨世纪发展提供了强大动力；党的十五届四中全会提出了加快国有企业发展的目标、任务和措施，将进一步优化国有企业改革发展的环境；国家将继续实施积极的财政政策，有利于我省争取国家更多的支持；去年以来，江泽民等中央领导相继到云南视察工作，帮助我省解决了经济社会发展中的一些重大问题，极大地增强了全省人民加快发展的信心；中国'99昆明世界园艺博览会的成功举办，将在今后较长时期继续发挥延展效应。而我们面临的挑战主要是：世界经济发展中仍然存在着不确定、不稳定因素，我国加入世界世贸组织将会对我省一些行业和企业带来冲击，国内统一市场形成将使市场竞争更加激烈，云南经济结构和城乡结构不合理、发展不平衡、基础设施薄弱、劳动者素质低等制约因素短期内难以消除，烟草业面临的形势更加严峻，支柱产业单一的局面近期内尚难改变，扶贫攻坚依然是我们的一项长期任务。但总的来看，机遇大于挑战，希望多于困难。我们要认清形势，明确任务，抓住机遇，开拓进取，坚定信心，团结奋斗，脚踏实地做好本世纪最后一年的各项工作，为21世纪云南的全面振兴打下坚实的基础。

从2000年开始，国家将全面实施西部大开发战略。根据省委的要求，我们要把建设“绿色经济强省”、“民族文化大省”和“中国连接东南亚、南亚的国际大通道”，作为云南实施西部大开发战略的主要目标和重点工作抓紧抓好。建设“绿色经济强省”，就是要充分运用现代科学技术，大力开发云南具有比较优势的资源，巩固提高有利于维护良好生态的少污染、无污染产业，在所有行业中加强环境保护，不断改善和优化生态环境，促进人口、资源、环境与经济社会的协调发展。建设“民族文化大省”，就是要把建设具有鲜明特色的云南民族文化，同建设当代中国的社会主义文化紧密结合起来，突出我省的多样性文化、特别是少数民族文化特色，进一步弘扬博大精深的中华文化，全面提高全省各族人民的思想道德素质和科学文化水平。建设“中国连接东南亚、南亚的国际大通道”，就是要充分发挥云南从陆地、水路、空中沟通东南亚和南亚的优势，促进两种资源、两个市场的交流，推动贸易往来和国际经济技术合作的不断发展。要结合编制“十五”计划，抓紧制定好云南实施西部大开发战略的行动计划，明确目标、重点和有关政策措施，抓紧做好项目准备，加强与中央有关部门的衔接，争取有更多的项目列入国家计划。

根据中央的部署和省委的要求，今年省政府工作的主要任务是：以邓小平理论和党的基本路线为指导，深入贯彻落实党的十五大、十五届三中、四中全会、中央经济工作会议和省委六届八次、九次全会精神，大力推进两个根本性转变，进一步解放思想，深化改革，继续打基础、兴科教、调结构、建支柱，扩大对内对外开放，全面实施西部大开发、科教兴国、可持续发展、发展小城镇4大战略，努力实现投资和消费双拉动、国有企业改革脱困攻坚战和扶贫攻坚战双胜利、农民收入和城镇居民收入双增长、物质文明建设和精神文明建设双丰收，促进全省经济持续、快速、健康发展和社会全面进步，保持社会政治稳定，迎接新世纪的到来。

2000年经济工作的首要出发点是保持国民经济的较快增长，这是缓解当前各种矛盾的关键。如果没有一定的实实在在的增长速度，企业会更困难、就业压力会更大、影响社会稳定的问题会更多。为此，建议2000年国内生产总值增长预期指标为7%左右。确定这样的增长速度，对于我们克服当前经济生活中的困难，着眼于下世纪的长远发展十分必要。其它宏观调控的主要预期目标建议为：全社会固定资产投资增长12%；地方一般预算收入增长2%；商品零售价格和居民消费价格保持或略高于上年水平；外贸进出口总额增长4%；城镇居民人均可支配收入实际增长4%，农民人均纯收实际增长4%；城镇登记失业率控制在3.5%以内；人口自然增长率控制在11.90%以内。为实现上述目标，今年要重点抓好以下10项工作：

（一）努力增加投资，积极扩大消费

千方百计增加投资，对我省当前经济增长和长远发展至关重要。要认真落实银行贷款和地县、企业配套资金，切实抓好国家已批准的续建项目建设。继续加大交通、农田水利、能源、生态环境保护与建设等方面的投入，同时增加教育科技的投资。进一步加大对重点技术装备改造、高新技术产业和生物资源开发创新工程项目的扶持，提高产业整体技术水平。积极推进小湾电站等一批重大建设项目的前期工作，完善项目库。加快投融资体制改革，强化建设性财政资金的资本化运作和经营性功能；加大投资公司改革力度，完善项目科学化、民主化决策机制；继续拓宽投融资渠道，鼓励和引导集体、个体的投资，积极引进和利用外资，努力形成多元投资格局和鼓励投资、促进产业结构调整的价格机制。强化工程质量管理，加强稽查和审计监督，杜绝劣质工程和挪用项目资金。全面实行项目法人责任制、资本金制、招投标制和工程监理制。

进一步扩大城乡居民消费。广大农村是我省消费市场的潜力所在，要改善消费环境，为农民提供适销对路的商品和农用资料，千方百计开拓农村市场。提高改革的透明度，改善城镇居民收支心理预期。扩大和完善消费信贷，为居民住房和大件耐用商品消费创造更好的条件。积极推进住房制度改革，支持经济适用住房建设，进一步搞活住房二级市场。做好“假日经济”这篇文章，积极发展电信、旅游、文化、娱乐、体育健身等服务性消费。大力发展非义务教育，积极培育新的消费热点，不断拓宽消费领域。清理限制消费的规定，尽快出台刺激消费的政策措施，加强鼓励消费的宣传。进一步整顿市场秩序，严厉打击制假、售假等市场欺诈行为，深入开展“百城万店无假货”活动。

（二）大力调整产业结构，着力发展特色经济和优势产业

坚定不移地把结构调整作为经济工作的重点，继续稳定加强第一产业，优化提高第二产业，加快发展第三产业。在发展中加快结构调整，在结构调整中促进特色经济发展。

进一步调整、巩固、提高烟草产业。烤烟生产要进一步落实“双控”措施，优化布局和品种结构，提高质量和等级合格率。卷烟要把强化销售放在更加重要的位置，进一步加大市场开拓力度，根据需求变化调控产量和品牌，做到合理投放，搞好产销衔接，稳定和提高市场占有率；要积极开展技术创新和国际合作，不断改进工艺和技术，努力开发混合型卷烟等新产品、新品种，不断提高质量。大力整顿“两烟”市场，严厉打击制、贩、藏售假烟、走私烟，以及非法生产和超计划生产卷烟等不法行为。

加快生物资源开发产业的建设。认真实施生物资源开发创新工程，依靠现代生物技术，切实抓好以天然药物为重点的现代医药业，大力发展绿色食品和保健食品、花卉、香料、林产品等新兴行业。继续抓好传统生物资源开发行业的调整、改造和提高。蔗糖业要压缩甘蔗种植面积，提高单产和含糖率，优化生产加工布局，搞好综合利用；茶叶要进一步推广优良品种，搞好精深加工，培育品牌，扩大市场占有率；橡胶要稳定面积，不断提高质量和效益。

继续发展壮大旅游产业。组织国内外一流人才，制定、完善全省旅游规划。加强旅游基础设施建设，大力发展融自然风光、人文景观为一体的特色旅游和生态旅游。建设一批精品旅游线路和景区景点，创造一流服务。大力开发旅游商品。发挥世博会后续效应，加大国内外客源市场开拓力度，办好首届中国昆明国际旅游节，努力保持旅游业的持续快速发展。

继续培育以磷化工和有色金属为重点的矿产业。要以市场为导向，加快产品和企业组织结构调整，运用先进技术改造传统工艺，提高深度加工和综合利用水平，使矿产业的经济效益和生态效益有明显改善。充分用好国家赋予我省的外商投资勘查开采矿产资源审批权，积极引进国内外大公司参与矿业勘探和开发。

大力发展特色经济，着力培育优势产业、龙头企业和名牌产品。以现代生物技术及医药、新材料、电子信息、机光电一体化和环保技术为重点，加快高新技术产业发展。继续扶持建筑建材业，努力推动体育、文化等新兴产业的成长，不断培育新的经济增长点。

（三）大力推进农业和农村经济的战略性调整，千方百计增加农民收入

大力推进农业和农村的战略性调整，把农业和农村经济的发展真正转到以质量和效益为中心的轨道上来，努力增加农民收入，是现阶段农业和农村经济发展的根本出路，也是当前和今后一个时期农业和农村工作的中心任务。

要以市场为导向，着力调整农业结构，加快农业产业化进程。认真实施种子工程，建立良种繁育基地，大力改良品种，扩大优质高效农副产品的生产。稳定农业科技推广体系，普及新型适用农业技术，继续推广电脑农业专家系统。大力发展特色农业，积极发展冬季农业、城郊农业、创汇农业、订单农业和畜牧业，搞好农产品精深加工，加快粮食转化，推动农业结构调整不断取得新的突破。

进一步加强农村流通体系建设。坚持和完善农产品流通体制改革的各项政策，加快供销社改革步伐，充分发挥龙头企业在搞活流通中的重要作用。发展农村非农产业，积极组织引导农民外出务工、经商。加强农产品质量标准体系和市场信息网络建设。建设一批农产品批发市场和零售、集贸市场，努力形成灵活、高效的农产品流通体系。坚定不移地贯彻执行中央关于粮食流通体制改革的各项政策，坚持按保护价敞开收购农民余粮，搞好国有粮食购销企业改革。

加强以水利为重点的农业基础设施建设。全面完成2500万亩稳产高产农田建设任务。抓紧建设重点水利工程，继续搞好节水灌溉示范工程、大型灌区配套工程和小流域治理。持之以恒地开展以“五小”工程为重点的山区水利建设，支持集体、农户以多种形式建设和经营小型水利设施，基本解决人畜饮水困难。

积极推动乡镇企业实现二次创业。结合小城镇建设，引导乡镇企业向城镇和交通沿线集中。鼓励发展符合农业产业化经营方向的种、养、

加、销“一条龙”企业，壮大旅游、餐饮等服务业和商贸、农产品销售等流通业，积极发展专、精、特、新小企业。总结推广玉溪大营街等地乡镇企业改制的成功经验，加快乡镇企业的产品、技术和机制创新，鼓励使用新技术、新工艺改造乡镇企业。切实加强企业管理，不断提高经济效益。

继续稳定党在农村的基本政策，不断深化农村改革。认真贯彻《云南省土地承包条例》，依法保护农民的土地经营自主权和使用权，依法实行土地使用权转让流转，发展适度规模经营。认真清理对农业、农民、乡镇企业的各种摊派、不合理收费和隐性负担，禁止一切要农民出资、出物、出工的达标升级活动，不得搞任何形式的以资代劳。严格执行农业税收法规和提留统筹政策，对农业税费和提留统筹款不得提前征收和一次性集中征收。选择个别县进行农村税费改革试点。

努力完成扶贫攻坚任务。今年是我省实施“七七扶贫攻坚计划”的最后一年。要进一步落实责任制，以解决温饱为中心，以贫困村为主战场，以贫困户为对象，以改变基本生产生活条件和发展种养业为重点，加大扶贫工作力度。继续抓好温饱村和特困村安居工程建设，搞好异地开发扶贫，力争今年再转移7万人。进一步加大小额信贷扶贫工作力度，强化资金管理，提高使用效益。加强定点挂钩扶贫，巩固和发展滇沪对口帮扶。加快科技扶贫步伐，不断提高贫困群众的科技水平和市场意识。力争今年再解决100万贫困人口的温饱，实现基本解决贫困人口温饱的目标。

（四）切实搞好“三改两加强”，为国有企业改革发展创造良好环境

加快国有企业改革改造步伐。列入省改革脱困计划的236户国有大中型企业，除极少数必须由国家垄断经营的以外，大部分企业要逐步实现股权多元化，建立现代企业制度，完善法人治理结构。加大企业内部劳动、人事和分配制度改革，积极试行经营者期权和年薪制，扩大职工持股。继续加大企业组织结构调整力度，加快培育有竞争力的大集团、大企业，提高重大装备工业的技术水平。搞好搞活中小企业，关闭破产一批无市场、无效益、破坏资源、污染环境的企业。大力引进国内外先进技术，搞好重点行业、重点企业、重点产品和重点工艺的技术改造，坚决淘汰落后的生产工艺和技术。抓紧列入国家重点技改项目的实施工作，用好国债贴息资金。在搞好搞活国有工业企业的同时，继续深化国有商业企业、外贸企业、农垦企业的改革。

突出抓好企业管理和领导班子建设。要根据市场变化，正确制定企业发展战略、技术创新战略和市场营销战略。深入扎实开展好“苦练内功年”活动，认真学习邯钢经验，从严治企，狠抓成本和质量管理，不断挖潜增效。向国有大中型企业派出稽查特派员，搞好对国有企业的监督。建立和完善规章制度，高度重视和加强安全生产。要切实加强对企业领导班子的管理，取消企业领导干部行政级别，实行企业经营者任职资格认定和聘用制，搞好任期经济责任审计。认真落实对企业领导班子“重帮、重管、重奖、重惩”的措施，对少数问题突出的领导班子要坚决整顿。

搞好各项配套改革，努力为国有企业改革发展创造良好环境。本着区别对待、分类指导的原则，逐步剥离企业办社会负担。构筑新型银企关系，支持有条件的企业上市融资，帮助企业扩大直接和间接融资的规模和范围。金融部门要适度增加货币供应，加大对企业发展的支持力度。认真抓好已列入国家“债转股”计划的后续工作，搞好省内财政借款的“债转股”。进一步完善零基预算，加快实施综合财政预算，研究制定并逐步实施国库集中支付制度，努力实现向公共财政职能转变。继续鼓励企业实行减员增效、下岗分流，支持有条件的企业实行主辅分离、转岗分流。办好企业再就业服务中心，开展各种形式的技能培训，引导职工树立正确的择业观念，积极促成下岗职工再就业。建立健全社会保障体系，依法扩大社会保障覆盖面，提高养老保险费用收缴率；全面启动医疗保险制度改革，继续推广失业、工伤、生育保险；认真落实“三条保障线”政策，确保国有企业下岗职工基本生活费、企业离退人员基本养老金和城镇居民最低生活保障金按时足额发放。

在搞好国有经济战略性调整和国有企业战略性改组的同时，大力调整所有制结构，加快非公有制经济发展。继续加大对重点私营企业的扶持

力度，切实解决非公有制企业在土地征用、贷款、担保等方面的困难。加快建立中小企业信用担保体系，发展和完善技术创新、人才培训和社会化服务体系。加强产业政策引导，防止低水平重复建设，为非公有制经济的发展创造良好环境。

（五）进一步扩大对内对外开放，努力开拓国内外市场

以扩大出口为重点，认真实施大经贸战略。巩固发展港、澳、台和东南亚市场，继续拓展东亚、南亚及欧美市场，进一步扩大与世界各国的经济交往与合作。鼓励和支持有条件的企业在国际市场设立出口商品分拨中心或分拨点。着力调整出口商品结构，重点扶持优势产品和高附加值、高科技含量的商品出口，支持优势企业到海外投资办厂，开展境外加工贸易。不断扩大海外承包工程和劳务合作，带动设备、原材料出口和劳务输出。进一步向中央争取优惠政策，推动边境贸易再上新台阶。切实抓好外经贸体制改革，鼓励国有大型生产企业自营进出口，授予有条件的非公有制企业自营出口权，组建一批有规模、有实力的外贸企业集团。

进一步加大吸引外资力度，提高利用外资水平。积极改善投资软、硬环境，健全投资法律保障体系，切实保护投资者的合法权益。放宽外商投资在技术转让等行业持股比例的限制，鼓励外商投资农业基础设施、环保产业和高新技术产业。努力吸引世界著名跨国公司、综合商社、大企业和大财团的投资。进一步做好引资建设兰坪铅锌矿的工作。争取金融、旅游、商业、保险、电信等服务领域进行利用外资试点。支持采用特许经营、产权交易和股权转让等方式利用外资。充分发挥海外华人华侨引资、引智的作用。加快发展我省与港澳台地区的合作。进一步推动澜沧江——湄公河次区域合作和我省与南亚公河国际航运，加快建设中缅陆水联运通道。加强口岸建设，改善管理，不断增进与周边国家的睦邻友好关系。办好第八届“昆交会”。认真研究和制定我国加入世贸组织后云南的对策措施，因势利导，趋利避害，做好应对工作。

加快对内开放步伐。继续巩固和增进六省区市七方区域合作，全面加强与上海、广东等沿海地区的合作，大力推进省院、省校和省部合作，多方吸引省外企业到云南投资；切实抓好省内的联合与协作。全力开拓国内市场，鼓励和支持我省企业向省外拓展，不断扩大我省优势产品在国内市场的占有率，积极扩大劳务输出，推动对内开放向纵深发展。

（六）加快小城镇建设，推进城乡协调发展

小城镇建设是继家庭联产承包、乡镇企业之后，农村经济发展的又一次飞跃，是云南经济新增长点。要按照江泽民总书记提出的“合理布局、科学规划、规模适度、注重实效”的方针，把小城镇建设纳入国民经济和社会发展规划，并与交通干线建设、乡镇企业集中连片开发、县域经济发展、市场建设结合起来，走“以地生财、以财建镇、以镇招商、以商带农”的路子。切实安排好水、电、路、市场、教育、卫生等各类基础建设，认真搞好城乡户籍制度改革，争取形成一批适应不同经济发展水平、各具特色、环境优美的新型小城镇，使之成为农村区域经济和文化中心。

进一步推进城市化进程。抓紧全省城市规划的编制、修编和审批。从长远看，在加快发展昆明及其卫星城市的同时，要有重点地发展几个大城市，再建设一批中等城市和小城市，逐步形成以中心城市群、沿路城市带、沿边城镇点为骨架的城市体系。

（七）深入实施科教兴滇和可持续发展战略，不断增强现代化建设的活力和后劲

以促进科技成果产业化为重点，加快科技进步，提高技术创新能力。大中型企业都要通过联办、自办、委托等方式建立研究开发机构，发挥技术创新的主力军作用。大力推进产学研一体化进程，在省重点培育的大企业和集团公司中建立若干个国家级和省级技术开发中心，组织实施一批重大技术创新工程。积极支持中小科技企业加快发展。继续加强重大农业科技成果和先进适用技术的试验、示范及推广，加快传统农业向现代农业转变。加大攻关力度，力争在发展优质高效农产品的关键技术研究和开发方面取得突破、积极推动掀起一场新的农业科技革命。基本完成省属应用型科研机构的改革转制工作，加快其它非应用型科研机构的分类改革。积极推进重大课题和省院、省校合作项目招投标制度的实施。继续加快高新技术及其产业化的发展进程，办好大学

科技园和软件园，启动留学生创业园，进一步发挥高新技术产业开发区的示范带动作用。组织实施好国家已批准的29个高技术产业化项目，实施政府上网工程，建设云南野生种质资源库。抓紧建设“中华生物谷”的论证。促进哲学和社会科学的繁荣发展。在全社会大力普及科学知识，反对愚昧迷信。

以加强德育教育、培养创新精神和实践能力为重点，全面推进素质教育，坚持把“两基”作为教育工作的重中之重，今年“两基”投入增至5亿元，新增12个县普及六年义务教育，21个县普及九年义务教育，扫除青壮年文盲30万人。坚持以集中办学为方向，按照宜并则并、需增则增的原则，优化调整中小学校点布局。加大对民族地区、贫困地区教育的扶持力度，提高省定寄宿制、半寄宿制学校学生的生活补助标准，对边境沿线乡镇中小学生免除学杂费、课本费和文具费。在民族地区中小学加强汉语言文字和外语教学。积极发展高中阶段教育，调整中等专业学校布局，加快发展成人教育和高等职业技术教育。结合政府机构改革，把过分集中的省级教育管理权限下放到地州市和学校。加快高校内部管理体制改革，进一步调整专业和学科设置，充分挖掘办学潜力，继续扩大招生规模，不断提高教学质量和办学效益；力争用3年左右的时间，基本实现高校后勤服务社会化。按照“积极鼓励、大力支持、正确引导、加强管理”的方针，采取国有民办、民办公助、民有民办、股份合作、中外合资全作办学等多种形式，放手发展民办教育。充分运用现代信息技术，建立远程教育网络。加强教师队伍建设，不断提高教师素质。

加大力度培养和引进高层次人才，采取选派优秀中青年人才到国内外深造、建好博士后科研流动站和博士后工作站以及发展研究生教育等多种形式，加快培养跨世纪学科、技术带头人和其他高层次人才。完善激励机制。对作出重大贡献的各种人才给予重奖，逐步提高高层次人才的待遇。积极引进云南亟需人才，设立特聘教授（研究员）岗位，实行公开招聘，并试行年薪制；逐步建立海外人才信息库和工作网络，鼓励海内外优秀人才来云南创业。同时，要更加重视培养各种不同层次的实用技术人才，更好地发挥他们的作用。

继续促进人口、资源、环境与经济社会发展相互协调。计划生育工作要继续巩固“三为主”、搞好“三结合”，提倡优生优育，严格控制人口增长，不断提高人口素质。要特别加强对少数民族地区、边远地区、人口大县及流动人口的计划生育管理和综合服务。认真搞好第五次人口普查。重视和切实做好老龄工作。要认真贯彻《环境保护法》、《森林法》、《水土保持法》和《土地管理法》，搞好生态环境保护和建设。积极开发节能降耗新技术、新产品，推广使用清洁能源、新能源和新材料。高度重视水、矿产等资源的综合利用；严禁乱占滥用土地，切实保护耕地，确保占补平衡。继续实施好长江上游天然林保护工程，全面启动珠江、澜沧江、南汀河流域防护林工程。认真按照“退耕还林（草）、封山绿化、以粮代赈、个体承包”的要求，全面完成今年退耕还林还草任务。继续搞好六大水系的环境保护，加大以滇池为重点的九大高原湖泊水污染的防治力度。全省已确定的1042户重点考核企业要在年底前实现达标排放，不能达标排放的要依法责令停产治理。加强自然保护区建设和生物多样性保护。

（八）以建设民族文化大省为重点，切实加强精神文明建设

组织和引导全省人民认真学习马列主义、毛泽东思想和邓小理理论。深入开展爱国主义、集体主义、社会主义和艰苦奋斗教育，马克思主义唯物论、无神论和科学精神教育，形势政策、民主法制和社会稳定教育。普及社会公德、职业道德和家庭美德，提高全省人民的思想素质和文明水平。按照唱响主旋律、打好主动战、促进改革开放、维护社会稳定的方针，加强思想政治工作。深入持久地开展文明城市、文明社区、文明村镇、文明行业和文明单位等精神文明创建活动，使精神文明建设深入人心。树立精品意识，切实抓好以“五个一工程”为龙头的艺术精品工程和民族文化，启动千里边疆文化长廊建设二期工程。

努力推进文化、卫生、体育、新闻出版、广播电视和档案、图书等各项社会事业健康发展。深化文化体制改革，加强文化市场和新闻出版物的管理。切实抓好农村卫生、预防保健和中医药工作。广泛开展全民健身运动，提高体育竞技水平。进一步提高广播电视人口覆盖率。认真实施我省妇女儿童“九五”发展规划，努力实现各项工作目标。

保护好文物古迹和历史文化名城，抓紧抢救、发掘和整理民族文化遗产。积极开展民族民间群众文化活动，创作一批具有地方民族特色的文学艺术作品。大力开发具有浓厚民族文化内涵的旅游业、民族民间工艺作品和民族服装服饰。以标志性建筑为重点，切实加强民族文化基础设施建设。

（九）加强民主法制建设，推进依法治省进程

进一步完善向省人大及其常委会报告工作和向省政协及其常委会通报工作的制度，自觉接受省人大的法律监督和工作监督，主动接受省政协的民主监督。事关全局的重大决策和重要措施，出台前都要听取省人大、省政协的意见和建议。认真办理人大代表建议和政协提案。建立健全科学化民主化决策机制，努力提高决策水平。重视人民群众来信来访，自觉接受人民群众和社会舆论的监督。加强基层民主建设，推进以民主选举、民主决策、民主管理、民主监督为主要内容的村民自治。不断探索城市街道和社区民主自治的内容和方法。全心全意依靠工人阶级，继续坚持和完善以职工代表大会为基本形式的企业民主管理制度，开展民主评议企业领导人。全面实行政务公开、厂务公开和村务公开。

抓紧市场规范、资源管理、环境保护、社会保障与稳定、减轻农民负担等方面地方性法规的起草和政府规章的制定。认真搞好普法教育，使全省人民都能学法、懂法、守法，自觉运用法律武器维护自己的权益，维护法律的尊严。发展法律中介服务，增强法律服务和法律保障能力。

（十）妥善处理好各种利益关系，切实维护社会稳定

搞好社会稳定工作，是今年全省的一件大事。要正确处理好改革力度、发展速度和人民群众承受程度之间的关系，始终注意维护人民群众的利益，关心群众生活，努力使全省工人、农民、知识分子等基本群众共同享受到改革发展的成果，让群众对改革和发展感到安心、放心，对未来充满信心。逐步提高城镇居民特别是中低收入者的实际收入，调节和规范收入分配。切实解决好下岗职工、特困企业职工、灾区和贫困地区群众的生活困难。最近我省姚安和丘北—弥勒等地发生强烈地震，全省各地也不同程度地遭遇了霜冻灾害，给人民生命财产造成严格损失，要妥善安排好灾区群众的生产生活，确保受灾群众安全过冬，过好春节。各级政府要发动群众抗灾救灾，把地震和霜冻造成的损失减少到最低限度。要正确处理新形势下的人民内部矛盾，着重解决好改革中群众关心的突出问题，防止局部问题扩大和矛盾激化。加强对社团和民间组织的管理，依法保护合法宗教，引导他们在维护社会稳定、促进安定团结方面发挥积极作用。

严密防范和严厉打击境内外敌对势力的破坏活动，加大反“分化”、反“西化”、反渗透斗争的力度，确保国家安全和边疆民族地区稳定。坚决依法打击“法轮功”等邪教组织。严厉打击各种刑事犯罪活动，重点打击毒品犯罪和严重暴力犯罪，积极落实社会治安综合治理的各项措施。预防和打击经济犯罪。坚持不懈地“扫黄打非”，努力清除各种社会丑恶现象，创造更加安定良好的社会环境。

三、切实加强政府系统自身建设，更好地担负起党和人民赋予的历史重任

加强政府系统自身建设，直接关系到各级政府在人民群众中的形象，关系到改革、发展、稳定的大局，关系到跨世纪经济社会发展各项任务的完成。我们一定要高度重视和切实抓好各级政府的自身建设，不断提高政府工作的效率和水平。

（一）解放思想，更新观念

要按照省委的要求，广泛深入地开展“以改革开放为动力，以调整结构、开拓市场、搞活流通为主题”的解放思想大讨论。紧密联系思想和工作实际，破除唯书唯上、重生产轻流通、封闭保守和“等、靠、要”等错误思想，树立创新意识、市场意识、竞争意识、开放意识、效益意识。各级政府领导要以身作则，组织、引导广大干部群众以强烈的责任感和高昂的热情投身到解放思想、更新观念的大讨论中去，以观念的更新促进各项工作的开展。

（二）依法行政，强化监督

依法行政是依法治省的重要内容。要把维护人民群众的最大利益作为政府工作的出发点和归

宿，切实保护公民的合法权益，维护公共利益和社会秩序，保证政府工作在法制轨道上高效运行，把依法行政真正落实到政府工作的各个方面、各个环节；要认真学习和严格遵守法律、法规，严格执行党和国家的政策，严守纪律，带头依法办事，依法决策，依法处理问题，成为自觉学法、用法、守法的模范；要按照法定权限和程序，加强行政立法工作，切实提高立法质量；加大行政执法力度，切实做到有法必依、执法必严、违法必究，确保政令畅通。领导干部要敢于抓管理，敢于碰硬，同时也要善于抓管理，适应改革开放的新形势，采取切实有效的方法和手段，进一步整顿执法队伍，着力提高干部素质，努力培养一支政治强、业务精、作风硬的行政执法队伍。积极推行行政执法责任制和评议考核制。强化行政执法监督，加强各级政府对下级政府和所属各部门执法的检查和监督，及时纠正行政执行机关违法和不当的行政行为。认真贯彻实施行政复议法，完善行政复议制度，切实做到有错必纠。

（三）改革机构，转变职能

根据中央的统一部署，年内要全面完成全省各级政府的机构改革任务。要按照“精简、效能、统一”和政企、政事分开等原则，搞好机构改革。切实转变政府职能，政府对经济社会的管理要从以行政手段管理为主，转到以经济和法律手段管理为主的轨道上来，真正做到按经济规律办事，按法律、法规和规章制度办事。要结合机构改革，搞好人员分流，推进竞争上岗和轮岗，加强公务员队伍建设。在机构改革中，各级政府和各部门领导要亲自抓，精心组织，确保改革方案的落实。要做好深入细致的思想政治工作，保持机关干部思想稳定和日常工作的连续性，做到人心不散、秩序不乱、工作正常运转。在搞好政府机构改革的同时，积极推进事业单位改革。

（四）勤政廉政，当好楷模

要从关系党和国家前途命运的高度，充分认识加强政府勤政廉政建设的重要性和紧迫性。要刻苦学习，乐于奉献，兢兢业业，创造性地开展工作。要坚决执行党中央、国务院的廉政准则、中纪委四次全会的有关规定以及省委“五不准”和省政府“五要五不要”，进一步搞好领导干部廉洁自律和政府机关廉政建设。要切实加大从源头上预防和治理腐败工作的力度，强化预算外资金管理，实行收支两条线。对行政事业单位领导干部继续进行任期经济责任审计。积极推行政府采购制度。在政府机关、财政拨款的事业单位及有政府授权收费或罚没职能的事业单位试行会计委派制。公安、司法机关不准再经商办企业，政府机关要与所办经济实体彻底脱钩。继续加大反腐败斗争的力度，集中力量查处大案要案，对腐败分子要严厉打击，坚决清除，决不心慈手软。

（五）改进作风，服务基层

要坚持全心全意为人民服务的宗旨，不断改进思想作风和工作作风，争做人民满意的公务员。扎扎实实地开展好“为基层服务年”活动，坚持从群众中来，到群众中去，深入基层调查研究，认真总结群众的成功经验，真心实意为基层排忧解难。精简会议，减少公文总量，简化各种礼仪活动。切实解决机关存在的“门难进、脸难看、话难听、事难办”的问题，对违反规定的机关工作人员要作出严肃处理。继续加大治理“三乱”的力度，重点整治医药购销中的不正之风和报刊杂志征订中的强制行为，抓好对国债专项资金和社会保障基金使用情况的执法监察，切实减轻农民和企业的负担。巩固治理公路“三乱”和中小学校乱收费的成果。坚持说真话、办实事，力戒空谈、狠抓落实，力戒奢侈、勤俭办事，努力形成廉洁、务实、服务、高效的良好政风。

（六）搞好“三讲”，巩固成果

用整风精神深入开展以“讲学习、讲政治、讲正气”为主要内容的党性党风教育，是做好政府工作的强大动力。省和地州市“三讲”教育告一段落的地方和单位，要深入搞好思想教育，组织“回头看”活动，扎扎实实抓好整改措施的落实，巩固和扩大已经取得的成果。坚持高标准、严要求，搞好县级政府领导班子和领导干部的“三讲”教育。正确处理好“三讲”教育与当前工作的关系，努力做到两不误、两促进、双丰收、以“三讲”教育推动思想作风和工作作风的转变，促进政府各项工作更好地开展。要把“三讲”教育作为加强各级政府领导班子和领导干部自身建设的重中之重，切实抓紧抓好，全面实现“三讲”教育的既定目标。

各位代表，我省是多民族聚居地区，搞好民族工作，直接关系到全省改革、发展、稳定的大局。要坚持民族区域自治制度，认真贯彻落实好中央民族工作会议和全省民族工作会议精神，加快少数民族和民族地区发展，落实好党的民族和宗教政策，妥善处理好民族关系，加强民族团结，努力实现民族地区的繁荣振兴，不断开创我省民族工作的新局面。

中国人民解放军和中国人民武装警察驻滇部队官兵，是保卫祖国边防的坚强柱石和支援云南经济建设的生力军，在云南社会主义现代化建设中发挥着极其重要的作用。我们要积极支持军队的现代化建设，进一步重视国防教育，完善国防动员体制，加强民兵、预备役部队建设，做好复员转业军人安置工作，深入开展拥军优属和军民共建活动，不断巩固军政、军民团结。

各位代表，我们正处在跨世纪发展的重要历史时期，我们肩负的任务光荣而艰苦。让我们高举邓小平理论伟大旗帜，更加紧密地团结在江泽民同志为核心的党中央周围，在中共云南省委领导下，团结奋斗，锐意进取，兢兢业业，扎实工作，全面完成今年经济、社会发展的各项任务，为云南在新世纪的全面振兴创造良好开局！

明确任务　重点突破
努力把省技术创新工作提高到新水平

——在全省技术创新工作会议上的讲话

（2000 年 2 月 25 日）

省　长　李嘉廷

同志们：

这次全省技术创新工作会议，是省委、省政府继 1998 年召开的加快发展高新技术产业工作后召开的又一次重要会议。会议的主要任务是：认真贯彻落实全国技术创新大会和《中共中央、国务院关于加强技术创新，发展高科技，实现产业化的决定》精神，进一步提高我省技术创新的能力，深入实施科教兴滇战略，为云南在新世纪的全面振兴提供强有力的保障。刚才，令狐安同志作了重要讲话，明确提出了我省技术创新的基本思路和工作重点，对新世纪全省经济、科技、社会的发展具有重要指导意义，我们要认真学习，抓好落实。下面，从政府工作的角度我讲几点意见。

一、深刻认识加快技术创新的重要性和紧迫性

改革开放以来，我省坚决贯彻落实小平同志关于“科学技术是第一生产力”的思想，认真实施科教兴滇战略和可持续发展战略，技术创新工作得到进一步加强，取得了很大的成绩。主要体现在：

（一）科技创新体系建设初见成效。到去年底，全省已有 263 家大中型企业建立了技术开发机构，从事科技开发活动的人员近万人。民营科技企业达 1800 多家，国有独立科研机构 146 家。26 所高等学校已建立 45 家科研机构、1 个国家级工程研究中心和 2 个产学研联合开发中心。科技咨询服务和情报、专利文献服务也有了新的发展。

（二）技术创新基础设施建设取得进展。1992 年以来，我省已建成验收 10 个重点实验室和 3 个中试基地，新配置了生物传感器等离子发射光谱仪、基因测序仪等一批先进的仪器和设备，建立了国家贵金属材料工程技术研究中心、国家固体废弃物资源化利用工程研究中心和 3 个

国家级企业技术中心。包括光纤通信、卫星通信、计算机网络在内的各类信息网络建设也取得了明显进展。

（三）以昆明高新区为代表的各类科技园区进入了全面开发建设的新时期。昆明高新技术产业开发区已初步形成了以新型科技企业为主体，以创业服务中心、高新软件园、大学科技园为支撑的技术创新体系。目前，高新区共有进区企业400多家，其中经认定的高新技术企业150家。高新技术创业服务中心已被认定为国家高新技术创业服务中心，纳入国家创新体系建设规划。开发区有利于科技创新的政策法规体系也已初步形成。

（四）自主研究开发与引进吸收创新迈出了可喜步伐。“八五”期间，我省重点围绕加强农业等基础产业，培育、发展支柱产业和优势产业，促进社会发展等方面加强了科技攻关，安排实施了16项114个攻关课题，大部分成果达到了国内先进水平。“九五”前三年，又安排17项103个攻关课题。这些课题成果，对推动我省科技和经济的紧密结合发挥了积极的作用。我省还通过开展国际科技合作与交流，引进消化国外先进技术，提高自主创新能力。目前，已与60多个国家和地区建立了科技合作与交流关系，与欧洲联盟、联合国教科文组织、粮农组织、开发计划署等10多个国际组织建立了合作关系。在国内率先实行省院、省校合作，组织实施了一大批合作项目，取得了明显效果。

我省技术创新工作虽然取得了很大成绩，但仍然存在着一些难点和障碍：

（一）思想上存在畏难情绪。云南地处祖国西南边陲，交通信息等比较落后，发展科技事业的基础条件不够好，有些同志就认为云南没有技术创新能力，不敢想，不敢试，不敢大胆开展工作。事实上，技术创新是市场经济条件下的必然选择而不是一种奢望。实践证明，只要我们实事求是，解放思想，大胆探索，完全可以走出一条独具特色的创新之路。在这次会前调研中，我们看到昆明船舶设备集团公司、昆明风驰明星信息产业集团等企业，冲破地处云南的“边缘意识”，引入国际先进技术，努力消化、吸收、创新，敢于与国际、国内强手竞争并取得了成功。他们的做法和经验，值得认真总结和推广。

（二）技术创新体系还不够完善。特别是企业的技术创新主体地位还未确立，有的企业虽已建立了技术开发机构，但尚未真正发挥作用，有的甚至流于形式。量大面广的中小型企业绝大多数还没有建立起稳定的技术依托，大多数高新技术企业和民营科技企业规模较小，创新能力不足。企业技术创新活动所需的各种功能和要素仍被分割在各种社会组织之中，尚未有机组合起来。

（三）经济与科技“两张皮”的问题没有得到真正解决。科研成果的转化率总体上仍然较低，一些产学研合作项目未能取得产业化进展。科研脱离市场、追求论文效应的问题仍然突出，有的科研成果仅作为样品、展品，没有产生应有的社会经济效益。项目合作仍以政府推动和政府投资为主。科研机构、大学和企业之间尚未建立有机的联系，有利于高新技术产业化的体制和机制也还没有形成。

（四）具有自主知识产权的技术创新能力严重不足。我省的应用技术多属国内外企业或科研机构已采用多年的技术，技术创新过程以引进或跟踪模仿创新为主，具有自主知识产权的技术和专利成果不多。这对缩小我省在技术水平上与国内外的差距，形成具有自主知识产权的技术优势极为不利。

（五）技术创新能力还远不能适应经济社会发展的需要。我省高素质、高水平科技人才和复合型人才少，精干高效的技术创新队伍没有完全形成。信息网络化程度低，已建设的工程中心、重点实验室、中试基地的功能尚未充分发挥，高新技术园区辐射能力不强。企业研究开发经费不足，渠道单一。技术创新水平仍处于全国后列，难以起到支撑全省产业结构、产品结构调整升级，有力推进经济社会全面发展的作用。

当今世界，经济发展正进入一个新阶段，这个阶段一个显著的特点，就是技术专利等知识要素对经济增长起着越来越大的作用，成为最重要的生产要素。创新技术，开发新产品，已成为世界各国经济增长最重要的手段。美国经济连续107个月的持续增长，创造了资本主义世界的历史新纪录，人们普遍认为信息技术为代表的高技术产业迅猛发展起到了主要作用。技术创新在西方国家已被视为经济增长的发动机。纵观天下大势，技术创新对我省经济持续、快速、健康发展同样具有决定性的作用。加强技术创新，发展高科技，实现产业化，是我省深入实施科教兴滇战略的根本要求，直接关系到云南能否在新世纪实现经济社会的全面振兴。江泽民同志指出："创新是民族进步的灵魂，是国家兴旺发达的不竭动力"，我们要深刻理解这句话的重要含义，充分认识加快技术创新的重要性和紧迫性：

*（一）技术创新是提高我省综合竞争力的关键所在。*技术创新是一个从新思想的产生，到产品设计、试制、生产、营销和市场化的过程，也是知识的创造、流通和运用的过程。它不仅包括新产品的研究开发，还包括观念创新、机制创新、工艺和生产方式创新、经营管理方式创新、材料创新、市场开拓和营销方式创新等方面的结合。世界经济发展越来越快，技术创新的步伐也呈加速之势，谁拥有了新技术、新产品，谁就拥有了竞争的主动权。标志着当代人类文明最新成果的产品和产业，如计算机、通信设备等新产品、新技术层出不穷，一种产品在市场的领先期仅一、两个月，令人目不暇接。一个国家、一个省、甚至一个企业综合经济实力的竞争，在新旧世纪交替的今天，已逐渐演化为技术创新能力的竞争，"创新则兴，不创新则亡"。我省有许多具有巨大市场潜力的优势资源，但由于缺乏新的开发技术而难于创造好的经济价值；有的产业，如矿业等，虽然也经过了多年的开发，但由于产品技术含量低，精、深开发的技术不足，主要依靠供应原材料和初级产品，因而未获得应有的经济效益。而烟草等产业在90年代的崛起，就是由于重视了技术进步，从而创造了产品优势，显示了在国内市场强大的竞争力，对云南经济发展起到了支撑作用。可以说，能否实现技术创新，已经成为我省能否提升综合竞争力的关键所在。

*（二）技术创新是促进我省经济持续快速健康发展的关键所在。*改革开放以来，我省的社会主义现代化建设事业获得了长足的发展，极大地增强了全省人民加快经济发展的信心。但是由于云南基础较差，起点较低，经济社会发展的速度还不够快，目前仍处于社会主义初级阶段的低层次。人类不能跨越历史发展阶段，但可以缩短历史发展进程。英国通过工业革命崛起，德国、日本通过技术创新成为世界强国的实践证明，一个国家经济发展的历史就是技术创新的赶超历史，只有创新才能造就跨越式发展。云南要早日达到全国中等省份的发展水平，缩小与沿海省区的差距，只能寄希望于技术创新。在短缺经济结束，相对过剩经济开始显现的宏观市场条件下，要解除通货紧缩和需求不足的制约，更有赖于通过技术创新来创造需求，引导市场。只有这样，才能培育出新的经济增长点，为云南经济持续、快速、健康发展提供不竭的动力。

*（三）技术创新是我省参与西部大开发，建设绿色经济强省的关键所在。*今年，国家将全面实施西部大开发战略，许多有利于西部省区经济社会发展的政策措施正在陆续出台。面对这一千载难逢的机遇，我省提出了发展特色经济，建设绿色经济强省，走符合云南实际的可持续发展之路的发展思路。建设绿色经济强省，既要在"绿色经济"上作文章，更要在"强"字上作文章。绿色经济是特色，强是质量、效益，也就是实力。要靠绿色经济的发展支撑起全省国民经济的宏伟大厦。绿色自古有之，但作为一种经济，作为一种富民强省之首，非靠高科技不足以起支撑作用，非靠技术创新不足以圆强省之梦。而实现这一目标，最重要的就是充分吸引国内外资金、技术、人才，运用现代科学技术，全面依靠技术创新这一有力手段，大幅度提高产业和产品的科技含量，尽快开发出我省具有自主知识产权、能推动绿色产业发展的专门技术，促进经济增长方式由粗放型向集约型转变。可以这样说，加快西部大开发，建设绿色经济强省，最重要的希望，就在于高起点、高水平、大规模的技术创新。

二、进一步明确我省加快技术创新的指导思想和目标任务

根据云南经济社会发展的战略需要，我省加快技术创新，发展高科技，**实现产业化的指导思想是：**

高举邓小平理论旗帜，在党的基本路线指引下，进一步解放思想、更新观念，深入实施科教兴滇战略和可持续发展战略，抓住国家实施西部大开发的历史机遇，以改革开放为动力，以体制、机制创新为核心，以市场为导向，以企业技术创新为主体，以创新创业人才开发为基础，以科技成果产业化为重点，以产品创新为突破口，推动产学研结合，强化科技与经济的紧密结合，

坚持有所为有所不为和技术引进自主创新相结合的原则，围绕建设“绿色经济强省”，培植支柱产业和优势产业，提高全省技术创新能力，促进云南经济持续、快速、健康发展和社会全面进步。

上述指导思想的核心是，云南在加强技术创新、发展高科技、实现产业化的历史进程中，必须坚持从自身实际出发，走引进、消化、吸收、创新，产学研联动，跨越式发展的路子，通过引进创新发展特色科技、开发特色产品、建立特色经济。这不仅是云南在目前经济和科技发展层次较低的基础上，促使技术跃进，实现跨世纪宏伟目标的需要，也是推动云南经济科技持续发展的需要。根据我省技术创新现状以及全省加快发展高新技术产业工作会议的要求，我省技术创新的主要目标是：

力争通过5～10年的努力，在全省逐步建立起以企业为主体、适应社会主义市场经济体制和现代科技发展规律要求的技术创新体制和运行机制，显著提高全省的技术创新能力；培育出一批年销售收入10亿元以上的高新技术企业或企业集团；开发出一批关键技术和市场容量大、技术含量高、附加值高、竞争能力强的拳头产品，推动产业结构调整优化和产业技术升级。

到2005年，高新技术重点领域和支柱产业的技术创新及产业化、应用高技术改造传统产业要取得较大突破。全省高新技术工业产值占全省工业总产值的比重达到13%以上，高新技术产品出口额占全省出口总额的比重达到12%以上；骨干企业主要技术装备的30%以上达到或超过20世纪90年代国际先进水平；科技进步对国民经济增长的贡献率达到50%，其中工业达到50%以上，农业达到47%。

到2010年，昆明及其他相对发达地区高新技术产业群基本形成，部分高新技术产业成为云南经济发展的新兴主导产业。高新技术产业工业产值占全省工业总产值的比重达到17%，高新技术产品出口额占全省出口总额的比重达到22%；高新技术重点领域和支柱产业技术创新及产业化、应用高新技术改造传统产业取得显著成效。

按照上述指导思想和奋斗目标，我省技术创新工作的主要任务是：

（一）*以农业、农村经济结构的战略性调整和农民增收为重点，积极推进农业科技革命，全面提高农业和农村经济的素质和效益。*近年来，我省农业和农村经济一直难有大的突破，农民增收困难，其中一个最重要的原因就是依靠科技进步、立足技术创新的意识不强，创新工作力度不大，难以从整体上改变农业和农村经济的传统生产方式和技术模式，致使农业结构调整缓慢，产品技术含量低、升级换换代慢，不能适应市场经济条件下激烈的竞争。要以实施种子工程为重点，改良品种，不断强化关键技术的创新和示范推广。继续强化优质高效农业技术、加工保鲜储运技术和农业降耗增效技术的研究和开发，努力推出适合我省山地农业发展规律和特征的技术，使农业发展获得强有力的技术支持。要加快农业技术创新体系、推广体系和农业教育培训体系建设，加强农村科技知识的普及和农业科技人员培养，从根本上提高农村技术创新水平。创新、推广、应用各个环节紧密联系，进一步解决好农民获得技术难，科研机构推广技术难的问题。要积极推广使用电脑农业专家系统等现代科技与农业结合的有效方式和方法，加快利用生物技术、信息技术、集约化设施农业技术改造传统农业的步伐。

（二）*加快发展高新技术，努力培育新的经济增长和新兴产业。*从目前高新技术产业发展情况看，要按照全省加快发展高新技术产业工作会议确定的工作思路和重点优先发展现代生物技术和医药产业、新材料产业，大力培育电子信息产业、环保产业，拓展和提高光机电一体化产业。集中力量开发关键技术，实施好重点产业项目，努力促进高新技术产业的成长和壮大，着力培育和发展高新技术产业群体。要高度重视建立、完善自主知识产权创新体系，有意识地培植一批拥有自主知识产权的高新技术产品和企业，增强企业的品牌意识、产权意识和市场风险意识，不断提高企业的市场竞争能力。

（三）*加强以培育四大支柱产业为重点的技术创新。*切实加强巩固和发展烟草支柱产业，培育生物资源开发产业、矿产开发产业和旅游等支柱产业为重点的技术创新，优选一批重大项目，集中力量协同攻关，取得突破。要特别重视电子信息技术在旅游、商贸、金融、文化等服务领域的应用和推广。推动电子商务、远程教育、信息咨询等新兴服务业的发展，提高服务业的技术含量和竞争能力，加速服务业现代化、高科技化。依靠高科技拓宽服务领域和业务范围，加强第三产业与国内外技术部门的广泛联系和对接。

（四）加强用高新技术改造传统产业，加速产业技术升级。围绕国有企业的战略性调整和改组，把高新技术的推广应用和技术创新作为带动整个传统产业结构优化升级的关键举措，强化现代技术与传统产业的嫁接。烟糖茶等产业要克服当前面临的经营困难，立足技术创新，强化管理，加大市场开拓力度，以更快的速度推出新产品、高档品种，赢得竞争主动权。医药、食品、冶金、化工、机电、建材等产业，要切实加强新工艺、新产品的研制开发，特别要重视采用自主创新和引进先进技术、设备相结合的方法，推动企业工艺和装备的更新改造、产品的升级换代、生产经营的改善。要根据企业改制和改组的要求，积极吸纳各种经济成份，形成合力，共同参与重点产业、重点企业的技术创新和技术进步工作，使我省传统产业在创新中不断成长、壮大。

（五）加强环境保护建设与资源综合开发领域的技术创新。环境保护建设和资源综合开发是我省实施可持续发展战略和建设绿色经济强省的重要内容。必须把环境保护建设和资源综合开发领域的技术创新作为一项重要任务，切实抓紧抓好。要不断加强污染治理技术，清洁生产技术、工艺，清洁能源和新材料的研究、开发和利用。结合实施天然林保护和生态环境建设两大工程，大力开展节能降耗、资源综合开发利用等方面的技术创新，为改善和优化生态环境，建设绿色经济强省提供有力的技术支撑。

三、努力实现技术创新的新突破

在国家实施西部大开发战略的背景下，云南要完成新世纪技术创新的目标和任务，必须按照省委的要求，解决思想，更新观念，创造新思想、实现新突破。我认为今后一段时期云南技术创新工作要紧紧围绕体制和机制创新，努力实现以下6个新突破：

（一）在培育技术创新的主体上实现新突破。企业是技术创新的主体。在计划经济条件下，企业只是生产的主体，技术创新由科研机构来实现，产品的销售由商贸部门来完成。在社会主义市场经济条件下，企业是集科研、生产和营销为一身的经济活动主体。企业生存、发展的能力取决于产品在国内外市场有无竞争力，而竞争力主要又源于技术创新。有人讲："没有疲软的市场，只有疲软的产品。"这话虽然有些绝对，但切中要害。事实上目前许多产品卖不出去，主要不是因为生产相对过剩，而是因为产品、工艺技术缺乏，不能适应消费者和市场的需要。我省的企业特别是国有企业长期受计划经济体制的影响，普遍存在对技术创新意识不强、需求不旺、动力不足的问题，有的甚至认为"搞技术改造找死，不搞技术改造等死。"1999年我省更新改造投资大幅下降，就充分说明了这一点。为此，我们要坚定不移地推动企业成为技术创新的主体，在培育创新主体方面实现新突破。要抓住我省加快国有企业改革发展、建立现代企业制度的时机，着力加强企业技术创新机制建设。要把建立技术创新机制作为建立现代企业制度的重要内容，纳入企业改革发展规划，通过改革使企业按照市场规律的要求，形成以技术创新求生存、求发展的内在动力和机制。大中型企业要通过自办、联办、委托等方面建立技术中心或技术开发机构，省重点培育的大企业和大集团要建立国家级和省级技术中心。今年列入国家重点的11户大中型企业必须完成技术中心的建设，全省150户重点大中型企业2005年前要通过各种方式全部建立技术开发中心。中小企业也要积极与科研机构、高等学校建立长期、稳定的科技合作关系，不断提高自身的技术开发能力。总之，通过几年的努力，要使我省的企业不仅成为技术创新的需求者，而且成为技术创新的承担者、实现者和受益者，真正发挥技术创新主体作用。

（二）在科研机构转制上实现新突破。科研机构是知识创新的主体，是技术创新的基础力量。由于受计划经济条件下形成的的科技体制的影响，目前我省很多科研机构虽然实行了事业单位企业化管理，但仍然没有广泛、深入地进入经济建设的主战场，科技人员的潜力和积极性尚未充分调动起来，科技资源还没有得到有效利用。因此，要进一步加大科技体制改革的力度，大力推进应用型科研机构实行企业化转制，使绝大多数应用型科研机构成为科技型企业，并进入大企业、大集团，成为大企业、大集团的技术开发中心，使科技开发力量真正集中投入到技术创新和高科技产业领域，直接从事技术创新和科技成果产业化。在今年内，省属应用型科研机构，包括现有技术开发型和具有面向市场能力的社会公益、农业科研机构，要根据不同情况，采取整体进入企业、转为科技型企业或成为企业性质的科技服务与中介机构等形式，分两批实行企业化转制。原国务院部门所属的科研机构划归云南省属地管理后，也纳入转制范围。凡是具备条件的，原则上都要进入国有企业（集团），既作为具有独立法人地位的科技型企业，同时又作为企业（集团）的技术开发中心。按此原则，省政府已批准首批11个部门所属20家科研机构的转制方案。科研机构转制为企业后，要尽快建立适应市场经济需要的经营管理机制，力争较快形成一批拥有自主知识产权、具备较强市场竞争力的高新技术企业或企业集团。

*（三）在产学研结合上实现新突破。*产学研结合是实现技术创新、加速科技成果产业化的最佳形式。科研机构、高等学校和企业在技术创新中各有优势，也各有不足，只有根据优势互补、利益均沾、风险共担的原则，推动企业、高校和科研机构实现技术资本、产业资本和人才资本的优化组合，才能更好地推动科技成果产业化进程。要进一步加快我省产学研结合步伐，企业、科研机构和高等学校要树立面向国内外强劲对手敢于竞争的勇气和胆识，在积极开展国际合作，推动省院、省校合作向纵深发展中实现技术创新。企业特别是大中型国有企业要主动与省内外科研机构和高等学校共建技术开发中心，积极利用高校和科研机构科技成果，促进科技成果向现实生产力的转化。大型企业和企业集团的技术中心，要充分利用和吸收省内外高等学校和科研机构的科技资源，加强自身技术创新力量。我省科研机构和高等学校也要主动适应经济发展需要，积极改革科研人员评价体系，鼓励科技人员从事技术创新工作，创建科技产业。

*（四）在高新技术产业开发区和各类科技园建设上实现新突破。*高新技术产业开发区和各类科技园是技术创新和高科技产业发展的摇篮。要进一步加快以昆明国家高新技术产业开发区为代表的高新技术产业园区建设，使其成为我省发展高新技术的重要基地、技术创新示范区以及带动传统产业改造的辐射源。当前，一是要进一步理顺高新技术产业开发区的管理体制，制定和出台开发区管理条例，加大开发区综合配套改革的力度，加快信息网络的建设，增强为企业服务的功能，进一步营造吸引优秀科技人才和经营管理人才到开发区创新、创业的良好环境。二是要探索和建立适应高新技术产业开发区科技创新需要的新的投融资机制，支持和鼓励企业积极参与开发区建设。三是要认真落实国家和省已出台的优惠政策，加大对高新技术产品和项目的支持力度，努力培育一批知识和技术密集、具有市场竞争优势的高新技术企业和企业集团。要结合我省实际，在认真总结经验的基础上，认真办好软件园、大学科技园及海外学人创业园。

*（五）在科技型中小企业和民营科技企业发展上实现新突破。*科技型中小企业是当今世界高新技术产业发展中最活跃的创新群体，是科技成果产业化的生力军。中外企业发展的历史经验告诉我们，科技型中小企业机制灵活，创新动力大。当今世界许多信息技术方面的创新都来自一些名不见经传的中小企业，如微软、英特尔等。在美国硅谷，人员不超过50人的公司占科技公司的80%。改革开放以来，我省科技型中小企业有了较快发展，但是由于没有建立稳定的技术依托，在激烈市场竞争中应变能力和创新能力较弱。我们一定要创造更好的环境，努力推进科技型中小企业有一个更大的发展。要重视在高新技术产业开发区努力形成较为完整的科技型中小企业培育体系，促进科技型中小企业不断成长壮大。

民营科技企业是发展高新技术产业一支重要的新生力量。要通过政策鼓励、引导和扶持，推动技术开发、技术创新能力强的民营科技企业加速发展。在项目审批、金融服务、科技经费使用、高新技术企业认定、税收政策、知识产权保护、登记注册、许可证管理、土地使用以及参与政府科技计划项目的竞标等方面，给予民营科技企业与国有企业、科研机构同等待遇。科技型中小企业技术创新基金等科技发展专项基金，要通过贷款担保、贴息或作为国家资本金投入等多种形式，对从事高新技术成果转化的民营企业给予支持。鼓励和支持高等学校毕业生到民营科技企业就业。切实保障民营科技企业的合法权益，为民营科技企业发展创造宽松的环境。

（六）*在发挥科技中介机构的作用上实现新突破*。科技中介服务机构是科技与应用、生产与消费不可缺少的服务纽带，是技术创新的“助产士”。要抓住应用型科研机构转制、调整和推动产学研相结合的契机，按照“组织网络化、功能社会化、服务产业化”的要求，加快发展各类科技中介服务机构，推进中介机构专业化分工。要加快筹建云南省高新技术成果转化服务中心，鼓励科技人员创办民营科技中介服务机构，积极培育区域性、专业化的中介服务体系，引导技术创新服务、技术评估、技术经纪等等中介机构为企业技术创新、农村技术进步和加速科技成果的转化提供良好的服务。要大力发展信息咨询服务机构，为企业特别是广大中小企业提供经营管理、技术市场营销、信息、人才、金融、法律等方面的服务，促进中小企业向“专、精、特、新”方向发展。进一步培育和健全技术市场，逐步培育具有云南特色的花卉、医药、电子信息等各种专业技术市场。加快进行云南科技信息网络的基础设施建设，实现网上信息资源共享和开发利用。

四、积极营造有利于技术创新的政策环境

在市场经济条件下开展技术创新，政府的主要职责是为高新技术产业的发展创造良好的政策环境。高新技术产业和传统产业的最大区别，在于它建设在知识的基础上。知识是由人掌握的，又是由人来创造和运用的。在高新技术产业的发展中，检验一种政策环境是否适当的最终标准，在于它是否有利于最充分地发挥科技人员、生产和管理人员、营销人员的积极性和创造力，在于它能否推动技术创新，促进科技成果的转化，加快高新技术产业化。因此，各级政府不能盲目铺摊子，抓项目，扩大研究机构和生产企业，把眼睛只盯在物质资本和技术本身上，而必须紧紧盯住人力资本这个关键，在政策环境的改善上下功夫，当前，要努力做好以下工作。

（一）*鼓励引进和消化吸收高新技术成果*。广泛吸引国际国内力量参与云南技术创新工作，是弥补云南人才和技术不足，促进技术创新和高新成果产业化的重要手段，也是迅速提高云南科技水平的有效途径。要进一步扩大国际、国内科技合作的范围和规模，提高合作层次，拓展合作领域，促进云南技术创新工作更好地融入国际、国内科技和经济体系。要积极跟踪世界前沿科技发展趋势，多渠道、多层次、多形式引进国内外高新技术成果参与云南开发建设，提高全省研究开发水平和企业技术水平。要深化省院、省校合作与交流，提高合作质量和成功率。国内外的企业、研究机构和高等学校在我省兴办或与我省合作兴办的高新技术企业、重点实验室或工程技术研究中心，应与我省同类企业、机构享受同等待遇和优惠政策。总之，要通过努力，积极探索出一条具有云南特色的引进、消化、吸收、创新的技术创新之路。

（二）*加强全省研究开发体系建设*。加强全省研究开发体系建设，是加快云南技术创新步伐，促进云南科技振兴的当务之急。要对现有科研院所、高等学校中的科研单位进行优化重组，增加必要的投入，以增量带动存量的调整，实现科技资源的优化配置。要加快重点实验室的建设步伐，为事关全省经济社会发展的重大科技问题进行重点攻关创造良好条件。要依托高新技术企业和企业集团，或采取企业与科研机构、高等学校共建等多种形式，加强我省省级工程技术研究中心和产学研联合研究开发中心等技术创新基地建设。对重大科研设施建设要统筹规划，避免在研究开发体系上重复建设。当前，要紧紧围绕建设“绿色经济强省”、“中华生物谷”等战略目标，集中人力、财力进行重点建设，力争建成一批全国一流的科研设施，为科技人员创造良好的工作条件和环境。

（三）*改革与完善科技成果评价及分配制度*。技术创新以市场作为出发点和归宿，市场的占有率和获得的商业利益是检验创新成果的最终标准。必须改革目前政府包揽一切成果评价制度，建立社会化的成果评价服务机构，使科技成果评价市场化。要采取引导措施，把目前以成果先进性为中心的评价体系改变为以专利为主要内容、以自主知识产权为中心的评价体系，把评价的重点放到自主适应产权的获取和成果的经济效益上来，确立知识产权在技术创新成果评价体系中的重要地位。今后，未取得专利权等知识产权的应用研究和技术开发成果，不得进行鉴定验收。

要改革和完善技术创新的激励机制，充分发挥科技人员、经营管理人员的积极性和创造力。为此，要落实技术、管理等生产要素参与分配的政策。激励经营管理人员加强对技术创新的组织和领导。鼓励高新技术成果或其他知识成果的拥有者将其成果作为投资股本，兴办高新技术企业，依法保障其股权及其他收益。认真落实省对于作出重大贡献的科技人员给予重奖等激励政策。精减奖项设置和奖励数量，加大奖励力度，调整奖励重点，提高奖励质量，不断强化技术创新和知识产权获取的市场导向、效益导向作用。

（四）加强知识产权的管理、保护和利用。以专利为主的知识产权的获取是技术创新的一个重要目的。目前我省企业、科研机构和高等学校知识产权观念仍显淡薄。1999年，我省1245件专利申请中，职务发明专利仅312件，占专利申请的25.1%；在1185件授权专利中，职务发明专利也仅317件，占专利授权量的26.8%。这说明我省有组织的技术创新工作尚未把适应产权的获取、管理和保护放到应有的位置上来。为此，必须高度重视、认真抓好知识产权的管理、保护和利用工作。（1）要制定知识产权工作规章制度，建立和完善知识产权工作运行机制，使知识产权工作有章可循。要把知识产权工作作为提高技术创新能力和建立创新机制的重要措施来抓，把专利申请量、授权量和专利实施收益等作为考核本单位技术创新能力和市场竞争能力的重要依据。要实施知识产权培训计划，培养一定数量能应用知识产权法律处理对内对外经济技术贸易活动中涉及知识产权事务的人员。要高度重视知识产权信息的收集整理工作，做好专利信息的利用、研究和二次开发工作。（2）要增加知识产权体系建设的投入。鼓励企业增加专利开发经费投入，支出不受比例限制，按实际发生额全部计入成本。（3）要强化执法监督，及时解决知识产权纠纷问题，维护知识产权所有者的合法权益。

（五）培养和吸引大批科技人才。推动科技进步，加快技术创新，关键在于人才。我省科技人才总量不足，高、新、尖科技方面的人才更是奇缺，每万人中从事科技活动的人数和科学家、工程师人数排序均居于全国后列。因此，推动科技进步，加强技术创新，必须将培养和吸引科技人才放到更加突出的位置。要进一步解放思想，打破框框，以更大的勇气和决心做好我省科技人才的培养、稳定和吸引工作。（1）千方百计用好我省现有的科技人才。我省现有的人才，是经过几十年培养出来的，是推动我省科技进步、加强技术创新的主力军。必须充分发挥他们的聪明才智，调动他们的潜能，特别要重视我省军工企业、科研机构和高等学校现有科技力量的作用。在企业破产、关闭时，要把科技人才的安置作为重点，尽量把他们充实到能充分发挥他们作用的岗位上。（2）下大气力培养和引进科技人才。要围绕生物技术、现代生物医药、电子信息、光机电一体化、环保、新材料等高新技术产业的发展和支柱产业的教育，抓住省院、省校合作的有利契机，加强高等学校学科建设，加大技术创新人才培养的力度，并以更大的决心，采取更有效的措施，广泛引进人才。（3）建立和完善行之有效的科技人才激励机制、选拔机制。要坚决打破论资排辈、吃“大锅饭”和人才流动上划地为牢等传统观念的束缚，建立科技人才竞争和合理流动的机制，促进人才合理流动。大胆启用青年科技人才充分发挥他们在技术创新中的生力军的作用。要将“相马”式选人制度改革为“赛马”式选人制度，鼓励创新人才脱颖而出，真正做到人尽其才、才尽其用。

（六）认真落实财税、金融等扶持政策。要继续加大对技术创新的投入。从今年开始，在本届政府任期内，省级科技三项费每年在上年基数上增加2000万元，以后科技三项费的增幅要高于省级财政经常性收入的增长幅度，增加的部分主要用于支持技术创新工作。设立云南省科技型中小企业技术创新基金，重点扶持科技型中小企业技术创新工作。在省级权限范围内对出口型高新技术企业实行税收优惠，并积极鼓励高新技术企业开拓市场。进一步发挥信贷对技术创新及高新技术产业化的扶持作用，金融部门要主动加大对技术创新的支持力度，积极组织银行贷款，支持对经济社会发展有重大意义的高新技术成果转化和技改项目。加快建立风险投资机制。技术创新是高风险的科技活动，风险投资公司则是企业技术创新的“加油站”。要通过政策引导支持和鼓励创业投资公司、投资管理公司和投资咨询公司的发展。省财政已安排5000万元资金，用于扶持、引导风险投资机制的建立。要积极推行风险投资主体多元化，鼓励社会资本、民间资金和外资的投入，特别要有重点地吸引海外风险投资基金进入云南。构建和拓宽风险投资的退出通道，规避投资风险。加快培养和引进风险投资人才步伐。要建立高科技项目市场，为高科技项目的拥有者与投资者提供“双向”选择的场所。

同志们，我们正处在一个依靠科技进步来赢得竞争的时代，技术创新的能力将从根本上决定一个国家和一个地区综合竞争实力和经济社会发展能力。技术进步给我们带来了难得的机遇，同时又使我们面临严峻的挑战。我们要以强烈的历史责任感和紧迫感，锐意进取，扎实工作，把科教兴滇真正落到实处，以技术创新的新成就，为云南21世纪的发展书写一个美好的开篇，为绿色经济强省的建设奠定坚实的基础，为云南在新世纪的全面振兴提供强有力的保障！

中共云南省委、云南省人民政府关于进一步改善投资环境，扩大开放，全面实施西部大开发战略的若干意见

（2000年6月6日）

改革开放以来，我省的投资环境不断得到改善，对外对内开放取得了显著成效，有力地推动云南经济社会的发展。但目前的情况和新形势的要求，特别是与西部大开发的要求还很不适应。为了进一步改善、优化投资环境，提高我省的对外对内开放水平，吸引更多的国内外资金、技术、人才和管理经验参与云南的开发和建设，实现我省在西部大开发中确定的3大战略目标，特提出如下意见。

一、进一步改善投资环境的指导思想

（一）进一步改善我省投资环境的指导思想是：以邓小平理论为指导，以解放思想、更新观念为动力，全党动员，全社会参与；依照国家法律法规，从我省处于社会主义初级阶段低层次的实际出发，坚持“发展才是硬道理”、“三个有利于”的标准，采取更加有力的措施，加快社会主义市场经济体制的建设步伐；切实转变政府职能，按照公开、公平、公正的原则改善政务管理，为外来投资者提供更加优惠的政策和条件，提供更加优良的服务，推出更加有吸引力的项目，使云南省成为中国西部投资环境最好的省份之一。

二、最大限度地放宽对外来投资的各种限制

（二）外来投资企业在云南省投资的领域和行业，除国家明令禁止的范围外不受限制。允许外来投资企业（指在云南省设立的外商投资企业、港澳台侨投资企业和省外来滇投资企业，下同）对云南珍稀生物进行培育性开发；充分用好国土资源部授权云南省的试点政策，鼓励外来投资企业对矿产资源进行勘探、开采和加工；鼓励利用国内外资金、先进技术改造传统产业；鼓励外来投资企业投资服务贸易领域，包括进出口贸易、商业零售、信息、金融、保险、旅游、运输、律师、会计以及文化、教育、体育、医疗等领域，其中，属于国家允许在沿海地区进行利用外资试点的，云南省可参照进行试点。

（三）外来投资者在云南省投资设立企业的条件、经营地域和持股比例不受限制。放宽外来投资者（指省外和境外的企业和个人，下同）进入种植业、水利、基础设施、制药、矿业、商业零售、旅游等领域设立企业的条件；外来投资者

持股比例的上限，由合资各方根据项目实际情况商定；外来投资者以专利和高新技术进行投资，其所占股份比例可适当放宽；外来投资企业在云南省内跨地域依法开展经营活动不受限制。

（四）外来投资企业的经营范围原则上不受限制。允许外来投资企业开展多种经营，其主营项目建成后，从事其他经营活动，不受限制，企业的原审批机构和工商行政管理部门要依法办理企业扩大经营范围的手续；外来投资企业除出口自产产品外，经省级外贸主管部门批准，可以收购出口云南省生产的其它产品（属进出口配额许可证管理的商品专项报批）；鼓励外来投资企业开拓云南省周边邻国市场，外来投资企业一经领取营业执照正式开业，可申请获得边贸经营权和对周边国家边境地区的外经权。

（五）外来投资企业的投资方式不受限制。鼓励外来投资者在云南进行各种形式的投资开发，除现行的合资、合作、独资方式外，可采用收购、兼并、参股、控股等各种方式参与国有企业和其他所有制企业的嫁接、改造和重组；鼓励外来投资者与我省民营企业以及科研、教学机构合资、合作进行科研开发的设立研发中心；鼓励外来投资者设立行业性的投资公司、风险投资公司等；允许外来投资企业对土地进行成片开发，对优势资源进行区域性综合开发。

（六）外来投资企业产品内外销比例不受限制。外来投资企业可根据生产经营的需要和开拓市场的能力，自主确定产品销售方向和内外销比例。

三、为外来投资企业和外来投资者提供优质高效服务

（七）按照国际惯例和社会主义市场经济运行的要求，取消一批政府部门行政审批的项目和事项。按规定只需进行监督和管理的、不需要政府解决建设和生产经营条件并符合国家产业政策的、可实行登记备案管理以及只需予以核准的事项和项目，一律不再审批。

（八）建立行政公示制、工作时限制及主办部门负责制。所有涉及外来投资企业的政府部门和具有垄断性质的企事业单位，不论是进行管理、监督、审批还是提供服务，必须公开管理内容、审批条件、收费标准、办事程序、申报文件的内容及要求、办事地点、办事员姓名，并承诺工作时限。主办部门和单位要切实履行职责，主动与相关部门协调，在规定时限内解决问题或作出答复。

（九）建立招商引资工作协调会议制和重点企业领导联系制。省和地州市分管领导要定期组织研究、协调解决招商引资工作中的重大问题，推进重点项目的实施；各级政府领导每人都要负责联系 1～2 户外来投资企业，及时发现和解决问题，总结经验，更好地指导招商引资工作。

（十）建立外来投资企业跟踪服务责任制。为外来投资企业提供审批、建设、生产经营的全程服务，帮助解决投资前和投资后遇到的各种问题；外来投资企业在建设期间办理规划、用地、设计、开工、供水、供电、供气、通讯及安全消防等手续，由各级建设主管部门负责牵头协调解决；外来投资企业在生产经营中的政策性问题和需要政府解决的问题，由各级经贸委负责协调解决。

（十一）建立公开评议制。每年由各级政府组织外来投资企业，对所有与外来投资企业有关的管理、服务部门及单位进行公开评议。对评议结果差或投诉多的部门和单位进行通报批评，追究主要负责人的行政责任并限期对部门工作进行整改。

（十二）建立和完善投诉制。充分发挥现有的依托纪检监察机关的投诉网络的作用，并进一步健全和完善投诉受理办法；把政府部门工作人员的服务质量、工作作风纳入行政监察部门的监督范围，对投诉多的工作人员，一经查实，将依照法纪给予行政处分，直至追究法律责任。

（十三）在坚持和完善对外来投资企业实行“一站式”审批和直接登记制的同时，对外来投资项目开工建设实行“一个窗口办理审批手续，一个窗口收费”的制度。昆明市、玉溪市、曲靖市及各级各类开发区要在2000年内完成试点。

（十四）切实减少对外来投资企业的各种检查。政府有关部门进入外来投资企业进行检查，须经县级以上人民政府批准；属于执法检查的，须报同级政府备案；禁止对外来投资企业的重复、多头检查，所有检查人员都必须持证检查。

（十五）加强对外来投资企业的统一管理，避免政出多门。各部门制定涉及外来投资企业的政策和措施，事前应征求主管部门意见后方能出台实施。

四、创造良好投资机会和条件，降低外来投资企业的投资成本

（十六）加强招商引资项目前期工作，充实完善招商引资项目库。要按照西部大开发云南行动计划的总体思路我省建立支柱产业、调整产业结构的要求，推出一批好项目，充实省级招商引资项目库。各地区、各部门也要结合自己的资源优势和发展需要，选择一批建设条件成熟、市场前景好、预期效益明显的项目招商引资。

（十七）对投资数额大、投资回收期长的基础设施建设项目，可由项目单位对外来投资者的投资收益采用多种形式给予综合补偿和合理回报；对将已建成的基础设施项目向外来投资者转让经营权或股权而设立的外来投资企业，可按生产性企业执行相关优惠政策。

（十八）对外来投资企业的通讯、水、电、气供应要优先安排，保证质量，属于有级差的价格和收费，按规定的低限标准执行。

（十九）继续实行对外来投资企业的优惠政策。在执行国家现有的税收优惠政策的同时，要结合我省实际，对外来投资者给予进一步的优惠；采取地方财政列支奖励、财政投入扶持等办法，使我省原定的鼓励外来投资企业的税收优惠政策继续得到落实和兑现的重大项目，根据实际情况，可以给予特殊优惠的政策。

（二十）坚决制止各种形式的乱收费。在继续坚持和完善现行的收费许可证和收费登记卡制度的同时，由省财政厅、省计委牵头在全省范围内对收费情况进行检查，取消不合理的收费项目，并分批公布布省级批准执行的收费项目目录，依法严肃查处乱收费行为。

五、对外来投资企业实行优惠的土地政策

（二十一）对外来投资企业优先用地计划。属于投资高新技术、基础设施建设、生物资源开发与创新、矿产资源开发、旅游资源开发以及高创汇、高税收的项目，其征用土地的各项费用均执行法定标准的下限。

（二十二）在云南省投资进行能源、交通、环保、水利、教育及社会公益事业建设的外来投资企业，均以行政划拨方式供地，征用土地的补偿费按法定标准的下限收取。

（二十三）外来投资企业在征地中除土地补偿费、安置补助费、青苗补偿费、地上附着物补偿费、耕地开垦费、征地管理费外，其他部门不得再征收与征地无关的任何费用；坚决取缔“搭车”收费；对征地补偿费超过法定标准的，当地政府应采取有力措施予以纠正；以经济技术开发区、高新技术开发区和旅游度假区，分地类、分用途实行最高限价，地价明细表由省土地管理部门另行颁发。

（二十四）外来投资企业从事种植业、林业、畜牧业、渔业生产的，按规定办理手续后，可以租用集体土地。

（二十五）外来投资企业从事经营性项目的，按有偿使用方式获得土地使用权。为减轻企业的投资成本，土地出让金可采取以下方式处置：

1、确定土地出让金。土地出让金要经过有资质的评估机构进行评估和土地管理部门确认。对难以评估的，可参照政府批准确定的基准地价协商计算，不再进行评估；

2、分期付款。一次性缴纳出让金有困难的外来投资企业，可与当地县（市）土地部门签订分期付款协议，首期付款25%，余款在5年内付清；

3、挂帐付息。分期付款有困难的外来投资企业，经同级土地管理部门批准，可在3年内挂帐处理，企业应支付出让金的利息；

4、先收后返。属于云南省鼓励投资的产业，经省政府批准，可将土地出让金的地方政府应得部分，参照省内同行业的比例返还外来投资企业；

5、注入股本金。可将土地出让金的地方政府应得部分折成地方政府股金，参与投资与经营。

（二十六）外来投资企业以出让方式获得的国有土地使用权，在有效年限内，可以整体转让、分割转让或者出租，转让所得依法缴纳土地增值税后的收入归该外来投资企业所有。

五、完善配套服务，营造良好的社会环境

（二十七）制定和完善保护外来投资者合法权益的地方性法规和规章。对现行的地方性法规、规章和政策性文件，要进行全面清理，凡与进一步扩大对外对内开放、实施西部大开发战略及国际规则不相适应的，要修改完善或予以废止。

（二十八）抓紧建立为外来投资者提供人才、劳动力以及科研服务的渠道和机制；培育和引进一批信誉好、实力强的中介机构，为外来投资者提供优质的服务。

（二十九）加强和改进对外来投资企业的金融服务，尽快推行股东担保、信用证抵押、外汇质押等贷款业务。

（三十）要进一步做好外来投资企业所在地的社会治安工作，为外来投资者创造一个安定、安全的生产经营和生活环境。

（三十一）各级人大要加大监督力度，依法保护外来投资者的合法权益；要加快立法步伐，为西部大开发和扩大对外对内开放创造一个良好的法制环境。

六、建立目标责任制，切实加强对改善投资环境的领导

（三十二）为了充分调动各地、各部门引进资金、技术和人才的积极性和主动性，增强责任感，各地、各部门每年都要确定改善投资环境、招商引资、降低投资成本的具体目标和任务，实行目标责任制，作为考核地区和部门工作的重要内容。对引资作出重要贡献的单位和个人，由各级政府予以奖励。

（三十三）各地区、各部门要结合本地区的实际和本部门的职责，尽快研究制定实施细则，报省政府备案后认真组织实施。

第一篇　重要经济文献

1999年8月，朱镕基总理(中)，由中共云南省委书记令狐安(朱总理左1)、省长李嘉廷(朱总理右1)陪同，到大理视察，受到大理各族人民群众的热烈欢迎

第一篇　重要经济文献

抓住西部大开发的历史机遇
推动云南经济社会振兴繁荣

——在中共云南省委六届九次全会上的报告

（1999 年 12 月 23 日）

中共云南省委书记　令狐安

同志们：

省委六届九次全会的主要任务是，高举邓小平理论伟大旗帜，继续贯彻党的十五大、十五届四中全会和中央经济工作会议精神，进一步落实中央领导视察云南的重要指示，总结今年工作，部署明年任务，动员全省党员和干部群众，为在世纪交替之年开好头、起好步而努力奋斗。

下面，我代表省委常委会讲三个问题。

一、1999 年工作的基本总结和 2000 年经济社会发展的总体思路

1999 年，是云南经济社会发展遇到很大困难的一年。在宏观经济环境并不宽松的情况下，省委和全省各级党组织坚持解放思想、实事求是的思想路线，认真贯彻中央的各项重大部署，坚决落实江总书记等中央领导视察云南的重要指示精神，带领全省人民团结奋斗，努力拼搏，确保了经济持续增长和社会全面进步，维护了社会政治稳定。今年全省工作有以下几个突出特点：

*第一，克服重重困难和突破各种制约，完成了经济工作的预期目标。*今年，我省经济发展遇到了多年来少有的困难。面对严峻形势，省委、省政府及时采取一系列行之有效的措施，遏制住了经济增长下滑的势头。农业战胜滇西地区 50 年来罕见的冬春夏连旱和洪涝灾害，连续七年获得丰收；工业保持稳定增长，产品产销率有所提高，对外经济贸易取得了新的成绩；财政金融运行平稳，人民生活进一步改善。预计 1999 年国内生产总值可达 1811 亿元，比 1998 年增长 7%；地方财政收入达到 171 亿元，实现了预定

的增长目标；农民人均纯收入1435元，城镇居民人均可支配收入6250元，比1998年实际分别增长4%和4.7%，又有110万贫困人口解决温饱。全省经济增长率逐季回升，几项主要经济指标基本达到了年初预定目标。

第二，经济结构调整取得新成绩，改革开放顺利推进。各级党委继续把调整经济结构作为关键来抓。各地普遍加大了农业结构调整力度，有些地州市今年粮经比调整达4个百分点以上，乡镇企业营业总收入增长幅度比上年超过20%；第三产业，特别是旅游业实现了高速增长；非公有制经济和混合所有制经济发展速度明显加快。全省经济结构不合理的矛盾有所缓解。与此同时，以国有企业改革为中心的各项改革进一步深化。国有企业改革脱困工作进展顺利，企业兼并、破产、减员增效、核销呆坏帐、“债转股”等工作成效显著，新成立了一批有实力的企业集团，“放小”工作有序推进。社会保障制度改革加大了力度，养老、失业、医疗等保险制度改革进一步深化。全省再就业网络基本形成。金融、财税、计划、流通、投资、外贸等体制改革继续推进。城镇住房制度改革正由实物分配向货币分配转变。全省对内对外开放进一步扩大。

第三，以举办“世博会”为契机，推动城乡两个文明建设不断深化。1999年，全省上下紧紧抓住举办“世博会”这一历史机遇，齐心协力，加大基础设施建设，有力推动了城乡经济社会发展和两个文明建设。全省旅游业总收入预计将超过200亿元，比1998年增长近50%。第三产业对经济增长的贡献率达3.6个百分点，是近十年来第二次超过第二产业，消费需求对经济增长的贡献率首次达到60%。“世博会”的成功举办，得到了中央领导和国内外来宾的广泛赞誉，扩大了云南的知名度，增强了全民的开放意识和文明意识，推动了全省的对外开放和精神文明建设。昆明、玉溪、曲靖、大理、丽江、版纳等地城市基础设施建设和管理水平也上了一个大台阶。“世博会”的圆满成功以及“爱国爱乡、知难而上、团结奋斗、争创一流、敢为人先”的世博精神，将对云南今后的发展产生深远影响。

第四，以“三讲”教育促党建，党组织的战斗力显著增强。“三讲”教育在省级班子和省级机关已告一段落，地州市正全面展开。省委高度重视“三讲”教育并将其列入了重要议事日程。通过教育，认真查摆了领导班子和领导干部在党性、党风和工作方面存在的突出问题，并坚持实行边整边改。领导班子和领导干部进一步坚定了理想信念，增强了讲学习、讲政治、讲正气的意识；提高了贯彻执行党的路线方针政策的自觉性，加强了全局意识、群众观念，凝聚力和战斗力得到提高，初步达到了中央提出“思想上有明显提高，政治上有明显进步，作风上有明显转变，纪律上有明显增强”的要求。江泽民总书记题词肯定的省委党建“三句话”活动逐步深入。总的来看，“三讲”教育和各级党校的教育培训对各项工作有较大推动，省级机关作风以及领导班子和干部队伍的精神状态开始发生明显变化。

第五，高度重视民主法制和精神文明建设，维护了社会政治稳定。各级人大、政协紧紧围绕经济建设这个中心，积极履行各自职能，对全省的民主法制和两个文明建设做出了重要贡献。民族团结、军民团结进一步巩固发展，第二期扫雷工作顺利完成。建设民族文化大省的目标逐步落实，在全省城乡进一步推广创建精神文明单位和“十星文明户”等活动。全省各级党组织高度重视对“法轮功”、“门徒会”及其他邪教组织的斗争，加强了宣传文化、思想政治和科普工作，提高了广大党员、干部和群众的政治敏锐性，有力维护了社会政治稳定。加强了党对政法工作的领导，打击严重刑事犯罪取得重大成果，确保了“世博会”的安全举办。反腐败斗争向纵深推进，依法查处了一批大案、要案，党风廉政建设取得了阶段性成效。党的统一战线、党史研究工作以及全省教育、科技、文化、环保、卫生、计划生育、体育等事业和工会、妇联、共青团工作都有新的进展。

我们应当清醒地看到，我省经济社会发展还面临着许多问题和困难。突出的是：由于市场疲软、项目准备不足、投融资渠道单一、企业技术改造投入不足等方面制约，全省投资需求增长乏力；受卷烟销售竞争激烈、烤烟“双控”、天然林禁伐、传统产业面临升级、就业矛盾突出等因素影响，税收增长趋缓、财政减收因素很多，城乡居民特别是农民收入增长缓慢，消费需求启动仍较困难；我省经济结构不合理、支柱产业单一、低水平重复建设、城乡结构失调、城市化水平低等多年积累的深层次矛盾和问题远未得到根本解决；教育科技发展相对滞后，社会发展水平较低，多数指标处于全国后列，扶贫攻坚任务艰巨；各级领导班子和基层党的组织在党性党风方面仍然存在一些突出问题，在相当一部分地区、部门和单位，思想政治工作仍然比较薄弱，反腐败斗争任务仍然十分艰巨；科学民主决策机制和体系尚不完善，一些领导干部决策水平不高，驾驭市场经济的能力不强；社会治安形势仍较严峻，打击毒品犯罪活动的任务繁重等等。这些问题都亟待我们采取措施认真解决。

2000年是世纪交替之年，也是“九五”计划和实现现代化建设第二步战略目标的最后一年。面对新的一年，我们不仅要认真对待和分析遇到的困难，也要树立必胜的信心，充分看到有利条件：据预测明年世界经济形势将趋于好转，特别是亚洲受金融危机冲击的国家经济开始复苏，对我省外经外贸和边境贸易的增长较为有利；中央下决心实施西部大开发战略和中国即将加入世贸组织；国家将继续实施积极的财政政策，进一步扩大内需；“世博会”成功举办的影响将有利于加强我省同世界各国和国内各省区市的联系；多年的发展使云南基础设施有较大改善，经济实力明显增强，为今后的发展奠定了坚实的物质基础；随着省委、省政府制定的一系列政策措施逐步落实，将对经济发展发挥重要作用。更重要的是，我们有一支政治上坚强、广泛联系群众、积累了二十年改革开放经验的各民族的干部队伍和群众队伍。因此，对搞好明年的工作，我们应当充满信心。

根据中央经济工作会议提出的指导思想，从云南实际出发，在认真分析宏观经济环境及各方面条件的基础上，省委建议，2000年我省GDP的增长幅度为7%左右。**我省2000年工作的总体要求是：**高举邓小平理论的伟大旗帜，全面贯彻落实党的十五大、十五届三中和四中全会、中央经济工作会议以及省第六次党代会、六届八次全会精神，抓住机遇，解放思想，深化改革，继续打基础、兴科教、调结构、建支柱，进一步扩大对内对外开放，实施西部大开发、科教兴国、持续发展、城市文化四大战略，推进两个根本性转变，切实抓好九项工作，全面加强党的建设和精神文明建设，确保经济社会持续、快速、健康发展。

二、在西部大开发的历史进程中加快改革发展步伐

在世纪之交的重要历史时刻，中央明确提出要不失时机地实施西部大开发战略。这是我国下世纪现代化建设的大思路、大战略。全省各级党委、政府和广大共产党员、各族干部群众，一定要强化机遇意识，积极主动地投身到西部大开发中去，以大开发促进大发展。从我省实际出发，省委认为，投入西部大开发必须只争朝夕，乘势而上，稳扎稳打，有所作为。基本思路可以概括为：**始终坚持解放思想、实事求是的思想路线，紧紧抓住西部大开发的重大历史机遇，以改革开放为动力，强化基础设施建设，着力改善生态环境，调整优化经济结构，努力振兴教育科技，把云南建成“绿色经济强省”、“民族文化大省”和中国连接东南亚、南亚的国际大通道。**按照这个思路，在今后一个较长的历史发展阶段中，我们总体上必须做到全省固定资产投资和GDP增幅略高于全国平均水平，人口自然增长率接近于全国平均水平，经过十年或者更长一些时间，使各族人民群众的物质文化生活有明显改善，云南整体经济实力达到全国中等水平。

我们必须抓住“一个机遇”，就是要紧紧抓住国家实施西部大开发的历史机遇，以强烈的使命感和紧迫感在西部大开发中打主动战，万万不可坐失良机。发挥“两大优势”，即充分发挥以多气候带和多物种为主要特征的自然资源优势，充分发挥毗邻东南亚和南亚诸国的区位优势，这是我们参与西部大开发的重要条件。缓解“三大制约”，在今后一个相当长时期内，要继续着重解决经济结构和城乡结构严重不合理、交通等基础设施薄弱、劳动者科技文化技术素质低这三个制约我省经济社会发展的主要因素。实现“三大目标”，即建设“绿色经济强省”、“民族文化大省”和国际大通道。建设“绿色经济强省”和“民族文化大省”是我省参与西部大开发的重大举措，是全省物质文明和精神文明建设的形象表述和具体要求，要一起部署，分步落实，推动两个文明建设共同发展。处理好“四大关系”，即坚持自力更生和积极争取国家支持的关系，开发与开放的关系，速度与效益的关系，长远发展与当前工作的关系。

实施西部大开发是一篇大文章，是需要几代人为之不懈奋斗的伟大事业。当前，全省要通过广泛深入地开展“以改革开放为动力，以调整结构、开拓市场、搞活流通为主题”的解放思想大讨论，转变观念，振奋精神，励精图治，开拓进

取，进一步扩大对内对外开放，扎扎实实地做好投入西部大开发启动之年的各项工作。

（一）进一步扩大国内需求，深化投融资体制改革。有效需求不足仍然是明年全省经济发展的主要制约因素。我们必须坚持以扩大内需为主的发展方针，牢牢抓住中央继续实行积极的财政政策、增发建设国债和实施西部大开发的难得机遇，加大争取中央支持的力度，千方百计增加基础设施建设投入，努力扩大内需，拉动经济增长。各级财政都要增加必要的项目前期费用，加快重大项目的前期准备工作。要着力抓好公路、铁路、通讯、机场、农田水利、农村电网、生态建设、环境保护等基础设施项目和生态产业项目，以产业升级和技术进步为中心的技改项目，具备产业化条件的高新技术项目，以生物资源开发创新工程为重点的特色经济项目等重点项目的前期工作，积极主动向国家有关部门汇报和衔接，争取开工建设一批重大建设项目。要促进各方投入资金尽早到位，加快在建项目的建设。要把促进城乡居民消费作为扩大内需的一个重点，调整消费政策，拓宽消费领域，充分重视发挥投资需求和消费需求对经济增长的双重拉动作用。要认真研究我国加入世贸组织后给我省结构调整和产业发展带来的机遇和挑战，提出应对策略，早作准备。要充分重视利用国内国外两个市场、两种资源，大力发展边境贸易、加工贸易，扩大外贸出口。

投融资渠道单一、运行机制改革滞后，多年来一直是制约我省经济发展和投资增长的“瓶颈”，根本出路在于加快投融资体制改革，着力解决我省投资渠道过于狭窄、融资机制不活的问题。一方面，要认真借鉴上海等省市的成功经验，在积极盘活国有资产存量的同时，对财政建设性资金的使用、管理办法进行根本性改革，通过综合性投资公司和专业性投资公司的运作，强化财政资金的资本化运作和财政投入的经营性功能，带动大量社会投资，充分发挥财政资金“四两拨千斤”的作用。另一方面，要加大投资公司改革力度，建立规范的公司运行机制和资本经营机制，使政府投资主体的政策性、导向性作用发挥得更加充分。要健全公司法人治理结构及科学民主决策、项目论证机制，强化监督管理，防范风险。研究和制定有效地鼓励全社会增加投资的政策措施，鼓励和引导集体、个体、外资等社会投资，形成多元投资的格局。多年的经验教训证明，地方经济发展和金融机构休戚相关，密不可分。我们要通过积极的产业政策和科学的项目论证准备，正确引导信贷资金投向。按照“平等互利、相互依存、恪守信用、真诚合作”的16字方针，共同构筑市场经济条件下的新型银企关系，加大金融对经济增长的支持力度。大力改善投资环境，多层次、多渠道、多形式引进和利用国内外资金，确保固定资产投资保持较快的增长幅度。

（二）壮大支柱产业，大力培育新的经济增长点。**烟草支柱产业**在我省经济发展中举足轻重，是我省经济的命脉和财税收入的重要支柱，绝不能有任何闪失。2000年及今后很长一个时期，我省经济能否保持持续、稳定、快速发展，能否顺利进行结构调整，关键取决于“两烟”生产和营销状况。保财政税收的前提是保市场，烟草系统一定要把保市场放在第一位，以改革开放为动力，苦练内功，强化管理，创新科技，狠抓质量，调整结构，开拓市场，在竞争中再创新优势。保市场必须打进攻战。逆水行舟，不进则退。要真正根据市场需求变化调控卷烟品牌、产量，做到合理投放。要千方百计、全面落实开拓市场的6条措施：（1）适应市场，点菜吃饭，协商订货；（2）恪守合同，订单生产，季度调整；（3）一个龙头放水，企业自主经营，不搞多方供货；（4）产销共保价格，风险共担，利益共享；（5）销售阵地前移，设立驻外机构，强化售后服务；（6）试设配送中心，探索均衡供货，搞好产销协调。烤烟种植必须贯彻“调整结构，控制总量，狠抓质量”的原则，坚决落实“双控”规定，千万不能再盲目扩大面积和产量。要重视和加强烟叶生产的国际合作，不断提高质量。要加快**旅游支柱产业**的培育。充分发挥好“世博”后续效应，树立大旅游、大市场、大产业的观念，集中资金，重点抓好旅游热点公路、通讯、宾馆等基础设施建设，完善景区规划，提高服务质量，坚持把培育旅游支柱产业与建设民族文化大省、扩大对内对外开放、保护生态环境和可持续发展相结合。大力发展融自然风光、人文景观为一体的特色旅游、生态旅游。精心组织好2000年中国昆明国际旅游节。实施旅游精品名牌和旅游客源市场多元化战略，保持旅游业快速发展的势头。**生物资源开发**是未来我省最具发展潜力的一大支柱产业。要充分发挥云南多气候带、多物种资源的优势，以实施生物资源开发创新工程为重点，以开发名优产品和培育龙头企业为突破口，依靠高新技术，大力发展特色经济、特色产业和特色产品。要继续抓紧对建设“中华生物谷”的论证工作。从品牌、资源、技术、人才、市场、骨干企业成长等条件看，应该说我省以**天然药物**为主的现代医药产业已基本具备了十多年前“两烟”起飞时的诸多有利条件，关键是要集中力量重点突破，尽快使之成为新的优势产业。要加强调研，制定政策，放手发展保健食品、绿色食品以及花卉、林产品等有前途、有市场、有效益的新兴产业。无论从产值、出口额、从业人数、固定资产等哪一个方面看，**矿业支柱产业**仍是我省经济的重要支柱，绝不可忽视和动摇。要以市场需求为导向，努力引进国内外资本，运用高新技术改造以磷化工、有色金属为重点的矿产业，提高深度加工和综合利用水平，保护资源，加强环保，改善总体经济效益，并带动相关产业发展。

培育新的经济增长点，要采用新思路、新方法、新机制。近几年我省乡镇企业、非公有制经济和混合所有制经济发展明显加快，但在经济总量中比重仍较低，必须毫不动摇地坚持放心、放手、放胆大力发展的方针，继续落实好省委有关文件精神，切实解决其发展中碰到的土地征用、贷款担保等困难，严格制止“三乱”现象，促进乡镇企业、非公有制经济尤其是民营科技企业更快发展。

要以提高竞争力和市场占有率为核心，加快产业和产品结构调整，推动对机电、化工、冶金、建材等传统产业的技术改造；重点扶持一批优势产业、龙头企业、名牌产品的发展，培育一批真正有实力的大企业和企业集团，推进集团化经营。要抓住房改和实施城市化发展战略的有利时机，重点开发新型、优质、特种建材，把建筑建材和房地产业培植成一大优势产业。这是世界各国的共同经验。有选择、有重点地集中力量加快高新技术的研究开发、引进创新和产业化，逐步提高省委、省政府确定扶持发展的高新技术产业产值在工业产值中的比重。积极促进非义务教育、非基本医疗保健等事业的发展，推动社会力量兴办民办教育和职业教育，使之成为新的消费热点和经济增长点。

*（三）加大农村经济结构调整力度，确保农村经济全面发展和农民增收。*我省农业已进入了一个新的发展阶段，大多数农副产品已转为买方市场，农民人均纯收入增幅明显减缓。必须树立在发展中调整结构、在调整结构中求发展的思想，紧紧围绕市场需求，稳粮调结构，提质增效益，确保农民增收、农业增产。这里着重强调4点：（1）要在稳粮的基础上加大结构调整的力度。特别是滇中地区和运输成本高的粮食主产区要努力发展订单农业，搞好冬季农业开发，扩大价值高的经济作物、绿色食品的种植面积。（2）全省都要认识到虽然我省粮食连年丰收、粮食滞销，但这只是阶段性、结构性的供大于求，关键是品种质量差，转化率低。要在继续搞好高产稳产农田建设的同时，加快粮食品种结构的调整力度。要在贯彻国家敞开收购政策的前提下，实行优质优价，努力促使和帮助农民改种优质粮食。同时，要加强粮食深加工，提高转化率，凡具备粮食生产条件的缺粮贫困地区要采取建设基本农田、改良品种、推广科技等措施增产粮食，解决好群众的温饱问题。（3）要做大做强畜牧产业。畜牧业已成为我省农村经济的一大支柱产业，今后要以改良品种为中心，发展加工、营销，增加效益。（4）要充分重视林产业的发展。云南希望在山，潜力在山，林产业和林产品的发展潜力很大。当前，要特别重视加快林业管理体制的改革，把保护天然林和开发林产品结合起来，积极发展人工林、经济林，结成利益共同体，充分调动农民养山护林的积极性。

当前，农村千家万户的小生产与千变万化的大市场的矛盾日益突出，信息不灵、服务不周、流通不畅已成为制约农民增收和农村经济发展的“瓶颈”。要结合全省正在开展的解放思想、更新观念大讨论，搞活农产品流通，推进农业产业化经营。继续推广“三结合一体化经营”、“公司加基地加农户”等经验，发挥龙头企业在搞活流通中的重要作用。要大胆探索供销社改革的多种模式，只要符合“自愿联合、共同所有”的原则，就可以大胆试、大胆闯。要积极扶持发展以农民为主体的农村社会化服务体系。各级干部要主动带领农民和企业外出找订单、找市场，大力发展“订单农业”，把观念从“以产定销”转变到“以销定产”上来。

提质增效益，根本在于科技进步。提高农产品的市场占有率和竞争力，关键是提高科技含量。因此，必须按照中央的要求，尽快掀起一场新的农业科技革命，在大力推广农村实用技术基础上，加快运用现代科学技术改造传统农业的步伐，充分重视和积极推进生物技术在农业生产中的应用，加强农业科技人才的培训。要从云南农村山高谷深的特殊地形地貌出发，加快信息技术的推广。要把信息网络建设与生物技术的推广应用密切结合，以节约大量人力、物力，收到事半功倍的效果。

要继续毫不动摇地落实好以家庭承包经营责任制和减轻农民负担为重点的党在农村的各项基本政策。

我省还有约 245 万人口没有解决温饱，扶贫攻坚工作难度很大。各级领导要振奋精神，扎实工作，确保明年至少有 100 万贫困人口解决温饱。要继续实行扶贫责任制，抓好小额信贷、挂钩扶贫、扶贫到户、异地搬迁等工作；要继续抓好科教扶贫，提高扶贫资金的使用效益。要把扶贫攻坚同保护天然林和生态建设紧密结合起来，坚决贯彻落实“退耕还林、封山绿化、以粮代赈、个体承包”的措施，力争用十年左右时间，基本完成全省 900 万亩 25 度以上坡耕地实现退耕还林（草）的任务。

（四）坚持整体推进，加快以国有企业为中心的经济体制改革。要进一步解放思想，狠抓落实，全面贯彻好党的十五届四中全会和省委六届八次全会精神，按照“有进有退”、“有所为有所不为”的结构调整方针，主要通过以增量调存量的方式，降低国有经济比重，减少国有企业数量，提高国有经济质量，增强国有企业竞争力，增加国有经济总量，加强国有经济控制力。这里，我再强调 3 点：(1) 要努力如期完成国有企业脱困任务。2000 年是我省国有大中型企业实现三年改革脱困目标的最后一年，也是决战之年。要继续深化企业内部三项制度改革，强化企业成本、资金、质量、劳动、技术、设备等基础管理，转换企业经营机制，开展好“苦练内功年”活动。要加快建立现代企业制度，健全法人治理结构，加大技术改造力度，提高企业技术创新能力。要把提高质量、开拓市场作用为企业的生命线来抓，下大力气抓好国有流通企业的改革。要十分重视加强企业领导班子建设，对少数问题突出的企业领导班子坚决进行整顿。继续认真落实中央关于核销银行呆坏帐准备金的政策，搞好银行贷款“债转股”工作，努力争取我省有较多重点困难企业列入国家计划。财政资金的“债转股”工作要根据企业状况分类处理，抓紧落实。深入推进企业治乱减负工作，切实减轻企业负担。要继续做好省级领导挂钩帮扶困难企业的工作。各地州市县和有关部门也要实行领导挂钩帮扶困难企业责任制。(2) 要在放开搞活中努力发展中小企业。中小企业在我省国有企业中占绝大多数，对我省的经济社会发展历来发挥着重要作用。要继续坚持多种形式并举、积极推进股份合作制的基本思路，因业制宜、因企施策，重点在搞活上下功夫。放开不是放手不管，而是放活与帮扶相结合。要加紧研究制定促进中小企业发展的政策措施，加快建立中小企业贷款风险担保机制和信用担保体系，尽快发展和完善扶持中小企业的技术创新、人才培训、社会化服务和融资扶持 4 个服务体系，着重解决中小企业贷款担保难、技术创新能力差、基础管理弱等问题，引导中小企业向生产高新科技产品和“专、精、特、新”的方向发展。(3) 加大对企业改组和结构调整力度。无论是大中小企业，无论是国有企业还是乡镇企业，只要是无市场、无效益、破坏资源、污染环境的都要下决心采取措施，分批分期关停并转。

与此同时，继续推进财政、计划、金融、流通、外贸、医疗、住房和社会保障体制等各项配套改革和分离办社会职能等工作，为国有企业改革与脱困创造良好的外部环境。尤其要重视做好国有企业下岗职工再就业和基本生活保障工作，进一步办好企业再就业服务中心。切实按“三三制”原则落实好国有企业下岗职工基本生活保障资金，企业确有困难、难以缴付资金的，财政要兜底。2000 年各级财政都要把必要的社会保障支出纳入预算，不留缺口。

（五）实施城市化战略，推进城乡经济社会协调发展。我省城镇建设滞后和农业基础设施薄弱同时并存，这一结构性矛盾严重制约了全省城乡经济社会的协调发展。加快城市化进程是推动我省城乡经济社会发展的一个启动器。要立足长远，抓紧全省城市规划的修编和审批，特别要真正把小城镇发展作为一个战略来对待，并有计划、有步骤地发展一批中等城市或城市群落。具体工作中要认真搞好以下“三个结合”：（1）城镇建设要与交通建设相结合。云南山区广阔，城镇建设布点应当首先考虑交通条件，把城镇建设同以高等级公路为主的交通网络和铁路建设有机地结合起来，做到统一规划，科学布局，分期实施，量力而行。（2）城镇建设要与乡镇企业发展相结合。乡镇企业发展要依托小城镇，走合理布局、适度集中、连片发展的新路子。要抓住享受“三减两免”政策的有利时机，抓紧实施改革、改制、改组、改造，以调整、巩固、提高和发展乡镇企业，认真解决乡镇企业的管理机制和运行机制问题，要宣传和推广玉溪大营街等乡镇企业改制的成功经验。（3）城镇建设要与农村发展相结合。城乡是互为市场、互为资源的，切实做到城乡经济社会的协调发展。必须坚持逐年加大各级财政对农业的投入，这个原则决不能动摇。城镇基础设施建设投入应坚持多渠道筹集资金的方向，走“以地生财、以财建镇、以镇招商、以商带农”的路子，绝不能挤占对农业的财政投入和扶贫资金。同时，必须加快城乡户籍管理和科技、教育、卫生、人事体制等方面的改革，以创造吸引人才、招商引资等方面的良好环境。

*（六）积极稳妥地推进机构改革，做到机构改革和正常工作两不误。*我省即将按照党中央、国务院的部署，全面开展党政机关机构改革。2000年一季度要集中完成省级机关的“三定”工作。地县机构改革要按省里统一安排分步实施，人员分流要从本地实际出发，做到分类指导，分步实施，积极慎重。这次机构改革人员精简幅度大，分流任务重，难度不小。各地、各部门要加强对机构改革的领导，主要领导要亲自抓，精心组织，把工作做细做实，确保我省各级机构改革顺利进行和圆满完成。

在机构改革中要特别注意以下问题：（1）坚持积极稳妥的方针，使机构改革同促进经济社会发展、保持社会稳定相结合，防止顾此失彼，出现大的震动。要把机构改革与“三讲”教育有机结合起来，保证“三讲”成果落到实处，并以“三讲”教育的成果促进机构改革。（2）按照中央确定的“带职分流，定向培训，加强企业，优化结构”的原则，认真做好人员分流工作。要有针对性地做好深入细致的思想政治工作，保持机关干部思想情绪的稳定和日常工作的连续性，做到人心不散，秩序不乱。搞好政策衔接，做到改革措施与配套政策同步出台，使各项工作紧凑有序。（3）必须严肃组织纪律。省级各部门要严守党纪政纪，不准对下进行“条条干预”。各级纪检、监察、编制等部门要加强监督，对违纪问题要严肃查处。（4）各级党委、政府要充分发挥机关党组织和机构编制部门的作用，切实加强思想工作，既坚持按照中央部署精简机构，又从实际出发搞好人员分流工作。通过机构改革，加强机关的思想、组织、作风建设，建设文明高效廉洁的机关。

*（七）加快民族文化大省建设步伐，提高精神文明建设的水平。*建设民族文化大省是我省精神文明建设的一个创造。要重点抓好建设民族文化大省纲要的制定和实施，强化有中国特色社会主义的意识形态建设，加快教育和科技的发展，积极发展民族文化产业，弘扬和保护民族文化，全面提高全省各族人民的思想道德素质和科学文化素质。

2000年的精神文明建设工作要在“巩固、提高、延伸、辐射”上下功夫，在创新上思考，在务实上着力。各级党委要认真学习和贯彻落实党中央《关于加强和改进思想政治工作的若干意见》，要吸取“法轮功”问题的教训，积极探索新形势下思想政治工作的规律和方法。继续加强对邓小平理论的系统学习、研究和宣传，旗帜鲜明地开展社会主义、共产主义理想信念教育，大力弘扬爱国主义、集体主义、社会主义精神，引导广大干部群众树立正确的世界观、人生观和价值观。联系改革发展的实际，定期召开精神文明建设座谈会或思想政治工作会议，及时发现社会上和群众中带有倾向性问题，并认真研究解决措施。充分发挥新闻媒体在思想政治工作中的重要作用。宣传文化和新闻出版工作一定要坚持党性原则，坚持团结、稳定、鼓劲和正面宣传为主，弘扬主旋律，打好主动战，紧紧围绕经济建设这个中心，为改革发展稳定大局服务。要把群众性的精神文明创建活动作为重要载体，继续深入开展文明城市、文明村镇、文明行业、文明社区等各种创建活动。要理直气壮地宣传马克思主义，宣传科学，提高群众性的科普教育，坚决与以“法轮功”、“门徒会”为代表的各种邪教组织以及封建迷信活动作斗争，坚持不懈地开展“扫黄打非”活动。

发展教育和科技是建设民族文化大省的基础工程。省委、省政府将在这次全会以后召开全省教育工作会议，认真落实全国第三次教育工作会议的精神，切实把教育作为先导性、全局性、基础性的工作，摆在优先发展的战略地位，以提高民族素质和创新能力为重点，深化教育体制和结构改革，全面推进素质教育。2000 年上半年，省委、省政府要召开会议，全面贯彻落实全国技术创新工作会议精神，加强技术创新，提高全社会的科技创新意识，全面部署和推进我省技术创新，深化科技体制改革，加快“产学研”、“技工贸”一体化进程，加快高新技术产业发展，促进科技创新和高新技术成果商品化、产业化。要进一步加强基础科学研究，充分重视社会科学等软科学研究，大力普及科技知识，不断提高全省各族人民的科学技术素质。

发展文化艺术、新闻出版、广播影视、卫生等事业，是建设民族文化大省的重要的内容。当前，要抓紧制定建设民族文化大省的实施办法。要积极慎重地深化文化体制改革，落实和完善文化经济政策，加快民族文化产业发展。积极就是要大胆试、大胆闯，不要观望、等待，停滞不前；慎重就是要加强党性原则，改革不能脱离党的领导，不能削弱党性和人民性。文化产业发展要规范管理，强化监督，充分发挥我省民族文化丰富多样的优势，坚持与旅游产业相配合，努力培植大型文化产业集团，积极鼓励发展民营文化产业，走政府引导、社会投入、市场运作的产业化道路。加强民族文化基础设施建设，重视科学、历史、文化遗产，革命文物和历史文化名城的保护，积极发掘、抢救和整理民族文化遗产。要制定规划、分步实施，充分重视图书馆、博物馆、科技馆、文化馆等场馆和文化艺术体育团体建设。要紧紧围绕农村卫生、预防保健、中医药三个重点，深化卫生改革，努力提高全省人民的健康水平。

(八) 关心群众疾苦，努力改善人民生活。应当看到，在我省多数群众生活逐步改善的同时，农民收入增长缓慢，人民生活的总体水平仍然不高，城镇下岗职工、灾区群众和残疾、孤寡人员生活更为困难，全省农村尚有 245 万人尚未解决温饱。不断改善人民群众生活，是党的根本宗旨的要求，是我们一切工作的落脚点，要狠抓落实。各级领导一定要从讲政治的高度认识这项工作的重要性，满怀深情地关心群众的冷暖，在保持经济稳定增长的同时，努力提高城乡居民特别是中低收入者的生活水平。各级领导一定要深入基层，雪中送炭，多到贫困地区、困难企业和贫困群众家中帮助解决实际问题。

千方百计增加农民收入，关系全省经济发展的大局，也是当前农业和农村工作的主要任务。全省要实现小康，重点和难点都在农村。要从调整优化结构、实行以工代赈、努力发展乡镇企业、集体经济、非公有制经济和股份合作经济，促进农产品流通等方面采取综合措施，开辟农民增收的新途径和新领域。按照中央统一安排，积极稳妥地推进农村税费改革，从根本上减轻农民负担。要特别注意正确处理好地方财政、加工企业和农民三者之间的利益关系，保护好农民利益，切实解决“打白条”问题。各地、各有关部门对灾区群众生活，要及时给予救济和帮助，绝不能有一个群众因挨冻受饿而发生意外。

改善城镇低收入居民的生活，根本途径是发展经济，扩大就业，加强保障。要加强职业培训，积极发展多种所有制经济，扶持中小企业，鼓励兴办第三产业，把发展劳动密集型和技术密集型产业结合起来，创造更多的就业岗位。要通过建立和完善最低工资标准、失业、城镇居民最低生活等 3 条保障线，不断改善离退休人员和国有企业下岗职工的生活。

(九) 推进民主法制建设，确保社会政治稳定。要积极推进依法治省进程，加强经济立法工作，自觉动用法律法规来规范和引导市场经济的运行，把各项工作纳入法制的轨道。加大依法行政的力度。各级人大工作在推进民主法制建设中起着十分重要的作用。各级党委要切实加强对人大、政协工作的领导，积极支持各级人大对“一府两院”加强工作监督和法律监督，充分发挥人民政协政治协商、民主监督、参政议政的作用。要十分重视加强党的统一战线工作，进一步做好民族、宗教工作，认真落实党的民族宗教政策。

村民自治工作是民主法治的重要内容。要按照《〈村民委员会组织法〉实施办法》和《村民委员会选举法》，根据省委统一部署，改革村级管理体制。这项工作任务艰巨，难度很大，各级党委、政府一定要加强领导、精心组织，在抓好试点的基础上逐步推开，用两年左右时间，在全省条件具备的地方基本完成村民委员会的民主选举工作。

必须始终把维护社会政治稳定作为头等大事来抓。各级党委要切实负起稳定的政治责任，建立和落实严格有效的责任制。要贯彻“打防结合、预防为主”的方针，重点打击严重暴力犯罪和有组织的犯罪。近年来，我省经济犯罪和毒品犯罪活动呈上升趋势，必须采取有力措施，严厉进行打击。要进一步落实社会治安综合治理的各项措施，坚决扫除黄赌毒等社会丑恶现象，果断查禁取缔“法轮功”等各种邪教组织。高度重视和妥善处理人民内部矛盾，着力解决好群众关心的突出问题，防止矛盾激化。

广大政法干警是维护社会政治稳定的主力军。要切实加强党对政法工作的领导，充分发挥各级党委、政法委的职能作用，巩固政法队伍集中教育整顿的成果，着力抓好基层政法干警队伍的建设，不断提高广大政法干警的思想道德素质和政治业务素质。本着从优待警、从严治警、加大交流的原则，把政法队伍建设成一支政治合格、业务过硬、廉洁清正、公正执法、忠于党和人民，完全可以信赖的队伍。

三、以“三讲”教育为动力全面提高党建工作水平

完成2000年的各项工作任务，推进我省的改革开放和现代化建设，关键在各级党组织和党员干部。

（一）继续认真、扎实地搞好“三讲”教育，进一步加强各级领导班子和干部队伍建设。开展“三讲”教育，是我们党加强自身建设、解决党内存在问题、保持党的先进性和纯洁性的一项重大举措。当前在要继续抓好省级领导班子和省级各部门领导班子“三讲”整改工作落实的同时，集中抓好各地州市领导班子和领导干部的“三讲”教育工作，并为下一步部署县级领导班子的“三讲”教育作好准备。

地州市县的领导班子和领导干部处于承上启下的位置，直接面对基层和群众，担负着把党和国家的路线、方针和政策贯彻落实到基层的重任。我们必须严格按照中央和省委的要求，高标准、高质量地抓好这项重要工作，切实解决好地州市领导班子和领导干部党性党风以及工作中存在的突出问题，全面加强党的理论建设、思想政治建设和作风建设，提高各级领导干部的政治素质、领导水平和执政水平，增强政治敏锐性和鉴别力。要不断增强各级领导班子和领导干部贯彻执行党的基本路线的自觉性、坚定性，把加快社会主义现代化建设作为当前最大的政治任务，正确分析和把握形势，狠抓各项政策措施的落实，确保经济社会发展目标的顺利实现。要严格执行党的民主集中制，坚持和完善集体领导和个人分工相结合的制度，健全工作制度和议事规则，提高科学决策和民主决策水平，避免和减少工作失误。当前，对党的民主集中制原则贯彻还不够全面，特别是对一把手监督不力的情况仍比较普遍，必须引起高度注意。要牢固树立以经济建设为中心的思想，建立健全科学民主决策机制，改进领导作风和领导方法，克服会议多、文件多、应酬多等倾向。要充分发挥地州市县党委总揽全局、协调各方的核心领导作用，齐心协力推进我省的各项事业。各级党委特别是一把手要以身作则、严于律己、当好楷模，以高度的政治责任感把“三讲”教育抓出成效。

要积极推进干部制度改革，全面贯彻《党政领导干部选拔任用工作暂行条例》，严格按规定的程序考核选拔干部，做到坚持原则不动摇，执行标准不走样，工作程序不变通，进一步建立健全科学的选人用人机制。要加大公开选拔干部工作的力度，努力营造公开、平等、竞争、择优的用人环境，发现、培养和大胆使用群众公认、政治坚定、政绩突出、清正廉洁的优秀干部。进一步拓宽识人视野和用人渠道，把识人用人的目光延伸到基层、高等院校、科研机构和大中型企业。要进一步总结今年以来各地推行干部制度改革的经验，逐步推广和规范“公示制”、“试用制”和“聘用制”，实现干部工作的规范化和制度化。与此同时，进一步完善交流、下派干部管理工作制度和严格干部退（离）休制度。交流、下派干部一定要从派出单位的后备干部中挑选，杜绝“曲线提拔”现象。要在坚持党管干部的原则下，抓紧研究制定一套有别于党政干部管理办法的企业领导人和经营者的选拔、培养、任免、奖励的办法。

各级党政一把手的培养选拔和管理监督，是干部队伍建设的重中之重。要采取有力措施，不断提高他们的政治思想和业务素质，增强解决问题和驾驭全局的能力。培养选拔优秀年轻干部，是我省当前的一项紧迫的战略任务。要破除论资排辈的旧思想，树立以德才政绩取人的新观念，不求全责备，重在看干部的本质、主流和发展，为优秀年轻干部脱颖而出创造良好条件。要按照干部队伍的“四化”方针和德才兼备原则，继续加强对少数民族干部的选拔培养工作，满腔热情、积极选择优秀中青年少数民族干部进入各级领导班子。进一步加大培养选拔妇女干部和非党干部的力度。

要进一步加强各级领导班子和领导干部的理论建设。要继续有计划、有针对性地学习马列主义、毛泽东思想，特别要结合实际认真学习好邓小平理论，学习好以江泽民同志为核心和第三代中央领导集体的重要著作和讲话。同时，也要全面提高干部的业务素质。为此，要充分重视各级党校和行政学校的建设。专业知识结构不适应两个文明建设、发展社会主义市场经济和对外开放的需要，已经成为当前各级领导班子和干部队伍建设的一个突出问题，要采取多种渠道加强学习，着重在改善各级领导班子和干部队伍的专业知识结构上下功夫。要结合即将进行的机构改革和人员分流工作，建立门类齐全的干部人才库，认真进行长期跟踪培养，切实解决后备不足的问题。

（二）加强党的基层组织建设，进一步提高党员队伍素质。继续深入学习领会中央和省委关于加强村建工作的有关文件指示精神，从战略的高度加强对村建工作重要性、紧迫性的认识，树立长抓不懈的思想，要认真总结经验，采取措施巩固村建成果，认真解决好一些地区存在的松劲、厌战情绪。要有计划地分批轮训乡村党员干部，帮助解决部分乡村干部工作能力与新形势要求不相适应，事业心、责任感不强，不能带领群众脱贫致富奔小康等问题。特别是县乡两级党委要把抓村建工作作为自己的重要职责，突出抓好领导班子和经济发展路子两个重点，全面加强乡镇党委和村党支部建设，采取有力措施整顿软弱涣散的党组织。要认真加强乡村领导干部的“三基本”教育和党性、党风教育，组织他们定期学习经济、科技、法律等知识，着力解决群众比较关心和反映强烈的问题，牢固树立全心全意为人民服务的思想，密切党群、干群关系。要采取多种措施，加强对基层干部的教育、管理和监督力度，使他们树立起正确的世界观、人生观，不断提高政治思想素质和工作水平，遵纪守法，转变作风，扎扎实实为群众办实事。

要切实加强国有企业党建工作。必须坚持党对国有企业的领导，坚持依法办事、党管干部和为企业改革发展服务的原则，研究制定适应现代企业制度的国有企业党组织的领导体制、企业党组织参与重大决策的程序和办法，尽快建立企业党建工作的有效机制。各级党组织和企业主管部门要集中精力，深入调查研究，分类进行指导，进一步落实企业党建工作责任制。要加大企业干部制度改革的力度，推进企业干部分类分层管理，理顺企业干部管理体制，建设一支适应社会主义市场经济和法人治理结构需要的党务工作者队伍，努力造就一支面向新世纪的高素质经营者队伍。企业要取消行政级别，对经营者试行评聘分开，加大经营者管理竞争上岗力度。有关部门要加强调查研究，明年要初步建立起为企业经营管理者的考核培养办法。

要认真、深入地分析研究和解决目前各级国家机关、高校和街道、社区以及新经济组织中党建工作存在的问题，努力探索和总结推广适应改革和发展的新的工作方法。上级主管部门和党组织要加强对地方党建工作的监督指导，健全并落实好党建工作责任制。

要进一步加强党员的教育、管理、发展工作，采取有力措施，在党员中大力开展政治理论的学习教育和技能培训，以提高素质，增强党性。目前要结合对“法轮功”的揭批，加强理想信念和唯物史观教育、党性教育和法制教育，引导党员用马列主义、毛泽东思想特别是邓小平理论武装头脑，坚持真理、崇尚科学、反对迷信，坚持党的原则，维护党的利益，坚定建设有中国特色社会主义信念，自觉遵守国家的法律法规，同一切违反党和国家方针政策以及违法行为作斗争，为促进两个文明建设起好模范带头作用。

（三）加强党风廉政建设，深入持久开展反腐败斗争。反腐败斗争要标本兼治，既要遏制各种消极腐败现象滋生蔓延，又要注意从体制、机制、法制、管理着手，通过改革从源头上消除滋生腐败现象的土壤和条件。要抓好反腐倡廉各项制度的落实，积极探索强化监督制约机制的措施和办法，把党内监督、法律监督、社会监督、行政监督、新闻监督、群众监督有机结合起来。2000年要全面实行政务公开、村务公开和厂务公开，并在实践中改进和完善。继续严格执行行政事业性收费和罚没收入“收支两条线”的规定。加强对有形建筑市场规范化管理，认真实施《工程廉政合同》。坚决落实中央关于军队、武警部队、政法机关不再经商的重大决策，做好党政机关与所办企业彻底脱钩工作。完善国有资产管理办法，全面推行领导干部离任审计制度，试行会计委派制度。

要继续落实中央提出的反腐败斗争的三项任务，把人面贯彻中央关于领导干部廉洁自律的有关规定和省委“五不准”的工作进一步引向深入。从教育、制度、监督几个环节入手，切实搞好领导干部的廉洁自律。要抓住重点线索，拓宽案源，突破重点案件，认真查处一批大案要案。要严肃查办有令不行、有禁不止，违反政治纪律的案件，查办贪赃枉法、贪污贿赂、以权谋私，以及领导干部失职、渎职，虚报浮夸、弄虚作假的案件，查办企业领导干部和乡村基层干部侵占公共财产、严重以权谋私和侵犯群众利益的案件。继续抓好减轻农民负担、企业负担和制止医药购销及报刊征订等工作中存在的不正之风等问题，使纠风工作取得明显实效。

搞好党风廉政建设和反腐败斗争，各级领导干部的表率作用是关键。要重点抓好各级领导班子和领导干部对党中央、国务院《关于实行党风廉政建设责任制的规定》和我省提出的《实施办法》的落实，使我省各级领导干部成为廉洁勤政、艰苦奋斗的表率。

同志们，新世纪的曙光就在前面。2000年将是改革和发展任务相当艰巨的一年，也是我们狠抓落实、充满希望的一的。让我们在以江泽民同志为核心的党中央正确领导下，以对党和人民高度负责的精神，兢兢业业，埋头苦干，为实现云南的全面繁荣振兴作出新的贡献！

在省委六届九次全会结束时的讲话

（1999年12月24日）

中共云南省委书记　令狐安

同志们：

省委六届九次全会今天闭幕。这次全会时间短，安排紧凑，完成了既定任务。两天来，大家以党的十五大和中央经济工作会议精神为指导，认真讨论了省委的工作报告，回顾总结了一年来的工作，明确了当前形势和明年的主要任务，统一了认识，增强了做好明年工作的信心。

一、关于对省委工作报告的讨论情况

在讨论中，与会同志对报告给予了充分肯定。认为全会的报告主题鲜明，重点突出，思路开阔，时代感强；对1999年工作的总结和明年工作的部署，实事求是，有开拓创新精神，是对省情认识的进一步深化；报告所提出的主要目标、任务和各项措施切实可行，鼓舞人心。

在讨论中，同志们对报告也提出了一些重要修改意见和建议。主要是：

（一）关于建设“绿色经济强省”问题。大

多数同志都赞成，认为这个提法与省第六次党代会提出的目标是互相吻合的，而且突出了云南的特色，也是对我省改革开放以来发展特色经济经验的提炼和总结。同时建议，应当研究制定具体的、可操作的阶段性的目标和规划，注意不要搞形式主义，不要把“绿色”当做标签。这次全会报告未写入建设“中华生物谷”，主要是要对其内涵和实施办法进一步论证和充实。在省内外专家论证会上，大多数专家学者还是支持这一提法的。

（二）关于建设“民族文化大省”的提法问题。这个提法是前两次全会经过长期慎重考虑提出来的，符合云南多民族的实际。一些同志建议尽早制定纲要和实施意见。

（三）关于抓住西部大开发机遇问题。大家的认识高度一致。很多同志认为能不能抓住这个机遇，关键在于解放思想。如世博会的举办，是云南解放思想、敢为人先的成功例子，拉动了经济发展。报告中应对正在开展的解放思想、更新观念大讨论予以强调或突出。其次要做好项目的前期准备工作。一些同志指出，各级都要着手建立项目库。这个意见十分重要。投入西部大开发要从3个层次考虑：（1）2000年我省要争取有尽量多的、重要的大型项目进入国家的计划盘子；（2）要结合“十五”计划的制定，使我省的一批重大项目进入国家“十五”计划的盘子；（3）按此原则和国家要求，制定十年规划。

（四）关于对4大支柱产业今后如何巩固和发展的问题。有的同志认为，这个问题还要作更细的研究，采取相应的和更具体的措施。鉴于省委工作报告主要阐述重大方针、政策和主要措施，将在政府工作报告中吸纳大家的意见。

（五）关于流通企业的改革问题。有些同志提出，国有流通企业遇到的困难比国有工业企业更大，应高度重视搞好流通企业的改革。发展小城镇也需以中等城市为依托，应在报告中对有计划、有步骤地发展一批中等城市或城市群落有所表述。

（六）关于重视铁路建设问题。有些同志提出，在强调以公路为重点的交通建设时，不应忽视铁路建设。从长远看，铁路运输至关重要。

（七）关于加强思想政治工作和民族工作等问题。一些同志认为，对如何加强和改进党的思想建设、作风建设和理论建设，加强思想政治工作和民族工作，改进机关工作作风和克服形式主义等内容，建议予以充实。

除上述意见外，根据同志们讨论情况和省委常委会讨论精神，我对以下3个问题作些解释：（1）关于云南长远发展目标问题，不少同志认为，报告中“两高一平”的提法在文字上表述不够准确。也有的同志认为，这个提法不符合云南实际，难以做到。特别是人口自然增长率与全国平均水平差距较大，十年难以做到。省委常委会对此进行了认真讨论，在吸纳大家合理意见的基础上统一了认识，认为中央实施西部大开发是一个长期的历史过程，云南应该提出一个鲜明的奋斗目标。从长远看，如果这点都做不到，我省将会越来越落后，与全国平均水平的差距就会越拉越大。所以报告保留了基本内容，但在重要表述文字上作了修改。（2）关于明年经济增长速度问题。多数同志认为，提出明年GDP的增幅为7%左右，虽然难度较大，但比较客观，经过全省上下的共同努力，实现这一目标是可能的。也有些同志认为，明年困难很大，完成7%的目标心中无数。经过认真讨论，省委常委会认为，明年的GDP还是建议定为7%左右为妥。根据国家统一提法，GDP目标是指导性、预测性的，7%左右的提法是留有余地的。提出这个目标有利于云南的长远发展和缩小与全国平均水平的差距。我们必须采取一切措施，使我省的的经济增长速度不低于全国的平均增长速度。（3）关于3大目标的提法。大多数同志赞成这个提法，建议进一步研究操作性强的措施。但也有的同志认为，这3个提法不符合云南现在的实际。省委认为，现在确实还不能说云南已经是“绿色经济强省”。也没有完全建成“民族文化大省”，建成“国际大通道”更有待于长期的艰苦努力。但树立这3个目标，对云南充分发挥自身资源优势，积极投入西部开发，振奋全省各族人民的精神，争取中央各部门的支持有着十分重要的意义。因此，提出这3个目标是正确的，必须坚持。

另外，各组还对报告中的一些提法和文字表述提出了很好的修改建议。对大家提出的上述意见和建议，省委常委会责成起草小组在会后对报告作认真修改，然后以省委文件正式下发。

二、关于这次会议的主要收获

根据各组讨论的情况来看，这次会议的收获主要有3点：

（一）进一步增强了夺取胜利的信心。大家认为，今年大事喜事多，经济社会发展中困难也十分突出，成绩确实来之不易。我们在以江泽民同志为核心的党中央的坚强领导下，卓有成效地组织开展了抗议以美国为首的北约集团袭击我驻南使馆、处理“法轮功”问题、批判李登辉“两国论”等3次重大斗争。今年内需拉动不足，亚洲金融危机影响进一步显现，全国大多数工农业产品出现结构性、阶段性过剩，卷烟销售遇到重复建设、总量过剩、地区封锁、恶性竞争、假烟泛滥等严重问题，烤烟继续“双控”，农村经济结构调整难度很大。在十分困难的情况下，我们紧紧抓住举办“世博会”的历史契机，团结拼搏，深化改革，调整结构、开拓市场，通过全省人民的共同努力，实现了经济社会发展的主要目标，推动了民族文化大省建设和精神文明建设，使城乡人民的生活又有了新的改善。“世博会”的成功举办，是在党中央、国务院和省委、省政府的正确领导下，云南省各级领导班子和全省各族人民共同奋斗的结果，也是全国各省市支持的结果。更重要的是，我们创造了“世博精神”。通过庆祝新中国成立50周年和迎接澳门回归，进一步增强了各族人民的凝聚力，巩固和发展了团结稳定的社会政治局面。大家认为，明年虽然困难很多，但也有不少有利条件。全球经济形势趋好，中央已开始实施西部大开发战略，只要我们一如既往地保持不怕困难、团结拼搏的精神，发扬“世博精神”，就没有克服不了的困难、闯不过的难关。

（二）进一步强化了机遇意识和两个文明一起抓的认识。2000年是世纪交替之年，我们既面临着发展的机遇，也面临着严峻的挑战，大家认为，我们一定要把困难估计得充分一些，把迎接挑战的思想树得牢固一些，狠抓历史机遇，充分把握经济发展的主动权。明年，工农业产品全面供过于求的矛盾仍然相当尖锐，2至3年内难以解决；农村经济结构调整任务十分艰巨；第二产业尤其是工业结构调整难度很大，国企改革和发展任务繁重，卷烟销售仍将面临很大困难；“世博会”闭会之后，第三产业特别是旅游业的发展将受到一定影响，金融保险业发展速度不容乐观，流通体制和流通企业改革任务很重，难度很大。对此，我们要有充分的思想准备，始终保持清醒的头脑，正确处理和把握好改革、发展和稳定的关系，及时采取措施解决这些问题。大家强烈地感到，一定要紧紧抓住西部大开发这个千载难逢的历史机遇，充分用好、用足、用活西部大开发的各项政策。要以只争朝夕的紧迫感，加快经济结构调整步伐，解决经济运行中的主要矛盾。要以改革开放为动力，着力开拓国内外市场，特别要着重解决好促进卷烟销售和扩大投资规模这两个关系明年全省经济增长的焦点问题。要充分重视流通体制和国有流通企业的改革，作为一个专题深化调查研究，制定解决措施。许多同志提出，面对困难和问题，各级党委一定要把扎扎实实抓好“三讲”教育，全面加强领导班子建设和党的基层组织建设放在各项工作的首位。通过抓好邓小平理论学习和党的建设，提高各级党组织领导水平，真正做到两个文明一齐抓，增强驾驭社会主义市场经济的能力和政治敏锐性、鉴别力。要定期分析经济形势和政治形势，特别要重视研究经济发展和社会发展面临的新情况、新问题，及时提出对策和措施，牢牢掌握工作的主动权，齐心协力完成明年经济社会发展的各项指标。对宣传意识形态领域的工作，也要象重视经济工作一样，定期召开形势分析会，进行研究，及时发现问题，把问题解决在萌芽状态。

（三）进一步明确了2000年工作的总体要求和主要任务。大家在讨论中认为，全会确定的工作思路、主要任务以及关于2000年GDP增长目标的建议，符合中央经济工作会议精神和云南实际，经过努力是可以实现的，但是难度不小，必须上下一条心，共同努力，狠抓落实。大家认为，省委提出的抓住一个机遇、发挥两大优势、缓解3大制约因素、实施4大战略、处理好4个关系、建设绿色经济强省、民族文化大省和国际大通道3大目标的总体要求，不仅对2000年工作，而且对“十五”计划的制定和云南的跨世纪发展，都具有很强的指导性。《报告》中提出的9项工作突出了重点，抓住了难点。大家表示，工作思路和目标任务已经明确，全会之后，一定要从本地区、本部门实际出发，制定切实可行的具体措施，把工作任务进一步细化，落实到基层。

三、关于近期的几项主要工作

关于2000年的任务，全会报告中已作了全面部署。这里我再强调一下近期要着重抓好的四项工作。

（一）深入开展解放思想、更新观念大讨论。现在全省正在开展的“以改革开放为动力，以调整结构、开拓市场、搞活流通为主题”的解放思想、更新观念大讨论，是省委在世纪之交带领全省各族人民，开创经济社会发展新局面的重大举措。当前，我省和全国一样，进入了一个经济结构大调整、改革开放大深入的新阶段。经济结构不合理、城乡结构不合理、劳动者科技文化素质低的深层次矛盾和问题，长期以来一直制约着我省经济社会的发展，这些问题在新形势下进一步显现出来。经济发展已经从短缺经济开始走向供给有余的经济，市场从卖方市场已初步变成了买方市场，大多数工农业产品供过于求。随着我国将要加入世贸组织，企业必将面临国内外市场更激烈的竞争。支柱产业单一、国有经济比重过高、流通体制发展滞后、农业产业化水平低、工农业产品产销率和市场占有率低、对内对外开放整体水平不高等问题仍然相当突出。一些传统的旧思想、旧观念仍然制约着经济社会的发展。解决这些深层次的矛盾，都必须以解放思想为先导，下大决心深化改革、扩大开放、调整结构、苦练内功、开拓市场、搞活流通。解决好这个大问题，就牵住了经济社会发展的“牛鼻子”，就能搞活全局、带动全局。

全省各级党组织、各族干部群众要迅速行动起来，积极投入到这场大讨论中来，各级领导机关、领导干部要以高度的责任感和事业心，站在解放思想的前沿，带头解放思想，更新观念，实事求是，振奋精神，抓好本职，推动全局。总结以往几次解放思想大讨论的经验，一个值得重视的问题是必须始终坚持党的实事求是的思想路线，坚持一切从实际出发，坚持从群众中来、到群众中去。要注重实效，防止搞形式、走过场。各个地区、各条战线、各个部门、每个单位都要对大讨论进行专题研究和部署，制定阶段性的具体实施方案，并做到边讨论边解决存在问题。各级宣传部门和经济、科教等部门要协同做好宣传、组织、发动和引导工作，把大讨论逐步引向深入。大讨论要紧密联系本地区、本单位的工作和自己的思想实际，紧密结合开展“三讲”教育和制定整改措施，揭露矛盾，发现差距，查找根源，转变观念，改进工作，真正使每个干部、职工、农民都懂得围绕市场调结构和开拓市场、搞活流通的重要性。要同我省正在进行的经济结构调整、经济体制改革、扩大对内对外开放、实施科教兴滇战略、加速科技进步结合起来，切忌泛泛而谈，坐而论道。通过大讨论，进一步强化全省各级干部和各族群众的市场意识、创新意识、质量意识、竞争意识、营销意识。

（二）要高度重视农业和农村工作。农业、农村和农民问题，始终是我省经济社会发展中千万不可忽视的基本问题。首先，要充分重视解决好农民收入增长缓慢这一当前农村工作中的突出矛盾。对此，我在工作报告中已就加大农村经济结构调整力度，努力促进农村经济全面发展和农民增收问题作了部署，希望大家认真落实。当前，要充分重视抓好冬季农业开发，这是确保2000年上半年农民增收的一个重大措施。要特别重视抓好省内外农副产品市场需求情况的调查，这是科学调整农村产业结构、发展订单农业的重要前提。其次，要不折不扣地抓紧落实好朱总理到云南视察时关于搞好生态建设工程和天然林保护工程的重要指示，尤其要毫不动摇地坚决落实“退耕还林、封山绿化、以粮代赈、个体承包”的措施，做到“统一规划，突出重点，先易后难，分步实施”。再次，努力掀起农田水利建设新高潮。农业基础设施建设薄弱仍是制约云南农业和农村发展的主要因素之一。今冬明春，要继续开展大规模的群众性农田水利建设，继续搞好江河湖泊的生态保护和水土流失治理。2000年要全面完成省第五次党代会提出的2500万亩稳产高产农田的建设任务。具备条件的贫困山区要实现人均1亩基本农田的目标。这项工作要和生态保护、扶贫攻坚结合起来。与此同时，要精心安排好明年春耕的农用物资准备工作。

（三）转变作风加大狠抓落实的力度。省第六次党代会以来特别是党的十五大以来，省委、省政府结合云南实际，客观分析和准确把握省情，先后召开了一系列重要会议，着重就发展科技教育、国有企业改革与脱困、农业和农村工作、对内对外开放、发展高新技术产业、发展非公有制经济、发展乡镇企业、做好民族工作、搞好党风廉政建设和精神文明建设等方面制定了许多重要政策和措施，初步形成了新形势下全省两个文明建设和经济社会发展的总体部署。应该说，我省的政策措施已经比较系统和完整，工作思路比较清晰，目标任务也比较明确，关键是要狠抓落实、抓出成效。

新的世纪要有新的精神状态、新的工作作风和新的工作面貌。2000 年我省企业是“苦练内功年”，政府是“服务企业年”，全省是“狠抓落实年”。各级领导干部必须抽出更多的时间，深入农村基层、企事业单位、街道社区，广泛开展调查研究，认真倾听群众的呼声，切实为基层和群众排忧解难，寻求发展对策，创造性地开展工作。特别要提高督促检查工作的权威，加大各级党委督查工作力度。各级组织部门考察干部时，要把思想作风作为一项重要内容。要特别注意加强对年轻干部的教育。现在有极少数地方和单位领导不是在深入基层、实事求是上下功夫，而是在跑上级要官、拉个人关系上用气力，虚报浮夸和形式主义严重，在群众中影响极坏。要彻底解决这个问题，必须从制度和机制入手，搞好廉政勤政建设和“三讲”教育。各级领导特别是主要领导同志对喜欢弄虚作假、拉扯关系、拨弄是非甚至串连诬告同志的干部，一定要提高警惕，严加教育查处，不能提拔重用；对那些埋头苦干、群众拥护、脚踏实地、做出成效的干部，要旗帜鲜明地予以表彰并委以重任。要通过机构改革，切实转变机关职能，提高工作效率。要在全社会大力提倡齐心协力抓落实的良好氛围，有效地推进云南的改革开放和现代化建设。

（四）切实加强思想政治工作和群众工作。积极投入西部大开发，完成 2000 年的各项改革任务，根本在于依靠全省各族群众的智慧和力量，形成统一的认识和意志，使各族群众正确认识当前的形势和面临的困难，集中精力推进我省的两个文明建设。因此，必须努力加强和切实做好党的思想政治工作。当前，我国和我省正处在改革的攻坚阶段和发展的关键时期，社会经济活动中出现了一些新情况、新矛盾。经济利益多样化、社会生活方式多样化、社会组织形式多样化、就业岗位和就业方式多样化日趋明显，使我们的思想政治工作面临着许多新问题和繁重的任务。因此，我们必须坚持以马列主义、毛泽东思想和邓小平理论为指导，把握好改革、发展、稳定的大局，积极探索新形势下做好思想政治工作的有效形式，引导广大党员、干部和群众树立建设有中国特色社会主义的共同理想和信念，把干部群众的积极性引导好、保护好、发挥好、要注意把思想政治工作与解决群众的实际问题紧密结合起来，吸取“法轮功”的教训，提高政治敏锐性和鉴别力，努力克服“一手硬、一手软”的问题。工会、共青团、妇联等群众组织是党联系广大群众的桥梁和纽带，要通过充分发挥他们的优势，支持他们的工作，把广大群众团结、凝聚在党的周围，为我省的改革和发展奠定良好的群众基础。

2000 年元旦、春节即将来临，各级领导要特别关心困难企业职工、城乡贫困居民和灾区群众的衣食冷暖。要按时足额发放国有企业下岗职工的基本生活费、离退休人员的养老金，以及城镇居民的最低生活费，认真解决群众过冬和看病就医等实际困难，继续做好拥军优属工作。

2000 年元旦即将来临；借此机会，我代表省委常委会给大家拜个早年，向辛勤工作在各条战线的广大干部和各族群众致以节日的问候！向为全会服务的所有工作人员表示衷心感谢！，祝大家身体健康，工作顺利，新年愉快，阖家幸福！

谢谢大家！

抓住西部大开发机遇
加快我省少数民族和民族地区的发展

——在全省民族工作会议暨第四次民族团结进步表彰大会闭幕时的总结讲话

1999年12月24日

省 长 李嘉廷

全省民族工作会议暨第四次民族团结进步表彰大会，今天就要结束了。我代表省政府再次向这次受奖的全国民族团结进步模范集体和个人，以及全省民族团结进步模范集体和个人，表示热烈的祝贺，并对大家为推动我省民族工作发展而作出的辛勤努力表示衷心感谢！

这次会议是研究和部署云南跨世纪民族工作的一次重要会议。我相信，在这次会议的推动下，我省民族工作将会再次登上新的台阶，少数民族和民族地区的发展将开创新的局面，取得更大的成绩。下面，就少数民族和民族地区的发展问题，我再强调两点意见。

一、充分认识加快我省少数民族和民族地区发展的重要性和紧迫性

新中国五十年特别是改革开放二十年来，我省少数民族和民族地区发生了翻天覆地的历史性变化。各民族经济实力显著增强，教育、科技和文化等各项社会事业取得长足发展，各族人民生活水平明显提高。但由于历史和自然地理等因素的制约和影响，大部分民族地区经济发展的水平仍然较低，社会事业发展也不够快，与发达地区的差距还在进一步拉大。

（一）经济发展不快、社会发展水平低，是云南少数民族和民族地区面临的主要矛盾

我省少数民族和民族地区由于起点低、基础差，经济社会发展综合水平在全省处于中下水平。省委六届六次全会将我省处于社会主义初级阶段低层次的省情概括为“四低四高”，即社会发育程度低，地区发展不平衡程度高；生产力发展水平低，自然、半自然经济比重高；劳动者科学文化素质低，文盲半文盲比重高；人民生活水平低，贫困人口比重高。这种“四低四高”的特点在我省少数民族和民族地区表现尤为突出，主要体现在以下几方面：（1）从总体上看，我省25个少数民族，特别是15个云南独有的少数民族，在新中国成立前，仍处于原始社会后期或者奴隶社会、封建社会，社会发育程度都很低。由于各少数民族社会发育程度有较大差别，加上所处地区的自然条件千差万别，造成少数民族和民族地区的发展很不平衡。虽然有少数几个民族和部分民族地区发展较快，发展速度高于全省的平均水平，但大多数少数民族和民族地区仍处于全省后进地位。（2）我省少数民族和民族地区的生产力发展水平仍较低。不少民族和民族地区还处于自给、半自给的传统农业阶段，有的地区还保留着较为原始的农牧业的生产方式。自然、半自然经济占主导地位，商品经济很不发达。（3）我省少数民族和民族地区的劳动者受教育程度低，教育、科技较为落后。1990年人口普查时，我省有些少数民族妇女人均受教育程度仅为1.7年，有的少数民族贫困乡、村的儿童入学率只有30%左右，完学率最低的才3%～5%；全省文盲、半文盲率高达25.44%。至今，有的民族也

没有几个大学生；不少民族地区科技人员和高层次人才占人口总数的比例远远低于全省平均水平。发展经济，进行科、教、文、卫等社会各项事业的人才严重不足。(4) 我省少数民族和民族地区的人民生活水平低，贫困人口集中。1998年我省民族自治地方职工年平均工资为6645元，比全省职工年平均工资低1022元；农民人均纯收入为1164元，比全省农民人均纯收入低266元。1998年民族自治地方人口占全省总人口的49.2%，但社会消费品零售总额只占全省总零售总额的36.7%；城乡居民储蓄存款余额只占全省城乡居民储蓄存款余额的36.8%。全省73个贫困县，有51个在民族自治地方；506个扶贫攻坚乡，有386个在民族自治地方或是民族乡；今年底全省没解决温饱的245万贫困人口，主要分布在民族地区。民族地区成为我省扶贫攻坚的主战场。

(二) 加快发展是解决当前少数民族和民族地区诸多矛盾和困难的根本出路

当前我省少数民族和民族地区面临的许多矛盾和问题，都是由于发展不够造成的。小平同志指出："发展才是硬道理"。只有加快发展，才能解决目前面临的诸多矛盾和问题。从全省来看，保持国民经济的较快增长，是缓解当前各种经济社会矛盾的关键。如果发展不够，企业会更困难，就业压力会更大，影响社会稳定的问题会更多。少数民族和民族地区也是这样，只有加快经济发展，才能使各民族兄弟早日摆脱贫困，使他们更快地富起来；只有加快科教发展，才能为少数民族和民族地区培养更多的各类人才，为经济社会发展提供智力支持；只有加快文化事业的发展，才能进一步丰富少数民族地区的文化，更好地建设民族文化大省，满足各族人民日益丰富的精神生活的需要；只有加快卫生事业的发展，才能使少数民族和民族地区的医疗卫生状况有明显改善，使各族人民的身体健康得到进一步保障。从政治上看，也只有加快发展，才能有效抵御和粉碎西方敌对势力对我进行"西化"、"分化"的图谋，遏制极少数民族分裂分子的破坏分裂活动。总之，只有加快少数民族和民族地区经济社会的发展，缩小各民族之间发展的差距，促进各民族的共同繁荣，才能从根本上加强各民族之间的团结，巩固边疆，保持社会稳定，维护国家统一。所以江泽民总书记告诫全党："加快少数民族和民族地区的发展，不仅是一个重大的经济问题，也是一重大的政治问题"。离开了发展，就抓不住少数民族和民族地区的主要矛盾，就不可能很好解决少数民族和民族地区的主要问题。在世纪之交的重要时刻，我们要从增强民族团结，实现民族平等的高度，从保持边疆和社会稳定的高度，从维护祖国统一的高度，从国家长治久安和振兴中华民族的高度，充分认识加快少数民族和民族地区发展的重要性和紧迫性。

(三) 加快少数民族和民族地区发展是我省民族工作的根本任务

新中国民族工作有两大历史任务，一个是通过进行社会制度的变革，引导翻身解放的各族人民走上社会主义道路；另一个是通过进行社会主义建设，加快各民族特别是少数民族和民族地区经济社会的发展，促进各民族的共同繁荣。第一个历史任务早已胜利完成，第二个历史任务我们从建国以来一直在努力，虽然取得了巨大成就，但远远没有完成，而且这一历史任务还非常艰巨。我省要实现现代化建设第二步战略目标，并向第三步战略目标迈进，必须在今后一段时间内进一步加快少数民族和民族地区的发展。如果没有少数民族和民族地区的经济繁荣和社会进步，就没有全省的兴旺发达和文明昌盛；没有少数民族和民族地区的现代化，也就没有全省的现代化，民族平等和民族团结也不可能真正实现。

目前，加快我省少数民族和民族地区发展的条件已经基本具备，时机已经成熟。经过新中国50年，特别是改革开放二十年来的建设，国家和省里已经积累了一定的实力，有可能加大对少数民族和民族地区发展的支持力度。特别是从2000年开始，加快少数民族和民族地区发展出现了千载难逢的历史机遇。1999年6月，江泽民总书记强调指出："实施西部地区大开发，是全国发展的一个大战略、大思路"。1999年9月，在中央民族工作会议暨全国民族团结进步表彰大会上，江泽民总书记又指出："实施西部大开发是我国下个世纪发展的一项重大战略任务，也是民族地区加快发展的重要历史机遇"。最近召开的中央经济工作会议进一步明确了加快西部大开发的思路，强调指出，现在研究实施西部大开发战略，条件基本具备，时机已经成熟。实施这个大战略是党中央总揽全局，面向新世纪作出的重大决策。为加快西部发展，国家将逐步加大对西部地区的投入，并通过政策引导，吸引更多的国内外资金、技术和人才，推动西部地区加快基础设施建设、生态环境保护和建设、调整产业结构、发展科技教育等。这为少数民族和民族地区发展提供了极其难得的发展机遇。为迎接西部大开发，省委提出了把云南建成“绿色经济强省”和“民族文化大省”的两大目标，并决定成立由令狐书记和我任组长的西部大开发云南行动计划领导小组，以只争朝夕的精神抓紧工作，研究参与西部大开发的思路和对策，抓紧编制中国西部大开发云南行动计划，力争有更多的项目进入国家西部大开发的计划盘子。而这些方面和项目相当一部分将分布在少数民族地区，这为我省加快少数民族和民族地区发展创造了极为有利的条件。我们一定要紧紧抓住这一历史机遇，围绕加快少数民族和民族地区的发展做好民族工作，推动我省少数民族和民族地区经济社会发展再上新台阶。

二、明确目标，突出重点，认真落实加快少数民族和民族地区发展的各项措施

我省新时期的民族工作要紧紧抓住发展这个关键，真抓实干，务求取得突破。全省少数民族和民族地区经济社会发展的具体目标，可分为三个层次，即近期、中期、远期。

近期目标，是要按照中央民族工作会议要求，实现“三个确保”。即：确保民族地区各级党政机构能维护正常运转；确保各级民族自治地方政府能够向居民提供起码的公共服务；确保民族地区基础教育经费的增加。按照“三个确保”的要求，各级政府都要进一步加大投入，解决好民族地区存在的资金困难问题。当然，在加大支持力度的同时，民族地区也要按照中央和省的统一部署，搞好机构改革，加大“精兵简政”的力度；节约和合理使用每一笔开支，提高资金使用效益；深化基础教育改革，加快发展民办教育事业，逐步减轻教育对财政的压力。

中期目标，是要努力缩小民族地区与其它地区的差距。要抓住国家重视民族地区的加快西部地区发展的机遇，加快发展民族地区生产力，使少数民族和民族地区的基础设施条件有一个较大的改善，经济结构得到调整优化，教育、科技、文化、卫生事业获得较快发展，各民族群众的生活水平有较大提高，国民经济进入持续、快速、健康发展的轨道，民族地区经济发展水平与先进发达地区的差距逐渐缩小。

远期目标，是要实现全省各民族的共同繁荣和共同富裕。我们要把加快少数民族和民族地区发展作为一项政治任务，全力推动各民族经济快速发展，尽快提高少数民族群众生活水平，促进社会全面进步，建立更加平等、团结和互助的民族关系，实现全省各民族的共同繁荣和富裕。

根据国家西部大开发战略的工作重点，加快我省少数民族和民族地区的经济社会发展，要着力抓好以下六个方面的工作：

（一）加大基础设施建设力度，努力改善发展环境

基础设施落后仍然是目前制约我省少数民族和民族地区经济发展和社会进步的一个主要因素。省委、省政府历来十分重视我省民族地区基础设施建设，不断加大了民族地区基础设施建设的力度，重点帮助民族地区建设了一批对经济社会发展起重大作用的交通、通信、能源、水利等基础设施项目。如近几年先后建成了丽江、迪庆机场，对版纳机场进行了改扩建；对全省六条主要公路进行了改造，建成了楚大高速公路、大丽公路；连接滇中腹地和滇西少数民族地区的广大铁路也已建成通车；建设了思茅、景洪港；漫湾、螺丝湾、苏帕河等一批电站在民族地区建成投产；还有正在建设的临沧机场、大保高速公路、玉元高速公路、大朝山电站等。至今，已解决了1070万人和707万头大牲畜的饮用水困难。全省民族自治地方的7538个村公所（行政村）中，有6819个通了公路，7054个通了电话，7220个通了电。

但是我省少数民族和民族地区的基础设施仍很薄弱，远不能适应发展需要。今后要进一步下大力气把基础设施建设作为解决少数民族和民族地区经济发展的首要任务来抓。一要继续抓好交通网络体系建设。在加快建设国家高等级公路网的同时，抓紧建设县乡公路，实现村村通公路的目标，同时，积极做好建设泛亚铁路云南境内段的各项前期工作。二要加大农田水利建设力度。目前，全省水利化程度仅为47%，民族地区多为我省深山区、石山区和干旱缺水地区，水利化

程度更低。要围绕水资源的综合开发和改善生态环境，加快水利工程建设，特别是把开发利用水利资源和节约用水结合起来，在民族贫困区有计划地大搞“五小”水利工程，建设梯田台地，发展水浇地，解决农村人畜饮水困难；在坝区大力推广节水灌溉技术，提高水的利用率；继续搞好红河治理、大中型水利建设和修复水毁工程，加强水土流失治理。三要加快能源建设，特别是水电建设。我省民族地区能源建设目前面临着极其难得的时机，要做好充分准备，抓紧抓好小湾、景洪等电站建设的前期工作。小湾电站要力争2002年开工，建成后将形成420万千瓦的发电能力，还有135万千瓦的调节能力，年创产值预计可达1000亿元，利税100亿元，将对我省少数民族地区经济发展产生巨大的推动作用。要继续搞好农村电网改造，实现村村通电。四要加快通信建设，实现村村通电话。通过这些工作，把我省民族地区基础设施提高到一个新水平。

云南少数民族多居住在山区，基础设施建设投入较大，成本较高，但不能仅仅从经济效益方面看待基础设施项目，如交通建设就不能完全根据有多少客货运量、有多大的效益来计算投资和评估项目的可行性，还要看到这些项目的扶贫作用，对民族地区发展创造条件和增强后劲的推动作用。要结合国家西部大开发战略的实施，在“十五”和今后十年国民经济发展长远规划中，对民族自治地方，特别是民族特困县、边境县及散杂居民族地区，优先安排、重点支持一批交通、农田水利、能源和通信建设项目，国家和省的投资要高于一般地区，投资补助在原有优惠的基础上，再提高10%。对少数民族特困县和特困乡，列入省级计划的基础设施建设项目，不要求匹配建设资金，但地方要积极做好征地、拆迁、搬迁等工作。

（二）下大力气调整产业结构，努力发展特色经济

坚持从实际出发，因地制宜，扬长避短，发展特色经济，尽快培育新的支柱产业和经济增长点，是云南经济参与国内国际分工与合作、迈向新世纪的必由之路，也是我省少数民族和民族地区加快发展的必由之路。我省民族地区资源丰富，多物种多气候，历史、文化、习俗各具特色，有着发展特色经济的坚实基础。这几年西双版纳、大理、丽江、迪庆的旅游业得到了快速发展，德宏的边贸、文山的三七渐成气候，就是突出优势，培育特色经济的结果。要抓住全球的和我国产业结构调整的良好时机，以市场为导向，充分发挥民族地区生物、矿产、气候、生态环境等优势，建立具有发展前景的特色经济和优势产业，培育和形成新的经济增长点。调整和优化产业结构，一是要以实施生物资源开发创新工程为重点，积极应用高新技术开发多种生物资源，发展生态型的高产、优质、高效农业，因地制宜地发展多种经济作物；二是要用先进技术开发矿产资源，积极引进国外有实力的矿业集团和大公司，在我省民族地区建成一批全省乃至全国重要的原材料基地。如最近云南兰坪有色公司和英国比利顿公司决定投资5亿美元联合开发兰坪铅锌矿，就是在西部大开发中，我省民族地区最大的引资开发项目；三是要进一步加快旅游业发展，大力发展生态旅游和乡村旅游。除昆明外，我省的旅游精品都分布在民族地区。要充分发挥这一优势，以旅游业带动民族地区第三产业的发展。四要结合绿色经济强省建设，有计划、有步骤地在民族自治地方特别是民族贫困县安排一批资源开发项目，并在资金、技术、经营管理、人才等方面给予重点扶持。省里正在实施的生物资源开发创新工程项目、财源建设项目、旅游精品工程建设项目都要向少数民族和民族地区倾斜。

（三）切实搞好生态环境的保护和建设，认真落实可持续发展战略

加强天然林保护，搞好生态环境建设，是党中央从我国现代化建设的全局和实施可持续发展战略高度作出的一项重大决策。我们一定要认真贯彻好中央这一重大决策。落实好朱总理视察云南时的重要指示精神，深刻认识保护天然林，加强生态环境保护和建设的重要意义。良好的生态环境是我省经济持续发展的重要基础，也是建设绿色经济强省的重要内容，更是少数民族和民族地区脱贫致富必不可少的条件。我省有的少数民族区，由于过去过度垦植荒山、荒坡，造成水土大量流失，使生存环境逐步恶化，结果是“越垦越穷，越穷越垦”，恶性循环。有的少数民族至今还沿袭着刀耕火种的生产方式，给生态环境造成严重破坏。这种状况必须引起我们的高度重视，下决心尽快改变这种状况。

在实施天然林保护和生态环境建设中，要认真落实“退耕还林（草）、封山绿化、以粮代赈、个体承包”的措施，把以粮食换林草同扶贫工作结合起来，把实施天然林保护与发展林业的相关产业结合起来，把保持水土、改善生态环境与利用当地多气候带、多物种资源发展经济结合起来，认真做好金沙江流域、珠江流域、澜沧江流域的天然林和西双版纳热带雨林的保护工作。在2010年前，全省25年以上坡地要还林还草900万亩。同时，要搞好滇池、洱海、抚仙湖等九大高原湖泊的保护治理工作；加强野生动植物保护，采取切实有效措施坚决打击偷猎、销售、贩运野生动植物等活动。目前，由于实施天然林保护工程，使民族地区的经济受到一定影响，部分地州的财政遇到困难。但这些困难是暂时的，中央和省已给予了大力支持，绝不能因暂时困难影响我们保护和建设良好生态环境的决心。要积极争取把生态恢复建设纳入利用国债扩大内需计划，每年安排一定的投入，实施“生态恢复建设工程”，解决民族地区天然林停伐和退耕还林后生态恢复及农民的增收问题。要通过长期不懈的努力，保持民族地区的山川秀美，推动我省经济社会和生态协调发展。

（四）进一步打牢科技教育基础，为民族地区经济社会发展提供可靠的保障

加快少数民族和民族地区发展，关键在科教、在人才，最根本的还要依靠科学技术进步，依靠提高劳动者素质。要采取切实可行的措施，帮助民族地区加快以良种为中心，以重大农业先进适用技术和智能化农业专家系统为重点的农业科技成果推广工作，提高良种和先进实用技术的覆盖率。省里实施的技术创新工程和企业技术改造工程要对民族自治地方给予倾斜和扶持，以提高民族地区技术创新能力，提升企业的技术和管理水平。各级政府要进一步加大对民族地区的科技投入。省政府决定，从2000年到2005年，每年从科技经费和农业经费中安排3000万元资金，专项用于边疆民族县市农业技术改造工作，以提高民族地区的科技成果转化能力和科技创新能力。

要大力发展少数民族和民族地区的教育，为少数民族和民族地区培养各级各类人才，少数民族和民族地区教育经费的增长应高于全省平均水平。加快民族地区普及六年制义务教育和九年制义务教育的步伐；继续办好寄宿制、半寄宿制中小学，提高对寄宿制、半寄宿制学生的生活补助，补助标准分别由每人每月7元和15元提到12元和25元。在边境口岸建好2～3所中小学，使之发挥对外开放的窗口示范作用；对边境沿线行政村学校生免收一切费用。省内高等院校、中等专业学校要逐年提高少数民族在校学生的比例；继续对农村边疆少数民族考生和在校生比例低的14种少数民族考生实行高考、中考适当降分及对少数民族考生优先录取的政策；普通中学、职业中学少数民族在校生比例也应有较大幅度提高。各级各类学校要对来自边疆、民族地区的贫困学生给予资助，省高教助学基金应向少数民族大专特困生倾斜。在民族地区，要提倡用汉语进行扫盲和对高小以上学生的教学。办好各类农民文化技术学校，把扫盲与传授实用技术结合起来，争取少数民族每户有1人学到1～2门实用技术。加强民族地区教师队伍建设，认真解决民族地区中小学教师短缺问题，各级教育部门要合理配置教师资源，采取措施鼓励优秀教师和骨干教师到民族地区任教，省内高等师范院校和综合性高等院校要加强民族地区特别是民族县乡中小学教师的培训工作，同时采用现代信息技术，发展远程教育网络，努力提高他们实施素质教育的能力和水平。

按照培养和引进并重原则，加快民族地区人才队伍建设的步伐。要建立有利于各类人才到民族地区工作的激励机制，鼓励、支持各类人才到民族地区工作。各类科技人员、大中专毕业生自愿并经批准同意到民族特困县、边境县及散杂居民族地区乡及乡以下从事教育、科技、卫生等工作的，保留原户籍不变，工资待遇提高等级，增加工资的费用纳入省财政教育事业费列支。5年后愿回原籍和原工作地的，由当地政府或原单位安排工作，愿意继续留下来的由省地县三级财政给予一次性5万元的安家补助费。省地两级党政机关、事业单位干部职工自愿并经批准到民族特困县和特困乡从事教育、科技、卫生工作和创办企业的，除保留原户口、住房和原工资福利待遇外，由派出单位给予增加2级工资补贴，并纳入同级财政预算。内地汉族到边境县、民族特困县连续工作20年以上的（含20年），其子女在升

学就业等方面与当地少数民族享受同等待遇。民族贫困地区也要努力创造条件使人才愿意来，留得住，扎下根。

（五）进一步扩大对内对外开放，推动建立开放型经济体系

我省少数民族和民族地区大多分布在边境地区，全省还有 16 个民族跨境而居，与周边国家的人民有着天然联系。要充分发挥民族地区的区位优势，解放思想，更新观念，进一步扩大向东南亚、南亚国家开放。要大胆创新，完善和扩大边境经济技术合作区，进一步促进边境贸易、边民互市和集市贸易发展。其他民族地区要把对内开放作为重点，主要依靠从国内市场获取生产要素，实现加快发展。要采取切实可行的措施，引导内地生产要素进入民族地区，特别是进入民族特困县。民族地区兴办的资源开发扶贫项目，从投产年度起五年内所得税先征后返。内地、省外个人和企业到民族特困县和民族贫困乡投资，应用高新技术进行生物资源开发、发展生态农业、农副产品深加工及开发旅游资源，投资额在 3000 万元以上的，其投资视同外资，享受外商投资企业的优惠政策。

（六）高度重视发展社会事业，积极推动文化、卫生、体育事业的发展和小城镇建设

要重视对民族传统文化资源的挖掘、保护和利用，充分尊重和珍惜各民族的优良传统和习俗，把它作为民族文化大省建设的宝贵财富和基础，并与旅游业和其他产业发展相结合，积极发展民族文化产业。进一步发展民族地区广播电视事业，加大投入力度，扩大覆盖率。对民族艺术、语言文字、古籍、文物、广播、电影、报刊、出版等民族文化事业单位，在人员编制、经费及其它工作条件方面给予必要的保障。对民族持困县、边境县及散杂居民族地区的文化站、室建设，要列入社会发展计划，给予特殊扶持。

巩固和完善民族地区县、乡、村三级医疗卫生网络。优先解决民族特困县的县医院、中医院和边境县及散杂居民族地区乡卫生院、村卫生室的基础设施建设和常规医疗设备装备等问题。大力发展民族传统医疗事业，解决好医疗卫生人才培养、传染病控制、改水改厕、健康教育等问题。认真做好计划生育工作，把民族地区人口自然增长率控制在省下达的指标之内。

大力发展民族传统体育事业。紧密结合旅游业发展，对民族传统体育进行产业化开发。努力办好各级少数民族传统体育运动会，促进民族地区全民健身活动，提高少数民族身体素质，振奋民族精神。

加快民族地区城市化建设步伐。加大少数民族地区城市和县城市政基础设施建设力度，发展一批具有鲜明民族特色双具有现代化气息的中小城市。对民族地区小城镇建设要给予倾斜照顾，促进这些地区以建一条文明路、建一个规范的集贸市场等为重点的小城镇建设，促进民族地区乡镇企业连片集中和人口集聚，带动第三产业乃至整个经济的发展。

推动民族地区发展，做好跨世纪的民族工作，对我省经济社会发展有着极其重要的战略意义。让我们振奋精神，努力工作，克服困难，埋头苦干，不断创新，全力推动少数民族和民族地区经济社会发展，为实现各族人民的共同富容、繁荣和平等作出更大贡献。

在“云南建设绿色经济强省暨中华生物谷研讨会”上的讲话

（1999 年 11 月 29 日）

中共云南省委书记　令狐安

云南“建设绿色经济强省暨中华生物谷研讨会”今天就要结束了。两天来，各位专家畅所欲言，对“建设绿色经济强省”及“中华生物谷”的构想提出了许多宝贵的意见。借此机会，我代表中共云南省委、省人民政府和云南各族人民，对前来参加研讨会的各位专家及国家各有关部门、单位的领导表示衷心的感谢！

昨天，我听了 6 位专家的发言，读了 8 位同志的论文，深受教育和启发。

从专家们提交的会议论文和发言看，普遍认为把云南建成绿色经济强省和在云南建设“中华生物谷”的构想，符合世界经济发展趋势，符合国家可持续发展战略要求，符合党中央、国务院关于调整经济结构的战略决策，是对国家实施西部大开发战略的积极响应和实际行动，对云南经济的跨世纪发展具有十分重要的意义。对这次研讨会上提出的两个“纲要”，大家总的评价是肯定的，认为已有一定基础，进一步修改、论证和完善后是可行的。这些真知灼见，使我们的工作思路进一步开阔，思想认识进一步深化，发展方向进一步明晰。我们认为，这次研讨会取得了圆满成功。

应该说，我省对“建设绿色经济强省”和“中华生物谷”两个构想的考虑已有一段时间了。1995 年在云南省第六次党代会上确定了“以经济效益为中心，打基础，兴科教，调结构，建支柱，促进经济社会协调发展”的 30 字工作思路，实践证明这个思路是正确的。根据这一思路，侯明明等一些专家学者率先提出了建设绿色经济大省、发展生态经济、绿色经济等建议。高敬德等一批香港企业家、全国政协委员提出了建立“中华生物谷”的建议。省委、省政府领导同志认为，这些建议是积极的，是符合可持续发展战略的。今年，江总书记提出实施西部大开发战略后，我们进一步认识到，要推动云南经济的跨世纪发展，必须有一个适应新形势要求的、能够总揽全局的战略发展构想。在初步调研和论证的基础上，我们提出了这两个构想的“纲要”。现在看来，对提出这两个构想的意义和依据，与会同志基本形成了共识，集中起来主要有三条：

第一，这是迎接西部大开发和实施可持续发展战略的重大举措。云南是一个欠发达的民族、边疆、山区省份，经济社会发展呈现出社会发育程度低、地区发展不平衡程度高，生产力发展水平低、自然半自然经济比重高，劳动者科学文化素质低、文盲半文盲比重高，人民群众生活总体水平低、贫困人口比重高的“四低四高”特点，生产力发展水平处于低层次。中央提出实施西部大开发战略，是面向新世纪加快西部发展的重大决策。要想牢牢抓住这一重大历史机遇，必须立足云南的资源优势，发展特色经济。从总体上看，云南资源富集，气候独特，生态良好，是享誉全国的“植物王国”、“动物王国”、“药材王国”、“有色金属王国”和“旅游奇境”，是中国西部最具发展潜力的省区之一。但是在发展中必须吸取世界一些发达国家和我国东中部一些地区实现工业化、城市化过程中的教训，吸取省内一些地区一度污染严重、生态恶化的教训，为子孙后代永远留下一片绿色的净土。云南烟草支柱产业、生物资源开发产业和旅游业的兴起和发展，都依托在云南丰富的资源基础和良好的生态环境上，它们都属于绿色经济的范畴。我们之所以要对两个构想进行充分论证，就是想进一步正确处理好经济发展和人口、资源、环境的关系，将国家可持续发展战略运用于指导云南积极参与西部大开发战略的实践。

第二，这是云南多年来走发展特色经济之路的深刻启示。经过五十年的建设，云南的基础产业和基础设施有了较大改善，培植了以“两烟”为主体，包括糖、茶、胶等一批优势产业，促进了我省经济社会的发展。1999年，又通过成功举办世博会，有力地促进了旅游业这一支柱产业的发展。虽然我们与发达省市还有较大差距，但勿庸置疑的是，云南的发展从一定意义上说，已经走上了发展绿色经济之路。改革开放以来，云南提出过两个发展思路。八十年代中期，省委提出“发展农业促轻工，依靠轻工积累资金，集中财力保重点建设”的路子，造就了一个“烟草王国”，使云南能有较为宽松的财力建设基础设施，缓解“瓶颈”制约。九十年代中期，省第六次党代会明确提出要立足开发绿色资源优势，进一步把烟草、生物资源开发和旅游业等作为支柱产业来建设。据此，近些年来，云南的天然药物、花卉、香料、食品等绿色产业得到了较快发展。这个思路得到了来云南视察的中央领导的充分肯定。我们在以上两个发展思路基础上提出“建设绿色经济强省”和“中华生物谷”这两个新的构想，就是从云南实际出发，着眼于二十一世纪的发展，紧紧围绕开拓市场，对经济结构进行战略性调整这一目标，进行超前研究和总体谋划。我们认为，选择这样一种新的发展方式和导向，充分利用现代生物技术和信息技术，能够充分发挥云南绿色资源的比较优势，有效地增强综合经济实力和市场竞争力。建设绿色经济强省当然要以绿色植物的开发为基础，但并不局限于生物产业的开发，而且包括了一切有利于环境保护和生态改善的经济形式，例如强化生态基础建设，发展环保产业、生态农业，着力培植符合绿色标准的产业、企业和产品，也包括在兼顾经济、社会、生态效益的前提下，进一步巩固和发展其他支柱产业和优势产业，例如矿业、建筑、建材和房地产等产业，最终形成以绿色经济、绿色产业为主的经济结构和经济运行方式，不断提高经济增长的质量和效益。

第三，这是开拓国际国内市场和满足人民日益增长的物质文化健康需要的客观要求。当前，我国和世界经济都已进入结构大调整的新阶段。最近结束的中央经济工作会议在展望世界经济的发展变化时指出，经济全球化趋势已经和正在给各国经济发展带来深刻的影响。中国加入WTO已指日可待。当前国际贸易中有一个十分引人注目的趋势，即以“环境认证标志”、“绿色标志”为主的技术壁垒与一般关税壁垒和非关税壁垒并存，并有进一步突出的趋势。这就从商品的生产、加工方法、包装材料、销售方式、消费方式甚至商品废弃后的处理方式等诸多方面，对我们参与国际经济竞争带来严峻挑战。同时必须看到，由于买方市场的形成，发达国家消费者和国内人民群众，出于对自身健康的关注和对环境保护的重视程度日益提高，对“绿色生态产品”的需求越来越普遍，要求越来越高。加快发展绿色经济、绿色产品，有利于我省加快经济结构调整和产品更新换代步伐，有利于我省工农业产品冲破“绿色贸易壁垒”，顺利通过“绿色通道”，有利于推动企业走可持续发展的道路。这就为我们积极参与国际国内经济结构大调整，加快自身经济发展步伐提供了巨大的市场机遇。

我们研讨的这两个构想，也有利于弘扬云南的民族传统文化。绿色是文化之根，文化是绿色之魂，绿色与文化相融合，才是人与自然最高层次的和谐。从物质文明建设和精神文明建设两手抓的高度上看待这两个构想，就必须把建设绿色经济强省和建设民族文化大省统一起来，使两个文明建设的目标在云南得到更具体、更实在的体现。

研讨会结束后，我们将对专家们的意见和建议进行归纳、整理，在进一步深入研究论证的基础上，提交省政府常务会、省委常委会讨论，最后提请将于1999年12月中旬左右召开的省委六届九次全会审议决定。

各位专家和来宾，我们深感发展绿色经济，实现可持续发展是一项需要长期奋斗的事业，希望这次研讨会只是我们共同面向21世纪合作的开始。我们真诚地希望各位继续关注我们的构想，为加快云南经济社会的发展出谋献策。在党中央、国务院的领导下，我们完全有信心团结全省4200万各族干部群众，走出一条坚持可持续发展战略、符合云南实际、推进两个根本性转变的路子，通过长期不懈地努力，把云南真正建设成为经济繁荣、环境优美，改革开放、高效工作，文明礼貌、热情好客，团结稳定、治安良好的发达省份。

最后，我再次代表省委、省政府，对各位的关心、支持和帮助表示深深的感谢！祝大家身体健康，工作顺利！

谢谢！

在“云南建设绿色经济强省暨中华生物谷研讨会”上的讲话

（1999年11月27日）

中共云南省委副书记
云南省人民政府省长 李嘉廷

尊敬的各位专家、各位来宾：

很高兴在风景如画、四季如春的昆明和各位见面。首先，我代表中共云南省委、省人民政府和云南4200万各族人民，对前来参加研讨会的我国理论界、学术界的精英巨擘及国家各部门、各单位的领导和专家表示热烈的欢迎！对各位长期以来给予云南的关心、帮助和支持表示衷心的感谢。此次把大家请来，主要目的就是对云南提出建设“绿色经济强省”和“中华生物谷”问题进行研讨。这里我先把有关情况向各位作一简要介绍。

一、云南为什么要提出建设“绿色经济强省”和“中华生物谷”两个构想

这次我省召开的云南建设“绿色经济强省”暨“中华生物谷”研讨会，与当初确定的会议名称和研讨会主题不尽一致。主要原因是在这一段时间的工作中，我们感到这两个问题特别重要和紧迫，对云南今后的发展有着重大意义，因此调整了研讨方向，集中就云南建设“绿色经济强省”及“中华生物谷”两个构想进行研讨和论证。在云南经济面临跨世纪发展、中央实施西部大开发战略，以及正着手制定“十五”计划的关键时刻，我们提出两个构想，主要是基于以下5点考虑。

（一）是云南发挥优势，发展特色经济的战略选择

云南是我国乃至世界著名的资源富集区。全省国土面积仅占全国的4%，但分布着占全国种数近60%的生物物种资源，是举世瞩目的“生物基因宝库”和“生物资源王国”，开发潜力巨大。旅游资源得天独厚，以自然风光、民族风情为代表的旅游资源丰富浩繁。云南的清洁能源也十分丰富，水能资源理论蕴藏量达1.04亿千瓦，可开发量9000多万千瓦，分别占全国的15%和20%，居全国第三和第二位。建立云南跨世纪发展体系，增强云南经济的整体实力和竞争力，必须立足于优势资源，发展特色产业，形成特色经济。加快可再生资源和旅游资源开发步伐，就是我省发挥优势、突出特色的必然选择。

（二）是贯彻落实可持续发展战略的具体体现

在新的千年即将到来之际，我国也进入了一个新的经济成长时期。为推动经济、社会、环境和人口的可持续发展，我国政府早在90年代初就签署了《里约宣言》，发布了《中国21世纪议程》。加大力度实施经济与环境相协调的可持续

发展战略，以质量和效益为核心，促进产业结构的升级将成为主导新世纪我国经济增长的主线。生物资源保护和永续利用在我国经济中显得更为紧迫，特别是国家即将实施以生态环境的保护和建设为重要内容的西部大开发战略，要求我们不能再走传统的浪费资源、破坏环境的路子，而必须以《中国21世纪议程》为目标，探索一条应用现代科学技术，合理开发优势资源，发展特色经济的可持续发展之路。这对云南来讲，意义更为重大，影响更为深远。云南地处长江、珠江上游，同时也是红河、湄公河、萨尔温江和伊洛瓦底江的源头，生态环境的保护和资源的合理开发不仅关系到云南的未来，也深刻地影响着中国地区经济可持续发展的进程，同时还是东南亚和国际社会关注的热点。从可持续发展和生态环境的保护来讲，建设绿色经济强省和中华生物谷既是中华民族的利益所在，也是东南亚乃至全人类的利益所在。

（三）是云南主动适应国内外市场需求和消费趋向的大胆探索

随着公众环境意识、生态意识的增强，世界上越来越多的国家加快了对传统工业化模式的改革，转而实施人口、资源、环境相协调的可持续发展战略。这为生物资源的开发和绿色产品的销售提供了巨大的潜力和广阔的市场。同时，全世界经济的快速发展和生产力水平的进一步提高，使人们的消费观念和消费习惯发生了显著变化，追求健康、融入自然渐成时尚，天然产品、绿色产品作为二十一世纪人们最为信赖、最为稳定的需求，将成为消费市场的主流，正在显示出强大的市场潜力。面对国内外市场需求和消费趋向的变化以及绿色产业发展的万舟竞渡之势，在我国“入世”在即，市场竞争将进一步加剧的态势下，我们大胆调整经济结构，着力开发云南健康、安全、无污染、自然天成的生态产品，顺应了世界消费的潮流与时尚，这也是“绿色经济强省”和“中华生物谷”建设重要的市场基础。

（四）是云南五十年社会主义建设，特别是二十年来改革开放实践的全面总结

新中国成立五十年来，云南进行了全面的社会主义建设，取得了辉煌成就。特别是改革开放20年来，我省从自身实际出发，确立了有自身特色的发展思路。但是，在过去很长一段时间，我们也和全国其他省区一样，机械地套用传统的工业化模式，追求高速度和大规模，重投入、轻产出，单纯追求经济的较快增长，造成了一些问题和失误。随着改革的不断深入和全国统一大市场的形成，云南整体工业经济基础薄弱、远离国家工业中心和大型消费城市的不利局势日益表现出来，一些传统产业面临着日益被动的局面。为改变这种状况，需要迅速调整发展思路，充分利用物种、气候、地缘等优势资源，发展特色经济。在某种意义上说，云南50年社会主义建设实践的过程，基本上就是一个对物种、气候、地缘优势进行研究开发和产业化过程，即使是在传统工业化模式的主导时期，我们也不曾放弃过，未曾停止过。云南生物资源开发经历了不同的发展阶段，也取得了骄人的成绩；既有成功的经验，也有失败的教训。建国以后，我省就大规模地开发了橡胶、茶叶等产品，以后又以烤烟、甘蔗为重点进行开发，培育形成了烟草、蔗糖等在全国有影响的产业；近10多年来，我省对花卉、药材、香料等生物资源再次进行大规模开发，建立了一批优势产业。在长期的生物资源开发实践中，我们积累了丰富的经验。世博会的成功举办，更加宏扬了人与自然和谐相处的主题，昭示了绿色产业发展的光辉前景。从我省经济发展的历程中，我们深切地感到，必须大力开发生物资源，突出物种、气候优势，把经济发展建立在具有比较优势的基础之上。建设“绿色经济强省”和创建“中华生物谷”，正是我省经济发展过程中继往开来、自然催动的结果，也是五十年社会主义建设，特别是近20年来改革开放实践的全面总结。

（五）是世界经济发展对云南的客观要求

九十年代以来，世界经济进入了一个大调整的时期。经济全球化、新科技革命和经济结构大调整三大趋势正在进一步加强，全球性生产能力相对过剩已全面形成，人类进入了一个以高科技生产力为特征的现代社会。在相当长的时期内，初级产品供过于求和价格低迷的情况难以发生根本性变化，传统产业的衰退还会进一步加剧。因此，加快结构调整和转变经济增长方式，正成为世界各国普遍的战略取向。这种形势给云南经济发展带来了挑战，我们必须加快结构调整步伐，确立新的发展思路和建设纲领，才能适应世界经

济发展的大趋势。发现和培育新的经济增长点，构建新的产业优势，已经成为加快云南经济发展的客观要求。

基于以上考虑，经过我省有关部门辛勤紧张的工作，形成了两个《纲要》。《云南绿色经济强省建设纲要》经过反复修改，已五易其稿。建立“中华生物谷”的设想我省在几年前就有人提出过，并进行过一些初步的基础性工作。今年6月，全国政协香港委员、云南省政府咨询团顾问高敬德先生正式向我们提出了在云南建立“中华生物谷”的建议；11月，高先生经过大量工作和辛勤努力，提出了《中华生物谷总体规划纲要》。我们组织省内有关部门和专家进行了多次研讨，听取意见后进一步充实和完善，形成了《中华生物谷建设纲要》。两个《纲要》一直在进行不断的修改，直到昨天才最后形成提交这次会议研讨的稿子。

二、两个《纲要》的主要内容

关于云南“绿色经济强省”和“中华生物谷”建设的内容，在两个“纲要”中都已作了全面阐述，我在这里只作一些综合介绍和扼要说明。

（一）两个《纲要》的基本结构框架

两个《纲要》的结构大体相同。其中《云南绿色经济强省建设纲要》分五部分：第一部分从6个方面说明建设“绿色经济强省”的重大战略意义；第二部分介绍云南建设绿色经济强省的条件：有资源丰富、生物资源开发产业已形成一定基础、生态环境正在改善等三方面；第三部分阐述总体思路与建设目标，分产业发展、资源消耗、生态、环境、经济效益共5大目标；第四部分是主要内容；第五部分是主要措施。

《中华生物谷建设纲要》分四部分：第一部分概述在云南建设“中华生物谷”的6个有利条件；第二部分介绍建设“中华生物谷”的5大机遇；第三部分介绍建设内容，主要是区域开发规划设想和产业、产品发展设想，目标是2005年前实现300亿元总产值，2010年实现800亿元总产值，2015年实现1500亿元总产值；第四部分介绍创造有利于“中华生物谷”建设的环境，建立8大支撑体系。

（二）两个《纲要》的主要内容

1、《云南绿色经济强省建设纲要》的主要内容

一是关于“绿色经济强省”的定义。《纲要》认为：建设“绿色经济强省”，就是要充分运用现代高新技术，开发具有比较优势的绿色资源，以实施生物资源开发创新工程为重点，巩固提高有利于维护良好生态的无污染产业，在所有行业中加强环境保护，发展“绿色生产”，不断改善和优化生态环境，促使人与自然和环境相互协调、相互促进，实现经济社会的可持续发展。

二是建设目标。《纲要》提出的定性目标是：经过10～20年的努力奋斗，使云南经济发展后劲不断增强，各族人民得到较多实惠，把云南建设成为发展条件最优，自然环境最好，生活环境最佳的省份之一；建成人与自然和谐发展，以绿色产业为经济支柱，生态环境的承载能力较强，具有可持续发展能力的省份之一。提出的定量目标有4方面：绿色、无污染产业增加值占全省GDP的比重2010年达70%、2020年达80%；资源消耗成本占GDP比重2010年时下降到50%以内；森林覆盖率（不含灌木）2010年达40%以上，2020年达50%；城市绿化覆盖率达35%以上，街道绿化率达95%。其他还有一批定量目标。

三是建设的主要内容。要建成9大支撑体系，即建设“中华生物谷”、绿色烟草支撑体系、绿色旅游支撑体系、绿色矿业支撑体系、绿色能源支撑体系、环保支撑体系、省地县绿色产业群支撑体系、人力开发支撑体系、科技创新体系。

四是拟采取的措施，共11条。包括牢固树立可持续发展观，建立可持续发展机制。加快环保立法和资源立法，加大执法和执法监督的力度，坚决取缔严重浪费资源、污染环境的“十一小企业”。加快改革，创新机制，盘活土地等资产。大力推行名牌战略。加强对绿色产业和产品的宏观引导，鼓励企业开发绿色名牌产品。扩大投融资渠道，吸引各方资金。加大投入力度，恢复和重建生态环境。下大力气开发人力资源。大力发展路经济、路文化，走以绿色经济为支撑的城镇发展之路。对建设绿色经济强省进行充分讨论和深入研究，精心规划，分步实施。加强对组织实施的领导，由省领导挂帅，有关部门领导参加，建立云南绿色经济建设领导小组。认真做好宣传、动员工作，使全省上下对建设“绿色经济强省”的目的、意义和内容都有充分的认识和了

解，并成为自觉行动等。

2、《中华生物谷建设纲要》的主要内容

一是什么是“中华生物谷”。《纲要》初步认为，“中华生物谷”是借鉴国际流行的“硅谷”概念，对生物资源开发创新工程形象化的说法。“中华生物谷”是国家建在云南的国际性生物高新技术研究开发基地和产业辐射源。“中华生物谷”是开放式的，“有谷无界”。所谓“有谷”，是指中华生物谷必须有一个核心地域。从我国生物资源、生物产业及生物高新技术的现有基础和发展趋势看，中华生物谷建在云南最合适。所谓“无界”，是指“中华生物谷”要立足云南、辐射全国、面向全球。“中华生物谷”不仅是云南的生物谷，也是国家高密度、大规模、专业化进行生物资源开发研究的集中区域，是中国面向全世界的国际性生物高科技研究开发基地和产业基地。

二是“中华生物谷”建设的主要内容。“中华生物谷”的核心区域拟建在昆明市靠北的地区，即从昆明西北部的昆明国家高新技术开发区起，沿二环路向东南延伸至昆明经济技术开发区一线以北的地区。初期规划面积约65平方公里。预计用10年左右的时间，高水平地建成“二区”、“一廊”、“七园”、“十六基地”。“二区”即昆明国家高新技术产业开发区、昆明经济技术开发区；“一廊”指从昆明市学府路、一二一大街、圆西路（电子科技街）起，沿龙泉路北至黑龙潭，东至民办科技园的区域。中科院动、植物研究所、云南大学等研究机构和各大院校均分布在这一弧线两侧，形成一个天然的“生物高科技走廊”，这是生物谷中心区与发展区、辐射区的重要连接链。即将建立的“云南野生种质资源库”昆明中心库和信息中心，也规划在此“廊”之内，而且是整个“中华生物谷”建设的重点；“七园”指生物谷重点发展的生物医药产业、保健营养食品产业、新世纪安全型与保健型烟草产业、农业高新技术产业、花卉产业、生物化工与香料产业、环保生物产业共七个产业园区；“十六基地”指在云南16个地州市各建一个原料或产品加工基地。16个基地先期布局以云南为主，随着生物谷的建设和发展，也可延伸到云南周边省区，乃至在全国各地建立更多的基地。目前，16个产业与原料基地参考规划是：丽江螺旋藻和薯芋基地、德宏香料基地、保山银杏与咖啡基地、红河葡萄基地、大理水产基地、昭通天麻和魔芋基地、楚雄无公害中药材基地、迪庆球根花卉和畜牧基地、西双版纳热带水果基地、思茅咖啡基地、玉溪烤烟新品种与芦荟基地、文山三七基地、临沧茶叶基地、怒江高山野生种质基地和曲靖植物油基地。

三是“中华生物谷”的支撑体系，共8个：

（1）管理体系。成立国家级“中华生物谷发展指导委员会”，为生物谷发展确立战略决策、提供指导性意见并协调各方面关系；成立“中华生物谷云南省领导小组”，对生物谷的建设与发展进行宏观领导和协调；成立“中华生物谷高级专家咨询委员会”，对生物谷建设和发展进行指导和咨询；成立“云南省中华生物谷建设管理委员会”，负责行政管理和日常服务工作。

（2）技术及人才支持体系。建立国家级新药研究中心、筛选中心，形成一批拥有自主知识产权的生物高新技术企业及产品；设立“香港云南生物科技创新中心”，实现“中华生物谷”与香港“中药港”乃至全世界生物科技、营销市场、资本运营的紧密对接；完善留学人员创业园，建立博士后工作站、“云南野生生物种质资源库”、国际生物研究开发中心和生物产业国际孵化中心、中华生物谷科技运用研究院。

（3）投融资体系。成立“生物产业开发风险投资公司”；商业银行入股的“生物科技担保基金”；争取创办“云南科技发展银行”，专门为生物高科技研究开发与产业化、规模化服务；充分利用好国内主板证券市场和即将在上海、深圳设立的科技板证券市场及香港创业板证券市场，组织企业上市直接融资；拓宽利用外资渠道，大量吸引外资进入生物谷；组建“生物科研与产业投资基金”，投资于生物科技研究开发、生物产业群；建立企业与银行长期合作的机制，在生物谷内开展授信业务，对高科技企业和项目予以授信额度的贷款支持；建立“高科技项目贷款贴息”机制；建立地方企业短期债券发行机制，对生物谷重点发展的支柱产业发行地方企业短期债券；鼓励、支持、扶助民营企业投资参与生物谷建设等。

（4）创新体系。建立一批高标准实验室，鼓励企业与科研机构、大专院校联合成立生物工程技术创新中心等。

（5）产品营销体系。在香港、美国和欧洲建立生物产品国际营销网络，形成统一集中、与国际市场接轨的新型营销体系；通过代理、连锁等方式，建立国内销售网络，全力加大市场开拓力度；建立技术成果、专利、商标、药证等拍卖中心，促进生物谷的知识产权交流，实现资产重组。

（6）基础设施和政策法规体系。搞好谷区内基础设施建设，改善生态环境；制定符合国际惯例的法律法规和投资政策，提高服务水平，为中华生物谷的建设和发展创造优美的软硬件环境。

（7）中介服务体系。建立项目评估机构、咨询认证机构、银行及财务顾问机构、律师事务所、会计师事务所、国家级新药安全性评价中心和新药临床药理中心、生物谷国际网站等中介服务机构，多方面推动生物谷国际化、市场化运作。

（8）宣传体系。组成宣传领导小组，象宣传世博会一样，利用各种媒体，通过召开国际学术研讨会等多种形式，对“中华生物谷”进行精心策划和大力宣传。

（三）“绿色经济强省”和“中华生物谷”之间的关系

建设“绿色经济强省”与建立“中华生物谷”，都是云南结合自身实际贯彻国家西部大开发战略的重要举措。形象地讲，“绿色经济强省”与“中华生物谷”之间的关系是“母子关系”。绿色经济是统领云南产业结构调整发展的纲，是指引云南迈向21世纪的旗。绿色经济是一个大概念，涵盖了云南经济发展的方方面面。“绿色经济强省”的建设，将为“中华生物谷”建设及其发展提供优良的社会自然环境和可持续发展条件。“中华生物谷”是云南绿色经济强省建设的主要内容。建立“中华生物谷”，是实施朱总理提出的“生物资源开发创新工程”的途径，突出了云南“绿色经济强省”建设的主体。只有聚集各方面力量，加快云南生物资源产业化步伐，才能尽快形成云南的特色经济，为云南建设“绿色经济强省”提供有力的支撑。

三、请各位专家积极为尽快建立“中华生物谷”和把云南建成“绿色经济强省”出谋献策

建设“绿色经济强省”，建成“中华生物谷”，是云南从自身实际出发，集50年社会主义建设经验和教训进行的创新探索，是云南迈向新世纪经济建设的行动纲领和主要目标。提出这两个《纲要》，不论在实践上还是在理论上，都是一种大胆的探索。在两个《纲要》的形成过程中，我们也感到还有一些不太明确、不够完善的地方。这次请大家千里迢迢赶来，就是要就这些问题专门请教诸位专家学者。请大家积极为我们出主意、想办法，帮助我们提高两个《纲要》的层次和水平，使之对云南“绿色经济强省”建设和“中华生物谷”的建立起到重大作用。我建议，大家紧紧围绕两个《纲要》进行研讨，重点在以下4个方面帮助我们深化认识，提高水平：

（一）从哪些方面进一步充实、完善两个《纲要》的内容

目前提交给大家的两个《纲要》，虽然是在反复研究、多方征求意见的基础上形成的，但由于我们的眼界和见识有限，研究问题的深度、高度均不够，因此，还需请大家帮助我们进一步充实和完善两个《纲要》的内容。“绿色经济强省”的建设内容我们提了9个方面，我理解已经包括了云南国民经济发展的方方面面。从产业分布上看是三个层次：第一个层次就是优势生物资源开发，实施云南生物资源开发创新工程，建成“中华生物谷”；第二个层次是依托良好生态环境或直接维护良好生态的产业，要突出生态优势，实施科学开发，实现永续利用。如旅游业要在搞好环境保护的基础上，大力发展生态旅游；林产业发展要搞好营林造林；种植业、养殖业要协调好开发与保护的关系；大力发展环保产业，认真治理污染等；第三个层次是其他所有产业都要重视环境，实现“绿色生产”。云南有一些传统产业是经过长期建设才形成的，在全省国民经济发展中起着举足轻重的作用，要通过发展和改造，使其减少或消除对环境的不良影响，获得新生。如烟草要加快开发低焦油、保健型烟，以逐渐克服其对环境和人体的不良影响；矿产业要搞好矿山植被恢复，治理“三废”等等。“中华生物谷”的建设我们规划了很大的范围，其中中心区域25平方公里，发展区域40平方公里，辐射区域包括全省各地。建设的内容从产业上看我们主要提出了7个，产品近百种。我们提的这些内容有没有突出云南特色？是否符合全国、全球当代经

济科技发展的趋势？还需要补充和完善哪些内容？如“中华生物谷”是否就是这7大产业园区，还应作哪些调整？请各位专家多指点和帮助。

（二）怎样充分调动和合理配置各方面要素，加快云南“绿色经济强省”和“中华生物谷”建设步伐

现代经济的发展是多个要素、多方面力量综合作用的结果，仅靠一两种要素很难取得满意的效果。我目前想到的，有几种要素就是必不可少的。一是人才。经济建设要靠具体的人来承担，“绿色经济强省”和“中华生物谷”都是新的概念、新的思路，需要一大批人才来从事具体的开发建设。这些人才如果由自己培养，应该设立哪些专业和课程？确立什么培养方向？培养有个过程，目前恐怕还得大力引进，怎么引？从哪些地方引？引哪些人？二是技术。特别是高新技术，这是云南“绿色经济强省”和“中华生物谷”建设实实在在的东西，在座的有许多两院院士，都是国内外一流的科技专家，请大家给我们提提，应该储备和开发些什么技术，强化哪些方面的研究等等。三是资本。这也是当前“绿色经济强省”和“中华生物谷”建设中遇到的一个突出问题。这么大一笔投人怎么筹措？钱从哪里来？等等，都是要探讨的。这些要素怎么有机组合，形成良好的相互推动和促进的环境，也要认真研究。

（三）怎样创新机制，建立充满生机与活力的“绿色经济强省”和“中华生物谷”创新发展体系

我们正处于建立社会主义市场经济体制，切实转变经济增长方式的重要时期。形成什么样的机制，创造怎样的发展模式，对云南“绿色经济强省”和“中华生物谷”建设具有至关重要的作用。机制灵活，全盘皆活；机制僵化，全盘皆输。我们在两个《纲要》中也重视和强调了这方面的问题，如在《中华生物谷建设纲要》里提出了建立八大支撑体系，创新和建立新机制；在《绿色经济强省建设纲要》中也提出了机制创新的设想。但是，机制问题是个很复杂的问题。我们处于一个省的位置，对当前我国在制度方面的创新探索掌握还不多，对规范的市场经济、国家的机制和运作方式了解更少。因此，感到在机制创新和突破方面还是不够，能够想到的办法不多。请各位专家在这方面也多给我们出些好主意，想些有效的办法，以形成灵活高效的发展体系，创造宽松的改革环境，有力推动“绿色经济强省”和“中华生物谷”建设。

（四）怎样争取国家和社会更有效的支持，以使云南建设“绿色经济强省”和“中华生物谷”早日变成现实

“绿色经济强省”和“中华生物谷”是两个新概念，不仅国内外许多人不了解，云南的许多干部和专业人员也不了解；建设“绿色经济强省”和“中华生物谷”又是两项长远而浩大的系统工程，涉及云南经济发展的方方面面。特别是“中华生物谷”建设，冠以“中华”二字，说明我们要建设的是中国甚至全球的“生物谷”，这就首先需要得到国家有关部门的认可，得到党中央、国务院和国内外各方面的大力帮助和支持，仅靠云南一个省的努力，难于建成“中华生物谷”。怎样在国内外扩大云南这两项工程的影响？怎样争取国内外各方面力量的理解、支持，并积极参与建设？特别是怎样争取党中央、国务院和中央有关部门的更多的帮助和有力的支持，也是需要请各位专家帮助的。

各位专家，你们是国内外知名的学术和技术成果集大成者，是全国人民敬重和信赖的权威人士，也是云南经济加快发展和创造辉煌的希望和寄托。我们以高度的信任把云南跨世纪经济发展的两个核心方案提交给大家，把云南加快发展的机遇托付给大家。我诚恳地希望大家畅所欲言，发表高见，展现智慧，不管哪方面的建议、意见和要求，我们都将高度重视，认真研究采纳。4200万云南各族人民衷心感谢各位的努力和奉献。当云南“绿色经济强省”和“中华生物谷”建设成功之时，各位的贡献就是建立在云南这两大工程上面的第一块丰碑！

我的讲话完了。谢谢大家！

云南建设绿色经济强省纲要

（1999 年 12 月）

云南省人民政府经济技术研究中心

建设绿色经济强省，是云南在中央实施西部大开发的战略方针指导下，贯彻《中国 21 世纪议程》，积极参与西部大开发，调整经济结构，提高经济增长的质量和效益，实施科教兴滇和可持续发展战略，促进经济发展方式转变的总体思路和全省各族人民为之努力奋斗的目标，是具有云南特色的、创新性的可持续发展路子。其核心内容是：充分运用现代科学技术，以实施生物资源开发创新工程为重点，大力开发具有比较优势的绿色资源，巩固提高有利于维护良好生态环境的少污染、无污染产业，在所有行业中加强环境保护，发展清洁生产，不断改善和优化生态环境，促进人与自然和谐发展，人口、资源和环境相互协调、相互促进，实现经济社会的可持续发展。

一、建设绿色经济强省是云南顺应 21 世纪发展趋势的战略选择

1、发展绿色经济符合 21 世纪人类社会发展的总趋势。《21 世纪议程》正式确立了可持续发展是“21 世纪人类发展的主题”。绿色经济在发展模式、国际贸易、经济援助、科学技术和生活消费等方面带来的重要调整与变革已经成为时代潮流。党的十五大把实施可持续发展战略确定为我国跨世纪发展的基本国策。以“人与自然——迈向 21 世纪”为主题的中国 ’99 昆明世界园艺博览会的成功举办，不仅弘扬了保护自然、爱护环境的时代精神，而且大大激发了各族人民参与环境建设，推动可持续发展的热情与信心。建设绿色经济强省既顺应 21 世纪的发展趋势，又是云南实施可持续发展战略的具体体现。

2、建设绿色经济强省是云南配合国家实施西部大开发战略，在发展方向、建设方式上进行的新的探索和实践。西部大开发是继沿海开放之后党中央作出的又一重大战略决策。在贯彻这一战略决策中，为使经济持续、快速、健康地增长，缩小与全国的差距，云南应该借鉴发达地区的经验，但绝不能再走浪费资源、破坏环境的路子，必须从实际出发，寻找一条利用现代科学技术，合理开发优势资源，发展特色经济的富民强省之路。建设绿色经济强省既是国家西部大开发战略在云南的具体实施，也是云南在西部省区中，对发展方向、建设模式、运作机制等进行的大胆探索和实践。

3、建设绿色经济强省是云南发展特色经济，突出后发优势的必然选择。云南具有优势明显而又独具特色的生态环境和绿色资源，云南经济的特色在于现有基础产业、优势产业、支柱产业大都依赖于丰富的自然资源和良好的生态环境，尤其是依赖于可再生的生物资源、气候资源和水能资源。充分发挥云南绿色资源丰富这一最具特色、最有发展潜力的优势，广泛利用现代科学技术开发优势资源，发展绿色经济，就有可能尽快占领新世纪的经济、科技制高点，突出云南经济的后发优势。

4、建设绿色经济强省是云南 50 年建设实践和发展思路的总结和深化。从一定程度上讲，云南经济发展的过程就是不断推进生物资源开发及其产业化的过程。在这方面，我们既有成功的经验，也付出了沉痛的代价。总结 50 年的经验，只有尽快实现经济增长方式从粗放型向集约型的转变，资源开发从全面推进向突出特色、优势和绿色资源转变，开发方式从高投入、高消耗、低产出、低效益向更多地依靠提高劳动者素质、实现资源节约和永续利用转变，经济增长目标从注

重短期效益向更加注重生态、环境和长期效益转变，云南经济才能在日趋激烈的市场竞争中赢得主动，获得不断发展壮大的空间。可以说，建设绿色经济强省是云南经济发展思路的集中概括和深化。

5、建设绿色经济强省不仅对云南的发展具有重大意义，而且关系到中华民族的长远利益和同周边国家睦邻友好关系的巩固发展。云南是我国长江、珠江等重要内河的上游和源头，同时又是红河、湄公河、萨尔温江和伊洛瓦底江等亚洲国际河流的上游和源头。从这个意义上讲，建设绿色经济强省，保护这些河流上游和源头地区的生态环境，关系到中华民族的长远利益，也有利于进一步巩固和发展我国与毗邻国家的友好关系。

二、云南建设绿色经济强省具有优越的条件

6、云南独特的资源优势为建设绿色经济强省提供了重要基础。云南省的地貌类型繁多、结构复杂，气候类型多样，生态环境独特。复杂而特殊的自然条件，孕育了丰富多样的自然资源，使云南成为全国著名的资源富集区。全省资源总量在全国各省区市中居第六位，人均资源占有量为全国平均水平的2倍。其中，具有比较优势的资源有以下四大类：(1) 丰富而多样化的生物资源，是举世瞩目的生物资源宝库。(2) 立体气候明显，地处低纬度高海拔地区，具有热带、亚热带、温带和寒带等多种气候类型。(3) 江河纵横，水量丰沛，水力资源十分丰富，可开发水能居全国第二位。(4) 矿产资源的综合优势明显。(5) 以自然风光和民族风情为特色的旅游资源独具魅力。这些资源大部分都可以成为建设绿色经济强省的重要基础。

7、云南已初步建立了自己的支柱产业，形成了一批优势产业和绿色产品产销企业，并在资源保护和合理开发利用方面取得了明显进展。经过多年开发和建设，烟草已经成为重要的支柱产业，食糖、茶、叶、橡胶已形成一定规模，旅游业和生物资源开发产业有了较好的基础，水电工业获得较快发展。为保护云南丰富的动、植物资源，全省已建各级、各类自然保护区113个，占全省面积的8%，初步形成了分布较广、类型多样的自然保护区网络。继续支持、鼓励这些产业和企业按可持续发展标准规范发展，并切实加强对各种资源的保护和合理开发，云南建设绿色经济就有了核心和推动力。

8、云南生物资源开发取得明显成效，生态环境逐步改善。近几年来，生物资源开发已经取得了一批新成果，花卉、植物药及中药、香料、咖啡等项目已经获得成功。一批无市场、无效益、破坏环境、浪费资源的企业已经关闭，滇池等9大高原湖泊的保护与治理初见成效，一些小流域的水土流失得到治理，国家天保工程已在全省8个地州51个县顺利启动和实施。这些都为建设绿色经济强省打下了坚实基础。

三、建设绿色经济强省的总体思路与目标

9、云南建设绿色经济强省的指导思想是：紧紧抓住国家实施西部大开发战略、加快产业结构调整和扩大对内对外开放三个机遇，充分发挥云南资源、环境和区位三大优势，把“建设绿色经济强省”作为全省经济发展的基本思路，坚持经济发展与人口控制、节约资源、保护环境相结合，与富民强省相结合。通过10～20年的努力奋斗，使经济发展后劲不断增强，各族人民得到较多实惠，把云南建设成为人与自然和谐发展，以绿色产业为经济支柱，生态环境承载力较强，可持续发展条件最优、自然环境最好、生活环境最佳省份之一。

10、建设绿色经济强省要确立以下基本目标：

——产业发展目标。巩固加强第一产业，调整提高第二产业，大力发展第三产业。把生态农业、节水农业放在重要的位置。积极培植生物资源开发、旅游支柱产业和新的经济增长点，加快发展生物工程技术、信息、环保等先导产业，推动科技产业化的进程。到2010年绿色、低污染、无污染产业增加值占全省GDP的比重达70%左右，2020年达到80%以上。

——经济效益目标。注重发挥生态和环境的长期效益，逐步降低经济发展的环境成本，使云南财政收入建立在可持续增长的基础之上，城乡居民收入稳定增长，生活质量不断提高。

——人口控制目标。继续贯彻计划生育基本国策，严格控制人口增长。2000～2010年，平均人口自然增长率控制在8.46‰，期末人口总数控制在4610万人左右；2010～2020年，平均人口自然增长率控制在5.52‰以下，期末人口

总数控制在4870万人以下。

——资源消耗控制目标。不断提高资源的综合利用率，降低经济发展所需的资源消耗成本，2010年资源消耗成本与GDP的比例下降到50%以内。

——生态环境目标。到2010年有林地面积占全省国土面积的40%以上。规划区城市绿化覆盖率达35%以上，街道绿化率达95%，城市大气环境质量达到国家二级标准，城市地表水质量逐年改善，Ⅰ－Ⅲ类标准水质的比重和城镇固体废弃物处理率有较大提高。到2020年有林地面积占全省国土面积的50%以上，普遍推行以ISO14000为主的环境质量标准，城市空气、水源、噪声全部达标，生物多样性得到全面保护。

11、建设绿色经济强省应坚持以下原则：

——突出特色原则。坚持发展特色经济，开发绿色优势资源，生产绿色产品，在市场竞争中树立云南绿色产业和绿色产品的品牌优势，以特取胜。

——科技决胜原则。以现代科学技术为支撑，加快高新技术产业发展和传统产业改造升级，尽快开发具有独立知识产权，能推动绿色产业发展的专有技术。

——机制创新原则。采取新的经济运行机制，在利益推动机制、投入产出机制、政府管理职能等方面进行改革创新，拓展新的发展空间。

——以人为本原则。大力发展教育事业，提高劳动者素质，形成以使人口素质提高和人口增长率的下降为标志的良性循环。以高质量的生活、生产环境吸引国外、省外人才在云南创业发展，形成依靠人才推动云南绿色经济强省建设的局面。

——富民强省原则。建设绿色经济强省的出发点和落脚点是富民，只有民富才能省强，发展绿色经济就是要让全省人民逐步走向富裕，都能享受到现代文明社会的物质成果。

四、建设绿色经济强省的主要内容

12、实施八大工程

——生物资源开发创新工程。依托全国生物高新科技和投资力量，以建设“中华生物谷”为契机，通过运行机构和管理体制创新，营造良好的生物资源开发和创业环境，在建设好“野生种质资源库”的基础上，研究、开发生物资源并尽快推动其向产业化方向发展。从现在到2010年，重点开发经过科学筛选和规划的14类创新项目，带动生物资源开发产业的全面壮大，总产值超过1000亿元，从根本上促进“绿色经济强省”建设。

——现代林业建设工程。以现代林业资源综合开发技术为支撑，以建设林业生态体系和开发产业为目标，合理规划，分步并精心实施现代林业体系工程，从整体上提高林地资源的经济效益、生态效益和社会效益。在建设迪庆和思茅林业开发示范区的同时，再建设15万亩的昆明现代林业开发示范区，逐步在全省适宜地区推广，使林业成为涵盖生态体系和产业体系的一大产业。

——绿色旅游精品工程。进一步保护旅游资源，增强旅游发展的可持续能力，重点发展以良好生态、自然风光以及民族风情为基础的生态旅游和绿色旅游。到2010年，在基本完成“五线六地六区三带”布局的同时，再推出一批高山攀登、峡谷猎奇、江河漂流、丛林探险、农庄体验等绿色旅游精品，为旅游业可持续发展提供优越的条件和广阔的空间。

——清洁能源建设工程。云南的水能、太阳能、风能等清洁能源资源丰富。要紧紧抓住国家西部大开发的有利时机，加快步伐，建设大朝山、小湾和景洪等电站，优先开发以水能资源为主，太阳能、风能资源相互补充配套的清洁能源，力争在2010年内，再造一个清洁能源支柱产业。

——环境治理与保护工程。继续完成“跨世纪‘1369’绿色工程计划”，巩固成果，大力推广节能、节材、节水、降耗技术，加快全省工业治污步伐，普遍推广使用“清洁生产技术”等保护环境的生产方式。通过在增量中抓保护，经济发展的支撑能力。结合县级财源建设项目的实施，大力发展优质高效的绿色食品、有机食品和绿色环境标志产品，以及环保、信息、旅游等产业，推动县域绿色经济的发展，建立与省、州企业互补的县乡绿色产业群。

——人才支撑体系。普及九年制义务教育，加快扫除青壮年文盲，提高公民接受高等教育的比例。充分利用各种教育途径和手段，着力培养一支高素质、专业配套、层次合理并与发展绿色经济相适应的人才队伍。同时积极引进高层次人才，借用海内外专家的力量，形成结构合理的绿色经济专业人才支撑体系。

——科技支撑体系。发展和完善以生物工程、水体和大气监测、水土保持为重点的核心技术。深化科技体制改革，鼓励企业、科研机构、院校以联营、参股、股份合作制、技术合作等形式建立技术研究机构或组建企业集团，走“产学研”结合的路子，建立以企业为主体的适应绿色经济发展的研发体系和技术创新体系。允许个人和单位以技术入股，鼓励用高新技术改造传统产业，提高传统绿色产品的质量。

——资金支撑体系。对涉及绿色经济强省的生物资源开发创新工程、国家天保工程、恢复和重建生态环境的重大基础工程建设，在争取国家支持的同时，纳入我省国民经济和社会发展计划，安排专项配套资金。管好用活现有的生物资源开发创新工程资金、国家天保工程资金、滇池保护资金。省、地、县各级财政根据发展的需要设立“绿

13、加快改革步伐、积极推动机制创新。进一步加大调整所有制结构的力度，大力发展非公有制经济，继续推动国有企业战略性改组，转变国有企业经营机制。积极探索绿色经济投入、产出机制，充分发挥市场调节的作用，鼓励绿色消费和绿色生产。将环境治理成本、环境容量成本与级差地租挂钩，利用级差地租杠杆作用，合理配置和有效利用城市土地资源、环境资源，形成以级差地租促效率，以资源换效益，以效益强生态的互动机制。

14、进一步扩大对外开放，提高绿色经济的外向度。充分利用两种资源、两种资金和两个市场，推动“绿色经济强省”建设。特别要充分发挥云南的区位优势，通过多种方式和途径，引进、消化、吸收国内外先进的技术，以满足绿色消费需求和绿色产品市场竞争的需要，全面推进云南建设绿色经济强省战略的实施。

15、大力推行名牌战略。制定绿色产品技术标准，实施绿色企业准入制度，积极推动并尽快形成安全、低毒、低污染、保健型产品的生产体系。加强对绿色产业和产品的宏观引导，作好绿色市场的引导、规范、监督服务工作，鼓励企业开发绿色名牌产品，为绿色经济健康发展营造良好的市场环境。

16、下大力气切实提高人口素质，开发利用人力资源。坚持教育为本、科教兴滇，把人力资源开发放在经济社会发展的首位，作为建设绿色经济强省的根本措施来抓。结合推进素质教育，在教材编写和学科、专业设置方面增加有关建设绿色经济强省的内容。制定鼓励各类人才脱颖而出的政策措施，对为发展绿色经济强省作出突出贡献的人员，要给予重奖。

17、大力发展路经济、路文化，走以绿色经济为支撑的城镇发展之路。结合退耕还林（还草）和异地扶贫开发等工作，逐步把分散的人口集中于交通沿线，大力发展路经济，建立绿色经济带，以绿色经济为支撑，加快城镇建设步伐，以工业化带动农业产业化和城市化发展。

18、深入研究，精心规划云南绿色经济强省的宏伟蓝图。动员社会各方面的力量，对建设绿色经济强省进行充分的讨论和研究，在此基础上作出全面系统的发展规划，分步进行实施。

19、统一思想，树立起建设绿色经济强省的信心。认真做好宣传、动员工作，使全省上下对建设绿色经济强省的目的、意义和内容都有充分的认识和了解，使绿色经济强省建设为云南二十一世纪发展的行动纲领和全省人民共同行动。形成全省动员，全民参与，团结奋斗，共同努力，人人为建设绿色经济强省献计出力的新局面。

（经会议讨论、修改、审定）

附：

省委、省政府部份文件目录索引

文 号	文　件　标　题
1	关于印发令狐安同志在省委六届七次全会上的报告和结束时的讲话的通知
2	关于贯彻落实党的十五届三中全会决定的实施意见
3	省委、省政府关于进一步加强“四荒”出让与开发工作的意见
4	中共云南省委 1999 年工作要点
5	关于表彰查办“9643”专案先进集体和先进个人的决定
7	关于印发李瑞环同志在我省视察工作时重要讲话的通知
9	省委、省政府关于贯彻落实中办发［1999］4 号文件情况的报告
10	省委、省政府关于印发《关于贯彻落实中共中央、国务院〈关于实行党风廉政建设责任制的规定〉的实施办法》的通知
12	关于印发李岚清同志重要讲话的通知
13	省委关于做好当前经济工作的意见
15	关于建立民主党派地州市级地方组织若干问题的意见
16	省委关于进一步加强我省立法、执法、司法和监督工作的意见
17	关于传达贯彻中办发［1999］19 号文件精神的情况报告
18	关于认真学习贯彻中办发电［1999］30 号的情况报告
19	省委、省政府关于表彰奖励在世博会筹备工作暨开幕系列活动中作出突出贡献先进单位、集体和个人的决定
20	关于印发《中共云南省委、省人大、省政府、省政协领导班子和领导干部“三讲”教育实施方案》的通知
21	省委关于印发令狐安、张汉夫同志在省级领导班子和领导干部“三讲”教育动员大会上的讲话的通知
22	省委、省政府关于贯彻中发［1999］7 号文件情况的报告

文　号	文　件　标　题
23	省委、省政府关于呈报六省区市七方经协会议《关于六省区市七方经济协调会第15次会议情况的报告》的报告
24	省委、省政府关于呈报六省区市七方经协会议《关于进一步加快西南地区邮电通讯建设有关问题的请示》的报告
25	省委、省政府关于呈报六省区市七方经协会议《关于进一步加快西南地区科技教育发展有关问题的请示》的报告
26	省委、省政府关于呈报六省区市七方经协会议《关于进一步加快西南地区公路、港口、航运、民航建设有关问题的请示》的报告
27	省委、省政府关于呈报六省区市七方经协会议《关于进一步加快西南地区铁路建设有关问题的请示》的报告
28	省委、省政府关于呈报六省区市七方经协会议《关于联合加快长江、珠江中上游地区林业生态体系建设、切实加强生态环境保护的请示》的报告
30	关于印发令狐安同志在传达中央省部长经济工作座谈会精神干部会上的讲话的通知
32	省委关于贯彻中纪发［1999］31号文件的报告
33	省委、省政府、省军区关于命名表彰双拥模范城（县）、双拥先进市（县）的决定
34	省委关于贯彻朱镕基总理视察云南时指示的意见
35	省委关于印发令狐安同志在省直部门“三讲”教育工作会议上的讲话的通知
36	省委关于印发令狐安同志《在省级领导班子和领导干部“三讲”教育总结大会上的讲话》的通知
38	省委、省政府关于表彰为世博会作出突出贡献单位的决定
39	省委、省政府关于进一步扩大对内开放的决定
40	关于印发令狐安同志在省委六届八次全会上的报告和结束时的讲话的通知
41	省委关于贯彻《中共中央关于国有企业改革和发展若干重大问题的决定》的意见
42	关于印发令狐安同志在全省地州市领导班子和领导干部“三讲”教育工作会议上的讲话的通知
43	关于印发令狐安同志在中共云南省委六届九次全会上的报告和结束时的讲话的通知
44	云南贯彻落实中发［1999］17号文件的情况报告
45	省委、省政府关于《中共云南省委部门机构改革方案》和《云南省人民政府机构改革方案》的补充请示
46	省委、省政府关于加快高层次人才培养引进的决定
47	省委、省政府关于进一步做好新形势下民族工作的决定

省委办公厅、省政府办公厅目录索引

文　号	文　件　标　题
2	关于印发《令狐安、李嘉廷、牛绍尧同志在贯彻国务院领导批示会议上的讲话》的通知
3	中共云南省委办公厅云南省人民政府办公厅关于认真贯彻落实中办发［1999］4号文件精神的通知
6	关于对贯彻落实省委六届七次全会精神立项督查的通知
7	关于我省党政机关领导干部不兼任社会团体领导职务的通知
9	关于转发省军区党委《关于开展“八千里文明边防线”活动的决定》的通知
10	中共云南省委办公厅关于转发《省委宣传部、省教委、团省委关于组织纪念五四运动八十周年有关活动的请示》的通知
11	关于认真学习贯彻江泽民同志在中纪委第三次全会上重要讲话精神的通知
12	关于加强农村党风廉政建设的通知
13	关于转发省双拥领导小组《关于在全省开展“爱心献功臣活动”的意见》的通知
14	关于认真贯彻落实中办发［1999］16号文件精神的通知
15	关于印发《云南省贯彻〈中国共产党党和国家机关基层组织工作条例〉实施办法》的通知
16	关于认真贯彻落实江泽民同志在四省市国有企业改革和发展座谈会上讲话精神的通知
17	关于认真贯彻落实江泽民等中央领导在世博会期间的重要批示的通知
19	关于开展创建“六个好”乡镇党委“五个好”村党支部活动的通知
20	关于印发《中共云南省委党建工作领导小组1999年工作要点》的通知
21	关于认真贯彻落实《中国共产党农村基层组织工作条例》的通知
22	省委办公厅关于中国’99昆明世博会世博园一些国外参展者所提意见处理情况的报告
24	关于转发省委组织部《关于从省级机关选派干部到地州市任职的规定》的通知

文号	文件标题
29	省委办公厅关于转发《中共云南省委政法委员会关于加强党委政法委员会执法监督工作的暂行规定》的通知
30	省委、省政府办公厅关于认真贯彻中办发［1999］20号文件精神的通知
31	省委、省政府办公厅关于批转省委党史研究室、省民政厅《关于确定云南省革命老区的请示》的通知
32	省委、省政府办公厅关于认真落实朱镕基同志重要指示的通知
34	省委办公厅关于认真组织全省党员、干部学习江泽民总书记为我省党建"三句话"题词的决定
35	省委办公厅关于认真传达学习党的十五届四中全会精神的通知
36	省委、省政府办公厅关于加强公务出访管理严禁用公款出国（境）旅游的通知
37	省委、省政府办公厅转发省禁毒委《关于在全省开展创建"无毒社区"工作的实施意见》的通知
41	省委、省政府办公厅关于认真贯彻落实《中央、国务院办公厅关于1999年上半年涉及农民负担恶性案件的情况通报》的通知
42	省委办公厅关于传达贯彻中央经济工作会议精神的意见
43	省委办公厅关于在全省开展以改革开放为动力、"调整结构、开拓市场、搞活流通"为主题的解放思想、更新观念大讨论的通知
44	省委、省政府办公厅关于转发省财政厅《关于贯彻落实中办发［1998］30号精神健全和完善我省政法机关经费保障机制实施意见》的通知
45	省委、省政府办公厅关于印发《中国西部大开发云南行动计划研究课题方案》的通知
46	省委办公厅关于转发省委宣传部《关于切实做好我省国企改革与发展宣传工作的意见》的通知
47	省委、省政府办公厅关于贯彻落实中办发［1999］34号文件情况的报告
49	省委、省政府办公厅关于命名表彰1999年省级文明单位、省级文明村的通知

第二篇　重要经济法规

省委书记令狐安(右2)视察曲靖卷烟厂

第二篇　重要经济法规

1999年云南省经济立法概况

1999年，云南省的地方经济立法工作继续取得新进展。省人大常委会通过了8件经济方面的地方性法规，占当年省人大常委会通过地方性法规总件数的44%。省人民政府制定了11件经济方面的规章，占当年省人民政府制定规章总件数的69%。上述地方经济立法的具体项目为：(1)地方性法规：《云南省反不正当竞争条例》、《云南省地热水资源管理条例》、《云南省建设工程质量管理条例》、《云南省防震减灾条例》、《云南省外商投资勘查开采矿产资源条例》、《云南省农业机械安全监督管理条例》、《云南省农村土地承包条例》、《云南省土地管理条例》。(2)规章：《云南省国家赔偿费用管理规定》、《云南省著名商标认定和保护办法》、《云南省人民政府关于修改〈云南省屠宰税征收办法〉的决定》、《云南省建筑施工现场管理规定》、《云南省名牌产品认定和管理办法》、《云南省高等级公路快速旅客运输管理规定》、《云南省城镇职工基本医疗保险暂行规定》、《云南省应用新型墙体材料管理规定》、《云南省行政事业企业领导干部任期经济责任审计办法》、《云南省三江并流国家重点风景名胜区管理规定》、《云南省测量标志保护规定》。

云南省反不正当竞争条例

（1999年4月2日云南省第九届人民代表大会
常务委员会第八次会议通过

云南省第九届人民代表大会常务委员会公告第16号公布）

第一条　为了维护社会主义市场经济秩序，鼓励和保护公平竞争，制止不正当竞争行为，保护经济者和消费者的合法权益，根据《中华人民共和国反不正当竞争法》和有关法律法规，结合本省实际，制定本条例。

第二条　本条例适用于在本省行政区域内从事商品经营或者营利性服务（以下所称商品包括服务）的法人、其他经济组织和个人（以下简称经营者）。

第三条　本条例所称不正当竞争，是指经营者违反《中华人民共和国反不正当竞争法》和本条例规定，损害其他经营者的合法权益，扰乱社会经济秩序的行为。

第四条　县级以上工商行政管理机关是不正当竞争行为的监督检查机关。法律、法规另有规定的，从其规定。

第五条　禁止经营者在商品或者包装、装潢上采用下列手段，作引人误解的虚假表示：

（一）伪造或者冒用认证标志、名优标志等质量标志或者使用已经被取消的质量标志；

（二）伪造或者冒用他人的企业名称、商品产地及其文字、图形、符号；

（三）伪造或者冒用许可证、许可证标记及其编号、质量检验合格证、准产证号或者监制、研制单位名称；

（四）对商品规格、等级、数量、成份及其含量作虚假标注的；

（五）对生产日期、安全使用日期和失效期、有效期作虚假或者模糊标注的。

第六条　禁止经营者擅自使用他人驰名商标、著名商标和知名商品特有的名称、包装、装潢，或者使用与知名商品相近似的名称、包装、装潢。

第七条　禁止经营者利用广告和下列方法，对商业信誉或者商品质量、制作成份、性能、用途、生产者、产地、来源、有效期、价格、售后服务等方面引人误解的虚假宣传。

（一）利用大众传播媒体作虚假的宣传报道；

（二）对商品作虚假的现场演示或者说明；

（三）在经营场所对商品作虚假的文字标注、说明或者解释；

（四）张贴、散发、邮寄虚假的商品说明书和其他宣传材料；

（五）指使或者雇请他人冒充消费者作诱导。

第八条　禁止经营者擅自以特约经销、指定经销、总代理、特约维修、专卖或者其他类似名义从事经营活动。

第九条　禁止经营者以排挤竞争对手为目的，以低于成本的价格销售商品。

有下列情形之一的，不属于不正当竞争行为：

（一）销售鲜活商品；

（二）处理有效期限即将到期的商品或者其他积压的商品；

（三）季节性降价；

（四）因清偿债务、转产、歇业降价销售商品；

（五）处理外观受损，但使用价值尚未改变的商品。

第十条　禁止供水、供电、供气、邮政、电讯、交通运输等公用企业或者其他依法具有独占地位的经营者实施下列限制竞争行为：

（一）限定用户、消费者只能购买和使用其附带提供的相关商品，而不得购买和使用其他经营者提供的同等质量标准的同类商品；

（二）强制用户、消费者购买其提供的不必要的商品及其配件或者其指定的经营者提供的不必要的商品；

（三）以检验商品质量、性能等为借口，阻碍用户、消费者购买和使用其他经营者提供的同等质量标准的其他商品；

（四）拒绝、中断或者削减对不接受其不合理条件的用户、消费者供应相关的商品，或者滥收校验、检验等费用；

（五）其他限制竞争的行为。

第十一条　禁止经营者采用下列有奖销售行为：

（一）谎称有奖或者对所设奖的种类，中奖概率、最高奖金额、总金额、奖品种类、数量质量和提供方法等作虚假表示；

（二）故意让内定人员中奖；

（三）不将设有中奖标志的商品、奖券投放市场或者不同时投放市场；

（四）将带有不同奖金金额或者奖品标志的商品、奖券按照不同时间投放市场。

第十二条　禁止经营者捏造、散布虚伪事实损害竞争对手的商业信誉和商品信誉。

第十三条　禁止经营者片面就商品的质量、性能、价格、交易条件等与其他经营者的同类商品作对比宣传，损害竞争对手的商业信誉和商品信誉。

第十四条　经营者销售商品，不得违背购买者的意愿搭售商品或者附加其他不合理的条件。

第十五条　禁止招标、投标者采用下列不正当竞争手段进行招标投标：

（一）招标者在公开招标之前私下开启标书，并将有关情况告知尚未报送标书的其他投标者；

（二）招标者向投标者或者其他人泄露标底；

（三）伪造、冒用或者借用他人资质参与投标；

（四）投标者相互约定，抬高或者压低投标款价；

（五）投标者相互约定，在类似招标项目中轮流中标；

（六）投标者就标价之外的其他事项相互串通，以排挤其他竞争对手；

（七）投标者与招标者商定，在公开招标时提高或者压低标价，以促成其中标；

（八）招标者和投标者在招标、投标过程中的其他不正当竞争行为。

第十六条　公用企业和其他依法具有独占地位经营者的不正当竞争行为，由省、地、州、市监督检查机关查处。

第十七条　监督检查机关在查处不正当竞争行为时依法行使下列职权：

（一）按照法定程序向当事人、利害关系人和证明人了解有关情况；

（二）按照法定程序查询和收集与不正当竞争行为有关的往来款项、账册及资料；

（三）检查与不正当竞争行为有关的财物和场所；

（四）责令当事人暂停销售与不正当竞争行为有关的商品；

（五）经监督检查机关负责人批准，可以按照法定程序对与不正当竞争行为有关的财物采取查封、扣留的措施。

第十八条　凡查封、扣留的财物，监督检查机关应当在60日内作出处理决定。

容易腐烂、变质等不易保存的物品，经县级以上监督检查机关负责人批准，可以依法定程序先行处理。

第十九条　监督检查机关查封、扣留的财物，经营者不得转移，隐匿和销毁。

第二十条　监督检查机关检查不正当竞争行为时，当事人、利害关系人和证明人应当如实提供有关情况和资料。

第二十一条　经营者认为受到不正当竞争行为侵害，可以向监督检查机关申请查处。监督检查机关自收到申请之日起10日内，应当作出是否受理的决定，并告知当事人。

第二十二条　经营者违反本条例第五条规定的，由监督检查机关给予警告；有违法所得的，没收违法所得，并处违法所得1倍以上3倍以下的罚款；情节严重的，可责令停业整顿或者依法吊销营业执照。

可以对直接责任人和其他直接负责的主管人员处1000元以上3000元以下的罚款。

第二十三条　经营者违反本条例第六条规定的，由监督检查机关给予警告，没收违法所得，可并处违法所得1倍以上5倍以下的罚款；情节严重的，责令停业整顿或者依法吊销营业执照。

第二十四条　经营者违反本条例第十五条规定的，其中标无效。可以处5万元以上10万元以下罚款；情节严重的，处以10万元以上20万元以下罚款。

第二十五条　经营者违反本条例第七、八、九、十一、十二、十三、十四条规定之一的，由监督检查机关给予警告，没收违法所得，可并处以1万元以上5万元以下罚款；情节严重的，可并处5万元以上10万元以下的罚款。

第二十六条　经营者违反本条例第十条规定的，责令停止违法行为，可以处5万元以上10万元以下罚款；情节严重的，处10万元以上20万元以下罚款。

第二十七条　经营者违反本条例第十九条规定的，监督检查机关可视情节处以被销售、转移、隐匿、销毁财物价款的1倍以上3倍以下的罚款。

第二十八条　经营者违反本条例规定构成犯罪的，依法追究刑事责任。

第二十九条　监督检查机关及其工作人员，在查处不正当竞争行为时，滥用职权，玩忽职守，徇私舞弊，有下列情形之一的，由上级行政机关或者有关部门责令改正，可以对直接负责的主管人员和其他直接责任人员依法给予行政处分：

（一）没有法定依据进行处罚的；

（二）擅自改变行政处罚种类、幅度的；

（三）违反法定的行政处罚程序的；

（四）违法委托处罚的；

（五）处罚中不使用法定收据的；

（六）截留、私分或者变相私分罚没收入和扣留物品的；

（七）使用或者损毁扣押财物的；

（八）违法进行检查或者采取强制措施的；

（九）违法扣留收缴经营者营业执照的；

（十）其他不依法执法的行为。

违反上述规定，给当事人造成损失的，依法

承担赔偿责任；构成犯罪的，依法追究刑事责任。

第三十条　本条例自公布之日起施行。

云南省地热水资源管理条例

（1999年4月2日云南省第九届人民代表大会
常务委员会第八次会议通过
云南省第九届人民代表大会常务委员会公告第18号公布）

第一条　为加强地热水资源管理，有效保护、合理开发利用地热水资源，根据《中华人民共和国水法》、《中华人民共和国矿产资源法》等法律、法规，结合本省实际，制定本条例。

第二条　在本省行政区域内勘查、开采、利用、保护和管理地热水资源，必须遵守本条例。

第三条　本条例所称地热水资源，是指在特定地质条件下形成，赋存于地壳内部25°C以上的地下水。

第四条　地热水资源属国家所有，不因其所依附的土地所有权、使用权的不同而改变。

禁止任何单位和个人以任何形式侵占、破坏地热水资源。

第五条　地热水资源管理遵循统一规划、加强保护、合理开发、综合利用、有偿使用的原则。

第六条　县级以上人民政府水行政主管部门、地质矿产行政主管部门按照各自的职责，各司其职，密切配合，保护和管理地热水资源。

第七条　勘查地热水资源，应当到地质矿产行政主管部门申请取得勘查许可证，并报水行政主管部门备案。

第八条　勘查地热水资源，应当根据大、中、小型地热田的埋藏条件、资源特点及热储层特征，按照地热资源地质勘查规范进行。

第九条　经勘查的热田或者单热井、温泉，勘查单位必须编制地热水资源勘查报告，报矿产储量审批机构审批，并按国家地质资料汇交管理的有关规定，向省地质矿产行政主管部门汇交地热水资源勘查报告。

第十条　开采已探明的地热水资源，按照有关规定向水行政主管部门申请办理取水许可证。办理取水许可证时，只收取工本费。

家庭生活自用自流地热水资源，免办取水许可证。

第十一条　开采地热水资源，用于商业经营的，凭取水许可证向地质矿产行政主管部门申请办理相应的采矿许可证。办理采矿许可证时，只收取工本费。

第十二条　地热水资源实行有偿使用。

开采地热水资源用于商业经营的，应当按照《矿产资源开采登记管理办法》和《矿产资源补偿费征收管理规定》，向地质矿产行政主管部门缴纳采矿使用费和矿产资源补偿费；非商业经营的，应当按照有关规定向水行政主管部门缴纳水资源费。

征收的采矿权使用费、矿产资源补偿费和水资源费全额上交财政。

第十三条　地热水资源的开发利用，必须按统一的规划实施。

地热水取水许可不得超过本行政区域地热水年度计划可采总量，并应当符合井点总体布局和取水层位的要求。

在城市规划区、地热水资源集中开发区、风景名胜区、旅游度假区、自然保护区实行地热水资源限额开采。

在地热水资源超采区应当减少取水，并禁止新增地热水开采井。

第十四条　水行政主管部门依据已探明的地热水资源量和实际需要，核定开采指标。取水单位和个人必须在开采指标内开采。

取水单位和个人应当按水行政主管部门规定装置计量设施，采取节约用水的先进技术，提高地热水的综合利用率。

开采、利用地热水资源的单位和个人应当按时将上年度开采报表、开采监测资料和本年度开采计划报送水行政主管部门和地质矿产行政主管部门。

第十五条　开采、利用地热水资源，应当采用先进的工艺，不得破坏地热水资源和有观赏价值的地热地质景观。

开采、利用地热水资源，应当采取必要措施，防止污染环境。已经造成污染的，应当按照环境保护的有关规定进行治理。

第十六条　地热水资源开采井、温泉因故终止取水，有关单位、个人应自停止使用之日起30日内，向原发证机关分别办理取水许可证、采矿许可证注销手续。

第十七条　地热水资源勘查、开采施工工程投资在国家规定限额以上的，实行监理制度。

承担地热水资源勘查、开采工程设计单位、施工单位、工程监理单位，必须具备省级以上地质矿产行政主管部门认定的资质。

工程施工单位、工程监理单位不得承担无勘查许可证、采矿许可证的地热水资源勘查、开采工程项目的施工、监理。

第十八条　转让地热水资源探矿权、采矿权，由地质矿产行政主管部门按照《探矿权采矿权转让管理办法》的规定办理。

第十九条　在地热水资源勘查、开采、利用、保护和管理方面做出突出贡献的单位和个人，由县级以上人民政府给予表彰、奖励。

第二十条　有下列行为之一的，由县级以上水行政主管部门按规定的权限责令限期改正；逾期不改的，处以1000元以上10000元以下罚款；情节严重的，吊销取水许可证：

（一）未依照取水许可证规定超过限额取水；

（二）未按规定装置计量设施；

（三）拒绝提供取水量测定数据等有关资料或者提供假资料；

（四）终止取水而不办理取水许可证注销手续。

第二十一条　有下列行为之一的，由县级以上地质矿产行政主管部门按规定的权限责令限期改正；逾期不改的，处以2000元以上20000元以上罚款；情节严重的，吊销勘查许可证、采矿许可证；造成地热水资源破坏的，赔偿损失，构成犯罪的，依法追究刑事责任。

（一）未依照地热资源地质勘查规范进行地热水资源勘查；

（二）未经资质认定，擅自承担地热水勘查、开采工程的设计、施工、监理；

（三）承担无勘查许可证、采矿许可证的地热水资源勘查、开采工程项目施工、监理。

第二十二条　违反本条例的行政违法行为，除第二十条、第二十一条已有规定的外，按照水资源管理、矿产资源管理的相关法律、法规进行处罚。

第二十三条　当事人对行政处罚决定不服的，可以依法申请复议或者提起诉讼。当事人逾期不申请复议，不起诉，又不执行处罚决定的，由作出处罚决定的机关申请人民法院强制执行。

第二十四条　水行政主管部门、地质矿产行政主管部门的工作玩忽职守，滥用职权，徇私舞弊的，由其所在单位或者上级主管部门，给予行政处分；构成犯罪的，依法追究刑事责任。

第二十五条　本条例自公布之日起施行。

云南省建设工程质量管理条例

（1999年5月27日云南省第九届人民代表大会
常务委员会第九次会议通过
云南省第九届人代表大会常务委员会公告第23号公布）

第一章　总　则

第一条　为加强建设工程质量的监督管理，保证建设工程质量，维护建设工程活动各方及工程用户的合法树权益，根据有关法律、法规，结合本省实际，制定本条例。

第二条　本条例适用于省行政区域内从事土木工程、建筑安装、管线敷设、建筑装饰等工程建设和管理。

第三条　本条例所称建设工程质量，是指在法律、法规、规章、技术标准、批准的设计文件和依法订立的合同中，对建设工程以及建设工程中使用的建筑材料、建筑构配件、设备的安全、适用、耐久、经济、美观，体现地方特点和民族特色等综合要求。

第四条　建设工程质量管理实行工程质量领导责任制。建设单位对工程质量负总责。

第五条　省建设行政主管部门负责全省建设工程质量管理工作。

地、州、市、县建设行政主管部门按照分级管理的原则对建设工程质量实行管理。

建设行政主管部门的建设工程质量监督机构按照分级管理的原则具体负责建设工程质量监督工作。

第六条　交通、邮电、铁路、民航、水利、电力、环保等部门按照各自的的职责，做好专业建设工程的质量管理工作。

第七条　用户有权就建设工程质量问题，向建设、设计、施工单位查询，或者向建设行政主管部门等有关部门投诉，有关单位和部门应当负责处理。

第二章　建设工程质量监督管理

第八条　建设工程实行质量监督制度。

建设工程质量监督机构应当取得省建设行政主管部门核发的资质证，方可承担建设工程质量监督任务。

各专业部门建设工程质量监督机构，负责监督专业建设工程，接受同级建设工程质量监督机构的业务指导。

第九条　建设工程质量监督机构的主要职责是：

（一）依据有关法律、法规、规章和技术标准、规范、规程，对建设工程质量进行综合监督检查；

（二）负责核查与受监督建设工程有关的勘察、设计、施工、建设、监理和建筑构配件、金属结构门窗生产等单位的资质，并对其质量保证体系的完善和实施进行监督；

（三）对竣工的建设工程进行质量等级评定，核发建设工程质量等级证书；

（四）处理一般建设工程质量事故，参与处理重大建设工程质量事故。

第十条　建设工程质量监督机构应当根据建设工程进度和实际需要对建设工程质量进行检查和抽查，重点检查施工中的地基基础、主体结构及其他主要部分。

第十一条　未经验评质量等级或者验评为不合格建设工程不得交付使用。

第十二条　建设工程质量监督机构可以委托具有相应资质的检测单位对建设工程质量进行检测。

建筑用主要原材料、半成品测试报告、工程

质量检测报告应当由具有法定资格的检测单位提供方为有效。检测单位对所提供的数据及检测报告负责。

第十三条　建设工程质量检测、试验单位应当取得省及省以上建设行政主管部门核发的资质证书，经同级技术监督部门计量认证后，方可承担检测、试验任务。

工程质量监督员、检测试验员应当取得省建设行政主管部门核发的建设工程监督证、检测证，持证上岗。

第三章　建设单位的质量责任

第十四条　建设单位应当根据工程特点和技术要求，按有关规定选择相应资质等级的勘察、设计、施工、监理单位，并依法签订建设工程合同。合同中必须有质量条款，明确质量责任。

因建设单位的原因造成的质量问题由建设单位承担责任。

第十五条　建设单位在取得施工许可证后，建设工程开工前，应当向建设工程质量监督机构办理质量监督手续。按有关规定选择工程建设监理单位。

第十六条　工程建成后，由建设单位按国家有关规定组织竣工验收，由验收人员签字负责。竣工验收合格后，方可交付使用。

第十七条　房地产开发企业出售的房屋，应当符合设计要求，提供有关使用、保养和维护的说明；在保修期内出现质量问题，负责维修，影响日常生活的，在24小时内及时维修。

第四章　勘察设计单位的质量责任

第十八条　勘察、设计单位应当按资质等级、业务范围承接业务，不得无证或者超越资质等级承接勘察、设计任务。

不得转让、转借勘察、设计资质证书。

第十九条　勘察、设计文件应当符合有关工程勘察设计标准、规范、规程，满足设计任务书和合同的要求。

勘察、设计单位不得指定建筑材料、建筑构配件和设备生产厂家和供应商。

第二十条　勘察、设计单位应当参加图纸会审和进行技术交底；参加建设工程的地基基础、主体结构（含主要隐蔽工程）和建设工程竣工验收；参加建设工程质量事故调查，并提出技术处理方案，对由于勘察设计原因而造成的质量问题承担责任。

第二十一条　设计文件必须按规定报经有关行政主管部门审查批准后方可实施。未经设计单位同意和原审批部门批准，任何单位和个人不得擅自修改设计文件。

第二十二条　勘察、设计单位应当按有关规定向所设计的建设工程的施工现场派驻设计代表。

第五章　施工单位的质量责任

第二十三条　施工单位必须按资质等级承接工程，不得无证施工或者超越资质等级承包工程。

不得转让、转借施工资质证书。

第二十四条　施工单位应当按勘察设计文件和技术标准施工，对因施工而造成的质量问题承提责任。

第二十五条　实行总承包的建设工程，总承包单位对建设工程质量和保修工作负责。总承包单位将部分建设工程分包给其他单位的，分包单位对其分包的建设工程质量和保修工作向总承包单位负责。接受分包的单位应当具备相应的资质，并不得再次分包。

第二十六条　施工单位应当建立健全质量保证体系，加强职工职业教育和技术培训，全面落实质量责任制，强化施工现场的质量管理和计量、检测等基础工作，并对其质量检测数据、隐蔽工程验收资料负责。

第二十七条　施工单位应当按规定对进入施工现场的建筑材料、建筑构配件和设备进行检验、试验。禁止使用不合格的建筑材料、建筑构配件和设备。

第二十八条　建设工程发生质量事故时，施工单位应当按规定上报有关部门。

第二十九条　施工单位在建设工程完工后，应当提供完整的建设工程质量档案和有关经济技术资料。

第六章　建设监理单位的质量责任

第三十条　建设工程实行建设监理制。

建设监理单位应当配备足够的合格监理人

员，对所监理工程质量全面负责，依据国家和省有关法律、法规、规章以及标准、规程、规范、设计文件、建设工程合同等对建设工程质量进行全过程监理，对因监理而造成的质量问题承担责任。

第三十一条　建设监理单位不得转让监理业务，不得无证或者超越资质等级承接工程监理业务，不得转让、转借监理资质证书。

第三十二第　建设监理单位不得与勘察、设计、施工单位和建设工程质量监督机构有隶属关系，不得是监理工程的施工、设备制造和材料供应单位或者上述单位的合伙经营者，不得与监理工程的施工、设备制造和材料供应单位有隶属关系；监理人员不得与受监理工程的施工、设备制造和材料供应单位有经营关系或者其他利害关系。

第七章　工程质量保修

第三十三条　建设工程实行质量保修制度和保修保证金制度。

建设工程的保修期自建设工程交付使用之日起计算。

工程最低保修期限为：

（一）民用与公共建筑、一般工业建筑、构筑物的土建工程为一年，其中屋面防水工程为三年；

（二）建筑物的电气管线、上下水管线安装工程为六个月；

（三）建筑物的供热或供冷为一个采暖期或供冷期；

（四）室外的上下水和小区道路等市政公用工程为一年；

（五）其他特殊要求的工程，其保修期由建设单位和施工单位在合同中约定。

建设工程质量保修保证金，由建设单位和施工单位在合同中约定，一般不超过合同价款的2%；质量保修保证金在拨付工程款时扣除；其他任何部门或单位不得以任何理由要求施工单位交纳质量保修保证金。工程竣工保修期满，质量问题处理完毕后本息一起归还施工单位。

第三十四条　建设工程在规定的保修期限内因勘察、设计、施工、监理、检测等原因造成质量问题的，由施工单位负责返修，费用由责任方承担。

因不可抗力以及使用不当造成建设工程质量问题的，不属于质量保修范围。

第三十五条　在建设工程质量保修期内因建筑材料、建筑构配件和设备不合格造成质量问题的，按照下列规定承担质量责任及返修费用：

（一）属于施工单位采购的，由施工单位承担；

（二）属于建设单位自行采购或者指定采购的，由建设单位承担；

（三）属于检测、试验单位提供数据有误的，由提供数据单位承担。

第三十六条　施工单位自接到保修通知书之日起，必须在七日内到达现场与建设单位共同商议返修项目。未能按期到达现场的，建设单位有权自行返修，所发生的费用按本条例第三十四条、三十五条规定负担。施工单位无故延误维修导致损失扩大的，施工单位对扩大损失部分承担赔偿责任。

第八章　法律责任

第三十七条　建设单位违反本条例，有下列行为之一的，由县以上建设行政主管部门按下列规定处罚；

（一）未办理工程质量监督手续、未按规定选择监理单位对建设工程质量进行监理的，责令限期改正，并处建设工程投资预算5‰以下罚款，对直接责任人员处2000元以下罚款；

（二）使用未经验收或者验收不合格工程的，处建设工程投资预算5‰以上10‰以下罚款，对直接负责的主管人员及其他责任人员并处2000元以下的罚款；

（三）不按规定解决用户投诉质量问题的，责令限期改正；逾期不改的，处2000元以上10000元以下罚款；

（四）不按规定退还质量保修保证金的，责令限期改正；逾期不改的，除按规定退还保修保证金外，并处10000元以上50000元以下罚款；

房地产开发企业有上述行为之一的，除给予上述处罚外，还可提请房地产主管部门低其资质等级、吊销其资质证书。

第三十八条　勘察设计单位违反本条例，有下列行为之一的，由县以上建设行政主管部门按照下列规定处罚：

（一）无证或者超越资质等级承接勘察、设计任务，转让、转借勘察、设计资质证书的，责令改正，没收全部勘察、设计费用，并处10000元以上50000元以下罚款；

（二）勘察设计文件不符合国家和省有关工程勘察设计标准、规程、规范的，责令改正，处以5000元以上10000元以下罚款；致使工程发生质量问题的，责令停业整顿，没收违法所得，并处30000元以上50000元元以下罚款，由省建设行政主管部门降低资质等级或者吊销资质证书；

（三）未按规定向施工现场派驻设计代表的，责令改正，并处2000元以上10000元以下罚款。

第三十九条　施工单位违反本条例，有下列行为之一的，由县以上建设行政主管部门按下列规定进行处罚：

（一）未取得资质证书承接施工任务的，予以取缔，并处承包工程造价2%以下的罚款，有违法所得的，没收违法所得；

（二）超越资质等级承接施工任务，转让、转借施工质证书的，责令改正，没收违法所得，处承包工程造价2%以下的罚款，可以责令停业整顿，由省建设行政主管部门降低资质等级或者吊销资质证书；

（三）未按国家和省有关技术质量标准、规程、规范、设计文件及合同规定施工的，责令改正，没收违法所得，处承建工程造价5%以下罚款，对直接负责的主管人员和其他责任人员处2000元以上20000元以上罚款，由省建设行政主管部门降低资质等级或者吊销资质证书；

（四）使用不合格建筑材料、建筑构配件及设备的，责令改正，处所用材料价值一倍以上五倍以下罚款，情节严重的，责令停业整顿，由省建设行政主管部门降低资质等级或者吊销资质证书；

（五）转包、违法分包工程的，现令改正，没收违法所得，处转包、违法分包工程造价5%以上10%以下的罚款，责令停业整顿，由省建设行政主管部门降低资质等级或者吊销资质证书。

第四十条　建设监理单位违反本条例，有下利行为之一的，按照下列规定处罚：

（一）转让监理业务的，由县以上建设行政主管部门责令改正，没收违法所得，可以责令停业整顿，由省建设行政主管部门降低资质等级或者吊销资质证书；

（二）无证或者超越资质等级承接监理业务，转让、转借监理资质证书的，由县以上建设行政主管部门责令限期改正，没收违法所得，处违法所得两倍以下的罚款，由省建设行政主管部门降低资质等级或者吊销资质证书；

（三）建设监理单位与勘察、设计、施工、建设工程质量监督机构等单位有隶属关系或者是受监理工程的施工、设备、制造和材料供应单位或者上述单位的合伙经营者的，由省建设行政主管部门责令限期改正，逾期不改的，降低资质等级或者吊销资质证书。

（四）对未能履行职责造成质量问题的监理单位，由省建设行政主管部门降低资质等级或者吊销资质证书；对未能履行职责造成质量问题的监理人员，由省建设行政主管部门取消执行资格。

第四十一条　建设工程质量检测试验单位伪造检测数据、检验结论的，由县以上建设行政主管部门责令改正，没收全部检测费用，可并处检测费用十倍的罚款，情节严重的，降低资质等级或者吊销资质证书，可提请工商行政主管部门吊销营业执照，对直接责任人员处以10000元以上30000元以下罚款。

第四十二条　因建设工程质量问题造成人身或者其他财产损害的，应当承担赔偿责任；构成犯罪的，依法追究刑事责任。

第四十三条　对依照本条例作出的行政处罚不服的，依照行政复议和行政诉讼的有关法律、法规规定办理。

第四十四条　建设行政主管部门工作人员和建设工程质量监督人员在履行职责时，有下列情形之一的，由其所在单位或者上级主管部门责令改正，可以对直接负责的主管人员和其他直接责任人员依法给予行政处分：

（一）利用职权收受贿赂，谋取私利的；

（二）发放的质量等级证书与实际工程质量不符的；

（三）不认真履行职责，滥用职权，侵犯公民、法人和其他组织合法权益的；

（四）不按规定收费和罚款的；

（五）截留、私分或者变相私分罚没收入的；

（六）违法进行检查或者违法采取强制措施的；

（七）违法扣留资质证书的；

（八）其他不依法执法的行为。

违反上述规定，给当事人造成损失的，依法承担赔偿责任；构成犯罪的，依法追究刑事责任。

第九章　附　则

第四十五条　本条例自公布之日起施行。

云南省防震减灾条例

（1999年7月29日云南省第九届人民代表大会
常务委员会第十次会议通过

云南省第九届人民代表大会常务委员会公告第26号公布）

第一条　为了防御与减轻地震灾害，保护人民生命和财产安全，根据《中华人民共和国防震减灾法》及有关法律、法规，结合本省实际，制定本条例。

第二条　在本省行政区域内从事地震监测预报、地震灾害预防、地震应急、震后救灾与重建等（以下简称防震减灾）活动，适用本条例。

第三条　各级人民政府应当加强对防震减灾工作的领导，把防震减灾工作纳入当地国民经济和社会发展计划，防震减灾工作所需要的经费列入同级财政预算。

第四条　县以上地震工作主管部门、经济综合主管部门、建设行政主管部门、民政部门以及其他有关部门，在同级人民政府的领导下，按照职责分工，各负其责，密切配合，共同做好防震减灾工作。

第五条　任何单位、组织和个人都有依法参加防震减灾活动的义务，并有制止和举报阻碍、破坏防震减灾工作行为的权利。

第六条　县以上地震工作主管部门应当加强地震监测预报工作，负责制定本行政区域内地震监测预报方案，并组织实施。

省地震工作主管部门根据地震活动趋势，提出确定本省地震重点监视防御区的意见，报省人民政府批准。

地震重点监视防御区重点防御城市的县以上地震工作主管部门，应当建立和完善短期与临震预报方案、震情跟踪制度、地震前兆信息传递网络，对可能发生的地震地点、时间和震级加强预测，提高地震监测能力和预报水平。

第七条　各级人民政府及其地震工作主管部门应当根据地震监测预报需要和规划要求，加强地震监测台网的建设和预测预报的科学技术研究。

各地方地震监测台网的建设资金，按照事权和财权相统一的原则，由同级财政承担。

各级人民政府投资建设的地震监测台网，由同级人民政府地震工作主管部门负责管理。

第八条　对可能产生诱发地震的大中型水电站、水库以及其他重大工程，应当根据防震减灾要求设立地震监测台网。地震监测台网由工程建设单位投资建设并管理，省地震工作主管部门负责审定其台址勘选、设计和参与技术验收，并进行业务指导。

第九条　各级人民政府应当依法保护本行政区域内地震监测设施、地震观测环境和有重大科学价值的地震遗址、遗迹。

第十条　地震预报实行统一发布制度，省地震工作主管部门提出本行政区域内破坏性地震的长期、中期、短期、临震预测报告，由省人民政府批准后发布。

在震情跟踪中，发现临震异常，情况紧急的，当地县级以上人民政府可批准和发布48小时之内的临震警报，同时向上级政府和地震工作主管部门报告。

任何单位和个人不得违反规定擅自向社会发布或者泄漏地震预测意见。

与地震预报有关的地震宣传报道按照国家有关规定执行。

第十一条　地震灾害预防，坚持工程性预防措施和非工程性预防措施相结合的原则。

第十二条　本省新建、扩建、改建建设工程，必须达到抗震设防要求。

建设工程必须按照抗震设防要求和抗震设计规范进行设计，并按照抗震设计进行施工和验收。

各级人民政府，特别是地震重点监视防御区的县以上人民政府及有关工作部门，应当加强对农村民房建设抗震设防的规划和指导，逐步提高其抗震能力。

第十三条　重大建设工程和可能产生严重次生灾害的建设工程，必须进行地震安全性评价，并根据地震安全性评价的结果，确定抗震设防要求，进行抗震设防。其它的建设工程，应当按照国家颁布的地震烈度区划图或者地震动参数区划图规定的抗震设防要求，进行抗震设防。

地震安全性评价工作，必须由具备相应资质的单位承担。

第十四条　省地震工作主管部门负责全省地震安全性评价工作的管理和监督，审定全省地震安全性评价结果，确定抗震设防要求。

地、州、市、县地震工作主管部门负责本行政区域内地震安全性评价工作和抗震设防要求实施的管理和监督。

第十五条　对必须进行专门的地震安全性评价的建设工程，其可行性研究报告或者设计应当包括根据地震安全性评价结果确定的抗震设防要求，并纳入基本建设管理程序。

不符合前款规定的建设工程，有关部门不予批准立项施工。

第十六条　省建设行政主管部门按照各类房屋建筑及其附属设施和城市市政设施的建设工程的抗震设计规范，负责管理建设工程的抗震设计与施工。

铁路、公路、民用航空、水利、电力等有关专业主管部门按照各专业抗震设计规范，负责管理本系统、本部门建设工程的抗震设计与施工。

第十七条　对已经建成的大型公共活动场所、重大建设工程以及可能发生严重次生灾害的，有重大文物价值和纪念意义的，地震重点监视防御区的建设物、构筑物，未采取抗震设防措施的，建设单位应当按照国家和省有关规定进行抗震性能鉴定，并采取必要的抗震加固措施，由其主管部门负责管理和监督。

第十八条　根据震情和震害预测结果，县以上地震工作主管部门应当会同有关部门编制防震减灾规划，报同级人民政府批准后实施。县以上地震工作主管部门和有关部门应当做好防震减灾宣传、教育、科研、培训、演习、地震安全性评价及抗震设防要求管理、震害预测等工作，提高综合防御地震灾害的能力。

第十九条　县以上地震工作主管部门应当会同有关部门，制定本行政区域内的破坏性地震应急预案，经本级人民政府批准后报上一级人民政府及省地震工作主管部门备案。昆明市的破坏性地震应急预案，还应当报国务院地震工作主管部门备案。

省级有关部门应当根据本省地震应急预案，制定本部门或者本系统的地震应急预案，报省地震工作主管部门备案。

地震重点监视防御区的大中型企业、通信、供水、供电、供气等工程和学校、医院、大型商场、公共娱乐场所、车站等人员集中的单位和场所，应当制定地震应急预案，报所在地的县地震工作主管部门备案。

第二十条　国家鼓励、扶持地震应急、救助技术和装备的研究开发工作。

地震重点监视防御区的县级以上地方人民政府应当责成有关部门进行必要的地震应急、救助装备的储备和使用训练工作。

第二十一条　省人民政府发布破坏性地震预报后，即可宣布预报区进入临震应急期。临震应急期一般为10日，必要时可以延长10日。

预报区临震应急反应措施包括：

（一）地震部门加强震情监视，随时报告震情变化。

（二）根据震情发展和建筑物抗震能力以及周围工程设施情况，发布避震通知，必要时组织避震疏散。

（三）要求有关部门对通信、供水、供电、供气等工程和次生灾害源采取紧急防护措施。

（四）督促检查抢险救灾准备工作。

（五）平息地震谣传和误传，保持社会稳定。

第二十二条 本省行政区域内发生5.0～5.9级可能造成一定人员伤亡和经济损失的一般破坏性地震，震区县人民政府按照本地区地震应急预案组织抗震救灾区工作。省人民政府根据灾情和震情，组织有关部门支援灾区抗震救灾工作。

发生6.0～6.9级可能造成较多人员死亡和较大经济损失的严重破坏性地震，震区县以上人民政府应当立即成立抗震救灾指挥机构，及时报告省人民政府及有关部门。省人民政府应当立即成立抗震救灾指挥机构，部署抗震救灾工作。

发生7.0级以上可能造成大量人员死亡和巨大经济损失的特大破坏性地震，省人民政府和震区县以上人民政府应当立即成立抗震救灾指挥机构，实施紧急应急措施。

第二十三条 破坏性地震发生后，震区各级人民政府应当迅速组织各方力量，开展抢救、自救和互救，防止次生灾害的发生和蔓延；及时将震情和灾情报告上一级人民政府。由省人民政府按照国务院有关规定适时向社会公告震情灾情。

（一）地震部门负责震情和灾情的速报、地震趋势判定、地震恢复重建中的烈度复核；会同建设、民政、卫生等部门对地震灾害损失进行评估，并将灾害评估结果及时报告同级人民政府和上级地震工作主管部门；

（二）民政部门负责灾民的紧急转移安置、生活救济、接收捐赠、灾情核查统计和组织灾区民房恢复重建等工作；

（三）建设部门负责灾区重建的规划、设计、施工管理工作，鉴定、统计工程损坏情况，指导城乡房屋抢险排险，组织市政设施的恢复重建工作；

（四）卫生部门负责救治伤员，做好灾区医疗和防疫等工作；

（五）电力部门负责电站、供电线路的抢险和恢复供电工作；

（六）水利部门负责水利工作的抢险排险，解决饮水困难；

（七）公安部门负责维护灾区社会治安和交通秩序，负责灾区党政机关、新闻单位、金融机构、抗震救灾物资等的安全和火灾扑救及预防；

（八）电信部门负责通讯设施的的抢修，保障通讯畅通；

（九）交通、铁路部门负责被毁公路、铁路的抢修，保障灾区交通及抗震救灾人员、物资的运输；

（十）其他有关部门按照各自职责协同做好抗震救灾工作。

第二十四条 抗震救灾所需资金和物资，通过国家调拨、自筹、生产自救、国内外捐赠、保险理赔和信贷等方式筹集。

各级人民政府审计机关应当加强对地震救灾资金使用情况的审计监督。

第二十五条 一般破坏性地震的恢复重建方案，由震区县以上人民政府组织制定和实施；严重破坏性和特大破坏性地震的恢复重建方案，由省人民政府组织制定，震区各级人民政府实施。

重建方案应当采用省地震工作主管部门复核确定的抗震设防要求设防。

第二十六条第违反本条例，有下列行为之一的，由县以上地震工作主管部门责令其停止违法行为，恢复原状或者采取其他补救措施；情节严重的，可以处5000元以上50000元以下的罚款；造成损失的，依法承担民事责任；构成犯罪的，依法追究刑事责任：

（一）对地震监测设施或者地震监测环境造成危害的；

（二）破坏列为保护的地震遗址、遗迹的。

第二十七条 违反本条例，有下列行为之一的，由县以上地震工作主管部门，建设行政主管部门或者其他专业主管部门按照职责权限责令改正，处10000元以上100000元以下的罚款；对直接责任人员给予行政处分，构成犯罪的，依法追究刑事责任：

（一）有关建设单位不进行地震安全性评价的，或者不按照地震安全性评价结果确定的抗震设防要求进行抗震设防的；

（二）不按照抗震设计规范进行抗震设计，或者不按照抗震设计进行施工的。

第二十八条　违反本条例，有下列行为之一的，对直接责任人员和主管人员，由其所在单位或者上级主管部门给予行政处分；构成犯罪的，依法追究刑事责任：

（一）批准未进行地震安全性评价的重大建设工程可能产生严重次生灾害的建设工程立项施工的；

（二）擅自向社会发布或者泄露地震预测意见，造成严重后果的；

（三）虚报、瞒报灾情造成严重后果的；

（四）国家工作人员在防震减灾工作中，不服从命令、滥用职权、玩忽职守、徇私舞弊的；

（五）截留、挪用、贪污抗震救灾款物的；

（六）在抗震救灾工作中有其他违法行为的。

第二十九条　本条例自公布之日起施行。

云南省外商投资勘查开采矿产资源条例

（1999年7月29日云南省第九届人民代表大会常务委员会第十次会议通过

云南省第九届人民代表大会常务委员会公告第27号公布）

第一条　为发展矿业经济，鼓励外商在本省行政区域内投资勘查、开采矿产资源，根据《中华人民共和国矿产资源法》等法律、法规，结合本省实际，制定本条例。

第二条　外商在省行政区域内投资勘查、开采矿产资源，适用本条例。

第三条　省地质矿产主管部门负责全省外商投资勘查、开采矿产资源的管理工作，向外商提供招商项目指南、有找矿前景的区块资料和与勘查、开采矿产资源项目有关的区域地质调查报告、基础图件等资料。

州（市）县人民政府和地区行政公署地质矿产主管部门负责本行政区域外商投资勘查、开采矿产资源的监督管理。

第四条　鼓励外商在本省行政区域内投资勘查、开采矿产资源。国家禁止外商投资勘查、开采的矿种除外。

省人民政府根据全省矿业开发的实际情况，可以划定区域设置矿业开发实验区，并依法制定管理矿业开发实验区的具体办法。

第五条　外商可以独资勘查、开采矿产资源，可以与省内企业或者其他经济组织合资或者合作勘查、开采矿产资源，也可以采用法律允许的其他形式投资勘查、开采矿产资源。

探矿权人、采矿权人可以将其依法取得的探矿权、采矿权作价与外商合资或者合作勘查、开采矿产资源。外商可以通过转让依法取得探矿权、采矿权。

第六条　外商投资勘查矿产资源应当依照国务院发布的《矿产资源勘查区块登记管理办法》的规定，申请勘查区块登记，取得探矿权。

省地质矿产主管部门在收到外商申请材料之日起20日内签署审核意见并将材料呈报国务院地质矿产主管部门审批；或者根据国务院地质矿产主管部门的授权或委托，作出准予登记或者不予登记的决定。准予登记的，通知探矿权申请人在收到通知之日起30日内办理登记手续，领取勘查许可证。不予登记的，书面说明理由。

探矿权申请人应当自领取勘查许可证之日起5日内，持有关材料到省外资审批机构备案。

第七条　外商对其投资探明的矿产资源，享有开采权；但应当依法办理采矿登记手续。

外商投资开采矿产资源应当依照国务院发布的《矿产资源开采登记管理办法》的规定，申请开采登记，取得采矿权。

国务院地质矿产主管部门授权或者委托省地质矿产主管部门审批外商投资开采矿产资源的，按照下列程序办理登记手续：

（一）申请划定矿区范围。持合营协议或者投资意向书及有关材料向省地质矿产主管部门申请划定矿区范围。省地质矿产主管部门应当自收到申请材料之日起 20 日内完成审查。符合条件的，给予划定矿区范围，不符合条件的，退回申请，并书面说明理由；

（二）申请设立企业。需要设立矿山企业的，应当根据划定的矿区范围，向外资审批机构申请办理有关手续；

（三）申请办理采矿登记，领取采矿许可证。采矿权申请人依据划定的矿区范围，编制矿产资源开发利用方案，持外资审批机构的批准文件和有关材料向省地质矿产主管部门申请办理采矿许可证。省地质矿产主管部门应当自收到申请材料之日起 30 日内作出准予登记或者不予登记的决定。准予登记的，通知采矿权申请人在收到通知之日起 30 日内办理登记手续，领取采矿许可证。不予登记的，书面说明理由。

第八条　外商可以通过投标的方式取得探矿权、采矿权。

省地质矿产主管部门依照有关规定组织招标。

第九条　外商取得的探矿权、采矿权受法律保护，可以依法转让。

第十条　外商投资勘查、开采矿产资源，应当遵守矿产资源管理、环境保护、森林保护、土地管理以及矿山安全、劳动用工、劳动保护等方面的法律、法规。

第十一条　外商在勘查许可证规定的勘查作业区内从事地质勘查活动，应当依法办理地质勘查临时用地手续。

外商投资开采矿产资源，应当依法申请并取得土地使用权。

第十二条　外商有权拒绝以县乡公路作价折股参与分红；有权拒绝集资修建县乡公路或者支付县乡公路建设费用。为外商投资项目配套的公路工程除外。

第十三条　外资投资勘查、开采矿产资源，除享受国家、本省对外商投资已有规定的优惠外，还可以享受下列优惠：

（一）探明可供开采矿床的地质勘查费用，在开采该矿床后，可以作为递延资产，逐年摊销；

（二）可以申请执行固定资产加速折旧的办法；

（三）开采回收共、伴生矿产的，共、伴生矿产的矿产资源补偿费减半缴纳；采用本省尚未使用的先进技术开采回收共、伴生矿产的，免缴共、伴生矿产的矿产资源补偿费。

第十四条　违法进入外商取得探矿权、采矿权的区块或者矿区范围从事勘查、采矿活动的，由县级以上地质矿产主管部门依照有关法律、法规的规定给予处罚。构成犯罪的，依法追究刑事责任。

第十五条　违反本条例第十二条规定的，由县级以上人民政府或者地质矿产主管部门责令改正，退还非法所得，赔偿损失；情节严重的，追究主要领导和直接责任人的责任。

违反本条例第十三条规定，应当给予外商优惠而不给予的，由同级人民政府或者上级主管部门责令改正，拒不改正的，追究主要领导和直接责任人的责任。

第十六条　香港特别行政区、澳门、台湾地区的企业、其他经济组织或者个人以及国外华侨在我省行政区域内投资勘查、开采矿产资源的，适用本条例。

第十七条　本条例自公布之日起施行。

云南省土地管理条例

（1999年9月24日云南省第九届人民代表大会常委委员会第十一次会议通过
云南省第九届人民代表大会常务委员会公告第31号公布）

第一章　总　则

第一条　根据《中华人民共和国土地管理法》（以下简称《土地管理法》）、《中华人民共和国土地管理法实施条例》（以下简称《实施条例》）等有关法律法规，结合本省实际，制定本条例。

第二条　在本省行政区域内使用、管理土地的单位和个人，必须遵守本条例。

第三条　十分珍惜、合理利用土地和切实保护耕地是我国的基本国策。各级人民政府必须加强土地管理，制止乱占耕地和滥用土地，维护土地的社会主义公有制，保护土地所有者和使用者的合法权益。

县级以上人民政府土地行政主管部门负责本行政区域内的土地管理和监督工作，其主要职责是：

（一）宣传、贯彻执行土地管理的法律、法规；

（二）组织编制和实施国土规划、土地利用总体规划、土地利用年度计划、土地资源开发规划和基本农田保护规划、土地复垦规划、土地整理规划、未利用土地开发规划；

（三）组织基本农田划定，实施土地用途管制，会同农业行政主管部门实施基本农田保护和未利用土地开发，组织土地整理、土地复垦；

（四）组织实施土地资源调查、地籍调查、土地统计、土地动态监测，实施土地权属调查、土地登记发证，调处土地权属争议；

（五）组织实施土地使用权出让，管理土地使用权转让、出租、抵押、作价出资、交易，组织基准地价和标定地价评测，审定评估机构从事土地评估的资格，确认土地使用权价格；

（六）负责拟定农用地转用方案，受理使用土地申请、办理土地征用、划拨手续；

（七）实施土地监督检查，依法查处土地违法案件；

（八）法律、法规规定的的其他职责。

乡（镇）人民政府依法负责本行政区域内土地管理的有关工作。

第二章　土地的所有权和使用权

第四条　乡（镇）、村因历史原因形成的公用和预留的集体机动土地，属乡（镇）、村全体农民集体所有。

第五条　县级以上人民政府土地行政主管部门负责办理土地所有权、使用权和出租、抵押等权利的设定登记及变更登记。

确认林地、草原的所有权或者使用权，确认水面、滩涂的养殖使用权，分别依照《森林法》、《草原法》和《渔业法》的有关规定办理。

第六条　依法改变土地的所有权、使用权的，因依法转让地上建筑物、构筑物等附着物导致土地使用权转移的，依法改变土地用途的，必须自改变或者批准之日起30日内持相关批准文件向土地所在地的县级以上人民政府土地行政主管部门提出土地变更登记申请。

第三章　土地利用总体规划

第七条　县、乡级土地利用总体规划应当划分土地利用区，明确土地用途。县级土地利用区，由县级人民政府土地行政主管部门组织划定。乡级土地利用区，在县级人民政府土地行政主管部门指导下，由乡级人民政府组织划定。

城镇建设和非农业建设必须节约使用土地，

可以利用荒地的，不得占用耕地；可以利用劣地的，不得占用好地。

禁止毁坏森林、草原开垦耕地；禁止围湖造田和侵占江河、湖泊滩地；禁止在25度以上陡坡地开垦耕地。

第八条　地、州、市、县土地利用总体规划，逐级上报省人民政府或者国务院批准。

州、市、县人民政府，地区行政公署所在地的乡（镇）土地利用总体规划，逐级上报省人民政府批准。其他乡（镇）土地利用总体规划，逐级上报州、市人民政府、地区行政公署批准。

第九条　各级人民政府应当编制土地利用年度计划，实行建设用地总量控制。

地、州、市、县土地利用年度计划，由本级人民政府、地区行政公署土地行政主管部门会同有关部门编制，逐级上报省人民政府或者国务院批准。经批准的土地利用年度计划由土地行政主管部门组织实施。

乡级土地利用年度计划，在县级人民政府土地行政主管部门指导下，由乡级人民政府编制，按照土地利用总体规划审批程序和权限上报批准，由乡级人民政府组织实施。

第十条　各级人民政府应当将土地利用年度计划的执行情况列为国民经济和社会发展计划执行情况的内容，向本级人民代表大会报告。

第四章　耕地保护

第十一条　各级人民政府应当按照土地利用总体规划，在有利于生态平衡和水土保持的前提下，用出让、承包、出租等方式开发荒山、荒地、荒滩和零星、闲置、废弃的土地，从事种植业、林业、畜牧业、渔业生产的，使用期限最长不得超过50年。

第十二条　开发国有荒山、荒地、荒滩用于林业、种植业、畜牧业、渔业生产的，按照下列权限批准：

（一）一次性开发60公顷以下的，由县级人民政府批准；

（二）一次性开发60公顷以上、300公顷以下的，由州、市人民政府、地区行政公署批准；

（三）一次性开发300公顷以上、600公顷以下的，由省人民政府批准。

开发农民集体所有的荒山、荒地、荒滩用于农业生产的，一次性开发在10公顷以下的，由乡级人民政府批准；超过10公顷的，按照前款规定的批准权限办理。

第十三条　经批准占用耕地进行非农业建设，一年以上未动工建设，又不组织耕种或者挖了基沟、砌了石脚、围墙，闲置荒芜超过一年的，应当缴纳该耕地前三年平均年产值4倍的闲置费；连续二年未使用的，经原批准机关批准，由县级以上人民政府无偿收回土地使用权，重新安排使用。

土地闲置费由县级以上人民政府土地行政主管部门组织征收。

第十四条　从事非农业建设的单位和个人，经批准占用耕地的，应当开垦与所占耕地数量和质量相当的耕地；没有条件开垦的，应当按照所占耕地前三年平均年产值的3—8倍的标准缴纳耕地开垦费；开垦的耕地不符合要求的，对不符合的部分缴纳耕地开垦费。

耕地开垦费由批准农用地转为建设用地的人民政府土地行政主管部门征收。其中，依法应当报经国务院批准的，由省人民政府土地行政主管部门组织征收，耕地开垦费实行专项资金管理，专项用于新耕地开垦。

第十五条　州、市人民政府、地区行政公署应当确保本行政区域内耕地总量不减少。耕地总量减少的，由省人民政府责令在规定期限内组织开垦与所减少耕地的数量与质量相当的耕地，并由省人民政府土地行政主管部门会同农业行政主管部门验收。新增建设用地后，确实无地开垦或者新开垦耕地的数量不足以补偿所占用耕地数量的，必须报经省人民政府批准减免本行政区域内开垦耕地的数量，进行易地开垦。

第十六条　州、市、县人民政府，地区行政公署划定的基本农田应当占本行政区域内耕地的80%以上。各地、州、市的基本农田指标由省人民政府确定。

各级人民政府应当采取措施，维护排灌工程设施，改良土壤，提高地力，防止土地荒漠化、盐渍化、水土流失和污染土地。

第五章　建设用地

第十七条　建设征用土地，由县级人民政府土地行政主管部门统一受理建设用地申请，经县级人民政府审核后，按照审批权限逐级上报批准。

建设征用、使用土地，涉及农用地转用的，由县级人民政府土地行政主管部门提出申请，经县级人民政府审核后，按照审批权限逐级上报批准。

征用、占用林地和在城市规划区内征用、使用土地的，用地单位和个人分别报经县级以上人民政府林业、建设部门审核同意后，按照本条例规定办理建设用地审批手续。

经批准的建设用地，有地单位必须按照批准的用途使用，不得擅自改变。确需改变用途的，按《土地管理法》第五十六条规定办理。

第十八条　国有农场、林场、牧场、渔场和水利设施管理单位，利用本单位使用的土地从事非农业建设的，按照《土地管理法》、《实施条例》和本条例的规定办理农用地转用和批准用地手续。

第十九要　建设需要征用农民集体土地的，由县级以上人民政府土地行政主管部门会同建设单位，拟定征地补偿、安置方案，并听取被征地的农村集体经济组织和农民的意见。

征地补偿，安置方案应当列人建设项目用地预审内容。征地补偿、安置方案随征用土地方案批准之后，由被征用土地所在地的市、县人民政府在15日内公告征地补偿、安置方案并组织实施。被征用土地的所有权人、使用权人应当在公告规定的期限内，持土地权属证件到当地县级人民政府土地行政主管部门办理征地补偿登记。

第二十条　征用下列土地，由省人民政府批准：

（一）基本农田以外的耕地不超过35公顷的；

（二）耕地以外的其他土地不超过70公顷的；

第二十一条　在土地利用总体规划确定的城市和州、市、县人民政府，地区行政公署所在地的乡（镇）建设用地规模范围内，州、市、县人民政府，地区行政公署为实施该规划而将农用地转为建设用地的，按土地利用年度计划分批次逐级上报省人民政府或者国务院批准。

在土地利用总体规划确定的乡（镇）、村庄建设用地规模范围内，乡（镇）人民政府为实施该规划进行农村村民住宅、公共设施、公益设施建设，而将农用地转为建设用地的，按照土地利用年度计划分批次逐级上报州、市人民政府、地区行政公署批准。

在土地利用总体规划确定的城镇、村庄建设用地规模范围以外的建设项目占用土地，涉及农用地转为建设用地的，逐级上报省人民政府批准。

按照本条前三款规定批准农用地转用，需要征用集体土地的，在省人民政府征地批准权限内的，同时办理征地审批手续。超过省人民政府征地批准权限的，上报国务院审批。

第二十二条　为实施土地利用总体规划和城市规划，在已批准的农用地转用范围内的具体建设项目用地划拨或者有偿使用的，按下列权限审批：

（一）用地在0.4公顷以下的，由县级人民政府批准，报州、市人民政府、地区行政公署土地行政主管部门备案；

（二）用地在0.4公顷以上、2公顷以下的，由州、市人民政府、地区行政公署批准，报省人民政府土地行政主管部门备案；

（三）用地在2公顷以上，由省人民政府批准。

具体建设项目需要占用土地利用总体规划确定的国有未利用土地的，按照前款规定的权限批准。

第二十三条　征用土地的土地补偿费标准为：

（一）征用菜地、水田按照该耕地被征用前三年平均年产值（下同）的8—10倍补偿，水浇地、园地、藕塘按照7—9倍补偿，望天田、旱地按照6—8倍补偿，轮歇地按照6倍补偿，牧草地、渔塘按照3—5倍补偿；

（二）征用种植3年以下新开垦耕地，按照上年产值的2倍补偿，并补偿开发投资；

（三）征用宅基地、打谷场、晒场等生产、生活用地，按照原土地类别补偿；

（四）划拨国有农场、林场、牧场、渔场土地的补偿标准，按照本款（一）（二）（三）项的规定办理。

征用、划拨林地的补偿标准按照国家有关规定办理。

第二十四条　征用土地的安置补助费标准为：

（一）被征地单位人均耕地在666.7平方米以上的，安置补助费总额为被征用耕地前三年平均产值（下同）的4倍；人均耕地在666.7平方米以下的，每减少50平方米，增加年产值的1倍；被征用耕地的安置补助费总额最高不得超过被征用前三年平均年产值的15倍；

（二）征用园地、藕塘的安置补助费，为该地、塘年产值的6倍；

（三）征用渔塘的安置补助费，为该地年产值的4倍；

（四）划拨国有农场、林场、牧场、渔场土地的安置补助费，为该地年产值的5倍；

（五）征用集体的宅基地、建设用地、打谷场、晒场、新开垦3年以下的种植地的，为原土地类别年产值的4倍。

第二十五条　依照本条例第二十三条、第二十四条的规定支付土地补偿费和安置补助费，尚不能保持群众原有生活水平，特别是征地后人均耕地不足116.7平方米的，经省人民政府批准，可以适当增加安置补助费。但是，土地补偿费和安置补助费的总和不得超过被征用土地前三年平均年产值的30倍。

第二十六条　征用土地上有附着物的，按照下列标准支付补偿费：

（一）被征用土地上有青苗的，一般不得铲除，确需要铲除时，按照当季一茬实际产值补偿；

（二）被征用土地上的房屋、设施需要拆迁的，采取产权调换、作价补偿或者产权调换和作价补偿相结合的形式进行补偿。产权调换的面积按照所拆房屋的建筑面积计算。作价补偿的金额按照所拆房屋建筑面积的重置价格结合成新计算；

（三）被征用土地上的坟墓拆迁、零星树木（包括果树）的补偿标准，由州、市人民政府、地区行政公署规定；

（四）征用打谷场、晒场应当补偿建场成本费。

土地行政主管部门发出征地通知后种植或者建造的地上附着物和地下设施，不予补偿；在非法占用土地上建设的建筑物和其他设施，不予补偿。

第二十七条　征用城市郊区菜地的，应当缴纳新菜地开发建设基金，由州、市、县人民政府，地区行政公署统一管理，专款用于新开发菜地。昆明市西山区、官渡区每平方米缴纳30元；昆明市各县（含东川区）、曲靖市、玉溪市、县级市和州人民政府、地区行政公署所在地的镇每平方米缴纳22.5元；其他县每平方米缴纳15元。

第二十八条　经批准征用集体耕地的，按照征用面积调减农业税和合同订购粮。征用土地时，未收获当年作物的，当年调减；已收获的下年调减。

第二十九条　征用土地的各项补偿费和安置补助费，除被征土地上属于个人的附着物和青苗补偿费以及自谋职业人员的安置补助费付给本人外，其余费用归被征地单位集体所有，专款用于被征地单位发展生产和安排多余劳动力就业以及不能就业人员的生活补助，任何单位和个人不得侵占或者挪用。

第三十条　因征用土地造成多余劳动力的，主要通过发展农副业生产和举办乡、村企业等途径加以安置，也可以安排符合条件的人员到有安置条件的用地单位或者其他单位就业，并将相应的安置补助费转拨给吸收劳动力的单位。自谋职业人员的安置补助费，按本条例第二十九条规定办理，不再对其安置。征用土地的农业人口转为非农业人口的办法，由省人民政府制定。

第三十一条　建设项目施工和地质勘查以及其他需要临时使用国有或者集体所有土地的，应当在申请报批建设项目用地时提出申请，由批准建设项目用地的人民政府土地行政主管部门批准；单独申请临时使用土地的，占用非耕地的由县级人民政府土地行政主管部门批准；占用耕地的由州、市人民政府、地区行政公署土地行政主管部门批准，占用基本农田的由省人民政府土地行政主管部门批准。其中，在城市规划区内的临时用地，在报批前，应当先经有关城市建设行政主管部门同意。

临时使用土地的使用者应当按照批准临时使用土地的用途使用土地，并不得修建永久性建筑物。

临时使用土地期限一般不超过二年。确需超

过二年的，应当重新办理临时用地使用审批手续。

第三十二条　依照《土地管理法》第五十八条第一款（一）（二）项规定收回国有土地使用权的补偿，以有偿方式取得国有土地使用权的，按照合同约定的土地使用年限扣除已使用年期的有偿使用费后，剩余费用退还给原土地使用者。

第三十三条　农村村民一户只能拥有一处宅基地，用地面积按照以下标准执行：

（一）城市规划区内，人均占地不得超过20平方米，一户最多不得超过100平方米；

（二）城市规划区外，人均占地不得超过30平方米，一户最多不得超过150平方米。

人均耕地较少地区的农村村民宅基地面积，在上述标准内从严控制；山区、半山区、边疆少数民族地区的农村村民宅基地标准，可以适当放宽。具体执行标准，由州、市人民政府、地区行政公署根据实际情况制定，报省人民政府批准。

农村村民迁居拆除房屋后腾出的宅基地，必须限期退还集体，不得私自转让。

经批准使用的宅基地，必须按批准的位置和面积建盖，超过二年未建成使用的，由农村集体经济组织报经原批准机关批准，无偿收回土地使用权。

第三十四条　农村集体经济组织兴办企业和乡村公共设施、公益事业建设使用农民集体土地的审批权限按照本条例第二十二条的规定办理。涉及占用农用地的，按照本条例第二十一条规定办理。

第六章　监督检查

第三十五条　县级以上土地行政主管部门依照国家土地管理法律、法规行使土地监督检查权。

县级以上土地行政主管部门应有专职的土地监察队伍和人员，土地监督检查人员依法执行公务受法律保护。

第三十六条　县级以上土地行政主管部门有权对下列事项进行监督检查：

（一）耕地保护情况；

（二）土地利用总体规划和土地利用年度计划执行情况；

（三）农用地转用、土地征用和使用情况；

（四）国有土地使用权划拨、出让、转让、出租、抵押、作价入股，终止等情况；

（五）集体土地非农业建设使用情况；

（六）土地有偿使用费和耕地开垦费等有关费用的收缴、使用情况；

（七）土地登记和发证情况；

（八）土地开发利用和土地开垦情况；

（九）依法应当监督检查的其他事项。

第三十七条　县级以上土地行政主管部门对非法占用土地的，责令停止违法行为，限期改正；对拒不改正的，可以会同有关部门采取查封、扣押或者没收建筑材料和其它设施等处罚措施予以制止。

省土地行政主管部门在监督检查中发现州、市、县人民政府不依法收回闲置土地，应当在报经省人民政府批准后，依法收回用地单位的土地使用权，收回的闲置土地尚未征为国有的，应当交由原集体土地经营管理单位恢复耕种；已经征为国有或者原属国家所有的，作为省级储备土地，符合耕种条件的应当组织耕种。

第七章　法律责任

第三十八条　采取荒废耕地、虚报人口数量、冒名顶替申报用地、隐瞒谎报土地类别、化整为零等手段骗取批准，非法占用土地建住宅或者从事其他建设的，按照《土地管理法》第七十六条、第七十七条及《实施条例》第四十二条的规定处理。

不按照批准的位置使用土地的，按照《土地管理法》第七十六条、第七十七条及《实施条例》第四十二条的规定处理。

第三十九条　在土地的所有权、使用权争议解决之前，擅自改变土地现状的，由县级以上人民政府土地行政主管部门责令其限期恢复，给他人造成损失的，应当予以赔偿。

第四十条　违反本条例第六条规定的，由县级以上人民政府土地行政主管部门责令限期办理，对逾期拒不办理土地变更登记的，由土地行政主管部门报经县级以上人民政府批准，注销原土地登记和原土地证书。

违反本条例第七条第三款规定的，按有关法律、法规予以处罚。

第四十一条　国家工作人员玩忽职守、滥用职权、徇私舞弊，有下列情形之一的，依法给予行政处分，构成犯罪的，依法追究刑事责任：

（一）弄虚作假审批土地的；

（二）越权审批土地的；

（三）对土地违法行为依法应当给予行政处罚，而不给予行政处罚的；

（四）违法进行检查、采取强制措施的；

（五）其他不依法执法的行为。

第八章　附　　则

第四十二条　本条例自公布之日起施行。1994年6月2日云南省第八届人民代表大会常务委员会第七次会议通过的《云南省土地管理实施办法》同时废止。

云南省国家赔偿费用管理规定

（1999年6月15日云南省人民政府令第78号发布）

第一条　为了加强国家赔偿费用的管理，保障公民、法人和其他组织享有依法取得国家赔偿的权利，根据《中华人民共和国国家赔偿法》、《国家赔偿费用管理办法》（以下简称《办法》）等有关法律、法规，结合本省实际，制定本规定。

第二条　纳入本省各级地方财政预算管理，依法应当履行赔偿义务的国家机关和法律、法规授权的组织支付、追偿和申请核拨国家赔偿费用，财政部门核拨和管理国家赔偿费用以及依法返还财产，应当遵守《办法》和本规定。

第三条　赔偿义务机关以国家上年度职工日平均工资或者年平均工资为标准计算赔偿金的，应当按照作出赔偿决定的上年度受害人所在县（市、区）职工平均工资计算。

第四条　国家赔偿费用由赔偿义务机关在赔偿决定生效之日起15日内，依照《办法》第七条规定先行支付，支付后15日内再向同级财政部门申请核拨。

赔偿义务机关因国家赔偿费用数额较大，无力全额先行支付的，可以向同级财政部门申请借款用于先行支付，但借款数额不得超过国家赔偿费用的70%。

第五条　财政部门应当自收到国家赔偿费用核拨申请之日起30日内作出审核决定。

财政部门要求申请核拨的赔偿义务机关补正材料的，赔偿义务机关应当在10日内补正；逾期未补正的，视为未申请。财政部门审核的期限自收到补正材料之日起计算。

第六条　财政部门按照《办法》第九条规定作出处理的，应当在作出核拨或者返还决定之日起20日内，给予拨款或者返还财产。

第七条　赔偿义务机关应当自国家赔偿费用支付之日起30日内，按照下列标准向责任人员追偿部分或者全部国家赔偿费用。

（一）对有故意的责任人员，追偿国家赔偿费用的30%至70%，但以70%的标准计算低于本人2个月基本工资的，按本人2个月基本工资追偿；以30%的标准计算高于本人12个月基本工资的，按本人12个月基本工资追偿；

（二）对有重大过失的责任人员，追偿国家赔偿费用的10%至50%，但以50%的标准计算低于本人1个月基本工资的，按本人1个月基本工资追偿；以10%的标准计算高于本人8个月基本工资的，按本人8个月基本工资追偿；

（三）国家赔偿费用的在有故意的责任人员2个月、有重大过失的责任人员1个月基本工资以下的，或者责任人员违法行使职权情节严重，国家赔偿费用在8000元以下的，追偿全部国家赔偿费用；

（四）向行政机关委托的个人追偿国家赔偿费用的标准，按照本条第（一）（二）（三）项规定执行。

第八条 赔偿义务机关的向行政机关委托的组织追偿国家赔偿费用的，应当自国家赔偿费用支付之日起30日内，按照下列标准追偿部分或者全部国家赔偿费用：

（一）对有故意的，追偿国家赔偿费用的30%至70%，但以70%的标准计算低于2000元的，按2000元追偿；以30%的标准计算高于2万元的，按2万元追偿；

（二）对有重大过失的，追偿国家赔偿费用的10%至50%，但以50%的标准计算低于1000元的，按1000元追偿；以10%的标准计算高于1万元的，按1万元追偿；

（三）国家赔偿费用对有故意的组织在2000元以下、有重大过失的组织在1000元以下的，或者违法行使职权情节严重，国家赔偿费用在2万元以下的，追偿全部国家赔偿费用。

第九条 赔偿义务机关应当在向赔偿请求人支付国家赔偿费用或者返还财产之日起30日内，依照《办法》第十一条的规定，将收据或者其他凭证的副本报送同级财政部门备案。

第十条 当年实际支付国家赔偿费用在年度预算内的结余部分，结转到下年度使用。

第十一条 赔偿义务机关与同级财政部门对国家赔偿费用的核拨、已上交财政的财产反还、追偿国家赔偿费用等事项发生争议的，由本级人民政府负责处理。

第十二条 赔偿义务机关以及其他单位有《办法》第十四条规定行为之一的，由财政部门以扣拨等方式依法追缴被侵占的国家赔偿费用。

第十三条 赔偿义务机关违反本规定，逾期支付国家赔偿费用的，每逾期1日，加付赔偿请求人逾期支付国家赔偿费用1‰的赔偿金。加付的赔偿金由赔偿义务机关自行承担。

第十四条 本规定自发布之日起施行。

云南省著名商标认定和保护办法

（1999年6月15日云南省人民政府令第79号发布）

第一条 为了规范云南省著名商标的认定工作，保护云南省著名商标所有人的合法权益，根据《中华人民共和国商标法》和《中华人民共和国商标法实施细则》等法律、法规，结合本省实际，制定本办法。

第二条 本办法所称的云南省著名商标是指具有较高知名度、较高商标附加值和较强竞争力并依照本办法予以认定的注册商标。

经国家工商行政管理机关认定的驰名商标，适用驰名商标的管理规定。

第三条 省工商行政管理机关主管云南省著名商标的认定和保护工作；地、州、市、县工商行政管理机关负责云南省著名商标的保护工作。

计划、经贸、科技、外贸、国资、技术监督、物价等部门，应当按照各自职责，协助工商行政管理机关做好云南省著名商标的认定和保护工作。

第四条 申请云南省著名商标认定实行自愿原则。

认定云南省著名商标遵循公开、公正的原则。

第五条 申请云南省著名商标认定，应当符合下列条件：

（一）注册商标所有人是在本省注册登记的企业、事业单位、个体工商户；

（二）注册商标实际使用2年以上；

（三）使用该商标的商品在同类、同档商品中质量优良，具有较高知名度，已被评为云南省名牌产品；

（四）使用该商标的商品市场占有率等主要

经济指标在同行业处于领先地位；

（五）售后服务措施完备，具有良好信誉；

（六）注册商标所有人有严格的商标使用和管理措施。

第六条 申请云南省著名商标认定，申请人应当向其注册登记所在地的地、州、市工商行政管理机关提出申请；在省工商行政管理机关注册登记的企业，可以直接向省工商行政管理机关提出申请。申请时应当填写《云南省著名商标认定申请表》，并提交下列证明文件：

（一）营业执照或者相应的的法定资格证书；

（二）该商标在国内外注册使用的证明；

（三）使用该商标的商品质量等级证明，近两年来的主要经济指标和销售区域、销售量以及售后服务措施；

（四）该商标广告的覆盖地域及广告资金投入情况；

（五）该商标的保护措施。

第七条 地、州、市工商行政管理机关应当在接到申请之日起30日内进行初审，并提出意见报省工商行政管理机关审核。

第八条 省工商行政管理机关应当在收到上报的申请或者直接受理的申请之日起60日内，对申请材料进行审核，并组织专家评审。对符合本办法有关规定的，予以初步认定，并予公告；对符合本办法有关规定的，退回申请并书面说明理由。

对予以初步认定的云南省著名商标，自公告之日起30日内，任何人均可以提出异议。无异议或者经裁定异议不能成立的，由省工商行政管理机关予以认定，发给《云南省著名商标证书》；经裁定异议成立的，不予认定。

《云南省著名商标证书》及标志由省工商行政管理机关统一制作。

第九条 云南省著名商标有效期为3年，自公告之日起计算。有效期满前3个月内，云南省著名商标所有人可以向省工商行政管理机关申请续展，经审查，符合本办法第五条规定条件的准予续展，每次续展有效期为3年。

云南省著名商标在有效期内，由省工商行政管理机关优先推荐参加驰名商标的认定。

第十条 对云南省著名商标的专用权实行下列特殊保护：

（一）云南省著名商标所有人依法在其产品包装、服务场所、广告宣传、产品说明书和其他经营活动中使用云南省著名商标字样及标志的权利受到保护；

（二）使用云南省著名商标的商品，对其特有的名称、包装、装璜予以保护；

（三）未经云南省著名商标所有人许可，他人不得以该商标文字作为企业或者其他组织的名称注册登记；

（四）将云南省著名商标通报各省、自治区、直辖市工商行政管理机关协同保护。

第十一条 云南省著名商标所有人应当健全内部管理制度，提高商品或者服务的质量，维护云南省著名商标的信誉。

云南省著名商标不得出借、出租或者违法转让给其他经营者使用。

第十二条 云南省著名商标所有人依法转让该商标的，受让人应当按照本办法规定重新申请认定。

第十三条 下列行为属侵犯云南省著名商标专用权的行为：

（一）擅自将与云南省著名商标相同或者近似的文字、图形以及其他组合形式作为企业或者其他组织名称、标志的；

（二）擅自使用云南省著名商标的商品特有包装、名称和装璜的；

（三）在商品上使用与云南省著名商标相同或者近似，并足以造成误认的商标的；

（四）擅自在商品包装或者容器、装璜、说明书、商品交易文书、广告宣传、展览以及其他业务活动中，使用云南省著名商标标志及其文字的；

（五）以其他方式损害云南省著名商标信誉的。

第十四条 工商行政管理机关应当建立、健全管理制度，监督检查云南省著名商标的使用和管理情况，依法查处侵犯云南省著名商标专用权的行为。

第十五条 违反本办法第十三条第（一）项规定的，云南省著名商标所有人可以自知道或者应当知道之日起两年内，要求注册登记主管机关撤销侵权的企业或者其他组织的名称、标志。

第十六条 违反本办法第十三条第（二）

（三）（四）（五）项规定，法律、法规有规定的，依照法律、法规的规定从重处罚；法律、法规没有规定的，由县以上工商行政管理机关予以警告或者处1000元以上2万元以下的罚款。

第十七条 有下列情形之一的，由县以上工商行政管理机关责令限期改正，可以处2000元以上3万元以下的罚款，由省工商行政管理机关收缴《云南省著名商标证书》及标志，并予公告；构成犯罪的，依法追究刑事责任：

（一）通过欺骗等不正当手段获取《云南省著名商标证书》的；

（二）使用云南省著名商标，其商品粗制滥造，以次充好，损害消费者权益的；

（三）伪造、涂改、出借、出租、出售《云南省著名商标证书》及标志的；

（四）擅自使用或者超越核定范围使用云南省著名商标标志及其文字的。

第十八条 被省工商行政管理机关收缴《云南省著名商标证书》及标志的商标所有人，自收缴之日起3年内不得重新申请认定云南省著名商标。

第十九条 工商行政管理机关工作人员和有关人员在云南省著名商标认定和保护工作中，玩忽职守、滥用职权、徇私舞弊，构成犯罪的，依法追究刑事责任；尚不构成犯罪的，依法给予行政处分。

第二十条 本办法中有关商品商标的规定，适用于服务商标。

第二十一条 本办法自发布之日起施行。

云南省名牌产品认定和管理办法

（1999年8月27日云南省人民政府令第83号发布）

第一条 为了规范云南省名牌产品的认定工作，加强对名牌产品的培育、管理和保护，根据国家有关规定，结合本省实际，制定本办法。

第二条 本办法所称的云南省名牌产品是指产品质量好、市场占有率高、信誉良好、经济效益显著并依照本办法予以认定的产品。

第三条 省经济贸易主管部门主管云南省名牌产品的认定和管理工作；县级以上经济贸易主管部门和省级有关部门负责做好云南省名牌产品的推荐和管理工作。

计划、财政、科技、技术监督、工商、税务、统计、物价等部门，应当按照各自的职责，协助省经济贸易主管部门做好云南省名牌产品的认定和管理工作。

第四条 各级人民政府应当采取措施，鼓励和扶持企业争创名牌产品。

在政府采购中，同等条件下应当优先采购云南省名牌产品。

第五条 在创名牌产品工作中成绩显著的单位和个人，由县级以上人民政府或者有关部门给予表彰和奖励。

第六条 申请云南省名牌产品认定实行自愿的原则。

认定云南省名牌产品遵循市场评价为主，科学、公正、公平、公开的原则。

第七条 云南省名牌产品应当符合下列基本条件：

（一）产品质量达到国内同类产品的先进水平，在国家或者省质量监督抽查中保持合格，具备有效运行的质量保证体系；售后服务措施完善，具有良好信誉，用户和消费者满意；

（二）产品具有较高知名度，市场占有率、年销售额、产品销售率在全省同行业中位居前列；

（三）产品生产达到适度经济规模，利税总额、销售利润率、出口创汇等相关经济技术指标处于国内较好水平，在省内同类产品中位居前列；

（四）产品生产的工艺、装备水平先进，符合国家和省产业政策，具有良好的发展前景或者体现云南特色的独特工艺。

云南省名牌产品的具体条件，由省经济贸易主管部门会同省有关行业管理部门分别规定。

第八条 云南省名牌产品每年认定一次。企业应当于每年的3月31日前向所在地的地、州、市经济贸易主管部门提出申请；在省工商行政管理机关注册登记的企业，可以直接向省经济贸易主管部门提出申请。

第九条 申请云南省名牌产品认定，应当如实填写《云南省名牌产品认定申请表》，并提交下列证明文件：

（一）合法有效的商标注册证书；

（二）国家规定的准许生产该产品的法定资格证书；

（三）该产品执行标准及省级以上标准化管理部门出具的标准水平证明；

（四）省级以上法定质量监督检验机构近期（食品半年内，其他产品一年内）产品质量检测报告；

（五）企业质量管理状况的有关证明；

（六）由省级以上行业管理部门证明该产品市场占有率、行业排位的有关材料。

第十条 地、州、市经济贸易主管部门应当在接到申请之日起30日内进行初审，并提出意见报省经济贸易主管部门审核。

第十一条 省经济贸易主管部门应当在接到上报的申请或者直接受理申请之日起45日内，对申请材料进行审核，并组织评审。对符合本办法规定的，予以初步认定，并向社会公告；对不符合本办法规定的，退回申请并书面说明理由。

对已初步认定的云南省名牌产品，自公告之日起30日内，任何人均可以向省经济贸易主管部门提出书面异议。无异议或者经裁定异议不能成立的，由省经济贸易主管部门予以认定，并正式公告，发给《云南省名牌产品证书》；经裁定异议成立的，不予认定。

《云南省名牌产品证书》及标志由省经济贸易主管部门统一制作。

第十二条 云南省名牌产品认定的有效期为3年，自公告之日起计算。有效期满前3个月内，企业可以向省经济贸易主管部门申请续展。经审查，符合本办法第七条规定条件的，准予续展，每次续展有效期为3年。

第十三条 在云南省名牌产品认定和续展的有效期内，企业可以在该产品包装、标识、装潢及产品销售和广告宣传中，按规定使用云南省名牌产品标志和称号。

第十四条 县以上经济贸易主管部门和有关部门应当加强对云南省名牌产品的管理，监督检查云南省名牌产品的生产和经营情况。对出现不符合云南省名牌产品认定条件情形的，责令生产企业限期整改；经整改后仍不符合条件的，由省经济贸易主管部门取消云南省名牌产品称号，收回《云南省名牌产品证书》，停止使用云南省名牌产品标志。

从取消云南省名牌产品称号之日起，企业3年内不得重新申请认定。

第十五条 云南省名牌产品生产企业应当加强企业管理，依靠技术进步，提高产品市场竞争力，维护云南省名牌产品的信誉。

《云南省名牌产品证书》和标志，不得出借、出租或者转让给其他经营者使用。

第十六条 下列行为属侵犯云南省名牌产品专用权的行为：

（一）擅自组织类似云南省名牌产品认定活动，授予云南省名牌产品称号、发放有关标志和证书的；

（二）擅自在商品包装、容器、装潢、说明书、商品交易文书、广告宣传、展览以及其他商务活动中，使用云南省名牌产品称号或者标志的；

（三）在商品上使用与云南省名牌产品标志相同或者相似，并足以造成误认的标志的；

（四）以其他方式损害云南省名牌产品信誉的。

第十七条 违反本办法第十六条第（一）项规定的，由地、州、市或者省经济贸易主管部门责令改正并退还向企业收取的费用，给予警告或者处3000元以上3万元以下的的罚款，对直接负责的主管人员和其他直接责任人员处500元以上3000元以下的罚款。

第十八条 违反本办法第十六条第（二）、

（三）、（四）项规定，法律、法规有规定的，依照法律、法规的规定处罚；法律、法规没有规定的，由地、州、市或者省经济贸易主管部门责令改正，给予警告或者处1000元以上2万元以下的罚款，对直接负责的主管人员和其他直接责任人员处200元以上1000元以下的罚款。

第十九条 经济贸易主管部门和有关单位工作人员在云南省名牌产品的认定和管理工作中，弄虚作假、玩忽职守、滥用职权、徇私舞弊，构成犯罪的，依法追究刑事责任；尚不构成犯罪的，依法给予行政处分。

第二十条 本办法自发布之日起施行。

云南省城镇职工基本医疗保险暂行规定

（1999年8月27日云南省人民政府令第86号发布）

第一章 总 则

第一条 为了实施城镇职工基本医疗保险制度，根据《国务院关于建立城镇职工基本医疗保险制度的决定》及国家有关规定，结合本省实际，制定本规定。

第二条 在本省行政区域内的机关、企业、事业单位、社会团体、民办非企业单位（以下统称用人单位）及其职工、退休人员，应当参加基本医疗保险。

第三条 县以上劳动和社会保障行政部门负责本行政区域内的基本医疗保险管理和监督检查工作。

县以上劳动和社会保障行政部门按照规定设立的医疗保险经办机构，负责本行政区域内基本医疗保险的具体业务工作。

第四条 基本医疗保险实行社会统筹和个人帐户相结合，基本医疗保险费由用人单位和职工双方共同负担的原则。

第五条 基本医疗保险实行地、州、市级统筹（以下简称统筹地区）；确需实行县级统筹的地、州，必须经省劳动和社会保障行政部门批准。

用人单位及其职工、退休人员，应当按照属地管理原则参加所在统筹地区的基本医疗保险。

第二章 医疗保险基金的筹集

第六条 用人单位缴纳基本医疗保险费的缴费率为职工工资总额的5—8%。具体缴费率由统筹地区根据实际情况确定。

职工缴纳基本医疗保险费的缴费率为本人工资收入的2%。退休人员个人不缴纳基本医疗保险费。

第七条 用人单位缴纳基本医疗保险费的基数，为本单位上年度职工月平均工资总额。

职工缴纳基本医疗保险费的基数，为本人上年度月平均工资收入。职工本人上年度月平均工资收入超过统筹地区上年度职工月平均工资300%的，以300%为基数缴纳；低于60%的，以60%为基数缴纳。

国有企业下岗职工的基本医疗保险费，包括单位缴费和个人缴费，全部由企业再就业服务中心按照统筹地区上年度职工月平均工资的60%为基数维护纳。

第八条 用人单位缴纳基本医疗保险费的资金来源，按照规定的医疗费开支渠道解决。

第九条 用人单位应当按月缴纳基本医疗保险费。职工个人缴纳的基本医疗保险费由用人单位按月代为扣缴。

基本医疗保险费必须足额缴纳，不得减交、免交、缓交。

基本医疗保险费不计征税、费。

第十条 用人单位因破产、撤销、解散或者其他原因终止的，在清偿债务时应当依法清偿其欠缴的基本医疗保险费及其利息。

用人单位合并、分立、转让时，由合并、分立、受让的单位负担欠缴的基本医疗保险费及其利息。

第三章　基本医疗保险统筹基金和个人帐户

第十一条　建立基本医疗保险统筹基金和个人帐户。职工个人缴纳的基本医疗保险费全部进入个人帐户。用人单位缴纳的基本医疗保险费分为两部分：一部分用于建立统筹基金；一部分划入个人帐户，划入个人帐户的比例为统筹地区用人单位缴费的30—35％。

统筹地区根据职工年龄和缴费基数等因素，确定划入职工本人个人帐户的具体数额。

第十二条　统筹基金和个人帐户按照各自的支付范围，分别核算，不得互相挤占。

统筹基金用于支付住院基本医疗费用、门诊抢救费、经批准的慢性病的门诊治疗和特殊检查治疗费以及其他应当由统筹基金支付的费用。

个人帐户用于支付门诊基本医疗费用和统筹基金支付范围以外的定点零售药店购药费用以及其他应当由个人支付的费用。

第十三条　统筹基金的起付标准为统筹地区上年度职工平均工资的8—10％。

统筹基金的最高支付限额为统筹地区上年度职工平均工资的4倍。

起付标准以下的医疗费用，从个人帐户中支付或者由个人自付。

起付标准以上、最高支付限额以下的医疗费用，从统筹基金中支付，并由个人负担一定比例。个人负担的具体比例由统筹地区根据以收定支、收支平衡的原则确定。

第十四条　医疗保险经办机构为参加基本医疗保险的人员建立个人帐户。个人帐户应当记入下列内容：

（一）个人缴费工资基数；

（二）个人缴纳的基本医疗保险费；

（三）从用人单位缴纳的基本医疗保险费中按照规定比例和数额记人的部分；

（四）个人帐户资金的利息；

（五）个人帐户的使用情况；

（六）个人的其他有关资料。

第十五条　个人帐户的本金和利息归个人所有，只能用于医疗费支出，不得提取现金或者以其他形式发给本人。职工工作调动时，其个人帐户随之转移。

第十六条　基本医疗保险基金和个人帐户的计息办法，按照国家有关规定执行。

第四章　定点医疗机构和定点零售药店管理

第十七条　基本医疗保险实行定点医疗机构和定点零售药店管理。

劳动和社会保障行政部门对定点医疗机构和定点零售药店实行定点资格认证和年检制度。

第十八条　定点医疗机构应当坚持“因病施治、合理检查、合理用药、保证质量”的原则，规范医疗服务行为，为参加基本医疗保险的人员提供基本医疗服务。

定点零售药店应当保证基本医疗保险用药的品种和质量，合理控制药品服务成本，规范外配处方用药服务行为，提高服务质量。

第十九条　参加基本医疗保险的人员，应当到定点医疗机构或者定点零售药店就医、购药。

定点医疗机构和定点零售药店提供的基本医疗服务，应当符合国家和省规定的基本医疗保险服务范围。

第五章　医疗保险基金的管理和监督

第二十条　基本医疗保险基金实行财政专户管理，收支两条线，专款专用，不得挤占、挪用，也不得用于平衡财政预算。

第二十一条　医疗保险经办机构负责基本医疗保险基金的筹集、管理和支付。医疗保险经办机构的事业经费由同级财政预算解决，不得从基金中提取。

第二十二条　医疗保险经办机构应当建立健全医疗保险基金的预决算制度和财务会计制度，加强财务管理，确保基金安全。

第二十三条　各级劳动和社会保障行政部门和财政部门，应当加强对基本医疗保险基金的监督管理。审计部门应当定期对医疗保险经办机构的基金收支情况和管理情况进行审计。

统筹地区应当设立由政府有关部门代表、用人单位代表、医疗机构代表、工会代表和有关专家参加的医疗保险基金监督组织，加强对基本医疗保险基金的社会监督。

第六章　罚　则

第二十四条　用人单位不按规定缴纳基本医疗保险费的，由劳动和社会保障行政部门依照《社会保险费征缴暂行条例》等有关法律、法规、规章的规定予以处罚。

第二十五条　定点医疗机构、定点零售药店违反基本医疗保险服务规定的，由县以上劳动和社会保障行政部门责令改正，给予警告，扣回不应由医疗保险基金支付的费用，情节严重的，取消定点资格。

第二十六条　劳动和社会保障行政部门及其所属的医疗保险经办机构工作人员滥用职权、徇私舞弊、玩忽职守的，依法给予行政处分；构成犯罪的，依法追究刑事责任。

第七章　附　则

第二十七条　乡镇企业及其职工和城镇个体经济组织的业主及其从业人员，逐步纳入基本医疗保险范围。

第二十八条　离休人员、老红军的医疗待遇不变，医疗费用按原资金渠道解决，支付确有困难的，由同级人民政府帮助解决。

二等乙级以上革命伤残军人的医疗待遇不变，医疗费用按原资金渠道解决。

对退休人员个人帐户的计入金额和个人负担医疗费的比例给予适当照顾。

国家公务员在参加基本医疗保险的基础上，享受医疗补助，具体办法根据国家有关规定另行制定。

第二十九条　在实行基本医疗保险的同时，建立补充医疗保险，具体办法另行制定。

第三十条　统筹地区根据国家有关规定和本规定制定实施方案，经省劳动和社会保障行政部门审核，报省人民政府批准后实施。

第三十一条　本规定自发布之日起施行。

云南省三江并流国家重点风景名胜区管理规定

（1999年12月27日云南省人民政府令第91号发布）

第一条　为了严格保护、统一管理、合理开发和利用三江并流国家重点风景名胜区资源，根据《风景名胜区管理暂行条例》、《云南省风景名胜区管理条例》及有关法律、法规，结合实际情况，制定本规定。

第二条　本规定所称的三江并流国家重点风景名胜区（以下简称三江并流），是指位于本省西北横断山脉纵谷地区，以金沙江、澜沧江、怒江三江并流这一世界罕见的自然地理景观为主体，跨越丽江、迪庆、怒江三个地、州的风景名胜区。

三江并流及其分区的具体范围由三江并流区域规划确定。

景区（点）的命名及范围由三江并流片区总体规划确定。

第三条　省人民政府授权省建设行政主管部门统一负责三江并流的管理工作，其所属的三江并流管理机构（以下简称省管理机构）履行具体的管理职责。

三江并流所在地的州人民政府、地区行政公署设立在建设行政主管部门的三江并流片区管理机构，负责本行政区域内三江并流的管理工作，接受省管理机构的业务指导。

三江并流所在地的县级人民政府设立的景区（点）专门管理机构，具体负责景区（点）的规划、保护、开发、建设和日常管理工作，接受上级管理机构的业务指导和本级建设行政主管部门的管理。

第四条 省管理机构、片区管理机构履行下列主要职责：

（一）宣传并组织实施有关法律、法规、规章；

（二）组织三江并流风景名胜资源调查、评价和景区（点）的设置申报；

（三）组织编制三江并流规划；

（四）监督、检查三江并流的保护、开发、建设和管理工作。

景区（点）管理机构的具体职责依照《云南省风景名胜区管理条例》的规定执行。

第五条 三江并流范围内已设立的自然保护区、旅游度假区的管理和土地、矿藏、水流、森林、草原、野生动物等自然资源的管理，依照有关法律、法规、规章的规定执行。

第六条 三江并流的风景名胜资源属国家所有，应当严格保护其原有的自然和历史风貌。

在三江并流核心区、保护区景区内不得新设各类开发区、度假区。景区（点）的风景名胜资源及其土地不得出让或者变相出让。

第七条 三江并流规划分为区域规划、片区总体规划和景区（点）详细规划三个层次。片区总体规划应当根据区域规划进行编制；景区（点）详细规划应当根据片区总体规划进行编制。三江并流规划应当与有关专业规划相衔接。

区域规划和片区总体规划由省管理机构负责组织编制；景区（点）详细规划由所在地的片区管理机构负责组织编制。

第八条 三江并流规划按照下列程序进行审批：

（一）区域规划和片区总体规划由省建设行政主管部门组织技术鉴定后报省人民政府。区域规划由省人民政府审查后报国务院审批；片区总体规划由省人民政府审批。

（二）景区（点）详细规划由所在地、州建设行政主管部门组织技术鉴定后，报所属州人民政府、地区行政公署审批，并报省建设行政主管部门及省管理机构备案。

第九条 经批准的规划必须严格执行，任何单位和个人不得擅自变更。确需变更的，按程序报原审批机关批准。

第十条 三江并流依照下列规定实行分区分级保护：

（一）核心区即一级保护区是指具有极高的科学和观赏价值或者环境资源脆弱，极易遭到破坏，必须进行特殊保护的区域。

（二）保护区即二级保护区是指核心区以外，对核心区生态环境和景观有直接影响，且生态环境和景观质量较高，具有重要保护价值的区域。

（三）协调区即三级保护区是指保护区以外应当进行必要保护的区域。

核心区、保护区和协调区的具体范围根据三江并流区域规划界定。

第十一条 三江并流核心区内禁止从事破坏原有自然环境或者改变原始景观风貌的经营开发活动及其他活动。

本规定施行前在三江并流核心区内已有的与保护无关的建筑物、构筑物应当拆除，与保护和管理无关的单位应当限期搬迁。

进入三江并流核心区游览考察的人数实行总量控制，具体控制数额由省管理机构核定。

第十二条 三江并流的风景名胜资源应当在严格保护的前提下合理开发。景区（点）的各项建设活动必须按规划进行。在景区（点）的详细规划批准前，不得在景区（点）内建设永久性建筑物、构筑物。需要建设临时性建筑物、构筑物的，按管理权限报批。

第十三条 在三江并流核心区和保护区内新建、扩建、改建建设项目，必须由建设行政主管部门按照规定权限核发《建设项目选址意见书》、《建设用地规划许可证》、《风景名胜区建设许可证》（以下简称一书两证）。

第十四条 三江并流范围内建设项目一书两证的核发实行分级审批：

（一）核心区内的所有建设项目及保护区内投资3000万元以上、协调区内投资1亿元以上或者是对环境、景观有重大影响的建设项目，由省管理机构审查，由省建设行政主管部门核发一书两证。

（二）保护区和协调区内的其他建设项目，由片区管理机构审查，由所在地、州建设行政主管部门核发一书两证，并报省建设行政主管部门备案。

第十五条 建设单位或者个人取得《建设用地规划许可证》后满一年未按规定办理用地手续，或者领取《风景名胜区建设许可证》后满一年未开工，又未办理延期手续的，上述两证自行失效。在办理上述两证后项目发生调整变化的，应当按规定程序重新办理报批手续。

第十六条　建设单位或者个人确需在三江并流景区（点）内建设临时性建筑物、构筑物的，必须向景区（点）的管理机构提出定点申请，经审查同意后，向土地管理部门办量临时用地手续，再按审批权限由建设行政主管部门核发风景名胜区临时建设许可证。

临时建设用地的使用期限不得超过两年。确需延长使用期限的，必须经景区（点）管理机构同意，并报原审批机关批准。临时性建筑物、构筑物在使用期满后，必须无条件自行拆除。临时性建筑物、构筑物使用期限内，因景区保护、建设需要拆除的，必须在规定期限内无条件自行拆除。

批准临时使用的土地，不得建设永久性建筑物、构筑物。

第十七条　三江并流风景名胜资源实行有偿使用。

有条件的三江并流景区（点），经省管理机构批准后，可以对外开放，接待游客。

对外开放景区（点）的游览门票由省管理机构统一印制。票价实行国家定价，具体标准由省物价管理部门会同省管理机构核定。

门票收入主要用于三江并流景区（点）的日常管理和重点保护建设项目。

第十八条　在三江并流景区（点）的危险游览地段，应当按规定建设防洪、防灾及护栏等安全保护设施，并保持设施完好。重点地段应当设置警示标志。

第十九条　三江并流景区（点）管理机构和建设单位应当配置消防设施和器材，落实防火责任制。

第二十条　违反本规定的，由县以上建设行政主管部门或者其他有关部门依照有关法律、法规、规章的规定给予处罚。

第二十一条　本规定自发布之日起施行。

云南省2000年工作的总体要求是：高举邓小平理论的伟大旗帜，全面贯彻落实党的十五大、十五届三中和四中全会、中央经济会议以及省第六次党代会、六届八次全会精神，抓住机遇，解放思想，深化改革，继续打基础、兴科教、调结构、建支柱，进一步扩大的对内外开放，实施西部大开发、科教兴国、持续发展、城市文化四大战略，推进两个根本性转变，切实抓好九项工作，全面加强党的建设和精神文明的建设，确保确保经济社会持续、快速、健康发展。

第三篇　国民经济发展述评

省长李嘉廷(左3)陪同国务委员、国务院秘书长王忠禹(左2)视察世界园艺博览园。

第三篇　国民经济发展述评

云南经济社会发展述评

云南省计划委员会主任　庞锡钧

1999年，在党中央、国务院和省委、省政府的领导下，全省各地、各部门认真贯彻中央扩大内需和实施积极财政政策的各项措施，狠抓中央和省委一系列重大部署的落实，努力克服经济生活中出现的各种困难，以“世博会”为契机，推动以旅游业为主的第三产业快速发展。经过努力，基本完成了年初确定的宏观调控目标和主要任务。

一、国民经济持续快速增长，结构调整取得新进展

1999年，全省国内生产总值1850.38亿元，比1998年增长7.1%。其中第一产业增加值399.9亿元，增长3.6%；第二产业增加值819.25亿元，增长6.3%；第三产业增加值631.32亿元，增长10.4%。人均国内生产总值4439元，增长5.8%；全社会劳动生产率8218元，扣除价格因素，增长6.1%。全省商品零售价格总水平比1998年下降1%，居民消费价格总水平与1998年基本持平。产业结构调整有新变化，一、二、三产业增加值占国内生产总值的比重，由1998年的22.8∶46.2∶31.0调整为21.6∶44.3∶34.1。千方百计增加农业投入，以水利和生态建设为重点的农业基础设施得到加强。全年新增库容3.8亿立方米，净增有效灌既面积40万亩，水利工程年供水净增5亿立方米。调整优化种养业内部结构，畜牧业、冬季农业开发成为农业总产值增长和农民增收的主导因素。主要农作物产量全面增产，粮食、甘蔗产量达到1399.3万吨和1600万吨，均创历史最高纪录。养殖业持续快速发展，肉类总产量190万吨、水产品产量15.5万吨，分别增长7.3%和12.2%。乡镇企业营业总收入2138亿元，比1998年增长20%。扶贫攻坚取得新成绩，全年投入扶贫资金30.1亿元，各类扶贫项目实施顺利；在全省113个县的706个乡、2.45万个村推广小额信贷持贫，贷款总额5.97亿元，有44万多个农户获得贷款，又有110万贫困人口解决了温饱问题。工业生产平稳增长，全年完成工业增加值680.23亿元，增长6%。其中轻工业增加值409.85亿元，重工业增加值270.38亿元，分别增长2.3%和12.1%。工业产品结构调整加快，产销率达到97%。第三产业加速发展。全省运输邮电业增加值100.7亿元，比1998年增长13.5%；全社会客运量完成3.27亿人次，增长8.6%，其中公路和民航客运量分别增长10.5%和56.3%；电信业务总量完成50.6亿元，增长14%。在世博效益带动下，第三产业对经济增长的贡献率达到51.1%，再次超过第二产业。财政预算执行较好，全省财政收入完成424.6亿元，比1998年增收14.25亿元，增长3.5%。其中上划“两税”252亿元，增长4.1%；地方一般预算收入完成172.64亿元，一般预算支出完成377.4亿元，分别增长2.6%和15.06%。金融运行正常，信贷投放力度加大，投向合理。年末全省金融机构贷款余额1842.04亿元，比上年末净增107.9亿元，增长6.3%；年末金融机构存款余额2254.4亿元，净增180.3亿元，增长8.7%。其中居民储蓄存款1028.93亿元，净增115.23亿元，增长12.6%；年末货币流通量255.99亿元增长8.5%。保险事业继续发展，全省各种财产保费收入18.25亿元，人寿保费收入18.2亿元，分别增长0.7和4.9%。消费品市场在买方市场格局下竞争日趋激烈，各种大型商场、超市、连锁店、仓储式商场快速发展。全年批发零售贸易业、餐饮业增加值187.8亿元，增长11.3%。全省社会消费品零售总额540亿元，实际增长9%。所有制结构调整取得新成绩，全省工业增加值中，非公有制经济所占比重达27%，比1998年上升了8.6个百分点，增速比公有制经济快近10个百分点；消费品零售总额中，个体私营及其它类型经济实现的零售额比重达58.1%，增速比公有制经济快15个百分点，非公有经济成为我省新的经济增长点。

二、各项改革稳步推进，社会主义市场经济框架初步建立

1999年，全省国有企业三年改革脱困工作取得新进展。列入计划的15户国有大中型企业完成了改制工作，23户企业基本脱困。列为大企业大集团战略重点培育的40户企业中，已有31户改制为公司制企业。70%以上的国有小企业已实行多种形式的放开搞活。国有商业银行共核销兼并破产企业呆坏帐9亿多元。有13户企业列入国家“债转股”计划，省级财政“债转股”和“借改投”资金累计达到50亿元。有63户企业列为国家优化资本结构试点企业，拟核销银行呆坏帐12.45亿元，比1998年多近5亿元。农村改革进一步深化，基本完成了第二轮土地承包期延长30年合同续签到户工作，乡镇企业产权制度改革取得明显成效。社会保障制度改革加快。扩大了养老、医疗、失业等社会保险征收范围，建立了全省城镇居民最低保障制度。全年征收企业职工养老保险基金35亿元，基金收缴率达95%，养老保险覆盖率80%。有15个地州市、110个县市、82%的乡镇和77%的村开展了农村养老保险，共有140万农民参保，比上年新增10余万人。劳动就业和再就业工程有所加强，年末全省从业人员2262.48万人，新增21.98万人。全年国有企业分流下岗职工12.12万人，其中已分流安置2.96万人，再就业3.27万人。计划、金融、财税、教育、科技体制改革有序进行，宏观调控在经济运行中的作用有所加强。城镇住房制度改革迈出重大步伐，住房二级市场在试点市县顺利启动。

三、投资结构继续改善，重点建设和项目管理得到加强

1999年，全省各级政府认真贯彻中央扩大内需的决策，经过积极争取，国家下达全省扩大内需项目资金70亿元，其中新增国债资金26亿元，银行贷款21亿元，配套资金23亿元；省里配合国家实行积极的财政政策，增加安排财政投资12亿元，全省财政用于基本建设的资金达63.7亿元，对拉动经济增长，达到预期目标起到了至关重要的作用。全年固定资产投资完成720亿元，其中基础设施投资完成298.85亿元，公路建设投资完成93.8亿元，为历史最多的一年；铁路投资完成35亿元，大中型电力项目和城乡电网改造完成投资50亿元，总投资需求拉动经济增长3.2个百分点。重点建设进展顺利，完成投资106.4亿元，为年计划的126%，有14个项目建成投产。世博会场馆用配套设施按期建成投入使用；昆玉、楚大、曲陆高速公路建成通车；昆明机场二期扩建、迪庆机场竣工投入使用；广大铁路全线开通客货运，内昆铁路建设进展顺利。省委、省政府将1999年定为云南省建设建设工程质量年，狠抓建设工程质量，对全省在建项目进行了拉网式的质量检查。配合国家稽察组，开展了以国债项目为重点的稽察，有效地促进了投资项目的规范化管理。

四、继续扩大对内对外开，外向型经济发展取得新成绩

用足用好中央鼓励扩大外贸出口的一系列政策和边贸优惠政策，努力克服亚洲金融危机的不利影响，全年外贸进出口总额16.59亿美元，比1998年增长0.4%，其中边境小额贸易进出口总额2.88亿美元，增长1.2倍。全年实际利用外资2.38亿美元，其中外商直接投资1.54亿美元，增长5.6%，新批准三资企业138个。外商投资产业结构较合理，制造业项目占48%，社会服务业和农业分别为17%和11%。澜沧江—湄公河次区域合作继续加强。同世界各国的友好交往进一步扩大，新缔结了两对友好城市。对外承包工程、劳务合作、设计咨询新签合同金额

3.39亿美元，比上年增长9.3%；完成营业额1.67亿美元，增长66.9%。'99第七届昆交会合同总成交金额18.17亿美元，其中进出口成交额9.51亿美元；外资项目合同额7.88亿美元，外经合同额0.73亿美元。

首次召开了全省对内开放工作会议，确立了对内开放的总体思路、工作目标和重点。承办了六省区市七方经济协调会第15次会议，区域合作进一步巩固和增强。与先进发达省的合作进一步加强，全年签订国内合作项目1067项，引进省外到位资金33亿元，增长13.2%。

成功地承办了'99昆明世博会，参展国家、国际组织和入园人数均超额完成了组委会确定的目标。在筹备速度、展区面积、室外展园数量、展出植物数量、珍稀植物种类等5个方面，创造了A1级世博会新纪录。在世博效应拉动下，旅游业创造了前所未有的好成绩。全年接待海外旅游者104万人次，旅游外汇收3.3亿美元，分别增长36.7%和27.6%；接待国内旅游者3673.8万人次，国内旅游收入176.9亿元，全年旅游总收入204.7亿元，分别增长53.8%、31.5%和49.5%。

五、继续实施“科教兴滇”和可持续发展战略，经济社会协调发展

1999年，全省认真贯彻中央《加强技术创新，发展高科技，实现产业化的决定》和《关于深化教育改革，全面推进素质教育的决定》，科技投入18.94亿元，比1998年增长24.5%。组织实施了6大科技计划815个项目。国家安排的8个高技术产业化示范工程和10个高技术产业推进项目进展顺利；省院、省校科技合作的51个项目已取得较大进展；由云南大学等5所高校组建的大学科技园，被批准为首批进入国家大学科技园试点。全省获省级科技进步奖208项，星火奖82项；取得应用技术成果410项，已有370项应用于生产，应用率达90.2%，新增产值62.4亿元。全年受理专利申请1246件，获专利授权1042件。签订技术经济合同2033项，成交金额17.2亿元。科研单位向企业转让成果129项，金额1234.2万元。20个省属科研院所进行了改革改制；55个县推广了电脑农业专家系统。培养和引进高层次人才迈出重大步伐，新增两院院士3个，引进省外优秀人才246人。科技进步对国民经济、工业、农业增长的贡献率预测值分别为42.6%、44.8%和38%，分别比1998年提高2.1个、2.3个和1个百分点。

教育体制改革和教育事业发展取得新成就。又有11个县实现“普六”，20个县基本实现“普九”，16个县基本扫除青壮年文盲，全年扫除青壮年文盲39.55万人。以全面推进素质教育为核心的改革取得进展，调整了10所地州院校的管理体制；完成了昆明理工大学和云工大的合并工作。扩大了普通高校和成人高校招生规模，全年招收研究生711人，普通高校招生2.94万人，成人高校招生1.27万人，分别增长31.7%、42%和15.7。高校后勤服务社会化改革开始起步，各类职业技术教育发展势头良好。

可持续发展战略更加深入人心。全年实施环境治理工程383项，九大高原湖泊污染治理投资20多亿元，治理工程实施顺利。滇池流域内253家工业企业，已有249家实现工业废水达标排放，4家限期关停和转产。坚决关停了一批污染严重的小企业，关停率达到87.3%。以污水和垃圾处理为重点的城市环境整治工程进展加快；天保工程和生态环境重点县建设顺利完成。全年水土流失治理面积2300平方公里，环境污染和生态恶化的趋势有所遏制。坚决执行计划生育基本国策，年末全省总人口4192.4万人，净增48.6万人；人口自然增长率为11.66‰，比1998年下降0.44个千分点。

文化、卫生、体育、新闻出版、广播电视等各项社会事业全面进步。建立了100个省级爱国主义教育基地和30个科普教育基地。对80个县进行的农网改造和1834座卫星地面接收站的建设，有效地改善了农村消费环境。建成了全省广播电视干线网，广播电视人口覆盖率达到83.6%和86%，分别提高了2.6个和2个百分点。卫星地面收转站2.57万座，居全国第一。地市级以上广播电视台9座，电视台14座。加强了贫困县医疗卫生的建设，农村卫生3项建设累计完成计划目标的76%，农村合作医疗以村为单位覆盖率为15.2%，分别比1998年提高6个和4个百分点；农村饮水累计受益人口覆盖率75%，提高3个百分点；达到初级卫生保健合格和基本合格标准的县（市）已有125个，新增10个县市，全民健身运动蓬勃开展，竞技体育取得新突破，全省运动员在国内重大比赛中获金牌9枚。

城乡居民生活进一步提高，全年农民人均纯收入1435元，扣除物价因素实际增长4%；城镇居民人均可支配收入6250元，扣除物价因素实际增长4.7%。城乡居民居住条件继续改善，全年城镇竣工住宅面积1098.64万平方米，城镇居民人均居住面积11.4平方米，增长12.3%；农村峻工住宅面积1290.13万平方米，农民人均住房面积21.4平方米，增长3.5%。

六、存在问题

在看到成绩的同时，我们必须清醒地认识到我省经济和社会生活中存在的矛盾和问题。主要是：(1) 有效需求不足，通货紧缩的趋向尚未有效遏制，商品零售物价水平已连续20多个月下降，影响了投资者的信心；(2) 投融资渠道单一，技改投入下降，项目储备不足，集体和个体投资不旺，固定资产投资增速减缓；(3) 部分工业品销售不畅，价格下滑，一些国有企业效益下降，生产经营困难，下岗人员增加，就业压力增大；(4) 经济结构、产业产品结构、城乡结构不合理的问题更加突出；(5) 到年底甘蔗“白条”问题还未完全解决，农民收入增长缓慢，开拓农村市场难度大；(6) 受烤烟双控、天然林禁伐、企业效益下降的影响，地县财政更加困难。

云南经济体制改革述评

云南省经济体制改革委员会副主任　郭进远

1999年，在党的十五大精神指引下，在省委、省政府的领导下，全省的经济体制改革工作成效明显，国有企业改革、市场体系建设、社会保障和县级综合改革试点等各项工作都有了新的进展。

一、国有企业改革不断深化

1999年，全省国有企业改革进一步深化，公司制改革取得明显成效。按照中央的统一部署和要求，全省认真把握国有企业改革的根本任务是实现公有制与市场经济的有效结合这一基本点，着眼于搞好整个国有经济，坚持建立现代企业制度的改革方向，通过“抓大放小”鼓励兼并、规范破产、减员增效、下岗分流和实施再就业工程等措施，加大了国有企业改革力度。全省已组建了以产权为纽带，母子公司运作体制为特征的企业集团100多个，确定了40户重点扶持的大企业，大集团；全省现有公司制企业1万多家，上市公司16家。全省放开放活小企业工作，坚持了“多种形式并举，股份合作制为主”的原则，采取多种改革形式的实际放小面已达80%，其中大理州已超过95%。

二、流通体制改革进展顺利

(一) 流通体制改革不断深入。1999年，全省的物资部门成建制转体为云南物资集团；粮食部门按照“三项政策一项改革”的要求积极推进改革；供销部门也按中央的两个5号文件精神进行改革；商业部门也将成建制转体为云南商业集团；外贸体制改革也正按国务院有关外经贸改革的政策分步骤，有计划地稳步推进，为全面推进省外贸厅直属企业的资产重组和制度创新工作，正积极探索组建云南外贸控股集团有限公司。

(二) 商业、粮食、物资、外贸、供销等流通企业改革步伐加快。1999年，省贸易厅直属企业的股份制改革有了新的起色，先后改制组建了威龙饭店股份有限公司，金马碧鸡股份有限公司；省外贸厅采取“抓两头”的改革措施，进行了云南茶叶公司、云南五矿等公司的现代企业制度试点，推进了省工艺进出口等公司解困工作。物资企业积极探索分块搞活的改制形式，按“新老标断、重组改制、规范运作”的原则，从政革产权入手，实行由总公司出资控股、职工入股对化轻、物资中心、运输3个资不抵债的公司进行分立式改制已取得初步成效。供销社企业不断完善经营机制，完善农产品“分购联销”和工业品“联购分销”经营方式，加大了推进抽资承包的改革力度，全省推开面达80%。粮食部门按照政企分开的要求，积极推进收储业务与经营业务分离的改革，全省已有124个地县实行了粮食行政主管部门与企业在人、财、物上分开；各地粮食企业收储业务与附营业务分离基本完成，全省共有收储业务746个，附营企业418个。对省粮食储备库进行了收储业务与附营业务的分离改革试点，实行了省储备库和省粮油贸易总公司的业务分开、资金分离、资产划分、人员分流。

（三）全省商品交易市场发展较快。至1999年末，全省已建成各类商品交易市场3900个。其中消费品市场有3763个，生产资料市场有137个。

（四）新型流通业业态不断创新。1999年，全省国有商业、粮食、物资企业都积极探索新型流通方式。樱花购物中心第一家收进仓储式销售方式，开设了红联百货广场和红联北市；西南商业大厦和昆百大都开展了连锁经营；粮食系统也在昆明等地推进了粮油连锁经营；物资集团的省机电公司开展了代理制经营，代理制销售额和经营利润都达到总销售和利润的90%。

三、市场体系逐步完善

1999年，全省基本形成多层次、全方位、多元化的市场格局，全省的集贸市场已有4000多个，各类专业市场发展迅速。商品市场由市场形成价格的机制已基本确立。要素市场逐步走向规范，在资源配置中的基础作用不断加强。

四、财税金融、计划投资体制改革逐步深化

1999年，国民经济的宏观调控，正逐步由过去主要依靠行政手段直接调控转向主要运用经济、法律手段进行间接调控。人民银行分离了政策性业务和商业性业务，专业银行正向商品银行转变。基本建立起以分税制为核心的新的财政体制和以增值税为主体的新税收体制。建立和完善了多元投资主体并存的分层决策建立项目管理模式。

五、社会保障制度建设取得新进展

1999年组建了省劳动和社会保障厅，改变了过去多头管理的混乱局面。根据中央经济工作会议精神，围绕“两个确保”扩大了养老保险覆盖面，稳步推进医疗保险改革。部分地州市的医改方案已开始实施。至年末，已启动运行的有红河、曲靖、楚雄、德宏、昭通等5个地州市18个县市区，已覆盖42.1万人。

六、农村和县级综合改革进一步深化

1999年，全省在稳定家庭联产承包合同，农业经营方式由过去“单打一”式的发展，逐步变为人力、财力、土地、技术和信息的联合生产经营模式。围绕加快县域经济发展的和加快建立社会主义市场经济体制的要求，县级综合改革试点在全省41个县（市）继续推进，小城镇改革健康发展。

七、城镇住房制度改革步伐加快

1999年，按照国家、单位、个人合理负担原则，全省对住房商品化、社会化、住房建设管理、住房二级市场的逐步放开、政策性金融体制等进行了重要改革，基本实现了住房的实物分配向住房货币化分配的过渡。

云南种植业发展述评

云南省农业厅厅长 潘政扬

一、农业和农村经济情况

1999年是全省农业和农村经济发展历史上不平凡的一年。年内遇到了50年罕见的特大冬春夏连旱和频繁的洪涝、滑坡、泥石流、冰雹、病虫害等自然灾害，承受了宏观需求不足、农产品价格长期持续下跌的影响。但全省农业部门的广大干部职工和农业科技人员，在各级党委、政府的领导下，同广大农民群众一起，发扬万众一心、顽强拼搏、敢于斗争胜利的精神，战胜严重困难，取得了全省农业农村经济持续发展，农民收入继续增长，农村社会进一步稳定的成绩。

（一）农业和农村经济实现预定目标。全年全省实现农业总产值639.8亿元。农业增加值达399.9亿元，按照可比口径计算，比上年增长3.6%。省人代会提出的目标基本实现。为全省国内生产总值保持比上年增长7%的速度作出了重要贡献。

（二）粮食生产再创历史最高水平。1999年，全省粮食种植面积5716.94万亩，比上年减少112.5万亩，减1.9%。全年粮食总产达1399.25万吨，增加80万吨，增4%，再创历史最高水平，提前一年实现“九五”计划。其中小春粮食生产虽受大范围干旱和各类病虫害偏重发生的影响，产量下降，但仍获得了较好收成。全省共完成小春粮豆种植面积1854.9万亩，减2.8万亩，减0.15%，粮食总产量为234.5万吨，减产5.7万吨，减2.4%，但仍为历史第三个高产年。全年油料产量20.62万吨，增18.1%。大春粮食生产有较大发展，实现了“小春损失，大春补”。全省大春粮食作物种植面积3862万亩，减少109.7万亩，减2.8%，粮食总产达1164.75万吨，增加85.4万吨，增7.9%。

（三）经济作物继续保持较快的增长势头。1999年，全省烤烟种植面积483.7万亩，比上年增加13.9万亩，产量60.95万吨，增加4.58万吨，增长8.1%，收购量在上年1010万担的基础上增加到1055.97万担。甘蔗、水果、蔬菜、花卉等主要经济作物的面积也比上年有所增加，人工食用菌、南瓜籽等特色产品的生产有新的发展，经济作物的管理普遍加强，出现了质量提高、总产增加、产值增长的好势头。全年，全省甘蔗种植面积430.5万亩，比上年增加13.8%，产量1526.53万吨，减4.5%；茶叶产量7.5万吨，由于春茶受旱减产，导致茶叶总产比上年略减；水果产量73.83万吨，增8.5%；蔬菜种植面积超过464.7万亩，70多万亩，产量达800多万吨，增加40多万吨，增长5.2%左右；蚕桑种植面积达35万亩，投产面积20多万亩，养蚕27万张，基本与上年持平，产茧量7500吨，增2%。由于世博会的推动，全省花卉面积约为5.86万亩，其中鲜切花2.4万亩，产量8亿支，盆花盆景1000多万盆，食用或药用花卉0.11万亩，其它花卉折合面积1万亩，花卉总产值接近6亿元。

（四）水产业迅速发展。1999年，全省各地把发展水产养殖业作为增加农民收入和进行农业产业结构调整的一个重要途径和重点方面，增加投入，加大工作力度。渔业已实现了连续18年增产。全省水产养殖面积达117.5万亩，比上年增加3万亩，增长2.7%，其中池塘养殖面积、名特优养殖面积、鱼种投放量都比上年有了较大增长；稻田养鱼的推广面积已达到了105.6万亩。全年水产品产量达15.53万吨，增长12.2%。

（五）冬季农业开发成效显著。全省农业部门坚持“确定重点，体现特色，扩大规模，提高效益”的指导思想，冬季农业开发面积、作物品种均比上年有了增加，开发区域和范围有了扩大，积极发展订单农业，效益明显提高。1999年，滇中和滇东北地区的设施农业和滇南地区的的热区冬季农业开发，均体现了“大春稳粮、小春讲效益”的宗旨，形成了多品种、多途径、多层次综合开发的良好态势。全年，省地县财政及各方面对冬季农业开发投入2739万元，完成开发面积392.7万亩，比上年增加121万亩，增长44.5%。其中冬玉米55.1万亩，冬大豆64.5万亩，冬绿肥及其它作物完成73.1万亩，冬早蔬菜瓜果103.8万亩。全省通过冬季农业开发，共增产粮食2.9亿公斤，油料3800多万公斤，实现产值21.7亿元，新增产值4亿元，农民人均增收30元以上。

（六）农田建设取得新进展。1999年，全省农业基础设施建设得到进一步加强，累计投入劳动积累工7.1亿个工日，投入水利建设资金28.6亿元，新增库容3.8亿立方米，年供水能力净增5亿立方米，达133万立方米，净增有效灌溉面积2.67万公顷，累计达137.67万公顷，水利化程度达47%，比上年提高1个百分点。经过多年努力，全省已累计建成高稳产农田153.33万公顷，省人代会提出的2000年全省建成166.67万公顷（2500万亩）高稳产农田的目标基本实现。

（七）农业科技推广成绩斐然。（1）按照省政府的要求，对涉及全省种植业、畜牧业、渔业和农业机械等新品种、新技术推广10项重大农业科技措施进行了分解，及时下达了项目计划，并安排省级经费2000万元。（2）根据农业部1999年下达我省的“丰收计划”项目，完成了全省推广旱育秧80万亩，玉米地膜覆盖高产栽培技术80万亩，马铃薯脱毒种薯技术30万亩，淡水池塘80:20养鱼技术5000亩，冬大豆良种及配套高产技术9万亩，茶叶无性系栽培技术10万亩的任务，（3）在开展“三下乡”活动的同时，全省各地积极组织农业科技人员深入生产第一线开展各种科技服务。1999年仅省级就组织科技人员下乡358人，发放农业技术资料5万多份，举办培训班629次，培训农民126万人次，为农业增产、农民增收，发挥了较好的作用。全省农业科技贡献率已达39%，比上年提高2个百分点。

（八）党在农村的主要政策得到落实。（1）土地延包30年工作开始步入法制轨道。为了切实搞好我省土地延包工作，给农民吃下“定心丸”根据党的十五届三中全会和省委六届七次全会精神，省九届人大常委会第十一次会议通过并公布施行了《云南省农村土地承包条例》，省政府下发了《关于认真做好土地承包期再延长30年工作的通知》。全省各地根据省人大的地方性法规和省政府的通知要求，积极采取措施，狠抓落实，保证了全省土地延包工作的开展。1999年，全省有100个县、1253个乡镇、15796个村办、653.8万农户完成了第二轮土地承包合同的续签换证工作，全省耕地全部承包完毕，充分调动了广大农民的生产积极性，促进了农业和农村经济的发展。（2）认真抓好减轻农民负担工作。省地县三级建立了减负领导小组和办公室，机构健全，并实行层层负责，责任落实，使减负工作常年有人抓。农民负担管理也逐步规范。全省现已推行负担卡制度的县达105个，预决算制度的县100个，专项审计制度的县94个。同时加强监督检查，对当前农村突出问题进行清理整顿。同时对农村电价过高、农村中小学乱收费等问题进行了清理，取得了一定的的效果。

1999年，全省农业和农村经济工作之所以能战胜困难，取得成绩，主要是：省委、省政府因势利导，及时果断地采取一系列政策措施；各级干部对我省农业和农村经济发展进入新阶段有了新的认识，并在实践中不断深化；各有关部门和各地大力落实农村政策，强化农业基础地位，积极发展特色农业、订单农业；广大农民面向市场，调整结构，表现了很高的主动性和创造精神；适应新阶段的要求，农村基层指导农村工作的方式有了新的改进；农业系统各部门在制定规划、落实政策、信息引导、技术服务、抗灾救灾、产销衔接和农业执法、农业基础设施建设等方面，做了大量的工作，作出了应有的贡献。

二、主要问题

（一）农业综合生产力水平低。全省农业基础薄弱、生产条件差，约2/3的耕地为中低产田地，水利化程度比全国平均水平低8.6个百分点，抗御自然灾害的能力有限，“靠天吃饭”、“雨养农业”的局面还有根本性的改变。农业劳动者科学文化素质偏低、贫困面大，农业科学储备少、含量低。全省农业生产力发展水平的不平衡性十分突出，平坝区与山区、半山区，滇中地区与边疆民族地区的差距还在继续拉大。

（二）农民增收难度大。全省农民收入与全国相比，增长缓慢，差距较大，近年来一直处于全国后列。1999 年全国农民人均纯收入 2205 元，我省仅为 1453 元，相差 770 元。从 1999 年情况看，影响农民收入的主要原因是：（1）粮食收购价格下浮对农民增收造成较大影响。(2) 肉类市场价格下跌和牛、猪、羊大范围发生疫病；（3）农业比较效益低。（4）在金沙江流域和西双版纳州全面停伐天然林，实施退耕还林，增加了山区土地资源对农业生产的约束，一定程度上影响了农民增收。

（三）工作思路和方法还不完全适应农业发展新阶段的要求。1999 年，随着粮食等农产品连年丰收，供给持续增加，但消费需求增速大幅回落，消费需求多元化倾向更加突出。农产品销售持续疲软，使农产品阶段性、结构性过剩的特征更加明显。在粮食库存持续增加，多数农产品积压卖难，价格下跌的形势下，对如何开拓农产品市场，搞好产销衔接，优化供给结构，经验不足，办法不多。

（四）在农业和农村经济宏观调控难度进一步加大的情况下，如何提高农民的组织化程度，搞好对农民的信息服务，运用好有限的调控手段，我们的工作还显得滞后。

（五）农业结构调整任务艰巨。针对烤烟“双控”，各地加大了农业产业结构调整力度，但由于对市场的分析、预测和把握不够，对千变万化的市场信息缺乏科学的综合和深层的了解，科技储备、项目储备不足，产业结构调整的规划、指导还很不够。

（六）农业产业化经营的差距较大。

云 南 林 业 发 展 述 评

云南省林业厅厅长　陈继海

1999 年，在省委、省政府的领导和国家林业局的关心支持下，全省林业战线广大干部认真贯彻执行中央和省的各项政策措施，按照厅党组提出的“围绕中心，突出重点，强化管理，确保稳定”的总体要求，紧紧围绕林业生态体系和产业体系建设这个中心，认真贯彻落实朱镕基总理视察云南时的重要指示和“退耕还林，封山绿化，以粮代赈，个体承包”16 字综合措施，突出森林资源培育和保护，突出天保工程实施，突出重点森工企业管理体制改革和林业分类经营改革，强化以法治林、科教兴林和基础建设，求真务实，开拓进取，确保了全省林区和林业队伍稳定，取得了显著成绩。

一、工程造林和基地建设下再上新台阶

1999 年，全省各地继续贯彻以营林为基础的的林业工作方针，突出林业生态工程建设和商品林基地建设，提前超额完成了年度任务。全年全省共完成造林 39.78 万公顷，为年计划的 113.93%。其中人工造林 32.40 万公顷，为年计划的 117.02%；飞播造林 6.74 万公顷，为年计划的 101%。完成封山育林 45.34 万公顷，为年计划的 151.13%；义务植树 1.23 亿株，为年计划的 110.81%。全年全省工程造林完成 22.63 万公顷，占人工造林的 82%，重点工程在造林绿化中发挥了主导作用。“长防”、“珠防”、“澜防”和南汀河防护林等重点生态防护林建设项目共完成人工造林 3.24 万公顷，封山育林 8.33 万

公顷。全年，在建的速生丰产用材林基地、干果基地、扶贫绿色工程等重点商品林基地建设项目，共完成造林28.13万顷。

年内，在继续做好世行贷款一期、二期收尾工作的基础上，认真组织中德合作造林二期项目、世行贷款三期造林项目的实施，及香港长春社发起的“绿色礼物献祖国——长江流域植树护林行动”项目，共完成人工造林0.02万公顷，封山育林0.5万公顷，超额完成了年度任务。

二、森林资源管理保护力度进一步加大

（一）*资源林政管理*。一是把森林采伐限额管理作为资源管理的核心的重点，强化对林木采伐限额的管理，严格执行木材生产“三总量”控制。二是继续贯彻执行《森林法》和国务院有关文件规定，强化林地管理，进一步加大对省内各项建设工程征占用林地管理力度，对大朝山水电站、昭通渔洞水库、大保公路保山段、内昆铁路等一大批国家和省、地建设项目征占用林地进行了审核，其中有15件上报国务院审批。同时，组织开展对林地管理的监督检查。三是加大对林业行政案件的查处力度。1999年，全省共发生林业行政案件21793件，查处21576件，查处率达99%；全省共清理出毁林开垦668329起，涉及林业用地面积30.09万公顷；没收违法所得200多万元、非法木材27476立方米；林政罚款380多万元，补种树木29万多株。

（二）*森林防火*。1999年春季，受特殊气候的影响，全省森林火灾频繁发生。由于党中央、国务院的亲切关怀，省委、省政府采取了一系列超常规措施，使森林火灾造成的损失降低到最低限度，为世博会顺利举办作出了重要的贡献。全年全省共发生森林火灾964次。其中森林火警559次，一般火灾395次，重大火灾10次；受害面积10469公顷，比上年上升24.16倍，超过90年代前9年前的总和；受害率0.99‰，比控制指标高出0.79个千分点；全省因扑救森林火灾死亡12人，重伤10人，轻伤175人，是近10年来伤亡人数最多的一年。

（三）*打击破坏森林和野生动物违法犯罪活动*。年内，在全省范围内连续组织开展严打斗争、夏季攻势和秋季百日严打3次大规模的专项整治行动，实行打防结合，进一步强化林区治安工作。全年全省各级林业公安共查获各类破坏森林资源和野生动物案件11233起（其中重特大案件244起），授权处理林业厅行政案件9947起，打击处理各类违法犯罪人员16558人次（其中逮捕366人，劳教8人，治安拘留441人），为国家挽回直接经济损失2020余万元。

（四）*野生动植物保护和自然保护区管理*。年内重点抓了“一二三”工程：制定管理计划，全面抓能力建设和社区发展，落实和实施野外巡护报告制度、目标岗位责任制及培训制度。完成无量山保护区升级、白马雪山扩建评审工作，并开展全省自然保护区基本情况的调查。同时，进一步强化云南生物多样性保护工作的宣传力度。在1999年底国家环保总局、国家林业局、农业部、国土资源部等4部门召开的联合表彰大会上，云南省林业厅等单位荣获“全国自然保护区先进集体”称号。

（五）*农村能源建设和森林病虫害防治*。1999年，全省新建农村户用沼气池8.3万户，推广太阳能热水器9.8万平方米，节柴改灶20.7万户，新增微型水力发电1220千瓦，均超额完成了年度计划。加大森林病虫监测和防治力度，全省实施监测面积877.26万公顷，监测覆盖率达92%；防治14.84万公顷，防治率59.2%；种苗检疫率达97.24%。

三、天然林保护工程全面启动

1999年9月，云南省政府主持召开了全省天然林保护工作会议。会上，李嘉廷省长作了重要讲话；黄炳生副省长作了工作部署，省政府和各地州市政府（行署）签订了天然林保护工作行政首长目标责任状。会后，全省各地认真贯彻会议精神，天保工程各项任务逐步落实。根据国家林业局的部署，年内对全省“天保”工程规划方案进行了较大调整，最终确定工作实施范围为12地（州、市）66个县（市、区）和17个重点国有森工企业，工程实施区部面积2284.04万公顷，预计总投资118亿元。调整后的“天保”工程规划，即包括森林管护、荒山造林绿化、25度以上坡耕地退耕还林，以及围绕以上内容进行森工企业职工分流安置，并组织实施种苗工程，科技支掌等保障措施。至年末，全省公益林建设任务累计完成73.95万公顷，人工促进天然更新23.1万公顷，森林抚育12.9万公顷，人工造林0.85万公顷，累计完成投资3.7亿元。

四、国有森工企业脱困和管理体制改革采取了新举措

（一）企业改革与脱困工作。省林业厅共有8户企业被列为全省重点脱困企业和厅级重点脱困企业，年内省厅建立了厅领导联系重点脱困企业制度，多次组织帮促小组深入企业调查研究，结合企业实际，帮助企业一起研究制定脱困方案，解决企业的一些实际问题。同时，认真贯彻落实省委书记令狐安视察森工企业时的指示精神，理清企业脱困思路，确定目标，制定措施，积极争取政策资金扶持。1999年，省属重点森工企业下岗职工进入再就业服务站托管3004人，为企业落实了下岗职工基本生活保障财政兜底资金300万元，自愿申请解除劳动关系职工5861人。至年末，省属森工企业从事自营经济的职工已达3000余人。同时，省厅进一步完善森工企业职工基本养老保险省级统筹工作，确保了基本养老金按时足额发放，没有发生新的拖欠，并补发了森工企业历年拖欠离退休人员基本养老金2006万元，维护了企业的稳定。

（二）森工企业属地管理工作。1999年7月，省委、省政府作出了省属重点森工企业实行属地管理的重大决定。省林业厅党组将此项工作作为下半年的工作重点认真抓好落实。在充分准备的基础上，从当年10月起，由省厅牵头组成3个省政府工作组，分赴有关地州市县进行移交工作，11月下旬基本完成了11个森工局、5个水运处的属地移交工作，并与当地政府签订了交接协议书，共移交人员10952人，其中在职职工4798人，离退休人员6154人（社保关系2000年3月完成移交）。

（三）林产工业。1999年，全省木材生产完成137.13万立方米，其中商品材完成109.72万立米，边贸材完成68万立方米，锯材完成23.58万立方米，人造板完成30.44万立方米，松香完成3.85万吨。

全年，林业行业实现部门总产值112.07亿元（现行价）。其中第一产业产值62.75亿元，第二产业产值46.66亿元，第三产业产值2.66亿元。

五、林业改革等工作取得新进展

1999年，全省有111个县（市、区）完成县级森林分类区划界定工作，其中80个县（市、区）通过验收，地州市级成果汇总正抓紧进行。初步统计，全省共区划公益林面积1477.3万公顷，商品林面积958.3万公顷，分别占全省林业用地面积的60.6%和39.4%。各地区划结果均已通过现场区划认证和所在县（市、区）政府审定。景谷和中甸两个试验示范区的建设进展顺利，景谷示范项目已完成种子园建设33.33公顷，晒场4200平方米，新修和改造公路70公里，营造示范林0.13万公顷，成活率在95%以上；中甸示范项目已完成了第一阶段的任务，于当年9月通过检查验收。

1999年，全省新建10个地县级林业技术推广站，使地级建站率达到87.5%，县级建站率达到43.3%，专职林业技术推广人员达1131人。年内省林业厅下发《云南省林业厅关于加强林业技术推广工作的决定》。“北美红杉区域性栽培与丰产培育试验示范”等项目进展顺利；筛选上报林业技术推广项目5项，其中有3项列入国家林业局1999年100项重点科技成果推广项目指南。云南珍稀濒特森林植物保护和繁育实验室、云南省森林植物培育与开发利用重点实验室通过验收，并正式运转，年内承担科研项目17项，取得了一批研究成果。

年内，全省完成《云南省林木种子种苗管理办法》、《云南省人民代表大会常务委员会关于实施天然林资源保护工程的决议（草案）》、《云南省实施〈森林法〉办法（草案）》、《云南省天然林保护条例（草案）》的调研起草工作，配合省有关部门制定出台了《关于对违反天然林保护工程规定给予政纪处分的暂行规定》等法规和规定。

1999年，各级林业部门积极开展林业行政执法人员和全省680多个乡镇林业站站长岗位资格培训，对全省160名新任县市林业局长进行以《森林法》为主要内容的业务培训，对全省县市级森林防火专职指挥长进行防火灭火知识和现场指挥能力培训，并完成了9300人林业行政执法证件年检审验工作，使全省林业基层基础建设有了加强。

年内，思茅林业综合改革试验区林业股份合作制经营改革试点工作稳步推进，继续实现了分红，使农民看到了林业股份合作制的优越性和兴

林致富的希望。同时，召开了全省林业股份合作制研讨会，为全省全面推行林业股份合作制提供了经验和示范。

六、认真开展“三讲”教育，党的思想组织作风建设取得新成效

1999年3月以来，按照中央和省委的要求，省林业厅认真开展以“讲学习、讲政治、讲正气”为主要内容的“三讲”教育活动，在省委巡视组的帮助指导下，从9月中旬至12月上旬，在厅处级以上领导班子和领导干部中先后开展了“思想发动，学习提高”、“自我剖析，听取意见”、“交流思想，开展批评”、“认真整改，巩固成果”4个阶段的工作。通过“三讲”教育，机关处以上干部思想水平和党性觉悟有了进一步的提高，思想作风、工作作风有较大转变。

年内，结合“三讲”教育，厅党组制定了《云南省林业厅党风廉政建设责任制》，并加大对经济案件的查处力度。完成了厅属企事业单位内部审计74项，向司法机关移送案件2起，移交司法机关处理3人，加强了对干部的监督、教育和管理工作，切实转变机关作风，认真解决机关“三多”“四难”问题。

年内，旗帜鲜明地开展了对“法轮功”邪教组织的斗争，收缴各种“法轮功”非法出版物1570件。采取领导总负责、一包一、几包一的措施促其转化，并加强了“法轮功”练习者的思想政治工作。

在全体党员和职工中广泛开展“三爱”教育和职业道德教育，积极开展创文明单位、文明处室和“人民满意公务员”活动。大力宣传云南林业建设成就，全年，厅宣传报道组在各种媒体发表宣传稿件500多件，组织开展“献爱心、送温暖”、和“绿色希望工程”等活动，共捐款60.1万元，衣物7200多件，支援灾区建设拨款25万元。同时，积极开展健康有益的文体活动，有力抵制了“法轮功”邪教的传播。

年内，全省全行业职工积极为世博会做贡献，直接建设了树木园，参与建设了竹园、药草园、盆景园和大温室，为世博园提供植物84科350多种5万多株，其中珍稀名贵树种11000多株；采取超常规措施，认真做好世博园片区的森林防火工作，厅机关24小时值班，切实做好森工企业稳定工作。省林业厅被云南省委、省政府授予世博会“特别组织奖”。

回顾1999年全省林业工作，有以下主要经验：(1) 紧紧围绕林业两大体系建设这个中心，坚持林业可持续发展不动摇；(2) 突出林业生态工程建设和重点商品林基地建设，狠抓工作造林，加快森林资源培育下松劲；(3) 以森林资源限额采伐和林地管理为重点，强化资源林政管理，依法保护森林资源不手软；(4) 严格做好工程项目、资金管理监督检查，确保重点工作任务建设落实不马虎；(5) 以“三讲”教育为契机，促进机关工作作风和党风廉政建设，保持林区和企业稳定不懈怠。

七、存在问题

主要问题是：造林绿化，林业生态建设任务重、难度大；实施天然林保护工程、退耕还林、森工企业转产工作困难多；森林资源管理保护与开发利用矛盾突出，森林防火，病虫害防治形势严峻；对林业一些深层次问题的政策调研滞后，政策不够完善，林业投入严重不足，项目计划下达晚，资金到位迟缓；林产业发展缓慢，与森林资源大省的优势不相适应，“三讲”教育整改措施抓落实不够等。这些，都有待于我们在今后认真研究和解决。

云南畜牧业发展述评

云南省畜牧局局长　柳大品

一、畜牧业的主要成绩

（一）基础设施建设不断改善。实施“六五”计划以来，至1999年末，20年来，全省先后新建、扩建、改造了小哨、大理2个冻精站，省种畜场、种羊场、畜牧兽医学校、肉牛和牧草研究中心、兽医总站、兽医化验诊断中心、热带亚热带病毒病重点实验室、畜牧科技信息中心及102个地、州、市、县畜牧兽医技术服务中心；建职工住宅近10万平方米，约2/3的乡、镇畜牧兽医站改善了工作生活条件。

（二）良种繁育体系初步形成。至1999年末，全省已建成原种、祖代、父母代、核心场、扩繁场、良种场等各类畜禽蜂良种场65个，猪统一供精站126个，牛冻改点509个。先后从国内外引进了名牌猪、牛、羊、禽等良种。省内的特色良种也正在开发利用。

（三）畜禽商品基地建设成效显著。至1999年末，全省建成各类畜禽商品基地104个，其中猪46个，牛羊34个，奶牛5个，绵羊7个，禽蛋8个，蜂产品4个；建牧区开发示范项目5个，南方草山开发示范县3个。基地建设加快了科技推广的力度，生产水平大幅度提高。1999年末，46个猪基地县的出栏猪和猪肉产量，分别占全省54.27%和57.75%，平均出栏率达到99.1%，比全省平均出栏率高18.3个百分点；4个现代化养猪示范县平均出栏率达到153.71%，比全省平均出栏率高62.91个百分点，比46个猪基地县平均出栏率高54.61个百分点。34个牛羊基地县出栏的牛、羊数，分别占全省出栏总数的53.4%和46.36%，产肉量分别占全省的52.71%和42.26%，出栏率分别20.3%和46.38%，分别比全省平均出栏率高4.27个百分点和9.61个百分点。5个奶牛基地县产奶量占全省的56.69%；7个绵羊基地县的产毛量占全省的90%以上；4个蜂产品基地县的产蜜量占全省的23.79%以上；8个禽蛋基地县禽肉产量和禽蛋产量分别占全省的20.92%和14.21%。

（四）科研及科技推广向纵横拓展。至1999年末，全省20年来，累计完成畜牧、兽医、饲草饲料、兽用药和添加剂等科研项目77项，其中国家攻关项目8项，省攻关项目16项，国际合作项目10项，获国家和省奖49项，其它奖17项。培养畜牧兽医及农经专业的中专学生3628名。

在科技推广方面，养猪“八改”、猪温免疫程序、边境口蹄疫气雾免疫、绵羊改良、奶牛改良已基本普及。建成投入使用的省祖代肉种鸡场、省原种猪场、3个肉牛纯繁场、波尔山羊场、宜良祖代种鸭场、新平祖代种鹅场和祥云、个旧、楚雄等猪核心群场都已供种；猪杂交改良进展快，1999年达到233.553万窝，比上年增加18万窝，增长8.53%，良种覆盖率72.64%，增加1.86个百分点；肉牛改良有突破性的进展，全年完成5.49万头，增长46.69%，受胎率明显提高，黄牛达到54.38%，水牛达到36.2%；胚胎移植和牛、羊快速育肥已开始起步，快速育肥牛达28万头，羊87.3万只；草山改良和青贮、氨化稳步发展，青贮饲料500.79万吨，增长12.96%，氨化饲料144.99万吨，增长17.1%，累计人工种草面积312.31万亩。

（五）畜牧扶贫示范成效显著。1997～1999年末，实施的畜牧扶贫工程涉及82个县158个乡（镇），示范户41550户共183521人，总投入9300万元。经过两年多的艰苦努力，项目区的贫困户由上年的190789户减少到145087户，减少23.95%，解决了380407人的温饱，增12.22%；其中靠发展畜牧业解决温饱的有

194704人，增55.81%，占项目区解决温饱人数的51.18%；有100个乡、镇农民人均纯收入增加到617.56元，增长11.04%，其中畜牧业人均纯收入由1998年的185.95元增加到246.06元，增加60.11元，增长32.33%，农民增加的纯收入中，来自畜牧业的占98.32%。

（六）对外合作向更高层次延伸。1983年以来，随着对外开放不断扩大，省畜牧局与欧、美、澳、东南亚、联合国粮农组织、世界兽医组织等地区、国家和组织和交往日益增多，成功地进行了肉牛和牧草、兰舌病、口蹄疫、水牛、热带亚热带动物病毒病的合作研究和开发。联合国粮农组织（FAO）东南亚办事处主任霍夫曼(D.Hoffmann)博士提出由云南省（农业部）热带、亚热带动物病毒病学重点开放实验室、联合国粮农组织东亚跨国动物疫病紧急防御合作中心承担“加强云南省跨国动物疫病监测和协作控制“项目。联合国粮农组织（FAO）认为：建立并加强云南省（农业部）亚热带动物病毒病学重点开放实验室（联合国粮农组织（FAO）东亚跨国动物疫病紧急防御中心）与国际兽医局（OIE）所属参考实验室间（英、法等国）的联系，对中国和联合国粮农组织都将是一个最有价值的创新。并成为唯一从事此项工作的国际机构。有利于建立口蹄疫、牛瘟和小反刍兽疫标准化免疫学(ELISA)和分子生物学（PCR、序列分析）诊断、检测方法，并与FAO/OIE协作建立标准化诊断方法和质量控制体系。项目的实施将使：(1)在中国的口蹄疫区域性参考实验室正式运转，并具有向印度支那次大陆等其它国家提供技术服务的潜力；(2)启动中国境内无牛瘟存在的确认工作；(3)证实中国境内无小反刍兽疫存在，建立该病预警体系，以确保具有对该病早期发生的应答能力；(4)分离云南省及其邻近区域的口蹄疫地方毒株，分析其与现行疫苗毒株的关系。(5)启动中国边境地区口蹄疫病毒传播路径的调查工作。此项目是继1984年4月联合国总部命名我省重点实验室为“联合国FAO东亚跨国动物疫病紧急防御中心”后的又一个重要机遇，实施该项目不仅有利于加速技术引进，人才培养，提高云南对边境重大疫病的控制能力，而且云南省实施国家西部大开发战略、“建设绿色经济强省”、加速畜牧业产业化、发展国际贸易以及加速我国与国际兽医工作接轨，提高我国重大疫病监测、控制和根除的总体实力等都具有十分重要的意义。

几年来，省局还先后派出科技人员近50多人次到国外大学、科研机构、示范牧场进修和学习、实习、攻读博士和硕士，还组织了15批271人到国外考察学习。通过对外合作研究和开发，除引进了先进技术和设备外，还引进外资折合人民币约4300万元，有力地促进了全省畜牧业的发展。

（七）各级财政的投入不断增加。80年代初至“九五”计划末的20年间，中央、地方各级财政、计委对畜牧业的投入共34亿元。其中“九五”计划的5年，各项财政投入达14亿元，年份只占这20年的1/4，而金额却占20年总量的1/2；各级计委投入2.6亿元，也占20年投入总数的43.3%。

（八）兽医防疫及执法监督大大加强。至1999年末，全省乡、镇兽医站定编7745人，稳定了基层队伍。基本完善了省、地、县、乡、村五级冷链体系和动物疫病诊断、监测体系建设，基本保证了生物制品在贮藏、运输和使用各个环节的质量稳定，在全国率先建立具有较高水平的动物疫病诊断、监测实验室。

年内，全省畜牧系统实施免、检、驱、治、改、监、消等综合防制措施，主要畜禽疫病防制成效显著。消灭了牛肺疫，并通过部级验收；马鼻疽达到了消灭标准，正等待农业部考核验收；血吸虫病、布病、马传贫、狂犬病等危害严重的疫病达到了农业部“九五全国动物防检疫工作管理目标”规划的要求；连续12年的畜禽免疫和死亡抽样调查表明，与上年相比，全省平均猪瘟免疫密度提高了50多个百分点，其他疫病的免疫密度也显著提高，猪、牛、羊、马、禽疫病死亡率分别下降了4.1倍、2.4倍、1.8倍、3.3倍和7.6倍。

依法制疫工作成效显著。检疫工作从无到有，并逐步扩大开展面，基本保证了人民吃上“放心肉”。有效控制了疫情通过流通领域传播扩散；建立了一支水平较高的执法队伍，基本遏制了贩卖、加工病害动物及其产品的违法犯罪行为。兽药、饲料质量监察工作从空白发展到具有较高的监测检验水平，为规范兽药、饲料市场管理和质量管理提供了科学依据。初步形成了动物疫病监测、预警和信息传递网络。

1999年，全省全年肉类总产达193.14万吨、奶13.52万吨、禽蛋9.71万吨、蜂蜜0.75万吨、毛0.19万吨；分别比上年增长6.63%、7.9%、11.61%、19.05%和持平，肉、奶、蛋分别增长8.5倍、8.2倍和5倍；人均占有肉奶蛋51.3千克，增4.23%，猪、牛、羊出栏率分别3.8、2.54、2.98个百分点，畜牧业产值101.63亿元（现行价188.63亿元）。

二、存在问题

主要问题是：(1)良种繁育体系不健全，生产水平低。“七五”以来，虽然新建、改扩建了一些种畜禽场，但从可持续发展情况看还不够完善。(2)科研工作滞后，科技成果转化率低。(3)防疫体系基础薄弱，装备水平差，疫情反映迟暖的情况依然突出，极不适应市场经济的要求。(4)工业饲料发展困难，草山改良进展缓慢。(5)市场体系发育不良，产业化程度很低。这些问题，只能在完全按市场经济规律运作的第十个五年计划中加强措施，才能解决。

云南水利水电述评

云南省水利水电厅厅长 张 淼

1999年，云南省水利和地方电力工作，按照省委、省政府和水利部的要求，落实中央扩大内需，加快以水利为重点的基础设施建设的具体部署，加强领导，加强管理，严把质量，全省水利建设总体发展正常，地方电力克服种种困难，取得来之不易的成绩，为全省经济社会的发展做出了新贡献。

1999年，全省水利和地方电力完成投资44.8亿元，其中水利基本建设投资9.3亿元，小型农田水利建设和水土保持补助、水利事业费15.5亿元，地方电力建设投资20亿元。全省净增有效灌溉面积36.1万亩，累计达到2061.0万亩，有效灌溉面积占耕地的46.8%；净增旱涝保收面积31.0万亩，累计达到1239.0万亩，净增堤防治理长度646公里，累计达到7637公里；净增堤防保护人口82.4万人，累计达到476.2万人；净增堤防保护耕地面积113.6万亩，累计达到523.6万亩；净增水土保持治理面积1859.2平方公里，累计达到28473.2平方公里；解决77.6万人、53.5万头大牲畜的饮水困难，累计解决数达到1682.0万人1113.6万头；净增水利工程年供水量0.9亿立方米，累计达到128.8亿立方米；新增地方电力装机30.9万千瓦，累计达到259.5万千瓦，新增发电量15.9亿千瓦时，使全省地方电力年发电量达到92.7亿千瓦时。

一、政策法规和水资源管理取得新的进步

1999年，全省各级水利行政主管部门在各级党委、人大、政府的重视和支持下，在深入开展水利法制宣传教育，加强水利立法，加大执法力度，巩固规范水资源开发利用和保护管理等方面都取得新的成绩。《防洪法》颁布后，即着手制定《防洪法》地方配套法规，并列为1998年～1999年立法工作重点，《云南省防洪条例》送审稿于1999年底由省政府上报省人才大审议。为适应从传统水利向现代水利的转变，针对全省在水资源配置、节约和保护方面存在的问题，在1999年下半年调整了2000年水利立法计划和“十五”水利立法规划，计划在《云南省防洪条例》颁布施行后即组织力量对《云南省水资源保护条例》进行调研、起草，逐步将立法重点转到水资管理方面来。

继续推进水政监察规范化建设，加大执法力度，实行水行政执法责任制度。文山、迪庆、楚雄、临沧、大理成立了地州水政监察支队，新平、安宁等97个县（市）均成立水政监察大队。

至年末已有文山、玉溪等10个地州市推行了水行政执法责任制。与此同时，规范化建设推动了执法工作，加大了执行力度，维护了水事正常秩序。

随着取水许可制度的实施，有力地推进了水资源保护工作，至年末已有60%的地州市完成城市供水水源地普查专项工作并进行了初步规划，划定保护区。昆明市供水水源地水质旬报工作，被列为全国首批16个省市发布重点城市供水水源地水质旬报之一。各地对管辖范围内的渠道、水库等水利工程内的排污口的进行核查和调整登记建档，对入河、入湖、入库、入渠排污口的监督管理有了加强。为加强对滇池水质的监测，在滇池增设28个监测点，发布了10期简报。面上的常规水质监测站从原来的90多个增加到185个。完成了珠江流域片省界水体水质监测断面的确认工作。

二、防汛抗旱成效显著

1999年全省前期干旱严重，但雨季提前15天左右，给大春农业生产创造了一个较好的条件。汛期洪旱灾害交替出现，共造成直接经济损失55.8亿元，其中旱灾损失21.4亿元，洪涝灾害损失34.4亿元，占全省国内生产总值的3%。洪、旱灾害总损失小于1998年。

1998年冬1999年春全省出现了有记录以来的强暖冬和强暖春天气，降雨稀少，冬春旱波及全省各地且持续时间长。全省大、小春作物受旱灾面积达1191万亩，其中成灾面积664万亩，有330.2万人、245.7万头大牲畜饮水困难，因旱造成直接经济损失21.4亿元。省委、省政府高度重视抗旱救灾工作，省政府领导分工负责各地的抗旱稳粮增收工作。各级防汛抗旱部门加强对抗旱工作的领导，统一调配水资源，切实做好节约用水、计划用水。全省共投入抗旱资金9324万元，抗旱人员766万人，提水设备2.8万台（套），抗旱浇灌面积538.4万亩（占受旱面积的45%）。全省库塘为大小春供水35.7亿立方米，其中小春用水超过9亿立方米，为历年最高。经过全省上下的不懈努力，抗旱共挽回粮食3.5亿斤，水利工程抗旱减灾效益20.7亿元，临时解决了185万人、124万头大牲畜饮水困难。

进入雨季后，暴雨时段集中，局部洪灾来势猛；8月低温绵阴雨突出，风、雹灾害偏重，旱洪交错频繁。全省受洪涝灾害126县，受灾人口748.9万人，死亡363人，成灾面积358万亩，损坏小型水库60座，垮小（二）型水库2座，直接经济损失34.4亿元。面对灾情，各地认真落实各项防汛责任制，全力以赴抗灾救灾，确保了水库、江河、城市的安全和重要交通干线的畅通，水利工程防洪减免经济损失27亿元，为全省的改革、发展、稳定作出了贡献。各地在确保水库安全运行的前提下，积极做好库塘蓄水工作。至12月31日止，全省库塘蓄水77.4亿立方米，其中水利工程蓄水63.2亿立方米，创历史最好水平，为来年的农业生产打下了良好的基础。昆明金殿水库如期完成建设任务，确保了对世博园的供水，为世博会的顺利进行提供了必要的保障。

三、农田水利基本建设稳步发展

1999年，全省农田水利基本建设以大中型水利建设和山区“五小”水利为重点，加大水毁工程修复、江河治理、水土保持、人畜饮水、病险工程除险加固工作的力度，因地制宜，注重实效，不断增强水利基础设施的抗灾减灾能力。据1998年10～1999年4月统计，全省累计投入劳动积累工7.1亿工日，投入水利建设资金28.6亿元（其中政府投资20.6亿元），修复水毁工程5.6万处，加高加固堤坊、疏竣河道2670公里，加固新修水库塘坝1492座，累计完成土石方量6.1亿立方米，新增、改善灌溉面积440万亩，新增节水灌溉面积43万亩，新增除涝面积36万亩，改造中低产田103万亩，治理水土流失面积2358平方公里，解决和改善农村饮水困难165万人。针对全省广大山区水利基础设施薄弱的实际，各地加大了对山区“五小”水利工程建设的投入，共投资8.3亿元，投工2.9亿工日，新建“五小”水利工作10.9万件（小水窖5.1万件），新建基本农田91万亩，新增、改善灌溉面积207万亩，治理水土流失面积1330平方公里，解决和改善了104万人的饮水困难。此外，全省完成渠道三面光衬砌4987.98公里，其中干渠2117.75公里，支渠1251.82公里，田间渠1618.41公里，按计划完成任务。1999年农田水利基本建设的资金、劳力投入和日最高上工人数等九项主要指标在全国排名居前。遵照省委、省政府在2000年基本解决全省人畜饮水困难的要求，省厅已按责任分工在年内安排资金5000万元，解决1319个自然村的50万人、45万头人牲畜的饮水困难；同时追加投入2000万元专项经费，重点解决昭通、文山两地贫困山区的人畜饮水困难。至年末，已有玉溪、德宏、西双版纳3个地州市按计划完成解决低水平人畜饮水困难任务。

四、水利基本建设进展顺利

1999年，全省在建的大中型水库、江河治理工程共计47件，其中计划新开工7件，续建32件，江河治理工程8件。全年实际拨款到位资金9.67亿元，完成投资9.27亿元，占计划投资的82%。各项目进展顺利。有度汛任务的6件水库工程（曲靖水城、弥勒雨补、新平平甸河、镇源龍坑河、中甸桑那、沧源勐董），均完成度汛任务；禄丰石门水库、临沧博尚水库完工，红河俄垤水库已完工并进行了初验。国家扩大内需江河治理工程，南盘江曲靖段5公里堤岸及险段加固工程及四座桥闸改造工程完工。昆明段古城闸完工，南盘江治理过的河道防洪能力提高到30年一遇；南汀河、大盈江、红河河口段险工险段处理完成。昭通云荞、炉房、大水沟3件中央扶贫项目，工程进展顺利。全省最大的调水工程昆明掌鸠河引水工程顺利开工。

1999年，全省进一步加强水利工程的建设管理和质量管理，至年末已有28件工程的管理机构由“指挥部”的重组改建为建设与今后运行管理相结合的建设管理局（处），明确了项目法人。年内对全省水利基本建设工程质量进行了大检查，26件工程有14件质量评定为合格，12件为优良，工程质量总体情况较好。

五、水利前期工作有序进行

按照水利部的安排，省水利水电厅将大江大河的防洪规划的水资源的开发、利用　保护规划作为水利的重点任务之一，加大规划工作力度。完成珠江流域、长江流域（云南部分）防洪规划及珠江流域、澜沧江流域（云南部分）水土保持规划。组织进行《中国国际界河（云南部分）防洪规划》，《澜沧江景洪以下河段防洪规划》通过了水利部的审查；完成了南盘江、瑞丽江、红河、藤条江等河流险段治理的初步设计，以上项目均被列入中央扩大内需支持的项目。提出了《云南省水利水电发展“十五”计划和2015年长远规划》和《国家西部大开发云南大开发云南水利水电基础设施发展思路和主要项目》。结合国家经济政策和各地（州、市）水利基本建设项目储备情况及经济发展布局，积极组织水利基本建设储备项目前期工作，严把工程项目审查质量，完成项目年度审查计划。1999年共安排了12项中型水库工程项目可行性研究报告审查，完成了大盈江防洪堤盈江段、思茅大中河水库等17项初步设计的审查和16项初步设计的审批工作，为今后的水利建设打下了良好的基础。

六、水土保持健康发展

1999年2月，省政府发布了《关于划分水土流失重点防治区的公告》，从宏观上加强了对全省生态环境建设工作的指导。全省各级水保部门认真贯彻执行《水土保持法》，总结“长治”工程10年的经验，抓宏观管理，强化监督，建设精品，积极开展水土保持执法和水土流失重点治理工作。全省共投入水土保持资金1.93万元，水土流失治理面积1859平方公里。

水土流失治理重点抓示范工程。1999年，全省有牟定、姚安、永仁、元谋、绥江5县被列为“全国水土保持生态环境建设达标示范县”。“长治”工程圆满完成了第五期小流域规划，第三期小流域治理通过了水利部的验收，牟定等14个县市的248条小流域，通过5年治理，共完成治理面积3514.12平方公里。无论是完成的数量、治理的质量、发挥的效益，还是在综合性、大规模、产业化建设方面，都比一、二期工程有所提高。省级12个重点治理县开始启动，完成了县级水土保持规划和小流域实施规划编制工作，正抓紧组织实施。1998年长江大水后，国家加大了对水土保持、生态环境建设的投入力度，全省有20个县列入了第一、二批水利财政预算内专项资金水土保持项目，至1999年末，共完成投资6283万元，治理水土流失150平方公里。

监督执法工作稳步推进，全年重点加强水土保持监督执法规范化建设，推开了景洪、楚雄2个城市水土保持试点，楚雄、思茅、玉溪3个全国水土保持生态环境监督管理规范化建设州、官渡区等52个规范化建设县、85个水土保持执法启动县工作。省人大于4月组织省地县联合检查组对昆明等4个地州市《水土保持法》、《防洪法》、《森林法》的执行情况进行视察，对提高全社会的水土保持意识、防洪意识、森林保护意识起到很好的作用。在省人大的支持下，省厅继续加强对重点建设项目的监督执法，督促“广大铁路”、“楚大公路”、“内昆铁路”、“玉元公路”、“大保公路”的按要求编制水土保持方案。国家重点工程“内昆铁路”水土保持方案已由水利部批准，开始组织实施。年内抓紧了水土流失治理的遥感监测工作，为水土保持“公告”作好了准备。

七、进一步加强水利国有资产管理

为建立有效的水利国有资产出资人管理制度，省水利水电厅与省国有资产管理局在1998年大中型水工程产权界定基础上，全面展开小型微型水工程国有投资产权界定工作，对已界定的工程单位颁发了《云南省水利单位各级国有投资产权登记证》；与省国有资产管理局共同出台了《云南省水利国有资产管理暂行办法》、《云南省水利单位资产划分和核定暂行办法》、《云南省水利单位经营性国有资产占用费征收使用管理暂行办法》；完成了厅系统城镇集体企业清产核资工作，使全省水利国有资产运营管理工作又上了一个新台阶。

八、“三讲”教育效果明显

按照中央和省委的安排部署，省厅在厅级领导班子和厅处级领导干部中深入开展了以“讲学习、讲政治、讲正气、”为主要内容的党性党风教育活动。在“三讲”教育过程中，厅党组紧紧围绕贯彻落实党的基本路线和方针政策及省委省政府有关政策、决定的实践，联系1992年以来发生的重大事件，联系水利水电工作实际，联系党组班子和领导干部个人的思想实际和工作实际，结合群众意见比较集中反映强烈的问题，查摆出了领导班子和领导干部个人在党性党风和工作方面存在了突出问题。在努力学习邓小平理论和党的基本路线，坚定正确的理想信念。从政治上正确地判断形势、保持政治上的清醒和坚定、坚持党的民主集中制、坚持党的宗旨等几个方面，总结经验教训，使厅领导干部受到了一次深刻的党性党风教育，进一步坚定了建设有中国特色社会主义的信念。

通过“三讲”教育，使领导班子、领导干部、广大职工的精神面貌、工作态度、思想作风等发生了较大的变化，政治观念、大局观念、责任意识、表率作用增强。根据查摆出来的在党性党风方面存在的突出问题，厅党组认真进行分析研究，紧密结合云南水利水电工作实际，制定出内容全面、具体，针对性、可操作性强的整改方案和整改措施，并认真组织实施。“三讲”教育达到了预期的目的，取得明显的成效，受到上级和群众的好评。

九、科技教育和外事外经工作

年内，省厅共安排应用研究、成果推广转化项目7项，除3个项目要到2000年完成外，云南省水利产业科技进步贡献率研究、“FA旱地龙”在云南农作物上的推广应用、潜水泵站节能技术研究与推广、RM高充填合金膜在水利工程中的应用4个项目均已完成。对云南省国家水文数据库等7个科技项目进行了科技成果鉴定、评审及验收。向水利部、省科委申报科技进步奖及星火奖4项，获奖2项。省水利水电学校经省教委批准扩招，扩生规模从640人扩大为1280人。

对外合作工作有了新的进展。一是利用各种机会，开展项目的洽谈、合作，争取景洪、曼安两个水文站建成国际报汛站；为英国政府赠款南涧县供水项目做好指导、协调工作；借助有关部门的力量，拓展对外合作的渠道，通过省、国家科委向日本递交了云南小江流域治理15～20亿元，申请日本JICA项目。二是周密安排出访和外来人员的考察，做好学术技术方面的交流。三是配合有关部门，做好界河、多国河流、国际河流等涉外水利项目规划、审批工作。

十、地方电力和农村电气化建设步伐加快

1999年，全省地方电力在建规模45万千瓦，新增装机33万千瓦，年末装机容量达到259.5万千瓦，年发电量新增加15.9亿千瓦时，累计达到92.7亿千瓦时。地方电力提前一年完成“九五”计划。电网建设方面，新建110千伏输变电工作342公里、33800千伏安，35千伏输变电工程1989公里、26368千伏安，3—10千伏工程7569公里、394095千伏安，低压线路22846公里。年末共有高压线路147014公里，

低压线路177183公里，拥有供电容量493.82万千伏安。农网改造取得明显成绩。

农村初级电气化县建设。1999年，46个第三批电气化建设县共新增装机12.9万千瓦，投入建设资金10.1亿元。当年完成并验收了宾川、永平等价14个电气化县，使全省电气化县达到46个。至年末，这46个县的人均用电量已达205千瓦时，户均年用电量达282千瓦时，乡、村、户通电率已分别达到99.74%、96.72%和89.28%。

电力扶贫“村村通电”。至1999年末，累计完成项目：35千伏变电站110座15.6万千伏安，35千伏线路2480公里，10千伏线路5300多公里，电源点7处、2220千瓦，有760多个行政村通电。解决了大约120万无电人口的用电，另有近100万人的用电状况得到改善。

云南农垦经济发展述评

云南省农垦总局局长　古希全

1999年，云南农垦系统在连续3年主产品市场价格低迷和自然灾害频繁、经济困难的严峻形势下开展工作。由于垦区各级党组织、各单位坚持以邓小平理论为指导，进一步加强党的建设和精神文明建设，团结和依靠广大职工群众，继续贯彻落实维护垦区生产经营和社会稳定的方针，努力克服困难，切实组织好生产经营和安排好职工及离退休人员生活，做好分流下岗工作，加快企业改制转机，继续开展学邯钢、减员增效、强化管理活动，继续保持了大部分产品实物量的合理增长和社会稳定，实现了垦区国民生产总值扭转现增长，亏损比上年下降30%以上和职均收入适度增加、退离休费用年度不拖欠的目标。

一、经济发展概况

（一）主产品产量完成情况。全年生产干胶11.592万吨，增长5.27%；茶叶7350吨，减少19.11%；水果44734吨，增长5.54%；甘蔗48.28万吨，增长2.46%；粮食2.27万吨，减少2.99%；肉类6802吨，增长2.83%；水产品0.25万吨，增长2.12%；食糖5.31万吨，增长13.46%；发电量31056万千瓦时，增长21.22%；各类胶鞋665.16万双，减少27.04%；水泥12.80万吨，增长19.4%；砖瓦6602.49万块，增长5.82%；金属硅5511吨，增长78.18%；锰铁4251吨，增长13.21%；土豆片2981吨，增长17.36%；咖啡粉67.49吨，增长26.41%。

（二）主要经济指标完成情况。全年全系统完成国民生产总值（现价，下同）11.95亿元，比上年增长12.15%。其中第一产业9.04亿元，增长18.75%；第二产业9632万元，减少24.56%；第三产业1.94亿元，增长10.18%。工农业总产值（1990年不变价，下同）16.19亿元，增长2.35%。其中农业产值11.8亿元，增长3.21%；工业产值4.93亿元，增长0.13%。出口商品金额7318万元，完成固定资产投资2.28亿元。上缴税金1.5亿元，增长6.15%。综合平衡后亏损1.19亿元，比上年减亏54.4%。职工工资总额5.34亿元，职工年平均工资4554.6元。全员劳动生产率147383元，增长8.9%。

二、主要工作

（一）认真学习邓小平理论，加强思想政治工作和党的建设。集团公司和垦区各级党组织紧紧围绕垦区改革、发展、稳定的大局，继续抓好学习邓小平理论，并在垦区领导干部中开展以“三讲”为主要内容的党性党风教育。制定了《云南农垦集团公司管理干部任免工程程序的意见》。在考核工作基础上，对6个分公司的领导班子进行了调整，充实了部分企业的领导班子。结合揭批“法轮功”邪教组织，加强对党员的理想信念和唯物史观教育、党性教育和法制教育。进一步加强案件查处工作，开展了落实离任审计制度的执法监察。年内，集团公司完成审计项目12项。表彰了10位“云南农垦杰出青年”，5位“青年兴业领头人”，30位“青年岗位能手”，30位“优秀团干部”，有10个先进团集体被命名为“青年文明号”。

年内，为贯彻中央“两手抓，两手硬”的工作方针，切实加强精神文明建设，为垦区各级改革和经济建设提供精神动力、智力支持和思想保证。10月，云南农垦系统开展精神文明建设检查，在各单位自查的基础上，3个检查组根据《云南农垦精神文明建设考核内容、考核办法、评分标准》，对34个场（厂）1998、1999两年党的组织建设、宣传思想工作、党风廉政建设、工会工作、共青团工作、教育卫生工作、社会治安综合治理、科技工作、文化长廊建设等进行了检查，评选出了19个单位为首批云南农垦精神文明先进单位，初步形成了党政工纪和各部门齐抓共管、积极参与的工作局面。

（二）加大企业改革力度，努力实现经营机制的转换。为贯彻落实党的十五届四中全会精神，推动垦区企业的改革、脱困、调整和发展，结合实际，提出了《关于加快我省国有农垦企业的改革与发展若干问题的意见》，报请省政府研究。同时要求企业从实际情况出发，研究和制定企业改革方案。继续抓好垦区企业建立现代企业制度，依照《公司法》实行改制的试点工作，探索经验和方法，加深了对企业改革现实具体问题的认识。继续推动农场及其内部经营层次改革试点，模拟法人的股份合作制改革和土地承包为主的家庭经营得到进一步完善。通过所有制结构调整和企业管理体制改革，促进企业适应市场经济的经营机制的形成。继续严格控制国有投资规模，加强基本建设项目管理。在橡胶和经济作物开发中继续鼓励多元投资，在农垦的带动下，全省天然像胶种值面积突破300万亩，达到325万亩。在扶贫开发中推行小额信贷管理办法，全年发放小信贷724万元。继续鼓励职工发展自营经济，自营经济产值达3.68亿元，占垦区农业总产值的21.2%。明确了发挥国有经济主导作用，多种经济成分共发展、有机结合、互相促进的垦区经济结构调整目标。为进一步强化对国有资产的经营监管，加快集团公司职能由行政管理为主向国有资本金运营与监督管理为主的转变，集团公司再次进行了机构调整。强化集团公司的企业性质，完善工作制度，建立公司领导分管工作部门、分管公司投资项目和分工与集团公司直属企业在脱困、改制工作上联系的工作制度。修订了集团公司、分公司“九五”期间国有资产经营责任制考核办法并予兑现。

（三）继续推行橡胶树割制改革，努力提高产业科技水平。1999年，云南农垦推行橡胶树新割制的农场由上年的16个扩大到22个，占垦区橡胶农场数的85%，推广面积比上年增加33.5万亩，达89.5万亩，占开割总面积的90.8%，其中推行4天割一刀的有10个单位，面积达6万余亩。垦区割制改革的开展，提高了劳动生产率，减少了自然灾害带来的损失，提高了产量，实现了减员增效的目的。推行新割制后，割胶频率由2天一刀改为3天一刀，胶工割胶面积、株数和产量都增加50%以上。1999年比1997年减少胶工13693人，减员29.8%。1999年，平均每个割胶工的割胶面积、株数和干胶产量由1997年的20.7亩、430株、2.355吨增加到1999年的30.6亩、633株、3.601吨，分别增加（提高）了47.83%、47.21%、52.91%。吨干胶生产成本进一步下降，版纳垦区比1997年下降了近千元。实行新的割制，胶树年割次减少，树皮节省，死皮率下降，病害减轻，胶树的经济寿命延长。1998年、1999年垦区橡胶虽然遭受严重的白粉病、季风性落叶病和冰雹、风灾的影响，干胶仍然增产，两年合计比1997年增产干胶9916吨，1999年，在割制改革中还着重抓了配套工程措施的落实：增设收胶站，整修胶园道路，全面安装防雨帽，杜绝违规加刀，实行三保一护，加强营养诊断，增施肥料，科学使用刺激剂，加强对病虫害的防治和护林保胶等等。为提高橡胶中幼树的林管水平，启动了《中小树胶园覆盖与化学除草技术丰收计划项目》，依靠科技，探索培育新的产业，制订了双孢白蘑菇种植规划。加快了香蕉良种组培苗推广。重点抓了遮放农场“千亩咖啡丰产示范园”建设项目。组织开展了对国家预算内拨款建设项目的检查，争取省有关部门技改贴息360万元，对部分项目进行了技术改造。抓了制胶污水治理工艺的引进及试点示范工程，组织开展了2000年达标重点考核，企业环保治理工作调查。进行了垦区供电营业区划分的协调。为垦区供电企业创造了正常经营条件。对列入关闭、淘汰的垦区小冶炼厂、水泥厂的工作进行了协调。结合垦区产业结构调整，下达科研课题6项，推广项目6项，并对项目的实施进行了检查督促。发挥热作学会的作用，积极组织开展了热作区划、咖啡、芦荟、热作病虫害防治，热作加工等方面的学术交流和技术服务工作。按规定对垦区300多名财务人员进行了会计规范化培训，垦区会计基础工作得到了加强。进一步做好安全生产工作，事故发生数、死亡人数、直接经济损失等主要指标分别比上年下降38.6%、21.4%、52.4%。

（四）大力做好企业解困和社会保险统筹工作。年内，经省有关部门、农行审核批准，解决了垦区第二批13家困难企业“三家抬”工资性贷款599.95万元，省财政贴息39.71万元。垦区建立再就业服务机构64个，经省企业解困与再就业服务局等有关部门共同审核，批准了5户困难企业的《分流下岗实施方案》，分流下岗职工134人，为保障垦区离退休费发放，维护垦区社会稳定，认真开展了历年拖欠离退休费的清理工作。并实事求是向省政府和有关部门反映情况，提出解决办法和建议。由于清欠工作及时，情况清楚，得到了省级统筹的重视和帮助。在贯彻省政府有关文件规定的时间内，将历年欠29685人、8282万元的养老金和应增加离退休人员的基本养老金808.38万元全部下拨发放到位。落实了中央关于增加离退休人员工资的政策。在总局、分局7个直属工商企业中开展了失业保险，参保职工2115人。开展了垦区工伤、生育保险实施方案的测算和制定工作。

（五）维护职工合法权益，加强企业民主管理。根据中央和省的要求，为推动垦区的场（厂）、队务公开的工作，集团公司在组织对勐腊农场等7个场、18个生产队进行认真调查、分析研究的基础上，下发关于垦区实施场务、队务公开的意见，规范了“公开”的内容、程序和形式，明确把这一工作列入企业领导班子考核的重要内容，至年末垦区开展这一工作的已有54个企业，占企业总数的72%，其中有45个企业基本建立了场务、队务公开制度。通过实行场、队务公开，充实了职代会的内容，落实了职工民主管理和民主监督的权利。实行场务、队务公开，扩大和规范了基层民主，加强了廉政建设，密切了干群关系。调动了职工的积极性，推动了全心全意依靠工人阶级指导方针的落实。1999年元旦、春节期间，垦区共筹集资金188万余元，继续开展了送温暖活动，走访企业62户，慰问困难职工29239人，给他们送去了党和政府的关怀。

（六）促进社会事业的改革和发展，为分离社会职能创造条件。年内，分离企业办基础教育有了新的进展，天保农场初中、热作所中小学实现了移交地方政府。继陇川农场后，勐撒农场、孟定农场教育费附加得到了部分返还，减轻了企业办社会的负担。瑞丽农场中学危房改造得到了州、市政府的资助。为促进垦区企业普及九年制义务教育和扫除青壮年文盲，对垦区10个“两基”达标单位实施了奖励。开展了创“文明学校”和“等级学校”的活动，加强了学校管理。围绕垦区改革的总体要求，积极推进医疗卫生管理体制改革，等级医院建设上了新的台阶，医院面向市场的能力进一步增强。云南农垦综合网络信息系统建设正在实施，网络工作站的第一批设备已配购到位，举办了4期网络终端操作技术培训班。1999年，编发《云垦信息》日刊240期、旬刊36期、月刊12期，共发布信息4000多条，提供个性信息服务300多次。

三、存在问题

主要问题是：（1）市场疲软，人均资源有限，企业办社会负担沉重和离退休人员比例高，税赋过重依然是影响农垦经济效益的客观因素。(2) 改革力度不大，经济成分单一的情况未得根本改变，子企业的公司制改革进展缓慢。出资者监管难以到位，国有企业资产流失未能有效制止。(3) 产业结构调整步伐慢，经济增长缓慢。(4) 思想政治工作和精神文明建设发展不平衡。

云南气象工作述评

云南省气象局局长　刘建华

1999年，全省气象工作坚持以为世博会决策服务为中心，以为农业生产和社会减灾服务工作为重点，突出世博会主题，带动各方面工作，以气象特有方式，在世纪之交为云南的对外开放和社会经济发展做出了重要贡献，为我国的气象工作增添了新的光彩。

一、气象服务

1999年，云南气候为丰水高温年，雨水充沛，热量极高，有利于农作物生长。但多种气象灾害交替并发，是90年代以来各种气象灾害种类较齐全和危害较重的年份，也是云南50年来气象服务社会经济效益最为显著的年份。面对大事多、喜事多，特别是举世瞩目的'99昆明世博会在云南举办，而天气气候又十分复杂的情况，省气象局对气象保障服务工作极为重视，提前于1997年就开始了世博会服务有关筹备和开展了世博会服务资料情报服务工作。1998年11月，成立了由省局领导挂帅的“世博会气象保障服务小组”，制定气象服务方案和人工消雨方案，组建全省天气联防网和滇中天气雷达预警监测网，完成世博会防雷工程，组织气象科技人员开展世博会期间几个关键期的天气气候专题研究，部署全省气象台站提前开始24小时值守班，要求各级气象部门领导坚持在业务一线坐阵服务，专门创建世博会气象服务专报材料形式，重要天气及时报送省委、省政府、世博会领导及有关方面，切实做到了思想、领导、组织、人员、技术、装备、制度、措施全面到位，为世博会气象保障成功打下了坚实的基础。1月11日，昆明等地出现自1983年以来的罕见大雪；4月30日至5月1日，'99昆明世界园艺博览会举行开幕式；8月12日，世博园举行中国馆日活动；10月31日，世博会举行闭幕式，省局都提前作出了准确预报，组织实施了外围增雨、昆明市区消雨作业，保证了各项重大活动的正常进行。

世博会气象保障成功同时创下了5个气象之最：(1) 全国大型经贸文化活动气象服务周期最大，一项大型专题保障服务历时一年（1998年11月正式开始），关键时段服务长达半年之久，至今在全国大型经贸文化活动服务中还是第一次；(2) 全国人工消雨应用实验规模之最。云南之前，全国以消雨为目的的应用试验只有两个省市局部进行过，其规模、时次、效益都低于世博会人工消雨工作；(3) 全省气象服务规格规模之最。承担大型国际盛会气象保障，一项专题气象保障直接服务的气象台站达100多个，气象科技人员达1500多人，在云南气象史上都是第一次；(4) 定时定点预报服务质量之最。定时定点降水预报是气象预报服务工作的难点，世博会几次关键性天气服务，创造了云南50年来定时定点气象服务工作最高水准；(5) 全省社会关注天气热情之最。世博会期间，气象咨询电话较历年同期增加了数倍，省局电话成了市民热线，昆明各新闻媒体纷纷到省局采访天气情况，关注天气的热情为50年来所未见。5个之最体现了云南现代气象工作水准，体现了气象职工“爱国爱乡、知难而上、团结奋斗、争创一流、敢为人先”的世博精神。为此，省局对68位做出突出成绩的气象职工进行了通报表彰。

世博会气象系保障的空前成功赢得了各方面领导的赞誉。5月1日早7时44分，李嘉廷省长亲自打电话给省局刘建局长，祝贺气象服务保障成功，并代表省政府感谢全体气象工作者的辛勤工作；同日，世博会动力保障部岳部长转达了邵琪伟副省长对气象部门的感谢。5月3日，省局收到省委办公厅和省政府办公厅感谢电。5月

5日，省政府崔质涛副秘书长在世博会开幕系列组织工作小结三个部分中赞扬了气象工作，随后省气象局被省委、省政府授予“中国'99昆明世界园艺博览会筹备工作暨开幕系列活动先进单位”称号。5月18日，李岚清副总理的在第17次国务院常务会议上肯定了世博会气象服务工作。7月8日，李嘉廷省长在世博会系列活动总结表彰会上又一次肯定了气象预测工作。会上，省局及3位气象科技人员受到省政府通报表彰。8月19日，省政府办公厅为省局向中国气象局请功。11月9日，省局受到省委、省政府通报表彰。

1999年，全省气象为农业生产服务成效明显。全省各级气象部门遵照江泽民总书记关于气象要把为农业服务放在首位的重要指示，积极主动地为各级党委、政府部署农业生产提供决策服务，旱涝趋势、春播、雨季开始期及8月低温、秋季连阴雨等各农事关键期气象预报服务准确及时，为全省农业提供了预报、情报气象科学依据。在小春作物生长期各种病虫害发生偏重情况下，农气中心综合分析了小春作物播种后的光、温、水等气象条件，考虑研究了持续高温、干旱少雨、病虫害分布危害等影响，提前向省委、省政府及农业粮食部门发布了全省1999年小春作物产量预报，预测准确率达到了99.7%。与此同时，各地气象台站参与农业综合开发，如蒙自“万亩吨粮田配套技术开发研究”科技攻关，思茅冬玉米、冬黄豆、冬早蔬菜等特色农业开发试验等，世都取得了积极成果，推进了农业科技进步。

公众服务进一步优化。年内，昆明市气象局气象小姐在地州市一级率先走上电视荧屏，省气象台在全国电视节目中率先推出空气质量预报；科研所与有关单位合作，在报刊电视推出了紫外线强度、花粉浓度、人体舒适度、钓鱼指数、啤酒指数、旅游气象指数、穿衣指数、晨炼指数、太阳能指数等服务；不少地县局通过新闻媒体相继推出了“气象风景线”、“人与气象”等专题节目，丰富和优化了公众服务内涵，扩大了气象服务工作的影响。

各地经贸文化活动气象保障普遍出色。按照省局部署要求，世博会各分会场气象部门都成立了气象保障服务领导小组，由主要领导亲自抓气象服务工作，其余台站也都由主要领导挂帅和坐阵服务工作，保证了预报服务、加密观测和人工影响天气等工作的顺利进行。在确保昆明主会场服务质量需求同时，50周年大庆、澳门回归、昆交会、大理三月街民族节、'99七星国际越野挑战赛、'99中国丽江东巴艺术节、迪庆（香格里拉）分会场开幕暨民用机场通航庆典、民族赛马节、楚雄'99彝州火把节、西双版纳傣族泼水节、思茅普洱茶节、红河中越边境民族文化旅游节气象服务等，也都十分出色，受到了当地党委政府和社会的好评。由于气象服务工作突出，省气象台等3个单位、1位气象职工受到中国气象局表彰；玉溪市气象局等10个单位，罗金良、应德奎第10位气象职工受到省局通报表彰。

二、气象减灾工作

1999年，全省14个地州市69个县开展了人工增雨工作，农田受益面积2000多万亩，缓解了全省旱情，降低了部分地区森林火险等级，增加了部分地区库塘蓄水，经济效益达2亿元。9个地州市42个县开展人工防雹，总防护面积660多万亩，经济效益达3亿多元。年初，怒江州中缅边境发生森林大火，3月24日～25日，省局组织气象科技人员抓住有利天气条件，实施人工增雨作业，一举扑灭了燃烧近两个月的森林大火。年内，气象卫星遥感中心共监测到高温热点2310个，及时向省护林指挥部作了通报，促进和明显提高了全省森林火险监测灭火时效。各级气象部门及时组织人工降雨作业，扑灭了一些地区的局部林火。全省各级防雷中心在雨季前及时组织防雷工程和设施检测，为数以千计的单位消除了雷击隐患，为全省减灾工作做出了重要贡献。

三、科技扶贫工作

1999年，全省共有64个县开展气象科技扶贫工作，开展科技扶贫项目29个，取得经济效益3235万元，约3.27万人摆脱了贫困。各级气象部门共投入扶贫资金48万元，其中省局向挂钩扶贫乡投入扶贫资金7.5万元。各地共为贫困地区争取扶贫项目51个，争取项目经费273.5万元，协调扶贫经费70余万元。各级气象部门支援贫困地区物资折款17.2万元。引进技术34项，举办各种实用技术培训班302个，培训农民17443人次，全省到挂钩扶贫点挂职蹲点77人，到贫困地区考察指导气象科技扶贫工作的气象干部514人次，其中厅、处级干部75人次。由于扶贫成绩突出，省局扶贫工作继获得省委、省政府挂钩扶贫工作二等奖，1999年又获中国气象局扶贫工作集体一等奖，并作为特邀代表参加了1999年10月在井冈山市召开的全国气象科技扶贫协作经济交流会，专题介绍扶贫工作经验。

四、气象现代化建设

（一）9210工程顺利投入业务运行。按照中国气象局部署要求，9210工程正式投入业务运行，各地资料全部实现通过VSAT上传，信息接收完好率在95%以上，培训人员无脱岗、换岗现象。同时顺利完成了9210工程业务化前的最后一次系统升级，77个台站开通了PCVSAT单收站，较好地解决了系统2000年问题，未发现千年虫。

（二）地面测报质量稳步提高。年内，经过全体测报人员和业务管理部门的共同努力，地面测报平均错情率从1998年的0.47‰，下降为0.27‰，超额完成中国局下达的0.5‰的指标，太阳辐射连续3年平均错情率0.1‰。12月举办的地面测报PC—1500微机换型培训班，标志着沿用了10多年的PC—1500微机结束了它的使命，气象地面测报现代化建设上了一个新的台阶。

（三）基础业务建设取得重要成果。1999年，通过努力，省地两级气象台实现用MICAPS工作平台制作天气预报，建立完善新的天气预报业务技术流程，建立完善短期灾害性天气落区指导预报业务和分县降水分级、最高最低气温指导预报业务。省台多席天气会商系统投入业务运用。世博园自动气象站完成建设并投入业务运行，实现了云南自动气象站零的突破。

（四）办公自动化建设取得新进展。年内，对省政府的网络决策服务进一步规范优化，省局《气象信息决策服务系统》投入业务运行，省地政务信息基本保持通畅，省局档案工作受到国家档案局全国通报表彰，档案综合管理又有昆明、保山两家晋升国家二级，思茅、保山等地局完成了办公自动化规划。

五、实施科教兴气象战略

（一）重中之重课题取得重要阶段成果。国家重中之重科技攻关课题《云南短期气候预测系统研究》和中国气象局重中之重课题《预报逐级指导技术研究》云南部分课题各个子课题按预定计划全面完成了年度科研任务，部分子课题已提前完成攻关研究的全部任务，已经结题验收和即将结题验收。年内“短、平、快”项目课题立项19项，气象青年研究基金项目立项4项，重点项目立项4项。有7项成果获省局科技进步奖，4项分获中国气象局和省政府科技进步奖。

（二）人才培养力度进一步加大。省局建立的中青年科研基金促进了人才的培养，有3人被选拔为省局学术技术带头人；共举办岗位业务培训班14期，培训人员638人次；全省166名预报员参加全国气象部门预报岗位业务考试，全部通过笔试和上机考试，取得了岗位合格证。

（三）对外科技合作交流取得重要进展。年内有7人赴美国学术交流考察，2人赴香港学术交流，1人赴南极考察；美国前卫星局局长访问省局，是多年来对外科技合作交流最多的一年。

（四）气象科普教育及基地申报工作取得重大进展。科普教育力度较往年加大，省局影视中心制作播出了“天气预报是怎样制作出来的”、“怎样看天气预报”、“气象与稻瘟病”等科普专题片，保山地区气象局也专门制作气象科普宣传产品，在电视台播出后很受欢迎；围绕世界气象日“天气、气候与健康”主题及“人与自然”全省科普周活动，省局与省气象学会组织和参与了昆明、楚雄、曲靖、大理等地的科普宣传，印发宣传材料1.4万份；省气象台、太华山气象站、昆明气象站、楚雄州气象台等对公众开放，受到了社会欢迎和好评。以省气象台为主体的省级气象科普教育基地和国家级气象科普教育基地先后获得批准，有力地推动着气象科普工作。

六、事业结构调整改革

（一）部门“三部分”格局初步形成。年内，全省从事科技服务及产业的气象职工已达800余人，“小三块”向部门“大三块”过渡力度加大。通过集约，省局影视中心、兰天广告中心、防雷中心、信息有限公司等组成的“三中心一公司”格局形成，由行政管理、基本气象业务、科技服务产业构成的部门新三部分已具雏形。根据全省行政区划调整，年内全省地州市气象局调整事为16个，东川区局、寻甸县局划入昆明市局管理顺利完成。

（二）科技产业经济效益逐年提高。全年有48个单位开通了“121”气象信息服务电话，105个单位开展防雷工作，36个单位开展了影视服务，33个单位开展了气球广告服务，126个单位开展了专业有偿服务，科技服务和产业经济效益较1998年增长了18.5%。

七、两个文明建设

（一）基层台站工作生活条件持续改善。1999年，各级气象部门坚持把台站的综合改善作为大事来抓，象抓现代化建设一样抓台站的综合改善，采取国家、地方、单位、个人“四个一点”方式，多渠道筹集资金，使大多数职工享受到了国家房改优惠政策。年内共完成基建13000平方米，其中职工住宅12300平方米；有10个台站的饮水、用电、道路环境条件得到了改善。离退休干部工作受到高度重视，各地“两个待遇”落实普遍较好，没有拖欠离退休费的情况。

（二）文明单位建设取得新的突破。年内，通过抓领导责任制和落实以奖代补措施，文明单位建设成效明显，昭通、迪庆、德宏、楚雄、保山等5个地州被地方党委、政府命名为文明行业，怒江、文山、玉溪等3个地州市通过了文明行业验收。至1999年末，全省气象部门已建成县级以上文明单位79个，占应建数的61.2%，比上年度增长23.2%。12月31日，省委、省政府正式行文命名省局、玉溪、昭通、德宏、永仁、峨山局为省级文明单位。

（三）气象宣传工作得到切实加强。年内，时隔7年召开了第三次全省气象宣传会议。以世博会气象服务宣传为主线，全省气象宣传工作得到了明显强化，由气象记者站和各地新闻记者采写的文章在中国气象报和省内报刊头版登载较历年明显增加，基本做到了重要题材不漏。全年气象宣传文章超过500余篇，是历年来最多的一年。首次与中国气象学会联合出版的《气象知识》云南专刊、’99昆明世博会画册，以及云南气象发展50年画册，对宣传云南气象起到了较好的作用。

（四）法制工作取得新进展。年内，与省政府法制局联合进行了首次执法检查，依法维护了绿春、华宁、弥渡、云龙等台站的合法权益。12月27日，省局组织《气象法》宣传座谈会，省人大副主任吴光范到会讲话，省政府副秘书长施天骏代表黄炳生副省长书面发言，26个部委厅局领导出席。各地州市县也先后采取多种形式加强了《气象法》宣传工作。

（五）职工爱国主义教育和思想教育内涵深化。通过声讨以美国为首的北约袭击我国驻南使馆和批判李登辉的“两国论”，激发了全省广大气象干部职工的爱国热情。按中央和省委要求，果断坚决及时地抓了“法轮功”问题的处理和转化工作，使部门参与者划清了同“法轮功”的界限。揭批邪教“法轮功”的斗争，使全省气象干部职工受到了一次深刻的无神论和唯物主义教育。

八、开展“三讲”教育

1999年，按照中国气象局党组和云南省委统一部署要求，在中国气象局巡视组的帮助、指导和推动下，省局“三讲”教育工作从10月9日开始至12月下旬全部结束。通过“三讲”教育，各级领导干部和班子进一步坚定了政治信念，提高了对全面贯彻民主集中制重要性和必要性的认识，增进了班子的团结，振奋了精神，使党组织的战斗力得到了显著增强，有力地推进了全省气象工作的发展。

云南乡镇企业发展述评

云南省乡镇企业局局长　马惠全

1999年，全省乡镇企业在宏观经济环境不够宽松、各方面的困难更加突出的情况下，通过积极贯彻党中央、国务院和省委、省政府关于乡镇企业的一系列方针、政策，特别是通过认真落实省委、省政府《关于进一步促进乡镇企业改革、发展与提高的意见》，全省乡镇企业继续保持了较快的增长速度，主要经济指标稳定增长，经济运行的质量和效益有了提高，为全省国民经济的持续增长作出了应有的贡献。

一、发展概况

按原口径计算，全年完成营业收入2171亿元，同比增长21.8%；总产值1759亿元，增长21.6%；不变价工业总产值528亿元，增长8.5%；增加值399亿元，增长12.3%；利税总额183亿元，增长16.1%；实缴税金44亿元，下降2.9%；从业人员424万人，增长5.9%。为农民人均增加纯收入45元。省政府年初下达的各项主要计划指标均圆满完成。1999年全省乡镇企业的主要发展特点是：

（一）第三产业快速发展。由于世博会的拉动和多年来调整产业结构的结果，1999年全省乡镇企业的第三产业实现了幅度增长。第三产业完成现价总产值805亿元，净增209亿元，增长35.1%，占全省乡镇企业现价总产值45.8%，比上年提高4.6个百分点。

（二）个私企业继续保持高速增长。农村个私企业完成营业收入1618.7亿元，增长47%。实缴税金达到29.1亿元，增长14.6%。个私企业发展迅猛的主要原因是：通过认真贯彻全省个体私营经济工作会议精神，各级党委、政府高度重视个私经济的发展，新办企业大多为个私企业。各级乡镇企业主管部门也加强了对个私企业的扶持和指导。省局重点扶持的100个私营企业发挥了较好的示范、带动作用。同时改革中有1201个集体企业通过产权转让改制为私有企业，3131个“名为集体，实为个私”的乡镇企业恢复其个私企业性质，也是使农村个私企业经济总量大增的一个原因。

（三）对农业产业化和小城镇建设的拉动作用明显增强。通过大力调整产业结构、积极培植农业产业化龙头企业和积极优化企业布局、着力发展乡镇企业园区，有力地带动了农业产业化经营和农村小城镇建设。

（四）重点地区保持较好发展势头。由于认真实施“重点带动战略”，在全省营业收入总量中占有较大份额的6个地州市中，除个别地州市外，保持了较高的增幅，楚雄增长30.2%，昆明增长23.1%，大理增长22.7%。

（五）兴办联营企业取得进展。1999年，云南乡镇企业大力推动跨地区、跨所有制、跨行业的经济技术协作，积极兴办联营企业，取得较大进展。至年末共有联营企业173个，其中与国有企业联营129个，与城镇集体企业联营44个。按省内省外分，与外省市区联营6个，省内各地州市之间联营167个。联营企业实现增加值1.5亿元，营业收入9.4亿元，利润总额0.5亿元，固定资产原值6.6亿元。

二、取得成绩的主要原因

（一）省委、省政府更加重视乡镇企业的发展。针对“两烟”实行“双控”、市场约束加剧、资金严重不足等困难，省委、省政府采取一系列措施强化对乡镇企业工作的领导。稳定和加强了乡镇企业管理机构，加大了省级财政资金的扶持力度，把乡镇企业作为增加农民收入，繁荣农村经济，促进全省经济增长的重要战略任务来抓，协调解决了发展中的许多重大问题。多数地州市党委、政府也相继召开乡镇企业工作会议，认真贯彻落实省委、省政府《关于进一步促进乡镇企业改革、发展与提高的若干意见》，结合实际出台了一系列促进乡镇企业发展的政策措施，并注重抓好落实。

（二）各级乡镇企业主管部门领导振作精神，迎难而上。省局对全年工作的目标、思路、措施，做到了“早调研、早讨论、早下达”，并在大理召开的全省乡镇企业工作会议上，确定了“实行六抓”的工作重点，即抓改革、创新机制，抓调整、优化结构，抓科教、提高素质，抓重点、确保速度，抓管理、提高效益，抓队伍、保障落实。省局机关通过抓自身建设特别是通过“三讲”教育，增强了凝聚力和战斗力。各级主管部门都加强了对基层和企业的调查研究和帮助，较好地发挥了规划、指导、管理、监督、协调和服务的职能作用。

（三）全省各有关部门积极配合和支持。通过多年的实践，乡镇企业在全省经济社会发展中的重要地位作用日益突出。乡镇企业是国民经济的重要增长点，已成为越来越多的人的共识。省级各部门特别是省委农工部、省委政研室、省财政厅、省计委、省经贸委、省科委、省体改委、省人事厅、省政府经研中心及工商、税务、银行等部门、单位，都为全省乡镇企业的发展做了大量的工作。

三、工作措施

（一）努力深化企业改革。1999年，省乡镇企业局把乡镇集体企业的改革列为全局工作的首要任务，作为推动全省乡镇企业发展的关键措施来抓。在省政府对清产核资工作作了全面部署以后，省局又及时作出具体的安排，注意清产核资与深化改革的衔接，使清产核资与深化改革同步进行。经过反复协调，我局同省工商局等4个部门一起下发了《关于乡镇企业深化改革的意见》，及时总结、推广了楚雄、昆明等地产权制度改革的情况和经验，组织了各地州市之间的交叉学习、检查，从而有力地推动了改革的深入。全年完成改革的企业达到16383户，约占集体企业总户数的80%，涉及资金81.6亿元，涉及固定资产的55.1亿元。16383户中，股份合作制482户，租赁1217户，产权转让1181户，组建股份有限公司、有限责任公司和企业集团757户，风险抵押承包7680户，集体企业甄别为私营企业3131户，破产210户。改革的企业绝大多数运行比较正常，效果比较好。

（二）积极推动结构调整。1999年，云南省乡镇企业系统对乡镇企业的经济结构开展了一次全面的调查研究，并针对存在的问题，加大了调整的力度。依托乡镇企业与农业、农民的天然联系，把发展农副产品加工作为主攻方向，发展了一批带动农业产业化的龙头企业。积极发展高新技术产业，带动产业结构的优化和升级。注重发展外向型企业、东西合作企业，重点抓了与山东、福建、广东等沿海地区的项目合作。突出抓好个体私营企业、第三产业的发展。同时优化企业布局，引导乡镇企业向小城镇和工业小区集结，逐步实现农村二、三产业的相对集中发展。

（三）大力推进科技进步。1999年，云南省乡镇企业局把科技进步工作放在更加突出的位置来抓。加强对主导产业和支柱行业的技术改造，努力提高技术装备水平、加工深度和产品的档次。重点扶持一批具有比较优势和良好市场前景的拳头产品，提高市场竞争能力和市场占有率。强化科技开发和先进技术的推广应用，积极实施“星火”计划、“火炬”计划项目，全年乡镇企业共承担科技产业项目13项，其中火炬计划2项，星火计划项目11项。继续开发高新技术的引进嫁接工作、广泛开发产学研结合，鼓励和引导有条件的企业建设技术开发中心，大力开发新产品，创造新的市场需求。同时。加大了对科技教育的投入，增强投资对科技的拉动作用。全省出现了一批科技含量高、市场竞争力强、经济效益好或具有地方特色的名特优新产品。在农业部组织的“1999年度中国乡镇企业科技进步奖”评审活动中，云南上报的5个项目全部获奖，其中玉溪市香料厂的烟用香精香料产品开发获二等奖，玉溪水松纸厂高精牌水松纸新产品开发、玉溪建生机械制造有限公司喷射鼓泡（TBR）脱硫除尘器新产品开发、玉溪卷烟厂滤咀棒列产品综合开发、玉溪市场卷烟专用胶厂多功能白乳胶产品技术开发4个项目获三等奖。有5个项目获云南省星火奖，其中昆明龙津药业有限公司的“注射用灯盏花素冻干剂及制备工艺”获一等奖。玉溪高仓实业集团有限公司和永胜映华植物化工集团被农业部授予“全国乡镇企业技术创新示范单位”称号。

1999年，加大了人才培训的力度。省乡镇企业局挤出30多万元用于人才培训，重点培训地县乡镇企业管理骨干、506个“扶贫攻坚乡”的企业管理干部和财务人员、安全环保人员。省局举办了17期培训班，共培训1100人。各地、州、市、县、区、乡及企业也层层开展了多形式、多渠道的人才培训。全年受过各级长、短期培训的从业人员达11.6万人。至年末，在全省769026人乡镇集体企业职工中，按文化程度分：大专及其以上15096人，占职工总数的1.96%；中专6468人，占3.4%；技校29778人，占3.9%；高中140289人，占18.2%；初中359620人，占46.8%；小学及其以下197777人，占25.7%。按技术职称为：高级技术职称4905人，占0.6%；中级技术职称17476人，占2.3%；初级技术职称466162人，占6%。

（四）努力扩大对外开放。1999年，云南乡镇企业努力扩大对外开放。省乡镇企业局积极为具备条件的企业申办进出口经营权，又有6户出口企业取得了进出口经营权，使具有进出口经营权的企业累计达到17户。同时，大力加强“贸工农基地”建设，千方百计增加出口产品。至年末，全省乡镇企业系统累计建成出口商品企业75个，共有职工14354人。出口产品生产总值（现价）13.4亿元，出口产品交货值6.9亿元，出口产品发展到化工、机械、矿产、轻工、食品、纺织、工艺品等12大类、60多个品种。产品远销美、韩、越、德、日、意等10多个国家和地区。出口产品生产总值较多的行业为：矿产业6.9亿元，化工业2.8亿元，轻工业1.9亿元。采取措施进一步加大了东西合作的力度，新上报东西合作示范区18个。编制了《云南乡镇企业对外经济合作项目书》，共有14类行业的100个项目入选。省局与山东省乡镇企业局签订了乡镇企业对口支援协议书，对两省在项目合作、开拓市场等方面起到了促进作用。积极参与了由福建省人民政府主办、福建省乡镇企业局承办、云南省乡镇企业局协办的“福建省特色产品展销会”，商品成交额达10.5亿元，其中乡镇企业占30%以上。昆明市与福州市及其所属3对县市结成了合作对子。近年来我省与广东、浙江、山西、福建、四川、贵州、上海、河南、陕西、广西、山东等达成的一大批合作项目，实施工作顺利，已取得了较好的经济社会效益。

（五）加强环境保护工作。1999年，云南首次将环境保护工作纳入乡镇企业发展目标责任制，强化了对保工作的管理。重点抓了滇池污染综合治理和工业企业达标排放工作。在滇池污染综合治理中，云南省人民政府、昆明市人民政府确定的253户限期治理企业中的63户乡镇企业，有61户经过治理已实现达标排放，占96.8%，有2户治理无望，已按规定关停，占3.2%。在工业企业达标排放工作中，采取切实措施，认真落实《云南省人民政府关于印发〈云南省2000年工业污染源达标排放考核实施方案〉的通知》。对该通知规定的1402户重点考核企业中的312户乡镇企业，通过加大治理力度，加强督促检查，已有99户实现达标或已关停，占35.2%，高于全省水平。有望达标的有193户，占63.3%，难达标的有11户，占3.6%。达标无望的有2户，占1%。在积极治理污染企业的同时，狠抓了环保三同时制度的落实，严格控制新的污染源的产生。

（六）重视安全生产。1999年，云南乡镇企业进一步加强了安全生产工作。狠抓安全生产责任制的完善和落实，逐级签订、落实安全生产目标管理责任制。同时加大了安全大检查的力度。5月认真开展了以查排隐患、保障安全为主题的“安全月”活动。8月组织了以保安全、促发展为主题的安全大检查。通过检查，发现了一批隐患，有的现场进行整改，有的限期进行整改。各级乡镇企业主管部门，还通过多种渠道，加强了对安全管理人员的培训。重点地区和重点行业经重点治理和专项治理效果明显，如昭通伤亡事故数下降21.4%，死亡人员下降21.8%。全省发生死亡事故88次，死亡105人，重伤事故11次，重伤18人，百万吨煤死亡人数为1.4人。事故多发行业为煤炭、冶金、建材、建筑等行业。机构、电力、化工、轻工等行业的安全生产比较好。

四、存在问题

主要问题是：(1) 资金投入继续下降。除省级财政增加1000万元的扶持资金外，地、县两级财政的投入都有较大幅度的下降，全省下降24.2%。(2) 产品销售情况欠佳，集体企业产销率低于全省水平。(3) 规模较大的一些重点企业生产经营比较困难。(4) 企业不合理负担沉重。

有40个部门向乡镇企业收费，收费项目达659种，其中有一半为不合理收费。(5) 扶持政策难落实。这些问题严重阻碍了乡镇企业的发展，有待今后加强措施进行解决。

云南工业发展述评

云南省经济贸易委员会主任　李现武

1999年是“九五”计划第四年，在党中央、国务院和云南省委、省政府领导下，全省人民认真贯彻落实党中央扩大内需和积极的财政政策，继续深化企业改革，加大产业结构调整力度，以提高经济运行质量、效益为核心，克服困难，顽强拼搏，实现了工业生产的平稳增长，经营状况基本良好。全年完成工业增加值680.23亿元，比1998年增长6.8%。

一、工业生产保持平稳增长

1999年，全省工业生产保持平稳增长的态势，工业总产值实现1549.10亿元，比1998年增长6%。其中全部独立核算国有工业和年销售收入500万元以上的非国有工业（以下简称规模以上工业）完成产值1020.17亿元，增长4.4%。从规模以上工业看，呈现如下特点：一是工业增长速度高于上年，工业增速达4.4%，比上年提高0.8个百分点。二是重工业增长高于轻工业，重工业生产全年保持增长势头，产值完成472.27亿元，增长66%；轻工业完成产值547.91亿元，增长1.9%，重工业增长高于轻工业4.7个百分点。三是国有工业负增长，其他工业快速增长，全省国有工业增速比上年下降0.3%，而集体工业则增长22.5%，股份合作制工业增长9.9%，股份制工业增长8%，其他类型工业增长7%，增长速度均超过全省平均增长速度。四是农村工业增速加快，全省农村工业全年完成产值102.58亿元，增长13.6%，高于全省工业平均增速9.2个百分点。五是工业品产销衔接趋好，产销率逐季保持提高，一季度累计达88.3%，二季度达到92.9%，三季度达96.29%，全年产销率达98.3%，比上年提高0.6个百分点。六是部分主要工业产品产量保持较大幅度增长，发电量和磷矿石分别增长12.7%和22.8%，10种有色金属增长25.6%，三聚磷酸钠增长26.5%，塑料增长25.8%，糖增长29.4%，人造板增长16.8%。

二、国有企业改革和发展取得明显成效

党的十五大以来，全省各地进一步加大了国有经济战略性调整和国有企业战略性改组的步伐，推进了国有企业改革和发展，一批企业在市场经济大潮中正焕发生机和活力。1999年，国有企业改革和发展的成效明显，主要表现在下述方面：

（一）国有大中型企业建立现代企业制度取得一定进展。全省地方236户国有大中型企业中已有120户进行改制。企业在改制中始终把“三改两强”作为建立现代企业制度核心内容，并结合云南实际，落实推行职工持股的制度和实现股权多元化。1999年末，经批准成立的持股近80户，有部分企业还实现了持股会控股。

（二）国有大中型企业脱困工作进展顺利。全省列入当年重点脱困的23户企业，通过兼并、破产和政策扶持，基本实现了扭亏增盈和大幅度减亏。

（三）加大企业组织结构调整力度。全年共向国家早报114户企业组织结构调整计划，其中有63户企业经国家批准，拟核销呆坏账12.45万元，比上年7.25亿元，增加4.93亿元。通过核销呆坏账，减轻企业负债，资产重组，使企业获得新生。

（四）“抓大放小”工作继续推进。1999年全省首批列入大企业大集团战略重点培育的40户企业中，已有31户改制为公司制企业。改制企业中有9户企业上市，改制的企业多数都开展了制定集团化发展战略工作，并制定具体实施方案。“放小”工作继续坚持了多种形式并举，积极推行股份合作制，落实目标责任制。至1999年末，全省放小企业面达70%以上。“抓大放小”工作的继续推进，使企业活动得到了进一步增强。

（五）企业管理工作继续加强。1999年，全省加大了政府指导企业管理工作力度，省政府颁发了《加强国有企业管理工作的通知》，明确了企业管理工作的思路及目标，工作重点及相应的激励政策措施，推动了全省企业管理工作上台阶。(1)经过一年实施，全省涌现了一批管理好、效益好的先进企业。全年有108户大中型企业达到管理评价一、二级企业要求，有昆药等20户大中型企业连续两年保持了云南省管理评价一级企业水平。(2)全省在远学邯钢、近学玉烟活动中成效显著。昆钢学邯钢以来从1995年～1998年吨材的成本累计降249.21元，1999年又比1998年下降140余元。红河州磷肥厂学邯钢以来，1997年～1998年累计降低成本达2458.75万元，1999年推广亚星采购管理经验后，又降低采购成本140余万元。(3)加强中小企业厂（经理）的培训工作，全年共培训管理者240余人次，并组织50余名大中型骨干企业厂长（经理）到省外的海尔和亚星等国内著名企业学习管理经验。(4)对39户重点扶持个体私营企业实施动态管理，并帮助部分个体私营企业解决经营活动中的困难。(5)巩固和探索国有企业监督工作。在全省广泛开展了国有企业财产监督管理工作调研，形成调研报告后上报国家经贸委。并对建立监事会的企业整体完善监事会制度，从制度上建立和完善国有企业监督机制。深入调查研究，努力探索新形势下国有企业监督的有效形式。

三、企业技术进步取得一定成绩

1999年，全省坚持“三改两加强”的方针，突出重点，择优扶强，积极推进国有企业技术进步，有效地促进了企业整体素质的提高，取得一定成绩。(1)全年预计完成技术改造投资90亿元，投资的重点是优强企业。(2)组织实施一批省管重点技改项目。其中着重抓了昆机数控机床，云变“九五”技改，云光非球面光学镜头，昭通建材集团30万吨水泥及邓川奶粉厂保鲜牛奶等重点项目的实施，年内进展顺利。(3)实施一批重大技术的创新项目。全年共安排技术创新项目25项，投入资金23131万元。其中进入国家技术创新贷款项目3项，投入资金7200万元，拨款项目6项，拨款430万元；新产品开发补助2项，补助60万元。(4)控制新上一般性加工项目，有效制止了重复建设。当年对全省重复建设比较突出的小冶金、小造纸、小糖厂、小饮料、小印刷、小黄磷和小纺织企业进行了调查清理，并制定出台了《云南省限制、淘汰和禁止发展的工业产品和技术目录》。关闭了一批技术落后、浪费资源、质量低劣、污染严重的小玻璃厂、小水泥厂、小钢铁厂、小火电厂、小糖厂、小纸厂，并淘汰了落后的生产能力。(5)继续实施名牌战略，当年全省又认定了30个云南名牌产品，至年末，全省名牌产品累计已达到141个。(6)积极引导全省列入国家520户中的重点企业和省的大企业大集团组建技术中心或技术开发机构。年内又有云南光学仪器厂等6户企业建立了技术中心。至年末全省认定的企业技术中心达到16户。(7)深入开展节能技术和资源综合利用，年内节能降耗见成效。冶金、有色、电力等重点企业万元工业产值能耗比1998年又有所下降。

四、工业发展中反映的突出问题

（一）全省国有工业企业经济效益没有明显好转。1999年全省国有工业企业经济效益综合指数为150.22，比上年下降23.32个百分点。7项反映经济效益综合指数的指标中有总资产贡献率，资本保值增值率、资产负债率、流动资产周转率、成本费用利用率等5项指标比上年下降。亏损企业继续增加，全省国有企业亏损面达56.5%，比上年上升4.5个百分点；亏损企业亏损额达23.07亿元，比上年增加2.6亿元。利税额继续下降，全省国有企业实现利税额276.37亿元，比上年下降6.9%，其中实现利润下降35.9%。

（二）三年实现“两个大多数”的目标，特别是扭亏脱困的任务依然艰巨。虽然重点脱困企业可以扭亏增盈或大幅度减亏，但面上企业亏损情况依然严重。全省地方236户国有大中型企业中，1997年有85户亏损，但1999年又新增63户亏损。至1999年末，全省亏损企业达106户，亏损面达44.9%，亏损额达11.06亿元，比上年增亏2.81亿元。其中29户糖厂亏损6.1亿元。

（三）全省国有企业管理滞后。还普遍存在着机制不活、管理松驰、产品质量差、技术落后、成本高、效益低下等问题，“等、靠、要”思想较为严重，许多方面都还很不适应建立社会主义市场经济体制的要求。

针对上述问题，今后要加强措施进行解决。

云南煤炭工业发展述评

云南省煤炭工业厅厅长
云南煤炭工业管理局局长 周世贵

1999年，是全省煤炭职工在困境中努力拼搏奋进的一年。一年来，在市场制约加剧、需求不旺、煤价下滑、货款拖欠严重、煤炭企业生产经营困难的严峻形势下，广大煤炭职工和各级领导班子始终保持了较好的精神状态，认真贯彻省煤炭厅局党组年初确定的“一二三四五”的工作路数，千方百计克服各种困难，以改革攻坚为动力，以强化内部管理为手段，以提高经济效益为目的，努力开拓省内外市场，促进了扭亏增盈、脱贫解困工作。通过全行业上下的一致努力，各项工作取得了一定成效，基本保持了职工队伍和矿区的稳定。

一、经济平稳运行，目标基本实现

1999年，全省认真贯彻国务院关井压产、控制总量的重大方针，煤炭总量有所下降。全年共产原煤2663.6万吨，同比下降14.2%。其中省煤炭厅局直属煤矿完成271.7万吨，同比下降8.9%；省监狱局属煤矿完成525.5万吨，同比下降6.5%；地县国有煤矿完成201.3万吨，同比上升3%；乡镇煤矿完成1656.9万吨，同比下降18.6%。全省共完成洗精煤205.3万吨，同比下降6.6%。其中厅局直属煤矿完成121.1万吨，监狱局及地县煤矿完成45.5万吨，乡镇煤矿完成38.7万吨。

全省煤炭工业总产值（现行价）完成26.01亿元。其中厅局直属企业完成6.04亿元。商品煤销量，直属煤矿完成255.9万吨。其中省内销量比上年同期下降13%，省外销量比上年同期增长31.3%。产销率达98.4%，与上年持平。原煤单位成本，直属煤矿达104.15元/吨，同比下降2.78%。原煤全员效率，直属煤矿达1.253吨/工，比上年同期略有提高。省煤炭厅局与省政府签订的4项经济效益考核目标和安全考核目标基本完成。利润目标为补后亏损1900万元，实际亏损3463万元，扣除破产预案企业来宾煤矿超亏2719万元外，完成了考核指标。成本费用利润率目标为-2.9%，实际为-5.77%，扣除破产预案企业来宾煤矿外，实际为-1.35%。工业总产值目标（不变价）为增长3%，实际增长4.19%，超额1.19%完成考核目标。产销率目标为98%，实际为98.4%，达到考核目标。安全考核指标，全省原煤生产共死亡226人，原煤百万吨死亡率达8.48人，其中省煤炭厅局直属企业原煤百万吨死亡率达7.72人，比控制指标上升93%；千人死亡率为0.108人，比考核指标下降61.9%；千人重伤率为0.523人，比考核指标下降18.2%。地县国有煤矿原煤矿百万吨死亡率为0.49人，控制较好；乡镇煤矿原煤百万吨死亡率为11.88人，重大事故仍然居高不下。

二、关井压产控量，取得阶段成果

1999年，省政府按照国务院和国家煤炭工业局对关井压产、控制总量的总体要求，进行了全面安排部署，制定措施，落实责任，层层分解下达关井压产责任目标，与9个主要产煤地州签订了关井压产、控制总量目标责任状。各级煤管部门在各级政府关井压产领导小组的具体领导下，层层签订责任状，组建由经贸、煤炭、地矿、工商、公安、监察等部门组成的联合执法队，深入基层、深入矿山，广泛宣传政策法规，严格执法。各地区关井压产工作基本做领导重视、机构落实、任务明确、宣传到位、准备充分、方法得当。昆明市、玉溪市等还核拨了专项工作经费。昆明市对石林、嵩明、宜良、寻甸等县进行了重点清理整顿；楚雄州对所属5县1市无证开采的热点地区反复进行政策宣传，使广大群众了解支持关井压产工作；大理州祥云县分管工业的副县长主动带头首先关闭自己亲属开采的矿井；宣威、富源县对关闭矿井都建立了档案材料；昆明、玉溪、文山及宣威、富源、泸西、弥勒等重点产煤地县，对关闭矿井都坚持撤除供电设施，撤除地面生活设施及建筑物，炸毁填实井口，遣散从业人员，树立了永久性关闭标志牌。通过年底省政府关井压产领导小组组织的检查验收，全省已关闭非法和布局不合理煤矿1893处，完成关井压产目标的123.5%；压减产量633.68万吨，完成压产指标的109.1%。与省政府签订责任状的9个地州（市），除曲靖市未完成压产任务外，其余地州均全面完成了关井压产目标，获得了省政府的奖励。

各主要产煤地州县（市）在实施关井压产的同时，还对煤炭经营秩序进行了整顿。煤炭经营流通秩序有所好转。经过整顿，对312家具备煤炭经营资格的企业发放了资格证。

通过对关井压产和经营秩序的整顿，全省煤炭行业管理进一步得到加强，省煤炭系统内第一家行业协会“曲靖市煤炭行业协会”宣告成立。全省煤炭行业协会的筹建工作正在抓紧进行。

三、改革不断深化，机制转换加快

1999年，全省煤炭系统进一步解放思想转变观念，使企业改革不断深化，促进了生产的发展。省煤炭厅局直属企业除少数单位外，大多数均建立职工持股会；后所、可保煤矿及地质局等单位在深化改革方面迈出了实质性步伐，并有较大突破。后所煤矿实现了分立式改制，组建了“云南东源实业股份有限公司”，已正式挂牌营运；可保煤矿从产权制度改革入手，进行了结构调整，部分二级单位已改造为股份制和股份合作制的混合所有制企业，并将进入企业整体改制；一平浪、羊场、田坝煤矿的局部破产已做了大量的前期准备工作；煤机总厂的“债转股”工作已由省上报国家经贸委审批；来宾煤矿已列入国家关闭破产企业，破产前的各项准备工作正在抓紧进行。田坝、羊场两矿列入了国家级脱困企业，牛绍尧副省长和邹纲仁秘书长分别对口联系、帮助、指导两矿的改革发展。直属单位的住房改革在逐步深化，正在向货币分房过渡。职工人均居住面积已达到8.04平方米，住房成套率达52.1%，基本实现住房小康目标。职工养老保险统筹已基本理顺，重点企业缴费率已降到23%，直属企业参加基本养老保险的职工已达100%，参加工伤、生育保险的企业达到94%。

年内，地县国有煤炭企业改革迈出较大步伐，取得较好效果。继师宗县煤炭集团公司成立后，文山州又以普阳煤矿为骨干，联合州煤管处、州煤业公司成立文山州煤业集团有限责任公司，促进了全州煤炭工业的发展。上头营煤矿组建了江川上头营煤业有限责任公司、楚雄吕合煤矿组建了楚雄州燎原煤业有限责任公司，拖白煤矿组建了弥勒煤业股份有限责任公司，师宗县雄壁煤矿组建了雄壁兴源集团有限责任公司。开远大庄煤矿采用先终止、后重组的方式组建了开远市大庄煤矿有限责任公司；泸西县红山煤矿、黄栗棵煤矿、小洼子矿等企业分别实施了承包经营、合股经营等多种形式的改制；大理州鹤庆县马厂煤矿已改制为鹤庆县煤炭工业有限责任公司；弥勒县采取拍卖、破产方法将莲花塘、跑马山等煤矿卖给个人，重新组建股份煤矿。丽江地区河源煤矿已改制为河源煤炭工业有限责任公司；华坪县大多数国有煤矿和乡镇骨干煤矿也进行了公司制改造。且办河东煤矿改为九八能源有限责任公司；乡镇骨干煤矿荣将煤矿、大兴煤矿、永兴煤矿、信泉煤矿等也已改为公司制企业，而且运转正常，效益较好。还有大理州永华、凤庆，玉溪市向阳、塔甸等一批煤炭企业的改革改制工作也取得了实质性的进展。为促进地方煤炭企业的发展，文山州煤业有限公司还与《中国煤炭报》联合开展了“普阳杯”中小煤矿发展战略征文活动，取得了较好效果。

四、强化企业管理，促进扭亏增盈

1999年，省煤炭厅局直属企业紧紧围绕增量增收、提质增价、微利多销的原则，加强企业内部管理，强化扭亏增盈责任制，层层落实责任，层层分解下达扭亏目标，矿、井口分级建立了经济运行分析制。各单位按照以产定人，以销定产的原则，加大了下岗分流、减人提效的工作力度。年内直属单位在岗职工减少1723人，下岗3043人，实现再就业1223人。为实现扭亏增盈目标，各单位外抓开拓市场，内抓管理降耗，不断加强财务管理、资金管理和成本管理，改造洗煤工艺，提高精煤回收率，调整营销策略，强化销售队伍建设。厅局抓住世博会在昆明召开的机遇，加强与省外用户的联系，巩固扩大了省外市场。经过上下努力，与省政府签订的利润、成本费用利润率、工业总产值和产销率4项经济考核指标全面完成。一平浪煤矿实现盈利8万元，昆明煤机总厂实现盈利24万元。

年内，各地县国有煤矿和乡镇骨干煤矿也采取积极措施，千方百计提高企业经济效益。华坪县狠抓产品的深加工，洗精煤、洗混煤、煤焦等产品产量都比上年有较大增长，工业总产值增长0.46%；石林县亏损额比计划降低26.5%，亏损户比计划减少50%；师宗县销售收入比上年增长4.4%。

五、巩固多经三产，发展个体经济

1999年，全省煤炭行业坚持以煤为主、全面发展的指导思想，多种经营和第三产业迅速发展。至年末已形成了电力、化工、冶金、建筑、建材、商贸、宾馆、旅游及养殖、种植等多种产业。全省煤炭行业多种经营、第三产业总产值突破4亿元大关，达4.78亿元，比上年增长5.8%，其中直属企业总产值达4.18亿元，创利税1880.17万元。直属企业个体私营经济发展也有较大突破，产值超过1000万元，营业额达6015万元。

年内，全省煤炭企业综合利用建材产品，充分利用了煤矸石、剥离废弃物及粉煤灰等废物，生产矸石砖、陶粒砌块、水泥等建筑材料，既保护了资源，又减少了环境污染。7个煤矸石电厂得到了省资源综合利用认定委员会的认定，享受到了免收增值税的优惠政策。在发展非公有制经济方面，一平浪煤矿因地制宜，大力发展种植、养殖业。至年末，鸡、羊、猪、鱼的养殖和水果、蔬菜的种植已初具规模，经济效益可佳。煤田地质局制定优惠政策，鼓励下岗职工自谋出路、自我发展。至年末已建立发展个体私营经济基金250万元，有100多名职工自愿从事个体私营经济。田坝煤矿利用矿区闲置土地发展庭院经济，总产值达180多万元。丽江地区河源煤矿也大力发展养猪及办加油站、汽车修理厂、商贸门市、旅游食宿站等多种经营；宣威市煤炭局成立预制构件厂、汽车运输公司、经贸公司等多种经营企业；师宗县雄壁兴源集团有限责任公司积极发展畜牧业、果业、农副产品加工业和商业服务业；文山州煤业有限责任公司发展了酒店、旅游和石材、木材、石雕、木雕加工及五金交电、日用百货、种植、养殖等多种；华坪县煤炭局所属几个改制的公司开办加油站、石灰石厂、电厂及宾馆、农贸市场、汽车修理等多种经营项目；保山羊邑煤矿创办矸石砖厂等，均取得较好经济效益。

六、抓好基本建设，地勘取得成果

1999年全省煤炭行业完成基本建设总投资2.13亿元。其中国有重点煤矿完成9291万元，地方项目完成1.2亿元。全年新增固定资产投资1.8亿元，新增生产能力90万吨。兴云煤矿60万吨矿井和60万吨洗煤厂已由省计委组织验收，正式投产；大理州马厂、思茅胜利煤矿、凤鸣村煤矿的改扩建工程也先后峻工投产；先锋首期65万吨工程已开始出煤供电厂。先锋煤炭液化项目可行性研究，已经中德两国专家论证完成，正上报国家计委审批立项；恩洪煤矿扩建已完成立项和补设审查；田坝、羊场煤矿扩建项目建议书已上报省计委。为加大对缺煤地区、老少边穷地区煤炭开发建设的扶持力度，省地方煤炭公司还编制了地县国有煤矿及乡镇骨干煤矿基本建设投资计划，共安排建设项目112个，总投资计划9030万元，正在分步组织实施。

省属煤矿还完成技术改造投资7596万元。其中国有重点煤矿完成1705万元，地方国有煤矿完成5891万元（后所煤矿1773万元，小龙潭煤矿2443万元），新增固定资产22116万元。

煤田地质勘探，围绕缺煤地区找煤工作取得新的进展。地质局协助中煤航测遥感局组织实施的国家一类项目“云南德宏—保山地区煤田遥感地质调查，从面上查清了煤炭资源的分布特征，优选出了芒棒、镇安、勐连、柴河、江东、界头、明光等7个可供近期开采的煤炭基地。三江地区找煤也取得了新进展，为缓解德宏、保山地区和三江地区用煤需求，解决以柴代薪，保护生态环境做出了贡献。

七、加强安全管理，形势有所好转

1999年，全省各级煤炭管理部门和煤炭企业都进一步采取强有力的措施和办法，全面加强安全管理工作。省煤炭厅党组调整充实了厅局安全领导小组，进一步明确了党组成员对安全工作的责任，重新划分安全业务工作和安全监察工作职责，作出《关于加强厅局安全工作的决定》，制定矿长和总工程师安全责任奖惩办法，落实了各级领导安全生产责任制。厅局机关“三讲”教育中，又制定安全生产整改措施，世博会期间还制定了保障煤炭生产工作方案。直属企业组织开展“一通三防”会战和安全生产周、百日安全无事故等一系列安全生产活动，加大了安全监督、检查力度，加强了现场管理，安全管理工作有明显加强，除田坝和圭山两起重大事故外，其余各矿安全生产状况均有明显好转。恩洪煤矿实现安全生产1500天，建安公司连续10年实现无工亡。

各地县煤管部门了加强了安全管理。师宗县煤炭局举办特殊工程培训班，事故有明显下降；华坪县狠抓安全目标管理和现场管理，控制了3人以上重大事故的发生；石林县组织各煤矿队长以上管理干部参加安全法律法规考试，增强了各级干部的安全意识；宣威市煤炭局要求各煤矿矿长建立下井日志，副矿长、井长、副井长坚持跟班作业、现场指挥，原煤百万吨死亡率有较大幅度下降；泸西县煤管局定期召开安全调度会，发生事故及时召开现场分析会。由于措施扎实，这些单位的安全生产都取得了较好成绩。

八、加强文明建设，开展“三讲”教育

年内，全省煤炭行业不断加强精神文明建设，为全行业的改革和发展提供了思想政治保证。厅局党组进一步加强对直属企业党的基层组织建设和对精神文明建设的领导，加强对各级领导干部的理论学习培训工作，先后举办5期矿处级干部和中青年干部读书班，共培训各级干部211人。各单位党政工组织结合企业改革、下岗分流再就业、工资拖欠等实际开展有针对性的思想政治工作，增强了广大干部职工深化改革、脱贫解困的信心。厅局直属单位和各地州县国有煤矿都在职工中广泛开展批判“法轮功”邪教组织的活动，加强职工政治思想教育。省煤矿文化艺术联合会的成立，推动了全省煤炭行业群众文化艺术活动的开展，企业文化建设进一步加强，文明单位创建活动深入发展。以纪念“五四”运动80周年、庆祝建国50周年、迎接澳门回归等重大活动为契机，广泛深入地开展健康文明的职工文化娱乐活动。世博会期间，中国煤矿文工团赴昆参加文艺演出，先后在昆明、后所、一平浪、丽江河源煤矿演出，深受矿工的欢迎；全国青少年煤炭科技夏令营在昆明开营，使广大煤炭青少年受到一次爱国主义和煤炭科技知识教育。全省煤炭行业涌现出了一大批先进单位，一平浪煤矿、小龙潭矿务局荣获省委、省政府授予的“省级文明单位”称号；玉溪地区向阳煤矿、怒江州煤矿继续被确认为“省级文明单位”；省煤炭工业学校获“省级文明学校”称号；省煤炭技工学校跨入了全国高级技工学校行列，省煤炭厅局党组还表彰了直属单位1998、1999年度创先争优活动中涌现出来的先进党委2个，先进党总支（支部）37个，优秀共产党员79人，优秀党务工作者23人。

按照中央和省委的部署，省煤炭厅局领导班子和厅机关处级干部认真开展了以“讲学习、讲政治、讲正气”为主内容的党性党风教育。参加“三讲”教育的厅、处级领导干部普遍受到了一次深刻的马克思主义教育，进一步提高了发扬理论联系实际的马克思主义学风的自觉性，进一步增强了改造主观世界紧迫性的认识。通过“三讲”，机关精神面貌发生了明显变化，思想作风有所改进，服务意识不断增强。厅局党组制定的“整改方案”正在分层次、分阶段地制定措施，认真落实。

九、存在问题

主要问题是：（1）思想解放、观念转变的力

度还不够，部分领导干部在计划经济管理体制下形成的思维模式、工作方法、传统观念还没有彻底突破，距离市场经济的要求还有较大差距；(2) 改革力度还不够，大胆探索的胆子还不大，办法还不多，经营机制还没有根本性转变；(3) 结构性矛盾较为突出，产业结构、产品结构、组织结构、所有制结构急需加快调整；(4) 企业适应市场的能力不强，营销方式不活，企业经济较脆弱；(5) 货款拖欠严重，资金极度紧张，企业生产经营困难，导致企业拖欠职工工资，职工收入普遍下降。(6) 企业贫困职工不断增多，脱贫解困的任务十分艰巨；(7) 安全形势依然严峻，重大事故仍未有效控制住；(8) 关井压产仍然存在一些突出问题，主要是国有煤矿矿区内的小井关闭工作难度较大，少数地区关井质量不高，没有严格执行关井 6 条标准，煤炭经营秩序还需进一步整顿。

云南电力工业发展述评

云南省电力工业局局长
云南电力集团有限公司总经理　朱志强

1999 年，在省委、省政府和国家电力公司的领导下，全省电力系统坚持以深化改革促进发展，努力开拓电力市场，大力推进结构调整，加强生产经营管理，实现了两个文明协调发展，为全省经济发展做出了积极贡献。

一、电力发展概况

1999 年，全省共完成发电量 298 亿千瓦时，增长 12.8%。其中云南省电力工业局（集团公司）直属电厂和网内独立电厂完成发电量 210.05 亿千瓦时，同比增长 9.68%；完成售电量 190.40 亿千瓦时，增长 8.35%，其中省内售电量 183.74 亿千瓦时，增长 6.09%；公司完成售电收入 55.58 亿元，增长 4.02%；实现利税总额 9.64 亿元，下降 21.24%；电力建设完成投资 37.70 亿元，增长 21.1%；其中电源投资 15.16 亿元，电网投资 22.54 亿元，新增发电装机 26 万千瓦，新增 110 千伏及以上变电容量 134.4 万千伏安、输电线路 939 千米。多种经营实现总收入 22 亿元，增长 35%；实现利润 1.65 亿元，减少 200 万元；云南省电力工业局（集团公司）全年度完成 95 个行政村通电，3 年累计实现 597 个行政村通电，超额完成了省政府部署完成的村村通电任务。云南电力系统未发生特大事事故，电网大面积停电事故，生产设备事故比上年减少。

二、主要成绩

（一）电网安全稳定运行，为确保世博会、国庆 50 周年、澳门回归安全供电及全省经济增长做出重要贡献。公司加强领导，精心组织电网调度，强化安全生产管理，圆满完成各项保供电任务，受到世博会组委会和云南省委、省政府的表彰，树立了公司良好形象。成功解决了计算机 Y2K 问题，实现了向社会宣布的千年之交时刻云南电力系统安全稳定供电。

（二）努力开拓市场，电力生产在竞争中稳定增长。针对市场的变化，公司加强市场分析研究，调整电力营销政策与措施，取消限制用电规定，实行让利销售，使省内市场保持了稳定增长；积极开拓省外市场，向省外送电 6.65 亿千瓦时，扩大了电力销售，售电量增长率高于全国总体水平 1.45 个百分点。

（三）电力建设取得新成果，电力结构调整取得进展。电源建设实现阳宗海电厂二期工程和螺丝湾水电站全面投产，大朝山水电站工程完成网络进展计划，宣威电厂五期工程完成开工前期准备。阳宗海 2 号机组、曲靖 2 号机组实现基建达标投产。同时，停产关闭了喷水洞、开远电厂共8.2万千瓦小火电机组。电网建设投资占公司1999年固定资产投资的59.5%，比上年增长150.9%，为历史最高水平；建成投产220千伏变电站4座、110千伏变电站15座；500千伏大朝山送出工程利用亚行贷款取得进展；昆明城网改造获明显成效；电网延伸省内13个地州97个县（市）；成昆、内昆电铁供电工程已开工建设。澜沧江水电开发前期工作获重要进展。小湾水电站项目签署了《澜沧江水电开发有限责任公司发起人协议书》，成立了工程建设前期筹备处，正式上报了项目建议书，对外公路已正式开工；景洪水电站可研报告和向泰国输电预可研审查已通过。

（四）克服困难，完成了经营考核目标。在经营环境十分困难的情况下，公司认真做好经营政策研究，严格控制成本支出，努力改善财务状况，加强内部审计工作，完成了国家电力公司的资产经营考核指标，并采取积极措施回收电费。全公司多种产业持续增长，多种经营总收入达到主业收入40%的水平，实现利润达到主业利润52%的水平。

（五）农电“两改一同阶”工作全面推进。农电体制改革实现代管93个县级电力公司，推进乡镇电管站改制工作获得进展；农网建设改造累计下达投资计划20.21亿元，完成投资12.90亿元；整顿农村电价初见成效，绝大多数县农村到户平均电价由1997年以前的1.00元/千瓦时降至0.8元/千瓦时以下。

（六）深化改革思路，推进企业内部改革取得突破。按照国家电力公司的要求，结合云南电力资源条件和面向省内、省外、国外3个市场的特点，提出了云南电力集团公司“两型、两化、一流公司”的发展战略构想和改革“四步走”的战略部署。完成喷水洞电厂、开远电厂共1059名职工的分流安置；实现电力修造厂资产和人员重组；加大对基建施工等部分单位的卸荷力度，为推进基建施工企业面向市场深化改革创造了较好条件。

（七）开展“三讲”教育，党的建设和双文明建设获得丰硕成果。在公司党组和公司本部处级领导干部中，高标准、高质量地开展了“三讲”教育，达到预期目标，促进了企业党的建设和干部队伍建设。建立和推行厂务公开制度，认真履行集体劳动合同，企业民主管理和民主监督得到加强。加强思想政治工作和双文明建设取得新成果。漫湾、鲁布革电厂被国家电力公司命名为一流水力发电厂；漫湾电厂等3个单位被授予全国精神文明建设先进单位，小龙潭等10个单位荣获云南省创建文明单位、文明行业工作先进单位称号；集团公司已通过云南省文明行业考评验收。

（八）安居工程基本完成，职工及离退休人员生活继续改善。1999年，全公司安居工程投资计划2.54亿元，竣工面积31万平方米，新增住宅3539套。全公司累计投资8.51亿元，竣工面积76.65万平方米，新建及改造住宅11714套。公司员工和离退休人员收入均得到提高。

三、主要经验

（一）坚持以市场为导向、以经济效益为中心，转变观念，促进生产经营工作。1999年，在市场形势的变化中，公司进一步树立市场观念，把千方百计开拓市场作为各项工作的出发点和落脚点，积极开辟省内和省外两个市场，促进了电力生产的增长；全公司坚持以经济效益为中心，在发电、供电和营销各个环节采取积极措施，加强资产和资本运作管理，克服困难，实现了公司经营考核目标。

（二）开展企业发展战略研究，用以指导公司的改革与发展。1999年6月，开始提出公司的发展战略构想和改革“四步走”的部署，制定了公司的发展方向和阶段性目标，开展经营发展规划研究，已经对统一公司的经营思想和策略起到指导作用。

（三）把握宏观经济政策调整的机遇，促进产业结构的调整。紧紧抓住国家扩大内需、加大基础设施建设力度的机遇，从提高电力发展的整体质量和效益出发，加快电源结构的调整，加大电网投入，着力于城乡电网的改造，促进了市场建设；认真分析当前我省电力供求平衡的阶段性和结构性矛盾，抓住国家实施西部大开发战略的机遇，把云南电力工业新的跨台阶发展与优化电源结构相结合，积极促进小湾项目前期工作取得进展。

（四）在为全省经济发展服务中，注重两个文明建设，树立公司的良好形象。在促进我省经济发展和确保昆明世博会等各项保供电工作中，全公司大力加强员工队伍建设，目标一致、思想统一，生产与基建协调配合，发扬奉献精神，以高效、优质的服务，争创文明单位和文明行业获得丰硕成果，在全社会树立了良好形象，也是公司应该时刻珍惜的无形资产。

四、存在问题

主要问题是：(1) 安全生产形势严峻，未实现人身死亡零目标。(2) 开拓市场力度还不够。面对省内部分企业在市场竞争和结构调整中生产经营困难的情况，电力营销在许多环节上仍然沿袭过去短缺经济计划用电的习惯方式，观念转变不够，开拓市场办法不多、措施贯彻不力，成效不够显著。(3) 经营环境严峻，存在潜在的风险。随着改革的深化和市场的变化，公司购电成本持续上升、电价调整空间受限以及政府、企业要求让利销售，公司利润已连续两年下降，1998年比1997年下降14.4%，1999年比1998年下降20.6%，并有继续下滑的趋势；电费回收难度增大，回收率仅达96.86%，累计欠收电费约4.22亿元，其中1999年新欠约1.75亿元。(4) 经营管理存在薄弱环节。全面预算管理尚未推行，成本控制不严格；公司本部职能尚不适应公司化和市场运作。(5) 深化改革的力度不够。农电体制改革铺开较慢，农网建设改造未能完成投资计划；建立资本纽带尚未全面推进；减员增效力度不够；施工企业深化改革的步伐缓慢；多种经营机制不适应市场竞争的要求。

云南机械工业发展述评

云南省机械工业厅厅长　杨树蔚

1999年，在国务院和省政府一系列扩大内需，促进社会经济发展政策的指导下，云南机械工业紧紧抓住开拓市场、调整结构、推进改革，在持续几年的国内机电产品市场需求不足的困难环境中拼搏前进，实现了全行业经济运行总量的增长和质量的改善。

一、经济运行

1999年，全省机械工业经济运行的总体特征是：全年生产平稳增长，产销衔接改善，行业亏损下降，经济效益恢复性好转。按省机械厅统计口径，全年完成工业总产值（1990不变价）38.52亿元，与上年同比增长6.9%；销售收入32.69亿元，增长7.8%；产销量96.1%，提高0.7个百分点；全年库存10.7亿元，下降2.4%。在全省机械工业10个小行业中，产销均实现增长的有汽车行业和电工行业；产销继续下降的有农机、仪表、机床工具、石化通用等行业。排在云南机械工业前四位的汽车、电工、农机、机床工具行业产值占全省机械工业的85.5%；销售占全省机械工业的85.3%，比重呈上升趋势。从地区分布来看，在全省16个地州、市级5个单列集团中，实现产销双增长的只有玉溪市、曲靖市、怒江州和一红塔汽车制造有限公司和昆明机床股份有限公司5单位。在省机械工业中产销比重最大的昆明市，1999年产销下降5.6%和8.4%，其产值份额已由上年的54.8%降至48.4%。而一汽红塔汽车制造有限公司，1999年抓住国家扶持农村经济发展的机遇，增产扩销农用运输车，利用企业生产线现有能力，广泛开展生产性协作业务，公司产值全年同比增长105%；销售产值增长41.7%，实现了快速增长的目标。在全省重点监测的24种机电产品中，产销双增长的只有9种，占37.5%。主要集中在汽车和电工行业，其中农用运输车（生产增长：140.6%，销售增长128.4%），汽车配件（生产增长119.4%，销售增长45.8%）、钢芯绞镀线（生产增长90.6%，销售增长

94.4%)、高压电瓷（生产增长60.5%，销售增长73.4%)。在国际机电产品市场上，由于韩国和台湾地区经济在亚洲金融危机后的复苏，与省机电产品争夺国际市场更加激烈。1999年全省部份电工产品出口扩大，而传统的出口优势产品普通车床，天体望远镜上半年下降幅度强大，直到第四季度出口才止跌回升。全年完成出口交货值27964万元，同比减少2848万元，下降9.2%。

生产销售的增长，促进了全行业经济效益的恢复性好转。据快报统计，1999年全省机械工业亏损5916万元（仅云南汽车厂1户就亏损7748万元)，与上年同期相比，减亏6620万元，亏损额下降52.8%；全行业资产负债率62.45%，同比下降1·8个百分点；综合经济效益指数61.3%，增长7.5个百分点。

二、结构调整

全省机械行业产品结构、技术结构、企业组织结构的不合理，是长期困扰生产发展的深层次矛盾之一。1999年7月，省厅组织省机械工业各行业的龙头厂就如何用机电一体化技术改造工业开展了讨论研究。应邀参加本次讨论会的省委政研室莫泰尧、史国成会后撰写的《来自机械行业第一线企业家专家的呼声和建议》迅速引起了省委书记令狐安的关注，并作了批示。为贯彻省委领导的重要批示，省机械工业厅立即在省计委牵头下，组织了20多户重点企业着手编制以技术创新为主要内容的行业结构调整规划。此规划以“振兴机械产业行动计划”纳入全省“十·五”国民经济与社会发展的专项规划。对重点支持发展的八大产品提出了调整指导意见。（一）新型适用农业机械，包括新型柴油机、节水灌溉设备、高效农副产品加工机械、农用车等；（二）水电设备和高压输变电设备，包括中高水头大功率发电机组、铁路牵引变压器、高压交联电缆等；（三）以替代进口为目标的数控机床；（四）适应全省交通发展的各型换代载货车和大中客车；（五）先进适用的成套设备，如斗轮露天采矿成套设备和堆取料设备，全自动机械式立体停车库，以及烟草、航空、邮政部门需要的物济自动化设备；（六）食品及包装机械，如生物资泛加工成套设备；（七）环保设备，包括工业和城市污水处理设备，城市垃圾综合处理设备等；（八）满足国外市场需求的出口机电产品。

三、科技开发

1999年，全省机械工业的一批骨干企业，抓住国家支持发展基础产业、实施城乡电网改造的机遇，对内狠抓企业管理，提高产品全过程的质量保证水平，对外抓市场调研，开发了一批先进适用，适销对路的新产品。昆明机床股份公司、云南变压器有限责任公司、昆明市二机器厂、昆明市三机器厂在1999年通过了ISO9000国际质量保证体系标准认证；在省机械工业厅与省技术监督局对机电产品进行的质量抽查中，被检产品合格率达90%以上。云南变压器有限责任公司在引进法国、美国产品技术的基础上，发展了10KV、100～2500KVAH级绝缘干式变压器、SF5—QY—25000/110高过载、低阻抗、匹配平衡变压器业，达到了国际九十年代先进水平。H级绝缘干式变压器因具重量轻、体积小，防火阻燃，被1999年建国五十大庆的天安门广场改造工程选用；昆明市风动机械厂引进以色列技术开发的PPY型泊乐全自动机械式立体车库，实现了城市多层立体存放车辆、计算机全过程控制、激光测距寻址，很快打开了市场。云南开关厂引进意大利ABB、ADDA公司技术，生产的compass-145/1600-31.5型空气绝缘组合电器在145KV及以下的电站电网供电系统中具有明显的领先水平，1999年仅此一项产品的销量，就占全厂销售总量的8%左右。汽车行业1999年新开发的产品有26种已上国家目录，包括中型车10种，轻型车12种，客车4种均进入市场。此外，全省机械工业又有4个产品经评审列为省名牌产品，它们是：昆明重工集团的KH牌塔式起重机；昆明开关厂的KK牌10KV-35KV高压开关；昆明煤机厂的神珍牌DI外注式单体液压友柱。西南仪器厂生产的XY牌机动车发动机连杆总成。至此，全省机械工业已有23种产品成为我省的名牌产品，占全省名牌产品总数的16%。

四、改革脱困

1999年，按照国家扶优扶强、抓大放小，实现国企改革脱困的方针，我省机械工业在产品结构调整的过程中，企业改革工作进一步深化。连续几年产销利润稳步增长的云南内燃机厂，以其畅销的柴油发动机为龙头，在组成云内动力集团之后，又开展了股份制改造，1999年4月，正式挂牌上市，成为全省机械工业第二个上市的股份公司。云南变器压厂和昆明变压器厂在经过长期的酝酿之后，也在当年合组为云南变压器有限责任公司；昆明电缆厂在完成企业内部的股份改制（职工持股会）后，年内又获准成立昆明电缆股份公司，并力争早日上市。此外，按省政府安排，1999年省厅牵头负责的省级重点脱困企业昆明市机器厂，已按省政协党组书记、常务副主席赵淑敏到厂调研时提出的要求，落实了省级脱困资金。该厂减员增效、增资减债工作推进较快，产品开发也取得初步成效，1999年全厂扭亏，达到了目标。省厅牵头负责的两个增盈企业：一汽红塔汽车制造有限责任公司，全年实现利润1030万元，通海变压器股份有限责任公司，实现利润573万元，分别为上年的492%和121.4%，均超过了预定增长8%的目标。

综上所述，1999年，云南机械工业的行业生产、销售、效益从连续4年下降中止跌回升，呈现了渐次走出发展低谷的复苏迹象。但是又必须看到：云南机械工业1999年的发展具有明显的阶段性、恢复性特征，全年6.9%的增长速度不仅低于东部省区，且尚低于全国机械工业全行业增长13.2%的平均水平，在全国31个省区直辖市中，列在第20位。其次，还要看到云南机械工业1999年的增长，主要是靠汽车行业和电工行业的增长来拖动的，因而主要是得益于国家扩大内需的政策。其余各行业产销仍在负增长说明，我省多数企业，多数产品的结构调整，尚未取得根本的进展，其品种、质量、价格、服务等形成的综合竞争能力仍然较低，生存和发展的严竣挑战依然存在。第三，云南机械工业在1999年全年生产、销售增长的同时，全行业尚未一举扭亏为盈，其主要原因之一是近年来机电产品市场有效需求不足，企业间过度竞争形成的产品价格持续下降。相当一部分企业多产不多收。按年末资料测算，1999年全省机械工业销售的现价格指数仅0.9373，比上年下降12.5%，影响到全行业销售收入减少4.34亿元。汽车、农机、电工3个主要行业的平均现价，均已低于1990年价。

云南化学工业发展述评

云南省石油化学工业厅厅长　褚英豪

1999年，是云南化学工业深化改革中发展，在克服困难中前进，并取得显著成绩的一年。一年来，全省化工行业广大干部职工在邓小平理论的指引下，在省委、省政府的领导下，不断解放思想，转变观念，认真贯彻落实党中央、国务院和省委、省政府一系列重要会议精神以及国家经贸委盛华仁主任和国家石化局李勇武局长考察云南化工有关指示精神，抓住机遇，加大对困难企业的帮促力度，抓紧“债转股”、“财政债卷技改专项贴息”以及国家高浓度磷复肥“以产顶进”等政策的落实，较好地完成了全年各项工作。

一、发展情况

（一）生　产。1999年，云南化学工业完成总产值72.9亿元，比上年增长3%。企业以市场需求为主组织生产，完成情况良好，全年产销率达到97.4%。全年生产化肥（纯量）178.14万吨，比上年增长10.5%。其中氮肥完成91.71万吨，增长15.53%，磷肥完成86.35万吨，增长5.6%；生产磷矿石（$30P_205$）979.68万吨，增长25.39%；硫酸（100%）188万吨，增长19.67%；磷酸二铵（实物）22.18万吨，增长12.93%；磷酸一铵8.45万吨，下降2.99%；

混配复合肥53.1万吨，增长5.86%；纯碱2.55万吨，下降48.48%；黄磷21.7万吨，增长23.86%；磷酸71.3万吨，增长25.62%；合成氨128.2万吨，增长16.47%；重钙（纯量）15.8万吨；增长46.16%；电石（300升/千克）9.62万吨，增长3.66%；汽车轮胎69.8万条，下降28.27%；其它橡胶制品产量均有有同程度的下降。

（二）经济效益。1999年，由于中央实施积极的财政政策，加强宏观调控，打击走私、控制进口和提高出口退税率，淘汰落后生产能力等政策措施逐步到位，宏观经济环境有了较大改善。企业面对买方市场，切实根据市场需求以销定产，加强管理，强化营销，增产有市场、有销路的产品，出现了“不唯产量高，更求效益好”的局面，既保持了一定的增长速度，更促进了全行业经济效益的好转。年初确定的调控目标基本实现，与省政府签订的经营责任指标全面完成。全年实现销售收入73.41亿元，实现税利3.91亿元，同比增长41.67%。其中利润7594万元，增加9839万元。云天化集团有限责任公司、驻昆解放军化肥厂、云南磷肥厂、云南沾益化肥厂、云南云峰化学工业公司等大中型企业经济效益继续在全省化工行业中保持领先地位。列入脱困名单的企业大部分实现扭亏、减亏或持平，云南磷化（集团）公司、昆阳磷肥厂，云南化工厂3户企业实现大幅度减亏，减亏额均在1000万元以上。个旧化肥厂、玉溪钙镁磷肥厂、峨山氮肥厂、昆明化肥厂4户企业实现扭亏或持平。建水化工总厂和曲靖化工厂在减亏方面也取得了成效。

（三）建　设。1999年，云南化学工业抓住国家和省在结构调整中采取技改专项贴息、财政补贴等政策措施支持高浓度磷复肥发展的机遇，以调整产品结构，促进产业升级为出发点编制发展规划，推进云南磷复肥基地的建设，建设总体方案不断得到优化。按照“三新十六字”方针和国家经贸委主任盛华仁关于“云南磷复肥应该占全国半壁江山”的指示，在“三磷二氮”的基础上提出了依托现有主要磷复肥企业，形成以四个区域为主体的云南磷复肥基地建设构想。1999年，由于国家宏观调控政策的变化，全省化工固定资产投资回落，全年完成固定资产投资9.65亿元，同比回落39%。其中基本建设完成投资26677万元，回落58%；更新改造完成投资69854万元，回落27%。全年施工项目共71个建成投产的项目52个，投产率73.2%，其中基建施工项目32个（大中型项目6个），建成投产项目4个（大中型项目3个），交付使用20个，投产率75%；更新改造项目39个，建成投产项目28个，投产率72%。建成投产的主要项目有：云南磷肥工业有限公司年产40万吨重钙、6万吨黄磷、14万吨磷酸、1万吨五硫化二磷；云南沾益化肥厂年产8万吨合成氨、13万吨尿素；云磷（集团）公司机汽修厂年产4万吨磷矿砂；云南磷肥厂年产8～12万吨硫磺制硫酸、6～12万吨粉状磷铵；云南化工厂年产7000吨72%片碱；云天化集团有限责任公司年产1万吨季戊四醇；解放军化肥厂总体改造一、二期工程；云南东风氮肥厂年产6万吨合成氨、8万吨尿素、3000吨食品级二氧化碳；昆明农药厂年产扑草净、莠去津各100吨；昆明力车胎厂年产100万条丁基自行车内胎；奕良氮肥厂年产0.7～2万吨合成氨、6～12万吨碳酸氢铵；通海氮肥厂年产1.5～3万吨合成氨、6～12万吨碳酸氢铵；江川磷化工总公司年产6万吨磷铵等。以上项目的建成投产，扩大了生产规模，增加了我省化工产品品种，促使产品结构的调整有了新的进展。1999年全省化工新增固定资产20.29亿元，固定资产交付率为56.9%。

（四）外贸与合作。1999年，云南出省、出口化肥320.6万吨，矿石出省、出口248.8万吨，完成进出口总额2.6亿美元。出口形势好于上年，出口创汇略有增长。出口品种主要为：黄磷、重钙、磷酸、三聚磷酸钠等。在对外招商引资及经贸合作方面，组织、协调与美国公司的多次合作交流，与T－R、海德鲁公司技术交流，与港台、中印缅孟地区、加拿大等国家和地区的经贸合作洽谈。筛选上报一批对外招商引资项目进行发布招商，一批合作项目已签字、签约。与上海化工的经济合作是我省化工对外开放的重要组成部份。双方就磷化工发展和磷产品开发进行了技术交流洽谈，在上海交易会上，成交总金额5800万元。

（五）科技教育。大力开展以“三高”人才培养、资格培训、技术等级培训、适应性培训为主要内容的职工培训工作。全年共培训各层次、各类人员 20991 人次，职工全员培训率 52.72%。其中“三高”人才培养 876 人次，同比增加 132 人。累计培养“三高”人才 2254 人，提前一年完成“九五”培训计划。1999 年，有 2 项科研成果获科技进步二等奖，4 项获三等奖，另有 2 项分别获得省级星火二等、三等奖。8 名工人被评为省“学科学、用科学”积极分子。省磷化工中试基地、昆明化工中试厂及人和化工有限公司 3 个企业通过省高新技术企业考核认定。云南省化工技工学校成为全国首批高级技工学校之一；化工部矿山技工学校经省政府批准，正式成为厅直属学校。

二、主要措施

(一) 狠抓精神文明建设、党风廉政建设不放松。认真组织广大干部职工学习马列、毛泽东思想和邓小平理论，学习党的路线方针政策，学习江总书记关于“三讲”教育的一系列重要讲话、关于国有企业改革和发展的一系列重要论述，深入进行“三观”、“三德”和“三个主义”的教育。在厅领导班子、领导干部和机关全体处以上干部中深入进行了以“讲学习、讲政治、讲正气”为主要内容的党性党风教育。“三讲”教育中自觉坚持“四要”标准，即坚持理论学习要“透”，查找问题要“准”，批评与自我批评要“严”，整改措施要“实”，制定整改措施。在坚定信念，实践宗旨，坚持民主集中制原则，发扬优良作风收到了实际效果。认真贯彻落实党中央、国务院关于加强思想政治工作的一系列重要精神，切实加强和改进思想政治工作。针对社会转型时期呈现出生活方式、思维方式、分配方式、就业方式多元化、职工思想十分活跃的特点，充分发挥思想政治工作、企业文化建设，双文明建设三位一体的作用，激励职工为化工事业奋力拼搏。在经济效益下滑，职工收入减少的情况下，保持了职工队伍的稳定。云南云峰化学工业公司、云天化集团有限责任公司荣获全国化工文明单位称号，云南沾益化肥厂获得全国化工企业政研会工作奖。

(二) 切实加强各项管理工作。(1) 学邯钢活动继续深入开展。企业通过学邯钢、抓管理达标、优秀达标考核优秀达标企业复查。亚星购销比价采购管理经理在各企业普遍应用并收到了良好的效果。(2) 强化营销工作。省厅对省内和全国磷复肥生产、销售、市场等情况进行了调查分析，提出了我省磷肥工业发展的初步对策。同时成立了化工企业营销工作调研组，对主要化工企业营销情况进行了认真调研，比较深入地摸清了企业目前的营销情况和存在问题，为制定我省化工营销战略和策略，规范企业营销行为，促进企业之间良性竞争奠定了基础。出台了《云南省出省磷矿石（粉）最低限价销售管理办法》，着力规范磷矿市场秩序。(3) 加强质量管理工作。一是大力推进质量保证体系建设。解放军化肥厂、云南磷肥厂已通过 IS9000 质量管理体系认证，另有 6 个企业已开始 IS9000 认证工作。二是注重化工产品创名牌工作。我省化工产品 3 年累计创名牌 20 个，占全省名牌产品的 14%，化工产品质量抽查合格率 95%，同比提高 2 个百分点。三是严格化肥、农药及易制毒化学物品生产、经营、使用许可证的核发。四是 QC 小组活动开展得有声有色，有 58 个 QC 成果分获国家，省优秀成果奖。(4) 狠抓政策落实，落实化肥淡季储备贷款 1 亿元，贴息 400 万元，可收储化肥 22.65 万吨。电价优惠政府使黄磷、烧碱等产品减少电费支出约 8000 万元。认真落实碳铵、普钙、钙镁等产品及小化肥改产尿素、磷铵、重钙等的减、名增值税政策，努力减轻企业负担，为企业创造好的生产经营环境。积极实施“债转股”工作，及时向省和国家有关部门推荐上报 9 户企业的“债股”方案，抓住了有利时机，赢得了省政府和国家有关部委的大力支持。国家批准云南 13 户债转股企业中化工占 7 户，并进入银行评估程序，有的企业已与银行签订债转股框架协议。7 户企业债转股成功，将减少银行债务 28 亿多元。以建设全国最大的磷复肥基地为总目标，以全省化工结构调整的全局出发，以“质量、品种、效益、替代进口”为技改方向，抓紧上报了云峰化学工业公司 20 万吨磷铵挖潜改造、云南磷肥厂 8 万吨温法磷酸技改和红河磷肥厂 12 万吨磷铵翻番项目，3 个项目所获得 5 亿多的贴息贷款。技改专项贴息政策得到了有力的落实，促进了云南化工建设的发展。

云南冶金工业发展述评

云南冶金集团总公司董事长、总经理　陈　智

1999年，云南冶金工业面对错综复杂的国内外环境的严峻考验，按照中央和省委、省政府的整体工作部署，继续深化内部改革，全面加强企业内部管理，深入开展学邯钢活动，努力降低生产成本，积极开拓产品市场，团结发动广大职工，克服重重困难，推动了各项工作的全面发展。

一、生　产

1999年，全省产钢178.72万吨，成品钢材182.01万吨，生铁234.9万吨，分别比上年增长1.42%、减1.15%和14.4%。生产铁矿石463.45万吨，锰矿石33.74万吨，铁合金18.7万吨，分别减产5.56%、11.26%和16.7%。地方有色金属企业生产十种有色金属48.55万吨，增长32.2%，加上中央在滇企业，全省有色金属总产量达到64.5万吨，增长24.6%。其中云南冶金集团总公司10种有色金属产量首次突破了20万吨大关，达到22.69万吨，增长36.84%。昆明钢铁集团有限责任公司全年产钢175.02万吨、高炉铁176.72万吨、钢材及商品坯159.61万吨（其中钢材149.78万吨），烧结矿274.08万吨，分别增产2.86万吨、54.3万吨、1.65万吨（其中钢材增加1.21万吨）和110.71万吨。全省黄金产量累计完成1433.16千克。

二、经　营

1999年，全省冶金工业完成工业总产值（1990年不变价，下同）100.47亿元，比上年增长7.25%，其中地方冶金工业完成工业总产值6.62亿元，增长6.02%。云南冶金集团总公司完成工业总产值18.7亿元，增长36.27%；完成销售收入23.98亿元，进出口总额1.25亿美元，在消化增支减利因素3.8亿元的基础上，实现利税1.8亿元，其中利润8136万元，扣除不可比因素，分别增长39.77%和168.43%。昆明钢铁集团有限公司完成工业总产值23.13亿元，完成销售收入33亿元，实现利税3.77亿元，其中利润5089万元。云南省黄金企业实现工业总产值7017万元，销售收入1.07亿元。

三、建　设

1999年，全省冶金工业重点抓了已建成项目的达产达标工作。云南铝业股份有限公司环境治理、节能技改工程自1998年底通电到1999年底，认真围绕达产达标抓了生产管理、技术攻关、工艺完善和提质降耗工作，已投产的第一、二段118台186KA预焙槽工艺技术条件稳定，单槽日产量达到1373公斤，超设计指标10公斤，电流效率达到91%，原铝一级品以上率高达99.77%。与之相配套的炭素工程实际生产能力达到5.5万吨，为设计能力的97%，产品质量也有了大幅提高。1999年，云铝公司的原铝产量、工业产值、销售收入分别比上年增长了89.10%、71.80%和99.81%。昆明钢铁集团有限公司六高炉自1998年12月26日建成投产以来，认真组织工作，不断克服、解决新系统的设备故障和由于设备、施工遗留下来的某些不足和缺陷，逐步摸索和积累操作经验，使六高炉投产两个月后，3月份即达产，4月份利用系数就突破2，三烧供六高炉用矿的供应和烧结矿的质量也得到了进一步提高。650改造是继铁前三厂（场）后，1999年的技改建设工程，也是1999年工作的关键，9月18日过第一条红钢，经过两个多月的组织，设备系统运行情况已日趋稳定正常，产量逐步接近设计要求，650改造工程的建成投产，实现100%的一火成材，产品质量和

形象都上了一个档次，650改造工程成功，标志着昆钢调整产品结构，加速后工序改造，增强企业竞争实力的战略构想进入了实施阶段。1999年2月，会泽铅锌矿《深部探矿工程可行性研究报告》通过省有关部门的论证后，会泽铅锌矿积极组织人力、物力实施了深部探矿工程。至年末，该项工作进展顺利，现已探明的金属储量达到200万吨，铅锌平均品位在30%以上，据科学预测，该矿产资源远景十分可观。

四、改 革

1999年，云南冶金工业认真抓了企业的改革和脱困工作，亏损企业的减亏解困工作取得成效。昆明冶炼厂破产项目经国务院批准，列入1999年全国首批兼并破产企业计划。7月15日，昆明市中级人民法院发布昆冶破产公告，经过4个多月的工作，昆冶破产清算工作获得了圆满成功。10月27日，昆冶破产财产向社会公开拍卖，云南新立有色金属有限公司和云南冶金汽修厂分别收购了昆冶总厂及羊街一分厂和铜板带分厂及石咀生产区的资产，实现了昆治的破产重组。云南冶金集团总公司以较小的改革成本依法清偿了原昆冶总额高达3.94亿元的债务（其中银行核呆2.4亿元），卸掉了沉重的债务负担，消灭了集团最大的亏损源。同时实现了昆冶有效资产的重组盘活，优化了集团资产结构，为集团轻装上阵、获得更好的发展奠定了基础。此外，云南冶金集团总公司企业事业单位，积极开展减员增效、下岗分流和再就业工作，在清退临时工的基础上，下岗分流2000多人，并按国家政策开展了住房、医疗、养老保险以及收入分配等内部改革，较好地调动了职工的积极性，维护了职工队伍的稳定，另外3个困难企业（云南建水锰矿、云南文山斗南锰业有限公司、云南冶金汽修厂）也根据总公司的要求，积极采取切实可行的措施，基本实现了减亏控亏目标。9月28日，在原昆明钢铁总公司基础上，昆明钢铁集团有限责任公司正式挂牌成立，这标志着昆钢规范建立现代企业制度，向成为面向市场的独立法人实体和市场竞争主体迈出了重要步伐。围绕企业改制，还积极稳妥地推进内部改革，确立了法人治理结构，以集团公司章程的的形式明确了公司内部体制、组织结构、运行方式。设立了董事会、监事会和经理层，并初步明确各自的权责，组建了母子公司的管理体制，通过了《昆明钢铁总公司提高劳动生产率，减员增效和再就业工程的实施方案》，制定了（转）顶岗、退养、自谋职业、鼓励富余人员重新择业、兴办经济实体等分流富余人员的渠道和相关政策，经劳动与社会保障厅批准后组织实施，共分流安置富余职工6188人，其中（转）顶岗安置818人，清退计划外用工2527人，节约开支2670万元。

五、对外经济技术合作

1999年，根据省委、省政府关于引进外资、加快兰坪铅锌矿开发的一系列指示精神，云南冶金集团总公司和云南兰坪铅锌股份有限公司积极开展了招商引资工作，并分别于11月26日和12月9日与英国比利顿公司签署了《谈判进展备忘录》和《关于进一步联合开发兰坪铅锌矿田的合作协议》。根据达成的协议，双方将共同投资5亿美元，逐步建成年产锌锭20～25万吨的生产规模。项目建设分三步进行，第一步，用9个月进行预可行性研究；第二步，用12个月搞可行性研究；此后再用2年至2年半时间进行建设。正式的合作协议签署后，双方将成立合资公司，其中兰坪公司占35%的股权，比利顿公司占65%的股权，由比利顿公司控股。兰坪公司的引资项目，是云南省迄今为止最大的引进外资项目，合作协议一旦最终达成，将真正实现兰坪铅锌矿田的高技术、高起点、大规模、低成本开发，对云南集团总公司的发展乃至云南省特别是怒江州的经济和社会发展都将直到重要的推动作用。此外，还积极开展了与越南太原有色金属有关技术转让、设备输出项目的洽谈工作，其中《委托编制1万吨/年电解锌可行性研究报告》和《越南黑村铅锌选厂矿工艺技术转让》两个合同已于11月23日正式签订，合同金额4.5万美元，使对外经济技术合作迈出了新的步伐。

六、企业管理

1999年，云南冶金工业受亚洲金融危机的影响，市场需求不旺和上游产品价格上涨等影响，面临着严峻的形势。但各企业针对上述影响，采取了积极有效的应对措施，强化内部管理、积极开拓市场，战胜了重重困难，扭转了生产经营的被动局面，各项改革顺利推进经济效益大幅增长。云南冶金集团总公司各企业努力在降成本上下功夫，把学邯钢活动进一步引向深入：（1）加大成本考核力度，降低成本。会泽铅锌矿实行浮动工资与成本、产量、指标及费用“三联一挂”动态考核，以质量否决产量、以成本否决一切，全矿可比成本比上年降低390万元，同时还组织了大宗物资招标采购，降低采购成本80多万元。云南铝业股份有限公司将二级厂及经营性公司职工工资收入与成本、产销量、自创利润及公司整体效益等不同指标挂钩考核浮动，可比产品成本比上年同期下降8.13%。（2）强化质量管理，有4个企业19个产品采用国际标准组织生产，云南铝业股份有限公司、会泽铅锌矿等4家企业通过了ISO900质量认证。（3）强化了财务和审计队伍建设，健全了企业内部自我监督和集团专门监督相结合的审计监督体系，对企业领导提出了严格的要求。（4）开展了企业管理评价、管理达标、管理示范、管理创新等工作。昆明钢铁集团有限公司面对钢材价格竞争激烈的严峻形势，全年共作了14次价格下调，并提出新的吨材成本目标，层层分解，落实措施，不断完善考核办法，（5）狠抓物资的经济合理库存，盘活存量、减少资金占用，提高资金运行效率。特别是矿石库存，1999年共降低了53.74万吨。在主要技术经济指标上也有长足的进步。（6）高炉焦比从1月份的552kg/t降到年底的537kg/t，烧结矿加工费、炼钢冶炼费和轧材加工费用比上年同期有所下降。全年因未完成成本指标而否决扣减工资和奖金达2083万元，切实贯彻了从严治厂的方针。吨材成本比1998年下降125元，在钢材平均售价同比降低194元的困难情况下，仍然取得了5000多万元的利润。在全司范围内开展以“质量年”活动为主要形式的全员、全面、全过程的质量管理工作，首次勒令产品出现重大质量问题的生产厂停产整顿。同时，贯标工作正常开展，对体系文件进行必要的修改，使之更具有可操作性，12月29日，再次顺利通过中国冶金工业质量体系认证中心的监督审核。

七、技术进步

1999年，云南冶金集团总公司围绕工艺技术难点和设备升级换代，加大了科技开发力度。着重加强了澜沧铅矿“高铁硫化锌精矿冶炼技术攻关”、“烧结烟气治理”、“会泽铅锌矿“从硫酸锌溶液中萃取锗的半工业试验”、新立公司“铅阳极泥处理技术改造”等项目的研究和科技开发工作。其中澜沧铅矿《高铁硫化锌精矿催化氧化直接酸浸新工艺的开发及产业化》项目被列入1999年度云南省省院省校合作计划，争取到了180万元的开发试验经费；会泽铅锌矿“从硫酸锌溶液中萃取锗的半工业实验”项目基本完成了试验室研究工作，并转入半工业试验；昆明钢铁集团有限公司在六高炉达产、顺产后，淘汰落后工艺设备、优化生产组织结构的工作有秩推进，先后关停了5座电炉、2座化铁炉，3台烧结机、3座小容量高炉等一批工艺技术落后、耗能高的老设备，集中力量组织高技术装备的满负荷生产，实现资源的最佳配置，充分发挥已形成生产能力的规模效益，提高产品质量，降低生产成本。为提高技术开发能力和高技术成果的转化能力，在原技术处和钢研处的基础上，组建了技术中心，在开发新品种上下功夫，组织进行了焊条钢、冷轧螺纹钢材、拉丝钢等品种的试制和生产。

八、精神文明建设

1999年，全省冶金企业认真按照两手抓、两手硬的要求，进一步加强了党的建设和精神文明建设，开展了“三讲”教育学习阶段的教育工作和新一轮“解放思想大讨论”，加强了党的自身建设和领导班子建设；围绕党的政治生活和各单位实际工作中特别是改革中的热点、难点问题深入开展了扎实有效的思想政治工作；在生产发展的同时，适当增加了职工收入，新盖了一批职工住房，改善了职工生活条件，较好地调动了职工积极性。昆明钢铁集团有限公司还举办了首届职工运动会，积极开展丰富多彩的文体活动，丰富职工的文化生活。各企业的凝聚力不断增强，职工队伍思想统一，精神振奋，团结稳定，有力促进生产经营的发展。

云南烟草发展述评

云南省烟草专卖局局长　李维林

1999年是云南烟草近20年来市场形势最严峻的一年，卷烟产销下降，库存增加，价格全面持续下滑，实现税利有所下降，云南卷烟结束了近10多年来长期供不应求的局面，买方市场全面确立。面对严峻的市场形势，在省委、省政府和国家烟草专卖局的领导下，全省烟草系统积极采取应对措施，真抓实干，迎难而下，知难而进，努力开拓国内市场，改进销售工作，调整产品结构、企业结构，加强企业管理，努力降低消耗，提高产品质量，加大科技开发力度，改造老品牌等方面做了大量工作。

一、烤烟“双控”

1999年，全省烟草系统认真贯彻国务院关于烟草工作两个《紧急通知》精神，按照国家下达的1050万担指令性收购计划，在各级地方党委、政府的高度重视和支持下，全面推行合同制，大力推广烤烟实用新技术，严格按合同组织生产和收购，努力提高烟叶等级合格率，正确处理好政策、企业和烟农三者之间的利益关系，较好地完成了国家烟草专卖局年初提出的“既要控得住、好要稳得住”的目标，保证了烟叶生产沿着持续稳定的健康方向发展。1999年，全省在全面推行合同制，规范合同文本，严格按合同组织生产和收购的工作有了明显的进步，共与烟农签定烤烟收购合同184.65万份。围绕着提高烟叶质量，烤烟生产择优布局，良种化、区域化、规范化，推广先进的育苗、种植、管理、烘烤等科技措施上也取得了较大进步，使烤烟生产与卷烟生产相脱节的矛盾有了很大程度的缓解。全年全省共收购烟叶1165.2万担，完成国家计划的110.78%，比上年增收153.2万担；上等烟比例为35.28%，提高11.86个百分点，中上等烟比例为79.54%；收购均价8.76元/公斤，增加1.06元/公斤；收购总额50.97亿元，增加12.06亿元。由于连续两年对烤烟生产、收购实行“双控”，全省的烤烟生产开始初步扭转脱离市场需求盲目发展的被动局面，销售形势好转，商业库存减少，供大于求的矛盾得到缓解。全年全省共外调烤烟382.8万担；至年末，全省烟叶工商库存1980万担，比上年减少125万担，其中工业库存1367万担，减少9万担，商业库存613万担，减少116万担；特别是商业库存中的陈烟库存已从年初的400多万担降至243.2万担。

二、卷烟生产

1999年，全省国内卷烟生产计划610万箱，其中计划基数526.6万箱，省外调剂73.4万箱，国家计委追加计划5万箱。全年实际生产国内计划卷烟603万箱（由于玉溪红塔集团厂区变压器受损，12月份卷烟生产无法正常进行，因此有7万箱的生产计划结转到2000年生产），与上年相比实际卷烟产量减少10.3万箱，减幅1.68%；生产出口卷烟1.36万箱，减少18.23万箱，减幅为93%。由于云产卷烟的市场供求关系发生了较大的变化，卷烟生产计划指标不足这个主要矛盾让位于如何有效地按市场需求安排卷烟产量和产品结构。1999年4月省委书记令狐安提出“产品结构调整要把保市场放在保财税、保企业利益之前优先考虑”之后，卷烟产品结构调整出现了新的变化，即一类烟的比重比上年减少3.35个百分点，二类烟的比重比上年增加5.2个百分点，前两年已经停止生产的五类烟又重新开始产生。1999年各类卷烟占总产量的比重分别为：一类烟23.4%，二类烟38.7%，三类烟29.71%，四类烟8.06%，五类烟0.088%。全省卷烟生产企业为了适应市场的变化，尽可能地满足不同的消费需求，都不同程度地加大了科技创新的力度，并对老产品进行了不同程度的改造，特别是玉溪红塔集团新推出的金装“红塔山”2000、15毫克翻盖“红塔山”、翻盖“恭贺新禧”、11毫克“玉溪”；昆明卷烟厂推出的特醇“大重九”，曲靖卷烟厂推出的特醇“福”牌等产品上市后，受到了大商家和消费者的欢迎，市场销势看好。

1999年，各企业都加强了企业的管理工作，特别是以质量管理和成本管理为主要内容的企业内部管理工作。玉溪红塔集团进一步加强了对职工的市场的意识和质量意识的教育，质量管理全面加强，产品质量进一步提高。曲靖卷烟厂还把邯钢的专家请到厂里指导企业的成本管理工作，取得较好成效；红河烟厂建成了先进的物流自动化系统，减少了用工，使现场管理更加科学、合理。1999年经国家烟草专卖局和省局质检站抽检全省卷烟产品的合格率为100%。单箱耗烟叶、盘纸、丝束分别比上年减少0.79公斤、38米、24支。节约资金1.05亿元。安全工作也取得较好成绩，生产、交通、消防安全的重、特大事故得到有效控制。

三、卷烟供销

1999年，云南卷烟在省外市场的销售遇到了前所未有的困难。卷烟的市场问题已成为云南两烟工作最突出、最主要的矛盾。造成云南卷烟市场销售困难的原因既有内部原因，也有外部原因。从内部来看主要是观念转变慢，销售方式、销售手段跟不上市场的变化，内部管理也有差距；从外部来看，主要是受现行体制的驱动，全国卷烟工业盲目投资、重复建设严重导致全国卷烟供过于求，地区封销日趋加剧；假烟、走私烟、非法生产烟、超产烟泛滥，使云产卷烟深受其害。对云南卷烟面临的市场问题和销售问题，省局（公司）的认识是清醒的，并采取了积极的措施。为了打开市场，促进销售，省政府成立了以程映萱副省长为组长的全省卷烟销售工作领导小组，并在转变观念、服务销区、加强销售队伍建设、改进销售方式和销售手段、采取积极灵活的让利办法等方面加大了工作力度，做到了一切工作唯市场销售工作为重、一切决策唯市场销售优先、一切安排围绕市场销售进行。经过上上下下多方面努力，1999年国内市场共销售卷烟575.1万箱（含上年结转库存），与上年相比减少40.96万箱，降幅为6.65%，其中省外销售469.8万箱，减少57.55万箱，降幅为10.91%；随着省内专卖力度的加大，城乡销售网络的沿伸，省内卷烟销售获得了较快的增长，全年共销售卷烟105.3万箱，同比增长16.6万箱，增幅为18.67%。

云产卷烟在省外销量下降的同时，卷烟价格也出现了前所未有的长时间、大幅度下滑，1999年底与年初相比，全省49个可以比较的品种规格卷烟的批发价格，有45个品种规格出现下滑。下降幅度超过两位数的达21个，降幅在5～10%之间的有13个，降幅在5%以下的有11个。价格略有上升的仅有4个，而且这4个品种属于非名牌、产量小，并逐步收缩的品牌。尽管全年的卷烟价格下滑是全国性的，但云产卷烟要突出一些，这与云产卷烟80%产量在省外市场销售有着直接的关系。

销售受阻也带来了卷烟库存的增加，至年末，全省卷烟工商库存达到43.21万箱，比上年底增加18.2万箱，其中工业库存5.69万箱，商业库存37.52万箱。

四、“两烟”出口

1999年，云南“两烟”的国际市场也发生了较大的变化，卷烟出口大幅减少，全年出口卷烟1.71万箱，与上年相比减少17.85万箱，减幅为91.1%，卷烟出口创汇1234万美元，同比下降93.6%。面对严峻的卷烟出口形势，从事“两烟”进口工作的广大干部职工不畏困难，努力开拓国际市场，千方百计扩大烟叶出口，使全省的烟叶出口得以大幅度上升，在一定程度上弥补了由于卷烟出口下降所造成的损失。全年出口烟叶4.37万吨，比上年增长99.2%，创汇7490万美元，增长108.6%。另外，1999年其他产品出口创汇728万美元，全年共计出口创汇9452万美元，下降60.3%。

五、体制改革

1999年，省局（公司）在国家烟草专卖局和省委、省政府的领导下，按照“一要规范、二要改革”的总体要求，在狠抓管理，规范经营的同时，积极推进各项改革。

（一）理顺红塔集团的工作有了新的进展。在国家局和省政府的多次协调下，玉溪红塔集团进一步理顺了长春卷烟厂的管理体制，改善了长春烟厂的外部环境；同时按照新的管理模式加强了对楚雄卷烟厂的管理。

（二）关闭小烟厂的工作取得了初步的进展，绥江卷烟厂的已经停产，并确定了进行总体收购的初步方案。省局还派出调查组对春城卷烟厂、会泽卷烟帮的企业组织结构调整的思路进行了调查研究。

（三）省公司非烟企业的资产重组工作取得重大进展。经过反复酝酿，1999 年省公司在原云南烟草集团兴云股份有限公司的基础上，按现代企业制度进行重组，成立了云南烟草兴云投资有限公司，对省公司直属的非烟产业实行集中统一管理，按现代企业制度运作，体现了企业改革的方向。

（四）由靖卷烟厂对传统的干部制度作了重大改革，中层干部全部竞争上岗，给企业带来了活力，对全系统也产生了很大震动。

（五）分配制度的改革迈出关键的一步。按照省委、省政府领导的指示，1999 年底省局（公司）出台了企业工资总额与卷烟销售和库存挂钩的具体办法，关于科技人员的奖励办法也已制定出来，其目的是通过重奖有突出贡献的的科技人员和销售人员、激发他们的主动性和积极性，使云南烟草在科技创新和市场销售这两个关键环节能有所突破。省委、省政府、省级有关部门，省局（公司）还多次向中央领导、国务院有关部委就卷烟计划体制改革、财税体制改革、关闭小烟厂、公平税赋、打击“四种烟”即假烟、走私烟、非法生产烟、超产烟，取消地区封锁等问题进行了汇报和建设，并取得了积极的成果。

六、专卖管理

1999 年，全省各级烟草专卖部门坚持“内管外打”的方针，紧紧围绕年初在全省烟草工作会议上提出的 4 个阶段性目标，把严厉打击走私贩私，制假贩假等违法活动与严格内部管理紧密结合起来，取得了显著的成绩。全年取缔了在全省有影响的 7 个非法卷烟自由批发市场，整治了 18 个食品批发市场，规范了 30 多条重点街道。至 4 月 30 日止，全省卷烟自由批发市场已全部取缔。昆明的卷烟调剂中心也于 12 月底彻底关闭。在打假打私斗争中，各级烟草专卖部门在有关执法部门的密切配合下，查处各类案件 11546 起，捣毁制假窝点 145 个，查获假冒卷烟 1.29 万件，走私烟 3543 件，收缴制假烟机 130 台（套），制假原辅材料 150.62 吨，假冒商标 261.6 万张。专卖队伍得到充实和加强，1999 年，全省成立了 15 个烟草专卖稽查大队，86 个稽查中队，人员达 642 个，进一步理顺了专卖管理体制，成立了云南省烟草专卖局驻昆明铁路局办事处，加强了对铁路运输两烟的专卖管理；组建了 5 个出省报到站，进一步规范出省卷烟运输行为，防止和大幅减少了出省卷烟大量回流情况的发生。对省外流入我省假冒商标卷烟及非法运输烟叶的查处也发挥了积极的作用。

七、党风廉政建设

1999 年，在国家局和省委、省政府的领导下，省局（公司）高度重视全系统的精神文明建设和党风廉政建设，坚持“两手硬”和“把握大局、突出重点、标本兼治、促进发展”的方针，紧密联系云南烟草实际，坚持不懈地抓好精神文明建设和党风廉政建设。4 月，省局（公司）召开全省烟草系统第二次精神文明建设工作会议，对全省烟草系统的精神文明建设工作作了全面部署。在省委宣传部组织的《爱我中华、爱我云南—党在我心中知识电视大赛》中获一等奖。为表彰云南烟草对中国 ’99 昆明世界园艺博览会所做出的贡献，省委、省政府授予云南烟草“特别贡献奖”。在党风廉政建设方面，按照国家烟草专卖局的部署，狠抓了党风廉政责任制的贯彻落实，组织了《烟草行业行政处分暂行规定》的学习和贯彻。各级纪检部门履行职责，为促进两烟生产经营健康发展，发挥了积极的作用。1999 年，全省烟草系统纪检监察机构共立案查处 76 件，结案 71 件，受党政纪处分 85 人。

1999 年 10 月 9 日至 12 月 10 日，按照国家局的统一部署，在省局（公司）机关和部分直属单位处以上干部中开展了“讲学习、讲政治、讲正气”为内容的“三讲”教育。教育受到了国家烟草专卖局党组和巡视组的充分肯定。

总之，1999 年尽管云南烟草遇到的困难是前所未有的，但是在省委、省政府和国家局的正确领导下，经过全系统 5 万干部职工的艰苦努力，仍取得了来之不易的成绩。全年实现税利 343 亿元，比上年的 380 亿元减少 37 亿元，减幅 10%。其中实现税收 256 亿元，比上年的 262 亿减少 6 亿元，减幅 2.29%；实现利润 87 亿元，比上年的 119 亿元减少 21 亿元，减幅 26%。

目前，云南烟草正处于一个新的发展阶段的关键时期，根据国内外市场的变化，竞争对手实力的分析，以及国家的有关政策走向，未来云南烟草的发展面临严峻挑战。当然，机遇与挑战同在，我们有决心把握机遇，迎接挑战，为云南烟草再创辉煌努力拼搏。

云南省食品工业发展述评

云南省食品工业协会会长 赵玉堂

1999 年，全省食品战线广大职工，认真贯彻落实中央确定的扩大内需和一系列宏观调控政策，以提高经济效益为中心，深化改革，调整结构，加大技术创新力度，加强经营管理，大力开拓市场，克服有效需求不足等困难，保持了食品工业平稳增长的态势，为全省国民经济持续、稳定、健康发展作出了应有的贡献。

一、基本情况

1999 年，全省农村经济全面发展，粮食连续 7 年获得丰收，主要农产品产量提前一年实现“九五”计划，这不仅为食品工业稳步发展提供了充足的原料，也为农民增加收入和地产食品增加生产、扩大市场份额提供了良好的条件。尽管“两烟”双控，蔗糖价格低迷销售不畅，茶叶受春旱和夏季多雨的影响以及国际市场对茶叶实施新标准和茶价低迷等因素影响，给我省的支柱产业和传统产业的发展带来很多很大困难，但骨干产品继续“挑起大梁”，拉动着全省食品工业的增长。全省食品工业国有及 500 万元以上非国有独立核算食品企业总产值完成 436.45 亿元（按当年价计算），按可比价计算比上年增长 1.6%，其中食品加工业完成 54.95 亿元，占全省食品工业总产值的 12.59%（下同）；食品制造业 5.03 亿元，占 1.15%；饮料加工业 8.55 亿元，占 1.96%；烟草 367.92 亿元，占 84.3%。主要产品有增有减，卷烟 603.97 万箱，比上年（下同）减少 4.6%；蔗糖 162.52 万吨，增长 29.41%，产糖量约占全国总产糖量的 18.58%，为全国第二产糖大省；茶园面积居全国首位，茶叶产量居第三位，总产量 7.5 万吨，减少 6.2%，出口 8000 吨，减少 25%；软软料 9.23 万吨，增长 33.57%；啤酒 15.95 万吨，增长 7.79%；乳制品 6622 吨，增加 0.03%；酒精 14.8 万吨，增长 31.88%；原盐 42.13 万吨，减少 11.19%；白酒 21.67 万吨，减少 0.63%；糖果 0.48 万吨，减少 45.75%；罐头 0.66 万吨，减少 12.64%；味精 478 吨，减少 26.91%。一年来，面对严峻的形势，全省食品企业广大职工解放思想，更新观念，团结协作，努力进取，特别是抓住举办中国 ’99 昆明世博会的历史性机遇，依托优势资源，提高精深加工能力，加大营销力度，积极参与竞争，使食品工业迈出了新的步伐。至年末，全省食品工业主要生产能力：精制茶 8.61 万吨，大米 99.55 万吨，小麦粉 67.03 万吨，畜肉制品 5148 吨，精制盐 54.45 万吨，糕点 4.79 万吨，罐头 2.66 万吨，味精 2800 吨，酱油 6.98 万吨，食醋 6930 吨，发酵酒精 10.33 万吨白酒 7.28 万吨，啤酒 20.30 万吨，软饮料 20.13 万吨，日处理鲜奶 350 万吨。至 1999 年末，全省食品行业共有 12 个企业的 14 个产品使用绿色食品标志，11 个产品批准为保健食品，38 个产品被认定为云南名牌。

二、主要特点

1999 年，云南食品工业“扬长避短抓优势，科技兴食求发展，加强经营拓市场，扩大规模增效益”，在其发展过程中具有以下特点：

（一）市场观念和竞争意识增强，市场开拓能力提高。年内，卷烟企业大抓限产增效，巩固提高现有名牌，开发新品种，使名优卷烟品种数量、产量、利税等主要经济指标在全国继续保持先进水平；在1998/1999榨季，全省制糖业提前完成“九五”计划，产值达42.25亿元，特别是抓住中央严厉打击走私糖，压缩糖精生产的有利时机，狠抓管理强化销售，奋力开拓市场，扭转了因糖价低迷而滞销的局面。西双版纳百果洲公司面向“两个市场”抓发展，主要产品浓缩汁95%销往国外，在昆明新建两条生产线，生产纯果汁开辟国内市场。

（二）产品结构和产业结构调整进展较好。1999年，全省食品行业加大产品结构调整力度，围绕市场开发新产品、新品种，努力提高产品的科技含量，增加适销对路产品。在食品工业四大产业中，食品制造业的比重由1998年的1.14%上升到1.15%；食品加工业由12.23%上升到12.59%，其中酿造业的白酒产量继续下降，啤酒、葡萄酒产量增加，软软料产量大幅上扬；制糖业有计划地关停了3个糖厂；邓川、昆明两大乳制品企业在巩固提高老产品的基础上，开发液体奶投放市场；粮油加工业加大速冻食品、方便食品生产；地方名特食品如火腿、菌类、豆制品、酱菜等都有新产品上市，适应了市场消费需求和变化。

（三）实施名牌战略，推动运用高新技术改造传统食品工业。1999年全省认定云南名牌食品7个，全省食品行业名牌产品共有38个，占全省名牌总数的26.95%。这些名牌产品具有较高的科技含量和较强的竞争力，企业重视技术创新，在1999年，许多食品企业经营困难，效益下滑的情况下，生产名牌产品的企业大力发挥名牌效应，企业无一亏损。大理啤酒（集团）有限责任公司顺应市场抓好产品结构调整，产品的花色品种增多，包装多样化；邓川奶粉厂生产的全脂甜奶粉，昆明天使食品总厂生产的风味土豆片，档次又有提高。上述3家企业当年的销售收入比1998年分别增长20.00%、13.68%、14.79%。吉庆祥糕点厂为满足不同消费层次需求抓好老产品开发新产品，月饼销量继续占昆明地区同行销量的40%。

（四）对促进农业产业化和农业结构调整的作用日益明显。1999年，全省农民人均收入1435元，比上年增长4%，这一定程度上得益于食品工业注重农牧产品的精深加工。全年全省各地“龙头”食品企业进一步注重和引导“第一车间”调整种植、养殖结构，支持和发展“订单农业”，不断完善“公司+农户”、农工贸结合、产加销一体化等模式，帮助农民闯市场。邓川奶粉厂依靠和支持千家万户饲养奶牛，扩大了奶源；易门食用菌厂组织农村提供原料；宣威市实施薯类发展战略培育支柱产业，精深加工土豆；西双版纳百果洲公司、云南红葡萄酒业公司等加快基地建设，元江加快芦荟产业开发等等。总之，直接由农业生产选育、栽培、养殖的优良的谷类、果蔬、畜禽和水产品等食品工业原料，已经向基地化、规格化、标准化方向推进，逐步由数量型向质量型转变。

（五）政策引导、投资取向更趋合理，低水平重复建设得到遏制。在积极鼓励各种经济成份从事食品开发的同时，政府、金融部门在资金投向上主要倾向于有市场、有效益的企业和项目。大理啤酒厂由于产量增加、质量稳定、市场销路好，列为省经贸委省管项目投资1.4亿元，支持企业进行“10+10”技改项目。云南茶苑集团于1999年12月成立后，省政府就及时批准将该集团列入全省100户重点培育的企业集团之一，享受优化资本结构的试点政策。各地对有市场的产品给予扶持和引导，通过关、停、并、转使一些小企业增添了活力。

三、存在问题

全省食品工业年年有进步有发展，但长期形成的“小、散、弱、低”的局面尚未根本改变。当前，全省食品工业面临的主要问题是：产品结构不合理，产业结构不协调；企业组织结构和技术结构水平较低；企业投资不足效益低，带动力不强；企业缺乏开拓创新思想；企业素质低，技术创新乏力；营销滞后，市场开拓有待进一步加强。

云南建筑业发展述评

云南省建设厅副厅长　赵正洪

1999年，在省委、省政府的领导下，全省建设战线的广大干部职工，努力学习邓小平理论和党的十五大精神，认真按照党中央、国务院的部署和省委、省政府的工作安排，在工程建设、城乡建设各个领域，特别是在城镇住房制度改革、基础设施和住宅建设、发展小城镇和推进有形建筑市场建设等方面付出了巨大努力，取得了可喜成绩，为促进国民经济的持续增长、人民生活质量的不断提高和社会全面进步做出了新的贡献。

一、基本建设特别是基础设施建设取得重大进展

1999年，全省完成固定资产投资720亿元，比上年增长7.1%，27项重点工程建设进展顺利，一大批工业、农林、水利、能源、交通、文教、卫生等基本建设项目建成投产，昆玉高速公路通车，昭通渔洞水库项目枢纽工程完工，迪庆香格里拉机场提前建成投入使用，昆明机场扩建，拓东体育馆、云南艺术剧院改造等世博会44个重点配套工程顺利完成，昆明’99世界博览园开园迎宾，邦克大厦等一批旅游服务设施建成投入使用。全年全省房屋施工面积达到3759.3万平方米，比上年增长14.2%，竣工面积达到2242.87平方米，增长21.35%。全省工程建设取得的重大进展，为实现中央和省关于扩大内需，拉动经济增长的战略部署作出了重要贡献，为推动全省经济实现跨世纪的增长目标和社会进步打下了坚实的基础。

二、建筑有形市场建设步伐加快，工程质量管理进一步加强建，筑行业全体水平有较大提高

1999年建筑有形市场建设是全省建筑业工作的重点之一。省政府召开全省建筑有形市场工作会以后，各地加快了有形建筑市场建设步伐，至1999年末，全省16个地州市全部建立了有形建筑市场。

年内，按照建设部的部署，全省开展了整顿、规范建筑市场工作。为把好准入关，进行了建筑施工企业资质年检工作，参检单位共计2465家，合格2050家，基本合格310家，不合格96家，对存在严重问题的16家企业进行了降级处理，吊销了53家企业的资质证书，建筑市场秩序明显好转。

工程招标投标管理成效显著，新开工工程项目招投标率从年初的84%提高到97%，公开招投标率从年初的21%提高到79.2%，施工许可证办证率达98%。建设监理力度加大，全省建设监理覆盖率已达到47.4%，超过了全国平均水平。

为适应工程建设发展需要，从1999年1月1日起，省建设厅在全省发布施行了《全国统一建筑工程基础定额云南省预算基价》等一系列新的定额，为规范造价管理、合理确定工程造价、保障工程建设各方的合理收益，起到了积极的作用。

1999年是工程质量年，按照全省工程质量工作会议的部署，针对昆禄公路暴露出的问题，全省开展了工程质量大检查和勘察设计质量检查，共检查工民建项目8325个，抽查勘察设计项目161个，对有关问题进行了整改和查处。同时，加大了对工程建设参建过程中的质量监督，全省共监督单位工程12734个，建筑面积3182.2平方米，已竣工单位工程优良率为24%。1999年又有省建四公司承建的国家经贸委昆明培训中心等54个项目荣获省优质工程奖；云南官房建筑集团股份有限公司承建的丽江官房大酒店，省第五建筑工程公司、深圳长城家具装饰有限公司、深圳海外装饰工程公司承建，深圳长城

家具装饰有限公司、深圳海外装饰工程公司参建的云南烟草公司综合业务大楼两项工程荣获1999年度中国建筑工程建筑鲁班奖（国家优质工程）；省第四建筑工程公司获得“全国用户满意施工企业”称号，昆明海关业务大楼工程（省第二建筑工程公司承建）、会泽卷烟厂综合车间工程（省第三建筑工程公司公司承建）、省政府多层车库工程（省第八建筑工程公司承建）、玉溪经贸培训中心工程（玉溪市富豪建筑装饰公司承建）获得“全国用户满意工程”称号。安全生产工作得到加强，学习上海创建文明工地活动普遍开展关取得明显成效，91%的工地达到合格，其中优良率达到了50%，受到建设部的好评。通过建筑安全生产专项治理、加强安全管理人员培训，尤其是对世博会重点配套项目进行检查，全省没有发生重大施工安全事故，伤亡率比上年下降28.2%。

培育建筑业成为新的支柱产业工作有新进展，在对省内外建筑行业进行广泛调研的基础上，形成了调研报告论证稿，为下一步有针对性地开展工作奠定了基础。通过全行业的努力，建筑业支柱产业的用途得到进一步发挥，1999年，建筑业完成总产值283.19亿元，比上年增长11.42%，建筑业增加值达到62亿元，增长14.32%，占国内生产总值的比重达3.35%，为经济的持续发展作出了积极贡献。

三、认真贯彻落实“科教兴业”战略，建设科技教育工作取得新成绩

按照省委、省政府“科教兴业”方针，建设行业加强工程建设标准定额、科技推广、建设教育等方面工作，加快了“科教兴业”步伐。建设科技推广力度加大，有17项科技成果、新技术、新产品通过了鉴定，建设科技“四新”成果运用更为广泛，有7项成果荣获云南省建设系统科技进步奖，昆明邦克大厦等2项云南省第一批建筑新技术示范工程通过了验收，并确定了4项第三批示范工程。同时，还就推进住宅产业化进行了初步的探讨，加强了工程建设标准管理工作，进一步强化全行业的标准意识，适时补充、完善地方规程、规范及标准，为工程建设提供了重要技术依据。

结合全面提高建设行业素质，建设行业教育工作继续得到加强。建设科技人才“万—千万”工程取得显著成绩，至年末，全省已拥有学术技术带头人5人、专门技术骨干1.2万人、专门人才2.8万人、熟练技工和劳务人员3万多人，有150多人参加了以“新技术、新成果、新规范”为主要内容的专业技术人员继续教育，1500多人参加了岗位培训，持证上岗率达到60%。全年共培训施工安全员、预算员1300多人。配合执业资格制度的实施，组织了建筑师、结构师、房地产估价师、造价师等职称考试考核。建筑职业教育也取得了较好效果，建设队伍的素质进一步得到提高。

四、坚持对外开放，不断提高建设行业水平

改革开放以来，建筑行业改革不断深化，队伍素质和技术水平有了较大提高，对外开放步伐加快。至1999年底，全省已有建筑、水利、电力、公路、市政、林业、冶金、化工、轻纺、煤炭、农业、铁道、建材、机械等30余个行业、甲、乙、丙、丁级各种级别的勘察设计队伍497个，职工总数27395人。年内，勘察设计单位全面实行了技术经济责任制、技术经济承包责任制、转换内部经营机制、改企建制试点、以设计为主体的工程建设总承包、计算机辅助设计、全面质量管理、ISO9000国际标准质量体系认证、推行执业资格认证制度等，全省勘察设计行业综合实力有了较大提高，先后完成了一大批工程建设设计行业综合实力有了较大提高，先后完成了一大批工程建设项目的勘察设计咨询任务，涌现了漫湾水电站、小湾水电站、昆曲高速公路、南昆铁路、独木水库、洗洒水库、昆明佳华广场、丽江木府、’99昆明世博园五大场馆等一批技术含量、设计水平高的工程建设项目，有的已接近或达到国家和世界先进水平。

与此同时，全省勘察设计单位还跨出云南，承担了部分省市和一些国外的勘察设计咨询业务。据不完全统计，仅国家电力公司昆明勘测设计研究院、省设计院、昆明有色勘测设计研究院、省国际经济合作公司、铁二院昆明勘测设计研究院、省化工设计院、省轻纺工业设计院、省水利水电勘测设计研究院、省建材科研设计院等勘察设计单位，在57个国家（地区）承担了85项工程勘察设计咨询业务，并且设计水平较高、质量好，普遍受到了业主的好评。国家电力公司昆明勘测设计研究院、省设计院、昆明有色勘测设计研究院、省国际经济技术合作公司、林业部昆明勘察设计院等单位经国家批准获得了对外经营权，拥有了国外设计、劳务输出及配套装备技术出口许可证。

五、建设法制建设稳步推进

适应建设事业改革与发展的需要，按照“依法治建”的要求，围绕建设法制体系建设，立法、执法、普法工作都有新的进展。《云南省建设工程质量管理条件》、《云南省建筑施工现场管理办法》已经省人大通过出台，为提高执法人员的水平，全省已有7个地州开展了培训工作。根据省政府法制局的安排，对全省2000多名执法人员进行了年度检审，对不合格人员予以了处罚，促进了执法人员素质的提高。已有2000多人参加了“三五”普法函授学习。39件省人大、政协提案、议案办理工作完成情况较好，受到了省人大、政协代表的好评。由于坚持了依法治建的管理方针，建筑市场、房地产市场、城市建设、城市规划等方面管理已走上了法制化的轨道，管理力度加大且收到了较好的效果。

六、加强党风廉政建设和精神文明建设

1999年，全省建设系统党风廉政建设和反腐败工作得到了进一步加强，各级纪检监察部门积极参与了有形建筑市场监督、工程项目执法监察及资质监督等工作，加大了查处违法违纪案件的力度，为治理建筑领域腐败现象作了大量工作。工程建设廉政双合同制实施情况良好，有效地遏制了建设领域腐败现象的滋生蔓延。

建设行业“讲文明、树新风”活动深入开展，进一步加强了精神文明窗口建设，学习徐虎、李素丽、范玉恕等先进人物和先进集体的活动进一步深入，有1500多人参加了范玉恕先进事迹报告会，先进集体和先进人个不断涌现，石林风景名胜区、世博园受到了中央文明委的表彰，昆明煤气公司营业所等2个单位受到了建设部的表彰，昆明自来水公司等8个单位和贺忠等2人受到了省文明办的表彰。

云南建材工业发展述评

云南省建材集团董事长、总经理　崔利军

1999年，是云南建材集团生产经营遇到较大困难的一年。一年来，全省面临着建材市场持续疲软、多数产品销售不畅、货款回收困难、生产资金紧张、部分企业被迫停产的严峻形势。面对困难，在省委、省政府和国家建材局的领导下，坚持解放思想，实事求是的思想路线，深化改革，强化管理，狠抓扭亏增盈，努力开拓市场，做好扶困工作，切实加强党的建设和精神文明建设。集团上下团结一心，在克服困难中拼搏奋进，保持了经济平稳运行，职工思想和队伍基本稳定。

一、总体经济运行

（一）1999年，全省建材工业稳中有进。全省完成不变价工业总产值48.5亿元，比上年增长4.3%。集团完成不变价工业总产值4.43亿元，其中开泥公司完成1.13亿元，增长1.66%；昆玻公司完成1.59亿元，增长5.99%；玻纤厂完成941.7万元，增长5.94%；其余企业有不同程度下降。

（二）主要产品产量有增有降。全省完成水泥产量1622.77万吨，比上年增长4.1%。集团公司完成水泥产量159.82万吨，比上年下降8.61%。其中昆泥公司完成90.32万吨（不含楚雄粉磨站），下降10.47%；开泥公司完成63.45万吨，下降6.87%。此外，红塔滇西水泥公司完成65.43万吨，增长19%；平板玻璃完成274.42万重箱，增长11.59%；磨砂玻璃完成

5.9万平米，增长47.5%；钢化玻璃完成6万平米，增长39.21%；玻纤纱完成1438吨，增长7.55%；玻纤布完成677万米，增长19.35%；红砖完成915万块，增长17.34%。

（三）重点企业完成了经营责任目标。昆泥公司实现利润4026万元，比计划3500万元增长15%；开泥公司实现利润1453万元，比计划1200万元增长21.1%；昆玻公司亏损3436万元，比计划亏损5500万元，减亏2064万元。

（四）减亏增效。集团公司年度控亏目标3000万元，实际亏损2041万元，比计划少亏损959万元。

二、固定资产投资和重点技改

（一）1999年完成固定资产投资3247万元，其中基建投资完成2557万元，安排建设经济实用住房3.5万平米，大部分已竣工验收，进一步改善了职工住房条件。完成技改投资690万元，昆泥、开泥公司的环保治理工程进展较好，实现了省要求的按期达标排放。

（二）列为国家重点技改工程的日产4000吨水泥熟料生产线项目，前期工作进度加快，已完成可行性研究和设计招投标工作，正在编制可研报告。

与4000吨水泥熟料生产线项目实施相配合的昆泥公司A股上市工作正抓紧进行。至年末正抓紧进行资产评估、审计和方案制定等工作，力争2000年上市发行。

三、扭亏增盈工作

（一）建立集团公司领导对口联系企业制度。组成帮促组深入企业调查研究，帮助企业解决生产经营和改制过程中出现的实际问题。

（二）重点抓好昆泥、开泥公司两个盈利大户的挖潜增盈，确定增盈目标，落实挖潜措施。通过上下努力较好地完成了全年利润目标。

（三）抓好重点企业的减亏脱困工作。对列为省重点脱困企业的昆玻公司，在省帮促组指导下制定脱困方案，把着力点放在强化内部管理，减员增效，降低成本费用，努力开拓省内外市场等方面，使去年亏损额比计划有较大幅度下降。

（四）对产品无市场，资不抵债的建机厂实行停产全员下岗分流。通过向省有关部门争取批准给予该厂下岗职工基本生活保障兜底资金的优惠政策，并由公司筹集部分资金支持，让自谋职业的职工按政策及时足额领到补助金，同时认真做好下岗职工深入细致的思想工作，使下岗分流工作积极稳妥地进行。此外，对新型建材厂和玻纤厂两户困难企业加大了改革宣传力度，帮助企业研究减员增效、下岗分流、寻求搞活的路子，保持了职工队伍的基本稳定。

四、基础管理工作

（一）各企业深入开展“远学邯钢，近学玉烟”活动。一是认真贯彻《国有工业企业物资采购管理暂行规定》，推行亚星集团购销比价管理方法，根据生产计划，核定原燃材料合理库存，严格控制采购成本和采购量，减少资金占用。昆泥、开泥和昆玻公司实行“比价采购”后，企业的原燃材料采购费用有不同程度下降。二是加强资金管理，严格资金计划管理和使用审批制度，实行现金流量控制，有效地防止盲目开支。三是以营销为重点，采取灵活的促销策略，推行产品销售经济责任制，使水泥、平板玻璃的产销率保持在95%以上，实现了促销增效。四是公司和企业加强生产调度指挥，建立了季度经济活动分析会制度，定期分析生产形势，协调解决存在的问题，研究措施办法，确保生产正常运行。

（二）以质量管理为中心的基础管理工作得到加强，取得了明显效果。昆泥、开泥和昆玻公司强化质量基础工作和质量体系建设，通过了由中国建材质量体系认证中心组织的ISO9002质量体系认证审查，均取得了证书。由于加大了质量管理力度，当年产品明显提高，列为考核的19种质量指标，有12种稳定提高，质量稳定提高率为63.2%。

（三）节能环保工作又有新进展。通过贯彻《节能法》和国家经贸委《重点用能单位节能管理办法》，多数企业充实节能管理机构，健全管理制度，严格考核，认真抓好节能技改，使主要原燃材料消耗有所下降，在考核的18项消耗指标中，有11项稳定降低，主要消耗指标的稳定降低率为61.1%。集团节能工作受到省有关部门的肯定，宋吉生等10人被评为省“九五”节能先进工作者。各企业加大了环保治理力度，昆泥、昆玻和开泥昆明分公司完成了“滇池流域污染源限期治理”目标，通过了环保部门验收。

（四）1999年，集团公司针对安全生产存在的问题，以查处重大责任事故为突破口，切实加强安全生产的领导。对一起重大死亡事故进行认真调查处理，追究事故责任人的责任，使各级领导从中吸取教训。加强安全教育，开展安全大检查，抓好事故隐患的整改，防止了重大事故再次发生，1999年集团公司被省评为安全管理先进单位。

五、其他工作

（一）行业管理以调整水泥结构为突破口，认真组织实施全省建材工业“控制总量、调整结构”工作，打好淘汰落后小水泥厂、小玻璃厂的攻坚战。制定《云南建材工业“控制总量、调整结构”实施意见》，上报了清理整顿企业名单，共42户企业45条生产线，总能力111.2万吨。按照坚决淘汰，限期完成、分步实施的原则，在做好细致工作的基础上，稳步实施，目前已关闭淘汰生产线9条，能力30万吨。按照省的部署，抓好编制建材“十五”规划和重量点企业技改项目前期工作，推进建材科技创新和职工教育培训工作，强化质量管理，认真实施水泥新标准的各项准备工作，质量体系认证、产品创优和QC小组活动取得了可喜成绩。

（二）建材教育向纵深发展。建材学校抓住申报国家级重点中专学校、开展办学水平评估的机遇，以评促改，以评促建，以评促发展，全面带动各项工作。年底通过了由省教委组织的专家评估组的考评，同意上报省政府和教育部审核批准。

（三）三勘总队在市场竞争激烈的情况下，主副业并重，取得了好成绩。全面完成了与集团公司签定的经营目标。

（四）建材科研院继续深化改革，积极推行“统收自支，内部银行”的改革。精简机构，组建工程监理公司，完成《立窑生产高标号熟料及稳产525号水泥研究》课题，开展设计、技术服务项目5个，培训企业技术人员12期800余人次，与武工大联合开办材料工程硕士研究生班，全年创收240万元，完成了计划目标。

（五）开展质量大检查。建材产品质检站在抓好质检楼建设的同时，完成地方建材各类送检样3086组，开展产品质量大检查，组织水泥企业新标准培训班5期。全年实现收入78.85万元，同比增收16万元，确保工作顺利进行。

（六）推广散装水泥工作。抓住省加大公路及基础设施建设的机遇，开拓公路建设散装水泥市场，稳步发展商品混凝土，扶持重点水泥企业实行散装水泥系统微机管理，全年共完成发放散装水泥203.11万吨，散装率达12.67%，较好完成了国家下达的推散计划。

（七）省建材工业协会经过多方筹备，于6月22日正式成立。省硅酸盐学会积极开展技术创新，节能、环保等学术交流，收到好的效果，被中国硅酸盐学会评为省级学会先进集体。

（八）外经贸工作去年完成出口额617万元。其中出口平板玻璃4.4万重箱，水泥3958吨、其它物资200多吨。较好地履行了与老挝万荣水泥厂的技术服务合同，保证设备和配件供应，组织人员培训，全年创利润20多万元，在此基础上，续签了2000至2001年的服务合同。

（九）集团公司对口扶贫又有新进展。出资14万元购300吨水泥，行办动员部分小水泥企业捐助水泥100吨，帮助富恒乡修建一条商业街，为乡政府配置了微机，完善建材希望小学设施，帮助漾濞县落实平漾二级公路和富黄公路建设项目及配套资金，受到县乡的好评。

六、党的建设和精神文明建设

1999年，集团公司党委把理论学习摆在重要位置，认真安排，狠抓落实。首先是切实抓好两级班子中心组的学习，充分发挥领导的模范带头作用。其次是抓好骨干培训，通过他们带动面上学习。

基层党支部建设进一步加强。坚持“三会一课”制度，抓好党员的信念教育和党纪党风教育，多数支部的战斗力和党员的政治思想素质进一步提高。

党风和廉政建设继续深入，重点抓好省纪委五次全会精神和企业领导干部廉洁自律的有关规定的落实，健全制度，加大检查力度。当年，集团在制止奢侈浪费，勤俭办企业方面取得新成绩，全年招待费比上年下降29.1%。开好两级党委班子专题民主生活会，不断提高领导干部廉洁自律的自觉性。

职工思想政治工作进一步改善。各企业结合庆祝建国50周年，澳门回归，99’昆明世博会等重大活动，开展内容丰富的庆祝活动。对职工进行爱国主义和主人翁精神教育，收到好的效果。在揭批“法轮功”邪教组织的活动中，各级组织认真做好广大职工的宣传教育和练习者的思想转化工作，100多名练习者自觉同法轮功邪教组织彻底脱离关系，取得了揭批法轮功的初步胜利。

工会在党委的领导下，切实抓好“厂务公开”工作，制定了实施办法，有11个单位先后建立了“厂务公开”制度，初步形成职工参加民主管理，领导自觉接收群众监督的新局面。工会还会同有关部门在“两节”期间开展慰问困难企业、向困难职工送温暖活动，筹资6.6万元，对392户困难职工进行了慰问，把组织的关怀送到职工家中，保持了职工队伍的稳定。当年，两级工会组织职工开展形式多样的劳动竞赛和小改小革活动，共创经济效益691.5万元。共青团在青年职工中深入开展爱岗敬业和岗位能手活动，涌现出全国青年文明号1个，省级青年文明号1个。此外，老干部工作、计划生育、妇女工作、社会治安综合治理等也取得新成绩。

七、存在问题

主要问题是：(1) 集团整体经济效益下滑。昆泥、开泥两大盈利企业实现利润分别比上年下降15.24%和24%。部分亏损企业亏损继续上升，其他企业均有不同程度亏损，以致使集团盈亏相抵后，整体亏损2041万元；(2) 资金占用和货款拖欠量过大，应收款项高达2.57亿元，比上年增加38.92%，造成资金周转困难；(3) 企业内部管理仍存在薄弱环节，削弱了产品市场竞争能力；(4) 有的领导干部缺乏适应市场经济的应变能力，丧失了市场机遇。个别班子软弱无力，没有形成带领职工战胜困难的坚强核心，导致企业深陷困境。这些问题应引起我们高度重视，并在今后的工作中认真加以解决。

云南电子工业发展述评

云南电子工业总公司总经理　杜以升

1999年，云南电子工业继续面临严峻的市场竞争形势，生产和发展遇到了前所未有的困难。但是，全省电子工业战线广大职工在党的十五届四中全会指引下，团结一致，根据市场需求搞好结构调整，促进扭亏增盈，同时抓紧生产、销售和技术创新工作，保证了电子工业的持续发展。

一、基本情况

1999年，云南电子工业完成工业生产总值11.36亿元，实现销售收入13.91亿元，分别比上年下降13.4%和9.7%；实现利润5272万元，比上年增长13.4%。生产下降的主要原因是云南宣创电子有限公司生产不正常，几项指标同比下降幅度较大，直接影响了全省电子工业经济指标的增长。利润指标上升的主要原因是云南南天电子信息产业股份有限公司利润大幅上升。1999年云南电子工业全行业实现销售收入近35亿元，仍然保持了持续增长。

主要电子产品产量为：微型计算机19342台，PR系列存折打印机45390台，硅太阳电池组件420.68千瓦，晶体管电动油泵52000台，电子镇流器96000只，自熄电子开关10.78万只，电子浆料2吨，气敏元件94万只，陶瓷基片339万片，录音磁带7.95万盒。产品质量与上年相比，保持了稳定和提高，其中质量稳定提高率实现66.67%，与上年持平，产品质量等级品率134.1%、优等品产值率125.6%，均比上年有大幅度提高。

国有企业的改革与脱困工作取得较大进展。云南无线电厂和云南电子管厂是省重点脱困企业，任务十分艰巨。云南无线电厂在上级有关部门的帮助下，认真学习有关文件，研究有关政策，根据市场需求，重新确定了产品方向，集中主要技术和销售力量确保主要产品的生产和销售，当年实现减亏144万元。

云南南天电子信息产业股份有限公司10月份正式上市，利用募集到的资金用于南天的生产和技术创新，为南天的发展再次奠定的良好的基础，当年就实现了高速增长。云南半导体器件厂积极探索现代企业运行机制，加强管理，9月份通过了ISO9002国际质量认证体系审查并取得了证书，成为继南天之后云南电子行业第二家通过国际质量管理体系认证的单位，为太阳能电池产品进一步开拓国际市场奠定了基础。云南电子工业研究所研制的温室大棚项目通过了新产品鉴定，获得省科技进步三等奖，并被确定为省花卉出口基地技术支撑单位。云南电子产品检验所在完成日常检验任务的同时，主动扩展业务范围，联系地州市和商城委托的检验任务，在省技术监督局的支持下，又承担了部分电器产品市场监督抽查和对比检验任务，全年完成1245批次检验任务，经济效益比上年增长62%。云南省电子产品维修管理中心积极协办消费者投诉，开展职业技能鉴定，举办家电维修培训班，作了大量有益于社会的工作。

技术创新和新产品开发方面，南天“开放式金融平台”项目已列入省级技术新项目，“BST银行自助服务终端”通过了产品定型鉴定，“金融行业分行支付系统解决方案”技改项目也开始启动。半导体器件厂“多晶硅太阳能电池”攻关项目已正式列入国家科技部攻关项目，“高效低成本多晶硅太阳能电池及智能化控制系统开发”项目已列入国家计委工业产业化项目。省电子产品检验所“汽车车厢冷弯型钢”项目已列入省级技术创新项目。省软件中心“多通道强化报警系统工程化研究及推广应用”项目已列入省科技攻关项目。软件开发工作也有较大进展，南天的金融软件开发在全国一直处于领先地位，省内具有一定技术实力的昆明金沙烟草数据设备有限公司和昆明明星电脑有限公司开发的具有自主知识产权的软件其销售额1999年分别达到1000万元和1900万元。云南半导体器件厂生产的硅太阳电池组件、南天股份有限公司生产的PR系列存折打印机在1999年继续保持云南省名牌产品称号。

二、信息产业个体私营企业蓬勃发展

1999年，在国有企业发展遇到较大困难时，个体私营企业却以其灵活的机制逐步占领市场，，蓬勃发展。年内，已获得国家微机生产许可证并纳入全省电子行业统计的昆明金利电子公司和爱迪科技发展有限公司销售收入均突破1亿元。其中“金利”、“爱迪”微型计算机产量分别达到1万台和4500台，占全省微机产量的80%。此外，尚未纳入全省电子行业统计渠道的个体私营企业约有800余家，其中700余家集中在昆明市，其销售收入和各项业务收入接近20亿元。主要产品包括微机、磁卡读写器、有线电视调制器、光接收机、红外感应开关、电话防盗器、红外洗手机、心电图监侧仪等。绝大多数个体私营企业都是从事计算机网络系统集成、软件开发和电子工程（如防盗报警、智能大厦、电视和音响系统、综合布线等），还有一些企业从事计算机培训、国内外品牌微机和部件代理销售。为适应我省信息化建设的迅速发展，这些企业也在不断调整产品结构和主营方向，充实软件开发技术力量。据不完全统计，全省信息产业个体私营企业从业人员达15000人，其中专业技术人员比例高达40%以上。云南省电子工业办公室作为全省电子信息产业的行业主管部门，对个体私营计算机企业的发展实行了积极的引导和扶持。制定全行业“十五”发展规划，指导全省电子信息产业的发展；以申办微机生产许可证为突破口，帮助企业加强管理，建立产品标准，完善工艺，提高产品质量；积极鼓励和引导符合国家产业发展政策的产品开发并组织鉴定；积极宣传、推广云南省具有自主知识产权的软件产品并鼓励开发新的软件；引导个体私营企业针对具体网络工程项目实行一定程度的联合，增强竞争实力，占领市场。

三、全面推进全省信息化建设

1999年，在云南省政府信息化工作领导小组领导下，积极推进全省信息化建设做了大量工作。（1）制定“2000～2005年云南省国民经济和社会信息化及信息产业发展规划”（讨论稿），2005年将实现的总体目标是：完成云南国民经济和社会信息化体系建设，把昆明建成面向东南亚、南亚的信息枢纽城市，信息产业成为云南新的经济增长点和先导产业，包括电信在内的信息产业总收入达到250亿元。至年末，正在征求有关部门和专家修改意见，省信息化办公室作整理、完善之后报省政府信息化工作领导小组批准发布。（2）全省解决计算机2000年问题工作。按国务院办公厅和省政府办公厅有关文件要求，对全省有关计算机人员进行了培训，成立技术专家组，确定了21个技术支持服务单位，对近30个部门和地州市进行了检查，制定了“云南省解决计算机2000年问题自查检查参考办法”，召开了全省解决计算机2000年问题工作会议，在2000年到来之际，制定了“云南省计算机2000年问题应急指挥协调方案”报省政府发布，成立了以牛绍尧副省长为组长的全省计算机2000年问题应急指挥协调领导小组。由于省领导及各级政府部门、企业的高度重视并采取了得力措施，全省基本没有出现由计算机2000年问题引发的问题，各行各业顺利进入2000年。（3）积极推进“政府上网”工程。1999年，昆明市、玉溪市以及少数省级厅局率先实现了“政府上网”，为加快我省“政府上网”工作步伐，经省信息化工作领导小组同意，省信息化办公室在互联网上建立了云南省政府中心网站，并拿出一定专项资金，首批帮助了10个省级委办厅局和曲靖市实现了“政府上网”，预计2001年12月前，全省16个地州市和所有省级委办厅局都将实现“政府上网”，与此同时，各政府部门在推进办公自动化方面也做了大量工作。（4）制定有关管理办法，为我省信息产业的发展营造良好的外部环境。省信息办于1998年制定了《云南省重大信息化工程立项管理办法》、《云南省公众电脑屋管理暂行办法》，经省政府同意后已发布并实施，1999年信息办针对信息安全、信息资源管理、IC卡、网络集成商资质认证等拟订了有关管理办法讨论稿，正在征求有关部门的意见，待后可陆续发布。（5）在信息化建设中引入市场机制，组建信息产业投资有限公司。省信息办借鉴上海市信息化建设中的成功经验，在云南省信息化建设中实行体制创新，引入市场机制，经过认真研究并报请省政府信息化工作领导小组同意，决定组建成立云南省信息产业投资公司，针对我省IT产业进行投资，采取投融资方式为我省信息化建设工程项目筹措必要的资金，为信息产业有关企业技术创新、产品开发所需贷款提供担保。公司注册资本金1亿元，由云南省开发投资公司、省邮电局、省广电网络有限公司、南天电子信息产业肌份有限公司、昆明有线电视台5个单位共同出资组建。（6）召开云南省信息化办公室主任工作会议及信息产业发展战略研讨会，400余人参加了会议，省信息办传达了国家信息化办公室有关会议精神，总结了1999年全省信息化工作，对2000年推进全省信息化建设和信息产业的发展作了重要工作部署。

四、存在问题

主要问题是：（1）产品结构调整步伐缓慢，产品门类不多，配套能力弱，难以形成强有力的硬件支撑环境；（2）软件和系统集成产业力量分散，分布在数百个公司和大专院校、科研部门中，缺乏响亮的品牌和信誉，形不成规模，在信息化建设大项目的竞争中，很难与省外大企业抗衡；（3）大多数企业缺乏技术创新能力，缺乏高层次复合型技术人才；（4）市场的激烈竞争导致部分企业尤其是国有企业连年亏损，有的面临破产，下岗职工达500多人；（5）未形成产、学、研之间的市场机制和紧密合作，有价值的研究成果不能及时转化成产品进入市场；（6）由于缺乏有竞争力的知名产品或知名网站，很难吸引国外投资，导致全行业对外开放程度不高。

云南省国防科技工业民品生产述评

云南省国防科工办主任　王仁凯

1999 年，全省国防科技工业系统在挫折中奋争、在困难中前进，克服了市场需求不足、资金短缺、生产任务不平衡及世博会、国庆节等重大活动的安全而停止生产经营活动的影响，克服了运输途中发生炸药被盗、雷管爆炸，造成重大经济损失等的挫折，以百折不挠的勇气，知难而进，努力工作，经受住了严峻的考验，两个文明建设取得了新的成绩。

一、兵器工业

1999 年完成工业总产值（现价，下同）7.5 亿元，比上年下降 2.5%。其中部属企业 2.75 亿，增长 12.7%；地方军工企业 4.76 亿元，下降 9.6%。实现产品销售收入 7.6 亿，比上年增长 1.2%。其中部属企业 2.55 亿元，增长 11%；地方军工 5.02 亿元，下降 3.1%。地方军工实现税金 3735 万元，比上年增长 13.90%。地方军工实现利润 1723 万元，比上年净增 351 万元。

（一）产品开发和技术改造得到加强，结构调整步伐加快

1、技改力度进一步加强。安宁化工厂开远分厂年产 6000 吨膨化硝铵炸药项目，基建基本完成，设备安装已经开始，预计 2000 年 3 月设入试生产；燃料二厂玻璃输液瓶项目完成了初步设计及实施方案的编制、审查、批复等前期工作，已开工建设；云南开关厂 110KVSF6 高压电器项目，5000 平方米的总装车间主体已建成，其主要产品 110KV 罗盘式变电站今年可望成为新的经济增长点；298 厂的非球面光学镜头项目的实施方案已进入实施阶段；云南燃料一厂工业电雷管项目已进入初步设计阶段，预计 2000 年上半年开工建设。以上项目的实施和最终投产，将对调整我们的产品结构，增强市场竞争力，起到积极的作用。

2、固定资产投资和三线调迁完成情况较好。全年完成固定资产投资 9210 万元（其中，经济适用住房完成投资 7200 万元），比上年增加 810 万元。经济适用住房建设成绩显著，计划 20 万平方米，开工 16 万平米，竣工 13 万平方米，极大地缓解了企业住房难的情况。三线调整项目进展情况良好，云机三厂调迁工程完成总投资 1.44 亿元，竣工面积 10.4 万平方米，11 月 4 日通过峻工验收，调迁工程胜利完成。9815 厂兼并 866 厂调迁改造项目已进入初步设计阶段，总投资 4300 万元，已到位 1470 万元。

3、对外合作成效显著，对行业经济发展产生拉动效应。与老挝合作的子弹项目已进入签约阶段；与越南合作的炮弹及雷管生产项目初步达成协议。与缅甸签约建设 6 个项目，其中工业雷管、传爆药柱生产线处于设备安装阶段，另 4 条生产线的设备已制作完成，三分之二已交付缅方。6 个项目的设备由所属企业制造及安装，1999 年产值达 2200 万元，预计建成后，产值在 5000 万元以上。海云公司实现利润 405 万元，云岭公司完成进出口总额 1800 万美元，与老挝合资建设的寮云公司 1999 年通过云岭公司出口硝铵等材料 600 吨，取得了明显的经济效益。

（二）改革脱困、下岗分流的工作进一步得到加强

1、认真抓好下岗分流和下岗职工的基本生活保障。党组把这项工作作为全年工作的重中之重，狠抓落实。年初召开了全系统下岗分流和再就业工作会议，各处室对困难企业进行了深入细致的调查研究，及时上报了“下岗分流实施方案”。在省有关部门的支持下，经过艰苦努力的工作，全系统 8 户亏损企业，共 2925 名下网职工的基本生活费，得到全部足额发放，总金额达 1434.9 万元，对减轻企业经济压力和保持下岗职工稳定起到了重要的作用。

2、认真抓好重点脱困企业的工作。模三厂、铸造厂和机四厂列为省重点脱困企业，由省委、省政府领导挂勾联系。科工办党组和有关处室领导协助省委和省政府领导及有关部门，认真分析了3个厂存在的实际困难和发展方向，采取一厂一策给予一些特殊帮助，从新产品开发资金、企业解困资金、技改贴息、贷款置换等方面予以关照，为这些企业走出困境创造了有利条件。

（三）党的建设和思想政治工作有新进展

1、认真抓好邓小平理论和党的十五大精神的学习贯彻。党组以党的十五大精神和“三讲”教育必读篇目为主题，深入贯彻《中共中央关于在全党深入学习邓小平理论的通知》精神，及时部署了全系统党员、干部和职工的理论学习。

2、调整充实了部分单位的领导班子，使基层党组织的建设得到进一加强。党组对所属6个单位的领导班子和领导干部进行了考察考核和充实调整；对17名厂级领导干部的职务进行了适时调整。针对在干部选拔使用和监督管理中存在的问题，党组拟定了改进和加强管理措施。

3、开展同“法轮功”邪教组织的斗争。党组认真贯彻中央，省关于处理解决“法轮功”问题的一系列指示，在全系统广泛开展了批判“法轮功”邪教组织的活动，坚持用唯物论、无神论、辩证唯物主义和历史唯物主义的科学世界观教育广大干部职工。至年底，全系统14个单位226名“法轮功”练习者在深刻认识的基础上已全部解脱（包括1名地区站长、1名副站长），共收缴非法出版物196册、磁带439盘、录像带和光盘85盘、复印材料846页以及各种座垫、招布、像片、图画、徽章等。通过斗争，用事实深刻地教育了广大职工，清除了不稳定的隐患。

4、精神文明建设全方位开展。以“讲文明、树新风”活动为龙头，以当楷模、做表率、树形象为突破口，结合庆祝建国50周年、迎接澳门回归、世界园艺博鉴会以及纪念“五四”运动80周年，广泛开展健康文明的职工文化娱乐活动和“爱心献功臣”扶贫济困送温暖活动。世博会期间，组织所属特困企业下岗职工1139人参观世博园；国防工校和国防技校为“世博会”组织志愿者1250人次，其中2人被评为先进个人，13人被评为优秀志愿者，两校均荣获先进集体。

在“爱心献功臣”行动中机关和部分在昆单位捐款13548元，在扶贫济困送温暖活动中捐物1455件；向“村建”捐款40418元；党组选派到贡山县捧当乡的“村建”工作队受到当地群众的高度赞扬并获得省委的表彰，同科工办挂勾扶贫的两个乡（镇）经过4年多的的努力，已基本解决了温饱；元旦春节期间，筹措资金9万元，慰问困难职工450户，把温暖送到职工手中。

（四）“三讲”教育取得初步成效

9月13日至11月30日，科工办领导班子及成员、机关副处级以上干部，按照中央和省委统一部署，在省委巡视组的指导下，开展以“讲学习、讲政治、讲正气”为主要内容的党性党风教育。两个多月里，完成了4个阶段的工作，梳理领导班子和成员《征求意见表》211套、1477份，整理出意见302条；梳理副处以上干部《征求意见表》93套、2325份，整理出意见305条，形成各种文字材料34.5万字，针对存在的突出问题从9个方面制定了整改措施。科工办机关的“三讲”教育认真、扎实，讲出了团结、讲出了干劲、讲出了希望。

（五）立足基层，做好服务，全力以赴多办实事

党组把“机关作表率”作为加强机关建设的重要内容加以落实。各处室围绕党组的奋斗目标，转变作风、深入基层、扎实工作，在生产经营、资金筹措、产品开发、技术改造、三线调整、劳资教育、脱贫解困、党的建设、理论教育、廉政建设、老干部及群众工作方面做了大量工作，在树立机关形象，服务基层方面取得了一定成效。

二、核工业

1999年，核工业二零九队和云南地质调查队围绕地质勘查、矿业开发、三产服务、内部管理等工作，完成多种经营总产值3766.12万元，收入3466.12万元，实现节约与收益210万元，生产黄金129.7公斤。

根据国务院批准的《地质勘查队伍管理体制改革方案》和国防科工委、国土资源部联合制定的《核地质勘查队伍管理体制改革方案》的精神，在滇的核工业地质勘查单位二零九大队和云南地质调查队将进行属地化管理，划归云南省人民政府，具体由科工办管理，两个单位积极协助、配合有关部门进行属地化管理的体改工作，

及时提供了各种材料、数据、报表等，保证了国防科工委与云南省人民政府于8月草签《会商纪要》，预计2000年初可完成属地化管理的交接工作。

三、航天工业

1999年，云南航天工业总公司完成工业总产值4639万元，生产电冰箱及冷柜3200台，生产旅行车及改装车470辆。实现销售收入4848万元，其中旅行车厂实现销售收入3600万元。完成工业增加值80万元，亏损977万元，同比减亏600万元，实现了控亏目标。

年内，旅行车厂委托奥博公司，新班子从管理入手，抓市场、抓质量、抓开发，各项工作取得明显成效；工厂先后对老车型进行了37项改进，并推出7个新车型，使产品结构更趋合理，市场占有率逐步上升。

冰箱厂在集团公司和省有关部门的关心指导下，求得银行、社保对工厂的理解和支持，准备采取破产的形式使工厂获得新生，六易其稿拟定了破产预案。与此同时，电器、制冷等部门克服资金缺乏、没有主导产品的困难，千方百计大家揽活，寻求合作伙伴，积极实行生产自救。

航天中转站抓住世博会的机遇，健全旅游质量监督机制，开展了北京、昆明、大理、版纳一条龙口牌服务，全年接待旅客9600人次，实现营业额280万元；举办了中华航天科普展览；通过集团公司将昆明卷烟厂的优质烟籽搭载神舟号飞船送入太空，扩大了航天旅行社的知名度。

四、船舶工业

1999年，完成工业总产值5.5亿元，销售总产值5亿元，销售收入4.6亿元，利税6228万元，利润2129万元。

产品结构发生了变化，烟机订货合同达到4亿多元，比往年有所增加，但在合同总额中比重有所下降，物流、信息及其他非烟机产品已接近3亿元，占合同总额的40%以上。

1999年，昆船公司在市场竞争异常激烈的情况下，狠抓创新、抓管理、抓市场开拓，经营和技术部门密切配合，实行经营项目经理负责制，加强市场调研和分析预测，注重售前和售后服务，注意研究投标、报价、价格策略，生产经营保持良好的发展势头。

（一）以新型制丝线为重点的技术创新取得重大进展

1、新型切丝机、烘丝机、切片配方系统、工业现场总线技术应用等有自己知识产权的10项技术已可装备用户；8000KG/H和12000KG/H制丝设备开发工作已开展。

2、为红河卷烟厂提供的4个自动化物流系统已通过验收；为玉溪卷烟厂提供的中试车间自动化物流系统正在安装调试；与红河卷烟厂签订了5000万元企业CIMS工程合同。

3、上报13个技术创新项目，其中6个项目获得批准立项，取得400多万元拨款支持；先后获国家烟草专卖局、中船重工集团公司和云南省科委科技成果奖6项；申报技术专利20项，其中12项已获批准。

（二）“企业管理年”活动取得显著成效

1、质量管理得到加强，产品质量明显提高。公司深入开展以“产品无缺陷、发货无缺件、用户无投诉”为内容的“三无”活动，产品一般项次合格率达93%，主关键项次合格率达95%。集团公司通过了中质协质中心的贯标认证复审，并取得了对外贸易工作贯标认证证书。

2、成本管理有所加强，资金资产管理取得明显成绩。百元销售制造成本和期间费用分别比上年下降24%和10%；回笼资金5.33亿元；全年共完成审计项目9个，有效地实施了财务监督。

3、信息管理取得进展。信息中心组建后，在对网络现状进行摸底、清查的基础上，完成了CAD三维软件引进及培训工作，同西北工业大学签定了CAPP合作协议，基本确定了小规模试验实施的方案及编码系统设计计划；完成了集团公司在INTERNET上国内域名（Ksec.com.cn）注册建站及Web页面制作。

五、存在问题

主要问题是：(1) 解放思想、观念转变力度还不够，传统观念、思维模式、工作方法还没有彻底突破；(2) 经营机制、产权结构、组织结构还没有根本性转变；(3) 生产力布局尚未理顺，结构性矛盾较为突出，产业结构、产品结构急需加快调整；(4) 债务十分沉重、资金极度紧张，部分企业生产经营困难；(5) 下岗职工增多，再就业较难，部分下岗职工情绪较大，不稳定的因素仍然较多；(6) 人才不足，特别是缺乏既懂技术又懂经营的经营管理人才和专业技术工人，技术创新力度和速度仍然不适应市场竞争的要求。

云南地质矿产工作述评

云南省地质矿产厅厅长 陈西京

1999 年是全省矿业秩序实现全面好转，地矿队伍管理体制发生深刻变革，地勘经济在战胜困难中保持健康发展的一年，是党的建设和思想政治工作取得新进展的一年。

一年来，省厅（局）全面贯彻落实党的十五大精神，坚持以邓小平理论为指针，积极推进地矿部门政企（事）分开，强化地矿行政职能，实现地勘队伍属地化管理。围绕全省矿业支柱产业的发展目标，部署新一轮国土资源大调查，坚持地质找矿，扩大地质工作服务领域，实施岩溶石山地区找水扶贫计划。在继续深化地勘单位内部运行机制改革的基础上，加大产业结构调整，提高地勘经济运行质量。深入开展讲学习、讲政治、讲正气，狠抓党性党风教育，切实加强领导班子建设和反腐倡廉的力度。各项工作和技术经济指标稳定增长，为全面完成“九五”计划，准备“十五”创造了良好的条件。

一、强化地矿行政管理

1999 年，遵照中央和省政府的有关指示精神，省厅地矿行政管理以加大矿业秩序治理整顿，深入开展矿业法制宣传教育，建立和完善矿业法规体系，监督和指导地质环境保护为重点，促进矿山资源的合理开发利用。为进一步吸收和鼓励外商投资勘查开发我省矿产资源，实现矿业经济可持续发展，创造良好的投资环境。

1999 年 7 月 29 日省人大常委会第九次会议审议通过《云南省外商投资勘查开采矿产资源条例》，同时国土资源部于 11 月 10 日正式发文授权我省地矿行政主管部门行使外商投资勘查开采矿产资源的审批权。结合全省矿业权市场的实际问题，又相继出台《云南省外商投资勘查开采矿产资源管理规定》、《云南省采矿登记管理程序及技术规范》、《关于采矿登记管理有关具体事项的补充规定》、《云南省地热水资源管理条例（修正方案）》和《关于加强矿泉水地热水资源开发利用监督管理的有关规定》等地方法规和政府规章。对全省矿业权的管理权限、程序和实质内容作了进一步明确规定，增强了行政执法的规范性和可操作性，起到了积极作用。为实现矿业秩序全面好转，先后对昆明市、红河州、玉溪市、昭通地区、大理州、临沧地区、思茅地区等地的矿业秩序治理整顿工作进行了检查指导，对全省重点矿区、难点热点矿山企业的资源利用状况及自然生态环境进行现场督察和整治。矿业秩序整顿与维护工作取得明显成效，全省矿业生产基本走上规范有序的发展道路。

在整顿和维护矿业秩序的基础上，改进和强化矿产资源补偿费征管工作，加大执法力度，提高征管水平和规范征管行为，加强对补偿费的使用管理和审计监督。至年末，全省共征收入库矿产资源补偿费 1737 万元，比上年增长 2.30%，超额完成国土资源部下达全省的征收入库任务。

二、部署国土资源调查

1999 年，全省的地质勘查的目标和任务，是以国民经济和区域经济发展为前提，全面开展国土资源大调查，确保完成国家战略性地质勘查任务。围绕中央加强基础设施建设、改善生态环境、调整产业结构，经济发展向西部转移的战略，重点实施“三江”固体矿产调查，加大对金、银、铜、铅锌、锡等矿种、矿床类型和资源量的普查和勘查，扩大地质工作服务领域，积极安排扶贫地质勘查，做好岩溶石山地区找水工程。基础性、公益性地质工作，城市供水区划，信息建设和地质科研等项目都取得显著成果。

年内，三江地区固体矿产勘查取得一批新的成果。在澜沧江中下游地区找矿工作获得实质性进展，思茅大平掌铜多金属矿普查，经多个钻孔验证，对该区成矿规律和矿床规模有进一步认识，外围勘查工作也有新的发现。官房矿区铜矿体矿化显示向深部发展变厚变富，羊拉铜矿里农矿段发现两个长500～600米的新矿体，南汀河地区老厂又发现含银矿化体，芒哈铅锌矿点已采出商品矿，广南皂角树锑矿普查，工程揭露控制一个金矿体。在异常查证和普查前期项目中，丽江黎明铜矿已初步圈定两个矿体，概算储量为2.5万吨。在马关李子坪、盈江六红厂、龙陵龙街等地均发现有色、稀有金属矿体，提供了一批有进一步工作价值的新的找矿基地。

全年安排区域地质调查22项，已完成1∶25万区调4245平方千米，完成1∶5万区调2881平方千米。开展区化3项，完成1∶5万化探450平方千米。金平地区三轮区划土壤测量取得新进展，圈定多金属异常26个，为该区地质勘查工作提交了大量的找矿信息。

商业性地质勘查以新的后续开发基地资源勘查和骨干矿山备采资源勘查为重点，安排项目65个，其中技改6项，科技及产业化前期项目13项，矿产勘查44项。北衙金矿万洞山矿段已见采矿层，获得可采金属储量1.75吨。大松坡锡矿中段探采结合坑道的施工，保证了矿山3年的可采资源，峨腊铜矿勘查取得新突破，也获5年以上的可采储量。

扶贫地质勘查项目的经济效益和社会效果明显，在24个贫困县中，安排扶贫项目31项，已上报审批的勘查报告23个，部分项目已进行开发利用阶段。扶贫勘查项目的总投资为1200万元，使当地获得的劳务收入约300万元。岩溶石山地区扶贫找水工程也取得可喜进展，1999年全面完成地面调查和物探工作，设计的9个找水钻孔竣工8个，完成1个暗河提水工程施工。在昭通市南部守望回族乡施工的第一口找水钻井，于10月26日竣工，钻探成井300米，最大日出水量可达1700立方米，年平均供水量为25.5万吨；在文山县柳井乡成功开发一条流量为2916立方米/日的地下暗河。这些饮水工程竣工后，彻底解决了当地万人的生活用水问题及部分农田灌溉，岩溶石山地找水工程的成功创举为社会树立了良好的声誉和形象。

地质科技攻关项目和推进科技成果产业化取得明显成效。非金属中试基地基本建成。“金宝山低品位铂钯矿资源综合利用”、“老挝钾盐开发”、“硅灰石部分替代木浆造纸扩大试验”等三大科技攻关项目，已进入产业化前期工作。一批与省院、省校合作的产业化前期科研项目：“异形石英微粉电子封装材料开发应用”、“橡胶用硅灰石增强填料开发应用”、“膨润土快离子异体研制”等也已开始启动。以“澄江动物化石群研究”、“高原湖泊研究”为代表的基础地学研究取得新的突破。先进的大断面混凝土粘接技术和单管高压喷射施工技术的应用，增强了工勘施工的市场竞争力。信息系统在建立1∶20万数字化图形数据库的基础上，完成国土资源大调查项目图形、图象制作，进行了拖顶矿区、古凹山矿区勘查自动化系统试验，面向社会开展多项服务。全局初步形成了以项目为纽带，连接清华、北大、中科院等院校和科研单位，以先进技术和实验条件为支撑的科技创新局面。

三、地勘经济持续发展

1999年，省地矿厅（局）抓住举办昆明园艺世界博览会之机，以市场为导向，在稳定发展主导产业的基础上，积极发展旅游业、地产业及其他多种经营业，以构筑新的经济增长点。据财务决算分析资料指标反映：全年完成货币工作量（总收入）6.49亿元，比上年增长15.48%，其中预算内地勘费和专项资金货币量为2.19亿元，增长17.11%，人均货币工作量6.23万元，增长23.92%。全年创造生产增加值2.04亿元，人均生产增加值为1.99万元，增长11.48%，上缴国家税金1381万元。年末全局净资产存量为3.44亿元，新增资产3550万元，增长11.54%。实现节约与收益共724万元，增长26.59%。

稳定发展支柱产业，积极拓展国际市场。针对云南加大公路、水利、农田、环保等建设力度的实际情况，工勘施工产业的投资方向，重点在扶持和更新边坡治理、桥基施工、单管高压喷射施工和工程测量等技术装备，以拓宽新的施工领域。通过资产增量的有效投入，合理调整生产结构，重新配置和流转近百万元的闲置资产，初步形成具有一定技术特点的产业格局。紧紧抓住云南行动计划的良好机遇，注重开拓大理、曲靖、玉溪、文山等地的市场，逐步向滇西、滇东、滇南发展。全年工勘施工完成总产值2.68亿元，增长12.60%，结算收入2.23亿元。矿业开发面对经济效益和市场变化，仍以开发黄金和有色金属矿产品为主。通过对重点矿山的技改扩建，生产部署合理调整，使北衙金矿在完成兼并和试生产后基本恢复正常，勐满、小水井、银厂坡、牛波等金矿及其他有色金属矿山的采、选、冶技改任务的完成到位，使生产能力大幅提高。全局年生产黄金616千克，增长29.14%。矿业开发实现销售收入6261万元（其中黄金销售收入3142万元），增长29.97%。旅游业、地产业及其他多种经营业，抓住昆明园艺博览会的商机，面向市场调整经营方向，提高服务质量，实现总产值1.45亿元，增长33.03%，其中旅游业实现收入1502万元。外经外贸在抓好边境贸易的同时，大力发展进出口贸易，积极拓展欧美、日本等市场，充分利用国家优惠政策，争取出口配额，注重国际市场信息，严格内部经营管理，贸易总额较去年有大幅度增长。全年完成进出口额7749万美元，增长50.96%（其中外贸进出口总额517万美元，边贸进口120万美元，边贸出口308万美元），出口创汇485万美元。1999年全厅（局）工勘施工、矿业开发和旅游业及其多种经营合计收入为4.30亿元，国家预算内事业费与对外创收之比为33.7∶66.3。

扩大对外开放，推进国际合作与交流。充分利用全省的资源优势和区位优势，综合考虑东南亚区域及周边国家资源互补的客观性和可行性，积极参予国际及地区的经济竞争和合作，使风险勘查与科技合作向更高层次，更多领域发展。年内，结合矿产资源的开发利用和市场需求状况，先后与荷兰比利顿公司、澳大利亚BHP公司，道奇勘探公司、WMC公司等世界知名矿业公司签订了风险勘查合同或协议，利用外资约300万美元，在矿业建设方面取得新进展。与老挝合作的钾盐项目的详勘及1万吨/年优质氯化钾采、选加工工业试验生产线经国家计委批准，前期工作正稳步推进。这些项目的实施，对挖掘全省矿业经济潜力，充分利用国内外两种资源、两个市场，形成一个与世界经济融合的大矿业支柱产业的新格局创造了条件。

实施增资减债，压缩信贷规模，开展清产核资。全局查清了29个地勘单位的资产状况，清查了13个单位的矿业权资产397项。安排增资减债专项资金500万元，以国家资本金注入方式，有效地带动地勘单位偿还银行贷款1550万元，低息贷款置换高息贷款2650万元，偿还和置换贷款两项共节约财务管理成本费用约273万元，与上年相比全局贷款总额压缩15%，平均资产负债率为53%，降低近5个百分点。上述措施为强化内部管理，降低成本费用，优化资产存量，提高运行质量，促进地勘经济的发展提供了有效保证。

四、深化地勘体制改革

（一）、推进地勘队伍管理理属地化，地勘单位经营企业化。加大事业体制向企业体制转变深化地勘工作运作机制的改革，是贯彻落实国务院关于地质勘查队伍管理体制改革精神，实施事企分开改革目标的重大举措。7月9日签署的《地质勘查队伍属地化管理会商纪要》，明确了云南省地质矿产勘查开发局及所属33个地勘单位的机构、人事、资产正式划归云南省人民政府管理，地勘局属地化后，仍继续领导和带好地勘队伍，指导和支持地勘单位企业化经营的改革和发展，在全省范围内从事以勘查开发为目的的商业性地质勘查。重新组建的云南省地质调查院作为国家事业单位，专门从事中央、省出资的基础性、公益性地质调查，战略性矿产勘查。实行公益性与商业性地质勘查分体运行，地勘投资运作方式的改变，加大了矿业勘查开发的扶持力度，也有利于实现地勘经济的可持续发展。

（二）放开搞活地勘企业，推进产权制度改革。年内，继续按照《云南地勘局关于放开搞活小企业的若干意见》采取股份合作制、股份制、资产经营、租赁等多种形式放开搞活小企业，实现企业产权多元化。通过吸收职工入股、单位投资控股、一次性买断国有资产等方式，相继改制了“玉溪天然宝石公司”（有限责任）、第三地质大队印刷厂（股份合作）和综合经营公司招待所（有限责任）。资产重组，经营机制的转换，使企业的经济益明显好转，显示出生机和活力。

五、党的建设和思想政治工作

1999年，在抓好物质文明建设的同时，厅（局）党组切实坚持“两手抓，两手都要硬”的方针，从严治党，从严治政，认真落实党风廉政建设责任制，高度重视党的建设，做好职工的思想政治工作，为完成好全年的各项任务，推进各项工作，奠定了坚实基础。

开展厅局领导班子及机关处级干部“三讲”教育；开展形式多样的文明创建活动，在基层单位以创建“五好班子”为重点，培育“三优一满意”的企业精神；落实厅（局）《精神文明建设规划》和制止奢侈浪费行为的8条规定，着重抓好中纪委和省纪委提出的“三项任务”和“五个不准”，教育干部要树立正确的世界观、人生观和价值观；加强了思想政治工作，职工精神面貌明显改观，涌现出一批先进集体和优秀分子，第二地质大队被授予全省“优秀思想政治工作先进单位”称号，第五地质大队被授予省部级“模范职工文明之家”称号，李晓宗、郭远生获省先进生产（工作）者荣誉称号和奖励；深入开展查禁取缔“法轮功”组织及其活动的斗争。

世纪之交的改革和发展的任务很重，贯彻中央人口资源环境座谈会精神，实施西部大开发战略，推进云南行动计划，重视发展矿业支柱产业的一系列重要举措，对地矿行政管理工作提出了更高要求，对国土资源大调查和全局的主导、支柱产业的发展既带来良好的机遇，也面临参与市场竞争的严峻挑战。

云南铁路运输企业发展述评

昆明铁路局局长 齐文超

1999年是我国改革开放和社会主义现代化建设承前启后，继往开来关键的一年。一年来，昆明铁路局改革力度大、分量重，运输难度大、任务重，扭亏增盈压力大、担子重，稳定责任大、工作重，建设规模大、压力重。面对工作上出现的新情况和新问题，昆明铁路局坚持“以落实资产经营责任制为中心，以改革为动力，突出质量效益，提高管理水平”的工作指导思想，明确目标，突出重点，全局干部职工积极转变观念，奋力拼搏，克服重重困难，以超常规的方式和特殊手段，紧紧围绕提高经济效益这个目标，不仅圆满完成了世博会铁路运输和资产经营“两大任务”，而且突出安全、管理、改革“三个环节”，夺取了各项工作的全面胜利。使昆铁在运输收入增长的幅度上与上年度相比在全路排名第二位，扭亏增盈增长的幅度在全路也是排名第二位。

一、转变观念，不断增强改革意识

1999年11月，路局和局党委召开的学习贯彻党的十五届四中全会精神工作研讨会，进一步深化了对形势的认识，转变了观念，促进了改革的发展，全面实行资产经营责任制，对全局的思想观念、发展战略、经营导向、经营方式、组织管理、运作机制，以及职工群众的切身利益产生重大影响。发展市场经济的要求，必然与传统思想观念发生碰撞，诸多矛盾更加突出。要解决这些矛盾，思想观念的转变是个“总开关”。国有企业的改革已进入了体制转换和结构调整的攻坚阶段。实现国有企业的扭亏脱困，并走上现代企业制度的发展道路，解放思想和转变观念的任务十分紧迫，也极其重要。从昆明局的实际情况看，要进一步树立自主经营、自负盈亏的观念；要有科学决策、减少或避免失误，谋求企业长远利益的观念；要有集约经营，精打细算，量入为出的投入产出观念；要有主业、多集经、工附业“一盘棋”，一体化经营，追求全局整体最大效益的大效益观念；要有广开门路，强化营销，铁路车机工电辆、后勤及公检法部门都来围绕运输经营开展工作的大运输、大营销观念；要有盘活存量资产，用好增量资产，扩大无形资产的资产整体动作观念。从昆明局的实际来看，如果全局的思想观念不转变，仍然沿计划经济那一套办法来思考和解决问题，就会与上级的要求和实际情况产生很大的差距，就不会创造出许多前所未有的好成绩。在昆明铁路局改革的各个重要时期，路局确定了符合实际的工作思路，以便上下一致，行成共识，统一行动。局属各级组织根据路局的部署，持续开展了一系列理论学习、形势宣传、各种教育活动，引导干部职工解放思想，提高认识，转变观念，投身改革，为路局改革的不断深化和企业的发展壮大提供了强大的精神动力。“等、靠、要”的思想，“铁老大”、“铁工资”、“铁交椅”的思想，“官商”、“坐商”的不良作风，视“商海”为“雷区”，视市场为“畏途”，对市场商机不了解、不研究、不涉足，抱残守缺，自我封闭，老一套计划经济体制下形成的思想观念和习惯势力，都在改革浪潮中受到了冲击，正在发生全局性的可喜转变。

要解决昆明局在实现跨世纪大发展进程中的主要思想障碍，必须继续坚持“以观念创新带动企业创新”的成功经验，要在观念转变上率先取得突破，为路局的改革发展不断提供强大的思想动力。

二、明确目标，突出重点抓基础

1999年，路局面临困难，同时也有很多难题的机遇。从年初的春运到5月份世博会开幕，9月份，针对运量下滑的局面，提出“奋战四季度，保安全，超目标，作贡献”，到12月份圆满完成各项任务和经营指标。

在客货营销上，提出了“树立竞争意识。落实责任制度，构建市场机制”的工作思路，统一了思想认识，一致行动，不仅取得了运输收入超2.3亿元的好成绩，而且在世博会结束后运量下滑的情况下，仍能很好地完成全年目标。

在成本控制上，提出了“全面对标，科学立标，过程控制，提高管理水平”的工作思路，实际工作中初见成效。

在深化改革上，提出了“着眼长远，分步推进，积极稳妥，取得实效”的工作思路。组建了路局客运公司、生活服务总公司，教育管理中心。按照铁道部的要求，工程、工副业、房建、生活等部门都将划到多元中心认真研究、制定发展规划，跟上改革步伐，逐步建立起多元化、集团化的支柱型产业实体。

在安全上，提出了“以落实逐级负责制为龙头，规范管理，强基达标”的工作思路，确保了世博会期间的运输安全。到12月26日实现建局以来第一个安全生产1000天，行车安全纪录在全路14个铁路局中排名第4位。

在工程建设上，提出了“制定规划，理顺体制，明确责任，提高素质”的工作思路，圆满完成了各项工作建设任务，做到了运输施工两不误。

在发展多集经上，提出了“转变观念，规模经营，规范管理，稳固发展”的工作思路，在全年经济大环境不太景气，以及各方面逐渐规范管理的情况下，仍取得了新的发展。

在职工生活上，提出了“盯住全路，少说多做，尽力去办，逐年提高”的工作思路，加快职工住房建设步伐，住房改革与分配制度得到了全局干部职工的理解。

在安全和管理上，突出了基础工作的重要性，，基础管理抓不好，工作就会建立在空中楼阁上。由于抓了许多方面的基础工作，不仅当年见到实效，而且对下一步的改革的和管理工作打下了一个基础。世博会就是对管理工作的一次检验。

1999年是不平凡的一年，昆明铁路局在世博会期间，增开客车1447趟，临客和旅游专列598列，运送旅客800余万人，荣获云南省授予的最高奖励——“中国’99昆明世界园艺博览会特别贡献奖”。不仅完成了2000年目标，还超额完成了3000万元，为全路提前扭亏作出了贡献。表现在以下几个主要方面：

（一）以资产经营为中心，全面完成各项任务。全年完成旅客发送1501万人，为年计划的107.2%，比上年增加206万人，增长15.9%；货物发送完成3286万吨，为年计划的104.3%，比上年增加186万吨，增长6%；运输收入完成19.93亿元，为年计划的104.9%，比上年增加2.34亿元，增长13.3%；实现运输利润7110万元，比上年增1.24亿元。

（二）以落实安全逐级负责制为龙头，建立和完善了安全管理机制。即“八项考核、六项制度、三项控制、两个评估、一个网络”（简称86321）。从局情线情出发确定“强基”标准。突出客车安全重点，及时修订细化措施。清理行车规章制度重新公布有效部份，完成全局《站细》的修改审订。在线路施工全面展开，3条干线和枢纽施工改革都进入了关键阶段，仍实现了施工安全双丰收。全年安全生产迈上新台阶。

*（三）以改革为动力，推动经营机制的转变。*路局职代会行政工作报告中提出了“十项改革任务”，强调要把改革的着眼点放在转变观念和转变体制与机制上，以主动适应市场。着眼于铁路改革的总体目标，结合路局实际，把改革作为动力，来推进各项工作的全面发展。

*（四）以真抓实干的精神，基本建设取得新进展。*1999年是昆明局基建投资最多的一年，成昆线电气化改造、贵昆线电力扩容、昆东枢纽改造等等工作任务异常艰巨，并与紧张的世博会运输交织在一起。在铁道部的关心和领导下，全局干部职工发扬务实求真精神，加强工作质量监督，协调好施工与运输的矛盾，完成了年度各项工程建设任务。

*（五）以积极务实的态度，努力提高职工生活水平。*路局想尽一切办法，投入大量资金，在征地拆迁、规划设计以及建房的规模、速度、数量上都创造了历年的最高水平。不仅改善了职工住房紧张状态，且居住质量也得到不同程度的提高。对文明运输线的建设，加大了“两线”投入力度，重点解决了沿线地区的吃水、文化娱乐、生活福利等困难，以及劳动保护方面的问题，为职工群众创造了良好的生产、生活环境。

三、实现突破，寻找全面发展路子

1999年，改革已全国铁路工作的主旋律，也是昆明局工作的主题。对改革既要有思想上的准备，也要增强心理上的承受力，还要制定切合实际的措施，在几项重点工作上实现突破，循序渐进，寻找全面发展铁路企业的路子。

在学习贯彻党的十五届四中全会精神中，路局领导班子深刻体会到，全会确定的国有企业改革发展的方向，近期目标是要使大多数国有企业摆脱困难，建立起现代企业制度，增强企业竞争能力，这是企业改革发展的根本方向。联系到铁路和改革方向，就是要实现“运网分离”，这是铁路几十年一贯制的根本变革。对此，要有一个清醒的认识和清晰的思路。铁路局的生活、教育、卫生、房建等部门均要走向市场；工副业、装卸、房建、后勤等部门要实现企业分设、财务分账、人员分开的“三分到位”；教育、卫生的分离分立也须尽快到位；支线的改革也要在年内完成；2000年路局的减员目标要完成；铁路职工两年之内要实行脱产10天的培训；建立现代企业制度，运输业搞试点，非运输业要全面推进。所要这些都是改革之列，而且带有很强的时限性要求。扭亏增盈的任务很重，要完成20.5个亿的收入目标，难度相当长，只有靠进一步转变观念，靠深化改革，靠强化管理，靠树立坚定的信心，靠自身的努力来完成。同时，要解决好以下几个不适应的问题：(1)要继续认真不断地解决观念不适应的问题；(2)要解决管理体制、机制和制度不适应的问题；(3)要解决管理方式和管理手段不适应的问题；(4)要解决人员素质不适应的问题。

此外还着重解决建立和落实好以下几个机制问题：(1)要逐步建立“以岗定标”的经济责任制落实机制；(2)要建立“以收定支”的成本费用控制机制；(3)要建立“以产定人”的动态劳动用工机制；(4)要建立“以效定收”的工资奖励分配机制；(5)要建立“以绩定岗”的干部能上能下的人事管理机制。

云南公路水路运输及建设发展述评

云南省交通厅厅长　李裕光

1999年，全省交通系统干部职工按照省委、省政府和交通部的统一部署，在省级有关部门及各级地方政府的大力支持和配合下，高举邓小平理论伟大旗帜，以党的十五大精神为指针，认真贯彻十五届三中、四中全会和中央经济工作会议精神，紧紧抓住中央继续实行积极的财政政策、扩大内需、加大基础设施建设投入的机遇，以坚定的信念、昂扬的精神，再接再厉、团结拼搏、开拓进取、扎实工作，克服公路建设任务繁重、资金筹措困难、社会舆论监督压力大等重重困难，继续牢牢抓住加快全省公路建设这个大局，加大交通基础设施建设力度，认真扎实开展“公路建设质量年”活动，稳步推进国有交通企业改革和脱困，深入贯彻落实“科教兴交”战略，圆满地完成了交通改革、建设和发展的各项任务，取得可喜的好成绩。

一、公路水路运输及工业生产

（一）公路运输。1999年，全省机动车总数达142.93万辆，其中民用汽车57.80万辆，私营汽车22.96万辆，分别比上年增长11.82%、10.52%、23.64%。全省公路运输服务设施得到加强，有汽车站308个，站外发车场区165个，货运交易市场58个，货运站完成零担、集装箱货物吞吐量140万吨，交易市场完成交易量499万吨。全省经营公路旅客运输的线路、里程分别增长8.8%、17%，县境内、地区境内和跨地州市的日发班次均增长18%以上。97%的乡镇和66%的行政村（办事处）开通了班车。全省投放沃尔沃、安凯、大奔驰等高档豪华大巴80余辆经营省内高等级公路高快客运，高快客运线路已达17条、136个班次，辐射玉溪、曲靖、楚雄、大理、丽江、红河等地、州、市中心城市和宣威、蒙自、开远等县市。1999年5月17日，由云南省交通旅游总公司牵头，玉溪、文山、下关汽车运输经贸总公司等10多等家单位参加组成了云南省交通系统旅游、客运协作网络。全年全省公路完成客运量3.08亿人次、旅客周转量164.2亿人公里、货运量4.74亿吨、货物周转量288.14亿吨公里，分别增长9.8%、24.59%、4.8%、5.5%。

（二）水路运输。1999年，全省内河航道通航里程达1530公里，其中水深1米以上的航道970公里，分别增长15.56%、26.96%。全省民用运输机动船舶保有量为753艘，比上年减少243艘，净载重量14607吨位，载客量14696客位，分别增长-52.16%、8.95%。全省水路运输完成客运量236万人次、旅客周转量6438万人公里、货运量118万吨、货物周转量9244万吨公里，分别增长24.87%、11.27%、-16.31%、-3.83%。

（三）工业生产。1999年，全省交通工业完成总产值3.32亿元，其中省属交通工业完成3.09亿元，分别增长-10.2%、-2.25%。主要产品有：改装汽车732辆（含客车323辆）、筑养路机械184台、轮胎外胎18.5万条、内胎21.9万条、汽车配件2138万元。全年全省交通企业财务决算户数143户，其中盈利企业87户（省属23户），盈利3842.9万元；亏损企业56户（省属2户），亏损面39.16%，亏损2701.6万元。盈亏相抵，盈利1141.3万元，其中省属企业盈利2495.3万元，增长3.35%。

二、交通基础设施建设

1999年，全省完成交通固定资产投资99.04亿元，增长4.86%，其中公路建设完成投资94.74亿元，增长9.2%，超额完成年初计划94亿元的任务，再创我省公路建设投资新高。其中部省合作重点项目完成57.045亿元，路网改造完成27.43亿元（重点经济干线13.64亿元，一般经济干线完成13.79亿元），县乡公路完成10.27亿元。全年新增公路里程25448公里（包括多年来新改建达到四级路标准的县以下公路纳入国家统计），其中高等级公路335公里（含高速公路200公里）。至1999年末，全省纳入国家统计的公路通车里程达102405公里，增长33.07%，公路通车里程跃居全国第一位。其中高等级公路达1912公里（高速公路405公里、一级公路72公里、二级公路1435公里），增长21.24%，高等级公路占全省公路通车里程的比重为1.87%；三级及其以下公路93442公里；纳入国家统计的等外公路7051公里，减少123公里。此外，还有未纳入国家统计里程的等外公路28840公里，减少557公里。全省有高级、次高级路面里程16956公里，占全省公路有路面里程的17.12%。全省公路密度以国土面积计为25.99公里/百平方公里，以人口总数计为24.71公里/万人，分别增长33.08%、31.58%。全省所有乡（镇）通了公路；13084个行政村（办事处）通了公路，通路率达到97.29%，提高了4.82个百分点；村村通公路的县已达到97个。

（一）重点公路建设。世博会配套工程、全省第一条六车道高速公路—昆明至玉溪86公里高速公路于世博会前竣工通车；完成楚雄至大理高速公路九顶山隧道及收尾工程26公里，1999年5月1日，交通部和云南省“九五”期重点建设项目楚雄至大理178.78公里高速公路实现全线试通车，为中国’99昆明世界园艺博览会昆明主会场和大理、丽江分会场提供了快捷、便利、舒适的交通条件；我省第一条采用股份制修建的全水泥路面结构高速公路——曲靖至陆良88公里四车道高速公路一期工程建成通车；大理至丽江154公里、小勐养至景洪25公里一、二级公路和西双版纳（景洪）大桥600米/1座竣工通车。在建重点项目玉溪至元江、元江至磨黑、大理至保山高速公路和昭通至麻柳湾二级公路正抓紧施工建设。曲靖至胜境关高速公路、嵩明至待补高速、二级公路已争取于年底相继开工。还有一批重点公路项目已完成了前期工作上报交通部。

（二）经济干线公路建设。各地州市扩大内需新改建公路项目建设取得了较大进展。玉溪市建成澄江至江川一级公路；保山至腾冲公路即将建成通车。

（三）县乡及扶贫公路建设。交通部重点扶贫攻坚项目—迪庆州德钦县羊拉乡公路和怒江州贡山县独龙江公路（毛路）已建成通车。至此，全省实现全省乡乡通公路的目标。全年新增通公路村648个，97.29%的行政村通了公路，通路率提高了4.82个百分点。全省村村通公路的县已达到97个。

总投资1.9528亿元、由交通部和省交通厅对怒江州进行重点交通扶贫的3个项目——六库至片马94公里公路改造工程、沧江口至漕涧40公里三级油路改造工程、兰坪县河西乡至中排乡52.6公里四级公路新建工程均顺利通过验收。

（四）公路养护工作。公路养护公司化管理改革继续深化，公路大中修工程和小修保养招标承包及养路机械化取得新进展。公路养护部门克服公路水毁严重等困难，提高了生产效率、公路养护质量和公路养护投资效益，增强了公路抗灾抗险的能力，确保了公路畅通。全省公路累计平均好路率达61.06%，其中干线公路好路率73.99%，县乡公路好路率55.20%，分别提高了5.85个百分点、2.93个百分点、2.20个百分点；省管公路累计平均好路率达65.4%，地方管公路累计平均好路率达55.2%。全省公路养护质量综合值68.7。省公路局修建、养护共完成投资32.4亿元。全年小修保养采备砂石材料145.9万立方米，完成大修油路1551830平方米/201.5千米、中修油路74450平方米/6.3千米、整形路2124千米、段以上房屋31170平方米/21幢、道班16366平方米/39幢；种植行道树1050878株。

（五）港航基础设施建设。水运港航建设完成投资4114万元，增长51.7%。抓紧了澜沧江思茅港、景洪港、曼厅大沙坝整治，大理港及金沙江石鼓至虎跳峡等重点港航建设工程，并完成了一批渡口的更新改造。大理港下关码头竣工并已通过交通部和省厅验收投入使用。澜沧江曼厅大沙坝浅整治已见成效；景洪港、思茅港建设进展顺利，可于2000年竣工。中缅陆水联运通道开发建设获得新的进展，瑞丽至缅甸八莫公路一阶段施工图设计和八莫港选址报告已通过中缅专家组的审查验收，双方签署了《中缅陆水联运通道“瑞八公路”、“八莫港”设计中缅联合审查会会议纪要》，为中缅陆水联运通道建设早日启动奠定基础。

（六）站点建设。基本保持了1998年的建设规模，重点安排高快客运输站点建设，对现有的一些不适应客货运输的汽车站进行改造。基本建设安排站点建设项目6个，竣工1个；完成投资1200万元；施工面积25290平方米，竣工面积2690平方米。更新改造安排站点建设项目67个，增加1个，竣工项目35个，增加4个；完成投资10383万元；施工面积175679平方米，减少23697平方米，竣工面积82037平方米，增加12195平方米。

三、存在问题

主要问题是：（1）加快交通基础设施建设步伐和筹资难的矛质仍然十分突出，交通规费征收难的问题日益严重，对公路建设人为设置困难的现象也有所抬头。（2）国有交通企业组织结构和经营结构不合理、经营机制不灵活、管理水平低、技术创新能力差、负担沉重、冗员过多、市场竞争能力较弱等深层次的问题仍未得到真正解决。（3）交通科技投入落实不够理想，科技攻关、技术创新和科研成果推广应用转化为现实生产力进而实现商品化和产业化的能力还远不适应我省交通事业快速发展与经济增长方式转变的要求。（4）重特大交通事故仍有发生，安全生产管理中仍存在着漏洞和薄弱环节，在思想和认识上还有明显差距。（5）队伍建设的质量与实际要求差距较大。

云南民用航空运输发展述评

中国云南航空公司总经理
中国民航云南省管理局局长　李长信

1999年，中国云南航空公司（省民航管理局）认真贯彻落实党的十五大精神，落实党中央、国务院领导的重要指示，紧紧围绕民航工作总体要求，坚定信心，扎实工作，知难而进，安全、正点、效益、服务、党的建设和精神文明建设等各项工作取得了较好成绩。

一、基本情况

（一）安全形势平稳。全年没有发生特大、重大、一般飞行事故和特大航空地面事故；没有发生劫机、炸机事件；运输飞行事故征候万时率0.712，机务原因飞行事故征候万时率0.178，空管原因飞行事故征候万架次率0.124，均控制在民航总局下达的安全工作目标之内，实现了'99安全年。

保证各类飞行架次情况

名　称	总架次	正　班	加班（包机）	专　机	外航飞越	其　他
架　次	80707	53456	14363	47	9411	3430

飞行时间及起降架次情况

名　称	总飞行小时	运输飞行小时	总起降架次	运输起降架次
小时/架次	56116	55925	85914	84822

飞机维护情况

名　称	A检	C检	4C检	D检	维　护	年　检
架　次	193	10	1	1	41511	19

注：排除故障2944条，其中重大故障40条；更换大发14台、APU19台。

查获各类违禁物品情况

名　称	各类枪支	弹　药	易燃易爆物品	管制刀具	其　它
数　量	7支	164发	2750件	947把	972件

刑事案件立案、破案及处理交通事故情况

名　称	立　案	破案（含以往立案）	抓获嫌疑人	缴获海洛因	吗　啡	处理交通事故
数　量	100起	102起	210名	83776克	3597克	13起

（二）运输生产快速增长。全年完成运输总周转量4.09亿吨公里，旅客运输量435.38万人，货邮运输量7.75万吨，与上年同比分别增长18.6%、31.5%、6.6%，其中总周转量、旅客运输量超额完成民航总局下达的年度计划，增长速度高于全国民航平均增长速度。

运输生产任务完成情况

名　称	旅客吞吐量（万人）	同比增长（%）	货邮吞吐量（吨）	同比增长（%）
昆明机场	757.9	54.8	12587	23.1
版纳机场	135.5	48.7	8031.5	-8.3
丽江机场	50.7	106.8	1825.1	47.9
大理机场	35.9	71.1	1336.8	43.5
芒市机场	17.9	4.0	1938.6	-23.4
思茅机场	8.3	22.7	733.9	22.8
保山机场	5.7	9.8	430.7	-3.5
昭通机场	5.0	18.5	343.1	-14.8
迪庆机场	2.9		120.9	
全　局	1019.9	54.6	140634.6	20.0

飞机“三率”情况

名　称		同比增长	B767-300	B737-300	B737-700
日利用率（小时）	7.8	0.1	7.9	7.7	8.2
客座利用率（%）	65.6	3.8	68.1	64.4	64.1
载运率（%）	61.8	2.4	66.6	58.7	58.0

新 辟 航 线 情 况

航 线	开航日期	每周班次
昆明—重庆—大连	3月28日	2、6
昆明—万象	3月28日	4
昆明—迪庆	4月30日	2、4、6
昆明北京—北京—长春	10月31日	2、7
昆明—重庆—徐州	10月31日	1、4
昆明—南昌	10月31日	1、5
昆明—北海	10月31日	1、3、7

（三）服务质量有所改善。全年最大限度地完成了空地服务工作，航班正常率处于全国民航前八位，民族特色服务受到中外宾客好评，总体服务质量进一步得到社会认同。

航班正常率情况（昆明机场）

名 称	国 内	国 际
航班正常率（%）	74.92	82.65
同比增长（%）	-11.98	-8.15

航班不正常情况（昆明机场）

合 计	天 气	流量控制	工程机务	运输服务	飞机晚到	旅 客	其 他
6362班	877	331	330	76	3516	485	711

（四）基础设施建设进展顺利。机队规模不断扩大，中甸机场建成通航，空管设施进一步完善，生产保障能力有较大提高。

飞 机 引 进 情 况

时 间	机 型	机 号	引进方式
6月7日	B737-700	B2502	购置
7月11日	B737-700	B2503	购置

基本建设及更新改造情况

名　称	完成投资（万元）	为计划％
基建项目	33926.04	88.2
技改项目	9493.01	40.8

（五）经济效益形势较好。全年完成主营业务收入32.8亿元，实现利润4.02亿元，经济效益仍居全国民航运输企业榜首。

财 务 收 支 完 成 情 况

（单位：万元）

月　份	主营业务收入（含基金）	主营业务成本	主营业务成本（扣调帐）	其　他收　入	主营业务税金利　润
1	16599.26	13586.88	57.89	544.00	－1047.35
2	23143.36	13712	27.23	732.80	4722.00
3	21612.62	14361.11	36.09	697.46	1878.34
4	25680.23	15070.65	34.88	813.87	5191.02
5	31611.77	17012.50	65.83	1032.94	8216.22
6	31685.98	20365.26	43.71	1032.83	5045.14
7	35782.41	22189.98	67.29	1051.56	5569.38
8	36787.49	23434.34	72.50	1200.81	5174.46
9	32603.40	23018.16	56.40	1012.73	2329.65
10	32566.08	23872.03	93.75	955.91	1020.42
11	23832.32	21842.86	45.39	696.30	－5216.88
12	16073.76	－1148.02	51.20	522.40	7300.44
合计	327978.68	207317.7	652.25	10293.61	40182.83

（六）人员素质不断提高。年内有重点、有计划地对职工进行培训，职工中具有大专以上文化程度的有1515人，具有高、中、初级专业技术职称的有1268人，分别占职工总数35％、30％。

培 训 人 员 情 况

培　训　内　容	班次（批次）	培　训　人　数
机务、航管、运输、候机楼服务等	17	604
选送国外	4	17
成人院校		24

（七）精神文明建设成效显著。坚持“两手抓、两手都要硬”的工作方针，不断加强党组织自身建设，积极开展思想政治工作，大力推进企业文化建设，热心支持社会公益事业，促进了两个文明协调发展。

捐赠情况

受赠单位	金额（万元）
世博会组委会	500
中国女足发展基金会	100
中甸新阳云航希望小学	15

荣获奖励情况

受表彰单位及航线	表彰单位	荣誉称号
丽江航站	国家文明委	全国精神文明建设先进单位
大理航站	民航总局	全国民航先进集体
昆明中心售票处	民航总局	全国民航系统优秀质量小组
候机楼公司服务部	民航总局	全国民航系统优秀质量小组
候机楼公司服务部	共青团中央	全国青年文明号
金孔雀优秀示范乘务组	共青团中央	全国青年文明号
大理航站营运科	共青团中央	全国青年文明号
团委	共青团 中央	全国“五四”红旗团委创建单位
候机楼公司团委	团省委	云南省红旗团委
航修厂团委	全国民航团委	红旗团委
昆明—大理航线	云南省政府	空中文明走廊

（八）为世博会作出了特殊贡献。实现了“确保安全、万无一失、不出大事、少出小事”的工作目标，受到了世博会组委会、云南省委、省政府等机关和社会各界的高度评价，培养和形成了“服从命令、听从指挥；雷厉风行、讲究实效；顾全大局、密切配合；团结拼搏、求实创新；严谨细致、精益求精；连续作战、吃苦耐劳；任劳任怨、忍辱负重；知难而进、无私奉献”的“云航精神”。

保障情况

名称	执行航班	起降架次	旅客运输量	货邮运输量	旅客吞吐量	货邮吞吐量
数量	20301班	48990架	274.5万人	4万吨	507.3万人	6.9万吨
名称	各类飞行	保证专机	接待VIP	检查旅客	查获违禁物品	排除故障
数量	47390架	29架	2.6万人	250万人	717件	274条

荣获奖励情况

受表彰单位及个人	表彰单位	荣誉称号
公司（省局）	省委、省政府	特别贡献奖
公司（省局）	省委、省政府	世博会筹备工作暨开幕系列活动先进单位
飞行大队三中队	市委、市政府	昆明市世博会工作暨文明城市创建活动表扬单位
公安局	省委、省政府	世博会筹备工作暨开幕系列活动先进集体
公安局	世博会指挥部	世博会保障工作作出突出贡献先进集体
团　委	团省委	’99世博会青年志愿者行动先进集体
工　会	省总工作	世博会窗口行业文明优质服务先进单位
丽江航站	中央文明委	全国创建文明行业先进单位
大理航站	省文明委	省创建文明行业先进单位
昆明中心售票处	省文明委	省创建文明行业先进单位
金孔雀乘务组	省文明委	省创建文明行业先进单位
刘　明	省委、省政府	世博会筹备工作暨开幕系列活动三等功
杨跃昆等11人	团省委	’99世博会青年志愿者行动先进个人
马燕来等9人	省总工会	世博会窗口行业文明优质服务明星
田峻博等3人	市委、市政府	昆明市世博会工作暨文明城市创建活动先进个人

二、主要措施

（一）*讲政治、讲大局、讲奉献，出色地完成了世博会期间航空运输保障任务。*历时184天的中国’99昆明世界园艺博会是我国政府首次主办的世界博览盛会。为万无一失地保障好这一盛会，在党中央、国务院、民航总局、云南省委、省政府的领导下，全体干部职工努力奋斗，高质量、高标准、高效率地完成了世博会期间航空运输保障任务。

贯彻执行上级指示。世博会的举办对公司（省局）来说既是严峻的考验，又是难得的机遇。面对机遇和挑战，公司（省局）把完成世博会航空运输保障任务作为一项重大政治任务，以高度的政治感和使命感，扎扎实实贯彻落实党中央、国务院领导，世博会组委会和民航总局的一系列指示精神，审时度势、统揽大局，以“迎世博盛会，塑云航形象”为主题进行全方位动员和部署。通过世博知识竞赛、安全大讨论、服务质量月等活动，全面增强了干部职工服务世博的意识。世博会开幕前夕，成立由主要领导领衔的迎世博会工作领导小组，加强世博会期间各项工作的组织协调。为调动各单位、各部门的积极性，领导小组多次召开动员会，对世博会期间航空运输保障工作提出了具体要求；党委曾两次在书记会议上就航空运输保障工作进行部署。生产一线单位相继成立“世博会安全生产、优质服务领导小组”，根据统一部署，超前想问题、分析问题，有针对性地制定保障方案，做好迎接世博会的各项准备工作。

认真落实保障方案。5月世博会开幕以来，大量中外旅客汇集昆明，昆明机场航班量剧增，8月份旅客吞吐量达110.4万人，相当于上年同期4个月的吞吐量总和。世博会期间正值“法轮功”邪教组织在全国各地策划、煽动、制造围攻事件，一些敌对分子、犯罪分子甚至扬言要劫机、炸机，政治环境不容乐观。为保证世博会航空运输工作的顺利进行，公司（省局）以安全工作为中心，坚持确保重点、注重难点、服务全局的思想，合理搭配机组，保证充足的飞行力量；严格执行“八该一反对”和“六防一反对”措施，严格规章制度的检查落实，严格按飞行程序操纵飞机。加强飞机维护，保证处于适航状态，抽调专业技术人员组成现场应急保障小组，及时有效处理飞机故障和应急各类突发事件。准确预测航班流量，优化调整飞行程序及分流方案，增大飞行流量，缓解空中压力；积极与空军协作配合，及时通报各类飞行动态，制定切实有效措施，避免飞行冲突；坚持双岗制，强化现场监督检查。努力改善基础设施，增强航空运输保障能力。投入巨资引进4架B737－700型飞机，满足世博会分会场对机型的特殊需求。取消部分干线运力，大量投入到省内航线中，保证游客到各分会场“进得去，出得来”。不计代价从外航空公司租赁飞机，并主动邀请深航、上航、厦航、武航等航空公司共同执行干线和省内个别航班飞行任务，保障航空运输高峰期需要。提供舒适优美、流程畅通的候机环境和文明优质的高水准服务，加强不正常航班的现场协调指挥，做好服务工作。明查暗访、重点布控、严守岗位、严防死角，强化空防安全管理，严厉打击各类违法犯罪活动。

重点保障专机和重要航班任务。世博会开幕期间，多位党和国家领导人，5个外国国家元首和政府首脑，数名国际展览局和国际园艺生产者协会主席（副主席），250多位中外部级官员，115名外国使节和和国际组织代表，2500多名中外记者共6500多位宾客云集昆明。为切实保证专机和重要航班的安全，公司（省局）专门召开会议进行布置，抽调政治思想好、作风纪律优良、飞行技术精湛、服务质量较高的机组和乘务组组成专机机组。还派专人对航站机务工作及地面设备完好情况进行全面检查。为保证江泽民总书记、朱镕基总理等中央领导人的专机工作的绝对安全，精心准备、严密部署，主要领导和分管安全领导亲临航站进行监督、指导；航站全力以赴，密切监视天气变化，准确发布专机气象预报，并对设备进行反复调试检测，确保各项保障设施运行完好。为确保大使团赴昆，公司（省局）领导亲自跟班北京进行督促协调，保证航班安全、正点抵达昆明。由于高度重视、周密部署、全力以赴，从而圆满完成了吉布提总理专机、79个国家驻华使节和国际组织代表重要航班及津巴布韦总统专机、江总书记专机、钱其琛副总理专机、老挝总理专机及其他党和国家领导人重要航班飞行任务，以实际行动和工作业绩，向党和人民、向世界递交了一份合格的答卷。

（二）坚持不懈抓安全，巩固和发展平稳的安全态势。1999年，公司（省局）认真贯彻中央领导关于安全的重要指示，落实民航工作总体要求，坚持不懈抓安全、保安全，较好地完成了“春运”、“两会、”“国庆50周年”，特别是“世博会”期间的安全工作，实现了运输飞行安全和空防安全，保持了航空安全的平稳态势。

提高安全思想认识。针对今年国家大事多、喜事多，云南活动多、会议多，特别是世博会期间贵宾多、要客多的实际，在年初召开的安全工作会议上，全面分析了安全形势，强调安全是民航工作永恒的主题，是公司（省局）的第一品牌，是各项工作的生命线，特别是在长达184天的世博会期间，保证飞行安全尤为重要，不仅关系到民航，而且直接影响到国家的形象。在4月13日迎接世博会动员大会上，要求各单位必须以高度的政治责任感和使命感，切实落实“四防五加强”措施，杜绝满、松、懒、散现象，进一步加强安全思想教育、加强安全工作组织领导、加强安全监督检查、加强技术管理、加强各项保障工作，严格管理、严格要求，用铁的纪律保安全工作万无一失。

分阶段推进安全工作。1999年，公司（省局）在安全任务繁重、要求更高、难度更大的情况下，大力推行安全目标管理，层层落实安全责任制，根据不同时期安全形势和工作特点，突出重点、分阶段推进安全工作。第一季度，提出“开好头，起好步，保证‘春运’和‘人大’、‘政协’会议期间的航空运输安全”，全体干部职工积极努力，实现了第一阶段的安全工作目标。第二季度，要求以实际行动迎接世博会，圆满完成世博会第一阶段航空运输安全。为进一步加大安全管理力度，各单位狠抓安全工作的“六个必须”，结合第一季度安全工作中存在的问题，开展“查安全思想、查工作作风、查规章制度、查事故隐患”的安全大检查，重点查事故隐患，堵安全漏洞。此间，国家经贸委、云南省政府、民航总局、西南管理局检查组也对公司（省局）的安全工作进行检查，充分肯定了安全管理的成绩。通过安全大检查，真正做到安全防范关口前移，保证了世博会第一阶段的航空运输安全。7月28日，公司（省局）召开副处以上干部会议，部署第三、四季度安全工作。第三季度，抓好复杂天气和旺季飞行，做好暑期运输高峰、世博会、国庆50周年航空运输保障工作；第四季度抓好换季工作和最后攻坚，实现安全年，迎接新千年。为实现第三、四季度安全目标，开展了百日安全竞赛活动和安全整顿，加强对有关保障飞行安全、空防安全和航空地面安全要害部位的专项检查，及时消除了一批安全隐患，提高了整体安全系数，顺利实现了全年安全工作目标。

加快安全基础建设。年内继续加强规章制度的制定、修订工作，出版了《B767－300型机操作手册》、《B737－300型机操作手册》，制定下发了《关于保证雨中飞行安全的十条规定》、《中国云南航空公司飞行员飞行训练申报程序》等10多个规章、标准。在整章建制的基础上，加紧建立QAR系统，完成了QAR、AGS地面工作站的安装调试及AGS系统的试运行，做好运行合格审定的前期工作；解决了计算机2000年问题；加快规范化管理进程，编制一套68册的《云南航空公司营运总册》，详细规范每个部门、每个单位、每个岗位的职责权限、工作程序、标准及制度、考核检查、实施奖励办法，推动了安全管理制度化、标准化和规范化，提高了科学管理水平。

齐心协力保安全。1999年，公司（省局）把安全工作列入党委和行政的重要议事日程，学习领会上级有关安全工作的文件、电报精神，定期分析安全形势，研究加强安全工作的政策措施，切实做到思想、精力、工作到位。各单位明确工作责任，共同保障安全。飞行大队以提高飞行质量为重点，坚持抓飞行人员的思想、作风、纪律建设，培养良好的飞行作风；合理搭配机组，保证飞行前准备质量，加强飞行理论学习和飞行技术讲评，提高稳定进近、着陆阶段、复杂天气和特殊情况的处理能力，出色完成了各类飞行任务。航修厂强化维修工程管理强化人员素质管理，强化适航监督检查，认真落实飞机维护标准，严格按工作单（卡）作业，积极抓好发动机性能监控和飞行重大故障的研究和防范，减少了人为差错。航气处努力改善空管条件，协调空军最大限度地利用空域资源，缓解空中保障压力，提高安全保障系数，杜绝了因空管原因造成的飞行事故。通信导航处更新、增高通信导航设施，清理电磁环境，保证了导航设备处于良好工作状态。机场处加强机场跑道、助航灯光维护和机场净空管理。候机楼公司、羽公司、货运公司等单位严格按机坪线路驾驶车辆，避免了航空地面事故。公安、安检部门以防劫机、防炸机为重点，严格隔离区、飞行区管理，严格旅客人身、行李和体贴物检查；依法处置非法干扰事件，保证机上、机坪、候机楼治安秩序稳定；加强航管楼、候机楼、机库等重要设施的安全保卫消防工作，严防破坏，保证了空防安全。各航站加强飞行区运行管理，提高了综合保障能力。职能部门加大安全监察力度，积极主动做好事故预防工作，促进了安全形势和平稳。党、政、工、团紧密结合自身实际，积极服从、服务于安全工作，较好地发挥了保障作用。

（三）全面开展优质服务，提高整体服务水平。1999年，公司（省局）在抓安全生产的同时，紧紧围绕世博会，以“创造优美环境，建立优良秩序，搞好优质服务，塑造良好形象”为标准，不断加强和改进服务，树立“一切以顾客满意为中心”的思想，推行服务工作制度化、标准化和规范化，提高了整体服务水平。

做好基础保障工作。为保证重要宾客世博会期间顺利抵离昆明机场，专门开通两条DDN专线，从机场机点分别连接至云南饭店世博会接待组和世博园门口，安装了电脑售票终端和打票机，还抽调业务骨干主动上门服务。客运公司针对各个运输高峰期，合理安排运力，满足了市场需求；货运公司设立世博会物资柜，确保世博会专用物资的及时到位；办公室克服重重困难，认真规划，精心组织绿化、美化工作，创造了机场优美的环境；卫生处为方便旅客和职工就诊，将救护车值班地点调整到现场，设立流动医疗服务点；团委组织青年志愿者，放弃休息时间，投身服务生产一线；各职能部门积极行动，从人、财、物各方面给予了有力的后勤保障。

确保地面服务工作正常有序。昆明机场新候机楼于世博会开幕前启用。针对航班密度大、要客多、规格高以及昆明机场较长时间处于超负荷运转的紧张状况等特点，公司（省局）把提高服务质量作为重要工作来抓，实行一岗多能，拓宽服务范围，按照值机标准化、服务宾馆化、礼仪国际化的要求完善服务程序，高质量、高标准为旅客提供服务；在保障VIP旅客方面，根据“突出重点，全员满意”的服务目标，将要客服务放在首位，补充、调整优秀服务人员到贵宾室工作，规范、细致地为VIP旅客提供优质服务，赢得了VIP旅客、世博会组委会和云南省委、省政府接待组的赞誉。认真做好不正常航班的服务工作，及时提供航班动态信息，主动为旅客联系改乘、改签工作，耐心回答、解释旅客提出的质疑和责难，把融心服务充分体现在不正常航班服务中，切实做到“航班延误，服务不延误”，最终以最大的宽容、理解和关爱赢得了旅客。

提高空中服务质量。年内空中服务不断推陈出新，由过去的微笑、细微“两微”服务及爱心、热心、细心、耐心、尽心“五心”服务上升到多看一眼、多说一句、多帮一把、多走一步的“四多”服务和话到、眼到、手到、脚到、情到、神到的“六到”服务。“金孔雀”、“云莺”、“金花”3个乘务组在原有服务项目的基础上不断探索新内容，不断完善民族特色服务，使空中服务水平发生了质的变化，文明航班、精品航线服务满意率达100%，多次圆满地完成了专机服务工作，受到国宾和外宾的高度评价。

加强服务质量监督。健全内外监督网络，认真查处旅客投诉，及时加强和改进服务工作。全年处理旅客、货主投诉291起，维护了公司（省局）形象。

（四）加强经营管理，全面完成运输生产任务。年内，公司（省局）坚持“安全为中心，市场为导向，效益为目标”的经营思想，在保证安全的前提下，以世博会为契机，下大力气抓了运输生产和效益工作，超额完成了全年的运输生产任务，创造了效益佳绩。

深挖代理市场潜力。面对航空市场的严峻形势，转变观念，把寻找新的经济增长点投向庞大的销售代理市场，先后与东北、华北、中南、西南地区各机场、省局代理人建立协调的销售网络关系，制定68项灵活的销售政策，改善了部分航线客座率较差的状况，太原、合肥、重庆、济南、宜宾、珠海、徐州等线客座率，由3月以前20～25%至升75～85%，桂林线由35～45%升至90%，稳定了西安、珠海、南京、宁波等线客座率，使干线回程客源成为新的经济增长点。

维持运价稳定。年内，自民航总局下发有关件后，各航空公司停止价格大战，运价得以回升，相对提高了客票含金量。公司（省局）积极摸索维持运价稳定的各种有效途径，成功地与泰国国际、安琪航空公司就昆明—曼谷航线旅客运价达成上调到相同水平的共识，改变了昆明—曼谷航线长期以来削价竞争局面。根据市场情况合理预测，及时调整部分航线运价，取得了较好的经济效益。

合理安排运力。本着合理计划、统筹安排、避免浪费、创造效益的原则，制定了夏秋航班计划以及日常性航班机型变更、时刻变更、加班、取消航班等临时性的调整工作。对春运、世博会期间、旅游交易会、昆交会、暑假和国庆节等高峰期，及时进行运力调整，取消、合并客座率低的航班，把运力投放到收益高、需求量大的航线上，满足了运输市场需求，增加了运输收入。加大航班清理力度，对时限留得较晚的旅游团队进行跟踪检查，根据工作实际在一些座位较紧张的主要干线上做候补留位，保证重要、紧急客人的需求，避免了座位虚耗。

增加货运收入。充分利用有限舱位，加大海鲜、水果等高价值货物和季节性货物的运输量，提高了航线货运收益。全年海鲜出港运量比上年增长90%。在抓主导产品运输的同时，对一些量小、非稳定和其它运输方式转来的货源实行较为灵活的运价，补充了运输高价格货物剩余的舱位，增加了收入。与货主、代理人建立长期、紧密的合作关系，控制海鲜、鲜花、松茸货物代理市场，保持了80%以上的运输份额。积极发展回程联运尤其是国际回程联运，利用国内航班中转鲜急货物到北京、上海、广州等地，使中转货物比上年增长12%。

加强企业管理。年内，继续推行经营承包责任制，建立了较为科学的指标考核体系，对收入、成本费用进行细化、分解，使项目承包真正落实到责任单位和个人。严格业务招待费、车辆维修费、房屋和场道维修费、电话费、水电费、机上供应品、宣传费的审核、把关制度，有效地控制了费用的开支。减少各种材料占用资金，对机供品、航材及其它综合材料的采购，核定采购量和最高库存限额；对发动机大修、维修和飞行人员培训费用下达资金使用计划，提高了资金使用效率。制定基建项目工程财务管理办法，规范基建财务行为，减少资金占用，降低了工程造价。规范投资管理，加强对外投资的监管力度，制止了国有资产流失。全年主营业务收入比上年增长29.92%，而成本费用仅增长24.09%。

（五）积极深化内部改革，为建立现代企业打好基础。1999年，公司（省局）在深入细致的调查研究基础上，积极转变观念，稳妥地推进内部改革，迈出了较大步伐。

拟制体制改革方案。年内，根据邓小平理论和十五大精神，在认真调查研究，广泛听取各方面意见的基础上，结合自身特点和客观实际，坚持一切从实际出发，反复认真地研究了管理体制改革问题，特别是在学习贯彻《中共中央关于国有企业改革和发展若干重大问题的决定》中，结合十五届四中全会精神和民航总局关于民航改革的原则，按照邓小平“三个有利于”和“发展才是硬道理”的标准，提出了《关于组建中国云南航空（集团）有限责任公司的方案》，并上报民航总局和云南省政府。

推行工资制度改革。公司（省局）根据民航总局关于工资改革方案的批复精神，在原方案及细则的基础上进行修改和完善，经职代会讨论通过后，于元月开始实施。在组织实施过程中，对全体职工的岗位和工资性收入进行了再清理、再核实，于7月正式推行新工资制度。为配合工资制度的改革，积极开展“三定”工作，对所有编制岗位和人员情况进行了全面调查，提取各岗位工作情况和人员配备情况。至年末，除飞行大队、航修厂和版纳航站外，“三定”调查摸底工作已基本完成。

健全保障体系。建立工伤和生育保险，按云南省有关规定，起草了《工伤保险实施细则》和《生育保险实施细则》，并开10月1日开始实施。做好职工养老保险个人账户管理工作，逐步完善了养老保险信息管理系统，完成了养老保险基金的年度审计工作。

（六）加快基础设施建设，改善安全生产保障条件。本着“保急需、保安全、保生产、求发展”的投资原则，公司（省局）加快了基本建设和更新改造，使生产要素得到合理配置，促进了生产发展。

加大投资力度。统筹安排投资计划项目，全年安排计划投资6.16亿元，完成投资4.33亿元，为年计划的70.4%。向民航总局和省政府申请建设资金1.27亿元。基本完成了昭通凤凰山VHF，丽江机场气象雷达建设，昆明机场助航灯光改造，大理机场滑坡整治，芒市机场停机坪，版纳机场航站楼扩建，综合业务楼等工程项目；购置摆渡车、B767飞机专用气源车、平台车等生产设施设备。

提高投资质量。在做好计划投资工作的基础上，加强对新建、在建工程项目的监管和各种设施设备的到货验收工作，落实资金到位，掌握基建工程进度，提高了工程质量，完成了各种设施设备的引进、配备工作。

（七）重视人才引进和业务培训，提高职工整体素质。1999年，为适应云南民航发展需要，公司（省局）极为重视人才引进和在职人员岗位技能培训，提高职工整体素质。

引进急需人才。全年接收大中专毕业生157名，主要为机务、航管、运输专业，充实到各基层单位。招收飞行学生16名，为发展增添了后劲。

重视飞行人员训练。按照民航总局51、52号令，进一步加大飞行训练管理力度，着重抓机长、教员队伍素质的提高，完成B737－300、B767－300型机长训练15人，转升B737－300/700型飞行教员训练6人。抓模拟机训练，完成B737－300/700、B767－300型机各类训练434人；抓机组处置单发能力的提高，组织B767－300型机飞行员进行单发科目专题训练，大力推广殷克明机组成功处置单发的经验。

发挥培训中心作用。贯彻“科教兴业”的战略思想，把科教融入到岗位培训中，突出针对性、实用性；按岗位需求先后办班17个，涉及电子维修、电气、英语等14个专业，培训学员604人，培训合格率为100%。

（八）加强党的建设和思想政治工作，促进

两个文明协调发展。1999年，公司（省局）党委按照《中共中央关于进一步加强和改进国有企业党的建设工作的通知》精神，全面推进党的自身建设，努力改进思想政治工作，大力加强社会主义精神文明建设，促进了两个文明协调发展。

深入学习党的基本理论。党委把学习邓小平理论、党的十五大、十五届四中全会精神作为加强党的建设的首要任务，注重在把握理论的科学体系和精神实质，提高理论素养上下功夫。党委中心组在保证学习时间、注重学习效果的前提下，紧密联系实际，运用科学理论解决改革发展中的重点、热点、难点问题。各基层党委（总支、支部）采取集中和自学相结合的方法组织广大党员学习，深刻领悟理论精髓，增强了广大党员贯彻党的路线、方针、政策和党委决定、决议的自觉性。

加强领导班子思想政治建设。党委十分重视领导班子思想政治建设工作，坚持在各级领导班子中开展以“讲学习、讲政治、讲正气”为主要内容的党性党风教育，倡导勤政务实、廉洁自律的工作作风，使各级领导班子形成了“风正、气顺、劲足”的工作局面。认真贯彻民主集中制原则，修订完善了党委常委会议制度、党委全会制度等18项加强领导班子思想政治建设和党建工作的规章制度，提高了决策的民主化、科学化水平。定期召开民主生活会，开展批评和自我批评，不断提高了各级领导班子成员的自我约束能力和解决问题的能力。进一步加强新时期干部队伍建设，按中组部、民航总局党委有关领导干部选拔任用规定，制定了干部管理工作暂行规定，选拔调整18名处级干部，对78名处经领导和28个处级领导班子进行了民主考评，逐步建立了优胜劣汰的干部管理机制。

充分发挥基层党、团组织作用。党委把理顺基层党组织关系和健全基层党组织机构作为基层党建工作的重点，组建了大理航站党委、计算机中心党支部，换届选举2个总支、7个支部，确保了基层党组织工作正常、有序、高效开展。各基层党组织紧紧围绕民航中心工作，积极探索新时期基层党组织建设的工作方法，结合党员队伍在建立社会主义市经济过程中价值观念、思想情绪、精神状态等方面出现的变化，进行正确的世界观、人生观、价值观教育。同时，认真抓好民主评议党员、创先争优、发展党员工作。评选出8个先进基层党组织，31名优秀党员，12名优秀党务工作者。发展预备党员75名。团委不断加强基层团组织建设，新增10个团支部，发展团员57名。

深入开展党风廉政建设。各级党组织认真组织全体党员，特别是党员领导干部，学习有关党风廉政建设的规章制度。重点学习《中国共产党纪律处分条例》、《中国共产党领导干部廉洁从政若干准则（试行）》，组织2300余名干部职工观看了“沉沦之鉴”、“烟草大王的人生悲剧”等录像片，提高了党员干部对新形势下端正党风、廉洁从政重要性的认识，增强拒腐防腐的能力。落实党风廉政建设责任制，下发了党委党风廉政建设工作责任制的通知，42个处级单位建立了党风廉政建设工作责任制。加大监察力度，组织纪检干部40多人深入到所属航站、驻外机构等20多个单位进行廉政建设、行业风气、党风教育、法制教育、职业道德教育、制度建设等方面综合检查，有力地推进了党风廉政建设工作的开展。

大力加强社会主义精神文明建设。坚持精神文明“重在建设、贵在坚持”的原则，按照《爱国主义教育实施纲要》，深入开展爱国主义教育，利用建党78周年、建国50周年大庆及澳门回归等纪念日开展爱党、爱国、爱民航教育。学习人民日报《法轮功就是邪教》等重要文章，收看中央电视台有关批判“法轮功”专题报道，深入揭批“法轮功”邪教组织。组织干部职工尤其是青年团员强烈遣责以美国为首的北约组织悍然轰炸我驻南使馆的野蛮暴行。参加省委宣传部、外宣办等单位联全主办的“云航杯”《爱我中华、爱我云南—党在我心中》知识电视大赛活动。通过多种形式的教育活动，使广大党员、团员进一步增强了政治敏感性和政治鉴别力，激发了爱党、爱国的政治热情，树立了正确的世界观、人生观和价值观，坚定了共产主义理想和社会主义信念。认真开展精品服务样板创建活动，按省文明办的要求，完成了省文明行业、文明示范点、文明窗口的创建工作，树立了公司（省局）良好形象。充分发挥企业文化建设在弘扬行业精神，增强企业凝聚力方面的作用，举办了庆祝建国50周年大型文艺演出“祖国万岁”及书画摄影展、篮球运动会等具有鲜明时代特征、提高职工精神境界和审美情趣的文体活动。参加全国民航50周年文艺演并受到好评，录制了反映乘务员生活为题材的20集电视连续《千娇百媚》，提高了企业文化建设水平，进一步推动了社会主义精神文明建设。

三、存在问题

主要问题是：(1) 安全工作基础还需进一步加强，少数人员的安全意识还不牢固，违章操作现象仍有发生。(2) 在管理方面，个别单位对履行的管理职能认识不清；安全管理中存在说的多落实少、要求多检查少的倾向；行政管理中存在驭下不严、管理松懈问题；经营中存在管理粗放，市场调查研究不够。(3) 设备老化、机场净空保护等问题还未从根本上解决。机场净空环境及周围电磁环境遭到进一步破坏，部分机场设施设备老化、故障频率高。昆明机场跑道由于世博会期间飞机起降架次增多而破损严重。

云南电信业发展述评

云南省邮电管理局局长　孟福成

1999年是全省实行邮电分营后，电信专业以新的工作体系独立运作的起始年。一年来，全省电信部门在信息产业部、电信总局和省委、省政府的领导下，紧紧围绕省局党组确定的中心工作，按照省局提出的“改革、发展两不误”的工作要求，以'99昆明世界园艺博览会的召开为契机，继续加大通信建设力度，增强通信能力；大力培育新的业务增长点，提高经济效益；加大管理工作力度，努力提高服务质量；按照信息产业部的部署，积极实施电信分营工作，圆满完成了云南移动通信公司的组建工作。同时，进一步加强精神文明建设、局风建设和廉政建设，促进了两个文明的协调发展，全省电信通信事业继续保持了持续、快速、健康发展的的良好态势。

一、主要成绩

（一）综合通信能力进一步增强

1999年，全省电信投资20.3亿元，完成了一批规模大、容量大、技术层次高的通信项目，电信综合通信能力进一步增强。全省电信固定资产原值达116.25亿元。交换方面，新增市农话程控交换容量59.1万门，其中新增市话程控交换容量38.5万门，农话20.6万门；全省局用程控电话交换机总容量达到了372.2万门。传输方面，完成了广昆成、南贵昆一级干线光缆工程云南段的收尾工作；进行了渝筑昆（204）微波SDH改造工程；完成了部分SDH链路建设，建成省内3个SDH环；完成了思茅临沧SDH微波工程和12个本地网SDH建设；完成了农村乡镇光缆建设任务，基本实现乡镇中继传输光缆化。新增省内干线、本地网传输、农村乡镇中继光缆7100公里，全省光缆总长度达到了3.8万公里。数据通信方面，完成了DDN省网扩容工程，建成了省网管及16个地州市本地网管系统；完成了国家骨干网计算机互联网三期工程；顺利完成云南信息港二期工程，新增8个节点，昆明、玉溪、曲靖、楚雄、大理、红河、保山等7个地州市ATM宽带多媒体通信网建设，正在抓紧实施；IP宽带业务网、160&168全省联网工程、全省电报技术改造建设正在进行；IP电话网正在做前期工作。智能网方面，完成了部管智能网三期工程及智能网前端机计费采集系统的建设。支撑网建设方面，完成了七号信令网二期工程，基本建成省内14对LSTP七号信令骨干网；“九七”工程实现全省纵向联网。接入网建设方面，以昆明、玉溪、曲靖、楚雄、大理等经济发达城市为重点，加快光纤到主要行政、金融、院校、企事业单位办公楼和商业大楼的建设步伐。完成了113个不通电话行政村的通电话建设任务，全省行政村通话率达到了98%。

（二）各项经营指标全面完成

1、业务发展成绩显著。1999年，全省本地网电话放号42.09万户，其中市话放号24.68万户，农话放号17.41万户；全省固定电话用户总数达230.3万户，比上年同期增长22.43%，主线普及率达5.96%。数据用户新增1602户，数据增值业务用户新增2.58万户；新增公用电话2万部，其中IC卡电话1.32万部；全省公用电话总数达到了7.8万部，其中IC卡电话2.1万部。

“政府上网”工程已经启动，已有省政府、省计委、省经贸委、省旅游局、昆明市政府等24个单位上网。“云南信息港”上网访问人次已突破500万，日最高访问人次达到了3万人次。

2、业务总量、业务收入持续增长。1999年，全省电信业务总量比上年同期增长15.4%。全省电信业务收入中农合计比上年同期增长27.07%。全省电信中农合计全员劳动生产率达到21.96万元，中央国营全员劳动生产率达30.55万元（均不含1－3月移动通信收入）。

（三）较好地完成了电信网运行维护指标

1999年，全省电信网络运行维护全面完成了部、省下达的各项指标。综合来话接通率部下达指标53%，完成54%；省内去话接通率部下达指标50%，完成50.81%；对端电路群接通率部下达指标46%，完成46.57%；长途电路可用率部下达指标98%，完成99.05%；本地网接通率省局下达计划指标55%，实际完成62.3%，接通率水平为历年最高水平。一级干线微波无阻断。长途电话交换局、数据通信全年未发全阻障碍。

此外，在省信息化办公室的协调下，经过全省广大电信干部职工的共同努力，投入2000余万元，经过7个阶段的准备工作，较好地保证了2000年时钟过渡，并配合电力、银行等部门进行了Y2K验证测试。全省电信在网运行设备和通信系统均未发生2000年时钟问题。

（四）圆满完成了世博会电信通信保障任务

省局对做好世博会电信通信保障工作高度重视，从1997年下半年起就着手进行相关准备，投资39.23亿元完成了一批世博会电信通信保障建设工程，并对全省通信保障组织工作进行了精心部署，层层制订了周密的保障方案。由于全省电信部门思想上高度重视，在行动上抓好落实，在组织上精心部署，在措施上给予保证，在世博会重要通信保障工作中真正做到全程全网、上下齐心，保障有力，万无一失。在省政府组织的’99昆明世博会筹备工作暨开幕系列活动总结表彰大会上，首局被评为先进单位，昆明市电信局被评为先进集体。

在国庆50周年庆祝活动、迎接澳门回归和汛期救灾活动中，全省电信干部发扬优良传统，立足本职，团结协作，勤奋工作，圆满地完成了通信保障任务，确保了电信通信的安全畅通。

（五）企业改革进展顺利

1999年，在积极做好邮电分营的收尾和善后工作的同时，根据信息产业部的部署，全省电信部门全面实施了电信分营工作，移动通信网络、业务、资产、人员全部从中国电信中分离出去，组建了云南移动通信公司。与此同时，全省电信基础管理工作进一步加强。

（六）认真组织领导班子“三讲”教育工作。

按照中央和省委关于开展“三讲”教育的统一部署，在省委“三讲办”的领导和省委巡视组的具体指导下，从9月16日至11月28日，省局党组以中共中央有关精神为指导，以讲政治为核心，认真贯彻整风精神，高标准、严要求，扎扎实实地开展了省局领导班子和领导干部以及机关处级干部“三讲”教育。省局党组和省委巡视组认为，这次省局领导班子和领导干部以及机关处级干部“三讲”教育，取得了比较明显的成效，基本上达到了预期的目的。通过这次“三讲”教育，省局局级领导和处级干部在思想上有了明显提高，在政治上有了明显进步，在作风上有了明显转变，在纪律上有了明显增强。

与此同时，全省电信部门精神文明建设工作也取得了可喜的成绩，全年共有44个电信单位被评为省级文明单位。

二、主要体会

总结回顾1999年全省电信工作，我们主要有以下几个方面的体会：一是必须坚持用邓小平同志“发展是硬道理”的理论来指导我们的各项工作；二是必须积极推进“两个根本性转变”，探索我省电信发展的新路子；三是必须正确解决好分析形势与转变机制、参与竞争与开拓市场、改善服务与促进效益、加强管理与提高素质这4

大问题；四是必须坚持提高网络整体优势，改善服务，灵活经营；五是必须坚持“两手抓、两手都要硬”的方针，加强精神文明建设。

三、存在问题

主要问题是：(1) 企业网络资源尚未得到充分利用，粗放型经营的问题仍然存在；(2) 从上到下缺乏市场运作的经验，企业运行机制和管理模式不够灵活；(3) 部分员工缺乏危机感和紧迫感，两次分营不可避免地对人员的思想产生负面影响；(4) 队伍的整体素质亟待进一步提高；(5) 经过几年的高速发展，全省电信业务增长速度趋于平缓，企业自我积累、自我发展的能力受到影响，建设资金紧张的问题比较突出。

云南重点建设发展述评

云南省计划委员会副主任 曾永德

1999 年，云南省重点建设以党的十五大及十五届三中、四中全会、中央经济工作会议，省委六届七次会议精神为指针，积极推进两个根本性转变，调整和优化结构，继续扩大内需，进一步加快基础设施建设步代。全省共安排重点建设项目 27 项，其中计划建成投产 14 项，续建 12 项，新开工 1 项。按行业结构划分：交通 11 项、能源 4 项、通信 1 项、水利 3 项、有色冶金 2 项、化工 1 项、环保 2 项、教育 1 项、文化 1 项、场馆 1 项。

27 项重点工程年度计划总投资 84.45 亿元。其中中央投资 21.67 亿元，占 25.66%；云南省安排 11.25 亿元，占 13.64%；银行贷款 29.83 亿元，占 35.32%；利用外资 2.2 亿元，占 2.61%；企业自筹 17.05 亿元，占 20.18%；地县自筹 2.18 亿元，占 2.58%。

一、超额完成重点建设任务，实现 14 个项目建成投产的目标

1999 年，全省 27 项重点工程共完成投资 106.42 亿元，为年度计划的 126%，与上年同期相比上升 28 个百分点。资金到位总数 92.56 亿元，为全年计划投资的 109.6%，比上年同期到位率高 7 个百分点。其中投产项目完成年度计划的 121.2%；续建项目完成年度计划的 151.%；新开工项目完成年度计划的 18.23%。

资金到位情况：中央资金到位 49.54 亿元，到位率 228.6%；省安排资金到位 10.61 亿元，到位率 80%；超额完成了 1999 年重点建设计划任务。

年内有昭通渔洞水库枢纽、龙陵贫河水库、昆玉公路复线、昆明国际机场扩建、迪庆机场、世博会场馆、楚大公路、苏帕河电站调节水库、大理徐村电站 3# 机组、云南磷肥厂技改、昆钢技改 6 号高炉、云南邮电工程等 14 个项目建成投产。增加能力为：水库库容 3.75 亿立方米，电力装机 5 万千瓦，高等级公路 266 公里，国家一级口岸机场 1 座，民航二级机场 1 座，铜锡矿开采 1059 吨/日，磷酸 15 万吨，微波线路 288 公里，干线光缆 1450 公里，炼铁 30 万吨。

二、切实加强对重点建设项目的管理

省委、省政府将 1999 年定为建设工程质量年。年初，省政府召开了全省建设质量工作会议，贯彻《国务院关于加强基础设施工程质量管理的通知》。云南省制定了相应的措施办法，并对全省在建项目进行拉网式的质量大检查。省政府批转了《云南省重点建设项目管理办法》和《云南省关于对重点建设项目实行奖励的规定》。在实际工作中，全省认真按照国务院和省委、省政府的要求，落实 5 项建设程序：项目建议书、项目可行性研究报告、项目初步设计、开工报告和竣工验收；落实 4 项基本制度：项目法人责任制、招标投标制、工程监理制和合同管理制；落

实4个方面的监管机制：政府监管、社会监督、资金监管和法制监管。通过以上措施，一年来，各重点建设项目普遍增强了对建设程序的重视和对工程质量的意识，认真吸取了昆禄公路质量问题的教训，使重点建设工程实施更加扎实、可靠。

三、积极推进重点建设项目稽查特派员制度的实施

向国家出资的重点项目委派稽查特派员，是适应社会主义市场经济发展和推动投融资体制改革的需要。由于全省财政对建设项目投资比重较大，为确保省投资的安全，对省重点建设项目实施稽查特派员制度十分必要。对此，省政府十分重视，批准了省计委《云南省关于向省出资重点建设项目委派稽查特派员的方案》。省编委特批了特派员及助理的编制，省计委、人事厅从省属有关厅、局挑选了22名特派员及助理人选，并委托天津大学进行了培训，经过严格考试，合格者取得了任职资格，即将正式上岗，开展工作。

四、加强调查研究，深入施工现场，切实为项目办实事

1999年，国家继续扩大内需、加大基础设施建设的投入力度，全省的投资规模也比往年增大。要使扩大内需拉动国民经济增长的目标实现，重点建设起到举足轻重的作用。由于国家新《土地法》和《森林保护法》的颁布执行，重点工程在征地拆迁和林地占用方面遇到了很大的困难。新土地法规定征地的标准远远高于项目原来批准的设计概算，部分地县政府在林地的管理方面实行“一刀切”的政策，使全省公路、铁路、电力等项目带来一些新的难度。为解决好既要贯彻执行国家法律、法规，又要确保扩大内需、拉动经济增长任务完成这一矛盾，省计委深入现场，组织项目建设单位及地方土地、林业管理部门，认真学习领会国家的法律规定，反复做通各级政府和各部门的工作，在尽量不增加概算投资的原则下，动员地、县都为确保国家重点工程建设作出贡献，创造一个良好的投资环境。

五、加强法制建设，依法管理重点建设项目

1999年，省政府先后颁布和转发了《云南省重点建设项目管理办法》、《云南省关于对重点建设项目实行奖励的规定》、《云南省关于加强基础设施工程质量管理的实施意见》、云南省监察厅《关于建设工程违法违纪行为行政处分暂行规定》等一系列法律法规。年底国家又颁布了《中华人民共和国招标投标法》，使重点建设的实施有法可依、有章可循。各级政府和有关部门在对重点建设项目的管理和运作中，提高了依法办事、依法行政、依法管理的意识，规范化管理进一步得到加强。

六、存在问题

（一）征地拆迁困难越来越大。随着投融资体制改革的深入发展，许多项目由政府行为转向企业行为，组成为股份有限公司。按新土地法规定，凡属股份制公司征用土地，一是不能占用基本农田；二是必须使用土地出让的方式。而国家在审批项目概算时，又尽量压低征地费用，要求地方给予项目优惠政策，否则就不予批准。征地费用普遍不足，只能强压地方政府，农民也得不到妥善的安置和补偿。

（二）项目建成投产后遗留问题对地方的影响较大。集中反映在铁路、公路、电力项目上，由于点多、面广、线长，项目建成后沿线的交通、排灌、移民的安置开发、生产生活、水土流失等问题得不到处理，农民集体上访，各地县反映强烈，一定程度上影响了地方支援重点建设的积极性。

（三）法制观念不强。对新颁布实施一系列投资建设领域内的法律法规宣传力度不够，贯彻执行不力，一些部门和地县甚至不知道有这些法律规定。

云　南　物　资　工　作　述　评

云南物资集团有限公司董事长、总经理　宫国信

1999年，是我省物资企业为摆脱困境而努力拼搏的一年。一年来，受通货紧缩的影响，市场需求不旺，加之历史债务负担沉重，经营资金严重短缺，形势十分严峻。面对物资企业前所未有的压力和困难，云南物资集团有限公司广大干部职工在省委、省政府的领导下，以党的十五大精神为指导，高举邓小平理论伟大旗帜，紧紧围绕物资企业改革与脱困三年奋斗目标，认清形势，正视困难，树立信心，负重前进，各项工作取得了新的进展。

一、基本情况

1999的集团公司把扭亏增盈列为工作的重中之重，采取了多种措施与办法，努力以改革求脱困，抓发展促扭亏，使扭亏脱困工作取得了实质性进展，在连续两年大幅减亏的基础上，1999年继续保持了较好的减亏势头。全年亏损3820万元，按同比口径计算亏损2273万元，比上年增亏778万元，增幅为52%。上缴税金1577.4万元。

集团公司的14户企业中，盈利的公司占企业总数的35.7%；上年亏损的7个公司，年内全部实现了减亏。

1999年下达的主要经济指标基本完成。物资销售总额10.81亿元，比上年同期下降29.46%；利润总额为－3820万元，剔除不可比因素，比上年同期的－1495万元，增亏778万元，增幅52%；流转费用总额为1.04亿元，比上年同期减少1977.6万元，下降19.07%；物资库存1.26亿元，比上年同期下降22.4%；上缴税金1577.4万元，比上年的1295.4万元上升21.77%；完成进出口总额750万美元，其中出口创汇444万美元。

二、主要工作

（一）*贯彻“三足鼎立”发展战略*。由于国内需求不足、生产能力过大、出口下降等因素，物资企业销售困难，市场占有率下降，效益日趋下滑。但是主业是我们的立足之本，离开了主业我们就将失去生存的基础，为巩固主业，稳健经营，1999年，集团公司加快了主业经营机构的调整，重点发展有效经营业务和优势经营品种，注重提高经济运行质量。

在钢材销售中和钢厂建立了稳定的供货关系，同时与其它一些供货商建立了较好的协作关系，有了稳定的、源源不断的质优价廉的资源，主营业务又重新奠定的坚实的基础。云南物资集团有限公司1999年销售钢材73254吨，比上年增长32.94%。

物资企业在复杂多变的市场经济中深刻认识到，企业经营必须突出主业、强化主营，把大宗产品经营放在主要地位，才能应变市场、立住脚跟，发挥自身优势。1999年，化工市场出现了年初开始启动、2～3月部分产品价格有所回升、5月份大幅下跌的态势，集团公司及时捕捉信息，立足主营产品，并在经营中占据了主导地位。

为了扩大销售，集团有限公司增设了报废汽车收购网点，延长服务时间，努力提高综合利用水平，千方百计扩大边境贸易，使收车量保持了去年的水平。

在传统煤焦市场受到严重冲击之后，公司充分发挥曲靖、宣威、富源等外站的资源优势和运力条件，以威舍为依托，积极拓展省外市场，全年销出省外煤炭占全部煤炭销售的13%。

在闲置资产的租赁方面，各公司的经营观念也有了较大转变，从较低层次的出租做起，逐渐从单纯的产品经营向资产经营过渡。有的公司已

经打出了出租办公楼的广告，有的公司也把办公楼改造为招待所。部分公司对土地的开发规划也有了思路。1999 年，各公司在盘活存量资产方面的收入比上年增长 0.56%。

由于集团公司多种经营收入增加，投资收益也上升。1999 年多种经营实现营业收入 1.53 亿元，扣除不可比因素比上年增长 63.7%；投资收益实现 709 万元，比上年增长 10.5%，呈现出良好的发展势头。

（二）企业重组改制进展。1999 年，遵循省委、省政府的部署，集团公司积极进行物资集团的筹建工作，按照建立现代企业制度的要求，建立了董事会、监事会和经理班子，完善了党委会，并分别制定了工作规则和议事规则，建立以资产为纽带的母子公司体制。在省委、省政府领导的关心和支持下，于 5 月 18 日正式挂牌成立了云南物资集团有限公司。

同时，集团公司对已经改制的成员公司进行了规范管理和运作，完善了法人治理结构，建立了各种相关的制度；对金属、机电、燃料 3 个大公司的改制进行了深入研究，对公司的发展进行了多方探讨，各公司也按照自身的情况制定了企业改制的总体方案。根据中共中央《关于国有企业改革和发展若干重大问题的决定》精神，改制方案将作进一步的修改。按照改制要求，逐步完成改制前的各项准备工作。

（三）开拓市场。1999 年，在国内市场有效需求不足的情况下，物资经营工作十分困难，要想取得效益更难。集团公司在千变万化的市场中，抓住有利时机，利用新型营销方式开拓市场，加强购销业务，取得了一些较为成功的经验和做法。

集团公司积极抓好有色金属的期货套期保值业务，在整个有色金属市场较长时期处于供大于求的情况下，随时关注和分析伦敦期货市场的信息和市场行情，根据价格变化抓住机会积极稳妥地开展期货套保业务，仅上半年，锌的销售与上年同期相比增长了 436%。

在转变经营观念、改变经营作风上有了新的进展。公司职工将产品开到煤矿，在工地现场试用，进行宣传；对用户走访调查，对用户过去在公司购买的车所出现的质量问题进行处理。在多年代理销售经验的基础上，云南省机电设备总公司一汽公司经过艰苦努力的工作，被列为全国第一批红旗、奥迪车专卖店试点单位。年内，集团公司与一汽、二汽、长安等大中型企业建立了稳固的代理关系，成为云南汽车销售的龙头企业。1999 年集团公司代理销售汽车比上年增长 31.32%；销售额比上年增长 17%；全年代理销售额占总销售额的 40.23%。

资源开发公司的有色产品交易市场积极在省内省外开辟市场，与省内外 10 多家有一定影响力的大中型企业建立了良好的业务关系，初步形成了一套能够适应现代市场机制的经营模式和管理机制，取得了较好的效益。云南商品拍卖中心克服了人才匮乏、竞争激励、市场开拓困难等诸多不利因素，全年实现的拍卖额 1940 万元，在彻底扭亏为盈的同时，巩固、夯实了原有市场，开拓了新的市场，树立了良好的企业形象。

进出口公司积极利用互联网技术，与省外和国外的公司建立联系，加深了解，找到了一些新客户，随着时间的推移，互联网的作用将日益显现出来。

（四）降低费用。年内，集团公司在加强管理、降低费用方面做了很多工作，制定了一系列的措施、规定，尽力减少开支。1999 年集团公司费用水平比上年同期下降 19.07%，其中经营费用下降 35.2%；财务费用比上年同期上升 3.86%；管理费用上升 1.03%。办公费、交通费、水电费都呈下降趋势，业务招待费用在提取数和实际开支数上都比上年同期有所下降。增收节支工作已经成为各公司的自觉行动。

（五）企业职工素质提高。年内，物资企业积极落实扭亏脱困目标，加快企业改制改组工作。为完成这一任务，不仅要加大改革力度，而且要大力抓好企业领导班子建设和职工培训工作，不断提高企业素质。至 1999 年末，集团公司共有政工、经济、会计等系列的专业技术人员 802 名，占职工总数的 32.2%。各公司还纷纷利用电脑提高工作效率，集团本部主要部室都已经配备了电脑，工作质量和效率都得到了很大提高。

全年，物资集团加强了副处以上干部培训，选送副处以上干部到清华大学、中央党校、省委党校等院校学习；组织职工专业培训 9 次，共培训 200 余人次。职工队伍素质得到了提高。

（六）党风廉政建设。年内，在许多深层次矛盾集中、困难重重的情况下，集团公司党组织始终把思想政治工作放在突出位置，抓细抓实，努力化消极为积极，化阻力为动力，保证了企业改革脱困工作的顺利进行。相继建立健全了监督制约机制，定期召开党员干部廉洁自律专题民主生活会，认真找出工作中的不足，在党风廉政建设方面的收到了较好的效果。

1999 年，集团公司的精神文明建设和老干部工作、工会工作、安全保卫工作、协会工作、审计工作、物资报社的工作以及物资学校的教学管理工作也取得了较好成效，受到了省有关部门和集团公司的表彰

三、存在问题

主要问题是：(1) 体制改革缓慢，企业投资主体单一，公有制所占比重过大；(2) 机制转换滞后，职工的积极性没有得到充分发挥；(3) 规模经营没有形成，没有摆脱计划经济时期全部靠“买断”的营销方式；(4) 企业管理和经营业务人员素质还不能适应市场经济的严峻挑战。

云 南 商 业 工 作 述 评

云南省贸易厅厅长 陈思雄

1999 年，省贸易厅遵循党中央、国务院和省委、省政府对流通工作的总体要求，紧紧围绕扩大国内需求，促进经济发展这个核心，提出了“进一步解放思想、深化改革”，以“买方市场”为导向，以世博会为契机，着力开拓城乡市场，扭转亏损局面，为扩大内需，提高经济效益和经济增长质量，为全省经济持续、快速、健康发展作贡献”的总的指导思想，并以省直企业为重点，着力抓了改革、扭亏、企业管理、市场开拓和厅机关转体方案的准备等几项工作，取得了一定的成效。

一、基本情况

1999 年，面对亚洲金融危机的影响，全省社会消费品零售总额实现 540 亿元，比上年增长 8%，扣除物价因素，实际增长 9%。其中城市销售 283.4 亿元，农村销售 256.6 亿元，分别增长 10.6% 和 5.2%。但物价持续走低，全年商品零售价格指数为 99%，下降 1%。

1999 年，省贸易厅系统销售总额为 85.82 亿元，比上年减少 4.6 亿元，下降 5.1%。其中股份制销售额为 37.4 亿元，比上年增加 7.9 亿元，增长 26.6%。销售中，零售增长，批发下降，全年零售额为 48.2 亿元，增长 4.4%，全年批发销售额 37.6 亿元，下降 15%。全年全系统商品购进总额为 70.6 亿元，比上年减少 4.4 亿元，下降 5.8%，其中从生产者购进为 30 亿元，下降 10.2%；从批发、零售贸易业购进 40.6 亿元，下降 2.3%。全年全省贸易厅系统盈亏相抵后表现为净亏损 3.56 亿元，同比增亏 3.7%，其中省直企业亏损 2549 万元，同比减亏 27.6%。全省全厅系统实际发生费用支出 13 亿元，同比下降 19.9%，其中省直企业 8404 万元，同比下降 15.03%。

上缴税利总额 2.3 亿元，减少 13%，其中全省省直企业上缴 946 万元，减少 0.42%。年内，全省有 95 户股份制企业挂牌运行，其中 2 家公司上市。中、小企业放开放活面已达 60%，其中改为股份合作制的 281 户，占全部企业 35%，其余的实行兼并、破产、出售、租赁、承包，托管等形式。全省有拍卖企业 32 户，拍卖成交额达 5.6 亿元。

二、主要工作

（一）开拓市场，搞活流通。面对亚洲金融危机的影响和市场的变化，省贸易厅党组明确提出，要把开拓市场，特别是开拓农村市场、作为全省商品流通工作的重点。(1) 在 2 月召开的全

省商品流通工作会议上，对开拓市场的工作进行了部署，要求各地认真分析市场的供求，深入调查研究，千方百计开拓市场，扩大商品销售。(2) 主动与省经贸委研究，及时联合下发了《关于开拓城乡市场、扩大消费需求的意见》的通知，重点提出了增加农民收入和改善农村消费环境；抓住 99 世博会的商机，扩大商品销售，培育新的消费热点；工商、农商联手共同开拓农村市场，切实解决农民“买难与卖难”的问题，建立开拓农村市场的挂钩联系点等。(3) 加强滇沪两地市场开拓的引导与合作。组织双方企业分别到云南和上海考察市场，并组团参加上交会，帮助企业将云南的产品打入上海市场。至年末，全省的菌类、茶叶、石屏豆腐皮、玉溪芦荟、文山的“三七”等土特产品已经进入上海的超市。(4) 派出开拓市场、扩大消费需求的调研组。深入到保山、楚雄、大理等地、州、市和乡镇，调查市场供求变化，寻求开拓城乡市场的途径。(5) 以连锁店、超市、专卖店和仓储式商场等新型的营销方式开拓农村市场有了长足的发展。年内，随着城市和小集镇建设步伐的加快，全省城乡流通格局发生了很大的变化，为满足城乡人民的需求，各地及各种所有制为流通企业积极开展连锁店、超市、专卖店和仓储式市场的新型营销业务。在昆明市、以西南商业大厦、昆百大、市蔬菜公司、市粮油公司等国有商业为代表，积极开展连锁店经营业务。特别是西南商业大厦和昆百大集团，把连锁店延伸到地、州、县。1999 年西南商品大厦共发展连锁店 18 个，经营面积 4.9 万平方米，昆百大集团 14 个，经营面积 2.5 万平方米。延伸到保山、楚雄、昭通、曲靖、思茅、宜良、弥勒等地（市）、县，形成了一条开拓城乡市场的新路。(6) 强化了对省直商业企业扩大销售和扭亏增盈的考核。

（二）真抓实干，深化改革。1999 年，全省商业企业改革进一步深化，取得了一定的成效。(1) 制度创新取得初步成效，省地二级选择了一批大中型流通企业进行现代企业制度试点。至年末，全省已有樱花、五华、金碧商场等 95 户股份制企业挂牌运行，其中 2 家上市，促进了企业投资主体多元化。(2) 调查结构取得初步进展。先后采取组建企业集团，联合、兼并等资产重组形式推动商业国有资本向优势企业流动和集中，至年末，已组建企业集团 9 个，初步形成昆百大、百货、赫威实业、下关宾馆等一批初具规模和实力的大型企业集团。(3) 放开放活中小型商贸企业取得初步成果。至年末，全省中小企业放开放活面已达 60%，其中改为股份合作制的 281 户，占 35%，其余的实行兼并、破产、出售、租赁、承包、托管等形式。昆明、红河、大理、楚雄、保山等地、州、市放开放活面已达 80% 左右。(4) 探索新型流通业态逐步展开。至年末，全省已建立方华、百福等连锁企业 15 家，门店 600 个左右；建成樱花、百大等 6 个设施较为光进的仓储式销售超市；电子商务网络也开始起步，已有全国库存商品云南分中心和食粮网络交易市场 2 家企业挂牌营运；全省设立 32 户拍卖企业，拍品涉及机动车、房产、土地、艺术品、罚没物资和无形资产，99 年拍卖成交额达 5.6亿元。(5) 进一步推动省级直属企业的改革。省贸易联营公司合并了资金少、人员少且长期效益不佳的省纺织品公司，实现了双方的优势互补，避免了改革可能带来的人心不稳、效益下降的状况；省粮油公司的内部改革基本结束，公司机关撤并为三部一室，下属经营部改制为 3 个有限责任公司、形成一司两制的格局，使经营效益得到明显提高。

（三）努力做好扭亏增盈工作。1999 年，针对全省国有商业行业效益全面下滑、亏损加剧的实际，厅党组把扭亏增盈工作当成全年工作的首要任务，在年初，就对全省商贸工作进行全面布置，要求各地商业部门制定措施，努力做好扭亏增盈工作。同时，我们集中相当精力，抓好省直企业。(1) 制定了全年省直企业扭亏增盈的指标并落实到每一个企业，要求企业制定措施，层层分解，把目标任务落实到个人。(2) 制定了奖惩责任制，提出连续 3 年控亏不力，亏损还在增加并完不成全年目标任务的企业，党政一把手就地免职等措施，加大了压力，又增加了动力。(3) 定期召开扭亏增盈情况分析会，加强检查、帮助、总结推广经验。(4) 建立了完善的组织领导体系，厅主要领导亲自抓，厅机关各业务处室协力办，促进了任务的完成。全年厅系统盈亏相抵净亏了 3.56 亿元，同比增亏 3.7%，其中省直企业净亏 2549 万元，同比减亏 27.6%。

（四）积极做好贸易厅转体的各项准备。(1)

组成专门班子，从厅机关和省直企业实际出发，研究判定转体方案，至年末，所拟转体方案已易其稿，渐趋成熟。(2) 寻找新的经营项目，为下一步转体和分流人员作准备。至年末，已成立大昌医药有限责任公司、民族传统食品开发有限责任公司、中商旅行社云南有限责任公司等一批小企业。同时，厅的控股企业金马碧鸡旅游商城股份有限公司已组建完成并开始动作。这些企业的筹组，为全厅转体后分流人员、壮大实力、扩大影响作了充分的准备。(3) 着手对下属企业的资产情况进行摸底，为下一步实施资产经营进行准备。(4) 对现有的行政职能进行清理，为下步移交做好准备。

(五) 努力寻找新的经济增长点。年内，由于市场的变化和国有商业机制方面的原因，商业批发企业经营难度越来越大，为此，一些企业在形势的逼迫下，积极寻求新的亮点和热点。省储运公司与几家企业联合，建成云南食糖网络交易市场；省贸易联营公司一改过去以批发商品为主的经营模式，出巨资兴建威龙饭店，并在大观商品城开门批零兼营的“九井电器”商场；省商机厂在“退二进三”战略指导下，果断停止了机器设备的生产，采取将厂房空地出租或引进资金联合经营，逐步形成了集健身、娱乐、餐饮为一体的休闲娱乐中心，逐步缓解了工厂的严重困难，为走出的困境创造了条件。为盘活资金，搞活流通，省商业物资公司与昆明锐达公司合作成立了云南全库网络股份有限公司、为商品网上交易，发展会员，创造条件。

(六) 抓好重要商品调控工作和市场管理工作。1999 年，按照国内贸易局和省政府的要求，省厅重点抓好肉菜糖等主要商品的供应调控工作，为调控市场，稳定物价起到应有的作用。(1) 积极收储地方食糖。全年，因食糖供大于求，糖价大跌，蔗农打白条问题严重。省厅根据云南省人民政府办公厅《关于尽快落实 10 万吨地方食糖储备的紧急通知》的精神，厅直属省商业储运公司和省糖酒公司积极组织力量收储食糖 1.1 万吨，从而为稳定食糖市场，缓解拖欠农民糖料款问题，发挥了应有的作用。(2) 继续抓好全省“百城万店无假货”活动和生猪定点屠宰工作。(3) 积极搞好市场予测和分析，为各级领导分析市场提供依据。

(七) 狠抓精神文明建设，创“三优”，树行业新风。同时，在省直系统内全面、深入开展揭批“法轮功”邪教组织活动，并在厅机关开展“三讲”取得明显成效。

三、存在问题

主要问题是：(1) 国有流通企业普遍不能适应通货紧缩和买方市场的要求，亏损居高不下；(2) 开拓城乡市场乏力，尤其是农村市场开拓更需加大力度；(3) 流通行业管理政出多门，缺乏统筹规划由此带来了流通业的无序竞争、盲目重复建设、资金浪费，影响了行业的正常发展。

云南粮食工作述评

云南省粮食管理局局长 王显达

1999 年，全省粮食系统广大干部、职工认真贯彻落实以“三项政策，一项改革”为重点的各项粮改方针、政策，在粮价下滑，市场竞争激烈，粮食遇到了阶段性、结构性供过于求的矛盾，经济大环境并不宽松的情况下，克服困难，努力奋斗，勤奋工作，各项工作取得了较好的成绩，为全省国民经济的健康发展、社会稳定作出了积极贡献。

一、宣传贯彻粮改政策，提高认识，加强督促检查

(一) 认真学习国家粮改方针政策，结合实

际开发调查研究，为政府和有关部门起好参谋作用。1999年国务院先后发出了《国务院关于进一步完善粮食流通体制改革政策措施的通知》和《国务院关于进一步完善粮食流通体制改革政策措施的补充通知》。为认真贯彻落实国务院粮改政策，省粮食局在认真学习文件精神，调查研究的基础上，均拟出了全省的贯彻实施意见初稿上报省政府，为省政府制定贯彻“实施意见”提供了蓝本。地县各级粮食局在贯彻国家和省粮改方针政策上也抓紧调查研究，积极为地方政府和有关部门当好参谋，为粮改政策、措施的贯彻落实起到了积极作用。

（二）加强“三项政策”的宣传、贯彻落实和检查。省和地县各级粮食部门要求国有粮食购销企业加大“敞开收购，顺价销售、资金封闭运行”的宣传力度，并加强督促检查，各地粮食购销企业普遍利用墙报、板报、广播等形式宣传粮食购销政策，使粮食政策家喻户晓，保证了粮食购销工作的顺利进行。

（三）积极开展粮食执法检查。为确保粮改政令畅通，按照国家的统一部署，各级粮食部门参加了由监察部门牵头，有关部门参加的粮食执法监察领导小组开展工作，并按要求重点对贯彻落实“三项政策，一项改革”的情况进行了自查自纠。省地县粮食部门都组织了检查组，对县、乡基层粮食企业自查自纠情况进行督促检查，及时总结推广好的做法和经验，对发现的问题进行纠正和限期整改，并对违纪违法行为进行处理。通过粮改政策的贯彻落实的督促检查，确保了改革和粮食购销工作的顺利进行。

二、认真贯彻落实“三项政策”，确保粮食购销工作的顺利进行

认真落实按保护价敞开收购购民余粮的政策。1999年，全省各级粮食部门广大干部职工，在库存大、顺价销售不畅、企业经营困难、效益不好、费用不足，甚至工资发放困难的情况下，从大局出发，认真贯彻按保护价敞开收购农民余粮的政策。坚持按定购价、保护价公开挂牌收购农民余粮，不拒收、不限收、不停收、不压级压价收购、不打白条、不代扣代缴除公粮以外的其他一切税费。1999年粮食年度（1999年4月1日至2000年3月31日），全省粮食企业收购粮食12.3亿公斤，比上年同期少入库0.2亿公斤，其中购销企业收购粮食11.2亿公斤，定购粮入库6.2亿公斤，完成调减后年度任务的82.7%。为保护农民利益，“稳粮增收、稳粮调结构”作出了贡献。

全省国有粮食购销企业基本做到了顺价销售。在粮食市场流通秩序欠规范，粮食销售不畅的情况下，国有粮食购销企业在地方政府和有关部门支持、配合下，克服官商作风，努力改善服务态度，提高服务质量，普遍采取走出粮店，深入工矿、企业、居民住宅区送货上门，开展连锁经营等方法，千方百计大力推销、促销粮食，积极探索适应市场经济的新路子。1999年粮食年度全省粮食企业销售粮食13亿公斤，比上年同期多销3.1亿公斤，增长31.3%，其中购销企业销售粮食11.1亿公斤。

全面落实粮食收购资金封闭运行的政策。粮食购销企业严格按收购资金封闭运行规定执行，与农发行紧密配合，实现了“两个百分之百”的要求。即农发行发放的粮食收购贷款百分之百用于粮食收购业务，国有粮食购销企业回笼的销货款，按规定需归还部分，百分之百归还了农发行专户，全省没有挤占挪用收购资金，未出现收购中向农民打白条的现象。

三、粮改工作稳步推进，为粮食流通工作的发展打下基础

1999年，全省粮食部门在以“三项政策，一项改革”为重点开展工作的同时，按“四分开一完善”的改革原则，加快改革步伐。

加强粮改工作领导，稳定粮食管理机构。在各级政府成立粮改领导（协调）小组的同时，各级粮食主管部门也成立了相应的组织机构，加强对行业改革和粮食企业改革的领导和协调，在各地政府和有关部门支持下，至年末全省已有132个地县重新核定了粮食主管部门的行政机构、编制，而且大部分地县落实了人员经费，基本做到了粮食行政主管部门与企业在人、财、物上分开。稳定粮食行政管理机构，为落实粮食工作行政首长负责制，搞好粮食行业管理创造了有利条件。

为做好储备与经营分开的工作。各级粮食部门按国务院、人民银行等4总行的规定，对购销企业及附营业务资金、财产、物资进行了清理、划分，并按要求办理了企业分离，工商注册登记

等手续，全省大多数粮食购销企业基本实现了粮食购销企业和附营业务（企业）分开、资金和财产分离的工作。在做好收储企业与附营企业分开的同时，各级粮食部门加快企业自身改革步伐，结合政企分开、储备与经营分开、主附营业务分离工作，按中央、省粮改精神，各地加大了粮食企业自身改革力度，实施了按市场经济需要组建收储企业、附营企业，合理设置网点，减员增效，下岗分流，以及企业的改革、改组、改造等一系列措施。至年末，全省粮食部门共组建购销企业743个，附营企业466个，组建或分离后的企业基本成为自主经营、自负盈亏、独立核算的法人实体。通过分流转岗、下岗分流，从事购销业务的职工已从1995年的33962人，下降到24252人，提前超额完成了省政府提出的到2000年把从事粮食购销业务的职工人数减少到3万人的要求。不少地县通过改革、改组、改造、加强企业管理，对粮食附营业务企业进行了拍卖、租赁、股份制、股份合作制及盘活存量资产等改革的探索，推进企业改革，为进一步深化企业改革积累了经验。

四、加强经营管理，扭亏增盈初见成效

1999年，针对粮食企业亏损大幅度上升的问题，在加快粮改步伐的同时，各级粮食部门努力抓管理促扭亏。(1) 制定促销措施。省局年初召开粮食财务工作会议，省局主要负责人到会听取意见，并在会上向各地提出当年控亏指标和加强企业经营管理的要求。下发了《关于加强粮食销售控制企业亏损的工作意见》和《下达直属企业1999年经济考核指标的通知》等。不少地县也根据本地本单位的实际制定了促销控亏的办法措施。(2) 加大推销促销工作力度。不少地县对企业层层下达销售指标并分解到部门、到个人。从粮食局领导到职工抓市场信息，拓宽销售渠道，千方百计多销粮食。(3) 合理布局经营网点，降低费用成本。不少地县在购销企业与附营企业分离组建购销公司时，打破计划经济模式时的购销网点格局，按经济区域划分，收缩设置购销企业和附营企业，同时对新组建的企业加强管理，按市场经济的要求运行，以适应形势的需要。(4) 抓住企业管理重点，加强财务核算管理。各级粮食部门在当地农发行或代理行的支持下，加强企业财务核算和管理，降低成本费用，对亏损的粮食企业，不准购买小汽车，装修办公楼等，为扭亏控亏起到了重要作用。经过克服困难，努力工作，全省粮食企业财务状况有所改善，扭亏增盈初见成效。1999年1～12月，全省粮食购销企业实现销售收入33.93亿元，实现销售毛利1.47亿元，补贴后发生亏损2.92亿元，比上年减亏3.77亿元，亏损下降56.35%，其他经营性企业亏损9285万元，减亏5286万元，亏损下降36.28%，1～12月，全省粮食系统亏损总计3.85亿元，比上年同期减少4.31亿元，减亏52.88%。不少县（市）实现了扭亏为盈或大幅度减少了亏损。

五、开展深化粮改工作情况调研

1999年，全省粮食部门组织人员深入基层开展调研工作，在调研基础上将粮食部门执行“三项政策，一项改革”及粮改中存在的困难和问题多次向省委、省政府及地、县党委、政府和有关部门反映。1999年4月，省委书记令狐安专题听取了省粮食局工作汇报，并批示省委办公厅及有关部门组成调研组到有关地县调研，黄炳生副省长根据粮改领导小组的汇报也作了调研安排。4月份以后，省粮食局会同有关部门派出若干个工作组，深入到昆明、玉溪、曲靖、大理、红河、文山、昭通、保山、德宏、怒江等地州市，对粮食合理周转库存、陈化粮处理、财政补贴到位情况、市场管理、企业自身改革等专题开展调研工作，广泛征求和听取各地对进一步推进粮改工作的意见。在调查摸底的基础上，省粮食局和各地粮食部门及时向省委、省政府和当地政府以及有关部门汇报反映粮改进展情况及粮改政策措施的意见和建议，为上级领导机关制定粮改政策和措施提供依据。为解决粮改中遇到的困难和问题，做了大量的前期工作和基础工作。

六、发展多种经营，为粮食流通体制改革服务

1999年，各地粮食部门进一步狠抓多种经营发展。(1)“退三进一”大力发展种植，养殖业。立足于当地的资源优势发展种养业的粮食企业遍布各地，据初步统计，种植各种经济作物已达6.6万亩；(2) 因地制宜充分发挥企业优势盘活资产，搞活经营，市场需要什么就经营什么。(3) 加大改革、改组、改造，加强企业管理力

度，搞活企业，适应社会主义市场经济的需要。购销企业与附营企业（业务）分离的工作中，不少地县对附营进行了股份制、股份合作制、拍卖、租赁及盘活存量资产等改革，为附营企业注入了活力；(4) 加强学习培训，为多种经营人员充电，适应企业经营管理需要，促进企业发展。多种经营的发展，为粮食企业走出困境探索了路子，增加了效益，承担了很大一部分下岗分流的任务。1999 年全省粮食系统实现多种经营收入（含工业销售产值）10.32 亿元，接收转岗分流人员 11655 人，分流的比例为 30.27%。

七、加强粮油储藏保管工作，确保国家粮油安全

1999 年，全省粮食收购继续增加，销售下降，库存过大，广大粮食职工勤奋工作，克服困难，保证了粮食收购的顺利进行和国家粮食安全。(1) 针对粮食陈化的问题开展了陈化粮检查、核实工作，通过自查、地县抽查和省抽查，基本摸清了库存粮食的质量，存储年限等问题，核实了各地库存粮油；(2) 在库容紧，存粮多的情况下，采取腾仓并库，提高仓库利用率，租借社会闲置仓，打露天堆存粮，缓解仓库压力，保证粮食收购；(3) 在库存粮食过大的情况下，各级粮食部门积极开展粮食储藏保管“一符四无”（即账账、账实相符，无事故、无虫害、无鼠、无霉变）活动和狠抓专储粮的“一符三专四落实”工作，加强制度建设和检查落实工作，加强储藏管理，勤预防、勤检查、采取科学保粮和安全储粮措施，在年均库存近 40 亿公斤（混合粮）的情况下，确保了国家粮食的安全，全省没有发生大的坏粮事故。

八、抓紧粮库建设和粮仓维修改造

1999 年，全省粮食库存居高不下，为保证敞开收购农民余粮政策的实施和加强国家对粮食的宏观调控，1998 年我省向中央争取到了新建扩建 8 个中央直属储备粮库项目，共计 3.5 亿公斤。在省政府及省计委等部门的关心支持下，省粮食局与建库所在地州市粮食部门努力工作，在建设规模大、时间紧、任务重、要求高的情况下，积极配合省粮建办，抓质量，抢工期，8 个中央粮改库建设进展顺利。至 1999 年末，除大理库外，其它 7 个库均完成了仓库主体工程及附属设施工程建设，已转入设备安装工作，正在进行竣工初步验收和压库试验的准备工作。在抓好中央粮库建设的同时，各地抓紧落实 1998 年省级安排的 13 个粮库 1.3 亿公斤仓容建设项目和危旧仓库的维修改造任务。省直的昆南储备库二期工程 3200 万公斤仓库建设已验收并交付使用，各地的仓库建设正抓紧施工，资金筹措基本到位。这批粮库的建成和维修改造任务的完成将进一步缓解全省粮食仓容不足的压力。

九、加强企业领导班子建设工作，确保各项工作顺利进行

1999 年，全省各级粮食部门按中央和省委的安排，在“三改一加强”中继续抓紧抓好加强企业领导班子建设工作。(1) 对企业领导干部进行了认真的考核，考核完 7 家企业，调整、配备了 3 家企业领导班子，撤销 1 家企业；(2) 对省直企业 1997、1998 年两年的经济指标完成情况进行了考核；(3) 逐个企业开展调查研究，摸清情况，按照建立现代企业制度的要求，提出企业改革的意见和建议，积极稳妥地推进省局直属企业改革。各地州市粮食局也把加强国有粮食企业领导班子的建设工作当做企业改革、发展与稳定的大事来抓，使不少企业的领导班子得到调整和加强，使企业增添了生机和活力。

十、存在问题

1999 年，全省粮食工作存在的主要问题是：(1) 国有粮食部门顺价销售困难仍较大；(2) 库存大，潜亏大；(3) 粮食企业亏损的局面仍难于扭转，经营性企业贷款难；(4) 部分企业职工工资不能正常发放；(5) 离退休职工多，企业负担沉重；(6) 库存陈化粮大，且处理难度大；(7) 粮食工作政出多门，很多关系难于协调，对开展工作、提高办事效率带来了一定的难度。

云南省供销社工作述评

云南省供销合作社主任　李　星

1999年，全省各级供销社认真贯彻落实《国务院关于解决当前供销合作社几个突出问题的通知》精神，在抓扭亏增盈、化肥流通体制改革，探索系统改革路子，参与农业产业化经营等方面，加大了工作力度，各项工作取得了新的进展。

一、扭亏增盈初见成效

1999年，针对全系统亏损严重、服务功能弱化、生存发展困难这一突出问题，省社继年初召开地州市社主任会议后，紧接着召开了全省扭亏增盈现场会，要求各级供销社把扭亏作为重中之重，建立扭亏增盈目标责任制，层层下达减亏指标，力争做到“亏损企业当年经营不发生新的亏损，盈利企业盈利额有一定幅度增长”。由于上下齐抓共管，共同努力，采取减员增效、开源节流、加强管理、盘活资产、开拓新的经济增长点等切实有效措施后，全省扭亏增已初见成效。全系统1992～1998年，平均每年增亏70%，1999年在财政补贴由1.39亿元减至6996万元，减幅达50%的情况下，全系统仍取得了比上年减亏24.8%的较好成绩。减亏幅度较大的地州是：楚雄72%，大理57.1%，文山44%，保山39%，红河35.9%，曲靖35%，德宠26.9%，思茅23.1%，丽江17.4%，昭通9.7%，玉溪8%，怒江7.9%，昆明1.6%,，省级公司40.7%。剔除亏损历史挂账支付利息因素，有楚雄、昆明、保山3个地州市实现了不出现新增亏损的目标。

二、深化农资流通体制改革

1999年，面对农资市场供求发生剧变，竞争日趋激烈的形势，全省各级供销社和农资部门，认真贯彻国务院和省政府关于化肥流通体制改革的决定，顺应形势变化，积极推进化肥经营体制改革，努力搞好服务，在改革中找出路。对外，加强工商联营和农业“三站”的合作，实行代理制、股份制，结成利益共同体，建立新型合作关系；对内，推行省县联销和县基连锁经营，省农资公司与42家地县农资公司实行联购分销，全省的60%的县实行了县基连锁经营，提高了市场占有率；对农民，开展“四项承诺”服务，发展村级服务站、农资专业合作社和庄稼医院，系列化服务到村到户。各级供销社还积极配合有关部门加强市场监管和质量检测，自觉维护农民利益，赢得了市场主动权。在化肥市场低迷，多渠道竞争激烈的情况下，全系统农资供应仍保持较好势头，为确保农业生产作出了应有的贡献。1999年，全系统购进化肥334万吨，农药13547万吨，同比分别增长19.2%、13.5%；销售化肥348万吨，农药15212吨，同比分别增长4.3%和0.5%。供销社系统的供应量约占社会需求量的70%左右，巩固了主渠道的地位。全省农资市场的价格稳定，秩序井然，受到省委省政府表扬。

三、探索化改革的新路子

1999年，按照中央和国务院有关指示精神，全省各级供销社在调整组织结构和经营结构、完善经营体制、深化改革方面进行了大胆的探索和认真的实践，取得明显的效果。在企业改组、改制、改造和经营结构的调整上，各地大多采取了“巩固壮大一块，放开搞活一块、转让拍卖一块、开拓发展一块”以及减员增效等办法。

（一）巩固壮大一块。供销社的农资购销额占系统总购总销的比重，历年来在60%左右，可称半壁江山，也是供销社系统的主业。在改革开放的新形势下，各地采取各种措施，千方百计巩固和壮大农资经营，在系统内外开展广泛的联合和合作，改进和提高服务质量，以提高市场占有份额。在竞争激烈的1999年，全系统化肥销售仍有增长，经营量占全社会销售的70%左右，站住了阵脚。

（二）放开搞活一块。对品种繁杂、多头经营、竞争激烈的日用消费品，按照“抓大放小”的原则，采取放开搞活。在确保社有资产不流失、职工承担风险责任和包缴税费的前提下，对一些“边小微亏”的基层门店、柜组实行抽资承包经营责任制，改集体经营为职工个人经营，自负盈亏。至年末，全系统23800多个商业网点中，实行“抽资承包”形式责任制的达70%左右，曲靖市供销社已占81%，有的县达90%左右。

（三）拍卖转让一块。对长期亏损，扭亏无望，失去竞争和服务优势的一些直属企业和基层社、门店，实行整体或切块拍卖、转让、合并、改造、分离重组或破产，甚至放弃。省社直属机械厂是计划经济年代为烟叶复烤厂生产打包机而建，技术落后、设备阵旧、职工素质低下，建厂之日即亏损之时，工人整天上访，成为省社直属特困企业。1999年党组多次研究讨论后决定整体移交给船舶公司，使职工有了稳定的收入，也减轻了省社的负担。大理州供销社探索了一条“以资抵债大改组”，全面调整企业结构的新路子，全州原有的145个核算单位，已减为87个。其中破产3个，整体出售解散54个，按经济区划调整合并1个。曲靖市供销社拍卖门店7个，联合经营的1个，委托经营的2个，分离重组的1个。

（四）开拓发展一块。在原有经营格局打乱、传统业务受到冲击的情况下，各级供销社着力调整经营结构，寻找新的经济增长点。玉溪红塔区供销社与区粮食局合作，兴建了“百信购物广场”（超市），以全新的经营风格和经营机制，丰富的品种和低廉的价格，赢得了市场，赢得了信誉和效益，成为玉溪市知名度最高、生产最好的商场之一，1999年销售收入达8100万元，已发展了3个连锁超市，为供销社向城市进军闯出条新路。不少县基供销社会承包荒山荒地，栽种经济林木和粮食作物的同时，兴办养鸡场，取得较好的社会效益和经济效益。更多的供销社经营业务已向旅游服务、交通运输、建筑、种植养殖等行业延伸。

（五）分流人员减员增效。各地在调整经营结构组织结构中人员分流的形式大致有：提前退休、内部退养、停薪留职，调离单位、另谋职业、买断工龄给予一次性安置费及辞退合同工、临时工等。全系统1999年比上年减员9.15%。大理州供销社经过改制分流人员达3100人，比1995年末职工人数减少52.5%；保山地区供销社两年分流1341人，占职工总数的25.2%；楚雄州供销社分流人员239人，减少工资支出119万元。

四、积极参与农业产业化经营

1999年，全省各级供销社把积极参与农业产业化经营作为重塑供销社形象、求生存、求发展的战略重点，并探索出供销社参与农业产业化经营的多种途径。

（一）“流通带动型”。江川县雄关基层社发挥抓信息、跑市场的长处，与日本客商建立萝卜丝购销关系。拿到订单后与农民、外贸、乡政府联合建立“农业产业化开发公司”，共同开发萝卜丝产业。1999年仅雄关乡农民种萝卜就上万亩。澄江县供销社在港商打白条收购白蘑菇挫伤农民积极性，白蘑菇种植面积税减的情况下，及时跑市场找客户，在福建找到销路，签订合同后，建立了一个年处理4000吨鲜菇的加工厂。供销社收购加工白蘑菇后，使全县种面积1999年回升到32万平米，港商也不敢再向农民打白条，此举深得当地政府和农民的好评。

（二）“加工带动型”。澄江县供销社以藕粉厂为龙头，向农民提供优质藕种，组织农民种荷藕3000亩。1999年农民仅荷藕收入就达400余万元，藕粉厂实现产值1180余万元，其生产的藕粉连续几年被评为省、部优产品。易门依托食用菌厂，发动农民种植和采摘各种食用菌，加工成系列产品，远销省内外几十家大中城市和香港、澳门及东南亚周边国家，产销率保持在90%以上。1999年采集收购野生菌300吨，各种鲜菇450吨，农民收入151万元，食用菌厂实现加工产值1461万元，销售收入1351万元，创税利72万元。

（三）“市场带动型”。昆明市供销社兴建的

"昆明禽类蛋品、农副产品综合批发市场"，属市政府的菜蓝子工程，占地23亩，有7500平方米的交易棚房、商用铺面及办公室，是昆明市近年来发展较快、成型较好的大型市场，年交易鲜蛋近3万吨，再制蛋1800万枚，交易额2.2亿元，蛋品交易量已占全省社会交易量的60～80%。禽类蛋品交易市场吸引了众多省内外客户进市交易，保障了城市供应，也推动了昆明及附近地区的禽蛋生产发展。

（四）"示范带动型"。通海县供销社与高大村的农民联办柑桔基地，在严格和科学的管理下，效益显著当年产值83万元，获利40多万元，农民每亩获纯利800多元，为高大低热河谷区发展经济果木林起到了示范带动作用，吸引了县乡机关、事业单位、个体老板等13个单位来投资，现已种植柑桔5000亩，成为高大乡的主要产业之一，有的果农收入已超万元，曲靖市供销社抓住政府把发展蓖麻产业纳入扶贫攻坚项目的机遇，年初，从国外引进优良品种，建立了2万亩蓖麻试验示范基地，各级供销社的主要领导和分管领导都是蓖麻产业的责任人并与云南蓖麻产业有限公司签订了合作期为30年的购销合同，对农民规定了保护价，年内全市种蓖麻8.06万亩。

（五）"龙头带动型"。思茅地区供销社按照地委、行署调整产业结构，发展咖啡产业的决策，主动承担起组织全区咖啡生产的重任，地社及所属8县1市供销社都成立了咖啡公司。该社在与国内外厂商签订长期购销合同的基础上，以资产抵押贷款，同时积极申报项目争取各级政府的扶持资金，引进和培养大批专业技术管理人员，招用1.4万个山区民工，开展了大规模的咖啡基地建设。至年末，全区供销社咖啡基地面积已达88807亩，占全区总面积的63.4%，对思茅地区咖啡产业和形成起着决定性的作用。这些基地覆盖全区9个县（市）的69个乡（镇），5200余户，全年全区咖啡投产面积21456亩，总产量1646吨，销售收入2187万元，农户年均收入5000元以上。咖啡公司全程负责咖啡生产、收购、加工和销售，形成了"公司＋基地＋农户"的经营模式，走出了一条产供销一条龙，贸工农一体化的路子。在供销社的带动下，目前思茅全区咖啡种值面积已达14万多亩，成为全国最大的咖啡基地，形成了具有地方特色和广阔前景的新兴产业，带动了边远民族贫困山区农民脱贫致富。

五、存在问题

1999年，主要存在问题是：供销社的困难尚未出现明显转机，扭亏虽有成绩但发展不平衡，一些地区还在增亏，多数地区供销社的改革还停留在管理体制改革的浅层次，认识和实践没有大的突破，参与农业产业化的面还不够大，步子还不够快，有些地区还未引起足够重视，对如何与农民结成利益共同体这一改革的核心问题，还未破题，改革的任务仍很艰巨。

云南对外经济贸易发展述评

云南省对外贸易经济合作厅厅长　彭木裕

1999年，全省外经贸工作是在困难较多的环境中进行的。亚洲金融危机的负面影响还未完全消退，东南亚国家货币贬值、对外投资能力减弱；国际市场上重要农产品和原料、初加工产品价格不振；全省出口产品结构不够优化，外贸企业债务负担沉重，竞争力减弱，我国金融改革深化，银行放贷更加审慎。外经贸企业受到了内外双重压力，遇到了许多困难。但是，在省委、省政府的正确领导下，在各地、各部门的关心和大力支持下，全省外经贸职工继续以改革为动力，集中精力抓大商品、大企业、大项目，虽身处逆境，仍艰苦拚搏，顽强进取，探索改革，取得了比预期好的成绩。云南外经正沿着自己的发展战略：沿边、沿江、沿洋逐步开拓市场。

一、对外贸易

1999年，云南省对外贸易进出口总额完成16.59亿美元，比上年增长0.07亿美元，增0.42%。其中出口总额达10.34亿美元，减少0.97亿美元，减8.58%；进口总额完成6.25亿美元，增长1.03亿美元，增19.73%。

一般贸易进出口总值12.34亿美元，占全省进出口总额的74.34%，比上年减少1.1亿美元，减8.18%。其中出口7.3亿美元，占全省出口总额的70.6%，比上年减少2.02亿美元，减21.67%；进口5.04亿美元，占全省进口总额的80.64%，增长0.92亿美元，增长22.33%。

外商投资企业进出口总额1.4亿美元，占全省进出口总额16.6亿美元的8.4%，比上年下降0.06亿美元，下降4.3%。其中出口0.42亿美元，占全省出口总额的4.1%，比上年的增长0.05亿美元，增长12.16%；进口0.98亿美元，占全省进口总额的15.61%，减少0.11亿美元，减10.04%。

边境小额贸易实现恢复性增长，进出口总额达2.88亿美元，占全省进出口总额的17.35%，比上年增长1.57亿美元，增119.85%。其中出口2.32亿美元，占全省出口总额的22.44%，增长1.43亿美元，增160.67%；进口0.56亿美元，占全省进口总额的8.96%，增长0.14亿美元，增33.33%。

从贸易方式结构看，一般贸易占进出口总额的74.34%，比上年下降7.01个百分点；外商投资企业贸易额占7.19%，下降0.41个百分点；边境小额贸易占17.35%，上升9.42个百分点。

外贸经营主体进一步多元化，1999年全省有进出口经营权的外贸、工贸、商贸、科研单位已增至269家，比上年增加40家。其中新批获权企业有3家是私营企业，外经贸经营主体进一步多元化。

1999年全省的10大贸易伙伴

单位：万美元

国（地区）别	进出口总额	占全省进出口总额165969万美元的%
缅甸	29952	18.05
香港	29246	17.62
日本	13467	8.11
美国	12836	7.73
越南	7221	4.35
澳大利亚	6613	3.98
印尼	6516	3.93
德国	6113	3.68
意大利	5183	3.12
韩国	4190	2.52

在出口总额中，初级产品为2.8亿美元，占全省出口总值的27.08%，比上年减少3.42个百分点；工业制成品出口7.54亿美元，占72.92%，增长3.42个百分点。

出口1000万美元以上的商品有23个，共63465万美元，占出口总额的61.35%，其中出口5000万美元以上的商品有4个，共计29129万美元，占出口总额的28.16%。其分别是：锡8175万美元，同比占7.9%；烤烟8173万美元，占7.9%；黄磷7272万美元，占7.03%；铅5509万美元，占5.33%。5000万美元以下的商品分别是：松茸3314万美元，同比占3.2%；棉绦纶布3111万美元，占3.01%；铝2701万美元，占2.61%；焊锡2675万美元，占2.59%；锌2290万美元，占2.21%；三磷酸钠1827万美元，占1.77%；卷烟1774万美元，占1.71%；茶叶1750万美元，占1.69%；过磷酸钙1687万美元，占1.63%；磷酸1644万美元，占1.59%；望远镜1517万美元，占1.47%；棉纱1427万美元，占1.38%；石蜡1323万美元，占1.28%；电池1258万美元，占1.22%；服装1228万美元，占1.19%；磷酸二铵1213万美元。，占1.17%；钢材1000万美元，占0.97%；内燃机及配件1000万美元。

从国别地区来看，同云南省有贸易往来的国家、地区共有111个，比上年的106个增加5个，其中出口国别地区有105个，增加1个；进口国别和地区59个，增加19个。

出口1000万美元以上的国别、地区有19个，占国别总数的18.1%。

1999年全省出口的10大贸易伙伴

单位：万美元

国（地区）别	出口总额	占全省出口总额103444万美元的%
缅甸	24599	23.78
香港	17351	16.77
日本	11154	10.78
印尼	6424	6.21
越南	6252	6.04
美国	4858	4.7
韩国	3173	3.07
荷兰	2950	2.85
台湾	2423	2.34
新加坡	2084	2.01

在进口总额中，初级产品为12693万美元，占总额的20.3%；工业制成品为49832万美元，占79.7%，分别比上年上升、下降了6.2个百分点。进口1000万美元以上的商品有11个，比上年减少5个，金额32910万美元，占进口总额的52.63%。

1999 年全省进口的 10 大贸易伙伴

单位：万美元

国（地区）别	进　口　总　额	占全省进口总额 62525 万美元的％
香　港	11895	19.02
美　国	7978	12.76
澳大利亚	5365	8.58
缅　甸	5353	8.56
德　国	4097	6.55
俄罗斯	3138	5.02
意大利	3114	4.98
加拿大	3002	4.8
日　本	2313	3.7
智　利	2069	3.3

二、外贸企业改革

省级外贸企业改革加大了力度，新组建的云南茶苑集团已正式挂牌；五矿新化公司分块搞活的方案已实施运行；继续支持有条件的省级外贸公司实行跨行业的联合，省机械公司与省投资公司、省土产公司与省医药集团的股份制联合，也正在积极进行；积极推进外贸企业的破产试点工作，努力配合有关部门促成天成食品公司破产方案的实施；组织地州召开外经贸企业改革座谈会，通过交流启发、分析总结，推动地县外贸企业体制改革。进一步加强直属企业领导班子的建设工作，在公司民主评议和民主推荐的基础上，对部分公司的领导班子进行了调整、加强和充实，提高了企业干部班子的领导质量。做好以经济责任审计为中心的审计工作，实施了对任职、离任法人代表的审计。配合“三讲”教育工作，对 1992 年以来发生的重大案件、领导干部廉洁自律工作进行了认真清理，并提出了整改措施。

三、利用外资

全年，共审批外商投资企业 138 家，比上年的 119 家增长 13.77%，其中独资企业 55 家，比上年的增长 61.76%，合资企业 67 家，增长 1.52%，合作企业 16 家，减少 15.79%；协议外资 3.32 亿美元，增 0.02 亿美元，增 0.6%，实际利用外资 1.54 亿美元，增长 0.08 亿美元，增 5.48%。

投资我省的外商涉及 25 个国家和地区，按合同外资统计，居前五位的分别是：香港、维尔京群岛、美国、日本、毛里求斯，合同外资金额 23547 万美元，占总额的 70.88%。投资来源进一步显现多元化趋势，表明云南为越来越多的国家和地区所了解和接受。亚洲地区仍是我省外商投资的主要来源，占合同外资的 60.73%，其中香港占 32.7%，日本占 9%，东盟占 6.5%。维尔京群岛在我省投资持续两年增长，1998 年占合同外资的 9.7%，1999 年又占 12.7%，成为我省外商投资的一个新增长点。

外商投资涉及国民经济的许多领域，投资结构日趋合理。农业类项目利用外资全面增长，合同外资526万美元，占合同外资的1.6%，增长7.1%；实际利用外资643万美元，占实际利用外资的4.2%，增长65.7%。工业类项目合同外资15820万美元，占合同外资总额的47.6%，下降5.2%；实际利用外资5992万美元，占实际利用外资金额的38.9%，下降15.9%。

生产性项目利用外资未取得较大突破，仍是我省利用外资的一个重要薄弱环节，制约了国民经济的快速发展和产业结构调整。

服务项目合同外资16873万美元，占合同外资总额的50.8%，比上年增长6.3%；实际利用外资8750万美元，占实际利用外资金额的56.9%，增长24.1%。由于云南旅游业作为支柱产业的前景越来越好，景点质量和景点数量相得益彰，成为外资看好的热点，使投资旅游设施及酒店业的项目增多，投资金额进一步放大。在服务领域，外商投资项目取得突破性进展，引进了世界第一的商业仓储跨国公司沃尔马，尝试性地在昆明投资经营管理超市，对商业流通业转变观念、改善管理，起到了积极的作用。

外商投资主要分布在昆明市经济较发达的地区，合同外资达25328万美元，占合同外资总额的76.2%；当年外商投资上千万美元的大项目有18个，合同外资17522万美元，占全省外资总额的52.7%，大项目是我省外商投资的主要支撑力量。现有外商投资企业的增资已成为利用外资的一个重要渠道，1999年增资5724万美元，占总额的17.2%，说明我省投资环境不断得到改善，企业经营环境好转，外商投资的信心得到进一步加强。

到1999年云南累计批准外商投资企业1852家，其中独资企业家537家，占29%；合资企业1177家，占63.55%；合作企业138家，占7.45%。全省累计有42个国家和地区的外商前来投资，居前五位的有：香港特别行政区、美国、台湾省、新加坡、泰国。全省合同利用外资25.2亿美元，实际利用外资12.2亿美元。

四、对外经济技术合作

全年新签对外承包工程、劳务合作合同207份，增加124份；合同金额3.39亿美元，增长0.29亿美元，增9.35%，在全国排次第九位；完成营业额1.67亿美元，增长0.67亿美元，增67%，在全国排次第十三位；项目带动国产设备出口1.14亿美元，增长0.85亿美元，增293.1%；年末在外人数1442人。1999年，外经贸部又批准了我省6家公司获得外经权，自1985年以来，我省有外经权的企业累计已有25家，累计实现合同额13.35亿美元，营业额7.2亿美元，年末在外人数10637人。全省外经队伍有人员10余万人，其中工程技术人员1万多人，占10%左右，拥有固定资产和流动资产约20亿元人民币，机械设备3万多台具，全省已基本形成了一支门类比较齐全、成龙配套、配合协作、具有一定实力的的外经贸队伍。从市场的角度看，国际公司、外贸公司、边贸公司搞外经将成为市场中突出的服务体系；中小建筑企业正在从事大量的提供信息、渠道，参与服务的工作，有的即将演变成实业外经公司；大型建筑公司将成为承包工程市场的主要营销体系；设计院可能成为市场的技术支持体系。这样的队伍结构为不同市场的各异需求提供了较好的供给，也为我省我外经工作今后的发展奠定了基础，为企业进行系统优势配合和互补提供了条件上的保证。

至1999年末，云南省境外非贸易性的投资企业已有32家，累计投资金额为3743万美元，尚在经营的有14家。投资的主要领域有：药物生产和销售、机电产品组装、建材生产、生物制品食品及生活日用品。大多数企业主要以设备、零散件、配件作价和少部分现汇对外投资。境外投资的主要国家是缅甸、老挝、马来西亚、泰国、南非、也门。在经济政策上，越、老、缅等国正在实施进口替代，强调发展民族工业，吸纳的工业设施项目居多，如水泥厂、染织厂、电池厂、糖厂等，要求我方投入的资金也相对较多。泰国、马来西亚、南非等国，发展程度相对较高，市场也较规范，因此其需求多为基础设施项目，要求我方投入的资金相对要少些。

云南省有综合性国际公司5家：云南省国际经济技术合作公司、云南省成套设备局、昆明市国际经济技术合作公司、德宏州国际经济技术合作有限责任公司、文山州国际经济技术合作有限责任公司。专业性外经公司11家：云南省路桥总公司、云南省建工集团、云南省化工建设集团、云南省铁路建设总公司、云南省地矿总公司、云南省水电十四局、云南省十四冶金总公司、云南省电力公司、云南省公路局桥工处、昆明市第一建筑工程公司、昆明市第二建筑工程公司。设计咨询单位5家：云南省设计院、公路设计院、云南省有色冶金设计院、昆明林勘院、昆明水电院。有外经权的外贸公司4家：云南省机械设备进出口公司、云南省机械进出口公司、德宏州进出口公司、玉溪市进出口公司。边贸公司有67家开展了外经业务。东南亚地区和周边国家仍是我省外经的主要市场，我省99%的合同金额和99%的营业额是在此实现的；近年来云南外经在当今世界经济一体化的大潮中，努力寻求适合自己发展的道路，支持云南省的建筑、路桥、铁路、水电等行业到海外经营，在周边市场中发挥相对的人才、信息、技术等竞争优势，挖掘省内企业潜力，让有优势的企业向海外投资，积极组织外经、外贸、外资三外联动，在市场上开拓业务，使云南省初步形成了以外经公司和投资企业为依托，通过对其赋予外经权和进出口权，以海外承包工程、援外、投资项目为手段，利用生产要素的国际间移动，达到更有效的配置资源和获取利润的目的，全省外经工作取得了稳步发展，步入了全国外经工作先进省份的行列。

随着国际市场经济作用的发展和扩大，云南的外经市场逐渐显现出一些带规律的特色：(1)民用、轻工业生产线需求活跃，对生产设备的成套进口在快速放大，外贸的发展越来越需要外经的配套服务来延伸和扩大领域，对外贸易逐渐成为外经工作的一个重要组成部分，由商品带动技术出口向技术带动商品出口转化，实现了出口形式由产品出口向资本出口的升级。(2) 沿边外经的民间企业合作超过了和政府间的合作，原因是民间的支付能力和信誉好于政府，业务失败率和成本也低于与政府的合作，导致周边市场外经项目由大项目为主向以中小项目为主转变，合同的执行率也提高了20个百分点，达50%以上。(3) 出口退税政策的作用大于出口信贷政策的作用，因为出口退税政策的获利速度和获利额对中小项目来说，得益更大、风险更小。(4) 以往的外经项目参与者单一，建筑施工单位多，设计部门少，形成合力小、产业链短、技术开发水平低、项目配套使用效率低的劣势，现在设计单位与施工单位紧密结合，使外经项目的领域进一步扩大，工程质量与经济质量结合得更为合理，扩大了我省外经项目的信誉与知名度，为我方项目的纵深进入提供了便利条件。

五、'99中国昆明出口商品交易会

本届昆交会为方便欧美等发达国家参会，切实提高昆交会的参会规模和水平，经联办各方一致同意并报国家外经贸部批准，此后昆交会会期将改为每年的6月6日～10日，交易5天。根据1998年省政府要求，每届昆交会闭幕之日，就是下届昆交会筹备工作开始之时，因此，'99昆交会筹备招展工作比上届动手早，1998年9月，成立了'99昆交会筹备小组，开展昆交会的招商招展筹备工作，在'98秋季、'99春季广交会上及早、直接向参展外商发出了请柬；通过招商招展团组、出国团组、驻外机构等又发出请柬2万份；还通过《国际商报》、外经贸部、省外经贸厅国际互联网站发布了昆交会开展信息。为加强境外招商工作，我省还先后派出了赴欧洲、新马泰、澳大利亚、新西兰、缅老越柬、南非的招商招展团组，通过多种渠道、多种途径，对'99昆交会进行了广泛宣传，对国内外客商进行了广泛邀请，收到了预期的效果。

尽管受亚洲金融危机的影响，但本届昆交会时逢世博会、西南六省区市七方经济协调会在昆举办的机遇，增大了对海外客户的影响，除有关国家和地区的医疗器械展外，本届昆交会仍有来自美国、法国、日本、澳大利亚、缅甸、越南、老挝、马来西亚、和香港特别行政区、澳门地区、台湾省等18个国家和地区的海外企业参展，应邀到会客商1500多人，另有7000余名境外来宾到昆进行考察和参观，海外参展客商、来宾总数达9500多人，比上届增加18.75%；在境外来展的国家中，越南、缅甸贸易部副部长，泰国商务旅游部次长率团并组织企业参会；国内一些省市还派出了庞大的代表团参会，如四川省组成了300人的代表团，广东省组成18个地市参加的160人的代表团，国内客商参会的踊跃，进一步扩大了对昆交会的参会规模，全国有28个省区市的企业参展，除联办的六省区市七方组团参展外，北京、天津、辽宁、武汉、江苏、广东、山东、河南、安徽、河北、甘肃、沈阳、宁波等13个省市也组团参展，此外，还有福建、宁夏、浙江、湖南、陕西、山西、大连、汕头等省区市

的企业参展。

本届昆交会共安排展位1530个，安排境外来展位156个，比去年有所增加。此外，还安排了近年2000平方米的室外展场。

本届昆交会对外经贸总成交18.28亿美元，比上届增加0.11亿美元，增0.61%。联办各方及兄弟省区市对外经贸总成交达1.78亿美元，减少1.66亿美元，减48.26%。四川省交易团成交4900万美元，增长1291万美元，增35.77%；重庆市成交4471万美元，增长3420万美元，增325.4%；贵州省成交1164万美元，增长63万美元，增66.05%；成都市成交1533万美元，增长809万美元，增111.74%；西藏自治区成交118万美元，减少362万美元，减75.41%；广西自治区成交920万美元，减少14927万美元，减94.19；其他省区广东省成交280万美元，甘肃省成交280万美元。

一般贸易较去年有较大幅度下滑，进出口贸易成交4.2亿美元，比上届下降56.1%，其中出口3.5亿美元，减少3.69亿美元，减51.32%。出口成交按大类商品分：粮油、土畜、医保类1.02亿美元，化工类8258万美元，有色冶金类6010万美元，机械类5249万美元，轻工纺织类2528万美元，电子电器类2453万美元。成交的大宗商品有锡、焊锡、磷酸二铵、黄磷、松茸、烤烟、卷烟、船舶等。按进出口成交地区和国别划分，日本1.24亿美元、港澳地区6414万美元、美国5600万美元、缅甸2621万美元、西欧共同体1809万美元、澳大利亚1206万美元、印度尼西亚787万美元、新加坡727万美元、泰国719万美元、老挝697万美元、韩国689万美元、中东地区551万美元。进口0.7亿美元，减少1.53亿美元，减68.61%。

边境贸易取得了较好的成交成绩，在本届昆交会形成一个亮点，共成交10809万美元，比上届增加3497万美元，增47.83%。出口5856万美元，增加1373万美元，增30.63%；进口4953万美元，增加2124万美元，增75.08%。边贸成交的主要商品有：水泥、钢材、日用百货、各类机械；边贸进口的大宗商品有：木材、木制品、铁矿砂、铬矿。

招商引资项目成效良好，外资投向进一步合理。共签订项目65个，比上届增长6.56%，协议外资金额达12.02亿美元，增加4.14亿美元，增52.53%，一批投资上亿元的外商投资大项目，如公路、兰坪铅锌矿、大朝山电站输电工程如期签约，项目涉及环保、农业开发、旅游、矿业开发、电力、工业技改等多个领域。另外，我们还逐渐改进了昆交会招商馆的工作，第一次尝试性地组织部分国际中介机构及大公司来昆交会设点，以便投资者与项目单位有更多的机会见面，并洽谈项目，并取得了明显的效果。

国际承包工程和劳务合作成果喜人，共签约同28项，增加10项；项目金额9377万美元，增长2106万美元，增28.96%。项目涉及到电站、矿业勘探、农机厂、水泥厂、食品加工等的承包工程。

国内经济技术协作成交继续保持良好势头，联办各方和有关省区市把国内经济协作作为一项重点工作来抓，会前作了充分准备，通过国内横向联合、招商引资取得了丰硕成果，签约项目160个，增加33项，增25.98%；投资总金额44.9亿元人民币，增加5.9亿元，增15.12%；引进省外资金21.6亿元人民币，增加0.6亿元，增2.86%。项目按地区划分：六省区市七方合作24项，总投资2.13亿元，引进资金2.13亿元；滇粤合作12项，总投资1.31亿元，引进资金1.56亿元；其他省市合作40项，成交21.75亿元，引进资金13.82亿元。项目涉及能源、交通、工业制造、轻纺工业、农业、旅游等多个领域。

本届昆交会的特点：(1) 专业化水平有较大提高，交易活动进一步规范化。交易会增加了专业馆的总量，按商品类别设立了大型机械、电子电器、烟草、食品土畜医保、五矿化工、轻工纺织六个专业馆，以及招商引资馆、周边经贸馆、海外来展馆，不仅方便了客商的业务洽谈，而且进一步提高了昆交会的档次和专业化水平，使之更加规范。(2) 境内外大商务机构、大企业参展量增加，提高了昆交会的参展水平。泰国投资委员会、香港贸易发展局、新加坡贸易发展局、德国西门子公司、英国乔利富公司、英国比利顿公司等境外贸易组织和跨国企业在馆内设展位，开展投资和贸易洽谈，为项目单位在馆内直接与跨国公司洽谈项目创造了有利条件。另外国内部分企业的加入：广东美的、重庆建设、成都倍特、广东新动力、杭州、甘肃长风电器、南天电脑、南孚电池、上海联合机械、昆明机床、云南机床、安徽叉车、陕西建设机械、光明家具等一些大企业和大集团也参加了昆交会，有利地促进了昆交会向综合性国际博览会的方向发展。(3) 企业重视自己的品牌形象，布展水平有所提高，各参展交易团和企业精心布展，突出地区优势和商品特色，在布展上狠下功夫，尤其是机械展馆吸引了一批国内外大中型重点骨干企业参展，参展水平比往年进一步提高，省内外各交易团和专业馆布展都达到了有史以来的最好水平。(4) 昆交会的桥梁和窗口作用更为突出，内外贸结合、内外资结合、内外经结合、对内开放和对外开放结合、丰富了中西部地区对外开放的内涵，引起了国内外，特别是东南亚地区的厂商、投资商、贸易商的广泛兴趣和关注，使昆交会进一步成为各省区市在加快发展中寻求投资和经贸合作机会的重要窗口。(5) 国内经济技术合作已逐步成为昆交会的重要内容，成为国内各省区市在昆交会开展经协项目洽谈成果的有效场所。(6) 会期间充分开办重要会议，形成会议效果的联动影响和相互促进。本届昆交会在世博会期间开办，成功地利用了世博会的影响力，又成功地举办了西南六省区市七方经济协调会第十五次会议，云南省政府发展咨询团第二次会议、世界百名滇籍华人联谊会、全国边境省区边境工作研讨会等经济、文化、科技会议和交流活动，并邀请了部分省外政界、经贸界著名人士举办各种专题讲座，这些活动一方面大大丰富了昆交会的内容，另一方面使本届昆交会中外客商云集，为促进经贸交流与合作提供了更多的机会，进一步提高了昆交会的知名度，扩大了影响力。

云南边境贸易发展述评

云南省对外贸易经济合作厅副厅长
云南省对周边国家经济贸易局局长　张瑞昆

1999 年，由于中央优惠政策的扶持，省委、省政府高度重视、沿边八地州积极努力、省级有关管理部门大力支持，云南边境贸易继续呈恢复性增长。据海关统计，当年完成边境小额贸易进出口总额 28777 万美元，比上年同期增长 119.8%。其中出口 23183 万美元，同比增长 160.6%；进口 55944 万美元，同比增长 33.4%。

一、基本特点

(一) 全年进出口总额净增 15688 万美元。其中出口净增 14287 万美元，成为一般贸易的重要补充。

小额贸易从年初就开始逐月增长，上半年走势较为平稳，月平均进出口净增 1650.5 万美元，下半年增值加大，月平均进出口净增 2888.7 万美元，其中 12 月份增 4313 万美元，占下半年净增额的 24.88%。

(二) 总额接近 1992 年水平。按海关统计，15 年来云南边境小额贸易进出口最高是 1993 年，为 37296 万美元。1999 年占全省进出口的 17.34%，接近 1992 年的 29489 万美元，是继 1989 年，1993 年后的第三个高峰年。

(三) 1999 年边贸在对周边三国贸易比重中徘徊近 5 年首次超过大贸。

对周边三国的贸易比重（100%）

年　份	边　贸（%）	大　贸（%）
1994 年	59.4	40.6
1995 年	38.4	61.6
1996 年	32.7	67.3
1997 年	19·8	80.2
1998 年	33.4	66.6
1999 年	74.3	25.7

1999 年国家外汇实行并轨，由于汇率因素边贸在全省外贸中所占比重下降 30%，之后受政策及境外市场等制约，1995 年以后一般贸易所占比重开始高于边贸。

（四）对缅、老、越、进出口均有所增长。全省对缅、老、越进出口分别增长 1.17%、35.7%、4.48%。其中对缅边贸进出口分别达 23195 万美元，增长 147.04%，居首位；对越边贸进出口达 4594 万美元，增长 68.8%，居二位；对老边贸进出口 988 万美元，增长 0.92%。由于边贸的增长，拉动全省对三国贸易增长 6.3%。

对周边三国贸易中，一般贸易进出口下降 57.33%，边境贸易增长 119.8%。

缅甸近年来一直是我省外贸出口的第一伙伴国，也是边境贸易重要的伙伴。“八五”期间边贸占对缅贸易的 63.6%，即使是在低潮时期也仍然占居重要位置。1999 年在对缅贸易比重又超过“八五”期间平均水平，达到 77.44%。

年　份	“八五”期间	1996	1997	1998	1999
对缅占全省进出口（%）	27.23	17.6	15.2	15.19	18.04
边贸占全省对缅进出口（%）	63.6	29.86	17.19	30.4	77.44

对越贸易出现了自中越关系正常化以来的最好水平，1999 年进出口总额为 7221 万美元，占全省对三国贸易 18.64%，其中边贸占 63.6%，大贸占 36.7%。

对老贸易比重虽然仅占 4.02%，但边贸却占一半以上的份额。

年　份	“八五”期间	1996	1997	1998	1999
滇老占中老（%）	40	54.5	48.4	57.5	45.5
边贸占滇老（%）	76.2	71.3	66.7	66.1	63.3

（五）沿边地州出现了两个上亿美元州，形成了两个三分之二。1999 年，沿边 8 地州完成进出口总额 45453 万美元，比上年同期增长 71.65%，占全省外贸进出口总额的 27.38%，上升 14.8 个百分点，占全省 16 个地州市进出口总额的 2/3，其中边境又占沿边 8 地州的 2/3。沿边 8 地州出口额为 35345 万美元，占全省出口额的 34.16%，其中边贸占 65.6%。

全省进出口位于前八名的地州中有 5 个是沿边地州，德宏、红河是两个超亿美元的地州，居全省地州二、三位，西双版纳，保山、思茅分别列五、六、八位。

分地州看，德宏、版纳、思茅、临沧等地州的边境贸易仍然是对外经贸的的主要方式，1999年分别占本地州对外贸易的85.3%、97.5%、87.5%、91.5%。

边民互市在半数口岸县（市）起着重要作用。1999年边民互市限额调高至3000元，极大调动了边境地区互市的积极性。一些口岸如耿马、沧源、镇康、景洪、片马、田蓬、董干等县(镇)，互市贸易额都超过小额贸易。1999年全省互市实现1.73亿元人民币，比上年增长2.3%，折合20942万美元（1美元=8.2781人民币）是有统计以来的最高年份。

（六）边境对外经济技术合作出现新增长。1999年，边境外经共签订对外承包工程，境外投资合同173项，合同总金额16363万美元，其中对缅168项，占97.1%，合同金额15897万美元；对越5项，占2.9%，合同金额466万美元，所签合同已占全省对外经济技术合同总金额32.5%。

（七）以初级产品为主的进口结构仍然保持，工业制成品比重有所上升。

进口商品按国际贸易标准分类比重表

年　份	1997年	1998年	1999年
初级产品比重	88.9	95.7	74.8
工业制成品比重	11.1	4.3	25.2

1999年进口16大类商品，金额居前十名的商品为：原木、玉石、桂元干、铬矿砂、锌矿砂、锯材、铁矿砂、锰矿砂、银粉、藤条、豆类。前10种商品中，上千万美元的商品仅1种，原木进口额为2203万美元，占进口的39.4%。

进口呈如下特点：

1、豆类、锰矿砂进口剧减，比重下降。全年豆类进口比去年减少11406吨，下降261.6%，所占比重减少4.2个百分点，锰矿砂进口也仅为95917吨，比上年的212670吨，减少近11万吨，下降67.12%，所占比重减少16.7个百分点。

2、铬、铁、锌矿砂及铜精矿进口增加，占进口总额的21.77%”全年由于开展易货贸易使矿产品进口额达1218万美元，其中铬、铁、锌矿砂比上年同期分别增加24680吨、13752吨、15873吨，增长87.9%、55.2%、42.1%。

3、木材、玉石、藤条进口占总额64.3%。

年　份	1997年			1998年			1999年		
商品名称	数量	金额	占（%）	数量	金额	占（%）	数量	金额	占（%）
玉石（吨）	452	159	4.95	886	369	8.8	1658	669	12
木材（万立方）	21.7	1902	59.2	20.8	2122	50.6	36.9	2755	49.2
藤条（吨）	179		5.6	162		3.9	175		3.1
合　计	2240		69.8	2653		63.3	3599		64.3

其中，木材进口比去年净增161521立方米，总金额只增加632万美元，平均单价仅为每立方米74.59美元。每进口1立方米木材净增值39.13美元。

（八）出口工业制成品比重逐年上升，特别是机电产品及纺织品大幅增长。

出口按国际贸易标准分类比重表

年　　份	1997 年	1998 年	1999 年
初级产品比重	38.6	25.8	21.6
工业制成品比重	61.4	74.2	78.4

1999 年出口 42 在类商品，金额居前十名的为：化纤布、棉纱、石蜡、各类机械、家用电器、干电池、水果、水稻种籽、化纤纱、烤烟。其中上千万美元的 5 种，金额为 8016 万美元，占 34.6%，上百万美元的 42 种，总金额 11376 万美元，占 49.1%。

出口呈现如下特点：

1、纺织品再度成为出口的第一大类商品，占出口总额 24.23%。其中化纤布首次突破亿米占纺织品出口额的 52.03%。由于边境外经的拉动，1999 年纺织品出口达 5618 万美元，增长 361.6%；纺织原料 118 万美元，占 0.5%；服装 230 万美元，占%。值得一提的是化纤布首次突破亿米达 11320 万米，2923 万美元，占出口的 12.6%。

2、机电产品出口占 23.84%，居第二位。由于工程承包项目增加，带动机电产品出口剧增，1999 年出口达 15 类，商品总金额 5528 万美元，比上年同期增长 322.9%，主要市场在缅甸为 5297 万美元，占机电产品出口的 95.87%；越南为 175 万美元，占 3.2%；老挝为 56 万美元，占 1%。在 15 大类产品中，机械类居多，金额达 1477 万美元，包括动力、起重、通用、土建工程、农林、纺织、塑料、包装、印刷等机械。

3、柴油机、自行车、电风扇、黑白电视机 4 种免予招标的机电产品出口占 2.02%。1999 年 3 月 1 日国家对边境小额贸易出口的电风扇、自行车、黑白电视机、单缸柴油机取消对边境小额贸易招标，按一般出口商品管理，使该 4 种商品出口较往年有大幅增长。

商品名称	单　　位	1997 年	1998 年	1999 年
柴油机	台	1159	7363	18248
自行车	辆	543	3608	6929
电风扇	台		4770	
黑白电视机	台	3212		24519

（九）涉证商品出口较为理想，进口则不尽人意。随着外经贸部有关精神的文件实施，边贸出口部分商品退出了许可证管理范围。1999 年国家对边贸出口实行证管的为 11 种重点管理商品及除 4 种无偿招标的机电产品外的其他招标商品。全省边贸出口涉证商品 8 种，出口金额 3007 万美元，占出口的 13%，比上年降低了 7 个百分点。进口涉证商品 4 种，由于受口岸制约，导致运输距离长，另外所下配额多数属第三国产品需全额征税，使进口成本过高，4 种商品均无进口。

1999 年外经贸部对全省边贸下达证管品种为 8 种。其中：出口 4 种（大米、锌锭、焊锡、生丝），进口 4 种（钢材、棕榈油、胶合板、橡胶）。

商品名称	单　　位	出口下达数	执行数	进口下达数	执行数
大　米	吨	10000	1200（未结关4000吨）		
其中：稻种	吨		4508.5		
锌　锭	吨	500	3099		
焊　锡	吨	100	99.9		
生　丝	吨	10	51.55		
钢　材	吨			5000	0
棕榈油	吨			2000	0
胶合板	立方米			5000	0
橡　胶	吨			700	0

（十）易货贸易完成率较去年有所提高。1999年全省批准易货进出口计划6274万美元，涉及德宏、保山、临沧、思茅、版纳、红河46户企业，执行率平均达到68%，较上年的48%提高20个百分点。

（十一）边贸企业逐渐形成规模。外经贸部核准我省边贸企业为898户，参加1998年度年检的644户，占71.93%；1999年开展业务的为416户，占总数的46.3%，比上年减少102户。416户经营企业中，进出口额超过千万元人民（121万美元）的43户，占企业总数的4.78%，占经营企业数的10.34%，进出口额达到21251万美元，占全省进出口的73.85%，平均进出口额达494.2万美元，比上年290.2万美元，增加了204万美元。

		1999年	占总数（%）	1998年	占总数（%）
边贸企业户数	总　数	898	100	898	100
	开展业务	416	46.3	518	
	其中：进出口超千万	43	4.78	45	
	未经营	482	53.7	380	
		1999年	（±美元）	1998年	（±美元）
经营状况（万美元）	平均经营额	69.2	17.95	61.25	
	千万元企业平均经营额	494.2	+204	290.2	
	其余企业平均经营额	20.2	-25.5	45.7	

二、增长原因

（一）国内外边贸政策较以前宽松

1、国　内

(1) 1998年，国家外经贸部制发有关文件，对边贸进出口商品的证管范围作了放宽调整，放开了边境外经权。

(2) 1999年3月1日国家对4种机电产品（黑白电视机、电风扇、自行车、单缸柴油机）取消边贸招标。

(3) 财政部等4部委继续对边贸进口木材、玉石、藤条、生牛皮实行新增税赋先征后返的优惠。

(4) 1999年3月省政府出台了有关文件，进一步加强和促进了边贸管理。

(5) 深入贯彻落实省政府出台有关规定，使边贸出口退税成为易货贸易、边境对外承包工程成的重要动力。

2、周边邻国

越南：全面改革关税制度，从99年1月15日对进出口商品采用国际统一分类法，并对橡胶、煤炭、海产品实施零税率出口；从1999年3月起鼓励易货方式扩大贸易渠道并相应规定了易货商品的种类；在口岸举办边境交易会对我省企业实行定额免摊位费、关税。

老挝：为鼓励经营者同中国进行贸易，政府决定从中国进口的商品减免50%的进口税，实行易货贸易，放宽木材出口限制，允许原木出口。

缅甸：逐步开放对中国的出口通道，取消并调低了边贸商品的税收，加快了办理进出口许可证的时间和通关速度；定期修改和公布优先进口的二类商品名录，并明确可以通过边贸形式进口。

（二）省委、省政府高度重视周边市场

1、多次就边贸发展思路，争取政策问题作出明指示；

2、多次利用参加人大、政协等全国性全文及政府行文向中央反映，争取优惠政策；

3、省委、省政府、人大、政协高层领导亲自率团出访，与周边国家就睦邻兴边，发展边贸等问题达成共识；

4、主动邀请缅、老、越商贸部长率团参加昆交会，并免费提供摊位，促进双边经贸、情感交流。

（三）边境地州主管部门积极努力

德宏州注意强化大、边贸结合，利用边境进出口公司的资金人材优势和边贸灵活政策，使本地州外、边贸企业真正成为开拓缅甸市场的主力，在全省进出口超千万美元的7户企业中，德宏占5户，其中德宏州进出口公司成为经营边境小额贸易的第一户。扶持重点，力保大宗商品的市场，在大宗配额商品的出口上重点扶持有稳定客户和货源的大企业，以保证经营秩序，减少内耗。

红河州注意小额贸易与互市的互补作用，鼓励多种经济成份参与互市，加强了互市基础设施的建设并在边民互市上形成了一套管理办法，既照顾企业利益，又保证地方的税收，已连继两年成为全省互市第一州，年内又完成互市额5亿元人民币，占全省的29.4%。

思茅地区加强对缅瓦邦市场的调研，及时反馈需求信息，并对该地区企业承包的项目进行跟踪，抓质量、树信誉，逐步建立了企业在外的形象，促进贸易和项目齐头并进。

思茅、德宏、文山、红河等地州都注重实践，互相学习，取长补短，地州之间相互走动，增进交流，并向黑龙江、广西等沿边省区学习好经验、好思路，不但使省局推广的“十剂良药”得以传播，也形成了“抓住机遇，强化优势，贸易导向，双向发展，增强实力，参与竞争”及“三外并举，五轮驱动，七个突破”的德宏、红河战略。

（四）有关部门积极支持配合

边贸的发展离不开海关、税务、计委、财政、外经贸部驻昆特派办、金融、商检等部门的密切配合，早在1994年，省局即提出“没有你们，那有我们”，通力合作把“饼子”做大的观点，经过多年来的努力已逐步形成共识，为发展边贸提供了较为有利的环境。

1999年边境地州出口退（免）税达1.45亿元，占全省实际退（免）税的30.2%。边境外经项目带动设备及原材辅料约占出口的25%。先征后返税款364.62万元。

（五）边贸企业学懂用足政策，活而不乱

15年来，云南边贸经历了五起十落，边贸企业越来越善于在实践中学习运用政策。掌握，用足、用活政策已经成为企业法人代表越来越关注的问题。1999年在省局举办的各类学习班上，企业经理的参与率达到80%以上。在沿边27个县（市）中涌现出一批具有特色的样板企业：如德宏州甸川贸工联合企业，红河州东亚大、边贸结合，进、出并举的企业，版纳州农产品出口和矿产品进口的专业公司，保山地区玉石经营大户，思茅地区项目带动商品出口的企业，临沧地区前贸、后厂的水泥出口户。

三、存在问题

1999年，主要存在问题是：（1）学懂、用足政策在边境8地州极不平衡。退税政策已执行两年有余，除德宏、红河、保山做得较好外，有些地区刚刚起步，有些地区退税还为零。（2）易货贸易、边境外经项目的开展需进一步规范，有些地、县至今仍没有领会其中的优越性。（3）进、出口商品配额计划未按省政府有关规定的时间上报。配额商品的申报仍然定的随意性或贪多求全的现象，分配缺乏针对性，一些商品配额紧企业争要，而另一些商品配额相对宽却无人问津；对配额商品的出口缺乏有效的跟踪管理措施。

云南国际经济技术合作发展述评

云南国际经济技术合作公司董事长、总经理　晏连昆

至1999年末，全省25家有外经权的公司及边贸公司共实现累计合同额13.35亿美元，营业额7.2亿元，年末在外人数10637人。1999年实现合同额3.39亿美元，营业额1.67亿美元，年末在外人数1442人。

中国云南国际经济技术合作公司（以下简称云南国际公司）是全省25家外经公司之一，1999年也取得了可喜的成绩，全年有一定盈利；全面完成了“国有资产经营责任制”规定的增值指标；1998年申请的ISO9001质量认证资格，经1999年一年贯标，已荣获“英国鸟卜斯质量保证证书”和“北京九千标准质量体系认证中心证书”。公司自1984年成立以来，连续16年盈利。

一、经营状况

1999年，新签和在建的对外承包工程共26项，全年实现合同额3721万美元，营业额1136万美元，派往国外工作的共300余人次，在建工程（包括保修期项目）累计合同总额为7602万美元；当年实施的对外劳务合作共16项，共派出工程师、医生、缝纫工、农业研修生等149个，培训各类出国劳务人员共211人；进出口贸易，主要是出口，全年实现出口额为255.8万美元；在国外举办独资、合资企业12个，分布在亲新加坡、马亚西亚、缅、老、柬5国，涉及建筑、建材、贸易、海产加工、医药、种植、养殖、采矿、包装制品9个行业；国内多种经营产值约4000万元人民币。

二、业务拓展情况

公司主要业务是：对外承包工作（包括国家下达的援外任务）、对外劳务合作，在国外举办独资和合资企业，进出口贸易，在确保主业发展的前提下，国内也开展多种经营。一年中，上述业务涉及：毛里求斯、巴基斯坦、马尔代夫、新加坡、马来西亚、密克罗尼西亚、塞舌尔、老、越、缅、柬、泰、日、荷、台湾等15个国家和地区。

（一）对外承包工程和劳务合作。全年实现合同额3721万美元，营业额1136万美元，派往国外工作的共300余人次。当年在建的对外承包工程共26项，其中新实施的18项，上年结转的8项，在建工程（包括保修期项目）累计合同总

价为 7602 万美元；实施的对外劳务合作共 16 项，其中新实施的 6 项，上年结转的 10 项，共派出工程师、医生、缝纫工、农业研修生等 149 人，培训各类出国劳务人员共 211 人。

对外承包工程进展良好。1994 年 11 月，公司为老挝建成了年产 7.3 万吨第一座水泥厂，从此结束了老挝不产水泥的历史。投产 5 年来，产销两旺，给老挝带来了极好的经济效益和社会效益。由于成果显著，1998 年老方又与我公司合资合作，共同再建年产 20 万吨第二座水泥厂。经 1999 年加紧筹务，各项工作基本就绪，已于当年底奠基、2000 年上半年动工。

公司承建的我国援老挝“国家文化中心”工程，建筑面积（包括室外）近万平方米，内设 1500 座剧场，装修标准高、设施现代化，建成后是老挝最大的室内集会、演出场所，经一年半精心施工，于 2000 年 1 月竣工。至年末，一座雄伟、庄严、极富老挝民族特色的建筑，已在万象市中心矗立，深受老方好评。

公司承建的我国援密克罗尼西亚联邦“示范农场”项目，1998 年 11 月开工，经一年开垦、土建、试种，60 亩乱石遍野的坡地，已变成行车有路、沟渠纵横、地块齐整、大棚耸立、菜果茂盛，一派生机盎然的农场。密国领导人盛赞农场办得成功，必将促进密国农业发展。这座农场可于 2000 年 2 月竣工。

公司承建的巴基斯坦卡拉奇市日产 45 万立方米自来水的大型供水工程，1999 年 6 月，顺利结束保修期，致此，这一造价为 2000 万美元的项目，圆满结束。

1999 年，向外输出劳务在毛里求斯市场上有了新的突破，我们向多家制衣厂输送的云南缝纫工，已达 70 余人。今后还有可能继续增派，继续为我省社会就业，增添一些份额。

（二）进出口贸易。1999 年主要是出口，全年实现出口额为 255.8 万美元。

（三）国外独资、合资企业。1999 年，公司在国外举办的独资、合资企业共 12 家，其中独资 3 家、合资 9 家。分布在新加坡、马亚西来、缅、老、柬 5 国，涉及建筑、建材、贸易、海产加工、医药、种植、养殖、采矿、包装制品 9 个行业。12 家企业中，新设的 4 家，上年结转的 8 家。有 5 家尚处建设阶段，其余 7 家多数经营是好的。

1997 年 10 月，公司在缅甸紧靠安达曼海的美可瑞市，建成了一座海产品加工厂，投产两年来，已累计加工海虾 550 多吨，远销日、韩、加拿大等国和我国香港、天津等地，随产随销，年年盈利。

1998 年初，在柬埔寨金边市郊举办的蔬菜水果农场，为该市填补了一个菜蓝子工程。累计开垦、种植 750 亩，上市菜果已达 1.6 万公斤，已处在边继续开垦、边深化种植，边可有所回收的阶段。

（四）国内多种经营。1999 年实施的共 8 项，年产值约 4000 万元人民币。包括有将宾馆发包给他人经营；与台商合资举办专产魔芋制品的“富客食品工业公司”，该企业当年搬迁改造，到 2000 年，年产值可增至 2000 万元人民币；经营出国人员免税商品；经销壳牌润滑油；举办印刷厂；承包国内工程设计、施工、装修；为保险公司担任理赔顾问等。经营结果，多数都有较好经济效益。

三、深化改革情况

公司内部改革，是从 1994 年开始的，已经建立了 15 项激励机制和自我约束机制，有效地促进了管理，调动了职工积极性。

1999 年，公司进一步完善建立的机制并认真实施。同时，继续围绕“人员能进能出，职务能上能下，收入能高能低”，制定了《公司职工流动办法》，规定：公司内部流动、向外借调、调出公司，解除劳动合同、自谋职业，使之人员合理流动，因才适岗，发挥特长，发掘潜力，并可按章操作，使职工流动走上规范化道路。管理方面，成熟一件，改革一件。年内，针对通讯工具多样化，普及化，即使通讯费用合理支出，又满足职工需要，我们实行了“按月补助，定额包干，节约归已”，实行结果，颇见成效。

四、经验教训

（一）通过多年实践，公司把经营定位在“商务、管理、实体型”。这一定位，不仅符合公司实际，而且有利于今后朝着这一目标，强化公司自身建设，发挥公司特长。1999 年，依据公司经营定位，实施国外项目的主要负责人，均由公司派出，他们懂商务善管理，以实体作后盾，精心操作，消灭了亏损项目，取得了好的经济效益。

（二）敢于突破，促使业务向深度、广度发展。1999年，对老挝第二座水泥厂工程，公司以主包商身份，就设计、设备采购等，首次通过招标选定分包商，获得了满意结果。1999年，公司投出了世行贷款项目，昆阳磷肥厂技改和环保供货、安装标，一举获中。

（三）质量是企业的生命。公司始终将质量放在首位。1999年，公司按照ISO9001质量认证标准，全力贯标，获得了国际通行的两个“质量认证证书”，使公司“以质为本”的经营行为，得到国际质量认证机构认可，在国内外市场上进一步提高了信誉。

（四）过硬的业绩是扩展业务的基础。公司每实施一个项目，都兢兢业业保质、保量、保期去完成，赢得了有关各方信任，使新项目不断增加，以老挝市场为例，1999年就连续获中了第二座水泥厂、国家文化中心室外工程、煤矿、包装制品厂等项目，以及数万只电表出口供货。

（五）遵循“两手抓、两手都要硬”的教导，公司在抓业务的同时，抓职工思想政治工作。坚持每周半天政治学习，开展谈心、组织职工参观展览，观看电视等形式多样，生动活泼的教育，使职工始终明确政治方向，保持旺盛的工作热情。法轮功邪教组织被揭露后，公司积极投入批判，立场坚定，旗帜鲜明。

（六）合作投标的合作对象必须选好。1999年，公司与法国德利满公司商妥，共同去投越南岘港自来水工程标，双方投标资格预审已经业主批准。购到标书后，该公司突然退出，按规定报了两家投标，我们就不能单独去投，丢失了一个极好的投标机会，教训十分深刻。

云南口岸建设发展述评

云南省人民政府口岸办公室主任 何光烈

1999年，云南口岸工作坚持以邓小平理论和党的十五大精神为指导，坚持口岸工作为全省对外对内开放和经济建设服务的方针，以世博会期间的口岸协调管理为重点，确保世博会的圆满成功。同时，在推进口岸管理体制改革，加强口岸综合管理的基础上，努力扩大口岸功能和开放力度，使口岸在全省对外对内开放和经济建设中发挥了积极作用。

1999年口岸客货流量：一类口岸出入境人员766万人次，其中出境382万人次，入境384万人次；出入境交通工具115.5万辆次（艘、架、列），其中出境57.4万辆次，入境58.1万辆次；进出口货物90.5万吨，货值达37.5亿元。二类口岸出入境人员308万人次，其中入境人员153.6万人次，出境人员154.5万人次；入出境交通工具46.8万辆次，其中出境26.8万辆次，入境20万辆次。进出口货物179.9万吨，货值达10.5亿元。

一、圆满完成世博会期间口岸协调管理工作

省口岸办是世博会筹备指挥部成员单位，抓好世博会期间口岸的协调管理工作是1999年口岸工作的重中之重。省口岸办以严密组织，万无一失的态度，高标准、高效率、严要求展开工作。（1）以省政府办公厅文件向全省口岸下达了《关于认真做好中国'99昆明世界园艺博览会期间口岸工作的意见》。（2）设立指挥机构，加强协调管理力度。成立了以省口岸办领导为组长，联检单位及有关部门参加的口岸工作协调小组，负责协调管理世博会期间口岸通关工作。领导小组区分阶段适时召开协调会议，通报情况，部署工作，提出要求，总结讲评。口岸办领导深入机场口岸现场带班值班，组织指导重要宾客的通

关、接待工作。(3) 组织口岸联检单位赴京学习考察，借鉴北京口岸在国际大型活动中的查验经验，制立通关方案和特殊情况处置预案，提高查验人员素质。(4) 为昆明机场口岸查验单位争取160余万元资金，解决了部分加班超时补贴，安装了机场电子显示屏，添置了办公设备，创造了良好的查验条件。做到了认识到位、领导到位、人员到位、资金到位。世博会期间，昆明机场口岸入出境人员361257人次，入出境员工30034人次，入出境飞机2769架次；接待政府首脑及部长级代表团115个978人次；入出境旅游团队475个23073人次；进出港货物3539.77吨；从陆路口岸入出境人员60余人次。未发生大的事故，确保了口岸高效、文明、安全、畅通。省口岸办受到省委、省政府表彰，荣获'99昆明世博会组织奖。

二、推进口岸改革，加强口岸管理

省口岸办按照省委书记令狐安关于“老口岸要抓紧实现和完善联合办公，新口岸一律实行联合办公的要求”，从推进改革入手，加强口岸管理。在全省口岸逐步推广了瑞丽口岸专项改革的试点经验，全省三分之二的口岸实现了“联合办公，统一收费，一条龙服务”的查验方式。同时，以“三检”合一的机构改革为契机，在多数口岸试行了“六个一次”的监管模式。即一次报验，一次取样，一次除害处理，一次检验检疫，一次收费，一次发证放行。简化手续，节省时间，方便客商，提高效率，加快通关速度，避免重复检查重复收费，发挥口岸效益，受到了中外客商的赞誉。

在推进口岸改革的同时，有条件的联检部门还努力改善“硬件”设施，增加口岸管理的科技含量。为保证世博会期间昆明机场口岸高效、畅通，昆明边检站投资200余万元，更新了现场证件查验系统、监控系统、自动报警系统和通讯指挥系统。检查验证、查控布控、数据统计和传输实现了全网络化、自动化。瑞丽边检站于8月1日起在4.186公里的边境线实行了闭路电视临近管理，为口岸管理科学化、现代化作了有益的探索和偿试。

三、加快重点口岸查验基础设施建设

1999年，全省共争取口岸查验基础设施建设资金1248万元，其中国家计委380万，省财政468万，战区恢复费400万，资金的落实加速了口岸查验基础设施建设。至年末，思茅港口岸联检楼已经峻工并进行了初验，建筑总面积1920平方米，总投资200万元，河口口岸联检楼施工进入中期阶段，建筑总面积5400平方米，总投资938万元。景洪港口岸联检楼已完成基础工程建设，建筑总面积3225.3平方米，总投资560万元。瑞丽、磨憨口岸建设前期准备工作完成，将很快进行招投标工作，其中磨憨口岸联检楼建筑总面积2764平方米，总投资247万元；瑞丽口岸联检楼建筑总面积3986平方米，总投资450万元。

四、口岸“共建”再上新台阶

世博会是对口岸精神风貌的大检阅，而口岸良好的精神风貌又为世博会增添了一道亮丽的风景线。1999年，紧紧围绕世博会的召开，全省口岸系统坚决落实江泽民总书记提出的“要在口岸塑造第一良好印象”的总要求，当好东道主，树好新形象，为国门增辉，为世博添彩。昆明边检站的武警官兵把世博会期间口岸精神文明建设作为一项“人民满意”的工程来构筑，开展了“五心”、“四形象”活动。“五心”即证件检查要细心，解答问题要耐心，为旅客服务要热心，向老弱病残献爱心，让中外宾客满意称心。“四形象”即在外国人面前树好中国人的形象，在港、澳、台胞和海外侨胞面前树好大陆人的形象，在全国人民面前树好云南人的形象，在口岸树好国门形象。从而把口岸共建社会主义精神文明建设推向高潮。全年，文明把关，优质服务，拾金不昧，扶老携幼，救死扶伤，排忧解难，为旅客做好事2000余起。昆明机场海关发挥“文明示范窗口单位”的作用，为旅客做好事600余件。5月被共青团中央、全国青联授予“第二次全国各族青年团结进步模范集体”。10月，昆明机场海关货管科在省级机关庆祝建国五十周年“百件好事”评选活动中获“先进集体”称号。昆明机场海关旅检科被中央文明委授予“全国创造文明行业工作先进单位”。

五、检查检验工作取得明显成绩

1999年，全省口岸查验单位认真履行职责，依法行政，依法把关，确保了口岸高效、安全和畅通，据统计：边防检查部门共检查管理入出境人员 1264.44 万人次，入出境交通运输工具 203.9 万辆次；检查管理入出边境管理区人员 1301.7 人次，入出边境管理区交通运输工具 251.93 万辆次。其中飞机 5017 架次，船 2499 只（艘）次。查获偷渡案件 118 起，抓获组织偷渡者和协助渡组织者 34 名，偷渡运送者 10 名，偷渡人员 560 人；查获边控对象 72 起 72 人次。侦破贩毒案件 803 起，抓获犯罪嫌疑人 1071 名，缴获鸦片 2617.17 两，海洛因 1579654.9 克，冰毒 13943109.9 克，吗啡 23748 克，易制毒化学药剂 115147.47 公斤；查获贩枪案件 182 起，抓获涉案人员 290 名，缴获军用枪 45 支，仿军用枪 602 支，子弹 8048 发，手榴弹 1021 枚。

海关部门共监管进出境人员、旅客 911 万人次，飞机 5313 架次。监管进出口货物 250 万吨。进出境邮件 26.5 万件，依法没收查扣各类反动、违禁印刷品 4983 件。查获各类案件 391 起，其中经济性走私违规案件 311 件，案值 4985 万元人民币。查获走私毒品案件 80 件，缴获海洛因 365126 克，鸦片 32448 克，冰毒 70231 克，易制毒化学试剂 18081 公斤，抓获犯罪嫌疑人 160 名。

出入境检验检疫部门共检验出口商品 2.38 万批次，货值 47.9 亿元。检验进口商品（含边贸）1.45 万批次，货值 2.6 亿美元。检疫出入境动植物及其产品 4.21 万批次，货值 24.26 亿元。截获植物有害生物 3342 批次。检疫查验出入境人员 238.76 万次，交通工具 23.54 万辆（架、艘、节）次，货物 1.69 万批次。对 10.89 万人次进行了传染病检测，共检出各类传染病 525 例，其中艾滋病 42 例。

六、加强自身建设，提高干部素质

（一）严肃认真地抓好“三讲”教育。按照省委部署，在省外办党组领导下，省口岸办于 9 月 22 日至 12 日 6 日开展了“三讲”教育。通过教育，认真学习了马列主义、毛泽东思想、邓小平理论和江泽民同志的重要讲话，提高了政治理论素质，增强了改造世界观的自觉性。坚定了理想信念，进一步树立了党的宗旨观念，密切了干群关系。通过开展批评自我批评和自我剖析，认真查找了党性党风和工作中存在的主要问题、原因和危害，增进了团结，增强了革命事业心和工作责任感。建立和完善了规章制度，加强了干部队伍建设和机关建设。

（二）广泛深入地开展揭批“法轮功”邪教组织的政治斗争。认真组织学习党中央、国务院、全国人大、省委、省政府的文件精神，充分认清和揭露“法轮功”邪教组织反政府、反社会、反科学、反人类的反动本质，深刻认识这场政治斗争的重要性、必要性和长期性。全体人员坚决拥护党中央关于揭批“法轮功”邪教组织的各项重大决策。坚决做到讲政治、讲党性、讲科学，不参与任何邪教组织和迷信活动，与党中央同心同德把这场政治斗争进行到底。

（三）深入基层调查研究，当好省委省政府的参谋助手。省口岸办进一步转变作风，深入基层，服务基层，加强指导，多办实事，全年共下基层 12 次 25 人次。配合海关总署口岸规划办的领导实地考察了腾冲、孟定由二类口岸升为一类口岸的情况。参与省政府组织的中缅陆水联运通道、澜沧江、湄公河的考察论证，调查了解了有关口岸管理、收费情况。在调查研究的基础上，就口岸管理、收费、联检楼建设、口岸边境贸易区的设置等问题，适时为省委、省政府提出了决策建议和依据。同时，省口岸办还在自身行政经费不足的情况下，紧缩开支，挤出 7.1 万元拨给地、州、县（市）口岸办，力所能及地为他们解决办公经费上的困难，受到基层好评。

（四）抓好口岸业务学习交流。为了学习国外、省外口岸管理先进经验，提高干部业务素质，做好世博会期间的口岸工作。经省政府和省外办的批准，组织联检单位 16 人到欧洲 6 国进行口岸业务学习考察，还组织昆明机场查验单位到北京学习国际大型活动口岸检验工作的经验。同时，借各省口岸同仁参观世博会的机会，与他们交流学习，取长补短，增进感情，密切关系，加强联系。全年共接待海关总署领导、各省口岸同仁 28 批 152 人次。接待地、州、县（市）口岸办的同志 17 批 123 人次。

云南旅游业发展述评

云南省旅游局局长　刘　平

1999年是云南旅游业抓住'99世博会在昆明举办的契机，乘势而上，创造辉煌的一年。按照省委、省政府的统一部署，全省旅游行业紧紧围绕世博会“组织和招徕800～1000万国内外旅游者参观世博园”的奋斗目标，狠抓落实，加大宣传促销力度，广泛开拓国际国内旅游市场；加快基础设施和精品旅游线路、景区景点建设；加强旅游市场整治力度，努力提高旅游接待服务质量等，全面开展卓有成效的准备工作、宣传促销工作和接待工作，为保证世博会的圆满成功作出了旅游行业应有的贡献。

一、巩固完善旅游精品景区景点建设，提高全省精品旅游线路的质量

（一）1999年，遵照省委、省政府领导指示，省局采取自上而下，专业部门与发动群众相结合的方法，全面系统地普查了全省旅游资源，进一步摸清了家底，提出了资源开发利用的初步方案；同时对全省旅游资源开发和景区（点）建设情况进行了调查，形成《云南旅游资源及景区（点）开发情况》和《云南民族文化旅游开发纲要》上报省政府，为领导决策开发旅游产品提供了依据。

（二）狠抓经省政府1998年批准确定的第一批全省25个精品项目建设，保证大部分精品项目建设，保证大部分精品景区（点）在世博会期间投入接待。根据规划发展和市场需求变化的要求，1999年又精选确定了33个重点精品景点建设项目，通过开发建设在全省形成一批在国际国内旅游市场上有较强吸引力和竞争力的精品旅游景区（点）。协助有关部门，安排4.5亿元资金，经省政府批准，实施1999年《旅游经济干线建设方案》，使全省陆路旅游交通大为改善。抓好旅游精品线路沿线旅游景区的旅游厕所建设，满足世博会接待需要，切实解决旅客入厕难的问题。

（三）抓好全省优秀景区（点）创建工作。共有11个单位达标，由省政府授予“云南省优秀旅游景（点）”称号，通过新闻媒介和信息网络向海内外公告。

二、以世博会为契机，抓好国内外旅游促销，确保客源快速增长

1999年世博会前后，全省开展大规模的旅游宣传促销工作。(1)以世博之旅为主题，加大海内外旅游促销宣传；(2)积极邀请和组织海外重点客源市场新闻记者和旅行商赴滇考察，共接待61批512人次，对宣传世博会和云南旅游资源发挥了重要作用；(3)认真办好'99中国国内旅游交易会，加大国内旅客招徕力度。交易会设展台1286个，参会代表6500人，发放宣传资料1543份，签订合同2.2万份，合同金额6.08亿元，达成意向4.4万个，意向组团605万人，多项指标创历届国内旅游交易会最好纪录，有效地提高了云南旅游业的国内知名度；(4)利用新闻媒体和国际互联网加大宣传。抓住举办世博会，《中国旅游报》多批记者进驻云南的时机，协助发表160多篇稿件连续专版报道世博会和云南旅游业，开通联结“云南信息网”、“中国旅游网和国内知名网站”，上网访问者达数万人次，作出了社会公认的突出贡献；(5)世博会期间，省旅游局制作宣传品10种26.9万册（份），是历年最高的。

三、做好世博会旅游接待的组织领导工作

（一）确定'99世博会旅游接待定点单位，为搞好优质服务奠定了基础。经考核验收，由省政府'99世博会筹备指挥部和省旅游局确定了1010家宾馆饭店、旅行社、景区（点）、旅游培训单位作为世博会旅游接待定点单位。

（二）制定接待方案。根据’99世博会预计接待800～1000万国内外游客的目标，省局按照省委、省政府领导的有关指示精神，对全省各地区的住宿接待能力进行调查分析，提出了住宿接待保障方案。

（三）组建配套服务机构。接待调度中心、旅游服务咨询中心、计算机自动查询网络等各项配套服务机构和建立，制定接待工作方案及各种应急预案，确保世博会旅游接待工作顺利有序进行。

四、加强旅游执法力度，及时处理游客投诉

为给中外游客创造良好的旅游市场秩序，按照省政府的统一部署，省局认真贯彻落实李省长在全省旅游会议上提出“要下决心整顿旅游市场秩序，树立云南旅游的良好形象”的指示精神，加大了旅游市场治理整顿的力度。

（一）加大市场检查力度。1999年，全省旅游主管部门与公安、工商、技术监督部门一起，加强在机场、车站、码头、旅游景区等地旅游市场的动态检查，达4.72万人次，是1998年的4.8倍，处罚金额63.72万元。

（二）加强对旅行社的行业监管。对79家旅行社不予通过年检，2家给予停业整顿15天的处罚，对64家通过年检，但给予警告或限期改正的处罚。

（三）及时认真处理游客投诉。成立省旅游投诉中心，旅游热点地区成立了分中心，公告了投诉电话，实行24小时全天候值班制度，并与110、120联网联动。全年游客投诉933起，协调理赔金额148.37万元，结案率达95%。

五、抓好行业精神文明建设，全面提高职工队伍素质

1999年，全省旅游行业认真贯彻中央领导关于“上下一条心，办好世博会”的指示和省委六届七次全会作出的努力塑造云南整体形象的要求，扎扎实实地开展了迎世博优质服务竞赛活动。评选出全省迎世博，创百家的服务明星14名，省旅游局评选了世博会旅游接待先进集体204个，先进个人346名。

为了提高旅游从业人员的素质，确保世博会旅游接待的服务质量，对从业人员进行了全员岗位培训，先后培训11万多人次，创历史最高水平。

根据省委的统一部署，从9月开始，省旅游局机关认真开展了3个多月时间的“三讲教育”。局领导班子和领导干部，各处室处级干部通过认真学习理论，提高思想认识，在充分听取广大群众意见的基础上，结合自己1992年以来的思想、工作实际，认真查找了党性党风方面存在的问题，制定了整改方案和措施。

回顾1999年，全省旅游业通过上述大量的工作，为保证世博会的圆满成功，做出了旅游行业应有的贡献，世博会的轰动效应，又推动云南旅游业高速增长。

1999年，全省旅游业发展主要实现了4个突破：即接待海外旅游者突破100万人次，达104万人次，比1998年增长36.7%；旅游外汇收突破3亿美元，达3.3亿美元，增长23.8%，接待国内旅游者突破3000万人次，达3673万人次，增长32%；国内旅游收入177亿元，增长53.9%；旅游业总收突破200亿元大关，达205亿元，增长49.6%，高出“九五”期间前三年平均增长速度19个百分点。旅游业主要经济指标提前一年超额完成“九五”计划目标，其中旅游业总收完成“九五”计划上限目标并超出19亿元。与此同时，旅游产业规模迅速扩大，全省旅游景区景点达230余个，改造和新增旅游景点40余个；旅游饭店达670余家，新增280家（其中星级饭店新增136家，星级饭店总数达263家）；各类旅游汽车2000多辆，新增1000多辆；旅行社达407家，新增70家。此外，还新增了一大批与旅游相关的旅游定点商店、餐馆、娱乐等服务设施，旅游直接从业人员达25万人。基本形成了包括食、住、行、游、购、娱六大要素在内的比较完善的旅游产业体系，进一步显示出旅游支柱产业的发展雏形。

六、存在问题

主要问题是：全省旅游规划水平有待提高；旅游精品景区景点开发建设滞后；旅游市场的拓展能力弱，促销机制不完善；旅游基础设施建设与快速发展的旅游产业不相适应；旅游企业在国内外市场上缺乏较强竞争能力；旅游服务质量函待提高；旅游商品收入占全省旅游业总收入比重仍然偏低；旅游执法力度应进一步加强，旅游产业的科技含量不高等。

云南财政工作述评

云南省财政厅厅长 赵 钰

1999年，是我省财政工作不平凡的一年。在省委、省政府的正确领导下，在各级党委、政府的重视和支持下。围绕“农民增收、企业增效、财政增长、金融提质”的经济工作目标，按照“统一思想、振奋精神、同心同德、艰苦奋斗、增收节支、加强监管、确保平衡、共渡难关”的财政工作指导思想，认真贯彻落实财政政策，努力增收节支，千方百计缓解财政收支矛盾，着力克服财政经济运行中遇到的突出问题，经过全省各级各部门的共同努力，圆满完成了财政预算收支任务，取得了可喜的成绩。全年财政收入完成424.6亿元，比1998年实际完成数增收14.25亿元，增长3.5%。其中：上划中央“两税”完成252.76亿元，增长4.39%，地方一般预算收入完成172.67亿元，完成年度预算的101.25%，增长2.64%，全省地方财政一般预算支出完成378.05亿元，为预算数的96.44%，增长15.26%。全省基金预算收入25.44亿元，增长6.62%，基金预算支出2.47亿元，下降1.19%。全省一般预算和基金预算均实现了收支平衡，略有结余。全省又有10个县消除了财政赤字，实现了预定的消赤目标。

一、明确责任，强化征管，圆满实现财政收入增长目标

1999年，为确保完成财政收入任务，实现增长目标，各级政府高度重视财税工作，省政府两次召开全省财税工作会议，研究布置财税工作，制定、完善了16项地方税收政策，与各地政府签订了税收目标责任书和“以奖代补”协议，及时下发了《关于大力抓好组织收入，抓紧落实支出进度，确保完成全年财政预算收支任务的紧急通知》，督促各地采取有力措施，狠抓收入目标任务的落实和收入进度的分析，切实解决预算执行中的问题。各级政府狠抓落实工作，层层分解收入任务，采取行之有效的措施，确保收入任务的完成。各地普遍强化了行政事业性收费、政府性基金和罚没收入“收支两条线”管理，加大预算外资金统筹力度。上述措施，对实现全省地方财政收入增长目标起到了积极的作用。

二、贯彻落实积极的财政政策，推动全省经济增长

1999年，为了贯彻落实积极的财政政策，省委、省政府制定出台了一系列扩大内需的政策措施，两次决定增加投资，促进经济增长。各级财政部门以高度负责的精神，认真贯彻落实积极的财政政策和省委、省政府的决定，筹措资金，把各项政策落到实处。

（一）加大财政基本建设投资力度。抓住中央实施积极财政政策的机遇，做好扩大内需项目的申报工作，争取到中央国债补助资金9.04亿元，国债转贷资金7.14亿元；省财政在年初基本建设支出预算20.8亿元的基础上，在预算执行中，又增加12亿元，用于农田水利、城建、公路、机场、环境保护、旅游景区景点等基础设施建设和企业技术改造。1999年，全省财政用于基本建设的支出达63.49亿元，是财政投资力度最大一年，引导了银行和社会资金的投入。各地强化建设项目和资金管理，重视投资效益，对实现经济增长目标起到了积极的作用。

（二）认真落实中央调整收入分配政策。按照中央精神，省财政结合我省实际，制定了省对下的专项转移支付办法，安排9.41亿元资金，补助各地用于增加机关事业单位在职职工工资、离退休人员离退休费和提高企业离退休人员待遇、提高“三条社会保障线”水平。各级财政部

门按照党中央、国务院和省委、省政府的要求，不折不扣地执行省委省政府的决定，筹措资金，及时兑现了机关事业单位在职职工工资和离退休人员离退休费。

（三）积极筹措资金，确保世博会举办成功。为了支持办好世博会，按照省委、省政府的决定，三年筹措资金120亿元，对世博会场馆的和配套基础设施建设以及交通、通讯、安全等后勤保障方面的资金给予了及时拨付，建成了精品荟萃的世博园，极大地改善了以昆明为重点的城市面貌和基础设施条件，保证了世博会的成功举办。

三、固本开源，加大财源建设力度

1999年，各级财政部门紧紧抓住中央实施积极财政政策和举办世博会的有利时机，用好用活财税政策，努力涵养培植财源。(1) 继续支持“两烟”发展。安排4亿元资金，帮助各地调整农业产业结构，促进烤烟种植向适宜区转移，提高烟叶质量。(2) 加大对旅游业的投入。省财政增加3.5亿元资金，用于旅游干线公路和精品景区、景点建设，改善旅游环境。(3) 安排资金支持生物资源开发、高新技术产业、乡镇企业和非公有制经济发展，培植新的经济增长点。省财政安排专项资金3000万元，支持生物资源开发、技术创新和科技成果转化。安排个私经济发展专项资金5000万元，扶持个私园和100户重点私营企业发展。省财政增加贴息资金1000万元，帮助乡镇企业解决流动资金贷款难问题。(4) 开展与国际金融组织和外国政府贷款机构的合作，落实外商投资企业财税优惠政策，引进外资，支持外向型经济发展。(5) 对“九五”财源建设项目进行了重新评估论证和筛选，支持符合产业政策、有市场需求、效益好的项目完成续建工作，推进“九五”财源建设，促进县乡经济发展。

四、调结构，保重点，支持经济和社会事业发展

（一）重视农业投入，促进农村经济发展。1999年，各级财政始终把促进农业和农村经济发展放在首位，全省财政支农支出达49.73亿元，比1998年增长7%。重点支持了农田水利基础设施建设、农业产业化、农业科技推广、农业产业结构调整和防灾抗灾工作，促进了农业增效，农民增收。中央和省财政安排专项资金6亿元，用于天然林管护、造林和地县财政减收补助，保证了天然林禁伐后地县机构正常运转和职工工资发放，确保了天然林保护工程的顺利实施，促进了生态环境建设。投入资金2.73亿元实施农业综合开发，1996～1998年度的农业综合开发基本通过了国家验收。全省财政扶贫资金支出达13.14亿元，1998年增长11.17%，继续实施了五大扶贫工程，支持了异地扶贫开发、扶贫安居、温饱工程示范村建设，改善了贫困村社的生产生活条件。加强扶贫资金管理，推广扶贫资金报账制，充分发挥扶贫资金使用效益。扶贫攻坚取得了明显成效。

（二）认真贯彻实施“科教兴滇”战略，支持社会事业发展。各级财政继续加大科教投入。全省科技三项费用和科学事业费支出6.07亿元，省财政安排专项资金，支持科学研究、科技攻关和省院省校合作等科技创新工作。建成开放了9个重点实验室和4个中试基地，省院省校合作取得较大进展，又有一批科研成果服务于经济建设。全省教育事业费支出55.99亿元，比上年增长12.14%。省地县安排配套资金，继续实施了国家贫困地区义务教育工程。省财政增加生均定额补助资金2400万元、高校扩招经费1500万元，安排高校特困生生活补助资金300万元，促进了高等教育的发展。加大卫生投入，重点向农村卫生和防治防疫倾斜，改善了农村卫生、疾病预防和妇幼保健条件。继续支持了文化、广播、体育等各项事业发展。

（三）积极支持社会保障制度改革，维护社会稳定。1999年，全省财政用于社会保障方面的支出达31.05亿元，比上年增长22.80%。按“三三制”原则安排资金，确保了国有企业下岗职工基本生活补助费的按时发放，并对特困企业承担了“兜底”责任。养老保险费征缴运行正常，社会保险基金监管得到加强。安排资金补助困难地县实施了城镇居民最低生活保障制度。省财政及时安排救灾救济资金3.8亿元，保证了灾民生活救济和灾区正常生产生活秩序的资金需要，保证了宁蒗、澄江地震和昭通洪灾等灾区恢复重建工作的顺利开展，确保了社会稳定。

（四）运用财政政策，支持国有企业改革。按照党的十五届四中全会和省委六届八次全会精

神，以及《云南省国有企业三年改革与脱困纲要》的要求，兑现支持国有企业改革的财税政策。1999年，省财政安排技改资金3500万元，国有企业脱困资金7000万元，产品有销路、有市场的困难企业流动资金贷款贴息1000万元，增加专项技改贴息资金1亿元，为扩大内需增加对企业投资4000万元，帮助23户企业的24个项目办理外汇借款以税还贷资金4093万元，到1999年底，有偿资金和所得税超基数返还转增企业国家资本金、股本金累计达50亿元，支持了企业技术改造、技术进步、产品结构调整和经营机制转换。落实了省与中央配套的粮食风险基金1.8亿元，完善了省对地州市粮食风险基金补助包干办法，重新确定了各地粮食风险基金规模。1999年，省财政补助各地粮食风险基金达1.27亿元，绝大多数地州落实了配套资金，保证了粮食流通体制改革的顺利进行。加强国有资产基础管理工作，强化了国有股权管理，为国有企业改革发展创造了条件。

五、改进和加强财政管理，提高理财水平

（一）推进预算管理改革，财政管理更加科学规范。1999年，省级和部分地县采用“零基预算”方法编制预算，在保工资发放，保机构运转，保重点、热点、难点支出的同时，压缩一般性支出，专项经费根据事业发展的轻重缓急和财力可能统筹安排，增强了财政预算的透明度和约束力。省财政制定并实施了省对下专项转移支付补助方案，财政分配更加科学规范，预算管理改革取得了新进展。

（二）推行政府采购制度，节约资金效果明显。1999年，加强了政府采购制度建设，制定了《云南省政府采购招投标管理暂行办法》、《云南省省级政府采购实施细则》等规章制度，规范了政府采购行为。省级和昆明、曲靖、玉溪、楚雄、红河、文山等地、州、市政府采购工作开展得较好。省采购中心组织了17次招标采购，采购中标总额1.53亿元，与市场中间价比较，节约资金2053万元，综合节约率为11.8%。

（三）清户堵漏，预算外资金管理取得新成效。1999年，省财政厅研究制定了《云南省省级行政事业单位银行账户管理暂行办法》，建立了单位银行账户开设审批和年检制度，清理了行政事业单位银行账户，规范了账户管理。在清理银行账户、收费项目和收费票据的基础上，各地普遍加强了预算外资金管理，推行了行政事业性收费收缴分离办法，减少了收入流失和收费中的不廉洁行为。普遍加大了预算外资金统筹管理力度，统筹效果明显好于往年，全省统筹资金达5.4亿元，比1998年增长51%，减轻了预算内支出压力，缓解了收支矛盾，为实行预算内外资金综合管理奠定了基础。

（四）会计委派制和乡镇财务“零户统管”试点工作进展顺利。按照积极稳妥的原则，推进财务会计管理体制改革试点工作。到1999年底，全省有5个省直单位开展了会计委派工作，曲靖、玉溪两个市和15个县成立了专门工作机构，向408个单位委派了会计。全省50多个乡镇推行了“零户统管”办法。加强了财政资金管理和会计核算工作。

六、强化监督，规范管理，加大依法理财力度

1999年，为了严肃财经纪律，严格财务制度，规范财政管理，组织开展了省级预算外资金、国债转贷资金、财政专项资金、经社会中介机构审计的国有企业会计报表等监督检查。配合审计部门对1998年中央国债资金、全省73个贫困县1997～1999年6月的扶贫资金投入、分配、管理和使用情况进行了审计，查处了滞留、借用、提取管理费、改变投向、拨付不及时、挤占挪用等违纪问题，进一步强化了监督管理制度。清理了政府性债务和政府性担保，基本掌握了债务情况，强化了对政府债务和政府性担保的监管工作，防范了债务风险。开展了会计师（审计）事务所的清理整顿和脱钩改制工作，推进了中介机构改革进程。贯彻中央清理整顿财政周转金、部门有偿资金的政策规定，停止了财政有尝资金发放，并采取有力措施，积极清理回收已发放了的财政有偿资金。加强机关内部制度建设，完善内部监督约束机制，规范办事程序。省财政厅结合“三讲”教育整改，制定出台了12项规章制度。通过建章立制和加大财政执法监督，加快了依法行政、依法理财步伐。

七、开展“三讲”教育，提高干部队伍素质

1999年，财政厅作为省级机关“三讲”教育的试点单位，在厅、处级领导干部中认真开展

了“三讲”教育，通过学习，对照“三讲”要求，查摆、反思和剖析了在党性党风方面存在的突出问题。针对问题，制定并部分落实了整改措施，财政干部的思想觉悟、工作作风和精神面貌发生了可喜的变化，大家团结进取，勤奋工作，取得业务工作的精神文明建设的双丰收。财政厅在省级国家机关国庆50周年展演中，获得了一等奖，并获省总工会颁发的金奖，展示了财政干部的精神风貌。全省财政系统有2000多人次参加了省财政厅组织的培训，150多人参加了财政部组织的培训，干部队伍素质明显提高。

八、存在问题

主要问题是：(1) 财政减收增支因素不断增多，财政资金供需矛盾更加突出，财政平衡难度进一步加大；(2) 调整财政支出结构难度较大，调整力度不够；(3) 部分预算外资金还没有纳入财政专户管理，预算外资金管理有待进一步加强；(4) 部分地方、单位（部门）勤俭节约观念淡漠，仍然存在花钱大手大脚，铺张浪费的现象，有的还比较突出；(5) 部分地方和企业偿债意识不强，政府性债务和担保潜伏着财政风险；(6) 违反财经纪律的现象时有发生，资金使用效益不高的问题依然存在，财政监督管理有待加强。(7) 工作安排布置多，检查落实不够。这些问题，我们将高度重视，在今后的工作中认真研究解决。

云南地方税务工作述评

云南省地方税务局局长　冯登坤

1999年，全省地税工作面临烤烟销售价格下调、烤烟农业特产税税率降低，卷烟、食糖销售形势严峻，天然林禁伐，以及实施积极财政政策，税收政策性减收增多等减收因素，完成全年收入任务存在较大压力。面临严峻形势，全省地税系统在省委、省政府的正确领导下，以′99昆明世界园艺博会的召开为契机，团结一心，积极进取，按照年初既定的落实“完善地方税收政策，切实加强征收管理”两条措施，运用“建立健全管理制约机制，加大督促检查力度”两个手段的工作重点，遵照国务院“加强征管，堵塞漏洞，惩治腐败，清缴欠税”的税收工作十六字方针，进一步发扬“铁面无私，铁石心肠，铁的手腕，铁的纪律”的“四铁”精神，严肃执法，扎实工作，全面提高税收征管水平和质量，努力加强干部队伍建设，确保了地方税收任务的圆满完成，为我省经济发展和社会进步做出了积极贡献。

一、组织地方税收入

1999年，全省地税系统共组织地方税收入119亿元，超收1.2亿元，完成年度计划的102%。其中工商税收入97.5亿元，基本完成全年收入任务，比上年同期增长8.8%；农业税收完成21.5亿元，超收1.5亿元。

工商税中，除企业所得税、土地增值税、投资方向调节税、金融保险营业税、娱乐业营业税、转让无形资产营业税等有所下降外，其余税种均有不同程度增长。增长幅度超过30%的有：车船使用税243.8%，个人所得税31.6%，土地使用税31.2%，屠宰税30.1%。

农业税收分税种情况：农业税4.37亿元，完成计划的97.2%；农业特产税14.58亿元，完成计划的104.9%，其中烤烟特产税9.52亿元；耕地占用税1.27亿元，完成计划的154.2%；契税1.29亿元，完成计划的146.6%。

1999年，全省地方税收入任务圆满完成的主要原因：

(一) 省委、省政府高度重视税收工作。省委书记令狐安在年初专门所听取财税工作汇报并作出指示。省政府两次召开全省财税工作会议，对地税工作提出了明确的指导思想和方针，对各级党委、政府加强地税工作的领导提出了明确要求，反复强调要严格依法治税，强化税收征管。各级党委、政府对地税部门依法治税也给予了大力支持。政府主要领导亲自抓税收工作，同时要求各有关部门支持税务部门严肃执法，努力增收。一些地方召开了税务、工商、公安、银行等部门参加的联席会议，共同研究做好地方税收工作，有的乡镇还成立了税收联合执法队，派出政府人员协助地税部门收税，各有关部门积极配合地税部门加强征管，堵塞漏洞。1999 年全省发生的几起暴力抗税事件，都是在当地党政领导的亲自过问下，得到了妥善解决。各级党委、政府和有关部门的支持配合，促进了我省依法治税工作的进一步开发，为地税部门做好 1999 年的税收工作创造了一个良好的外部环境。

*（二）经济的持续发展为地方税增收提供了保障。*全省国民经济持续稳定增长；世博会成功举办带动了相关产业的发展；国有企业脱困取得新的进展；以及实施积极财政政策，云南基础设施建设力度加大等，都为地方税增收打下了良好基础，提供了新的税源。

*（三）各级地税部门抓早、抓紧、抓实了组织收入工作。*1999 年初全省会议召开后，各地立即行动起来，及早安排工作。春节前，任务已基本落实到基层，明确到个人。各地根据全省会议精神和本地实际，认真开展调查研究，进一步摸清和掌握税源底数，特别是针对省政府批准出台的 16 项增收政策做好本地区税源分析，制定具体的征管办法，确保政策出台后尽快落到实到。系统内继续实行领导分片包干负责制度、机关与基层联系制度、完成任务与经费挂钩制度，把完成收入任务和政策执行情况作为目标管理考核的重要组成部分，作为个人奖惩的重要依据，做到层层抓落实，级级有考核；各级领导多次带队，深入基层，检查贯彻落实情况，指导工作，解决问题，开展调研；广大地税干部职工任劳任怨，忘我工作，很多同志占用不少休息日坚守岗位，一些地方为了方便纳税人缴税，强化征管，防止税款流失，实行夜间轮流值班制度。从 10 月份开始，对收入实行旬报、五日报和一日报，加大了收入的监控和分析力度，为各级领导掌握收入进度，及时决策提供了准确、快捷的信息资料。由于抓早、抓实了各项工作，掌握了工作的主动权，为确保全年收入任务完成奠定了坚实的基础。

*（四）16 项增收政策和 10 项征管措施的贯彻执行成为收入任务完成的重要因素。*年初省地税局根据 1999 年地方税收所面临的形势，提出了 16 项增收政策建议：（1）重申依法治税，切实清理各地超越权限擅自出台的减免税政策；（2）恢复开征非动车车船使用税；（3）调高机动车车船使用税税额；（4）在全省范围内统一征收 10%的甘蔗农特税；（5）恢复征收三七附产物—红籽、籽秧农特税；（6）对乡镇企业非生产性投资项目恢复征收回定资产投资方向调节税；（7）在部分地州市进行开征牧业税试点；（8）调整屠宰税税额；（9）强化企业所得税管理，严格税前扣除标准和范围；（10）加强个人所得税管理；（11）加强对无账可查或账务不健全的纳税人的税收管理；（12）继续执行减免税和缓缴税款审批权限上收到省的政策；（13）严格执行财政部、国家税务总局有关文件规定，规范企业所得税的优惠政策；（14）清理农村信用社和农村合作基金会缓征营业税的政策；（15）清理公路养护工程缓征营业税的政策；（16）继续依法补征烟厂投调税和征收个人所得税。这 16 项政策在广泛听取各地意见后报省委、省政府批准下发执行。同时，制定了加强税收征管的 10 条措施：（1）在全省范围内对账制不健全、无账可查的纳税人实行核定征收，对税收定额偏低的重新调整定额；（2）加强税源监控；（3）严格控制减税、免税、缓税、欠税；（4）继续清理漏征、漏管户；（5）加强税收征管基础建设，认真抓好“纳税申报率、申报准确率、税款入库率、欠税回收率”四率的提高；（6）加强发票管理和检查，加大以票控税力度；（7）加大税收检查稽查力度，严厉打击偷逃税款行为；（8）加大对税收征管改革的资金投入，加快全省税收征管现代化建设步伐；（9）积极争取各级政府和各有关部门的支持配合，做好协税护税和宣传服务工作；（10）进一步制定完善地方各小税种的征收管理办法，强化单项税种的征收管理。这 16 项增收政策和 10 条征管措施的贯彻落实，对于 1999 年收入任务的完成发挥了重要作用。据统计，仅涉及工商税的13项增收政策的贯彻执行就实现了新增税款

2.76亿元，为最终完成119亿元的收入任务奠定了坚实的基础。

（五）确保了收入均衡入库。收入均衡入库，是税收工作的一项基本要求，也是我们顺利完成1999年收入任务的一个重要原因和一条主要经验。1999年，月均增收税款保持在9亿元左右的水平，全年实现了收入的均衡入库。这就使下半年能够对全年收入形势有一个比较准确客观的判断，从而较为主动地开展工作，避免了决策失误。

二、强化税收征管

围绕组织收入这个中心，全省各级地税部门认真抓好各项政策措施的贯彻执行，以提高征管质量和水平来保证收入任务的完成。

（一）强化了税源管理。各地认真做好1999年发税务登记证工作，全省共换证330967份。通过换证，进一步掌握了纳税户情况，建立健全了征管基础资料。并清理出漏征漏管户5579户。各级地税部门抓住重点税源，对本地区重点纳税户登记造册，建立健全基础资料，跟踪动态，定期分析税源变化情况，做到了重点税源重点监控。同时，制定各小税种的单项考核办法，强化对零散税源的征管，实现了小税种的大幅增长。针对双定纳税户税收定额水平普遍偏低的实际情况，结合饮食业推行定额发票管理和行业税收管理特点，有重点地进行税收定额调整，进一步缩小了纳税人税收定额与实际经营额之间的差距，使税负更为公平合理。据测算，通过定额调整，全省共新增税款3054万元。通过在全省推广饮食业定额发票，堵塞了税收漏洞。许多地区在使用定额发票后饮食业营业税呈现成倍增长的势头。

（二）继续大力清理各项违背税法的减免税政策，对少数地方擅自出台减免税政策的行为进行了纠正。同时，继续执行减免税审批权限及缓缴税款审批权限上收省审批的决定，有效地防止了部分地区盲目减免税。

（三）明确了纳税申报率、申报准确率、税款入库率和欠税入库率“四率”考核办法和“四率”考核具体数据口径的实施意见。

（四）在全省范围内开展了发票清理检查。特别是检查娱乐业、服务业、建筑安装业、交通运输业等行业的发票管理使用情况以及发票承印厂的管理情况。通过检查，进一步加强了全省发票管理工作，使全省发票管理逐步向法制化、规范化、制度化方向迈进。

（五）稽查机械进一步建立健全，稽查队伍不断壮大，稽查力度明显加大。至1999年末，全省共组建稽查机构153个，专职稽查人员1600人，全年共查补入库税款4.58亿元，加收滞纳金、罚款1622万元，合计4.47亿元，比1998年增加1.1亿元，有力地打击了偷漏行为。

三、加强队伍建设

1999年，全省各级部门继续贯彻“两手抓，两手硬”的方针，进一步加大干部队伍建设和班子建设力度，深入开展精神文明创建活动，在带好队上有了新提高。

（一）省地税局领导班子、领导干部和机关处级干部“三讲”教育取得明显成效，达到预期目的。通过认真开展“三讲”教育，切实找准问题，明确整改方向，省地税局领导班子、领导干部和机关处级干部在五个方面得到了提高：(1)讲学习、讲政治、讲正气的意识有了明显增强；(2)理论联系实际的自觉性有了进一步提高；(3)开展批评与自我批评的自觉性有了新的提高；(4)边整边改取得了阶段性成效，做到了“三讲”教育与税收工作不误，两促进；(5)领导班子的凝聚力的战斗力有了进一步增强。这些都是促进地税工作更好开展的有力保障。

（二）在全省地税系统各级领导班子中实行了目标管理责任制。为客观、公正、全面、准确地评价考核各级地税局领导班子的政治思想水平、组织领导能力、业务素质、工作能力和班子成员德、能、勤、绩，切实加强班子建设，促进地税事业健康发展，在全系统各级领导班子中实行目标责任管理。从圆满完成税收任务、加强领导班子自身建设、进一步加强地税系统的干部队伍建设、认真抓好地税系统廉政建设、加强社会主义精神文明建设等六个方面按管理权限分级负责考核，并将考核情况同干部的使用、晋级、奖励挂钩。目标管理责任制的实行，对加强班子思想政治建设、增强班子凝聚力和战斗力起到了积极的促进作用。

（三）强化干部素质培训，逐步形成以需求为导向的培训模式。按照《全国税务系统“九五”教育发展规划》和省局党组对培训工作的要求，各地围绕税收中心工作，联系征管改革实际，加大培训教育工作力度，讲质量，重实效，突出了业务技能和政策法规知识，使整个培训工作较好地体现了以需求为导向的培训指导思想，更贴近税收工作实际，更注重干部工作能力的提高，加强了培训的针对性和实效性。昆明市地税局通过举办稽查业务培训班，提高了干部的稽查业务水平和能力，在国家税务总局的业务培训考试中取得了较好成绩。昆明、玉溪、大理、丽江等地区全面开展了计算机应用培训工作，进一步普及了计算机在税收工作中的应用，为推进征管改革奠定了基础。

（四）健全监察机构，进一步加强监察队伍建设。在积极做好地、州、市局党组纪检组组建工作的同时，全省进一步加大监察机构建设力度。除个别地区未单独设立监察室外，其余地、州、市局均成立监察室，并在 80 人以上的县局成立监察室，配备必要的装备。针对监察队伍人员新、业务不熟的情况，省局在上半年分两期对全省 16 个地州市和 129 个县局的 160 名专职监察干部进行了业务培训，使参训人员基本掌握监察业务知识、办案程序和方法，为加强监察干部队伍建设，推动监察工作开展奠定了基础。

（五）精神文明创建活动取得新成绩。各级地税部门结合税收工作实际，立足本职，以提高政治、业务素质、树立行业新风气、塑文明形象为主旋律，以行风评议为契机，采取多渠道、多形式加强对先进典型宣传，进一步开展了争创“文明单位”、“青年文明号”、“优秀税务工作者”等争先创优活动，有力地推动了优质、规范服务活动的开展，在系统内涌现了一批先进集体和先进工作者。在 1999 年全省民主评议行风活动中，地税系统满意率为 98.6%，在参加民主评议行风的 3 个单位中满意率最高，再次证明了全省地税系统在加强精神文明建设、树立行业新风上所取得的成绩。

四、存在问题

主要是：在贯彻国务院税收工作十六字方针，发扬“四铁”精神，严格依法治税方面还有许多问题需要解决；16 项增收政策和 10 项征管措施的贯彻落实还没有完全到位；税收征管改革中“疏于管理、淡化责任”的情况还不同程度存在；领导班子的民主集中制原则在个别地方坚持得不够好；行风建设、廉政建设、队伍建设、班子建设力度还需要进一步加强；干部队伍的政治素质、思想素质、业务素质还不完全适应税收工作的需要。这些问题还需要继续加大工作力度予以解决。

云南国税工作述评

云南省国家税务局局长　段捷庆

1999 年，在国家税务总局、省委和省政府的领导下，全省国税系统认真贯彻落实党的十五大、中央经济工作会议和省委六届八次会议精神，以组织收入为中心，以开展“三讲”教育为动力，依法治税，加强征管，堵塞漏洞，惩治腐败，清缴欠税，强化宣传，提高队伍素质和工作质量，全面推动各项工作任务的落实，各方面工作都取得了新进展。

一、“两税”任务圆满完成

1999 年，国家税务总局下达云南省国税收入必保计划为 337.13 亿元，奋斗目标为 340.75 亿元，其中“两税”必保计划为 285.5 亿元，奋斗目标为 288.3 亿元，任务十分繁重。针对组织收入工作的严峻形势，全省国税系统严格执行“加强征管，堵塞漏洞，惩治腐败，清缴欠税”的税收工作方针，发扬“四铁”精神，克服松劲思想和畏难情绪，上下一心，真抓实干，全力以赴抓好组织收入工作。（1）层层落实收入计划；（2）严格落实一把手负总责，班子成员分片包干，机关处、科、股分别挂钩联系的责任制，强化抓好组织收入的责任意识；（3）强化监督管理，适时组织工作组深入税收第一线了解情况，解决问题，指导工作；（4）认真落实总局提出的“将今年新欠全部清回，陈欠清回20%以上”的具体要求，切实抓好清理欠税工作，为严格控制欠税，将批准延期缓缴税款的权限收归省局，有效地扼制了欠税增长势头；（5）加强纵横关系的协调，争取各级党政领导和有关部门大力支持，主动服从服务于全省的经济发展战略，积极挖掘潜在税源，大力扶持和培育新的税收增长点，确保“两税”收入持续稳定增长。全省国税系统共组织税收收入320.68亿元，比1998年下降0.58%，减收1.87亿元；“两税”累计入库285.71亿元，增长4.04%，增收11.09亿元，国有股份联营企业所得税入库29.73亿元，下降30.47%，减收13.03亿元；中央营业税4.11亿元，增加0.11亿元，增长2.68%，完成计划的99.83%；涉外税收4.41亿元，增长10.4%，增收0.42亿元，圆满完成了总局下达的285.5亿元的“两税”收入任务，并实现了省政府126亿元增值税收入目标，为国家和云南的改革与经济发展做出了应有的贡献。

二、税收政策落实到位

1999年，云南国税系统在流转税管理方面，围绕完善政策和强化管理，及时贯彻落实了严禁对一般纳税人实行定率征税、粮食企业增值征免政策调整、促进高新技术发展和扩大对内对外开放的一系列重大的税收政策和法规，进一步发挥了税收宏观调控职能；适时对增值防伪税控推行统一思想认识、工作思路和工作目标；研究制定并认真贯彻执行了运费进项税额抵扣等若干规范政策和强化管理的措施和办法，开展了全省增值税一般纳税人的年审和金银首饰税的办法，开展了全省增值税一般纳税人的年审和金银首饰纳税的换证，推行了重新修定的《增值税一般纳税人纳税申报办法》，完成了2720户增值税一般纳税人资料的调查上报；针对全省卷烟面临的严峻产销形势及其对“两税”的影响，认真进行了政策效应、税源变化的调研分析，为改革深化、调整政策和组织收入提供了可靠的依据。

在所得税管理方面，按照国务院和国家税务总局的要求和部署，恢复了对储蓄存款利息所得个人所得税的征收工作。进一步完善了所得税税前扣除项目，有效地开展了1998年度企业所得税的汇算清缴工作，共汇算企业2643户，查补企业所得税1252万元；制定下发了有关规章制度，进一步加强规范了汇总纳税成员企业的就地监管，完成了对国有企业及以烟草、电力行业参股的股份企业、联营企业为重点的所得税纳税户的清查。

在出口退税管理方面，在圆满完成1998年度出口货物退（免）税年终清算的基础上，面向基层，面向企业，认真及时贯彻出口退税政策，加强和规范了管理。针对年度内出口退税率多次变动，审核难度大的特点，认真审核、严格把关，1999年度审批办理出口退税4.81亿元，完成总局下达计划6.5亿元的74%，占全省年初上报总局计划4.5亿元的107%，比上年同期增长45%；审批办理出口货物免税12.4亿元。年内开展了6项出口货物退税专项检查，有效地防范和遏制了骗取出口退税案件的发生，规范了外贸经营秩序，有力地支持了我省外贸的健康发展。

在涉外税收管理方面，认真贯彻省委、省政府进一步扩大对外开放工作会议精神，积极参与省委、省政府研究制定全省招商引资的优惠政策和认真贯彻国务院税务总局关于实施西部大开发制定的税收优惠政策。完成了外商投资企业的税务登记证换证和年检工作，以及1998年度外商投资企业和外国企业所得税汇算清缴、外商投资企业五年过渡期政策的收尾清算工作。有针对性地开展了反避税工作和预提所得税专项检查。

三、税收管理进一步加强

1999年，全省国税系统针对税收征管中出现的“疏于管理、淡化责任”问题，着力在建立新机制，强化科技手段等方面狠下功夫，使税收管理得到进一步加强。（1）按照集中征收、重点稽查的改革模式，对基层国税机构和征、管、查三个系列的第一线人员进行了适当调整，使之布局更为科学合理，确保征管新机制的正常运行。（2）税收信息化建设有了新进展。至年底，全省已使用全省统一的征管软件进行税收征管的基层征收单位已达250个，占全省基层单位的35.9%，其中全省城关分局全面实现税收征管电子化，纳入电子管理的纳税人已达250019户，占全省纳税户的81.6%；纳入电子化征收税款300.05亿元，占全省组织收入数的93.6%，其中“两税”占90.70%，全省城市分局以上全面实现了税收征管电子化；全省已纳入防伪税控系统的企业已达千余户，占全省一般纳税人16841户的6%；全省计算机2000年问题已得到基本解决，有3个局机关试行办公自动化软件，并开展了与省工行系统、省农行系统和部分信用社的“银税一体化”试点工作；云南省国税局税务信息管理软件YNNT2000－NTCM荣获云南省省委1999年度云南省科技进步奖。(3)按照集中、统一、规范、高效的原则，进一步理顺了稽查工作体系，建立了监督制约机制，完善了规章制度，规范了检查行为，加强了对基层稽查工作的指导。(4)加强征管基础工作，在全省范围内换发了税务登记证，摸清了征管对象的底子，开展了增值税专用发票和普通发票大检查。(5)切实加强对个体私营经济的税收征管，为不同所有制经济的发展创造一个平等竞争的良好环境。(6)按照总局的要求，开展全省范围内的执法大检查和总局对我省征管质量“十率”的抽查，进一步提高了全省国税系统的执法水平。(7)积极开展对医药企业、银行、证券公司的专项检查，完成了对法轮功及其他功法组织的税收检查。同时，针对全年收入形势十分严峻的局面，在全省范围内开展了交叉稽查，省局抽调近50人组成8个组，对5个地区的部分纳税户进行重点稽查，各级国税局机关上下联动，收到以查促管的效果。1999年全省共查补税款3.4亿元，罚款3392万元，加收滞纳金394万元。有力地打击了涉税违法行为，维护了正常的税收秩序，提高了征管水平。

四、“三讲”教育卓有成效

1999年6～8月期间，全省国税系统按照国家税务总局的统一部署，自上而下地开展了“三讲”教育。通过“三讲”教育，一是使各级领导干部受到了一次深刻的马克思主义教育，进一步坚定了社会主义、共产主义理想信念；二是找出了领导班子、领导干部党性党风方面存在的突出问题，增强了政治意识、大局意识和责任意识；三是恢复和发扬了批评与自我批评的优良传统，增强了各级党组领导班子的凝聚力、向心力；四是各级领导干部增强了群众观众，树立了廉洁自律、自觉接受群众监督的意识；五是促进了全省国税系统以组织收入为中心的全面工作。各级领导班子和领导成员还认真制定和落实整改措施，及时解决存在的问题，赢得了广大干部职工的广泛欢迎。

五、队伍素质明显提高

全省国税系统通过狠抓思想政治工作，大力加强了干部队伍的思想建设、政治建设和作风建设；通过狠抓学历教育、业务培训和组织业务能手竞赛，改善了干部队伍学历结构，提高了干部队伍文化水平、知识层次和业务能力；通过狠抓党风廉政建设，较好地树立了干部队伍勤政廉政的新形象；通过狠抓精神文明建设，改变了国税队伍的精神面貌。1999年，全系统共涌现出优秀税务工作者66人，至年末，全省国税系统有业务能手30人，属国家局的征管能手9人；中央文明委创建文明行业先进单位1个，省级精神文明先进单位8个，省部级文明单位28个，省局级文明单位279个，各地州市政府命名的文明单位54个，全系统省局以上文明单位共有370个（包括将命名的全省国税系统第5批文明单位38个），省局以上文明单位总数占基层单位总数的53.2%。全省国税系统系统干部队伍整体素质有了明显提高，一支团结向上，能打硬仗，让党中央、国务院、省委、省政府放心，让全国、全省人民信赖的国税队伍正在形成。当年，省纪委、监察厅、省政府纠风办对全省国税系统的行风建设进行了重点评议，并给予了较好的评价。

六、基础设施建设有突破性进展

全省各级国税机关自“九五”规划以来，特别是1999年中，认真落实工作重心向征管转移，向基层转移的方针，本着先基层后机关，全面规划、统筹兼顾、分期解决、保证重点的原则，加大基础设施建设的投入力度和工作力度。1996～1999年间，共投入4.95亿元，建设项目548个，建设各类房屋731053平方米。已完工项目388个，建筑面积427220平方米，其中业务用房项目155个，建筑面积129241平方米，职工住宅项目182个，3560套，建筑面积280601平方米，培训中心及其它用房项目51个，建筑面积20865平方米，在建项目160个，建筑面积303833平方米，其中业务用房项目43个，建筑面积85715平方米，职工住宅项目74个，建筑建筑面积183203平方米，在建项目完工后，全省国税系统的工作和生活条件将得到明显改善。同时，省局注重科技兴税，着力解决征管手段现代化和办公自动化，在软硬件建设上投入6499万元，自行开发和运用税收管理软件和公文处理软件5套，在税收征管现代化进程上迈出了可喜的一步。由于各级局工作生活条件的不断改善，大大增强了全省国税系统的凝聚力、战斗力，促进了全省国税事业不断发展。

七、存在问题

主要问题是：(1) 一些地方对经济税源发展趋势分析预测不够，税源底子不清，组织收入工作还比较被动；(2) 一些基层单位管理力度不够，疏于管理、淡化责任的问题还需要进一步加以解决；(3) 督查调研工作力度不够，工作落实的反馈机制还不够健全；(4) 干部队伍整体业务素质、廉政建设与新形势对国税工作提出的要求相比，差距还不小。上述问题在今后工作中要切实加以解决。

云南金融工作述评

中国人民银行昆明中心支行行长　雷滇生

1999年，云南金融运行保持稳定的发展态势。年内全省金融机构各项存款余额为2254.38亿元，增长8.69%。各项贷款余额2096.3亿元，增长10.45%。全省现金净投放19.96亿元，比上年同期少投放16.01亿元。全年全省结汇收入9.08亿美元，售汇支出8.47亿美元，顺差6112万美元。全年新登记外商投资企业125家，投资总额达2.29亿美元。外债余额为9.51亿美元。积极支持国有企业的改革发展，发放封闭贷款3.17亿元，上报核销呆坏账14.79亿元，债转股已列入推荐各单企业13户，申请债转股82亿元。

一、以改革为契机，完善中心支行管理体制

(一) 健全机构，优化人员。(1) 按照建立新体制的要求，及时设置了机关内部职能机构，并根据实际运行情况对部分机构及其职能进行优化组合，对部分处室的内部结构也进行调整，对部分领导岗位和干部岗位进行优化，更好地发挥了整体功能，。(2) 健全辖区内人行机构体系，顺利完成对东川区人行的接管工作和寻甸县人行的划归管辖工作。(3) 在党委领导下，对全辖10个县（市区）支行的领导班子和干部职工队伍现状进行考察，对3个基层支行的班子进行调整充实，任用和交流支行长1名，副行长2名。(4) 较合理地安排机关人员，明确各自的岗位职责，建立动态用人机制和干部竞聘制度。加大干部交流力度，全年共交流干部24名。按照公开、竞争、择优的原则，对中心支行级领导干部的空缺职位实行竞争上岗。参加29个职位竞聘的共72个次，通过预定程序，有5个、14人分别竞聘为处级、副处级领导干部。与此同时，对机关128名正、副科长进行聘任。通过以上工作，我们从组织上和人员上保障了新体制稳健运行。

(二) 理顺关系，摆正位置。按照改制后新的职责权限，主动调整自身适应新变化，逐步理顺人行与各金融机构之间监管和服务的关系，理顺人行与地方党委、政府及政府有关职能部门之间支持、配合、协作的关系。建立金融系统安全保卫联席会议制度；成立“昆明市金融系统防范职务犯罪指导委员会”；定期召开由银行及政府有关部门参加的经济金融形势分析会，加强联系，互通情况，积极宣传国家的货币信贷政策，共商经济金融发展的措施办法；定期召开商业银行分行行长座谈会，共同分析经济金融情况，提出相应对策和措施。真正摆正了省会城市中心支行的位置，为履行人民银行的职能奠定了良好基础。

（三）加强党建，发挥优势。按照党的领导体制实行垂直管理的要求，及时将党的领导关系调整到位，协调了与地方党委的关系，加强了全辖系统党建工作。（1）召开机关党员代表大会，组建了中支机关党委，并在机关、直属单位和12个县（市区）支行原有党的基层组织机构的基础上，重新建立了37个党的基层组织，通过民主选举产生了新的支部委员会和委员会书记。（2）重新建立了新的支行党组，任命了党组书记。（3）建立健全各项规章制度。先后建立完善了党委会议事规则、党委中心组学习制度、民主生活会制度、“三会一课”制度、支部委员分工负责制度和民主评议党员制度，并在基层党组织中，认真贯彻执行《中国共产党和国家机关基层组织工作条例》。把党的组织建设和党员队伍建设作为经常性的工作来抓，使党的各级组织真正发挥了政治优势，从组织上思想上保证了金融改革和发展的顺利进行。

（四）积极调整，投身改革。年内，人民银行管理体制改革以后，广大干部职工在人员、机构、职能变动较大的情况下，面对着新的环境、新的工作和一系列新的问题，以饱满的政治热情，用自己的实际行动拥护党中央的改革决策，积极投身改革，识大体、顾大局，不计个人得失，自觉维护中央银行的权威，服从组织安排，努力调整自己适应新的变化，不断克服工作中、学习中、生活中的诸多困难，顺利地渡过了“磨合期”，在各自的工作岗位上做出了新的成绩。

二、加强货币信贷政策指导，加大金融对经济增长的支持力度

（一）积极调查研究，加强政策指导。（1）认真做好全省和昆明市金融机构信贷总量、信贷投向、支付能力等情况的监测，及时分析变化的情况和原因，积极反馈货币信贷政策执行中的情况和问题；（2）紧紧围绕支农信贷、消费信贷、教育信贷、支持国企改革发展、封闭贷款、支持西部大开发、货币政策传导机构、中小企业贷款担保体系等经济金融运行中的热点、难点问题，深入到有关部门、有关企业和部分银行机构广泛进行调查研究，全行写出调查报告100多篇，为有关方面决策和了解情况提供了依据和参考。

（二）积极运用货币政策工具，扩大资金融通量。（1）运用短期融通资金，解决商业银行临时资金不足，全年累计发放再贷款32.43亿元；（2）加大对中小金融机构的支持力度，全年累计对昆明市商业银行及昆明市农村信用社发放再贷款51亿元；（3）积极运用再贴现引导商业银行信贷资金投向，全年累计办理再贴现8.02亿元，基本满足了有关银行的需要；（4）加大对利率政策执行情况的检查力度，全年抽查机构网点214个；（5）严格管理审批动用存款准备金，明确专人负责并建立了相应的档案，确保了该项工作的正常进行。

（三）加强对各项信贷政策的检查、督促和落实，促进地方经济稳定发展。（1）督促商业银行、农村信用社改进农村信贷服务，农业贷款稳步增长。年末，农业贷款余额为111.39亿元（含剥离贷款，下同），比年初增加9.18亿元，增长8.98%，保证了全年农业生产的资金需要。人民银行也相应加大了支农再贷款的力度，累计对昆明市农村信用社发放再贷款5.25亿元，增强了农村信用社的支农后劲。（2）积极推动消费贷款。在调查研究的基础上，提出了进一步拓展消费信贷业务的7条建议措施，督促商业银行大力拓展消费信贷。至年末，全省办理个人消费贷款余额为32.37亿元，增长76.21%。（3）积极支持国有企业的改革发展。一是认真制定支持国有企业改革发展的政策措施。先后完成了《努力改善金融服务，积极支持国有企业改革发展》、《关于进一步认真贯彻落实党的十五届四中会全精神，进一步改善金融服务，支持云南省国有企业改革和发展的意见》等专题报告。同时积极加强与有关部门和有关银行的联系配合，为国企改革出谋划策。二是做好呆坏账的冲销工作。全年全省商业银行共上报审批核销呆坏账金额14.79亿元，其中批准核销9.15亿元，实际核销249户，金额8.07亿元。三是推进实施“封闭贷款”。拟定了《云南省封闭贷款管理实施细则》，全年全省商业银行共对46户企业累计发放封闭贷款3.17亿元，有力地支持了一批产品有销路、有效益的国有亏损企业扭亏增盈，为这些走出困境发挥了积极作用。四是积极参与国企债转股工作。至年末已列入推荐名单的企业有13户，申请债转股总额82亿元。（4）引导商业银行加大对中小企业和个体私营企业的信贷支持，积极参与中小企业信用担保体系建设工作。全年全省金融机构对中小企业贷款保持了较快增长，特别是加大了对私营企业和个体经济的支持力度。年末，乡镇企业、私营企业及个体贷款分别比年初增加9.09亿元和5.69亿元，分别比年初增长12.36%和46.43%，贷款结构进一步优化。(5)支持扩大出口需求，外汇管理部门通过简化手续，改进工作规程，实行前后台出口核销工作制度，不断提高服务质量和办事效率；积极帮助企业解决具体工作中的困难问题；积极与财政、税务、海关等部门协作，认真做好出口退税工作和出口贴息工作，有力地促进了外贸出口。

三、加强金融监管，努力防范风险，确保辖内金融平安

（一）健全监管工作制度，落实监管工作责任。1999年，继续落实金融监管责任制，做到四个落实，即监管人员落实、监管对象落实、监管措施落实、监管责任落实。建立建全金融监管工作行长负责制、党委委员分片分工负责制、金融监管工作例会制度、重大情况和事项报告制度、风险防范与信息传递制度、金融机构高级管理人员任职资格审查和约见谈话制度。并且层层落实了监管责任，从行长到监管职能部门、到监管人员，都分别确定了不同的监管职责。对辖内少数高风险的地方中小金融机构，还确定了专人负责监管。对高风险信用社实行派驻监管员的办法。通过努力，已初步建立金融监管网络，做到机构有人管、报表有人看、违规有人查、风险有人抓。

（二）加强对金融机构信贷资产质量的监管，防范信贷风险。(1)加快信贷登记制度的建立与完善，大力推行完善银行信贷登记咨询系统。(2)监督各商业银行分行严格执行其总行下达的三项不良贷款控制指标，努力降低不良贷款比例。辖内各县（市区）支行加强对所辖金融机构不良贷款清收工作的组织、协调和检查，采取多种措施盘活不良贷款。(3)由我行牵头建立企业逃废银行债务“黑名单”制度。

（三）进一步加强对各类金融机构的监督管理。(1)坚持现场检查与非现场监管紧密结合的原则，加强对商业银行的监管。结合金融机构年检，对辖内所有商业银行支行以及支行以上机构进行了一次现场检查。在检查中，根据日常监管中发现的问题和群众举报，对少数金融机构加大了检查力度，根据违规违法情况，依法作出相应处罚。做好非现场监管信息的收集和上报，完善了对商业银行分支机构资产负责比例的监控、监测办法。(2)密切关注中小金融机构风险现状，及时处置支付风险。对一些高风险金融机构，督促其积极催收到逾期贷款，盘活资产，搞好资金调度，避免出现支付困难。加强对处于高风险边缘的金融机构的监控工作，制定处置预案。(3)加强对城乡信用社的监管。对昆明市现有的4家县级城市信用社按两种类型进行归口管理；按合作制原则规范和管理农村信用社，完成了12个县（市区）联社的规范工作，独立核算信用社已完成规范92%。辖内城乡信用社高风险社和资不抵债社，分别比年初下降45%和60%，超额完成了上级下达的任务。(4)进一步加强对非银行金融机构的监管。一是对非法集资进行调查处理，协助公安局完成了对两起非法集资案的调查、取证和确认工作，制止了3起非法招商引资案，清理整顿了金融“三乱”。二是对企业债券的兑付资金情况进行调查，并积极配合省、市政府，协调有关部门落实兑付资金，保证了兑付工作的顺利进行。三是切实做好信托投资公司的治理整顿工作。对信托投资公司的情况进行调查，摸清经营及风险状况，现云南省3家信托投资公司清产核资及资产评估工作均已结束。四是对辖区内35家典当行进行全面检查。对依法设立、领取《金融机构法人许可证》的典当行，由我行统一在新闻媒体进行公告，以加强社会认同和监督。

（四）做好全省外汇管理工作。1999年，全省外汇管理工作围绕“说得清、管得住、服务好”的新思路，不断提高外汇管理系统监管和服务总水平。(1)认真做好进出口收付汇的核销和监督管理工作。至年末，累计办理进口付汇4.96亿美元，已核销3.47亿美元；办理出口收汇9.71亿美元，已核销8.75亿美元。(2)加强对外汇指定银行的业务指导。通过坚持实行联席会议制，派业务骨干到银行授课和现场检查等方式，贯彻各项外汇管理政策、法规；帮助有关银行解决业务经营中存在的疑难，纠正各项业务具体操作出现的偏差，规范和强化了金融机构外汇业务的操作。(3)加大对违规、违法行为的查处力度。全年共查处涉嫌骗汇、逃套汇案件14起，涉案企业13家，违法金额2712万美元，共计罚款194万元，严厉打击了外汇黑市，共对12名现场炒汇分子进行了处罚，共计罚款39.85万元。加大对全省范围内代理出口项目下收汇长期不能收回、核销单领单量大、长期未核销的企业的调查，查出了一批违规企业，并作出相应处罚。

四、认真履行服务职能，做好服务工作

（一）认真解决计算机2000年问题。解决计算机2000年问题是我行服务工作中的第一个重点工作。首先成立了以行长为组长的解决计算机2000年问题领导小组，下设由支付科技处、银行处牵头的工程实施小组和监管领导小组，从组织上保证了此项工作的开展。在工作中，按照“谁使用、谁负责，谁开发、谁修改”的原则，把责任分解、落实，集中人力、物力和财力，保证各项措施及时得以实施。全省共更新1000多台PC机，35套高档服务器，5台远程访问服务器，升级了4台交换机，对175台路由器进行内存扩充和操作系统版本升级。顺利参加了人总行组织的网络通信外部测试，完成了系统软件的升级及业务系统的测试。同时，督促金融机构制定解决2000年问题的应急方案，顺利组织全省银行进行3次Y2K问题停业测试。由于精心组织，踏实工作，圆满完成了Y2K五个阶段的工作，全省银行系统计算机已顺利渡过2000年。

（二）做好银行信贷登记咨询系统推行工作。1999年银行信贷登记咨询系统的推行工作，是全行服务工作中的第二重点工作。(1) 加强对推广工作的领导，调整、充实全省和昆明市的领导小组，成立11个地州市领导小组、办公室和业务技术小组；(2) 积极与商业银行协商工作，集中各金融机构联合办公，共同解决推广中的难点和问题；(3) 有步骤地推进，制定省、市两级推广计划和倒计时工作目标，严格按计划进行；(4) 加大宣传力度，7次在报刊上刊登公告，张贴公告15000张，召开多次座谈会进行现场宣传；(5) 积极推进登录工作，全省实际发卡近25524张，贷款登录入库915.8亿元，各单位完成或超额完成70%的信贷登录量，其中昆明地区登录量达到85%，超目标15个百分点；(6) 在全国第一家实现了与人总行的网络互联。由于积极工作，银行信贷登记咨询系统在全省的推开走在了全国前列，得到了人总行的表扬。

（三）加强基础服务工作，提高服务水平。1999年，在人民银行新的管理体制下，各有关服务单位和部门，及时转变观念，按照新的工作思路，不断改进工作方法，确保服务质量。会计基础工作和财务管理工作有了进一步加强，各项工作更加规范。全省结算渠道通畅，电子联行“天地对接”系统覆盖面扩大，全省同城票据清算基本实现了电子化。国库管理内控制度更加完善，对国库资金的监管更加严密，基层国库管理水平有了进一步提高。全省发行基金库存充实，市面流通人民币整洁，新版100元人民币顺利进入流通领域。安全保卫整章建制全面展开，下大力抓好落实，“三防一保”工作得到了进一步加强。经济金融数据统计准确、快速、全面，经济金融形势分析灵敏、及时。外汇管理机关加强与基层支局的联系、交流和沟通，深入基层了解情况，帮助解决工作中遇到的问题和困难。后勤服务不断改进，保障了各项工作顺利进行。

中国工商银行云南省分行述评

行　长　李忠平

1999年，在总行和云南省委、省政府的领导下，省工商行结合实际，认真贯彻落实全国分行行长会议精神和年初确定的全行“讲质量、讲效益、讲信誉、稳健推进各项改革和业务发展”的工作方针，以开展“三讲”教育活动为动力，以配合国家审计机关全面审计为契机，围绕提高经营效益，强化内部管理，防范和化解金融风险，支持全省经济增长，做了大量卓有成效的工作，保持了各项业务的稳步开拓和发展，圆满完成年初确定的经营任务目标。

一、各项业务指标完成情况

（一）各项存款稳步增长。1999年末，人民币各项存款余额620.03亿元，比年初增加46.78亿元，完成计划的108.79%。其中对公存款余额304.34亿元，增加6.95亿元，完成计划的69.5%；储蓄存款余额315.69亿元，增加39.83亿元，完成计划的120.7%。外币存款余额21287.46万美元，增加2024.09万美元。

（二）各项贷款合理投放。人民币各项贷款余额500.01亿元，比年初增加34.17亿元，规模利用率99.80%，其中短期贷款余额366.26亿元，增加6.03亿元；中长期贷款余额133.75亿元，增加28.14亿元；住房贷款余额22.93亿元，增加7.75亿元，增长51.08%。外币贷款余额6111.96万美元。年末存贷比为80.64%。

（三）增收节支效果明显。全年实现总收入42.39亿元，总支出38.61亿元，实现利润3.78亿元，完成计划100.8%。收息率为75.22%。

（四）金融风险有效控制。当年没有发生新的违规经营和新增贷款风险，不良贷款占比为27.12%，低于全国水平。今年查处2起经济案件，金额969.6万元。千人发案率控制在总行规定的范围内。

（五）新兴业务有新突破。全年累计发行牡丹信用卡16.01万张，特约商户1889家，交易额达78亿元，累计发行牡丹灵通卡113.99万张，交易额达21亿元，发行国际卡210张，交易额313万元，代理业务量和代理额居全省同业首位。

（六）科技事业蓬勃发展。实现了全行营业网点和各项业务大机联网，完成了计算机“2000年问题”的顺利过渡。

（七）精神文明建设成效显著。全行保持和创建县级以上文明单位149个，占机构总数的90.3%，其中创建省级文明单位56个，地级文明系统6个。全行创建省级文明行业工作通过省文明委考评验收。

二、几项主要工作

（一）认真扎实开展“三讲”教育活动。1999年，根据中央金融工委和总行党委要求，省分行党委、各二级分行党委和县支行领导班子认真扎实地开展了以“讲学习、讲政治、讲正气”为主要内容的党性党风教育活动。在总行巡视组的指导下，省分行党委高度重视，加强领导，精心组织，集中时间和精力，坚持高标准严要求，在广泛听取群众意见基础上，开展严肃认真，团结友善的批评的和自我批评，增强各级领导班子的凝聚力和战斗力，认真落实整改措施，取得明显成效。各级干部勤政为民，廉洁自律，奋发工作的积极性自觉性大为提高。

（二）切实有效地抓好改革和内部管理。1999年，全行积极稳妥地推进机构改革，促进集约经营。撤销了贡山县支行和畹町市支行。撤销东川市分行并将东川和寻甸县支行划归省分行营业部管理。撤销储蓄所13个，分理处9个，新设机构5个，其中县级支行1个，分理处4个，优化营业网点结构，促进了业务发展。进一步规范法人转授权制度，完成了省分行营业部和

15个二级分行及县支行的转授权工作。改革并建立新的资金汇划清算系统，实行“三统一、四集中”，改变过去“先汇划、后结算、动账不动钱”的联行体制，提高资金利用率。落实党风廉政建设责任制量化管理措施，促进党风行风的进一步好转。狠抓案件查防工作，遏制发案势头，保障安全经营。

（三）努力开拓和发展业务

1、努力拓展存款业务、确保稳定增长。突出抓重点，抓大户，抓龙头，既注重总重量的增长又注重结构的调整，既注重发挥各行优势又注重加强整体联动，稳存增存。加强对存款大户资金使用的监控和组织协调，存款按旬考核通报，实行存款“四挂钩”考核办法，调动了各行抓存款的积极性。在储蓄存款工作上，继续推行大户、大所、大服务经营战略，在存款大行选择10个存款亿元以上的大所和重点所由省分行直接监控，省、地、县三级行选择有代表性的存款大户建立信息员制度。在全省各储蓄所对外公布省、地、县三级行监督电话，接受客户监督，推动了优质文明服务上新台阶。

2、稳健增加信贷投入，支持经济增长。贷款投向主要根据国家产业政策和本地资源优势，支持支柱产业的贷款投入，支持效益好、信誉高的企业集团，支持旅游业的投入，支持多种经济成份全面发展，支持交通、市政和住房建设，支持汽车和大额耐用品消费，支持移动通讯和高等级公路建设。

3、积极支持国企改革，帮助企业解困。向国有亏损企业发放封闭贷款1.03亿元，按照政策规定上报批准兼并破产企业呆坏账核销43户，贷款本息3.9亿元，减免29户企业贷款利息5297万元；上报总行初审同意债转股3户，金额2.96亿元，使一批困难企业放下包袱，重现生机。

4、大力拓展中间业务，扩大业务领域。加油IC卡、医保、代理行政事业收费、代收罚没款、代收电话费业务有新发展，开办了教育储蓄业务。

5、进一步推进科技进步，促进业务发展。继续推进大机网络工程建设，全省对公和储蓄网点全部实现了大机联网处理业务，网点覆盖率100%。顺利渡过了计算机2000年问题。电子化建设的快速发展，使全行形成多手段、多品种的现代化金融科技业务和服务格局。

6、认真抓好增收节支，促进增收增效。强化费用管理，对费用实行分类分项管理和考核，调动各行增收节支的积极性。开展创建县支行争创“利润十佳”和“减亏十佳”竞赛活动，促进了全行减亏增盈的积极性。

三、存在问题

主要问题是：(1) 企业亏损增加，导致全行收息困难；(2) 部分企业悬空逃废银行债务；(3) 不良代款比上年上升；(4) 企业欠息增加；(5) 内部管理仍有薄弱环节，经济案件时有发生。

中国建设银行云南省分行工作述评

行　长　帅晋昆

1999年，为推动国民经济的发展和扩大内需，国家实施了第7次降低存贷款利率和开征存款利息税等宏观调控措施。整个宏观经济运行速度趋缓，市场有效需求不足，极大地困扰着金融业的改革攻坚和发展。面对国际国内复杂、多变的经济金融环境，省行党委认真贯彻党的十五届三中、四中全会和全国金融工作会议精神，深入开展以“讲学习、讲政治、讲正气”为主要内容的“三讲”教育活动，继续推动了我行的改革和发展。一年来，全行以效益为中心，以强化内部管理、防范信贷风险、提高资产质量为动力，推动改革的不断深入。扭转了连续10月企业存款大幅下滑的被动局面，各项经营稳健发展。至年末，全行一般性存款余额达398.6亿元，比年初新增0.43个百分点，占五大商业银行的23.4%；贷款余额达262.45亿元，比年初新增10.8个百分点。全部利息实收率达90.45%，实现账面利润5.11亿元，全面完成建总行下达的综合经营计划指标和省行的各项经营目标。

一、以效益中心，全行联动，全面完成各项经营任务

1999年，全行面临的困难和主要矛盾：(1)由于全省经济增长回落，固定资产投资增长趋缓，长期形成的企业存款结构不合理的问题明显凸现，并出现连续10个月负增长；(2)受央行第7降息和国家开征储蓄存款利息所得税的影响，储蓄存款呈分流和增长平缓态势；(3)地方经济发展趋缓，特别是企业的生产经营困难，致使贷款的有效需求不足；(4)中间业务发展缓慢，特别是省行承担委代业务量最大的国家开发银行在昆明设立机构后，委代业务量面临下降趋势，中间业务收益的占比甚小。

在对经济金融形势进行分析、判断后，为扭转经营的被动局面，全行坚持以效益为中心，突出重点，上下联动，克服宏观不利条件的影响，采取诸多措施，较好地实现了全年的各项经营指标。首先，以“′99昆明世博会”为契机，开展“迎世博、优质服务”系列活动，促进服务质量的提高。为扭转企业存款下滑的态势，巩固和加强经营主战场在增存吸储和调整存款结构中的作用，实施了一、二级分行和一线网点三级联动吸收存款战略，进一步密切了银企关系。其次，加大市场信贷营销工作力度，构建优良客户群体。最后，继续巩固国家开发银行、各级财政和其他部门委托代理业务的同时，积极开拓代理业务的新领域。

上述措施促进了全行业务的稳建经营和发展。至年末，全行一般性存款余额达398.6亿元，贷款余额达262.45亿元，比年初分别增长0.43个百分点和10.8个百分点。代理国家开发银行、各级财政和部门委托代理业务余额达258.4亿元，代理行政事业性收费3.92亿元，完成工程造价审查、咨询和估价业务106.52亿元，代理保险业务总量达1.38亿元。同时，完成国际结算量1.68亿元，比上年增长24%。各项业务的稳健、协调发展，促进了效益的提高，全部利息实收率达90.45%，实现的账面利润和实际利润位居全国建设银行前列。

二、稳步推进各项改革，内部管理和风险防范机制进一步建立和完善

1999年是发展的的攻坚年，也是防范和化解金融风险的重要一年。为了把建设银行办成“好银行”，建成现代化、国际化的商业银行，为我国加入WTO做好各项准备，着重抓了以下改革：

（一）建立内部制衡机制，提高管理水平。防范信贷风险、信贷管理改革是银行改革的重头戏，牵一发而动全身。按照建总行的部署和要求，首先，组建了“两委一部”（信贷管理委员会、风险管理委员会、信贷经营部），将贷前、贷中、贷后的管理作为一项系统工程，使内部稽审、信贷信息收集反馈、风险预警有机结合，并建立了经济主责任人和审批主责任人为主的信贷经营责任体系。其次，为做好信贷新体制下的信贷营销，提高工作效率，据总行对信贷业务再转授权的规定，对27个经营管理规范、经营效益好的县支行实施了有差别的流动资金贷款再转授权。再次，根据总行的有关规定，结合本行实际，制定《建行云南省分行信贷业务运行管理操作要点（试行）》和《信贷业务主责任人确定办法（试行）》等，进一步规范信贷经营的操作。新型信贷业务管理体制从6月初建立至年末，经过半年的磨合运行，已基本实现完全的审贷分离，初步建立权责结合的信贷经营和审批责任制，对规范信贷业务运作、防范信贷风险，将发挥日益明显的作用。

（二）建立内部审计制度。在1996年实施驻片区特派员稽审制度的基础上，按照总行内部审计体制改革的部署，从8月起，设立省分行总审计室，撤销省分行审计处和各二级分行审计科，原设的5个特派员办事处更名为审计办事处。调整了大理、玉溪、红河等审计办事处的监管范围，增设省分行驻保山审计办事处。同时，增加了各审计办事处的人员编制。各审计办事处的人事关系、工作领导、业务经费、福利待遇一律收归省分行；党团、工会等组织关系分别隶属省分行机关党团委和机关工会。由省分行统一监管、向上一级行负责，相对垂直的内部审计制度的建立，使内部审计工作的独立性、权威性、科学性进一步增强，内部控制机制进一步健全和强化。

（三）继续推进全行机构的调整和改革，确保3年机构改革与调整目标任务的实现。在上年撤销10个县支行的基础上，1999年，报经建总行和人行成都分行同意后，又撤销了10个业务量小、经营亏损、发展无前景的县支行，对经营规模小、开业3年以上存款仍未达到800万元的24个低产营业网点进行了撤并迁；结合行政区划的调整，对1个二级分行进行降格管理。

三、剥离银行不良资产，稳步推进“债转股”，促进银企“双赢”

剥离不良资产和实施“债转股”，是党中央和国务院针对银行不良资产过高和国有企业债务负担过重而采取的一项重大决策，事关国有商业银行和国有企业的改革和发展大局，是银企实现“双赢”的重要举措。从7月起，省行以对国家、建行和企业高度负责的态度，根据央行、财政部和建总行、信达资产管理公司关于剥离不良资产的范围、原则、标准和条件等规定，认真做好不良资产的审查和相关资料的准备工作，于9月经省分行信贷管理委员会审定，将经信达资产管理公司成都办事处审核拟剥离的不良贷款资产指标，上报建总行。根据经建总行批复，列为第一批剥离的不良资产指标，省行坚持严格掌握，确定了剥离的项目、本金、就应利息，准确及时地进行了账务处理，顺利地向信达资产管理公司昆明业务部进行了交接。同时，根据建总行关于“积极支持、稳定运作，慎重决策”的原则，积极配合信达资产管理公司昆明业务部对列入国家经贸委“债转股企业建议名单”中涉及省行资产的8家企业，进行了认真细致的债转股准备工作，其中已与两家签订了债转股框架协议。另外建总行下达调查的5家企业正在进行摸底，以尽量形成相对完整、合理可行的债转股建议方案。

四、做好“Y2K问题”应急准备，确保各项业务顺利、平稳跨入新千年

省建行经过多年的建设和发展，电子化已形成相当规模，被广泛应用于各项业务领域。世纪之交，计算机“千年虫”问题为世人瞩目。为做好“Y2K问题”应急准备，确保各项业务顺利、平稳跨入新千年，根据建总行的部署，省行进行了大量的应急准备工作。首先，对“Y2K问题”应急准备实行“一把手”负责制，各级行成立了领导小组、工作组、监管小组和项目组，做到各司其职，密切配合，并从人财物等方面给予保障。其次，做好测试和演练工作。按照人行和建总行的有关要求，省行城市综合网络于6～9月3次参加金融系统实际环境测试，均获成功。8月，省行“2000年应急方案”出台，11月在全省建行系统范围内开展了模拟演练，12月初省分行应急指挥中心组织了5个检查组对各二级分行的应急准备工作的落实情况进行全面检查。2000年1月1日零点以后的运行证明，省建行计算机系统已顺利、平稳地进入了新千年。

五、开展“三讲”教育，推动干部队伍和党的系统建设

根据党中央金融工委和建总行党委的部署，从7月中旬至12月中旬，省行采取“自上而下，先上后下”和“分级分批”的方式，开展了一次以“三讲”为内容的党性党纪教育活动。“三讲”教育结束时，省分行党委又用两天时间，逐一听取巡视组的汇报，掌握基层行领导班子和干部队伍的建设情况，研究巩固“三讲”教育成果，加强领导班子建设的措施。

六、存在问题

主要问题是：(1)主要业务增量不足、存量支撑经营明显，特别是随着国家进一步降低存贷款利率，利差随之缩小，仅靠存量支撑全行的经营就深感吃紧；(2)不良信贷资产剥离后，信贷资产的潜在风险依然存在。因此，加强信贷管理要长抓不懈；(3)内部各项改革要进一步理顺、配套；(4)安全防范刻不容缓。

中国农业银行云南省分行工作述评

行　长　姜仕俊

1999年，全省各级农行认真贯彻落实全国分行长会议精神，以业务经营为中心、内部管理为重点、经济效益为目标，狠抓年初确定的4项任务、8大目标，积极开展各项工作，基本完成了总行下达的经营指标，改革和发展取得了较为明显的成效。

一、资金组织工作措施落实，存款市场份额明显上升

1999年，全省农业银行继续抓好资金组织各项措施的落实，加大资金组织的力度，促进了各项存款的稳步增长。年末，全行各项存款余额428.73亿元，比年初增加43.7亿元，存款增量和余额均名列全省金融系统第二位。

（一）狠抓工作任务的落实，促进存款的稳步增长。1999年的资金组织工作是在烟草滑坡、企业存款下降、国家第7次降息的情况下进行的。全省各级农行突出一个“早”字，狠抓存款工作任务的落实，扭转了上半年存款呈规律性下降，直到下半年才开始回升的局面，到2月份便实现了存款正增长。同时，过去很少涉及的电信、邮政、交通、城市基础设施等领域，农行都占了一定的市场份额，长期以来烟草企业存款制约着云南农行存款的状况有了一定程度的改变。继续组织实施了“1·8·5”存款工作，加大对高产网点的政策及费用倾斜，激发了各级行争创高产网点的积极性，逐步改善了农行营业网点设施较差的状况。

（二）强化市场开发，不断开拓，使中间业务和新业务得到较快发展。(1) 全省农行将中间业务列为战略重点，以拓展系统性、行业性代收代付和委托业务为重点，不断提高中间业务的质量和效益，较好地完成年初制定的中间业务发展目标，中间业务种类达到41种；(2) 积极拓展国际业务，全年国际结算量为3870万美元，结售汇2984万美元；(3) 抓住机遇，提升金穗卡品牌形象，银行卡业务发展势头良好，全年全省金穗卡发卡量达到了90.26万张，比年初增加40.6万张。

（三）努力盘活存量，增加可用资金来源。全省农行把盘活存量作为提高信贷资产质量，增加可用资金来源的一条措施来抓，年初便层层分解下达了盘活存量的计划，并制定了清收责任制。常规贷款盘活“两呆”5亿多元，专项贷款盘活“两呆”1.3亿元，超额完成全年的盘活任务，增加了可用资金来源。

二、加强信贷管理，着力调整信贷结构

1999年，全省农行认真贯彻党的十五届四中全会精神，加强信贷管理，积极调整信贷结构，加大支持城乡经济发展和全省扶贫攻坚的力度，圆满地完成了贷款投放任务。至年末，各项贷款余额达515.53亿元，比年初增加43.3亿元，其中常规业务贷款余额401.92亿元，增加25.2亿元；专项业务贷款余额113.6亿元，增加18亿元。贷款余额名列全省金融系统首位。

（一）加强信贷管理，不断提高信贷资金使用效益。(1) 在信贷管理上，突出加强管理，努力提高资金使用效益。实行较为审慎的信贷政策，贷款增量得到较好的控制，盲目扩大贷款规模的趋势得到有效遏制。(2) 加强和规范信贷基础管理。省分行先后下发《农村电网建设贷款资金管理办法》等10余个管理办法，要求各行认真贯彻执行和监督落实，使信贷管理走向了规范化的轨道。(3) 完善授权授信管理。对昆明、玉溪、红河等7户超过授信额度的烟草企业进行评估，经总行批准，授信额度达112亿元；对在农行系统开户贷款余额在1000万元以上的法人客户进行了授信管理。(4) 积极推进信贷电子化管理工作，使我行的信贷管理水平跃上了一个新台

阶。(5) 做好对法人客户的普查工作。通过普查，摸清了1998年末在全省农行开户的法人客户的基本情况，为今后加强信贷管理，制定信贷政策，提供了科学的依据。(6) 搞好信贷资产的五级清分，摸清了家底，进一步掌握了全行信贷资产质量状况。

(二) 调整信贷结构，全力支持农业、基础设施产业和扶贫攻坚。(1) 加大信贷支农力度，保证农业和乡镇企业的资金需示，新增农业贷款达到全行新增贷款的43.3%。全年累计发放农业贷款45.46亿元，余额达98.37亿元。以山区"五小"水利工程和大中型水利建设为重点，加大了对农田灌溉水利工程、人畜饮水、乡镇供水工程的贷款力度；继续支持了一批以加工乳制品、鲜奶供应、肉制品的龙头企业，支持了一批具有一定规模的蔬菜、水果、蛋畜基地建设；围绕吨粮田建设、中低产田改造、吨粮田配套技术推广、农业产业化示范等重点，支持了一批滇中现代化农业示范工程项目；全年共发放农网贷款11.12亿元，保证了全省农网建设和改造工作的顺利进行；认真贯彻落实国家产业政策，支持全省乡镇企业健康稳步发展。至年末，乡镇企业贷款余额为37.7亿元，比年初增加投放2.8亿元。(2) 按照"积极支持、总量控制、区别对待、加强管理、提高效益"的原则，继续支持"两烟"发展。年末，"两烟"贷款余额为137亿元，支持烟草企业收购烟叶1055万担，实现税利342亿元。(3) 增大基础设施贷款投入，积极支持有效益的基础设施建设和企业技术改造项目。全年重点支持了10多个基本建设项目，以扩大内需，促进经济增长。(4) 积极启动消费信贷业务，增植新的信贷增长点。至1999年末，全省消费贷款余额近8亿元，其中个人住房贷款余额为3.35亿元。(5) 以高度的政治责任感，全力支持全省农业综合开发和扶贫攻坚。1999年，全省农行在外部经济环境不佳的情况下，以高度的政治责任感积极投放专项贷款，支持全省扶贫攻坚。年末，全省专项项款余额为113.6亿元，比年初增加投放18亿元。全年累计对全省73个贫困县、506个国家扶贫攻坚乡发放2.7亿元小额信贷扶贫贷款。有力地支持了全省综合开发和扶贫攻坚计划的实现。

三、强化计划财务管理，提高资金营运效益

1999年，全省农行建立以效益为目标的计划财务分配机制，增强核算意识，强化管理，资金使用效益不断提高，超额完成了总行下达的利润计划。年末，实现账面利润1.5亿元。

(一) 加强资金计划管理，提高资金使用效益。全省农行以提高资金营运效益为目标，加强资金计划管理，加大调剂资金力度，着力挖掘内部资金潜力，减少非生息资金占用，确保了各项目标任务的完成。

(二) 加强财务管理，努力增收节支。(1) 抓好增收。各级行"一把手"实行清收责任制，加大收息力度，并亲自深入企业抓好利息清收，表内利息收回率为93.07%。(2) 抓好节支。全年费用严格控制在总行下达的计划内，超额完成省分行提出的费用零增长目标。(3) 抓好财务管理。建立健全费用分配与业绩效益挂钩的办法，把有限的费用资源用在业务发展上。狠抓基础工作，强化会计管理。通过开展会计规范化管理，全省有11个支行获得了"会计基础工作规范化单位"的称号。

四、加强内部管理，切实防范和化解金融风险

(一) 抓好《金融违法行为处罚办法》的学习和贯彻，增强依法治行的意识。《金融违法行为处罚办法》自1999年2月颁布以来，省分行高度重视，在全系统进行了广泛的宣传和学习，并按照总行的要求，边学习、边检查、边整改。通过自查自纠，依法合规经营的意识得到了增强。

(二) 加大检查力度，充分发挥稽核的再监督作用。整个稽核工作坚持对总行一级法人和本级行党委负责的双重负责制，业务上实行垂直领导、下审一级和交叉稽核，体制上，二级分行设立稽核办公室，县（市）支行实行派驻制。(1) 是组织了两次全省性的稽查大队活动，对114个支行级以上机构1998年度经营考核指标完成的真实性和1999年的业务经营进行了稽核。(2) 开展定期常规现场稽核，全年共对1440个营业机构进行了100%的现场稽核。(3) 开展对1998年新发放贷款的合规性稽核和信贷资产按五级清分后占用形态全面稽核，特别对损失类贷款逐笔稽核后写出稽核结论报告。(4) 对全省66个县支行和1名二级分行行长进行了任期和离任责任稽核。(5) 组织和参与了经济案件和群众举报违规违纪问题的调查和处理工作。

(三) 加强纪检监察，严厉打击经济犯罪。全年，省分行重点抓了纪委的组织建设，共有

68个行配备了纪委书记，建立纪委书记按季报告制度。全省纪检监察部门共立案查处各类违法纪案件30件，结案率86.7%。

（四）进一步加强党风廉政建设。为切实搞好领导干部廉洁自律工作，省分行研究制定了《党风廉政建设责任书》，并由各级行党委书记、行长逐级签定该责任书。

（五）落实安全保卫责任制，强化安全保卫工作。在社会治安形势严峻的情况下，全省农行以落实安全责任制为切入点，从抓管理教育入手，加强安全保卫工作，切实做好“安全保卫月”、枪支专项大检查、安全防范措施、强管持枪人员等项工作，全年无一件刑事案件发生，保证了农业银行的改革发展和业务经营的正常运行。

（六）加强电子化管理，顺利解决了计算机“2000年问题”。为解决计算机“2000年问题”，省分行及早安排资金，更换了部分设备，完成了中心机和三大系统的升级换代，对客户终端进行了硬件更换。认真组织了3次停业测试，并及时修改了应用系统中发现的“2000年问题”，及时解决了“2000年问题”，保证了全行业务经营的正常运行。

五、探索管理体制和经营机制改革，各项改革取得明显的成效

（一）不断推进内部管理体制和管理方式的改革。1999年，按照经济效益的原则，调整基层营业网点布局，全年撤销基层低效亏损网点82个。至年末，全省共有对外营业机构1462个，比1995年减少了408个。针对全省农行地、州所在地管理机构重叠的问题，进行了地（州）县（市）行合并，将原地州行所在地县、市支行更名为二级分行营业部，同时将原二级分行营业部降格为分理处，突出了中心城市行的经营管理功能。

（二）加快分配制度改革，建立健全激励机制。（1）改革工资分配管理体制。工资分配改革实行总量控制、以效定酬、统一管理、分级调控的办法。工资分配制度的改革，使各行的增资额与经营效益挂起钩来，调动了各行增盈减亏的积极性。（2）改革费用分配管理办法。按照“总量控制、效益优先、兼顾公平、专项管理”的要求，对费用分配办法进行了改革。，同时建立考核体系，与目标任务挂钩，年末视完成情况调增调减费用总额。分配制度的改革，对促进以商业化经营为核心，实现资源的配置与经营效益挂钩，提高经营效益起到重要的作用。

（三）实行工效挂钩，积极探索个人分配制度改革。全省农行实行工效挂钩，将个人的责任目标津贴、各类津补贴、奖金等作为活工资，按照岗位种类、贡献大小、完成目标任务等情况进行分配。各级行都把个人收入的三分之一与各项任务挂钩，以效定酬，拉开收入差距。通过实行工效挂钩的办法，调动了广大职工的积极性，促进了各项业务的快速发展。

（四）改革用人机制，优化劳动组合。推行持证上岗和竞争上岗制度，切实做好全员合同制的准备工作，对中层干部实行竞聘制，一般员工实行双向选择，下岗分流不合格的人员。在人员总量上实行人员负增长，1999年末，全行共有职工14363人，比1998年减少14人。

六、以“三讲”教育为重点，切实做好系统党建和员工队伍建设

（一）认真做好全省农行的“三讲”教育工作。按照中央和中央金融工委、总行党委的统一部署，全省农行的“三讲”教育于7月8日开始至11月中旬结束。参加“三讲”教育的对象为省分行副处以上领导干部57人，地州行领导班子成员77人，县级支行领导班子成员440人。通过开展“三讲”教育，广大干部和员工的精神状态及工作作风明显转变，促进了各项工作的开展。

（二）切实加强党组织建设。年末，全省农行共建立党委69个，党总支77个，党支部685个，党小组183个。全年共发展新党员224名，办理预备党员转正254名。

（三）搞好教育培训，着力提高员工的政治、业务素质。1999年4月，成立了省分行党校，并举办了一期二级分行党委书记培训班，强化了领导干部的党性教育。在提高职工素质教育方面，重点抓好职工的持证上岗考试和岗位培训。先后完成5000多名储蓄业务人员和会计出纳人员持证上岗资格培训考试工作。共举办了10多期岗位培训班，培训干部职工1000余人。通过多层次、多形式的岗位培训，使干部职工整体素质得到明显提高。

（四）加强思想政治工作，充分发挥党委职能部门的作用。1999年，党委充分发挥党委办、宣传部、群工部的职能作用，加强对工青团妇的领导，建立健全了职代会和青年团组织，充分发挥其桥梁和纽带的作用，有针对性地抓好思想政治工作，促进精神文明建设的顺利开展。曲靖市分行营业部等3个单位获得省精神文明建设委员会授予的“创建文明行业窗口工作先进单位”荣誉称号；嵩明县支行等12个单位被省委、省政府授予“1999年省级文明单位”荣誉称号；景谷县支行等10个单位经省文明委复查合格，继续保持“省级文明单位”称号，1人被评为省级文明优质服务明星。

中国农业发展银行云南省分行工作述评

行　长　黎维彬

1999年，在总行和云南省委、省政府的领导下，全行认真贯彻党中央、国务院和总行制定的一系列方针政策，按照年初全省分支行行长会议确定的工作思路和抓“两基”、达“三新”、实现“127目标”的工作要求，紧紧围绕收购资金封闭运行这项中心工作，切实加强经营管理，深入开展“三讲”教育，全面抓好系统党的建设、干部队伍建设和精神文明建设，各项工作取得了明显成效，较好地完成了封闭运行7项考核指标，即粮棉油新收购（含调入）价值与新发放收购（含调销）贷款比率100.04%，销售货款回笼率100.88%，回笼销售货款归行率100.05%，回笼销售货款收贷率101.01%，贷款利息收回率94.68%，其他不合理占用贷款下降率10.02%，信贷资金运用率97.5%。在基本实现了当期收购资金封闭运行的同时，全行各项管理工作开始走上规范化轨道。

一、以抓“两基”为重点，深入整改，规范管理，基本实现当期收购资金贷款封闭运行

（1）加强理论学习，增强政策观念、银行意识和工作责任感，逐步规范了业务操作，提高了经营管理水平。（2）围绕收购资金封闭运行这个中心，加强资金头寸管理和信贷管理，进一步落实信贷员联库制度；针对总行领导来云南调研时指出的封闭运行管理中的薄弱环节，采用“改错法”进行整改，并两次开展了全省“推磨式”信贷大检查，逐步规范和完善了账户管理、台账和统计月报制度等，不仅提高了信贷资金运用率，而且信贷管理走上了制度化、规范化的轨道。（3）强化内部管理，加强对基层行工作的指导和督促检查，对管理中存在的问题及时纠错、整改，促进了基层行管理水平的提高。（4）突出工作重点，抓住关键环节，深入调查研究，按照粮油购、销、调、存特点和收购资金运动规律，紧紧抓住贷款发放、库存监管、收贷收息和不合理贷款清收等4个关键环节，严格管理，规范管理，做到了既保证收购资金正常供应，又有效防止收购资金流失。（5）进一步加强了稽核检查，促进合规经营、科学管理。全年对126个县市支行（含代理行）和地州市分行营业税的收购资金管理情况进行了现场稽核，并延伸检查粮油企业182个；对33个县市支行和地州分行营业税的财务、会计管理工作和47个县市支行的内控制度建设以及7个地州分行和县支行的行长离任进行了稽核检查，还认真查处各类违规经营和违法违纪案件8件，基本形成了“规范、自律、监督”三位一体的内控机制。（6）加强电子化建设，在推广应用新统计管理软件、收贷收息管理软件和财政补贴监管软件的基础上，完成了对公门柜业务软件的应用和升级，省分行自行开发的信贷管理软件通过试运行开始推广应用。此外，全行局域网、广域网和电子邮件系统的建设得到加强，业务管理的电子化水平有明显提高。(7) 加强对55个县市代理行的工作指导，代理和代管业务的质量进一步提高。

通过一年来的努力，收购资金供应和管理工作的成效明显。(1) 保证了收购资金及时足额供应。当年全行累计发放粮油收购贷款18.07亿元，支持收购粮食23.5亿元，油脂4120万斤，没有发生因收购资金供应不到位而给农民打“白条”的现象，为支持粮食流通体制改革、保护农民行政生产积极性提供了有力的金融支持。(2) 基本保持了当期收购资金贷款封闭运行。1999年新发放的收购贷款的增加的粮油库存值为18.27亿元，实现了“收一斤粮发放一斤粮的贷款”的封闭运行要求，粮油销贷款归行率和收贷率保持在高水平；扣除附营业务划转因素，粮食企业其他不合理占用贷款比年初下降2916万元，下降10.02%；粮食购销企业亏损约比上年减少6.48亿元，在农发行的亏损挂帐大大减少。(3) 信贷资金使用效益明显提高，资金管理及核算意识明显增强，全行信贷资金运用率达到97.5%，比上年提高0.73个百分点。

二、加强经营管理，提高经营效益，财务状况显著改善

(1) 进一步增强银行意识，强化核算观念。在及时收贷收息基础上，采取有效措施保证信贷资金快周转、少闲置，降低了资金使用成本。(2) 下大力气狠抓贷款利息回收工作。按账面实收数统计，全年实现利息收入5.31亿元，当年利息收回率达94.68%，高于全国平均水平9.18个百分点。(3) 进一步优化财务开支结构和费用使用结构，费用向基层行和业务管理倾斜，消费性支出在费用总额中所占比例下降。(4) 增强服务意识，提高结算质量，全省87个联行通汇行全年办理往来业务17330笔，结算金额4.5亿元，未发生差错，确保了全省发行往来资金的安全。(5) 全面开展了会计达标升级和财务大检查，针对暴露出的问题，及时制定了整改措施，堵塞了管理漏洞，进一步规范了财务管理行为和会计核算工作。(6) 加强财会管理的基础工作，制定和完善了财务、会计管理的制度和办法，进一步规范了“一基三专”账户核算体系，促进了财务管理工作的制度化、规范化。(7) 加强基建和购建管理，在做好省分行办公用房购建管理工作的同时，为划转和解决省以下分支机构营业办公用房做了大量的准备工作。

1999年全行实现各项收入13.08亿元，各项支出13.91亿元，收支相抵亏损8288万元，比年初总行下达的亏损计划降亏6329万元，比上年亏损额减亏1.79亿元（同口径比上年约减亏1.09亿元。）

三、积极参与粮食流通体制改革，抓好相关政策的落实工作

(1) 支持粮食购销企业敞开收购的同时，积极搞好服务，帮助企业促进粮食顺价销售并加强监督，支持企业深化内部改革，转换经营机制，提高经营效益。(2) 认真落实粮改配套政策，完成了新增财务挂账和其他不合理占用贷款消化责任的落实工作；监督财政部门做好粮食风险基金等财政补贴资金的管理工作，改进拨付方式，加快了拨付到位速度；还认真执行政策，加强了对处理陈化粮的监督。(3) 积极参与粮改情况执法检查，促进了粮改政策的落实。(4) 加强调查研究和业务宣传工作，及时反映和交流有关粮改及做好收购资金供应管理工作的情况，为党政部门和上级行科学决策提供服务。

四、认真按照中央和总行党委部署，深入扎实地开展“三讲”教育

按照党中央、中央金融工委及总行党委的部署，从1999年9月中旬至11月下旬，省分行领导班子和机关处以上干部以整风精神开展了“三讲”教育工作，并在干部职工中开展了以“三讲”为主要内容的职业道德教育，使“领导当楷模，机关作表率，基层树形象”得以落实，全行干部职工的精神面貌焕然一新，增强了事业心和责任感，“行兴我荣，行衰我耻”的思想深入人心。

五、进一步加强党的建设和精神文明建设

(1) 以开展“三讲”教育为契机，切实加强系统党的建设。重视党的理论知识学习，对省分行机关党委和二级分行的党务工作者进行了集中培训；建立健全党的组织机构，重视培养和发展新党员工作。全行系统共建立党委19个、党支部79个，工作进一步得到加强。(2) 按照中央部署，深入开展了揭批“法轮功”的斗争。(3)

认真抓好党风廉政建设，建立全制度，强化监督制约机制。继续狠抓反腐败3项任务和中央8条规定的落实，坚决制止各种奢侈浪费现象。在全国率先实行党风廉政建设责任制量化管理考核，促进了领导班子和领导干部的廉洁勤政，各级行内部管理得到进一步加强，干部职工的思想政治素质得到进一步提高，增强了全行的凝聚力和战斗力，使全行上下集中精力、团结一心搞好封闭运行。(4) 认真做好信访工作，加大查处力度，努力解决群众反映的热点问题，认真查处了违法违纪和违规经营案件8件。(5) 加强员工队伍建设，严把进人关，坚持“凡进必考”和“公开、平等、竞争、择优”的原则，公开录用了包括留日研究生在内的高学历行员。(6) 举办各类业务培训班89期，培训员工2742人次，促使干部职工队伍的素质有了新的提高。(7) 进一步加强宣传思想工作，认真贯彻《中共中央关于加强和改进思想政治工作的意见》，对加强全行思想政治工作作出了具体部署；配合有关新闻单位，广泛深入地报道收购资金封闭运行管理工作，扩大了农发行的影响。(8) 切实加强精神文明建设，围绕建国五十周年、澳门回归祖国、迎接新世纪等重大庆祝活动，在职工中开展了“三热爱”教育和职业道德教育；以创“十岗百佳”、“青年文明号”、“职工之家”等活动为载体，大力开展精神文明创建活动，广泛组织开展了劳动竞赛和业务技术练兵活动。还切实加强安全保卫工作，实现了安全运营；充分发挥工会、共青团和妇女组织的作用，为封闭运行中心工作激斗志、鼓干劲；全行的信息、督查、办公自动化建设和后勤管理等工作也得到加强。

中国银行云南省分行工作述评

行　长　李永秾

1999年是省分行各项业务继续保持稳步发展的一年，全行按照总行年初提出的“深化改革、控制风险、调整结构、注重成本、效益优先、平衡发展”的总体要求和全省分行长会议确定的8项任务，各行认真贯彻执行了党和国家的金融方针政策，经过全行干部职工的努力工作，主要业务指标达到了年初确定的发展目标。

一、业务发展

(一) 各项人民币存款146.11亿元，比上年增长15.46%，完成总行下达人民币存款任务第一目标18亿元的108.69%，完成第二责任目标19.5亿元的100.33%。外币存款持续稳定增长，提前8个月完成总下达的全年存款任务，年末各项外币存款余额达到44，038万美元，增长22.46%，完成总行下达任务的367.14%。

(二) 各项人民币贷款为964，503万元，比上年增长了8.37%，完成总行下达计划95.33%。其中短期贷款、中长期流动资金贷款、中长期贷款分别增长5%、90%、28%。各项外汇贷款余额为18，572万美元。

(三) 共办理进出口结算业务4966笔，金额5.28亿美元，市场占有率33%。其中出口业务3.32亿美元，进口业务1.96亿美元。信用卡业务收益783.28万元，完成总行下达计划的101.46%，比上年增长5.52%；信用卡发卡比去年增加4995张，增幅为7.53%；特约商户商户1623家，增加163家；直接消费交易额增加522.52万元，增幅为3.74%；代理外卡交易额达11，382.52万元，增长13.24%。

(四) 实现利润3，044万元，完成总行下达的下达的利润任务。保持了全行从人民银行分设以来连续16年盈利的良好纪录。

二、主要措施

(一) 认真贯彻国家的金融方针政策，支持我省经济的发展

1、大力拓展信贷业务，努力调整信贷结构。(1) 信贷重点从单一外贸行业转向支持我省“四大”支柱产业和能源、交通、邮电通讯、城建改造等基础设施建设。如向交通厅贷款2.66亿元支持公路建设，利用韩国政府贷款44亿韩元支持云南省交通厅购买挖掘机，向云南航空公司贷款1.9亿元，用于购买波音飞机，支持云南旅游业发展。(2) 积极支持“高营销、高盈利、高创汇”的外商投资企业和高新技术产业的开发。(3) 积极支持了省第一人医院、红会医院等一批在我省社会效益和经济效益较好的事业单位，促进了社会公益事业的发展。(4) 积极争取承贷600亿元的国债贴息项目，对云南变压器有限公司“新型干式变压器国家高新技术产业化示范工程”、昆明钢铁公司板带等国债项目出具了贷款承诺函，贷款总额为5.68亿元。(5) 努力开拓消费信贷业务。率先在省内同业中推出以“幸福之家”为品牌的涵盖住房、汽车、家居装修、耐用消费品等多个贷款组合产品，选择一批实力雄厚、信誉良好的房地产开发经销商签订合作协议，理顺了产权、保险、评估等相关部门的外部关系，为业务发展创造了良好的外部环境。至1999年末，各类消费贷款新增1.07亿元，其中住房贷款新增8206万元，发放的各类消费贷款收息率均达100%。

2、积极支持国有企业的改革和发展。(1) 认真抓好呆坏账核销工作，支持国有企业实施兼并破产。经总行批准核销呆坏账项目47个，总金额1.77亿元。(2) 做好债转股工作，通过对一部分产品有市场、发展有前景，由于负债过重而陷入困境的重点国有企业实行债转股，解决企业负债，解决企业负债率高的问题。(3) 做好不良资产剥离的准备工作，对全行不良贷款进行了全面的清理。(4) 采取打包贷款、封闭贷款形式，对单一产品有市场，有效益的亏损外贸企业、国有企业给予了合理的资金扶持。

3、为昆明世界园艺博览会提供良好的金融服务。为做好99世界园艺博览会的金融服务工作，积极宣传和展示良好的中国银行形象，省行努力提高文明服务质量，认真搞好各项金融服务保障工作。(1) 加快了特约商户的拓展工作，增加了受理长城卡、外卡商户的数量和范围；(2) 加大了科技投入，加强了机具设备管理和维护，增加了自动授权清算机和自动柜员机，对NAS、EDC、ATM机都进行了全面检查和维护，确保授权、清算及时畅通；(3) 顺利开通了在ATM上的国际卡、电子借记卡的取现业务，进一步延伸了银行网点的服务，方便了来昆参加世博会的国内外客户；(4) 发行了长城电子借记卡，方便了客户，提高了中行银行卡的竞争力。

(二) 防范化解金融风险，努力改善信贷资产质量

1、按时完成了信贷资产的清分任务。信贷资产清分工作是加强信贷管理的一项重要内容。清分工作内容新、涉及面广、工作量大、操作复杂，省行严格按照总行清分工作的要求和部署，认真地对1998年末至1999年6月末的贷款分别进行了两次清分。经过5个多月艰苦努力工作后，全行不仅进一步摸清了全辖授信资产状况，而且深入剖析了不良资产形成的原因，总结了信贷管理中应吸取的教训，为今后防范和化解信贷资产风险奠定了坚实的基础。

2、认真开展统一授信和企业信用评级工作。为省行全方位统一授信工作的风险管理，根据总行授信工作的统一要求和实施方案，制定并下发《中国银行云南省分行统一授信实施细则》。年内将银行承况汇票、保函、押汇、信用证减免保证金等纳入统一授信体系，并按照总行新的评级办法，对我行企业进行了评级。

3、加大贷款本息的催收工作力度，保全全行信贷资产。在年初全省分行行长会议上，省行明确提出对不良资产和利息催收工作的指导性意见，确定当年降低不良资产的工作目标，并下达考核不良贷款比率和绝对额，层层分解落实清收任务。为做好贷款清收的具体工作，省分行采取了一系措施：(1) 确定清收重点行和重点清收行业，加强了催收监控工作；(2) 各地州市行领导都高度重视此项工作，成立和完善了不良贷款清收工作小组，根据自身情况排出本行逾期金额多、风险大的企业或项目，抓好对重点客户的清收工作；(3) 严格对不良贷款的核算，切实按照《贷款通则》的要求，全面地、完整地反映信贷资产状况；(4) 为做好监控工作，省分行按照总

行新老划段、分账考核的要求，逐月对不良贷款的发生、收回情况进行监督，按季对各行收息工作进行监督，并及时进行通报。

（三）顺利完成省市行合并和省地行内部机构改革，新机制初步显现出优越性

1、顺利完成省市行合并和省分行、二级分行内部机构改革工作。省市行合并是精减管理层次、理顺业务关系和提高我行竞争力的重要举措。省行按照总行的统一部署，精心组织实施，并认真做好干部职工的思想政治工作，对昆明市分行班子和省分行各处室领导提出了“顾全大局、严守纪律、守土有责”的明确要求，使干部职工做到思想不散、工作不松、业务不乱，使省行在10月中旬顺利完成了省市行合并的工作。结合省市行合并改革，省行接着进行了省分行和二级分行内部机构改革。通过内改，理顺了内部关系，明确了职能职责，基本上达到了“有利于市场营销、有利于风险控制和有利于业务发展”的改革目的。

2、深化稽核体制改革，内控制度得到加强。省市行合并后，省行结合深化稽核体制改革的要求，加强稽核队伍建设，调整充实人员，并开展形式多样的稽核监督与检查，对基层行的稽核面达到100%，充分发挥了查问题、堵漏洞、除隐患、防风险的作用。在内部机构健全完善后，省行根据各部门职能变化的实际情况，重新修订和完善各部门、各专业、各岗位的规章制度、岗位职责，对各项内部管理制度、授权制度、业务规章等规章制度相继进行整理和完善，初步理顺了内部关系，同时加大了规章制度执行情况检查的力度，制定并实施了员工思想分析制度和防案责任制，使省行内控制度得以加强和完善，有效地提高了控制案件和风险防范能力。

3、完成全行劳动合同制和中层干部的聘任制工作。1999年，省行积极推进用工制度改革，根据总行的统一部署和安排，有计划分步骤地完成了全行员工劳动合同制的工作，全辖应参加劳动合同的人员，全部签定劳动合同，通过实施劳动合同制，用法律形式规范了用工制度，明确了单位和职工双方的权利和义务，维护了双方的合法权益，促进了对员工队伍的管理。同时，结合内部机构改革，在认真考察、充分听取意见的基础上，重新聘任了处科级干部，使干部队伍的年龄、文化、专业结构得到进一步改善。

（四）圆满完成省地县三级行班子的“三讲”教育，党建工作和精神文明建设得到加强

1、把“三讲”教育作为党建工作的重中之重来抓。省、地、县三级行领导班子及成员，分期分批，自上而下，以整风的精神，高标准、严要求，扎扎实实开展了“三讲”教育。通过“三讲”教育，各级领导班子及成员政治上有了明显进步，思想上有了明显提高，作风上有了明显转变，纪律上有了明显增强。

2、加强教育培训，开展岗位练兵，提高干部职工综合素质。1999年全行围绕中心工作，有计划、有步骤、分阶段地采取集中学习、专题讨论、请专家讲课等多种形式组织职工学习邓小平理论、党的十五届四中全会文件、揭批“法轮功”的理论文章及《中行员工行为守则》，对职工进行了正确的世界观、人生观、理想信念、政治思想以及法律法规教育，提高了干部员工的政治思想素质。同时举办信贷、会计、电脑、稽核、保卫、柜台英语、非贸易结算等各类专业培训班20期，参训人员达792人次，组织51人参加了总行举办的国内外培训班，提高员工业务素质。同时，抓住总行第三届业务技术比赛的机会，在全辖掀起岗位练兵热潮，对提高全行员工业务技能起到了积极的推动作用，进一步提高了员工综合素质，为全行开发和利用人力资源打下了良好基础。

（五）顺利解决了计算机2000年问题，电子化建设取得新的进展

1、顺利解决计算机2000年问题。1999年省行为解决计算机2000年问题，投入了大量的人力、物力。(1) 成立了由行领导挂帅，各业务部门负责人参加的2000年问题领导小组，下设办公室和监管、测试、应急小组等组织机构，由一把手亲自抓2000年问题。(2) 加大科技投入，全面完成辖计算机系统的更新换代。针对全辖使用的主要业务系统，集中资金和技术骨干，从计算机硬件、操作系统、数据库到应用系统进行了设备更新、系统升级和应用系统技术改造并完成辖内推广使用的相关系统和管理系统的升级换代工作，全辖所有分支机构主要业务系统的2000年问题已基本就绪，并通过了内部测试和人民银行的三次停业测试。(3) 加强监督机制，做好计

算机2000年问题的测试工作，顺利通过人行组织的3次停业测试，测试网点占全辖的85%。(4)加强风险防范，做好计算机2000年问题的应急工作。通过采取上述措施，确保了全行计算机系统实现了2000年的平稳过渡。

2、电子化建设取得新的进展。(1)完成了NIC－NAP系统和电子借记卡系统的开发和上机工作；(2)在统一全省业务做法的基础上改造辖内使用的会计、储蓄、信用卡系统，完成5个地市行的数据集中和通存通兑；(3)配合业务部门完成ATM前置系统、收付清算系统、电子联行系统、SWIFT系统、E－MAIL系统、国际结算系统、IC卡查询系统、信贷清分系统、信贷登记咨询系统等10余个业务系统的开发、推广、上机和升级改造工作；(4)加强了网络建设，对全行二、三级网络进行了优化和调整，部署了防火墙和防病毒等产品和工具，保障全省网络和稳定和高效运行；(5)保证系统的安全运行，保障各项改革和业务工作的正常进行。

三、存在问题

主要问题有：(1)受整体经济环境影响，开户单位对贷款需求不旺，致使全行信贷业务与往年相比增幅有所减缓；(2)国际结算业务量下滑较大，市场优势地位受到挑战；(3)经济案件及违规违法现象时有发生，不安全因素和漏洞隐患仍然存在。这些问题，要在今后的工作中认真加以解决。

交通银行昆明分行工作述评

副行长　姚永杰

1999年，交通银行昆明分行在总行、省委、省政府的领导下，坚持以邓小平理论和党的十五大精神为指导，贯彻落实交通银行改革与发展的总体目标，结合云南区域经济特点及自身发展实际，确立了“振奋精神，强化管理，加快发展，提高效益，夯实向规范化商业银行持续发展的基础”的工作方针。在省内经济社会发展困难重重的条件下，面对日益激烈的同业竞争，努力提高经营管理水平，全行上下奋力拼搏，各项业务总体上呈稳步发展的态势，各项存款平均余额好于上年，储蓄存款增势良好，实现利润1.4亿元，为地方经济发展作出了一定贡献。

一、主要工作情况

（一）存款业务。1999年，交通银行昆明分行针对全省经济结构单一的实际，确立了抓死大户不放松，抓住“两烟”不放手，及时向新兴产业、优势产业、垄断行业、行政事业单位渗透，积极发展中小客户的经营思路，以提供“三个一流”的优质金融服务为手段，确保存款业务的稳定和发展。在抓储蓄存款方面，全行抓住吸储旺季的有利时机，精心组织，优化服务，加强外勤力量，全力吸收存款。各部、支行除抓住春节、世博会、国庆五十周年等重大节庆日的吸储营销宣传工作外，还抓住了国债兑付转存等机遇，多渠道组织存款，使全行的储蓄存款余额在年末达27.97亿元，比上年增2.39亿元，增幅达9.2%；全行丙种存余额达5577万美元，增2052万美元，增幅达58.21%。在公存业务方面，分行不断加大市场营销，积极对外拓展业务。经过努力，各项存款余额在年末达到103亿元，全年平均存款余额达102亿元，增9.6亿元，增幅达10%。

（二）信贷业务。1999年，交行昆明分行始终坚持以市场为导向，按照“积极拓展业务，优化信贷增量，盘活信贷存量，调整信贷结构，防范信贷风险，提高经济效益”的指导思想，努力扶植全省的经济增长点，大力支持支柱型、基础型、科技型、效益型产业的发展，全年共投放信贷资金 84 亿元。(1) 继续加大对烟草企业的支持力度，确保烟草这一支柱产业的资金需求。(2) 加大对基础产业的投入，支持了昆玉、曲靖至胜境关高速公路、数字移动电话四期工程、'99 昆明世界园艺博览会等基础设施建设工程。(3) 通过良好的金融服务和信贷支持，与省内知名高科技产业、名牌院校签订了合作协议。与云南师大签订的银校合作协议开创了省内银校合作的先河，为省内教育事业发展和高校体制改革注入了活力。(4) 积极开发消费贷款业务。在已开办住房按揭贷款的基础上，开发出汽车消费、助学等方面的贷款。(5) 支持外贸企业，向外贸企业贷款余额达 1.46 亿美元。

(三) 不良资产清收工作，1999 年，交行昆明分行不良贷款余额及占比较大幅度地增加，其主要原因：(1) 部分企业自身积累少，抗风险能力弱，经营管理水平不高，被推向市场后，原有问题进一步暴露，经营效益下降，致使贷款到期无力归还转入逾期。(2) 受东南亚金融危机的滞后影响，造成外贸企业出口成本上升、出口量及出口利润受损，经营情况恶化，被迫转入逾期。针对以上问题主要采取了以下措施：(1) 制定了压缩收回贷款计划，按季下达，按季考核，并对现有贷款进行划分，对 C 级企业及 BB 级经营状况不好的企业贷款，逐步压缩收回，有效地规避了新的信贷风险，以保全信贷资产质量；在深入调查的基础上，就不同客户的实际情况，逐笔逐户制定了清收和化解风险的措施，并在具体信贷工作中加以落实。(2) 加强了清收工作。分行成立了清收小组，充实一线清收力量，责任到人，出台了清收奖惩措施，落实清收任务和清收责任。对愈期押汇问题，进一步逐笔摸清情况，采取有力对策，通过抓紧清收、择机清收、诉之法律等形式，将损失和风险降至最低程度。1999 年，通过各种手段收回不良贷款现金 1.55 亿元，通过贷款重组方式收回不良贷款 4.82 亿元，经总行同意核销呆账贷款 3287 万元。

二、主要措施

(一) 服务手段建设。1999 年，交通银行昆明分行的电子化建设取得了较大进展，加强了对 ATM 机和 POS 机的管理；集中力量做好同城集中式通存通兑 2.0 版新系统上线工程；加大对"一卡通"、"全国通"的推广力度；开通了与海通证券公司、东方证券公司的银证转帐业务，为中间业务的拓展打下坚实的基础；加大自助服务区建设，自助服务实现零突破，高效的、全天候的现代化服务设施极大地方便了广大市民；全力抓好太平洋卡的发卡工作，至年末发卡量已突破 10 万张；认真做好 WYBASE 版对公业务系统的开发和推广，并完善了电话银行、个人外汇买卖系统的功能；加入了昆明"金卡"网络；高度重视、精心部署解决了计算机 2000 年问题，并初战告捷，各项业务系统实现"零点跨越"顺利进入 2000 年。

(二) 规范化管理。1999 年，按照交通银行创办规范化商业银行，积极与国际接轨的发展路子，交行昆明分行一直把加强管理工作当作头等重要工作来抓，制定了"敬业、廉洁、团结、创新"的管理目标，采取了一系列措施，按照"从严、求实、细化、强化"的要求，全面提高管理水平。各支行为切实落实加强管理的要求，结合自身实际制定了管理目标和管理措施。向管理要质量，向管理要效益，向管理要发展已成为全行干部、员工的共识和行动。

为加强规范化管理的检查、奖惩工作，分行成立了规范管理领导小组及其办公室，由行长任领导小组组长，纪委书记任副组长，机关有关处室负责人为组员，负责对机关处室、各部、支行的行容行貌、文明服务、仪表举止、文明用语、职业道德、安全保卫、行纪行规等情况进行定期、不定期的抽查、检查。推行了行领导值班检查制，中层干部 3 人交叉检查制，并下发了规范化管理细则，通过交叉检查、日常检查等，对违规者进行重罚并在行内通报，违纪现象得到有效控制，规范化管理工作再上新台阶。

(三) 稽核工作。1999 年，交通银行昆明分行各级稽核干部兢兢业业，积极努力，克服了人手紧、任务重的困难，较好地完成了分行年度稽核工作任务。(1) 继续落实《交通银行内部稽核体制改革办法》的各项措施，通过建立相关制度细则，促使全行稽核工作在组织管理、检查监督方面逐步实现制度化、规范化；(2) 以加强对风险集中环节的检查为重点，进一步督促稽核整改措施的落实，重点抓好了常规稽核、专项稽核、非现场稽和后续稽核；(3) 加强了稽核队伍建设，改进稽核工作方式，稽核人员素质和稽核工作质量进一步得到提高；(4) 认真做好解决计算机 2000 年问题的监管工作，积极配合分行 2000 年问题领导小组完成了测试工作，确保全行计算机系统顺利进入 2000 年；(5) 积极配合有关部门开展不良资产的清收清欠工作。

(四) 财会管理。1999 年，交通银行昆明分行财务会计管理工作以“夯实基础，规范管理，突出效益，防范风险，努力提高财会会计管理水平”为核心，充分发挥会计的核算、监督、管理和服务职能。在建立健全制度、严肃结算纪律、严格内部控制、提高经营管理水平下上功夫。(1) 加强财务管理，定期召开财务分析会，较好地发挥了财务工作的参谋作用；(2) 加强并完善会计核算办法，并在抓落实上下功夫；(3) 加大培训力度，全面提高全行财会、出纳人员的业务素质和经营管理水平，全年共组织联行知识等专题培训 5 次；(4) 通过积极向总行申请增设联行行号等工作，加快了资金汇划速度，缩短资金在途时间，提高了资金的使用率；(5) 积极为基层网点排忧解难，帮助解决实际问题；(6) 加强对全行基本建设和固定资产的管理；(7) 加强会计检查辅导工作；(8) 组织了’99 反假人民币的宣传活动。

(五) 安全保卫工作。1999 年，面对严峻的金融安全形势，分行始终把安全保卫工作放在非常重要的位置来抓。在实际工作中，首先抓好全行员工的思想教育，提高员工的思想认识，提高员工的安全防范意识；其次，将人防、技防、物防紧密配合，切实加强保卫力量，配备了精干的保卫队伍，按要求配备了运钞车，按要求装修了网点，制定了押运、守库、夜间值班等规章制度，层层签定了治安责任书，并定期、不定期地进行检查，发现问题、隐患及时整改，同时还加强对保卫干部的培训。保证了国家资金安全和员工生命安全，全行无重大刑事和经济案件发生。

(六) 人事工作。1999 年，交通银行昆明分行进一步加强干部教育工作。要求全体干部把学习邓小平理论与学习党的十五大精神、十五届四中全会精神结合起来，把学习政治理论、业务理论与解放思想、更新观念、拓展业务结合起来，争当自觉学习的表率。同时，还适时选送年青干部到总行、省委党校、大专院校学习。并邀请有关领导、专家到行里为中层干部讲解金融理论和领导艺术等，开阔了干部的视野，增长了干部的才干，切实促进了干部队伍素质的提高。年内，先后制定了干部管理、选拔、考核、谈话、重大事项报告、干部竞聘、干部交流、后备干部选拔、处级干部述职、处级干部谈话诫勉、干部员工末位淘汰制度等人事改革措施，公开在全行员工中选拔处、科级干部，如风险处副处长、拓展处副处长、自助银行经理、国外业务部经理助理等职位在全行范围内进行了公开招聘，加大了选拔干部的科学性、公正性及透明度，加强了全行员工的凝聚力和战斗力。

(七) 党建工作。1999 年，分行党委结合“三讲”教育的开展，扎扎实实地抓党的组织建设，并取得一定成效。(1) 认真做好“三讲”教育及其整改工作。按照总行部署，在总行巡视组的指导下，充分准备，认真部署，积极做好分行和处以上干部的“三讲”教育工作。使全行处以上干部较好地接受了以“讲学习、讲政治、讲正气”为主要内容的党性党风教育，提高广大党员、干部的马列主义、毛泽东思想、邓小平理论水平，提高政治修养，端正党风，提高班子的战斗力，有力地促进了全行的改革与发展。(2) 加强了党、团基层组织建设。根据金融系统党团组织关系实行垂直领导的情况，及时对基层党团组织机构进行调整，先后在分行机关、各部、支行建立了 4 个党总支、13 个党支部、1 个团委、11 个团支部。并按组织原则选举、任命了各基层党、团组织的领导成员。同时，分行党委还以“坚持标准、保证质量、改善结构、慎重发展”为方针，做好党员的发展工作。年内共吸收了 3 名职工入党，办理 14 名预备党员转正手续，并把一部分先进员工和业务骨干列入了党组织培养对象，党的组织力量不断壮大，党组织的核心作用在分行发展中得到了集中的体现。(3) 认真抓好党风廉政建设及干部勤政廉政建设。分行纪委在年初就制定了党风廉政量化考核目标，并与处长、支行长签了责任书，并先后出台了礼品礼金登记制度和中层干部报告重大事项规定、交行员工“十不准”、机关人员下基层接待标准等管理办法，认真召开党委成员、行领导、处长、支行行长民主生活会，纪委、监察室不定期检查落实，同时，还认真做好信访工作。通过狠抓勤政廉政工作，充分发挥党组织的政治核心作用，贯彻民主集中制原则，领导干部始终能用高标准来严格要求自己，廉洁自律，率先垂范，保证了干部队伍的战斗力，促进了各项业务的健康发展。

（八）精神文明建设。1999年，分行党委按照“两手抓，两手硬”的要求，在抓好业务发展的同时，认真抓好精神文明建设。(1) 做好新时期的思想政治工作，党、政、工、团通过各种形式对职工进行爱行爱岗职业道德教育，增强了全行员工敬业精神；(2) 大力开展文明优质服务活动，树立良好的企业形象；(3) 进一步提高员工的素质，加强对干部、员工的培训；(4) 开展争先创优活动，树立正气、抵制邪气，鼓励先进、鞭策后进，全行涌现出了一批先进个人、先进集体，并有两个支行分别荣获“省级文明单位”“全省先进单位”称号，有10余个集体荣获省、地、市、区“青年文明号”称号。分行党委还利用喜迎祖国五十华诞的大好时机在全行员工中广泛开展爱国主义教育、爱行教育。同时，行党委还带领全行干部、员工与“法轮功”组织作斗争，组织干部、员工学习有关文件、材料，并观看电视、录像等，积极用马列主义、毛泽东思想、邓小平理论占领全行员工的思想阵地，号召全行员工坚决抵制“邪教”组织的歪理邪说。由于工作扎实、有效，全行没有“法轮功”组织的参与者，保持了全行员工队伍的纯洁性和战斗力。

中国人民保险公司云南省分公司工作述评

总经理　向可碧

1999年，原中保财产保险有限公司在机构体制改革中，继承人保品牌，更名为中国人民保险公司，我公司也随之更名为“中国人民保险公司云南省分公司”，专门经营财产保险业务。在总公司的领导下，全省系统各级公司按照“积极调整，稳健经营”的工作思路，借助’99昆明世博会的有利时机，努力拓展保险业务，着力提高业务质量，优化险种结构，在业务质量和效益上狠下功夫，基本上实现了1999年的经营目标，取得了较好的经济效益和社会效益。

一、主要工作成绩

1999年，实现保费收入15.75亿元，与上年基本持平，完成年计划任务的94.95%，人均保费70.86万元，虽然没有完成总公司下达的保费指导性计划，但较好地完成了各项指令性指标任务，实现税利2.36亿元。其中营业税及附加1.28亿元，利润1.08亿元。各种责任准备金积累达8.14亿元。全年共处理各类赔案116.9万件，支付赔款8.46亿元。我公司作为世博会组委会指定的唯一向世博会指定的财产保险公司，专门为世博会设计、开发了近20个险种，承保金额近20亿元。保险经济补偿作用的充分发挥，为云南的经济建设作出了积极贡献。

（一）机动车辆保险。1999年，全省各级公司以车险创名优工程为核心，完善优质服务措施，继续保持了车险业务持续稳定发展。全年共承保各类机动车辆482775辆，减少13755辆，同比下降2%，其中汽车261519，同比增加3065辆，增长1.2%，比重为54%；摩托车154122辆，增长8.1%，比重为32%；拖拉机67134辆，下降30%，比重为14%。全年保费收入9.94亿元，占全省财产险保费收入63%，净增保费4629.1万元，同比增长5%，比重为94.06%；摩托车保险费收入4418.2万元，同比增长12%，比重为4.45%；拖拉机险保费收入1475.3万元，同比下降15%，比重为1.49%。

由于我省车险附加险的进一步规范、配套和完善，加之各级公司对附加险宣传推广力度的加强，作为基本险保险责任扩展和有效补充的附加险，其全面完善的保障作用日益为广大保户认知和接受，激活了车险市场对附加险的潜在需求。1999年车险附加险保费收入达2.81亿元，同比增长15.5%，占车险总保费的28.2%，同比上升2.6个百分点，净增保费3779.9万元，占当年车险新增保费的81.6%。业务结构进一步趋向合理，车均保费稳步上升，全省车均保费2059元，同比车均净增保费150元，增长7.8%。其中汽车险车均保费3577元，同比增长3.8%，净增保费132元。附加险赔付率仅为17%。

我省系统车险创名优工程在云南保险市场的几家市场主体中领先一步，继续保持了较高的市场占有份额，承保数量及业务规模分别占全省车险市场份额的84.3%、87%，牢固占据我省车险市场的主导地位。

为向广大保户提供优质快捷的理赔服务，各级公司针对广大保户反映强烈的理赔难问题，积极开展了简易赔案处理办法和限时理赔服务，有效地提高结案速度。全省消化积案和处理赔案128382件，同比上升10.33%，结案率达95.4%；全年支付赔款5.98亿元，同比增长9%，已结案件赔付率60%，同比上升2.2%，已结案件赔付率71%。

（二）财产保险。1999年，全省财产保险业务工作继续坚持稳健经营的方针，保持了财产保险业务规模和效益的良性发展。全年财产保险业务收入4.15亿元，与上年同比负增长5.5%，期末有效储金余额2.39亿元，赔款1.57亿元，综合赔付率为37.9%。其中企业财产保险保费收入3.18亿元，与上年同比负增长2%，赔款1.12亿元，赔付率35%；家庭财产保险保费收入2743.6万元，与上年同比负增长12%，赔款1063.6万元，赔付率39%；工程保险保费收入481.7万元，与上年同比负增长40%，赔款479.8万元，赔付率100%；责任保险保费收入5959万元，与上年同比增长2%，赔款2871万元，赔付率48%；期末有效储金余额2.39亿元。

财产险业务工作坚持以效益为中心，转变观念，切实加强风险防范，克服承保企业经营困难，效益差，交费难，竞争激烈等因素，不断调整展业策略，最大程度的巩固了财产险业务规模，同时财产保险赔付率与上年同期相比下降了4个百分点，主要险种（企财险、家财险）的赔付率分别下降了2.2、18.49个百分点；责任险的赔付率得到了有效控制，赔款金额大幅度下降，经济效益在上年基础上进一步提高，财产险业务成为公司的骨干效益险种。

全年推广了9个责任险新险条款，责任险业务与上年同期相比业务增长2%。其中全省性承保的医疗事故职业责任综合保险，当年实现保费收入千万元以上；为'99中国昆明世界园艺博览会提供了优质的财产保险服务，在对世界性大型博览会提供保险服务方面获取了经验。

（三）农业保险。1999年农业保险业务，认真落实全保会和全国农业保险工作会议的精神，坚持量力而行，自求平衡的指导思想，继续贯彻“积极稳妥地开展农业保险”的经营思路，完成了各项业务工作指标。全年农业保险业务保险费收入5638.60万元，完成年计划的122.58%，比上年同期增长4%；在烤烟保险出现较大范围冰雹灾的情况下，综合赔付率为82.16%。其中种植业保险费收入5607.50万元，赔付率为81.12%；养殖业保险费收入31.10万元，赔付率270.10%。

1999年的农业保险业务发展重点是：（1）办好烤烟种植保险、森林火灾保险、甘蔗种植保险。并为支持我省18生物资源开发工程，探索有关配套的农业险业务新险种。全年共承保烤烟2303458亩，保险费收入49858万元，较上年同期增长8%，赔付率为81%；甘蔗种植保险保险费收入268万元，赔付率为68%；森林火灾保险承保1143616亩，保险费收入165.30万元，赔付率为55%。为支持18生物资源开发工程试办了咖啡树种植保险和橡胶树种植保险，两项共承保90977亩，保险费收入163.80万元，赔付率为120%。（2）强化风险管理和风险防范意识。工程重点是加强基础建设，抓规范化管理，切实提高农业保险业务质量。

（四）保险防灾。1999年保险防灾工作，主要抓了以下几项：（1）建立健全重大承保企业防灾工作档案。各地分公司保额为1亿元或者保费收入达20万元的重点企业；重点城市昆明、曲靖、玉溪、红河、大理等建立了保险防灾档案。（2）省分公司与省气候中心签订由省气候中心定期向我省16个地、州分公司和97户重大承保企业发布中、短期天气灾情预报及受灾情况的合作协议，全省实施定期灾害性天气预测、预报。(3) 协助配合社会专业防灾部门及省政府救灾部门积极推进综合社会防灾机制和有效的减灾活动。对我省的泥石流灾害损失和洪涝灾害损失补偿，从法规和地方行政规定的角度，制定出一个科学合理的损失补偿标准；广泛与安全、消防、安委会等部门积极配合，开展形式多样的安全知识、业务培训和安全检查活动。

（五）货物运输保险。1999 年，我司的货运险业务保费收入 9372.6 万元，同比负增长 17%，综合赔付率 44.06%。其中国内货运险业务保费收入 8679.9 万元，同比负增长 12%，赔付率 43%；涉外货运险保费收入 692.7 万元，同比负增长 52%，赔付率 75%。

1999 年是我司的货运险业务发展较为困难的一年，出现了分业经营后的首次负增长。针对问题，我们坚定信心，知难而进，克服重重困难，强化内部管理，加强防灾防损工作，降低保险赔款支出，从而提高货运险业务的经营效益。特别值得一提的是货运险业务规模较大的玉溪分公司在展业条件极为不利及市场竞争不断加剧的情况下，以公货险创名优为依托，以优质服务赢得市场，1999 年货运险保费收入与上年相比增长 18.87%，保持了该公司货运险连续 4 年高速增长的优异成绩。另外大理、西双版纳、德宏、怒江临沧分公司和省分公司国内营业部的货运险也保持了适度增长，为我司货运险业务在全国人保公司系统保持保费收入十强做出了贡献。

1999 年，我司代省外兄弟公司代查勘代理赔案件 1553 笔，代赔金额 157 万元，比上年有所下降；省外兄弟公司为我省代查勘代理赔案件 1666 笔，金额 219 万元，比上年有所上升。

（六）代理业务。1999 年，代理业务全年保费收入 3.02 亿元，比上年同期增长 79.9%。其中：专职代办所保费收入 4130.6 万元，同比增长 23.73%；兼业代理保费收入 2.16 亿元，同比增长 65.72%；个人代理人保费收入 4510.24 万元，同比增长 155.15%；代理业务储金收入 459.25 万元；代理业务保费收入占全省当年保费收入的比重由 1998 年的 10.67% 上升到 19.2%，“多渠道、广代理”的局面已初步形成。

（七）涉外保险。1999 年，云南省人保公司国际部面对亚洲金融风暴冲击的影响，及时调整了业务结构，在发挥优质险种的基础上，积极发展其他险种。1999 年承保各类保险 20 多种，其中外币业务包括飞机险、出口信用保险、公司责任险、雇主责任险、酒店饭店综合险、雇员忠诚险、进出口货物运输险等，同时积极开展责任险、旅行社旅客旅游责任险、国内货运险及机动车辆保险，保费收入共计 4684.6 万元人民币，其中美元 203.4 万元，为国家积累了一定的非贸易外汇资金。1999 年处理各类赔案 498 件，支付赔款 1392.2 万元人民币。

（八）电子化工作。1999 年，是全省《电子化工作规划、管理、实施纲要》实施的最后一年。公司紧紧围绕“继续巩固应用成果，全面推进全省网络建设工作”的指导思想，着力抓了网络建设、计算机 2000 年问题的解决及软件系统的推广应用等方面的工作，达到并超额完成了全省《电子化工作规划、管理、实施纲要》的各项目标和任务，为 2000 年进行数据集中，建立省、地级公司数据库奠定了坚实的基础。(1) 全面落实网络建设工作，网络建设水平跃居全国前列。建成省—地—县三级网络并正式投入使用；完成省分公司机关和 7 个地、州、市分公司的局域网建设；完成玉溪、曲靖、西双版纳分公司地—县数据集中试点工作。(2) 切实解决计算机 2000 年问题，确保全省计算机系统进入 2000 年问题就绪状态，完成了系统软件的升级工作。(3) 积极推广应用软件系统，提高业务“全电脑化”管理的程度。(4) 认真抓好培训工作，提高各级人员的计算机应用水平，确保软件系统推广到位。共举办计算机专业技术及推广应用培训 6 期，培训人员 640 多人次，主要有：解决计算机 2000 年问题技术培训、机动车险新条款程序推广应用培训、新财会软件系统推广应用培训、计算机专业人员高级技术培训、统计台账系统推广应用培训、人事统计报表系统推广应用培训等。

（九）组织人事和教育培训工作。1999 年组建党委 19 个，党支部 131 个，党小组 52 个，发展党员 35 人。系统成立团委 6 个，团总支部 5 个，团支部 47 个。

1999 年，完成了 16 个地、州、市分公司领导班子的考核调整充实配备工作。全省系统提拔领导干部 9 人，调整领导干部 6 人。1999 年横向交流地、州、市分公司总经理1人，纵向交流3人。各地、州、市分公司内部也相应交流了一批干部。为使干部交流工作规范化、制度化，还制发了《中国人民保险公司云南省分公司干部交流管理暂行规定》，使之做到有据可依，有章可循。

进一步加强干部考核工作。系统干部一律实行聘用制，按照上级公司的有关规定，每年对干部进行一次全面考核。根据考核结果确定工作岗位，严格实行“上岗、试岗、待岗”三岗制。深化劳动用工制度的改革。依据《劳动法》，完善用人管理制度，积极认真地做好全省系统劳动合同的管理和政策咨询工作。系统签订劳动合同54人，解除劳动合同3人，终止劳动合同9人。疏通了职工能进能出的用人渠道，依法规范了劳动用工制度。

在教育培训工作方面，组织推荐了全省系统1999年度高级专业技术职务任职资格的考核考试和推荐评审申报工作。经总公司高评委审批，有5人获得高级专业技术职务的任职资格（其中高级经济师2人、高级政工师2人、高级工程师1人）。

为适应保险市场竞争的需要，1999年始终把提高职工队伍的政治理论素质、业务理论水平和科学文化知识作为一项重要工作抓紧抓好。

（十）财务管理和稽核审计。1999年，公司经营管理遵循“以经济效益为中心，大力发展业务”的宗旨，较好的完成了总公司下达的各项任务。财务管理上继续实行目标经营管理办法：保费收入第一年以指导性指标下达，平均增长率为5%；下达利润计划1.08亿，平均利润率6.8%，工资分配与保费收入和利润分别挂钩，体现多劳多得的分配原则；费用除与保费挂钩外，还体现以效益为中心的原则，与利润挂钩分配；压缩基建规模集中高度资金，同时加大奖惩力度，全面完成各项指令性计划的，总经理，副总经理重奖，反之，除重罚外，还扣发全部风险抵押金。科学的计划配以有效的管理手段，使我司取得了较好的经济效益。1999年我司18个核算单位，除5个地州部分完成指标外，其他13个公司全面完成各项任务。全年保费收入15.56亿元，考核利润1.08亿元，上缴各种税款1.78亿元，清收不良资产268万元，安排基建资金4090万元，解决收尾项目12个。保费收入排名全国第12位，利润全国排名第八位。

在执行财务制度和会议核算上，贯彻、落实了财政部1999年单独为保险公司制定、下发的保险企业财务制度和会议制度，并相应修改了电脑程序，在全省推广应用，到年底为止，新程序全部运行正常。

在稽核审计工作方面，为建立责权分明，平衡制约，规章健全，运作有序的内控机制这个中心，修改、补充和完善内控制度40条，收集整理内控制度109条。通过开展经理任期经济责任审计，掌握了被审计人员所在公司的业务情况、经营状况、资产情况、资金情况以及财经纪律执行情况、按上级公司规定，对公司领导及部门经理的经营目标责任制及经济责任的履行情况，已列入今后审计工作的一项常规性审计。

（十一）纪检监察。1999年，全省系统各级公司根据中央、国务院《关于实行党风廉政建设责任制的规定》，省分公司制定了《中国人民保险公司云南省分公司党风廉政建设责任制实施细是（试行）》，严格按照《党风廉政建设责任制量化考核标准》，对各地、州、市分公司落实《标准》进行了考核验收。16个地、州、市分公司有10个被评为优秀，6个被评为良好。按干部管理权限，省地、州、市分公司分别建立了处、科级干部廉政档案。在全省系统内首次开展了机构组织系统控制、决策系统控制和部分执行系统控制的执法监察，共监察地、州、分公司3个，县、市、区支公司、营业部54个，共抽调执法监察人员69人，组成18个执法监察组。在执法监察中，共召开座谈会215次，调阅各种资料16125份，检查内控制度342项，检查岗位468个。通过检查，推广先进经验，查违法违纪金额50.85万元，挽回经济损失17.9万元，追回违法违纪资金14.73万元，发现案件线索3个，立案查处2个，提出改进措施和建议82条，协助基层公司建章立制37个。全省发生经济案件3件，涉及金额24万余元，已结案；处分干部2人，其中记大过、试岗半年1人，记大过、处罚金2000元/人。在案件查处过程中，对失职渎职的领导，追究领导责任1人，并处罚金400元。

二、主要措施

（一）1999年，根据云南保险市场的实际，全省系统把工作的重点转到切实提高业务质量和效益上来。对机动车辆险、企事业财产险等传统性险种，坚持积极稳妥发展，努力实现规模效益。对责任险、货运险、新险种和分散性业务等新的业务增长点给予费用加提成的倾斜政策，鼓励其加快发展。并积极探索兼业和个人代理业务方式，通过广代理使承保的广度和深度不断扩大。同时努力创新，推出了全省卫生系统医疗机构和医护人员职业责任保险，个人住房抵押贷款保险等业务，取得了初步成效。对一些风险大、效益差的老险种进行优化改造。如家财险，在全面剔除地震责任后，依法批改和终止了长效险。全省系统在巩固机动车险创名优工程的基础上，将企财险和公货险纳入创名优工程活动，促进各级公司完善和丰富服务内容、服务体系，实现各险种的名优化，名牌效应逐步扩大。

（二）根据总公司关于统一法人授权经营的要求，全省系统顺利推进并完成了各级公司的转授权工作。实行转授权经营后，强化了按级管理，分级负责，明确了各级公司的经营权限，使各级公司自觉地依照规定的职责和权限开展工作。

（三）推行领导体制改革。根据总公司的统一布置，省、地两级分公司党组改建党委，设立党委工作机构的工作全面完成，实现了系统党的领导体制和干部管理体制的“两个垂直”领导。与省政府的行政区划调整同步，对所属的东川分公司、寻甸县支公司进行相应的撤并调整，完成人、财、物成建制划转和部分干部职工的分流安置。

1999年8～11月，省、地、县三级公司领导班子和领导干部认真开展了以“讲学习、讲政治、讲正气”为主要内容的党性党风教育，初步解决了各级领导班子和领导干部在党性党风方面存在的突出问题。在认真整改的基础上，使各级领导干部受到一次深刻的马列主义思想教育，基本达到了党中央提出的“思想上有明显提高，政治上有明显进步，作风上有明显转变，纪律上明显增强”的要求。

（四）积极推进公司的企业文化建设。围绕“以人为本”的经营理念，认真学习贯彻《中国人民保险公司员工行为准则》，开展以此为内容的知识竞赛活动，使广大员工增强了服务意识和服务观念，文明行业、礼貌服务在全省系统蔚然成风。全省各级公司继续开展“双文明”创建活动，涌现出“双文明”建设先进单位24个和先进个人29名。结合世博会和公司更名、建司五十周年等重大庆典以及实施新的CI计划，精心组织安排了一系列宣传活动，通过举办50年成就展、印制宣传画册、召开座谈会、报告会等丰富多彩的形式，进行宣传教育，形成爱岗敬业，乐于奉献的风气，增强了广大干部职工的荣誉感和使命感。

中国人寿保险公司云南省分公司工作述评

总经理　刘碧春

1999年，在总公司的领导下，全体员工立足寿险事业，做好本职工作，经受住了银行降息、迫使经营产品全面调整和新老产品交替所带来的严峻考验，团结拼搏，开拓进取，战胜各种困难，保持业务的持续发展，圆满地完成全年各项工作任务，夺取了“两个文明”建设的双丰收。

一、业务情况

（一）各项业务持续发展。1999年，在社会经济环境偏紧，投资和需求明显不足，同业竞争加剧等各种困境中保持了业务的持续发展。全系统共实现保费收入15.28亿元，同比增长9.35%，完成年计划的107.74%。实现账面利润2359万元，人均保费达到131.8万元。总保费收入中，养老金险保费收入4.14亿元，短期意外险保费收入1.92亿元，健康险保费收入1.34亿元，寿险类保费收入7.85亿元，储金性业务210万元。同时，保险的服务功能得到较好发挥。全年承保882.6万人次，保险金额2072亿元，累计赔付款2.52亿元，同比增长22.38%，给付率高达98.95%，上升18.11个百分点；累计满期给付44.68万人次，给付金额为3.64亿元。这些成绩的取得主要是狠抓了短险业务的发展，千方百计巩固发展学平险，积极推进旅游意外险、司乘险和航空意外险，特别是紧紧抓住'99昆明世博会这一千载难逢的机遇，仅世博园保费收入就突破1000万元，取得了显著的经济效益和社会效益。10～12月，在参加全国系统开展的"绿满神州"劳动竞赛中，完成99版新单保费3.77亿元，超额完成"绿满神州"劳动竞赛目标，获得全国系统寿险深度开发奖。

（二）管理工作得到加强。(1) 强化业务规范化管理。对团体保险业务的承保、理赔、给付等按照规范化的要求进行了检查，特别是对短险赔案的质量进行了严格考核。(2) 进一步推广CBPS业务处理系统的应用，逐步建立、完善全省核保核赔体系，有效地控制和化解风险。(3) 加强财务管理，加大对资金的运用力度和对基本建设的管理，积极开展对不良资产的催收管理工作，加强财务处理中心的建设。(4) 完成全省系统计算机2000年问题的测试工作，顺利地跨越了千年第一个敏感时间。网络建设实现全省系统联网，完成CLAF财务管理系统、CBPS业务管理系统等应用工作，OA办公自动化系统推广工作也取得一定的成效。计算机软件应用水平得到提高，解决了长期得不到解决的老业务管理系统开发问题。(5) 内控机制、监察、稽核工作得到加强，防止和减少了违法违纪案件的发生。

（三）改革力度加大。(1) 进行法人授权和转授权经营的改革，进一步增强各级公司的法律、法规意识，自觉地在授权、转授权范围内从事经营和管理活动，促进了经营管理行为的规范化。(2) 进行绩效考核管理办法的改革，加大费用控制力度，降低了经营成本。(3) 继续推行三项制度改革。进一步实行干部的聘任制、试用制、交流制，完善劳动合同制度，加大了对发展快、效益好的公司倾斜的分配力度，拉开了公司间分配差距，试行一线业务人员与业绩直接挂钩，实行上不封顶、下不保底的分配机制，有效地调动了一线职工的积极性。

（四）精神文明建设取得新成果。(1) 全司深入开展争创"青年文明号"和"文明单位"、"重合同守信用"的活动，广大职工文明优质服务，恪守职业道德，积极奉献社会，涌现出了一大批省、地（市）、县（区）级"青年文明号"、"重合同守信用"和"文明单位"。(2) 围绕建国五十周年庆典、'99昆明世博会、澳门回归等重大事件，组织开展了丰富多彩、形式多样的庆祝活动和文体活动，有力地推动了全省系统的社会主义精神文明建设。

（五）"三讲"教育见成效。下半年，公司严格按照总公司的部署，在省、地两级公司深入开展了"三讲"教育工作。通过"三讲"教育，提高了领导班子和党员领导干部的思想理论水平，找出了在党性党风上存在的主要问题，坚定了政治信念，加强了班子团结，密切了下上关系，基本上达到了"思想上有明显提高，政治上有明显进步，作风上有明显转变，纪律上有明显增强"。各地结合"三讲"教育，较好地解决了当前全系统在组织建设、领导班子建设中存在的一些突出问题，增强了各级组织和领导班子的凝聚力和战斗力，振奋了职工队伍精神，推动了公司的全面建设。

（六）宣传活动效果显著。1999年，公司紧紧抓住'99世博会在昆明举办的契机，不失时机地投入大量的人力、物力和财力，大力宣传中国人寿的整体形象和实力，并以此为龙头，带动全省系统的宣传活动，收到良好的社会效果，产生积极而深远的影响。各级公司还利用公司更名改制的机会，及时举行隆重的更名揭牌仪式暨开展"敬老助老"等系列宣传活动，把公司情系民生、关爱生命、服务社会的企业精神展现给社会，开创了宣传公关活动的新形式，赢得了社会各界对中国人寿保险事业的关心和支持。

二、存在问题

主要问题是：(1) 信息不灵，对市场缺乏科学的调查、预测，快速反应能力较弱；(2) 员工队伍素质还不适应现代寿险的要求；(3) 业务不够规范，有令不行、有禁不止，造成新的业务结构的不合理；(4) 改革的步伐不够大。

中国太平洋保险公司昆明分公司工作述评

总经理　吴致钊

一、经济指标完成情况

1999年，昆明分公司在总公司的领导下，认真贯彻落实太保全国工作会议精神，按照年初确定的“调整、管理、巩固、发展”的指导思想，团结奋斗、扎实工作，取得了来之不易的成绩。

1999年，昆明分公司全年承保金额1629亿元，同比增长83.65%，实现保费收入3.55亿元，完成总公司下达任务的97.47%。其中财产保险保费收入1.8亿元，增长12.6%，完成年计划的110.94%；人寿险保费收入1.75亿元，其中人意险保费收入2607万元，增加83.07%。全年昆明分公司上缴各项税收2765万元，增长24%；实现利润3693万元，完成总公司计划任务的307.8%，增长84.7%，其中财产险实现利润3327万元，完成年计划的314.76%，人意险实现利润316万元，完成220.98%。

二、主要措施

(一) 充分重视巩固老客户，努力发展新保源，使财产险业务获适度增长。(1) 始终坚持巩固老客户的工作，走访重点客户，集体攻关。在展业工作中，公司坚持承保上门，保单送上门，查勘及时快捷、赔款尽可能送上门的服务形式，注重与客户间的各种信息的交流，挖掘新保源。(2) 严格执行保监会的决定，规范机动车保险业务。根据保监会4月1日全国统一使用机车险新保单、新条款的要求，公司于4月1日前组织了“全省机车险保单切换培训”工作并克服重重困难，顶着保费流失的压力，按时统一使用新保单；代理机构统一配备传真机，实行“传真投保，集中核保，统一出单”，进一步减少承保风险，为规范机车险保险市场起到积极的表率作用。(3) 以积极进取的心态对待和处理好竞争市场上出现的问题，从正反两方面向客户做好法律法规的宣传。(4) 重视公司各单位的协作，重视部门间的协调配合，统一对外，取得较好效果。(5) 开发了医责险，并取得省卫生部门支持正式推开，针对受机构网点少的条件限制难以全省推广的现状，决定走优势互补的联合道路，与省人民保险公司联合承保，制定并完善专项制度、运行机制和监控手段，保证了医责险在全省范围内顺利开展并取得较好效果。(6) 各分支机构在巩固老客户的基础上，为实现年初计划任务不断开拓，新成立的支公司发展势头良好，为今后的发展夯实了基础。

*(二) 抓发机遇，认真组织，克服困难，力争实现人寿险业务的奋斗目标。*1999年是寿险发展经受考验的一年，6月底大幅度调低寿险契约预定利率，使本已低迷的寿险市场又出现阶段性萎缩，人寿险保险条款的全面切换更加大了业务发展的困难。公司寿险各部门、各机构以积极进取的心态，把总公司下达的寿险任务指标作为自身发展的硬指标，自压重担，尽最大努力开拓发展，实现了保费收入1.75亿元的好成绩。主要措施：(1) 认真贯彻总公司人寿险工作会议精神，采取各种有效措施促进业务发展，在工作中形成了一套高效率、行之有效的工作方法。(2) 认真分析云南各地人寿险业务形势，合理务实地明确各项努力目标。抓住“世博会”在昆明召开

带来的业务发展机遇，明确了航意险、旅意险为重点发展险种。(3) 注重发挥分公司整体优势，贯彻以行业化、集团化、系统化的业务为攻关重点，使我司团寿险业务有所突破。(4) 加强对各机构开展学平险业务的帮助指导，保持全司辖内学平险业务一定程度的增长。(5) 寿险各部门全力配合，按时、按质、按量地保证公司 6 月 10 日大规模条款切换工作，及时保证了 66 个新条款电脑程序和资料印刷的到位。(6) 加强了全省范围内的调查研究和指导，全面推进地州人寿险业务的发展。(7) 实施系统、全面的竞争规划，营造个人寿险业务的高潮，策划形式多样的业务竞赛，鼓舞士气，努力走出低迷的发展时期。

(三) 规范代理机构，大力发展代理业务。(1) 1999 年，公司成立太保昆明分公司清理整顿办公室和产寿险联合工作组，顺利接受了保监会的实地调研检查，得到了保监会的认可和公正评价，同时公司的兼业代理人申报工作也得到保监会同志的好评，申报及审批合格率居 4 家保险公司之首。(2) 借清理整顿中介机构之机，公司重申了坚决贯彻执行保监会及太保总公司的各项清理要求，向代理人传达了国家相关法令法规，达到共识。坚持撤销了少数不规范代理点，彻底清理老保单，摸清实情，梳理了以往存在的一些混乱状况。(3) 补充代理业务管理规章、制度和办法，及时组织公司兼业代理人的培训工作。(4) 通过细致协调，依据属地管理原则，理顺公司代理机构的“归口管理”。

(四) 遵循“三个一流”的服务宗旨，进一步完善服务手段。公司始终坚持“主动、及时、准确、合理”的理赔方针，遵循“三个一流”的服务宗旨。全年全司赔款支出共 7767 万元，给付保险金 784 万元，为全省经济发展，社会生活安宁作出了实实在在的贡献。(1) 恪尽职守，认真履行保险赔付职能。继续推行产、寿险 24 小时报案投诉电话，理赔人员全天候待命，发生灾险保证及时赶到现场，赢得了客户的信赖。(2) 加强技能学习，特别是加强对各机械理赔人员的管理和培训，理赔部采用跟班学习，面对面、手把手教、下派示范等形式，对地州新机构理赔人员加强培训指导，使公司理赔人员的整体业务水平有一定程度的提高。(3) 寿险体检室正常运转，及时完善了客户咨询投诉制度，开展电话跟踪服务，对提高服务质量，防范风险取到积极作用。(4) 1999 年是大案重案多的一年，公司处理的最大赔案是昆钢特大火灾赔案。全年查处骗赔案 6 起，挽回经济损失 300 多万元，其中多数骗赔案是机动车先出险后签单，制造假证骗取保险金，公司理赔人员通过大量取证，政策攻心，法律加压，最终教育了车主，打击了诈骗行为。

(五) 调整结构、加强管理、防范风险。(1) 根据总公司有关要求和分公司实情，公司实施了一系列的调整，原国际业务部与铁货险科合并为水险部，并成立分公司产险业务管理中心，各机构成立了代理业务管理部和寿险客户服务中心。(2) 围绕总公司“一个法人”体制和“三集中”管理措施，分公司进一步加强了内控制度建设。全年开展了全司范围学习《规章制度》的活动，进一步明确各岗位的职责。年底，公司出台了防范风险和经济案件的《检查登记制度》和《责任书》，将公司内控机制落在实处。(3) 根据总公司确定的稽核工作重点，稽核科、计财部等部门认真进行了全司辖内机构及代理点的稽核工作，通过了总公司稽核部的稽核。全年稽核的重点是财务专项稽核、常规稽核和制度落实情况的检查。稽核小组采用边查边指导的办法，督促整改，及时发现问题及时改进，防患于未然。(4) 完成全司财务会计核算电子化的基础工作，实现全省会计机构的联网，实施全司代办点报账制，做到了公司对全省财务的有效监控。(5) 按照总公司要求，对公司全辖固定资产进行了认真清理，摸清家底，强化成本意识。(6) 继续推进公司电子化建设，顺利实施 4 月 1 日的机车险保单全面切换、兼业代理人申报输录工作、财务系统全省联网、寿险新条款全面切换等，对 2000 年问题按要求制定了应急措施。电子化建设的发展促进了集中管理的进程，提高了风险监控能力。

(六) 全面抓好党建工作，落实以人为本的战略思想。(1) 加强党的建设，为公司的改革和发展提供坚强的政治保证。(2) 完成分公司党组改建为党委的工作，建立分公司纪委；地州机构也分别成立党组织和纪检组，实行党组织的垂直领导，干部垂直管理，制定了党委、纪委的基本工作规程及工作制度。(3) 召开太保昆明分公司首届党建工作会议，提出党建工作的重点，对公司的发展起到重要的指导作用。(4) 加强教育培训工作，提高干部员工综合素质。(5) 加大干部员工考核力度，对科以上干部进行群众评议和考核。

中国平安保险股份有限公司昆明分公司工作述评

总经理　杨　荣

1999年，中国平安保险股份有限公司昆明分公司深入贯彻落实全国保险工作会议精神，以《保险法》为依据，规范经营，完善内控，加强管理，防范和化解风险，开源节流，突出效益，改革创新，强化责任，突出以效益为中心。在经营指标上，不刻意追求量的增长，注重质的提高；在管理水平上，以提高管理效率，降低经营成本为重点，全年产、寿险共实现保费2.9亿元，完成年计划的115%，较上年增长16.6%，实现营业利润1.02亿元，完成年计划的126%，累计赔付（给付）金额6570万元，全面完成了总公司下达的年度业务计划。

一、突出效益、稳健经营

（一）拓展业务空间，增加新的业务增长点。1999年，加大了大项目展业力度，制定下发《大项目管理办法》。市场部积极为各业务部门大项目展业提供技术指导，配合业务部门进行重点攻关，全年产险共承保50万元以上大项目7项，保费达857.11万元。寿险集中力量重点突击昆明市的百强企业，将业务员分成几个不同特点的攻关小组，由内勤提供技术指导支持，仅上半年，已有5个行业向我司投保，收入保费4500多万元。开拓保险兼业代理业务，加强对政府、银行、各行业主管部门的公关，理顺关系，先后同中国建设银行云南省分行、中国农业银行云南省分行、中国工商银行云南省分行签订保险代理协议，拓宽了展业渠道。开发新险种，先后申报和推广《计算机综合险》、《锅炉压力容器综合保险》、《活动意外取消险》，推出健康险业务，使险种结构趋于多样化、合理化。

（二）加强业务管理。大力推广车险管理改革对昆明地区车险业务实施集中核保，对地州代理处核赔工作严格执行越权上报制度。认真执行“以我为主”的核赔原则，加强人伤医疗管理，建立定点网络医院，挤掉赔案中的“水份”，历年制赔付率较去年下降了9个百分点。细划非水险核保、核赔细则，尤其注重承保质量的审核，每天通过电脑对各营业机构承保质量进行跟踪管控，逐月考评，通过这一举措，引起了各级干部对承保质量的重视。加强体检、生调，核保方法进一步细化。客户服务、保全、契约等工作做到了及时办理，不积压，差错率控制在标准以下。开展核保核赔业务研讨及组织“核保、医务、契调、出单”等环节的工作汇报会，为严格业务环节的管理、防范风险，提供了有力的依据。加强应收保费管理。1999年由于全省经济发展状况不佳，各企业保费支付困难，公司经营过程中一度出现保费应收率过高，未达账时间长的不良现象。对此，公司对应收保费进行了认真清理，组成工作小组下各营业机构进行清查，责任落实到人，通过整改，年末保费应收率达到95%。为营造一种积极向上、奋勇争先的竞赛气氛，先后组织了“时间过半、任务过半”、“红五月”和“百日冲刺”为主题的业务竞赛。通过业务竞赛，激发员工活力，促进内部管理，提高工作质量，使全年各项指标计划得以顺利实现。

二、严格内控、防范风险

（一）清理整顿中介市场。1999年，公司认真贯彻保监委清理整顿中介市场方案，各营业机构在中介市场执行小组的领导下，认真学习保监委有关精神及分公司《清理整顿中介市场实施方案》、《关于中止超出营业区域范围发展代理业务的紧急通知》。加强对保险代理人管理，取消非法保险代理机构的代理合同，严格单证管理，自查自纠违法违规的代理人行为，消除隐患，降低经营风险，同时还全面清理了亏损业务，严把核保、体检关，对高风险予以拒保，注重承保质量，确保经济效益。

（二）强化责任落实。树立以利润为导向的经营理念，加大利润指标考核权重，完善考核体系。按月召开经营检讨会对各营业机构的“KPI指标强行排队。牢固树立危机意识，管控意识，追求价值最大化。

（三）规范内控流程。进一步深化内控流程推广工作，着重对印章、单证、两核、档案等管理进行严格规范，组织了“内控工作检查组”对各营业机构进行督促、检查、整改，通过检查落实，营业机构的内控流程得到进一步规范。会计工作被评为“会计基础工作基本达标单位”，荣获“产险系统再保工作先进单位称号”。

（四）加快办公自动化进程。在完成了车险、财务、统计小型机系统和平安 Intranet 平台的全面推广上线的基础上，本着资源共享，降低成本，提高工作效率的原则引入 Intranet 技术开通了公司内部信息网络，建立了文件查询、部门主页、公告栏等栏目，90％以上员工可在信息网中交流、办公，提高了办公效率。

（五）推广人力资源改革。根据总公司改革方案的要求，分公司对干部考核制度、分配制度进行了一系列的调整，在工资、费用总量不突破的前提下进一步向业务一线及管理一线倾斜，落实了工资整改方案，积极推行指导人制度，认真组织课堂培训及岗位培训，并根据干部、员工个人发展意愿结合工作实际，着重对昆明地区进行了机构和人员调整，促进了人力资源分配及运用的合理化。

三、营造氛围、激发活力

1999 年公司以平安礼仪入手，积极开展各种丰富多彩的活动，使员工在认同平安企业文化和企业价值的前提下，增加强队伍凝聚力。为给员工创造一个公开、公平竞争的环境，促进员工业务技能和服务水平的提高，在广大干部和内勤员工中广泛开展“民主评议”、“竞争上岗”活动，增强员工的危机感和竞争意识，建立建全民主监督机制，设立总经理室信箱，成立仲裁委员会，鼓励员工参与公司管理，建立上下沟通渠道，初步建立了一种有利于公司发展的民主管理模式。以提高员工业务素质入手，全年举办财务、两核、车险、内控管理代理处员工业务技能培训班等多种培训，配合总公司内勤人员技能考试，在分公司掀起岗位练兵热潮，在内勤技能比赛中分公司以 102.84 分的好成绩夺得西区冠军。通过以上活动营造了一种积极向上、拼搏进取的工作氛围，服务质量有所提高。

云南省工商行政管理工作述评

云南省工商行政管理局局长　何远灿

1999 年是云南省工商行政管理事业发展史上极其重要的一年。一年来，全省工商行政管理机关在各级党委、政府领导下，以体制改革为动力，行风评议树形象，“三讲”教育抓关键，强化自身建设，有力地促进了市场监管、行政执法各项职能的履行，为维护全省市场秩序，保证“世博会”顺利召开，促进经济发展作出了积极的贡献。

一、认真贯彻执行上级指示，初步建立垂直管理的新体制

1999 年，省工商局把体制改革作为全系统一项中心工作来抓，要求全体干部职工把思想统一到党中央、国务院的重大决策上来，充分认识体制改革的重要意义。各级工商局主要领导负总

责，分管领导负责具体抓，内部人事机构全力以赴认真抓，体改工作稳步有序地得到推进。4月初，省政府召开全省工商行政管理体制改革工作会议，下发《云南省工商行政管理体制改革实施方案》和《云南省工商行政管理体制改革交接办法》，并全面部署了全省工商行政管理体制改革的各项工作。会后，各级工商局积极行动起来，在当地党委、政府的领导下和组织、财政、人事、编办等有关部门的支持配合下，全力以赴投入交接工作。至8月底，全省16个地、州、市和除弥勒县以外的127个县、市、区工商局，做到了编制上划、干部交接、经费统管，对地、县局领导班子进行了重新任命，省以下垂直管理的新体制初步建立并开始运行。随后，省局通过深入调查研究，制定了《云南省工商行政管理系统市场办管脱钩和移交工作实施方案》，并报省政府同意下发各地执行，为全面完成办管脱钩任务打下了坚实的基础。

二、深入开展“三讲”教育，加强班子、队伍建设

（一）“三讲”教育取得了明显成效。(1) 领导干部受到了一次深刻的马克思主义理论再教育，提高了政治思想素质。(2) 领导干部受到了一次群众路线和群众观点的再教育，增强了廉洁勤政和接受群众监督的意识。(3) 在开展批评和自我批评方面有明显进步，增强了班子团结和解决自身问题的能力。(4) 通过“三讲”，查找和剖析了领导班子和领导干部党性党风方面存在的突出问题，进一步明确了努力的方向。在广泛征求意见和认真研究的基础上，班子和成员个人都提出了整改方案和措施，其中班子提出了5个方面25条整改措施，这些整改措施正在逐条逐项地加以落实。(5) 振奋了精神，增强了面向新世纪开创工商行政管理工作新局面的信心。“三讲”教育促进了省局领导班子的建设，必将有力地推动我省工商行政管理工作的发展。

（二）广泛开展民主评议行风工作，加强队伍建设。省委、省政府决定1999年在全省地税、国税、工商系统开展民主评议行风工作，各级工商局领导高度重视，以求真务实的态度，周密部署，精心组织，积极配合各级评议组，历时8个月，完成面对面评议、整改、总结等大量工作，取得了显著成效。(1) 评议组对工商行政管理系统近年来行风建设取得的成绩给予了充分肯定，也指出了存在的问题，明确了努力方向；(2) 各级工商行政管理机关进一步统一了对行风建设重要性、长期性的认识，增强了抓行风建设的自觉性；(3) 促进了工商行政管理部门各种内外部监督制约机制的健全和完善，推动了行风建设再上新台阶；(4) 涌现出以楚雄州工商局、长春工商所和宋发生为代表的一大批先进单位和个人，行风评议促进了全系统的形象建设工程，工商形象进一步好转。问卷调查显示，人民群众对工商行政管理机关行风建设的综合满意率达98.3%，内部问卷对工商系统行风建设的综合满意率达99.1%。结合民主评议行风，各地还狠抓对干部职工的思想纪律教育，加强对干部职工的知识更新培训，全系统队伍建设稳步推进。

三、加强粮食市场监管，整治市场秩序取得明显成效

（一）认真履行职能，确保“世博会”成功举办。为迎接和参与办好世博会，全省各级工商行政管理机关先后进行了3次大规模的市场整治，与有关部门密切配合，整顿市容市貌，清理占道经营，取缔无照经营，实施集贸市场亮化、美化工程，重点对宾馆、旅行社、度假村、景区、景点、文化娱乐场所的市场秩序和服务质量进行了整顿。3至4月份，省工商局专门派出3个检查组，对全省9个重点旅游地区、主要风景区进行了交叉检查。为保证世博会主会场昆明有一个良好的市场秩序，省局、昆明市工商局和官渡分局抽调40多人，集中对世博园周边市场秩序进行整治和管理。昆明市工商局先后出动3.6万余人（次）对主要集市检查整顿，查处和纠正各类违法违章行为5万多起，并在全市加强市场巡查，实行“工商12315”消费者投诉快速反应服务，维护了世博会期间昆明主会场的良好市场秩序。各地州市县工商局也在世博会期间加强了市场监管工作，树立了我省良好的旅游形象。为防止和制止因市场招租发生的群体事件，省局和昆明市工商局及时做了大量积极稳妥的疏导和协调服务工作，促进了社会稳定。

（二）继续加强对粮食市场等重要市场的监管。各级工商行政管理机关认真贯彻落实国务院粮食流通体制改革的决定，执行国务院《粮食收购条例》和国家工商局有关规定，主动会同粮食部门对涉及粮食经营活动的企业和个人进行了清理整顿，实行粮食批发经营许可证制度，督促粮食加工企业建立经营台账并实行查验制度，严格执行粮食凭证运销制度，坚决查处无证经营和各种违法违规行为。全省检查粮食经营企业2.7万户（次），查处粮食违法案件3376件，没收粮食415.8万公斤，罚没款188.9万元。省监察厅、省计委等8部门组成的粮改执法联合检查组，对工商行政管理机关在服务粮改上所做工作给予了充分肯定。在加强粮食管理的同时，各地还加强了对副食品、酒类、药品、成品油、音像、印刷品、展销会、农业生产资料等市场的监管，加强对经纪人的培训和管理，探索对“双生”市场监管的方法和途径。市场监管工作促进了市场繁荣稳定，全年商品市场成交额302亿元，其中消费品市场成交额255.1亿元，生产资料市场成交额达46.9亿元，比上年增长1.43倍。

（三）保护消费者和经营者合法权益。全省各级工商行政管理机关把思想认识统一到朱总理关于“打击假冒伪劣，事关政治，事关政府威信，事关国家和民族的前途”的指示上来，将公平交易执法重心调整到打击制售假冒伪劣商品等不正当竞争行为和欺诈行为上来。全省先后开展了“整治春节、元旦市场秩序”、“红盾打假护农”、“百家企业打假维权”等3次大规模打假执法活动，各地陆续开通了“工商12315”电话，进一步健全消费者投诉举报网络，强化打假力度和消费者权益保护工作。1999年共查处制售假冒伪劣商品案件9602件，案值3240万元。查处侵害消费者合法权益案件3599件，案值746万元。全省各级保护消费者权益组织广泛开展了以“安全健康消费”为主题的“3.15”系列活动，以各种方式进一步深入宣传《消费者权益保护法》，认真受理消费者投诉，为消费者排忧解难。全年，全省共受理消费者投诉2万多件，解决1.9万多件，解决率达93%，为消费者挽回经济损失826.5万元。进一步加大了反不正当竞争执法力度。结合《云南省反不正当竞争”条例》的颁布实施，先后开展了对公用企业限制竞争行为、反仿冒和反误导、打击药品回扣及其他商业贿赂活动等3次专项执法行动。1999年共查处不正当竞争案件416件，比上年增长45.5%。以《中华人民共和国合同法》颁布实施为契机，从企业财产抵押登记管理和合同鉴证入手，加强了合同管理工作。全年全系统共办理企业财产抵押登记5477份，抵押物价值157.3亿元，被担保的主合同金额92.7亿元，为企业获得贷款91.2亿元；全省共鉴证合同17万份，金额104.6亿元；对5056户企业的合同鉴订、履行情况进行了检查，检查合同14.8万份，金额197.6亿元。审查命名“重合同守信用”企业2834户。

（四）打击走私贩私行为。各地工商行政管理机关与文化、新闻出版、公安等部门密切配合，严厉打击走私、制售非法出版物的违法行为，加强知识产权保护，消除不良文化影响，对音像制品市场、电子游艺场所、印刷企业、书刊经营户、公众网吧等进行整顿，1999年全省共查处制黄贩黄、侵犯知识产权案件106件，收缴非法出版物光盘6.6万张，录像、录音带6.1万盒，书刊近20万册，取缔非法音像市场2个，取缔非法印刷企业217户。根据中央部署，各级工商行政管理机关迅速开展了收缴与“法轮功”有关出版物的紧急行动，集中时间，集中力量，深入辖区内的书摊、书店、印刷企业、音像制品商店逐家逐户开展拉网式清查，共出动人员3304人次，收缴“法轮功”类出版物、宣传品5212份。同时，认真履行打私工作中承担的“市场管”职能，严厉打击走私贩私行为。1999年共查处走私贩私案件507件，查获走私贩私物资总值1182万元。

四、发挥职能作用，促进改革开放和经济发展

（一）全面推进法制建设。(1)积极参与地方立法，规范市场行为。省工商局在充分调研论证的基础上，完成《云南省反不正当竞争法》、《云南省著名商标认定和管理办法》、《云南省商场出租管理办法》的起草上报工作，并分别经人大常委会和省人民政府常务会议审议通过，发布实施。此外，昆明市和各自治州工商局也积极参与了地方立法工作。(2)规范行政执法行为，提高依法行政水平。省工商局制定下发了行政执法考评、行政执法责任、行政执法追究、行政赔偿追偿等4项执法责任制度。坚持案件核审、复议制度，全年全系统共核审内部案件4209件，受理复议案件150件。加强工商行政管理法律、法

规培训。对内，全省各地普遍组织了对干部进行工商行政管理法律、法规，尤其是新颁布的《合同法》、《行政复议法》及《云南省反不正当竞争条例》的学习培训。对外，全省共组织企业法定代表人及管理人员近7万人，组织个体工商户近10万人，参加了社会主义市场经济法律知识培训。

（二）加强企业登记管理。（1）积极支持国有企业改革、改组、改制和走集团化道路，简化登记手续，提高工作效率，改进工作作风，提供优质服务。（2）贯彻党中央、国务院部署，积极与有关部门配合做好军队、武警部队、政法机关与所办经济实体脱钩工作，为脱钩企业办理变更、注销登记。（3）推行外资企业直接登记制，进一步加强外商投资企业登记管理，促进了我省外商投资环境的改善。（4）认真做好1998年度企业年检工作，在年检中严格审查企业登记的前置审批、注册资金等事项，注重清理“三无”企业，保证了年检质量。全省内资企业年检率为96%，参检合格率达99%；外资企业参检率为56%。全省经过年检吊销“三无”企业2490户。（5）密切配合有关部门，对金融企业、期货经纪公司、印刷业以及浪费资源、技术落后、质量低劣、污染严重的“五小”企业进行清理整顿，做好取缔、关闭工作。企业登记管理工作的加强，促进了各类工商企业的健康发展。1999年末，全省登记注册的内资企业达14.7万户，注册资本1463.8亿元；外商投资企业1596户，注册资本27.98亿美元，其中外方认缴16.1亿美元。

（三）加强监管，促进个体私营经济的健康发展。认真贯彻执行省委、省政府《关于加快非公有制经济发展的决定》和省工商局贯彻《决定》的实施细则40条，为发展个体私营经济营造良好的外部环境。至年末，全省个体工商户达76.6万户，从业人员127.4万人，注册资金68.8亿元。私营企业发展到17147户，从业人员31.7万人，注册资金141.8亿元，均分别比上年增长225%。各级工商行政管理机关和个协、私协还积极支持国有企业下岗职工申办个体工商户和私营企业，引导个体私营企业接纳下岗职工再应业，全省工商行政管理机关当年协助安置下岗职工10987人。在促进发展的同时，进一步加强了对个体私营经济的监督管理。开展了个体工商户验照和私营企业年检工作，依法查处虚假出资等违法违规行为，继续清理无照经营活动，对中心城市、交通沿线、风景旅游区个体工商户、私营企业，对从事美容美发业、娱乐业、餐饮业、印刷业的个体工商户、私营企业，进行了专项检查。

（四）加强商标监管和代理工作，保护商标专用权。1999年，加强了对企业商标工作的指导，增强企业对商标等无形资产的自我保护意识。根据省委、省政府领导的指示，配合有关部门对部分大中型企业进行了域名注册的宣传培训，引导实施域名注册，已有700多个域名在国际互联网和中国互联网上注册，遏制了我省企业域名被抢注的势头，扩大了我省企业在互联网上的知名度。积极拓展商标注册领域，引导各类企业开展商标注册，加速全省注册商标的发展。全省共代理商标事务1435件，至年末全省有效商标达1万多件。加强了对驰名商标和知名商标的保护，集中力量查处生产环节、流通环节和商标印制环节中的商标侵权和假冒案件。全年共查处商标违法案件586件，收缴和销毁侵权商标标识104万件（套），罚款53万元。进一步加强了对商标印制单位和专卖店的管理，依法做好“世博会”会徽、吉祥物图案、特殊标志专用权的保护工作。

（五）强化广告监管。各级工商行政管理机关对辖区内广告经营单位进行了全面、认真的资格检查，对违法违规行为及时进行查处和纠正。加强对发布广告的监督，规范广告的发布内容，还组织了对印刷品广告、医疗广告、电视直销广告的检查整顿，加大对虚假、违法广告的查处力度，全省共立案查处广告违法案件552件，罚款35万元，分别比上年同期增长约1倍。各地还围绕世博会召开、国庆五十周年、澳门回归等重大活动，继续深入开展公益广告工作，树立了工商行政管理机关和广告业的良好形象。全年，全省广告业继续稳定健康发展，广告经营单位达1200户，广告经营额达6亿多元，分别比上年增长5.5%和13.2%。

五、存在问题

主要问题是：（1）垂直管理新体制下的各项日常工作制度以及人、财、物管理的各项配套规章制度尚不健全，财务经费保障和基本建设困难较多；（2）面临市场经济发展新形势，对于如何推进监管大市场，充分履行职能，促进经济发展，研究还不够，办法还不多；（3）部分领导和干部思想观念、工作方法、领导方法滞后，不能造应新的要求；(4) 干部素质有待提高，思想和作风建设还需进一步加强。这些问题，需要我们全系统上下高度重视，齐心协力，通过大量扎实细致的工作加以解决。

云南国有资产管理工作述评

云南省国有资产管理局副局长　段曰灿

一、国有资产管理工作回顾

(一) 充分发挥国资管理职能，强化国资基础管理。1999年，国资部门在国资基础管理工作上重点在资产评估、产权登记、产权界定、资产报废报损、统计评价、效绩评价、季度监测等方面做了大量而富有成效的工作，圆满完成年度国资管理工作。至年末，全省拥有国有资产1107.74亿元，比上年增加83.06亿元，增长8.11%。

1、结合行业清理整顿，认真做好全省资产评估管理工作。1999年，全省资产评估重点做以下工作：(1) 严肃认真地做好全省资产评估行业清理整顿工作。在全省评估机构清理自查和重点抽查的基础上，先后组织派出省地两级20多个检查组、上百余人，对113户评估机构进行实地检查。通过检查，全省评估机构主要存在办所条件、执业质量、执业人员等方面的问题。财政部检查组5月到云南进行重点抽查，抽查结果认为，全省资产评估机构的发展状况良好，评估行业清理整顿工作组织有序，清理整顿落实，作了大量富有成效的工作，并给予充分肯定。(2) 努力做好全省资产评估机构脱钩改制工作。9月，全省召开资产评估机构脱钩改制工作会议，重点贯彻财政部关于评估机构脱钩改制的各项方针政策，部署全省资产评估机构脱钩改制具体实施方案，并提出“区别对待、分步实施、先易后难、一步到位、不留后患”的工作方针，重点抓好专营资产评估机构的脱钩改制工作。对兼营资产评估机构的脱钩改制工作，采取配合省注协核发资产评估资格证，分门别类地帮助评估机构制定改制方案，严把评估机构脱钩改制质量关。至12月20日，全省已有2户专职评估机构通过脱改制方案的审批，已报方案待批的有2户资产评估机构，其他资产评估机构也在积极招聘人员，制定脱钩改制方案。(3) 认真搞好资产评估立项、确认管理，积极支持国企改革。1999年度评估立项工作实行评估机构、资产占有方双向承诺制，明确资产占有方、评估机构、审核部门各自责任，建立资产评估项目抽查复核制度，完善资产占有单位初审制度，进一步修定资产评估立项、确认规范表格。1999年度，直接在省局立项的资产评估项目91项，与上年相比减少30.5%，立项评估资产账面价值174.6亿元，增长3.13%；批准确认的资产评估项目86项，增长9.18%，确认资产账面价值106.49亿元，评估值121.81亿元，评估增值额15.32亿元，增值率14.39%，评估值增长52.36%。1999年，积极为企业改制做好服务，先后深入双江造纸厂等10家企业，对重大资产评估项目进行现场协调、指导和立项、确认工作。(4) 加强资产评估执业人员后续培训教育。全省参加第一期注册资产评估师和资产评估项目负责人后续教育培训共计420人，得到中国资产评估协会的认可。

2、结合国资基础管理，认真做好产权登记、产权界定、资产报废报损、无偿划转审批工作。(1) 全省1999年度企业国有资产年检5469户，登记国有资产总额60.69亿元，国家资本395.64亿元，国有法人资本85.04亿元。(2) 对全省21602个行政事业单位进行产权登记，审定资产总额666.45亿元，负债总额131.61亿元，国有资产总额554.93亿元，“非转经”资产总额5.11亿元，并对全省进一步规范申办文件和文书，重新设计制定了省属企业产权登记档案的管理方式，对违反产权登记办法的企业按规定进行行政处罚，责令改正，防止国有资产流失。(3) 做好产权界定工作。配合省水利水电厅完成全省153个大、中型水库的产权界定工作。对省级6家事务所脱钩改制进行产权界定、资产处置批复工作。在企业改制中，先对所有拟改制企业进行产权界定，再批准改制方案。在专门性产权界定中，要求所有省属企业的产权界定工作，都要按先由具有资格的律师事务所提出界定意见，再由国资部门确认的工作程序办理，维护了国有资产权益不受损害。(4) 规范管理，严把资产报废报损审批权。按照全省资产报废报损管理办法规定，重点明确：主管部门在限额内审批正常报废，非正常报废由国资部门审批；非正常报废要冲减国家所有者权益的，由国资部门会同财政部门审批；非正常报废必须经资产评估机构或专门机构鉴定，并对残值评估；对授权经营国有资产的集团公司可自行审批除冲减所有者权益外的各种报废审批中，根据不同情况区别对待；对一般情况下企业资产的非正常报废，计入当期损益；对改制企业、特殊企业和因特殊原因的非正常报废，则慎重冲减所有者权益；严把国有资产无偿划转审批权。在防止国有资产流失的前提下，对符合国家规定的无偿划转进行审批，并明确划出划入双方办理有关账务调整和产权登记。

3、结合国资基础管理，认真做好“统一会计报表”、季度监测和效绩评价工作。(1) 圆满完成1999年度国资上报的收集、审核、录入、汇总、分析上报工作，共完成31328户企业、单位的“统一会计报表”统计工作（其中：经营性企业、单位8388户，非经营性单位22940户），以及完成5862户企业的集体资产年报统计工作。至年末，全省国有资产总量达1107.74亿元，比上年增83.06亿元，增长8.11%。根据国资年报数据，重点分析企业效益状况，将效益最好和最差的50户企业向省委、省政府报送信息专报。(2) 按时完成一季度68户监测企业季报工作。年初完成省级监测企业布置培训工作，并开辟《监测信息》，及时将监测进展情况分析上报，受到财政部对口部门的通报表扬。(3) 积极做好效绩评价试点准备工作。根据财政部的统一部署，全省效绩评价试点工作年内重点做好协调工作，拟定工作方案，转发国家4部委联发的《国有资本金效绩评价规则》、《国有资本金效绩评价操作细则》等6个配套文件，充分听取意见，为2000年正式实施做好准备。(4) 完成全省“统一报表”布置培训工作。先后转发了财政部有关“统一报表”工作的12个文件，完成了各业务口的数据汇总统一上报布置工作，培训业务骨干750余人。

（二）深化国资管理，促进国企改革与国有经济结构调整

1、积极推进企业改革。围绕国资管理，加强国有资产重组、股权管理、产权管理和调整国有经济结构方面的力度。(1) 积极促进国有企业公司制改造。1999年共有13户省属国有企业完成公司制改造（其中：2户改为股份有限公司，11户改为有限责任公司），涉及国有资产5.85亿元。总股本5.68亿万股（其中：国家股3295.5万股，占5.8%；国有法人股2.11亿股，占37.22%；职工持股会3.07亿股，占54%；其它非国有法人股1672万股，占2.9%）。1999年云白药1900万股国有法人股转让给云南红塔实业公司，经省政府同意并报财政部审批；省开发投资公司拥有曲靖电厂7.5亿元股权及债权正在运作转让给外商；昆药155.06万股国有法人股以279万股转让。对云南白药、昆明水泥、昆明玻璃3个公司的股利收支情况进行了核查。对207.7万元国有资产签订合同，实行有偿使用。(3) 配合有关部门做好国企解困工作，1999年省国资部门将工作重点放在国有企业破产上，先后配合省经贸委、劳动与社会保障厅、轻纺厅、财政厅等部门参与开远糖厂等6户企业的破产清算工作。(4) 继续做好抓大放小和企业兼并工作。完成了省新华书店集团有限责任公司和昆明钢铁集团有限责任公司的授权经营工作，授权经营国有资产36.42亿元。完成了农机公司下属14户企业股份合作制工作，涉及国有资产892.49万元，1户企业实施兼并，涉及国有资产353万元，职工144人。(5) 进一步理顺母子公司产权关系，完成了省医药集团资本金核实工作，将省建工集团和省新华书店子企业、云南白药和昆明制药的国家资本（股本）调整为国有法人资本（股本），明确了产权关系，促进了资本的管理和资本运营。

2、结合试点工作，认真做好企业保值增值

考核和外派监事工作。国资管理的根本目的，是实现国有资产的保值增值，1999年，全省保值增值考核试点逐步扩大，签订资产经营责任制的省直单位已达13家，其中省政府授权的监管部门5家，省属集团公司（总公司）8家，15户省属国有独资企业委派和组建了外派监事会。

（三）加强国资管理，为摸清省情省力做好清产核资工作

1、圆满完成城镇集体企业清产核资后续收尾工作。1999年上半年，国资部门对全省城镇集体企业清产核资后续工作重点抓了以下工作：（1）抓政策落实，为企业解困。经与地税、银行部门协调，全省各级税务部门3年累计处理资产损失和资金挂账金额11亿元，各银行审批兑现先收息后退息、挂账停息累计金额1.8亿元，使企业得到近3000万元利息实惠，财政部门批准财政借款挂账停息本金4191万元。（2）抓热点问题，不留尾巴。妥善解决了省政府领导直接点名的新民饭店等产权纠纷问题。通过企业年检，对未清产核资的1000多户无主管部门的企业进行了补课，有针对性的提出城镇集体企业发展与改革政策意见和建议。（3）初步建立城镇集体企业经常性清产核资工作制度。完成年度集体资产年报统计工作，并制定下发全省城镇集体企业日常清产核资工作制度，为实现清产核资工作“三化”奠定了良好基础。

2、全面完成乡镇集体企业清产核资主体工作。根据省长办公会决定，全省乡镇集体企业清产核资工作由省清产核资办承担，省清办先后组织召开两次较大规模的全省工作会议，并先后派出百人次的工作督查组，深入地县乡指导工作。1999年度乡镇集体企业清产核资重点抓了4项工作：（1）把政策研究与落实贯穿工作全过程。年内先后下发《云南省乡镇集体企业清产核资若干规定》、《关于乡镇集体经济组织举办的种植业、养殖业清产核资补充规定》、《关于乡镇集体企业产权界定和清理甄别“假集体”企业指导意见》及《云南省人民政府办公厅关于乡镇集体企业清产核资若干政策的补充通知》，使整个清产核资工作有序、高效的顺利开展。（2）把协调组织工作贯穿全过程。省清办与财政厅、省乡企局加强协调，经省政府同意召开全省专员、州长参加的省乡镇集体企业清产核资电视电话会议，全省到乡一级（除无乡镇集体企业的近百个乡镇外）均建立由政府主管领导任组长的领导小组，组建了办公室。全省共有领导小组1500多个，办公室到位专职人员4万多名，为整个工作提供了强有力的组织保证。（3）把调研督查贯彻全过程。据初步统计，仅省清办就先后组织了30多个工作组，近百人次深入近10个地州市、30多个县区、百余个乡镇进行调查研究，检查指导工作。通过一年的努力，乡镇集体企业清产核资工作取得可喜成绩：（1）第一次比较准确地摸清了全省乡镇集体企业家底（户数家底、价值家底、管理状况家底）。据初步统计，全省共有乡镇集体企业8500多户；（2）把企业与农业经营户区别开来，把集体企业与“戴红帽”的假集体区别开来，通过清产核资，清理了8000多户所谓的“农业企业”，甄别了4000多户“假集体”企业；（3）大规模地界定和区分集体经济组织权益与企业劳动群众集体权益。通过产权界定，对纳入清产核资范围的22753户企业明确了资产所有权归属，解决了产权纠纷，理顺了产权关系，增强了产权意识，推进了乡镇企业的改革与发展。

二、国资管理工作分析与评估

1999年，全省国有资产管理工作始终坚持“转变观念、统一思想、找准位置、抓住重点、打好基础、服务全局”的方针，认真贯彻执行党的十五届四中全会和中央经济工作会议、全国财政工作会议精神，以改革带动、完善和发展国有资产管理的各项基础工作；依法治产，切实维护国家权益，防止国有资产流失；服务于积极的财政政策，为促进国有经济结构调整，提高国有资本质量和运营效益，保持国有经济适度快速增长服务。通过努力，全省国有资产管理工作取得可喜成效，其主要成绩和特点是：

（一）抓住“三讲”教育活动的有利时机，全面加强和提高干部职工的政治素质、思想素质和业务素质，以极大的热情和对工作高度负责的精神，克服困难，圆满完成省委、省政府和国家财政部、财政厅党组赋予的国有资产管理职责，不断开拓新局面，为财政中心工作服务和深化企业改革服务。

（二）发挥国有资产管理职能，逐步建立以国有资本为管理对象，以产权界定为前提，以产权登记、资产评估、清产核资为基础，以变动监

管为重点，以股权管理为突破口的国有资产基础管理体系。通过规范产权界定、改进产权登记、加强资产评估管理、建立清产核资“三化”制度、加强产权变动监管和国有股权管理，进一步推动了全省国有企业改革与发展。

（三）加强法规建设，切实维护国家权益。全省国资部门加强法规制度建设，先后出台《云南省水利国有资产管理暂行办法》、《云南省水利单位国有资产划分和核定暂行办法》、《云南省水利单位经营性国有资产征收使用管理暂行办法》、《云南省人民政府驻外办事处国有资产管理暂行办法》、《云南省乡镇集体企业清产核资若干规定》、《关于乡镇集体企业产权界定和清理甄别“假集体”企业指导意见》等法规，进一步强化了国有资产管理。

（四）加大国有资产流失查处力度。1999年，全省国资部门通过产权登记、产权界定、资产评估等基础管理工作，堵住国有资产流失的漏洞；对群众举报、人民来信，则采取积极稳妥的态度认真对待、严肃查处；对大案要案，则进行重点查处，坚决遏制资产流失，保卫国有资产的安全。年内，省国资局根据群众举报，就涉及转让国有房产，涉嫌造成国有资产流失一案进行了认真的调查，最后通过司法诉讼，挽回了损失。

三、存在问题

主要问题是：（1）在清产核资、产权界定、产权登记、资产评估、资产统计、效绩评价、季度监测等国有资产基础管理上，还需要转换思路、健全制度、简政高效、提高政策的可操作性；（2）在国有企业财务管理、公司国有股权管理、中外合资合作企业国有产权管理、境外国有资产管理、行政事业单位国有资产管理、资源性国有资产管理等方面，还需要加大监管力度、制定规范的管理办法；（3）在国有经济结构调整、国有产权转让管理、国有资产收益管理、国有资产流失查处方面，还需要加强调研、重点突破。

云南技术监督工作述评

云南省技术监督局局长　鲁寿生

1999年，全省各级技术监督部门，紧紧围绕全省经济建设和技术监督工作会议提出的各项任务和要求，在更新观念、加快发展、提高质量、净化市场、加强技术监督基础等方面都取得较好的成绩。

一、质量监督工作

（一）依法加强对产商品质量的监督和抽检工作。1999年，全省各级质量技术监督部门进一步强化对生产和流通领域的监督抽查力度，扩大监督抽查的覆盖面。全年全省质量技术监督系统共抽查4118个生产企业6019批次的产品，合格4238批次，批次平均合格率为70.41%；共抽查2901个经销企业的4696批次商品，合格2779批次，批次平均合格率为59.18%。查出不合格商品标值784.06万元。同时，省技术监督局还安排了全省统一监督检查、产商品质量监督检查和市场专项监督检查工作。其中全省统检的产品有瓶装饮用纯净水、热轧带肋钢筋、配合饲料、电线电缆、磷肥、防水卷材、水泥包装袋、青饲料切碎机、刨花板、煤炭、胶合板、弹簧软床垫等12种；全省质量监督抽查有酱油、铝合金建筑型材、平板玻璃、彩色电视机、节能灯、装饰用墙地砖等6种；市场专项监督检查有农药、珠宝玉石产品等2种。上述商品质量监督抽查结果不是很乐观，如瓶装饮用纯净水合格率为15.19%，平板玻璃除浮法玻璃合格率为85%外，普通平板玻璃合格率为9.1%，再生玻璃合格率为零。

（二）进一步加大监督抽查后处理力度。（1）省技术监督局组织了1996、1997年度的25个云南名牌产品进行了质量复查，在复查的23个企业的42个样品中，质量达到相应名牌产品执行标准要求的有24个名牌的41个样品，占复查样品数的97%；(2) 省技术监督局于4月30日举办了全省监督抽查不合格企业厂长经理培训班，对全省45个企业的厂长经理进行了培训；(3) 坚持公告制度，加大舆论监督力度，先后召开了纯净水、热轧带肋钢筋、大屏幕彩电等产品的通报会，曝光了一批不合格产品；(4) 建立质量跟踪制度，通过到企业举办培训班，定期抽样检查，帮助企业整改，提高产品质量等方式，逐步推行质量跟踪制度。

二、质量管理工作

(一) 开展质量管理调研。及时召开全省部分大中型生产、经销企业厂长、经理质量工作座谈会，邀请红塔集团、昆钢、中轻依兰、云南机床厂、西南商业大厦、昆百大等17家企业的厂长经理就企业的质量工作、打假治劣、质量认证等进行广泛的讨论，认真听取了企业对质量技监工作的希望和要求，为今后如何做好企业的质量工作作了一次较为深入的调研。

(二) 生产许可证管理工作。1999年共发放生产许可证95张，办理临时生产许可证批复100个。至年末，全省累计有1688个厂申请办理生产许可证，全省发证1000个，办理临时批复388个。

(三) 质量认证工作。至年末，全省已有41个单位通过质量体系认证，共有65个单位取得质量体系认证、产品质量认证证书102张。

(四) 办理质量投诉情况。全省技监系统共接受质量投诉738件，已办理675件，移送其他部门3件，申诉处理涉及商品总标值702.21万元，挽回经济损失348.65万元。

三、标准化工作

(一) 积极开展采用国际标准和国外先进标准工作。1999年全省通过采标验收认可的产品有97种361个产品。其中复查认可34种192个产品，有97种产品使用采标标志，至年末，全省共有451种2566个产品采用了国际标准和国外先进标准。为进一步加大采标工作力度，10月，省技术监督局在《云南日报》发布了《云南省产品采用国际标准标志产品名录第三号通告》，提高了采标产品在市场中的知名度。

(二) 消灭无标准生产工作已成为各级政府的一项重要工作。为加快消灭无标生产工作步伐，经过省技术监督局努力，省政府办公厅下发由省局起草的《云南省人民政府办公厅关于云南省全面开展县以下工业企业消灭无标准生产工作的通知》，对全省消灭无标准生产作出了具体要求，促进了灭标工作的开展。年内全省16个地州市都分批启动了灭标工作。全省已有51个县开展了此项工作。

(三) 围绕经济热点，开展农业标准化工作。按照省政府关于1999年要提高烟叶收购等级合格率的要求，为认真做好国家40级烤烟标准的执行和监督检查工作，由省技术监督局牵头会同省烟草公司重新组建了省烤烟仿制和评审委员会，审核签封了仿制样品1240把。组织全省所有产烟地、州、市重新组建了相应组织，审核签封地级仿制样品42100把。全省各级质量技术监督局加大了执行国家40级标准的检查力度，共抽查烟叶213660把，比上年的124340把，增加了71，8%，1999年烟叶收购等级合格率为74%，增加1.64个百分点。还制定了《挂杆复烤烟叶质量检测》、《打叶复烤烟叶质量检测》等9项云南省地方标准。

年内，协调指导元江芒果农业标准化示范项目的标准制定，批准发布了10项地方标准。当年，省地县投入专项经费15.2万元，印刷《元江芒果综合标准》材料800份，举办宣贯学习班共计16期800多人次，有关示范乡镇、农场完成芒果品种标准化改良示范3546亩。全年全省共有4个项目落实为第三批农业标准化示范项目。

(四) 对国家标准实施情况进行监督。在'99昆明世界园艺博览会召开期间，根据省政府要求各职能部门做好服务工作，树立中国形象的指示，省技术监督局组织昆明市局对世博园内主要场馆、道路及接待中心的公共信息图形符号进行了4次专项检查，为世博会的胜利召开做出了应有的贡献。

全年，省技术监督局还加强对省内8家主要啤酒生产企业贯彻实施“B”瓶的监督检查工作力度，根据检查情况，召开“云南省《啤酒瓶》标准宣贯和治理整顿工作会议”，布置全省执行啤酒瓶国家标准的工作，使全省啤酒瓶合格率已达99%。

三、计量工作

（一）强化市场商品量的计量监督工作。以定量包装商品生产企业及其产品为重点，开展定量包装商品的计量监督抽查工作。1月，省技术监督局布置了对定量包装商品生产企业进行计量监督抽查的工作，玉溪、大理、保山、昭通、曲靖等7个地州市开展了此项工作，共抽查96个企业的10类2773件定量包装商品，平均合格率为80.6%。

（二）加强对商品房销售面积的计算机监督。1999年，省技术监督局考核批准成立了红河、大理、玉溪和文山4个商品房面积社会公正计量站。据不完全统计，全年上述公正计量站共接受消费都投诉及咨询200多人次，接受委托实测商品房面积达34万平方米，初步改变了消费者对商品房面积问题投诉无门的状况。

（三）进一步加强商贸用工作计量器具的强制检定工作。(1) 对电压表、水表、煤气表入户安装使用前的首次强检工作进行部署。(2) 对企事业单位最高计量标准器的检定不放松，保持较高的受检率。当年，新考核省属企事业单位最高标准47项，复查242项。(3) 拟制了《进一步加强用于贸易结算电能表强制检定工作若干意见的通知》，待与省电力局协商后下发执行。

（四）进一步做好法定计量检定机构的考核工作。年内，完成了保山、思茅两个地区所的考核工作，还对“云南国防区域计量站6501校准实验室”等6个省级法定计量授权机构进行了重新考核确认，对难以继续承担授权任务的4个单位撤销了授权资格。

四、锅炉压力容器安全监察工作

（一）积极开展安全监察与检验工作。1月16日，江总书记就银川锅炉爆炸事故作了重要指示，这是中央领导首次专门对锅炉压力容器安全工作作出的重要指示。为认真贯彻落实江总书记的重要指示，省技术监督局在元月下旬召开了全省锅炉、压力容器、压力管道安全监察与检验工作会议，对全年工作作了布置，相继发出了5个文件，对做好锅炉、压力容器、压力管道安全监察和管理工作提出了具体要求。

（二）有效开展锅炉、压力容器、压力管道的安全大检查工作。(1) 配合国家安全检查组对世博会主、分会场进行安全大检查，查找出事故隐患124处；4月，国家技术监督局和省技术监督局组织有关专家、专业技术人员共26人组成5个检查组对8个地州市的锅炉、压力容器、压力管道进行了安全大检查，查出事故隐患246处；(3)“五月安全月”期间，对昆明、玉溪、曲靖的“土锅炉”和红河的超期气瓶进行安全大检查，查出“土锅炉”214台，超期液化石油气瓶500多只；(4) 在国庆前夕，查出不合格的燃气新装管道12条。

（三）加强人员培训，提高监察与检验水平。(1) 对4个跨地区焊工考委会进行监督，办理焊工证300个；(2) 举办两期气瓶充装人员、气槽押运人员以及充装站安全管理人员培训班；(3) 举办射线、超声、磁粉、渗透无损人员换证班，共有398人参加了考核。

五、科教法规和函教工作

（一）科教法规工作。组织全省16个地、州、市技监执法文书的互查活动；派人参与了省人大、省政府组织的《产品质量法》执行大检查活动；召开了4次局案审会议，审理案子8个。

（二）函教工作。为四川技术监督学校代招新生18名；为计量学院成人大专班代招新生2名；结束了第五期质量函授工作，进行了第六期的质量函授教育工作。

六、体改和开展“三讲”教育

（一）管理体制改革工作。3月，国务院召开了全国质量技术监督管理体制改革工作会议后，全省技术监督系统管理体制改革工作就进入了正式实施阶段。经过省技术监督局艰苦细致的工作，在组织、编制人事、财政等部门的大力支持下，省政府相继下发几个文件，对全省质量技术监督管理体制改革的指导思想、基本原则和实施措施等提出了要求。9月15日，省政府召开全省质量技术监督管理体制改革工作电视电话会议，对机构设置与管理、人员编制、干部管理、财务经费和组织实施等问题作了明确布置。10月开始，开展对全省地州市质量技术监督机构的接收工作。

（二）开展“三讲”教育。按照中央要求和

省委布置，省技术监督局领导班子的“三讲”教育从9月20日开始，至12月6日结束，历时2个半月。在这期间，省技术监督局机关各处室主要负责人也同步进行了“三讲”教育。通过“三讲”教育，解决了省局领导班子在党性党风方面存在的突出问题，加强了党内团结，提高了省技术监督局领导班子的领导水平和思想政治素质，基本达到了思想上有明显提高、政治上有明显进步、作风上有明显转变、纪律上有明显增强的要求。

云南城镇劳动力管理与就业工作述评

云南省劳动和社会保障厅厅长　脱佑慈

1999年，全省劳动保障工作在省委、省政府的高度重视、各级党委、政府的领导和有关部门的密切配合下，通过劳动保障战线全体同志共同努力，按照全省劳动保障工作会议提出的目标和任务，突出重点，知难而进，团结一致，扎实工作，使全省劳动保障各项工作任务取得了明显成效。

一、全省国有企业下岗职工基本生活保障工作

1999年，全省各级党委、政府都把确保国有企业下岗职工基本生活费的按时发放作为一把手工程来抓，16个地州市劳动保障部门都建立了目标责任制。按照“三三制”的筹资原则，全省共筹集资金3.49亿元，建立再就业服务中心2046个，有10.59万名下岗职工领了基本生活费，支出基本生活保障费达2.98亿元。昆明、红河、曲靖、楚雄、大理等地州市加大工作力度，千方百计筹措资金，确保进中心的下岗职工按时足额领到了基本生活费。这项工作也得到了各级财政部门的大力支持，仅省财政就拨出1.14亿元的资金为下岗职工提供其基本生活保障。从总体情况上看，这项工作在已有成绩的基础上，又有新的进展。如纳入管理服务范围的下岗职工有了大幅度的增加，进中心的下岗职工签协议比例有一定提高，享受失业保险的人数不断增多，这为下岗职工最终走向市场就业创造了条件。

二、就业和再就业工作

1999年，全省各地州市积极采取措施，拓宽就业渠道，广开就业门路，普遍把促进就业作为社会经济发展的重要工作来抓。全省各级劳动保障部门在做好新生劳动力就业工作的同时，十分重视下岗职工再就业工作。8月，全省召开了第二次个体经济组织、私营企业招聘国有企业下岗职工交流大会，共有6个分会场693家用人单位达成了意向性协议，有力地促进了下岗职工再就业。在就业岗位不足，就业压力很大的情况下，当年帮助2.41万下岗职工实现了再就业，基本实现了省委、省政府提出的下岗职工再就业目标。昆明、曲靖、玉溪、个旧、楚雄、保山、大理等地州市进一步加强劳动力市场建设和规范化管理，逐步实现劳动力资源的优化配置。全省建立职业介绍机构1181个，开展招聘登记17.2万人次，求职登记17.7万人次，介绍成功13.4万人，成功率75.7%；全省农村劳动力在外就业人数有20.7万人，省外农村劳动力进入我省城镇就业的有23.3万人；城镇登记失业人员12.51万人，其中新增失业人员6.5万人，城镇登记失业率为2.1%。全省实施扶贫劳务输出的县由原来的10个增加到50个，共组织扶贫劳务输出3.04万多人，有力地帮助了贫困地区群众增收脱贫。

三、劳动综合管理工作

1999年，省劳动保障厅制定了加强劳动合

同管理的政策性文件，16个地州市出台了理顺下岗职工劳动关系的政策规定。国有、集体和外商投资企业基本建立了劳动合同制度，城镇私营企业和个体工商户签订劳动合同的从业人员有较大增长。全省签订劳动合同的职工累计达251.88万人，其中国有企业职工为170.45万人，占总数的99.98%，非国有企业职工为81.34万人。各级劳动保障部门审核通过的集体合同为5079份，涉及职工109.86万人，分别比上年增加6.7%和10.08%。审查并办理职工转移手续560人。各级劳动保障部门建立了预防处理突发事件工作责任制和突发事件信息报告制度，积极参与处理突发事件。省劳动争议仲裁委员会共受理劳动争议案件1033件，涉及1489人。

劳动保障法制建设及社会保险基金监察审计工作取得明显成绩。1999年，全省相继出台《云南省城镇职工基本医疗保险暂行规定》、《云南省城镇职工大病补充保险暂行办法》等规范性文件。在此基础上，各级劳动保障部门加大了劳动保障执法力度，清理和回收挤占、挪用的社会保险基金共计1218.14万元（其中失业保险基金802.18万元，养老保险基金416.26万元），纠正其他违纪违规金额达302.37万元；对7.3万户企业进行了劳动保障执法年审，涉及劳动者191.9万人；接受群众举报4229件，立案处理1940件，结案1618件，结案率为83.4%；受理劳动保障监察案件4815件，结案4695件，结案率为97.5%。

年内，为提高劳动者素质，各级劳动保障部门加强职业技能开展工作，积极推行劳动预备制度，动员社会各方力量开展职业培训，培训就业率明显提高，有力地促进了就业和再就业工作。全省在各种困难因素增加的情况下，通过各方面的共同努力，组织技校招生报名3.07万人，共录取考生1.35万人，为技校毕业生验印1.65万人。对43名符合申报高职条件教师的申报材料进行评审。1999年，全省职业技能鉴定累计考核人数达4万人，新审批建立了22个鉴定所，全省职业技能鉴定所总数达131个，并首次对全省职业技能鉴定所进行了年检。全年共对13万企业职工进行职业技能培训，比上年增加7%。

1999年，全省各级劳动保障部门继续实施劳动保障工作年度目标管理考核，各地州市采取奖惩措施，层层落实责任制，较好地完成了目标管理的各项任务。省厅还制定了《云南省劳动和社会保障事业发展规划（1999－2002年）》和《云南省劳动和社会保险管理信息系统规划》。

四、存在问题

主要问题是：(1) 在国有企业中，未经规范程序办理手续的下岗职工没得到基本生活保障，再就业优惠政策和“三三制”筹资政策在一些地区和行业落实得不够好；(2) 社会保险扩大覆盖面困难较大，对私营企业、个体经济组织参加社会保险统筹缺乏有力措施；(3) 养老保险基金收缴下降；(4) 部分企业仍然存在拖欠在岗职工工资现象等。

云南职工工资及社会保险事业发展述评

云南省劳动和社会保障厅副厅长　杨绍红

1999年，全省各级劳动保障部门自觉服从、服务于改革、发展、稳定的大局，从讲政治的高度，坚决贯彻执行党中央、国务院和省委、省政府的方针政策及重大决策，紧紧围绕国有企业改革和保持社会稳定，全力巩固“两个确保”，按时完成提高三条社会保障线待遇水平的有关工作，加强企业职工工资分配制度改革力度，积极推进医疗保险制度改革，使全省企业职工工资分配制度改革和社会保险制度改革取得了明显成效。

一、企业工资分配制度改革

全省企业工资收入分配工作继续从着重管理国有企业微观分配行为向调控全社会宏观分配转变。1999年，省厅对企业工资收入状况进行了大范围调研，为调整国有企业在岗职工工资和最低工资标准政策的实施提供了决策依据。在昆明、曲靖、个旧等城市开展劳动力市场工资指导价位制度的试点工作，对64户开展年薪制试点企业情况进行了总结。在此基础上，修改完善了《云南省企业经营者年薪制试行办法》，并对150户企业制度相适应的工资收入分配制度的要求，进行了持股分配等试点工作。

二、“两个确保”工作

1999年，为确保国有企业下岗职工基本生活费按时足额发放，全省各级党委政府作为一把手工程来抓，16个地州市劳动保障部门建立了目标责任制。按照“三三制”的筹资原则，全省共筹集资金3.49亿元，建立再就业服务中心2046个，有10.59万名下岗职工领到了基本生活费，支出基本生活保障费达2.98亿元。昆明、红河、曲靖、楚雄、大理等地州市加大工作力度，千方百计筹措资金，确保进中心的下岗职工按时足额领到了基本生活费。这项工作得到了各级财政部门的大力支持，仅省财政就拨出1.14亿元的资金为下岗职工提供基本生活保障。从总体情况上看，这项工作在已有成绩的基础上，又有新的进展。如纳入管理服务范围的下岗职工有了大幅度的增加，进中心的下岗职工签协议比例有一定提高，享受失业保险的人数不断增多，这为下岗职工最终走向市场就业创造了条件。

确保企业离退休人员基本养老金的按时足额发放，是去年劳动保障工作的重中之重。1999年，通过全省各级社保机构发放养老保险金38.87亿元，人员达61.73万人，占应发人数的100%。全省实行社会化发放养老金的县（市、区）达128个，社会化发放率达87.8%，共有53.45万离退休人员实行了基本养老金社会化发放。各级劳动保障部门按照国务院《社会保险征缴暂行条例》的要求，加大了社会保险宣传力度，重点对未参统的外资企业、私营、个体经济组织开展宣传，努力扩大养老保险覆盖面。全省有25015户企业和个私经济组织参加了社会保险登记，新增参统企业9248户，新增参保职工28.37万人；参加养老保险的职工总数达160.42万人，参统离退休人员总数达61.73万人，分别比上年增加5.6%和3.4%；职工个人账户建账率地方为100%，达129万人。11个中央行业在滇单位移交云南省管理后，省劳动和社会保障厅在对各行业、单位逐户进行缴费基数核定的基础上，基本统一了缴费比例，保证了移交工作的平稳过渡。针对基金缺口大的问题，积极主动向中央有关部门反映，争取专项基金4.86亿元，确保了中央行业离退休人员基本养老金的按时足额发放。

三、医疗保险制度改革

1999年，为贯彻国务院《关于建立城镇职工基本医疗保险制度的决定》，全省各级劳动保障部门在医疗保险管理体制尚未完全理顺、机构不够健全、许多同志接触这些工作时间不长的情况下，加大宣传力度，组织骨干培训，进行了大量的调研论证和测算工作，抓紧制定总体规划和实施方案，全省基本医疗保险制度改革稳步推进。

（一）全省16个地州市128个县（市、区）都成立了医疗保险制度改革领导小组，组建了医改办公室。除省成立了医疗保险基金管理中心外，还有11个地州市和55个县（市、区）组建了医疗保险经办机构，保证了医改工作的顺利进行。

（二）认真做好基础数据收集整理工作。在全省范围内，对公费医疗、劳保医疗的基本数据进行了调查，各地州市对所有参保单位、参保人员的基础数据进行了统计建档；省统一设计了《云南省城镇职工基本医疗保险单位登记表》、《云南省城镇职工基本医疗保险个人基本情况表》等多种表格样式，昆明、曲靖、开远等地及时收集整理数据并录入计算机，为全省建设计算机信息管理系统和实行个人账户IC卡管理打下了良好基础。

（三）制发了《云南省城镇职工基本医疗保险制度改革总体规划》、《云南省城镇职工基本医疗保险暂行规定》和《云南省城镇职工大病补充保险暂行办法》以及其它8个配套性文件。这些文件的出台，标志着全省初步建立了城镇职工基本医疗保险制度。

（四）在各地州市进行广泛调查研究的基础上，组织有关人员赴省外学习考察先进管理经验；组织专业管理人员赴成都、西安、北京等地实地考察计算机管理系统建设、计算机软件开发应用、IC卡制作使用等方面的情况；并举办了8期共计1800余人参加的业务培训班，为医改全面启动创造了条件。

四、社会保障待遇工作

年内，自中央有关文件下发后，省厅及时召开会议贯彻，并明确要求，一定要在9月15日前完成提高社会保障待遇水平工作。在时间紧、任务重、资金压力大的情况下，各级劳动保障部门在当地党委、政府的正确领导下，全力以赴，加班加点，与有关部门互相支持，密切配合，抓紧进行测算，多方筹集资金，倒计时安排工作，逐日调度进度情况。由于贯彻执行中央决定态度坚决，方案周密，措施得力，圆满完成了提高国有企业下岗职工基本生活保障费、失业保险费和企业离退休人员养老金水平的工作。全省有7.15万国有企业下岗职工、1.3万失业人员和60.39万企业离退休人员的收入得到不同程度的提高，使中央关于提高城镇中低收入居民收入的政策措施得到了较好的落实。同时，还为14.1万离退休人员补发了历年拖欠的基本养老金，补发金额达2.47亿元。

五、其他社会保险事业稳步推进

1999年，全省参加失业保险的职工人数达180万人，比上年增加40%；共征收失业保险金2.6亿元，增收60%；发放国有企业下岗职工基本生活保障费6900万元，增加72%；发放失业保险救济金3839万元，支付转业转岗培训费160万元。为确保下岗职工基本生活，维护社会稳定作出了积极贡献。工伤、生育保险统筹覆盖面不断扩大。在116个县（市、区）、27个中央和省属行业实施了工伤保险，参保职工达108.5万人，年收缴基金7145万元，支付4100万元，有2.5万职工享受了工伤保险待遇。参加生育保险人数达126万人，累计收缴保险金达7000万元，年支出达4000万元，有2.1万女职工享受生育保险待遇。农村社会保险，去年新增参保人数6万多人，收缴基金1224.73万元，年支付基金480万元；农保基金滚存结余5.9亿元，累计参保人数达140万人。机关事业单位养老保险和失业保险正在逐步推开。

云南民营科技型企业发展述评

云南省民办科技机构管理委员会主任 左汝锡

1999年是全省深入贯彻落实党的十五大、十五届四中全会精神和省委六届七次、八次全会对全省工作的全面部署取得巨大成绩的一年。一年来，民营科技工作继续得到各级党委、政府的重视、关心和支持，各地民营科技企业也发生了一些积极的变化。

一、对民营科技工作的重视好于往年，支持力度得到加强

在落实省委、省政府加大结构调整力度、加快发展高新技术及其产业化的过程中，各级党委、政府对民营科技工作给予更多的重视和关心。省委书记令狐安强调要靠国有企业、民营企业和三资企业，共同促进云南高新技术产业的发展；省长李嘉廷把民营高科技企业作为发展高新技术产业的一支新生力量。省委、省政府领导还先后到过民营科技企业考察指导工作。陪同全国人大成思危副委员长考察昆明中友科技产业有限公司的令狐安书记在座谈中就省委六届六次全会作出结构调整的重大决定作了进一步阐述，鼓励民营科技企业家政治上要进一步解放思想，按照“三个有利于”的原则放心、放手、放胆地发展自己的企业。李嘉廷省长考察昆明高新区时责成有关部门认真总结推广昆明远达实业集团公司实行灵活的用工制度和较好的解决对经营者和职工的激励机制的做法和经验。梁公卿副省长考察了曲靖市麒麟环保设备厂。一年来，对民营科技企业支持、帮助的力度更强。李嘉廷省长在得悉昆明圣火制药有限公司研制的“理血王”牌血塞通软胶囊获得国家药品监督管理局颁发的国家级新药证书后，作了“请计委、经委、科委等对理血王新药生产给予重点扶持，尽快形成经济规模”的重要批示。至年末，该项工作已在相关部门的协助下加快了进度。红河州人大对州政府实施《云南省民办科技企业条例》进行检查后，对红河州各级政府提出了“要更新观念，统一认识，提高对民办科技企业的认识；加强对《条例》的宣传、学习；建立健全管理机构，搞好管理、指导、服务工作，使之成为我州经济新增长点”的要求。昆明市出台了《昆明市贯彻〈云南省民办科技企业条例〉实施办法》，并确定了每年科技3项经费中有200万元用于支持民营科技企业。促进民营科技企业发展的环境进一步看好。

二、民营科技企业出现显著变化

年内，调研显示，全省已有昆明滇虹药业有限公司、昆明风驰明星信息产业（集团）股份有限公司等年收入超过1亿元的民营科技企业。同时，在那些起步较早，经历过市场经济的摔打和磨练又较早觉悟的民营科技企业以及由年轻的、有较高文化素养和专业知识的科技人员领办的民营科技企业中，会较早地成长出一批具有较大规模、较强实力的大企业（集团）或具有“专、精、特、新”特征，有市场竞争能力的中小型企业也已经是必然的趋势和结果。

1999年，民营科技企业中技术创新进一步得到重视，技术创新的能力有所增强。昆明中友科技产业公司国内首创的“ZY——6000型光电断层扫描感烟火灾自动报警系统”，获国家级新产品证书，列入国家级火炬计划，年销售收入超过千万元；昆明自动化研究所“铝电解智能槽控技术”应用在云南铝厂的技术改造中成效明显；昆明圣火制药有限公司获准国家级四类新药的“理血王”牌血塞通软胶囊投放市场仅两年，就实现利税近2000万元；一批从事药业开发的民营科技企业还获得了省医药管理部门颁发的数种民族药批文。

民营科技企业在体制创新、制度创新上又迈出了新步。昆明圣火制药有限公司为谋求企业发展，与国企合作，优势互补，进行了增资扩股，对原企业实现了改造，构造了国有资产占51%控股的、采用民营机制运行的高技术企业；昆明中友硅藻土科技公司，科技成果的持有者持有股份并出任公司要职，是无形资产具有价值，智力等要素参与分配的大胆实践和有益尝试；昆明风驰明星信息（集团）股份有限公司，以人为本，推崇“价值趋同，人企合一”理念，注重企业文化建设，坚持技术创新和制度创新，在按现代企业制度构造企业方面成效显著，公司得以快速发展。坚持开放、不断创新、完善管理的思想，已植根于这些企业之中，其做法和经验也必然会起到示范的作用。

地县民营科技企业发展思路也日见清晰，前景看好。结合当地和企业自身实际，与地方党委、政府发展经济的思路、部署合拍，在参与农村、城镇经济结构调整和进行农业产业结构调整中找到位置，民营科技企业就能在促进地域经济的发展中得到同步发展。华宁县科技开发有限公司在落实县委、县政府种植结构调整的万亩杜仲栽植中大显身手，自身也得到同步发展。通海饲料研究所因开发可以顶替大量施用化肥而能减轻对杞麓湖污染的全营养有机生物菌肥而受到县政府、县科委关注就是实例。

三、对民营科技工作的调研更为深入，认识更趋一致

1999年，云南省上报的773家民营科技企业年总收入45.07亿元，资产总额93.47亿元，排位于东部、中部省区之后。

各地的民营科技管理机构在过去的一年中对民营科技的调研工作也更为深入。省民办科技机构管委会抽调众多人员，对昆明、玉溪、曲靖、楚雄、大理、思茅等地州（市）的民营科技发展概况，对民营科技企业的管理、服务，技术创新与制度创新的典型，各地支持发展的举措以及民营科技企业的需求等方面作了调研，还组织了到北京、沈阳、成都等地的学习考察，获得了大量信息和资料，把握了省内民营科技的发展态势，看到了与省外民营科技工作上的差距。玉溪市科委组织了对上海、山东、湖北等省市的考察，昆明市民办科技机构管理处则到了青岛、烟台、上海等地。综合各方的调研、分析，形成的共识是：国家科技部政策体改司公布的数据虽然不是各省（市）民营科技企业的全部，但确也反映出民营科技企业发展的一般规律，即在社会、经济发展较快、经济总量较大、思想解放程度较高、有利于民营科技发展的环境较好的省市，民营科技企业有较大的发展空间和会获得较快的发展。全省民营科技企业在数量上实力上全国排后，至年末仍集中在昆明、玉溪、曲靖、红河等地（市），而其他地区的发展则相对缓慢，就是云南仍处在社会主义初级阶段低层次的真实写照。从全省看，与省外较发达的地区相比，云南民营科技整体仍是一个弱势群体。但另一方面，有经历近20年发展基础。在全省加快结构调整、大力发展高新技术实现产业化中又对其有较高期盼的民营科技企业确实又迎来了难得的发展机遇。谋求作为市场经济主体的地位和要求与国有企业能一视同仁、公平竞争，是省外民营科技企业的主流。把多种所有制经济共同发展作为我国社会主义初级阶段的一项经济制度，以及将按劳分配和按生产要素分配写进党的十五大政治报告，被他们认为是对民营科技企业的最好的政策，最大的支持。大政方针已定，关键在发展好自己。相比省内一些民营科技企业谈发展必提优惠政策，要税收减免，映射出它们之间在思想、观念上的巨大反差。此外，在对外对内开放、实现资源有效配置、开拓市场、强化管理等方面，省内的民营科技企业都大有文章可做。对民营科技企业的管理工作，全省也同样存在差距。我省自1994年八届人大九次会议审议通过《云南省民办科技企业条例》之后，尚未有省一级的新的支持民营科技企业发展的政府规章或地方性法规出台，因缺少《条例》的实施办法和民营科技企业的认定办法，对民营科技企业的管理仍然松散，统计难以覆盖并反映其全貌。此外，在解决制约民营科技企业发展“瓶颈”——资金问题上始终未迈出实质性一步。对此，省外对民营科技企业在路子上“引”、政策上“扶”、管理上“帮”、发展上“推”的思路及下决心在实践中解决民营科技企业关注的热点、难点问题的举措值得学习、借鉴。

云南民族自治地方经济发展述评

云南省民族事务委员会主任　格桑顿珠

1999年，是民族自治地方经济社会发展遇到困难较多的一年。在省委、省政府的正确领导下，全省各族人民高举邓小平理论伟大旗帜，坚持解放思想、实事求是的思想路线，认真贯彻落实党的十五大、十五届三中、四中全会精神和中央关于扩大内需、拉动经济增长的一系列方针政策，抓住云南承办中国’99昆明世界园艺博览会的历史性机遇，克服有效需求不足，烟、糖、茶、胶等支柱产业和传统产业受到严峻挑战、自然灾害频繁发生等多种困难，继续深化改革，扩大开放，奋力拼搏，各项工作取得了新的成绩，保持了经济发展、社会稳定、民族团结、边防巩固的大好局面。1999年，民族自治地方国民经济运行基本正常，国内生产总值实现634.5亿元，比上年增长7.8%，略高于全省增长速度。其中第一产业完成224.7亿元，增长3.5%；第二产业完成196.4亿元，增长9.2%；第三产业完成213.5亿元，增长11%。

一、农业和农村经济在调整中稳定发展

1999年，全省民族自治地方深入贯彻中共中央《关于农业和农村工作若干重大问题的决定》，按照省委省政府关于切实加强农业和农村工作的战略部署，把农业增长、农民增收放在农村经济工作的首位，采取各种有效措施，加大产业结构调整力度，在稳定粮、烟、蔗、茶等传统支柱产业的同时，发挥自然资源优势，大力发展冬季农业和特色农业，开发性农业取得突破性进展，以水利和生态建设为重点的农业基础设施建设得到进一步加强，促进了农业、农村经济的全面发展。1999年民族自治地方农业战胜了冬春夏连旱、洪涝等自然灾害，粮食连续7年获得丰收，主要农产品产量提前一年实现“九五”计划，农业总产值实现351.3亿元，比上年增长4.4%。全年粮食总产量达740.2万吨，增长2.4%；油料产量10.96万吨，增长13.4%；甘蔗产量1158.6万吨，下降5.1%；林业总产值33.12亿元，增长0.9%；猪牛羊肉类总产量达88.79万吨，增长8.3%。

1999年民族自治地方乡镇企业面临严峻的发展形势。面对挑战，通过加大技改力度和加快产业结构调整步伐，使乡镇企业向发展优质产品及优势产业转变，实现了速度效益同步增长。

二、工业生产平稳增长

1999年，全省民族自治地方国企改革和工业经济在国家扩大内需、拉动经济发展的宏观指导下，认真贯彻国家的一系列政策措施，抓住机遇，继续深化国有企业改革，积极转变经营机制，努力开拓市场，大力推进技术进步，调整产品结构，采取积极措施，减轻企业负担，规范市场竞争秩序，着力解决制糖业出现的问题，促进了工业生产平稳增长。1999年民族自治地方工业总产值完成428.25亿元，比上年增长11.2%。工业产品产量不同程度增长。其中发电量100.03亿千瓦小时，比上年增长9.2%；原煤1107.82万吨，下降13.2%；钢1.78万吨，增57.5%；糖121.78万吨，增32.5%；卷烟143.81万箱，增4.8%。

积极调整所有制结构，大力发展以个私经济为主的非公有制经济。1999年民族自治地方社会消费品零售总额中，个私经济所占比重达66.9%，比上年提高2%。

三、固定资产投资规模扩大

1999年，全省民族自治地方各级党委、政府认真贯彻执行中央关于扩大内需、增加投入、拉动经济增长的各项方针政策，在世博效应的拉动下，全社会固定资产投资完成182.73亿元，比上年增长1.5%。其中国有单位投资117.79亿元，比上年下降0.68%，比重占64.5%。基本建设投资持续增长，农业、交通、住宅等重点行业及基础产业投资继续加强，大朝山电站、玉元公路、元磨公路、大保公路、临沧机场等重点建设项目进展顺利，迪庆机场、大丽公路、广大铁路、昆玉公路、楚大公路、昆明机场二期扩建等项目相继完成。对改善民族自治地方投资环境，扩大对内对外开发，拉动经济增长起到了十分重要的作用。

四、财政金融运行正常

年内，民族自治地方紧紧抓住中央扩大内需和实施积极财政政策的机遇，进一步深化改革，努力培植地方财源，积极调整财政支出结构，坚持依法行政、依法理财、依法治税，强化税收征管，广开增收节支门路，促进了财政收支的稳定增长。1999年民族自治地方财政一般预算收入实现44.56亿元，比上年增长3.7%；地方财政一般预算支出达117.26亿元，比上年增长4.9%。财政收支的稳步增长保证了民族自治地方各项改革的顺利推进和经济社会各项事业的协调发展。

金融系统进一步发挥货币政策的作用，增加对民族自治地方的信贷支持，积极、有效地促进了民族自治地方的经济发展。1999年国家银行各项存款余额达552.17亿元，贷款余额达490.59亿元。

五、城乡居民收入继续增加

1999年，国家采取了提高离退休人员和下岗职工待遇，适当增加机关事业单位职工收入等措施，使民族自治地方城乡居民生活继续改善，收入不同程度增加。全年农民人均纯收入1224元，比上年增长4.4%；城乡居民储蓄存款余额361.18亿元，比上年增长10.1%。

六、边境贸易较快发展

在省委、省政府的高度重视和领导下，我省

民族自治地方各级党委、政府认真贯彻党的十五届四中全会精神，面对国内外严峻的政治、经济形势，振奋精神，努力工作，迎难而上，使我省的边贸工作保持了良好的的发展态势。沿边8地州在积极寻求和加快对内对外开放中，认真总结边贸发展的成功经验和教训，从云南和周边国家的实情出发，引导推动边贸企业在调整结经济结构、产品结构中搞活经营，在转换经营机制中增强竞争实力，通过大力探索和实施“五个结合”等多种经营方式，使边贸在规范管理有序竞争中重新迎来了全面发展的好势头。沿边8地州800多家边贸企业通过治理整顿和结构调整，提高了经营水平，亏损面下降，盈利增加；边贸全线活跃，呈现快速增长态势，强有力地拉动了边境对内对外开放的扩大和经济发展。1999年，全省边贸进出口总额达到了2.88亿美元，比上年增长2.2倍，其中出口2.32亿美元，增长2.6倍，所占全省出口比重由上年同期5.6%上升到21.3%，已占到对周边缅甸、老挝、越南3国进出口贸易总额的70.43%。德宏傣族景颇族自治州进出口总额达1.87亿美元，突破历史最好水平；孟连傣族拉祜族佤族自治县边贸总额首次突破1亿元大关，实现边贸进出口总额10033万元，增长93.4%。随着边贸的发展，省委、省政府提出的“以面向周边国家市场为重点，以沿边开放为重点”的两个开放带动战略重点已基本形成，为进一步拓展东南亚市场打下了良好基础。

七、积极推进扶贫攻坚进程

1999年，全省共投入扶贫资金30多亿元，继续加大“五大扶贫工程”以及异地开发、小额信贷、科技培训与推广等扶贫措施的实施力度，全省又有110万贫困人口解决了温饱，大部是少数民族群众。73个贫困县农民人均纯收入达792元，人均产粮340多公斤，为实现2000年基本解决全省贫困人口的温饱问题打下了基础。

（一）积极推进“兴边富民行动”。年内，为深入贯彻落实中央和全省民族工作会议精神，积极参与西部大开发，推进云南“兴边富民行动”。在深入调查研究的基础上，共安排1000多万元的专项资金，重点帮助人口较少、地处中越边境的金平者米拉祜族乡、中缅边境的贡山独龙江乡、中老中缅边境的景洪基诺山、勐海布朗山、潞西三台山实施扶贫温饱工程，促进整体脱贫；对边境沿线民族教育作专题调研，为2000年全面实施边境“三免费”教育作准备；安排专项资金100多万元，实施边境文化扶贫工程，为25个边境县296个乡镇订购6万多份各类书刊杂志。由省民委牵头实施的边境扶贫温饱工程、边境免费教育工程、边境文化扶贫工程等，是贯彻中央和全省民族工作会议精神的重要举措，有力地推动了云南“兴边富民行动”。

（二）继续加强全省电脑农业专家系统推广工作。1999年，省民委在33个民族贫困县推广电脑农业专家系统的基础上，增加22个县，达55个县，全年投入1200多万元，全省有289个乡（镇）、692928户农户参加了电脑农业专家系统的应用推广，11种粮经作物推广面积达282.05万亩，新增产值1.4亿元。

（三）争取项目资金，加大对民族地区扶贫资金的投入。为帮助民族贫困地区脱贫致富，围绕民族工作的重点、难点和热点，省民委积极向国家民委、国家财政部和省委、省政府及省级有关部门汇报联系、反映情况，争取更多的项目资金投向民族贫困地区。1999年，省民委参与管理安排的各项资金达1.04亿元，比上年增长38.66%，其中专项资金1.03亿元，信贷资金3213万元。共安排项目902项，其中安排种植业184项2482万元，发展经济作物187544亩；养殖业982项1053万元，扶持农户发展大牲畜43416头（只）；水电路基础设施275项2436万元，架设水管、输电线路40282千米，辐射1199922人；加工业及民贸民品生产企业32项2619万元；科教文卫等其他社会事业313项4978万元。有力地改善了民族贫困地区的基础设施和群众的生产生活条件，增加了群众的经济收入，增强了脱贫后劲。

（四）加强对扶贫联系点澜沧拉祜族自治县的扶贫工作。民委领导多次深入到县、乡、村作扶贫专题调研，投入专项资金251万元，重点帮助培植支柱产业、战马坡戒毒农场建设、电脑农业专家系统应用推广等，1999年澜沧县又有26000人解决了温饱。

八、存在问题

主要问题是：（1）需求对经济增长的拉动明显不足；（2）产业、产品结构问题是制约民族自治地方经济发展的最突出矛盾；(3) 民族自治地方支柱产业培植和建设滞后，特别是精深加工、高新技术产业发展缓慢；(4) 教育科技发展滞后，社会发展水平低，多数经济指标处于全国、全省后列，扶贫攻坚任务艰巨。

云南扶贫工作述评

云南省政府扶贫办公室主任 和铁梁

1999年，省委、省政府为了克服各种困难因素对扶贫工作的带来的影响，进一步加强了对扶贫工作的领导，采取各种有力措施，加大扶贫投入，加大工作力度，经过全省上下的共同努力，扶贫攻坚取得显著成绩，全省解决了110万贫困人口的温饱问题，年底贫困人口降到了245万，农民人均纯收入达到1437.6元，人均有粮419.89公斤；国定73个贫困县农民人均纯收入1052元，人均有粮382.47公斤，分别比上年增长34%和10.4%。贫困地区经济、社会、科技、教育、文化、卫生等各项事业都有较大的发展。

一、扶贫工作取得新的进展

(一)“五大工程”等基础设施建设得到进一步加强。1999年，省级有关部门及各地州市县狠抓改土、治水、通路、通电、绿色扶贫、通电话等基础建设，全省新建年产400公斤以上的高稳产农田184.19万亩，年产300公斤以上的基本农田地101.62万亩；新增经济林果面积91.32万亩；解决了82万人和81万头大牲畜的饮水困难问题；新修乡村公路9849公里，解决了648个行政村通公路问题，全省最后未通车的独龙江乡和羊拉乡两个民族乡已通了公路。解决了127个村通电、277个村通话问题。全省行政村实现了97.3%通公路、95%通电、98%通电话。

(二)异地开发扶贫改善了部分特困农户的生存条件。全省异地开发扶贫在前几年试点的基础上，1999年在全省范围内全面启动。年内完成了省政府下达的转移安置30万特困农户的整体规划，新启动了26个项目县，投入无偿资金1.46亿元，信贷资金1亿元，转移安置了3.6万人，至年末，全省已转移安置贫困人口8.6万人，其中跨地州转移3.1万人，县内转移安置5.5万多人，转移安置的农民基本解决了安居问题，生产、生活条件有了较大的改善，部分移民已基本解决了温饱。

(三)小额信贷扶贫规模进一步扩大，实施运作更加规范。全省小额信贷扶贫从1997年开展试点以来，已取得了很大的成绩，为了使小额信贷扶贫工作积极稳妥健康发展，使这项工作更加规范化、合法化，根据中央扶贫政策和《中国农业银行“小额信贷”扶贫到户贷款管理办法(试行)》，结合全省实际，1999年，省委、省政府对小额信贷扶贫工作进行了分类指导，农行信贷资金按照《中国农业银行“小额信贷”扶贫到户贷款管理办法(试行)》进行管理，上海扶贫资金、省财政资金按省政府制定的“两个办法”、“一个制度”进行管理，使政府部门和金融部门各自的职责更具体，任务更明确。年内，全省新增小额信贷扶贫专项资金2.8亿元，使资金总规模达到5.97亿元，实施范围扩大到114个县，729个乡(镇)(其中攻坚乡505个)，至年末，累计组建中心24819个，小组133011个，累计发放贷款6.513亿元，有521931个农户获得了贷款。

(四)启动了安居、温饱试点工程。1999年，全省借鉴上海对口帮扶云南建设温饱试点村的成功经验，结合本省贫困地区实际，省政府决定对全省部分居住条件简陋的特困农户和部分解决温饱基础条件较差的行政村，实施改善居住条件、改善群众长期受益的基础设施条件和与温饱相关、见效快的种植、养殖业以及农业技术培训等试点项目。全年投入温饱试点村建设资金3300万元，覆盖16个地州、86个县、222个行政村；安居工程投入资金1000万元，涉及7个地州、26个县、3922个农户。安居、温饱试点工程将对我省的扶贫攻坚起到积极的促进作用。

（五）科教扶贫对农民增收发挥了重要作用。1999年，全省扶贫系统共举办各类培训班1843期，培训各类人员186805人次，覆盖507个乡（镇）40多万贫困农户，累计投入科技推广资金4785万元。在科技项目推广方面，以省政府12项重大农业推广项目中旱粮增产栽培技术为主要内容，其中地膜玉米温饱工程在全省北部的54个贫困县的271个攻坚乡（镇）推广，实施面积374.59万亩，平均每亩单产427公斤，比露地栽培增产130公斤；陆稻科技扶贫工程，在南部26个贫困县中实施，总面积70.96万亩，平均每亩单产191.84公斤，比未实施科技措施的陆稻生产每亩增产38.84公斤，以上两项科技推广项目，比1998年贫困地区实施科技推广增产粮食1.4亿公斤，可以解决47万人的全年口粮问题。全省边远民族特困山区连片农业实用技术推广在4片18个县中实施，覆盖50多万贫困人口，重点是大小春连作，连片规模种植，有100名农科人员按承包合同在18个县抓农技推广项目，取得了良好经济效益。

（六）利用外资扶贫取得了新的进展。1999年是世行项目进入实施的第五年，全年完成项目投资2.04亿元，占年度计划的95.8%，占项目总目标的20.4%，至年末，世行项目累计完成总投资7.9亿元，占项目总目标的82%。在抓好世行扶贫项目实施质量和进度的同时，全省不断加强了与国际组织合作，努力争取新的外资扶贫项目，取得了明显成效。总投资1458万元人民币的欧盟环保与扶贫项目，至年末完成投资1177万元，占总投资的81%；中德扶贫项目，总投资1107.5万元，年底已经完成一、二期工程，累计完成项目投资435万元开始准备实施第三期工程；英国环保与扶贫项目，总投资670万英镑，年末各项准备工作基本就绪，2000年第二季度开始实施；加拿大项目，投资49万加元，项目进展顺利；香港乐施会扶贫项目，总投资180万元人民币，1999年启动，年底已完成投资72万元。

（七）社会扶贫有力地推进了扶贫攻坚。中央、国家机关12个部委定点帮扶我省11个地州28个贫困县，1999年共投入帮扶资金5606万元，捐赠物资折款216万元，帮助引进资金1955万元；上海对口帮扶云南22个贫困县，在1997、1998两年援助1.4亿元帮扶资金的基础上，年内又无偿援助3地州帮扶资金5318万元，社会捐款和捐助物资拆款2778万元。省级机关共有162个单位挂钩扶贫232个攻坚乡，共派出232名干部到挂钩乡（镇）任科技副乡（镇）长。年内各单位投入挂钩扶贫资金3285万元，援助物资折款1079万元，帮助引进资金2.1亿元。全省共有319636名党员干部结对帮扶325398户贫困户。

二、方法和措施

（一）围绕攻坚，调整思路，强化措施。从1994年实施扶贫攻坚以来，扶贫开发工作进入了一个新的发展时期，扶贫攻坚的指导思想、目标、任务越来越明确，方法措施越来越有力。随着扶贫攻坚的不断深入，遇到的矛盾和问题较多，情况十分复杂。1999年，省委、省政府进一步调整了扶贫攻坚思路，在继续推广扶贫开发成功经验的基础上，把扶贫的范围由贫困县、攻坚乡转移到以贫困村为主战场，以贫困户为主要对象，集中人力、物力和财力打攻坚战；在区域布局上，重点突出了民族山区、高寒山区、石山区和生存条件恶劣地区。在措施上，全面启动异地开发扶贫、安居和温饱试点工程，科技服务实行帮资金、帮项目、帮技术、定任务、定指标、有奖励的科教扶贫联产承包制。这些措施，有效地加快了我省扶贫攻坚进程。

（二）增加扶贫投入，加强资金管理，确保攻坚效果。为如期完成国家“八七”扶贫攻坚计划和云南省“七七”扶贫攻坚计划，确保实现党中央、国务院扶贫工作既定目标，1999年，全省扶贫资金投入继续增加，中央、省、外资扶贫投入达到30.07亿元，比上年增2.93亿元，增10.8%。其中银行信贷资金15.92亿元，中央财政专项资金7.35亿元，省财政专项资金5.19亿元（未含地县配套资金），外资1.55亿元。这些资金基本上围绕解决温饱问题来安排，突出了扶贫攻坚难点和重点，坚持了扶贫到村到户，主要投向是“五大工程”、“三通一建”、小额信贷、农业科技推广、异地开发扶贫、温饱村建设和特困安居工程以及种植业、养殖业项目等，资金使用比较合理，效果较好。为了加强扶贫资金的管理，省政府出台《云南省扶贫资金管理暂行办法》下发各地各部门遵照执行。负责组织实施扶贫工作的各部门，坚持了专账核算，专户储存，专款专用，资金跟着项目走，部分项目的实施实行预拨报账制，资金和项目的安排逐步实行部门间联文下达。为了保证扶贫资金性质用途和扶贫攻坚效果，1999 年，省政府组织有关部门组成联合检查组对全省各地扶贫资金使用情况进行抽查审计，对审计中少数地方出现的挤占、挪用扶贫资金的问题，进行纠正和作出严肃处理。

（三）组织贫困地区抓好产业结构调整，确保农民增产增收。1999 年，针对烤烟继续“双控”，国家实施天然林保护工程，部分主导产业产品价格下跌，市场疲软的实际情况，各地结合自身实际，立足现有自然优势，一是发展生态农业，尤其是生态环境恶化的贫困地区，大力发展经济林果，增加农民收入；二是在贫困地区大力推广农业科技生产项目，提高粮食单产，靠推广科技，调整农经种植比例；三是围绕市场调结构、活流通。各地依托市场，积极试种和生产适销对路产品，通过签订协议、合同，将产品送往省外加工销售，提高本地区经济收入；四是大力发展养殖业，引进优良品种，改善饲养方法，提高科学养殖水平和产出率；五是改善农业种植结构，避免产业雷同，开发有竞争力的产品。通过抓产业结构的调整，使贫困地区农业生产效益有所提高，使农民在多种减收因素共存的情况下，仍然取得了增产增收效果。

（四）明确重点，分类指导。1999 年，为适应扶贫攻坚新形势的需要，对扶贫的重点对象、区域、范围，实行分类指导，省政府在文山、楚雄、昭通等 3 个地州召开现场办公会，部署扶贫开发工作；在独龙江乡、者米乡等特殊贫困民族聚居区开展扶贫示范、试点工作，分地区、分民族进行扶贫指导，收到了很好的效果。

（五）探索扶贫开发新路，努力实现贫困地区可持续发展目标。1999 年，为适应扶贫开发工作发展的需要，全省加大了对贫困地区生态保护、环境治理和资源合理利用的工作力度，在实现人口、资源、环境与脱贫相互促进，共同发展，实现可持续发展目标方面进一步进行了探索：(1) 开展温饱村建设。上海对口帮扶实施的温饱试点村、本省开展的温饱村建设，都是以保护生态、节约能源、改善环境为主内容的项目。(2) 开展退耕还林试点工作。年内，在全省 18 个县实施退耕还林（草）的生态保护试点工程，实行以粮代赈解决好退耕还林（草）后农民的缺粮问题。(3) 在一些扶贫难度大的行政和自然村实施农业综合开发项目，实现稳定脱贫和可持续发展。(4) 安排大批信贷资金和少部分财政资金，在一些自然资源丰富的地方，实施生物科技生产和农产品加工项目，建立中小型生产加工基地，促进贫困地区经济发展。这些工程和项目的实施，为全省扶贫攻坚和跨世纪扶贫开发打下了良好的基础。

三、存在问题

主要问题是：(1) 在扶贫资金的管理上力度不够，缺乏有力的监督措施。对各级部门管理的扶贫资金，没有专门的审计、监察机构，经常性的检查不够，拉用、挪用扶贫资金的现象在一些地方仍然存在。(2) 少数地方对扶贫攻坚认识不足，重视不够，缺乏过硬的措施和有效办法，少数地州市县要求配套的资金落实不够好。

云南抗灾救灾工作述评

云南省抗灾救灾办公室主任　曹　宏

一、主要自然灾害

1999年全省自然灾害频繁，是一个重灾之年。冬春夏季气温偏高，农作物干旱面积大。5月7日进入雨季（比正常年提前20天）至8月上旬，阴雨连绵，日照不足，全省有98个县市降雨偏多，部分地区大雨、暴雨相对集中，引发洪涝等多种灾害；冰雹灾害十分突出，8月中旬至9月上旬部分地区降雨偏多，大雨暴雨和单点暴雨次数增加，出现低温天气，农作物病虫害偏重发生。9月中旬至10月中旬，少雨高温，部分地区出现旱情，个别地方旱灾严重。10月26日至11月4日全省大部分地区出现自1996年以来最严重的秋季连云雨天气，杞麓湖、异龙湖等湖泊水位短时间猛涨，沿湖地区水灾严重。11月25日凌晨，澄江县境内发生5.2级一般破坏性地震，造成人员伤亡和财产损失。12月20日至30日，全省范围发生了自1974年以来最严重的低温霜冻灾害，因灾造成直接经济损失55亿元。1999年，全省各地都不同程度地发生了低温霜冻、旱灾、洪涝、崩塌、滑坡、泥石流、风雹、病虫鼠害和地震等自然灾害，局部地区灾情严重。这给国家和人民生命财产造成了很大损失。至年末，全省16个地州市、126个县（市）均遭受不同程度的自然灾害，其中昭通、思茅、楚雄、大理、保山、文山、红河、曲靖、玉溪、昆明、迪庆、怒江、版纳等地州市，昭通、彝良、盐津、宣威、罗平、泸西、澜沧、景东、思茅、孟连、勐海、景洪、元谋、华坪、姚安等47个县（市）灾情比较严重。全省受灾人口2867万多人，其中成灾人口1600万人；因灾死亡485人，受伤9463人；死亡牲畜10.6万头（只）；倒塌房屋1.97万间，损坏房屋20.73万间，毁损学校550所、卫生院（所）106所；有因灾居住在危房和险段（点）的1.6万户农户急需搬迁；农作物受灾面积4193.61万亩（含重复受灾面积，下同），其中成灾2265.8万亩，绝收598.9万亩，毁坏耕地17.4万亩；损坏小（一）、（二）型水库61座，水电站73座；损失粮食50912万公斤，减产粮食136972万公斤；329个企业因灾停工停产；水利、电力、公路交通、教育、卫生等基础设施遭受到不同程度的损坏。同时，省直劳改劳教、农垦、武警部队和水文等基层部分单位也有一定损失。全省因灾共造成直接经济损失123.9亿元，其中农业损失101亿元。全年的灾情严重。但由于全省长期大搞水利、绿化工程和崩塌、滑坡、泥石流、江河和湖泊治理等防灾减灾工程建设，这些工程在抗旱防洪等方面发挥了巨大作用，因而干旱和洪涝灾害所造成的直接经济损失比往年有所减轻，防灾减灾收益明显提高。

（一）低温霜冻及雪灾。1999年冬春季节，全省气候异常，先后发生低温霜冻灾害及雪灾，其中低温霜冻灾害特别严重。全省农作物受灾面积1487.61万亩，其中成灾面积779.8万亩，绝收283.9万亩，直接经济损失56.17亿元。12月20～30日，由于受西伯利亚强冷空气南侵的严重影响，全省遭受了自1947年以来最为严重的持续低温霜冻灾害，其中南部地区的低温霜冻灾害是历史上最严重的一年，农作物受灾面积达1235.9万亩，其中成灾面积669.8万亩，绝收21.9万亩，水利设施和供水系统等也遭受不同程度的损坏。因灾减产粮食（油菜籽）2.34亿公斤，损失粮食（油菜籽）3.19亿公斤，造成直接经济损失55亿元。

（二）旱情特别严重。1998年冬至1999年春全省出现有记录以来的强暖冬和强暖春天气，降雨稀少，全省各地持续高温无雨，持续时间长。1月12日至4月24日近100余天晴朗少雨，有122个县（市）降水较历年同期偏少到特少。大理出现历史上极为罕见的三月苍山无雪，楚雄州大姚县150多天无雨；全省地下水位下降严重，小型水库干涸335座；大理、红河、文山、思茅等地中小河流断流，全省小春作物大面积受旱严重并引发病虫害偏重发生，造成小春粮食减产5660万公斤，小春总产量与上年相比，减幅为2.36%。1999年的旱情是1951年以来同期最为严重的一年，全省因旱农作物受灾面积1191万亩，其中小春作物766万亩，占小春实际播种面积41%；大春作物425万亩，占大春实际播种面积11%；有330.2万人、245.7万头大牲畜饮水困难。因旱造成直接经济损失21.4亿元。

（三）洪涝、崩塌、滑坡、泥石流灾害突出。1999年提前20天进入雨季后，全年降水量正常略偏丰。7月下旬至9月中旬，全省大部分地区阴雨寡照，降雨集中，局部地区多次降大雨、暴雨、单点暴雨，发生洪涝灾害后引发崩塌、滑坡、泥石流灾害，多灾并发。全省受洪涝、崩塌、滑坡、泥石流灾害的有126县（市），受灾人口748.9万人（次），因灾死亡363人，倒塌房屋3.47万间，农林牧渔受灾面积644万亩，其中成灾358万亩，绝收103万亩；毁坏耕地面积17.4万亩，减产粮食4450万公斤，死亡大牲畜9.5万头（只），水产养殖损失250万公斤；有329个企业停产、半停产，其中乡镇企业236个；铁路中断146条次，列车停行74小时；有110多条次公路遭到不同程度毁坏而中断交通948条次，冲毁公路桥涵117座，毁坏公路路基（面）2953千米；损坏输电线路122千米，通讯线路149千米；损坏小（一）型水库8座，小（二）型水库52座，垮小（二）型水库1座，冲毁塘坝814座、损坏堤防287千米、大小渠道1660千米、大小渡槽425座、桥涵641座；损坏水文测站57个、机电泵站113座、水电站73座。因灾直接经济损失36.41亿元，其中农林牧渔15.53亿元，工交9.43亿元，水利电力5.04亿元。全省洪涝、滑坡、泥石流灾害最为严重的是昭通、思茅、曲靖、昆明、楚雄、玉溪、大理、丽江、红河、临沧等地州市。

（四）森林火灾严重。1998年冬至1999年6月，全省气温偏高，持续干旱无雨，风高物燥，全省15个地州市森林火灾频繁发生，边境一线外国森林火灾入境问题突出，损失严重。1999年1～6月，全省共发生森林火灾996次，其中重大森林火灾10次；火场面积64万多亩，其中受害面积15.7万亩，比上年上升24倍；林木损失71万立方米，烧毁幼树2009万株，直接经济损失3.874亿元。边境一线外国森林火灾入境7次，过火面积5.8万亩，其中受害面积3.6万亩，直接经济损失5381万元。这是进入90年代以来全省火灾最多、损失最大的一年。因扑火造成死亡12人，重伤10人，轻伤175人。

（五）风雹灾害突出。1998年冬季至1999年8月，特别是7月中旬至8月上旬，全省相当一部分地区风雹灾害十分突出，有的县（市）如泸西县先后并遭受7次之多的风雹灾害，属历史上罕见。1月至8月20日，全省48个县（市）先后遭受风雹灾袭击，损失严重，尤其是烤烟受灾最为严重，大春农作物受灾面积88万多亩，成灾69万多亩，无收7万多亩。因灾造成直接经济损失2.55亿元。

（六）病虫害偏重发生。1998年冬至1999年春气温偏高，进入雨季后，阴雨寡照，一定时期内气温偏低，农作物病虫害偏重发生，虽采取了有力措施加以防治1464万多亩，但叶稻瘟、穗颈瘟、玉米大小斑病、粘虫、螟虫、稻飞虱等病虫害仍然比较突出。全省大春作物发生病虫害灾害面积719万多亩，其中成灾215万多亩。上半年森林病虫害偏重发生，虽采取措施防治100万多亩（防治率为50%以上），但全省仍有受灾面积14万多亩。因灾造成直接经济损失2.98亿元。

（七）发生破坏性地震1次。1999年11月25日凌晨0时40分19.3秒，在澄江县境内发生了1次5.2级主震—余震型一般破坏性地震。震中在距澄江县城10公里的尖山村附近。地震烈度6度区面积241平方公里，其中陆地面积183平方公里。地震受灾人口6万多人，灾区人口密度大，部分房屋倒损，土木结构房屋内伤大，一些砖木结构房屋有裂缝。因灾造成1人死亡、10人受伤；倒塌房屋151476平方米，受损房屋33万多平方米；学校、卫生、水利、公路等基础设施遭到不同程度的损坏。地震造成直接经济损失6000多万元。

二、抗灾救灾工作

1999年，全省各种自然灾害偏重发生，尤以低温霜冻、干旱、洪涝、病虫灾害和森林火灾最为严重。每当发生灾情，尤其是发生重大灾情，省委、省政府及灾区各级党委、政府领导及时采取有力措施，组织抗灾救灾工作。省委、省政府主要领导对抗灾救灾工作多次作了重要指示，并亲自部署全省防灾抗灾救灾工作。大的灾情发生后。省委、省政府领导率领工作组及省直有关部门领导先后亲临森林火灾第一线和低温霜冻、干旱、洪涝、滑坡、泥石流和地震等重灾区调查了解灾情，慰问灾民，与灾区党委、政府及时组织抗灾救灾和灾后恢复重建工作。灾区党委、政府及时组织和指挥应急抢险和抗灾救灾。在抗灾救灾中，灾区干部群众弘扬伟大的抗洪精神，自力更生，艰苦奋斗，积极开展生产自救和自救互救，尤其是7月底8月中旬遭受风雹等“卡脖子”灾害的相当一部分地区，广大干部群众顽强与自然灾害作斗争，几次组织灾民抢种晚秋作物和速生作物，尽力减轻灾害所造成的损失。解放军、武警部队、公安民警和民兵在抗灾救灾中发挥了主力军作用。为了筹集抗灾救灾资金、物资，省府多次召开会议研究向国家争取救灾资金、物资的问题，几次赴京向国家有关部门汇报云南灾情，并争取到了一些资金、物资；布置省级有关部门向北京对口部门汇报灾情，争取国家的帮助和支持。1999年在全省各级财政极其困难的情况下，各级政府及有关部门给予了灾区资金、物资等方面的尽力支持和帮助。全年全省各级党委、政府及部门先后派出2593个抗灾救灾工作组协助灾区组织抗灾救灾和恢复重建工作；投入抗灾救灾劳动力1451万多人次，其中党政干部52万人次，中国人民解放军、武警部队、公安民警4.83万人次；中央、省地县和灾区群众先后投入救灾资金6.69亿元，其中中央补助8130万元，省级投入5.13亿元，地州市投入2180.9万元，县市投入2754万元，群众自筹2589.18万元；灾区接收捐赠款171.5万元；保险公司灾害保险理赔1.65亿元；组织安排救灾救济粮2804.15万公斤；投入各种救灾物资3.5万多吨，其中中央救灾柴油10500吨。省红十字会向灾区发放价值2436.4万元的药品、医疗器械、棉被、衣服、粮食等。上述抗灾救灾措施的落实，有效地帮助灾区灾民解决了一些急需解决的实际问题和困难，没有发生非正常情况。

三、面临的困难和问题

从总体上来讲，环境恶化是当今全球面临的三大难题之一，也是我国我省面临的一大难题。全省生态环境日益恶化导致自然灾害日趋严重，各种自然灾害发生呈明显上升趋势，今后相当长的时期，全省防灾减灾任务艰巨而繁重。

主要困难和问题：1999年冬全面大范围的低瘟霜冻灾害损失严重，虽已投入大量资金救灾，但灾区仍有困难；工作方面存在的主要问题是全民环境保护和防灾减灾意识有待进一步提高；减灾工作和防灾建设不能满足全省国民经济发展的需要；灾区群众和省地县财政承受自然灾害的能力还比较弱，防灾减灾经费投入明显不足；防灾减灾管理工作等需要进一步加强。

云南省1999年抗灾救灾有关数据统计表

基本灾情		地方投入人财物		中央补助地方款物	
项目	数据	项目	数据	项目	数据
总受灾面积		派出工作组	2593个	资金总数	8130万元
（含重复受灾面积，下同）	4193.61万亩	投入救灾劳力	1451万人次		
其中：霜冻雪灾 干　旱	1487.61万亩 1191万亩	其中：党政干部	52万人次	其　中： 灾民救济	6200万元
洪涝泥石流等 病虫害	644万亩 719万亩	军　警	4.8万人次	防　汛	400万元
其　他	152万亩	投入资金	59005.58万元	抗　旱	700万元
减产粮食	136.9万吨	其中：省　级	51310万元		
损失粮食	51万吨	地州市	2180.9万元		
死亡人数	485人	县（市）	2754万	公　路	
倒塌房屋	1.97万间	群众自筹	2589.18万元	国土治理	700万元
损坏房屋	20.73万间				
		接受捐赠	171.5万元	其　他	130万元
毁损学校	550所				
		物　资：			
毁坏卫生院（所）	106所			物　资：	
		救灾粮	2.8万吨		
停工停产企业	329个	化　肥	10000吨	柴　油	10500吨
毁损水利设施	2184件	其　他	14500吨	化　肥	
直接经济损失	123.9亿元	保险理赔	16527万元		

云南城乡建设发展述评

云南省建设厅厅长　程政宁

1999年，在省委、省政府的领导下，全省建设战线的广大干部职工，努力学习邓小平理论和党的十五大精神，认真按照党中央、国务院的部署和省委、省政府的工作安排，在工程建设、城乡建设各个领域，特别是在城镇住房制度改革、基础设施和住宅建设、发展小城镇和推进有形建筑市场建设等方面付出了巨大努力，取得了可喜成绩，为促进国民经济的持续增长、人民生活质量的不断提高和社会全面进步做出了新的贡献。

一、房地产业稳步发展

根据党的十五大关于加快城镇住房制度改革和省委、省政府关于把普通住宅为主的房地产业培育成为新的经济增长点和优势产业的部署，召开了全省房改工作座谈会，省政府制发了《云南省城镇住房货币化分配方案》，标志全省城镇住房制度改革在住房分配和住房供应体系方面取得了重大突破，为下一步深化住房制度改革，建立住房新体制奠定了坚实的基础。各地、州、市按照省的统一部署，结合各地实际开始拟制深化房改的方案和措施。住房公积金制度进一步完善，通过推行计算机管理，管理手段逐步改善。在各级政府的重视和支持下，对全省公有住房出售政策和住房资金进行了全面检查，“房委会决策、中心运作、银行专户、财政监督”的管理原则已在大部分地州市县得到落实。至1999年末，全省累计归集住房公积金达34亿元，出售公房收入累计完成160亿元。为适应深化住房制度改革的需要，摸清情况，进行了全省已购公有住房普查、清理和建立职工住房档案等项工作。

随着社会主义市场经济体制的建立及房地产业的发展，全省房地产市场体系正在逐步建立和完善。特别是省政府发布了《云南省已购公有住房和经济适用住房上市交易管理暂行办法》，已购公有住房和经济适用住房交易市场启动工作进展顺利，为房地产市场拓展了更为广阔的领域。自1999年8月20日昆明市经省政府批准率先开放住房二级市场以后，已有昆明、玉溪、曲靖等6个地州市的20个县市区开放了住房二级市场，并在此基础上设立了房地产交易有形市场。1999年共计核发“准入证”317份，成交110多万平方米，金额4142万元，其中转让133套，面积8566平方米，金额758.6万元，其余为抵押。为规范交易行为，省建设厅制发了相关的文本，昆明、禄丰等试点城市政府结合当地实际制定了已购公房上市交易管理实施细则。已购公房交易市场自起步阶段即进入规范发展的轨道。在住房制度改革不断深化的同时，通过对不同收入家庭实行不同的住房供应政策，以经济适用住房为主体的住宅供应新体制正在建立。1999年，全省经济适用住房开工面积达692.68万平方米，完成投资44.4亿元；竣工面积461.5万平方米，竣工率为67%；（预）销售面积475.2万平方米，为开工面积的69%，为竣工面积的103%。总体上按合同工期实施的项目均完成计划。

由房地产开发、经营企业、中介服务机构、物业管理企业等企业体系构成的我省房地产企业群体，逐步走向成熟。至年末，全省取得房地产开发资质并经年检合格的房地产开发公司共379家，其中具有一级资质的4家、二级资质的22家、三级资质的77家、四级资质的83家、五级资质的40家，其余193家为项目公司。

随着房地产中介服务机构的设立及其进入市场，全省房地产市场趋于完善。至年末，全省有取得资质的房地产中介服务机构80余家，其中75家为房地产评估机构，其余为房地产咨询或经纪机构。全省拥有取得执业资格的房地产估价师188名，取得岗位合格证的房地产评估员约

200人，经纪人约100人。

在住宅领域各项改革启动和深化的同时，城市物业管理也逐步得到发展，并成为房地产业中一个具有良好发展前景的行业。至1999年末，全省共有物业管理公司168家，从业人员3000余人，其中取得岗位合格证的580人。物业管理覆盖面从新建住宅小区向旧有小区延伸，从住宅向商品楼宇和单位自管房屋拓展。全省住宅小区的物业管理覆盖面已接近50%。为全面提高我省住宅建设和房地产业的整体水平，加大资质管理的力度，1999年首次实行了物业管理企业资格检审及等级评定，完成了房地产开发企业的资质检审，95%以上企业通过了年检。加强了人员培训工作，组织了物业管理人员培训工作和物业管理从业人员岗位证书及1999年房地产估价师执业资格考试。房屋权属管理工作进一步推进，大部分市县年内已启用了新版房屋权证，加快了核发工作。

1999年，全省住房建设工作收到了明显效果。(1) 拉动了经济增长。全年全省房地产业完成投资91.2亿元，为计划数的110.5%，增长40.9%，其中商品房建设投资73.8亿元；全省城镇竣工住宅面积1098万平方米，增长15.1%，完成投资138亿元，增长55.1%。城镇住宅投资及房地产投资对全省国民经济增长的贡献率分别达到2.7%和1.9%。(2) 活跃了以普通住宅为主的房地产市场。商品房屋施工面积997.4万平方米，其中住宅为755.2万平方米，分别增长50.7%和66.9%；商品房屋竣工面积384.6万平方米，其中住宅为323.8万平方米，分别增长60.2%和73.3%；商品房屋销售面积271.3万平方米，其中住宅为256.6万平方米，分别增长50.3%和59.8%。(3) 促进了住房商品化进程。商品房屋销售额为47.8亿元，其中住宅为42.9亿元，同比分别增长52.6%和63%。在住宅销售中，个人购房的比重提高到60%左右，并有继续提高的趋势。(4) 进一步改善了群众居住条件。至年末，全省设市城市和县城共有住宅建筑面积11733万平方米，使用面积8407万平方米，居住面积6088万平方米；居民人均居住面积达到11.23平方米，为改革开放前的3倍。全省设市城市和县城建成建筑面积在2万平方米以上的住宅小区200余个，住宅综合开发率达到55%以上，住宅成套率达75%以上，住宅配套设施及居住环境都有明显改善。(5) 房地产开发质量取胜的观念逐步建立，涌现了佳园小区、金康园、阳光花苑、北辰小区等一批质量高、功能全、环境优、服务好的住宅小区。

二、小城镇建设步伐加快

随着我省城市化进程的快速推进，城市规划工作得到了省委、省政府及各级党委政府的高度重视和支持。城市规划的修编工作全面展开，详规和各项专业规划广泛开展，昆明、瑞丽、思茅、潞西等4个市的城市总体规划修编通过了审批，完成了18个县市人口规模、用地规模的核定，对城交结合部及城市百年规划问题进行了调研并提出了措施和办法，昆明、曲靖、晋宁、沾益等县市完成了2000万平方公里的航测图，曲靖、中甸、巍山、南涧、昭通地区等10个乡镇试点项目完成了城市首级控制网的改造及地形图的测绘。城市雕塑管理逐步规范，全省已有37人获得城市雕塑创造设计资质。城市规划执法力度加大，各地执法队伍依据有关法律法规，对违法用地、违法建设的行为进行了查处，确保了城市规划的实施。

至1999年底，全省城市化水平达到21.1%，比上年提高0.5个百分点。城市化水平的稳步提高，为发展二、三产业，推动全省社会经济的全面进步提供了重要载体，对全省城市的可持续发展创造了良好的条件。

按照党的十五届三中全会精神，小城镇建设得到了省委、省政府及各级党委、政府的高度重视，省委、省政府制发了有关文件，明确了在规划指导下，从1999年起连续4年，每年安排专项资金3000万元，用于100个乡镇所在地，开展以建一条文明卫生路和建一个规范的农贸市场为重点的小城镇建设。1999年底，省委、省政府又批准增加4400万元，用于122个小城镇的基础设施和公用设施建设。大大推动了全省小城镇建设的进程。以100个重点建设小城镇为重点，小城镇规划编制、审批步伐加快，已完成了30多个小城镇规划。全省80%的建制镇、83%的乡集镇已编制了城镇总体规划。通过对全省13个地州市、55个县市、91个乡镇开展调研，基本摸清了小城镇建设的现状，并对下一阶段的工作提出了措施。采取多种形式加大了宣传力度，提高了全社会对小城镇建设重要性的认识。年内，红河、大理、楚雄等地州小城镇建设力度加大，成效显著。至1999年末，全省共有小城镇1452个，59%的建制镇、29%的乡集镇用上了自来水，实现了镇镇通电、通公路。小城镇建设吸引了农村剩余劳动力480万人，建成各类集贸市场841个，全年新建村镇住宅1976万平方米，村镇人均居住面积从上年的12.98平方米提高到13.5平方米。小城镇建设的发展有力地推动了农村经济的发展和经济结构的调整，加快了农民脱贫致富奔小康的步伐。

三、城市市政公用事业有较大发展

1999年，按照中央和省关于经济工作的部署，城市基础设施建设继续发展，全年共计投入城市基础设施建设资金44.7亿元（其中昆明世博园建设投资约为20亿元），掌鸠河引水、10个设市城市、25个县城和战区恢复供水工程前期工作进展顺利，以昆明、大理、景洪等10个城市（高原湖泊城市、重点风景名胜区、经济较为发达的城市）为重点的城市排水及污水处理工程全面启动；以供水价格改革为重点的城市投融资体制改革进展顺利，为进一步加快城市供水工程建设提供了资金保障，也为深化改革积累了经验。至1999年末，全省城市日供水能力达到200.85万立方米，城市道路2608千米，拥有城市公共汽车1593万标台、城市出租车15000余辆；设市城市煤气日供气量70万立方米、液化石油气年供气量9.5万吨，城市燃气用户达到96.5万户。一批城市基础设施项目的竣工投入使用，对改善城市功能，改善城市环境，确保’99世博会的顺利召开，促进经济发展和社会进步发挥了重要作用。

以世博会为动力，全省城市市容市貌整治成效显著，创建省级园林城市活动在全省普遍开展，并受到了群众的普遍欢迎，取得较好的社会效果，昆明、大理、楚雄等城市绿化美化效果显著，全省城市人均绿地提高到5.8平方米，城市环境状况明显改善。以创建世界品牌的风景名胜区为目标，“三江”并流风景名胜区申报世界自然遗产工作全面展开；历史文化名城保护有新进展，建水、威信、广南、石屏等城市以规划为指导，进一步加强了保护和建设工作；为加强城市管理，规范城建监察执法的行为，对全省执法队伍进行了培训，城市管理依法行政水平有较大提高。

四、继续做好抗震防灾工作

1999年，针对近年来严峻的地震形势，为加强管理，进一步完善了有关的法规，省人大通过了《云南省防震减灾条例》，省建设厅制定了相关的实施办法。对新建工程尤其是高层建筑和重点项目的抗震设防加强了管理，逐步建立完善了抗震设防审查制度，昆明等许多县市广泛开展了此项工作，初见成效，曲靖等城市抗震防灾规划编制、实施情况较好。继续推进抗震加固工作，全年加固面积共计7万平方米。同时，积极推进工程抗震新技术的推广运用，橡胶隔震垫技术广泛运用在大理、丽江、思茅、建水及省属20多个项目中，收到了良好的效果。

按照省政府的部署，3个地震灾区的恢复重建工作已基本完成。1995至1999年，孟连、武定、丽江3个地震灾区共完成投资27.39亿元，完成项目3592个，共计建筑面积552万平方米，地震灾区经过3年的恢复重建，城镇面貌发生了显著的变化，各项事业蓬勃发展。建设行业以其扎实有效的工作得到了各方面的肯定，有24个单位、69名个人受到了表彰奖励。同时，宁蒗地震灾区恢复重建前期工作全面展开，灾区恢复重建规划及项目计划已报经省政府批准实施，省建设厅向灾区派驻了专家组，帮助地方政府把好设计审查关。

五、加强国际经济技术合作

1999年，积极引进国外资金、技术取得了良好效果。丽江地震恢复重建世行贷款项目圆满完成，受到世界银行的表彰，坚定了世行投资云南的信心；昆明市与瑞士苏黎世市就昆明市城市交通规划方面进行了广泛的合作与交流；昆明市掌鸠河引水工程利用日元贷款和世行贷款项目前期工作的启动；协助云南环保利用世行贷款项目理顺关系抓紧实施；组织大理、丽江利用挪威政府贷款和世行贷款项目积极进行前期准备工作。通过加强国际合作与交流，引进资金技术和管理经验，为建设事业发展带来了新的机遇。

六、建设行业改革稳步推进

1999年，全省建设行业各项改革全面深化并取得新的成效。建筑业以国有企业改革为龙头，改革攻坚稳步开展；勘察设计行业体制改革逐步推开，城市供排水价格改革初见成效，市政公用事业改革取得了成功经验，房地产企业规模化效益逐步显现，厅属企业省城乡开发公司和城乡材料公司兼并工作基本完成，进行了省房地产评估公司和城乡材料公司兼并工作基本完成，进行了省房地产评估事务所改制工作的调研。同时，按照建设部的部署，对建设体制改革问题进行了初步的研究，完成了城建税和施工企业营业税税制改革调研，着手开展全省建设事业“十五”规划编制工作。

年内，为适应建设事业改革与发展的需要，全省建设系统围绕建设法制体系建设，立法、执法、普法工作都有新的进展。《云南省房地产市场管理条例》等4个法规的起草上报工作已经完成。为提高执法人员的水平，全省已有7个地州开展培训工作。根据省政府法制局的安排，对全省2000名执法人员进行了年度检审，对不合格人员予以了处罚，促进了执法人员素质的提高。有2000多人参加了“三五”普法函授学习。39件省人大、政协提案、议案办理工作完成情况较好，受到了省人大、政协代表的好评。由于坚持了依法治建的管理方针，建设行业尤其是建筑市场、房地产市场、城市建设、城市规划等方面管理走上了法制化的轨道，管理力度加大且收到了较好的效果。

七、精神文明建设结硕果

1999年2月以来，根据省委的部署，建设厅机关“三讲”教育全面开展。通过“三讲”教育，提高了广大党员干部对党风党性重要性的认识，对转变政府职能、改进工作方法和工作作风起到了重要的促进作用。围绕建设事业中心工作，根据省委、省政府的有关指示，党风廉政建设和反腐败工作得到了进一步加强。厅党委结合实际，制定了党员廉政有关规定，并注意抓落实，取得了一定成效，通过清理通讯工具，收回资金4.18万元。各级纪检监察部门积极参与了有形建筑市场监督、工程项目执法监察及资质审核监督等工作，加大了查处违法违纪案件的力度，为治理建筑领域腐败现象作了大量工作。

建设行业“讲文明、树新风”活动深入开展。全省建设系统在世博会项目建设中作出了突出贡献，16人受到省委、省政府表彰，10人、3个单位受到建设部表彰，建设厅荣获省委、省政府授予的先进单位称号和建设部授予的优秀组织奖。

八、存在问题

主要问题是：（1）建设行业改革滞后，设计、施工、市政公用等方面的国企改革攻坚任务仍十分艰巨；（2）住房制度改革进展不平衡，各地市县住房货币化分配方案的制定迟缓；（3）城乡规划管理环节薄弱，小城镇建设发展不平衡，城乡协调发展问题突出，一定程度上影响了全省城镇化发展的进程。

云南环境保护工作述评

云南省环境保护局局长　吴晓青

一、基本情况

1999年是全省环保工作是极不平凡的一年。江总书记、朱总理等中央领导同志视察云南时，对我省资源环境保护工作作了一系列重要而具体的指示；国家环保总局非常关注我省环境保护工作，解振华局长率总局有关领导到我省检查指导工作，对我省滇池污染治理和自然保护工作给予了充分肯定，并就我省今后环境保护工作与省政府交换了意见。1999年全省成功地承办了以“人与自然——迈向21世纪”为主题的世界园艺博览会，昆明等重点旅游城市的城市建设和环境保护工作上了一个新台阶；围绕省委、省政府提出的建设绿色经济强省和民族文化大省，全省自然保护工作取得长足发展；工业污染防治和滇池污染治理力度进一步加大，并取得一定成效；“一控双达标”工作全面启动；环境法制、环保监测、科研、宣教、监理、信息、信访、统计以及环保国际合作与交流进一步得到加强；部分城市和地区环境质量有所改善，为全省经济社会的可持续发展做出了应有的贡献。

二、主要工作和措施

*（一）认真贯彻落实中央及省人口资源环境工作座谈会精神。*中央人口资源环境工作座谈会是促进我国经济和社会可持续发展的一次重要会议，江总书记、朱总理从我国经济建设和社会发展的战略全局对环保工作提出了明确要求。1999年省人代会期间，在省委首次召开的计划生育和环保工作座谈会上，省委书记令狐安、省长李嘉廷作了重要讲话，对全省环保工作提出了明确要求，要求各地一定要按照江总书记的要求，党政一把手亲自抓、负总责，亲自调查研究，安排部署，督促检查。要把环境保护作为实施可持续发展的主要措施，抓紧落实，真正做到责任到位，措施到位，投入到位，切实抓出成效。省委座谈会后，全省绝大部分地州市相继召开座谈会贯彻落实省委座谈会精神，各地州市党委、政府还采取措施及时解决环境保护工作中存在的问题。昆明市委、市政府结合世博会召开的需要，采取措施加大了城市环境综合整治的力度；曲靖、临沧、文山、怒江等4个环境保护任务较重的地州市加强环保机构建设，先后成立独立建制的环保局。玉溪市、西双版纳州、丽江地区所辖县（市、区）全部成立了环保局；昆明市、思茅地区大部分县（市、区）也成立独立建制的环保局。至年末，全省有14个地州市、51个县成立独立建制的环保局。

*（二）以滇池为重点的九大高原湖泊污染治理工作取得成效。*滇池是国家确定的“三湖”治理重点之一，同时作为举办世博会重要的配套工程，省政府高度重视滇池治理工作，加强领导，加大了治理工作力度。省长李嘉廷多次召开省政府常务会和省长办公会专题研究滇池治理工作，常务副省长牛绍尧4次主持召开滇池污染综合治理领导小组会议研究部署滇池污染治理工作，副省长陈勋儒多次深入检查滇池治理进展情况，国家环保总局汪副局长一年4次来我省检查指导滇池污染治理工作。全省借鉴国家在淮河、太湖的做法，精心组织全省滇池污染治理“零点行动”，时间从1999年4月1日零时至5月1日零时，在省、市环保部门和有关部门的共同努力下，省、市环保执法人员共出动2200多人次，对滇池流域253家企业进行了8轮检查。至5月1日零时，253家企业有249家做到了达标排放，4家被昆明市政府责令关停，达标率98.4%。达标排放后，外海水质高锰酸盐指数、总氮、叶绿素a等主要考核指标与上年同期相比，分别下降了10.1%、13.4%和60.5%；削减向滇池排放的污染物量COD12931吨、总氮738吨、总磷132吨，分别占1995年工业排放放量的79%、79%、90%；大河、柴河、护城河的水质也有所好转。

完成了草海底泥疏浚一期工程，共疏挖污染泥424万方，改善了草海水体景观；清除滇池蓝藻是滇池草海及外海水体景观明显改善的重要措施，“零点行动”指挥中心在时间紧、任务重、压力大的情况下，高度重视此项工作，督促业主及实施单位，机械除藻、生物药剂、物理除藻等多管齐下，全面启动，对改善滇池水体景观取得一定效果。滇池入湖河道环境整治工作是改善滇池旅游景观的又一重要举措，在省、市有关部门的共同努力下，完成了大观河及盘龙江中段环境整治及污染治理工程。

滇池治理世行项目办工作进一步理顺，云南环保世行项目取得进展。在摸清世行办运转存在问题的基础上，省政府调整了世行办领导成员，加强世行办领导，采取了一系列措施，基本改变了世行项目的被动局面，世行对云南项目的评价已由1999年初的不满意正式评定为满意。至年末，世行贷款云南环境项目进展情况良好，世行贷款1.5亿美元，报账1000万美元；国内配套资金11.85亿元人民币，资金到位5.85亿人民币。世行共19个子项目，已启动（开工）14个子项目，完成投资4.2亿元人民币；采购合同共99个，总金额16.7亿元人民币。

全省其他八大高原湖泊已编制完成污染防治规划，污染治理和保护工程已开始启动，其中杞麓湖底泥疏挖工程已完成300万方疏浚任务；异龙湖底泥试挖工程已全面展开；洱海、阳宗海、程海进一步加大了治理保护力度。洱海保护在“双取消”的基础上，大理州提出要“象保护自己的眼睛一样保护洱海”，引起全社会的关注。这些工作为进一步搞好高原湖泊保护奠定了良好的基础。

（三）污染治理取得进展，“一控双达标”工作全面启动。1999年，全省围绕“1369”跨世纪绿色工程计划，实施了一系列环境治理工程。全省安排城市环保污水处理工程计划，实施了一系列环境治理工程。全省安排城市环保污水处理工程16项，工业废水治理项目116项，废气治理项目160项，工业固体废物污染治理项目26项。在生态保护方面，安排湖泊底泥疏浚3项，生态建设项目4项，城市垃圾处理工程30项，省地县环境监测建设项目27项。通过以上项目的实施，1999年全省环境治理指标有较大提高，预计全省工业废气、废水、固体废物处理率分别达到83%、72%、35%，COD、石油类、有毒污染物、工业固体、烟尘、三氧化硫排放与1998年相比，均有不同程度下降。全省各城市广泛开展了城市环境综合整治考核工作，昆明市考核指标居全国大城市32名，比1997年有较大进步，其中环境建设进入全国前十名。1999年，全省完成了7城市酸雨控制区规划，并已通过国家环保总局验收。

“一控双达标”工作取得进展。全省已确定1042家重点考核企业，并分解落实到各地州市，要求在2000年底前达标排放。1042家企业名录已经省政府批准并在省主要新闻媒体上公告，省政府召开了电视电话会，全面部署全省“一控双达标”工作。省环保局进一步加大督促检查力度，1999年12月组织3个督察组，局领导带队并邀请新闻单位参加，历时24天，代表省政府先后对16个地州市分片区进行检查，现场抽查32家重点考核企业，有力地促进了此项工作的开展。至1999年末，有180家企业实现了达标排放，62家自行停产，达标率24.3%。

为配合“一控双达标”工作，全省机动车尾气污染防治工作力度也进一步加大。3月，省环保局等有关部门组织赴北京、上海考察机动车尾气污染防治工作，并向省政府提出了加强全省机动车尾气污染防治工作的建议，进一步修改完善了机动车尾气污染防治管理办法，上报省政府待批。至年末，昆明市率先全面进行机动车尾气污染防治工作试点，文山、大理、临沧、西双版纳等地州正准备全面开展此项工作。

（四）自然保护工作取得进展。经省政府批准新建临沧澜沧江和镇康南捧河两个省级自然保护区，新增面积达20万公顷。经评审论证向省政府上报建立昌宁澜沧江省级自然保护区、思茅水源林省级自然保护区的建议意见；向国家申报将维西萨马果省级自然保护区列入白马雪山国家级自然保护区和纳板河自然保护区申报国家级自然保护区的建议报告，已通过国家自然保护区评审委员会审查。至年末，全省共建立自然保护区112个（国家级6个、省级51个、地县级55个）占全省国土面积的5.5%。金沙江流域和西双版纳州各级政府坚决贯彻省委、省政府决定，从1998年10月起全面停止采伐天然林。全省各级政府加强森林资源保护，至年末全省森林覆盖率已达44.3%。

进一步狠抓了“十五小”关停工作。根据国家及省政府的要求，省局和有关地（州、市）、县环保局抓紧研究制定取缔土法炼焦和土法炼锌替代方案，专门召开了会议，落实具体方案及时间步骤，加大督促检查力度。至年末，全省已按照国家和省的规定，基本完成全面取缔小土焦的工作，取缔率已达93.4%。进一步加强了对生态环境有影响的公路、水电、旅游等项目的环境管理，对昆明—石林、安宁—楚雄、大理—保山等高速公路建设、怒江丙中洛大理石开采和独龙江公路建设以及临沧云县刘家箐水库、蒙自庄寨水库建设按环保要求，严格进行环评，提出恢复和保护生态环境和景观的措施，并进行督促检查。

（五）环保宣传和法制建设进一步加强。配合滇池治理“零点行动”，组织省、市主要新闻媒体进行了全方位关于治理滇池、保护环境的宣传报道，设立举报电话，查处破坏环境违法行为，形成了强有力的宣传和舆论氛围，全社会环境意识进一步提高；对“一控双达标”工作也拟定了宣传计划，正在组织实施。“云南环保世纪行”活动广泛开展，影响深远；开展了纪念“6·5”世界环境日活动，发布《1998年云南省环境状况公报》，进一步引起全社会关注。

环境法制建设进一步加强。拟定了《云南省机动车尾气污染防治管理办法》、《云南省建设项目环境管理办法》、《云南省风景名胜区环境管理办法》，征求有关部门意见，正在修改上报过程中。全省各地、州、市制定地方性法规3件、行政规章22件、行政处罚230件、行政复议案14件、行政诉讼案2件、行政赔偿案8件。配合滇池治理中心工作，组织有关部门，开展了滇池流域环保执法大检查，共出动2200余人次对滇池流域进行8轮检查，严厉查处违反《滇池保护条例》的各种违法行为。

（六）环保投入进一步加大。1999年，全省围绕滇池污染治理及“1396”跨世纪绿色工程计划，不断增加投入，建设了一批污染防治和生态保护项目。纳入1999年省固定资产投资计划的环保项目共安排建设资金80420万元，其中省预算内资金6860万元，世行贷款5.77亿元，意大利政府贷款3600万元，地方自筹和政策性收费1.13亿元，国家扩大内需补助资金1.46亿元，地方债券3400万元。工业企业也积极加大污染防治力度，滇池治理“零点行动”中，滇池流域达标排放重点考核的253家企业共投入1.36亿元进行治理，加上其他工业企业污染和新建项目“三同时”环保工程投资，初步估计1999年全省工业企业老污染源治理和新建项目“三同时”环保工程工业废水、废气和固体废物治理项目将超过300项，投资预计4亿元左右。由于各级政府对环保工作的重视，投资力度加大，有力地推动了全省环保工作的开展。

（七）环保科技、监测、监理、信息、档案、信访等基础工作进一步加强，环保国际合作与交流进一步扩大。环保科技管理水平进一步提高，积极争取一些重大环境课题的立项和前期工作。滇池蓝藻暴发机理及清除已获科技部支持立项；开展了“一控双达标”技术难题的调研工作，提出了高浓度有机废水处理等4项亟待攻关的环保技术难题；按照省委、省政府要求，结合全省实际，积极开展省院、省校及滇沪环保科技合作，已拟定全面合作计划，正分步实施中。继续深入开展环境监测计量认证工作，按照“成熟一个、认证一个、提高一个”的原则。全年共完成21个三、四级站的计量认证工作。全省90个环境监测站，有35个完成计量认证工作，有力地促进了我省环境监测水平的提高。狠抓了排污费的征收工作，严格排污费管理。1999年，在不少国有企业经济效益不好等特殊困难下，通过全省各级环保、监理部门共同努力，共征收排污费1.16亿元（其中二氧化硫排污费2600万元），比上年增长600万元，增长率5.5%，征户已达13257个，增加3023个。与此同时进一步加强排污费使用的管理，在全省开展了排污费收支两条线的专项检查。强化排污费的征收、管理、使用，促进了企业污染治理和环保部门能力建设。

1999年，在各级环保部门的支持配合下，省局共向国家环保总局、省委、省政府报送环保信息16篇，省环保局编发环保信息9期11篇，为各级领导环保决策提供了依据。省环保局及各地环保部门适应环保机构建设的需要，普遍加强环保档案工作，省局已完成省局独立建制以来至1995年的归档立卷工作。1999年省环保局共受理环保提案24件，全部按要求分发各地环保及省局各处室及时处理，获省政府的好评，连续两年被省政府评为提案办理先进单位。1999年，由于我省承办世界园博览会，国内外环保考察团来我省大幅度增加，仅省环保局就接待国内考察人员620余人次，其中部级以上8人，各地州市县环保局在接待工作中也给予了大力协助和支持，树立了我省环保良好的对外形象。

抓住环保国际合作日益活跃的机遇，环保国际合作与交流进一步扩大。省环保局贯彻全国环保外事工作会议精神，拟定了《云南省环境保护对外合作工作纲要》，指导全省环保对外合作的开展。省环保局正在落实和争取英国政府援助云南环保项目等8个项目并取得有成效的进展。1999年，全省环保系统有3人到国外进行短期培训，组织80余人分数批到美国、澳大利亚、荷兰进行考察培训。全省共接待了50多个国家政府、国际组织、研究机构151人次到我省考察访问。

（八）深入扎实地开展了“三讲”教育。根据省委的部署，在省委“三讲”教育巡视组的指导下，省环保局领导班子及处以上干部集中两个多月时间深入扎实地开展了“三讲”教育。通过思想发动、深入学习、深刻剖析和教育整改几个阶段，进一步提高了省环保局各级领导政治业务素质，对存在的问题积极进行整改。省环保局根据“三讲”教育群众反映强烈的突出问题特别是地州市环保局反映的问题，认真剖析检查，初步拟定了10项68条整改措施并逐项加以落实。通过“三讲”教育，使省环保局领导班子和领导干部思想上有提高，政治上有进步，作风上有转变，纪律上有增强。爱岗敬业精神、工作效率有了一定提高，正气逐步树立。各地州市环保局在当地党委、政府的领导下，进一步加强干部、职工思想政治工作，争当优秀公务员，踏实奋进的工作作风进一步发扬。

三、存在问题

主要问题是：(1) 环境污染日益突出。六大水系水质污染严重，114个监测断面，达不到五类标准（基本丧失使用功能）的占31.6%，全省16个重要高原湖泊水质已达到五类标准的占35.3%，滇池已成为全国污染最严重的湖泊之一，滇池污染治理按国务院批复要求还有相当差距，效果仍不令人满意。(2) 城市环境问题比较突出。在监测的16个主要城市中，符合空气环境质量三级标准的占44%，城市地表水监测断面水功能达标的仅占27%。(3) 生态环境恶化趋势还未从根本上得到遏制，水土流失严重，水土流失面积已达14.6万平方公里。滑坡、泥石流等地质灾害频繁。(4) 自然资源破坏浪费严重，形势不容乐观。全省矿产资源回收率仅为27.15%，主要有色矿山平均资源综合利用率只有55.76%，煤矿资源采出率只有36.9%。(5) 全省工业企业污染物排放达标率仍然很低，仅为24.3%，在全国处于中下水平，部分地州达标率仍为零，全省有299家企业至今仍未动工，要完成“一控双达标”工作，任务艰巨而繁重。

云南土地管理工作述评

云南省土地管理局局长　李如林

1999年，是新修订的《土地管理法》、《土地管理法实施条例》和《基本农田保护条例》实施的第一年。新法实施，极大地推动了土地管理方式和利用方式的转变。全省土地管理部门紧紧围绕“十分珍惜、合理利用土地和切实保护耕地”这一基本国策，以中央人口资源环境工作座谈会、十五届三中全会精神的贯彻和“一法两条例”的实施为契机，在广大干部职工的努力下，全面完成了省政府下达的各项工作任务。

一、贯彻土地管理法规

3月13日，中央召开了人口资源环境工作座谈会。4月13日，省政府召开全省贯彻落实中央人口资源环境工作座谈会精神的电视电话会议。此后，又采取各种方式对这两个重要会议的精神作了深入广泛的学习宣传。

年内，全省土地管理部门认真贯彻土地管理法规。首先，以分级培训的形式对全省土地管理部门的7500多名干部职工进行了土地管理法律法规知识培训、考试，经省地县三级共同努力，全省参训率、合格率均达100%。其次，各级土地管理部门利用广播、电视、报刊、小册子等方式对全社会进行了广泛宣传。在6·25前后，省土地局对一法两条例及土地管理工作进行了集中宣传报道。6月初至7月中旬，省电视台制作播出土地管理工作的典型报道达19条。6月16日，全省《土地管理法》识竞赛《快乐周末》特别节目在云南电视台录制播出。6月23日，《云南日报》对土地管理工作作了专版报道。

二、实施土地用途管制

1999年，全省土地管理部门实施土地用途管制，严格建设用地审批。省土地局及时修改了《云南省土地利用总体规划》，上报国务院并获批准。年内全省有1511个乡镇（占乡镇总数的96%）完成了乡镇土地利用总体规划的编制工作。同时，各级土地管理部门建立和进一步完善了重大事项会审制度和建设用地预审制度。1月15日，省土地局对昆明市官渡区乡镇企业工业园区一期工程建设用地进行了预审，这是全省实施新的《土地管理法》以来进行的第一宗建设用地预审。1999年，是自1997年4月全国冻结非农业建设项目占用耕地以来解冻的第一年，也是国家继续实施积极财政政策，扩大内需、拉动经济增长关键的一年。全年国土资源部下达我省的建设用地转用计划指标为10.5万亩，其中耕地4.725万亩。至年底共审批94829亩，其中耕地49377亩。在所审批的土地中，交通用地4.7万亩，占49.6%；城市基础设施用地1.29万亩，占13.7%；小城镇建设用地5088亩，占5.3%；水利设施用地1.19万亩，占12.5%；能源建设用地7019亩，占7.4%；工矿企业用地2635亩，占2.8%；农村居民建房用地8174亩，占8.7%。

三、土地使用制度改革

1999年，为实现土地利用方式从外延粗放型向内涵集约型的根本转变，使市场成为土地资源配置的重要手段，全省土地系统进一步深化土地使用制度改革，着力推行小城镇的小宗地出让工作。全年全省有776个乡镇（占乡镇总数的49.4%）进行小宗土地的出让，超过了年初下达的500个乡镇的计划。全年共出让土地使用权7795宗，面积4735亩，收取出让金3.9亿元，其中用拍卖方式出让4046宗，2629亩，拍卖占“两小出让”面积的55.5%。楚雄、保山、昭通80%以上乡镇年内均开展了“两小出让”。“两小出让”的收益大部分用于小城镇的基础设施建设，有力地推动了小城镇建设的发展。

为配合搞好国企改革，实现土地的资产价值，各级土地部门积极参与、认真负责，本着明晰产权、转权让利的原则，对570家企业的1411宗15565亩土地进行了评估和处置，显化或实现土地资产4.5亿元。为实现国有企业改革脱困，降低企业资产负债率和困难、破产企业职工安置作出了贡献。同时，全省各级土地部门通过旧城、旧村改造，企业土地资产处置和利用闲置土地等措施，全年全省共盘活存量土地11136亩，占当年城镇新增建设用地的53.9%。

四、切实保护耕地

年内，新修订的《土地管理法》出台，其核心是保护耕地。全省各级土地管理部门紧紧围绕这一核心，认真抓好“占补平衡”制度的落实。在建设用地报批过程中，就把占补平衡措施的可行性作为审批用地的重要条件，工程开工建设后，又对措施的落实情况进行及时的监督检查。这些措施的实行，为实现耕地占补平衡提供了有力保障。据变更调查统计，全省1999年耕地面积减少49万亩，其中建设占用13.6万亩（包括前几年已用1999年才变更的以及农村使用集体土地搞非农建设的）；耕地改园地和鱼塘16.8万亩，生态退耕11.7万亩；灾害损毁6.9万亩。全年全省开发复垦耕地12.93万亩，园地退耕地1.36万亩，林地改耕地3.58万亩，城镇村庄、交通、工矿用地退耕0.23万亩。以上几项共增加耕地18.1万亩。增减相抵，耕地净减30.9万亩。从占补来看，建设占用13.6万亩，补充18.1万亩，补充大于占用4.5万亩，实现了占补平衡。

五、各项基础工作

1999年，经过全省土地管理部门的努力，完成了土地变更调查、全省公路用地地籍调查登记以及农村土地变更调查，建立了266个乡镇的土地统计台账，完成了401个城镇的基准地价测算工作，城镇土地证书查验率达74.6%，约20个县市区开展了土地信息系统的建设工作，昆明市土地局的“三制”（窗口服务制、直接办理制、服务承诺制）服务已经启动。机关党委、人事、宣传、信息、档案、信访、统计、财务和干部业务培训工作也都取得了成绩。

六、移民搬迁工作

年内，全省大中型水利建设项目不断增加，经各级移民搬迁部门努力工作，如期完成了漫湾电站库区定界和土地移交发证工作；基本完成了大朝山电站土地开垦和移民房建等基础设施建设，拟于4月开始搬迁；小湾电站正在编制库区移民安置实施规划，进场公路征地工作已经启动；完成了天生桥一级电站900人的搬迁；小龙潭煤矿第四期建设的搬迁可在2000年初全部完成；景洪电站已通过可研审查；溪洛渡电站、糯扎渡电站已完成预可审查；掌鸠河引水工程库区移民实施规划已经启动。

七、土地法规建设

1999年，省土地局配合省法制局完成《云南省土地管理条例》的起草和送审工作，省人大于9月24日审议通过；完成了《基本农田保护条例》的起草；土地执法队伍建设有所加强；加强了巡回检查和对违法用地的查处力度，违法用地案件比去年下降40%；有57个县开展了“土地执法模范县”活动。

八、存在问题

主要问题是：(1) 对中央关于保护耕地的治本之策和“一法两条例”、云南省《土地管理条例》的宣传还不够，广大干部群众保护耕地，依法管地、用地的观念有待进一步增强；(2) 土地利用方式和管理方式的转变相对滞后，对“一法两条例”实施后出现的新情况新问题研究不够；(3) 土地管理干部的素质还不能完全适应形势和任务的要求，尤其是大多数地州市县土地执法监察力量单薄，一些地方违法用地的现象时有发生；(4) 土地管理中的科技含量不高，土地信息系统建设较为缓慢。这些问题，我们将认真研究解决。

云南经济技术协作工作述评

云南省政府经协办主任　汪正新

1999年是全省对内开放工作最为活跃、成效显著，并发生深刻变化的一年。全省经协系统以邓小平改革开放理论为指导，坚持解放思想、实事求是的思想路线，开拓进取，真抓实干，在省委、省政府的高度重视和直接领导下，在各地各部门的密切配合和共同努力下，完成了在全省经协史上有较大影响的8件大事。一年来，对内开放有力地促进了基础设施建设和产业结构调整，促进了支柱产业和地方经济的发展，加快了人才资源开发和扶贫攻坚进程，推动了生产要素跨地区、跨部门、跨所有制的流动和组合，成为促进全省经济发展和社会进步最为活跃、最为积极的因素之一。全年共签订各类合作项目1067项，项目协议总投资121.18亿元，启动实施996项，引进省外到位资金33亿元，实现年初提出的“增长10%”的发展目标。

一、全省对内开放工作会议的召开，为对内开放跨世纪发展打下了牢固的基础

在全省经济结构大调整、改革开放大发展的新形势下，省委、省政府于10月召开全省对内开放工作会议，专题研究和部署全省对内开放工作。会议以邓小平理论和党的十五大精神为指导，解放思想，拓宽思路，全面总结和分析了党的十一届三中全会以来我省对内开放工作的成功经验及当前存在的主要问题，系统研究和明确了对内开放的指导思想、发展目标、工作原则和组织领导等重要问题，明确了对内开放在经济社会发展中的地位作用，作出了“以大开放促大发展”的战略部署，出台了《中共云南省委、云南省人民政府关于进一步扩大对内开放的决定》和《云南省人民政府关于鼓励省外来滇投资发展的若干规定》两个文件。省委、省政府决定由省对外开放领导小组统一领导、协调对内对外开放工作，下设两个办公室，对内开放工作办公室设在省经协办，并明确各级经协部门是各级政府负责对内开放工作的主管部门；决定成立省外在滇投资企业投诉中心，推行省外在滇投资企业认证制度和企业收费登记卡制度。会上表彰了40户国内经济技术联合协作先进企业，书面交流了19个涵盖地区、部门和企业的典型经验材料。

二、区域合作继续深化，进一步推动了区域经济的协调发展

区域经济合作作为我省对内开放的起点和基石，继续得到了深入发展。云南作为主席方，于6月成功地主持西南六省区市七方经济协调会第15次会议，全国人大副委员长蒋正华、全国政协副主席杨汝岱亲临会议指导，23个中央部委和科研院所应邀参会，各方代表比历届增加1倍，规格和规模超过了往届。会议以“基础先行、产业联动、携手迈向21世纪”为主题，就“联合构建布局合理、功能协调的对外开放大通道，进一步发展和完善西南地区的交通通信综合网络”、“以中国’99昆明世界园艺博览会和生态旅游年为契机，联合发展西南地区旅游产业”、“联合建设长江、珠江中上游地区林业生态体系，切实搞好生态环境保护”、“加强科技教育合作，加快科教事业发展”等4个专题进行了重点研讨，形成了给党中央、国务院的报告和公路港口基础设施建设、邮电通信建设、铁路建设、发展科技教育等4个请示。全体与会代表还分赴迪庆、丽江、大理和西双版纳，考察全省旅游业的发展状况，提出了不少的建设性意见和建议。会议以国家宏观调控政策为指导，集中反映各方经济发展的迫切需要，基本实现了省委、省政府提出的“15次会议要有新意、要有突破”的预期目标。在15次会议的带动下，小区域经济合作也得到了进一步发展，滇中七地州经济协作区召开了第11次会议，川滇十地州市经济协作区召开了第13次联席会议。小区域协作的正常开展，使协作区各方达成了许多共识，解决了不少各方共同关心的问题，从而促进了协作区经济社会的协调发展。

三、滇沪对口帮扶协作面向新世纪迈出新步伐，获得新发展

为推动滇沪对口帮扶协作的深入发展，7月初，省委书记令狐安率团出访上海，签订了《上海市与云南省对口帮扶合作工作纪要》，明确了加大对口帮扶的6条措施。上海市决定将5000万元小额信贷借款转为无偿赠送，并新增1000万元分别用于文山、红河、思茅3地州的安居工程。两省市决定强化工业、科技、旅游、商贸和环保等5个领域的合作，共同编制经济社会合作“十五”计划纲要，从而奠定了面向新世纪滇沪全面合作的基础。12月底，副省长牛绍尧率团赴沪出席上海云南对口帮扶协作领导小组第三次联席会议，签署“会议纪要”，进一步明确了2000年工作任务。滇沪经济合作充分利用昆交会、上交会、世博会上海活动周和首届上海国际工业博览会的有利时机，积极拓宽生物资源开发、旅游、商贸等领域的合作。一批云南企业开始拓展上海市场，如云达利铝制品有限责任公司为上海大众配套生产铝合金轮毂，开远银通饲料有限公司落户上海，昆百大投资公司兼并上海服务企业等，从而促进了云南优势产业和上海支柱产业的对接。全年共签订滇沪合作经协项目177项、帮扶项目149项，引进上海资金1.47亿元。

在对口帮扶协作的推动下，以教育、卫生、人才培训为主要内容的社会合作越来越受到重视。一年来，培训人才和交流干部5359人次，其中培训各类高层次人才812人，引进省内急需专业人才246人。

另外，对口支援三峡库区移民工作也有新的进展，8月，全省召开对口支援三峡库区移民工作会议，贯彻落实国务院三峡工程移民工作会议精神，年内安排对口支援资金130万元，7个援建项目已验收交付使用。

四、招商引资力度加大，推进了以东部地区为重点的与全国各省区市的合作

全省经协系统各地各部门抓住中国’99昆明世界园艺博览会的历史性机遇，以广东等东部地区为重点，切实加大了招商引资和推进合作的力度。作为全省扩大对内开放的一大重点，滇粤合作进一步深化，副省长梁公卿率团赴珠江三角洲进行考察，全省企业参加了’99中国汕头国际食品博览会，湛江总商会下属企业投资5000万元在昆新建了3个酒店。’99昆交会实现了“增超”，签订合作项目160项，协议总投资44.9亿元，引进省外资金21.6亿元，协议总投资和引进资金分别比’98昆交会增长15.1%和8%。世博会期间，各省在昆举办省周经贸洽谈活动异常活跃，仅福建省和福州市在昆举办的名特优产品展销展览会，成交金额就分别达38亿元和20.47亿元；云南与天津、黑龙江、内蒙古等省区市签订了合作会谈纪要。年内全省还组团参加了’99东西部合作与投资贸易洽谈会、上交会等

10多个全国或地区性招商节会，进一步推进了与东部地区和其他省区市的合作，招商引资呈现出一些趋势、新特点：(1) 省外投资日趋扩大，以东部沿海地区为重点的全国投资格局已基本形成；(2) 省外投资与产业政策的关联度更加紧密，越来越多地主动投向优势产业，开发全省特色产品；(3) 越来越多的大企业、大集团来滇落户，带动了东部资金、技术、人才、管理等生产要素回流内地；(4) 经济与科教的结合更加紧密，促进了科技成果转化，加快了高新技术产业发展，提高了传统产业产品的科技含量；(5) 项目规模扩大，独资企业增多，项目履约率提高；(6) 省外资金投向趋多元化，教育、文化、卫生等社会合作已在崛起；(7) 招商方式更加多样化，大理州在全省范围内首家开展了网上招商。

五、科教合作迅速发展，促进了经济与科技的有机结合

在科教兴滇战略的推动下，全省科教意识进一步增强，开展科教合作已日益成为各地促进经济社会发展的一大举措。10月，全省组团参加首届中国国际高新技术成果交易会，50多个高新技术项目参展交易，成交27项，成交总额5.16亿元，荣获大会组委会颁发的“优秀成交奖”；作为全省推进科教合作的主要形式，省院、省校合作健康发展，全年共实施科技合作项目51个，在教师进修、高层次人才培养、聘请兼职教授以及重点学科咨询等方面，取得了显著成效；地州市与高等院校的合作也取得了新的进展，玉溪市成立了市院市校科技合作领导小组，制定了市院市校科技合作项目和经费两个管理办法，至10月，已有18个项目列入计划，有18个项目通过评审。临沧继续巩固与云南农大合作的基础上，与云南大学也签订了全面开展地校合作协议，全年开展地校合作项目8个，举办干部研究生课程进修班2期，培养在职干部研究生100名。

六、民间合作势头强劲，民间投资已成为省外在滇投资的重要主体

在大力发展民营经济政策的驱动下，越来越多的民间投资进入我省，呈现出了强劲的发展势头。至年末，仅广东湛江、汕头，福建晋江和浙江温州4个市在省内从事个体私营经济的人数已达20.3万人，投入生产经营资金250多亿元。民间投资开始得到重视，令狐安书记、牛绍尧副省长等省领导于10月召开部分省外在滇商会和民营企业座谈会，专题研究民间合作问题，全省对内开放工作会议又对推进民间合作作了部署，从而为民间合作创造了一个良好的发展环境。

七、省内合作发展良好，进一步促进了全省整体发展实力

作为促进省内地区协调发展的一项重要举措，省内合作在各地州市推动下，取得了进一步发展。全年共签订省内合作项目428项，其中启动实施380项，项目总投资64.08亿元，实际到位32.59亿元。在各方共同推动下，省内结对协作继续得到深化，昆明市于8月派出经贸考察团赴迪庆考察，以推动两地新一轮的经济社会合作，促进结对协作向纵深发展。8月，昆迪共签订经济技术协作项目23个，达成社会合作项目24个；玉溪市出资300万元帮扶怒江规划建设市政工程，怒江州选派23名中青年后备干部到玉溪市乡镇挂职锻炼，泸水县组织114名乡镇领导干部赴玉溪市考察，结对协作已由市州扩展到县和乡镇；曲靖市组织五套班子赴临沧考察，两地就推进经济社会合作进行了有针对性、有意向性的洽谈和交流，并签订《曲靖—临沧结对协作协议书》，结对协作取得实质性进展。

八、切实加强与省内外办事处联系，充分发挥办事处窗口作用

省内外办事处是我省扩大对内开放的一支生力军。1999年1月，在深圳召开了全省经协办主任和省政府驻外办事处主任经协工作座谈会，深入探讨了地州市与办事处如何加强联系的问题，达成“优势互补、携手并进”的共识，并形成了会议纪要。一年来，经协系统与驻外办事处的联系进一步加强，各办事处配合省内外重大经贸活动，在信息交流、咨询服务、招商引资、项目推介等方面，为地州市和企业做了大量卓有成效的工作，有效地促进了我省与驻地省区市的合作。

九、存在问题

主要问题是：(1) 地区发展极不平衡，走出去开拓国内市场办法不多；(2) 流通领域的合作尚未引起足够重视；(3) 省外在滇民间投资尚未得到有效服务和管理；(4) 经协机构建设有待于进一步加强，信息、统计等基础工作还相当薄弱；(5) 经协系统创造性推进工作的能力还不强，队伍素质与工作要求尚有差距等。上述问题有待今后加以解决。

云南科技事业发展述评

云南省科委主任 林文兰

1999年在省委、省政府的领导下，全省科技工作坚持贯彻落实党的十五届三中、四中全会、省委六届七次、八次全会和全国技术创新大会精神，全面落实全省加快发展高新技术产业工作会议确定的各项工作，努力完成加强农业农村科技和科技扶贫，加快发展高新技术产业，扩大和深化省院省校科技合作以及深化科技体制改革等重点工作，取得了新的成绩。

一、农业、农村科技和科技扶贫工作

1999年，省科技计划继续坚持以解决全省农业科技重大问题为重点资助领域，围绕农业和农村科技安排项目437项，投入科技三项费5723.2万元，分别占计划项目和经费总数的43.4%和51%，农业科技工作得到切实的保障。

(一) 加强农业重大科学技术研究。围绕加快农业产业化、现代化进程，安排农业科技攻关项目52项，投入科技三项费1136万元，分别占年度科技攻关项目总数和经费总数的46%和44.8%；安排基础农业重点项目5项，经费250万元，占基础研究重点项目数和经费总数的50%。“九五”重大农业科技攻关项目《斑潜蝇综合防治技术研究及示范推广》，已圆满完成了原定研究任务和考核指标，举办了五大作物防治中心样板6000余亩，指导大面积推广近900万亩，平均危害损失率降低到10%以下，亩防治成本下降30%以上，挽回经济损失2.76亿元。

(二) 加强农业重大科技成果和先进适用技术的试验示范。共安排重大科技成果试验示范计划和星火计划项目62项，投入科技三项费1155万元。在这些项目中，《甘蔗丰产栽培综合配套技术示范》项目继上年在全省13个县进行示范的基础上，1999年又在11个县（市）进行示范，共完成示范面积7.3万亩，带动辐射面积10万亩，实现了亩产吨糖的显著效益，深受蔗农欢迎；《紧凑型玉米及栽培综合配套技术示范》项目，在全省共安排了12个县布点示范，面积5.4万亩，带动、幅射达20万亩，平均单产达637.6千克，比传统种值平均亩增97千克。以上两个试验示范项目，已推荐上报为省重大农业科技成果推广计划。

(三) 加大科技扶贫力度。全年共安排科技扶贫项目124项，投入经费2200万元。这些项目的组织实施，使贫困乡（镇）的脱贫和区域经济发展步伐明显加快，收到了“典型引路，技术辐射，超前示范，率先脱贫”的明显成效。据统计，在103个科技扶贫示范乡（镇）中已有77个基本解决了温饱问题，占总数的75%。其中有37个乡（镇）已经省政府检查组通过16项指标的考评，予以验收，占总数的36%，比全省506个贫苦乡脱贫进度高8个百分点。

(四) 加强全省调整农业产业种植结构试点示范工作。1998年以来，针对国家对“两烟”生产实行双控的严峻形势，省科委及时调整科技计划，探索依靠科技进步推动农业产业结构调整的新路子。在上年选择蒙自、祥云、弥勒、通海、陆良5个受影响较大的主产烟区作为农业种植结构调整试点示范县的基础上，又安排丘北、南华两县作为第二批启动的试点示范县。这7个示范县项目总投资1.77亿元，其中省级科技三项费900万元，1999年省科计划已累计安排科技三项费400万元。由于措施得力，组织协调落实较好，大部分项目的执行情况已达到或超过年度合同的要求。同时，召开了农业种植结构调整示范县经验交流现场会。禄劝县被国家科技部列为我国7个“东西部农村技术市场对接示范点”之一，予以重点扶持。

二、高新技术产业工作

1999年，省科委深入贯彻落实全省加快发展高新技术产业工作会议精神，以科技成果向现实生产力转化为中心，围绕高新技术研究与开发及其产业化共安排项目329项，投入科技三项费5014.3万元，分别占计划总数和经费总数的32.6%和44.7%。其中还安排1600万元科技三项费专款，用于支持生物医药和电子信息方面的8个重点高新技术成果产业化项目。

（一）加强高新技术研究与开发工作。全年共安排应用基础研究计划项目242项，投入科技三项费880.9万元，分别占计划和经费总数的40.1%和52.9%。一批项目已取得丰硕成果，部分研究成果显示了较好的产业化前景。如《用稻壳制备氮化硅纳米粉末过程中的机理研究》项目，应用热力学、动力学等理论，解决了用稻壳制备氮化硅过程中的机理问题和制备工艺。以氮化硅为原料生产的氮化硅陶瓷，在现代机械、化工、冶金、航空、能源等领域均有广泛的应用前景。

（二）加快发展高新技术产业。为培植新经济增长点提供科技支撑和技术储备，共安排高新技术研究与开发的科技攻关计划项目51项，投入科技三项费1305万元，分别占计划和经费总数的49%和52.4%。一些项目已开始进入进入产业化工作，由中国医科院医学生物所承担的《重组人粒细巨噬细胞集落刺激因子新药研究》，已研制成功我省第一个基因工程新药，获国家二类新药证书，并经卫生部批准进行规模化生产。

（三）开发科技产业。围绕高新技术产业开发，共安排科技产业开发计划项目37项，投放科技三项费964万元，分别占计划和经费总数的37.4%和45.9%。努力发展一批有重大技术创新并能较快实现产业化的项目，如玉溪环球彩印纸盒有限公司，先后从国外引进5条凹印生产线，经消化吸收国外先进技术，自主创新，在印后处理技术与工艺等方面取得重大突破，专家认为在国际上尚属首创技术，已成为我省一项具有自主知识产权的高新技术产业化项目。

（四）加强国际科技合作及软科学研究。国际科技合作针对全省生物技术及高新技术改造传统农业等共选题立项22项，安排经费74万元，占年度经费的43.5%。开展了与美国德克萨斯州立大学的《植物无融合生殖基因的分离和克隆》，与澳大利亚悉尼大学的《小麦品质性状研究及优质小麦引进利用》等国际科技使用研究。组织第一线科技人员共三批49人次分赴美国、欧洲、澳大利亚等国考察学习，签定了双方进一步加强合作的意向协议。围绕进一步营造高新技术产业发展的政策环境，安排了《云南高新技术产业统计指标体系研究》、《云南跨世纪环保产业关键技术选择研究》等加快高新技术产业发展和加强技术创新的软科学研究项目；完成了省政府督办的《云南省高新技术产业发展规划纲要》、《云南省高新技术企业（项目）认定标准》、《云南省高新技术企业（项目）认定考核办法》等，并按照省政府批准的这一认定标准及办法，对1991～1998年已认定的218个高新技术企业进行了综合考核，经考核合格的企业110个。认定新申报的高新技术企业17家。

三、省院省校科技合作

1999年，根据省院省校合作协调领导小组的总体部署和要求，在与清华、北大、浙大、上海交大、复旦大学、中国农大6所高校建立了全面合作关系的基础上，又与北京理工大、天津大学、南开大学、西安交大等一批高校在重点科技合作项目方面建立了联系。

（一）切实做好1999年科技合作项目的选题立项工作。经对中科院、清华、北大等10所高校合作推荐的303个建议项目进行筛选、论证，省院省校合作协调领导小组审定批准了51个项目的启动实施，占建议项目的16.8%，投资总额1.96亿元，其中承担单位自筹及贷款1.38亿元，占总投资的70.1%；省财政专项资金安排5883万元，占总投资的29.9%（其中1999年度省财政专项资金安排3867万元）。由昆明云内动力股份有限公司与北京理工大学合作的《柴油机增压及降噪技术开发》项目，完成了对原机性能试验及分析工作、新机型的总体性能参数优化设计、总体布置及结构优化、主要零部件的CAD/

CAE分析、增压系统的优化匹配与设计。并针对国家对柴油机产品要求明年初达欧I标准的实际，对4100QBZ增压机型进行了排放试验工作，提出了有效的解决措施。

（二）加强了对已启动实施项目执行情况的检查督促。组织专家对59个项目进行了考核，考核为优良的42项，占71.2%；较好的15项，占25.4%；较差的2项，占3.4%。项目总体进展情况良好，部分项目已为产业化的实施奠定了较好基础。

（三）思茅热区开发取得新进展。根据思茅热区省长现场办公会议精神，省科技合作协会同思茅热区开发中心积极筛选项目，1999年启动实施项目9个，安排省财政专项资金200万元。在省政府的支持下，思茅热区联合开发已历时10年，实施项目100余项，其中通过《杂交水稻制种攻关》等54个项目的实施，累计增产粮食1.5亿千克，思茅热区杂交稻良种自给率由11.5%提高到63.6%。

（四）其他各项省院省校科技合作工作得到加强。(1)根据云南省政府与中国科学院签署共建昆明分院的协议精神，对“云南省天然药物化学实验室”、“云南省畜禽分子生物学重点实验室”、“云南省动物生殖生物学重点实验室”进行了考核和授牌，并经省院省校合作协调领导小组审定批准，1999年省财政专项资金分别安排40万元（共计120万元）的运转补助费。(2)根据李嘉廷省长与中科院路甬祥院长会谈纪要精神，将西双版纳热带植物园开展的热带植物种质资源引种保存及资源植物研究工作纳入省院科技合作；《野生种质资源库建设》项目的初步方案已经“两院”院士的咨询，上报国家有关部门审定并抓紧进行可行性研究；《滇池污染治理技术研究》项目的主要内容、组织实施方式也已确立，将由国家科技部与云南省政府共同组织实施。(3)举办了′99云南省省院省校科技合作技术成果洽谈会，省外15所高等院校、中科院7个分院26个研究所的200多人，以及以省内企业为主体的1000多家单位（包括高等学校、科研院所）3000多人参加了洽谈会，共签订合作意向项目435项、技术合同5项（合同金额467万元）。洽谈会的成功举办达到了预期效果，极大地增强了云南广大企业、高等院校、科研院所与省外高等学校、科研院所的联系，为云南积极引进国内科技人才、智力、成果和管理经验创造了良好的条件。

四、省属应用型科研机构管理体制改革工作

按照《中共中央、国务院关于加强技术创新，发展高科技，实现产业化的决定》中关于“推动应用型科研机构实行企业化转制”的精神，根据省科技教育领导小组第二次会议的工作部署和要求，启动了省属应用型科研机构管理体制改革工作，并取得初步进展。

（一）为加强对改革工作的领导和组织协调，经省政府批准，1999年4月，成立了以梁公卿副省长为组长、13个省直有关职能部门负责人组成的“云南省省属科研机构改革转制工作领导小组”；7月，由梁公卿副省长主持召开“云南省省属科研机构改革转制工作领导小组”第一次会议，确定了冶金集团总公司、电子工业总公司、建工集团公司、建材集团公司、医药集团公司、烟草公司、石化厅、机械厅、轻纺厅、贸易厅和省科委等11个部门所属20个科研机构首批进行改革转制。

（二）会同省经贸委、省计委、省财政厅、省编办等部门形成了《关于云南省11个部门所属科研机构管理体制改革的工作意见》，对首批科研机构改革转制工作的指导思想、改革方式、组织措施、实施进度和政策环境等提出了工作意见。同时，从国家机械局和国家煤炭局分别划归云南省属地管理的昆明电器科研所、昆明煤炭科研所已纳入以上改革实施的工作范围。

（三）为了做好首批科研机构改革转制的动员工作，先后召开“首批省属科研机构改革转制座谈会”和“省属科研机构转制政策研讨会”，对下一步的改制工作作出部署和要求。开展了对地（州、市）属的80家科研机构的改革调研工作，为省政府指导各地（州、市）属科研机构改革转制工作提供了有关决策参考资料。在国家科技部召开的“全国地方科技体制改革现场交流会”上，交流了全省科研机构改革转制工作的进展情况。汇编印发了《全国部分省（市）关于应用型科研机构管理体制改革的政策措施汇辑》，供有关领导、部门和科研机构参考。

五、科技人才培养、引进、使用和管理

（一）结合全省经济社会发展的需要，切实

加强科技人才的培养、引进、使用和管理。至1999年末，配合省委组织部、省人事厅，向全省123个县（市）选派科技副县长10批530名，向扶贫攻坚乡（镇）选派科技副乡（镇）长4批600余名。这些科技副职为当地引进3000个项目，推广实用技术2000多项，推广面积150多万亩，组织培训各类人员650万人次，创办、领办经济实体1000多家，实现经济效益10多亿元。同时，共组织10批199人分赴美国、欧洲、澳大利亚等国外考察学习；向在我省工作的两院院士、博士生导师、"国突"专家发放特殊津贴64.7万元；招聘和引进国外、省外专家、学者和本科以上毕业生100多名，其中硕士和博士占40%以上。

（二）结合加快高层次人才队伍建设的实际，着力抓好200名中青年学术和技术带头人后备人才的培养、引进、使用和考核。按照省"培引"领导小组的部署，在认真总结前三批培养引进工作经验的基础上，开展了第四批培养对象的选拔评审工作，选拔出培养对象45名，加上前三批的130名培养对象，省级中青年学术和技术带头人培养对象已达175名（第一层次13名、第二层次36名、第三层次126名）。其中博士82名占47%，硕士66名占38%；正高职称35名占20%，副高职称121名占69%；学术带头人52名占30%，技术带头人123名占70%。1999年全省新增"两院"院士3名，全省高层次人才队伍得到进一步加强。此外，在国外、省外人才的引进和培养方面也取得了明显进展，有9位国外和省外引进的后备人才通过评审进入培养，为我省培养、引进高层次人才积累了经验。

（三）据对前三批130名培养对象进行的1999年年度考核表明，共发表论文636篇，出版专著47部，获省部级科技进步奖18人次，申请专利20项，有14人进入国家"百千万人才工程"进行重点培养；省财政共安排后备人才专项经费1280万元，省科委通过各类科技计划共资助人才培养项目经费1627万元，获得国内外横向课题资助经费3630万元，通过研究成果转化获技术经济效益6800多万元。

（四）以不断扩大和深化省院省校合作为契机，加快人才、智力、成果、信息和管理的引进力度。依托合作项目，共委托培养研究生114人（其中博士50人，硕士64人）；充分利用双方共建重点实验室的良好契机，加快云南高新技术产业人才的培养、引进；利用"省院省校科技合作技术成果洽谈会"，进一步强化了我省人才、智力、成果、信息和管理的引进工作。

六、其他宏观科技管理工作

（一）科技成果管理。1999年，全省共受理省级科技成果登记496项，其中应用技术成果410项，已有370项应用于生产，应用率达90.2%，新增产值62.38亿元、利税7.42亿元、创汇1000多万美元。申报国家科技奖励的成果已有12项获奖；申报省科技进步奖377项，评出奖励项目208项，其中一等奖2项，二等奖24项，三等奖182项；申报省星火奖117项，有82项获奖，其中一等奖3项，二等奖14项，三等奖65项；申报省自然科学奖54项，有28项获奖，其中一等奖2项，二等奖9项，三等奖17项。结合云南实际，代省政府起草了《云南省科学技术奖励办法（征求意见稿）》。

（二）专利管理。1999年，全省专利申请量达1228件，比上年同期略有增长；专利授权量达1153件。至年末，全省累计专利申请量突破万件，达10734件，专利授权量为6551件，其中，企业累计专利申请量占全省职务发明专利申请量的60.2%。

（三）国际科技合作与交流。经省科委审批、审核赴国（境）外参加国际学术会议、开展科技考察、培训、合作研究、参展等共184项、556人次，其中由外方资助112项、201人次，占派出总项数的60.7%，占派出总人数的36.2%；由省科委审批邀请来访的国外代表团18起、169人次；借世博会举办的机遇，组织、参加了"人与自然国际会议"、"人与自然——生物多样性保护和可持续发展国际会议"等一系列国际学术交流活动。

（四）省级重点实验室和中试基地建设。1999年，全省科技大会确定的12个省级重点实验室和7个中试基地建设步伐明显加快，共有10个重点实验室和4个中试基地通过验收并正式开放运行。全年共安排省级重点实验室运行专项经费430万元。中科院的2个院级开放实验室和1个所级开放实验室已纳入省级重点实验室统一管理和开放运行。

（五）民营科技。1999年，全省民营科技企业已达2246家，年技工贸总收入32亿元，其中新增民营科技企业11家，比上年增长37.5%；出现了一批规模大、实力强、总资产上亿元的企业，如昆明滇虹药业有限公司、昆明风驰明星信息产业集团股份有限公司，其总资产分别达到2亿元和1.7亿余元。昆明圣火制药有限公司的“血塞通软胶囊”（理血王）已被国家药品监督管理局确定为国家四类新药。

（六）“两会”议提案办理。1999年初，“两会”召开后，省科委共收到省人大代表建议和省政协委员提案18件。其中人大代表建议5件，政协委员提案13件。省科委党组对所承办的“两会”议提案工作极为重视，组织专人成立办理机构，制定严谨的工作规则，委主要领导直接抓，亲自阅批回复件，并率领有关处室负责人（38人次）走出去、请进来面复人大代表和政协委员，使整个议提案办理工作在95天内全部办理完毕，面商率达94.1%，办复率为100%，满意率为88%以上，得到了省人大代表视察组和人大代表、政协委员的高度评价和充分肯定。

七、建国50周年庆祝活动和世博园科技馆展览顺利完成

（一）精心做好建国50周年各项庆祝活动。按照省委、省政府有关搞好建国50周年庆祝活动的要求，圆满完成了各项庆祝活动。(1)按照省委办公厅的安排，按时、按质、按量地完成了《崛起的红土地——新中国50年·云南卷》“科技事业”篇的组织编辑工作；(2)根据省委宣传部、省50年成就展办公室的要求，会同省科协等6个部门完成了“云南50年成就展”科学技术展厅的展览工作，并获得组委会的优秀组织奖和优秀设计奖，以及举行了有社会各界2000多人参加的“云南五十年成就展——云南科技五十年专题宣传日”活动；(3)完成了电视专题片《辉煌的历程——云南科技五址年》VCD光盘的编制发行工作。该片在云南卫视、云南有线等省、市电视台播出后，受到社会各界的广泛好评；(4)以庆祝建国五十周年为契机，会同省人事厅对在全省科技管理工作中作出优异成绩的61个先进单位和163名先进工作者进行表彰，并向全省科技工作者发出《为在新世纪创造新的辉煌而努力奋斗》的倡仪书。

（二）圆满完成世博会科技馆布展及展期管理工作。经过一年零七个月的紧张筹备，世博会科技馆布展工程于1999年4月17日顺利通过验收。布展工作结束后，根据省领导的指示，省科委又承担了科技馆的展期管理工作。在世博会举办期间，全体工作人员克服困难、尽职尽责，以认真负责的态度，先后接待省（部）级以上领导干部50多人次、重要团体100多起、参观群众近400万人次，开展咨询服务500多次，为世博会的圆满成功作出了重要贡献，获得了省委、省政府颁发的特别组织奖。

八、自身建设和精神文明建设

（一）按照党中央和省委的部署，对委领导班子和机关在职厅、处级干部，用整风精神，认真组织开展“三讲”教育。在省委巡视组的指导和省科委“三讲”领导小组的领导下，厅处级领导干部都认真作了读书笔记，撰写了学习心得体会和自我剖析材料，开展了批评与自我批评，制定了整改措施，形成了省科委“三讲”教育综合报告，得到了全委广大干部群众的肯定和认可，通过了省委“三讲”领导小组的验收，初步达到了预期目的。

（二）根据党中央和省委的要求，结合实际，对委机关全体公务员和直属单位党政领导进一步加强了政治理论及党和国家有关重大方针政策的学习。进行了以学习邓小平理论、党的十五大和十五届三中、四中全会，以及省委六届七次、八次全会精神为重点的专题学习讨论，举办了有91名处以上干部参加的增强党性专题学习培训班，继续会同省级机关党校举办了3期处级干部理论学习培训班，组织党员观看《中国共产党纪律处分条例》电视系列片约1000人次。

（三）采取多种形式，继续加强精神文明建设。以中国’99世界园艺博览会在昆明举办为契机，在全委系统积极开展语言好、行为好、环境好“三好”活动，对干部职工进行了文明公民素质教育，参加了省级国家机关庆祝建国五十周年歌咏大赛和木兰扇比赛等活动，均取得了优良成绩；省科委荣获全国“民族团结模范集体”称号，委机关、省科技情报所获“昆明市文明单位”称号。召开了全省科技工作者“坚决拥护我国政府严正声明、强烈谴责以美国为首的野蛮暴行”专题座谈会，在全委系统组织开展了一系列愤怒声讨以美国为首的北约罪行活动。

（四）按照中央和省委的统一部署及要求，召开不同形式的会议传达、学习中央和省委关于处理“法轮功”问题的一系列重要文件和领导指示精神，旗帜鲜明地反对迷信、反对伪科学、反对邪教。同时，编辑出版了《学科学破迷信》和《探索宇宙的奥秘》两套科普书籍，编印《云南科技报》学科学破迷信专版，举办“崇尚科学、破除迷信——专家批驳‘法轮功’录像讲座”，购买中国科协编印的“弘扬科学文明、戳穿法轮邪说”挂图160套分发全省各地县张贴宣传，会同中科院昆明分院开展了“科技知识百县巡展”活动。

九、存在问题

主要问题是：（1）科技和经济结合，加强技术创新、发展高新技术产业、加速科技成果转化的大环境尚未完全形成；（2）全社会加速科技进步尤其是加快发展高新技术产业的紧迫感不强，科技意识淡薄，缺乏有力度、带全局性的推动科技和经济紧密结合的措施；（3）具有市场竞争力、能够支撑全省产业结构调整的技术成果和技术储备严重不足，企业技术创新能力、整体技术水平和自身发展后劲薄弱，企业特别是国有大中型企业尚未成为技术创新的主体；（4）科技队伍整体质量和数量还不能适应经济、社会发展的要求；（5）全社会、多层次、多渠道的科技投入体系远未形成，全省科技投入渠道单一。

云南教育事业发展述评

云南省教育委员会主任　杨崇龙

1999年，全省教育工作以邓小平理论为指导，全面实施科教兴滇战略，大力宣传贯彻全国教育工作会议精神，继续落实省委、省政府《贯彻〈中国教育改革和发展纲要〉的意见》。发展教育事业注意处理好在数量和质量的关系上，更加重视质量；在德育和智育的关系上，更加重视德育；在发展和改革的关系上，更加重视改革三个关系。全省教育战线的广大干部、教职工深化教育改革，全面推进素质教育，全省教育事业取得了新进展。

一、全省教育改革和发展顺利推进

（一）德育工作得到加强。高校德育继续推进邓小平理论进教材、进课堂、进学生头脑的工作。经教育部审查批准，编写、出版了全省高校“两课”7门教材，秋季开学已按新方案开课使用。省委高校工委成立了高校学习邓小平理论宣讲团，出版了大学生学习邓小平理论论文选——《旗帜在心中》。组织编写、出版了中专《邓小平理论若干问题讲座》的教材，并对任课教师进行了培训。在暑期举办全省高校“两课”教师培训班，参加培训教师达370多人。

加强了对学生进行爱国主义教育，组织4000人参加世博会开幕式的演出；与团省委组织4000人参加“青年志愿者”活动；组织在昆大中小学师生23.4万人参观世博会；推广普通话、使用规范字也为世博会增添了光彩；组织“颂我中华，再创辉煌”，迎澳门回归，走向新世纪系列教育活动；正确引导广大师生抗议以美国为首的北约空袭我国驻南大使馆暴行的活动；组织广大师生深入揭批“法轮功”，认清其邪教性质，妥善处理了师生中练“法轮功”的问题，提高了广大师生的政治敏锐性和鉴别力。

加强中小学法制教育并召开了现场会。对中小学德育工作组织调研，举办《中小学德育工作规程》研修班，对150多名教育行政部门负责人、学校德育专干进行培训。持续开展创建文明学校活动，对50多所文明学校和申报文明学校的单位进行了检查指导。全省评选出1566名“三好生”、476名优秀学生干部、254个先进班集体，其中1个标兵集体、4个先进班集体、20名优秀学生干部、4名三好学生受到教育部、团中央的表彰；组织了大中专学生先进事迹巡回报告会，在学生中进行自我教育。

（二）高校党建工作得到加强。全年组织2期高校中层干部研讨班、进修班，组织系处级干部250多人参加省直党校理论进修。配合省委组织部考察选配新的昆明理工大学班子；系统总结高校后备干部到贫困县乡挂职锻炼的经验；加强高校基层组织建设，进一步做好在高校青年教师、大学生中发展党员的工作，本科高校学生党员发展取得进展，学生毕业前学生党员比例达到10.1%；“七一”前本科院校评出46个先进党支部、128名优秀党务工作者、优秀党员。

（三）素质教育开始起步。在昆明、玉溪、曲靖3市开展素质教育试点取得进展，进而在全省全面推进素质教育。以培养有创新意识和较强能力的人才为目标，加强了对校长、教师的培训工作，改革教学内容和教学方式，学校体育、艺术教育更加得到重视，促进了学生德智体美的全面发展。全省学校体育卫生艺术教育工作有很大进展。在全国第7届中学生运动会上，我省获团体总分第14名；全国大学生艺术节，我省获优秀组织奖，23个优秀节目获奖。提高大学生人文科学素质，强化外语、计算机、大学语文教学，取得一定成效

（四）“两基”工作健康发展。1999年年初，经省委、省政府批准，将实现“两基”规划的时限由原来的1999年，微调到2000年。各级党委、政府进一步提高了对“两基”工作的认识，明确职责，克服畏难情绪，充分发动群众，依法治教，“两基”重中之重的地位得到巩固。全省小学适龄儿童入学率达到99.0%，比上年提高0.3个百分点；小学毕业生升学率88.0%，提高5.4个百分点；小学生辍学率1.92%，减少0.83个百分点；初中学龄人口入学率69.6%，提高6.8个百分点；初中生辍学率3.04%，减少1.55个百分点。20个县基本实现普及九年义务教育，11个县基本实现普及六年义务教育。全省共扫除青壮年文盲近40万人，16个县基本扫除青壮年文盲。青壮年文盲率下降到10%，降低了1个百分点。至年末，全省普及九年义务教育的县由47个上升到67个，占全省人口的53%；普及六年义务教育的县由105个上升到116个，占全省人口的89%；基本扫除青壮年文盲的县由77个上升到95个，占全省人口的69%。“普六”、“普九”的县数按照原定的微调规划如期完成，扫除青壮年文盲县超额3个县。实验教学普及县今年验收21个，全省有41个县达到实验教学普及县标准，有力地巩固了普及义务教育的成果。小学布局调整初见成效，办学质量、效益有所提高。1997年以来，根据省情，调整小学校点逐步形成了“以集中办学为方向，宜并则并，需增则增”这样一个实事求是的方针。在人烟稀少的地方，适量增加校点。当群众温饱问题逐步得到解决后，又逐渐收缩校点，增办寄宿制学校。1998年，推广华宁县溪乡的经验后，小学校减少475所，教学点减少1083个。今年小学校又减少544所，校点减少1134个。

（五）教师队伍建设得到加强。全省中小学教师参加继续教育，拓宽学历进修渠道，教师数量有所增加，学历合格率有所提高。1999年，全省小学教师20.11万人，比上年增加0.72万人，学历合格率89.0%，提高2.7个百分点；初中教师8.54万人，增加0.57万人，学历合格率86.8%，提高3.2个百分点；高中教师1.35万人，增加0.05万人，学历合格率70.0%，提高2.5个百分点。初中、高中教师学历合格率已提前达到2000年规划目标。扩大“小教大专班”、“专升本”的招生规模，1999年录取“三沟通”学员8800多人，在校学员达2万人，其中，小学教师进修专科学历1万人。全省民办教师只剩下525人，已基本得到解决。

（六）教育扶贫力度加大。国家贫困地区义务教育工程、世行“贫四”项目进展顺利，边远山区、民族地区办学条件进一步得到改善。1996年以来，省投入1.62亿元，建设506个扶贫攻坚乡中心完小，并培训了校长。省投入资金4800万元改造1200所“草棚村小”，安排5280万元建设59所边境口岸学校，安排4000多万元增办了219所寄宿制小学。全省中小学危房率仅0.69%，比上年下降了0.34个百分点。省地、学校建立的贫困生助学基金已发挥作用。上海对

口支援县由原来的19个增加到31个，支援项目由100多项增加到260多项。省内也开展“手拉手”对口帮扶活动。此外，1996年以来，省投入7200万元，重点帮助73个国家级贫困县建好一所职业高中或职教中心，为民族贫困地区培养了大量初中级人才。这些措施，有力地推进了边疆、民族地区教育事业的发展。

（七）*职业教育体系初步形成*。经过几年的调研、论证，完成了《云南省职业教育条例》，并经省人大批准公布实施，标志着全省职业教育进入了依法治教的轨道。职业教育在改革中开拓前进。从上年起，全省职业高中招生实行“学校自主招生，考生自愿选择，教委宏观调控”的办法，建立了职业学校自主招生的机制。农业类职高免试招收初中毕业生。在政府统筹下，分省、地、县3个层次，调整、改革现有的职业教育和成人高校，省级主管部门主要规划、办好高等职业教育，成人高校和省属中专；地、州、市政府对所属中专、技工学校、职业高中、各类干校、培训中心统筹规划，实行“合并、共建、联办、划转”，调整中等职业学校的布局，主要办好一所起示范作用的中等职业学校；县主要办好一所起龙头作用的职业高中或职业教育、成人教育培训中心。职业学校的布局调整，2月在楚雄部署后，一些地州已开始起步。当年有中等专业学校136所，比上年减少6所，职业中学209所，减少2所。高级中等职业技术教育在校生与普通高中在校生之比达到1.45∶1。中等职业学校办学质量也有了提高，15所中等职业学校分别建成合格或示范学校，10所中等职业学校经省级评估达到国家级标准。全省新建“3+1”校点100个，规范校点已达到500个，在校生1.8万人。高等职业学校可以从中等职业学校的优秀毕业生中选拔入学，扩大了高等职业学校的生源。全年，在8所普通高校、成人高校试办高等职业技术教育，招生3400人，高等职教在校生达到5000人。其中20%的学生系从中专、职业学校毕业生中招收。全省长期以来高等职业教育薄弱的面貌得到改变。

（八）*成人教育、民办学校有所发展*。成人教育广泛地吸纳初、高中毕业生和再就业人员，为造就规模宏大的、技术业务熟练的劳动者队伍服务，为发展现代农业及农村的脱贫致富服务。今年建成300所合格乡镇成人学校，新建700所村级成人学校，20所省级示范学校；400万人次接受农村实用技术培训，近4万名脱盲人员接受成人小学教育，巩固了扫盲成果。90所中等职业学校分别举办了干部中专、成人中等学历教育，在校生达6.3万人。所有中等职业学校和成人学校均举办了成人岗位培训和继续教育。

社会力量办学发展到505所，在校生达20多万人，出现了一批办得较好的学校。有17所民办学校获得了举办中等学历教育资格，招生3000多人。30所学校举办大专自考和非学历高等教育，在校生达7000多人。民办学校还积极参与下岗、转岗人员的再就业培训。此外，国外、境外有识人士和社会团体到我省投资办学明显增多。

（九）*高等教育改革顺利推进*。1999年确定的师范类、财经类、政法类3组高校的合并、重组工作顺利完成。后又完成了昆明理工大学和云南工业大学的合并、重组工作。4组学校的合并实施方案经省政府批准后正在实施。文山、思茅、蒙自、大理、保山、昭通、曲靖、丽江、德宏、临沧等12所师专、教育学院管理体制由省地共建共管、以地为主，逐步调整为省地共建共管、以省为主的体制。同时，完成了玉溪、曲靖、楚雄、昆明组建师范学院的论证报批工作。高校校均规模从1998年的2400人提高到3080人。高等学校的教学改革也在各个方面展开，组织了重点建设专业评审，调整、减少了62个专业；积极推行学分制，加强实验实习教学。

1999年，全省普通高校招生经过3次扩大，招生计划达到了35149人（含省外6989人），比1998年增长31.5%，录取比例为2.09∶1，比全国录取比例2.18∶1略高。这是恢复高考22年来，我省录取比例最高的一年，受到社会欢迎。各高校克服困难，工作细致，生活、教学秩序正常，基本无乱收费情况。而毕业生就业工作平稳有序，在毕业生比上年增加1万人的情况下，较好地完成了任务。据11月对本科院校和2所专科学校摸底调查，分到地州市的本科生，93%已就业；专科生85%已就业；分回地州市的省内外中专生，72%已就业。

高校科技工作出台了《关于加强云南省高等学校科技工作的意见》、《云南省省级重点学科建设管理办法》，全省高校获省自然科学奖22项，有15项成果获省教委科技进步奖，29项成果获省教委人文社会科学研究成果奖。高校科研经费1.1亿元，争取到一批国家“863计划”、国家自然科学基金重点项目和国家计委高新技术产业化示范项目。在昆明高新区创办了“云南省大学科技园”，被科技部、教育部批准作为首批进入国家大学科技园试点。有5所大学、31个企业/项目获准首批入园，投资金额达1.02亿元。在云南大学、云南农业大学、昆明医学院又新建3个“省产学研联合研究开发中心”，探索产学研结合的路子。组织了“留英学人为云南建设服务团”在滇活动，共签订36份合作意向书，涉及40多个项目。制订《云南省学科建设与发展规划》以及《高新技术创新人才培养基地建设方案》；云大获法律硕士专业学位试点。

省院省校教育合作工作进展顺利，注意抓好已签订项目的落实。在高层次人才培养方面，考取博士后1人，论文博士3人，委培定向博士36人，硕士生3人，免试推荐本科生攻读研究生52人，与清华、北大、中国农大合作举办7个研究生课程进修班，共计264人，选派我省高校136名教师到国内知名高校进修、访问；开展了11个省级重点学校的建设咨询；聘请了40多名国内知名教授担任我省高校的客座与兼职教授；与清华、北大等开展13项人文社会科学研究项目，进展顺利；清华大学与云南大学合作开办“清华大学远程教育云南大学分站”，招收研究生课程进修学员近120名。1999年落实的省院省校教育合作经费907万元。教育对外交流与合作也有发展。

（十）*教育科学研究有新进展*。省教科院成立一年多组织完成和正在完成一批国家级、省级研究课题。当年又成立了云南省教育科学规划领导小组，使我省教育科研的组织、规划管理和实施，成果的评估、鉴定、推广工作走上了系统化、科学化、规范化的轨道。全省300余名教育科研人员参加教育科研理论和方法的培训，8000多名中小学教师接受教学培训，建立包括学前教育、中小学教育的教学改革实验基地；组织省内高等院校、中专学校教育科研机构开展教育科学研究，对全面推进素质教育起到了促进作用，全省性的教育科研热潮正在逐步形成。省教委正在筹建信息网络中心，加快教育信息化工程的步伐。

二、存在问题

主要问题是：(1) 对教育战略重点地位的认识不足；(2) 传统的教育观念、教育思想阻碍着教育改革；(3) “两基”进入攻坚阶段，任务艰巨；(4) 发展高教面临困难，难在教育经费紧，学生宿舍不足，毕业生就业形势严峻；(5) 农村贫困学生的助学、办学结构单一，发展民办教育举步维艰。

云南计划生育工作述评

云南省计划生育委员会主任　*刀爱民*

1999年，全省人口与计划生育工作紧紧围绕大力加强基层基础建设，全面提高管理和服务水平的要求而展开。在各级党委、政府的领导和有关部门的支持下，各级计划生育部门重视基层、分类指导的思路更加明确，乡村、街道等基层的人口与计划生育现状得到认真的全面的清查清理，经常性管理和服务机制逐步建立和完善，基层服务网络继续扩展和延伸，“婚育新风进万家”活动广泛深入持久地开展，生育政策更加深入人心，进一步促进了各族人民群众婚育观念的转变，完成了预计的人口控制计划。

一、人口增长继续得到有效控制

1999年，全省人口出生率为19.48‰，死亡率为 7.82‰，自然增长率为 11.66‰。据此推算，全省出生人口为 81.2 万，死亡人口为 32.6 万，净增人口为 48.6 万，年末总人口为 4192.4 万。与 1998 年相比，出生人口减少 1.2 万，出生率下降 0.53 个千分点；死亡人口减少 0.4 万，死亡率下降 0.09 个千分点；净增人口减少 1.2 万，自然增长率下降 0.44 个千分点。与国家下达的人口控制计划相比，出生人口少 10.8 万，出生率低 2.55 个千分点，年末总人口比计划控制数少 11.3 万。全省人口出生率降到 20‰以下，是自 1959～1962 年全省人口出生低谷期之后 37 年来的第一次。这一成绩是来之不易的，是全省各族干部和人民群众长期坚持计划生育的结果。这一成绩的取得，为我省人口与计划生育跨世纪发展目标的实现创造了十分有利的条件。

二、“三为主”成果得到进一步巩固和发展

1994 年以来，全省各地以强有力的政府行为实施省的“三为主”规划，有 121 个县先后通过了省级验收。“三为主”规划的实施，为改变我省计划生育工作基础薄弱、水准较低、难度较大的被动局面打下了良好的基础。但也确实存在着低标准、低要求的实际和少数地方重形式、轻实质、突击达标以及通过验收后出现松懈情绪等明显问题。针对这些情况，省委、省政府在 1996 年适时地作出《关于进一步落实计划生育“三为主”推广“三结合”的决定》。根据国家计生委的《标准》和省委、省政府的《决定》，1999 年，省计生委采取了以下措施：（1）把“三为主”巩固率作为常项纳入省地计生委的考核内容，使这项工作继续保持一定的力度；（2）制定了关于实施国家计生委《标准》的考核办法，将《标准》分解为 39 项量化指标，实现了“省标”与“国标”的衔接，增强了可操作性和可考核性；（3）对当时尚未达到省“三为主”规划要求的鲁甸、墨江、澜沧、西盟、宁蒗、德钦、福贡等 7 个边疆少数民族贫困县，安排了专项经费，同时实行省计生委机关各处室与之挂钩联系制度，加大了指导力度；（4）协调一些经济条件较好、工作基础扎实的县与 7 个县结成帮扶对子，支持设备，提供经验，帮助培训，促进了计划生育工作的均衡发展。1999 年末，全省 16 个地州市都按照“考核办法”和省的部署，完成了县级自查和地级复查工作，向省计生委提出了申报抽查的报告。根据对各地州市报告的初步分析和对 7 县的考评验收以及平时掌握的情况看，各地普遍按照“抓基层、抓薄弱、抓难点”的思路，把落实“三为主”作为“基层基础工作年”的重头戏，切实加强领导，加大工作力度，增加经费投入，使落实“三为主”工作在巩固前些年取得成绩的基础上，又有了新的发展。

三、着力改革宣传教育工作，促进群众婚育观念转化

1999 年，为使中宣部和国家计生委提出和组织的“婚育新风进万家”活动在全省广大城乡扎实有效地开展起来，省计生委会同省委宣传部、省精神文明办、省文化厅、团省委、省妇联、省科协和省计生协制发了《云南省“婚育新风进万家”活动方案》。各地根据方案的要求和当地部分群众存在的早婚早育、儿女双全、大操大办、重养轻教等旧习俗，有针对性地将晚婚晚育、少生优育、勤俭办事的婚育新风送进千家万户，净化婚育环境，促进群众现代婚育观念的逐步形成。省计生委还抓住全国计划生育文艺调演的机遇，自下而上地精心组织群众性的规模宏大的全省第二届计划生育文艺调演活动。据不完全统计，各地有 230 个专业和业余演出团体踊跃参加这项活动，编创各类文艺节目 1100 多个，演出 600 多场次，加上电视转播观众达 2315 万人次。省级文艺调演活动受到社会各界的广泛好评。调演结束后，挑选 5 个节目参加全国调演，获得 1 金 2 银和优秀组织奖的好成绩；各地精选、精排了一批思想性较强、有一定艺术感染力的节目，巡回农村演出，受到各族人民群众的喜爱。文艺调演的成功举办，有力地推动了“婚育新风进万家”活动广泛深入持久的开展，也丰富了计划生育“三下乡”活动的内容。此外，全省上下还围绕“人类对生育的选择将决定世界的未来”这一主题，在世界 60 亿人口日前后开展了人口与计划生育系列宣传活动，向各级领导和广大群众又一次鸣响了人口警钟。

四、切实加强依法管理、依法行政

1999 年是实施国家重新颁布的《流动人口计划生育工作管理办法》的第一年。全省各地采取相应措施，在流动人口较集中的地方，结合社会治安综合治理，进行清查，建章立制，强化管

理，改善服务。有的在计生委设立专门机构，定编定员定责，把对流动人口的计划生育管理摆上重要位置，这些地方的流动人口计划生育管理正在由无序向有序转变，服务正在由粗放向规范转变。各级认真抓了执法培训，教育和引导基层干部正确执法、文明执法，不折不扣地落实“七不准”要求，密切了党群干群关系。一些地方把计划生育纳入村民自治、村务公开和民主监督，有力地推动了行风建设。干部依法管理带动了群众依法生育，全省计划生育率达到84.22%。1999年，省计生委还配合全国人大和国家计生委进行了“人口与计划生育法”立法调研，做了大量的修改和完善《云南省计划生育条例》的准备工作，完成了《云南省未来人口发展与生育政策研究》科研课题。参与这些工作的过程，实际上是对人口问题认识进一步深化的过程，是逐步学会从全局的和战略的高度审视人口发展与计划生育工作的过程，是协调各方面力量，调动各方面资源对人口问题进行统筹规划、综合治理的过程。

五、提高科技管理水平，搞好优质服务

1999年，随着县级服务站的普遍建立和2/3以上的乡级服务所的建立，省计生委适时地提出一系列计划生育科技工作规范，努力提高管理和服务水平，使服务网络更好地发挥效益。至年末，全省已有117个县级服务站达到或基本达到规范化要求。据统计，全年各级服务网络实施计划生育手术61.68万例，占同期全省计划生育手术量88.11万例的70%。同时还承担了大量的宣传教育、干部培训和避孕药具管理、发放及随访工作，服务网络的优势正在得到逐步的显示。各地按照《云南省2000年实现育龄夫妇享有初级生殖保健计划》，有计划、有步骤地把服务内容较为单一的孕情监测扩展为内容丰富的生殖保健，努力满足广大育龄夫妇日益增长的生殖健康需求。省计生委组织了28个县的技术服务人员在9万多名育龄妇女中开展的乳腺疾病普查普治项目，起到了生殖保健的示范作用。避孕方法知情选择试点工作达到预期的目的，昆明市盘龙区、五华区已在80%左右的已婚育龄夫妇中推广这一方法，官渡区有计划地在农村实行知情选择的内容。由于宣传深入，把握得当，这项工作在这些地方收到了充分尊重育龄夫妇避孕方法的自我选择和有效控制人口的双重效果。

六、积极推行“三结合”，计划生育同扶贫开发相结合工作继续保持良好发展势头

1999年是全省“三结合”、百乡千村活动的第二年，为了更有效地推进这项工作，省政府把“三结合”帮扶率作为常项纳入对州市政府、地区行署的年度责任目标，还将计划生育指标纳入县乡村脱贫考核标准，与其他人口与计划生育指标同步实施，同步考核；省财政从1998年起每年拨出200万元专款扶持这项工作；省级各有关部门特别是涉农部门根据《云南省省级各部门在计划生育“三结合”工作中的职责》，既进行宏观指导，又在各自的挂钩扶贫点上，把助困解难同计划生育有机地结合起来，明确责任，狠抓落实。参与百乡千村活动的102个乡、1446个村的“三结合”工作，在上年选项、筹资、定方案的基础上，逐步向纵深发展，初步探索出了一条具有云南特色的“三结合”路子，其主要内容是：计划生育同扶贫开发相结合，与生殖保健相结合，与社区发展相结合，与精神文明建设相结合。1999年，开展“三结合”的乡镇已增加到305个，计划生育、生产、生活综合服务项目近3000个，约50万个实行计划生育的贫困家庭开始受益。文山州根据县两级财政较困难的实际，提出“扶贫到哪里，‘三结合’就推行到哪里”的工作思路，明确了当前“三结合”的重点方向在于计划生育同扶贫开发相结合，又在一定程度上解决了筹资的困难。西畴县把这个思路又推进了一步，在县委、县政府的统一领导下，开展机关各部门与乡村，干部职工与农民群众的结对帮扶，把“三结合”工作搞得较有生气。绥江县和镇雄县由财政注入启动资金，采取“公司加农户”形式，兴办规模不等的种植、养殖基地，既吸纳了农村剩余劳动力，又扩大服务范围向农民提供市场信息等中介服务，从而加大了帮扶力度，提高了帮扶效果。在这些地方，“三结合”已逐渐使计划生育同农村的各项工作实现了有机的融合，推进了农村的两个文明建设，显示出其越来越深刻的意义。大理、曲靖等州市及时制定了“三结合”资金管理办法，避免了资金流失或回笼困难，为“三结合”工作持续不断的滚动运行保住了财源。

七、存在问题

主要问题是：人口出生水平仍处在峰值期，潜在生育压力还很大；地区间工作发展不平衡，少数地方已达到或接近全国平均水平，但多数地方的差距还很大；地县乡三级服务网络不健全，且水准较低；基层计划生育干部队伍人数少、不稳定，素质普遍不高；综合治理人口问题的政策、措施不配套，机制不健全；部分党政领导和计生部门的同志在成绩面前产生了盲目乐观和麻痹松懈情绪。

云南新闻出版事业发展述评

云南省新闻出版局局长　贺全礼

1999年，全省出版工作以邓小平理论和党的十五大精神为指针，围绕全党全国工作大局，讲政治、守纪律、振奋精神、团结战斗、唱响主旋律、打好主动战，图书出版工作硕果累累，呈现出强劲、良好的发展态势，经济效益明显提高。

一、围绕全党全国工作大局，打好主动战

1999年，为配合庆祝中华人民共和国成立五十周年、澳门回归祖国、'99昆明世界园艺博览会的召开以及大的政治斗争，全省图书出版工作狠抓了图书选题策划、调整品种结构、提高图书、报刊质量等重点，提出全年图书出版要“突出重点、抓精品、上水平、夺大奖”的战略目标。出版的畅销书、重版书的比例和图书质量普遍提高。全年出版了30多种国庆重点献礼图书和音像制品、364种介绍世博知识，反映园林、花草、动植物及云南旅游的出版物。其中《世博知识800问》、《中国古典园林》、《中国名花》、《云南高山花卉》等一批图书策划新颖、制作精美，受到了同行的赞誉。由云南美术出版社、云南教育出版社合作出版的《壮丽中华》，云南人民出版社出版的《世纪木鼓》获得了第七届“五个一工程”一本好书奖，实现了全省零的突破。其中《壮丽中华》成绩尤为突出，排在全国62本获奖书之首，中央电视台《焦点访谈》栏目还作了专题报道。另外《世纪木鼓》获得了第四届国家图书奖，《国立西南联合大学史料丛书》、《五十六个民族五十六朵花》获得了该奖的提名奖。

年内，针对我国大事多、喜事多的特点，局党组反复强调，一定要抓好图书出版的政治导向，只能给大局帮忙，决不能添乱，要努力营造一个良好的文化氛围。全省的出版、印刷、发行单位以高度的政治责任感和服务大局的意识，不为利益所驱动，从未出过、印过、销售过一本有关法轮功或有政治问题的图书。为配合揭批法轮功的斗争，几家出版社及时出版了《学科学、破迷信》、《科普科学案论》等几十种针对法轮功歪理邪说的图书。云南省新华书店也积极主动到省外组织购进了一批这类图书保证市场供应，有力地配合了全省揭批法轮功的斗争。在省委、省政府的领导下，依法行政以查缴法轮功类出版物为重点，开展了全省性的“扫黄”、“打非”工作。全省共收缴各类非法出版物182.5万册（盒），其中法轮功类图书、音像制品、宣传品共38.7万册（盒）；破获案件354起，抓捕涉案嫌疑人219人，处理行政处罚案件956起，有力地打击了“制黄”、“贩黄”和各类非法出版活动的嚣张气焰。盗版教学辅导材料在中小学非法征订发行的势头得到扼制。

二、加强管理，狠抓阶段性转移

为加强全省报刊的总体竞争实力，按照“减数量、调结构、创品牌”的要求，全局着力加强党报这个主阵地，加强社办刊、报力量，在不断提高质量上狠下功夫。一年的治散治滥，使全省报刊质量有了新的提高。《大家》、《奥秘》杂志被评为全国百强期刊，结束了我省没有全国百强期刊的历史。

在图书出版管理上，坚持以邓小平理论为指导，坚持党的基本路线，坚持为人民服务、为社会主义服务、为全党全国工作大局服务的方向，强化图书生产的导向意识；在选题上，坚持实行专题报批制度，坚持社会效益第一、社会效益和经济效益相统一的原则，图书出版质量有了明显的提高。

1999年，全省8家出版社出版图书2791种，比上年增26.17%，其中租型图书505种，增长2.02%；省版图书2286种，增长33.14%。在省版图书中，新出图书1407种，增长18.23%；重版图书897种，增长66.79%。各种图书总印数1.72亿册，增长20.28%。各种图书总印张7.30亿印张，增长13.35%。

全省出版各种公开发行报纸41种（注：统计口径改变），总印数2.96亿份，总印张为4.67亿印张。与上年相比，品种数不变，总印数增长3.11%，总印张增长15.46%。

全省出版各种公开发行杂志100种，总印数1811万册，总印张为0.61亿印张。与上年相比，品种数不变，总印数增长13.26%，总印张增长12.77%。

1999年，全省印刷业开展全面清理整顿工作。共查处了各类违规印刷企业80多户，取缔无证经营企业11户，从总量上压缩了一批印刷企业。整顿后经批准颁证的印刷企业（经营）户共3130户，比整顿前减少140户。其中出版物印制品许可企业为100户，比整顿前减少10户。同时，根据全省中小学教材印制任务的需要，审定了28户出版物印刷许可企业为全省中小学教材指定印刷企业，并在地域分布上作了调整，改变了过去一些地区过分集中，而有的地州一户都没有的不合理布局。

加强对印刷企业的建章立制工作，强化依法管理，有力地促进了印刷业向优质高效发展的阶段转移。1999年，全省获署优产品的图书达451种，比上年度的218种翻了一番多。教科书印刷质量在全国排名榜上，由原来第18名上升到第9名，在西南三省一市中位居第一，并实现了教科书印刷无不合格品的目标。

三、版权贸易工作有了新的发展

1999年，省局配合国家版权局和世界知识产权组织在昆明成功地举办“关于版权和相关权集体管理亚太地区研讨会”、“有关版权集体管理的国家研讨会”，与中国版权保护中心共同举办“全国报刊保护工作研讨班”，组织省内出版社参加’99美国图书展、’99法兰克福图书博览会、第十届香港书展，并组织新华书店系统参加’99图书发行美国考察团活动，促进了全省图书对外版权贸易的发展。1999年，全省引进版权图书83种，比上年增加近3倍，在全国图书版权引进品种数量排第13位，比上年上升了9位。引进的这批图书质量都较高，从一个方面保证了社会效益和经济效益的同步增长。

四、重点工程项目顺利完成

1999年，列入全省“八五”期间的重点工程项目、投资1.2亿元的新华大厦和投资近亿元的新闻出版大楼顺利建成。这标志着全省新闻出版业的硬件设施有了大的改善，经济实力得到进一步提高，也为新闻出版事业的发展奠定了重要的物质基础。

五、直属企事业管理及主要产品产量

1999年，全省图书市场仍然疲软，加之为了减轻学生的负担而压缩了教学辅导材料的出版，这对出版行业经济效益必然带来很大的影响。通过努力克服困难，奋力拼搏，认真调整图书结构，精心策划选题，努力提高产品及销售服务质量，扩大网点建设，经济效益创下了历史最好水平，实现利润7380万元，比上年增长15.55%。

（一）出　版。1999年，通过市场经济竞争的磨练，局属5家出版社经营管理取得长足进步，在选题策划上更趋合理，平庸书显著减少，市场看好的图书、精品图书的比重逐步上升。出版的图书更贴近自己的定位，更能充分发挥自己的优势和特色。选题计划的实现率都有不同程度的提高，图书重印率达到了38.1%，获奖图书品种、奖项的档次都有了较大幅度的增加和提高。

云南人民出版社坚持文化积累的道路，坚持高品位的文化个性，坚持质量第一的原则，出版的《世纪木鼓》等一批精品图书都具有较高的文

化品味。其中《世纪木鼓》获得了“五个一工程”奖，《中国少数民族文学经典文库》获得了全国第六届“少数民族文学骏马奖”特别奖。所办的《大家》杂志被评为全国百强期刊。为提高教材印刷质量、追赶全国先进水平，提出了“教材质量超常规发展战略”，制定出新的质量标准、奖惩办法、管理方法，整个教材生产过程、各个环节实行全面有效的质量控制，从而实现了产品质量从全国排名第十八名跃居到了1999年全国排名第九名的战略目标。全年该社实现利润比上年增长30.76%。

晨光出版社坚持把市场调研作为选题策划的前提，组织全社编辑分批到省内外进市场调查，坚持科学民主的选题论证原则，使该社的畅销书、常销书品种不断上升，年内已达到192种，占可供书目的42%，本版图书重印率达到62%，成本大幅度下降，出版图书质量也有显著提高。该社出版的重点图书《向孩子学习》，许多专家、学者评价它为一本揭示和推动“代际”革命的好书，并获得了团中央“五个一工程”奖。版权贸易逐步成为该社的一个新的经济增长点，1999年又新上了10余种购买版权的选题。发行网点增至900多家。经济效益显著，实现利润比上年增长88.18%。

教育出版社以深人改革作为发展动力，把两级管理改为三级管理，各部门业务范围、管理权限、奖惩条件更加细化明确，工作更为有序，同时狠抓三项制度改革。在人事管理方面，中层干部实行竞争上岗，职工上岗实行双向选择；分配上实行职务、效益工资为主的结构工资制。竞争机制的引入充分调动了职工的积极性，优秀人才脱颖而出。在发行工作上，把建设扩大发行网点、提高市场占有率作为全年工作的重点，采取措施狠抓落实，销售收入比上年增长770万元，获奖图书品种大幅度上升。该社与美术出版社合作出版的《壮丽中华》获得了“五个一工程”奖，《国立西南联合大学》、《五十六个民族五十六朵花》获得国家图书奖提名奖，《中国少数民族教育史》等几部图书分获全国第二届教育科学优秀成果一、二、三等奖。由于图书质量提高，选题对路，全年图书重印率达到63.6%，实现利润比上年增长34.33%。

云南科技出版社为提高图书质量，不断强化管理，严格执行综合目标责任制，制定了《图书质量保证体制实施办法》，加大了对农村图书市场的发行力度，扩大了在全国范围内的图书征订工作，在省内16个地、州、市建立了发行渠道，图书订货数量比上年有了显著增长，销售收入比上年增加了7.83%，实现利润增12.73%。该社把弘扬科学精神、普及科学知识、倡导科学方法作为自己的职责。1999年，不仅拒绝了法轮功读物的出版，为配合揭批法轮功的斗争，抓紧时间出版了《当代青年科普文库·生命的里程》、《学科学、破迷信》等30多种科普图书，其中《当代青年科普文库·生命的里程》被新闻出版署列为全国重点宣传马克思主义唯物论、无神论和科普知识的120种图书之一，对法轮功歪理邪说进行了最好的回击。

云南美术出版社在主要产品年画市场需求量大幅度下滑、资金实力较弱的情况下，不等不靠，努力摆脱被动局面，把工作重点从“打基础、求生存”的阶段转移到“出精品、促发展”的新阶段。调整图书出版结构，充分发挥自身的特点和潜力，落实“九五”重点图书的出版工作，多次邀请有关专家、学者对重点图书、精品图书进行论证、审定，力保质量。结合省委省政府建设云南民族文化大省的目标和规划，结合世博会的召开，积极策划出版了一批高质量、高品位的精品画册和图书，如《壮丽中华》、《世博园写真集》、《历史文化名城昆明》、《云南历史文化名城》、《中国西南古纳西王国》等，其中有的获全国大奖。此外，该社对外图书版贸工作取得了突破性进展，先后与美国、澳大利亚、法国等出版公司签定了购买版权的合同。

（二）印　刷。1999年，局属云南新华印刷实业总公司为改变近年来效益不佳的局面，加快国有企业改革与发展步伐，根据省局提出的战略目标和市场实际需要，团结建立精品印刷等4条生产线进行大力度的技术更新改造。从盘活国有资本入手，用土地置换的办法，筹集技改资金，取得了很好的成效。1999年共投资2300万元人民币，从德国订购了具有世界先进水平的海德堡CP2000型五色胶印机、罗兰四色胶印机及一些相关设备，进行了该公司历史上投入最大的一次技术改造，为公司的发展和印刷质量的提高打下了有力的物质基础。全年，新华印刷实业总公司完成工业总产值2850万元，比上年增长7.75%，实现销售收入7129万元，增长0.52%，实现利润119万元，增长9.2%。

（三）发　行。1999年8月，云南省新华书店正式注册登记成立云南省新华书店集团有限公司。12月2日，经省国资局批准，同意组建云南省新华书店集团有限公司职工持股会，迈出了全省发行主渠道深化改革的重要一步。面对全国图书、音像制品市场疲软的不利因素，省新华书店把加强一般图书、音像制品的销售列为全年的工作重点，公司批销中心扩大了总代理范围，与京所、华艺等38家出版社及发货店签订了区域代理合同，新开发了品种总代理项目。省书店走出省外，深入省内各地州，四处出击，争取有市场的品种租型权，扩大市场份额，并建立了新的销售网点。筹办了“99昆明图书音像展销订货会”，参展单位共500家，订货品种6万多种，零售品种近10万，是云南历史上图书、音像、电子出版物零售品种最多的一次订货会。他们还认真开展服务“三农”活动，组织流动小分队送书下乡，得到了农民读者、当地政府的赞赏，同时促进了一般图书的销售。1999年，省新华书店不仅克服了图书市场连续几年疲软的影响，年销售收入比上年增加了1736万元。

年内，奋斗多年、投资1.2亿元的新华大厦图书城竣工，并于6月19日隆重开业。为方便读者、扩大服务范围，云南第一家网上书店新华图书城网也正式开张。此网推出不久，便受到广大网民读者的欢迎。

1999年，云南省外文书店利用世博会召开的有利契机，设立了新的销售网点：为减少库存，组织销售人员深入机关和大专院校开展销售和征订服务，并加强了对涉外单位的宣传力度；在企业内部，继续实行目标责任制和岗位责任制；对经营部门实行“部门利润和工资总额挂钩”的方法，进一步加强管理。虽然采取上述措施，但仍不能克服教学音像制品下降和图书市场疲软的负面影响，全年销售收入及实现利润与上年相比均呈现负增长。

（四）物资供应。1999年，云南省印刷物资公司针对印刷业普遍不景气、购买力明显下降以及近来用户直接向厂家订货等市场变化情况，进一步加强内部管理，落实岗位经营责任制，把各项经济指标下达到各业务部门，让各部门自己控制成本，职工个人收入同业绩挂钩。1999年在昆明组织了全国印刷物资供应展销订货会，有全国各地100多个厂家、数百名经销商参展。3天时间成交了300多万的物资。该公司与省外大型印刷企业加强合作，进一步稳定了代理制。1999年该公司实现销售收入2599万元，实现利润52万元。

六、存在问题

主要问题是：（1）滇版图书质量虽然取得了长足的进步，但发展不平衡，整体水平还须努力提高；（2）在培养、引进跨世纪人才工作上还需要加大力度、加快步伐；（3）围绕建立民族文化大省，全省的图书结构还应进一步调整；（4）经济发展速度虽然有了明显的提高，但基础仍然脆弱，还有许多工作要做。

云南测绘工作述评

云南省测绘局副局长　王陆忠

1999年，在省委、省政府领导下，云南测绘系统坚持以邓小平理论和党的基本路线为指导，认真贯彻党的十五大和十五届三中、四中全会精神，正确处理改革、发展、稳定的关系，开展以“讲学习、讲政治、讲正气”为主要内容的党性党风教育，促进了全省测绘工作的发展。

一、测绘工作的新发展

（一）建立基础测绘投入机制工作有新进展。基础测绘投入机制的建立，事关云南测绘事业的发展。云南测绘滞后于云南经济和社会发展的根本原因，关键在于云南基础测绘投入机制没能建立。一年来，省测绘主管部门积极向省政府领导、向省计委和省财政厅汇报云南测绘面临的问题和建立云南基础测绘投入机制的意见。云南基础测绘得到省政府领导和有关部门的关心和支持。陈勋儒副省长多次听取了云南测绘工作的汇报；牛绍尧副省长在关于基础测绘投入报告上作重要批示；省人大、省政协和省政府领导亲临省测绘局视察测绘工作，对云南基础测绘等提出了宝贵意见。省计委、省财政厅、省法制局十分关心云南测绘的发展。省财政厅第一次为基础测绘安排300万元，为测量标志保护安排了20万元，使基础测绘有了一定财力支撑。

（二）测绘行政管理得到加强。(1) 测绘法制建设工作有了新进展。《云南省测量标志保护规定》经过调研、起草、征求意见、论证，于12月21日经省政府第二十九次常务会议审议通过；《云南省地图编制出版管理规定》已完成资料收集、调研工作，计划2000年报省政府审议。根据测绘法律法规的规定，按照《测绘资格审查认证管理规定》和《测绘工作证管理规定》的要求，受理新申办测绘资质的20个测绘单位的申请。经审查后，对符合规定的17个测绘单位颁发了《测绘资格证书》，同时，对符合规定的340个测绘工作者颁发了《测绘工作证》。有3个测绘单位因条件不完全符合资质规定，暂未审批；对已获《测绘资格证》的361个测绘单位进行了年检、登记，其中324个单位通过了年检，9个单位给予注销资质，28个单位因资料不全，不按期年检等原因作暂缓登记处理。根据《云南省行政执法证件审验办法》，对全省141个测绘行政执法证件进行了年度审验工作。(2) 加强了地图出版管理。按照《中华人民共和国地图编制出版管理条例》和《地图审核管理办法》，受理、审查新出版地图54幅（册），对涉及国界和涉及保密的4本图集和100幅各种地图进行了审查。针对地图市场存在的问题，对昆明、大理、丽江、西双版纳、德宏和迪庆等6个地（州、市）地图市场进行了检查。查处了地图严重盗版侵权2起，收缴非法盗印的地图近6万张。(3) 开展测绘任务登记。3月召开了全省测绘管理处、科长会议，对测绘任务登记管理作了专门布置。据统计，全年共审查、办理93个测绘项目的登记，督促了5个市、县航空摄影项目的报批，有效地防止了重复测绘，资金浪费。对超限额作业的云南省交通学校给予行政警告和罚款的处罚，并向全省进行了通报。(4) 加强测量标志管理。年内对上年安排的6个县（市）测量标志普查工作进行了验收，新安排6个县（市）309座国家永久性测量标志的普查，重新办理委托保管，重新制作水准点指示牌标志。(5) 加强测绘产品质量管理。测绘单位质量意识增强，调整质量管理机构，制定完善质量管理规定。省测绘主管部门把质量作为对测绘单位考评的重要项目。第一测绘大队等3个测绘单位被国家测绘局评为“国家测绘质量表彰单位”。测绘产品质量直接关系到后续建设工程的质量和效益。一年来，依靠省测绘产品质量监督检验站对墨江、镇雄等地GPS城市控制网65个等级点控制成果，思茅和景洪二、三等水准900千米成果，临沧和耿马1:1万比例尺航测外业控制192幅，调绘232幅，内业测图192幅，数字化图41幅成果，1:2.5万比例尺地形图外业调绘47幅，内业测图79幅，世博园1:5百比例尺地形图73幅，和云南省交通图进行了质量检验；对复盖实地16579平方千米的航空摄影像片进行了验收，对1100台经纬仪、测距仪和60盘钢卷尺进行了检定，有效地控制了测绘产品质量。

（三）测绘工作取得了新成果。省测绘主管部门根据云南经济和社会发展的需要，尽力安排组织基础测绘项目。组织施测三等水准275千米测量，建立了三等水准点54点；完成1:1万比例尺地形图航测外业控制238幅，调绘224幅，立体测图135幅，地图数字化扫描542幅，航测数字化测图32幅；施测1:2.5万比例尺地形图航测外业控调47幅，航测已成图数字化30幅，地形图印刷79幅；完成省、地、县勘界测绘16条，计2737千米；组织完成了丽江、大理和昆明摄区的航空摄影。

基础测绘单位为满足规划、交通、水利和旅游等部门对测绘的急需，先后施测三、四等GPS控制304点，三等水准测量275千米，机场机位控制点17点；为昭通、玉溪、中甸、景洪等地、县、乡镇测制1:5百比例尺地形图849幅，地籍图47幅，已成图数字化地形图767幅；1:1千比例尺地形图97幅，数字化地形图156幅；为缅甸八莫港口建设和凤庆等城市规划，安楚高速公路、祥临二级公路建设测制1:2千比例尺带状地形图532幅，数字化测图38幅；1:5千比例尺数字化测图16幅；为那兰水电站，楚雄蜻蛉河水库等水利工程测制了1:1万比例尺地形图66幅；编制出版了《昆明世纪旅游博览图》、《昆明市旅游图》、《昆明市世博导游图》、《昆明市自助旅游图》、《云南省交通图》、《昆明市商品交易市场指南图》和《昆明市区彩红外航摄图》。完成《弥渡县粮食志》、《丘北党史资料》等史志书和期刊的印刷；制作了通海县城立体地图和嵩明县白邑生态旅游立体地图。测绘生产产值比上年增长19.2%，为近年来最好成绩。

（四）测绘为省经济和社会发展作了新贡献。1999年，省测绘主管部门加强测绘成果管理，组织编制了1998年测绘成果资料目录，为测绘成果共享，发挥作用奠定了基础；组织了对铁路、公路、行政区划和自然保护区等现势资料的收集、标绘和上报，将更好地发挥基础测绘成果的基础性，公益性作用；为测绘科技档案达标升级做了大量的工作。编制《档案管理工作手册》，《测绘资料档案管理文件汇编》和《档案管理体系，社会化服务及档案信息开发、利用》。建档归档了3个县（市）GPS控制点58点成果，7条三、四等水准路线计192点水准成果；各种比例尺原图143幅，二底图305幅；各种规范31册和行政区划变更文件8卷155件，为测绘资料的提供奠定了基础。1999年，为基础测绘和水利、地震、林业等专业测绘提供三角点成果1937数组，水准点成果512数组，航摄底片117卷，等大片300片，透明正片15片；1:1万比例尺影像图153幅，航测资料955幅。为地矿、林业、冶金、旅游、水利、城建、民政、邮电、煤炭、教育和公路部门计700多个用图单位提供1:5千至1:1百万比例尺地形图13116幅（张），省、地（州、市）、县（市）挂图1534幅（张），共计14650幅（张）。

为满足省委、省政府进行宏观经济决策的需要，编制《中、印、缅、孟地区经济合作区域挂图》，提供了经装裱、彩标的各种大型挂图32幅，提供涤确良《云南省交通图》548幅（张），《云南省地图册》102册，一批世博园导游图和昆明市彩红外影像图。为省政府制作、提供了内装省交通图、昆明市导游图和世博导游图在内的图包293个。

（五）传统测绘技术改造取得进展，数字化测绘技术体系初步形成。1999年，省测绘主管部门为了对传统测绘技术进行改造，在资金紧缺的情况下，多方筹集资金300万元，购置全站仪、扫描仪和微机等现代化测绘设备，引进控制加密、数据管理和数字化测图等软件。内外业一体化生产，全数字摄影测量和计算机编辑出版地图已基本形成，其规模逐步扩大。GPS技术和数字化技术广泛服务于经济建设；应用测绘高新技术，已生产出“4D”测绘新产品；编制、出版了世博导游图，云南省数字地图册；为移动通信局测制了《昆明市移动通信数字地图》；为省安全厅建立了《昆明市、世博园多媒体安全信息系统》，编制了《文山州综合州情地理信息系统建设可行性报告》，为省政府向联合国教科文组织申报滇西北“世界自然遗产”制作了《“三江并流区域的系列电子地图及数字三维立体景观图》；研建《滇池污染流域基础地理信息系统》和《云南1:25万地形图数据库》工作顺利，《云南省地图集数字地图》项目通过省科委组织的专家论证和立项。

二、存在问题

主要问题是：(1)省测绘行政管理机构的规格与其履行的测绘行政管理职能不相适应；(2)测绘地方法规和地（州）、县（市）测绘行政管理机构不完善，测绘行政执法缺乏力度；(3)基础测绘严重滞后云南经济和社会发展的局面还没有根本扭转。由于基础测绘投入机制尚未建立，基础测绘产品更新十分缓慢，内容陈旧，品种单一，严重制约其基础性、先行性和公益性作用，不能广泛地为社会提供测绘服务。这些问题严重制约着云南测绘的发展，在今后工作中必须认真加以解决。

云 南 民 政 工 作 述 评

云南省民政厅厅长　高祖兴

1999年，全省各级民政部门按照年初民政工作会议确定的“稳定年”的要求，紧紧围绕“稳定”这个大局，以救灾救济、全面勘界、“爱心献功臣行动”、退役士兵安置和民间组织管理为重点，扎实开展“三讲”教育，有力地推进了民政工作的全面发展，为促进经济改革、维护军政军民团结、边疆社会稳定和确保各项重大活动的顺利开展作出了积极的贡献。

一、切实做好灾害救助工作

1999年，全省遭受了50年罕见的冬春夏连旱和洪涝、地震以及泥石流、滑坡等严重的自然灾害，全年累计受灾人口3165.21万人，因灾死亡478人；倒塌民房69552间，损坏32.98万间；造成27109人无家可归，急需转移安置89497人；农作物受灾2750.36千公顷，因灾损失减产粮食169.46万吨，直接经济损失77.29亿元。面对严重的自然灾害，各级民政部门在党委、政府的领导下，及时赶赴灾区查灾核灾，慰问灾民，指导救灾；筹集发放救灾物资，妥善安排灾民生活；动员社会支援灾区，帮助灾民渡过难关。全年共发放救灾资金3.25亿元，救济灾民110.18万户517.85万人；修复倒损民房186652间，补助安排7925户34329人受泥石流、滑坡威胁农户的搬迁；上海对口支援和省内募集的816万件衣被也全部发放灾民贫困户手中，切实保障了灾民的基本生活；宁蒗地震灾区民房恢复重建工作，成绩显著，灾民可按原计划迁入新居；省地两级共21750平方米的救灾仓库建设全面启动，建立了省地救灾通讯网络。

二、城镇居民最低生活保障制度出台

1999年初，李汉柏副省长与16个地州市的分管领导签订了建立城市居民最低生活保障制度责任书，限期在全省建立这项制度，省财政预算安排1000万元专项资金。由于全省各级加强领导、责任落实、资金到位，工作进度大大加快。至6月底，前两年未建立制度的73个县市区全部建立并实施了这项制度，40多个县市区还采取一步到位的办法，将保障范围覆盖了辖区内的全部非农业人口。并按国务院要求于9月15日前落实了保障标准提高30%的保障金发放工作。全年累计发放保障金6240万元，96528人得到了最低生活保障，为深化改革，维护稳定创建了一个良好的外部环境。

三、优抚安置工作有新进展

1999年，省委、省政府办公厅发出《在全省开展“爱心献功臣行动”的意见》后，全省先后召开“爱心献功臣行动”新闻发布会、省级单位动员大会和建水现场经验交流会，举办了义演晚会。各地新闻媒体也广为宣传，使这项活动得到全社会的广泛参与。至年末，全省共向社会筹集资金3387.7万元，接收衣被90396件，食品78687件，受益人数53522人；各级政府新增投入2513万元，帮助优抚对象解决生活困难问题；社会各界成立帮扶组织4591个，结帮扶对子11335个，被帮扶人数32012人。经过一年的努力，共投入经费4625万元，解决重点优抚对象“生活难、住房难、医疗难”25519人（户），其中25个县（市、区）基本解决了“三难”问题。

为适应社会主义市场经济体制的要求，全省在强化政府职能、确保安置计划落实的同时，积极推行“供需见面、双向选择、保底安置”的试点工作，鼓励退役士兵到非国有经济单位就业和自谋职业，实行有偿转移安置，并加大了退役士兵技能培训和两用人才开发使用的力度，从而有效地克服了“安置难”，加快了安置步伐。至9月底，当年度需在城镇安排工作的5516名退役士兵已安置99.5%。积极推广弥勒军供站的改革经验，全省军供站在圆满完成军供接待任务的同时，实现了经济效益的明显好转。年内共接收第四批军休干部187人，第五批205套军休干部建房任务已完成101套，并全面完成了军休人员住房出售任务。

四、划界工作提前结束

按照勘界工作“决胜年”的要求，我们将重点放在解决前几年遗留下来的地州间县界难点问题的处理上，集中力量加强了对争议时间长、意见分歧大的难点问题的协调与指导，先后解决了思红线黑树林段、怒大线志奔山—凤凰山段、昆玉线刺桐关段、思西线小红桥段等一批“老大难”问题，确保了这些界线的贯通。各地也彻底解决了前几年遗留的县界难点问题。至年末，除省界川滇线中甸段80公里正在协商解决、昆明市4个城区的界线需要与区划调整统筹考虑外，其余3866公里的省界和7304公里的地州间县界、13989公里的地州市辖区内县界已全部划定。各地还划定乡镇界线30145公里。实现了年初省政府提出的工作目标，提前一年完成了国务院下达的5年勘界任务，从根本上消除了因界线不清而产生边界纠纷的隐患，为依法治界、管界，促进边界地区的民族团结、经济发展和社会安定提供了重要保证。

五、社会福利事业继续发展

1999年，完成了红河县等6个社会福利院的新建、改造和设备购置工作；福利彩票发行首次突破2亿元大关，筹集社会福利资金6000万元，资助社会福利项目57个；多渠道筹集资金308万元，对50所农村敬老院进行改造；积极鼓励支持社会力量兴办社会福利事业，并与世界宣明会、美国新希望儿童家庭服务机构及丹麦明协会合作，投入资金600多万元，开展698名唇腭裂儿童矫治、小区扶贫、孤独助养和改善孤儿生活条件等工作；进行了等级福利院的申报、检查和考评工作，开展了全面调查、年检认证和厂务公开等工作，进一步加强了对社会福利企业的管理。至年末，全省有各类社会福利院、儿童福利院、精神病院、老年公寓和农村敬老院804所，床位18620张，收养（治）孤残儿童、老人和精神病人10571人；各类福利企业679家，安置残疾职工9799人，年销售收入11.1亿元，年纳税1.5亿元，退税1.07亿元。

六、切实加强民间组织管理

年内，完成了社团清理整顿工作，对600多名社团管理干部和社团负责人进行了培训，加大了对发展行业社团的支持培育力度。通过清理整顿，注销社团160个，撤销69个，合并97个，保留4337个，使社团总量有所减少，质量得到提高。及时取缔了“法轮功”非法组织在云南设立的总站、分站和辅导站，组织人员清查“法轮功”云南辅导站的财务资金，配合有关部门做了大量处置工作，对其他7个非法组织及时进行了查处，为促进经济建设、维护社会稳定作出了积极的贡献。

七、社会行政事务工作进一步发展

1999年，配合’99昆明世博会的举办，认真组织了对21个收遣站基础设施的改造工作。年底，昆明等14个收遣站已建成使用，13个收遣站更换了收遣车，为做好收遣工作创造了条件。与此同时，各地积极参加了5次大的联合行动，全年共收遣“三无”人员63000人次，为加强流动人口管理、保持正常社会秩序、促进社会治安综合治理作出了贡献。

在全省开展了婚姻执法检查，采取有力措施纠正了发现的问题。1999年依法办理婚姻登记近30万对，登记率达到88%，合格率达到98%。完成了宜良、思茅等一批殡仪馆的新建、改造和设备更新，全面启动了公墓年检工作。至年末，全省有经济性公墓62个，农村公益性公墓490个。进一步规范了儿童收养工作制度，全年依法办理收养登记872人。

八、村委会法制建设得到加强

为认真贯彻落实《村民委员会组织法》，全省在玉溪市1区8县、陆良县、沧源县等10多个县区开展了撤销村公所（办事处）、依法选举建立村民委员会的试点工作，为全面推行村级体制改革积累了经验。制定出台了《云南省实施〈中华人民共和国村民委员会组织法〉办法》和《云南省村民委员会选举办法》，为全面进行村级体制改革、实行村民自治创造了条件，打下了基础；举办了首期《村民委员会组织法》培训班，为村级体制改革工作的开展作了一定的干部准备。

九、存在问题

主要问题是：与民政部的要求和东部省区相比，我们的一些业务工作，如社会福利社会化、社区建设等工作差距还比较大；民政系统内部管理亟待加强，依法行政水平亟待提高；积极研究探索云南民政工作改革发展的规律不够，对新时期民政工作发展思路、主要措施的研究有待进一步深化。

中国’99昆明世博会工作述评

云南省园艺博览局局长　郭方明

1999年，在省委、省政府的领导下，省博览局全体干部职工认真贯彻执行党的路线、方针和政策，牢固树立为祖国争光、为全省人民争光的高度政治责任感，知难而上、团结拼搏，高效率、高水准地完成了上级交赋的世博会筹办任务。’99昆明世博会在筹建速度、参展国家和国际组织数量、园林园艺建设水平、室外永久展园数量、展出植物品种等方面，创造了历届同类博览会的较高水平，实现了把’99昆明世博会办成具有国际一流水平和中国特色的世纪盛会的目标，受到了中外各界人士的赞誉和好评。

一、加强场馆建设管理和设施设备维护工作

1999年初，省博览局现场指挥部精心组织，掀起了第五次大干100天的工程建设热潮。重点是抓好工程收尾，对已完工程抓好检查、整改。全体建设者以建一流的场馆为目标，牢固树立质量、安全第一的思想，认真制定施工计划，层层落实责任，争分夺秒，日以继夜地忘我拼搏，力争早一天完成任务，让全省、全国各族人民放心。工程建设的组织者、领导者，放弃了节假日，长期驻守工地，身先士卒，为广大建设者树立了榜样。火热的建设工地上，每位建设者都在用心血和汗水谱写着人生的壮丽篇章。至4月中旬，按计划保质保量完成世博园各项建设任务，在原来的一片疏林山地上，建成了一座气势恢宏、设施齐全、精品荟萃、特色鲜明的具有国际一流水平和中国气派的世博园，创造了历届同类博览会场馆建设史上的一个奇迹。会期中，世博园有限公司不断强化场馆和设施设备的管护责任和措施，对园区供电供水设施、消防系统及水景观系统、主要场馆及展区进行重点监控、监测和巡查。工作人员坚守岗位，认真履行工作职责，及时完成各项排查和维修任务，保证了设施设备的安全运行。

二、做好植物管护，不断保持和提高园林园艺水平

园林园艺水平是’99昆明世博会的生命线、生存线。省博览局所属世博园艺有限公司、世博园有限公司、世博国际展览有限公司等按照提高园林园艺水平的整体规划，订立各项目标责任制，认真抓紧抓好园林园艺建设，确保中国特色、世界一流目标的实现。经过全体园林园艺专家、技术人员和广大工人的辛勤努力，至4月中旬，世博园共培育、移栽各类植物2511种，其中有乔木6万多株、灌木77.6万株、藤本植物6.6万株、草本植物85.5万株、木本花卉3000多株、观叶植物1000多株，培植草坪53万多平方米，培植花卉300多万盆，使世博园草木繁茂、花团锦簇，向中外游客展现出人与自然和谐相融的美好境界。会期中，各有关部门按责任片区，严格执行植物管护的各项操作规程，组织工作人员勤施肥、勤灌溉，适时修剪整形，确保植物长势良好，并随时清除影响景观效果的枯枝败叶和凋谢的花朵。加强对植物病虫害及其他自然灾害的监测和预防。由植保专家和工程技术人员组成的6个巡视组，分区域定期对植物病虫害进

行监测防治，对园区重点部位植物实施了 10 多次药物喷洒。在整个会期中共组织了 5 次大规模的换花，累计更换花卉 40 多个品种 400 多万盆，更换受损草坪 12000 多平方米，使世博园始终保持着优美的园林园艺景观。

三、认真做好国际、国内建园布展工作

在组委会和省委、省政府的统一领导下，在外交部等国家有关部委的大力协助下，直接肩负着日常招展任务的博览局有关部门的全体工作人员，深刻认识到招展工作的重要性和紧迫性，雷厉风行、务实勤奋，采取灵活多样和及时有效的措施，不断加大对外招展力度。至 4 月 10 日招展工作结束时，共有 69 个国家和 26 个国际组织参展，突破了组委会提出的力争 60 个国家和 20 个国际组织参展的目标。其中有 84 个国家和国际组织参加了室内展出，有 35 个国家和国际组织建盖了 34 个室外展园。在建园施工和布展过程中，不断加强与参展国家和国际组织的联系，督促有关施工和布展单位，保质量、保进度、努力争创一流的效果。至 4 月下旬，全面完成了国际建园布展任务，一座座异域风情浓郁的室外展园和一个个布置精巧别致的室内展厅，为 '99 昆明世博会增添了一道靓丽的风景线。

为保证国内各省区市建园、布展工作的顺利进行，省博览局积极主动做好与各省区市筹展办和现场工程技术人员的联络、协调以及服务保障工作，促进了各省区市高质量、高水平按期完成建园布展任务。一座座室外展园和一个个特色鲜明的室内展厅，使世博园成为集中展示中国各地历史悠久的园林园艺传统特色和中华民族源远流长、博大精深、灿烂辉煌的文化艺术成就的重要景区，堪称中国园林园艺精品大观园。

四、规范经营活动，为游客提供良好服务

集资部和经营处抓住举办世博会这一大型国际盛会的机遇，利用世博会形成的有形和无形资产，广泛开展各种经营活动，力求在赢得巨大社会效益的同时创造最大经济效益。具体策划和实施了指定产品、标志产品、指定服务机构、刻名售砖、活动冠名权和协办权、设施冠名权、广告业务、纪念品发售等经营项目。广告公司、世博旅行社、世博村公司、花卉交易中心等单位认真研究市场，积极拓展经营业务，创造了较好的社会和经济效益。会期中，省博览局在搞好园区综合管理服务和自身经营活动的同时，为维护广大游客的利益，还会同工商、物价、技术监督、税务、卫生防疫等部门成立了世博园经营管理领导小组，制定了世博园经营管理规定，加强对园内经营服务单位经营情况的检查，严格执行各项收费标准，明码标价，规范经营秩序，提高经营服务质量。共收到游客对经营服务工作的表扬信件、电话和留言万余条；同时对投诉问题及时进行处理和整改，使投诉者基本满意，维护了世博园的良好形象。

五、细致缜密地做好各项管理服务工作

承担着世博园管理服务工作的世博园有限公司，本着“一切为大会，一切为宾客”的宗旨，不断完善各项规章制度和保障措施，狠抓软、硬件建设，努力创造一流的管理、一流的环境、一流的秩序、一流的服务，确保世博会的圆满成功。结合实际，制定了《世博园管理总体方案》，依照方案确定的目标，全面实施门票、游客、接待、治安、卫生、绿化、馆务、设施、信息、停车、餐饮服务、商业服务等各项管理。同时，对 2000 多名员工进行了严格的岗位职责、技能培训，努力培养造就一支政治素质、文化素质、专业技能全面过硬的员工队伍。至 10 月底世博会结束，世博园共接待海内外游客 942 万多人次，其中国外游客约占 5%，达 48 万多人次；省外游客约占 51%，达 480 万多人次；省内游客占 44%，达 415 万多人次。接待了 12 位外国国家元首和政府首脑及国内 42 位党和国家领导人，1800 多位省部级干部和数百位将军，众多的海内外知名人士以及 2500 多名中外记者。实践证明，世博园的各个管理服务系统运行正常，游客对园区管理服务工作给予了充分肯定，经问卷调查，游客的综合满意率达 90% 以上。广大游客在参观游览过程中，充分领略了人与自然和谐相处的美好景观，受到了热爱自然、保护自然的生动教育，鼓舞了热爱祖国、追求美好生活的信念。世博会的成功举办，产生了巨大的轰动效应，世博园已成为国内旅游的热点。

六、加强安全保卫工作，确保园区安全和秩序良好

在世博园建设过程和世博会期间，为认真贯

彻落实组委会以及省委、省政府领导关于确保世博会安全万无一失的指示精神，省博览局配合公安、武警、消防等部门，加强园区内外的安全防范工作，加大昼夜巡防力度，排除隐患，保证了园区设施、展品、物资以及中外游客人身财产的安全。制定各项安全保卫工作预案，确保世博园安全万无一失。在游客高峰日，认真做好世博园大门口、花园大道、电瓶车站、游乐中心、五大展馆入口、缆车站等重点部位的游客疏导工作，确保了世博园良好的治安环境和游览秩序，实现了大事不出、小事少出的目标。在认真抓好园内各项安全保卫工作的同时，全体执勤人员还主动为游客排忧解难，其中帮助游客找回了丢失的大量物品和现金，挽回经济损失72.5万多元。工作人员热情、优质的服务得到了游客的广泛赞扬。

七、精心组织各项会期活动

为把会期活动办得隆重、热烈，省博览局认真准备，为举办活动的各参展国家、国际组织和国内各省区市提供及时、周到的服务。(1) 奥地利、荷兰、以色列、联合国儿童基金会、英国、西班牙、日本、加拿大、秘鲁等51个国家和国际组织顺利举办了馆日活动。新闻发布会、植物新品种命名、文艺演出、国际学术研讨会等丰富多彩的馆日活动内容，对于宣传活动主办国和国际组织，推动与中国特别是云南的交流与合作起到了积极作用。(2) 全国30个省区市及香港特区均由政府领导率团前来举办省周活动，通过举行开幕仪式、新闻发布会、科技学术交流活动、经贸展销活动和富有浓郁地方特色的文艺演出活动等，充分展示了各地经济与社会发展的辉煌成就，对加强各地的对外宣传，扩大影响，增进交流与合作起到了积极的促进作用。会期经贸活动共签约325项，协议金额超过150亿元人民币。(3) 协助国内有关单位和参展国家、国际组织举办了50多次国际学术研讨会，这些研讨会使'99昆明世博会科技学术氛围异常浓厚，促进了交流，增进了友谊，传递了新知识新信息，反映了世界各国人民追求人与自然和谐的美好愿望。(4) 按计划完成了20个单项竞赛的27次评审工作，国内外10000余件各类展品参加了竞赛，共评出2592个奖项（大奖82个、金奖375个、银奖943个、铜奖1192个）。评出室内外综合展览奖182项（最佳奖8个、大奖16个、金奖50个、银奖74个、铜奖34个）。(5) 组织了多姿多彩的文艺演出活动，有20多个参展国家和国际组织举办了448场文艺演出；国内29个省区市举办了270多场演出；省内16个地州市组织有关民族民间文艺团体进行了400多场演出。丰富多彩的会期活动，营造了世博园良好的文化氛围，增强了游览的趣味性和参与性，使游客更加感受到世博园的风韵和魅力。

'99昆明世博会的成功举办，进一步树立了我国良好的国际形象，向世界表明了中国政府历来尊重自然、重视经济和社会可持续发展战略的实施；宣传了云南，扩大了云南的知名度和影响力，改善了云南省的基础设施条件，带动了产业结构调整及相关产业的发展，促进了经济社会发展和精神文明建设，为云南旅游的发展留下了巨大的有形和无形资产。

'99昆明世博会胜利闭幕后，省博览局在进行全面总结的基础上，要求全体干部职工进一步统一思想，提高认识，继续发扬“世博精神”，在加快“世界名园”建设步伐的同时，认清形势，抓住中央实施西部大开发战略的有利时机，深入开展解放思想、更新观念大讨论活动，破除等、靠、要思想，积极探索，按市场化原则，建立起完善的现代企业运作机制，求真务实、开拓奋进，为云南的两个文明建设发挥更大作用。

第四篇　地州市经济发展

新建成的昆明市小菜园立交桥

第四篇　地州市经济发展

昆明市经济发展概况

市　长　张成寅

1999年，昆明市各族人民坚持以邓小平理论和党的十五大精神为指导，认真贯彻党中央、国务院的各项方针政策和云南省委、省政府及昆明市委的工作部署，紧紧抓住中国'99昆明世界园艺博览会的机遇，积极推进改革开放和现代化建设，促进经济增长和社会进步，保持了经济繁荣、社会稳定、民族团结的好局面。

一、国民经济持续增长，经济结构得到调整

全年完成国内生产总值584.3亿元，比上年增长8.2%，其中第一产业增长3.6%，第二产业增长6.3%，第三产业增长11.7%，一、二、三产业比重为8.6∶46.8∶44.6；国有、集体、非公有制经济的比重由48∶26.5∶25.5调整为44.5∶25.3∶30.2，非公有制经济比重比上年有所提高。人均国内生产总值12423元。

二、农业、农村经济

全年完成农业增加值50.2亿元，支农投入5.8亿元，完成水利工程7300件，为计划的110%；新增灌溉面积14.5万亩，建高稳产田地25.6万亩。粮食总产量127.8万吨。农业结构调整和产业化经营步伐加快。收购烤烟7.12万吨，上等烟比例27.9%，比上年提高5.4个百分点；新增经济作物面积16万亩，增长35.5%；完成人工造林50多万亩，为计划的117%。蔬菜、畜牧、水产、花卉均比上年增长，肉类总产22.5万吨，蔬菜总产88.6万吨，外销量达50%。乡镇企业持续发展，营业总收入886亿元，比上年增长21.7%。继续巩固禄劝县扶贫成果，同时加大对东川区、寻甸县的扶贫攻坚力度、基本解决了3万贫困人口的温饱；全市农民人均可支配收入增加了80元。

三、工业经济

1999年，全市完成工业增加值218.6亿元，比上年增长5.4%，工业产品产销率98.1%，经济效益综合指数97.7%。认真组织实施国有企业改革脱困规划，抓大放小，已组建云南内燃动力等9个企业集团，纺织压缩9万锭，市冶金公司依法完成破产终结。全市共核销呆坏账准备金3.9亿元，企业资产进一步优化，妥善安置下岗职工，累计安置率为74.1%；4户重点脱困企业实现扭亏为盈。继续治理"三乱"，扶持优势产品销售。用好财政贴息，协调优惠电价和封闭贷款，完成云南内燃机厂等25个技改项目。全市全年工业总产值比上年增长7%，市属增长9.4%，产品销售率达98.1%。部分运用高新技术改造和提升传统产业，一批国有企业在改革中发展壮大。

四、固定资产投资

全年全市继续加大基础设施和重点项目投入。全社会固定资产投资完成234亿元，比上年增长3.5%。市属完成投资137亿元，增长15.5%（包括农村集体和城乡个人投资）。其中基本建设40.5亿元，房地产开发54亿元，经济适用房建设130多万平方米，高档房地产开发得到了调控和引导。建设县乡公路140多公里，全市行政村基本实现了通公路。农村电网改造全面

实施。农村办事处全部实行通邮、通程控电话。

随着世博会配套项目全部完工并投入使用，城市面貌发生显著变化。掌鸠河引水供水工程正式开工，柴石滩、车木河等重点水利工程进展顺利。房地产投资成为全市投资快速增长的主要拉动力，全年全市房地产投资累计完成71亿元，增长39.3%，是近几年来发展最快的年份之一，销售各类商品房面积增长34.8%，其中住宅销售增长46.8%。

争取中央补助和国债资金7.9亿元，重点投入城市基础设施建设。以水、路、树、房为主体的18项重点工程已完工16项，累计完成投资52亿元，占总投资额的86.7%。年底市级财政预算用于基本建设投资4.67亿元，实施38个项目，完工29项，续建9项。禄劝县和富民县大营镇生态建设项目按批准规划顺利进行；全面开展农村电网改造，年末可完成投资2.3亿元，为年计划的96%。安宁、宜良等4个县城的供排水项目列入国家扩大内需补助。为保持投资对经济的拉动，确定了总投资约50亿元的10个市政基础设施项目，按程序加快前期准备。掌鸠河导流洞、护国广场、官南路改建和明通河、采莲河清污分流整治工程年内已开工建设。

五、对外贸易、旅游

全年新批外商投资企业52户，增加16户，协议外资额1.54亿美元。全地区累计兴办外资企业1263户，协议外资额19.36亿美元，实际利用外资额8.61亿美元。全年海关进出口总额10.89亿美元，比上年下降6.5%，其中出口总额6.18亿美元，下降16.5%。市属外贸进出口改变上年下降状况，实现持平，出口略有增长。全年实现边贸进出口总额2.05亿元，比上年下降18%，其中出口1.94亿元。利用外资总额减少，但高档房地产比重降低、生产性项目的合同成功率提高。3个开发区和企业积极发展与上海及其他省区的经济合作，签约项目196个，协议引进省外资金17亿元，到位4.4亿元。

旅游业创历史最好水平。注重完善重点风景区的配套建设，规范旅游市场管理，扩大宣传促销。全年共接待国际旅游者54.9万人次，比上年增长43%；旅游外汇收1.45亿美元，比上年增长43.6%；国内旅游者1150万人次，增长23.2%；旅游收入105.7亿元，增长51.9%；旅游综合收入117.8亿元，增长51.0%。

六、城市建设和管理

完成世博会各项配套工程。掌鸠河引水供水工程顺利开工。城市日供水能力达65.5万吨。新建、改扩建机场路等城市主次干道。建成第一条公交示范线路，新增公交车300辆。完成城区主要道路、公园的绿化改造，建成盘龙江绿化带、废弃米轨绿色走廊和绿地广场。建成区绿化覆盖率25.8%，人均公共绿地7.1平方米。实施城区主干道人行道彩砖铺设和建筑物的美化亮化。信息化建设步伐加快，市政府公众网被评为“中国优秀网站”。清理占道经营，拆除违章建筑，加强食品卫生执法检查，把迎世博会和创建文明城市、卫生城市紧密结合，举全市之力，保障工作严密细致，圆满完成各项任务。荣获组委会颁发的“世博会贡献奖”，被评为首批“全国创建文明城市工作先进城市”。

七、财政、金融、信贷

全年努力克服两烟税收减少等不利因素，加强税收征管，实行预算外资金收支两条线管理。挖潜增收，全市财政总收入完成110.9亿元，同比增长3.2%，地方财政收入完成52.4亿元，增长9.5%，支出完成预算的96.3%，保证了各项基本支出和重点建设。金融机构推进体制改革，防范金融风险，积极拓展信贷业务。全年各种金融机构年末银行存款1089.41亿元，比年初增长6.6%，其中企业存款499.01亿元，储蓄存款412.79亿元，分别增长9.5%和13.0%。各种金融机构年末贷款余额815.05亿元，比年初增长6.3%。其中工业贷款163.90亿元，商业贷款194.45亿元，技改贷款69.96亿元，除工业贷款下降2.02%外，其余分别增长4.4%和3.3%。全年现金收入1760.20亿元，现金支出1608.32亿元、货币净回笼151.88亿元。随着国家各项改革措施的不断深入，市民对保险的意识也越来越强。全市全年保险总额2620亿元，比上年增长22.6%，保费收入12.86亿元，增长6.8%，全年支付已决案赔款3.49亿元，增长7.7%。

八、科技教育及各项社会事业

1999年，全市围绕科技兴农和工业科技成果转化，落实经费2.63亿元，实施重点科技计划83项。巩固“普九”和扫盲成果，推进素质教育。禄劝县完成“普九”验收工作，市属1所中专、2所职高申报批准为省、部级重点学校，合理调整布局，增加投入，抓紧在五华、盘龙、官渡、西山4区各新建1所完全中学、部分重点中专。昆大的办学条件进一步改善。

坚持依法治市，两个文明一齐抓，创建全国文明城市工作和文化、体育、广播电视、卫生等社会事业取得新的进步，提高了城市环境质量和市民文明素质。全市人口自然增长率为7.08‰，一批社会事业重大项目投入使用；农村卫生“三项”建设已完成80%；改善司法和行政执法部门的装备与工作手段，加强群防群治、维护社会稳定，确保了世博会的安全举办和经济建设顺利进行。

全年共受理科技成果申报项目73项，评出奖励成果61项，其中一等奖2项，二等奖18项，三等奖41项。获奖成果中，达到国际先进水平的20项，国内先进水平的20项。这些成果应用在全市经济建设和社会发展中，取得了显著的社会效益和经济效益，年增加产值3.7亿元，增加利税2400万元，增产粮食17.4万吨。全年获科技进步奖15项，均为三等奖。获省星火奖8项，其中一等奖1项，二等奖2项，三等奖5项。

教育事业发展步伐加快，教育发展六年规划顺利实施。全年普通高校据收本专科学生2.1万人，比上年增长37.3%。高等学校本专科在校学生5.76万人，增长19.0%；普通中等专业学校在校学生4.81万人，下降6.6%；普通中学在校学生数20.15万人，增长8.1%；技工学校在校学生2.45万人，增长1.7%；农、职业中学在校学生1.71万人，增长15.5%；普通小学在校学生41.00万人，学龄儿童入学率达99.68%。

九、人民生活

1999年城市、农村居民人均可支配收入为6270元和2115元，分别增长4.9%和3.3%，执行行政、事业单位人员增资和提高“三条社会保障线”，改善了城镇中低收入者生活水平。年末全市新增城镇失业人员2.16万人，1.5万人实现再就业，城镇登记失业率控制在2.5%以内。社会保障体系稳步发展，国有、集体和三资企业养老保险覆盖率分别达到100%、92%和90%，国家机关职工养老保险正式启动，城镇居民住房和医疗制度改革试点的步伐加快。

城乡居民生活水平进一步提高。年末全市职工人数94.06万人，发放工资总额达84.28亿元，职工年均工资为8973元，在除物价因素实际增长6.1%。据抽样调查，城市居民人均可支配收入达6720元，增长4.9%，农民人均纯收入在2115元，增长3.3%。实行了城镇居民最低生活保障制度和特困企业职工优惠政策，广泛开展了送温暖和帮困活动。居民条件继续得到改善。城市居民人均居民面积达到11.38平方米，增长3.6%；农民人均居住面积25.65平方米，增长4.9%。

十、存在问题

主要问题是：(1) 有效需求不足，物价连续低位运行，通货紧缩尚未有效遏制，对扩大投资带来不利影响，尤其是民间投资和利用外资增长不大，企业贷款难的情况仍然存在；(2) 产业结构、产品结构不适应市场的矛盾更为突出，非公有制经济的比重偏低；(3) 卷烟等支柱产品面临新的挑战，一般加工业集约化生产水平不高，地方产品技术含量低，开拓市场能力较弱，受烤烟双控和企业经济效益下降的影响，部分县区财政增收难度加大，农民增收减慢；(4) 部分国有企业经营仍然困难，下岗人数增加，再就业压力加大。以上问题，要通过制度创新和转变经济增长方式，在改革和发展中认真解决。

曲靖市经济发展概况

市　长　王学智

1999年，曲靖市委、市政府高举邓小平理论伟大旗帜，坚持党的基本路线、解放思想、开拓创新，经过全市各族人民的共同努力，国民经济保持了持续、快速、稳定发展态势。全市国内生产总值达200.1亿元，比上年增长8.6%，其中第一产业增长4.4%，第二产业增长9.8%，第三产业增长9.6%。

一、农　业

1999年，全市各级党委、政府认真贯彻落实党中央、国务院保护和扶持农业发展的一系列政策，坚持把农业和农村经济放在发展国民经济的首位。农业生产获得丰收，经济保持平稳发展态势。全年全市农业总产值达85.1亿元，比上年增长9.1%，其中农业产值50.9亿元，增长7.6%；林业产值1.7亿元，增长8.6%；牧业产值31.4亿元，增长11.3%；渔业产值1.1亿元，增长10.3%。

粮食生产稳定增长，产量再创历史最好水平。粮食总产量193.8万吨，比上年增3.86%，其中小春产量34.9万吨，增长20.6%；大春产量158.9万吨，增长0.77%；油菜籽产量3.5万吨，增长69.65%。

烤烟产量有新提高，蚕桑、林果等产业发展较好。虽然国家实行宏观调控政策，对烤烟实行“双控一降”，但在全市各级各部门及广大烟农的共同努力下，烤烟产量约达16.6万吨，比上年增长11.7%。在调整产业结构方面，蚕桑、林果蔬菜、花卉、蓖麻、魔芋后续产业发展较好，全年蚕桑产量为4935吨，增长3.39%，水果产量为5.6万吨，增长0.46%。

畜牧业生产由于受价格疫病影响，增长势头有所减弱。全年生猪存栏348.2万头，仅增长1.04%；生猪出栏352.6万头，增长11.2%；猪、牛、羊肉产量为37.4万吨，增长11.9%；大牲畜年末存栏99.3万头，减少1.6%；年末，羊存栏103.6万只，仅增0.63%。水产品发展较快，全年产量为1.8万吨，增12.2%。

1999年，全市农业生产装备水平进一步提高。农业机械总动力达141517万瓦特，增长9.6%。化肥施用量18万吨，增长0.67%。农村用电量3.3亿千瓦小时，增长3.66%。

扶贫攻坚成果显著。1999年全市共投资1.48亿元，建成高稳产农田8.46万亩，解决了19.26万人、20万头大牲畜的饮水困难和18个村通电、42个村通路的问题。小额信贷工作进展顺利，异地扶贫开发项目正式启动，27个温饱试点村试点工作全面展开，残疾人康复扶贫工作取得实效。又有10万贫困人口基本解决了温饱问题。

二、工　业

1999年，全市工业生产继续增长。工业总产值达175.5万元，比上年增长17%，其中500万元以上企业工业总产值达106.9亿元，增长14.3%；500万元以上企业工业总产值达68.6亿元，增长21.6%。烟草加工业产值达34.6亿元，增长9.68%。

在500万元以上企业工业总产值中，轻工业总产值完成40.8亿元，增长6.6%；重工业总产值完成66亿元，增长19.3%；国有工业完成81.4亿元，增长6.1%；集体工业完成10.3亿元，增长8.5%；其他工业完成15.2亿元，增长59.5%。由于市场竞争激烈，部分产品受市场需求制约等因素影响，主要工业产品产量有增有减。全市（含驻曲靖）中央省属工业企业主要产品产量：原煤1103.8万吨，减少6.6%；焦炭190.6万吨，减少8.4%；发电量93.9亿千瓦小时，增长24.2%；水泥234.8万吨，增长5%；汽车6298辆，增长1.2%；卷烟91.5万箱，增长5%。

三、固定资产投资

1999年全市固定资产投资增加，基础设施进一步改善。全市全社会固定资产投资完成56.7亿元，比上年增长5.7%，其中地方全社会固定资产投资完成32亿元，增长24.5%。曲陆高速公路、珠江源广场等11项重点工程已竣工投入使用。在全社会固定资产投资中，国有单位投资完成42.6亿元，增长2.2%；集体单位投资完成6.6亿元，增长24.5%；城乡个人投资完成6.8亿元，增长3%。

在国有单位固定资产投资中，基本建设投资完成32.1万元，增长8.5%；更新改造投资完成7.3亿元，下降17.1%；其他固定资产投资完成0.8亿元，下降46.1%；房地产开发完成2.4亿元，增长71.4%。

1999年，全市基本建设和更新的改造在建项目709个，比上年增加124个，其中新开工项目439个，减少24个，基础建设和更新改造施工面积完成216.7万平方米，下降2.5%。完成竣工面积83万平方米，下降26.5%，其中完成住宅竣工面积53.9万平方米，增长14%。

四、交通、邮电

1999年，全市交通运输得到较快发展。全市国家统计的公路里程达10566.2公里，比上年增加1256.8公里。

1999年，全市完成邮政业务总量1615万元，比上年增长14%，全年累计订购报刊杂志3765万份，下降0.15%。1999年末，全市拥有电话户数12.9万户，比上年增长14.5%。拥有农村电话机用户4.8万户，增长44.5%。拥有GSM移动电话用户达4.6万户，增长75.3%。

五、国内外贸易和市场物价

1999年，全市国内消费品市场供应充足，销售有新增长。社会消费品零售额达44.2亿元，比上年增长3.59%。分经济类型看，国有及国有控股商业完成10.6亿元，增长1.8%；集体商业完成6.4亿元，下降9.1%；私营经济完成2.9亿元，增长55.9%；个体经济完成18.6亿元，增长2.3%；其他经济完成5.6亿元，增长10%。

1999年，全年居民消费品价格和商品零售价格分别比上年上涨3.3%和下降2.2%，较好地完成物价调控目标。

1999年，全市对外经济贸易发展良好。全年自营出口创汇达1403万美元，比上年增长22.7%。

六、财政、金融

1999年，全市政策收入增长，金融形势正常，全年实现地方预算财政收入13.9亿元，比上年增长5.4%。全年财政支出完成24.5亿元，增长10.1%。金融机构年末存款余额为160.8亿元，增长8.5%，其中，城乡居民储蓄存款达81.2亿元，增长11.4%。全年金融机构贷款余额达148.9亿元，增长4.5%。货币投放29.6亿元，增长4.6%。

全市保险事业取得新的进展。全年财产保险承保额达299.9亿元，比上年增长25.4%；财产保险费收入1.7亿元，增长5.47%。人寿保险承保人数达146.7万人，人寿保险承保额达103.7亿元，下降48.72%；保费收入达1.9亿元，增长5.89%；综合赔付率达46.83%，下降11.01%。

七、社会事业

1999年，全市科技队伍逐步壮大，科研和科技推广成效显著。全年全市企事业单位具有专业技术职称人员71583人，比上年增长0.16%，其中高级职称1206人，增长16.4%，中级职称16218人，增长10.03%。全市申报科技进步奖56项，获奖52项，其中一等奖3项，二等奖14项，三等奖35项。全市申报星火奖23项，获奖23项。获省科技成果奖7项。

年内，全市教育事业取得新的发展，义务教育工作普遍推进。至年末，全市有各类学校2467所，其中高等学校2所，中等专业学校8所，职业中学22所，普通中学256所，小学2011所，幼儿园168所。各类在校学生达106.4万人。

1999年，全市有各种艺术表演团体10个，群众艺术馆1个，公共图书馆11个。有线广播电台9个，电视发射机1938座，卫星地球站2100座。全市广播覆盖率达94.16%，电视覆盖率达90.84%。

全年全市有卫生机构221个，共有病床

8999张，有卫生技术人员1.09万人，其中中西医师3036人，护师、护士2702人。拥有其及县以上医院48所，有农村卫生院121所。

1999年，全市城市建设取得新的成绩，环保事业任重道远。至年末，全市城市人均公共绿地达3.9平方米，建城区绿化覆盖率为6.45%，全市城市出租车达2698辆。全年全市工业废水排放量达3378.7吨，比上年增长4.75%；工业废水排放达标量为423.8万吨，达标率这12.54%。

八、人口与人民生活

人口增长得到有效控制。1999年，全市年末总人口达535.19万人，比上年增长11.6‰，其中非农业人口达63.07万人，增长25.2‰。在总人口中，男性280.79万人，增长12‰；女性254.4万人，增长10.2‰。人口出生率为13.84‰，比上年下降2.54个千分点。死亡率为5.10‰。人口自然增长率为8.73‰，比上年下降2.46‰。

1999年，全市城乡居民收入稳定增长。全年城镇居民人均可支配收入达6280元，比上年增长1.9%。农民人均纯收入达1418元，增长5.98%。

职工工资水平进一步提高。1999年，全市从业人员工资总额达22.5亿元，比上年增长1.57%；全市在岗职工年人均工资8084元，增长4.97%。

1999年，全市劳动就业工作稳步发展。全市安置再就业人员数达2799人。年末全市在岗职工总人数达28.4万人，比上年下降2.63%，其中国有单位职工人数达25.2万人，下降2.82%。

1999年，全市共有社会福利单位106个，收养人数达1207人。全市城镇居民最低生活保障人数达4846人；农村居民最低生活保障人数达2933人。

九、存在问题

主要问题是：(1) 农业基础还较薄弱，扶贫攻坚任务比较艰巨。(2) 财源结构单一，培育新的经济增长点与调整经济结构、产业结构的工作进展和成效还不够理想。(3) 农民增收难。随着国企改革深化，下岗职工增多，就业和再就业难、财政平衡难这几个问题还没有根本缓解。(4) 固定资产投资不理想，经济增长后劲不足。

昭通地区经济社会发展概况

行署专员　晏友琼

1999年是昭通地区经济社会发展遇到很大困难和面临良好机遇的一年。全区各族人民坚持以邓小平理论、党的十五大精神为指导，坚决贯彻落实国家扩大内需拉动经济发展的一系列政策措施、朱总理视察云南时的重要指示和省政府昭通现场办公会议精神，艰苦奋斗，奋发进取，克服了自然灾害频繁、烤烟双控、税率下调、市场需求不足等方面的困难，较好地完成了经济社会发展的各项目标任务。全年全区国内生产总值完成99亿元，比上年增长7%，其中第一产业增长2.5%，第二产业增长7.3%，第三产业增长与上年持平。国民经济继续保持持续稳定增长。

一、农　业

农业生产战胜了历史罕见的秋冬春3季连旱和后期洪涝灾害，获得全面丰收。粮食产量达125万吨，比上年增长3.9%，再创历史最高水平；烤烟生产较好地完成计划目标，收购总值增长11.7%；肉类总产量达18.1万吨，增长7.1%；乡镇企业营业收入47.2%亿元，增长18.9%；油料、甘蔗、茶叶等经济作物获得较好收成。

生态环境建设取得新成效。启动了已经批准的4个县的国家生态环境建设重点县工程，制定了天然林保护工程和退耕还林的规划和措施，并认真组织实施，完成造林面积3.24万公顷。大力加强农田水利基本建设，农业生产条件继续改善。年末全区拥有农业机械总动力比上年增长12.3%，农村用电量增长9.4%，有效灌溉面积增加，水利化程度有所提高。

认真贯彻中央扶贫工作会议和省政府昭通现场办公会议精神，坚持收缩战线，突出重点，以特困村为主战场，以特困户为主要对象，狠抓小额信贷扶贫、异地开发扶贫、世行项目扶贫，攻坚乡农田建设扶贫、安居工程、科技扶贫、绿色扶贫、畜牧扶贫、温饱工程试点等工作，扶贫攻坚取得明显成效，全年全区有34万贫困人口超过了温饱线。

二、工业、交通、邮电

1999年，全区工业克服了市场疲软等重重困难，生产有所增长，整体经济效益明显改善。全区工业总产值43.9亿元，比上年增长0.3%，能源、原材料、化工及支农生产保持了稳定增长，但部分轻工行业受市场需求等因素制约，生产不同程度下滑。全区全部独立核算国有工业及年销售收入500万元以上非国有工业产销衔接明显好转，经济效益明显提高。国有工业产销率达99·8%，比上年提高2.5个百分点，经济效益指数达176.2，提高29.3个百分点；全年实现利润3.3亿元，增长25.1%，亏损企业亏损额0.5亿元，下降8.8%。

1999年，全区运输邮电业实现增加值4.5亿元，比上年增长11.2%。货运周转量达107476万吨公里，增长1.9%，旅客周转量达10.09亿公里，增长1%；邮电业务总量完成1.1亿元，增长1.9%。交通运输条件继续改善，邮电通信能力进一步提高。全区公路通车里程达10021公里，拥有长途电话业务线路1479路，长途电话交换机容量10020终端。

三、固定资产投资

1999年是我区的基础设施建设机遇较好、力度较大、争取项目最多、工作进度较快的一年。在基础设施建设的拉动下，全年全区共完成固定资产投资39.7亿元，比上年增长43.2%，其中基本建设投资完成35亿元，增长64.5%；更新改造投资2.4亿元，增长14.1%。地方建筑行业完成产值4.1亿元，增长47.5%。重点工程建设进度加快。昆水公路昭麻二期工程基本完成路基，三期工程完成路基的68.3%，渔洞水库枢纽工程已竣工蓄水，灌区工程正紧张进行，3件中型水库建设全面展开。年末新增有效灌溉面积1.5万亩；新增中小学校学生席位17203个，医院病床695张；新增城市自来水供水能力1.2万吨；合成氨1.3万吨/年，氮肥8736吨/年。

四、商业流通、市场物价

在国家扩大内需、增加城镇居民收入，银行连续下调利率多种因素作用下，市场商品销售稳中趋活。全年全区社会消费品零售达22亿元，比上年增长9.3%，其中城市消费品零售增长7.6%，农村增长11.5%；农业生产资料销售3.4亿元，增长12.4%。市场消费品类价格水平小幅上涨。全年消费价格水平比上年上涨3.2%，商品零售价格水平上涨0.2%，生产资料价格水平继续下跌，农业生产资料价格水平比上年下降1.4个百分点。

五、财税、金融、保险业

1999年，在减收因素较多的情况下，加大工作力主度，强化税收征管，确保了财政收入稳定增长。中央“两税”完成9.5亿元，比上年增收234万元，地方一般预算收入完成5.4亿元，增长8.4%。在政策性调资增资、基本建设财政配套支出等刚性支出大幅增加的情况下，各级各有关部门坚持“收支平衡，量入为出，不打赤字”的原则，调整优化支出结构，大力压缩非生产性支出，加强“人、车、会、话”管理，强化预算内外资金综合管理、综合运用，确保了财政收支平衡，节支工作成效明显。

年末，全区金融机构存款余额71.1亿元，比上年末增长29.7%，由于两烟支柱产业进入还贷高峰期，受此影响，全区年末贷款余额66.1亿元，下降2.3%，剔除这一因素，银行贷款继续保持稳定增长。重点支持了农业生产，基础设施建设和地县骨干工商企业的生产经营。同时，金融部门继续加大对企业改革的支持力度，在帮助企业增资减债，核销呆坏账、落实“三家”政策，实行贷款封闭运行等方面做了大量工作。

全年全区各种保险总金额达200.9亿元，其中财产保险总金额76.2亿元，人寿保险金额124.7亿元。一年来，保险公司在支持地方抗灾救灾、保护人民生活等方面做了大量工作，全年支付财产保险已决案赔款3105.4万元，增长36%，为14193人支付了人身保险赔款1708万元，增长384.7%。

六、经济体制改革、对外开放

年内，以国有企业改革为中心的经济体制改革继续推进。全年共完成国有和城镇集体企业改革152户，累计完成382户，国有和城镇集体改制面分别为74%和83.3%。社会保障制度改革取得较大进展，顺利实现了养老保险省级统筹，积极推进失业、医疗、工伤、生育等社会保障制度改革，建立了地级和县级社会保障资金财政专户，确保了12000多名离退休人员养老金按时足额发放，下岗职工基本生活保障得到妥善安排。财税、金融、投融资体制改革和粮食流通体制改革继续推进，城镇住房制度改革也逐步实现由实物分配向货币分配的过渡。在深化改革的同时，积极扩大对外开放，横向经济联合与协作进一步加强，招商引资力度进一步加大，“三资”企业发展到12户，非公有制经济迅速发展。

七、科技、教育和其他各项事业

1999年，全区狠抓实用技术研究和科技成果推广运用，科技对农业增长的贡献率进一步提高，农技措施在粮食生产上的综合覆盖率已达60%，以畜种改良为主的传统畜牧业改造步伐加快。企业技术进步逐步加快，广泛开展了规模不等的技术创新活动，科技创新能力有所提高。至年末，全区工业企业实施了科技重点项目25项，科技试验示范计划15项，星火计划7项。

1999年，教育事业进一步发展，全区有2个县共39个乡镇通过“普九”验收，2县1市共156个乡镇通过“普六”验收。全区小学适龄儿童入学率达97.2%，巩固率达97%。职业教育、高等教育和成人教育继续发展，办学水平和办学质量进一步提高。

积极实施可持续性发展战略，计划生育工作、生态建设和环境保护进一步加强。加大了林政管理力度，资源保护、土地管理等工作进一步加强，全年共投入环保经费1300万元，关停了一批污染严重的小企业，关停率达到93.5%。

八、人民生活

全年全区城乡居民生活水平继续提高。农民人均纯收入达872元，比上年增长7.4%；农民人均消费支出809元，增长0.19。城镇居民人均可支配收入5577元，增长5.1%；城镇居民人均消费支出4364.6元，增长6.2%。

九、存在问题

主要问题是：(1) 经济结构不合理，经济运行质量不高；(2) 基础设施落后，制约着加快发展的步伐；(3) 农业基础脆弱，农民增收缓慢；(4) 国有企业机制不活，生产经营困难；(5) 第三产业发展滞后，市场流通不畅；(6) 财源结构单一，财政收支矛盾尖锐。

楚雄彝族自治州经济发展概况

州　长　罗正富

1999年，楚雄彝族自治州在省委、省人民政府的领导下，团结带领249万彝州各族人民，以邓小平理论和党的基本路线为指导，认真贯彻落实党的十五大及中央经济工作会议精神，按照州八届人大四次会议确定的任务目标，紧紧围绕“调结构、建产业、拓市场、活流通、扩内需、保增长”的发展思路，在宏观经济环境欠佳、结构性矛盾突出、市场竞争激烈、买方市场特征突出、各种自然灾害频繁等困难的情况下，解放思想，艰苦奋斗，扎实工作，狠抓措施落实，开拓进取，基本上实现了年初人代会批准的经济社会发展主要指标，对中国加入WTO，支持市场化改革，大力改善投资环境，支持特色重点产业、支农、扶贫和提高对外开放程度方面作出不懈努力，迎来了云南省政府楚雄现场办公会在楚雄召开。滇西地州出省高速公路南华至永仁段立项。全州经济发展，民族团结，社会稳定。

一、国民经济

1999年，楚雄州国民经济保持了持续健康发展的势头。按照楚雄州党委、政府“稳中求进”，正确处理改革、发展和稳定之间关系的要求，切实推进经济增长向集约方式、经济体制向市场化的转变，紧紧围绕既定目标开展经济运行的宏观调控。落实扩大内需投资、改善基础设施、优化产业结构、培植有效益的产业，推进国企改革。呈现投资对经济增长的带动作用明显、消费拉动贡献大；重点产业有新发展，畜牧业、建筑建材业、旅游业、生物制药、绿色食品业、个私经济、信息产业以及传统支柱卷烟工业稳住了楚雄经济。经济结构调整成效已在一些方面体现出来。环保工作和西部大开发战略的起步引起广泛关注。告别了短缺经济时代，买方市场、可持续发展环境的建设初见端倪。全州实现社会消费品零总额25.2亿元，比上年增10.8%，非公有制经济的比重占国民经济的19.2%。全州国内生产总值实际完成69.58亿元（1990不变价），增长7.8%，其中第一产业17.68亿元，增长4%；第二产业29.43亿元，增长8%；第三产业22.47亿元，增长10.7%。

二、农业、农村经济

1999年，全州各级党委、政府始终把农业放在经济工作的首位，落实党在农村的改革战略，农业在支持各项改革、稳定社会中发挥重要作用。粮食在流通体制改革中定价机制已实现市场化，粮食企业的挂账亏损在经营和消费中消除，认真执行了敞开收购、顺价销售。认真培植了农业市场和市场农业。围绕农民增加收入、农村保持稳定这两个重点，针对“两烟”“双控”及天然林禁伐带来的影响，大力调整优化产业结构，进一步加大对农业基础设施的投资，以正当方式拉动经济增长，依靠农村建设生态工程推动农业和农村经济全面发展。全年完成农业总产值24.1亿元（1990年不变价），比上年增长4.2%；粮食总产量10.25亿公斤，增长2.17%，再创历史最好水平，连续6年获得丰收；烤烟收购97.43万担，完成计划的105.9%，收购资金4.36亿元，较好地实现了“双控”目标。农田水利建设取得新的进展，改造中低产田29万亩，新增灌溉面积0.96万亩，改善灌溉面积5.72万亩，新增库容1230万立方米，治理水土流失面积419.87平方公里，解决了3.69万人、1.72万头大牲畜的饮水问题；农业种植结构得到进一步调整和优化，全州粮食作物和经济作物的种植比例为77：23，分别比上年降低和提高了4个百分点；订单农业有了新的突破，农业科技水平有了新的提高。植树造林36.17万亩，完成年计划的103%。畜牧业、渔业保持了较好的发展势头，肉类总产量16.23万吨和水产品产量分别增长7.7%和4.3%。乡镇企业持续健康发展，完成营业收入151.8亿元，实现现价增加值32.28亿元，实缴国家税金2.41亿元，分别增长30.2%、23.5%和12.2%。加大了扶贫攻坚力度，投入扶贫专项资金7929.5万元，发放小额信贷扶贫资金5166万元，以工代赈资金7200万元，全年又有2.6万贫困人口解决温饱向小康迈进。

三、工　业

1999年，楚雄州工业在告别短缺经济时代后的大环境下求发展。调整经济，通过内强素质抓管理、压成本，外树形象抓促销，以技术创新取胜才有出路，与大企业争市场的产品，由于不符合国家产业政策和工业产业向现代化大企业集中的趋势不适应而面临严峻挑战。通过计划经济模式完善民族工业行业结构的投资项目和工业产品互市已被市场对产品需求拉动的大小所取代。

1999年，楚雄州工业结构调整取得了积极成果：(1)全州工商企业改制取得新成就。全州县及县以上国有、集体企业569户，已改制513户，改革改制面达到90.2%。大部分企业增强了自主经营、自负盈亏、自我约束、自求发展的能力。(2)稳住支柱工业、调整结构培植重点取得成效。年内全州直接间接倾斜注入产业建设投资11亿元，其中省政府定6.3亿元。加入红塔集团已见效，“楚烟”年内归还了银行贷款1亿元，企业自筹烟叶收购资金达4.3亿元，卷烟工业总产值18亿元，比上年增3.2%。重点行业达到一定规模，全州生物制药业增加值2.11亿元；绿色食品业实现增加值4.33亿元；建筑建材业实现增加值8.31亿元。所有制结构调整力度加大，个体私营经济实现销售收入14.96亿元，增长27.8%，创产值7.82亿元。个体私营企业安置下岗职工2007人。(3)工业总产值总体增长，股份制工业成为亮点。全年工业总产值55.81亿元(1990年不变价)，比上年增长7.08%，完成计划97%；建筑业增加值5.24亿元，增长3.9%。全州现价工业总产值74.2亿元，其中全部独立核算国有工业及年销售收入500万元及以上非国有工业产值37.84亿元，增长1.4%；年销售收入500万元以下工业产值36.32亿元，增长13.7%。总产值中，国有工业产值26.49亿元，下降3.84%；集体工业产值19.02亿元，下降12.08%；股份合作工业产值1.83亿元，下降22.76%；股份制工业产值4.04亿元，增长2.2倍；外商及港澳台工业产值3.24亿元，下降0.53%；其他经济工业产值19.55亿元，增长28.97%。非公有制工业产值已占工业总产值的38.65%。(4)工业按市场拉动的结构需求增长，但传统主产品生产规模与效益状况不利于开展工业技术创新的技改扩建决策形成。全州实现工业增加值33.44亿元，比上年增长8.7%。

1999年，全州工业生产中值得注意的问题是：(1)传统工业继续萎缩。全年产原煤114.34万吨，比上年下降28.39%；发电量25758万千瓦时，增长12.6%；水泥42.8万吨，下降4.6%；卷烟产量51万箱，降1.62%；原盐15.13万吨，下降16.77%；农用化肥(折纯)4.56万吨，增长14.25%；糖13821吨，下降6.92%。(2)工业经济效益欠佳。全州139户独立核算国有工业和年销售收入500万元以上非国有工业企业还有66户亏损，亏损总额1.23亿元，与上年基本持平。与上年相比，全州工业经济效益指标也略有下滑。其中工业经济效益综合指数93.02%，减2.6个百分点；总资产贡献率16.66%，减1.43个百分点；资产保值增值率96.1%，增2.46个百分点；流动资金周转率1.58次，减0.21次；成本费用利税率-0.97%，减0.03个百分点；全员劳动生产率38340元/人，增3463元/人；产品产销率97.51%，减1.1个百分点；资产负债率73.23%，增1.17个百分点。

四、固定资产投资

1999年，全州全社会固定资产投资保持一定幅度增长。但由于国家扩大内需的宏观投资政策没有大变化，加上全州国有企业投资增幅不大，仅比上年增3.19%，从前烟草、邮电行业的大幅度投资增长转为平稳增长，银行找不到适合的投资项目，县(市)财政支持产业培植力度受烤烟面积控制的影响，乡镇企业增幅减缓，产业集中度提高，量的挑战转为质的挑战，告别了经济高增长期。住房货币化分配，价格并轨的改革出台，下半年开始压缩集资建房投资。(1)全州全社会固定资产投资完成19.5亿元，比上年增9.94%，增幅回落32.54个百分点。总投资中，基本建设投资7.55亿元，增长10.89%；更新改造投资1.35亿元，下降25.36%；其他投资3.23亿元，增长34.48%；房地产投资5433万元，增长32.54%；城镇集体投资1492万元，下降58.15%；农村集体投资2.37亿元，增长23.4%；城镇农村私人投资3.54亿元，增长9.27%；50万元以下规模投资2255万元，下降10.27%；农村购买生产性固定资产投资5431万元，与上年持平。国有投资9.13亿元，增长3.19%。全年新增固定资产7.73亿元，新开工项目301个（不含农村集体），竣工房屋面积180.77万平方米，其中住宅面积154.15万平方米。(2)重点项目建设进展顺利。国家生态环境建设重点县严格按照《云南省国家生态环境建设项目管理办法实施细则》运作，1998年下达计划的国家资金3020万元及省配套资金1364万元均已到位。上年已列入4县，1999年又争取了永仁、南华、武定3个县列入国家生态环境建设重点县。7个县每年总投资7860万元，其中国家及省投资6354万元。龙川江及320国道楚雄城区段10.4公里河堤整治工程、楚雄迎世博市政建设系统配套工程按时完成。太阳历公园一期工程实际投资4200万元已完工。经济适用住房完成建筑面积24.9万平方米，完成投资1.96亿元。农村电网建设（改造）工程已下达计划投资2.07万平方米，实际完成投资0.98亿元，建成35千伏变电站8座，新建和改造输电线路696公里，完成一户一表改造2.6万户。禄武公路武定段7.58公里工程计划2000年3月底竣工，牟元公路、白花山公路建设已竣工。县乡公路建设完成13条，村村通公路建设完成74个村（办）1143公里。国家全额投资的楚雄国家粮食储备库建设工程一期投资1168万元，已竣工验收，交付使用。西静河水库、石门水库扫尾。黑井泥石流防治工程、元谋县城泥石流防治工程按计划进度完成建设任务。以工代赈重点工程哀牢山公路、双柏三岔河水库、武定岔河水库、南华龙街水库、大姚冶基厂水库等项目建设进展顺利。1999年累计完成全社会固定资产投资19.5亿元，增长9.94%，完成年计划的92%。

五、交通、邮电

1999年，全州的道路交通状况大为改善，在服务建设，服务农业、旅游、商业中发挥了突出作用，自身建设加强。全州已建成二级汽车专用公路113.7公里，一级公路86公里，年内新增公路1336公里，各类通汽车里程14071公里，其中三级公路通车里程889.7公里，四级3931.8公里，等外公路9076.8公里。运输事业长足发展，年末全州拥有民用汽车28160辆，其中私营汽车8161辆，占总量的28.9%。全州专业汽车客运量399万人次，相当于全州总人口的1.6倍，恩格尔系数达43.5%，群众已萌生了相对较旺的交通旅游念头。客运周转量1.55亿/公里。有昆明援藏、云南昆明连通四川攀枝花市的108国道公路改造在西部大开发战略实施中立项成为可行。南（华）—永（仁）高等级公路省政府立项。

1999年，全州邮电业务和机构进一步发展。邮政、电信、移动通讯按职能作用和业务特征实现了机构分设，邮政业务收入达1538.8万元，电信业务收入1.15亿元，移动通讯业务5614万元，加上社会商业，全州完成邮电业务总量2.24亿元。全州程控电话交换机容量12.9万门，电话用户已达10.71万户，年内新增1.8万户，电话普及率4.51部/百人。共完成订售报纸2768份，订售杂志207万份，办理国内函件397.5万件，移动电话、传呼业务快速发展，IC卡电话遍布城乡街口。

六、改革与开放

1999年，全州改革进一步深化，主要表现在：(1)全州县及县以上国有、集体企业改制面已达90.2%，明确了职工在生产经营中的风险责任，增强了主人翁意识，经济的市场化改革大大加强。(2)各项改革的社会参与度提高，社会保障制度进一步建立和完善，保险覆盖范围不断扩大。全州参加基本养老保险的各类企业1460户，参加统筹人数57382人，比上年增加4953人；确保了企业离退休人员基本养老金的按时足额发放，强化了下岗职工再就业工作，进入再就业服务中心登记的人员已全部领到了基本生活费；全州10县（市）城镇都实施了居民最低生活保障制度，并有108个乡（镇）实施了农村最低生活保障制度。(3)农村改革进一步深化，10县（市）都已完成了农村第二轮土地承包期延长30年的合同续签工作。农民负担监督卡、农业负担专项审计、农民负担预决算制度得到进一步完善，农民的合理负担已严格控制在上年农民人均纯收入的5%以内。乡镇企业清产核资和改革、改制迈出较大步伐。(4) 住房制度改革取得重大进展，全州10县（市）都基本上完成了向全产权出售公有住房的过渡，城镇住房货币化分配制度于2000年正式实施。公费医疗改革不断深入，城镇职工基本医疗保险办法已制定并经批准于2000年3月1日起正式实施。与此同时，粮食流通体制、金融、投资、财政、价格等方面的改革正在积极推进。

1999年，全州对外开放重点抓项目引资、国外贷款、对外贸易和楚雄经济技术开发区、广通经贸开发区建设发展。抓住昆明经济技术交流会、世博会、楚雄火把节等重大活动机遇促进交流与合作，不断提高彝州外宣力度。由于省政府的帮助，基本落实了德力高啤酒厂、雄宝大酒店、烟厂汕头分厂的发展方向。年内新增加台商独资樱花食品（元谋)、武定英伦牧业等7户外商投资企业，总投资843.2万美元。全州外资企业达49户，项目总投资900万美元。楚雄经济技术开发区在建项目150个，投资8.01亿元，其中基础性项目数占50%，投资数占26.5%；非有形产品项目数占38%，投资数占62.1%。开发区年内增28项，投资2.7亿元，是成绩较大的一年。全州及开发区利用外资1300万美元，州外国内3.48亿元。个私开发区为龙头的外资企业实现利税总额6108万元，其中18户纳入统计外商投资企业实现涉外税收1841.2万元。全州外贸出口927万美元。针对楚雄州丝绸厂、元谋糖厂等一批国有企业停产半停产，下岗困难职工5000余人的实际，省政府为保护楚雄州在全国民族自治州中的经济地位，在楚雄召开了云南省政府楚雄现场办公会。

七、财政、金融、保险

1999年，全州积极加强财税征管，化解财政减收的负面因素的影响。烟叶农特税率由31%降到20%，投资方向调节税下半年减半征收，农业税结算价格下调，天然林禁伐、石油企业上划、7个县的民贸企业实行免征税收政策等减收因素下，各级政府层层签订税收目标责任状；开征和提高牌照税、牧业税、屠宰税；加大税检力度，全面清理越权减免税；清理赌塞漏征、漏管；对较发达的饮食服务业、建筑安装业和运输业推动控管、代征。州级上划中央两税比上年下降1.2%，县级财政收入上划中央两税比上年下降14.6%。让利促进地方经济发展，以求将来更大发展和提高与国际接轨的力度，支持了宏观调控体制改革。同时全州在决算、烟叶税率调整、种植业结构调整、科技推广、天然林禁伐、增加工资补助等方面得到上级的较大支持，对州县（市）的财政补助达2.8亿元，属历史最多年。财政因之呈现减收，还有一定幅度的增支。财政运行平稳，全年累计完成财政总收入18.48亿元，比年初预算增长7.5%，比上年下降2.8%，其中完成地方财政收入7.45亿元，比上年下降1.6%；完成上划中央两税收入11.03亿元，下降3.6%；完成财政支出16.91亿元，增长3%。

金融部门继续为地方经济发展积极筹措资金，强化服务意识，实行资产负债比例管理，防范金融风险。金融业平稳发展，存贷款余额均有增加。金融机构年末各项存款余额达98.6亿元，比年初增长7.89%，其中企业存款38.5亿元，增长9.3%；农业存款2.8亿元，增长10.11%。金融机构年末各项贷款余额92.7亿元，比年初增长2.57%，其中工业短期贷款增长2.19%，农业短期贷款增长7.05%。金融机构投放货币11.3亿元，下降2.81%。

保险事业发展良好，人寿保险新承保人数达66.2万人，累计保费收入11.43亿元，累计赔款2354万元，财产保险累计保费收入7221万元，处理赔案8463件，累计赔款金额3667万元。

八、扶贫与人民生活

1999年，全州扶贫攻坚取得阶段性成果，民族贫困地区经济进一步发展。全年中央、省、州财政共向贫困地区投入扶贫专项资金7929.5万元，其中州财政投入2443万元。安排扶贫开发项目164项。小额信贷扶贫进一步扩大，累计发放小额信贷扶贫资金5166万元，比上年增长131.7%。对300户、1326人进行了异地扶贫搬迁，贫困地区农民人均纯收入增长10.7%。解决了7个贫困村（办）通公路，12个贫困村（办）通电和通电话问题。为800多名白内障患者进行了复明手术。全年有2.6万人解决了温饱问题。

人民生活继续改善。全年职工人均工资7961元，城镇居民人均可支配收入5534元，农民人均纯收入1521元，分别比上年增长11.4%、5.7%和3.6%；商品零售价格总水平下降1.1%，居民消费价格总水平下降1.5%；城镇登记失业率为3%，低于年初人代会确定的控制指标；困难职工和灾区群众生活得到妥善安排，累计下拨救灾资金1960万元，基本上保障了灾区群众的生产生活。

九、科技、教育、卫生、文化、体育

科研投入有所增加，科技事业日益发展，科技对国民经济的推动作用显著。1999年全州科委系统获得省星火科技奖3项，获得州科技进步奖83项，其中一等奖6项，二等奖13项，三等奖64项。科技对国民经济增长的贡献率达37.8%，对工、农业生产增长的贡献率分别达38.4%和41.2%，分别比上年提高1.2、0.3和0.4个百分点。

教育事业稳步发展，教育质量不断提高。全年高等专科学校招生703人，比上年增加142人，在校学生1746人；中等专业学校招生2298人，在校学生6817人；普通中学招生4.35万人，在校学生11.9万人；小学招生3.36万人，在校学生24.98万人，小学入学率达99.54%。特种教育学校招生125人，在校学生1988人；幼儿园在园幼儿3.08万人。各类成人技术学校培训学员35.45万人。

卫生事业健康发展。全年全州有卫生机构210个（不含综合门诊个人门诊，下同），其中医院43所，农村卫生院125所，卫生防疫站12所；有卫生技术人员6363人，其中医生3105人，增长1.37%，护师、护士1987人，增长3.33%；床位数6535张，增长0.48%，其中医院床位数4192张，增长0.31%。医疗、防疫能力进一步提高，传染病、地方病得到有效控制，人民健康有保障。

文化事业蓬勃发展。年末全州有艺术表演团体12个，图书馆11个，文化馆10个，博物馆4个，文管所4个，乡镇文化站129个，全年放映电影1.6万场次，观众人数达122.35万人次，有农村电影放映队96个。广播、电视事业稳步发展，全州有电视台1座，广播电台1座，电视覆盖率达89%，广播覆盖率86%。

体育事业兴旺发达，大众健康意识增强。年内，全州体育健儿参加省级竞技运动会的各项比赛获得金牌10枚，银牌25枚，铜牌21枚。群众体育运动会获得国家级金牌4枚，银牌1枚。州幼儿体操队在全国幼儿基本体操表演赛中获得一等奖。

十、人口、环境

人口增长得到有效控制，人口素质不断提高。1999年末全州总人口为248.99万人，比上年增加1.63万人，增长6.6‰，其中农业人口216.25万人，增长1.9‰；非农业人口32.75万人，增长38.9‰。人口出生率为12.95‰，死亡率为6.76‰，自然增长率为6.19‰。

环保意识增强，环保水平提高。森林过度砍伐、过度放牧、植被破坏突出问题进一步得到扼制，城镇绿化美化工程实施力度加大，成效显著，生产生活排污排废问题引起广泛重视并采取有效措施加以控制。重点监测的120户工业企业废水排放达标率达37.4%，处理率达94.38%，分别比上年提高25.6和41.77个百分点，燃料燃烧废气消烟除尘率达81.68%，工艺废气消烟除尘率达96.51%，一些有害的化合物排放量比上年大为减少，以人工草场建设为基础的畜牧业有所发展，人民生活环境质量明显改善。

十一、存在问题

主要问题是：（1）农产品市场开拓不足，销售不畅，农民收入增长缓慢；（2）工业技改投入不足，技术创新能力不强，经济效益下降，生产经营困难，下岗人员增加，就业压力增长；（3）经济结构、产业、产品结构、城乡结构不合理；（4）卷烟市场竞争激烈，销售不畅，形势严峻，财政收入已连续两年下降，收支平衡困难。上述问题，是当前和今后几年宏观调控面临的重要任务。

玉溪市经济社会发展概况

市长　李　江

1999年，玉溪市面对市场需求不旺，物价持续走低，企业经济效益下降，自然灾害频繁等严峻形势和诸多困难，在省委、省政府领导下，全市抓住机遇，扩大内需，启动消费，采取一系列措施，克服前进中的各种困难，国民经济呈现出总体运行基本平稳的态势，社会事业取得新的成绩。市一届人大二次会议确定的各项目标基本实现。1999年，全市现价国内生产总值完成294.15亿元，比上年下降7.4%，其中第一产业增长5.8%，第二产业下降6.9%，第三产业下降12.8%。人均现价国内生产总值1.48万元，扣除卷烟因素，国内生产总值为116.18亿元，增长6.5%。全市工农业总产值为160.71亿元（1990年不变价），下降1.7%，其中市县属工农业总产值达112.39亿元，增长4.7%。

一、农　业

1999年，全市农业和农村工作紧紧围绕农村稳定、农民增收这个重点，加强农业结构调整和农业产业化经营，全年完成不变价农业总产值20.34亿元，比上年增长5.1%。全年粮食总产达到6.78亿公斤，比上年减3239万公斤，减幅为4.6%；圆满完成了烤烟生产种植计划，烤烟总产达8821万公斤，增31.4%，上等烟比重达到44.13%，农民种烟收入达8.01亿元，增收1.91亿元；油料总产1745万公斤，接近1995年历史最高水平，增11.2%；蔬菜产量创历史最高水平，总产量达42298万公斤，增28%。全年粮食单产、大春粮食单产和玉米单产均创历史最高水平，分别为366公斤、517公斤和452公斤。由于种植结构调整力度大，使粮食、经济作物和其他作物（含蔬菜）的比例关系发生了明显变化，由上年的64.5∶29.7∶7.6变化为59.4∶31.3∶9.3，种植结构进一步优化。

全市肉蛋奶总产量1.22亿公斤，比上年增1.1%，畜牧业因受疫病影响，现价产值比上年下降7.4%，渔业生产保持增长，水产品产量首次突破万吨达到10036吨，增长2.4%；水果产量4127万公斤，增长10.7%。各种增减因素相抵，全市农业总产值达到20.34亿元（1990年不变价），增长5.1%，是近3年中增幅最高的一年。

乡镇企业稳步发展，按新的统计口径计算（不含挂靠的乡镇集体企业和无营业执照的个体户），全市乡镇企业营业收入达196.99亿元，比上年增长19.7%；完成现价总产值158.11亿元，增长18%；实现利税总额10.52亿元，实交税金4.65亿元，分别增长16.8%和24.5%。

召开了全市规模较大的个体私营经济工作表彰会，出台了《玉溪市大力发展个体私营经济的实施意见》，个私经济呈现快速发展态势。全市登记注册的个体工商户和私营企业分别增长12%和25.5%。从业人员达14.5万人，占全市人口的7%以上。个私经济营业收入33.7亿元，增长35.3%。个私经济的较快发展，促进了所有制结构的调整，缓解了就业压力。

二、工业、建筑业

1999年，全市国有企业改革有新的进展，以产权制度改革为核心，加强了国有企业改革。大中型工业企业改制达到70%以上。小型企业达到90%以上。市政府为了减轻企业负担，将1亿多元的周转金转为股金或资本金，争取了省的部分资金，协调商业银行对企业贷款进行置换，改善了企业负债结构。经过努力，列入国家、省级脱困的重点企业实现了扭亏。地方工业生产在难度较大的情况下，仍然保持4.6%的增长率。社会保障工作得到加强。共筹集下岗职工基本生产保障和再就业资金2900多万元，3500多名下岗职工进入再就业中心，大部分已找到的新的就业门路。

由于市场制约因素增多，卷烟产量下降，全市工业总产值总体处于下降趋势，扣除卷烟因素外，市县工业仍保持平稳增长，但增速低于上年水平。全市工业总产值为140.37亿元（1990年不变价，按新口径计算），比上年下降2.7%，其中中央省属工业产值48.32亿元，下降14.1%；市县属工业总产值92.05亿元，增长4.6%。在市县工业中，呈现“两增三降”，即股份制工业和个私工业增长，国有工业、集体工业和“三资”工业下降。

全市限额以上独立核算的市县工业（不含中央省属）实现利润为净亏损1.61亿元（上年是净盈利8000多万元），蔗糖、水泥、磷化工、炼铁4个主要行业全部净亏损，净亏额达3.13亿元（上年净亏1.25亿元）。全市亏损企业118户，增亏20户，亏损面为49.3%，亏损总额达4.22亿元，比上年增亏58.9%，其中上述4个行业亏损3.2亿元，占全市亏损额的75.8%，比上年增亏1.3倍。

全市建筑业完成现价增加值11.42亿元，比上年下降11.1%，完成现价总产值27.9亿元，增长18.3%。

三、社会固定资产投资

1999年，全市社会固定资产投资总量下降，基础设施项目投资增长。全市固定资产投资为55.4亿元，比上年下降18.1%。减的因素有5方面：(1) 昆玉公路已竣工通车，玉元公路的投资高峰期已过，两路投资由上年的15.67亿元减少到1999年的10.73亿元，减少4.94亿元；(2) 由于市场不景气，乡镇集体企业投资项目减少，使投资走入低谷，由上年的7.5亿元减少到2.67亿元，减少4.83亿元；(3) 农民建房投资减少3.55亿元；(4) 更新改造减少投资1.37亿元；(5) 城镇集体单位及“三资”企业等减少投资3.8亿元，减少因素共减少投资18.49亿元。

从增长因素看，(1) 反映市确定的基础设施重点目的基本建设投资增加3.03亿元；(2) 房地产投资增加0.68亿元；(3) 城乡电网改造投资增加1.52亿元；(4) 城镇居民建房投资增加0.53亿元；(5) 私营企业投资增加0.5亿元。增长因素共增加投资6.26亿元；增减因素相抵，比上年共减少投资12.23亿元。

在固定资产投资总量中，工业投资7.91亿元，比上年下降38.3%；地方交通投资7.98亿元，增加3.65亿元，增长84.4%；邮电通信投资2.61亿元，下降3.5%。年内，有一批项目建成投产或交付使用，其中主要项目有：昆玉高速公路、玉溪一中至九龙立交桥的城市道路、澄川公路江川段、新平新细公路、玉溪市电信局接入网管工程、玉溪邮政绿卡工程、澄江红石岩电站、峨山塔甸煤矿扩建工程、新平戛洒糖厂造纸车间、新平挖窖河四级电站以及玉溪商业大厦、通海通印大酒店等。

四、交通运输、邮电

1999年，交通运输由于昆玉铁路分流以及市场需求不旺、卷烟运出量减少等因素的影响，呈现出公路运输客货运量有所下降，铁路货运量增加的现象。年内，全市公路运输客运量完成1008.4万人次，比上年下降5.6%，旅客周转量9.38亿人公里；完成货运量2343.8万吨，下降9.9%；货物周转量19.48亿吨公里，下降5.3%。昆玉铁路完成货运量91.3万吨，增长29.9%，其中运出38.5万吨，运进52.8万吨，分别增长26.2%和32.7%。年末，全市公路总里程达13372公里。

邮政、电信在上年分营的基础上，移动通信和寻呼业务在1999年又与电信完成了分营工作。邮电通信一分为四后，各项业务都有了新发展。全市完成邮电业务总量4.19亿元，比上年增长16.7%；实现业务收入3.49亿元，增长8.6%。年末，全市电话交换机总容量发展到26.7万门，增加2.83万门；电话机总数达到17.4万部，增加3.18万部；电话普及率每百人达11.57部（含移动电话），增加2.54部；移动电话用户发展到5.39万户，无线寻呼用户14.78万户，分别增加2.05万户和3.17万户。

五、外向型经济

1999年，玉溪市政府十分重视组团参加国内外大型商贸活动，推动企业及产品走向国内外市场。年内，全市新批准成立外商投资企业9家，合同利用外资1572.4万美元。市县外贸进出口增长，横向联合取得新进展。全年，市县外贸进出口总额达到3100万美元，比上年增长16.1%，扭转了上年下降的局面，其中出口

1655 万美元，进口 1445 万美元，分别增长 10.9%和 22.7%。如果加上玉溪红塔集团，全市外贸进出口总额为 9893 万美元，下降 42.2%。经外经贸部批准获得外经权后，对外经济技术合实现了零的突破。全市外贸进出口呈现出两个明显特点：(1) 出口商品种类增加，由上年的 15 类 47 个品种增加到 19 类 60 个品种；(2) 贸易区域扩大，已同 33 个国家和地区有贸易来往，商品出口国家和地区有 29 个，分别比上年增加 4 个和 2 个。

经协工作全方位、多层次、宽领域对内开放的步伐加快。1999 年，全市签约经济技术协作项目 48 项，实施项目 52 项，其中省外 20 项，实施项目合同总投资 5.22 亿元，到位资金 4.37 亿元，到位率 83.6%；引进市外资金 1.1 亿元，其中省外 0.26 亿元。

六、商业、财政、金融、保险

1999 年，全市消费品市场一直呈现增长缓慢、启而难动、销售不旺的运行格局。社会消费品零售总额为 35.05 亿元，比上年增 0.2%（扣除物价下降因素，实际增长 2.8%）。从经济类型上看仍然是一增三降，即个私经济零售保持较快增长，增幅达 20.9%，而国有经济、集体经济和其他经济零售分别下降 7.5%、10.9%和 9.1%。1999 年，物价总水平持续下降。全市商品零售价格总水平比上年下降 2.5%，居民消费价格下降 2%，农业生产资料价格下降 3.8%，农贸市场农产品成交价格下降 7.6%。

1999 年，全市财税收入地方财政收入都有所增长，财税总收入 161.7 亿元，比上年增长 1.4%；地方财政收入从 3 月份由降转升，一直保持稳定增长。全市地方财政收入达 26.18 亿元，其中一般预算收入为 25.96 亿元，均增长 6%；地方财政支出 27.32 亿元，增长 11.5%，其中一般预算支出为 27.09 亿元，增长 11.7%。地方财政收支的增速均高于上年水平。

金融工作积极扩大信贷资金来源，合理调整信贷结构，有效增加信贷投人，有力地支持了玉溪的经济发展。全市金融机构年末存款余额为 209.38 亿元，比上年下降 7.5%；供贷款余额 150.13 亿元，增长 7.7%。金融机构全年现金收入 250.26 亿元，增长 13.4%；现金支出 280.06 亿元，增长 11.5%，收支相抵净投放货币 29.8 亿元，下降 1.7%。

保险业务平稳发展，全市承保金额达 656.06 亿元，保费收入 3.98 亿元，比上年增长 2.1%；赔款支出 1.68 亿元，增长 11.1%。

七、科技、教育、卫生、体育

科技工作紧紧围绕经济建设这个中心，全面实施科技兴玉战略，加强科技成果的推广应用，加快生物资源的开发与利用，市院市校科技合作进一步加强。1999 年，全市共获得省级奖励的科技成果 13 项。在市院市校科技合作方面，收到了企业与大专院校科技合作申报项目 46 项，其中筛选安排了一批市场前景好、技术含量高、可形成产业化、有明显经济和社会效益的项目 16 项，总投资 4783 万元，有些项目已初见成效。为培养和造就一批高水平的中青年学科技术带头人才，评选出玉溪市百名学科技术首批带头人 34 名。年内新上工业科技计划 20 项；农业科技上，组织实施了节水农业、生态农业、创汇农业的试验试范项目；生物资源开发进一步向广度和深度发展，全市最具特色的生物资源芦荟产业开发在种植和深度加工方面都有新发展；在引导企业依靠科技进步方面，年内又有 6 家企业被省科委认定为高新技术企业。

教育事业继续保持良好的发展势头，全市圆满完成了基本扫除青壮年文盲任务，文盲率下降到了 1.23%；经过努力，年内在新平县如期实现普及九年义务教育的情况下，全市实现“普九”的县区达到 8 个。

卫生事业持续发展，全市有县及县以上医院 31 个，乡镇卫生院 79 个；病床总数的 5368 张，卫生技术人员 7953 人，每万人中有卫生技术人员 39.9 人；农村村级设置医疗点 707 个，有村医生 1756 人，卫生员 1211 人。在创建卫生城市活动中，玉溪市已连续 3 次被省爱卫会命名为甲级卫生城。

年内，全市举办县级以上运动会 221 次，参与人数 18.11 万人次。在第六次全国民运会上，全市组织男、女龙舟队代表云南省参赛，取得两块铜牌、3 个第六名、1 个第八名的好成绩。8 月底，玉溪市承办了“99 玉溪红塔杯世界女排大奖赛”总决赛，这是玉溪有史以来承办的规格、水平最高的世界体育大赛。

八、环境保护

随着环保机构的建立健全和各级环保意识的增强，玉溪市各项环保工作全面开展。环保投资达4亿多元，“三湖一库”的保护和治理有新进展，植树面积达18.16万亩，森林资源保护取得新的成绩。污染防治及重点工业企业的污染治理有了新突破，大气环境污染恶化的趋势基本得到控制，中心城区空气环境质量有明显好转，主要污染物二氧化硫含量达国家二级标准。在全省14个城市环境综合整治考评中，玉溪排名甲级第二名。

九、人民生活

1999年末，全市总人口199.13万人，比上年增加2.01万人，人口自然增长率8.15%‰。随着国家调整机关事业单位工作人员工资标准、增加离退休人员退休费、提高下岗职工生活保障线和城镇居民最低生活保障政策的贯彻落实以及农村经济的发展，城乡居民收入继续增加，全市职工平均工资为9490元，城镇居民人均可支配收入达6987元，农民人均纯收入2253元。城乡居民储蓄存款余额达81.83亿元，增长15.5%；人均储蓄4087元，增加514元。

十、存在问题

主要问题是：(1) 市场需求不旺造成的生产能力相对过剩进一步显现，经济结构不合理和支柱产业单一的矛盾更加突出，结构调整和培育新的优势产业的任务更为紧迫；(2) 部分企业经营困难，市场开拓能力不强，改革、改制不彻底，效益下滑，亏损增加；(3) 烤烟农特税下调，给县区、乡镇财政增收带来困难。

红河哈尼族彝族自治州经济发展概况

州　长　白成亮

1999年，红河州各级党委、政府认真贯彻党的各项方针政策，实施积极的财政政策和适当的货币政策，扩大内需，鼓励出口，进一步扩大对外开放，不断调整结构，深化改革，在宏观经济环境不宽松、自然灾害频繁发生的情况下，州委、州政府采取有效措施，带领各族人民团结奋战，保持了国民经济持续增长和社会各项事业全面进步。农业连续获得丰收，工业保持稳定增长，财政金融运行平稳，人民生活得到改善。全年全州实现国内生产总值132亿元（现价），比上年增长7.8%，其中第一产业36亿元，增长3.3%；第二产业56亿元，增长10.9%；第三产业40亿元，增长6.5%。财政收入再次突破10亿元大关，地方工业产值首次突破100亿元，粮食总产量再创历史最好水平达123.39万吨。

一、农　业

1999年，全州农村经济在困难中不断发展，乡镇企业快速发展，扶贫攻坚力度进一步加大。面对罕见的旱灾、洪涝、霜冻、牲畜口蹄疫及农产品价格走低等严峻形势，上下狠抓农业增产增收，粮食连续7年获得丰收，粮食产量达123.39万吨，比上年增长4.5%；肉类总产量达14.97万吨，增长7.9%；水产品产量达1.4万吨，增长5.3%。大力推广农业科技项目，开发冬季农业，拓展高产、优质、高效农业，促进农业增产增收；以水利和生态建设为重点增加农业投入，财政支农资金比上年增长6.2%；全年新增库容205万立方米，新增有效灌溉面积7.38万亩，改善灌溉面积31万亩，水利化程度提高了1.9个百分点；主要经济作物种植结构进一步优化，甘蔗产量157.26万吨，下降10.6%，油料产量1.59万吨，增长9.1%，蔬菜瓜类52.14万吨，增长15.3%；狠抓烤烟基地化、集约化种植，上中等烟叶比例有较大提高，烟叶产量为

6.64万吨，增长15.3%；以生物产业开发为重点，狠抓山区综合开发，积极发展经济林果业，在加快葡萄、西番莲、菠萝、油桐、肉桂、蓖麻等项目发展的同时，又启动了花卉、木薯、竹子等开发项目；注重生态环境的保护，完成造林面积4.7万公顷，封山育林面积4.6万公顷，实施退耕还林计划，共清理流失林地2.4万公顷。乡镇企业快速发展，全年完成乡镇企业总收入138.57亿元，增长21.6%；完成乡镇工业总产值45.65亿元，增长47.4%；完成乡镇工业增加值8.34亿元，增长3.6%。加大扶贫攻坚力度，成效显著。全州多渠道投入扶贫资金5.2亿元，又有18.3万人超过了温饱线。通过各种渠道共筹集小额信贷资金7200万元，受益贫困人口达25万人。又有金平朱大伯、红河凹腰山、绿春李仙江等重大异地扶贫开发工程启动实施。全州13个市县，实现了县县通油路，154个乡镇全部通公路，除10个特殊地形村公所外，基本实现了村村通公路。共解决了11.3万人、2.36万头人牲畜的饮水困难。

二、工　业

全年全州工业生产稳步增长，结构调整力度加大，经济效益有所好转。完成工业增加值48.1亿元，按可比价比上年增长10.6%。全州辖区工业总产值完成137.8亿元，增长9.2%；地方工业总产值完成103.8亿元，增长12.3%，其中国有经济增长6.9%，集体经济下降18.3%，股份合作经济下降10.8%，股份制经济增长31.4%，外商及港澳台下降7.5%，私营经济增长41.5%，其他经济增长3.4%。个体私营经济、股份制经济和其他经济成为推动全州工业生产持续、较快发展的主要力量，且个体私营经济上缴税金首次突破1亿元。在加大工业结构调整力度的作用下，轻工业增长速度首次超过重工业，轻工业比上年增长13.2%，重工业比上年增长11.6%。辖区内主要产品产量中，合成氨、卷烟、糖、10种有色金属均为两位数以上增长速度。受国家禁伐天然林和限产压井政策的影响，木材和原煤产量有较大幅度的下降。全部独立核算国有及年产品销售收入500万元以上非国有企业的产品销售率达99.3%，提高了1个百分点，为近年来最好水平。国有企业改革取得新进展，全州358户计划改制企业中累计完成改制338户，占94.4%。光明和云锡两家公司发行股票获得成功，实现了全州上市公司“零”的突破。

三、固定资产投资

年内，固定资产投资继续保持较快增长，基础设施建设得到加强。全州地方全社会固定资产投资完成29.17亿元，比上年增长16%，其中基本建设投资13.04亿元，增长14.1%；更新改造投资4.16亿元，增长69.8%；商品房投资4.16亿元，增长45%；城乡集体、集体和其他投资7.81亿元，下降7.1%。在农田水利建设方面，蒙自五里冲水库二期工程全面竣工，三期工程正式开工；建水绵羊冲水库工程试引水成功并已开始蓄水；绿春黄连山输水隧道工程完工投入使用；弥勒雨补水库已完成大坝渡汛工程。在环境保护方面，个旧湖治理工程正常开展；异龙湖底泥疏浚示范工程开始实施。在公路交通建设方面，个冷二级公路进展顺利；河口中越大桥、石林至泸西二级公路、鸡街至石屏和建水至通海一级公路已正式开工建设。全州确定的11个重点建设项目，有4个项目已竣工投入使用。

四、交通、邮电

1999年，全州通车公路里程达1.38万公里，比上年增长23.2%。全州民用汽车拥有量达5.93万辆，增长3.1%，其中私人拥有汽车2.26万辆，增长4.1%。全年公路运输完成货物周转量24.22亿吨公里，旅客周转量14.71亿人公里。

1999年，全州完成邮电业务总量3.6亿元，比上年增长23.3%，其中邮政业务总量0.27亿元，电信业务总量3.34亿元。全州电话用户达21.73万户，电话普及率达5.5%，无线寻呼18.16万户，移动电话4.49万户。

五、国内贸易

在扩大内需宏观调控政策的影响下，全州消费品市场逐步回暖，但市场物价仍在下滑。1999年，全州社会消费品零售总额完成36.01亿元，比上年增长5.1%。分城乡，城镇消费市场偏淡，下降0.1%；农村市场较为活跃，增长18.6%。分经济类型，集体经济和私有经济快速增长，分别增和19%、18.2%，而国有经济和其他经济呈现下降趋势，分别下降12.4%、1%。1999年物价仍是下滑趋势，个旧市商品零售价格指数为97.2%，下降2.8个百分点；居民消费品价格指数为97.9%，下降2.1个百分点。

六、外贸、旅游

1999年，全州对外开放取得重大突破，旅游业快速发展。在国家积极的外贸出口政策指导下，全州大力支持企业扩大出口，认真调整出口产品结构，扭转了年初出口下滑的局面，对外贸易取得重大突破。全州外贸进出口总额完成1.31亿美元，比上年增长48.8%，其中出口完成1.13亿美元，增长45.5%；进口完成0.17亿美元，增长106.5%。边境小额贸易完成3600万美元（海关统计数）增长63.6%。抓住世博会在我省举办的机遇，投入2900万元建设著名景区景点；成功举办了首届“红河·中越边境民族文化旅游节”。1999年，共接待海外旅游者4.77万人次，增长7.9%，旅游创汇收入2600万美元，比上年增长48.9%；接待国内旅游者193.05万人次，增长20.6%，国内旅游收入6.09亿元，增长14.5%。旅游总收入为8.26亿元，增长15.88%。

七、财政、金融、保险

财政收入平稳增长，地方收入再次突破10亿元大关。1999年全州集中力量培植财源，为企业排忧解难，强化税收征管，财政总收入完成27.34亿元，比上年增长10.5%。其中上划中央两税收入完成17.1亿元，增长12.4%；地方财政收入完成10.2亿元，增长7.3%。全州财政总支出21.95亿元，结算数增长6.8%。年末，全州金融机构各项存款余额为153.53亿元，增长12.9%，其中城乡居民储蓄存款89.41亿元，增长13.04%。金融机构各项贷款余额为131.31亿元，增长5.4%。全年货币净投放30.41亿元，增长2%。

全州各种保险金额达361.8亿元，比上年增长45.8%；保费收入3.07亿元，增长102%。其中财产保险承保金额192.51亿元，保费收入1.61亿元；人寿保险承保金额169.29亿元，保费收入1.46亿元，全州共支付各类赔款1.42亿元，其中财产险支付0.92亿元，人寿险支付0.5亿元。

八、人民生活

1999年末，全州总人口390.81万人，人口自然增长率为5.6‰。全年城镇居民可支配收入为5110元，比上年增长11.16%；农民人均纯收入为1306元，增长5.6%。在岗职工人均年工资为7580元，增长8.2%；国有下岗职工平均生活费185元，增长30%。城市环境得到改善，全州已累计建成城市道路386公里，自来水普及率达到89.74%。

九、社会事业

1999年，全州共实施重点科技项目计划47项，获省科技进步奖2项、星火奖9项，获专利授权43项；实施省院、校科技合作6项。科技对农业的贡献率从上年的38.5%提高到了40.7%，对国民经济的贡献率从上年的36%提高到38%。

1999年，全州共有各级各类学校3665所，其中普通中学220所，普通小学2364所，成人技术培训学校893所，幼儿园125所。全州初中在校学生13.5万人，入学率达81.2%，巩固率为96.1%；小学在校学生455万人，入学率达98.8%，巩固率为97.8%；成人技术培训在校学生25.77万人，青壮年文盲率下降到9.3%。

1999年末，全州共有艺术表演团体13个，文化（群艺）馆（站）169个，公共图书馆（站）15个；广播电台1座，电视台1座，中、短波发射台和转播台4座，电视发射转播台2031座，卫星地面接收站2758座，广播人口覆盖率达87.3%，电视人口覆盖率达87.2%；全年出版报纸27种、杂志14种、图书8万册；新华书店销售各类图书197743万册。

1999年末，全州共有卫生机构255个，床位10492张，其中医院、卫生院9762张。卫生技术人员9717人，其中医生4608人，护师、护士3167人。全州共有防疫、防治机构21个；妇幼卫生机构14个；农村医疗条件得到改善，农村乡镇卫生院119个，床位1694张，卫生技术人员1485人。

十、存在问题

主要问题是：（1）农村经济面临大的结构性

调整，农民增收困难，乡镇企业结构不合理；(2) 国有企业生产经营困难，经济效益仍未得到根本性好转，科技开发创新能力弱；(3) 市场开拓不足，产品市场占有率低，名牌产品少；(4) 支柱产业比较单一；(5) 长期以来形成的产业产品结构、所有制结构、城乡结构不合理的深层次矛盾进一步显现出来等等。

文山壮族苗族自治州经济发展概况

州　长　王永奎

1999年，全州各级党委、政府高举邓小平理论伟大旗帜，坚持党的基本路线，带领全州各族人民，认真贯彻党的十五届三中、四中全会和中央经济工作会议精神，以经济建设为中心，正确处理改革、发展、稳定的关系，解放思想，扎实工作，开拓进取，克服困难，基本完成了州十届人大五次会议批准的经济社会发展任务，全州国民经济继续保持较好的发展势头，社会各项事业也得到长足发展，保持了社会稳定、民族团结的良好局面。

全年完成国内生产总值62.49亿元，占计划的100.8%，比上年增长9.6%，其中第一产业完成增加值26.18亿元，第二产业15.13亿元，第三产业21.18亿元，分别占计划的100.7%、99.5%、101.8%，分别增长5.3%、9%和15.8%。三次产业结构比例由上年的44:24.2:31.8调整到41.9:24.2:33.9。

一、农业、农村经济

1999年，全州粮食总产量9.96亿公斤，占计划的102.6%，增长4.6%。农民人均有粮341公斤，纯收入661元，增加13公斤和61元。粮食生产连续7年获得丰收，经济作物种植面积增加，粮经比例从8.6:1.4调整到8.4:1.6，科技对农业的贡献率达38.6%。共投入资金3114.9万元，建成基本农田16.57万亩，比计划增长46.5%。圆满完成了土地顺延承包，加强了对耕地的管理。减轻农民负担的政策进一步落实。农业普查工作全面完成，州农普办等5个单位获国家级先进集体的称号。

完成人工造林34.73万亩，占计划数的115.8%；飞播造林80万亩，封山育林20万亩，森林覆盖率达16.95%，连续13年实现无重大森林火灾。农村能源建设稳步推进，建成沼气池1.75万口，节柴改灶5000余户。珠江、红河、盘龙河流域生态防护林一期工程开始启动。

大牲畜存栏108.09万头，出栏11.3万头。生猪存栏192.95万头，出栏132.19万头，存出栏率分别增长4.7%、14.5%。肉类总产量12.32万吨，增长13.4%。畜牧业产值12.58亿元，增长9.7%，实现税费5016万元，增长10.4%。水产品产量3524吨，增长5.5%。

蔬菜、亚麻等3个基地建设有较大发展，十大拳头产品的开发正在实施。三七产业已被列为省生物资源开发的重点产业，建成无公害种植基地5800亩。三七产业全年完成总产值3.09亿元，实现销售收入2.5亿元，缴税2525万元。种植烤烟15.95万亩，收购烟叶31.88万担，实现税收2555万元，烟农收入1.16亿元。种植辣椒17.5万亩，总产量1277.21万公斤，产值1.02亿元。建成八角基地29.46万亩，新植油桐6.67万亩，茶园0.99万亩，李子1.25万亩。乌骨鸡、高峰牛养殖基地建设初见成效。

二、扶贫攻坚、人民生活

1999年，全州共投入各项扶贫资金4.75亿元，增长17.4%。国家外交部、高检院、冶金总局，上海市3区1县，省直17个单位，州直和省驻文山133个单位参与挂钩扶贫。共下派干部162人，协调引进资金8760万元，捐资3393

万元（含捐物折价）。全州有3.28万名党员、干部与3.4万户贫困户开展结对帮扶。上海3区1县投入资金2203.9万元，实施帮扶项目29项，援建温饱试点村94个，在21个乡镇582个自然村实施了小额信贷扶贫，建成希望小学64所、白玉兰卫生所47所。又有38.22万贫困人口基本解决温饱，有15.7万人、5.82万头大牲畜解决饮水困难，207户811人搬出岩洞住进了新居。

在全州8县城建立了城市居民最低生活保障制度。城乡居民储蓄存款31.68亿元，比上年增长7%。城镇居民人均可支配收入5132元，增加462元。农村社会养老保险事业持续发展，人民群众居住条件不断改善，城乡市场销售平稳，商品供应充足，社会公共设施建设得到加强。

1999年，全州共下拨救灾救济款1294.4万元，安排救济粮979.9万公斤，保障了灾区和贫困地区人民群众的生产生活。落实义务兵优待政策，提高了“三属”人员的抚恤补助标准。为因战和其他肢残人员安装假肢218例，完成白内障复明术523例，安置300余名残疾人就业。完成了年度勘界工作任务。

三、财税、金融

全年全州地方一般预算收入3.49亿元，占调整预算的101.3%，增长6.9%；地方一般预算支出12.95亿元，占调整预算的102.5%，增长6.8%；上缴中央两税1.04亿元，增长8.7%。年末新增存款5.79亿元，占计划的96.5%，增长12.3%；新增贷款3.25亿元，占计划的40.7%，增长6.8%。消化历年赤字643万元。文山县地方一般预算收入超过1亿元，填补了我州无亿元县的空白。

全州金融机构各项存款5.27亿元，比上年末增5.79亿元，增12.3%；各项贷款余额51.3亿元，增3.25亿元，增6.8%；全州保险费收入8617万元，增5.3%，保险赔款317万元，下降3.1%。

四、建　设

1999年，全社会固定资产投资额14.71亿元，比上年下降1.3%。原定161个战恢项目已完成97个，有94个已产生效益。5月省政府文山现场办公会决定扶持我州86个项目，补助资金1.59亿元，其中年内计划落实79项，资金1.2亿元，已全部落实41项，到位资金5698万元，部分落实29项，到位资金2980万元。

1999年，全州水利共投资9579.11万元，重点投入山区“五小”工程、改造中低产田、治理水土流失等建设。电力建设投资7610.28万元，建成东方红四站等5座电站，累计装机容量达21.26万千瓦。马鹿塘电站正在抓紧进行小方案起步的前期工作。完成了124个村（办）“村村通电”工程。广南、西畴、丘北3个县的“村村通电”工程已通过验收。文山、麻栗坡两县的初级电气化县建设已通过国家验收。文山州被国家水利部评为地方小水电建设先进单位。

年内，平远至锁龙寺高速公路段工程可研报告已获交通部批准，进入初设阶段。平文公路铺油工程已开工建设。文山至砚山二级公路和丘北至广南三级公路的项目建议书已经省交通厅批准，进入了可研阶段。全州已有908个行政村通了公路，占行政村总数的97.3%，文山、砚山、西畴、麻栗坡、丘北五县实现了“村村通公路”目标。

年内，全州乡镇以上基本实现了交换程控化、传输光缆化，电话机总容量19.1万线，移动电话交换机容量3万线，电话普及率达2.78部/百人。全州不通电话的行政村由上年的203个减少到12个。

城镇基础建设步伐加快，8县县城基础设施有了较大改善。开展小城镇建设规划的乡（镇）53个，有16个纳入省的计划给予扶持。城镇供水达6.3万吨/日。全州城市绿化率已超过10%。城镇的环境卫生面貌有了明显改善。景区环保管理得到加强，34家工业污染源2000年排放达标工作有显著进展。

五、各项改革

1999年，全州企业改革取得新成果。国有企业改革完成265户，占总户数的81.59%。文山电力集团正在开展上市的准备工作，水泥集团和三七集团的组建正在抓紧进行。矿业秩序通过整顿治理已全面好转，并通过了省的验收。矿业总产值6.96亿元，创利税7065万元。

乡镇企业改革不断深化。全年实现营业总收入69.62亿元，占计划的101.3%，增长27.5%；总产值51.69亿元，占计划的

101.6%，增长26.9%。完成274户改制任务，占应改制户数的84.1%。非公有制经济比重由上年的20.4%上升至22.5%，对国民经济增长的贡献率为38.1%。

流通体制改革进一步深入。全州社会消费品零售总额24.76亿元，占计划的97.1%，增长8.3%。商品零售价格指数97.7%，居民消费价格指数99%。建立化肥淡季储备制度，满足了农业生产的需要。基本做到按保护价敞开收购粮食、顺价销售和收购资金的封闭运行，超额完成定购粮入库任务。

交通、邮电改革顺利进行。制定全州"三纵三横"骨干公路网建设规划，开展公路产权界定工作，强化路政管理职能。邮政和电信机构分设后，又顺利完成移动电话等公司的分设。

住房制度改革向纵深发展。完成了公有住房的产权过渡，经济适用住房、物业管理得到加强。

社会保障能力逐步增强。把部分自收自支的事业单位和新建立的企业纳入社会保险统筹范围；扩大农村养老保险覆盖面；成立州城镇职工基本医疗保险管理工作机构；建立再就业机构131个，国有企业下岗职工基本生活得到保障。

六、对内对外开放

1999年，全州共签订各类合作项目245个，已启动实施240个，到位资金2.25亿元。外贸自营出口928万美元，占计划的79.3%；调供出口3.84亿元，占计划的106.7%，增长18.2%；边贸进出口总额3.88亿元，占计划的104.8%，增长10.5%。全州外贸自营出口超额完成了省下达的计划，外贸调供出口、边贸进出口及边境小额贸易有较大增长。

旅游业发展加快，旅游人数不断增多。全年共接待旅客119.88万人次，增长4.3%，旅游总收入3.19亿元，增长7.8%。

七、社会事业

全年有55项科技成果获省州科技进步奖，其中有9项获省星火奖，科技成果转化率达70%；完成技改投资5152万元，开发了一批科技含量较高、适销对路的新产品；民营科技企业发展到32户；科技进步对工业、农业和国民经济的贡献率分别达到26.4%、38.6%、32.1%。小学适龄儿童入学率达98.89%，小学毕业生升学率达81.32%，初中毕业生升学率达45.9%，高考录取率为53.46%，达全省平均水平；扫除青壮年文盲2.29万人，文盲率降至5.5%；多渠道集资金1.24亿元，新建扩建校舍14.6万平方米，排出危房5.2万平方米，启动贫困地区义务教育工程项目学校119所，竣工69所。

加大扶贫开发与计划生育相结合的力度。1999年末总人口319.57万人，自然增长率为12.96‰，比省下达计划数少0.13个千分点。新建卫星地面收转站211座，广播、电视人口覆盖率分别达84.1和84.8%，基本实现"村村通广播电视"的目标。实施千里边疆文化长廊建设项目27项，投入建设资金921.5万元，已竣工15项；大型舞蹈诗《敲响铜鼓》到北京参加国庆五十周年献演受到好评；文山与云南民族电影制片厂合拍的电影《三七情缘》已在国内公开发行放映。群众性体育发展迅速，在校生体育达标率为98%；年内荣获国家和省的各类竞赛金牌20枚、银牌22枚、铜牌18枚；在全国民运会上，全州获金牌16枚、银牌10枚、铜牌2枚，奖牌总数名列全省第一；老年人代表队获全省老年人健身操比赛一等奖，并代表云南省参加全国比赛获优秀奖。全州8县的卫生初级保健工作达到合格县标准，有112个村（办）启动了合作医疗，预防保健工作取得明显成效。

配合扫雷部队圆满完成了第二次扫雷封围任务。

八、存在问题

主要存在是：（1）农业基础脆弱，农副产品价格下滑，农民增收困难；（2）贫困面大，返贫率高，脱贫任务艰巨；（3）交通、水利等基础设施建设和科技教育发展滞后，投入严重不足；（4）经济结构不合理，支柱产业的支撑作用不明显，财源单薄，地方财政十分困难，自我发展能力弱；（5）国有企业运行质量差，扭亏增盈难度大，非公有制经济比重小；（6）社会治安综合治理工作的各项措施落实得不好，黄、赌、毒等社会丑恶现象屡禁不止，重特大案件发案率仍呈上升趋势，社会治安形势依然严峻等。这些问题，州政府将以"三讲"教育为动力，认真加以解决。

思茅地区经济发展概况

专　员　王志东

1999年，是思茅地区经济和社会发展遇到困难较多的一年，也是不断开拓，战胜困难稳步发展的一年。一年来，面对买方市场突出、林糖等骨干产品价格下滑、投资和消费需求严重不足，烤烟继续实行“双控”，天然林禁伐、旱涝霜冻等自然灾害频繁诸多困难，全区各级党委、政府高举邓小平理论的伟大旗帜，认真贯彻党的十五大、十五届三中、四中全会及省委六届八次、九次全会会议精神，紧紧围绕地委、行署确定的“九五”后期经济社会发展的基本思路和年初全区三级干部会议提出的工作目标，突出巩固提高蔗糖产业、经济增长、农民增收、企业增效、财政增长、扶贫攻坚、社会稳定这些重点开展工作。千方百计争取林业采伐指标，积极调整产业结构，大力促进对内对外开放，克服种种困难，团结奋斗，开拓进取，全区保持了经济发展、社会进步、民族团结、边疆稳定、人民生活继续改善的良好局面。全年实现国内生产总值48.53亿元，比上年增长6.8%，其中第一产业19.02亿元，增长2.3%；第二产业11.53亿元，增长7.5%；第三产业17.4亿元，增长15.1%。

一、农　业

1999年，全区农作物丰收，粮食总产量达79.94万吨，比上年增长2.1%，取得了连续14年丰收的好成绩。全年实现农业增加值19.12亿元，比上年增长2.3%。其他主要农产品产量：甘蔗204.56万吨，比上年减少7.1%；茶叶1.59万吨，增8.9%；咖啡3607吨，增96.6%；橡胶0.83万吨，增22.3%；松脂4.8万吨，增8.5%。

1999年，全区畜牧业生产平稳发展，生猪、大牲畜、羊存栏基本稳定，出栏增加，肉类总产量达6.91万吨，比上年增长6.9%。

1999年，全区林业生产与造林绿化成绩显著。全年完成造林面积2.41万公顷，迹地更新面积1.66万公顷，零星植树675万株，累计封山育林面积8.97万公顷。护林防火连续“十三战十三捷”，护林防火成绩，森林资源得到有效保护。

年内，全区农业生产条件进一步改善。年末，全区拥有农业机构总动力66.50万千瓦，增长13.9%；农村用电量6375万千瓦小时，增长8.5%；化肥施用折纯量3.25万吨，下降10.2%；农田水利化程度为28.1%，提高1.7个百分点。

乡镇企业稳步发展，全年实现营业总收入23.24亿元，增23.3%；税利2.79亿元，增23.5%；实缴税金0.92亿元，增13.6%。

二、工　业

1999年，全区工业企业继续加大改革力度，经济效益明显好转。全年完成工业增加值8.26亿元，比上年增长8.9%。食糖22.16万吨，增47.8%；木材67.56万立方，增18%；人造板14.74万立方米，增6.3%；松香3.45万吨，减2.8%。工业企业产销率比上年提高2.3个百分点。国有工业企业亏损面比上年降低14个百分点，亏损额减少16%，销售成本降低1%，管理费降低8.5%。林产业利润总额增长18%。

三、国定资产投资

1999年，全年全区完成固定资产投资17.61亿元，比上年下降5.8%，其中基本建设投资完成12.33亿元，下降8.7%；更新改造投资完成0.67亿元，下降27.4%。在投资总规模下降的情况下，农林水利、道路交通、城市基础设施建设等投资有较大增长，农林牧渔水利业完成投资

1.87亿元，增长22.5%；交通运输邮电业完成投资3.91亿元，增长48.1%；房地产投资完成0.83亿元，增长1.4倍。城市基础设施建设完成投资9328万元，是历史上最多的一年。

四、交通、邮电

1999年，全区交通运输业发展整体水平有所提高。全年全区拥有民用汽车19838辆，比上年末增1789辆；全区货物周转量达143568万吨公里，比上年增长5.1%；全年新增公路通车里程1491公里，年末公路通车里程达16453.1公里，部分县乡公路得到改善，49个乡镇完成了文明卫生路建设；完成了景东至思东公路改造的工程审批和初步设计及澜沧至勐河江工程审查。

年内，全区邮电通信事业继续发展。邮政、电信业务分营后，工作顺利进行，服务水平和服务质量进一步提高。全年实现邮电业务总量2.01亿元，比上年增长40.6%；长途自动交换机容量达5490路端，局用交换机容量达11.09万门；城市电话用户发展到76383户，其中住宅电话用户59064户，分别比上年末增长16.5%和13.8%；乡村电话用户发展到32117户；移动电话用户达17000户，无线寻呼用户达59881户，分别比上年末增长77.6%和15.7%。

五、商业、物价

1999年，全区国内消费品市场货源充裕，销售平稳增长。全年实现社会商品零售总额19.04亿元，比上年增长3.0%。分城乡，城市零售额14.07亿元，增长3.6%；农村零售额4.97亿元，增长1.4%。分经济类型，国有及国有控股企业零售额4.03亿元，下降8.4%；集体及股份合作企业零售额2.22亿元，下降1.3%；私有经济零售额8.47亿元，增长13.1%；其他经济类型零售额4.32亿元，下降0.4%。

全年全区市场物价总水平持续走低。全年商品零售价格比上年下降2.4%，其中粮食价格下跌4.5%；居民消费价格下降0.4%，农民生产资料价格下降0.6%。商品零售物价和居民消费价格均低于调整目标。

六、财政、金融、保险

1999年，全区财政金融运行良好，全年完成财政收入5.67亿元，比上年增长10.7%，其中上划中央“两税”1.61亿元，增长11.7%；地方一般财政收入预算完成4.06亿元，增长10.9%。完成财政支出12.63亿元，剔除异地扶贫专款改到省级支出和县城搬迁资金减少影响支出1.25亿元后，比上年增长7.5%。全面完成省政府“以奖代补”任务，各县（市）和地级实现了当年财政收支平衡，并消化了两年滚存财政赤字1305万元。

1999年，全区金融机构在加大防范金融风险的同时，积极盘活存量，调整结构优化信贷质量，存贷款都有较大增长。年末金融机构存款余额56.3亿元，比上年末增长13.1%，金融机构贷款余额50.86亿元，增长11.6%，新增贷款5.28亿元。

1999年，全区各种保险总金额207.84亿元，比上年增3.5%，其中财产险承保金额74.50亿元，下降16.6%；人寿险承保金额133.34亿元，增长19.1%。保险公司年内处理各种财产险赔案1.22万件，支付赔款3405.4万元；处理人身险赔案1.71万件，支付赔款1644.5万元。

七、人民生活

1999年，全区人民生活进一步改善。城镇居民人均可支配收入4740元，比上年增长9.7%；人民人均纯收入1069元，增长5.3%。随着城镇住房制度改革的深入，干部职工居住条件进一步改善。气象、地震等灾情的预测预报、防灾减灾工作得到加强，及时下拨救灾救济款1166万元，保障了灾区人民的正常生活。城市居民最低生活保障制度全面启动，下岗职工基本生活得到保障。

八、存在问题

主要问题是：（1）受通货紧缩大环境的影响，投资、消费增幅减缓有效需求不足，市场开拓困难；（2）产业、产品结构不合理的现象更加突出；（3）受烤烟“双控”、木材指标下调、产品价格下滑影响，农民增收难度加大；（4）部分国有企业经济效益不好，经营困难；（5）投资融资渠道单一，财政增收难度较大；（6）社会发展欠账多，扶贫攻坚任务重。

西双版纳傣族自治州经济发展概况

州　长　岩　庄

1999年，西双版纳州在省委；省政府领导下，高举邓小平理论伟大旗帜，以党的十五大、州第四次党代会精神为指导，认真贯彻国家扩大内需的政策，紧紧抓住举办99昆明世博会的机遇，努力克服市场疲软、价格下跌、灾害频繁等许多困难，团结带领全州各族人民，勇于开拓，扎实工作，各项事业取得了新的进展，基本实现了经济社会发展的预期目标。全年完成国内生产总值44.16亿元，比上年增长7.5%，其中第一、二、三产业各完成17.82亿元、8.05亿元、18.29亿元，分别增长3.2%、6.3%和11.8%。一、二、三次产业比重由上年的42:19:39变为40.4:18.2:41.4，第三产业比重首次超过第一产业，产业结构发生了历史性变化。

一、农村经济

全州各级政府坚持农业基础地位，把稳定农村政策、促进农民增收作为农村工作的重点。加快结构调整，抓好综合开发，发展冬季农业，推广科学种田，改善生产条件，增加农业投入，促进了农村经济全面发展。全年完成不变价农业总产值19.5亿元，增长3.2%；粮食生产在播种面积减少的情况下，总产量达到34.4万吨，与上年持平；生产甘蔗123.7万吨、茶叶1.4万吨、水果4.7万吨，比上年分别下降11.7%、6.8%和增长23.7%；干胶产量13.6万吨，增长8.6%，其中民营橡胶3.9万吨，增长19.5%；肉类总产量2.34万吨，水产品产量0.76万吨，分别增长4.6%和6.4%；热带经济林木达241.8万亩，粮经作物结构由65:35调整为36:64；开发冬季农业31万亩，产值2.5亿元；乡镇企业总收入完成35.1亿元，增长19.6%。

二、工业经济

1999年，全州以制糖为主的轻工业平稳发展，主要工业产品有升有降，建筑业有所增长。主要工业产品中，食糖18万吨，增长35.4%；精制茶4630吨，下降39%；酒精1.4万吨，增长85%；人造板0.34万立方米，下降62%；水泥16.6万吨，增长2.9%；砖10869万块，下降12.8%。全年发电量为33086万度，增长9.2%；自来水生产量1414万吨，增长10.6%。1999年建筑业完成增加值4.32亿元，增长6%，劳动生产率人均41037元，增长20.1%。从总体上，全州工业经济效益仍不理想。1999年全州国有及年销售收入500万元以上的非国有独立核算工业企业亏损2241.6万元，经济效益综合指数为17.06%。

三、旅游经济

1999年，全州旅游业发展以昆明世博会为契机，认真抓好各方面工作，着力办好西双版纳分会场。整顿旅游市场，提高服务水平，创建优秀城市，加强景点建设，成功组织了边境交易会和泼水节，促进全州旅游经济跃上了一个新的台阶。全年共接待海外旅客5.4万人次，国内游客255.2万人次，分别增长10.9%和15.4%；旅游总收入19.1亿元，增长7.7%。圆满完成了世博会分会场的组织和接待任务，受到省政府表彰。我州勐仑热带植物园和野象谷森林公园获得云南省首批10个优秀旅游景区（点）称号。旅游经济充分发挥带动作用，促进了全州第三产业的快速发展。

四、交通、邮电

随着旅游经济的带动，基础建设的加强和体制改革的深化，全州交通运输和邮电业获得了较快发展。1999年，全州拥有民用汽车15655辆，增长6.9%；公路通车里程4881公里，增长11.8%；全年完成货物运输量683万吨，下降9.7%；旅客运输量1065.5万人，增长9%。全年全州航空运输11142架次，增长41.8%；接送旅客135.52万人，增长48.7%，创最高纪录。全年邮电业务总量达2.03亿元，增长39.9%；全州进入全国自动电话网乡镇39个，拥有电话用户74622万，无线寻呼用户57060户，移动电话用户19305户，公用电话1485部，交换机容量103074门，电话普及率为11.2%。

五、基础建设

基础设施容量不足，是全州经济社会发展的主要制约因素。结合扩大内需政策的实施，全州各级政府十分重视固定资产投资对经济增长的拉动作用。1999年全州完成社会固定资产投资14亿元，增长0.1%，其中基本建设投资完成10亿元，增长2.3%；更新改造投资完成0.8亿元，增长1.5%；房地产开发投资完成0.2亿元，增长17.2%；其他投资完成3亿元，下降8.1%。全年施工项目668个，增长20.8%；全年新增固定资产16.7亿元，增长61.7%。在交通方面，新建景洪大桥于10月1日通车，是全省跨度最大、桥面最宽的独塔斜拉桥；新扩建的国内候机楼投入使用；景洪至勐混公路开工建设；新修县乡村公路620公里。在水利方面，投资1.12亿元的勐腊县大沙坝水库开始动工。在电力方面，投资2268万元加快农村电网改造和村村通电工程建设，解决12个行政村980户用电问题。在景点方面，新建成西双版纳原始森林公园、傣族园、动物中心景区，改造了民族风情园，完成了勐泐故宫项目论证和立项工作。在市政方面，投资上亿元对景洪市区、勐海、勐腊县城和重点旅游乡镇进行改造，完成了景洪市供排水管网改造，主要街道美化绿化亮化工程，开发了滨江大道、金沙滩广场。

六、国内贸易

1999年，全州流通体系进一步完善，市场商品丰富，社会消费平稳，物价继续走低。社会消费品零售总额12.7亿元，增长3.6%，其中个体私营经济5.9亿元，增长10.8%，占全州的比重达46.1%；集市贸易成交额6.2亿元，下降5.4%。全年全州居民消费品价格指数增长0.1%，商品零售价格指数增长0.2%，农业生产资料价格指数增长3%。粮食流通体制改革围绕“三项政策，一项改革”做了大量的工作，取得了一定成效。

七、财政、金融

1999年，全州财政稳定增长，金融形势平稳，保险业发展较快。全年地方财政收入3.11亿元，增长5.3%，其中营业税6791万元，增长9%；农业四税1.11亿元，增长6.9%。全年地方财政支出5.66亿元，增长9.9%。全州金融机构各项存款余额42亿元，增长12.4%；贷款余额29.5亿元，增长3.2%；各种承保金额达375.58亿元，增长161.1%；全年保险费收入6850万元，下降4.9%；赔偿总支出2995万元，增长35%；处理财产赔偿18280件（人）。

八、对外开放

1999年，全州努力实施“口岸活州”发展战略，对内对外开放取得新进展。全年全州边境贸易总额9.6亿元，增长9.8%，其中进口总额7839万元，下降22.6%；出口总额41622万元，增长89.4%；边民互市成交额41062万元，下降12%；经济技术合作5007万元，下降41.2%。达成横向经济合作项目15项，协议资金5.3亿元。成功举办西双版纳边境贸易交易会，有国内外200多家客商参加，共3000多个品种，成交额达5.77亿元，进一步扩大了我州在周边国家的影响。努力推进澜沧江—湄公河次区域经济合作，积极组团到东南亚各国进行友好访问和考察，边境跨国旅游保持良好的发展势头，全州“云珠号”首航泰国清盛获得成功，第三届国际哈尼·阿卡文化学术研讨会在我州举行，面向东南亚输电，装机容量150万千瓦的景洪电站在昆明通过可行性研究鉴定。1999年，还与云南财贸学院签订州校合作协议，与美国奥斯汀市和江苏省连云港市建立了友好州市。

九、生态环境

全州始终把保护生态环境，确保绿色永恒，坚持可持续发展作为大事来抓，生态环境保护工作迈出了新的步伐。首先是认真落实和积极启动“天保”工程。编制通过了《1998～2010年西双版纳州天然林保护工程项目建议书》，今后一段时期内我州将营造生态公益林333万亩。扩充州、县级自然保护区210万亩，轮歇地退耕还林320万亩。其次对重点污染源实行限期治理，100户企业被确定污染排放限期达标单位。同时，认真宣传贯彻《水法》、《土地法》等法规，加强水土资源的管理和使用。实行森林防火责任制度，自然保护区内连续5年无森林火灾。年内，“纳板河流域生物圈保护区”被评审通过，成为国家级自然保护区，这是我国第一个流域生物圈保护区。

十、人民生活

1999年，全州年末人口85.29万人，增长6‰。全州城乡居民生活水平进一步提高。农民人均纯收入1721元，扣除物价因素实际增长6.1%；城镇居民年人均可支配收入5592元，扣除物价因素实际增长3.9%；城镇居民年人均生活费支出4536元，增长3.8%。全州农村贫困人口中有1万人脱贫。

十一、存在问题

主要问题是：(1) 东南亚金融危机影响尚未完全消除，市场结构过剩仍未缓解；(2) 基础设施容量不足，经济结构单一，增长质量不高较为突出；(3) 国企改革面临深层次问题，非公有制经济发展缓慢，财税减收因素增多，生态保护任务艰巨，扶贫攻坚难度增大。

大理白族自治州经济发展概况

州　长　李映德

1999年，大理州在党中央、国务院、省委、省人民政府领导下，团结和带领全州各族人民，高举邓小平理论伟大旗帜，以迎接建国50周年、澳门回归和中国’99昆明世界园艺博览会为动力，正确处理改革、发展、稳定的关系，认真贯彻实施州十届人大二次会议批准的全州经济社会发展计划，克服困难，开拓进取，促进了经济持续发展，推动了社会全面进步，实现了年初确定的宏观经济预期目标。全州国内生产总值达124.47亿元，比上年增长8.1%；财政总收入达18.7亿元，增长6.1%。

一、农村经济

年内，全州继续认真贯彻落实党在农村的各项政策，完成土地延包30年的工作。全年投入农田水利建设资金2.41亿元，续修、新修和除险加固、完善配套了一批骨干水利工程，加大了水窖建设力度，新增和改善了一批农田灌溉条件，全州水利化程度达到68.6%。结合农业开发的实施，山区坡改梯台地全面推开，坝区园田化建设迈出新步伐。退耕还林开始启动，天然林保护工程得到加强。全州粮食生产连续10年丰收，粮食总产131.47万吨，比上年增长1.6%。列入结构调整的畜牧业、瓜子产业、大蒜、蔬菜、特色水产业等项目取得一定成效。全州农村经济总收入148.56亿元，增长28.89%；农民人均纯收入达到1751元，增加80元。

二、支柱产业

1999年，全州烟草产业在国家严格实行“双控”情况下，坚持走结构、质量、效益型路子，烤烟生产实现质量效益打翻身仗的目标，实现农特税及附加增长7.9%；卷烟生产创优保量增效，实现“两税”7.18亿元，增长8.1%。借世博效应促旅游业发展，认真做好民航、铁路、汽车客运、宾馆、饭店等窗口服务行业的工作，推出一批旅游精品景点，增强了大理旅游的吸引力，全年接待海内外旅游者538万人，比上年增长24%；旅游社会总收入21亿元，增长39%。生物资源产业开发，实现产值增长12.9%。以大理石系列产品、水泥制品为主的建材加工业，实现产值增长13.2%。州内建筑业持续健康发展，项目招投标率达86.7%，全行业增加值7.24亿元，增长13.3%。

三、工业经济

1999年，针对国家实行煤炭关井压产、纺织压锭、烟草“双控”、天然林禁伐等一系列宏观调控政策给工业发展带来的不利影响，认真研究出现的新情况、新问题，结合深化企业改革，积极进行结构性调整，抓管理、上技改、出新品、拓市场，千方百计增产提效，全州不变价工业总产值52.58亿元，比上年增长9.89%，工业企业实现利税10.82亿元，增长3.4%。

四、财贸、金融

进一步加强对各类市场的巩固、完善、配套，积极鼓励、扶持了一批流通大户，圆满完成粮食流通体制改革的阶段性任务，积极进行供销社的改革，加强工商、物价和技术监督工作，规范市场秩序，活跃城乡流通，繁荣商品生产和商品经济。全年完成社会消费品零售总额35.56亿元，增长6.3%；城乡集市贸易成交额21.62亿元，增长10.04%。培植财源有新的进展，预算执行情况较好。税务工作强化了依法征管，国税、地税实现双增长。金融机构围绕经济建设需要，积极调整信贷结构，搞好信贷服务，为促进改革和发展作出了新的贡献，金融机构存款余额112.65亿元，贷款余额78.01亿元，分别增长15.21%和12.82%。

五、基础设施建设

全年全州先后争取落实国家和省的扩大内需项目20个，全社会固定资产投资30.45亿元，比上年增长16.73%。大丽公路、广大铁路、楚大高速公路相继通车营运，徐村电站第一台机组并网运行，凤太路、剑兰路和中央直属粮库等一大批新建续建工程进展顺利。全州房屋竣工面积达110万平方米，其中经济适用住房46万平方米，州级500套经济适用住房按计划建成。引水济洱项目的前期准备工作正抓紧进行，与小湾电站建设相配套的有关项目已经启动。列入州重点扶持的20个乡镇、省重点扶持的22个乡镇、国家重点扶持的3个乡镇建设进展较快，已有炼洞、平川、州城、下庄、刘厂、甸南、新街、新民8个乡经省批准撤乡建镇，其中炼洞乡改为鸡足山镇，新民乡改为小湾东镇。大理市建设具有鲜明特色的中等规模城市迈出重要步伐，区域性经济社会发展中心的辐射力和影响力进一步增强。全州城市化率达到12%。

六、对内对外开放

以世博会、昆交会、三月街民族节为契机，坚持对内开放与对外开放结合，切实做好内引外联和内外事接待服务工作，成功地举办了’99上海旅游节大理白族文化周、成都旅游产品促销活动，宣传了大理，促进了开放，搞活了经贸。大理海关等有关方面积极做好外贸出口的各项服务工作，促进了企业直接出口业务的发展，外贸出口总额创近几年最好纪录。全州与9个国家和地区、国内15个省市自治区、省内9个地州市达成经济技术协作、招商引资项目148个，实际引进州外资金4.24亿元，比上年增长16.6%。

七、乡镇企业

全年全州乡镇企业营业总收入128.05亿元，增长22.7%；个体工商户95512户，私营企业1240户，分别增长11.5%和30.3%，涌现了一批守法经营、年纳税额达50万元以上的优秀私营企业；云龙电解锌、弥渡脱水大蒜加工、宾川小葱加工、洱源青源酒等私营企业的兴起，加快了县域经济发展。“三资”企业发展快、势头好、活力强。

八、扶贫攻坚工作

年内，机关挂钩帮扶和干部结对帮扶工作进一步加强，小额信贷在全州62个乡全面展开，促进了贫困地区的生产和经济发展。全州贫困地区当年建成基本农田地7.32万亩，新建小水窖池2.34万个，当年通公路的行政村30个、通电的行政村11个、通程控电话的行政村12个。粮食温饱工程、绿色扶贫工程进一步取得成效，当年解决温饱9.8万人。云龙、鹤庆异地搬迁扶贫开始启动。

九、科教兴州

1999年，全州改革和调整中发展，有4个县实现基本普及九年义务教育，3个县实现基本扫除青壮年文盲，职业技术教育得到加强，素质教育进一步推进，社会力量办学获得发展。整体性人才资源开发工作取得新的进展，全年安排实施科研项目38项、71个课题，科技对国民经济、工业、农业的贡献率分别达38.5%、40.9%和39.5%。文化体育事业健康发展，组团参加世博会文艺演出、第十四届泰国国际艺术节和全国第六届少数民族传统体育运动会取得佳绩，再一次成功地举办了“七星国际越野挑战赛”，产生了积极的影响。信息产业获得较大发展，邮政、电信、移动通信现代化水平提高，业务量增加；广播、电视覆盖率分别达到84.97%和92.07%。初级卫生保健和农村卫生“三项建设”取得新成绩。计划生育连续10年实现人口低增长，环境保护和土地管理等各项事业都有新的发展，洱海保护进一步加强。行政勘界按国家和省的要求，如期完成了与怒江等6个周边地州的行政区域界线勘定工作。

十、社会事业

年内，全州以维护社会稳定为主要任务，妥善处置了一批“热点”、“难点”问题，深入广泛地开展了与“法轮功”等邪教组织的斗争，严厉打击刑事犯罪、经济犯罪和毒品犯罪，加强社会治安综合治理，强化安全保卫、道路交通和消防管理，营造较为稳定的治安环境，树立了大理良好形象。加强审计、监察工作，深入开展反腐败斗争，廉政建设取得新的进展。进一步加强社会主义民主和法制建设，提高政府及其部门的依法行政水平，促进依法治州。妇女儿童保护事业、残疾人事业和老龄工作得到加强，扶弱、帮困和拥军优属、“爱心献功臣活动”广泛开展，大理市再次荣获“全国双拥模范城”称号，军政军民和全州各民族的大团结进一步增强。民族团结进个人受到国务院及省委、省政府的表彰。以创建文明城市、文明村镇、文明行业、文明单位、“文明走廊”和“十星级文明户”为主要内容的社会主义精神文明建设活动取得新的进展。对行政事业单位的干部职工调整了工资，提高了离退休人员的生活待遇，有90%的国有企业在职职工进行了工资调整，下岗职工基本生活保障和再就业工作取得明显成效，城镇居民最低生活保障制度开始实施，基本养老、失业、工伤，生育保险全面开发，各族人民的物质文化生活进一步得到改善，全州城乡居民人均储蓄存款1830元，增长11.2%。

十一、存在问题

主要问题是：(1) 思想解放不够，一些陈旧观念还阻碍着改革开放和发展；(2) 县域经济发展中的不平衡性突出，财政平衡的难度加大；(3) 经济结构不合理，农民增收难度大，工商企业效益不理想，科技进步滞后，经济发展后劲不足；(4) 市场有效需求平淡，经济增幅减缓，城镇就业和保持社会稳定的压力增大；(5) 少数干部的工作还不够深入扎实，一些部门和行业的不正之风仍不同程度存在，机关的勤政廉政建设还有差距，反腐败斗争任务艰巨。

保山地区经济发展概况

行署专员 王广兴

1999年，全区各族人民在地委、行署的领导下，认真贯彻执行党中央、国务院和省委、省政府的一系列方针政策，励精图治，团结奋斗，努力拼搏，克服困难，经济建设和社会各项事业都取得了新的成就。全年实现国内生产总值67.28亿元，比上年增长7.5%，其中第一产业29.21亿元，增长3.1%；第二产业12.77亿元，增长8.8%；第三产业25.30亿元，增长

10.7%。

一、农业和农村经济

1999年，全区农业总产值（现价）达43.97亿元，比上年增长5.42%。粮食产量达86.70万吨，减少3.99%；烤烟产量完成省下达2.35万吨的控制计划，亩产量比上年提高8.79%。主要经济作物有了新的发展，油料产量1.59万吨，香料烟产量3225吨，甘蔗产量191.79万吨，茶叶产量8945吨，水果产量2.90万吨，蔬菜种植19万亩。农业产业结构调整在发展特色农业、冬季农业、城郊农业等方面有了新的突破。

林业生产继续发展，全年共完成人工造林23.22万亩，森林覆盖率达42.4%，森林防火工作经受住了严峻考验，共扑灭12起森林大火。

畜牧业生产平稳发展，全年全区肥猪出栏达130.19万头，比上年增长7%；肉类总产量达12.03万吨，增长9.36%；禽、蛋产量均有不同程度的增长。

渔产生产继续增长，全年水产品产量7772吨，增长7.2%。

农业生产条件继续改善。以水利为重点的农业基础设施建设取得进展。全区完成农田水利建设项目5.45万件，新增、恢复、改善、除涝、节水灌溉面积44.25万亩，解决3.41万人，7700多头大牲畜饮水困难。年末，全区拥有农业机械总动力60445万瓦特，比上年增加5.99%；排灌动力机构2146台，增7.14%；全区农村用电量12828万千瓦小时，增长12.57%。全区拥有各种水库261座，库容面达3.53亿立方米，有效灌溉面积逐年增加。

乡镇企业不断壮大，全区乡镇企业营业总收入61.07亿元，比上年增长20.1%；乡镇企业总产值52.10亿元，增长18%，乡镇企业的发展有效地促进了农村经济的全面进步。

二、工业、建筑业

1999年，全区国有企业通过改革、改组、改造，新的机制增强了企业的活力，促进了生产发展。全区完成工业总产值28.29亿元，比上年增长10.09%，其中个私工业产值3.96亿元，增长35.2%。全区完成轻工业产值17.61亿元，增长20.72%；完成重工业产值10.68亿元，增长4.08%。工业产品受市场制约，产量有增有减，产品结构有所调整，食糖产量21.79万吨，增20.31%；精制茶1439吨，减56.62%；原煤24.99万吨，减10.07%；发电量63906万千瓦小时，增7.78%；水泥39.64万吨，减0.7%；木材57.45万立方，增4.6%。工业经济效益不够理想，全部国有及年销售收入500万元以上非国有独立核算工业企业综合经济效益指数为6.81%，工业产品销售率为95.39%，按增加值计算的全员劳动生产率为12019元/人。工业企业亏损更为严重，年末全区独立核算工业企业亏损面为68.97%，亏损额达2.19亿元。

建筑业生产稳步发展，全区建筑业企业完成总产值9.41亿元，比上年增长11.87%；建筑施工企业房屋竣工面积为104.77万平方米，增长1.16%；按增加值计算的全员劳动生产率达6916元/人，比上年下降11.32%。

三、固定资产投资

1999年，全区固定资产投资在上年下滑的基础上继续下降，全社会固定资产投资仅完成14.69亿元，比上年下降3.77%。按经济类型划分：国有单位投资8.72亿元，增长32.05%；城乡集体所有制单位投资1.66亿元，减13.59%；城乡居民个人投资2.95亿元，增长9.16%；其他经济类型投资1.36亿元，下降66.25%。按投资管理渠道划分：基本建设投资6.50亿元，下降9.53%；更新改造投资2.93亿元，增长26.54%；其他投资5.26亿元，下降8.67%。全市施工项目675个，其中本年新开工项目552个。

重点建设取得新的成绩。全年施工的重点项目10项，共完成投资3.46亿元，完成年度计划投资的86.6%。年内重点工程项目茄子山水库及坝后电站、保山造纸厂异地扩建、东风桥至六库四级弹石路保山段、龙陵红旗桥至勐糯公路改造、施甸县城至七0七公路改造、龙陵勐梅河一级电站、地区文化中心等工程已按计划完工并投入使用。

四、交通、邮电

1999年，全区货运量1143万吨，比上年增长1.42%；完成货物周转量13亿吨公里，增长8.92%；完成客运量798万人次，增长1.53%；

旅客周转量6.58亿人公里，增长13.36%；全年新增公路里程1193公里，已有906个村通公路，占99%。

全年全区邮电业务总量完成16718万元，比上年增长54.41%；市话总量达8.55万门，新增农话容量0.45万门，总量达3.54万门，全区电话用户达77763户，其中住宅电话59519户，分别增24.51%和27.63%；电信业务总量完成8218万元，增长46.46%；邮政事业稳步发展，全区累计订销极纸1516万份，杂志133.29万份。

五、国内外贸易

1999年，全区国内商品市场稳定发展，农村市场较旺。全年实现社会消费品零售总额18.92亿元，比上年增长9.01%。分城乡：城镇10.66亿元，增长5%；农村8.25亿元，增长14.68%。分经济类型：国有经济下降13.66%，集体经济增长9.17%，个体私营等其他经济类型增长20.55%。

对外贸易得到了恢复性的增长。全区外贸进出口总额完成4430万美元，比上年增长1.5倍，边境贸易进出口总额实现1441万美元，增长109.29%，其中进口1022万美元，增长105.2%；出口421万美元，增长120.4%。年末全区共有“三资”企业36户，实际利用外资397万美元，下降55.68%。

年内，全区旅游事业继续发展，到区内旅游的海外游客和华侨、港澳台同胞4.43万人次，旅游外汇收入714万美元。国内旅客180.38万人次，旅游收入2.88亿元人民币，全区旅游总收入3.52亿元，均比上年同期有所增长。

市场价格稳中有降，全年居民消费价格总水平上升0.69%，其中服务项目价格上升7.58%；商品零售价格总水平下降0.26%。

六、财政、金融、保险

1999年，全区财政基本保持预算平衡，但收支较为严峻。全区财政总收入完成5.68亿元，比上年减少4%；一般预算收入3.88亿元，减少4%；完成财政总支出9.7亿元，增长2%。

金融存贷款继续增加，全区金融机构各项存款61.13亿元，比年初增长12%，其中城乡储蓄存款金额39.37亿元，增长10%。年末贷款金额66.49亿元，增长7%。全年金融机构实现现金收入157亿元，现金支出160亿元，收支相抵累计投入货币3.06亿元。

保险事业稳步发展。全区各种保险总金额189.2亿元，各种保险费收入9329万元，比上年增长6.34%，其中财产保险费收入4013万元，增长0.10%；人身保险费收入5316万元，增长11.59%。全年财产险赔款金额2439万元，赔付率61%；人身险赔款金额1424万元。全区有458个企业事业单位参加了企业财产保险，有49716户居民参加了家庭财产保险，有425903人参加了人身保险。

七、人口和人民生活

全区年末总人口232.03万人，比上年增加1.59万人，人口自然增长率7.93‰，比上年下降1.36个千分点。

城乡居民收入稳步增长，城镇居民人均可支配收入5456元，比上年增加6元；全区农民人均纯收入1352元，增加62元。全区城镇职工年平均工资6722元，增长6.36%。1999年城乡居民居住条件继续改善，城镇新建住宅39万平方米，农村新建住宅66.79万平方米。城镇居民人均居住面积13.5平方米，农村居民人均居住面积22.3平方米。

社会保险制度改革稳步发展。全区机关和事业单位职工离退休人员按规定参加了基本养老保险和社会统筹外，还有3.53万各企业职工参加了基本养老保险，有1.21万各企业离退休人员参加了社会统筹。1999年下岗职工再就业人员4179人。5县、市全部按要求推行了城市居民最低生活保障制度，发放最低生活保障费270万元，民政部门全年发放救灾款1013万元，保证了自然灾害发生灾区灾民的基本生产生活需要。

扶贫攻坚取得了新的进展，年内解决温饱人口6.6万人，贫困人口总量已降到18万人。

八、个体私营经济

1999年，全区个体私营经济持续发展。至年末，全区个体工商户、私营企业已发展到38179户，比上年增长5.3%；从业人员67905人，增长7.3%。非公有制经济经过多年持续快速增长，已成全区经济增长的重要生力军。全部工业总产值中，非公有制经济创造的产值占

43%，在新增的9.95%工业总产值中，有7.6个百分点是由非公有制经济创造的。在社会消费品零售总额中，非公有制经济所完成的销售额占66.8%。全年个私经济创税收达7950万元，同比增长32.4%。腾冲省级个私经济实验区、保山市民营经济园区建设进展良好，现已分别完成投资3000万元和3亿元。

九、农业产业结构

1999年，全区农业产业结构调整成效初显，以增加农民收入为目的，稳粮调结构，提质增效益，增强农业综合竞争力的结构调整正在实施，农业、种植业、养殖业出现了新的变化。蔬菜产业已成为全区农村新的经济增长点，种植面积达19.7万亩，油菜面积扩大10万亩，优质硬粒小麦增加1.5万亩，优质啤饲大麦扩大种植5万亩，新植咖啡2.6万亩，水果种植面积已达11万亩。更加重视市场导向，成为农业产业结构调整工作的新特点，各县市乡镇都积极组织营销队伍，走出区外、省外找市场，寻订单，在发展特色农业、冬季农业、城郊农业等方面有了新的突破。

十、城市建设

1999年，全区城市建设加速发展。5县市城市建成面积达到27.88平方公里，当年新增面积3.33平方公里，建设总投资4.44亿元。城市道路拓宽改造和新建17.1公里，公共绿化8600平方米，主要街道全部实施“光亮、绿化、穿衣”工程。腾冲二水厂、施甸二水厂竣工供水，保山市三水厂、昌宁二水厂已开工。龙陵二水厂完成初步设计。城市规模的快速发展，拉动了经济的发展，1999年城市产出的GDP增加值33.2亿元，比上年增长11.5%，占GDP总额的49.4%。农村集镇建设步伐加快，板桥等13个乡镇已列入1999年云南省级百家重点发展试点集镇，共落实省补助资金514万元。78个农村集镇加快了集镇建设步伐，完成规划修编20项，规划总面积12.77平方公里。集镇建设逐步形成了农村大市场，促进了农村集镇经济的发展。

十一、存在问题

主要问题是：(1) 严重自然灾害造成农作物普遍减产，农民增收缓慢，仅小春粮食因干旱就减产21%，油料、茶叶、咖啡等经济作物也不同程度地受到损失；(2) 烤烟等支柱产业继续受挫，财政收支矛盾加剧；(3) 工商企业运行质量不高，亏损面扩大； (4) 固定资产投资下降4.1%。这些问题，亟待在今后工作中认真加以解决。

德宏傣族景颇族自治州经济发展概况

州　长　管国忠

1999年是德宏州经济社会发展较为困难的一年。一年来，全州各级党委、政府高举邓小平理论伟大旗帜，坚决贯彻党的十五大制定的路线、方针、政策，坚持以经济建设为中心，团结各族干部，依靠各族人民，真抓实干，迎着困难上，在困难中求发展，使全州经济社会取得长足发展。全州国内生产总值达34.71亿元（现价），比上年减少1.1%，其中第一产业12.5亿元，减9.2%；第二产业7.91亿元，减0.2%；第三产业14.3亿元，增6.9%。按（1990）年不变价计算，国内生产总值为23.17亿元，增长4.5%，其中第一产业8.55亿元，减1%；第二产业7.11亿元，增8.7%；第三产业7.51亿元，增长7.4%。

一、农　业

1999年，全州农村通过延长家庭联产责任承包期，扎扎实实进行村建和扶贫攻坚工作后，广大农民生产积极性进一步高涨。同时各级狠抓对农业的领导，农业生产条件进一步改善。农业机械总功力达 45648 万瓦特，比上年增长 10.4%，农用大中型拖拉机达 1242 台，增 4%；农用小型拖拉机达 28405 台，增 6.5%；拥有联合收割机 141 台，增 45.4%；机动脱粒机 2228 台，增 0.4%；农用运输车 958 辆，增 77.4%；化肥施用量 40836 吨，增 4.7%；农村用电 3064 万千瓦小时，与上年基本持平。因而农村经济总体态势良好。但由于受产业结构调整、产品滞销、物价下滑等因素的影响，农林牧业收入均比上年减少。农林牧渔业总产值达 18.52 亿元（现价），比上年减 9.3%，其中农业产值 12.9 亿元，减 9.6%；林业产值 1.48 亿元，减少 10.3%；牧业产值 3.38 亿元，减 10.9%；渔业产值 7612 万元，增 6.4%。主要农产品产量：粮食 37.98 万吨，减 4.3%，其中稻谷减 2.2%，小麦减 27.4%，大豆减 19.6%，玉米增 11.7%；油料 1.24 万吨，增 31.8%；甘蔗 304 万吨，增 1.8%；茶叶 4579 吨，减 18.6%；水果 1.13 万吨，增 0.3%；橡胶 4665 吨，增 6%；烟叶 338 吨，减 46%。

1999 年，全州主要畜产品产量和牲畜存栏有增有减。猪牛羊肉产量 2.57 万吨，与上年持平；猪肉产量 2.33 万吨，减 1.4%；牛奶 414 吨，增长 84.8%；禽蛋 1153 吨，减 0.4%；肉猪出栏 29.2 万头，减 2.9%；生猪年末存栏 50.05 万头，增 2%；大牲畜年末存栏 21.04 万头，减 3.8%；羊年末存栏 5.73 万头，增长 11.6%。水产品 8606 吨，增长 11%。

1999 年，全州乡镇企业继续保持健康发展。全州有企业 5.94 万个，从业人员 12.68 万人，比上年分别增长 0.9%、4.6%；总产值 22.26 亿元（现价），增长 15.1%；营业收入 28.53 亿元，增长 18%；实现利税 2.69 亿元，其中实缴税金 8581 万元，分别增长 2.4%和 11.7%。

二、工　业

1999 年全州工业获得较快发展，全年完成工业总产值 16.55 亿元（1990 年不变价），比上年增长 20.5%，其中国有经济 10.12 亿元，增长 35.7%；集体经济 2.06 亿元，减 14.2%；其他经济 4.36 亿元，增 12.8%。重工业产值 4.28 亿元，增 12.8%；轻工业产值 12.26 亿元，增长 26.1%。主要工业产品产量：发电量 4.79 亿千瓦小时，增 10.8%；原煤 8.45 万吨，减 21%；食糖 30.44 万吨，增 47.7%；酒精 3.07 万吨，增 57.9%；精制茶 2590 吨，减 2.9%；机制纸及纸板 6914 吨，增 34.3%；水泥 35.66 万吨，增 8%；配合饲料 9991 吨，增 17.8%；木材 5.98 万平方米，增 9.1%；服装 21.9 万件，减 33%；塑料制品 2493 吨，增 1.7%；肥皂 103 吨，增 28.8%；锡精矿金属含量 614 吨，减 12.5%。

1999 年，全州建筑业总产值完成 8306 万元，比上年增长 11.9%；房屋建筑施工面积 16.59 万平方米，增长 20.9%；房屋建筑竣工面积 5.4 万平方米，下降 4.2%。

三、固定资产投资

1999 年，由于地方财政困难，全州一些较大工程资金不到位，固定资产投资比上年下滑较多。全年仅完成 10.1 亿元，减少 20.7%，其中基本建设投资完成 6.86 万元，减 8.5%；更新改造投资完成 6498 万元，下降 48.1%。

全州 5 县市，除陇川县因搬迁县城固定资产投资较上年增长 9.8%外，其余市县均低于上年。其中瑞丽减 30.6%，潞西减 14.2%，梁河减 49%，盈江减 24.6%。

四、交通、邮电

1999 年，全州交通运输业仍保持增长势头。货物运输总量达 999 万吨，比上年增长 2.8%；旅客运输量 477 万人次，增长 7%；货物周转量 6.59 亿公里，增 9.9%；旅客周转量 42552 万人公里，增长 28%。

邮电事业总体保持稳步发展。全年完成业务总量 1.57 亿元，增长 17.6%；函件投递 129.4 万件，减 7.3%；订销报刊 893 万份，减 7.2%；收发国内电报 10 万份，减 21.9%；年末市话用户达 53814 户，增 15.8%；农话用户达 1.57 万户，增长 34.5%。

五、贸易、旅游、物价

1999 年国内贸易平稳增长。全社会消费品零售总额达 16.23 亿元，比上年增 2.7%。按经济类型划分，国有经济 2.86 亿元，减 12.9%；集体经济 1.19 亿元，减 0.4%；私营经济 1.03

亿元，增7.4%；个体经济6.55亿元，增16.4%；其他经济4.59亿元，减2.8%。按行业划分，批发零售贸易业9.21个元，增3.6%；餐饮业1.68亿元，增23.8%；制造业1.33亿元，增8.8%；其他业4亿元，减7.4%。农民对非农业居民零售额达3.42亿元，减8.1%。

年内，全州对外贸易下滑势头得到遏制，进出口贸易总额18.79亿元，比上年略有回升，其中进口总额2.66亿元，增61.8%；出口总额16.13亿元，减5.3%。

年内全州旅游业进一步发展，全年接待国内外游客184.22万人次，比上年增长14%，其中国内游额180万人次，增13.9%；海外游客4.22万人次，增19.6%。全年旅游总收入11.04亿元，增32.4%，其中国内旅游收入8.25亿元，增47.79%；旅游外汇收入3349万美元，增1.3%。

年内，全州市场物价继续走低，商品零售价格总水平比上年下降1%，其中城镇下降0.8%，农村下降1.1%；居民消费价格总水平上涨0.2%，其中城镇上涨0.1%，农村上涨0.2%；农业生产资料价格下降3%。

六、财政、金融、保险

1999年，全州财政总收入3.22亿元，比上年下降12.7%，其中一般预算收入2.05亿元，下降14.6%；财政总支出6.4亿元，下降8%。

1999年底，全州各金融机构存款余额达45.1亿元，比上年增长8%，其中企业存款9.86亿元，增0.4%。各金融机构贷款余额40.23亿元，下降4.2%。全年现金总收入214.46亿元，增32.4%；现金总支出219亿元，增长32.7%；城乡居民存款余额31.3亿元，增长9%。

1999年全州保险事业稳步发展。保险费总收入0.9亿元，比上年增长2.2%，其中财产保险费收入0.42亿元，增长5%；人寿保险费收入0.48亿元，下降2%。

七、人民生活

1999年全州全部在岗职工工资总额5.95亿元，人均6902元，比上年分别增长5.4%和9.3%；城镇居民平均可支配收入6358元，增3.5%；农村居民收入普遍减少，人均纯收入1106元，减1.9%。全州社会保障工作有所加强，6.83万人次得到社会救助，5288名离退休人员参加了社会保险。环境保护工作得到加强。由于市场物价持续走低，城乡居民生活仍稳定改善。

八、存在问题

主要是问题：(1）农业和农村产业结构调整过程中近期和中远期后续项目还没有形成合理的梯次结构，农业、农村经济和农民收入增长乏力；(2）粮食等主要农产品滞销，蔗糖价格下跌，导致蔗糖价下滑，农民购买力下降，进行再生产的物化投入能力减弱；(3）蔗糖支柱产业经济效益下滑，出现全行业亏损；(4）对外贸易形势严峻，仍在低水平线上排徊；(5）财政工作短期内难扭被动局面，多种因素造成收入减少，而刚性支出不断增加，将在极为困难中运行。

丽江地区经济发展概况

行署专员　和段琪

1999年，在党中央、国务院，省委、省政府领导下，全区干部群众共同努力，农业获得丰收，工业没有大的下滑，社会消费有所回升，财政收入稳定增长，金融运行平稳，人民生活继续改善，社会保持稳定，圆满完成既定的经济社会发展目标。全年完成国内生产总值28.76亿元，比上年增长7.5%，超过7%的预定目标。其中第一产业9.14亿元，增长4.2%；第二产业7.5亿元，下降0.4%；第三产业12.12亿元，增长20.4%。三次产业占GDP的比重分别是：第一产业31.78%，第二产业26.1%，第三产业42.14%。

一、农业、农村经济

1999年，全区各级党委、政府结合十五届三中全会精神的贯彻，继续加强农业和农村工作，大力发展农田水利，推广农业科技，强化农业产业结构调整，在稳步发展传统产业的同时，积极发展特色产业。全年共完成粮豆播种面积206.57万亩，比上年增1.76%；粮食总产量41.48万吨，增长7.1%，首次突破40万吨大关；肉类总产量5.49万吨，增长10.2%；完成烤烟种植7.81万亩，实际投烤7.13万亩，收购烟叶17.14万担，农民烟叶总收入达6466.1万元，比上年增245.8万元，烟叶农特税收入1293万元；冬季农业开发面积5.8万亩，优质稻、山嵛菜、苦良姜、三文鱼、魔芋、乌骨鸡、香猪等特色农产品开发开始起步。种植杂交玉米36.65万亩，杂交稻7.88万亩，推广水稻旱育稀植12.81万亩，地膜小麦5415亩，实施了玉米化肥深施、植物动力等科技措施，促进了农业增产、农民增收、农村稳定。农业总产值9.55亿元（1990年不变价），增长5.1%；农民人均纯收入826元，增长11.5%。

年内，继续实施扶贫5项工程，加大小额信贷、异地开发的力度。新开展小额信贷22个贫困乡，新增贷款规模1250万元，累计达2150万元。争取了异地扶贫开发总规模1.38万人，总投资4140万元，已完成可研和初设等工作。年内又有4个乡4.89万群众解决了温饱问题。乡镇企业总收入19.15亿元，增22%，总产值18.2亿元，增长20%。

二、旅游业

全年出现春节、世博会、东巴艺术节等持续时间较长的旅游高峰期，游客大幅度增长。全年共接待国内外游客280.4万人次，增长39.3%；旅游业综合收入15.87亿元，增长52.3%，其中海外游客6.9万人次，增26.4%。旅游外汇收入2131万美元，增长29.3%。旅游业增加值占GDP的比重由上年的19.5%上升到22.6%。旅游业和整个第三产业的高速发展，有效弥补了第二产业的下滑，全区国民经济保持了持续健康发展的良好态势。第三产业对经济增长的贡献率从上年的5.36个百分点提高到6.46个百分点，第三产业增加值首次超过第二产业，三次产业的排序由一二三变为一三二。年内还圆满地完成了党和国家领导人江泽民、朱镕基、李瑞环等的接待任务。

三、工　　业

1999年，全区工业总产值6.97亿元（1990年不变价），比上年下降13.8%；全区及500万元以上工业累计完成销售产值5.78亿元，下降10.44%；工业产销率完成99.59%，提高5个百分点。纳入统计的46种主要工业产品中，比上年同期增长的仅有16种。在木材下降81.3%、煤炭下降24.8%的情况下，抓好电力、水泥等有市场的产品的产销工作，电力增29.6%，水泥增21.4%。有效遏制了工业大幅度下滑。

四、固定资产投资

年内，全区一般基建和更改投资力度减弱，使全年投资总量比上年下降，但基础设施和生态环境建设得到加强，中央扩大内需方针得到认真贯彻。全年国有单位固定资产投资完成10.3亿元，比上年下降18.1%。恢复重建和拉动内需项目完工，主要有国际文化交流中心、地区医院、木府、丽江机场停机坪扩建、丽江县福慧路改造、丽宁路、宁蒗县城至泸沽湖柏油路、拉市—雄古柏油路、丽江污水处理场厂等。新上了一批基础建设项目：丽江古城“三线”隐蔽工程、祥宁路永胜段、华坪二级路二期工程、丽江七星商业街、石鼓至虎跳峡航道工程等。一批重点项目及项目前期工作进展较快，务坪水库28公里输水渠已通过验收，大坝枢纽工程填筑至2017米高程，前后反压平台达到预定高程，修编概算取得实质性进展；拉市隧洞北灌渠于4月上旬投入使用；羊坪水库病险处理、木底箐水库、团山水库、拉市隧洞等重点项目前期工作有了较大进展；宁蒗地震恢复重建工作进展顺利。

五、国企改革、非公有制经济

年内，全区积极推进国企改革脱困，继续发展非公有制经济。列入3年改革目标的116户国有企业，已累计完成85户，占73.3%，其中组建股份有限公司5户，有限责任公司25户，股份合作制35户，实施改组20户。积极稳妥地进行战河纸浆厂的破产和地区木综厂、南口纸厂、丽江县林产品公司、宁蒗木综厂、永胜期纳糖厂等企业的破产申请。加强企业管理和班子建设，抓好下岗职工基本生活保障和再就业工作。列入扭亏增盈的32户企业，盈利的11户，占33.3%。

加快非公有制经济发展步伐。年末个体工商户达16075户，从业人员21773人，注册资金11563万元，分别增19.2%、16.2%和12.8%；个体私营经济上缴税款2637万元，增长41.31%；增加值增长17.2%，占GDP的比重由上年的17.5%上升到19%。

六、财政、金融

全区财政工作坚持“两手抓”，即一手抓增收，一手抓节支；一手抓培植后续财源，一手抓调整、优化支出结构。在全年减收因素较多，国家调整收入分配政策，社保制度改革，落实国债配套资金等支出压力较大情况下，预算收支执行情况基本正常，全区财政收支持续稳定增长。完成地方财政收入2.08亿元，增长1.3%，除宁蒗县下降29.9%外，其余各县分别比上年增3.4%、10.6%和4.5%；地方财政支出7.65亿元，下降1.9%，各县中除丽江县比上年同期下降9.5%外，永胜、华坪、宁蒗3县分别上升15.6%、27.4%和31.5%；上划中央“两税”完成7555万元，为省国税局下达计划数的105.4%。三次产业提供财政收入的比重分别是：第一产业27.36%，第二产业24.87%，第三产业47.26%。

年末，全区金融机构各项存款余额为37.81亿元，增21.5%，其中居民储蓄存款余额21.19亿元，增14.7%；金融机构贷款余额29.63亿元，增7.0%。金融存差8.18亿元，增强了防范金融风险的能力。

七、交通、邮电

1999年，全区抓住国家实施扩大内需政策和西部开发机遇，千方百计争取建设项目，加大资金投入力度，加快交通建设事业的发展。年末，全区公路通车里程5764公里，新增1093公里，完成货物周转量63604万吨公里，旅客周转量55006万人公里，增81.8%。年内拉石公路路面工程、丽宁公路和泸沽湖公路油路面工程、石维二级公路、金黎旅游公路、上虎跳旅游公路、宁蒗二级公路过境公路、华坪二级公路（续建）、永胜二级公路（续建）、永胜祥宁路20公里改建和37公里处理泥石流工程，丽江香格里大道延伸线、永胜东过境公路、丽江新南过境公路、战华公路弹石路面工程、石鼓航运项目、泸沽湖码头建设等16个建设项目和26条乡村公路建设列入计划实施，其中干线公路竣工6个，在建10个，年内26条乡村公路竣工，新增乡村公路里程534.1公里。年内全区公路完成投资2.89亿元，为全区扩大内需，拉动经济创造了条件。

全年邮电业务总量完成9523万元，增长20.5%，其中电信业务总量完成5821.7万元，增长31.8%。长途业务电路达1739路，比上年末净增713路；固定电话普及率达到5.56部/百人，比上年末的4.37部/百人提高1.19个百分点；主线普及率达5.35%，比上年末的4.42%提高了0.93个百分点；交换机容量达10万多门，比上年末净增4万多门。全员劳动生产率达19.23万元。光缆通达全区各乡镇，移动通信、无线寻呼等业务进一步扩大。邮政业务收入完成1502万元，增53.4%，增幅居全省第一，比全省平均水平高出36.7个百分点；劳动生产率为4.2万元，人均提高1.5万元。

八、商贸、物价

1999年，全区累计完成社会消费品零售总额8.76亿元，增长8.6%，丽江、永胜、华坪、宁蒗4县分别增长14.3%、2%、3.1%和3.4%。从经济结构看，国合商业完成社会消费品零售总额2.51亿元，下降0.52%；改制后的国有股份制企业和集体企业完成1.51亿元，增长23.2%；非公有制经济完成4.74亿元，增长9.81%，在社会消费品零售额中所占比重由上年的53.5%上升到54.1%，提高0.6个百分点。

1999年，物价低位运行。商品零售价格比上年下降1.8%，比上年同期涨幅0.3%继续下滑2.1个百分点，未完成0以上的下限目标。居民生活消费品价格平均涨幅下降0.2%，比上年同期涨幅1.7%低1.9个百分点。农业生产资料价格平均涨幅下降2.3%，比上年同期0.2%涨幅低2.5个百分点。全区40种监测品种价格情况是：全区平均为－0.53%，丽、永、华、宁4县分别是3.61%、－1.7%、－0.64%和－3.39%。

怒江傈僳族自治州经济发展概况

州 长 欧志明

1999年，罕见的持续干旱和森林火灾等各种自然灾害给怒江州经济社会发展带来了很多困难。但在州委州政府的领导下，全州各族干部和人民认真贯彻党的十五大、十五届四中全会精神，认真落实省委、省政府对怒江工作的指示，紧紧围绕扶贫攻坚这一中心任务，发扬“团结奋进、负重拼搏、实干脱贫、勇于争先”的怒江精神，克服发展中的种种困难，稳步推进各项改革，使全州国民经济和社会各项事业取得了新的成绩，基本实现了年初确定的宏观调控目标。

1999年，全州国内生产总值完成10.29亿元，比上年增长7.2%，其中第一产业完成3.12亿元，增长3.4%；第二产业完成3.96亿元，增长7.3%；第三产业完成3.21亿元，增长10.9%。工农业总产值完成11.08亿元，其中工业总产值完成6.24亿元，农业总产值完成4.84亿元。一、二、三产业占国内生产总值的比重分别为32.9%、37.3%、29.7%。

一、农 业

1999年，全州农业生产紧紧围绕“农业增产、农民增收、农村稳定”这一总目标，认真贯彻州委关于农业生产要在“结构调整、良种面积、地膜覆盖、办样板、促增收，商品粮商品猪商品羊销售和晚秋面积”6个方面有重大突破的要求，州县乡共组织1354名干部深入农村发动群众抗旱保苗、抢栽抢种，采取了扩大种植面积，大力推广科技措施，增加良种、化肥、地膜、农药方面的投入，抓好夏荒救济等措施，使大灾之年粮食仍然获得丰收。全年全州完成小春作物播种面积45.48万亩，比上年净增6.32万亩；大春粮豆播种面积75.5万亩，净增3.6万亩；全州粮食总产达15.78万吨，完成良种推广面积74万亩，其中大春良种推广面积52.6万亩，增5.6万亩；小春粮油作物良种面积21.4万亩，扩大2.4万亩。全州大小春良种推广覆盖达62%左右。

全年全州完成科技推广项目面积61.64万亩。其中玉米地膜“温饱工程”面积10.1万亩，推广玉米营养栽培和规格化种植16.26万亩，举办玉米高产示范样板3.8万亩，推广水稻旱育稀植2.98万亩，水稻规格化条栽6.41万亩，举办水稻高产示范样板2.31万亩，推广半山粳稻综示区2.19万亩，推广旱作立体高产栽培5.61万亩，实施“沃土计划”2.93万亩，推广电脑农业配方施肥技术5.98万亩，示范推广种子包衣技术3.33万亩，推广蔬菜作物高产栽培1.98万亩。大春生产科技覆盖率达73%左右。

全州实施主要粮油作物“丰收计划”面积43万亩，其中完成玉米“丰收计划”面积17.95万亩，水稻“丰收计划”6.85万亩，马铃薯“丰收计划”3.04万亩，小春粮油作物“丰收计划”样板15.8万亩。全州完成各类粮经作物、病虫鼠防治累计面积29.4万亩，防治培训5.5万人次，结合重点科技推广项目和科技扶贫项目，共开展科技培训23.7万人次，全州各级农业部门共有377人参加科技承包，承包面积达8.41万亩。

1999年，全州畜牧业生产步伐加快。大牲畜出栏1.3万头，增长15.37%；猪出栏22.6万头，增长9.27%；羊出栏9.47万只，增长19.35%。全年肉类总产量1.75万吨，增长14.19%。禽蛋产量达508吨，农民人均占有肉奶蛋达45.52公斤。大力推广畜牧科技和科学养畜重点户和示范户建设。年内，全州共建养猪重点户1138户，建盖规范化圈舍1.19万平方米，投放仔猪3964头，建立养羊重点户1211户，建盖羊圈1.4万平方米，投放羊8152只；引进种猪309只，开展猪杂交改良7200窝，产仔5.88万头，其中人工受精1613窝、产仔1.52万头，羊改良1.58万窝、产羊羔2.19万只，大牲畜改良573头匹；推广配合饲料929.8吨，添加剂42.4吨，修建青贮氨化窖910立方米，推广青贮氨化饲料2075吨，草场改良3.31万亩和人工种草8850亩。全年共举办各种技术培训170期，受训人员1.48万人次，其中农民1.44万人次。

全年完成植树造林6547公顷，其中经济林2214公顷。

1999年，全州完成各种类型的农田地改造5.43万亩，其中新增水田0.38万亩，坡改梯1.58万亩，坡改台地1.68万亩。中低产田地改造1.79万亩；完成田间渠系61条、28.57万千米，投入劳动工日449.46万个工日，劳均21.3个工日，投入总资金992.8万元，其中以工代赈资金376.6万元；完成300公斤以上的基本农田(地)2.46万亩，其中750公斤级0.34万亩，500公斤级0.54万亩，400公斤级0.98万亩，300公斤级0.1万亩。

年内，全州投入水利建设资金1020万元，其中省746.7万元（含以工代赈），州、县财政114万元，乡（镇）及群众集资129.3万元，群众投工投劳508.96万个工日，劳均投工23.5个工日；完成各类水利工程2545件，其中重点工程104件，三面光49.6公里；新增灌溉面积0.87万亩，改善灌溉面积7.1万亩；完成人畜饮水工程63件，架设管道97.22公里，修建水池342个，解决了1.6万人、2.18万头的人畜饮水困难。全年完成水土流失治理面积36.37平方公里，其中小流域治理24.67平方公里，坡改梯135.6公顷，水保林7749公顷，结果林330公顷，封禁林650公顷，保土耕作50公顷，种草120公顷。

二、工 业

1999年，全州工业生产围绕市场需要，加大技改力度，提高矿产品、林产品、畜产品加工水平，大力发展非公有制工业，使全州工业生产平稳增长，全部工业总产值完成6.24亿元，比上年增长10.45%，其中国有经济产值1.39亿元，减59.47%；集体经济产值1.31亿元，减29.67%；其他经济产值3.54亿元。

乡镇企业稳步发展，个私经济发展较快。1999年，全州乡镇企业营业收入6.9亿元，增长17%。现价总产值完成3.87亿元，增长21.8%。全州个私经济持续、健康发展。年末个私企业及工商户达7898户，从业人员2.25万人，分别增长24%和34.7%；注册资金1.94亿元，营业收入4.65亿元，分别增长29.6%和20.4%；上缴税金1545万元，增长34%。

年内，全州电力抓村村通电工程建设，解决了20个行政村2524户、1.37万人的用电困难，完成了17个村的线路立杆，完成了35KV输电线路143公里、10KV输电线路230公里。全州电力装机容量达43231千瓦，29个乡（镇）通电率达100%，260个行政村（办事处）通电率达78.5%，105819户农户通电率68.5%；建成独龙江4座小水电站，独龙江乡实现了“村村通电”；听命河2×2000KW电站已于年内发电。

1999年，全州企业改革取得新的突破，企业改革从试点转向全面推进的攻坚阶段。州和泸水县电力企业联合组建有限责任公司。国有运输企业清产核资，粮食流通体制改革，基本完成了政企分开、国家储备与企业经营分开、主营业务和附营业务分开的任务；供销社财务挂账清理工作顺利完成。全州累计1户企业实行资产经营责任制，有2户企业实行股份制，转让有4户，兼并12户，租赁23户，实行有限责任的17户，破产的2户，改组与其他形式的有27户。

三、固定资产投资

1999年，全州固定资产投资增长，全社会固定资产投资总额4.99亿元，比上年增长18.9%，其中国有单位投资3.63亿元，增长9.75%；集体单位投资1354万元，增长76.72%；城乡私人投资6732万元，增长48.86%。

四、交通、邮电

交通运输邮电发展较快。全年汽车货运量达110万吨，比上年增长15.8%；客运量达110万人，增长10%；民用汽车拥有量达3500辆，增长7.6%。全州邮政业务收入达416万元，增长31%；电信收入达2627万元，其中中央企业增长37.7%，农话增长12.12%。

年内，独龙江公路、兰坪河中公路全线贯通；完成子里甲到大理石厂16公里四级油路的改造，完成六库向阳桥改造；完成了河西、称杆、丙中洛、架科底和大兴地等5个乡过境路，新建、改造和修复7座吊桥；完成通村公路254公里，人马驿道1078公里，行政村通路率达77%。

五、商贸物价

1999年，全州消费零售总额4.11亿元。按经济类型分，国有经济1145万元，集体经济2548万元，个体经济1.64亿元，分别减10.2%、减0.43%和增19.7%。

商品价格基本保持稳定，物价总水平继续低位运行，是连续第四年回落年。商品零售价格指数为0.1%，其中食品类-0.9%，饮料、烟酒类-0.8%，服装、鞋帽类0.1%，纺织品类0%，中西药品类0%，化妆品-0.4%，书报杂志类12.1%，文化用品类0.1%，日用品类0.8%、家用电器类-2.7%，首饰类-0.8%，燃料类-1.4%，建筑装潢材料类4.5%，机电产品类1.6%。

居民消费价格指数为1.1%，其中食品类-0.4%，衣着类-0.2%，家庭设备及用品1.3%，医疗保健0%，交通和通讯工具0%，娱乐教育文化用品-0.2%，居住3.6%，服务项目9.6%；农业生产资料价格指数为-0.5%。

全年边贸进出口5000多万元，比上年增长31.2%，其中进口4600万元，增长42.6%；出口400万元，下降31.7%。

旅游业有新的发展。全年旅游总收入1.29亿元，旅游人数29.46万人次，其中国内旅游者29.4万人次，海外旅游者608人；旅游外汇收入17.53万美元，比上年同期增长66.12%和9.08%。

1999年，全州财政金融和保险事业继续发展。全年财政收入8389万元，财政支出4.47亿元。金融机构各项存款余额9.36亿元，比上年增长21.88%；城乡居民储蓄存款5.59亿元，增长15.46%。各项贷款余额9.36亿元，增长25.03%。

全年承保财产风险金额13.5亿元，保费收入1026.5万元；处理各类赔案1094件，赔款金额626.3万元。

1999年，全州企事业财产险承保59户，家庭财产险承保3.92万户，工程责任其他险承保220笔，机动车辆险承保2309辆，货物运输险承保18笔。

六、社会各项事业

1999年，全州对外科技合作有了良好开端。自1998年4月起，先后与云大、云南农大、省林科院等6所大专院校和科研院所签订全面合作协议和科技合作协议，项目达20余个。贡山天然保健食品厂与云大和省轻工研究所合作开发了竹叶菜、厥菜、金竹笋等野生蔬菜保鲜产品在'99昆交会上供不应求。

年内，新技术、新品种引进试验有新的发展。引进高科技成果云大120，经施用，使粮食增产5～6%，引进水稻旱育稀植浅插技术，全年全州共推广此项技术2.98万余亩。电脑农业专家系统的引进、示范有了较大突破。年内，全州4个县共推广面积在上年4151亩的基础上扩大到5.77万亩，其中水稻1.42万亩，玉米3.35万亩，同时开展了蔬菜、水果专家系统的试验示范。全州农业部门共举办222场次培训班，培训人数达4.79万人次。全州共举办农业实用技术培训班1384期，受训农民达25.7万人次，其中农业部门开展科技培训1084场次，受训农民达23.7万人次，全州共安排26个培训项目和18项成果引进试验示范和新产品试制项目。此外，科技示范基地有新的创新。年内，在原有示范基地的基础上，承建了育苗技术试验示范基地，创办了以养殖、种植、休闲为一体的"怒江州群星萃科技苑"。年内科技苑引进肉狗科学圈养技术，现有种狗30只，已繁殖肉狗80多只。引进高效经济作物人参果和芦荟各4000株试验示范。

教育事业进一步发展。1999年，各类全日制在校生共计8.05万人，比上年增加1330人。小学适龄儿童入学率为97.34%，提高3.58个百分点，小学辍学率为4.91%。初中入学率达50.96%，降低0.57个百分点，初中辍学率8.1%。兰坪、泸水两县实现基本普及六年义务教育。全州共建有乡（镇）成技校29所，村、社农民文化技术学校160所，举办各种农村实用技术培训463期，培训人员9.46万人（次）。全州260个村公所（办事处），已有228个村公所（办事处）实现了“普六”，占全州村公所（办事处）的87.7%。“普六”村公所（办事处）覆盖人口占全州人口数的92.2%。全年开办扫盲夜校班（点）836个，有1.75万人参加扫盲学习，经过2次全州统一考试，共有1.38万人成绩及格，取得脱盲证书，青壮年文盲率降至16.04%，全州有3个乡（镇）和70个村公所（办事处）扫除了青壮年文盲。此外，进一步调整、规范学校布点，提高办学效益。年内，兰坪县、泸水县将职中和教师进修学校合并，贡山、福贡县将职中、教师进修学校建在一中，实行几块牌子、一套人马体制。同时，还合并了相隔较近的20所二类完小，原学校只设教学点，逐步过渡到相对集中办学。

文化事业健康发展。年内，全州4个民族的民族村首次在北京中华民族博物馆落成，州民族歌舞团参加了北京国庆五十周年演出活动。州歌舞团的节目被选入参加2000年全国春节联欢大型歌舞晚会，州农民业余合唱团应邀参加世博会期间在昆举办的国际艺术节。此外，怒江州首次参加了云南电视台办的“跨越新千年”现场直播文艺晚会。全年放映边疆免费电影2583场，年发行民族语译制片93部（次）、放映900场，10部光磁两用电影放映机在州内投入使用。全州广场文化活动开展243场，其中州直37场，县级机关76场，乡级130场。

1999年，全州有21个单位（村）被省委、省政府命名为省级文明单位（文明村）；有37个单位（村）被各县命名为县级文明单位（文明村）；有4个单位在积极创建州级文明单位。

体育事业不断发展。年内，有24.34万人参加了全民健身活动。1.93万人达到《国家体育锻炼标准》及格以上标准，施行面占95%，合格率95.2%。组织举办怒江州第四届少数民族射弩锦标赛和国庆、州庆老年人太极拳、女子健美操比赛，有650人参加了活动。组队参加云南省第六届残疾人运动会和云南省“玉元杯”篮球邀请赛，同时利用“体育活动日”积极开展第八套广播体操、八套民族规范舞、太极拳（剑）学习和培训，人数达5564人次。

农村卫生再上新台阶，农村合作医疗继续稳步推进。1999年，全州有8个乡镇投入合作医疗启动资金7万元，有60个办事处以人均集资3元、5元、10元不等举办合作医疗。全州农村合作医疗覆盖率达31.92%。农村卫生室（所）的建设有新的发展。全州260个行政村（办事处）已有32个甲级卫生室，占12.5%，104个合格卫生室，占40.6%。

广播电视事业继续发展。年内新建了“211”广播电视收转地面卫星站89座，使全州“211”站由上年的411座增加到500座。同时，独龙江乡村村通了电视。开通了六库至小沙坝的有线电视，扩大了有线电视的覆盖范围。福贡广电局经技术改造，停播1000W中波用100W调频，年内还成立了福贡人民广播电台。

七、人民生活

1999年，全州城镇居民人均收入3500元，农民人均纯收入836元，扣除物价因素，分别比上年增长8.5%和6.7%。全州异地开发扶贫7500人，异地安置156户、601人，有2.60万人解决温饱。安置就业人员244人。

八、存在问题

主要是：(1) 农业基础仍十分脆弱，抗御自然灾害能力低下，城镇居民收入低，农民增收难度大，扶贫攻坚任务艰巨；(2) 经济结构、城乡结构等多年积沉的深层次矛盾突出；(3) 基础设施建设滞后；(4) 建设资金短缺，需求和供给矛盾尖锐；(5) 分流就业和再就业压力十分突出。

迪庆藏族自治州经济发展概况

州　长　康仲明

1999年是我国历史发展进程中具有特殊意义的一年，也是我州国民经济和社会发展遇到极大困难的一年。我州天然林停伐后地方财政收入极为困难，森工企业以及木材为原料的加工企业全面关停并转，农业面临50年不遇的冬春夏连旱以及风雹、虫灾等自然灾害频繁。面对困难，在省委、省政府和州委、州政府的领导下，全州各族人民认真贯彻落实省政府迪庆现场办公会精神和迪庆经济社会发展思路，齐心协力，拼搏进取，以经济建设为中心，突出旅游开发，扶贫攻坚两个重点，在结构调整、基础设施建设、保护生态、改革开放、发展非公有制经济上取得了新的突破；在农民增收，财政增长，企业增效方面取得了新的进展，基本实现年初确定的经济社会目标。全州国内生产总值完成8.14亿元，比上年增长7.58%，其中第一产业3.02亿元，下降7.98%；第二产业1.58亿元，下降5.17%；第三产业3.55亿元，增长32%。

一、农　业

农业获得好收成，农村经济全面发展。全年共投入资金1.02亿元，完成各种水平工程1578件，其中重点工程26件，新增灌溉面积1.32万亩，改善灌溉面积7.14万亩，改造中低产田地0.89万亩，治理水土流失和小流域25.23平方公里，解决了3.24万人、6.44万头（只）牲畜饮水难的问题，建成2.61万亩基本农田。大力推广农业科技，确保农业增产。全州重点推广了“温饱工程”、“种籽工程’、“沃土计划”等10大农业科技措施。全年共推广农作物良种47.47万亩，实施“沃土计划”27.78万亩；“温饱工程”10.46万亩，玉米育苗移栽、灌籽直播4.5万亩和双行条种技术20万亩，病虫害综合防治面积110万亩次。共培训各类农业技术人员4.28万人次，全州3县推广了电脑农业专家系统，实用技术的普及和推广取得了新的进展，科技对农业的贡献率达39%，比上年提高1个百分点。全年粮食总产量达128843吨，比上年增1857吨，增1.46%，完成计划的97.5%；农业总产值3.15亿元，比上年下降2.5%，完成计划的94.6%。

畜牧业稳步发展。全年完成人工种草1.332万亩，改良草地10.57万亩，推广青贮、氨化饲料18490吨。全年大小牲畜末存栏90.27万头（只），比上年增5.24%，完成计划的100.1%；大小牲畜出栏19.16万头（只），增10.38%，完成计划的109.5%；肉类总产量（含家禽肉产量）11122吨，增14%，完成计划的101.1%；畜牧业产值7962万元，增7.83%。

林业实现了以采伐为主向以管护为主的战略转变。建立切合实际的林业生产经营体制，把全州国有林区分组建12个国营林场，形成了符合现代林业经营特点的集培育、保护、发展、利用森林资源为一体，责、权、利相一致的林业生产经营体制，开展营林造林、封山育林。由于遭受严重的干旱，全年造林合格面积7.3万亩，完成计划的89%，比上年造林合格面积下降12.6%；封山育林11.24万亩，人工造林植树134万株。

乡镇企业持续稳步发展。认真贯彻“解放思想、放开手脚、积极扶持、大力发展”的方针，加大结构调整力度，促进乡镇企业持续稳步发展。全年完成乡镇企业总产值3.83亿元，比上年增10%，完成计划的91.9%；营业收入4.26亿元，增长15.9%，完成计划的96.6%。

扶贫攻坚成效显著。全年共投入各项扶贫资金8148万元。中甸县麦旺坪异地开发已初见成效，维西县塔城乡已提前进入解决温饱乡的行列。全州有1.89万贫困人口解决了温饱。

二、工 业

国企业改革进一步深化，工业生产有起有落。全州以建立现代企业制度为目标，坚持“三改一加强”，深化国企改革，促进了存量资产的优化重组。年内18户企业改制为股份合作制，租赁、托管经营2户，改制为有限责任公司4户，4户企业依法破产，破产资金1.37亿元。全州17户独立核算工业企业亏损15户，比1998年增4户，亏损额592万元，比上年增亏279.1万元；实现利税总额330.7万元，比上年减少858.6万元。由于关闭以木材为原料的加工企业，全州完成工业总产值1.07亿元，比上年减25.57%，完成计划的70.4%。主要工业产品产量中，除发电量、水泥、铁合金、砖瓦产量有较大幅度增长外，其他如钨精矿、铜、铅锌因市场疲软，价格回升缓慢等因素，产量均比上年下降。发电量4.03亿度，增132%；水泥21900吨，增55.32%；铁合金3982吨，增43.33%；砖瓦3656万块，增5.7%。

三、固定资产投资

认真落实中央扩大内需政策，狠抓省政府迪庆现场办公会确定项目的落实，通过积极向上争取，省下达我州扩大内需项目资金1.22亿元，落实省政府迪庆办公会项目资金2.49亿元。在资金和项目的安排上，按照迪庆州经济社会发展思路和产业重点，以农业能源、交通、通信、旅游、城建环保、生物资源开发、教育等基础设施和产业为重点，全年共安排建设项目53项，其中续建31项，拟新开工22项，计划总投资6.53亿元，重点建设项目19项，全部或单项竣工投入使用。全年完成固定资产投资7.59亿元，比上年增3.2%，完成计划的92.8%。固定资产投资的增长，为改善全州基础设施条件，增强经济发展后劲，促进社会进步起到了重要作用。

四、交通、邮电

迪庆民用机场从5月建成通航，由一周1次航班增加到一周7次航班。全省，全州唯一不通公路的羊拉乡经过8年的努力，结束了不通公路的历史。全州年末通车里程3087公里，比上年增加711公里；等级公路达2586公里，增加734公里；全州140个行政村通了公路，占行政村（办事处）总数的77%。

邮电业持续稳定增长。全年完成邮电业务总量2184万元，比上年增25.1%。1999年建成中甸洛吉、东旺、维西巴迪3个乡程控电话，开通了中甸硅铁山、白水台‘139’移动电话，全州除羊拉乡外，已有28个乡（镇）149个行政村通程控电话，固定电话机总数达1.43万部，比上年增长34%，每百人拥有电话机3.97部；移动通讯基站已达9个，移动电话达3610部；无线寻呼站15座，覆盖15个乡镇，拥有寻呼机8806部。全州通条件的进一步改善，有效地促进了对外交流和经济社会的发展。

五、财政、金融、保险

全州地方财政收入完成5026万元，其中一般预算收入4959万元，基金预算收入67万元，一般预算收入完成年初预算的90.25%，比上年减收295万元，下降5.61%；地方财政支出完成4.41亿元，其中一般预算支出4.38亿元，基金预算支出219万元，一般预算支出完成年度调整预算的99.62%，比上年增支1.04亿元，增长31.17%。全州上解支出372万元，上划中央“两税”完成1435万元，比上年增收283万元，增长24.57%。金融机构各项存款余额为12.69亿元，比上年末增加2.31亿元，增长22.35%。其中国家银行各项存款余额为11.36亿元，比上年增长24.23%；全州金融机构各项贷款余额10.91亿元，比上年末增长15.69%，其中国家银行贷款余额9.9亿元，比上年末增长16.15%；全年累计现金收入23.76亿元，累计支出27.69亿元，收支相抵净投入比上年同期减少4，761万元，减少10.83%。全州保险费收入1445万元，比上年增长6.5%，完成年计划的101%，其中企业财产保险费收入168万元，机动车辆保险收入1077万元，责任保险费收入111万元，货物运输保险费收入0.8万元，分别与上年增长6%、11%、56%；期末有效储金达238万元，全年赔款808万元，结案率85%，综合赔付率为56%，比上年增长4%，上缴税金123万元。

六、旅 游

以’99昆明世博会为契机，加大旅游宣传促销力度，进一步改善旅游景区景点基础设施条件，加强管理，提高服务水平，促进了旅游业的快速发展。全年接待中外游客100余万人次，比上年增184.2%，完成计划的216.5%，其中海外旅游者从上年的3.8万人次增加到6.3万人次，旅游外汇收入从上年的1420万美元增加到1768.6万美元；旅游总收入5.47亿元，比上年增159.1%，完成计划的180.3%。旅游业的发展，带动了相关的餐饮、运输、通信等第三产业的快速发展。全州共签定招商引资和经济合作项目32项，其中27项已实施，协议引进资金3.35亿元，实际到位2.88亿元，为全州经济发展注入了活力。全年非公有制经济增加值达1.09亿元。

七、社会事业

全州安排科技三项费16万元，实施科技项目8项，科技进步对经济增长贡献率进一步提高。教育事业进一步发展，全州继续实施“贫困地区义务教育工程”和“国家扶贫教育工程”，办学条件进一步改善，全州已有21个乡镇实现“普六”，其中中甸县全部乡镇已经实现“普六”；扫除青壮年文盲8281人，全州文盲率下降到18.87%；小学适龄儿童入学率达96.3%，比上年提高1.42个百分点；初中入学率达68.6%，比上年提高16.42个百分点。顺利完成各项招生计划，完成州内中专招生242人，高中招生510人，初中招生2808人，小学招生7987人，职高招生207人。卫生事业得到加强，医疗卫生条件进一步改善，全州完成农村卫生三项建设项目7项，医疗卫生综合服务能力进一步提高。全州电视人口覆盖率达83.3%，广播人口覆盖率达31.2%。《迪庆报》出版发行124期112万份。体育事业取得新成绩，全年组织各种运动会16次，参赛运动员4715人，我州体育健儿在参加全国第六届少数民族运动会和云南省年度运动会中，荣获金牌3枚，银牌2枚，铜牌20枚的好成绩。社会保障工作取得新成绩，全年安排就业1200人，城镇登记失业率控制在3.5%，国有企业职工下岗再就业230人，下岗职工再就业率达72.1%，以养老保险，失业保险等为主要内容的社会保障体制逐渐完善。

八、人口与人民生活

计划生育工作成效显著，全州年总人口为34217人，出生人口3613人，出生率为17.63‰，死亡2704人，死亡率为7.23‰，自然增长人数为3311人，自然增长率为9.7‰。

城乡居民收入持续增长，人民生活水平不断提高。全州年末职工20888人，比上年减少654人；职工工资总额2.17亿元，增长4.51%；城乡居民人均储蓄存款1633元，增长11.77%；农民人均纯收693元，增2.7%，城乡居民生活进一步改善。

九、存在问题

主要问题是：天然林停伐使农民增收难度加大，扶贫攻坚任务更加艰巨；交通、市政建设等基础设施落后，仍是制约我州经济发展的主要因素；经济结构不合理，科技教育落后，新的支柱产业尚未形成，组织财政收入难度加大，供需矛盾突出，实现财政收支平衡任务艰巨；非公有制经济发展严重滞后，国有企业运营困难，经济效益低下的情况没有得到根本改观。

临沧地区经济发展概况

行署专员　李国伟

1999年，临沧地区在省委、省政府的领导下，全面贯彻落实党的十五大和省政府临沧现场办公会议精神，进一步解放思想，扩大开放，克服困难，全区上下真抓实干，奋力攻坚，保持了经济发展、社会进步、民族团结、政治稳定的良好局面，为跨世纪发展奠定了坚实的基础。全年完成国内生产总值51.1亿元，比上年增长7.8%，其中第一、二、三产业产值分别为24.79亿元、11.58亿元和14.73亿元，分别增长6%、2.4%和15.4%。工农业总产值42.52亿元，增长6.3%。

一、农业、农村经济

1999年，全区坚持把农业放在国民经济首位，切实加强领导，落实科技推广措施，战胜了各种自然灾害，农业获得全面丰收，农村经济有了较快发展，全区完成农业总产值22.45亿元，比上年增长3%。全区已累计建成亩产粮食300公斤以上的基本农田地141万亩，农民人均0.95亩，水利化程度提高到27.5%。以“两杂”为重点的农业科技推广成果较好，全区科技对农业的贡献率达到40%。粮食连年增产，总产达74.18万吨，增长2.6%。农业内部结构进一步优化，甘蔗种值面积达100.2万亩，产量296.95万吨，减11.2%，位居全省首位；茶叶面积64.73万亩，产量1.937万吨，减7.2%，仍为全省第一大茶叶生产基地；咖啡、澳洲坚果为主的生物资源开发产业起步较好，已种植咖啡3万亩，澳洲坚果6070万亩；种植香料烟0.16万亩，烤烟2.4万亩，核桃11.3万亩，热带水果16.5万亩，橡胶25.26万亩。畜牧业发展较快，全区大牲畜存栏176.9万头，肉类总产6.31万吨，增长12.5%。乡镇企业稳步发展，总收入20.96亿元，增长14.7%。农民人均纯收入702元，增长10.5%。

二、扶贫攻坚

1999年，全区围绕“九五”扶贫攻坚计划，实行“统一领导、统一规划、统一政策、统一实施、统一督检”，动员和争取社会一切可能力量参与扶贫，从强化水、电、路等基础设施和教育科技等根本工作入手，扶贫攻坚取得阶段性成效。全年全区共投入各类扶贫资金2.68亿元，新建成亩产300公斤以上的基本农田（地）9.35万亩，种植经济林果和经济作物23.14万亩；解决了1.37万人和0.89万头大牲畜饮水困难；年内又有13个行政村通公路，19个行政村通电，65个行政村通程控电话，行政村通程控电话率达83.7%，全区基本实现村村通公路；建设村（办）文化室53个，村（办）卫生室13个，地面卫星接收站123座；扶贫资金和项目的管理走向规范化，社会扶贫成效显著，“结对帮扶”全面启动，地县两级已有24484名党员、干部与23473户贫困户结对；农业产业化、规模化、基地化发展步伐加快，有效地实现了贫困农民的增产增收，促进了贫困地区经济和社会的全面发展。全年全区农民人均纯收入702元，比上年增67元；农民人均占有粮食337公斤，增4公斤。有10个攻坚乡镇基本实现脱贫目标，有15万贫困人口解决了温饱问题。

三、工　业

工业生产稳步增长，整体经济效益提高。全年完成工业总产值20.07亿元，比上年增长10.4%。主要工业产品产量继续增长，食糖产量32.32万吨，增长22.6%；精制茶产量1.004万吨，下降30.1%；发电量54.8亿千瓦时，增长0.9%；水泥产量31.57万吨，增长18.4%；原煤产量19.92万吨，增长6.1%。随着企业改革不断深化，国有、集体工业总产值分别增长1.4%、24.6%，股份制、股份合作制、中外合资、私营经济等工业总产值增长18.24%，城乡个体工业产值增长32.8%。全区独立核算国有工业和年产值在500万元以上的非国有工业企业实现增加值6.81亿元，下降25.1%。

四、固定资产投资

固定资产投资规模扩大，重点工程进展顺利，有效地推动了全区经济发展。全年完成固定资产投资12.7亿元，增长5.8%。全区已开工的23个重点建设项目中，有2个重点项目已完工，前期工作项目3个。临沧民用机场已全面动工，完成投资2.2亿元，预计2000年底正式通航。公路建设“七个一”工程进展顺利，临沧至机场22.5公里的二级路正抓紧施工，总长115公里的盘姑公路和全长581公里的地县弹石路面建设正在进行，总长264.17公里的祥云至临沧二级公路澜沧江至临沧段建设项目已经国家交通部批准立项，可望2000年内动工建设。

五、财政、金融

财源建设得到加强，金融运行基本正常。全

区“九五”财源建设项目，已开始逐步发挥效益，随着财税体制改革的深入，财税管理体制进一步理顺，通过强化税收征管，抓收入、挖支出、抓管理，“一个中心、四个确保”的目标顺利实现。全年共完成财政收入4.92亿元，比上年增长6.5%，其中地方财政收入3.51亿元，增长9.1%；财政支出10.3亿元，增长10.5%。金融工作平稳运行，年末银行各项存款余额36.38亿元，增长7.9%；各项贷款余额42.69亿元，增长9.9%；年末货币流通量15.38亿元，增长28.6%。

六、商业、物价

国内消费品货源充足，市场繁荣，消费持续增长。全年社会消费品零售总额13.94亿元，比上年增长11.9%；集市贸易成交额7.62亿元，增长7.1%；市场物价继续回落，全区商品零售物价指数为96.3%，下降3.7%。

七、经济体制改革

按照“九五”规划，地、县把经济结构的调整放在区域经济发展的重要位置，着力调整产业结构，大力发展支柱产业，发展外向型经济，努力推动乡镇企业和非公有制经济成为新的经济增长点。全年全区国民经济中一、二、三产业的比重从上年48.9∶24.4∶26.7调整到48.5∶22.7∶28.8。个体私营经济发展速度加快、规模扩大、质量提高，已成为新的经济增长点。非公有制工业产值占全部工业产值的比重达到12.3%。企业改革不断深化，已完成4个茶厂和双江纸厂规范破产工作；糖业、水电行业改革全面展开，组建糖、茶集团工作和农电管理体制改革开始启动；粮食流通体制改革顺利进行，国家的一系列政策措施得以实施到位；城镇住房制度改革进一步深化，经济适用住房的政策措施已全面出台实施；社会保障制度体系、保险、投融资、财税体制改革逐步深化；下岗职工基本生活保障和再就业安置有序进行。

八、对外对内开放

1999年，全区围绕重构“东联昆明、西向缅甸，北接楚大、南下洄公”的对外开放新格局，加快实施“两城”带动、“三沿”开放战略，全区对外开放进一步扩大，外向型经济份额增加。全年协议利用外资1405.1万美元，实际利用外资55万美元。进出口贸易快速回升，完成贸易额10.5亿元，比上年增长41.7%，经济协作取得突破；全区共实施横向经济联合与协作项目91项，比上年增加18个，协议投资1.32亿元，创产值1.18亿元，创利税0.15亿元。

九、社会事业

1999年，全区不断加大“科教兴临”工作力度，教育、科技、文化等社会事业发展步伐加快。全年全区共实施各类科技项目224项，推广科技成果增加产值3673万元，科技进步对工业、农业和国民经济增长的贡献率逐步提高。全区现有各类学校3833所，在校学生37.29万人，全区8县89个乡镇中已有8县89个乡镇普及六年义务教育，有33个乡镇普及九年义务教育，适龄儿童入学率达98.75%，青壮年文盲率下降到5%。农村卫生三项建设加快，城乡卫生网络进一步完善；计划生育工作认真落实“三为主”，推动“三结合”取得成功经验，有效地控制了人口的过快增长，年末全区总人口221.16万人，人口自然增长率控制在12.38‰以内，比上年增长0.13个千分点。广播电视事业较快发展，全区广播、电视覆盖率分别达到78.48%和86.8%。文化、体育、新闻出版等各项事业不断发展，精神文明创建活动广泛开展，“讲文明、树新风”、塑造新形象深入人心，初见成效。

十、存在问题

主要问题是：(1) 国民经济虽有增长，但增长质量不高，深层次的结构性矛盾较为突出，持续发展能力弱；(2) 农业基础依然脆弱，产业化程度低，农民收入增长缓慢，扶贫攻紧难度大，任务艰巨；(3) 国有企业历史包袱沉重，企业效益普遍下滑，企业改革脱困任务艰巨，国有企业下岗和再就业压力加大；(4) 产业结构不尽合理，经营方式比较粗放，单一结构还未从根本上转变，抗御市场风险能力弱；(5) 财政自给率低。

第五篇　城市经济发展

今日昆明新貌一角

第五篇　城市经济发展

昆明市五华区经济发展概况

区　长　廖晓珊

1999年，五华区委，区政府带领全区人民团结奋斗，努力拼搏，促进了经济增长和社会全面进步，维护了社会稳定，较好地完成了年初确定的各项经济指标和社会发展任务。实现国内生产总值71亿元，比1998年同期增长10.5%，其中区属国内生产总值8.65亿元，为年计划的103.7%，增长12.8%；工业总产值完成34.6亿元，增长3%，其中区属工业完成4.94亿元，是年计划数的89.5%，下降5.9%。社会消费品零售总额37.4亿元，增长8%，其中区属社会消费品零售总额完成27.81亿元，为年计划的100.4%，增长15.5%。从经济类型划分，集体和股份制合作经济增长72.1%，私营及个体经济增长16.7%，集市贸易下降18.2%。财政收入完成9.614亿元，增长0.095%，其中地方财政收入5.02亿元，为年计划的109%，增长17.7%。

一、工业经济运行质量有所提高

1999年，全区工业实施创新战略，引导企业集约化方向发展，企业改革有了新的突破。利民达工业城改制，金鼎企业集团与企业发展公司重组，华立香料厂、佳美化妆品厂两个企业申报改制，昆明电梯厂与华腾公司协议合并等举措取得明显效果。全年工业总产值虽然有所下降，但工业经济运行质有所提高，实现利润343万元，是近几年来经济效益最好的一年，春城卷烟厂不断优化产品结构，新开发出的′兄弟″和″环球″两个品牌优质卷烟获北京新世纪BCC和英国NQA认证。

二、商业服务业进一步调整优化

1999年，全区商业服务业布局的调整和优化进展顺利，并取得初步成效。以美国沃尔玛集团为首的276家企业入驻，集购物、观光、休闲娱乐、综合服务为一体的大观商业城于2月全面开门营业，启动商城营业面积30540平方米。开业以来运行正常，销售势头看好，正在形成昆明地区的消费热区；由美国万豪酒店管理集团管理的万怡酒店于4月29日正式开业，为世博会又增添一个高星级酒店；世博会前夕金碧广场竣工，位于广场的金碧旅游商城于12月28日开业。辖区内的特色街区正在形成；五一路精品名品街已形成品牌代理、专卖连锁为主的经营格局；翠湖环路已形成主营民族工艺品、纪念品、特色支饮及休闲茶园的特色一条街；昆都饮食文化娱乐中心已形成规模，成为市民休闲娱乐的好去处；缧蛳湾日用商品批发市场保持旺盛的销售势头；新建的景星花鸟市场、莲华商城、小菜园农副产品市场等先后建成投入使用，新增市场面积23.7万平方米，已经形成经螺蛳湾市场为龙头，以各综合批发、农贸、电子电器、音像、布艺制品、文化艺术等多种类型市场相互补充配套的市场格局，基本满足不同消费层次群体的消费需求，辐射不同范围和地区。

年内，信息服务业逐渐形成以广告、寻呼、软件开发为龙头，信息中介服务咨询服务为骨干的经营网络。昆明风驰广告（集团）公司与昆明明显电脑公司北京北明电脑公司联合成立风驰明显信息产业（集团）股份有限公司，被国家科技部评定为全国高新技术企业。昆明易佳优力实业有限公司与省广播电视厅联合参与全省有线电视信息网络主干线的开发。

三、个体和私营经济持续发展

1999年，在市场消费相对低迷的情况下，区委，区政府积极支持个体和私营经济的发展。出台主动上门办证、为下岗职工优先安排摊位、免收下岗职工申办个体营业执照登记费、商业管理费等措施，鼓励下岗职工、待业人员从事个体经营，并拨出专项资金扶持个体私营经济的发展。全区个体和私营经济平稳发展，年末，全区个体工商户已有13937户，从业人员18228人；私营企业91户，从业人员1293人。全年实现社会消费品零售总额17.78亿元，占全区社会消费品零售总额的63.9%，成为全区经济的重要组成部分。

四、外向型经济又上新台阶

1999年，充分利用世博会的契机，采取多种方式促进外向型经济的发展，年内达成3个较有影响的招商引资项目：(1) 大观商业城与美国沃尔玛集团共同组建管理公司，引进外资1350万美元，同时引进沃尔玛先进的营销模式，促使大观商业城才投入营业就很快形成昆明市民的消费热区；(2) 万怡酒店引进美国万豪酒店集团的资金和管理；(3) 新建的喜相逢商城与台湾诚士达集团合作，引进资金4000万元人民币，共同经营，带动了全区商业，服务和旅游业的发展。同时，将原来国有独资的华捷进出口公司改组改制为股份制公司，建立完全的法人机制，并与美国休斯公司签订总价为426万美元的卫星定位系统的进口代理合同，使公司综合业绩跨入市的先进行列。年内还对1998年下划区管理的102家"三资"企业进行跟踪、协调、服务。本年度锦华大酒店、昆明佳华屋业有限公司、昆明信威食品有限公司等5个企业被省外商投资企业协会评为外商投资先进企业。

五、固定资产投资力度加大

1999年，全区下达固定资产投资项目33项，计划投资2.11亿元，实际完成投资1.59亿元，为年计划的75.4%，其中基本建设项目20项，投资3353.79万元，为年计划的78.5%；房地产开发项目13项，完成投资1.26亿元，为年计划的74.6%%。在竣工项目中"九五"计划重点项目：区看守所全面竣工，卫生局天君殿巷住宅、红庙村干警住宅投入使用，400套民警住宅主体工程完工，区图书馆、区医院住院大楼工程开工。进一步加强和完善工程质量监督管理，工程坚持招投标制度，有6项政府投资工程按规定程序进行招投标，招投标率100%，双合同签订率100%，工程合格率100%，市政工程优良率100%。

六、财政实现收支平衡略有节余的目标

1999年，区财政按照国家财政工作方针政策和省市的财政预算安排，围绕全区总体工作，努力增收节支，优化收支结构，千方百计缓解收支矛盾，克服财政经济运行中的突出问题，圆满完成各项预算收支任务。全年组织财政收入9.61亿元，其中中央级财政收入3.97亿元，省级财政收入6299万元，区级地方财政收入5.02亿元，是年度预算数的108.96%，增长17.69%。1999年区财政收入为地方财政收入5.02亿元，税收返还1.35亿元，市级专项补助1679万元，市级下划经费结算补助3959万元，其他补助613万元，上年结余1.36亿元，全年合计收入8.35亿元。区地方财政支出6.44亿元，完成预算支出的99.5%，增支1.67亿元，增长34.95%；上解支出1.89亿元，合计支出8.34亿元，收支两抵结余150万元，实现收支平衡，略有节余的目标。

七、城市建设与管理水平进一步提高

高标准按时完成东寺街、气象路拓宽改造，翠湖环路绿化美化、小西门文化广场、华山西路利昆苑小游园和万怡酒店等一批世博会配套工程。在11条主要街道428幢建筑上实施灯光夜景工程，沿街489幢房屋实施穿衣戴帽工程，进一步美化亮化城市环境。组织动员专业队伍和驻区公共户完成小菜园立交桥、小西门广场、东风西路、三市街步行街、西坝路、大观路等街区的

绿化美化。全区绿化面积已达 135729 平方米，其中街边绿地 39490 平方米，分车带绿地 52430 平方米，街心花园 43808 平方米，行道树 1.8 万株。环境保护工作取得新进展，完成烟尘控制区，噪声达标区的复测，复测率 100%，开展“三禁”检查 10 次，收缴各类白色污染物 10000 余份，含磷洗涤用品 6000 余份，禁用燃煤清查 100 余家。执行建设项目环境影响评价和“三同时”的制度，全年参与现场调查，审批建设项目 21 个，总投资额 4.43 亿元。各项环境影响评价率和“三同时”执行率均为 100%。全面落实土地用途管理制度，实行土地有偿使用，盘活 14 个企业的土地 53.7 亩，收取土地出让金 660 万元；建立土地监察信息网络，完成省级土地执法模范县的创建工作。环卫事业在实行市场化、产业化改革试点的基础上全面进行环卫事业改革，实行改企政事分开，管理与工作分离的目标；继续完善机扫、冲洗、保洁、袋装、监察五合一的道路保洁措施，保证城市街道全日清洁干净，提高城市卫生水平。充实健全以街道城市监察队伍为主，以群众性城市综合监督队伍为辅，绿化、环卫、土地、环保等各专业队伍相互协调配合，实施综合管理的城市管理格局，进一步提高城市管理水平。

八、存在问题

1999 年，昆明市五华区与先进地区相比差距不小，主要是：经济结构调整任务艰巨，在城区工业经济布局调整中任务繁重，面临机制、人才、资金等诸多问题和困难；国有企业改革难度加大，随着改革的不断深化，各种深层次的矛盾日趋显现，增加了各方面工作的难度。

昆明市盘龙区经济发展述评

区　长　王道兴

1999 年，昆明市盘龙区各级党委、政府按照区委七届三次全会“抓住机遇，团结拼搏，争创一流”的要求，解放思想，知难而上，在确保世界园艺博览会成功举办的同时，圆满完成年初区人大十二届二次会议通过的各项任务。

一、主要经济指标

全区全年完成国内生产总值 10.6 亿元，比上年增长 8.72%；财政总收入达到 6.47 亿元，其中上划中央收入完成 1.5 亿元，地方财政收入 4.97 亿元，比上年增长 17.64%；商饮服务业收入 38 亿元，增长 13.64%；工业总产值 4.38 亿元，增长 5.02%；建安总产值完成 2.72 亿元，增长 16.07%。1999 年，举世瞩目的世界园艺博览会在昆明成功举办，区委、区政府紧紧抓住这一契机，大力发展以商贸为主的第三产业，全区餐饮营业额实现 1.82 亿元，增长 32.99%。重视和加强街道经济的发展，年内，各街道办事处财政总收入完成 1.28 亿元，增长 19.6%，占全区财政总收入的的 16.59%；商业饮食服务业收入完成 10.4 亿元，增长 19.58%，占全区商饮服务业销售收入的 27.4%；工业总产值完成 2.83 亿元，增长 2.73%，占全区工业总产值的 64.66%。同时区委、区政府十分重视个体、私营经济的发展，年内全区个体工商户已从上年的 5709 户发展为 8005 户，私营企业 319 户，从业人员从上年 9871 人发展为 14022 人，注册资金达到 2.52 亿元。完成商饮服务收入 9.54 亿元，完成工业总产值 3753 万元。年内利用外资 1076.6 万美元，审批三资企业 8 户，外商投资企业分支机构 4 个；外资、边贸供货出口 800 万美元，区属合资企业销售收入 8400 万元。旅游销售收入迅速发展，达到 11474.4 万元；经国家外经贸部批准，获得进出口特许经营权的龙跃进出口公司已初步开展工作，出口创汇 17 万美元。

二、工　业

1999 年，盘龙区工业生产在产业结构调整中保持稳步增长，全年完成工业总产值 4.38 亿元，完成年计划的 100.02%，增长 5.02%。工业内部，适宜于全区发展的轻工业比重进一步提高，轻重工业由 1998 年的 77∶23 上升到 78∶22。工业企业采取退二进三的办法进行调整，使一些企业摆脱困境。四昌公司把办公楼改建成旅社；汽车座垫厂在原来调整的基础上，把新厂部分开辟为建材市场；铁货箱厂把老厂址建成为水果批发市场；银光电镀厂则辟出部分场地建成农副产品批发市场。经过一系列调整，取得较好的经济效益，全区经济二、三产业比重从 1998 年的 12.7∶87.3 调整为 11.3∶88.7。与此同时，工业企业的技术有明显提高，塑料工艺厂加大技术改造力度，新建一条具有现代技术水平的铝塑管生产线，开发铝塑管新型产品，受到用户的欢迎；丽康时装厂实现管理、设计、打牌电脑化，进一步提高“雪丽丹”系品牌的知名度。年内科技投入资金 379 万元，加大对企业技术革新的扶持力度，全年开发铝塑管、水松纸、黄磷桶封口胶、干式磁性水表等 11 项新产品。年内由于受市场变动影响，29 种主要工业产品产量有升有降。上升的主要产品有服装、单色印刷品、塑料制品、水泥排水管、水泥预制构件、建筑金属用品、灯具、二氧化锡、烟机配件、保险柜等 10 种，下降的产品有家具、多色印刷品、汽车配件、拖内配件、铁皮制品、偏锡酸、卷烟胶、民用锅炉，汽车座垫总成、车货箱、塑胶制品等，停产产品有罐头、皮鞋、安瓿、白乳胶、工业面浆。全年进行职工培训 2866 人次，其中转岗培训 2056 人次，技术业务培训 810 人次。区直属企业继续贯彻“安全第一，预防为主”的安全生产方针，全年因工伤亡率为零，安全检查 6 次，安全隐患整改率达 100%。

三、商　贸

1999 年，盘龙区紧紧抓住 ’99 世博会成功举办的良好契机，大力发展商业餐饮服务业为主的第三产业，保持继续快速增长。全年完成商饮服务销售收入 38 亿元，比上年增长 13.64%，其中餐饮服务业营业额实现 1.82 亿元，增长 32.99%。社会商品零售额达到 21.26 亿元，增长 12.01%。区商贸委直属企业 8 家，在岗职工 874 人，共有经营网点 81 个，全年销售收入 2.66 亿元，实现利税 661.49 万元。街道商业经济显示强劲的发展势头，11 家办事处经过多年努力，已培育出一批经营上规模上档次的商贸企业，全年实现销售上千万元的有东站商业集团公司、工商服务公司、昆明骄雄经贸发展公司、盘龙滇西贸易公司等，东站、长春、拓东、环城、东华等街道办事处年营业收入均超过亿元。商业基础设施建设取得可喜成就，全区商业网点已遍及全市：东有锦都大酒店、红房子温泉酒店，南有红联超市关上连锁店，西有红联百货广场，北有红联（北市）百货广场、盘龙百货大楼等。市中心有樱花购物中心、樱花假日酒店、盘龙宾馆、元龙风味城、燎原商贸中心连锁店等一批规模大，上档次的大，中型商业网点，并云集着昆明百货大楼、西南商业大厦、仟村百货、金龙百货、天元大厦、昆明饭店、金龙饭店，绿洲大酒店、邦克饭店等现代化大商场、星级宾馆，形成正义路、南屏街、青年路、白塔路、北京路、甬通街等各具特色的繁华商业街。其中正义路保持着“全国百城万店无假货示范街”的光荣称号。昆明樱花集团年销售收入高达 7.39 亿元，已跻身于全国百家最大零售商业企业之列。盘龙宾馆经认真改造，树立新形象，已成为广大群众欢迎的商饮企业，1999 年营业收入达到 981.9 万元。区糖烟酒公司加强对外联合，拓展经营，组建“云南宏振董酒销售有限责任公司”，负责董酒系列产品在云南的总经销，取得明显的经济效益。个体私营商业得到进一步发展，1999 年全区实有 8005 户个体工商户，商饮服务收入实现 8 亿多元，商品零售额 6.39 亿元，已成为全区商业经济的重要组成部分。

四、财　政

1999 年，盘龙区积极实施商贸中心战略，稳定第三产业财源支柱，努力增收节支，圆满完成财政收入预算任务。全年全区财政总收入达到 6.47 亿元，并实现收支平衡略有节余。其中上划中央“两税”收入入库 1.5 亿元，完成年度预算的 100.01%；地方财政收入完成 4.97 亿元，完成年度预算的 105.43%，增长 12.81%。在地方财政收入中，各项税收入库4.72亿元，占95.02%，增长14.66%；其他收入及罚没收入1290万元，占2.5%；教育附加及排污费收入1187万元，占2.39%。全年财政总支出4.25亿元，增长3.3%，低于收入增幅。1999年财政支出增长的主要原因是：政策性工资调整及新增人员经费增加支出；为确保世博会期间社会治安稳定，加大对公安的投入；城市建设资金比1998年增加。全年教育支出总计6637万元，高于全区财政支出3.7%。城市维护费支出9977万元，比上年增支4333万元，增长76.77%。公费医疗支出2260万元，增长10.24%。公安全年总支出增加6.55万元，增长17.83%。行政管理费支出3855万元，下降6.82%。至1999年末，全区累计对禄劝转龙镇投入扶贫资金693万元，完成转龙镇提前脱贫的扶贫任务。

五、人民生活

1999年，全区人民生活水平进一步提高，全区职工工资总额1.88亿元，年均人收入8329元，增长3.65%，其中国有经济单位人员年均收入8948元，增长6.69%；集体经济单位人员年均收入7853元，比上年增长6.24%；其他经济单位人员年均收入8509元。同时，建立城镇居民最低生活保障制度，全年发放城市居民最低生活保障金100.6万元。全区实行养老统筹，参统人数中，国有企业171户，在职职工48848人，离退休25011人，统筹金1.21亿元；集体企业296户，在职职工6882人，离退休4877人，统筹金1707万元。民政福利全年发放优抚、救济和生活补助金共132.54万元。全年共有944个单位，104833人参加失业保险，收缴保险金2700万元，发放失业救济金492万元。

昆明市官渡区经济发展概况

区　长　张　忠

1999年，中共官渡区委、区人民政府高举邓小平理论伟大旗帜，全面贯彻党的十五大精神和省市的工作部署，正确把握形势，稳步推进各项改革。经过全区广大干部群众的艰苦努力，保持了经济社会的持续协调发展，综合实力进一步增强。全区国内生产总值完成84.4亿元，比上年增长10.8%。其中第一产业增加值完成10.1亿元，增长4.2%；第二产业增加值完成30.9亿元，增长9.4%；第三产业增加值完成43.4亿元，增长11.6%。

一、强化农业基础地位，推进城郊型现代化农业

1999年，区委、区政府认真贯彻党的十五届三中全会精神，坚持把农业放在经济工作的首位，围绕增加城市有效供给和增加农民收入两大目标，大力调整农业产业结构，发展城郊型现代化农业，多形式地推进农业产业化经营。首先全面优化农作物品种，提高农产品质量和效益。区委、区政府面对全区耕地面积逐年减少、农民增收困难的严峻形势，积极调整发展思路，根据市场需求变化，压缩不适销的农产品种植面积，依靠科技进步，加快蔬菜、花卉、水果、畜牧、水产品等新技术、新品种的引进和推广，形成了以“王官胡萝卜”、“关锁甜椒”、“一朵云莱豌豆”、“小河咀黄芽韭菜”、“双龙生态蔬菜”为代表的一批名、特、优农产品，畅销广东、福建、香港、澳门等省和地区，取得了较好的经济和社会效益。其次，按照“公司＋基地＋农户”的模式，推进一体化生产经营和管理体系的建立。以省森林种苗基地、英茂和四季青等几个花卉公司为龙头企业的7000余亩花卉基地，其中鲜切花面积达6500亩，年产值8000多万元，所生产鲜花，除供应昆明市场外，还销往北京、上海、广州等地，并试销香港、泰国、日本、美国等国家和地区；以日本独资昆明庆城花卉有限公司、中美合资昆明锦绣诺力花卉公司为龙头企业生产的高级名贵兰花大部分销往日本、欧美等国家，每亩年产值均在100万元以上。

二、坚持发展与提高并重的原则，抓好乡镇企业的改革、改制及发展工作

1999年，官渡区乡镇企业如何抓住机遇，迎接挑战，实现第二次飞跃，成为一个区委、区政府所面临的一个紧迫而又重大的问题。通过认真分析全区经济社会发展的总体趋势，区委、区政府确定了“放手发展规模，努力提高效益”的乡镇企业发展方针。全年全区开展了以明晰产权为核心，以转换经营机制为重点的乡镇企业改革、改制工作，以促使生产要素向优势企业的迅速集聚，从而培育具有较强竞争力的规模化、集团化企业。全区先后对22家试点企业进行以出售、承包、股份合作和成立有限责任公司等形式为主的改制工作，盘活了存量资产，增强了企业的活力。为优化乡镇企业布局，官渡区利用当地农民挖山采石烧石灰形成的废弃地而建设的官渡工业园区已初步形成，目前大部分基础设施相继完工，已有一些企业落户其中，官渡工业园区的建成必将对今后乡镇企业走统一规划、相对集中、连片发展的道路起到良好的示范作用。1999年，全区乡镇企业营业收入完成420.98亿元，比上年增长21.21%，总产值达294.45亿元，利税总额38.38亿元，实缴税金8.16亿元。

三、抓住机遇，促进外向型经济发展

1999年，官渡区紧紧依靠国家对外开放的大环境，进一步加强基础设施建设，开展对外宣传，配合昆交会举办经贸洽谈会，赴港招商，设立驻外窗口，加快对外、对内开放的广度、力度，使全区外向型经济得以快速发展。1999年，全区新办“三资”企业13家，协议总投资2888.2万美元，比上年增长89.9%，协议引进外资652.6万美元，增长24%；新办国内联营企业55家，总投资8.09亿元，增长2.3倍，引进区外资金8.08亿元，增长2.7倍；生产出口供货型企业29家，全年出口产品交货值9695.3万元。

四、财政收入稳步增长

1999年，随着经济的持续发展和市级对县区财税体制的不断完善，全区充分运用财税政策支持财源建设，继续巩固农业基础财源，抓好乡镇企业支柱财源，培育发展商贸、房地产、旅游等第三产业的新兴财源。强化税收征管，不断提高全区人民的纳税意识，进一步完善“以纳税申报和优化服务为基础，以计算机网络为依托，集中征管，重点稽查”的征管模式，做到应收尽收。同时严格执行《预算法》，积极推行“零基预算”，逐步剔除多年来形成的财政支出基数中不合理的因素，全区财税工作取得了显著成绩。1999年，累计完成总体财政收入8.7亿元，比上年增长15.4%。其中上划中央收入完成2.13亿元，增长7.6%；地方财政收入6.57亿元，增长18.2%，再次实现地方财政收入比上年净增1亿。年末，全区各项存款余额达82.1亿元，增长10.1%；各项贷款余额41亿元，增长7.9%。

五、城市建设突飞猛进，城市面貌日新月异

1999年，在省市的统一部署和支持下，官渡区进行了大规模的城市建设，城市化进程日益加快，城市面貌迅速改观。特别是为迎接’99世博会的举办，官渡区的相继建成了一大批重点骨干城市基础设施项目，逐步形成了比较健全和发达的城市基础设施体系。全年全区固定资产投资规模完成12.56亿元，完成重点工程建设项目26项，总投资6.15亿元。以广福公路一期工程及其配套支线、西园路、关雨路等城乡主干道路和废弃米轨、白云路等城市绿化工程以及新建的新迎、世博园片区10.5平方公里的“烟尘控制区”为代表的大一批城市建设项目，使官渡区的基础设施大大加强，功能更趋完善。同时，以整治交通拥堵、环境脏乱为重点的城市环境综合整治力度不断加大，市容市貌焕然一新。

六、科技教育迅速发展，社会事业繁荣进步

1999年，官渡区通过进一步实施“科教兴区”战略和可持续发展战略，真正把全区经济建设的重点转移到依靠科技进步和提高劳动者素质的轨道上来，在推动科技与经济紧密结合，促进两个根本性转变等方面，取得了显著成绩。1999年，全区科技投入达520万元，占财政总支出的1%，共实施“星火计划”项目和重点科技项目32项，其中列入国家级1项，省级4项，举办各类实用技术培训班780期，培训人数达44006人次。认真落实优先发展教育的各项措施，在全区范围内实现基本普及九年制义务教育和基本扫除青壮年文盲，初步形成了基础教育、职业教育、成人教育在内的较为完善的国民教育体系和较为合理的教育结构。1999年，全区教育事业经费投入9447万元，比上年增长11%。

七、城乡市场活跃，人民群众生活水平进一步提高

1999年，官渡区新建各类市场20个，个体工商户达3.26万户，私营企业达443户，从业人员5.12万人，分别比上年增长13.1%、55.2%和18.3%，个体私营经济营业收入完成205.35亿元，占全区乡镇企业营业收入的48.8%。全区城乡市场活跃，物价平稳，全年社会消费品零售总额达59.14亿元，比上年增长14.2%。与此同时，城乡居民生活水平进一步提高，农村居民人均收入4218元，增长6%；城镇职工人均工资8324元，增长5.92%；城镇居民人均消费支出6371元，增长5.81%，农村居民人均消费支出3075元。

昆明市西山区经济发展概况

区　长　张　辉

1999年，西山区各族干部和群众，在中共昆明市委、市人民政府领导下，进一步解放思想，积极推进改革开放，坚持把农业放在国民经济的首位，大力发展非公有制经济，抓住中国'99昆明世界园艺博览会的历史性机遇，加强城市基础设施建设和环境保护，推动国民经济和各项社会事业健康向前发展。在全区各族人民的共同努力下，实现了国民经济稳定增长，社会各项事业不断进步，城乡人民生活继续得到改善。全区实现国内生产总值17.5亿元，比上年增长8.2%，其中第一产业8961万元，占国内生产总值的5.1%；第二产业8.54亿元，占48.7%；第三产业8.08亿元，占46.1%"。人均国内生产总值1.84万元。完成工农业总产值36.14亿元，比上年下降14.3%，其中工业总产值34.64亿元，下降15.1%；农业总产值1.5亿元，增长6.1%。

一、农村经济全面发展

1999年，全区认真落实中央有关精神，顺利完成农村土地延包工作，2万多户农户签订了土地承包合同。农业生产实施科技兴农战略，强化农业基础，发展城郊型农业，全区确定的16个城郊型农业项目初步启动。全年粮食播种面积16.16万亩，其中新技术推广10.5万亩。在小春受灾害影响造成减产情况下，粮食总产达到5287.2万千克，比上年减少30.6万千克。烤烟生产严格执行“双控”指标，全年种烤烟1.2万亩，其中完成地膜烟1万亩；收购烤烟163.34万千克，增长6.2%，中上等烟占88.3%。新建菜地1300亩，无公害菜地1100亩。建科技示范果园500亩，产值比普通果园提高1倍。全年实现农特税353万元。年内完成造林2.75万亩，治理水土流失40平方公里。按计划全面完成“2258”沙朗河引水工程。投资478.76万元，新增水浇地4500亩，新增高产稳产田2000亩、地8000亩；投资165.2万元，建小型水利工程11件。

二、工业经济结构调整迈出步伐

1999年，受市场疲软和自身产业、产品缺陷的影响，加之对乡镇企业中的工业企业实施产业结构调整，西山区工业生产首次出现负增长。工业经济结构调整在改革开放中迈出坚实步伐。主要工业产品产量为：铁矿石4300吨，磷矿194.25万吨，磷精矿16.37万吨，石英砂584

万吨，钛精矿1.54万吨，石料7.74万立方米，粮食加工2.14万吨，糕点1085吨，家具11万件，钢门窗3.36万平方米，水泥预制构件3.75万立方米，砖16731万块，大理石板材4546平方米。

三、乡镇企业在改革中前进

1999年，全区乡镇企业按照区委提出的加强第一产业，提高第二产业，大力发展第三产业的思路，进一步调整产业结构，基本形成以第三产业为主，第二产业质量逐步提高的格局。三次产业比重分别为：71.37%、27.86%和0.77%。年内，有400多家集体企业实行不同形式的承包制改革。改为股份制、股份合作制企业63个，租赁企业50余个，兼并、拍卖企业8个，组建了盘龙云海省级乡镇企业集团。非公有制经济迅速发展，成为乡镇企业新的经济增长点。年末，全区有乡镇企业2.09万个，其中集体企业709个，私营企业50个，个体2.01万个，总量比上年增加4600个，从业人员9.8万余人，增加8190人；营业收入182.14亿元，增长28.3%；完成总产值144.48亿元，增长23.29%；实现利税20.46亿元，实际缴纳各种税金2.2亿元。

四、商贸、餐饮等第三产业大幅度增长

1999年，受国家扩大内需政策及中国'99昆明世界园艺博览会的拉动，全区商贸业、餐饮业、旅游业等第三产业得到迅猛发展。年内新建各类市场7个，建成云南集众土特产品市场等一批有特色的农副产品批发市场；规范建设了海口、梁家河两个生猪定点屠宰市场，促进城乡市场进一步繁荣。1999年完成社会消费品零售总额18.02亿元，比上年增长22.3%，其中贸易业10.4亿元，餐饮业4.51亿元，农民对城镇居民零售额2.48亿元；社会农副产品收购总额4.24亿元，集市贸易成交额4.8亿元，其中粮食成交额3000万元，肉食禽蛋类成交额2亿元，蔬菜类成交额9000万元，干鲜果类成交额2086万元。全年收购肥猪8097吨，禽蛋1817吨，烤烟2798吨。第三产业在国内生产总值中的比重由上年的35.69%上升到46.1%。

旅游开发按照"一线、一圈、一带、两村"总体构想，新建景区、景点14个，宾馆、酒店3家。扶持发展"农家乐"生态旅游项目41户，被列为昆明市农村可持续发展旅游的示范项目。"农家乐"自11月中旬开营后仅1个多月，已接待游客1万余人次，营业收入38万元。年内全区共接待中外游客453.26万人次，旅游总收入1.32亿元，实现税收190万元。

五、固定资产投资适度增长

1999年，为配合"世博会"的举办，全区加强城市基础设施和重点工程建设。审批生产性投资项目14个，固定资产投资计划6283万元，计划建筑面积8.14万平方米；审批非生产性投资项目98个，固定资产投资计划6.69亿元，计划建筑面积64.95万平方米。全年固定资产投资7.25亿，增长9.3%。

六、地方财政增收，金融形势稳定

1999年，全区干部税收意识明显增强。财税部门积极培植财源，强化征收管理，财政收入持续增长。全年完成地方财政收入2.37亿元，实际支出2.32亿元，分别比上年增长21.7%和14.6%。年末各项存款余额44亿多元，增长12.2%；各项贷款余额28亿元，增长10.2%。

七、社会事业取得新进展

1999年，全区科技工作以创建国家级科技工作先进区为目标，加强科技与经济的结合。全年对科技投入374万元，完成事关全区经济社会发展重点课题6个，完成20个新科技项目的推广应用。教育工作继续巩固"两基"教育成果，初中辍学率控制在1%以内。对职高招生制度和"3+1"办学模式进行大胆改革，改一次招生为根据社会需求适时招生。年内新建和在建标准化小学3所，新增寄宿制学校2所。创建省级文明学校3所，市级5所，区级9所。文化工作围绕中国'99昆明世界园艺博览会的召开和建国50周年庆典、迎澳门回归，开展了一系列丰富多彩的群众性文化娱乐活动，丰富了人民群众的文化生活。清理收缴、销毁了一批包括"法轮功"在内的非法音像制品和违禁书刊，有力地整顿了文化市场秩序。农村文化工作坚持送戏、送书、送电影下乡，元旦、春节期间，组织文艺演出队在4乡4镇巡回演出19场，观众达2万余人次；放映电影12场，观众达1万余人次；送书下乡2300余册。

年内，理顺了乡镇卫生院管理体制。全区有38.7%的农村办事处开展了合作医疗服务。“世博会”期间，卫生部门对饮食业、旅店业、旅游景区、景点卫生及区内药品市场从严进行了整顿治理和监督检查，取得明显成效。计划生育工作狠抓基层业务建设，强化依法行政。全区适龄人口的计划生育率达99.98%，人口自然增长率控制在4.6‰以下。

八、城乡人民生活继续改善

年内，国家增加机关事业单位职工工资收入，并给离退休人员增加补贴，使全区城镇居民人均可支配收入达7231元，人均消费支出6310元，分别比上年增长2.5%和4.8%。区属国有企业304名下岗职工中，209人实现再就业，就业率68.8%。全区4950名城镇失业人员中，安置就业4076人，就业安置率82.3%，有1716名失业职工领取救济金和各类费用334万元。全年下拨救灾专款65万元，救济粮12万千克，救济衣被5230件（床），救灾物资6车，解决贫困群众及灾民1813户、4296人的衣食困难。全区城市居民最低生活保障工作进一步完善，全年为1006户、2153人发放生活保障金112.37万元。农民人均纯收入3440元，比上年增长8.4%。

九、存在问题

1999年，西山区在经济运行和社会事业发展中还存在不少困难和一些深层次的问题，主要表现在：(1) 由于缺少稳定的大的财源基础，财政收支矛盾突出；(2) 区属国有工商企业改革任务艰巨，职工下岗再就业压力加大；(3) 产业结构未能较好地凸现区位优势，以旅游业为龙头、大力发展第三产业和城郊型农业为主的产业布局尚未完全形成；(4) 乡镇企业产业结构不合理，经济增速趋缓；(5) 农民增收减慢。

昆明市东川区经济发展概况

区　长　冯应松

1999年，东川全区各族人民在区委、区政府领导下，坚持以邓小平理论为指导，坚决贯彻区划调整“团结稳定、平稳过渡、促进发展”的方针，抓住机遇，开拓进取，求真务实，勤奋工作，在省、市的合力支持帮助下，紧紧抓住经济建设这个中心，在顺利完成行政区划调整组织工作任务的同时，遏制了经济下滑势头，国民经济稳步回升，城市基础设施建设变化显著，教育、科技、文化、卫生和体育等各项事业不断发展，城乡人民生活水平有所提高，实现了区划调整团结稳定，平稳过渡，促进发展的目标。全区国内生产总值完成6亿元，比上年增长9.7%，其中第一产业增加值1.44亿元，增长5.5%；第二产业增加值2.6亿元，增长14.6%；第三产业增加值1.96亿元，增长5%。一、二、三产业的结构为23.4:43.9:32.7。

一、农　业

1999年，全区继续贯彻落实党在农村的各项基本政策，开展土地延包30年工作，重点抓好发展特色农业和扶贫攻坚工程。小江热区特色农业开发总体计划通过市级评审论证，“3111”工程项目启动实施；积极调整产业结构，经济作物种植面积增加，冬早蔬菜外销量扩大进一步加强农田水利基本建设，启动各类水利工程700多件，建设高稳产农田1500亩，解决了28772人、22431头大牲畜的饮水问题，完成水井山、东曲引水工程。天然林保护和绿化造林取得新进展，全年造林5.17万亩，四旁植树180万株，封山育林5万亩，森林覆盖率提高到25.7%。畜牧业生产稳定发展，主要畜产品产量有升有降，其中猪肉6599吨，比上年增长1.1%；大牲畜年末存栏58026头，下降3.3%。全年水产品产量508吨，增长13.1%。农业生产条件改善，全区拥有农业机构总动力4998万瓦特，全年农村用电量达1449.5万千瓦小时。扶贫工作的力度加大，以贫困村为主战场，增产增收为核心，重点扶贫与面上扶贫、异地扶贫开发相结合，组织实施“五个一”工程和世行扶贫项目，杉木、拖布卡、播卡3个扶贫攻坚乡有1.3万人基本解决温饱问题。占地15公顷、可容纳1.5万人入市交易的拖布卡农贸市场建成将投入使用。1999年，由于各级党委、政府重视和加强了农业和农村工作，提高了科学技术在农业生产中的含量，在自然灾害频繁的条件下，粮食总产量达67495吨，比上年增长14.1%，再创历史最好水平；农业总产值完成2.73亿元，比上年增长7.3%。

二、工　业

继续深化企业改革，实施抓大放小战略，突出抓好以骨干企业遏制滑坡，启动生产为主要内容的骨干工程，在生产经营环境比较困难的情况下，千方百计帮助企业协调资金，增加投入，开拓市场，并对部分企业采取兼并、托管、破产、解困全封闭运行、技术改造、置换贷款等措施，增强企业发展后劲，工业生产形势好转，亏损大幅度下降，总体经济效益有所提高。1999年，全区完成工业总产值8.52亿元，比上年增长23.4%，其中地方工业完成6.08亿元，增长19.3%。东川矿务局通过减员增效，挖潜降耗，精矿含铜产量创历史最高水平。全区销售总值完成7.1亿元，累计产销率为98.62%；独立核算工业企业经济资产综合指数为14.3%，比上年增长54.1个百分点，亏损总额7389万元，减少38.1%。受市场供求关系变化的影响，主要工业产品产量有升有降，其中食糖1989吨，增长51.9%；精矿含铜20737吨、电解铜6221吨、铝锭15210吨，分别增长17.6%、3.3%、46.9%，发电量9943万千瓦小时，下降6.5%。

三、城市建设

1999年，全区重点工程和城市基础设施建设取得新进展。坝塘水库立项工作继续抓紧进行，城网改造工程完成110千伏变电站扩建，以及35千伏兴隆、水泥厂、老干沟改线，农网改造首期工程已近尾声。东川铁路支线改造工程正抓紧实施，大东公路完成初设方案审查，小江公路完成矾产沟中桥的建设和路面清淤除障工作，恢复正常通车。与此同时，在省、市和有关部门的大力支持下，加大投入，注重城市经济建设和载体功能作用和城市形象工程的社会效果，以美化绿化城区为主要内容的“形象工程”收到实效。四水厂一期新建工程如期完成，市府街、剧院广场、客运中心三角花园、古铜路的绿化、水体和光亮工程、中心花园新雕塑工程，以及城区主要街道人行道的小块新铺翻修和炎山路、团结路改造，60幢临街建筑场“穿衣带帽”工程先后竣工，城市面貌发生显著变化。草坪面积的扩展、树木的更新和一批卫生清洁设施的配置，城区绿化、美化、亮化水平得到提高。

四、交通、邮电

1999年，全区公路货运量完成235万吨，货物周转量达26285万吨公里，客运量101万人，旅客周转量12621万人公里。随着城乡居民生活水平的提高，居民住宅电话用户已达18022户，比上年增长32.1%；无线寻呼用户1万户，增长24%；年末拥有移动电话用户3408户，增长96.4%。

五、商贸金融

1999年，全区国内消费品市场逐步回升，市场物价平稳。全年社会消费品零售总额实现2.21亿元，比上年增长2.6%，扣除物价上涨因素，实际增长5.4%。其中非公有制经济实现社会消费品零售额1.06亿元，增长28.8%，已成为东川区消费品市场的重要组成部分。全年商品零售物价指数下降2.7%，城镇居民消费品价格指数下降3.1%。

金融部门继续深化改革，积极防范和化解金融风险，金融运行稳定，各项存款增长。金融机构年末存款余额10.11亿元,，比年初净增1.37亿元，增长15.66%；贷款余额7.11亿元，增长2.98%。全年保险总金额达22亿元，保费收入1842万元，增长14.2%。在强化税收征管工作的同时，增收节支，推行政府采购制度，落实“收支两条线”，预算外资金管理开始走上制度化、规范化的轨道。全区地方财政收入3050万元，增长4.2%；财政支出1.61亿元，增长3.2%；上划中央“两税1555万元，增长

14.8%。

六、社会发展

1999年，围绕经济支柱产业发展和改善生态环境组织攻关，实施科技计划项目12项；农村乡镇科技工作取得新进展，科技扶贫重点项目实施力度加大，多层次、多形式的科技培训和技术咨询服务活动的开展，提高了农业科技含量。教育事业在巩固“普六”成果的基础上，加快了“普九”进程，扫盲工作通过了市级复核。推进素质教育，促进各级各类教育协调发展。年末，全区有普通高中在校生1598人，初中在校生9793人，小学在校生27801人，学龄儿童入学率达99.2%，小学升学率84.1%。1999年秋季大中专录取考生255人，其他各种形式的中专452人。群众文化活动蓬勃开展，文艺创作水平有所提高。城乡医疗卫生条件进一步改善，加强对食品卫生的管理和疫病防治工作，建立健全农村医疗预防保健网。全区有医院病床1379张，专业卫生技术人员1017人。继续加强对《全民健身计划纲要》组织实施的领导，因地制宜开展小型多样、丰富多彩的群众体育活动，全年举办各种运动会7次，活跃了群众体育生活。

计划生育落实责任制、巩固“三为主”，推行’三结合”、控制人口增长取得成效。全区人口出生率为16.4‰，死亡率5.5‰，自然增长率10.9‰。总人口达29.53万人，其中非农业人口6.76万人，少数民族人口2.09万人，分别占总人数的23%、7.1%。

1999年，全区参加社会养老统筹职工人数13445人，享受社会养老金的离退休职工人数3195人。收缴社会保险金1107万元，支出社保金1687万元。农村受灾地区群众生产和生活得到妥善安排，按时足额发放了下岗职工基本生活费和离退休人员养老金。

城乡居民收入稳定增长，人民生活水平不断提高。全年农民人均纯收入901元，比上年增长4.5%；城镇居民人均可支配收入5161元，增长8.3%，扣除物价上涨因素，实际增长11.3%；城镇居民消费性支出3963元，增长8%，扣除物价上涨因素，实际增长11.5%；全区在岗职工年平均工资6575元，增长12.8%，扣除物价上涨因素，实际增长15.9%。

七、存在问题

1999年，东川区经济运行和社会发展中也存在一些不容忽视的困难和问题，主要是：(1)经济结构矛盾依然突出，大多数国有企业仍末摆脱困境，企业改革脱困和发展步履维艰，“两个确保”和再就业压力大；(2)城乡贫困面大，扶贫攻坚任务还很艰巨；(3)财政薄弱，收支缺口很大；(4)生态环境恶劣，基础设施薄弱。解决这些问题是各级政府之重任，也是东川经济腾飞的希望之所在。面对新世纪的曙光，“天南铜都”东川将再创辉煌。

曲靖市麒麟区经济发展概况

区 长 许建平

1999年，曲靖市麒麟区各级党委、政府高举邓小平理论伟大旗帜，深入贯彻党的十五大及三中、四中全会，中央经济工作会议以及省委六届七次、八次会议精神，抓住机遇，深化改革，扩大开放，保持稳定，以促进经济体制和经济增长方式的根本转变为动力，保证了全区国民经济持续、快速、健康发展。

国内生产总值由1998年的63.83亿元增加到69.71亿元，增长8.7%。工农业总产值由上年的59.28亿元增加到68.81亿元，增长16.1%。一、二、三产业比重下降为7.2%∶52.3%∶40.5%。与上年相比，一产业比重下降

0.34%，二产业比重增长0.07%，三产业比重增长0.27%；总的趋势一产业比重下降，二、三产业比重增加，三产业增长最快。同时进一步加强了对外开放协作，全年经济协作项目5个，引进区外资金3103万元，实际利用区外资金3103万元，比上年增长23.8%；技术、人才、资金及先进管理经验引进步伐加快。

一、农　业

1999年，全区各级党委、政府继续强化农业的基础地位和农业基础设施建设，加大扶持力度，着力实用科技推广，调整产业结构，积极培育畜、菜、果、药、林等后续产业，推进农业产业化进程，实现了粮食和经济双丰收，全年农业现行价总产值9.73亿元，比上年增长17.4%；农业增加值5.42亿元，增12.45%。

主要农产品产量：粮食总产1.92亿公斤，比上年增长3.8%，其中水稻8609.8万公斤，增0.84%；玉米2906万公斤，减4.46%；烤烟实际收购数量1430.56万公斤，占计划收购108.79%；蚕茧总产42.23万公斤，4.01%；水果469.11万公斤，减少3.63%；蔬菜总产10067.2万公斤，增15.35%；油菜籽92.43万公斤，增37.54%。

主要畜产品产量和牲畜存栏：肉类总产量34529吨，比上年增13.98%，其中猪肉32719吨，增14.32%；牛羊肉591吨，下降0.34%；禽肉1219吨，增12.77%；牛奶总产量247吨，下降2.76%；蛋类1893吨，增长0.32%；猪年末存栏29.31万头，增12.77%；肉猪出栏36.36万头，增长14.33万头；羊年末存栏3.8万只，增长2.7%。鱼总产量3743吨，与上年持平。

乡镇企业1.91万个，从业人员7.89万人，分别增长3.1%和6.8%；乡镇企业总收入47.96亿元，增长22.4%。

二、工　业

在认真落实各项改革措施的前提下，全区着重对国有企业实行“三改两加强”，对小型企业采取兼并、租赁、承包、股份制等多种形式，保持了工业平稳发展。全年辖区工业总产值59.08亿元，比上年增15.82%，其中区属工业总产值14.5亿元，增19.44%。辖区内轻工业总产值39.39亿元，增长9.72%，重工业总产值19.69亿元，增30.22%；辖区内国有工业总产值38.65，增长6.44%，集体工业总产值7.95亿元，增长93.9%，个体、私营和其他经济类型工业总产值12.48亿元，增长17.74%。

主要工业产品：原煤125.88万吨，下降10.07%；焦煤36.85万吨，增8.16%；水泥20.17万吨，增11.31%；发电量34628万千瓦小时，增363.81%；塑料制品0.75万吨，增27.12%；卷烟82.5万箱，增4.8%；布806万米，增12.89%；服装20.94万件，增16.95%；化肥2.55万吨，增27.50%；生铁3.71万吨，减少49.8%；汽车6298辆，减15.44%。

三、固定资产投资

本着进一步扩大内需，拓宽城乡市场，拉动经济增长，全年固定资产投资完成15亿元，比上年增长4.24%。投资在50万元以上的基本建设和改造项目265个，竣工投产103个，项目竣工率38.87%，住宅峻工60.63万平方米。

四、交通、邮电

全年新修乡村公路两条，长10.1公里。至此，全区100个村公所（办事处）全部通车；曲陆高速公路于9月28日正式投入使用，曲胜高速公路于11月开工，至年末完成投资3.6亿元。区域内已形成高速公路覆盖网。

全年邮政、电信总产值1.87亿元，增长67.6%，市话总容量10.44万门，长途电话通话量1246.71万张，电话机总数6.23万部，市话交换程控化比重100%，移动电话21567户，无线寻呼用户115393户。

五、国内贸易

1999年，全区消费品市场货源充足，供求稳定。全年社会消费品零售总额11.72亿元，比上年增长1.8%，其中城市零售额8.02亿元，下降9.1%；农村市场零售额3.7亿元，增长37.5%。国有经济零售额2.38亿元，增长1.3%；集体经济零售额1.64亿元，下降11.4%；个体、私营经济零售额5.85亿元，增长2.6%；其他经济零售额1.85亿元，增长14.9%。个体、私营经济发展较快，1999年全区个体工商户、从业人员、注册资金分别比上年增29.5%、16%、17%。私营企业147户，增长3%，从业人员、注册资金均比上年增长2%；个体、私营经济占国内生产总值的比重18%。外贸出口总额183.8万美元，比上年增加153.8万美元，增长512.7%。

六、财政、金融、保险

1999年，全区地方财政收入1.72亿元，地方财政支出2.48亿元。

金融系统继续强化宏观调控，盘活存量。年末存款余额68.36亿元，其中居民储蓄存款余额31.64亿元。年末贷款余额63.26亿元。

1999年开设了新的保险种类，保险收入1.11亿元，保险业务赔款4322万元。人寿保险承保人数34万人，家庭财产保险2万户，烤烟保险12万亩。

七、城市建设

年内，市区面积增加0.5平方公里，城市面积达到23平方公里。城市道路86.3平方公里。城市供水8.6万吨/日，自来水普及率99.5%。污水日处理4.6万吨/日，污水处理率98.4%。垃圾无害化处理率94.96%。公共绿化面积46.15公倾，园林覆盖面积447公倾，人均公共绿化面积2.1平方米，建成区绿化覆盖率为9%。15万人使用液化石油气，年供气总量6000吨，城区用气普及率69.4%。公共汽车123辆，出租汽车1529辆。城市的综合幅射力得到加强。

八、社会事业

科教兴区始终是麒麟区进行经济建设的基本方针。1999年，区域内有各类学校214所，在校学生11.8万人，其中普通中学38所，在校学生3.7万人；职业中学7所，在校学生0.55万人；小学107所，在校学生5.3万人；幼儿园52所，在园儿童1.57万人。小学入学率保持在99.95%的水平。小学升学率由上年的98%升为99.2%；初中毕业升学率由85%下降82.5%，下降2.5个百分点。继续加大科技推广力度，着重抓了水稻肥床旱育稀植浅插7.74万亩；玉米地膜覆盖3.17万亩，玉米育苗移栽1.64万亩；小麦地膜覆盖、脱毒马铃薯的技术推广速度加快。机械动力比1998年增长60%，机耕、机耙、机播、机垄比上年分别增长7.4%、0.6%、47%和34%。在广泛的科技活动中，全年获市级成果奖8项，其中科技进步奖4项，星火奖3项，技术市场金桥奖1项。

卫生和体育事业稳步发展。卫生机构41个，病床2893张，专业卫生技术人员2722人，其中医生1290人。1999年成功举办了第一届运动会，群众性体育事业蓬勃发展。被评定为全省体育先进区。

九、人口与人民生活

1999年末，麒麟区总人口59.79万人，比上年末增加7654人，增长1.3%。全年出生人口8888人，出生率14.96‰，全年死亡人口3073人，死亡率为5.17‰，人口自然增长率为9.79‰。

通过抽样调查，城镇居民人均实际收入5841元，比上年增长4.1%；人均实际支出6583元，增加691人，增长率11.83%。农民人均纯收入2327元，比上年增加107元，增长4.82%。辖区内国有单位有岗职工6.8万人，人均年工资9346元，其中区属单位在岗职工2.03万人，人均年工资8295元。

十、存在问题

农民收入增长缓慢，增产不增收的因素增多；财政收入增长缓慢，财力不足，收支无法平衡，财政赤字无根本改变，主要原因是撤地设市后，原县级曲靖市分设区、县，麒麟区的社会负担太重；经济结构不合理，产业结构调整较慢，支柱产业群没有建立起来，经济质量不高；国有集体企业经营困难，效益不好的情况没有根本改善，下岗人员增加，就业压力增大；科技教育仍然不能适应生产力的发展，劳动者素质偏低。

昭通市经济发展概况

市　长　杨嘉华

一、经济发展情况

1999年，在地委、行署领导下，昭通市进一步稳定和加强农业的基础地位，狠抓基础设施建设，深化企业改革，加大结构调整力度，加强主民法制和精神文明建设，全面推进国民经济和社会事业的发展，全年完成国内生产总值（市属）12.92亿元，比上年增长7.13%，实现了年初确定的目标，其中第一产业完成5.89亿元，增长2.6%；第二产业完成2.02亿元，增长8.29%；第三产业完成5.01亿元，增长10.8%。

（一）农　业。1999年，全市围绕农业增产和农民增收，抓住烤烟“双控”机遇，适当减少烤烟种植面积增加粮食种植面积，确保对农业的投入，加强农业科技的推广和运用，狠抓农田水利建设，农业获得丰收，粮食总产量达到21.18万吨，比上年增长2.5%。同时，全面完成长防、长治、中德合作项目，生态环境等造林任务5.57万亩，切实加强对天然林的管护，全市森林覆盖面积达93万亩，森林覆盖率达22.9%。年内，抓好以水利为重点的农业基础设施建设，加强防汛抗旱工作，完成大小水利工程2550件，水利化程度达47.2%，提高3.5个百分点。畜牧业不断发展，全市肉蛋奶产量达4万吨，人均占有肉蛋奶57公斤，增长5.7%。

（二）工　业。1999年，辖区内完成工业增加值14.33亿元，比上年增长9.1%；完成工业总产值21.84亿元，其中市属完成工业增加值1.34亿元，增长6.73%。企业经济效益有所提高。

（三）固定资产投资。1999年，固定资产投资2.72亿元，比上年增长26.3%，其中城市基础设施建设投资5000万元。固定资产投资呈现了国家、集体和社会多元化的投资格局。

（四）交通、邮电。1999年，全市交通运输和邮电通信业稳步发展。全年新修和改造市乡公路151公里，其中乡村公路80公里。至年末，全市152个行政村已通公路143个村，公路通车里程达到技术等级的565公里。全面完成内昆铁路昭通市段的征地和拆迁工作，确保了内昆铁路的顺利建设。

邮电事业不断发展，至年末，全市152个行政村均通电话，全市共安装话机32541部，其中移动电话7384部，电话普及率由上年的3.87%上升为4.58%。

（五）财政、金融。1999年，全市进一步加强财税管理，完成地方财政收入1.46亿元，比上年增长3.4%，其中上划中央“两税”净入库完成2688万元，增长8.7%；地方一般预算收入完成1.19亿元，增长2.3%。

全市金融机构存款29.12亿元；各项贷款余额25.12亿元。

保险事业健康发展，全市承保额达94.93亿元，增长30.6%；全年增加值完成1098万元，比上年增加327万元，金融业运行正常。

（六）各项改革。1999年，全市按照“抓大放小”的方针和“三个有利于”的标准，大力推进企业改革。至年末，全市已完成38户企业改革工作，占应改企业的61%；粮食流通体制改革全面开展；顺利完成土地承包顺延30年的工作。

（七）扶贫攻坚和人民生活。年内，在上级各部门的大力支持下，全市干部群众认真贯彻执行“自力更生、生产自救、各方支持、共同富裕”的扶贫方针，采取治水改土、小额信贷扶贫、科技扶贫、畜牧扶贫、绿色扶贫、安居、温饱等十多项行之有效的扶贫措施，千方百计确保农民收入和解决温饱问题。农民人均纯收入达

750元，比上年增长8.9%，人均居住面积达19.9平方米；解决了4万人口的温饱问题，全市贫困率降至4.89%；城镇居民人均可支配收入达5885元，增长10.58%；建立了城市居民最低生活保障制度，人民生活有所提高。

二、存在问题

存在的主要问题是：（1）生态环境形势严峻，人口形势严峻、财政收支形势严峻；（2）经济结构调整滞后、基础设施建设滞后、城市化发展滞后和科教事业发展滞后。

宣威市经济发展概况

市　长　司宪年

1999年，宣威市在上级的领导下，通过全市党政机关、各行各业和各族人民的团结奋斗，各项建设事业取得了新的成绩。全年实现国内生产总值22.47亿元，比上年增7%；工农业总产值完成25.9亿元，增13%；地方财政收入1.74亿元，减6.3%。

一、农　业

1999年，全市农业生产紧紧围绕以增加农民收入为目标，以结构调整为重点，狠抓农科推广、农田基础设施建设，农业和农村经济全面发展。全年完成农业总产值9.8亿元，比上年增9.6%；完成农村经济总收入24.64亿元，增3.1%。全市粮食种植176万亩，总产量达4.74亿公斤，达历史最高水平。种植烤烟25.78万亩，产值3.147亿元。发展水果0.2万亩，蓖麻4000亩，魔芋15150亩，蔬菜13万亩。年末生猪存栏99.4万头、出栏92.3万头，分别增1%和7%。全市共投资4163.1万元，兴修各类水利工程6550件，新增灌溉面积3.1万亩，改善灌溉面积3.6万亩，治理水土流失面积77.6平方公里。全年投入扶贫资金919.5万元，解决了4.17万人的温饱问题。

二、工　业

全市按照进一步放开搞活的要求，以建立现代企业制度为中心，加强企业管理，加大技术改造力度，努力开发新产品，狠抓扭亏增盈，提高经济效益，实现了工业经济持续增长，全年完成工业不变价产值16.1亿元；客运量达648万人次；完成邮电业务总量2693万元。

三、固定资产投资

1999年，辖区内固定资产投资完成8.71亿元，比上年增11.8%，主要用于交通、电力、通信、煤炭、市政工程等基础设施建设。投资5000万元的新复烤厂、投资1980万元的电信大楼和投资1200万元的在沙坝商业城相继建成投用；响水电站基本建成，第一机组投产运行；响宣输变电工程、农村电网改造、宣威电厂五期扩建配煤矿井建设、东过境公路、城市二期供水等工程进展顺利。

四、商业、物价

1999年，全市社会商品零售总额完成11.96亿元，比上年增4.1%，其中社会消费品零售额完成10.02亿元，增2.3%。全年居民消费价格总指数为103.3，社会商品零售价格总指数为98.8。

五、财政、金融

1999年，全市完成税收3.02亿元，比上年减18%，地方一般预算收入1.74亿元，减6.3%；财政支出3.47亿元，增8%。年末银行存款余额21.94亿元，增22%；贷款余额23.38亿元，增7%。

六、社会事业

全市拥有师范、职中、普通中小学校1227

所，小学适龄儿童入学率达 99.4%，高考升学率达 62%，“两基”工作通过省政府验收。全年获奖科技成果 8 项。有市属医疗机构 28 个。文化市场繁荣，人民群众的文化生活丰富活跃，电视覆盖率达 94%。

七、人民生活

年末，全市总人口为 127.96 万人，人口自然增长率为 7.63‰。农民人均纯收入 1369 元，比上年均增 79 元；城镇居民年人均可支配收入 5856 元，增 2.7%。

八、存在问题

农业基础设施依然脆弱，贫困面大，扶贫攻坚任务艰巨，农民增收困难；工商企业举步维艰，经济效益不好；财政极端困难，重点建设项目资金紧缺，吃饭和建设矛盾突出；经济结构调整进展缓慢，经济增长质量不高；社会就业压力增大，影响社会稳定的因素增多。

楚雄市经济发展概况

市长　杨　毅

1999 年，楚雄市深入贯彻党的十五大和十五届三中、四中全会精神，认真执行党中央、国务院和省、州的各项方针政策，坚持以经济建设为中心，深化改革，扩大开放，团结一致，真抓实干，开拓进取，使全市经济建设和社会发展取得新成绩。全年完成国内生产总值 38.1 亿元，比上年增长 8.3%；市属工农业总产值（1990 年不变价，下同）完成 12.93 亿元，增长 20%。其中工业总产值 8.67 亿元，增长 30%；农业总产值 4.26 亿元，增长 3.7%。粮食总产量 1.94 亿公斤，增长 0.1%；烤烟产量 1089 万公斤，增长 9.9%；乡镇企业总收入 35.19 亿元，增长 32.9%；社会消费品零售总额 10.63 亿元，增长 11.5%；财政自收收入 2.35 亿元，增长 3.1%；农民人均纯收入 1771 元，增长 3.9%。全市社会稳定、民族团结、经济增长，各项社会事业健康发展。

一、农业和农村经济

1999 年，全市的农业和农村工作实现了农业增产、农民增收和农村稳定的目标。全市认真落实党在农村的各项政策，充分调动农民的积极性。全面完成了土地承包期延长 30 年的工作；认真执行农民负担卡制度，农民人均负担的村提留、乡统筹和义务工、劳动积累工均控制在规定限额以内；全面推行村务公开、民主管理制度，农村党群、干群关系进一步改善。水利和农业生态环境建设方面，全市共投入水利建设资金 9632 万元，完成各类水利工程 14182 件（其中小水池 13061 件），累计建成各种不同层次的稳产高产农田（地）27.4 万亩，完成植树造林 2.49 万亩，实施封山育林 63 万亩；新建沼气池 1600 口。粮食生产，产业结构调整按照“稳粮、抓钱、调结构”的工作思路，在种植面积压缩和受各种自然灾害影响的情况下，粮食总产量达 1.94 亿公斤，实现了稳产。加大了农村产业结构调整力度，大力发展蔬菜、花卉、经济林果、魔芋、白子瓜、葵花、中药材等经济作物。全市大小春粮、经种植比例由 84∶16 调整至 81∶19，当年增加农民人均纯收入 65 元。烤烟生产在继续坚持“双控”的同时，择优布局，实现产值 1.03 亿元。乡镇企业改革逐步深化，建立现代企业制度试点工作取得成效，乡镇企业的发展已由数量型逐步向质量、效益型转变。以加强贫困地区的农业基础设施建设为重点，加大扶贫攻坚力度，继续组织实施了 3 个省列扶贫攻坚乡的扶贫工程，积极推行和扩大小额信贷扶贫工作，累计发放贷款 350 万元；全面实施单位挂钩和党员、干部结对扶贫工程，加大科技扶贫、教育扶贫、文化扶贫工作力度，改善了贫困地区的生产生活条件。

二、工商企业

1999年是全市全面深化市属工商企业改革的第三年，经过3年的改革、改组、改造，原有的85户市属法人企业现已调整到75户。通过深化改革，企业的各项自主权全面得到落实，生产经营机制正在向适应市场经济体制的方向转变，一些企业已初步建立起了现代企业制度。(1)继续稳定扶持市属工商企业发展的各项优惠政策；(2)指导帮助企业进一步深化改革，理顺内部管理关系；(3)继续加大对企业扶持的力度，全年共投入企业解困和挖潜改造资金945万元；(4)市级领导深入调研，以扭亏增盈为突破口，帮助企业研究生产经营策略和解决、协调一些生产经营中的具体困难和问题；(5)进一步强化对企业的服务职能，帮助企业加强外引内联；(6)在组织实施重点建设项目时，积极为市属企业创造机遇，参与竞争。通过多方努力，工业生产平稳增长，商贸流通繁荣稳定，完成了州政府下达的扭亏增盈任务。

三、非公有制经济

1999年，市委、市政府把大力发展非公有制经济作为促进经济增长和加快所有制结构调整的重要突破口，采取一系列行之有效的措施鼓励和促进非公有制经济发展。(1)认真研究制定并组织实施个体私营经济发展规划；(2)进一步落实鼓励发展的各项优惠政策；(3)年内市财政安排了200万元铺底资金，成立了非公有制经济贷款担保资金会，解决了非公有制经济贷款担保难的问题。(4)全面推行“收费明白卡”制度，认真清理并杜绝了各种乱收费现象；(5)继续坚持“市长接待日”制度，听取并帮助解决一些困难和问题；(6)各职能部门强化服务意识，提高服务质量，为非公有制经济的发展营造了一个良好的环境。1999年底，全市个体工商户已发展到14520户，当年净增664户，私营企业已发展到303户，当年净增45户，个体私营经济从业人员达28740人，比上年增加3118人。全市非公有制经济实现产值增长130%，上缴税金3563万元，净增1047万元，增长41.6%；非公有制经济在国民经济中的比重达27.1%，提高6.4个百分点，全市已初步形成了国有、集体和非公经济共同发展的格局。

四、财税、金融

1999年，全市在烤烟继续实行“双控”，税率大幅下调，财源减少，各种刚性支出和基础建设支出继续增加，收支平衡难度极大的严峻形势下，财税工作以开源截流、增收节支为重点，一方面严格依法治税，加强征管，培植税源；一方面进一步牢固树立收支平衡的财政预算观念，坚持量入为出、量财办事，按照“保重点、保热点、保难点”的原则，尽力压缩非生产性支出和一般性支出。通过努力，市国税、地税系统均完成和超额完成了市政府下达的收入任务，全市完成地方财政自收收入2.35亿元，实现了财政收支平衡。继续稳定对乡（镇）的财政政策，加大资金补助力度，确保了乡（镇）各项工作的正常开展。

五、城乡居民生活

1999年，全市农民人均纯收入达1771元，比上年净增65元，增长3.9%，农村购买力进一步提高，集市贸易成交额增长23%。城镇居民人均可支配收入达6186元，增长6.7%。在城乡居民生活普遍提高的同时，为了保证少数特困居民和下岗职工的基本生活，城区和各乡（镇）都建立了“城镇居民最低生活费保障制度”，并加大了企业解困和社会救灾救济力度，保证了困难居民的基本生活。

六、基础设施建设

1999年，在省、州的大力支持下，认真组织了龙川江、320国道城区段综合改造、青龙河尾段改造、程家坝迎宾浮雕、桃源湖北片景区建设、鹿城南路、北路绿化美化、太阳历文化园建设、学桥街拓宽改造等一批迎世博重点市政建设项目，使市容市貌大为改观，环境质量和城市形象进一步改善。

年内，重点水利建设方面，完成了西静河水库建设主体工程，现已试蓄水860万方。完成了龙川江城区段5.9公里和青龙河尾段0.5公里的河道拓宽改造及橡胶坝建设工程，提高了城市防洪标准和排洪御洪能力，并形成了新的水体景观。

农村电力建设方面，全市共完成电力建设投资4427万元，建成35KV变电站2座，新建35KV高压输电线路40公里，新建10KV以下输电线路75.8公里，改造10KV以下线路64.6公里，初步形成了以大电网供电为主、山区小水电为辅、多回路环网供电的供电格局。交通建设方面，认真组织实施并完成了320国道楚雄过境一级公路一期改造、小河口青龙河桥建设、320国道青龙河桥建设和哀牢山公路二期工程等重点公路建设项目，在遭受重大水灾，公路水毁严重的情况下，全市投人127.5万元水毁抢通资金，及时抢通了水毁公路，确保了运输畅通。通信邮政建设方面，完成市话扩容1.2万门，开通程控电话4.3万门，电话普及率达10.5%，建成公用磁卡电话亭360个，新建移动通信基站11个，农村程控电话进一步普及。小集镇建设方面，围绕“小城镇、大战略”的指导思想，加大集镇建设力度，财政投入小集镇建设补助资金由100万元增至150万元。以地生财、以财建镇、以镇聚财的集镇建设路子进一步得到实践，以中山、八角、三街为重点的山区中心集镇建设已初具规模。

七、社会保障、再就业工作

1999年，全市企业养老保险向纵深发展，参统企业123户，参保职工（含离退休人员）7757人；机关事业单位养老保险工作全面实施；失业保险参统企业136户；城镇职工工伤保险和女职工生育保险参统企业98户；城镇职工基本医疗保险制度改革各项准备工作已全面完成，社会保障已由过去单一的国有、集体企业养老保险发展为面向国有、城镇集体企业、机关事业单位职工（含合同工）、非公有制经济组织、个体工商户的具有基本养老保险、失业保险、企业职工工伤保险、生育保险、城镇职工基本医疗保险等险种的社会保障制度体系，为各项改革的深化提供了有力保障。加强再就业网络体系建设，成立了再就业服务中心及工作站，建成了全州首家再就业市场，安置了100多名下岗、失业职工再就业。

八、对外开放、招商引资

1999年，全市进一步完善、投资硬件环境，全面落实招商引资的各项优惠政策，努力营造高效、务实、快捷、方便、周到的服务环境，有力地促进了对外开放和招商引资工作。全年共引进项目立项60项，立项投资总额5.74亿元，其中外资项目1项，立项投资590万美元，实际完成投资3.51亿元，引进外资133.9万美元。至年末，楚雄经济开发区已累计引进项目254项，完成投资14.14亿元，开发区建成区面积已发展到3.7平方公里，区内当年实现总产值12.5亿元，实现财政收入3704万元。

九、社会事业

1999年，全市在经济建设稳步发展的同时，各项社会事业也得到全面发展。(1) 进一步巩固和提高了“两基”成果，切实推进素质教育，全面贯彻落实“两全”方针，进一步深化教育教学改革，基础教育、幼儿教育、职业技术教育、成人教育和民族教育协调健康发展。(2) 以加快技术进步和科技成果转化、推广为重点，组织实施科技发展项目37项，星火计划项目50项，使科技进步对国民经济增长的贡献率达43.1%。(3) 计划生育工作继续狠抓“三为主”的巩固和提高，推动“三结合”项目全面实施，加大城镇流动人口计划生育管理力度，全面完成了州政府下达的人口与计划生育各项任务指标。(4) 环境保护工作坚持污染防治和生态环境保护并重的方针，以“一控双达标”为重点，以治理“三废”为突破口，全面落实环境保护目标管理责任制，加强对重点污染源的治理。(5) 土地管理工作以贯彻执行《土地管理法》和《基本农田保护条例》为重点，完成了各乡（镇）土地利用总体规划修编工作。(6) 充分发挥精神文明建设主力军的作用，加强了文化市场管理，加大“扫黄”、“打非”力度；积极推行全民健身计划，认真开展了竞技体育、学校体育、老年体育和群众业余体育活动。(7) 完成了坝区10个乡（镇）的光缆电视联网，对山区地面卫星接收站和有线电视网进行了改造和维护，充分发挥了广播电视的宣传、舆论监督作用。(8) 坚持“预防为主”方针，进一步巩固市、乡、村三级医疗防疫保健网络，落实了乡村医生的补助；医疗设备和基础设施条件改善，医疗水平提高，群众就医条件改善，圆满完成了州下达的17项卫生工作责任目标。

十、存在问题

1999年工作中存在的主要问题是：（1）基础设施仍然薄弱，特别是在广大山区，水利、电力、交通、通信等基础设施发展滞后，严重制约着经济发展和扶贫攻坚步伐；（2）市属工商企业改革与发展中的诸多深层次矛盾和问题仍未从根本上得到解决；（3）结构调整进展缓慢，经济增长质量有待于通过加快结构调整来逐步提高；（4）市乡两级财力严重不足，建设资金缺口大，财政收支平衡难度大；（5）政府职能的转变和工作人员的工作作风、工作态度、工作效率和工作质量有待进一步改进和提高。

玉溪市红塔区经济发展概况

区　长　龙发有

1999年，红塔区在上级党政的领导下，全面贯彻党的十五届三中、四中全会和省委六届八次全会精神，克服和化解诸多社会矛盾，战胜各种困难和自然灾害，坚持以经济建设为中心、两个文明一起抓，深入实施科教兴区和可持续发展战略，狠抓各项措施的落实，从而保持了全区国民经济和社会各项事业健康稳定发展。全区国内生产总值完成218.6亿元，比上年减16.9%，剔除红塔集团为42.3亿元，减5.1%。在国内生产总值中，第一产业增加值2.8亿元，增长12.1%；第二产业增加值173.2亿元，减14.4%；第三产业增加值42.6亿元，减24.1%。一、二、三产业在国内生产总值中的比重分别为1.3%、79.2%、19.5%。

一、农业和农村经济

坚定不移地贯彻落实党在农村的各项政策，围绕中央确定的增加农民收入和维护农村稳定的目标，进一步加强对农业和农村工作的领导，狠抓农业科技措施的推广应用，加强农业基础设施建设，改善农业生态环境，加大农业内部结构调整力度，推进农业产业化进程，战胜了农业上严重的自然灾害，使全区农业和农村经济呈现出平稳发展的好势头。全年实现农村社会总产值（现价）81.4亿元，比上年增长3.2%，其中农业总产值（1990年不变价）2.7亿元，增长3%。农业商品率为67.3%，增长3.8个百分点；全区农村劳动力总数为17.2万人，其中从事第一产业的8.7万人，占劳动力总数的50.6%，从事二、三产业的8.5万人，占劳动力总数的49.4%，比上年减0.8个百分点。

1999年，全区粮食种植面积233544亩，因建设用地和种植结构调整，比上年减8400亩。粮食总产11848万公斤，减0.5%。粮食单产507公斤，增长3%，创历史最好水平。油料总产560万公斤，增长2.8%。烤烟收购608万公斤，圆满完成上级下达的收购任务。上等烟比例达到56.4%，增长5.5个百分点，连续6年居玉溪市第一。全年植树造林1.03万亩，减14.5%，育苗48.6亩。全民义务植树102.7万株。森林覆盖率达到48.6%。年内出栏肥猪23.6万头，增长0.2%。猪、牛、羊肉总产量1907万公斤，增长1.1%。利用水养殖面积11595亩，鱼产量117万公斤，增长2.3%。全年累计投入建设资金2694万元，完成各类水利工程691件，全区水利化程度达到87.8%。

二、乡镇企业

继续加快以产权制度改革为核心的乡镇集体企业改革，逐步建立新型的企业运行机制。制定了《关于1999年红塔区乡镇企业改革工作意见》和《关于处理解决乡镇企业改革中的有关问题》。至年末，全区完成集体企业改革改制275户，完成年计划的91.7%，其中产权转让27户，抵押承包108户，租赁经营21户，股份合作制26户，兼并4户，摘“红帽”明晰产权89户。至此，全区共有485户乡镇集体企业进行了改革改制，占总户数的81.2%。全年乡镇企业营业收入120.8亿元，比上年增长15.6%；完成现价总产值96.6亿元，增长12.6%；完成增加值21.3亿元，增长17.2%；实现利税总额6.3亿元，增长16.1%；实缴国家税金3.8亿元，增长31.7%。全区个体工商户达到22719户，从业人员106706人，注册资金25410万元。私营企业757户，增长14.7%。个体私营企业实现营业收入85亿元，占乡镇企业营业收入的70.3%，提高19.2个百分点。年末乡镇企业固定资产原值达到33.7亿元，增长5.6%。

三、工　业

进一步深化企业改革，切实抓好扭亏增盈工作，加快企业技术进步，加强和完善企业内部管理，加强企业领导班子建设和人才培养，积极寻找国内和国际市场，努力使企业走出困境，提高效益。全年完成工业增加值（现价）166.2亿元，比上年减12%；完成工业总产值（1990年不变价）76.3亿元，减10.8%，其中区属工业总产值29.8亿元，减3.3%。区属全部国有及500万元以上非国有独立核算工业企业产品销售收入26.89亿元，减14.9%。实现利税2.42亿元，减19.9%。总资产贡献率为6.98%，资产保值增率93.3%，资产负债率65.8%，流动资产周转率1.25次，成本费用利润率4.23%，全员劳动生产率39459元/人，产品销售率98.65%，区属经济效益综合指数为101.65%，下降12.3个百分点。企业亏损面由1998年的36.7%下降到34.2%，下降2.5个百分点，亏损额6681万元，增长4.1%。

四、固定资产投资和建筑业

1999年，全社会固定资产投资总额16.8亿元，比上年减31.4%，其中区属固定资产投资完成9.03亿元，减44.9%。区属固定资产投资施工项目37个，竣工项目32个，竣工率86.5%。施工项目中投资较大的有：玉江路计划投资2.8亿元，完成1.2亿元；玉带路、杯湖路计划投资1.25亿元，完成9654万元；第五中学计划投资3652万元，完成3270万元。

全年全区有资质等级的建筑施工企业95个，其中二级13个，三级50个，四级32个。全年实现利润总额1546万元，减16.4%。年末从业人数2.8万人，减12.4%。

五、交通、邮电

1999年，全区公路通车里程达到1228公里，其中省道40公里，县道80公里，乡村道路1033公里。各类汽车13087辆，其中载客汽车5390辆，载货汽车7697辆。

邮电通信现代化程度不断提高，立体通讯网络发展迅速。至1999年末，全区移动电话用户达到26483户，比上年增70.7%。全区局用交换机总容量达到79872门，增长15.2%。年末电话用户总数达到56110户，增长22%，其中城市40918户，乡村15192户。电话普及率22.9部/百人。计算机互联网兴起，至年末，计算机互联络（IP网拨号注册）用户达到1278户。

六、商业、物价

1999年，全区消费市场货源充足。社会消费品零售总额13.2亿元，比上年增长1.5%，其中城市零售额107381万元，增长2.6%；农村零售额25079万元，减3.0%。在社会消费品零售总额中，农民对城镇居民零售额为18416万元，减15.0%。商品交易市场成交额4.9亿元，年增8.8%。

全区农业生产资料总购进1625亿元，比上年减46.7%。销售总额1.56亿元，减42.1%。

全年农村商品零售价格总指数为97.9%，下降0.9个百分点；农村居民消费品价格总指数98.8%，与上年持平；农业生产资料价格指数95.4%，下降3.1个百分点。

七、财税、金融、保险

1999年，全区财税部门认真贯彻落实中央积极的财税政策，不断深化改革，加强管理，挖掘增收节支潜力，试行“零基预算”办法，推行行政事业性收费收缴分离办法，建立“政府采购”制度，保证财政预算收支的平衡。全年完成地方一般预算收入2.07亿元，比上年减11.9%，其中区级收入8850万元，减39.3%；乡镇（街道办事处）收入1.18亿元，增

31.2%；上划中央两税收入累计完成1.52亿元，减17.5%。地方财政一般预算支出4.35亿元，增长6.5%，其中用于农村生产性支出4858万元，增长27.5%。

金融部门继续深化改革，加强金融风险防范，信贷力度加大，运行平稳。全区金融机构各项存款余额122亿元，减12.1%。各项贷款余额76.6亿元，增长5.8%，其中农业贷款1.0亿元，增长19.8%；工业贷款14.1亿元，增长24.3%。城乡储蓄存款余额37.3亿元，增长16.6%。年内，帮助22户企业进行了流动资金置换，共置换流动资金1.1亿元，为企业摆脱困境增添了活力。现金投入回笼抵净投放货币5.5亿元，减1.7%。

全年全区各种财产保险金额达432亿元，增长22.7%；各种财产保费业务收入1.28亿元，增长7.7%；全区人寿保险金额101亿元，增长99.4%；保费收入3668万元，减42.4%；财产保险结案赔款5043万元，增长0.9%；支付人身保险赔款866万元，增长57.7%。

八、城乡基础建设

城乡基础建设步伐加快，各种设施日臻完善。完成了珊瑚路人行天桥工程，新建迎春北路。以绿化为突破口，加强城市环境卫生治理，以改造“亮光”工程为重点，提高城市美化程度。年内新增道路绿化面积3.48万平方米，新装路灯197盏，改造路灯168盏，整容翻新路灯杆412棵，灯具661盏。完成了九龙路、玉江路的扩建和17公里农村四级水泥路面、10公里砂石路改造以及山区4.8公里弹石路的路面铺筑工程；投资295万元，对窑头市场、彩虹蔬菜批发市场进行了改造、扩建；投资600万元新建占地31亩的玉带路建材市场，并于年底投入使用；投资50万元新建洛河乡集贸市场，填补了洛河乡无成型市场的空白；围绕农村小康建设目标，继续推进旧村改造，全年有252个生产社进行了旧村改造，拆除旧房5183户10191间，腾出土地550亩。

九、社会事业

1999年，全区有中小学102所，在校学生54688人；小学适龄儿童入学率99.97%，毕业率98.21%，巩固率99.98%；初中适龄少年入学率97.6%，巩固率99.5%，升学率74.7%；高考、中考成绩创历史最好水平；有幼儿园111所，比上年增14所，在园幼儿13438人，增长9.3%。实施各类科技计划31项，投入“科技三项费”171万元，年内创省级名牌产品2个，开发省级新产品7个；评出区级科技进步奖19项，获玉溪市科技进步奖17项，获省级星火奖6项。有区属文艺表演团体1个，群众艺术馆1个，乡镇、街道办事处文化站11个，文化站藏书5.9万册；全年送戏下乡109场，公共图书馆1个，藏书15.9万册。年末，全区有广播台1座，乡镇广播站9个，通广播村76个，卫星地面接收站63座；有线电视主干线832公里，有线电视用户40620户，电视覆盖率98.5%。全区有卫生机构299个，开设病床1495张，每万人有卫生技术人员80人；儿童“四苗”全程免疫接种率达到98%。全区共举办体育运动会55次，有少儿业余体育学校运动班在校生81人，中、小学生体育达标率均为100%。

十、人民生活

1998年末，全区总人口37.03万人，增1.4%，其中农业人口25.68万人。人口自然增长率6.79‰。区属职工平均工资8523元，比上年增长8.0%。据城乡住户抽样调查，红塔区城市居民全年人均收入7241元，增长2.8%；农村居民家庭人均纯收入3349元，增长0.7%。年末城市居民人均住房面积18.1平方米，增0.1平方米，住房配套率达89%；农村居民人均生活住房面积47平方米，增16平方米。

十一、存在问题

1999年工作中存在的主要问题是：(1)由于企业产品结构、质量、管理等原因，加之受卷烟产销形势的影响，导致国有工商企业、城镇轻工集体企业生产经营指标下降，经济效益下滑，至使国内生产总值和工业总产值第一次出现了负增长。(2)经济结构不合理，调整步伐缓慢，农业经济作物所占比重较小，农产品销售不畅；工业产业产品结构调整难度大，步履维艰，部分国有、城镇轻工集体企业生产经营被动的局面仍然十分严峻，效益下滑的趋势还未根本好转。(3)改革意识不强，思想观念落后，“等、靠、要”思想严重，改革难度大，任务艰巨。(4)由于事权划分、税源上划，财税增收难度增大，财政收入与支出需求矛盾突出。(5) 社会治安形势依然严峻，刑事案件发案率居高不下。(6) 创造性地解决经济工作中出现的新情况、新问题措施不够有力。

个旧市经济发展概况

市 长 苏维凡

1999 年，个旧市各级党委、政府依靠各族人民，深入贯彻落实党的十五大和十五届三中、四中全会精神，坚持“两个立足、两个超越”的发展战略，圆满地完成了个旧市第十三届人民代表大会第二次会议批准的经济和社会发展任务。全年共完成国内生产总值 24.12 亿元，比上年增长 6.05%，其中第一产业增长 3.8%，第二产业增长 6.5%，第三产业增长 5.9%。

一、农 业

1999 年，个旧市农业生产虽然遭受严重的旱涝灾害和牲畜疫病，仍然取得了较好成绩。实现农业总产值 3.75 亿元，比上年增长 3.41%；农村经济收入 29.2 亿元，增长 11.29%。粮食、肉类、蔬菜、牛奶、水产品等主要产品稳步增长。全年粮食总产量完成 6.64 万吨，为计划的 100.91%，增长 2.79%。全年甘蔗总产量完成 9.88 万吨，为计划的 85.91%，下降 8.43%。全年肉类总产量完成 1.47 万吨，为计划的 108.89%，增长 13.08%。全年蔬菜总产量完成 5 万吨，与计划持平，增长 17.65%。全年烤烟总产量完成 1141 吨，比计划增长 20.45%。全年完成工程造林 26200 亩，为计划的 109.17%，下降 8.62%。

农业农村工作中，市政府以确保农民增收、农村稳定为目标，主要采取了 5 项措施。(1) 认真贯彻党在农村的基本政策。完成了第二轮土地延包，使农民放心大胆地经营土地；切实抓好减轻农民负担工作，粮食收购政策得到落实，提高了农民生产的积极性。(2) 加强基础设施建设。完成了保和三贫河水库、鸡街红塘子水库、沙甸河倘甸冲口段河堤整治等农田水利工程，新增灌溉面积 0.27 万亩，改善灌溉面积 1.52 万亩；完成了 13 个自然村通电工程，实现村村寨寨全部通电的目标。(3) 加大种植结构调整。全市种植经济作物 3.98 万亩，粮经比例达到 74.5:25.5；扩种“滇屯 502”优质稻面积比上年增加 0.3 万亩，倘甸、大屯与正大集团合作玉米制种 250 亩获成功。另外，引进养殖部分市场销路好的水产品，促进了农民增收。(4) 加快非耕地资源开发。以珠江防护林、绿色通道、面山绿化为骨干建设项目，加快荒山荒地开发；同时，加强了林种结构调整，全年植树造林 2.62 万亩，其中新增经济林木、竹林 1.73 万亩。新建沼气池 1395 口。(5) 突出重点，进行区域布局。根据各个乡镇的资源特点，通过计划安排、资金补助等措施，进一步强化了优质稻、牛奶、烤烟、蔬菜、热带水果等区域化、规模化布局，为产业化发展奠定了基础。

二、工 业

1999 年，个旧市工业在国内工业产品市场普遍不景气，主要产品价格长时间走低的情况下，运行基本正常。全年完成工业总产值 42.78 亿元，比上年增长 6.6%，其中市属完成 25.97 亿元，为计划的 100%，增长 6.5%。其中国有企业 7.78 亿元，为计划的 95.1%，增长 5.2%；集体企业 7.22 亿元，为计划的 70.9%，下降 8.4%；私营企业 4.13 亿元，增长 39%。

主要产品产量：有色矿产金属总量 83273 吨，比上年增长 3.8%，其中市属完成 39265 吨，为计划的 130.87%，增长 15.5%；锡精矿金属量14725吨，为计划的436.3%，增长10.13%；铅精矿金属量8767吨，为计划的90.38%，下降9.01%；铜精矿金属量6607吨，为计划的105.71%，增长5.12%。完成有色金属冶炼产品产量122203吨，增长15.3%，其中，市属完成85374吨，增长20.3%。冶炼主要产品中，精锡完成31442吨，其中市属完成11913吨，为计划为397.1%，增长25.66%；电铅完成62121吨，其中市属完成52785吨，为计划的125.68%，增长27.2%；电锌完成10836吨，为计划的108.36%，增长7.87%。农用化肥折纯量完成53036吨，为计划的82.55%，下降6.09%，其中碳铵7320吨，为计划的107.65%，增长12.95%；钙镁磷肥19067吨，为计划的81.48%，下降8.63%；普钙15884吨，为计划的116.11%，下降0.5%。机电、建材、轻纺工业主要产品、产量由于市场价格等因素有升有降。工业产销率一直保持在较好水平上，全年产销率达97.2%，略有回升。

三、固定资产投资

1999年，个旧市完成固定资产投资7.76亿元，比上年增长21.51%，其中市属完成2.68亿元，为计划的67.23%，下降24.1%；基本建设2.91亿元，增长64.26%，其中市属5409万元，为计划的54.09%，下降9.77%；更新改造4615万元，下降54.25%，其中市属3612万元，为计划的27.78%，下降49.74%；房地产开发2.32亿元，比上年增长39.79%，其中市属1.73亿元，为计划的119.2%，增长33.4%。在投资建设的项目中，个冷路正加紧进行，鸡石公路已开工建设。个旧湖综合治理工程排洪排污隧洞已经全线贯通；绿海小区、人民医院外科大楼、中医院综合住院大楼按计划抓紧施工；过境路二期工程、红河州个旧电信枢纽大楼、四星级金湖苑宾馆已动工兴建；个旧一中300米环形跑道、海特大厦建成投入使用。普洒河城市补水工程经省计委批准，项目正抓紧进行前期工作。

四、交通、邮电

1999年，全市配合州政府完成鸡街至石屏高等级公路的施工协调工作；完成黄草坝至蔓耗铺柏油路面工程，建设四级乡村公路13.8公里；市区过境公路二期工程开工。完成红河州本地网SDH光缆通信干线个旧段建设；市内电话交换机、农村电话总容量分别增至5.4万线、2.6万线，市话、农话、公用电话、900兆移动电话用户分别增至3.8万户、1.48万户、1169户、1.48万户，无线寻呼增至8.7万户。

五、商业、物价、对外贸易

1999年，全市消费品零售总额完成8.05亿元，为计划的97.03%，扣除物价因素，比上年增长8.8%。商品零售价格总指数为97.2%，居民消费价格总指数为97.9%，分别下降2.8%、2.1%。外贸进出口完成2317.4万美元，其中出口完成2204.4万美元，进口完成113万美元。

六、财政、金融、保险

全年实现财税收入3.51亿元，比上年增长9%，其中地税收入首次突破亿元，完成地方财政收入1.71亿元，比上年增长10.42%；地方财政支出2.53亿元，比上年增长12.87%。实现了在财政收支平衡的基础上略有结余。金融机构运行正常，年末各项存款余额47.31亿元，比年初增长20.23%，其中城乡居民储蓄存款余额25亿元，增长11.19%。各项贷款年末余额26.93亿元。保险机构在优化险种结构和赔付率的合理回落上迈出了新步子。

七、社会事业

科技发展取得新成效，当年全市完成科技成果19项。教育改革力度增长，办学效益较大提高，“两基”成果巩固；高考、中考再创佳绩；学校达标晋级取得进展。文化体育等事业健康发展，“扫黄打非”成绩显著，文化市场健康、繁荣、有序；大力开展文化下乡和文化扶贫活动。组织了“迎世博”、国庆50周年、澳门回归等重大庆典系列活动。全面实行全民健身计划，体育事业不断进步。全市广播人口覆盖率达98.3%、电视人口覆盖率达93%，实现行政村“村村通电视”的目标。卫生、计划生育工作再创佳绩，爱国卫生运动深入开展，大屯、鸡街两镇荣获省级“卫生镇”称号。计划生育工作稳妥推进，加大了对农村和流动人口的管理力度，人口自然增长率降至2.33‰。

八、人民生活

1999年，全市城乡居民收入继续增加，农民人均纯收入达1934元，比上年增长5.9%。城镇居民人均可支配收入达5110元，增长11.2%；在岗职工年均工资7112元，增长7.74%，其中市属单位在岗职工年均工资6391元，增长8.78%。

社会保障体系不断得到巩固，当年共有失业职工4744人，再就业率达77.2%，发放失业救济金479.95万元。养老保险工作得到加强，当年参统企业增至220户，参统人数30336人，对低于城市居民最低生活保障标准的居民发放了325.97万元保障金。

九、存在问题

1999年在工作中存在的主要问题有：全市产业产品结构调整任务还十分繁重，可付诸实施的新项目、大项目不多；企业流动资金普遍紧缺，生产经营困难的局面还没有根本性的改变；农业抗灾能力弱，产业化程度低，增收困难；就业和再就业形势仍然严峻；矿山的资源矛盾和农村的山林、水源、土地纠纷等热点、难点问题仍然时有发生。

开远市经济发展概况

市　长　马汝祥

1999年，开远市各级党委、政府认真贯彻党的十五大、十五届三中、四中全会和中央经济工作会议精神，依靠全市各族人民团结拼搏，开拓创新，扎实苦干，较好地完成了年初提出的各项任务。全市完成现价国内生产总值（GDP）19.24亿元，比上年增长7.6%，其中第一产业增长5.4%，第二产业增长3.9%，第三产业增长12.4%。

一、农　业

依靠科技进步，大力推广良种，认真实施了一批农业科技项目，克服了自然灾害和农产品价格疲软等困难，农村经济全面发展。1999年完成农业总产值1.94亿元，增长5.3%；粮食产量79358吨，增长4.5%，按人均300公斤标准提前实现州下达的粮食自给目标；烤烟收购5.5万担；蔬菜产量6.2万吨，增长11.5%；水果产量3699吨，增长35.7%；全市大牲畜年末出栏4951头，增长27%；水产品产量增长幅度5.9%；肉类产量10168吨，增长0.4%。乡镇企业总收入19.69亿元，增长26.6%；乡镇企业工业产值3.62亿元，增长23.1%。

二、工　业

深化国有企业改革，加强宏观管理，加快经济结构和产品结构调整，克服市场疲软、需求不足等困难，工业生产走出低谷。全年全市完成工业产值16.31亿元，增长3%，其中市属工业完成5.18亿元，增长16.1%，基本完成州下达的扭亏增盈目标。

三、商贸流通

加快企业改革步伐，以效益为中心，强化内部管理，调整经济结构，不断开拓市场，扩大销售，商贸形势逐步好转，消费品市场运行正常。全年完成社会消费品零售额4.79亿元，增长6%；完成城乡集贸成交额2.54亿元，增长13.5%。

四、非公有制经济

以省级个私经济实验区为载体，出台个私园区的有关优惠政策，非公经济快速发展。全市个体工商户7481户，增加361户；实现个体工商业产值3581万元，增长17.9%。私营企业187户，增加19户；注册资金12458万元，增长8.4%。个私企业纳税975万元，增加31万元，增长速度高于其他经济成分。

五、财政、金融

加强税收征管，强化“收支两条线”管理，加大预算外资金统筹力度，实现财政收支平衡。全市完成财政收入1.99亿元，下降1.1%，其中地方财政收入1.37亿元增长5.54%，实现收支平衡。金融机构各项存款余额25.92亿元，增长13.1%；各项贷款余额20.28亿元，下降2.3%；保费收入下降2.2%，赔款支出增长16%。

六、市政建设

东城建设取得重大突破，道路骨架基本形成，西城改造成效显著，城市环境大为改观。南北过境公路一期工程竣工通车。南客运站正式启用，长途客运实现南北分流，城市交通秩序明显改善。市内公交车在西南地区率先推行IC卡收费系统。城市大气环境质量明显好转，各种工业污染特别是新污染源得到有效控制，城区大气环境质量提高到国家三级大气质量标准。

七、改革开放

按照建立现代企业制度的要求，积极指导、大力帮助企业建立和完善法人治理结构。国有企业三年改革脱困工作进展顺利，开远糖厂破产重组工作正按计划实施，争取国家优化资本结构政策工作取得重大进展；皂素厂与云南奇龙制药有限公司兼并改造皂素生产项目已达成协议，目前正在具体操作之中；光明股票在上海证券交易所挂牌上市，发行股票获得成功，经中国证监督管理委员会批准在我市设立的证券营业部，对改善全市投资环境、增加地方财源、支持地方工商经济发展、转变市民投资观念和把开远发展成为滇南金融中心有着重要的意义。加大对外开放力度，积极推进招商引资工作并取得新成果。全市共达成经济联合项目9项，其中意向性协议2项，已完成和实施中的协作项目7项、投资总额8400万元；协议引进外资147万元，引进市外国内资金500万元。

八、重点建设

滇中现代化农业示范工程圆满完成合同规定的各项指标；小春丰收计划和冬季农业开发在农业增产、农民增收中发挥了重要作用；碑格乡扶贫攻坚项目建设取得明显效果；云恢“290”优质米开发被列为国家级“星火计划”，正组织实施；“东南亚珍稀竹种园”建设，顺利进入公司运作；小龙潭矿区植被恢复工程正进入实施阶段；城乡电网改造已开始启动；乡镇企业“银通饲料厂”赴沪创办的“上海彩凤磷钙饲料有限公司”运作顺利，产品深受用户欢迎；扩大果酒生产项目正按计划实施；开远一中“逸夫楼”竣工；“文化大厦”已开工建设。

九、社会事业

全面推行素质教育，教育教学质量不断提高，4名学生获得“红烟桃李奖”，2名教师荣获“红烟园丁奖”，高考升学率居全州第二；教师合格率有较大提高；校舍面积生均占有量8.92平方米。安排科技三项费75万元，实施重点科技项目13项，其中国家级“星火计划”项目1项，省级科技项目3项，市级9项；抓好百户科技重点示范户和科技示范园的建设，使科技进步对国民经济增长的贡献率逐步提高。强化“120”急救快速反应和救治能力，农村合作医疗进展势头良好，妇幼卫生保健网络进一步健全，保健覆盖率达4.74‰。

十、人民生活

经济的发展，促进了人民生活的改善。市属城镇职工年均收入7043元，农民人均纯收入1753元，分别增长5.9%和8.2%；城镇居民人均居住面积达8平方米。

十一、存在问题

主要问题是：创新意识不强，发展思路不宽，改革力度不大，缺乏敢闯、敢创、敢为人先的魄力；发展速度不快，运行质量不高，经济实力不强，缺乏规模大、实力强的企业和科技含量高、市场竞争力强的主导产品；基础设施建设仍然滞后于昆河经济带红河片区和个开蒙群落城市建的要求；政府部门在转变职能、改进作风、树立全市一盘棋意识等方面，还有许多不尽如人意的地方。这些问题需要我们进一步采取有效措施，认真解决。

思茅市经济发展概况

代理市长　柳式骞

1999年，全市烤烟“双控”和严重频繁的自然灾害，给农业生产和农民增收造成巨大的压力，制约着经济发展。在各级党委和政府的坚强领导和省、地有关部门的支持下，思茅市各族群众共同努力，经受住了各种困难和灾害的考验并取得持续发展。

全市按照中央“稳中求进”的工作方针，妥善处理前进中的矛盾和问题，战胜多种自然灾害，克服困难，保持稳定基本完成了国民经济的主要任务。全年完成国内生产总值7.58亿元，比上年增长7.9%，其中第一产业1.76亿元，下降1.4%；第二产业2.77亿元，增长15.9%；第三产业3.04亿元，增长7.1%。人均国内生产总值4，386元，增长3.7%。工农业总产值（现行价）7.06亿元，下降0.3%，1990年不变价产值3.99亿元，下降9.9%。

一、农　业

1999年遭受春夏干旱、秋季洪涝和年末罕见的低温霜冻灾害，经全市干部群众的共同努力，农业生产仍然取得较好成绩。实现农业总产值（现行价）2.69亿元，下降1.43%，不变价总产值1.54亿元，增长6.4%。农村经济总收入2.42亿元，下降6.4%。乡镇企业总收入3.38亿元，增长11.8%；实现利税2，393万元，增长38.3%。农民人均纯收入1，386元，增长0.2%。农民新建住宅面积20，109平方米。

年末全市有耕地21.35万亩，粮食作物播种25.71万亩，总产量48，020吨，下降4.06%；油料1.52万亩，产量1.377吨，下降18%；茶园5.55万亩，采摘3.83公亩，产量3，092吨，增长6.2%；果园3.61万亩，产量5，257吨，下降0.3%；蔬菜瓜类2.43万亩；烤烟0.37万亩，产量610吨，增长93%；橡胶1.07万亩，产量236吨，增长2.6%；咖啡5.42万亩，新植1.02万亩，收获1.11万亩，产量609吨，增长21.8%。造林3832公顷，松脂产量3135吨，下降13.9%，紫胶237吨。乡村木材采伐8.27万立方米，采竹21.16万根。

肉类总产量5400吨，下降0.4%，其中获得牛羊肉4787吨，下降0.3%；禽蛋270吨，牛奶54吨；水产品1928吨。

新开绿色基地2.99万亩，累计完成15.7万亩，定植15.1万亩。

二、工　业

1999年，全市完成工业总产值（不变价）2.56亿元，下降14.2%；现行价产值4.37亿增长0.4%，现价工业增加值1.53亿元，增长6.5%。

工业生产呈现5个特点：(1) 不变价工业总产值下降；(2) 主要工业产品产量大幅度下降，松香、松节油、锯材、地板条、啤酒、栲胶等产量降幅在20%以上；(3) 工业产品销售率稳定提高，由1月份的87.9%，提高到年底的95.4%；(4) 加强企业应收款清收工作，全年共清收3，961万元，增加60万元，提高了资金的使用效率；(5) 全部国有企业及年销售收入500万元以上的非国有企业，整体效益恢复性好转，全年实现利税1889万元，增长9.8%，企业亏损额1196万元，减亏495万元，亏损面45.5%。

全市主要工业产品产量：木材14.52万立方米，人造板3.6万立方米，锯材1.2万立方米，地板条0.25万立方米，创切单板114.03万平方米，发电量4，779万瓦时，自来水504万吨，精制茶529吨，松节油545吨，栲胶185吨，水泥8.06万吨，茶叶机械1，034台，甲醛3.275吨，复合肥4.495吨，配合饲料7，714吨。

年均从业人员5317人，全员劳动生产率10502元/人，下降9.5%。

三、交通、邮电

全年新建和改造乡村公路52公里，全市通车总里程601公里。拥有民用汽车9314辆。客运量551万人，同比增长10.4%，旅客周转量33629万人公里，增长8.6%；货运量316万吨，增长14.5%，货物周转量94966万吨公里，增长12.5%。邮电业务总量6326万元，增长13.8%。电话总用户29590户，增长22.7%；无线寻呼用户24911户，增长35.8%；移动电话7822户，增长83.7%。新安装IC卡电话303部。

四、固定资产投资、建筑业

全年全社会固定资产投资额4.81亿元，增长44.7%，其中国有单位3.25亿元，城乡个人2，160万元。实际完成基建投资3.2亿元，增长32.6%，新增固定资产3.49亿元，下降35.3%，基建施工房屋面积34.94万平方米，竣工29.39万平方米，增长1.2倍。完成更新改造投资1，641万元，下降29.8%，新增固定资产1，353万元，下降9.9%。

建筑安装企业总产值6.52亿元，下降19.4%，其中建筑业产值6.44亿元。从业人员6，150人，全员劳动生产率10.6万元/人，下降14.6%。房屋建筑施工面积49.21万平方米，竣工21.55万平方米，占43.8%。工程收入5.52亿元，下降21.5%，工资总额4，541万元，利润3，488万元，下降9.2%。

五、商贸、物价

全年实现社会消费品零售总额5.97亿元，增长2.1%，其中国有1.33亿元，下降6.2%；私营2.32亿元，增长9.6%。农副产品购进总额2.09亿元，集市贸易成交额2.28亿元，增长0.8%。

市场物价总水平回落，商品零售价格指数下降2.4%，居民消费价格指数下降0.4%，农业生产资料价格下降0.6%，集市贸易消费品价格指数为96.1%（上年为100%）。

六、非公有制经济和旅游业

全年全市共有个体工商户4995户，从业7908人，注册资金2604万元；私营企业155户、从业1901，注册资金9343万元。私营工商户和企业共上缴税金1908万元，占市财政收入的26.4%；非公有制经济在国民经济中所占比重达25.4%。

外商在市内投资企业7户，利用外资1945万美元。

旅游业新开发“澜沧江第一漂”项目。全年约有41.5万人次到思茅旅游，其中外国游客0.04万人次，旅游收入4480万元。

七、财政、金融、保险

全年财政工作狠抓增收节支，保持收入稳定增长，实现收支平衡。具体做法：依托绿色产业，建设特色财源；强化税收征管，积极清缴欠税；确保重点支出，逐步向公共财政转变；提高预算外资金的管理效益；强化企业财务管理，发挥国有资产管理职能；拓展筹资渠道，依法清收到期周转金；加强财政队伍建设，提高整体素质。

全年地方财政收入完成7236.1万元，同比增长10.7%，支出1.12亿元，下降10.9%（一般预算支出9348.6万元，同比增支1019.6万元，增长12.2%）。

年末各项存款余额20.57亿元，增长17.6%，城乡居民储蓄存款余额10.32亿元，增长12.3%；各项贷款余额12.61亿元，支出115.13亿元，净投放货币7，390万元。

人寿保险费收入1808万元，同比下降9.8%；已决赔款案件3692件，赔款额505万元，下降1.6%。各种财产保险费收入1602万元，增长11.4%；已决赔款案件2，010件，赔款额913万元，增长8.2%。

八、扶贫攻坚

思茅市从1996年10月被省政府列为全省异地开发扶贫试点县（市）以来，承担着跨地州计划安置2.3万基本丧失生存条件贫困人口的重任。经过3年的努力，市内贫困人口从1996年的2.3万人，下降1999年末的1.1万人。

异地开发已建立了踏清河、营盘山、曼老江、大中河4个跨地州扶贫开发区，1999年新启动了那棵落、那吉两个片区。已接纳安置了怒江州和昭通地区的泸水、福贡、永善、鲁甸、大关、巧家等两地州、6个县的贫困人口3859户、15369人（其中1999年转移1334户、5268人）。同时，还安置了思茅地区各县民地转移贫困农户617户、1848人。两项合计转移贫因农记4476户、17217人。

累计完成绿色基地开发总面积57243亩，其中茶园32，051亩（含复垦2万亩）、咖啡23825亩（定植2.09万亩）、香椿1340亩。

实际到位资金1.21亿元，其中无偿5195万元，银行贷款6950万元。

新建居民简易住房4476户、21.1万平方米；完全小学2所、初小12所，共67个班，建筑面积4322平方米适龄儿童入学率78.4%（已转移教师81人）；卫生站（室）13个，建筑650.6平方米。开发区内安居工程、教育、卫生及水电路等基础设施初具规模。

九、社会事业

全年全市拥有幼儿园14所，在园幼儿4677人；小学82所，在校生18035人；普通中学17所（含完全中学3所），在校生8900人；职业技术学校6所，在校生2196人。适龄儿童入学率100%，小学升入初中比率100%，初中毕业升学率81.8%。

科技对农业的贡献率为42.2%，对工业的贡献率为38.2%，已连续4年保持了全省科技先进县（市）称号。

全面完善了城乡有线电视网建设。组织文艺团体下乡演出42场次，观众2.5万人。举办13次大型体育赛事，参与8.6万人，全民健身运动逢勃开展。

全市拥有卫生机构126个，床位1015张，卫生技术人员1060人，已形成市、乡（镇）、村三级卫生网络。

人口出生率11.64‰，死亡3.04‰，自然增长率8.6‰。

十、人民生活

1999年，全市职工总数41628人，同比增长5%，职工年人均工资6，251元，增长5.7%。城镇居民人均可支配收入5838元，增长1.7%，新建住宅23.71万平方米，安置就业人员284人。参加基本养老保险统筹企业208户、16225人，年征养老保险金3，184万元。

十一、招商引资

由中共思茅地委和思茅行署主办、思茅市委和市人民政府承办、普洱茶叶集团等企业协办的第四届“中国普洱茶叶节”在思茅隆重举行。

以“茶节搭台、经济唱戏”为宗旨，开展商品交易、招商引资、宣传文艺等活动。中外来宾共500余人，来自71个不同组织、团体、机构和单位，中央，省、地电视台，云南日报、香港商报等新闻单位参与宣传报道。共有8万人次参加商品交易活动，签订协议250个，商品成交额3.01亿元。通过上因特网，在昆明和上海举办新闻发布会等方式，扩大对思茅和普洱茶叶节的宣传。

十二、存在问题

主要问题是：(1)经济结构不合理，低水平重复建设和盲目投资造成产品单一，投融资渠道单一，支柱产业单一和乡级财政财源单一。(2)深化企业改革中，长期积累的深层次矛盾和问题突出，企业管理约束机制不健全，改革后遗留的问题没有从根本上得到解决，工业对经济增长的拉动力减弱。(3)农业基础脆弱，科技含量低，农业产业化进程缓慢，农民增收乏力，扶贫攻坚任务艰巨。(4)财政收支矛盾突出，各种挂账、欠账多，市财政偿还压力大，制约着经济和社会发展。(5)所有制结构不合理，非公有制经济发展滞后，教育科技文化发展滞后，社会发展水平较低，劳动者素质较低。

景洪市经济发展概况

市长 岩甩

1999年，景洪市委、市政府团结全市各族人民，高举邓小平理论伟大旗帜，抓住中国’99昆明世界园艺博览会举办的有利时机，克服了亚洲金融危机影响，战胜了投资不足、消费不旺和各种自然灾害频繁发生等困难，确保了全市经济持续增长和社会全面进步。全市国内生产总值完成12.62亿元，比上年增长9.1%，其中第一产业增加值4亿元，增长5.9%；第二产业增加值1.89亿元，增长11.8%；第三产业增加值6.75亿元，增长11.1%。

一、农业和农村经济

1999年，全市认真贯彻执行党的农业农村政策，以市场为导向，以农民增收为目标，依托资源优势，积极调整农业产业结构，实施科技兴农战略，全市农村经济有新的发展。1999年在农村完成土地延包30年合同续签到户工作，确保了农村稳定。农业生产战胜夏旱冬寒等自然灾害，农业生产总值完成4.57亿元，比上年增长6.78%。粮食总产量达12.66万吨，下降0.49%。肉禽蛋总产量达764.1万公斤，增加31万公斤。橡胶、茶叶、水果、蔬菜和水产品等主要农产品获得好收成。农业产业结构调整进入实施阶段，农业产业化步伐加快。冬季农业种植面积7.18万亩，产值6468.7万元，是粮、胶、糖、茶等产业之后的一项新兴产业。农田水利建设投入资金1796万元，建成高产稳产农田1万亩，完成水利工程65件，水利化程度提高到39.14%，新增灌溉面积5520亩，改善灌溉面积2800亩。实施了34项农业科技推广项目，科技对农业生产的贡献率继续提高。全年乡镇企业持续发展，营业总收入达10.33亿元，增长10%。

二、工业生产

全年全市按照建立现代企业制度的要求，国有企业完成企业改制和承包经营29户，6户企业制定了改制方案，工业企业克服了投资不足、消售不畅等困难，企业经济效益有所好转。全年完成工业总产值1.04亿元，比上年增长37.3%。

三、旅游业

1999年，全市旅游业抓住世博会举办的有利时机，进一步完善旅游景点景区功能，认真清理整顿旅游服务行业，规范市场管理，提高服务质量，旅游有了新发展。全年接待国内外游客228.94万人次，比上年增长18.65%，其中接待海外游客4.54万人次，增长15%，旅游创汇1135万美元，增长19.8%；接待国内游客224.4万人次，增长18.7%。旅游总收入11.02亿元，增长24%。

四、财政金融

1999年，全市财税工作进一步深挖税源，强化税收征管和税务稽查工作。完成地方一般预算收入1.54亿元，增长1.69%；一般预算支出1.76亿元，增长6.33%。年末银行存款余额27.77亿元，增长9.94%；贷款余额18.13亿元，增长2.62%。

五、人民生活

全年全市共投入扶贫资金215万元，其中财政资金120万元，解决了5330人的温饱问题。完成了勐旺补远、嘎洒镇曼掌村和勐龙镇丫口村的搬迁工作，电力扶贫项目已全部结束，行政村实现了村村通电目标。城镇居民人均可支配收入5973元，农民人均纯收入1802元，增长

10.21%。社会消费品零售总额完成6.47亿元，增长0.38%，商品物价水平总体平稳，商品零售价格总水平比上年上涨0.30%。全年共投入救灾资金127万元，切实保障了灾民的生产生活。

六、基础设施和市政建设

1999年，全市完成全国固定资产投资达4.21亿元，比上年增长13.7%，基础设施得到了明显改善。完成了城市供水管网改造和城区东路、西路、南路、北路、景德西路、民族南路、嘎兰路、过境路的改造建设，实施了主街道的绿化美化净化亮化工程，城市展现出新的面貌；配合省、州完成西双版大桥、景洪至勐养高等级公路建设；景哈市乡公路、滨江大道、金沙滩夜市场等一批重点工程相继竣工投入使用。

七、对外对内开放

1999年，全市认真贯彻省州对内和对外开放工作会议精神，积极参与澜沧江—湄公河次区域经济合作与开发，进一步发展与周边国家和内地间的友好合作关系，并首次召开了景洪市对内开放工作会议。全年对外经济贸易总额2.59亿元，比上年增长66.81%。共签订合作项目4项，协议引进资金1.55亿元。

八、生态环境保护

年内，全面实施天然林保护工程，完成公益林建设1.33万公顷，封山育林8880公顷，人工促进天然林更新3367公顷，人工造林40公顷。完成了13个乡镇的退耕还林规划工作，加大了森林保护和林政执法力度，毁林开荒和乱捕滥猎野生动物的行为得到遏制。农村能源建设进一步加强，有效保护了自然资源和生态环境。

年内，全市进一步强化环境保护和管理工作，加大了城市环境综合整治力度。以净化城市环境和提高基础设施建设施工质量的“商品混凝土搅拌站”已竣工投产，江南污水处理厂建设和生态垃圾处理厂前期工作正抓紧进行。广泛开展农村改水、改厕和绿化、美化工作，提高了城乡环境质量。《水土保持法》的实施，有效地遏制了造成水土流失的人为行为，保护了水土资源。

计划生育成果得到巩固提高，全年人口自然增长率控制为5.04‰。

九、科技教育

1999年，全市实施科技项目59项，完成科技成果鉴定6项，创建国家级科技先进市活动通过国家验收，全市已进入全国科技先进市行列；科技创先活动深入开展，全市13个乡镇、9个企业通过了省级复查验收；科普工作进一步加强，已被列为全省科普长廊建设、电脑农业专家系统试点市；社会可持续发展综合实验区已获省科委批准，正积极申报国家实验区；“农函大”规模不断扩大，科技兴市战略进一步落实。

全年全市共投入教育资金1371万元。通过加大教育法律法规宣传力度，强化依法治教，全市小学适龄儿童入学率达到99.17%；积极巩固“普六”和基本扫除青壮年文盲成果，青壮年文盲率下降到0.98%；加强教师队伍建设，中小学教师学历合格率有较大提高，启动了“竞争上岗、合理分流、全员聘任”的用人制度试点工作；通过选送学习，择优转为公办教师的办法，妥善解决了代课教师的工作问题。

十、存在问题

1999年存在的主要问题是：(1) 农业基础设施薄弱，水利化程度低，农村经济粗放经营意识较浓；(2) 经济结构不合理，粮食、橡胶、茶叶、甘蔗等主要产业质量低；(3) 拉动内需项目不多，基础设施配套建设资金严重不足，财力相当困难；(4) 国有企业整体效益低，缺乏活力；(5) 扶贫促强和攻坚任务艰巨；(6) 环境与人口、资源协调发展中仍然存在一些问题；(7) 招商引资投资环境有待于改善，对内对外开放意识需要增强。

大 理 市 经 济 发 展 概 况

市　长　杨志东

1999年，在上级党委、政府的领导下，全市坚持贯彻党的十五大精神，紧紧围绕经济结构调整这一主题，突出“以大旅游联动，以扩内需拉动，以房地产推动”，通过各族人民团结拼搏，艰苦奋斗，全市国民经济持续增长，经济运行质量和效益明显提高；各项改革整体推进，产权改革得重大进展；创建活动成绩斐然，城市形象显著改善；社会事业协调发展，社会政治持续稳定，从而保证了全年各项经济增长指标和社会发展目标如期实现。

一、国民经济持续增长

1999年，全市国内生产总值预计完成52.65亿元，比上年增长12.02%。其中，第一产业6.66亿元，增长3.42%；第二产业29.47亿元，增长9.03%；第三产业16.52亿元，增长22.10%。全市人均GDP已突破万元大关。城镇居民人均可支配收入达6416元，增加491元，增长8.29%；农民人均纯收入达2754元，增加158元，增长6.10%；城镇在岗职工年平均工资8120元，增加418元，增长5.43%。

（一）*农业经济持续发展*。农田水利基础设施建设和林业生态建设继续加强，国家粮食自给工程和南山小流域综合治理项目通过省级验收，护林防火超常措施扎实有效，农村沼气池等新型能源建设有大的进展；以水稻肥床旱育稀植和斑潜蝇防治为重点的农业骨干科技措施推广应用等科技兴农工作取得实效；农业结构调整迈出新的步伐，蔬菜、畜牧、林果、水产等骨干产业得到巩固和提高，冬早大蒜、大荚豌等特色农产品种植规模不断扩大，苍山百合百亩种植示范获得成功，农业产业化试点示范取得阶段性成果，农产品加工开发试验项目及现代农业设施化栽培试点项目正抓紧建设。全年粮食总产157983吨，增长0.26%；全市农业总产值4.38亿元，增长3.06%；蔬菜产值1.06亿元，畜牧业产值3.48亿元，渔业产值0.89亿元，烟叶收购12802担，烟农收入488万元，实现烤烟农特税及附加104万元。乡镇企业营业总收入55.59亿元，增长26.37%；总产值54.00亿元，增长26.97%；实现工业总产值14.20亿元，占辖区工业总产值的42.66%，占市属工业总产值的67.94%，实现利税4.77亿元。全市农村经济总收入57.92亿元，增长14.35%。下关镇率先登上10亿元乡（镇）台阶，凤仪镇凤鸣办事处等5个村公所（办事处）相继进入亿元村行列，全市又有15个村公所（办事处）命名为市级小康村。

（二）*工业经济效益明显好转*。辖区工业总产值完成33.29亿元，增长6.90%，市属工业总产值完成20.90亿元，增长13.22%。其中市经委系统完成产值6.18亿元，占市属工业总产值的29.57%；实现利税1.38亿元，增长6.56%，企业盈亏相抵，实现净利润2894万元，减亏增利2676万元；产品销售收入完成7.53亿元，增长1.05%。滇纺厂扭亏为盈，一机厂实现脱困目标，大理啤酒厂、通大彩印厂、大理造纸厂和建筑建材企业的产值、利税都比上年有较大幅度增长，涌现出一批经济效益显著企业。

（三）*财政收入完成较好，财贸金融运行平稳*。财政总收入突破4亿元大关，完成4.2亿元，比上年增长10.08%；地方一般预算收入完成2.84亿元，增长10.74%；上划中央两税收入1.36亿元，增长8.73%。社会消费品零售总额完成15.16亿元，增长6%。全市金融机构存贷款余额分别为57.77亿元和40亿元，分别增长15.65%和10.36%。城乡居民储蓄存款余额余额达29.59亿元，增长10.50%。价格总水平持续走低，全年商品零售价格总指数为99.30%，降低0.7个百分点，居民消费价格指数为99.10%，降低0.9个百分点。

（四）旅游支柱产业快速发展。全年累计接待国内外游客500万人次，其中海外游客10万人，旅游直接收入14.60亿元，分别增长17.13%和34.20%。

（五）固定资产投资呈现新的特点。辖区全社会固定资产投资完成14.74亿元，比上年增长3.84%，其中市属完成8亿元，增长5.12%。固定资产投资主要特点是基本建设投资和商品房及房地产投资增加，增长44.09%，更新改造项目投资大幅减少，下降57.18%。

二、各项改革整体推进

按照“分类指导、“扶优扶强”、“抓大放小”、“一进一退”和“一企一策”的原则，加大了企业改革攻坚力度，其他各项改革都取得了可喜成绩。(1) 大中型企业改革脱困工作取得阶段性成果。出台了进一步深化企业改革的实施意见；制订了工商企业改革脱困工作规划；全面组织实施了大中型企业改革脱困方案。通过积极争取，有4户企业分别列入国家和省改革脱困企业名单。云南人纤厂被纳入全国企业兼并破产计划，并按法定程序完成破产终结，使全市国有企业破产工作取得零的突破。(2) 产权制度改革取得重大突破。成功地进行了大理制药厂全部国有股权转让，大理造纸厂部分国有股权转让；市进口汽车修理厂、市民族塑料厂全部资产转让，并妥善安置了职工。完成了建设百货商场国有资产全部退出，职工会员持股，经营者持大股的改革试点。下关百货站、五交化站、航运公司等一批企业正在抓紧制定产权制度改革方案。(3) 乡镇企业改革任务全面完成。在时间紧、任务重、情况复杂、难度大的情况下，市乡两级加强领导，强化责任措施，如期完成了州下达我市116户乡镇企业改革任务。(4) 粮食流通体制改革顺利完成，供销社改革全面启动。国有粮食收储公司和非政策性粮油公司已组建分立，全市9户粮食企业全面完成改制任务。全市供销系统中14个单位已制定了改革方案，9家基层供销社完成改制任务。(5) 社会保障制度改革进一步完善，其他各项改革整体推进。社会保障“三道防线”运行良好并按中央要求调高了标准，建立了女职工生育保险，城镇职工医疗保险正按计划推进。完成了工商管理、技术监督管理体制改革上划工作；调整了市乡财政管理体制，调动了乡镇当家理财的积极性；按照现代企业制度和国有资产管理的有关规定，进行了大理市国有资产经营公司的组建工作；推进了城管、环卫、园林绿化改革，教育内部管理体制、卫生管理体制改革正有条不紊地进行。各行各业都呈现出锐意改革、开拓进取的良好局面。

三、对外开放和非公有制经济发展

全市（含“两区”）签订经协及招商引资项目32项，合同及协议资金13.96亿元，其中引进市外资金12.70亿元。“两区”基础设施建设不断加强，投资环境进一步改善。对外宣传促销工作取得实效，成功组织了“上海旅游节大理白族文化周”活动。非公经济稳步发展，全市个体工商户达20123户，注册资本1.86亿元，分别比上年增长13.51%和14.11%；私营企业达510户，注册资本3.28亿元，分别增长40.50%和47.19%。全市非公经济发展已逐步迈向良性发展轨道。

四、城乡建设管理工作成绩显著，城市面貌明显改观

以规划为龙头，完成了大理市城市总体规划修编的上报工作，进行了以西洱河为中心的片区修建性规划和大丽线、214线等建设控制性规划的编制。认真办理人大代表议案，完成全市10个乡（镇）村镇建设规划，出台加强建筑风格整治的措施，成立村镇规划建设监察大队，加强村镇规划的执法监督。围绕建设中等规模城市目标，以世博会和三月街民族节为契机，在省、州的支持下，投入近2亿元，相继完成了大理古城墙修复一期工程，五华楼、文献楼、雨铜观音殿重建，蝴蝶泉公园前导空间改造和油路铺设、西环线启动建设、大理复兴路改造和下关人民南路灯光隧道、“高原明珠”、云岭大道雕塑群、滇源路、才村码头、凤仪引水工程等一大批市政、旅游、交通基础设施建设，文献路改造、感通旅游索道等项目正抓紧进行。

城市管理工作以强化城管改革、理顺内部管理体制为突破口，大力整治市容市貌和交通秩序，对市容环卫、园林绿化实行划定区域，定岗定责，定额包干，竞争上岗的管理体制，在两城区推行了“门前三包”责任制，走出了一条引入

竞争机制，适应市场经济体制的城管新路子。组织了城市重要节日鲜花摆放。加强城乡结合部、环境卫生死角、占道经营、违章建筑和交通秩序整治，使城市民环境和交通秩序进一步改善。围绕环境、质量和秩序，巩固“中国优秀旅游城市”等各项创建成果，广泛开展“迎世博、创三优、树形象”活动，使城市形象和市民素质有了进一步提高，基本形成了城建、城管、公安、工商、卫生等部门统筹协调、联动配合、管理与教育相结合的工作局面。

加大环境保护工作力度，完成大理至下关排污干管一期建设工程，加大对城市污染源的监测、治理，开展苍山十八溪泥石流综合治理，查封取缔苍山面山和海东面山开山取石。开展保护苍山洱海生态环境系列宣传活动，提高了市环保意识。

加大房地产开发和小城镇建设力度，推进城乡一体化进程。以宣传贯彻新《土地法》为重点，加强土地资产管理，开展国有土地出让拍卖工作，盘活存量土地。进行村镇土地利用总体规划编制。推进住房制度改革，房改房上市交易已列入全省试点市并已启动实施。进行300套经济适用房建设，实施安居工程，完成了园丁小区建设。

五、社会事业协调发展

按照“四个相适应”和争创一流的目标要求，社会事业呈现出良好发展势头。巩固“两基”成果，加强基础教育，重点抓了大理一中高标准规模和下关二中教学楼建设；进行滇纺厂剥离企业办法试点，推出了教师末位待岗制，促进了教育教学质量的提高。建成一批文化旅游精品工程，健全农村文化站室网络，积极开展健康向上的广场文艺表演和群众文化活动，顺利启动第二期“银河工程”，开展申报“全国民间艺术洞经音乐之乡”工作。加强科技推广应用和科技开发研究，美洲大蠊养殖项目已列入省星火计划，花甸坝郁金香花卉多品种引种试验获得成功，举办了三月街民族科技展交会。加大广播、电视、报纸等新闻媒体软硬件基础建设，舆论宣传作用进一步加强；进行广播电台设备更新和广播电视光缆建设，广播、电视人口覆盖率分别在100%和98%。卫生工作扎实有力，巩固初保成果，加强地方病和传染病防治工作，有效防止传染病和疫情的发生。群众体育活动丰富多彩，省第四届城运会筹备工作有序进行。人口与计划生育各项目标任务完成较好。民政、人事、劳动、审计、统计、档案、老龄、地震、人防、侨务、民族宗教等工作都取得了新成绩。

六、存在问题

1999年工作中存在的主要问题是：（1）由于大气侯的影响，地方民族经济的发展必然受到严峻的挑战；（2）由于市场竞争激烈，宏观经济环境仍不宽松；（3）经济结构矛盾突出的问题仍未从根本上得到解决，非公有制经济发展不足，社会负担沉重，富余人员过多，就业压力大，相当一部分企业生产经营困难；（4）农村经济结构调整任务艰巨，农产品价格持续下滑，农业产业化进程缓慢，乡镇企业发展后劲不足，农民增收难度大，农村消费市启动乏力；（5）财政收支矛盾突出，建设任务繁重，政府性债务增加，市级财政增长后劲不足，乡镇财源建设发展不平衡，骨干财源培植任务艰巨；（6）在深化改革、加快发展进程中，社会热、难点问题多，维护社会稳定压力大。这些问题亟待在今后工作中加以解决。

保山市经济发展概况

市　长　李树云

1999年，保山市委、市人民政府团结和带领全市各族人民，高举邓小平理论伟大旗帜，认真贯彻党的十五大和十五届三中、四中全会精神，团结奋斗，努力拼搏，克服了需求不旺、传统支柱产业受市场冲击较大、自然灾害频繁等各种困难，使全市国民经济继续保持了稳定增长，各项社会事业亦有新的进步。全市完成国内生产总值26.83亿元，按可比口径计算（下同），比上年增长7.7%，其中第一产业增加值10.52亿元，增长1.76%；第二产业增加值6.52亿元，增长7.03%；第三产业增加值9.78亿元，增长13.06%。一、二、三产业比重为39.2∶24.3∶36.5。全市人均国内生产总值3269元，比上年增加75元，增长2.3%。

一、农业和农村经济

1999年，冬春连接盛夏的持续严重干旱、农产品价格继续走低和传统支柱产业受市场冲击影响较大等不利因素，给全市农业和农村经济发展带来了重重困难。在困难面前，保山市委、市政府坚定地把农业和农村工作摆在全市经济工作的首位，坚持以调整优化农业产业结构为突破口，以确保农民增收、农村稳定为目标，采取积极措施，推进农业科技进步，发展特色农业，提高乡镇企业，经过努力，在粮食、甘蔗、香料烟等主要农产品，因灾减产较大的情况下，保持了农村经济的持续稳定发展，实现了农民增收、农村稳定的既定目标。全市粮食总产量2.88亿公斤，比上年减产13.5%；甘蔗入榨量48.3万吨，减产14.5%；香料烟产量3.97万担，减产47.3%；烤烟产量15.2万担，增产54.4%；茶叶产量1.67万担，增长14.6%；蚕茧产量1040担，增产48%；潞江小粒咖啡豆产量3576吨，增长13.1%；商品蔬菜产量6975万公斤，增产8.7%。出栏商品肥猪51.6万头，增加3.1%；出栏商品肉牛4000头、羊2.1万只、家禽103.5万只，肉类总产量4476万公斤，增加3.6%。禽蛋产量147.3万公斤，增加11.4%；鲜牛奶产量99.2万公斤，增加3.1倍。当年完成人工造林5.1万亩，退耕还林2.98万亩。以非公有制为主的乡镇企业得到巩固提高，全年完成营业总收入35.96亿元，比上年增长20%。全市实现农业总产值（1990年不变价）7.59亿元，增长3.5%。全市农民人均纯收入1498元，增加50元。

二、工业、建筑业

1999年，保山市委、市政府坚持以搞活企业，建立适应社会主义市场经济运行机制的经济组织形式和现代企业制度为目标，把国有企业的改革与实现公有制的多种形式有机结合起来，积极创造条件和制定优惠政策，使部分国有企业有序退出国有制行列，以此加快国有企业改革脱困步伐。至年末，全市36户国有工业企业，已完成实行股份制、股份合作制、合资、合并、整体出售、分离重组、关停等改革改制的企业27户，改革面达75%。通过改革改制，多数企业都按现代企业制度的要求，加强领导班子建设，建立健全各项经营管理制度，深化内部改革，调动员工的生产经营积极性，增强了企业的凝聚力和市场竞争力。整个工业系统的亏损面和亏损额开始呈下降趋势，全行业亏损总额已由上年的1.31亿元下降为9512万元，降幅为38%。全市工业经济在深化改革中克服了困难，保持了较快发展，全年完成工业总产值（1990年不变价）8.78亿元，比上年增长12.8%。全年完成主要工业产品产量：蔗糖6.53万吨，比上年增16.9%；工业用酒精4343吨，增59.9%；面粉4.2万吨，减26.6%；面条1.06万吨，增25.4%；饵丝7680吨，增8.7%；澜沧江牌啤酒1.94万吨，增84.8%；香料烟加工量3992吨，减11.4%；医用注射器473万支，增1.78倍；医用输液器249万支，增16.9%；合成洗涤剂94吨，增49.2%；配合饲料3391吨，增13.3%；金属硅3445吨，减11.6%；成品钢材3513吨，减49.9%；水泥4.99万吨，减7.1%；红砖2.58万块，增41.8%；原煤10.89万吨，减14.6%；发电量1.24亿千瓦时，增4.7%；天然气197万立方米，增5.4%。

保山市在调整产业结构中把发展壮大建筑建材业作为全市着力培植的四大支柱产业来抓。年初，市委、市政府专门召开全市建筑行业总结表彰大会，总结经验，找出差距，制定发展规划和目标，并采取有力措施和优惠政策，引导和支持建筑建材业向更宽领域、更广地域拓展。1999年，经过整顿重组，全市有资质等级的建筑施工企业户，从业人员2.27万人，拥有固定资产原值1.33亿元，实现营业总收入5.7亿元，实现利税总额2649万元，上缴税金2249万元。

三、固定资产投资

1999年，全市全社会完成固定资产投资总额4.25亿元，比上年增长1.7%，其中基本建设投资完成8938万元，增长13.9%；更新改造投资完成6011万元，下降40.2%；房地产开发投资完成4808万元，下降41%；城乡集体投资完成8137万元，增长19.7%；城乡个体投资完成1.46亿元，增长41.4%。在固定资产投资的安排使用上，坚持保重点项目、保基础设施建设的原则，认真调整优化投资结构，保证了农田水利、交通和城市基础设施等方面重点项目的建设。在农田水利建筑方面，投入资金5900多万元，完成大小水利工程1937件（含岁修工程），当年改善农田灌溉面积21.3万亩，新增农田灌溉面积1.9万亩，治理水土流失面积8.2平方方公里；在交通建设方面，完成了大（理）—保（山）高速公路保山段总长58.8公里的征地拆迁工作和总长45.4公里的两条铺线公路改扩建工程。完成了六（库）—东（风桥）公路保山段77.4公里的弹石路面铺筑工程。云（县）—保（山）公路保山段32.47公里三级公路建设已近扫尾；在城镇建设方面，保山城新建设步伐加快，旧城改造力度加大，农村小集镇建设取得新进展。另外，总投资超亿元的保山造低厂异地改扩建工程建设已进入设备安装阶段，容量500万公斤的白马庙国家粮食储备库和日供水3万吨保山市第三水厂建设已上马开工。

四、城镇建设

1999年，保山市委、市政府继续坚持实施城镇建设带动经济发展战略，继续坚持把加快城镇作为拉动市域经济发展的龙头来抓，通过努力，使城镇的规模、质量、功能和形象都发生了较大变化。

全年批准建设项目316个，建筑面积19.2万平方米，实现投资1.08亿元。至年末，城市建成区面积已达9.6平方公里，比上年扩大0.8平方公里。市区常住人口达10万余人，比上年增加1.5万人。城市旧城改造：拓宽改造4条道路总长2.5公里；实现临街建设项目80个，建筑面积4.2万平方米；采取整体拆除、部分拆除或留高拆低的办法，打通了保岫东西路、区阳南北路等主大街的人街道。城市其他建设：围绕提高城市文化品位，健全城市功能，把保山城建筑成为滇西边境旅游集散地的目标，在继续完善保山市区道路、交通、供水、供电、供气、通讯和排洪、排污等基础设施建设的同时，重点组织实施保山市区文化中心广场、九龙休闲广场、太保公园、易乐池、保岫广场等五项“点睛”工程，编制了永昌文化园规划，进一步组织实施“绿化、穿衣、光亮”3项城市美化工程。同时，建设和培植了金马汽车城、水果蔬菜批发市场等一批专业市场。

五、交通、邮电

1999年，全市在重点抓好大保高速公路建设工程和云保公路保山段、六东公路保山段改扩建工程的同时，发动和依靠群众续修、新修和改造市、乡、村公路54.7公里，当年新增通公路的行政村9个。至年末，全市310个行政村（办事处）中已有294个通了公路，保山市区和郊区开通了公共汽车13路55辆、办证营运出租小汽车390辆。全年，全市完成货运量593.46万吨、货运周转量38694万吨公里，分别比上年增长16%和4.4%；完成客运量422.4万人、客运周转量33，696万人公里，均比上年增长16%。

1999年末，全市开通程控电话和数字电话的总户数已达到33887户，增长17.5%，其中市区26378户，增长15.8%；农村7509户，增长61.6%。同时，IC电话已建到225部，增长2倍。无线寻呼发展到32，892部，增长20.3%。移动电话发展到11836部，增长98.7%。1999年完成邮电业务总量6475万元，比上年增长13.8%。

六、商业贸易、物价

1999年，全市全社会消费品零售总额完成8.56亿元，比上年增长10.1%，其中国有及国有控股商业完成1.78亿元，增长0.21%；集体商业完成4432万元，增长0.1%；个体和营商业完成6.34亿元，增长14%。国有商业系统亏损比上年1279.5万元，下降50.7%，其中医药公司、食品公司、商贸公司、保山饭店、正阳百货公司等实现了扭亏为盈。

由于农民收入增长缓慢，农产品价格和农业生产资料价格继续下跌，农村市场不旺，导致我市城乡集市贸易成交额多年来第一次出现了负增长，全市城乡集市贸易成交额由上年的8.01亿元减少为7.63亿元，减幅为4.98%，其中，农村集市贸易成交额仅为3.54亿元，减幅达36.3%。

市场物价总水平继续在低价位徘徊。全市全年商品零售价格总水平比上年上涨0.8%，消费品价格总水平上涨2%。农业生产资料价格和农副产品价格继续下跌，与上年相比，农业生产资料价格下跌2.2%。

七、对外开放

1999年，全市实现边境贸易进出口总额1122万元，比上年减少566万元，下降33.5%；外资购进总额853万元，下降27.9%；外资销售总额938万元，下降30.1%。

积极实施“以资源换资金，以存量换增量，以开放促开发，以开发促发展”的对外开放战略，努力营造“开明、开放、安全”的良好环境，多方吸引外来客商到保山投资建业。1999年，引进了沪滇投资发展股份有限公司全额投资，开工兴建日供水3万吨的市第三水厂。引进海南、台湾等地3家客商到保山开展经济技术合作，实施了辛街机钢厂、云庆纯水厂、通讯网络监控3个合作项目。同时，还接待了来自日本、新加坡、美国、加拿大、印度、马来西亚、韩国等海外游客4104人次。

八、财政、金融、保险

1999年，为缓解收支矛盾突出的财政困难，保山市进一步加大了财税工作力度。通过积极培植财源，严格依法征管，认真落实各项增收节支措施，切实加强预算资金管理等方面的工作，确保了当年财政收支的平衡运行，实现了财政收支平衡。全年完成财政总收入1.96亿元，比上年略有增长，其中完成地方财政收入1.46亿元，增长3.3%；完成财政总支出2.43亿元，增长1.2%。在全年财政运行中，不仅确保了人员工资的按时足额发放和国家机器的正常运转，而且还安排了教育经费700万元，投入城市建筑资金480万元，扶贫专项资金459万元，安排社会保障和社会救济资金733万元，消除财政历年滚存赤字1051万元。

1999年末，全市金融机构各项存款余额为28.75亿元，比上年增长16%，其中城乡居民储蓄存款余额17.26亿元，增长11%；各项贷款余额为33.05亿元，增长7%。

全市财产保险保费当年收入1736万元，下降5.4%。当年决赔1279万元，增长7%；全市人寿保险保费当年收入1803万元，增长10.3%；当年决赔389万元，增长17.9%。

九、个体私营经济

1999年，全市个体私营经济继续保持方兴未的发展态势，但个体工商户的发展速度有所回落，而私营企业的发展都加快了步伐。至年末，全市有个体工商户1.25万户、从业人员2.37万人、注册资金7000多万元，与上年相比，个体工商户发展的各项指标变化不大；有私营企业178户，当年新增32户，从业人员2866人，当年新增466人，注册资金8900万元，比上年增长51.5%。全市个体私营经济全年实现营业总收入7.27亿元、缴纳税金3087万元，分别增长32.4%和23.5%。个体私营经济在拉动全市经济发展中起到了积极的作用。

十、人民生活

1999年，全市城乡居民收入增长减慢。年末，城镇居民年人均可支配收入为5456元，比上年增长0.11%；人均年消费支出4571元，增长1.6%；全市农民人均纯收入1498元，增加50元，增长3.5%。

十一、存在问题

主要问题是：(1) 国际经济一体化进程的加快，买方市场的形成，产品相对过剩，市场约束力的日益强化和竞争加快，增大了巩固提高传统支柱产业、优化经济结构、培育壮大新产业的难度；(2) 生产力水平低下，人才不足，信息不灵，基础设施薄弱，抵御自然灾害的能力不强的现状一时难以改变；(3) 财政困难加剧，收支矛盾突出，资金短缺，筹资渠道不宽，投资乏力，该上马的项目难以启动；(4) 受多种因素的制约和影响，国企改革脱困、扶贫攻坚、下岗职工再就业、农民增收、社会保障体系建设等方面的压力大，任务重。

瑞丽市经济发展概况

市　长　思利章

1999年，瑞丽市在上级的领导下，坚定不移地贯彻中央经济工作会议和省州经济工作会议精神，团结一致，战胜重重艰难险阻，有效地遏制住边贸下滑，加大产业结构调整工作力度，促进了经济稳步发展和社会全面进步。

一、经济运行情况

1999年，全市国内生产总值完成7.39亿元，按1990年不变价计算完成4.32亿元，比上年增长4.4%。其中第一产业完成1.77亿元，增长1.1%；第二产业完成1.41亿元，增0.9%；第三产业完成4.21亿元，增长8.9%。

(一) 农村产业结构调整有序进行，土地延包合同续签顺利完成。全市农业总产值完成2.69亿元，比上年增长1.8%。粮食种植面积继续下调，总产量完成51859吨，下降7.2%；甘蔗总产量完成291477吨，增长15.3%；油料、茶叶、蔬菜瓜果、畜牧水产品产量有较大增长。冬季农业开发成效显著，全市共播种冬季农作物93647亩，复种指数达193%，提高6个百分点；冬玉米亩产突破吨纪录，达1042千克/亩，创全省最好水平。冬季农业净收入占全年人均收入的比例继续攀升，已达到30%。农村基础设施又有新改善，全市26个行政村实现村村建办公楼房。农民最关心的土地延包合同，年内市政府已与农户续签14500多份，全部发到农户手中。农业产业结构调整初见成效，提高优质米、高产蔗种植计划顺利完成，农村粮食、甘蔗生产单打一的僵局已基本打破，开始由单一型、产量型向立体型、质量型、效益型转变。并把柠檬、麻竹、咖啡、毛叶枣作为新的发展项目纳入市“十五”计划和2015年市国民经济计划。

(二) 工业生产产量增长，经济效益差。全市工业总产值完成2.57亿元，比上年增长13.5%。食糖产量为26902吨，增长19.9%；酒精、机制纸、发电量也有较大增长，但原煤、水泥产量下降。由于食糖供过于求，市场管理疲软，价格沉入低谷，糖厂在吨糖成本降低600多元的基础上，依然销价成本倒挂，造成企业严重亏损。

(三) 内外贸易略有增长，市场物价基本稳定，人民生活水平不断提高。全市社会消费品零售总额完成3.88亿元，比上年下降1.8%。对外贸易进出口总额完成10.24亿元，增长1.4%，遏制了对外贸易连续40个月下滑的势头，实现了自1996年以来的首次增长。城乡市场物价基本稳定，全年商品零售物价指数为99%，城镇居民消费价格指数为100.1%，农产品价格指数为98.8%；农村农民人均纯收入1845元；城镇居民工资收入略有上升；城乡个人建房大幅度增长，居住质量不断上升。

(四) 固定资产投资紧缩，城市基础设施不断改善。全社会固定资产投资完成2.15亿元，比上年下降16.2%。为增强城市功能，城市基础设施建设速度加快，围绕创建“中国优秀旅游城市”和迎接世博会，在城市绿化、美化、亮化、净化等方面做了大量的工作；号称“瑞丽第一路”的岗勐路已在世博会开幕前竣工通车；疏通人民路的前期准备工作已近尾声；市区道路修补工作也相继完成；城市供电、供水、通讯、垃圾处理及排污能力进一步增强，从制约型转为适应型。

（五）财政金融运行平衡，社会各项事业全面发展。全年财政总收入完成1.34亿元（其中畹町2280万元），财政总支出1.23亿元（其中畹町2113万元），收支相抵滚存结余967万元，实现了收支平衡，略有节余的目标。金融部门采取积极措施，促进存贷双向增长，年底各项存款余额15.35亿元，各项贷款余额9.26亿元，有力地支持了地方经济的发展。

教育事业持续发展，在基本普及九年义务教育，基本扫除青壮年文盲和普及实验教学的基础上，教学条件不断改善，教育质量不断提高，高考上线人数及升学率继续保持全州各县市之首。科技创先活动持续展开，全民科技意识普遍增强，全年评出市级科技进步奖15项，获得州级科技进步奖5项。计划生育工作以巩固和发展“三为主”，积极稳妥推广“三结合”为重点，加强流动人口监察，狠抓节育措施落实，1999年末全市总人口为10.83万人，人口自然增长率为8.83‰，低于计划控制指标。旅游设施逐步完善，旅游人次增长较多，为迎接世博会的召开，全市狠抓了旅游景点景区和旅游配套设施建设，新建畹町生态园，完善淘宝场和漂江游，开通“瑞丽—八莫”国际旅游线，加强了旅游促销工作，旅游人数达172万人次，比上年增长5.1%。文化、体育、卫生、广播电视等各项工作也取得了新的成绩。各经济开发区的建设步伐在困境中继续前进。

二、措施和做法

（一）加强农业基础地位，稳步调整产业结构。瑞丽市农村经济的发展，已步入产业结构调整为主要特征的新阶段。尤其在“粗粮过剩、食糖滞销”的严峻形势下，市委、政府把调整产品和产业结构，作为加快农村经济发展的启动点和着力点，紧紧围绕“种植业结构调优，养殖业质量调高，农民净收入调增，全市农村经济调活”这条思路开展工作，按照高产、优质、高效的要求，培育和发展创收农业、冬季农业、订单农业，引导农民根据市场需求实施调整。

（二）实现对外贸易的恢复增长。(1) 在贸易方式上，除保持一般贸易的同时，积极拓展对外经济技术合作和边民互市；(2) 在贸易流程上，坚持市场多元化战略，在巩固缅甸市场的同时，积极拓展远洋贸易；(3) 努力改善贸易环境，在加强管理的同时，强调搞好服务；(4) 认真做好协调工作，既协调好管理部门与边贸企业的关系，也协调好瑞丽、畹町两个国家级口岸的关系，统一政策、统一管理、统一收费标准、统一奖惩办法，形成合力。同时，加大了招商引资工作力度，加快对内开放步伐，力求以新的思路取得新的发展。

（三）放手发展个体私营经济。把大力发展个体私营经济作为市国民经济的增长点。在法律法规允许的范围内，实行不限发展速度，不限经营规模，不限发展比例，不限经营方式，不限发展数量的“五不限”方针，促使国有经济、集体经济、非公有制经济竞相发展。同时在信贷、财税、土地、户籍、城建、电力等方面给予优惠和扶持。坚决制止乱收费、乱罚款、乱集资等“三乱”现象向个私经济渗透。建立和完善了《收费许可证》制度，切实保护业主的合法权益。

（四）优化财政支出结构，提高预算分配的科学性和透明度，提高政府对社会公共需要及重点支出的保障能力。(1) 推行零基预算，抛开传统的基数法，以当年财力为资金分配依据，效率优先、兼顾公平，以“零”为基数全面核定和分配各项财政开支。(2) 对有收入的事业单位财政资金供给实行逐年减拨，行政单位核定人员经费及公用经费，采取定额大包干办法分配全年支出预算，年度执行过程中一般不再追加预算。(3) 对乡（镇）实行“零”户统管，即乡（镇）财政所统一开户，乡（镇）各单位不准单独开设账户，各项开支实行报账制。(4) 切实做好“收支两条线”及“票款分离”工作，一个财政报账单位只能有一个户头，预算内预算外账户坚决合并，确保收入由财政集中，支出由财政监督。

（五）继续推进社会事业全面发展。实施科

教兴市战略，把教育当作基础产业来抓。按照面向现代化、面向世界、面向未来的目标，扎扎实实地办好基础教育。深化教育体制、教育结构、教育内容和教育方法等方面的改革，着力加强师资队伍建设，提高教师素质。改善办法条件，推进依法治教进程，强化九年义务教育，着力提高被教育者的综合素质。实施科教兴市战略，加速科技进步，努力提高全民科技意识，配合产业结构调整，提高科技地经济增长的贡献率。大力引进、推广三高农业栽培技术，不断提高农牧渔业的科技含量。计划生育工作推广三结合，巩固三为主，抓实基层，打牢基础，实现人口与经济、社会、资源、环境协调发展；继续开展群众喜闻乐见的文化、体育活动；继续加强对各种传染病、地方病的预防和控制；继续强化广播电视的宣传作用；广乏开展文明单位、文明家庭、文明村、文明户等创建活动；不断提高市民文明素质和城市文明程度。

（六）加强民主法制建设。重视群众来信来访工作，广开进言渠道，倾听群众意见和基层呼声，建立健全村务公开、厂务公开、机关财务公开制度。搞好街道办事处和居民委员会建设，健全城市功能。依法严厉打击各种犯罪活动，搞好社会治安综合治理。坚持不懈地开展禁毒斗争，最大限度地减轻毒品危害。坚决清除各种社会丑恶现象，下大力推动社会风气根本好转。加大生态环境保护力度，从重从快打击偷砍盗伐。进一步加强国家安全教育，增强全民的国家安全意识。严格遵守外事纪律，促进中缅友谊不断发展。认真处理好改革、发展和稳定的关系，正确处理好人民内部矛盾，努力维护好边疆安定团结的政治局面。认真贯彻《民族区域自治法》和《德宏州自治条例》，巩固和发展团结、互助、友好的社会主义民族关系，促进了全市各民族的共同繁荣和进步。

安宁市经济发展概况

市　长　谭永仁

1999年，安宁市各族人民高举邓小平理论伟大旗帜，深入贯彻党的十五大精神和省市的各项工作部署，充分发扬“团结奋进，求实拼搏，乐于奉献，争创一流”的安宁精神，积极推进改革开放和现代化建设，较好地完成了市二届人大二次会议批准的经济社会发展各项工作目标和任务，巩固和发展了全市的大好形势。

一、国民经济保持适度增长，人民生活进一步改善

1999年，全市共完成国内生产总值34.76亿元，比上年增长2.5%，其中市属国内生产总值完成13.69亿元，比上年增长7%。全市第一产业增长5.8%，第二产业增长3.87%，第三产业下降1.4%。商品销售总额完成33.27亿元。全市人均国内生产总值达到14086元。

（一）农村经济稳步发展，粮烟生产喜获丰收。全市农业实现增加2.92亿元；粮食总产达75976吨，增长5.2%；亩产达368千克，增长9.19%。烟叶质量得到全面提高，特别是上等烟数量大幅增加，达到47.4%，中上等烟比例实现90%的目标，实现总产值3615万元。农业产业结构调整成效显著，完成种植业调整1.8万亩，经济作物面积增加19.6%。肉、蛋、奶、菜等比上年有所增长。全年全市乡镇企业完成营业收入54.05亿元，增长20.8%；完成工业总产值14.1亿元，增长16.9%。共完成水利建设工程886件，水利化程度达到82%，全年投入水利建设资金2748.78万元。绿化造林47687亩，“灭荒”工作和天然林保护工程取得新的成效。

（二）工业经济低速增长。全市工业企业共完成工业总产值60.74亿元，比上年增长3%，其中市属工业总产值完成18.93亿元，增长11.5%。全市亏损企业由15家减少到12家，经济效益明显好于往年。

（三）非公有制经济发展势头较好，个私经济的比重逐年提高。全市共有个体工商户和私营业企业6168户，其中私营企业235户，新增53户，增长29.1%。个体、私营经济从业人员达10878人。

（四）市属固定资产投资增幅较大，房地产开发取得好成绩。全市完成固定资产投资8.69亿元，其中市属完成固定资产投资3.53亿元，比上年增长26.6%。全市重点工程及基础设施的投资力度不断加大，全年完成重点工作投资2.26亿元，占市属投资额的64%。住宅投资成为拉动经济增长的重要因素，房地产开发创造了有史以来来的最好成绩。

（五）财税艰苦运行，收支实现平衡，金融运行良好。全市共完成财政税收5.87亿元，比上年增长2.2%，其中地方财政收入为2.87亿元，增长4.3%；上划中央“两税”收入3亿元，增长0.3%。全市各项存款余额达到32.7亿元，下降4.8%；各项贷款余额达到52.22亿元，增长22.8%。

（六）人民生活进一步改善。城市职工年平均工资为10554元（其中，市属职工年平均工资8323元），农民人均纯收入2638元，分别比上年增长4.6%和4.1%。城乡居住面积和环境质量有了新的提高。城乡市场繁荣，物价稳中趋降。城市燃气普及率达到75%，电话普及率达到17.7%。

二、经济体制改革进展顺利，社会保障制度逐步建立

1999年，全市经济体制改革迈出重要步伐。在农村，顺利完成了全市第二轮土地延包30年的工作。粮食流通体制改革取得了明显成效，国有企业产权制度改革进展顺利。对金方大厦、安宁化肥厂等8家企业按照《公司法》规定，在资产评估、产权界定的基础上，完成了股份合作制改造和利用公开招标方式，实现了资产增值承包的体制改革。

积极推进城镇住房制度改革，建立住房二级市场，住房分配已向商品化、货币化过渡。以养老保险为核心的社会保险事业发展迅速，对下岗职工进行了有效分流安置。

三、对外开放取得新的成绩，重点工程进展顺利

1999年，全市外贸企业和工业企业共完成出口额4390万元，“三资”企业营业收入达到4.21亿元，上缴税收482万元。全市共引进项目14个，引进资金7338万元。对外交流与合作进一步扩大，与陕西省长安县正式结为友好市县。与西南林学院签订了市院长期合作协议。

旅游业稳定发展。全年共接待中外游客141万人次，旅游年综合收入达到1.27亿元。青龙峡风景旅游区的规划已通过省市有关专家的评审。

市二届人大二次会议确定的各项重点工程进展顺利，部分已按期竣工。车木河水库加固扩建工程经过3年的建设，已基本完成主体工程建设。螳螂川一期河道治理工程已经完成，移民搬迁安置工作正有序进行。安宁一小已按期建成并投入使用。竹产业发展规划和园林生态城市总体规划的编制、安居工程、市中心广场的规划建设、城区4个通道改造和形象工程均已有序开展。

四、继续加大城乡基础设施建设，城市环境质量进一步提高

1999年，安宁市政府紧紧抓住’99世界园艺博览会在昆明举办的良好机遇，进一步加大城市基础设施建设力度，强化城市管理，继续实施城市“绿、亮、美”工程，推进了“城市现代化、集镇城市化、城乡一体化”的发展进程，城乡文明程度和综合素质得到极大提高。

全市围绕水、路、树（绿化）、房4个重点，完成了金方路、人民路西侧绿化广场、中华路“岁寒园”、市中心广场等地绿化改造工程，温泉、连然两镇完成温泉旅游度假区和安温公路绿化工程。在城市主要街道和公共场所摆放鲜花3.6万盆，新增绿地94700平方米，建成区绿化覆盖率达33%，绿地率达31%，人均公共绿地达33平方米。对城区主干道建筑进行美化亮化。置换百花湖湖水，净化水质，优化百花公园的环境，拆除老电影院，改造市中心广场。把“花园式单位”的评选引入竞争机制，实行动态管理。全市有76家单位进入“星级花园式单位”行列。

加强烟尘、噪声、大气污染、水体污染的监测和治理工作，对城区附近堆放的磷、铁矿点进行依法清理和搬迁。加强市容市貌整治工作，清理非法广告，清洁公共场所、单位和居住区环境，拆除了违章建筑。牢固树立“质量责任重于泰山”的思想，不断完善建设工程招投标管理制度。对建设工程的规划、建设和绿化用地进行依法管理，维护了规划的权威性和严肃性。全面实施农村电网改造工程。小城镇建设取得新的进展，编制了50个村庄规划。1999年，全市被列为云南省唯一一家全国“乡村城市化”试点县(市)。同时，完成了“全国小城镇建设先进市”和省级园林城市的申报工作，均有望获得通过。

五、科技、教育和精神文明建设取得新进步

全市科技工作紧紧抓住经济建设这个主战场，组织了一批新科技、新技术和推广应用，并取得了明显成效。创建全国科技工作先进市活动通过国家科技部的评审验收。全市信息化网络建设取得新的进展。

教育工作在认真贯彻落实全国教育工作会议精神的基础上，以实施素质教育为突破口，有序推进以培养学生的创新精神和实践能力为重点的教学改革，全市教学水平和教育质量进一步提高。安宁职中创建国家级重点职业高级中学已通过省教委组织的评估专家组验收。安宁一小完成了各项建设任务，已于1999年9月1日按期正式开学。

市政府把创建文明城市作为1999年工作的一大目标，围绕′99昆明世博会的召开，大力开展“塑安宁新形象，迎接′99世博会”，“建文明安宁，做文明市民”，“讲文明、树新风”和创建文明科室、文明单位、文明小区、文明村镇、十星级文明户等群众性精神文明建设活动，使市民的文明素质和城乡文明程度不断提高。在全省精神文明建设先进集体、先进个人表彰电视电话会议上，安宁市荣获云南省“省级文明城市”先进单位称号，一碗水村被评为“省级文明村”先进单位。

新闻广播电视工作坚持正确的舆论导向，认真做好新闻宣传工作，不断丰富节目内容，为两个文明建设起到了积极的推动作用。

文、卫、体等各项社会事业继续取得新的进步。文化、科技、卫生“三下乡”活动深受群众欢迎。节日和国庆50周年庆祝活动丰富多彩，充分展示了建国50年来全市发生的历史巨变。医疗卫生以防疫、保健和农村卫生工作为重点，深化医疗保险制度和卫生法制建设。制定了《安宁市卫生改革与发展实施意见》，为实现2000年人人享有初级卫生保健打下了坚实的基础。爱国卫生运动水平有了新的提高。计划生育服务网络不断健全，人口自然增长率为6.59‰，人口素质逐步提高。体育工作在巩固体育先进市的基础上，以广泛开展全民健身运动为主，与贵州省安顺市共同参加中央电视台体育频道组织的“城市之间”群众性体育竞赛流动，取得了好成绩。

统计、物价、人事劳动、地震、档案、地方志等综合服务部门取得了新的进步。

六、继续推进民主法制建设

全市民主法制建设进一步加强，以部门执法责任制、错案追究责任制和依法赔偿制为重点大力推进依法治市和依法行政。主动接受市人大的法律监督、工作监督和市政协的民主监督，坚持定期向市人大及期常委会报告工作，向市政协通报情况，及时办理议案、建议和提案，主动配合人大代表、政协委员视察检查工作。广泛听取人大代表、政协委员以及专家学者的建议和意见。深入开展普法和法制宣传教育工作，不断优化法律服务，开通了“148”法律服务专用电话。进一步提高依法决策、依法行政、依法办事的水平和自觉性。政府机关勤政廉政建设和反腐败工作进一步加强，行政监察、审计和经济监察的工作力度不断加大，领导干部廉洁自律、查处大案要案和纠正行业不正之风三项工作取得新的成效。

强化社会治安综合治理，严格按照中央、省和昆明市的统一部署，以确保′99昆明世博会和建国50周年庆祝活动安全为目标，及时处理社会热点和难点问题，消除不安定因素，确保了全市社会稳定和世博会顺利召开，保障和促进了全市经济经济建设。坚决贯彻党中央、国务院的决定，深刻揭批“法轮功”邪教组织，认真妥善处理我市“法轮功”问题。开展专项斗争，强化流动人口管理，积极调解和处理各类影响社会稳定的纠纷矛盾，特别是及时侦破了几起重特大报复、抢劫杀人案件，严厉打击了严重刑事犯罪和

经济犯罪，维护了全市的社会稳定。切实加强政法队伍建设，积极开展争创人民满意政法干警（单位）“双创”活动，努力提高政法队伍的政治业务素质。

人民武装工作圆满完成了征兵任务，国防教育、民兵训练和预备役工作取得新的成效，创“双拥模范城”实现了三连冠。开展了“爱心献功臣”活动，圆满完成转业和退役军人的安置任务。进一步落实党的民族政策，保护正常合法的宗教活动，支持云南佛学院的选址、规划和建设。勘界工作取得新的进展，完成了安宁与西山、易门、禄丰、晋宁等区（县）行政区域界线的勘定。

潞西市经济发展概况

市　长　管国照

一、国民经济

1999年，潞西市各族人民经受住了国际国内市场疲软、白糖价格大幅度下滑、粮食积压严重、建设资金紧缺、企业效益下降、就业压力大和频繁的自然灾害等严峻形势的考验，基本实现了国民经济持续、稳定、健康发展。全市国内生产总值12.6亿元，比上年增3.0%，其中第一产业完成3.8亿元，减9.8%；第二产业完成3.3亿元，增3.9%；第三产业完成5.5亿元，增5.6%。人均国民生产总值3883元，增4.5%。

二、农业和农村经济

1999年，市政府始终把农业和农村工作放在经济工作的首位，紧紧围绕农民增收和农村稳定这一关系全局的工作，在稳定粮食的基础上，发展优质稻种植，加大冬季农业开发力度，扩大瓜果冬早蔬菜的种植，做到“大春抓粮，小春抓钱”。全市实现农业总产值（1990年不变价）3.48亿元。全年粮食播种面积48万亩，粮食总产12.8万吨，油料总产973吨。农村经济总收入5.07元，农民人均纯收入1053元。以芒里大沟、邦滇河流域治理、芒烘大沟、龙江遮昌江提，遮放、城郊、风平平田改土等为重点的农业基础设施建设和第四期滇西南农业综合开发项目成绩显著。农田水利建设得到较快发展，全年投入农田水利建设资金1422.9万元（含省、州投入），新增灌溉面积0.6万亩，改善灌溉面积8.24万亩，新增除涝面积0.34万亩，改造中低产田1.51万亩，治理水土流失面积7平方公里，完成了86个自然村1.39万人的饮水工程；甘蔗总产量70.9万吨，已被列为国家糖料基地市；茶叶总产量1963吨，茶叶新植2593.3亩；以茶油树、咖啡、印楝“三棵树”为主的经济作物种植面积分别达2500亩、10020亩和898亩；种植优质稻4万亩，经济作物类7.9万亩；绿色产业和“两高一优”农业开发逐步形成特色和规模，绿色产业总面积达40多万亩。全年植树造林3.38万亩，其中经济林果占的比例有较大提高，生态林、商品林、防护林建设和林产品加工取得新的发展。乡镇企业实现销售收入10.47亿元，总产值有所增长。

三、工业生产

全市工业结构单一，老企业多、科技含量低，产品结构不合理，产品积压，资金周转困难，生产成本偏高，市场竞争力差，企业亏损面大等存在的主要问题，市政府采取了7个方面的措施：（1）切实加强国有企业领导班子的建设，以经济建设为中心，指导和帮助国有企业，进行各种形式的转机建制，抓大放小取得一定成效；（2）把国有企业改革与解困及下岗职工就业作为一项主要任务来抓，实行市级领导干部挂钩联系困难企业制度；(3) 以市场为导向，重点抓了制糖、建材、矿产、制茶、造纸等骨干企业的生产，确保了工业经济有效增长；(4) 多渠道筹集技改资金，解决企业资金困难，完成了遮放糖厂、法帕水泥厂填平补齐技改工程；(5) 重视和支持骨干企业生产，切实把糖、茶的生产和销售作为一项大事来抓；(6) 加强政府对全市工业企业的管理监督，理顺和调整工业管理体制，进一步完善企业发展的外部环境，建立健全社会保障体系；(7) 积极推行厂务公开试点工作，年内在7家国有企业进行了厂务公开试点。

全年完成工业总产值4.89亿元，增22.2%，其中国有工业总产值2.6亿元，增39%；其他经济类型企业完成产值0.7亿元，减22.1%。

四、第三产业

1999年，全市社会消费品零售总额6.05亿元，比上年（扣除物价因素）增0.7%。城乡集市贸易成交额2.14亿元，减1.5%。全市个体工商户共有6891户，从业人员10017人，注册资金6824万元，比上年增长102万元；私营企业147户，从业人员2684人，注册资金7069万元，分别增加7户，591人、946万元，全年提供税收1945万元，占全市财政收入的22.4%。全年进出口总额2.14亿元，增126.4%，其中进口1266万元，下降3.1%；出口2.02亿元，增147%。全年旅游涉外星级饭店营业收入1060万元，接待游客198206人次，其中接待海外游客1300人，外国游客1224人，国内旅游人天数203536人天，上缴税费60.99万元；其他宾馆饭店营业收入2188万元，接待游客114420人次，旅行社营业收入1141万元，接待游客28534人次，其中接待中缅旅游出境人数27293人次；出境旅游接待51250人天；组织人员参观世博园17800人。

五、扶贫攻坚工作

1999年是潞西市全面落实“九五”扶贫攻坚计划的第四年，也是贯彻实施省委、省政府提出的“打好扶贫攻坚战，确保2000年基本解决贫困人口的温饱问题”宏伟目标关键性的一年，年内使1317户6481个贫困人口的温饱问题得到解决；农民人均纯收入已达732元，人均占有粮食359公斤，经过4年的努力，州级扶贫乡—五贫路乡已基本具备解决温饱的标准和条件。全年共投入资金388.692万元，其中扶贫资金196万元已全部到位。挂钩扶贫单位及个人捐资、引资108万元。群众自筹资金84万元。扶贫重点乡村使用省、州、市扶贫资金实施的项目主要有：基本农田水利建设共开展11件，修沟坝全长2.7公里，新开水田136亩，改造及新增灌溉面积1610亩。投工投劳3010个，受益462户2178人。人畜饮水工程完成15件，架设修复水管共长60.89公里。投工投劳4610个，解决了18个合作社，967户，4474人的饮水问题。绿色产业开发（扶贫到户）共完成37件，开发新增经济作物1837亩，新增经济林果面积5065亩，种植鄂粳杂3241户，推广巴西陆稻及旱育稀植2100亩，养殖大小牲畜812头（只）。共受益4151户，20765人。公路交通建设共完成19件，新修及维修公路全长118.96公里。投工投劳15854个，受益74个合作社，3423户，16881人。科技培训共开展115期，培训各类人员9693人次，培训的主要内容有：水稻旱育稀植，鄂粳杂、茶叶、山苍籽、核桃、咖啡等农作物的种植管理技术；家畜家禽的养殖，防疫等技术常识。全市“5乡6村”挂钩扶贫的州市单位共有83个，其中州直单位28个，市直单位55个。参加结对帮扶的党员干部1907名，其中党员1835名，结对户1868户。救助因家庭困难而失学或面临失学的学生331人。

六、财政、金融

1999年，全市地方财政收入8673万元，比上年减2%；地方财政支出1.07亿元，下降7%。造成财政收支矛盾突出的原因是：全年自然灾害频繁，糖价下跌与甘蔗计税价格和粮食价格的调整，加上公安缉毒和工商罚没收入全部上缴省财政。由于1999年公务员调资工资，普及九年义务教育的实施与基础设施建设的投入，使只能保证工资发放和维持机构正常运转的财政收入出现了支出大于收入的现象。年末银行存款余额16.86亿元，比上年增6.4%；银行贷款14亿元，下降3.76%。

七、人民生活

全市城镇居民人均过活费收入7399元，比上年增6.04%。农民年人均纯收入1053元，减3.7%。年末城乡居民存款余额11亿元，增7.7%。

八、固定资产投资

全年全市完成固定资产投资2.2亿元，比上年增24.2%。完成象滚塘公路和勐丹公路弹石路改造工程；风法公路那目段、勐戛公路芒里至勐戛段已开工建设；完成芒市营建路、友谊路步行街、街心花园以及开发区珠宝路与320国道相连接的全互通式立交桥等一批重点市政建设工程；芒市大街、芒市自来水厂14.5公里输水管线和市区管网改造，芒市开发区442套经济适用住宅建设工程进展顺利。总投资9000多万元的勐板河水库，已于1999年12月30日破土动工，导流输水隧道工程进展顺利。

九、社会各项事业

1999年，全市教育工作继续贯彻“三法一纲”，实施“两基”，落实“两全”。举全市之力实施普及九年义务教育共投入“普九”资金1743万元。全市各中学新增基建项目37个，建筑面积29214平方米，投资1561万元；教学设备投资102万元，学校饮水、道路投资80万元；通过采取分配、调入、调整、从党政机关，事业单位选派53名大专以上学历的公务员支教等措施解决了中学教师严重不足问题；出台了制止中小学生流失和救助特困贫困学生的政策措施，派出了“普九”工作队，拨款买粮解决了1481名特困学生吃粮难问题，发动社会团体和个人损资助学，解决了500多贫困学生难入学和难巩固的问题。计划生育工作取得可喜成绩，全年人口自然增长率7.1‰，市计生服务站被省计生委评定为规范化管理达标站。社会事业有新的进步。广播电视覆盖面扩大，覆盖率分别达91%和87.2%收视质量不断提高。群众性文化活动多姿多彩。全市卫生防疫水平有所提高，传染发病率控制在省、州指标以内。

十、存在问题

1999年，全市经济、社会发展中还存在不少困难和问题。主要是：（1）农业基础较为薄弱，抵御自然灾害的能力不强；（2）产业结构调整难度较大，支柱产业仍然单一，农民增收较为困难，扶贫工作任务艰巨；（3）企业效益差，就业压力大，工资增长超过了财政增长，财政收支矛盾非常突出；（4）山林、土地纠纷等不稳定的隐患依然存在，社会治安形势严峻等。这些问题，严重制约着我市的经济社会发展，需在今后工作中认真加以解决。

云南省进一步改善投资环境的指导思想是：

以邓小平理论为指导，以解放思想、更新观念为动力，全党动员，全社会参与；依照国家法律法规，从云南处于社会主义初级阶段低层次的实际出发，坚持“发展才是硬道理”、“三个有利于”的标准，采取更加有力的措施，加快社会主义市场经济体制的建设步伐；切实转变政府职能，按照公开、公平、公正的原则改善政务管理，为外来投资者提供更加优惠的政策和条件，提供更加优良的服务，推出更加有吸引力的项目，使云南省成为中国西部投资环境最好的省份之一。

第六篇　经济研究概况

云南省人民政府召开经济社会发展咨询团第三次会议

第六篇　经济研究概况

云南省人民政府
经济技术研究中心研究工作概况

1999年，云南省人民政府经济技术研究中心（省政府研究室）在省委、省政府的领导下，深入学习贯彻党的十五大精神，以邓小平理论为指导，以“三讲”教育为动力，自觉服从服务于省委、省政府中心工作，为开创研究工作的新局面，以优异成绩迎接新世纪作出了积极的努力。

一、开展“三讲”教育

根据中央的要求和省委的安排，省政府经研中心于1999年9月中旬至11月下旬开展了以“讲学习、讲政治、讲正气”为主要内容的领导班子及厅、处级干部“三讲”教育。“三讲”教育坚持以讲政治为核心，以整风精神为指导，高标准、严要求，基本上找准了领导班子和领导干部各方面存在的主要问题，并提出了具体的整改方案和措施。省委“三讲”办、省委巡视组对“中心”的“三讲”教育给予了充分肯定，“中心”广大干部职工基本上也是满意的。“中心”的“三讲”教育的确收到了统一思想，增进团结，加强领导班子建设和干部队伍建设以及促进各方面工作顺利开展的明显成效。

二、加强课题研究，为省委、省政府领导民主科学决策服务

1999年，省政府经济技术研究中心坚持服从服务于省委、省政府中心工作的宗旨和方向，加强对云南经济社会发展中重大的、突出的、紧迫的课题研究，在为省委、省政府领导民主科学决策服务方面取得了新的进展。

根据省政府领导同志的批示，省政府经研中心联合省计委、省经贸委、省财政厅牵头组织省级有关部门、科研院所和企业，紧紧围绕“以磷化工和有色金属加工为重点的矿业能否继续作为云南支柱产业培育”和“如何建成矿业支柱产业”这两大主题，展开了深入细致的调查研究，形成了《云南矿业支柱产业建设设研究综合报告》、《云南矿业支柱产业建设研究咨询报告》以及完成了“云南矿产资源评价”和关于磷化工业、有色金属工业、建材工业、乡镇矿业发展等10个专题研究报告，全部研究成果约30万字。研究报告客观、科学地分析了云南矿业支柱产业建设面临的困难和问题，明确提出云南矿业建成支柱产业建设面临的困难和问题，明确提出云南矿业建成支柱产业具有“六大有利条件”和建成云南矿业支柱产业的“七条路子”。研究报告消除了有关方面一度存在的对矿业支柱产业建设的疑虑，在矿业支柱产业建设的若干重大问题上形成了比较明晰、统一的看法。研究成果上报后引起省人大、省政府领导高度重视。有些对策建议已进入省领导决策和被有关部门、有关企业采纳，对矿业支柱产业的培育、壮大发挥了重要作用。

根据李嘉廷省长、程映萱副省长的指示，省政府经济技术研究中心与云南省烟草公司合作，共同组成课题组，开展了《云南“两烟”发展思路与对策研究》。《研究报告》形成后，省级10个部门的领导和专家进行了论证、评审。专家组认为：“此研究报告在同类研究中具有领先水平，有一定的科学性、超前性、实用性、指导性和创新性，对省领导的决策有较大的参考作用。”省委书记令狐安审阅后批示：“此报告写得不错。”

该项研究成果已转发有关部门和地州决策参考。

为落实朱镕基总理对烟草有关问题作出的“要引起严重注意，要辣手治乱”的重要批示，按照省政府主要领导的要求，“中心”与省烟草公司合作，开展了《打击假烟制售活动对策研究》。在对烟草市场、烟草企业、消费群体等进行深入调研的基础上，形成了《标本兼治、重拳出击，全面推进烟草打假斗争的深入开展》的课题总报告，并代省委、省政府草拟了上报国务院的《关于贯彻朱镕基总理指示精神，进一步开展烟草打假的有关情况报告》。研究成果进一步揭示了当前假烟泛滥状况及对国家财政、税收、市场经济秩序、消费者权益造成的严重危害，分析了假烟制售屡禁不止、屡打不绝的原因，明确地提出了改变以往烟草打假主要依靠行政手段的局面，要实行依靠经济、技术、法律、行政等手段综合治理等针对性、可操作性强的对策建议。省领导和省烟草部门对研究报告和对策建议给予充分肯定，有的对策建议已付诸实施，对遏制假烟制售势头，发展云南烟草支柱产业发挥了重要作用。

中国加入世贸组织谈判取得重要进展后，“中心”及时组织有关部门及有关方面专家、学者，就中国加入WTO对云南经济的影响及对策展开研究，已形成阶段性研究报告及4个子课题研究报告上报省政府。此项研究成果提供十分及时，李省长曾在研究报告上批示“值得一读”，并让办公厅转发各地、各部门参考。目前研究还在进一步深入进行。

为想省领导之所想，“中心”主动组织省级有关部门、有关专家学者开展了《云南“十五”经济社会发展思路》研究。已形成研究报告提交省领导及省级主管部门制订“十五”计划时参考，省委、省政府主要领导对报告给予充分肯定。

中央明确提出实施西部大开发战略后，“中心”领导意识到，云南经济社会发展正面临着一个重大的历史机遇，必须紧紧把握，顺势而谋。“中心”一方面积极向省委、省政府领导提出意见和建设，一方面根据省领导的指示，组织研究人员会同省委政研室、省计委等部门迅速立题，开展了《西部大开发云南产业发展行动计划》、《建设绿色经济强省》、《建设中华生物谷》、《发挥云南独特区位优势、建成连接东南亚、南亚国际大通道》等方面的研究。经广大研究人员紧张、辛勤的工作，《西部大开发云南产业发展行动计划》11个子课题研究报告已形成初稿提交省委、省政府领导决策参考；《建设绿色经济强省纲要》、《建设中华生物谷纲要》作为第一步研究成果已上报省委、省政府领导，进一步的深入研究还在进行。“国际大通道建设”，“中心”已进行过多年的研究，有较为成熟的研究成果，但还需根据形势发展，进一步深入研究，为省委、省政府领导提供科学的决策依据。中共云南省委六届九次全会上，省委已明确地提出了要抓住中央实施西部大开发这一重大历史机遇，建设绿色经济强省和民族文化大省，建设中国连接东南亚、南亚的国际大通道的三大目标。“中心”的研究成果已转化为省委的重要决策，成为了全省上下一致的共同行动。

省委、省政府要求省级各部门各单位必须挂钩扶贫，并指定经研中心挂钩扶贫巧家县炉房乡，巧家县委、县政府提出要“中心”挂乡扶县。“中心”党组对此项工作高度重视，主要领导亲自带队赴巧家炉房乡进行调研，做了大量工作，同时经协调有关部门支持，已基本解决了炉房乡的吃粮和人畜饮水问题。“中心”扶贫领导小组还组织“中心”各处室完成了《巧家县扶贫发展行动计划》，已通过评审，由巧家县组织实施，各方评价较高，反映较好。

1999年，省政府经济技术研究中心各研究处，还与省级有关部门开展广泛合作，积极承担、组织和参与完成了省委、省政府领导下达和交办的《中印缅孟地区经济合作与发展研究》、《新形势下云南财源建设思路与对策研究》、《云南省个私经济“十五”发展研究》、《云南省第三产业发展对策研究》、《云南省博物馆建设与利用研究》、《产学研结合，加快科技成果转化研究》、《云南“十五”高新技术产业发展规划（支撑体系）研究》、《云南农村区域经济发展研究》、《云南医药产业发展研究》、《云南省建立高新技术风险投资机制及实施方案研究》、《关于在昆明建立集装箱多式联运基地研究》、《调整所有制结构，增强国有经济控制力和竞争力研究》、《昆明金马碧鸡旅游商城建设研究》等30多个课题的研究任务。这些课题研究都已形成研究报告或咨询建设，提供省委、省政府领导决策参考，有的已被省领导或省级有关部门、有关单位采纳，进入实施阶段，产生了良好的社会效益和经济效益。

在紧紧围绕省委、省政府中心工作，积极承担和完成事关云南经济社会发展的重大、紧迫、突出的研究课题，及时为省领导提供有参考价值的决策咨询意见的同时，“中心”部分研究人员还承担了《小龙潭矿区植被恢复工程可行性研究》、《云南省石屏县异龙湖区经济综合开发规划(2000～2010 年）研究》、《昆明市西山区城郊型现代农业发展研究及规划》等研究任务。在省级咨询研究机构如何深入基层，为基层发展服务方面作了积极有益的尝试及探索。

三、发挥“研究室”职能，完成文稿写作和调研任务

起草写作省委、省政府领导安排的各类重要文稿是省政府经济技术研究中心的一项重要任务，也是使“中心”的研究成果直接转化为省委、省政府决策的一个重要途径。1999 年，“中心”各研究处积极承担、按时完成了李省长在九届人大三次会议上的政府工作报告；在全省财政工作会议上的讲话；在全省农村暨扶贫工作会议上的讲话；在全省对内开放工作会议上的讲话；在全省教育工作会议上的讲话；在云南建设绿色经济强省暨中华生物谷研讨会上的讲话；在中央十五届三中全会上的发言；在全省民族工作暨第二次民族团结进步表彰会上的讲话；在全省旅游、投资工作会议上的讲话；在文山、昭通、楚雄现场办公会上的讲话。同时也为其他省政府领导起草了一批重要讲话；为省委、省政府领导起草了向前来云南视察的朱镕基、李岚清、钱其琛、吴仪等国家领导人的汇报提纲；起草了省政府关于进一步扩大对内开放的决定；关于促进花卉出口的决定等重要文件。据不完全统计，1999 年，“中心”为省委、省政府领导起草、写作的各类重要文稿约 160 多篇（件），这些文稿充分体现了“新、准、实、快”的特点。省委、省政府领导予以充分肯定。在省九届人大三次会议和政协八届三次会议上，“两会”代表对李省长的政府工作报告给予了很高的评价，认为政府工作报告既体现了中央精神，又切合云南实际，也反映了全省各族人民的愿望和要求。同时，“中心”广大研究人员还结合省委、省政府中心工作，深入基层，开展调查，形成了一批质量较高的调研成果。综合研究处的《上海市投融资改革情况调查报告》获令狐书记高度评价，主要建议在省委、省政府有关工作中得到体现。“中心”部分研究人员调研撰写的 1998 年省政府地州现场办公会决定事项检查落实情况的调研报告，直接提交省政府常务会，为省政府领导了解情况，作出科学决策发挥了直接作用。由财贸研究处牵头组织的《关于云南姐告地区对外开放调研》，形成的总体方案被省政府上报国务院。调研报告中所提出的姐告地区实行“境内关外”管理模式被国务院工作组采纳。“境内关外”的管理模式实施后，明显促进了德宏州边贸发展。另外，“中心”还按照省委、省政府的要求，参与了一些重要文件和地方性法规的审定、修改工作。

四、开展国内及国际间的交流与合作

1999 年，云南省人民政府经济技术研究中心在积极开展国内和国际间交流与合作方面也努力做了一些工作。

（一）按照省政府主要领导的指示，成功地承办了“云南省人民政府经济社会发展咨询团第二次会议”。来自世界各地和北京国家有关部委的领导和中科院、中国工程院院士等顾问、专家 140 多人应邀来昆聚会，就“如何有效地吸引和利用外资，加快云南经济社会发展”这一专题展开研讨。与会顾问、专家对云南扩大对外开放，吸引、利用外资、科技产业建设等方面工作提出了许多好的意见和建设，会议获得了圆满成功。会议期间，咨询团顾问、我国著名经济学家吴敬琏、箫灼基和胡鞍钢还应邀分别在省政府办公厅、省委党校、云南大学作了《关于当前经济形势的看法》、《当前宏观经济形势的几个问题》和《中国经济发展前景》的重要报告，在我省社会各界引起了强烈的反响。会后，咨询团顾问、专家对关注云南经济社会发展保持了较高热情，信函建议、咨询和赴滇考察，探讨投资途径十分活跃。加拿大蒙特利尔市、英国力拓矿业集团、香港新恒基集团、英美烟草公司、德国克来斯勒公司都先后派员赴云南进行考察。一些顾问介绍的项目有的已合作成功，有的正在深入洽谈之中。设在省政府经济技术研究中心的“咨询团办公室”在为顾问、专家的考察、咨询，介绍合作对象等方面做了大量工作。1999 年“咨询团办公

室”共处理各类正式信函300多份，接待顾问、专家考察10批（次）。

（二）与日本福岗亚洲太平洋研究中心合作，在昆明共同举办“中日旅游可持续发展对策研讨会。日方9位专家、中方主要是云南省旅游方面的领导和专家、学者共35人参加了会议。会议对云南旅游业实现可持续发展需解决的一些重要问题达成了共识，并提出了对云南旅游业跨世纪发展有较大参考价值的意见和建议。

（三）与云南省社会科学院合作，在昆明组织召开“中印缅孟地区经济合作与发展研讨会”。研讨会邀请国家外交部、国务院发展研究中心等机构和云南省有关部门、科研机构的专家、学者参加，印度、缅甸、孟加拉3国外交、经贸方面的官员和科研机构的专家学者140余人到会。会议就加强中印缅孟地区经济合作与发展问题展开了多层面的研讨。在深入交换意见、统一认识的基础上，形成了关于加强中印缅孟地区经济合作与发展的《昆明倡议》这一重要文件。这次会议的成功举办，对促进中印缅孟之间的相互了解与经济合作产生了积极的影响，对扩大云南对东南亚与南亚的开放也是一个有力的推动。

（四）与省经协办合作，共同组织召开了六省市七方经济协作会议。与会各方经充分协商，就基础设施、旅游产业、生态环保、科技教育等方面加强协作达成了共识。

五、编辑出版及研究成果获奖情况

（一）编辑出版成果。1999年，云南省人民政府经济技术研究中心在编辑出版方面的工作情况：1999年《云南经济年鉴》130万字；《中缅陆水联运通道》44万字；《红土地的辉煌——云南农村50年成就》25万字及画册一部；《西部大开发——云南建设绿色经济强省》20万字；《现代农业与山地农业现代化》26.5万字；《云南烟草经济与跨国经营》16.5万字；《云南经济论坛》全年共6期（双月刊）45万字。

（二）研究成果获奖。《2010年云南经济社会发展研究》获“中国发展研究奖”一等奖。

云南省社会科学院经济研究工作概况

1999年，省社会科学院坚持“高举旗帜，强化基础，突出应用，立足创新”的指导思想，积极开展扩大内需、农业产业化发展、扶贫攻坚、金融风险防范、区域经济发展、东南亚国家经济等一系列重大课题研究，为省委、省政府决策服务，为全省的经济和社会发展作出了贡献。

一、研究成果出版

1999年，省社科院一批研究成果相继出版，主要有：

（1）《当代柬埔寨经济》，王士录编著，39.8万字，云南大学出版社1999年9月出版；（2）《当代越南经济》，刘稚、沈静芳、孔建勋编著，32.5万字，云南大学出版社1999年11月出版；（3）《当代菲律宾经济》，陈明华编著，33万字，云南大学出版社1999年12月出版；（4）《现代企业管理模式》，郑天一主编，任佳、周昭、陈利群、卢晓昆著，22万字，经济科学出版社1999年12月出版；（5）《云南农业产业化发展研究》，康云海、张士强主编，25万字，云南民族出版社1999年7月出版；（6）《农业经营机制与农村发展探索》，董棣著，39万字，云南科技出版社1999年4月出版；（7）《对极贫困人口扶贫的试验研究》，赵鸭桥、董棣合著，云南科技出版社1999年4月出版；（8）《农村发展项目评估的理论与方法研究》，宣宜著，39万字，云南科技出版社1999年1月出版；（9）《国际扶贫的成功范例》，农经新编，云南科技出版社1999年11月出版（10）《姚安县班刘办事处荒山使用权有偿转让追踪研究》，农经新编，23万字，云南科技出版社1999年1月出版；（11）《泸沽湖生态旅游研究》，康云海著，20万字，云南科技出版社1999年8月出版；（12）《90年代云南农村社会保障研究》，乔亨瑞编著，21万字，1999年

7月云南民族出版社出版。

另外，还出版了《云南民族地区农村经济发展研究》、《云南区域经济协调发展论》、《劳动力市场运行研究》、《滇港经济科技合作研究》、《现代农业与山地农业现代化研究》、《世纪之交的云南工业》、《建立一个云南省的温州——华坪县非公有制经济调查与研究》、《云南白药厂的名牌战略》、《云南会泽卷烟厂发展史》等。

二、课题鉴定验收

1999年，云南社会科学院完成和通过一批课题，主要有：

（1）东南亚金融危机及其对我国我省对外开放的影响；（2）云南对外关系中的金融风险防范研究；（3）东南亚金融危机与东盟的国际地位；（4）金融危机与东盟经济合作；（5）亚洲金融危机对云南外向型经济的影响；（6）云南与东南亚经贸关系的现状与前景；（7）滇西北人居环境（含国家公园）可持续发展研究——滇西北地区经济与社会发展研究；（8）云南公有制实现形式研究；（9）CI战略在云南的理论与实践；（10）云南宏观经济发展中的农业；（11）云南第三产业布局研究；（12）积极探索适合云南省情的公有制实现形成研究；（13）中国西部大开发云南行动计划研究；（14）云南烟草经济与跨国经济；（15）昆明卷烟厂管理模式研究；（6）完善云南对内开放合理布局的建议；（17）云南区域经济增长方式转换研究；（18）云南可持续发展及能源基地建设研究；（19）云南城市化研究；（20）滇西北天然林保护工程的实施及其对云南的影响研究；（21）云南扩大内需问题研究；（22）我省农村扶贫到户与社会发展关系的对策；（23）云南城市贫困问题研究；（24）云南城市社会保障研究；（25）云南城市就业与反贫困研究；（26）云南国有企业职工下岗与再就业问题研究；（27）云南省劳动力市场的现状与建设研究；（28）培育和发展云南农村消费市场调查研究；（29）云南科技兴农的分类指导研究；（30）云南农业社会保障体系研究；（31）云南现代农业发展研究；（32）云南农村社区发展研究；（33）云南农村县、乡两级建立社会保障体系研究；（34）云南农村妇女素质与权益保护互动机制研究；（35）云南贫困民族社区人才培养和科技振兴研究；（36）建立云南贫困农村社区扶贫自助网络试验示范研究。

三、学术交流

（一）扶持中国极贫农户研讨会，于1999年2月5～6日在昆明召开。会议由社科院农经所与中社院贫困问题研究中心举办，来自全国各地从事扶贫问题研究的专家学者、政府扶贫官员和国际组织驻华代表处从事扶贫的官员，在听取了两个条例介绍的基础上，就中国极贫农户及对其扶持进行了研讨，认为中国的扶贫已进入攻坚阶段，要特别重视目前尚未解决温饱人口中约2000万极贫人口的生存问题，并将此作为冲刺的重要目标。

（二）中国农村发展暨全国社科院农经研究协作网会议，于1999年7月10～12日在昆明召开。会议由省社科院与中社院农村发展研究所联合举办，来自各省社科院的农经、农发、经济所、农研中心和政府发展研究中心的60余人出席。会议就全国农经研究协作网络和我国农村当前发展的热点、难点问题进行了探讨。

（三）中印缅孟地区经济合作与发展国际研讨会，于1999年8月15～17日在昆明召开。会议由省社科院与省政府经济技术研究中心联合举办，来自中国、印度、缅甸、孟加拉国的学者、官员及工商界人士130余人出席，代表们就中印缅孟地区经济合作的必要性和可能性、中印缅孟地区经济合作的主要领域和重点、加快中印缅孟地区经济合作的建议等进行了讨论。会上四国代表签署了“昆明倡议”，在东南亚和南亚地区产生了好的反响，受到联合国亚太经济社会委员会等国际组织的关注。

（四）迈向21世纪的中国农村‘书稿研讨会’于1999年8月18～22日在昆明召开。会议由省社科院与香港中文大学联合举办，来自内地、台湾、香港的专家、学者及政府官员60余人出席。与会人员就作者提供的“乡镇政府”、“农民负担”、“贫困与扶贫”、“农技推广”、“教育制度”等19份稿件进行了讨论。

四、学术刊物

《云南社会科学》，双月刊，院主办，国内外公开发行。1999年出版6期，共编发文章91篇，计90余万字，其中经济类文章34篇，约30万字。

云南省经济研究所研究工作概况

1999年是云南省经济研究所建所20周年。年内，省经济研究所围绕全省经济发展和改革开放中的重大问题开展研究工作，完成的研究成果数量和质量均超过往年，较好的发挥了决策咨询的作用。

一、完成的主要研究成果

1999年，省经研所承担完成了省政府下达的课题有：(1)《利用资本市场加速云南产业成长》；(2)《云南农业区域开发与产业分工》；(3)《城镇居民收入分配差异研究》；(4)《云南国有企业改革案例分析》；(5)《云南国有经济战略性改组》；(6)《云南国有资产管理体制改革与资本运营形式的研究》；(7)《“九五”期间云南宏观经济运行特点及政策选择》等，并于1999年通过省政府决策咨询研究课题管理小组组织的专家评审验收，一些研究成果受到有关部门的高度重视。

承担和配合省计委完成的课题有：(1)《云南产业结构调整优化实施建议》；(2)《云南“十五”经济社会发展基本思路》；(3)《云南省国民经济信息化和信息产业发展规划》；(4)《启动消费，开拓市场对策研究》；(5)《云南高新技术产业发展的政策环境和支撑体系研究》；(6)《云南“十五”工业调整思路》；(7)《云南“十五”发展的国内外环境及扩大对外开放战略》；(8)云南投资结构调整与对策研究》；(9)《云南生物资源产业开发纲要》；(10)《云南国有经济战略性重组与国有企业改革研究》等。参与省计委组织的省政府昭通地区现场办公会、文山州现场办公会、楚雄州现场办公会的调研，参与调研报告的撰写，并受到好评。

同时，我所科研人员还参加了其他部门牵头完成的一些重要课题，如《云南绿色经济强省建设纲要》、《云南民族贫困地区经济政策研究》、《我国加入WTO对云南经济的影响分析》等。完成有关部门及地区委托的课题8项，主要有：《世博会后续发展研究》、《云南引进外资与对外直接投资研究》、《中印缅孟次区域国际经济合作前提分析》、《生物资源产业开发与外向型农业发展》、《云南鲜切花出口战略》、《永德县旅游发展规划》等。

1999年，省经济研究所科研成果获国家计委“科技进步二等奖”1项。

二、学术活动

1999年，省经研所科研人员参加的学术活动有：(1)省政府“中印缅孟次区域国际经济合作论坛”、“云南绿色经济强省暨中华生物谷”研讨会、“‘99昆明国内经济技术合作暨投资研讨会”；(2)省委宣传部组织的“21世纪论坛”工作会议；(3)国家计委组织的“第四期国家计委投资研讨会”、“国家计委经研所所长会暨‘十五’经济社会发展基本思路研讨会等。此外，还参加了云南省农村经济学会、云南农村金融学会、省系统工程研究中心等学会活动。

三、资料及出版工作

1999年全所采购图书505册，累计藏书51431册，订阅和文换期刊共300多种。年内，本所编辑出版《经济问题探索》杂志12期，编发稿件297件，该杂志第4次荣获“全国城市十佳经济期刊”称号。1999年，还编发了内刊《经济研究简讯》28期、《学习研究参考资料》26期，与省计委科技处合编《云南高新技术产业化专刊》两期，共刊登论文、调研报告、统计分析资料72篇，约60万字。

重要学术会议简介

一、云南省外经贸发展研讨会

元月 11～12 日，省国际贸易学会在昆明召开“云南省外经贸发展”研讨会，来自全省外经贸系统及部分外贸企业的理事及论文作者共 120 余人参加会议。会长彭木裕和副会长以及昆明市副市长雷晓明出席会议并讲了话。会议收到论文 45 篇。与会者围绕会议主题，结合当前国际经济、金融形势，分析了当前国际金融危机对我国、及我省经济建设的影响，深入探讨了我省在扩大进出口、利用外资、开展边境贸易、国际经济技术合作等方面的发展战略问题，并对 1999 年的外经贸发展提出了意见和建议意见，为国民经济持续、快速、稳定、健康发展献计献策。会议还对学会的工作做了安排和部署，并确定了 4 个重点科研课题，即我省扩大加工贸易的调查思考、进出口贸易平衡中扩大进口贸易的的思考、欧元问世及我们的对策及《云南省外商投资条例》实施细则。

二、云南省高校德育研究会、省思想教育课教学研究会

于 1 月 22～23 日在玉溪联合召开。省教委、省社科联的有关领导及 18 所高校的专家、学者和思想教育课教师共 48 人参加了会议。与会者听取了杨荣昌、苏升乾两位德育课专家的学术报告，探讨了新形势下开展大学生思想政治教育，尤其是邓小平理论“三进”（进教材、进课堂、进学生头脑）的有关问题，并且在探讨中取得了共识，从而扎扎实实地推进邓小平理论“三进”工作。

三、云南省省级社科各学会秘书长会议

于 4 月 2 日会议传达省委领导对社科工作的指示精神，安排学会下半年工作。会议由省社科联党组副书记、常务副主席胡润主持。省社科联党组书记、主席赵绍敏，在会上充分肯定了我省社科战线、社科工作者在过去一年中所取得的成绩，传达了省委领导对我省社科工作的指示精神，安排了学会下半年的工作，并对学会工作提出了几点要求：(1) 各学会要充分发挥学会功能和作用，团结广大社科工作者，树立“精品”意识，努力推出更多有价值、有影响的优秀研究成果；(2) 社科工作者要努力学习马克思主义、毛泽东思想、邓小平理论，不断提高政治思想理论水平，到改革开放和经济建设的实践中研究新情况、回答新问题、提出新见解；各学会要认真贯彻执行《云南省社会科学学会管理条例》，进一步加强科研工作，加强学会队伍建设，按省民政厅的要求，做好社团清理整顿的扫尾工作。

四、纪念“五四”运动八十周年讨论会

由云南省社科联、省委党史研究室、省史学会、省中共党史研究会联合组织，于 4 月 23 日在昆明联合召开。50 余位专家学者及理论工作者参加了讨论会。与会同志围绕“五四”运动精神及其伟大意义、当代青年怎样继承和发扬五四的光荣传统等内容进行了充分讨论，提高了认识。

五、云南省社科界声讨北约侵略罪行座谈会

于 5 月 10 日，在昆明召开，多位专家学者参加了座谈。省委宣传部副部长、省社科联主席、党组书记赵绍敏主持会议，省社科联党组副书记、常委副主席胡润，副主席袁显亮、江克参加了会议。会上，大家愤怒声讨了以美国为首的北约袭击我驻南使馆的野蛮行动，纷纷表示：坚决拥护党中央的正确决策，一定要化愤慨为力量，更加紧密地团结在以江泽民为核心的党中央周围，发扬爱国主义精神，同心同德把我国建设成为富强、民主、文明的社会主义现代化国家。

六、“转变教育思想、深化高教改革”研讨会

6 月 16 日在中甸县召开。全省各高校的高教研究工作者、教师及部分论文作者参加了会

议。会议期间，与会人员围绕“转变教育思想、深化教育改革”这个主题，结合全国教育工作会议的主要精神，着重对“高等教育的产业化”、“高校的内部管理体制改革”、“高校的人才培养模式改革”三个重大问题进行了探讨，并就如何贯彻落实高教法做了进一步的探讨，提出了建议和办法。会议收到论文48篇。

七、云南省新闻学会

云南省由省新闻学会、省新闻工作者协会和省人民广播电台联合在昆明共同举办。中心议题是：坚持群众路线、办好新闻媒体。云南日报、春城晚报、云南人民广播电台以及地州市共20多家新闻单位的30余名代表参加了会议。会议收到论文40余篇。会议通过研讨，对正确处理好社会效益和经济效益的关系，为发展广大群众的效益和经济效益的关系，为发展广大群众的利益办媒体，依靠广大群众的力量办媒体，使社会主义的新闻媒体真正成为党、政府、人民的喉舌等问题有了共识。省委宣传部、省社科联、云南日报社、省广播电视厅的负责同志应邀到会指导。

八“重大决策失误追究”理论与实践研讨会

由省纪检监察学会、省法学会于6月29～30日在昆明联合召开。从事纪检监察理论研究和法学研究的专家、学者和实际工作者共40余人参加了会议。会议收到论文20余篇。研讨会由省纪检监察学会秘书长温宗贵、法学会秘书长吉玲共同主持。

通过会议，主要收获是：(1) 实事求是地分析了重大决策失误的危害性，强调了建立“重大决策失误追究责任制”的重要性、必要性和迫切性；(2) 深入探讨了“重大决策失误”的性质界定问题、具体内容及其表现形式；(3) 重点研究了“避免和防范重大决策失误”。及“进行科学、民主决策”的途径；(4) 分别从提高决策者素质、建立健全追究责任制、完善监督制度三方面论述了防范重大决策失误的具体措施。

九、“写作：迈向21世纪”国际学术研讨会

于7月12日～16日在云南大学国际学术交流中心召开。研讨会由云南省写作学会主办，海内外专家、学者、教授共53人参加了研讨。会议收到论文31篇，30多位学者在会上交流了论文。会上，大家从培养新世纪所需要的创新人才出发，对写作教学的改革进行了探讨，对21世纪写作学研究的走向进行了思考，并对文学写作和公文写作中的一些重大问题进行了深入的研究。

十、省社科界批判“法轮大法”座谈会

于7月28日在昆明召开。会上，大家纷纷发言，一致表示：坚决拥护中央取缔“法轮功”的正确决策，并从不同的角度深入揭露和批判了李洪志的“法轮大法”及其操纵的“法轮功”组织反科学、反政府、反社会、反人类的本质，以及其造成的思想政治危害。大家还认为，作为社会科学工作者，要勇于拿起批判的武器，带头对李洪志及其“法轮大法”进行深入的揭露和批判，担当起共同捍卫马克思主义的思想阵地、共同维护科学尊严、共同巩固和发展安定团结的政治局面的重任。

十一、省、地州市社科联工作会议

于8月6～9日在曲靖市召开。会议主题是学习、贯彻江泽民总书记的讲话和题词精神，交流工作经验，研究新形式下如何做好社科联工作，促进社会科学的繁荣与发展。省委宣传部、省社科联和11个地州市社科联的40多名代表参加了会议。省社科联主席、党组书记赵绍敏，中共曲靖市委副书记王敏出席会议并作讲话。与会代表在会上总结交流了各地州近年来社科联工作的经验。

会议还要求各地州市社科联，在新世纪的到来，认真贯彻江总书记的讲话和题词精神，认真履行社科联的四个职能，积极寻求与社会主义市场经济相适应的发展途径，大胆进取，勇于创新，开拓社科联工作的一片新天地。

十二、第十二届全国省市公关组织联席会

于8月18～22日在昆明举行。联席会由云南省公共关系协会承办，来自全国26个省市自治区公关组织的领导、专家、学者、企业家代表共320人出席会议。云南省副省长梁公卿代表云南省委、省政府到会讲话。中国公共关系协会常务副主席陈砾，中国国际公共关系协会会长、全国人大华侨委员会副主任李道预在会上作了讲

话。会议期间，中国国际公共关系协会常务副会长朱传贤作了题为《新世纪经济和公关》的发言；上海市工业发展咨询公司总经理董锡建作《知识经济时代企业经营与策划》的学术报告。

会议还向全国公关同仁发出号令：要在党的十五大精神指引下，高举邓小平理论的伟大旗帜，团结务实，开拓创新，为实现21世纪中国公共关系事业发展和新任务、新目标而努力奋斗。

十三、云南省延安精神研究会庆祝建国50周年理论研讨会

于10月27日在昆明召开。副会长党向民主持会议，副会长祝永康到会发言，23位会员代表参加了研讨。与会者一致认为，把研究，宣传、弘扬延安精神推向21世纪，就是对国庆50周年的最好纪念。研究会在今后的工作中将继续发挥四大作用，做好延安精神的弘扬、宣传研究工作，为全省的精神文明建设贡献力量。会议收到论文31篇。

十四、省社科界批判“法轮功”邪教座谈会

由省社科联主持于11月5日在昆明召开。会议由省社科联常委副主席胡润主持。会上专家们深入论述了邪教的性质和特点，分析了邪教与传统宗教的区别，阐述了邪教的来源及其传播和活动的主要方式，并介绍了国外邪教及其处理对策，以及我国的宗教政策和对邪教的政策。专家们还表示，一定担负起社科工作者的重要责任，用马克思的科学理论，把揭批“法轮功”邪教的斗争进行到底，夺取彻底的胜利。

十五、省社科界“解放思想更新观念”讨论会

由省社科联于12月7日召开。会议由省社科联党组副书记、常务副主席胡润主持，全省部分社科专家、学者及理论工作者近50人参加，会上，大家针对全省经济改革与发展中的主要矛盾和干部群众思想认识上存在的主要问题，展开了激烈的讨论。主要讨论了开拓市场、创新等问题。

十六、省社科联贯彻落实《中共中央关于加强改进思想政治工作若干意见》调研会

于12月2日召开，20余人参加了调研会。与会者认真学习领会了《中共中央关于加强改进思想政治工作的若干意见》，总结了几年来加强和改进思想政治工作的经验，并就如何加强和改进思想政治工作提出了许多好的意见和建议。省委宣传部派出的调研组参加了会议。

十七、“庆祝澳门回归、迎接2000年”座谈会

由省农村经济学会和省农民企业家联谊会联合组织，于12月21日在昆明召开。40余位学会理事、常委理事参加了座谈。与会人员满怀豪情地赞颂中国共产党领导新中国50年来取得的伟大辉煌成就，欢庆澳门回归祖国与迎接新世纪的第一个春天的到来。农村经济学会副理事长吴健安在会上宣讲了“喜澳门回归祖国”的论文。与会人员还争相发表自己的喜悦之情，并对2000年学会的工作提出了具体的建议。

云南建设绿色经济强省暨中华生物谷研讨会综述

（1999年12月）

在国家加快实施西部大开发战略的重要时刻，经中共云南省委、云南人民政府批准，由省委政策研究室和省政府经济技术研究中心主办的云南建设绿色经济强省暨中华生物谷研讨会，于1999年11月27～29日在昆明召开。来自全国社会科学和自然科学方面的39位知名专家学者参加了会议。云南省委、省人大、省政府、省政协领导出席了会议。省委书记令狐安作了重要讲话，省长李嘉廷就《云南建设绿色经济强省纲要》和《中华生物谷建设纲要》作了说明。省直有关部门、科研院所和大型企业等81家单位的负责人列席了会议。会议共收到学术论文40多篇。研讨会重点围绕云南建设绿色经济强省和中华生物谷的现实性、科学性和可行性进行了讨论。专家们总体上赞成云南省委、省政府提出的建设绿色经济强省和中华生物谷的计划。

一、建设绿色经济强省具有前瞻性、科学性、可行性和示范性，是迈向新世纪的宏伟计划

（一）如何理解绿色经济及绿色经济强省的含义

1、绿色经济的含义

中国社科院刘国光研究员指出，绿色经济的实质应该是生态经济，不仅仅是生物资源的开发利用，而且各个产业要生态化，实施可持续发展战略。它有狭义和广义两层含义。狭义的绿色经济是建立在可再生或可更新的生物资源、特别是绿色植物资源基础上的经济；广义的则是建立在可循环利用资源、不产生生态破坏和环境污染，生态经济能良性循环协调发展的经济。它与可持续发展是同一的。

中国体改研究会高尚全会长认为，绿色经济有两方面的含义，一是人与自然和谐，二是人与人的和谐。人与自然的和谐就是指发展那些资源使用效率高、科技含量高、附加值高，不破坏生态、不污染环境，具有可持续发展能力的产业。人与人的和谐，其核心是社会成员的收益分配和就业方面有平等机会。

2、建设绿色经济强省的含义

中科院生态研究中心康晓光研究员认为，可从三个层次上理解绿色经济及绿色经济强省。

第一个层次是把绿色经济理解为一种“理想”，这一理想与“可持续发展”概念中蕴涵的理念应该是一致的，即1987年联合国通过的环境与发展委员会提出的“既满足当代人的需要，又不对后代人满足其需要的能力构成危害的发展”。在这一层次上，建设绿色经济强省也就是建设一个“和谐”、“公平”的社会，“和谐”界定了人与自然之间的关系，“公平”界定了人与人之间的关系。

第二个层次，把绿色经济理解为一种“标准”。这一标准的主要内容包括：（1）人类活动对生物圈的作用必须限制在其承载力之内；（2）可更新资源的使用强度应限制在其最大持续收获得量之内；（3）不可更新资源的耗竭速度不应超过寻求作为代用品的可更新资源的速度；（4）必须维护世代之间的公平，当代人不能损害后代人的发展权利；（5）必须维护当代人之间的公平，在不同群体、不同区域之间实现资源利用和环境保护两者的成本与收益的公平负担和分配。前三条确立了人与自然的关系准则，后两条确立了人与人之间的关系准则。在这一层次上，所谓绿色经济就是满足前三条标准的经济，而建设绿色经济强省就是使云南经济逐步趋向“绿色经济”的过程。

第三个层次，把绿色经济理解为特定的“产

业”。这是对绿色经济最狭义的理解。绿色产业首先是指立足于可更新资源的可持续利用的产业，其次是指那些虽然消耗不可更新资源、但已经达到环保标准或满足清洁生产标准的产业。在这一层次上，发展绿色经济也就是发展绿色产业。

（二）建设绿色经济强省和中华生物谷符合国内外经济发展的要求，对全国将有示范效应

中科院、中国工程院两院院士石元春、刘国光和高尚全等专家指出，在中国经济进入结构性调整和中央实施西部大开发战略的关键时刻，建设绿色经济强省和中华生物谷是一件很有意义的大事，正当其时。抓住了世界经济发展的特征和趋势，抓住了云南经济优势的要点，具有深刻的思维和高瞻远瞩的眼光，可能对全国乃至世界其他国家都有一定的推动作用。

科技部中国科技发展研究中心杨炳忻代表认为，云南建设绿色经济强省和中华生物谷符合世纪之交世界经济发展趋势的三大特点：一是经济发展必须走可持续发展道路，云南建设绿色经济强省正是实施可持续发展战略的最佳方式。二是高技术的兴起，世界正在走向以创新为基础的知识经济时代，建设“中华生物谷”，就是实施朱总理提出的在云南实施生物资源开发创新工程。在生物技术和生命科学领域创造出具有自主知识产权的高新技术，利于实现经济的腾飞和可持续发展。三是竞争激烈，包括资源、知识（产权）和人才竞争。在这种激烈的竞争面前，只有走发展特色经济的道路才是出路。建设绿色经济强省和中华生物谷发挥了云南优势，可以创出特色。

国务院生态县建设领导小组顾问石山和中科院昆明植物研究所吴征镒院士等专家指出，云南建设绿色经济强省和中华生物谷，既是我国经济发展的必然趋势，又是云南经济发展的客观要求。目前我国已有4个省提出了类似发展绿色经济这方面的问题。海南省提出建设“生态省”，江西提出建设“生态经济区”，黑龙江提出“绿色食品大省”，现在云南又提出了建设“绿色经济强省”。东、中、西部都有省区提出这方面的目标，这不是偶然的，其实各省都得这样做。云南又提出建设绿色经济强省是建立在省情及其经济发展实际之上的。理由有四：（1）云南是全国山区面积最大的省份之一，山区是云南的生命线。6%的平坝地区将全部或部分被城镇和工业生产活动占满，农业全部或大部将在山区进行，山区没有绿色，就没有生产、生存条件。云南的森林土层很薄，一般为10—20cm，养分全在枯枝被叶之中，一旦遭到破坏，岩石裸露，成为不毛之地，恢复较难。所以必须把山区保护好，走发展绿色经济的道路。（2）云南生态环境的破坏已到了可怕的程度，不能再继续了。森林覆盖率由解放初50%以上降到现在25%左右；裸露山区面积的比重由解放初的7%上升到目前30%以上，岩溶地区占1/3以上；水土流失量每年5.2亿吨，占全国1/10；湖泊大面积减少，解放初160多个，现仅有60多个；需要迁移的人口50万，约为全国需迁出数的1/10。（3）云南经济建立在火上，是“火上经济”，这对山区破坏很大。烤烟、榨糖、炒茶、烤胶、山区农民做饭，皆要砍伐树木，加之刀耕火种大面积毁坏森林。长期如此，森林愈少，环境压力愈大。“火上经济”是无法长期维持下支的。（4）中央实施天保工程，云南省首当其冲必须进行大江大河源头生态环境的保护和治理。基于上述几点理由，要求云南今后的发展必须走以建设绿色经济强省为特色的可持续发展之路。

中南财经大学可持续发展研究中心主任刘思华和中国环境伦理学研究会秘书长杨通进等代表指出，人类生存与发展的“三重转变”，即人类文明形式由工业文明向生态文明的转变、世界经济形态由资源经济向知识经济的转变、社会经济发展道路由非持续发展向可持续发展的转变，是21世纪现代经济社会发展的历史趋势与时代潮流。云南顺应这种趋势与潮流，在全国率先提出建设绿色经济强省的发展战略，使云南不仅找到直接培植21世纪经济发展的增长点，而且找到加强生态文明（绿色文明）建设和实施可持续发展战略的最佳结合点。这样，云南全面实施建设绿色经济强省的宏伟工程，就很有可能超越工业文明即传统工业化的某些阶段，直接转向生态文明建设和发展知识经济，实现三重转变的同步运动，走出一条适合云南省情的工业化和生态化与知识化相互协调的可持续发展道路。因此，把云南建设成为绿色经济强省是推进三重转变的明智之举，不仅关系云南现代化建设的繁荣昌盛，而且影响全国，甚至具有国际意义。

（三）云南建设绿色经济强省和中华生物谷具有资源优势，并已有一定的基础

1、资源优势

中科院城市发展与环境研究中心主任付崇兰等专家认为，云南建设绿色经济强省和中华生物谷具有资源优势。云南是我国乃至世界著名的资源富集区，生物多样性显著。占全国4%的国土面积上，分布着占全国种数50%多的生物物种资源，是举世瞩目的“生物基因宝库”和“生物资源王国”。旅游资源得天独厚，以自然风光和民族文化为代表的旅游资源丰富浩繁。云南的清洁能源也十分丰富，水能资源理论蕴藏量和可开发量分别占全国的15%和20%，居全国第三和第二位。云南拥有热带、亚热带、温带、寒带等多个气候区，适宜物种的生存和大规模培育，生物可再生条件好，为恢复生态，保护环境，培植绿色资源，发展绿色经济提供了良好环境。

2、建设绿色经济强省已具备了一定基础

石山和付崇兰等专家认为，云南建设绿色经济强省已具备一定基础：（1）云南50年经济建设的经验和积累，已逐步使云南经济发展建立在以突出特色经济、大力开发生物资源、发挥物种和气候优势的基础之上。建设绿色经济强省和创建中华生物谷正是云南50年社会主义建设、特别是20年来改革开放实践的全面总结。（2）云南已启动生态县建设工作。云南现有10个生态农业县，在全国占多数，其中思茅、禄丰是由国务院生态农业领导小组亲自来抓的，还有一大批生态村、生态户正在建设之中。（3）云南一些地州已开始朝着绿色经济的方向开展工作。如楚雄州正在建设绿色生态大州。（4）云南在生物资源开发方面已取得了一些好的经验和成就，这是实实在在的绿色经济。（5）云南对岩溶地区的治理和发展经济方面也取得了一些经验。

二、创新机制，建立充满生机与活力的绿色经济强省和中华生物谷的创新体系

周永春教授和付崇兰等多位专家认为，绿色经济不是只要绿色，不要经济，也不是只要绿色，不要发展，而是要更健康的发展。绿色经济的支撑体系除了云南省委、省政府提出的中华生物谷、烟草、旅游、矿业、能源、环保、省地县市经济、人力资源、科技创新九大支撑体系外，还应包括经济、社会等方面的力量，至少还需自然基础、经济发展水平、绿色科技、绿色战略、绿色政策、资源或环境保护方面的法律法规、绿色管理、绿色意识等，不应只有产业方面的支撑。

北京林业大学关君蔚院士、南京林业大学王明庥院士和云南林业规划院张嘉宾高级工程师等专家认为，建设绿色经济强省不能忽视林业的作用，它是绿色经济的一个重要支柱。森林是土地上一个重要的生态系统，现在地球上的森林面积为34万公顷，覆盖率为26%。森林是一个重要的资源，在工业化初期，林业和林业产值在各国国民生产总值中的比重很高，但我们不能再重复欧、美等发达国家破坏森林的工业化道路，而应该是既重视森林作为资源在振兴经济中的作用，又要重视其在环保方面的作用。如何把森林的这两类效益结合起来，强化森林对环境和生物多样性保护的功能以及满足社会对林产品的需求，这正是现代林业要解决的重大课题。从全球看，森林对环境的作用主要表现在3个方面：（1）抑制温室效应；（2）调节水循环和水的平衡；（3）保护生物多样性。这些作用正是发展绿色经济不可缺少的要素。要使林业在发展绿色经济中发挥作用，必须走林业可持续发展道路。标准有3条：（1）保持长期的生产能力；（2）保持森林的更新再生能力；（3）保持物种和生态系统的多样性。

中国社科院农村发展研究所研究员陈吉元等专家指出，经济发展是技术创新和制度创新的过程。云南建设绿色经济强省，就应制定技术创新战略和制度创新战略，在此基础上制定一个建设绿色经济强省的综合发展战略。无论是技术创新还是制度创新，根本的出发点是要从云南实际出发，而不是照搬外部经验。云南技术创新战略要把“跨越战略”和“渐进战略”相结合，以渐进战略为主体，逐步发展。如充分利用云南生物多样性条件，有条件的基因工程是可以上的，但农业技术进步的主线则是“两化”——化学化和水利化。因为机械化对山地农业有困难。云南制度创新的主线与全国一样，即加快计划经济体制向市场经济体制转变，用市场导向和价值规律引导资源开发和经济的发展。

昆明理工大学校长张文彬和四川大学化工学院钟本和教授等专家提出，在建设绿色经济强省的过程中，既要重视生物资源的开发、生态建

设、环保产业的发展等，也要高度重视矿业和其它产业的“绿化”。建设绿色矿业必须注意发展战略的总体规划，以及全民“绿化”教育与法制建设。要通过技术改造和技术创新，实现化工过程中的绿色化生产、各行业采用清洁生产法，保证绿色产业与非绿色产业的全面“绿化”。

王明庥和中国社科院旅游研究中心主任张广瑞、亚洲开发银行区域经济规划专家Derek Ireland等代表认为，绿色是文化之根，文化是绿色之魂，文化与绿色有机结合，人与自然才能和谐发展。云南生物多样性是云南旅游业发展的一个重要条件。保护生物多样性和弘扬民族文化，是云南旅游业发展的根本。而旅游业本身是绿色经济的一个组成部分，是一个非常有特色的、永远的“朝阳产业”。

三、树立信心，争取国家和社会的广泛支持，早日将绿色经济强省和中华生物谷变成现实

付崇兰等专家指出，云南发展绿色经济应采取的对策有：

1、加快经济结构的战略性调整。建设绿色经济强省，云南产业结构调整要遵循中央经济工作会议精神，即巩固加强第一产业、调整提高第二产业、加快发展第三产业。具体的主导行业就是农业、旅游业、畜牧业、烟草、林业、有色冶金，以及以水电为主的能源工业等。

2、加快科技进步，建立绿色经济科技基础。一方面要用现代技术改造传统产业，另一方面要注意发展高新技术产业。

3、加强法规建设，强化政策导向。针对建设绿色经济强省制定相关法规和政策，积极引导和扶持。政策方面包括产业政策、技术政策、财政政策、税收政策、价格政策、招商引资政策等。欧洲的大棒加胡萝卜政策值得借鉴，治理污染和保护环境要奖惩结合。

4、加大基础设施力度，加快人口集中和城市化步伐。云南城镇化水平低，人口和城市分散，，城市首位度高，城市经济不发达，城市化动力不足。应坚持5个结合的发展模式，加快基础设施建设和城市化进程。一是城市发展与开发优势资源相结合；二是省会城市的建设与其他中心城市建设相结合；三是城市发展与重大战略工程相结合；四是城市发展与民族地区发展特色经济相结合；五是城市发展与经济发展、环境保护相结合；

5、坚持开发项目与生态环境评价制度。

6、改变农村以木柴作燃料的状况。云南人口80%居住在农村，其中70%的农户以木柴作燃料。以煤代柴限制太多，可发展沼气、小水电、风力发电、太阳能，以此改变大量消耗木柴、破坏森林的生活方式。

周永春教授等认为，建设绿色经济强省和中华生物谷，一要强调集成利用、需求导向、重点突破，尤其要重视集成利用。集成利用就是运用现在已有的成熟技术，不论这些技术来自何方。如阿波罗计划就是利用现有技术的组装即完成了庞大的计划。云南建设绿色经济强省和中华生物谷，不必由自己开发任何所需的技术，关键是注意运用那些成熟技术，与自己特殊资源结合生产出新产品。二要采取“政府引导、企业为主，官、产、学、研、资”相结合的发展模式。“官”就是要有从地方到中央各级政府的积极参与，提供一个良好的发展环境；“资”就是充分利用资本市场，全靠国家投入并不现实。现在中国的金融市场已纷纷表态，支持高技术产业的发展，这是一个非常有利的条件，应积极争取利用。

还有一些代表认为，要抓住中央实施西部大开发战略的有利时机，争取中央支持，树立信心，团结奋斗，努力把建设绿色经济强省和中华生物谷建成我国西部大开发中的示范工程，早日实现，造福人类。

（1999年12月，云南省政府经研中心整理）

第七篇　1999大事记

昆明世界园艺博览园花柱

第七篇　云南经济大事记

省　委　大　事　记

1999 年

1 月

1～4 日

王天玺先后到弥勒县虹溪、竹园、朋普、弥阳镇、弥勒桐油厂、红河卷烟厂、云南高原葡萄酒业有限公司等地进行走访、考察。王天玺在充分肯定弥勒县近几年来的工作，对做好今后的工作提出了要求。他最后强调指出，要在各级干部中抓好“讲学习、讲政治、讲正气”的教育，要用整风精神进行“三讲”教育，保障建设具有中国特色的社会主义事业健康发展。

1998 年 12 月 30 日至 1999 年 1 月 1 日

中共云南省委书记、省政协主席令狐安深入宣威市龙潭乡打乌村，看望受灾群众及小学师生，到宣威来宾煤矿慰问在瓦斯爆炸事故中遇难的职工家属，向他们转达了省委、省政府的亲切问候。31 日，令狐安一行还到解放军驻曲靖某部看望慰问部队。他说，你部不仅是军队建设的楷模，也是地方学习的榜样，要继续加强军民共建，促进地方物质文明和精神文明建设。令狐安还看望了云南云峰化学工业品公司的生产工人，走访了曲靖市的部分离退休老同志。

15 日　中共云南省委召开第 81 次常委会，听取了《政府工作报告》起草情况汇报，并进行了认真讨论。

会议由省委书记令狐安同志主持。会议认为，《政府工作报告》体现了中央有关会议和省委六届七次全会精神，符合云南实际，同意作进一步修改后提交即将召开的全省“两会”审议。

21 日　省委召开出席省九届人大二次会议和省政协八届二次会议的中共党员代表和委员会议，省委书记令狐安在讲话中要求党员代表、委员围绕省委工作重点，认真审议、讨论《政府工作报告》和有关报告，研究解决当前存在的突出问题，履行好职责，确保“两会”成功。

令狐安要求人民代表和政协委员中的共产党员以对党、对人民极端负责的态度，以党的十五大和十五届三中全会精神为指导，按照省委六届七次全会的总体部署，紧密联系云南实际，正确履行好当家作主的民主权利和参政议政职责，充分发扬民主，畅所欲言，各抒己见，通过审议和讨论，集中集体智慧和正确意见，把《政府工作报告》修改得更加完善，使之充分体现全省各族人民的愿望和意志。会议由省委副书记孙淦主持。

26 日　省委、省政协邀请参加“两会”的宗教界人大代表和政协委员举行座谈会。省委书记、省政协主席令狐安，省委副书记王学仁、省政协常务副主席赵淑敏，省政协副主席、省委统战部部长江巴吉才出席座谈会。

王学仁首先在座谈会上讲话。令狐安在会上作重要讲话。他说，今天和大家见面，主要是为了增加了解，增进感情，广交朋友。宗教工作是云南一项非常重要的工作。民族众多、宗教信徒不少是云南的实际。这几年，云南社会的安定团结，及一些不安定事件的及时妥善处理，都有在座的宗教界人士的一份功劳。你们是我们的好朋友，党和政府十分信赖宗教界的人士，希望宗教界人士在依法开展宗教活动中，注意使宗教活动有利于安定团结，有利于经济发展，有利于人民群众的文化进步。并把各级统战部、宗教局当成自己的家，通过正常渠道和他们反映问题，及时化解矛盾。

26日下午　省委在昆明召开全省以“讲学习、讲政治、讲正气”为主要内容的党性党风教育动员电视电话会议。

省委副书记、省委“三讲”教育领导小组副组长孙淦出席会议并讲话，省委常委、省委组织部部长、省委“三讲”教育领导小组副组长黄维彬主持会议。

孙淦最后强调，这次“三讲”教育的主要领导责任在各级党委（党组），党委（党组）一把手是第一责任人。各级党委（党组）必须按照自上而下、一级抓一级、一级带一级、层层抓落实的要求，加强对“三讲”教育工作的领导。哪个地区和单位走了过场，首先要追究党委（党组）书记的责任。

全省和地、州、市也同时开设分会场，收看收听了会议。

28日　省委、省政府召开全省计划生育和环境保护工作座谈会，认真贯彻计划生育和环境保护基本国策，推进我省经济社会可持续发展。

省党政领导令狐安、李嘉廷、王天玺、孙淦、王学仁、尹俊、杨健强、牛绍尧、赵淑敏、王义明、高晓宇、程映萱出席会议。

会议由省委副书记、省长李嘉廷主持。

省委书记令狐安以《做好计划生育和环境保护工作，推进我省经济社会可持续发展》为题作了重要讲话。

省长李嘉廷在讲话中说，我省的计划生育工作大政方针已定，目标已经明确，现在的根本任务是在狠抓责任落实、措施落实、投入落实上下功夫，确保做到“三个到位”。要通过传达贯彻令狐安同志的讲话，力争1999年内使我省计划生育的基层基础工作有一个大的突破大的改变。李嘉廷提出，环境保护工作要坚持防治污染和保护生态并重。

会上，省计生委主任刀爱民、省环保局局长吴晓青分别汇报了全省人口与计划生育工作和环境保护工作的情况。文山壮族苗族自治州、省计委、昆明市、西双版纳傣族自治州的主要负责人作了发言。省直有关部门负责人，各地、州、市党委、政府的主要负责同志参加了会议。

2月

1月23～2月4日　胡锦涛先后访问了马达加斯加、加纳、科特迪瓦和南非4个非洲国家后，于5日上午回到昆明当胡锦涛走下飞机舷梯，省委书记令狐安，省委副书记、省长李嘉廷，省委副书记、省委秘书长王学仁等迎上前去，热烈祝贺他访问非洲4国获得圆满成功。

下午，胡锦涛副主席一行在令狐安、王学仁陪同下兴致勃勃地考察了世博园。胡锦涛考察了各主要场馆，详细询问’99昆明世博会的筹备情况。他希望云南成功地承办好世博会，展现中华民族灿烂的园艺艺术，增进与世界各国的友谊与合作。

陪同胡锦涛副主席出访的中国民航总局局长刘剑锋、外交部副部长吉佩定、中联部副部长马文普、外经贸部副部长孙广相等同机抵昆并考察世博园。胡锦涛副主席一行于2月6日上午离昆飞往北京。

5日上午　中共中央政治局常委、国家副主席胡锦涛圆满结束了对非洲四国的访问，乘专机回国抵达昆明。

5日　中共中央政治局常委、国务院副总理、世博会组委会主任李岚清出席了在昆明召开的’99昆明世界园艺博览会第四次会议。他在会上强调，办好世博会，对弘扬我国历史悠久、博大精深的园林园艺文化，展示中国改革开放以来所取得的巨大成就，树立中国政府重视生态和自然环境保护的良好国际形象，推动实施可持续发展战略和促进经济社会发展，促进国际交流与合作都具有十分重要的意义。云南省和中央有关部委及各省、自治区、直辖市要发扬伟大的抗洪精神，再接再厉，精益求精，高质量、高标准完成各项筹办工作，确保世博会圆满成功。

李岚清最后指出，1999年欣逢中华人民共和国建国50周年大庆和澳门回归祖国，世博会在我国的成功举办将为中华民族满怀信心迈向21世纪注入活力。他希望国家有关部门和全国各地都要大力支持，齐心协力，一定要把’99世博会办出世界一流水平，办出中国特色。

国务院副秘书长、世博会组委会副主任徐荣凯主持世博会组委会第四次会议。

在会议上，中共云南省委书记令狐安致词。他代表中共云南省委、省人大常委会、省政府、省政协及云南各族干部群众，对李岚清副总理及前来参加会议的全体同志表示热忱欢迎；对中央有关部门及各兄弟省区市为办好世博会所作出的积极贡献表示深切的谢意。

世博会组委会副主任、云南省省长李嘉廷作了关于世博会筹备工作进展情况和下一步筹备工作打算的汇报。世博会组委会秘书长、云南省副省长邵琪伟作了关于世博会会期主要活动方案的汇报。

王天玺、孙淦、王学仁、尹俊、赵淑敏等云南省党政军领导出席会议。

在昆明期间，李岚清还看望了云南洗衣机厂的下岗职工家庭。还主持召开了高等职业教育和素质教育工作座谈会。

国务院有关部门负责人和云南省委、省政府及昆明市委、市政府负责人参加了组委会第四次会议并陪同考察。

8日　省委书记令狐安到昆明冶炼厂、昆钢看望职工。他听完汇报后，对总公司和厂领导说："冶炼厂提出的'解放思想，全员自救'八个字提得好，精神可嘉。新领导班子在企业极度困难的条件下，尽了最大努力，使多数下岗职工得到分流安置，实在难得"。他勉励新领导班子再接再厉，做好企业自救和下岗再就业工作，确保离退休人员的养老金发放，确保下岗职工的基本生活保障。

离开昆明冶炼厂，令狐安一行又来到昆明钢铁总公司。18时50分，在6号高炉中央控制室，令狐安详细询问了点火生产情况。在钢花迸溅的昆钢6号高炉前，令狐安与一个多月坚守岗位不回家的炉前工们一一握手，向大家问好。在连铸车间，令狐安迎着扑面而来的热浪与一线工人亲切交谈，把春天的问候带给他们。

8～9日　是大年初四、初五，省委副书记王学仁来到昆明市远郊的小哨畜牧业基地，代表省委、省政府看望慰问春节期间坚守岗位的省畜牧系统的科研人员和干部职工。王学仁提出，加快全省畜牧业的发展是今年确保农民增收的重中之重的项目，要以扩大开放和科技兴畜为先导，大力发展畜牧业，确保农民增收。

看望慰问中，王学仁深入到基地的草山、牛场、羊圈、实验室，与干部职工拉家常，详细询问了科研生产情况，广泛征求了加快全省畜牧业发展的意见和建设，传达了省委书记令狐安关于"潜力在山，希望在畜，远抓林果，近抓畜牧"的农村工作的指导方针。王学仁要求小哨基地一定要在加快实现我省畜牧业现代化的进程中继续发挥好骨干带头作用，为实现农业增产农民增收再作新贡献。

王学仁还对今年全省加快发展畜牧业工作提出了要求。

9～10日　省委副书记王学仁到泸西县调研并检查指导工作。

泸西是王学仁的挂钩扶贫点。1996年以来，他多次深入这个县，和县委、县政府干部一起研究摆脱贫困的规划、项目和措施，并提出了"一年一个样，两年大变样，三年甩贫帽，五年奔小康"的要求。在各级的关怀和全县干部群众的艰苦努力下，泸西县1998年已通过省委、省政府的验收，提前宣布脱贫。

在调研中，王学仁对泸西县扶贫攻坚以来出现的变化感到很高兴，对县委、县政府的工作给予了充分的肯定。并对下一步的工作提出了要求。

11日上午　省委书记令狐安到人民日报驻云南记者站、新华社云南分社、中央人民广播电台驻云南记者站、经济日报驻云南记者站，以及云南日报社，看望大家，并与他们座谈或交谈。

令狐安在看望云南日报社干部职工时，对云南日报社的总体工作给以充分肯定，并就云南日报发展报业集团过程中需要注意的问题加以提醒。他还要求，云南各新闻单位在新的一年里，在大事多喜事多、工作任务重的情况下，一定要高举邓小平理论伟大旗帜，唱响主旋律，打好主动仗，高质量完成宣传报道任务。

11日下午　省委书记令狐安来到省委办公厅信访处，看望辛勤工作在信访岗位上的同志们，并作了重要讲话。

令狐安最后强调，各级党委、政府要进一步重视和加强信访工作，控制群众集体上访。对信访中反映的农村基层干部挪用征地款、城市房屋拆迁及集资、国有企业下岗职工安置及困难企业职工生活保障、离退休人员养老金发放、以及干部贪污腐败、以权谋私、违法违纪等问题，各有关部门必须高度重视，制定行之有效的办法妥善处理。

11日下午　省委书记、省政协主席令狐安，省委副书记王学仁等领导，亲切看望武警云南总队二支队二中队官兵，向他们表示节日的慰问。

令狐安在视察了中队建设后，对中队官兵长期以来为省委机关警卫工作做出的突出贡献予以充分肯定。他还与战士亲切交谈，询问了他们的工作、学习、生活情况，勉励大家以马列主义、毛泽东思想、邓小平理论武装头脑，苦练本领，做新时期的“四有”革命军人。

12 日晚 8 时　省委副书记王天玺一行在张金康、李映德等州市领导陪同下，先后突击检查了大理市泰安路韵佳音像店、大理白族自治州中唱音像公司门市、新世纪影视中心放映厅、人民路影视娱乐城、建设路下关购书中心等文化经营场所。王天玺在肯定大理市工作后指出，当前在建设民族文化大省实践中尤其要重视繁荣和管好文化市场。繁荣文化市场首先要发展文化产业，培育新的经济增长点。其次要千方百计给人民大众提供好书、好报、好电影、好电视、好戏剧，特别是春节期间要把一大批健康向上的文化产品献给人民群众；要开展健康有序的群众文化活动。树立一种崇高的理想，陶冶高尚的情操，凝聚人心，振奋精神，把有中国特色社会主义事业顺利推向前进。王天玺对管好文化市场工作提出了具体意见。

15 日　是农历戊寅年除夕。中共云南省委书记令狐安一行轻车简从，风尘仆仆地赶到宁蒗彝族自治县烂泥箐乡，慰问 1998 年连续遭受强烈地震破坏的灾区群众，给他们带去全省各族人民的新春问候，并到县城城关派出所慰问了节日的坚守岗位的公安干警。

在烂泥箐乡，令狐安慰问了牦牛坪行政村前进自然村、烂泥箐行政村胜利自然村阿都姆戛等 8 户困难农民，详细了解他们的粮食生产和经济收入情况、生产生活困难、子女受教育情况等。在乡政府所在地，令狐安还查看了乡办公楼和民族中学震灾破坏情况以及恢复重建情况，看望了部分教师。他要求乡党委、乡政府切实落实救灾方案，管好用好救灾资金，科学规划，抓好重建，通过加大坡地改梯、科技普及，投入和打好扶贫攻坚战。

晚上零时以后，令狐安一行来到城关派出所，向广大公安干警表示节日慰问，并希望他们全力维护社会治安，让人民群众过一个祥和和欢乐的节日。

当地干部群众纷纷表示，决不辜负党和政府的关怀，艰苦奋斗，重建家园。

23 日　省委副书记王天玺到世博园考察试运行工作。

王天玺在检查工作和听取世博园试运行情况介绍时说，游客多是个好势头，说明群众关心世博会。这次进园所见所闻使我感到很高兴，世博园已成为云南省特别是昆明市的一个永久性游览区，好多精品可以永久性地保留。

检查结束后，王天玺提出了 5 点要求：认真总结试运行的经验，寻找不足，确保正式开幕期间万无一失；努力做好园内在建工程的收尾工作，切实做到井然有序、精心布展，园林小品要有品位，让中外游人觉得不虚此行；要进一步加大宣传力度，开幕式前宣传要达到最高热点，以便让更多的人了解世博会；要做好民族文化展演工作，把云南多姿多彩的民族风情形象地展示在世人面前；要及早考虑会后展馆的利用和整个园区的经营管理工作。

24 日　省委在昆召开第 84 次常委会，讨论研究了我省“两烟”工作。省委书记令狐安主持会议。会议认为，1999 年我省“两烟”工作要很好地总结上年的成功经验，坚定信心，抓住机遇，改进质量，加强科研，重视管理，推进改革，扩大开放，再创云南“两烟”的新辉煌。

针对我省“两烟”面临的形势，令狐安强调指出，“两烟”是云南经济的支柱，要客观分析和认真研究云南烟草在国际国内市场的现状，深入调查研究，加强宏观指导，及时调整改进营销策略，稳定质量，抓住机遇，以更加灵活的方式开拓国内外市场。要加大我省企业内部组织结构的改革力度，省内烟草企业要积极联合，不断发展壮大，进而向外发展。要进一步搞好多种经营，解决企业管理不善、投资项目分散、效益不佳的问题。要在清理整顿的基础上，加强监督和管理，建立科学民主的投资机制，避免盲目投资和重复建设。产业结构调整要与我省的高新技术产业有机地结合起来。要进一步加强企业党的建设和党风廉政建设，建立健全企业内外部的监督机制，促进云南烟草的持续、稳定、健康发展。

3 月

4 日下午、8 日凌晨　丽江玉龙雪山东南部甘海子与玉湖行政村之间和玉龙雪山北部的大具乡培良行政村先后发生森林火灾，严重威胁着玉龙雪山国家级风景名胜区、省级自然保护区及旅游开发区的森林景观和投资数亿元的旅游设施的安全。在当地党委、政府组织领导下，军警民团结拼搏，连续奋战，分别于3月6日和10日扑灭了两起森林大火，同时抽调260多人贸守两个火场，昼夜巡视，严密监控，防止死火复燃。

11日 王学仁到玉龙雪山东南部火场和北部火场实地调查，看望留守人员。王学仁还亲切看望和慰问了为扑灭玉龙雪山“3·4”森林火灾而英勇献身的和卫东、张文华、和忠3位同志的亲属。

11～12日 正在北京出席九届全国人大二次会议的省委副书记王学仁专程赶赴丽江，传达贯彻落实国务院副总理温家宝对玉龙雪山森林火灾所作的重要指示精神，看望参与扑灭火灾的森警官兵，检查两次扑灭玉龙雪山森林火灾情况，与当地干部群众一起研究防范措施，并就下一步的森林防火工作提出了具体要求。

18日 中共云南省委召开第85次常委会议，传达全国“两会”及中央人口资源环境工作会议精神，研究贯彻落实意见，会议还听取了我省当前森林防火工作情况汇报。会议提出，要以“两会”精神进一步统一干部群众的思想，坚定信心，抓住工作重点，深入调查研究，促进1999年各项任务的落实。省委书记令狐安主持了会议。

常委会听取“两会”主要精神传达后认为，九届全国人大二次会议全面部署了1999年的工作，分析了改革、发展、稳定面临的形势和任务；修改了宪法，把党的十五大精神通过法定程序变成国家意志，这对于建设富强、民主、文明的社会主义现代化国家具有重要而深远的意义。各级党委、人大、政府、政协要认真传达学习会议精神，并以多种形式把会议精神传达到干部群众中去，以此统一思想，坚定做好1999年各项工作的信心。

在听取中央人口资源环境工作座谈会精神传达后，省委常委会讨论认为，我们要坚决贯彻落实会议精神，促进我省经济和社会的可持续发展。

省委常委会听取了当前森防火工作情况汇报，赞同省政府采取超常规措施搞好当前的森林防火工作。

20～21日 省委书记令狐安在考察昆明市容市貌和世博园时强调，必须抓紧时机，再接再厉，巩固成绩，强化管理，并搞好长远规划，使昆明市的软硬环境建设走在全国前列。

令狐安先后考察昆明市盘龙江绿化带、小菜园立交桥、第三污水处理厂、大观公园、翠湖公园、金马碧鸡坊、滇池草海和世博园。省委常委、昆明市委书记杨健强，省委常委、省委政法委书记秦光荣以及省委办公厅、省公安厅、省园艺博览局和昆明市的负责同志参加了考察。

22～29日 中共中央政治局常委、全国政协主席李瑞环在省委书记、省政协主席令狐安和省委副书记、省长李嘉廷陪同下，先后考察了丽江、德宏、西双版纳、昆明、玉溪5个地、州、市。他深入农村、企业、边防口岸和科研单位，考察了我省工农业、边贸、旅游、城市建设、环境保护和世博会筹备工作，亲切看望干部职工、少数民族农户、科技人员和边防武警官兵。他还看望了云南省政协和民主党派、工商联的同志，对进一步做好政协工作提出了殷切希望。3月28日下午，李瑞环在昆明听取了省委、省政府的工作汇报。在考察中，他分别就我省改革开放、边境贸易、产业发展、民族宗教、生态保护、城市建设等工作作了很多重要指示。

全国政协秘书长郑万通，天津市政府原顾问方放，全国政协副秘书长张国祥、李昌鉴等随同考察并参加了28日的汇报会。

省党政领导令狐安、李嘉廷、王天玺、孙淦、王学仁、尹俊，在昆的省委常委、省人大常委会副主任、副省长、省政协副主席，全国政协常委和志强以及省、昆明市有关部门负责同志参加了28日的汇报会。

29日上午 中共云南省委召开第86次常委会议，传达全国“三讲”教育工作会议精神，总结我省“三讲”教育工作试点经验，研究贯彻落实意见。会议提出，要继续抓好“三讲”教育工作试点，认真做好全省面上“三讲”教育的准备工作。省委书记令狐安主持会议。

会议认为，中央召开的全国“三讲”教育工作会议精神十分重要，各级党委要结合云南实际，认真传达学习和贯彻落实。

省委常委会对我省“三讲”教育试点工作给

予了充分肯定。

30日 省委书记令狐安考察了昆明市五华、盘龙、官渡、西山4区的城建工作，实地了解翠湖和盘龙江两岸、米轨绿化带等地的建设情况，考察了市新闻中心、市青少年活动中心和市公安局110指挥中心。令狐安在听取昆明城市建设和市容市貌整治情况汇报后，对昆明市有关世博会的筹备工作给予了充分肯定。

令狐安在传达了李瑞环同志关于城建工作的重要指示后强调，要环境滇池，立足百年，搞好昆明的总体规划。

省委常委、昆明市委书记杨健强以及邹纲仁、张成寅等领导参加了考察。

4月

18～20日 省委书记、省政协主席令狐安和副省长黄炳生到楚雄彝族自治州检查抗旱备耕和结构调整工作。他们强调，要围绕市场调整农村产业结构，抓好抗旱春耕备耕，确保粮食稳定，农民增收，财政增长。

令狐安、黄炳生一行先后到了楚雄市、牟定县和姚安县的东华镇、子午镇、新甸乡等地，深入到田间地头，检查水稻旱育秧、抛秧栽种和烤烟栽种情况，了解旱情和春耕备耕情况；实地查看了龙川江河道改造、牟定中屯水库和姚安下口坝水库蓄水、牟定飒马场坡改梯等小流域治理情况；还考察了姚安县妇联办的乌骨鸡养殖场和畜牧局仔猪养殖基地。

在听取楚雄州委、州政府的工作汇报后，令狐安要求，当前全省旱情严重，又是春耕备耕的关键时候，全省各级党委和政府要抓住农时，全民动员，抓好抗旱和春耕备耕工作。

令狐安还看望了楚雄州政协干部职工，就如何搞好政协职能的制度化、规范化建设提出了建议。

27日 中共云南省委召开第88次常委（扩大）会议，传达学习江泽民总书记4月22日在4省市国有企业改革和发展座谈会上的重要讲话，研究我省的贯彻意见。会议提出，搞好国有企业改革脱困是1999年经济工作的重中之重，各地和各有关部门要统一认识，树立信心，卓有成效地推动国企改革的深化发展。

省委书记令狐安主持会议，并传达了近日在成都召开的4省市国企改革和发展座谈会上江总书记的讲话。

会议决定，建立省级领导联系脱困企业制度，省委、省政府领导和省人大常委会、省政协、省纪委领导分别联系一批国家级和省级重点脱困企业；企业所在地州市党政主要领导、分管领导或企业主管厅局主要领导配合省领导组织好实施工作，争取经过今明两年努力，完成重点企业脱困任务。

省委常委会还听取了全国军转干部安置工作会议精神及我省贯彻意见的汇报，要求各级党委和政府要高度重视，及时协调解决军转安置工作中出现的问题，把军队转业干部安置好和使用好。

会议还听取了我省举行建国50周年庆祝活动筹备工作的汇报，要求按照隆重热烈、规模适度、注重效果、注意节俭的原则搞好各项国庆活动。

30日下午 国家主席江泽民在昆明会见了前来出席'99昆明世界园艺博览会开幕式外国贵宾。江主席会见了柬埔寨国王诺罗敦·西哈努克和王后莫尼列。双方在十分亲切友好的气氛中进行了愉快的交谈。

西哈努克国王对江主席热情邀请他和王后出席世博会开幕式表示衷心感谢。

西哈努克国王邀请江泽民主席在方便的时候对柬埔寨王国进行国事访问，江泽民愉快地接受了邀请。

中共中央政治局候补委员、书记处书记曾庆红，外交部长唐家璇，以及西哈努克国王的女儿、文化大臣帕花黛维和王宫大臣贡桑奥等参加了会见。

同时，江主席还会见泰国总理川·立派，参加会见的有：中共中央政治局候补委员、书记处书记曾庆红，外交部部长唐家璇，以及川·立派的主要随行人员。

在中国'99昆明世界园艺博览会欢迎宴会开始前，江主席礼节性会见了前来参加世博会的外国贵宾。

国务院副总理、世博会组委会主任李岚清陪同会见。

江泽民主席会见的贵宾有：国际展览局主席菲利普森和夫人、国际园艺生产者协会主席柯什，以及应邀参加开幕式系列活动的外国部长和参展国部长级代表。

30日晚 国家主席江泽民出席开幕式，并宣布中国'99昆明世界园艺博览会开幕。

柬埔寨国王西哈努克和王后，以色列总统魏茨曼和夫人，津巴布韦总统穆加贝，吉布提总理哈马杜，泰国总理川·立派，国务院副总理、世博会中国组委会主任李岚清和夫人章素贞出度开幕式。

开幕式由世博会组委会副主任、云南省省长李嘉廷主持。在庄严的中华人民共和国国歌声中举行了升国旗仪式。接着，伴随中国'99昆明世界园世博览会会歌，升起了国际展览局局旗帜和国际园艺生产者协会会旗。

李岚清在开幕式上发表了热情洋溢的致词。他说，今天，在四季如春、繁花似锦的“春城”——昆明迎来了中国'99昆明世界园艺博览会。这是一次由95个国家和国际组织参加的国际园艺博览盛会。在此，我谨代表中国政府、中国人民，向来自世界各个国家、地区和国际组织的朋友们表示热烈的欢迎！

李岚清说，在即将迈入21世纪的今天，历史赋予了我们神圣的使命。人类只有一个地球。尊重自然，就是尊重人类自身；保护生态，就是保护我们赖以生存的家园。为了我们自己，以及我们的子孙后代生活得更好，为了把我们共同的家园建设得更美，我们呼唤和平相处，呼唤人与自然携手共进，呼唤在重视发展的同时，重视环境保护，实现新的世纪的可持续发展。这就是本届博览会举办的宗旨，也是中国政府所致力的目标。他说，这次博览会多姿多彩的园林园艺将向世界展现“人与自然”和谐相处的优美画卷。我相信，博鉴会的举办将进一步促进世界各国人民的相互了解，增进友谊与合作，谱写人类“尊重自然、保护生态”新的篇章。

江泽民、李岚清与出席开幕式的外国国家元首、政府首脑兴致勃勃地观看了文艺演出。

中共中央政治局候补委员、书记处书记曾庆红，全国人大常委会副委员长曹志，全国政协副主席钱伟长、丁光训、马万祺、万国权，国际展览局主席菲利科普森和夫人、国际园艺生产者协会主席柯什，香港特别行政区行政长官董建华和夫人，中央军委委员、总参谋长傅全有，云南省委书记令狐安、省长李嘉廷等在参加开幕式后，观看了演出。

5月

1日上午8时 江泽民主席、柬埔寨国王西哈努克和王后、津巴布韦总统穆加贝、吉布提总理哈马杜、泰国总理川·立派，国务院副总理、世博会组委会主任李岚清和夫人章素贞，先后来到世博园。在欢快的迎宾乐曲声中，他们乘电瓶车，沿着花园大道，驶向各展馆和展园。在云南省委书记令狐安、省长李嘉廷等陪同下，江泽民、李岚清与外国贵宾分别参观了室内展馆和室外展区。

10时30分，开园仪式开始举行。世博会组委会副主任、国务院副秘书长徐荣凯主持仪式。他邀请江泽民主席、西哈努克国王、穆加贝总统、哈马杜总理、川·立派总理、李岚清副总理和国际展览局菲利普森主席、国际园艺生产者协会柯什主席、李嘉廷省长，一起为世博园开园剪彩。此时，一万余只和平鸽和数千只彩色气球腾空而起，世博园世纪广场一片沸腾。随后，参加剪彩的中外领导人和夫人来到世纪广场附近的常青园，挥锹铲土，种植纪念树。

中共中央政治局候补委员、书记处书记曾庆红，全国人大常委会副委员长曹志，全国政协副主席钱伟长、丁光训、马万祺、万国权、香港特别行政区行政长官董建华和夫人，中央军委委员、总参谋长傅全有等出席了开园仪式。

1日晚 正在昆明出席中国'99昆明世界园艺博览会开幕式系列活动的中共中央总书记、国家主席、中央军委主席江泽民来到昆明青少年活动中心，同云南26个民族的工人代表和劳动模范一起出席联欢晚会，共庆“五一”国际劳动节。

出席联欢会的领导同志还有中共中央政治局常委、国务院副总理李岚清，中共中央政治局候补委员、书记处书记曾庆红，全国人大常委会副委员长曹志，全国政协副主席万国权等。

晚会结束后，江泽民等走上舞台与参加演出的职工和演员亲切握手，祝贺演出成功并与他们合影留念。

有关方面负责人傅全有、王刚、张志坚和云南省领导同志令狐安、李嘉廷、尹俊等也一同观看了演出。

5月初 江泽民总书记在出席中国'99昆明

世界园艺博览会开幕式并考察云南工作期间，亲笔题写了我省党建三句话：“领导当楷模，机关作表率，基层树形象”。

4月28～5月3日 中共中央总书记、国家主席、中央军委主席江泽民，在专程前往云南出席中国'99昆明世界园艺博览会开幕式活动期间，对云南进行了考察。

中共中央政治局候补委员、书记处书记、中央组织部部长曾庆红等随同总书记考察。云南省委书记令狐安、省长李嘉廷、成都军区政委张志坚陪同考察。

考察期间，江泽民多次看望当地驻军的指战员。他指出，云南地处祖国西南边陲，边防线长，战略地位十分重要，部队的任务很繁重。他希望指战员们认清形势，牢记职责，始终保持部队的高度稳定和集中统一，用实际行动为国家经济建设和国防建设作出更大贡献。江泽民所到之处，还会见了当地党政领导和公安干警、武警官兵的代表。

随同江泽民考察的还有中央军委委员、总参谋长傅全有，中央有关部门负责同志王刚、由喜贵、王沪宁、贾廷安等。

4日 省委召开第90次常委（扩大）会议，传达学习江泽民总书记和其他中央领导同志考察云南时的重要指示，讨论贯彻落实意见。

江泽民总书记和李岚清、曾庆红等中央领导4月28～5月3日在专程赴云南出席中国'99昆明世界园艺博览会开幕式活动期间，对我省进行了考察，江总书记就民族工作、军队工作，世博会开幕和开园式的成功，关于边疆、民族地区政策问题，关于领导干部要增强政治敏税性等问题作了重要指示。李岚清就世博会安全保卫、治理滇池、科研体制改革、发展特色经济等问题作重要指示。曾庆红就做好组织工作谈了重要意见。江泽民总书记还为中共云南省委题了词。

省委常委会在学习讨论时认为，中央领导同志的重要指示对云南当前工作和今后的发展具有直接的、重要的指导意义，我们一定要认真学习，深刻领会，贯彻落实。

6日上午 省委书记令狐安听取我省党风巡视工作汇报时指出，要继续坚持完善党风廉政建设巡视制度，为进一步推动我省廉政勤政，反腐倡廉打下坚实基础。4月上旬，我省派出5个巡视组，分别赴楚雄彝族自治州、大理白族自治州、思茅地区和省安全厅、水利水电厅，进行为期20天的党风廉政建设巡视工作，目前，这一阶段的工作已经结束。从巡视的情况看，巡视组所到的地州厅局在贯彻落实中央的“八项规定”、省委的“五不准”和省政府的“五要五不要”是做得较好的，领导干部廉洁自律情况总体上也是好的。但一些地方和部门在贯彻执行有关规定上，仍存在措施不力，制度不健全和违规反弹现象。

令狐安在听取汇报后，对巡视组的工作给予了充分肯定。

他最后强调，要把党风廉政建设巡视制度和干部“三讲”教育，领导班子民主生活会结合起来，使之得到进一步的贯彻落实。

7日 省委书记令狐安冒雨察看世博园，就有关方面的问题调查研究，提出要完善服务，加强管理，改进宣传，把世博园的运行管理作为一个经济项目来研究。

令狐安兴致勃勃地参观了以色列、法国、荷兰等国的室外展园和国际馆内的部分展厅，每到一处都与展园、展厅负责人和工作人员亲切交谈，详细询问有关方面的情况，就进一步吸引游客、完善世博园管理运行机制、提高营运的社会效益和经济效益等问题征询意见和建议。

令狐这在国际馆前接受了记者采访。

同日 省委书记、省政协主席令狐安到云南英茂花卉产业有限公司考察。他强调，花卉产业潜力巨大，关键是要以市场为先导，引进先进技术，改革投资体制，灵活经营机制，才能加快发展步伐。省委、省政府有关负责人随同进行了考察。

14日 中共云南省委召开省级党员领导干部会议，学习江泽民总书记针对北约袭击我驻南使馆暴行的重要讲话。与会同志表示，要坚定不移地同以江泽民同志为核心的党中央保持高度一致，坚决拥护我国政府的严正立场，化义愤为动力，把我们的各项事业推向前进。

省委书记令狐安主持会议并讲了话。

与会同志在学习讨论中认为，江泽同志在欢迎我国驻南联盟工作人员大会上的重要讲话，表明了我国政府和人民的严正立场。我们要认真学习贯彻这一重要讲话精神，把对美国霸权主义的愤慨和对死难烈士的深切悼念转化为捍卫主权、建设祖国振兴中华的强大力量。

5 月中旬　省委副书记王天玺考察了昆明市官渡区羊甫头古滇青铜文化考古发掘工地，指示要进一步发掘利用好丰富的云南民族文化资源，努力弘扬民族优秀文化，振奋民族精神，促进云南民族文化大省建设。

王天玺在省文化厅负责人及有关文物专家的陪同下，深入羊甫头考古发掘现场工地，仔细了解了考古发掘的经过、收获成果、工作安排及经费等情况，随后来到省考古研究所，一一参观欣赏了从羊甫头已发掘出的数千件古滇青铜文物精品。王天玺赞扬出土文物工艺精湛、造型精美，充分说明云南古代文化底蕴十分丰厚、内涵独特，达到相当高的水平，显示了云南各民族先民高度的创造力和智慧。他强调要对古滇文化、云南民族文物进行认真深入的研究，使其很好地展示出来，在保护好的同时很好地开发利用，让它在世界文明中占有自己的应有地位，为云南民族文化大省建设增光添彩。

17 日上午　中共云南省委在昆明人民胜利堂召开地厅级党员领导干部会议，传达江泽民总书记的重要讲话精神和省委的贯彻意见。

省委书记令狐安出席会议并作传达，省委副书记王天玺主持会议。令狐安在传达后，对我省学习贯彻工作作了部署。他强调，当前要组织好广大干部学习江泽民同志的讲话，引导好爱国主义教育活动走向深入；要办好世博会，做好本职工作和搞好发扬“世博精神”，全力抓好当前各项工作，坚定不移地推进改革开放，继续加强与各国的友好往来和合作；自觉维护全省安定团结的大好局面，领导要以高度的政治责任感和强烈的责任心，切实抓好各项工作。

省直机关、各人民团体、各大型企业的地厅级党员领导干部和武警驻滇部队领导参加了会议。

16～19 日　国务院副总理钱其琛在中共云南省委副书记、省长李嘉廷的陪同下，先后到丽江和昆明进行考察。在中国历史文化名城丽江，钱其琛登上云杉坪，深入文荣村，查看大研古城，考察了被称誉为丽江文化“大观园”的木府，参观了东巴文化博物馆。在昆明，他先后考察了滇池之畔的云南民族村、世界罕见的喀斯特地貌景观石林、昆明世博园等著名景区景点以及“七彩云南”，并听取了情况汇报。钱其琛充分肯定了云南发展旅游业的成果和经验，对旅游资源十分丰富的云南将旅游业确定为支柱产业进行重点发展表示赞赏。

在实地察看世博园和听取有关情况汇报后，钱其琛高度评价了昆明世博会的筹办工作及其深远影响。

钱其琛说，我国旅游业正显示着良好的机遇和前景，中央已把旅游业确定为新的增长点之一，这是各地发展旅游业的共同机遇。旅游业发展的大环境是很好的，各地要抓住机遇，加快发展旅游产业。钱其琛要求，在发展旅游产业中，各地要重视行业管理，提高服务质量。要用发展的眼光对国内旅游的需求特点和趋势进行预测，对产品体系、接待体系、促销体系进行规划和建设。

6 月

3、7 日　省委副书记孙淦深入到云南无线电厂、云南电子管厂，就困难企业的脱困工作进行考察，详细了解这两个困难企业的生产经营和职工生活情况，分别与企业领导班子研究脱困的初步方案。

孙淦强调，我们既要对脱困充满信心，又要看到脱困工作的艰巨性。要脱困要发展，最根本的还需要企业自身的努力，依靠广大干部职工齐心协力，奋发进取。这样，就能逐步走出困境。

11、14 日　省委副书记王学仁率省、市有关部门的领导分别来到昆明市肉联厂和云南模具三厂，就如何实现 3 年脱困目标的问题进行专题调查研究。他深入车间察看生产情况，同正在坚守岗位的工人亲切交谈，询问他们的生产生活情况。王学仁在听取厂领导班子关于企业脱困方案的情况汇报后，就企业解困提出了五个方面的意见。

15～16 日　省委副书记王学仁带领省烟草公司、省财政厅等有关部门领导到曲靖市考察农业和农村工作。

在考察中，王学仁对曲靖市的经济发展和今年头 5 个月的经济工作作了充分肯定后指出，目前，我们的经济发展面临许多新情况、新问题，原来的优势产业有的已不十分景气，有的优势产品出现了生产过剩的情况。各级党委、政府要把握新情况，研究新对策，确保国民经济有新的发展。

王学仁还对扶贫攻坚、小额信贷等方面的工作提出了要求。

7 月

5 日　省委召开第 98 次常委会，研究我省省级领导班子和领导干部“三讲”教育实施方案。按照中央部署和要求，我省省级领导班子和领导干部的“三讲”教育，自 1999 年 7 月上旬开始，到 9 月中旬结束。

会议认真传达学习了江泽民同志在纪念中国共产党成立 78 周年座谈会上的重要讲话和全国第二次“三讲”教育工作会议精神。

省级领导班子“三讲”教育的主要对象是：省委、省人大常委会、省政府、省政协领导班子，省委常委和省人大、省政府、省政协党员领导干部。省委常委会讨论并原则通过的“三讲”教育实施方案要求，这次“三讲”教育，要以邓小平理论和党的十五大精神为指导，以讲政治为核心，以提高领导班子的领导水平、执政水平的拒腐防变能力为突破口，以促进我省的改革、发展和稳定为根本目的，紧密联系省级领导班子、领导干部的思想和工作实际，结合我省开展的“领导当楷模、机关作表率、基层树形象”主题活动，以整风精神，推动领导班子和领导干部深入学习邓小平理论和党的十五大精神，加强党性修养，端正思想作风，提高思想政治素质，全面推进我省的改革开放、经济建设和社会各项事业的发展。

7 日　省委副书记孙淦就如何贯彻落实《中共中央关于进一步加强政法干部队伍建设的决定》，进一步加强我省的政法干部队伍建设等问题到昆明市进行了专题调研。他指出，全省政法系统要把学习贯彻《决定》精神作为 1999 年下半年的一项重要工作抓紧、抓好、抓落实，全面提高政法干部队伍素质。

10 日　应省委书记令狐安的邀请，独龙江乡村干部学习考察团一行 18 人，在赴昆明、玉溪、思茅、西双版纳等地学习考察 12 天后，在昆举行座谈会。省委副书记王学仁、副省长李汉柏代表省委、省政府到会看望独龙族同胞并讲话。

座谈会上，王学仁说，这次组团学习参观，是省委、省政府对独龙江乡干部群众的关心，是对独龙江经济社会发展和人民生活改善的高度重视。

李汉柏希望独龙江乡村干部把学习考察成果转化为加快独龙江发展的行动，并要求省民委继续重视帮助和支持独龙江的发展。

学习考察团的独龙族同胞大多数是第一次走出独龙江。他们受到各地党委、政府及各族人民热烈欢迎和关爱。他们表示，回到独龙江后，要积极带领乡亲们自力更生，艰苦奋斗，在党和政府的帮助和支持下，进一步加快发展步伐。

11 日下午　省委召开第 114 次常委会议，讨论省委常委关于“三讲”教育整改措施的初步意见。省委书记令狐安主持会议。

会议认为，在这次“三讲教育中，省委常委广泛听取了干部、群众的意见，并联系常委班子和个人思想工作实际，通过批评与自我批评，剖析了所存在的突出问题，根据中央关于“三讲”教育的整改要求，省委常委的整改原则是：着眼当前，立足长远，近期与中长期的整改措施相结合，既要及时解决当前全省广大干部群众普遍关注和反映强烈的问题，又要进一步明确云南长远的经济社会发展思路和重要举措；解决共性和个性问题相结合，准确把握常委班子与个人存在的突出问题之间的内在联系，从解决个人问题入手，着眼于班子的建设，力争做到二者兼顾；常委研究和广纳群言相结合，在省委常委集中专题研究的同时，广泛听取干部群众意见，进一步补充、完善整改意见。针对“三讲”教育前三个阶段中查摆出来的主要问题，省委将准备着重从 6 个方面进行整改。

会议还听取了关于全国技术创新大会精神及我省贯彻落实工作建议的汇报，决定近期组织一次在昆的企业、科研院所、高等院校、高新技术开发区及党政机关负责同志参加的报告大会，及时传达贯彻会议精神，并决定在 1999 年 12 月下旬或 2000 年第一季度，以省委、省政府的名义召开云南省科技创新大会，进一步贯彻落实全国技术创新大会的精神。

14 日上午　省委召开副省级以上部分老同志座谈会，认真听取了老同志对省级领导班子和领导干部的意见和建议。

省委书记令狐安主持了座谈会。中央巡视组

组长张汉夫，省委副书记王天玺、孙淦、王学仁和省委常委、组织部部长黄维护彬出席了座谈会。

座谈会开始时，令狐安同志说，中央决定在全国县级以上党政领导班子和领导干部中，以整风精神深入开展“三讲”教育，解决好党性党风方面存在的突出问题，是我们党为加强自身建设而进行一个新的创造性的探索。令狐安说，今天请大家来座谈，是我们充分发扬党内民主、坚持群众路线，以整风精神开门搞“三讲”教育的一个具体内容。希望大家就省级领导班子和领导干部中存在的党性党风方面的突出问题，以及工作中存在的其他问题提出批评和意见，我们一定根据大家提出的意见，认真对照剖析认真整改，把省级领导和全省的“三讲”教育工作搞好。

出席会议的老同志在民主、宽松的气氛中，畅所欲言、各抒己见，分别就党性党风问题、工作作风问题、民主集中制问题、干部使用教育和管理问题以及经济建设与发展问题，坦城地发表了意见的和建设。

参加座谈会的老同志有：刘明辉、梁家、刘树生、李桂英、陈盛年、党向民、朱奎、颜义泉、杨一堂、邵风、余活力、马文东、王捷三、李树基、保永康、赵廷光。

14日下午 省委在昆召开座谈会，认真听取民主党派和部分党外知名人士对省级领导班子和领导干部的意见和建议。

座谈会由省委书记令狐安主持。中央巡视组组长张汉夫，省委副书记王天玺、孙淦、王学仁和省委常委、组织部部长长黄维彬，省政协副主席、省委统战部部长江巴吉才出席了座谈会。

座谈会开始时，令狐安同志首先向与会者简要介绍了省级领导班子和领导干部开展“三讲”教育的进展情况。他说，根据中央和省委的部署，省级领导班子和领导干部的“三讲”教育自7月9日开始以来，目前进入到学习阶段。采取多种形式，广泛征求意见，是我们以整风精神开展“三讲”教育的一个重要方式。今天这个座谈会也是征求意见的一种方式。希望大家按照“长期共存、互相监督、肝胆相照、荣辱与共”的方针对省级领导班子和领导干部的党性党风方面存在的突出问题提出批评和意见，帮助我们把“三讲”教育搞好。

与会人士围绕领导班子和领导干部党性党风方面存在的突出问题，根据不谈成绩，只提意见，说心里话的要求，分别就领导干部深入基层、深入群众的工作作风，贯彻党的宗教政策、决策的科学化、民主化，加强民族干部的培养教育，进一步充分发挥人大、政协作用和提高领导干部的整体素质等方面的问题，充分地发表了意见。

8个民主党派和工商联的省级负责人，我省4大宗教团体负责人，在昆的无党派知名人士和在昆的党外全国政协常委出席了座谈会并就有关方面问题提出了意见。

22日 中共云南省委、省政府在昆明召开县以上领导干部会议，传达贯彻党中央、国务院召开的省部长经济工作座谈会及省委常委会议精神，安排部署全省下半年的经济工作。会议强调，全省各级党委、政府要认真贯彻党中央、国务院关于经济工作的一系列部署，进一步统一思想，提高认识，加强领导，转变作风，狠抓落实，做好经济工作，确保今年预期目标的顺利实现。

省委书记令狐安在会上作了题为（加强领导，转变作风，狠抓落实》的重要讲话。

省委副书记、省长李嘉廷在会上作了题为《统一思想，振奋精神，千方百计抓好今年的经济工作》的重要讲话。

主持会议的省委副书记王学仁传达了中央有关精神，提出传达贯彻本次会议精神的意见。

8月

12～16日 朱镕基总理在中共云南省委书记令狐安、省长李嘉廷陪同下，先后来到昆明、丽江、大理等地，考察了农业种植、养殖基地和天然林保护工程。他听取了云南省委、省政府的工作汇报，两次与云南省11个地、州的党政负责同志座谈，与他们共商云南进一步发展的大计。

朱镕基指出，近几年来，云南各方面的工作都取得了显著的成绩，城乡面貌发生很大变化，这是云南省委、省政府带领4100多万各族人民共同努力奋斗的结果。他说，现在我国经济进入了一个新阶段，经济结构要进行重大战略性调整，经济体制改革要有新的突破。在这种形势下，各地都必须充分发挥自身优势，适应市场变化，大力调整结构，发展各具特色的经济。云南要真切认识并充分发挥得天独厚的自然资源优势，通过开发多种优势行业，调整结构，更好地促进云南经济的振兴和繁荣。

随同考察的有王春正、马凯、高强、刘坚、王志宝、魏礼群、李克穆、焦焕成、李伟等有关部门负责人。

16日 省委、省政府在昆明会堂召开外省部分驻滇办事处、商会负责人和企业家座谈会，征求对我省扩大对国内开放的意见和建议。

省委书记令狐安出席会议并讲话。他强调，要像抓对外开放一样抓对内开放，云南要以更加开放的姿态面向全国。

座谈会上，与会者就我省仍需进一步修改、完善对内开放的政策，创造良好的招商引资环境，改进各项服务，教育干部群众进一步更新观念，发挥资源优势，开拓省内和东南亚国家市场，引进资金、技术等问题提出了许多意见和建议。

19日 省委召开第109次常委（扩大）会议，传达学习朱镕基总理考察云南的重要讲话精神，讨论贯彻意见。会议提出，狠抓结构调整，着力发挥优势，推动云南经济的跨世纪发展和振兴。

省委书记令狐安主持会议并讲话。

省委常委会讨论认为，朱镕基总理这次到云南考察，对我省的改革与发展作了全面、具体的重要指示。这些指示，从全国和云南发展的大局出发，高屋建瓴，对我省当前工作和长远发展都具有极其重要的指导意义。朱总理的讲话印发后，各地要认真学习传达和落实好讲话精神。

9月

3日 田纪云副委员长在中共云南省委书记令狐安、省委副书记王天玺、省人在常委会主任尹俊的陪同下，冒雨来到世博园参观视察。他兴致勃勃地参观了蔬菜瓜果园、盆景园、药草园、大温室、科技馆等多个景区。田纪云称赞说：世博园气势宏大，有气派，充分显示了我国人民的勤劳和智慧。

谈到世博会的成功举办，田纪云十分动情。他说，世博会的作用不可低估：推动了云南的经济和社会发展；有效地引进资金技术；促进了改革开放，云南与世界各国人民之间的交流与合作迅速发展；迎来了不少世界各国贵宾，扩大了云南的知名度；带动了城镇建设；为保护环境，重视生态发展提供了宝贵的经验。

25日 省委召开第117次常委（扩大）会议，学习传达党的十五届四中全会精神。

会议按照“统一认识、坚定信心、真抓实干、落实责任、尊重实践、分类指导、抓紧当前、着眼长远”的要求，分3个步骤深入贯彻落实党的十五届四中全会精神。会上，省委书记令狐安首先传达了十五届四中全会精神及江泽民总书记的讲话。

我省出席十五届四中全会的中央委员、中央候补委员、省委常委出席了会议，副省级以上党员领导干部及有关部委办厅局领导列席了会议。

25日上午 中共云南省委召开情况通报会，向云南省级民主党派、省工商联和有关人民团体通报中共十五届四中全会精神。

中共云南省委副书记王天玺代表省委出席了通报会。他向省级民主党派、省工商联秘书长以上的领导，有关人民团体的领导，党外副厅级以上的领导，有关宗教团体负责人共40多人，通报了江泽民总书记在中共十五届四中全会期间两个讲话的内容。

中共云南省委统战部部长江巴吉才主持通报会。他希望与会者结合实际认真组织好大家学习中共十五届四中全会决定和江泽民总书记的重要讲话精神。

25日下午 中共云南省委召开副省级以上老干部会议，传达学习党的十五届四中全会精神。

会议由省委书记令狐安主持。省委副书记、省长李嘉廷在会上传达了江泽民总书记在四中全会上的两次重要讲话精神。

令狐安向老干部传达了省委常委会讨论通过的《关于认真传达学习和贯彻落实党的十五届四中全会精神的初步意见》并就我省如何抓住当前的良好机遇，认真解决好国有企业改革和发展中的突出问题向老干部通报了情况。他希望老同志在学习和领会好党的十五届四中全会精神的基础上，对我省国企改革和发展、城乡建设、产业结构调整等方面提出意见和建议。

10月

4～5日 中共中央政治局常委、全国人大常委会委员长李鹏在云南考察工作。他充分肯定了中国'99昆明世博会取得的巨大成绩，要求要善始善终把世博会办好，利用这一良机推进云南的的对外开放。他希望云南抓好学习、贯彻、落实十五届四中全会精神，切实制定好“十五”计划，进一步推进民主法制建设。10月4日下午，李鹏听取了中共云南省委、省人大常委会、省人民政府的工作汇报。汇报会上，李鹏向令狐安、李嘉廷、尹俊等省党政领导仔细询问了云南的经济社会发展情况和人大工作情况，同他们探讨加快中西部发展和人大的立法、监督工作，并作了重要讲话。10月5日清晨，李鹏在令狐安、李嘉廷、尹俊陪同下，兴致勃勃地考察了昆明世博园，并在园内植下一棵金桂树。他称赞世博园繁花似锦，展示了世界园艺水平和中国精美的园林艺术，体现了人与自然的和谐。游园的群众见到委员长，纷纷鼓掌欢迎，李鹏高兴地向大家挥手致意。

全国人大有关单位负责人侯宗宾、陈光毅、范敬宜、乔晓阳、姜云宝、吴文昌等随同李鹏考察。

11日　省委第118次常委会听取了关于地市厅局“三讲”教育进展情况的汇报。汇报会由省委书记令狐安主持，省委常委、组织部长黄维彬作汇报。地州市级领导班子和领导干部的“三讲”教育，拟于11月初省直部门“三讲”教育进入整改阶段后召开动员大会进行部署。

11月

10月28～11月1日　中共中央政治局委员、国务院副总理李岚清在我省考察，对我省进一步搞好民族教育和科研工作提出了殷切希望，对我省城市建设、生态保护、旅游产业、园林园艺等工作作出了重要指示。李岚清在滇期间，出席了中国'99昆明世博会总结表彰大会和闭幕式，并在总结表彰大会上讲了话。

李岚清在中共云南省委书记令狐安、省长李嘉廷的陪同下，先后考察了西双彼纳傣族自治州和昆明市。

国务院副秘书长徐荣凯、教育部部长陈至立、财政部副部长张佑才等随同考察。省委常委、昆明市委书记杨健强等领导先后陪同考察。

3日上午　省委、省政府举行大会，学习人民日报特约评论员文章《“法轮功”就是邪教》，要求各级党组织进一步统一认识，坚定信念，扎实工作，把与邪教“法轮功”的斗争进行到底，夺取彻底胜利。省委副书记王天玺受省委书记令狐安委托，在会上作重要讲话。他总结了全省与“法轮功”斗争经验后，对下步工作作了具体部署。

王天玺最后强调，有党的领导，有强大的人民民主专政，有高素质的人民群众，我们与邪教“法轮功”的斗争一定能取得彻底胜利。

会议由省委常委、省委政法委书记秦光荣主持。

全省各地州市领导、大专院校党委书记及有关方面负责人共200余人出席大会。

3～6日　省委书记令狐安率调研组在玉溪市就经济结构调整和城乡结构调整进行调研时强调，各级党委、政府要充分认识到结构调整的迫切性和重要性，加快调整步伐，为云南跨世纪发展奠定坚实基础。

在听取玉溪市委、市政府工作汇报时，令狐安充分肯定了玉溪市的工作成绩后指出，一定要看到单一经济支柱所潜伏的风险，要在巩固提高“两烟”产业的同时，围绕经济结构和城乡结构调整的目标，实施科教兴滇战略、城乡经济一体化协调发展战略、外向型经济拉动发展战略、特色产品产业化发展战略；建设好生物资源开发创新工程、人才培养及引进工程、技术跨越及创新工程、信息化网络工程。为确保社会稳定，使结构调整顺利进行，一定要认真实施好以解决国企下岗职工再就业和反腐败斗争为重点的民心工程。

令狐安强调，全省各级领导干部要转变作风，深入基层，各有关部门要在土地、户籍、财政、税收、贷款、教育、科技、干部、人才等政策方面加大对结构调整的支持力度。

令狐安一行先后参观考察了玉溪市的一些企业、通海县蔬菜基地、红塔区大营街办事处、李棋镇下赫办事处。玉溪市领导及省直部委办厅局和有关单位同志参加了调研。

6日　省委、省政府在昆明召开全省查禁取缔邪教组织工作会议。会议提出，各级有关部门一定要统一思想认识，把查禁取缔邪教组织作为当前的一项重要政治任务，精心安排部署，采取坚决措施，夺取这场斗争的全面胜利。省委副书记孙淦在会上作重要讲话。省委常委、省委政法委书记秦光荣在会上作了查禁取缔邪教组织的工作报告。省委政法委副书记徐振华在会上宣读了《云南省查禁取缔和打击处理农村邪教组织实施方案》。

各地、州、市、县分管理政法工作的领导，地州市公安局长、宗教局长，省级政法及有关部门的负责人参加会议。

6～7日　为深入贯彻《中共中央关于国有企业改革与发展若干重大问题的决定》，省委、省政府在昆明召开国有企业改革与发展专家、企业厂长经理座谈会，征求对即将召开的省委六届八次全会的两个主要文件的意见。

省委书记令狐安，省委副书记、省长李嘉廷到会听取意见并讲话，省委常委、常务副省长牛绍尧主持会议。

座谈会上，来自我省部分地州市和有关部门的18位专家、24个国有大中型企业的经营管理者畅所欲言，对我省国有企业的改革发展和修改有关文件提出了许多意见和建议。

在听取了大家的意见之后，令狐安和李嘉廷分别讲了话。

省级有关部门和昆明市负责人也参加了座谈会。

8日　为认真贯彻落实党的十五届四中全会《决定》，省委常委、常务副省长牛绍尧代表省委、省政府到省人大常委会、省政协，听取部分在昆人大代表、政协委员对即将召开的省委六届八次全会主要文件的意见。

省人大常委会主任尹俊、省政协常务副主席赵淑敏，省人大常委会常务副主任张宝三、副主任戴光禄、吴光范，省政协副主席孟继尧、和占钧、张学文出席了会议。

会上，省委“贯彻十五届四中全会《决定》意见”起草小组的同志汇报了文件的起草及征求各方意见的情况。与会同志结合我省实际，围绕解放思想、更新观念等问题，对深化国有企业改革和发展及省委主要文件的修改提出了意见和建议。

在听取了人大代表和政协委员的意见和建议后，李嘉廷代表省委、省政府对代表和委员们表示感谢。并就代表和委员们提出的意见和建议做了说明。

会上，尹俊强调，要把解放思想、更新观念落到实处，要重视引进国内外资金嫁接改造国有企业，要搞好企业产品的营销工作。省人大将进一步修改、完善已有的法规，加大监督力度，确保省委的决议、决定的贯彻实施。

9日下午　省委、省政府在昆明召开全省电视电话会议，对中国’99昆明世界园艺博览会的承办工作进行总结，对全省为世博会成功举办作出突出贡献的单位和集体进行表彰。

中共云南省委书记令狐安，省委副书记、省长李嘉廷，省委副书记王天玺、孙淦，省人大常委会主任尹俊，省政协常务副主席赵淑敏出席会议。

李嘉廷在会议上作重要讲话。

孙淦宣读了省委、省政府《关于表彰为世博会作出突出贡献单位的决定》，决定授予昆明市等14个单位“特别贡献奖”称号；授予中共云南省委办公厅等17个单位“特别组织奖”称号；授予西双版纳州等59个单位“贡献奖”称号；授予云南省军区等42个单位“组织奖”称号。

副省长邵琪伟主持会议。

11～12日　中共云南省委六届八次全体会议在昆明举行。

这次全会深入学习了党的十五届四中全会精神，审议并原则通过了《中共云南省委关于贯彻〈中共中央关于国有企业改革和发展若干重大问题的决定〉的意见》。

出席这次会议的省委委员39人、省委候补委员5人。省纪律检查委员会委员和有关方面的负责同志列席会议。

全会由省委常委会主持，省委书记令狐安代表省委常委会作了题为《整体推进，合力攻坚，开创我省国有企业改革发展新局面》的工作报告。

令狐安在全会结束时作了重要讲话。并对当前比较急迫的几项工作作了部署。

23日　中共云南省委在昆明召开干部会议，传达中央经济工作会议精神，要求全省各地各部门加紧学习贯彻好中央精神的步伐，抓住机遇，奋力开拓，努力促进我省各项工作的发展。

省委书记令狐安，省委副书记、省长李嘉廷在会上分别传达了中央经济工作会议精神。会上，令狐安还就结合我省实际学习贯彻好中央经济工作会议精神提出了要求。

省党政领导、省级各部门负责人和各地州市党政主人领导出席了会议。

25 日 省委书记令狐安听取了全省各金融机构负责人情况汇报。他在调研座谈中，就我省当前经济运行和银企关系出现的新情况、新问题广泛听取了行长们的意见和建议，并进行了交流讨论。在谈到如何进一步做好当前和 2000 年全省经济和金融工作时，令狐安针对解决今年云南固定资产投资增幅明显回落的问题，对地方和企业提出了 3 点要求。

12 月

11 月 25～12 月 1 日 省委书记令狐安率省委六届九次全会报告起草组的同志，召开了 9 个座谈会。他先后听取了省直 17 个部门和 6 个金融机构的工作汇报。他指出，制定“十五”计划和实施西部大开发战略，一定要着眼于解决云南经济结构不合理和城乡结构不合理两大结构性矛盾，以及科教和交通两大制约因素。调研中，他对 2000 年的工作提出了意见。

在调研座谈中，令狐安多次强调了加强党的建设、特别是各级领导班子建设的重要性，要求各级党委、政府要着力加强宣传文化、思想政治工作，推进精神文明建设。

11 日 省委书记令狐安在省烟草公司调研。在听取全省烟草生产经营情况汇报后强调，全省烟草系统的同志一定要以改革开放为动力，苦练内功，强化管理，创新科技，狠抓质量，调整结构，开拓市场，在竞争中再创新优势。

令狐安对烟草企业广大干部职工积极转变观念，主动迎接市场挑战，“一切围绕市场转、一切围绕市场干”的新思路、新做法给予了充分肯定。并针对全国烟草生产经营中出现的新情况、新问题，提出了要求。

7～9 日， 省委副书记王学仁率省有关部门领导到昆明市寻甸回族彝族自治县、东川区的部分乡镇，走访干部群众。王学仁对各地所取得的成绩给予了充分肯定，同时针对当前工作提出了要求。

12 月上旬 省委书记令狐安在昆明、曲靖两市就冬季农业开发、农业产业化和农村经济结构调整进行了调研。

令狐安先后考察了曲靖市麒麟区、马龙县、陆良县、宣威市和昆明市呈贡县、官渡区的蔬菜、花卉、畜禽、蘑菇、苗圃生产基地和生猪屠宰场、籽种批发市场、农副产品加工企业等 20 个项目。在听取两市工作汇报后，令狐安着重强调各级干部群众要紧紧抓住国家实施西部大开发战略的机遇，努力发展绿色经济，切实开展好以改革开放为动力，以调整结构、开拓市经济，切实开展好以改革开放为动力，以调整结构、开拓市场、搞活流通为主题的解放思想、更新观念大讨论。

令狐安强调，要在继续充分重视乡镇企业发展的同时，加快乡镇企业改革、改制、改造和改组的步伐，要积极鼓励发展民有民营为主要形式的生产名、优、尖、新、特产品和从事农副产品加工的乡镇企业。要调整粮食品种结构，发展推广优质粮食品种，要在粮食深加工和转化为肉蛋奶产品方面下功夫。令狐安要求，要继续加强乡村两级党组织建设，加强以创建文明村社和“十星”级文明农户为主要形式的农村精神文明建设，全面提高乡村干部素质。

14～15 日 省委书记令狐安、省长李嘉廷、副省长梁公卿深入部分高校、民办学校，就教育改革和发展问题作调查研究。

14 日下午、15 日下午 令狐安、李嘉廷一行到了云南农业大学和西南林学院，走进实验室了解科研情况，走入学生宿舍和食堂，了解师生的生活条件，认真听取了学校关于教育教学改革和发展的情况。令狐安、李嘉廷充分肯定了两所学校不断深化教育教学改革，培养了大批高素质的建设人才，为地方经济建设和社会发展所做出的贡献。

调研中，令狐安、李嘉廷认为，西南林学院近年来改革力度较大，经验值得借鉴。

令狐安、李嘉廷在昆明大学调研时强调，我省的职业教育、民办教育起步较晚，和发达地区相比较存在一定距离，与快速发展的经济形势极不适应，昆明大学的发展前途在于改革创新，要引入竞争机制，也可以学习引进民办教育的经验，把昆明大学办成名副其实的名牌大学。令狐安要求昆明市委、市政府，要像举办世博会那样办昆明大学，要像抓城市建设那样抓昆明大学的建设。

23～24 日 中共云南省委六届九次全体会

议在昆明召开。

这次会议的主要任务是：继续贯彻党的十五大、十五届四中全会和中央经济工作会议精神，进一步落实中央领导视察云南的重要指示，总结1999年工作，部署2000年任务，动员全省党员和干部群众，为在世纪交替之年开好头、起好步而努力奋斗。

全会由省委常委会主持，省委委员、候补委员出席会议，省纪委委员和有关方面负责同志列席了全会。

省委书记令狐安代表省委常委会作了题为《抓住西部大开发的历史机遇，推动云南经济社会全面振兴繁荣》的工作报告。全会讨论并通过了这个报告。

全会结束时，令狐安同志作了重要讲话。他在讲话中强调近期着重抓好4项工作：深入开展解放思想、更新观念大讨论；高度重视农业和农村工作；转变作风，加大狠抓落实的力度；切实加强思想政治工作和群众工作。

全会一致通过了《中国共产党云南省第六届委员会第九次全体会议公报》。

25日 中共云南省委议军会议在省军区举行，专题研究我省国防后备力量建设和国防动员工作。

会议对过去一年的国防后备力量建设和国防动员工作进行了总结，对今后一段时间的任务进行充分讨论，对预备役部队建设、人武部建设、专武干部队伍建设等重大事项作出决定。

中共云南省委书记、省国防动员委员会第一主任、省军区党委第一书记令狐安主持会议并作重要讲话。

云南省军区司令员、省国防动员委员会常务副主任王继堂在会上就1998年省委议军会议以来的工作作了总结，对今后工作作了部署，提出了当前需要研究解决的有关问题。

中共云南省委副书记、省长、省委武委会主任、省国防动员委员会主任李嘉廷在会上就全省支持国防和军队建设的若干重要问题作了讲话。

与会同志还就中共云南省委、省政府、省军区关于认真贯彻中央有关文件精神，加强基层人民武装部建设的通知（征求意见稿）等进行了认真讨论。

28～29日 省委副书记王学仁率省委统战部、省宗教局的有关负责同志先后来到云南基督教三自爱国会、云南基督教神学院、云南佛教协会、云南天主教爱国会、云南伊斯兰教协会、昆明伊斯兰教经学院，实地了解宗教活动场所情况，与教职人员进行亲切座谈。

王学仁首先说，在元旦佳节即将到来之际，我们向各宗教团体教职人员表示节日的问候，同时听取大家的意见和建议。他还就进一步搞好宗教工作提出了要求。

（省委办公厅 供稿）

省政府经济工作大事记

1999年

1月

15日 全省计划工作会议在昆明结束。牛绍尧副省长在会上就如何贯彻中央和省委、省政府的战略部署，抓好全省经济建设和社会发展工作提出六点意见。

同日 省政府召开全省乡镇集体企业清产核资电视电话会议，部署乡镇企业清产核资工作。程映萱副省长出席会议并讲话。

17日 省政府召开全省旅游业工作会议。李嘉廷省长在会上提出要以'99世博会为契机，推动云南旅游业再上新台阶。邵琪伟副省长对今年的旅游工作进行了具体部署。

17～19日 全省财税工作会议在昆明召开，确定1999年财税工作重点是确保农民增收、企业增效、财政增长、金融提质。省长李嘉廷、副省长程映萱出席会议并讲话。

28日 省委、省政府召开全省计划生育和环境保护工作座谈会，要求各地要认真做好计划生育和环境保护工作，推进全省经济社会可持续发展。李嘉廷省长主持会议并作重要讲话，程映萱副省长出席了会议。

同日 李嘉廷省长在全省宣传工作会议上作经济形势报告，就企业增效，农民增收、财政增长及防范化解金融风险等当前经济形势的十大热点、难点、重点问题作了通报。

2月

2日 全省农村工作暨第四次扶贫开发工作会议在昆明闭幕。李嘉廷省长在会上要求全省各地要拓宽思路千方百计增加农民收入，实施异地扶贫打好扶贫攻坚战。黄炳生副省长根据1999年我省农业农村工作的实际安排部署了各项任务。

8日 省委、省政府在昆明召开全省金融工作会议强调，要切实防范和化解金融风险，促进全省经济健康快速发展。李嘉廷省长主持会议并作重要讲话。

9日 全省外经贸工作会议在玉溪召开。邵琪伟副省长出席会议并代表省政府对全年全省的对外开放和外经贸工作提出8项要求。

25日 全省经贸工作会议在昆明召开。会议提出以企业工作为中心，提高经济效益为目的，把工作重点放到国有大中型企业改革与脱困、切实加强企业管理、大力推进企业技术进步上来；努力开拓城乡市场，提高产品市场占有率，保持全省经济持续、稳定、协调发展。牛绍尧副省长出席会议并讲话。

3月

1～2日 省政府召开全省国有企业下岗职工基本生活保障和再就业工作会议，要求进一步做好“两个确保”工作。牛绍尧副省长出席会议并讲话，李汉柏副省长主持会议并作总结发言。

3～5日 全省统计工作会议在昆明召开。牛绍尧副省长在会上强调统计工作要适应现代化需要，充分发挥统计信息咨询监督服务作用，为各级党政领导提供决择参考，为我省经济发展作出贡献。

8日 省政府举行第15次常务会议，研究部署1999年森林火灾防范问题。牛绍尧副省长主持会议并讲话。副省长梁公卿、黄炳生、邵琪伟，省政府秘书长邹纲仁出席了会议。

15日 省政府召开宁蒗地震恢复重建办公会议，研究贯彻落实去年12月26日省长李嘉廷主持召开的宁蒗现场办公会议精神，讨论通过恢复重建计划。李汉柏副省长主持会议并讲话。

15～16日 黄炳生副省长带领省级各有关部门负责人就加快我省的的花卉产业发展，促进云南花卉走入国际市场，真正把花卉培育成我省又一支柱产业进行专题调研。

19日 省政府召开森林防火紧急电视电话会议。李嘉廷省长在会上作《认清严峻形势，采取超常规措施，下大力气抓好我省森林防火工作》的重要讲话，副省长黄炳生在会上针对当前旱情严重的不利形势，部署了立足抗旱防灾，切实抓好春耕备耕的各项工作。

29日　省政府召开全省抗旱救灾稳粮增收电视电话会议，对当前的抗旱救灾、稳粮增收工作进行再动员、再部署、再落实，以确保1999年全省农业和农村经济目标、特别是粮食增产和农民增收目标的实现。省长李嘉廷在会上作重要讲话，副省长黄炳生主持会议。

4月

2～3日　省政府在昭通召开现场办公会议，李嘉廷省长主持会议并在会上作题为《坚决打好扶贫攻坚战，推动昭通经济社会发展再上新台阶》的重要讲话。副省长牛绍尧、梁公卿、黄炳生出席会议并讲话。

5～6日　云南省烟草系统厂长经理会议在昆明召开。省委书记令狐安、省长李嘉廷出席会议并作重要讲话，强调全省烟草系统要牢固树立从零开始的思想，认清形势再创云南烟草辉煌。

7日　省政府第17次常务会议在昆明召开。会议听取了'99昆交会筹备工作情况、六省区市七方经济协调会第15次会议筹备工作情况、“咨询团”第二次会议有关事项和我省侨务工作的汇报。李嘉廷省长主持会议并讲话。副省长牛绍尧、梁公卿、黄炳生、李汉柏、邵琪伟，省政府秘书长邹纲仁，省长助理陈勋儒出席了会议。

11日　牛绍尧副省长检查滇池治污和“零点行动”工作进展情况后指出：实行“零点行动”效果很好，必须坚定信心，明确责任，进一步狠抓落实，坚决在规定期限内完成世博会确定的三大环保任务。

12日　省政府召开全省小额信贷扶贫资金工作会议。副省长黄炳生出席会议并提出要努力抓好6项工作。

13～14日　省委、省政府在昆明召开全省防范金融犯罪工作会议。李嘉廷省长在会上强调：全省各级党政、政法部门、金融系统要切实防范的打击金融犯罪，保障全省经济社会健康发展。

18～19日　全省国有企业改革与脱困工作座谈会在昆明连云宾馆举行。李嘉廷省长出席会议并部署和安排1999年全省企业改革与脱困工作。李汉柏副省长参加了会议。

27日　省政府召开第19次常务会议，专题研究当前全省经济工作，分析形势，提出对策，确保实现我省1999年经济发展目标。李嘉廷省长主持会议并讲话。

30日　举世瞩目的第22次世界园艺博览会开幕式暨大型文艺晚会《天地浪漫曲》在昆明拓东体育馆隆重举行。中华人民共和国主席江泽民出席开幕式并宣布中国'99昆明世界园艺博览会开幕。

5月

1日　中国'99昆明世界园艺博览会正式开园。中华人民共和国主席江泽民和来自世界各地的贵宾出席开园仪式。

4月29～5月2日　前来参加'99昆明世博会开幕活动的国务院副总理李岚清在昆明地区进行了考察，并提出：云南的发展要坚持搞特色经济，把潜在的优势发挥出来。省长李嘉廷、副省长牛绍尧分别陪同考察。

4月28～5月3日　国家主席江泽民在专程出席中国'99昆明世界园艺博览会开幕式活动期间，对我省昆明、丽江进行了考察，强调：在社会主义祖国的大家庭里，要巩固和发展民族团结，促进经济繁荣和社会进步。中共中央政治局候补委员、书记处书记、中央组织部部长曾庆红等随同考察。省委书记令狐安、省长李嘉廷陪同考察。

5日　省政府在世博园召开现场办公会议提出：按照中国特色世界一流的总体要求，乘势而上确保世博盛会圆满成功。李嘉廷省长主持会议并作重要讲话，副省长李汉柏、邵琪伟在会上讲话，省政府秘书长邹纲仁出席了会议。

6日　迪庆香格里拉机场正式开航。省长李嘉廷、副省长牛绍尧等为机场开航剪彩。牛绍尧副省长代表省委、省人大常委会、省政府、省政协在庆典上发表了热情洋溢的讲话。

7日　李嘉廷省长在马龙、寻甸县检查抗旱救灾和春耕生产时强调：必须坚持长期抗旱救灾思想，切实抓好当前春耕工作。

10～11日　省政府在昆明召开全省经济形势分析座谈会，李嘉廷省长在会上强调：各级领导必须认清当前形势，坚定信心，提出对策，采取强有力措施，推动我省经济持续快速健康发展。副省长牛绍尧、黄炳生、程映萱出席了会议。

16～17日 省政府在玉溪召开全省畜牧工作会议。李嘉廷省长在会上提出到2000年把我省建成畜牧业大省。

21日 省政府在西双版纳傣族自治州景洪市召开省长现场办公会议，研究解决西双版纳州和景洪市公路交通及市政基础建设的有关问题。李嘉廷省长主持办公会并在会上指出：要抓住世博会机遇，大力改善软硬环境，促进我省旅游业持续快速健康发展。

25～26日 省政府在文山壮族苗族自治州召开现场办公会议。李嘉廷省长在会上强调要把扶贫攻坚作为压倒一切的中心任务，这是贫困地区坚持经经济建设为中心的具体体现。副省长牛绍尧、黄炳生出席会议并讲话。

6月

3日 云南省人民政府经济社会发展咨询团第二会议在昆明召开。来自世界12个国家和地区的省政府咨询团顾问及其助手集聚一堂共谋云南改革开放大计。牛绍尧副省长代表李嘉廷省长在会上作题为《建立跨世纪发展的特色经济体系》的报告，黄炳生副省长主持会议，邵琪伟副省长向顾问们介绍了云南利用外资的基本情况、有利条件及相关政策。

4～5日 六省区市七方经济协调会第15次会议在昆明隆重开幕。牛绍尧副省长出席了会议。

6日 '99中国昆明出口商品交易会在昆明国际贸易中心隆重开幕。全国人大常委会副委员长蒋正华、全国政协副主席杨汝岱、省委书记令狐安、省长李嘉廷、联办各方等领导及中外来宾出席开幕式。李嘉廷省长在开幕式上致开幕词，邵琪伟副省长主持开幕式。

2～6日 中共中央政治局后补委员、国务委中吴仪对我省丽江、昆明进行考察，强调指出：世博会办得非常成功，希望云南充分利用世博会的机遇，加大对外开放力度，大力发展旅游业和特色产业，把云南建设得更加美好。省委书记令狐安、省长李嘉廷陪同考察。

10日 '99中国昆明出口商品交易会圆满闭幕。此次昆交会经贸总额达18.28亿美元，签定国内经协项目164项，协议投资44.9亿元人民币，全国28个省区市参展，海外客商和来宾达9500多人。

11日 省政府召开金融与经济发展座谈会。李嘉廷省长的在会上指出，金融部门要在防范和化解金融风险的同时，积极发挥金融在经济建设中的核心作用，全力支持地方经济发展。程映萱副省长主持会议。

15日 省政府召开经济工作座谈会，听取专家及各方人士的意见和建议，分析当前全省经济运行情况及各存在的主要问题，把握经济发展趋势，集思广益寻求良策。省长李嘉廷主持会议并讲话，副省长牛绍尧、李汉柏、程映萱，省政府秘书长邹纲仁出席座谈会。

28日 全省侨务工作会议在昆明举行。李嘉廷省长出席会议并作重要讲话。邵琪伟副省长出席了会议。

同日 牛绍尧副省长与国家电力公司在北京就小湾电站工程建设等有关问题进行会谈并达成共识，双方签署了《关于进一步加快小湾电站建设前期准备工作的会谈纪要》，同意全面抓紧小湾电站前期准备工作的各项工作，力争于2000年正式开工建设。

7月

6日 省政府在昆明召开第22次常务会议，研究讨论《云南省已购公有住房和经济适用住房上市交易管理暂行办法》、《云南省机关事业单位职工住房补贴暂行办法》、《云南省关于当前加强企业技术进步的若干意见》等办法和意见，并对我省勘界工作、2000年全省工业企业达标排放、全省粮食流通体制改革等有关问题进行了研究讨论。省长李嘉廷主持会议，副省长梁公卿、黄炳生、李汉柏、程映萱、邵琪伟，省政府秘书长邹纲仁出席了会议。

9日 国土资源部副部长寿家华、云南省副省长牛绍尧在昆明分别代表国土资源部和云南省人民政府在《关于地质勘查队伍属地化管理会商纪要》上签字。至此，原地矿部云南地质矿产勘查开发局更名为云南省地质矿产勘查开发局，该局及其所属33个单位的机构、人事、资产正式划归云南省人民政府管理。

7～9日 省政府在石林县召开全省烟叶收购工作会议。程映萱副省长出席会议并讲话。

13～14日 昭通地区彝良县和昭通市发生洪水、泥石流、滑坡重大洪涝灾害，给当地造成重大经济损失。灾情发生后，省委省政府高度重视，立即派出工作组赶赴灾区协助当地党委和政府开展救灾工作。

21日 省政府在昆明召开2000年全省工业污染源达标排放电视电话会议，副省长牛绍尧在会上强调：2000年底全省工业企业必须达标排放。

23日 省政府在昆明召开全省防汛抗洪电视电话会议，通报当前汛情灾情，部署全省防汛抗洪、抢险救灾工作。李嘉廷省长出席会议并讲话，副省长黄炳生主持会议。

8月

6日 省委、省政府召开全省扶贫开发工作会议。李嘉廷省长出席会议并在会上要求今明两年各级要着力抓紧抓好十项工作。

同日 省政府召开第23次常务会议，研究落实我省1999年扩大内需的有关工作等问题。会议由李嘉廷省长主持。

14日 全省财政工作会议在昆明召开，会议强调：全省各级财政部门要坚决贯彻落实中央积极财政政策，努力完成全年财政收支任务。

15日 全省政府采购工作会议在昆明召开。副省长程映萱代表省政府在会上宣布并重申：全省全面推行政府采购制，今后凡属政府采购内的单位、项目等都必须无条件地纳入政府采购，任何单位、部门不得自行其是擅自采购。同时，政府将按“四公开”的原则，确保政府采购真正成为“阳光下的采购”，以提高国家管理的公共资金的使用效益。

12～16日 国务院总理朱镕基在省委书记令狐安、省长李嘉廷的陪同下，先后到昆明、丽江、大理等地考察了农业种植、养殖基地和天然林保护工程，并强调指出：云南要真切认识并充分发挥得天独厚的自然资源优势，通过开发多种优势行业，调整结构，更好地促进云南经济的振兴和繁荣；要坚定不移地实施天然林保护工程，把发展经济的指导思想转到重视保护资源和生态环境、实施可持续发展战略上来，转到对经济结构实施战略性调整上来。

14～16日 省政府在昆明专题召开全省财政、国税、地税局长会议，研究财税增收支问题。程映萱副省长出席会议并讲话。

17日 省政府召开全省粮食流通体制改革工作会议，总结一年来全省粮食流通体制改革经验，部署进一步深化粮食流通体制改革的办法措施。黄炳生副省长出席会议并讲话。

9月

7日 国家经贸委主任盛华仁率领的赴云南省考察组在昆明与省委、省政府主要领导座谈，就深化国企等问题交换了意见。省委书记令狐安，省长李嘉廷、副省长牛绍尧参加了座谈。

6～7日 省政府召开天然林保护工作会议，再次部署落实天然林保护工程。李嘉廷省长出席会议并在会上强调要深刻认识实施天然林保护工程的重要性和紧迫性，以高度的责任感和使命感，认真实施好天然林保护工程。副省长黄炳生代表省政府与承担天然林保护任务的13个地州市的行政首长签订了责任状。

9日 我国唯一不通公路的少数民族聚居区—贡山独龙族自治县独龙江公路全线贯通。交通部副部长李居昌、副省长牛绍出席庆祝仪式并讲话。

14日 省委、省政府在昆明钢铁公司召开全省国有企业改革与发展座谈会，进一步学习、落实江泽民总书记1999年以来关于国有企业改革与发展的一系列重要讲话精神，总结我省国企改革的实践及成功经验，认清当前国企改革与发展中存在的急需解决的重大问题，提高认识狠抓落实，加快我省国企改革步伐。李嘉廷省长出席座谈会并作重要讲话，牛绍尧副省长主持了会议。

26日 云南省烟草系统厂长、经理座谈会在昆明卷烟厂举行。省委书记令狐安、省长李嘉廷出席会议并作重要讲话，程映萱副省长作会议总结。

27日 省政府召开第25次常务会议，讨论《关于加快高层次人才培养引进的决定》和《云南省人民政府关于进一步推进我省小城镇户籍管理制度改革的决定》等规章及规范性文件。李嘉廷省长主持会议。

10月

6日 李嘉廷省长在昆明世博园主持召开现场办公强调：各部门要再接再厉，全力以赴确保世博会圆满结束；要抓好世博园的后续开发建设，把世博园夜景建出一流水准，将世博园建成世界名花园，再建一个世界著名碑林。副省长邵琪伟参加了办公会。

13日 省政府召开全省蔗糖工作会议，深入分析我省蔗糖业面临的新形势，研究部署进一步调整结构、深化改革、降低成本、实现扭亏增盈的措施办法，以促使我省蔗糖业走出困境，走上健康发展之路。牛绍尧副省长出席会议并讲话。

15日 省政府在昆明召开全省经济运行分析会，牛绍尧副省长在会上要求要采取措施，千方百计确保全年经济增长目标的实现。

27日 省政府召开全省经济形势电视电话会议，通报1～9月经济形势，安排后两个月的经济工作。李嘉廷省长在会上对后两个月的工作提出7点要求，副省长程映萱就贯彻落实会议精神作了部署。

26～27日 全省对内开放会议在昆明召开。省委书记令狐安、省长李嘉廷出席会议并讲话，梁公卿副省长代表省政府宣读关于表彰云南电力集团有限公司等40户在对内开放中做出突出成绩的先进企业的决定，程映萱副省长作会议总结，邵琪伟副省长主持了闭幕会。

30日 云南省人民政府和中国科学院在北京召开“中国云南野生生物种质资源库”建设方案咨询会，邀请中国科学院部分院士、专家和有关部门领导对建设方案进行咨询。梁公卿副省长代表省政府在会上讲话。

31日 中国’99昆明世界园艺博览会胜利闭幕，闭幕式在昆明云南艺术剧院举行。中共中央政治局常委、国务院副总理、世博会组委会主任李岚清出席了闭幕式，闭幕式由组委会副主任中国贸促会会长俞晓松主持，组委会副主任、云南省省长李嘉廷致词闭幕词。

当日中国’99昆明世界园艺博览会在昆明召开总结表彰大会，对本届世博会的各项工作进行回顾总结，对作出贡献的全国有关省区市、香港特别行政区、中央和国家有关部委进行表彰。

11月

5日 李嘉廷省长主持召开省信息化工作领导小组会议并强调要进一步提高全省各级干部和职工的信息化意识，信息化工作的进程关系着云南下世纪社会经济的发展。牛绍尧副省长在会上就我省下一步信息化工作做了部署。

8日 省长李嘉廷、副省长牛绍尧代表省委、省政府到省人大常委会、省政协，就我省国企改革和发展问题听取部分省人大代表、政协委员意见。

10日 省政府召开全省信息化工作电视电话会议。省政府决定组建云南信息投资股份有限公司，省级政府部门原则上明年将全部上网。牛绍尧副省长出席会议并讲话。

14日 国家电力公司、云南省人民政府在北京召开“加快云南小湾水电站建设研讨会”。省长李嘉廷、副省长牛绍尧参加了研讨会。

15日 省政府召开全省冬季农业开发工作电视电话会，要求各地以增加农民收入为中心，面向市场、调整结构、提高效益，力争1999年冬季农业开发再上新台阶。副省长黄炳生出席会议并讲话。

17日 省政府在昆明召开全省跨地州市异地开发扶贫工作会议。黄炳生副省长在会上要求有关地州市及部门要提高认识，坚定信心，落实措施，确保跨地州市异地开发扶贫目标的实现。

26日 省政府在楚雄召开现场办公会，检查楚雄州“九五”计划前3年的执行情况，分析楚雄州跨世纪发展面临的机遇和挑战，帮助楚雄州深化对州情的认识，研究新形势的发展思路，推动全州经济社会发展。省长李嘉廷，副省长牛绍尧、黄炳生、邵琪伟出席会议并讲话。

27日 云南建设“绿色经济强省暨中华生物谷”研讨会在昆明举行。李嘉廷省长出席讨会并向与会人员介绍我省有关研究机构提出建设“绿色经济强省暨中华生物谷”构想的情况。梁公卿副省长出席了研讨会，黄炳生副省长主持研讨会。

30日 省委、省政府召开少数民族代表座谈会，征求对省委、省政府《关于进一步加强新形势下民族工作的决定》《征求意见稿》的意见。省长李嘉廷主持会议，副省长李汉柏参加了会议。

同日 省委、省政府在昆明召开“中国西部大开发云南行动计划研究课题”开题材动员大会，部署落实各项研究工作。牛绍尧副省长在会上作动员讲话。

12 月

1 日　李嘉廷省长在全国安全生产工作紧急电视电话会议云南分会场要求全省各地要切实做好我省安全生产工作。

5 日　省政府在昆明召开全省地州市扭亏增盈座谈会，分析检查落实今年国有企业扭亏增盈和重点企业脱困工作。副省长牛绍尧主持会议并讲话。

8 日　省政府召开第 39 次省长办公会议，专题研究我省交通工作。会议确定，2000 年全省公路建设投资确保 100 亿元，力争达到 110 亿元。省长李嘉廷主持会议并作重要讲话。

9 日　我省最大引资项目—云南兰坪有色金属有限公司与英国比利顿公司在昆明签署进一步开发兰坪铅锌矿协议。副省长陈勋儒出席签字仪式并讲话。

13 日　省政府召开全省农田水利基本建设电视电话会议。李嘉廷省长在会上作重要讲话，黄炳生副省主持会议。

16 日　李嘉廷省长在全省“两烟”工作座谈会上强调：全省烟草行业要进一步解放思想，更新观念，振奋精神，知难而进，为云南经济社会发展多作贡献。副省长程映萱、省政府秘书长邹纲仁参加了座谈会。

22～24 日　全省计划会议在昆明召开，会议提出 2000 年的经济计划工作要结合我省实际，抓住中央实施西部大开发的历史机遇，扩大内需，调整结构，切实解决投融资渠道单一和部份省产商品销售不畅两个突出问题。牛绍尧副省长出席会议并讲话。

25～26 日　全省教育工作会议在昆明举行。李嘉廷省长在会上作重要讲话，副省长梁公卿作会议总结。

（省政府办公厅　供稿）

第八篇　云南国民经济统计资料

现代化管理

第八篇　云南国民经济统计资料

1999年人口与自然资源

指　　标	单　　位	1999年	指　　标	单　　位	1999年
全省年底人口总数	万人	4192.4	星云海	平方公里	39.0
人口密度	人/平方公里	106	程　海	平方公里	78.8
全省土地面积	万平方公里	39.4	泸沽湖	平方公里	51.8
其中：山　区	万平方公里	37	主要河流境内河长		
民族自治地方土地面积	万平方公里	27.67	大盈江	公里	186
			陇川江	公里	332
全省荒山荒地面积	万公顷	1290.4	怒　江	公里	547
其中：宜农荒地	万公顷	286.7	澜沧江	公里	1170
全省森林面积	万公顷	953.3	金沙江	公里	1560
全省水面面积	万公顷	27.9	元　江	公里	692
主要湖泊湖面面积			南盘江	公里	677
滇　池	平方公里	306.3	全省水力资源蕴藏量	亿千瓦	1.04
洱　海	平方公里	250.0	全省铁矿保有储量	亿吨	21.73
抚仙湖	平方公里	212.0	全省煤矿保有储量	亿吨	239.51
阳宗海	平方公里	31.0			

主要年度国民经济主要指标

指　　标	单　位	1952 年	1978 年	1985 年	1990 年	1995 年	1998 年	1999 年
年末总人口	万人	1695	3091	3418	3731	3989.63	4143.8	4192.4
年末社会劳动者	万人	761	1313	1672	1923	2149	2240.6	2262.48
国民生产总值（当年价）	亿元	11.78	69.05	164.96	451.67	1207	1793.90	1855.74
农业总产值	亿元	9.60	40.02	88.88	211.72	474.46	620.02	642.47
工业总产值	亿元	3.81	55.43	136.26	345.26	1079.54	1503.24	1561.08
轻工业产值	亿元	2.30	23.84	65.93	181.14	584.60	774.72	793.88
重工业产值	亿元	1.51	31.60	70.33	164.12	494.94	728.52	767.20
主要工农业产品产量								
粮　食	万吨	451	864	935	1061	1189.91	1319.51	1399.25
油　料	万吨	3.37	5.51	11.81	13.31	19.58	17.46	20.62
甘　蔗	万吨	30.13	160.01	479.77	661.88	1055.92	1597.71	1526.53
烤　烟	万吨	0.57	12.26	41.00	43.60	76.07	56.37	60.95
水　果	万吨		11.62	21.18	31.97	55.71	68.07	73.83
茶　叶	万吨	0.36	1.78	3.11	4.48	6.40	7.75	7.51
猪牛羊肉	万吨	8.36	29.23	56.82	74.74	120.45	169.48	180.35
水产品	万吨	0.14	1.12	2.65	4.60	8.44	13.84	15.53
布	万米	3641	10507	15152	17974	13964	7297	6143
机制纸及纸板	万吨	0.08	5.12	10.17	15.43	30.41	28.51	23.90
糖	万吨	2	14	33	51	94.21	125.59	162.52
卷　烟	万箱	2	63	206	448	680.45	632.99	603.97
自行车	万辆		0.01	25.01	34.03	8.55	0.12	
钢	万吨	0.25	35.12	56.16	80.15	140.50	176.22	178.72
成品钢材	万吨	0.13	25.59	45.96	68.97	144.34	184.12	182.01
原　煤	万吨	28	1483	1638	2227	2803.20	3091	2664
发电量	亿千瓦小时	0.52	52.51	75.45	125.78	228.42	264.62	298.20
农用化肥	万吨					121.46	163.39	177.78
水　泥	万吨	1	131	308	471	996.93	1558.66	1622.77

续表

指　　标	单　位	1952 年	1978 年	1985 年	1990 年	1995 年	1998 年	1999 年
木　材	万立方米	5	212	332	245	391	214.25	133.40
运输邮电								
货运周转量	亿吨公里	1.54	62.34	154.11	260.67	307.71	416.18	443.09
旅客周转量	亿人公里	1.32	24.25	72.84	87.67	137.93	189.89	237.99
邮电业务总量	万元	264	3016	6675	12737	139729	443831	537400
全社会固定资产投资	亿元		15.04	46.28	75.74	380.57	672.54	717.28
国有单位投资	亿元	0.59	13.44	31.99	51.22	262.84	483.90	495.35
基本建设	亿元	0.58	11.77	21.47	28.01	133.32	315.35	355.02
更新改造	亿元			9.78	17.57	96.45	118.05	82.65
社会消费品零售总额	亿元	4.87	28.38	84.44	145.59	369.55	500.09	538.95
进出口总额	万美元	32	10420	20953	54842	189609	190329	165967
出　口	万美元	5	6948	12901	43449	121548	117376	103443
进　口	万美元	27	3472	8053	11393	68061	72953	62524
地方财政收入	亿元	1.87	11.76	27.41	77.43	98.35	168.23	172.67
地方财政支出	亿元	0.99	18.28	36.70	90.76	235.10	328.00	378.05

注：进出口数字 1998 年以前为外贸业务数，且不含边境贸易，1999 年为海关进出口统计数。

主要时期国民经济指标增长速度

	1999 年比各年增长						平均每年增长			
	1952 年	1978 年	1985 年	1990 年	1995 年	1998 年	1953～1999 年	1979～1999 年	“七五”时期	“八五”时期
年末总人口	1.5 倍	35.6	22.7	12.4	5.1	1.2	1.9	1.5	1.8	1.3
年末社会劳动者	2 倍	72.3	35.3	17.7	5.3	1	2.3	2.6		
国民生产总值	30.9 倍	5.9 倍	2.5 倍	1.3 倍	39.8	7.2	7.6	9.7	9.3	10.2
农业总产值	6.6 倍	2 倍	93.4	59.7	28.1	5.5	4.4	5.4	3.9	4.5
工业总产值	163 倍	9.3 倍	4.1 倍	2 倍	41.8	8.5	11.5	11.7	11.7	15.8
轻工业	134 倍	11.2 倍	4.2 倍	1.7 倍	31.7	7.4	11.0	12.7	13.5	15.7
重工业	199 倍	7.8 倍	4.1 倍	2.2 倍	52.0	9.5	11.9	10.9	9.9	15.9
主要工农业产品产量										
粮　食	2.1 倍	62.0	49.7	31.9	17.6	6.0	2.4	2.3	2.6	2.3

续表

	1999 年比各年增长						平均每年增长			
	1952 年	1978 年	1985 年	1990 年	1995 年	1998 年	1953～1999 年	1979～1999 年	“七五”时期	“八五”时期
油　料	5.1 倍	2.7 倍	74.6	54.9	5.3	18.1	3.9	6.5	2.4	8.1
甘　蔗	49.7 倍	8.5 倍	2.2 倍	1.3 倍	44.6	-4.5	8.7	11.3	6.6	9.8
烤　烟	105.9 倍	4.0 倍	48.7	39.8	-19.9	8.1	10.5	7.9	1.2	11.8
水　果		5.4 倍	2.5 倍	1.3 倍	32.5	8.5		9.2	8.6	11.7
茶　叶	19.9 倍	3.2 倍	1.4 倍	67.6	17.3	-3.1	6.7	7.1	7.6	7.4
猪牛羊肉	20.6 倍	5.2 倍	2.2 倍	1.4 倍	49.7	6.4	6.8	9.1	5.6	10.0
水产品	109.9 倍	12.9 倍	4.9 倍	2.4 倍	84.0	12.2	10.5	13.3	11.7	12.9
布	68.7 倍	-41.5	-49.5	-65.8	-56.0	-15.8	1.1	-2.5	3.5	-49
机制纸及纸板	298 倍	3.7 倍	1.4 倍	54.9	-21.6	-16.2	12.9	7.6	8.7	14.5
糖	80.3 倍	10.6 倍	3.9 倍	2.2 倍	72.5	29.4	9.8	12.4	9.1	13.1
卷　烟	301 倍	8.6 倍	1.9 倍	34.8	-11.2	-4.6	12.9	11.4	16.8	8.7
钢	714 倍	4.1 倍	2.2 倍	1.2 倍	27.2	1.4	15.0	8.1	74	11.9
成品钢材	1399 倍	6.1 倍	3.0 倍	1.6 倍	26.1	-1.1	16.7	9.8	8.5	15.9
原　煤	94 倍	79.6 倍	62.6 倍	19.6	-5.0	-13.8	10.2	2.8	6.3	4.7
发电量	572 倍	4.7 倍	3.0 倍	1.4 倍	30.5	12.7	14.5	8.6	10.8	12.7
水　泥	1622 倍	11.4 倍	4.3 倍	2.4 倍	62.8	4.1	17.0	12.7	8.9	16.2
木　材	25.1 倍	-37.1	-59.2	-45.4	-65.9	-37.7	7.2	-2.2	-5.9	9.8
运输邮电										
货运周转量	287 倍	6.1 倍	1.9 倍	70.0	44.0	6.5	12.8	9.8	11.1	3.4
旅客周转量	179 倍	8.8 倍	2.3 倍	1.7 倍	72.5	25.3	11.7	11.5	3.8	9.5
全社会固定资产投资		46.7 倍	14.5 倍	8.5 倍	88.5	6.7		20.2	10.4	38.1
国有单位投资	844 倍	36.1 倍	14.6 倍	8.7 倍	89.6	3.0	15.4	18.8	9.9	38.7
基本建设	611 倍	29.2 倍	15.5 倍	11.7 倍	1.7 倍	12.6	14.6	17.6	5.5	36.6
更新改造			7.5 倍	3.7 倍	-14.3	-30			12.4	40.6
社会消费品零售总额	110 倍	18.0 倍	5.4 倍	2.7 倍	45.8	7.8	10.5	15.0	11.5	20.5
进出口总额									21.2	28.2
出　口									27.5	22.8
进　口									7.2	43.0
财政收入					75.6	2.6			23.1	
财政支出	381 倍	19.7 倍	9.3 倍	3.2 倍	60.8	15.3	13.5	15.5	19.9	21.0

注：1999 年进出口总数因口径与往年不一样故不可比。

1999年底独立核算国有工业企业固定资产原价及流动资产合计

单位：亿元

	固定资产原价		流动资产合计		
	合　计	生产经营用	合　计	存　货	产成品
总　计	925.52	798.83	494.87	96.20	38.34
按隶属关系分					
中央企业	459.62	410.60	244.28	19.94	5.14
地方企业	465.90	388.23	250.59	76.26	33.20
按轻重工业分					
轻工业	305.56	266.40	229.73	26.53	13.86
重工业	619.95	532.43	265.14	69.67	24.47
按企业规模分					
大型企业	591.71	526.73	324.84	49.09	13.81
中型企业	155.15	127.06	76.36	19.24	8.40
小型企业	178.65	145.04	93.67	27.86	16.13

主要年份国内生产总值及其构成

	1952年	1978年	1980年	1985年	1990年	1995年	1998年	1999年
国内生产总值（亿元）	11.78	69.05	84.27	164.96	451.67	1206.68	1793.90	1855.74
第一产业	7.27	29.46	35.89	66.07	168.13	305.27	408.37	412.17
第二产业	1.82	27.58	33.98	65.41	157.80	536.63	828.37	825.12
第三产业	2.69	12.01	14.40	33.48	125.74	364.78	557.10	618.45
国内生产总值构成（%）								
第一产业	61.7	42.7	42.6	40.1	31.2	25.3	22.8	22.2
第二产业	15.4	39.9	40.3	39.7	34.9	44.5	46.2	44.5
第三产业	22.9	17.4	17.1	20.2	27.8	30.2	31.0	33.3

1999年农业总产值、中间消耗、增加值及构成

单位：亿元

指　标	总产值	中间消耗	农业增加值	占总产值比重%	
				中间消耗	增加值
合　计	642.47	230.31	412.16	35.8	64.2
1、农业产值	394.96	131.57	263.39	33.3	66.7
2、林业产值	45.60	12.25	33.35	26.9	73.1
3、牧业产值	188.82	82.01	106.81	43.4	56.6
4、渔业产值	13.10	4.48	8.62	34.2	65.8

1999年全部国有及500万元以上非国有独立核算工业企业主要经济效益指标

	综合经济效益指数 %	产品销售率（%）	总资产贡献率（%）	资产负债率（%）	成本费用利润率（%）	全员劳动生产率（元/人）	流动资产用转次数（次）
总　计	133.56	98.77	16.14	55.10	6.86	41537	1.27
在总计中							
国有企业	158.54	99.32	20.60	51.33	10.48	45752	1.33
集体企业	57.23	96.13	5.35	74.99	−2.89	19956	1.47
在总计中							
轻工业	226.59	99.13	33.12	42.68	15.06	86540	1.54
重工业	75.51	98.35	4.89	63.27	1.17	21670	1.06
按企业规模分							
在总计中:							
大型企业	216.83	99.28	25.61	43.24	17.73	79608	1.35
中型企业	42.66	99.84	5.46	74.56	−6.25	18913	1.13
小型企业	72.50	97.28	5.10	66.30	−4.35	21875	1.21

主要年份能源利用经济效益指标

年　份	能源消费量（万吨标煤）	工业部门消　费	亿元工业产值耗能（万吨）	亿元国民生产总值耗能（万吨）	吨能创造工业产值（元）	吨能创造国民生产总值（元）
1952	19.0	11.4	1.6	0.6	6048	16737
1978	1065.9	692.8	6.5	7.5	1523	1342
1985	1298.3	761.1	3.7	4.9	2740	2043
1990	1954.8	1143.6	3.2	5.3	3171	1884
1995	2640.6	1688.6	2.8	3.4	3623	2969
1996	2818.9	1746.0	2.7	3.3	3726	3059
1997	3429.0	2128.5	3.2	3.6	3170	2763
1998	3364.5	2222.9	3.4	3.3	2954	3041
1999	3288.0	2125.2	3.2	3.0	3153	3336

1999年云南省主要进口商品总值

单位：万美元

商品名称	进口金额
合　计	62524
活动物	234
鱼、甲壳动物、软体动物及其他水生无脊椎动物	47
花卉及其他活植物：插花及装饰用簇叶	63
食用蔬菜、根及块茎	76
食用水果及坚果：甜瓜或柑桔属水果的果皮	343
咖啡、茶、马黛茶及调味香料	14
谷　物	6
子仁及果实、工业用或药用植物、稻草、秸秆及饲料	161
虫胶、树胶、树脂及其他植物液、汁	2
编结用植物材料、其他植物产品	185
动植物油、脂、精制食用油脂、动植物蜡	340
肉、鱼、甲壳动物、软体动物及其制品	5
糖及糖食	2
可可及可可制品	3
谷物、粮食粉、淀粉或乳的制品、糕饼点心	11
蔬菜、水果、坚果或植物其他部分的制品	17
杂项食品	18
饮料、酒及醋	16
食品工业的残渣及废料、配制的动物饲料	62
烟草、烟草及烟草代用品的制品	7
盐、硫磺、泥土及石料、石膏料、石灰及水泥	1667
矿砂、矿渣及矿灰	8317
矿物燃料、矿物油及其蒸馏产品、沥青物质、矿物蜡	1094
无机化学品、贵金属、稀土金属、放射性元素及其同位素	4418
有机化学品	638
药　品	56

续表

商品名称	进口金额
肥　料	215
鞣、染料浸膏、染料、颜料、油漆及清漆	224
精油及香膏、芳香料制品及化妆盥洗品	31
肥皂、洗涤剂、润滑剂、人造蜡、调制蜡、光洁剂、蜡烛	32
蛋白类物质、改性淀粉、胶、酶	34
照相及电影用品	11
杂项化学产品	400
塑料及其制品	4098
橡胶及其制品	338
生皮（毛皮除外）及皮革	4
木及木制品、木炭	3273
软木及软木制品	20
木浆及其他纤维状纤维素浆、回收（废碎）纸或纸板	76
纸及纸板、纸浆、纸或纸板制品	1165
书籍、报刊及其他印刷品、稿件及设计图纸	203
羊毛、动物细毛或粗毛、马毛纱线及其机织物	28
棉花及其织物	2
其他植物纺织纤维、纸纱线及其机织物	122
化纤长丝及其织物	32
化学纤维短纤及其织物	6690
絮胎、毡呢、特种纱线、线、绳、索、缆及其制品	3
地毯及纺织材料的其他铺地制品	33
浸渍、涂布、包覆或层压的纺织物、工业用纺织制品	23
鞋靴、护腿和类似品及其零件	18
已加工羽毛、羽绒及其制品、人造花、人发制品	3
石料、石膏、水泥、石棉、云母及类似材料的制品	63
陶瓷产品	8
玻璃及其制品	38

续表

商　品　名　称	进　口　金　额
珍珠、宝石、贵金属、包贵金属及其制品、仿首饰、硬币	2324
钢　铁	1267
钢铁制品	213
铜及其制品	122
铝及其制品	3835
锡及其制品	57
其他贱金属、金属陶瓷及其制品	5
贱金属工具、器具、利口器、餐匙、餐叉及其零件	80
贱金属杂项制品	68
动力、机器、机械器具及其零件	13299
电机、电气设备、录放机、电视机、广播通讯设备	3464
铁道运输工具及铁道运输设备	652
车辆运输工具（铁道及电车道车辆除外）	259
航空器、航天器及其零件	50
光学、照相、计量、检验、医疗、精密仪器及设备	1404
乐器及其零件、附件	2
家具、寝具、褥垫、未列名灯具及照明装置	266
玩具、游戏品、运动用品及其零件、附件	103
杂项制品	44
商　品	10

1999 年云南省主要出口商品总值

单位：万美元

商　品　名　称	出　口　金　额
合　　计	103443
活动物	4
肉及食用杂碎	13
鱼、甲壳动物、软体动物及其他水生无脊椎动物	99

续表

商品名称	出口金额
乳品、蛋品、天然蜂蜜、其他食用动物产品	443
其他动物产品	56
花卉及其他活植物、插花及装饰用簇叶	132
食用蔬菜、根及块茎	6213
食用水果及坚果、甜瓜或柑桔属水果的果皮	941
咖啡、茶、马黛茶及调味香料	2617
谷　物	604
制粉工业产品、麦芽、淀粉、菊粉、面筋	84
子仁及果实、工业用或药用植物、稻草、秸秆及饲料	416
虫胶、树胶、树脂及其他植物液、汁	110
动植物油脂、精制食用油脂、动植物蜡	25
肉、鱼、甲壳动物、软体动物及其制品	133
糖及糖食	53
谷物、粮食粉、淀粉或乳的制品、糕饼点心	72
蔬菜、水果、坚果或植物其他部分的制品	373
杂项食品	143
饮料、酒及醋	155
食品工业的残渣及废料、配制的动物饲料	13
烟草、烟草及烟草代用品的制品	10877
盐、硫磺、泥土及石料、石膏料、石灰及水泥	2168
矿砂、矿渣及矿灰	154
矿物燃料、矿物油及其蒸馏产品、沥青物质、矿物蜡	1753
无机化学品、贵金属、稀土金属、放谢性元素及其同位素	13278
有机化学品	646
药　品	1412
肥　料	3789
鞣、染料浸膏、染料、颜料、油漆及清漆	351
精油及香膏、芳香料制品及化妆盥洗品	1295

续表

商品名称	出口金额
肥皂、洗涤剂、润滑剂、人造蜡、调制蜡、光洁剂、蜡烛	671
蛋白类物质、改性淀粉、胶、酶	68
炸药、烟火制品、火柴、引火合金、易燃材料制品	91
照相及电影用品	15
杂项化学产品	567
塑料及其制品	237
橡胶及其制品	300
生皮（毛皮除外）及皮革	16
皮革制品、鞍具及挽具、旅行用品、手提包及类似容器	271
毛皮、人造毛皮及其制品	13
木及木制品、木炭	1162
稻草、秸秆、针茅或其他编结材料、篮筐及柳条编结品	3
纸及纸板、纸浆、纸或纸板制品	330
书籍、报刊及其他印刷品、稿件及设计图纸	246
蚕丝及其织物	248
棉花及其织物	2030
其他植物纺织纤维、纸纱线及其机织物	91
化纤长丝及其织物	489
化学纤维短纤及其织物	3279
絮胎、毡呢、特种纱线线、绳、索、缆及其制品	297
地毯及纺织材料的其他铺地制品	42
特种布、簇绒织物、花边、装饰毯、装饰带、刺绣品	573
浸渍、涂布、包覆或层压的纺织物、工业用纺织制品	35
针织物及钩编织物	105
针织或钩编的服装及衣着附件	201
非针织或非钩编的服装及衣着附件	1148
其他纺织制成品、成套物品、旧衣着及旧纺织品、碎织物	842
鞋靴、护腿和类似品及其零件	241

续表

商　品　名　称	出　口　金　额
帽类及其零件	10
雨伞、阳伞、手杖、鞭子、马鞭及其零件	121
已加工羽毛、羽绒及其制品、人造花、人发制品	27
石料、石膏、水泥、石棉、云母及类似材料的制品	103
陶瓷产品	549
玻璃及其制品	174
珍珠、宝石、贵金属、包贵金属及其制品、仿首饰、硬币	2564
钢　铁	1208
钢铁制品	938
铜及其制品	246
铝及其制品	2829
铅及其制品	5510
锌及其制品	2428
锡及其制品	10953
其他贱金属、金属陶瓷及其制品	547
贱金属工具、器具、利口器、餐匙、餐叉及其零件	224
贱金属杂项制品	267
动力、机器、机械器具及其零件	4192
电机、电气设备、录放机、电视机、广播通讯设备	4197
铁道运输工具及铁道运输设备	102
车辆运输工具,(铁道及电车道车辆除外)	957
船　舶	46
光学、照相、计量、检验、医疗、精密仪器及设备	1844
钟表及其零件	223
乐器及其零件、附件	2
家具、寝具、褥垫、未列名灯具及照明装置	158
玩具、游戏品、运动用品及其零件、附件	496
杂项制品	492

1989～1999 年边境贸易进出口总额

单位：人民币万元

年 份	总 额	出口额	进口额
1989	101182	67611	33571
1990	125708	72148	53560
1991	164094	94933	69111
1992	227028	131078	95950
1993	287329	192575	94754
1995	302813	152830	149983
1996	113920	37838	76082
1997	61540	34875	26665
1998	108520	73795	34725
1999	238220	191912	46308

实际利用外资额

（1990～1999 年按投资方式分）

单位：万美元

项 目	1990 年	1994 年	1995 年	1996 年	1997 年	1998 年	1999 年
总 计	1096	31414	34479	33800	31334	29768	23800
一、对外借款	359	11114	11979	15800	14834	15200	8400
双边政府混合贷款	228	9454	8044	4926	1162		
国际金融组织贷款		1660	3025	10140	13522		
商业性货款			910	734	150		
出口信贷	76						
外国银行现汇贷款	55						
对外发行债券、股票							
二、外商直接投资	260	20300	22500	18000	16500	14568	15400
合资经营企业	234	13576	15599	12042	11038	9677	
合作经营企业	26	2573	1012	828	759	21	
独资企业		4151	5889	5130	4703	4870	
合作开发							

1980～1999年进出口贸易总额

单位：万美元

年 份	进出口总额	出口总额	进口总额	差 额（＋出超，－入超）
1980	11037	9601	1436	+8165
1981	13474	10331	3143	+7188
1982	13614	10927	2687	+8240
1983	14724	11852	2872	+8980
1984	15076	11138	3938	+7200
1985	20953	12901	8052	+4849
1986	26537	19893	9644	+7249
1987	34217	26226	7991	+18235
1988	44388	34196	10192	+24004
1989	54768	37442	17326	+20116
1990	54842	43449	11393	+32056
1991	55051	40097	14954	+25143
1992	67056	46653	20403	+26250
1993	84008	52291	31717	+20574
1994	134406	91016	43390	+47625
1995	189609	121548	68061	+53487
1996	192220	109631	82589	+27042
1997	193698	117224	76474	+40750
1998	190329	117376	72953	+44423
1999	165967	103443	62524	+40919

注：本表数字均未含边境贸易统计数，1998年以前为外贸业务数，1999年为海关进出口统计数。

1999年云南省与西南四省区主要经济指标

	单 位	云 南	四 川	贵 州	广 西	西 藏	重 庆
年末人口	万人	4192	8550	3710	4713	256	3075
国内生产总值（当年价）	亿元	1855.74	3711.6	907.33	2001.68	103.4	1488.49
农业总产值	亿元	642.47	1456	407.12	844.7	5.8	416.95

续表

	单　位	云　南	四　川	贵　州	广　西	西　藏	重　庆
工业总产值	亿元	1017.29	1893.47	551.72	909.47	15.82	846.99
轻工业产值	亿元	559.93	808.97	189.84	386.35	5.6	284.42
重工业产值	亿元	457.36	1084.50	361.88	523.13	10.23	562.57
主要工农业产品产量							
粮　食	万吨	1399.25	3668.4	1125	1575	86	1112
油　料	万吨	20.02	152	67	55		24
甘　蔗	万吨	1526.53		56.84	3220.64		
烤　烟	万吨	60.95		32.32			7.2
水　果	万吨	73.83		32.37	405.19		71.7
茶　叶	万吨	7.51		1.84			1.4
猪牛羊肉	万吨	180.35	502.6	109.7	213.72		126.39
水产品	万吨	15.53	46.1	5.5	230.93		19.13
布	亿米	0.61	5.84	0.56	0.83		3.78
机制纸	万吨	12.78	44.47	5.04	67.62		4.76
糖	万吨	162.52	7.02	0.98	374.30		0.03
卷　烟	万箱	603.97	123.30	187.60	82.75		68.7
钢	万吨	178.72	609.05	140.09	118.85		173.58
成品钢材	万吨	182.01	543.5	118.77	108.27		135.10
原　煤	万吨	2664	2086.64	4025.05	816.06	2.23	1183.22
发电量	亿千瓦小时	298.20	443.86	334.46	247.3	6.33	158.27
水　泥	万吨	1622.77	2591.18	710.29	2062.55	39.04	1197.6
工业木材	万立方米	133.4	59.97	31.85	336.4	13.45	0.35
运输邮电							
货运周转量	亿吨公里	443.09	572.7	355.31	698.2		356.11
旅客周转量	亿人公里	237.99	560.1	224.2	440.19		255.71
邮电业务总量	亿元	53.74	110.7	30.45			50.73
全社会固定资产投资	亿元	717.28	1220.7	333.9	622.07		560

续表

	单　位	云　南	四　川	贵　州	广　西	西　藏	重　庆
国有单位投资	亿元	498.35		210.8	302.58		252.41
社会消费品零售总额	万元	538.95	1382.6	313.9	791.3	37.5	596.3
外贸进出口总额	亿美元	16.60	24.7	5.48	17.53		12.1
出　口	亿美元	10.34	11.4	3.58	12.47		4.9
进　口	亿美元	6.25	13.3	1.9	5.06		7.2
地方财政收入	亿元	172.67	211.48	74.26	133.54		89.68
地方财政支出	亿元	378.05	363.5	170.72	224.14		166.31
城镇居民人均可支配收入	元	6178.68	5477.89	4934.02	5619.54	6908.67	5895.97
农民人均纯收入	元	1437.63	1843	1363	2048	1309	1737

注：工业总产值统计范围为国有工业及年销售收入500万元以上的非国有工业。

1999年云南主要经济指标在全国的位次

	单　位	指　标　值		云南在全国的位次
		云　南	全　国	
年末人口	万人	4192	125909	13
国内生产总值（当年价）	亿元	1855.74	82054	18
第一产业	亿元	412.17	14212	16
第二产业	亿元	825.12	40806	17
第三产业	亿元	618.45	27036	19
农业总产值	亿元	642.47	24519	
工业总产值	亿元	1017.29	73389.56	20
轻工业产值	亿元	559.93	31612.74	15
重工业产值	亿元	457.36	41776.81	25
全社会固定资产投资	亿元	717.28	29876	
国有单位投资	亿元	498.35		
社会消费品零售总额	亿元	538.95	31134.7	23
进出口总额	亿美元	16.60	3607.25	
出　口	亿美元	10.34	1949.25	17
进　口	亿美元	6.25	1658	20

续表

	单　位	指　标　值		云南在全国的位次
		云　南	全　国	
财政收入	亿元	172.67	11377	
财政支出	亿元	378.05	13136	
城镇居民人均可支配收入	元	6178.68	5854	9
农民人均纯收入	元	1437.63	2210	28
农产品产量				
粮　食	万吨	1399	50833	16
油　料	万吨	20	2600	24
甘　蔗	万吨	1526.53	7470	3
烤　烟	万吨	60.95	218.5	
水　果	万吨	73.83	6100	
茶　叶	万吨	7.51	68	
猪牛羊肉	万吨	180.35	4005.6	
水产品	万吨	15.53	4100	
工业产品产量				
布	亿米	0.61	250	25
机制纸	万吨	12.78	2356.61	22
糖	万吨	162.52	861	2
卷　烟	万箱	603.97	3340	1
钢	万吨	178.72	12426	19
成品钢材	万吨	182.01	12057	19
原　煤	万吨	2663.63	104500	11
发电量	亿千瓦小时	298.2	12393	19
水　泥	万吨	1633.77	57500	13
木　材	万立方米	133.4	5049	7

注：工业总产值统计范围为国有工业及年销售收入500万元以上的非国有工业。

（本篇统计资料系由云南省统计局　供稿）

第九篇　云南部分企事业单位概况

红塔集团玉溪卷烟厂区一角

第九篇　云南省部分企事业单位概况

曲靖卷烟厂再造发展优势

曲靖卷烟厂　始建于1966年，是国家大二型企业，拥有固定资产22.7亿元，所有者权益26.4亿元，员工4612人，年百万箱卷烟生产能力。1997年以来，深化学邯钢，深化内部改革，强化各项管理，以创新求生存、求发展，经济效益大幅攀升。1999年生产卷烟82.5万箱，完成最终销售收入42.58亿元，现价工业总产值31.43亿元，工业增加值26.6亿元，税利25.1亿元，分别比上年增长4.7%、10.9%、17.2%、19.1%，创历史最好水平。

一、转变观念，向创新要效益

在加快实现“两个根本性转变”和参与市场竞争的过程中，厂从自身实际出发，积极探索人的潜能的最大发挥和最低成本指标实现的最佳途径，以人本管理为基础，千方百计调动员工的积极性、主动性和创造性，几年来，进行了观念创新。首先是勇于否定自我、超越自我。突破旧的思维模式和行为习惯，以创新的意识审视企业经营、改革各项活动，把市场的压力变为企业自身加强管理、推进技术进步，提高员工素质和提高经济效益的内在动力，彻底破除烟草企业的优越感，特别是1998年7月份以来，我们企业领导班子针对烟草行业面临的严峻形势，提出了解放思想，转变观念，内抓改革，外求发展的改革思路，在职工中广泛深入地开展了“我与曲烟、我爱曲烟、我为曲烟”为主题的为期半年的解放思想大讨论，开展了“市场、竞争与挑战”教育演讲活动，强化了发展观念、质量观念、市场观念、改革观念和效益观念，居安思危、居危思危。其次，面对层出不穷的新情况、新事物和市场化、国际化、知识化的挑战，坚持不断地学习，以新知识接受新事物，以新思维研究、解决新问题。在1998－1999两年的厂庆活动中，我们没有举行规模较大的庆典仪式，而是从北京请来了著名的教授、学者，从邯钢请来了经济专家给职工授课，灌输经济管理观念，进行知识和观念的更新。还成立了CI策划委员会，从企业经营理念、品牌总体战略和企业文化氛围入手，全面塑造企业形象。

二、抓改革，向机制要效益

改革是企业管理的动力。实践使我们认识到，只有加强管理，实现“管理科学”，才能保证改革最终目标的实现。我们根据国内外成功企业的经验，根据企业内外环境条件，制定了推动企业健康发展的改革内容和战略目标，在管理创新方面进行了一系列有成效的探索。一是择优上岗，引入竞争机制。进行内部机构改革，设立了14个部辖64个科室。进行干部制度改革，共有467人、929人次参加竞争，121名干部通过竞争上了岗。进行劳动用工改革，合理、科学地设置和调整劳动组织，坚持以产定人，以岗定员，公开招聘，层层竞争上岗，共有189个岗位、583人参加了竞争，到今年年底全厂基本形成人员上岗竞争、分流、转岗、培训和减员增效的格局。二是工效挂钩，激活内部分配，进行分配制度改革，建立了“人随岗定，薪随岗变，易岗易薪”的分配激励机制，分配向生产一线、科技人员和市场营销人员倾斜，使员工的利益切实与企业经济效益挂钩。三是搞活经营，增强综合竞争实力。进行经营管理体制改革，在商商联营中，同10家省外烟草经销商成立了有限公司。将销售阵地前移，在全国七个大区分设7个销售分部，派出了404名营销人员常驻销区。率先在云南烟草系统内完成了职工持股会的宣传、组织和设立工作，完成了曲靖福运有限公司改制试点工作，使该公司于1999年10月1日挂牌，运作当月即实现净利润49.32万元，11月份实现净利润73.93万元，一举扭转了原运输科连年亏损的被动局面，为改制工作开了一个好头；对原曲烟实业集团公司进行了分离改组，对靖港包装材料有限公司实施了债转股，与此同时，成立了曲靖福牌纸制品有限公司和曲靖福牌实业有限公司筹备组，完成了成立上述公司的前期准备工作，并积极探索其他项目的入股形式。在生产组织形式上，开展了“农工乡（镇）”烤烟生产组织形式的试点改革，选派38名科技副职到基层挂职，还加强了与美国菲莫公司的合作和技术交流，为生产出国际水平的优质烟叶打下了基础。

三、抓整改，向管理要效益

曲靖卷烟厂是一个有着良好管理基础的企业。但由于计划经济时代的漫长束缚，一套陈旧的管理模式不能完全适应市场经济发展的要求。邯钢经验的推广，给企业进一步发展带来了契机。我们分期分批组织人员到邯钢、玉烟、昆烟等企业学习先进的管理经验和经营策略，使自己有了学习的目标和榜样，先后组织开展了“转机制，抓管理，练内功，增效益”、“企业管理年”和“创管理样板车间”活动，扎扎实实地抓好企业的内部管理。

（一）建章立制，规范管理。厂里制定和完善了《经济管理制度》、《经济责任制》、《综合平衡计划》、《技术经济定额》等制度和办法，建立健全了各个岗位的经济责任制和各专业部门的经济责任制，推行成本、费用目标管理，成本费用目标与奖金挂钩25%，坚持把物耗、指标分解到每个班组、机台和个人，对卷烟生产所需的各种物资进行月盘点，运用内部银行结算手段控制生产费用和物资储备定额，对各科室、车间实行费用包干，指标由厂部进行考核，形成人人头上有指标，个个部门控制费用的良好局面。

（二）查找缺陷，正视差距。以召开生产调度会、产品质量分析会、经济运行分析会、总评会等形式，对影响产品质量、成本、市场竞争力的问题逐条进行分析，重新剖析了在企业管理中的一些传统做法，控制成本，从源头开始。1999年，我们继续对公用机动车辆进行清理，二批报废拍卖处理机动车83辆，为企业节约资金478万元；对部门（科室）公务用车实行费用定额控制，预计节支200万元。成立物业清理领导小组，对通讯工具使用范围大幅度压缩，移动电话由原来的140部减少到现在核准使用的91部，凡属企业公费配置的传呼机全部价拨给个人，同时给予报销服务费的传呼机减少了141部，还加强了内部市话管理，并对少数职工利用公务电话打168台进行了加倍考核罚款，年度通讯费用合计节约开支187万元。为减少铺张浪费，全厂收回复印机37部，由党政办统一使用6部，一律实行双面复印，总共节约纸张物耗费用40万元。加强了审计力度和物价监管力度，全厂合同商务谈判691项，原报价金额122986.75万元，审定118210.62万元，审减4776.13万元；基建技改结算审计124份，原报价9819万元，审定9569.33万元，审减249.67万元。从1999年下半年开始，物资采购、工程建设凡具备招标条件的均采取竞标的方式决定供应商和施工单位，仅卷烟辅料采购，下半年的采购单价与上年相比，节约采购资金2269万元。进一步明确了资金计划管理的职责、业务归口管理部门和范围、计划申报程序、审批权限、组织实施、计划完成情况的追踪检查。强化了资金开支计划的联审制度，计划统计部门根据各部门上报的追加计划，做到一一落实原因，并由厂长和总会计师亲自把关、会同财物、企管、设备基建等部门集体研究，1999年共减少不必要开支648万元。成本和费用挂钩由点到面取得突破，从1999年8月1日起，机关后勤部门实行可控费用定额管理，分月计算，按季考核，10月份考核8、9两个月，有六个科室被否决或部分否决25%的月奖，4季度可控费用明显下降，按可比口径计算，下降近100万元。

（三）挖掘潜力，降低成本费用，增加效益。厂里各部门深入开展“双增双节”和降耗减损活动，从原辅料质量和价格到货物的运输价格，从生产过程所涉及的水电汽到各工序的一次投入产出合格率、成品率、包装材料消耗率，从技改工程的每一笔投入到管理部门的每一笔办公费用开支，大家都精打细算，深入挖潜，克服各种浪费现象，注重提高效益。主要是，狠抓各项基础管理，优化质量创名牌，该厂于1998年5月顺利通过了ISO9002国际质量体系认证，产品质量经各级检测合格率均达100%。调整产品结构，加强科技开发，培育新的经济增长点，研制开发了“福”牌高档次卷烟和低焦油11毫克特醇“福”卷烟投放市场。认真做好科技成果的消化吸收和老厂品改造、降焦工作，进行科技创新，“石林”、“吉庆”、五朵金花”牌卷烟共降低成本969万元，节约上等烟13987.3担，产品改造取得了较好的经济效益。开拓市场，扩大销售。全厂树立了一切服从市场需要的观念，强化营销管理和服务，让利销区，合理投放，对卷烟车皮实行了武装押运，各月计划兑现率100%，市场不断巩固和拓展，值得一提的是有些跑市场的同志，不住宾馆住普通招待所，不打“的”骑自行车搞调查，得到销区的赞誉。开源节流，厉行节约。烟叶仓库利用率由原来的50%提高到65%，处理烟梗、碎烟把头、霉烟57.84万担，腾出了货位，每年间接地节约了200多万元的储存保质搬运费，清退外租仓库节约租金58.7万元。与上年相比，辅料成本降低2200多万元，广告宣传竞标采购降低费用134.58万元。全厂卷烟单箱耗烟叶39.74kg与上年的40.6kg相比，下降0.86kg。1999年，厂被省经贸委等单位评为节能降耗先进企业，被评为全省大中型企业管理大一型企业，被国家局评为设备管理二级企业。

通过3年来学邯钢活动特别是1999年各项制度改革的运作和尝试，厂里在提高企业整体素质和经济效益方面取得了一定的成绩，被省局推荐申报全国烟草系统先进集体，继续保持了省文明单位荣誉称号。面对我国加入世贸组织和激烈的两烟竞争实际，该厂领导和职工决心进一步深入持久地开展学邯钢活动，继续消化各种不利因素，深化内部改革，强化内部管理，挖掘内部潜力，通过降低成本，提高产品质量，增强企业的市场竞争力，努力使厂的管理水平再上一个新的台阶。 （董学军）

云南移动通信公司

中国移动通信 沟通从心开始

中国移动通信集团云南移动通信公司 成立于1999年8月1日，公司下辖昆明、曲靖、玉溪、思茅、临沧、红河、大理、丽江、保山、文山、西双版纳、德宏、楚雄、迪庆、昭通、怒江等16个地、州（市）移动通信分公司和县级企业，管理两个附属企业。公司主要经营国家公众移动电话业务及提供相关的移动通信增值服务。目前，公司主要采用世界上最先进的“GSM”数字移动通信技术，向公众提供“全球通”数字移动电话服务（135、136、137、138、139），该系统通话质量高、保密性强，业务功能完备。

多年来，在云南省委、省政府的领导和关怀下，截止到2000年7月20日，全省拥有GSM数字移动电话交换容量127万门，发展用户达120万（其中神州行用户8万），网络覆盖全省128个县市区、大多数经济发达的乡镇、开放边境口岸及国家级、省级风景旅游区，已建和在建的高等级公路、水运航道正逐步实现无缝覆盖，市场占有率在95%以上，是云南省主要的移动电话运营公司。公司全部系统采用世界上最先进的诺基亚GSM交换系统和基站子系统，网络运行质量处于全国中上水平，现全省移动电话普及率已达2.5%以上，预计到2000年底，网络容量将达206万门，用户数超过150万户，实现今年全省移动电话普及率突破3%的目标。

随着社会经济的发展和技术进步，世界电信

业自二十世纪九十年代以来，发生了深刻的变革，电信已经突破仅提供话音信息的传统概念，向人们提供包括数据等方面的服务，而在这次信息技术革命中，移动通信以其独特的优势和迅猛发展速度成为世界电信发展的两大主流趋势之一，在经济和社会生活中起到了重点的基础作用。从今年5月10日开始，云南移动通信公司以其技术优良的系统平台，把移动通信互联网紧密结合作为奉献给广大用户的一份厚礼，开通了信息点播、WAP业务（无线应用协议）、IP电话，到年底前，还将提供移动秘书、手机银行等系列增值服务，这是建设中国移动互联网工程的开端，也是移动通信从第二代技术逐步向第三代（3G）技术平稳过渡的基础。建设中国移动互联网，可以将当前电信业增长最快的因特网和移动电话两个领域有机地结合起来，从而促进国家信息化水平的提高，实现人类在任何时间、任何地点，利用任何媒体与任何人进行传送任何信息的梦想。云南移动通信公司将积极追踪移动通信的发展趋势，保持与世界电信业同步发展的步伐，及时为云南用户提供最新、最先进的服务。

随着新世纪的来临，世界经济正向全球一体化和信息化方向迈进，我国加入WTO在即，电信业的开放已成为必然，更加激烈的竞争局面已经出现，提高自身的核心竞争力将是云南移动通信继续保持市场优势的基础，为此，云南移动通信GSM六期工程又投资近15亿元，扩容交换容量90万门，扩大网络覆盖面。

在云南移动通信的发展过程中，云南移动通信公司遵循**"沟通从心开始"**的经营理念，主动让利于用户，不断降低包括入网费在内的各项服务资费，同时，提供"神州行"的服务，满足社会不同的需要，使移动电话真正由奢侈品变成寻常百姓的沟通工具。在服务上，先后与工商银行、建设银行签署了代收话费协议，充分利用两家商业银行服务网点广的优势解决了长期以来困扰用户和企业的交费难问题。建立了较为完备的社会代销、代办体系，包括通过邮政网为用户寄送话单，方便用户随时随地享受开户等服务的需要。开通了1860/1861客户服务中心热线特服电话，为用户申告、业务咨询、查询话费提供了方便、快捷的渠道。

中央关于西部大开发战略的实施是云南移动通信公司快速发展的良机，同时也面临着严峻的挑战，为迎接西部大开发的机遇与挑战，继续支持云南经济建设，服务广大用户，公司将加快网络建设步伐，扩大网络覆盖范围，提高网络运行质量和服务水平。"沟通从心开始"，公司将坚定不移履行普遍服务的义务，进一步树立"客户至上，客户是我们的衣食父母"的服务理念，倡导"以人为本、尊重个性、集体奋斗、服务社会"的企业核心价值观和"团结进取，开拓创新，服务奉献，务实求真"的企业精神，建立与客户相互信赖、相互依存的关系。以市场为导向，转换经营机制，深化企业改革，建立现代化制度，加快结构调整，实现资源的优化配置和国有资产的保值增值，提高运营效率和经营效益，全面增强网络的综合能力和服务水平。

总经理：李秀川
副总经理：苏少林　赵立功　吴剑锋
通信地址：昆明市环城南路45号
客户服务中心热线：1860/1861
电子邮件：Ynmobile@public.km.yn.cn
网址：wap.YN.chnmobile.net

云南医药集团有限公司

云南医药集团有限公司　1999年在经济大环境较为严峻的情况下，通过努力，遏制了经济下滑趋势，使经济运行得到好转。1999年集团公司完成销售收入21.96亿元，同比增长4.4%，实现利税总额2.44亿元，同比增长13.6%，其中实现利润1.198亿元，同比增长

5.5%。完成工业总产值6.72亿元（1990不变价），同比持平；产销率91.12%。进出口总额完成491万美元。

1999年是改革改制力度较大的一年，集团公司所属13家工商企业、科研所都进行了不同程度的改制，取得了良好成绩。较为突出的成绩是：对内对外进行合作、交流较为活跃，合作对象从省内拓展到了与省外、国外和省院、省校及其它产业合作的广阔领域，并提升了合作的层次水平。通过对外合作交流使1999年成为集团公司引进资金最多的一年，全年协议引进资金4.9477亿元，其中外资4544.5万美元，内资11759万元；实际到位资金12779万元，其中外资243.4万美元，内资10759万元。为集团公司的发展注入了新的活力，主要合资项目有：（1）在省委省政府的关心和支持下，在黄炳生副省长的亲自带领下，集团公司与香港新世界集团签定了七个合作意向书，协议引资4339万美元。11月23日，七个合作项目之一的合资组建昆明福林堂药业有限公司项目在昆明正式签约，引资241万美元，已全部到位；（2）由集团公司、昆药公司和香港中国营造有限公司合资创办了津桥英华美（昆明）学院，并于去年9月中旬正式开学；（3）金殿制药厂与加拿大泰立进出口贸易公司签订了有关的合资协议，引资1568万元，该项目已获批准；（4）经省政府同意，集团公司与玉溪红塔集团转让部分云白药股权协议正式签字，该公司将所持有云白药股权的一部分转让给红塔集团，使之成为云白药的第二大股东，实现了我省两大企业集团两大著名品牌跨行业的优势互补和强强联合。（5）去年，集团公司与省内科研院所密切合作，成立了专家咨询委员会，借“脑”兴药，为集团公司在科研，产品开发，战略发展和重大技术项目等方面提供咨询，使决策更加科学化；（6）集团公司与华夏银行签订了银企合作协议，在遵循国家贷款通则的前提下，可在8000万元以内给予该公司受信额度；（7）在过去的一年，集团公司及所属企业积极寻求与国际，包括美国、日本、瑞士、新加坡和国内十数个知名大企业大集团进行合作交流。为集团公司的长远发展打下了基础。

1999年按照集团公司关于“加大科技创新力度，实施科教兴药”的指导思想和工作计划，科技创新工作取得进展；（1）在实施发展医药“五个一”工程中，取得一定成效。一是组织申报了一批技术项目。积极向国家经贸委、科技部，省科委等有关部门申报科技项目。二是组织认定了一批高新技术企业。昆明金殿制药厂、昆明天紫红制药厂、云南白药集团股份有限公司、昆明康普莱特制药有限公司四家企业被认定为云南省高新技术企业。三是研制开发、推广一批新药。四是推广应用一批医药新技术。五是培养引进一批技术创新人才。云白药公司被中华人民共和国人事部批准建立博士后科研工作云南省的首家企业。（2）积极参加把医药产业建成高新技术产业及优势产业的调研工作报告。这些软课题的完成，对指导全省医药经济和集团公司的发展起到了积极的作用。（3）支持重视科技进步及奖励。胆清片和络泰粉针被评为云南省1999年度科技进步3等奖，这是集团公司成立以来首次同时二个项目获得奖励。集团公司对各单位申报的12个项目，经过评委会评审，评定出6个获奖项目。这些项目1998年新增产值2558万元。新增利税950万元。充分体现出科技对医药经济的贡献。（4）努力搞好信息化建设。完成了昆明福林堂药业有限公司连锁经营计算机网络建设的部分工作。现该公司配送中心、指挥中心等核心的功能已全面开通运行。对集团公司及下术企业相关人员开展了互连网基础知识普及讲座、培训。为集团公司和下属企业保护性抢注了国际域名21个，国内域名31个，有效地保护了一批无形资产，为开展电子商务打下了基础（5）抓紧现有企业的技改工作。1999年集团公司所属企业完成固定资产投资5723.38万元。针对集团内工业企业GMP达标程度低的状况，各企业都开始注意抓好此项工作。

地址：昆明市北京路547号
电话：3134722；**传真**：3110186
邮编：650051

云南南塔人造板（集团）有限责任公司

云南南塔人造板集团公司　始建于1987年，原名牟定县人造纤维板厂，十多年来公司坚持以深化企业改革抓管理，强化以市场为导向的经营方针，不断开发新产品，实行科学化、规范化管理，使管理由粗放型向集约型发展，形成了“以科技进步为先导，以产品质量为生命，以市场开拓为导向，以内部管理为基础，以职工利益、企业效益增长为目标”的发展模式，企业不断发展壮大，已建成年产2000吨普通硬质纤维板生产线，年产1.5万立方米中密度纤维板生产线，年产5000吨人造板专用胶生产线，年产90万平方米的饰面板生产线，产品有2.5—30mm的中密度纤维板系列产品、三聚氢胺板贴面板系列产品、宝丽板系列产品、不饱和聚脂树脂系列产品。集团公司下属18个企业，现有职工386人，具有高、中、初级职称的专业技术人员163人，全公司占地面积100余亩，拥有总资产8530.5万元，是生产人造板系列产品的专业生产厂家。工厂设备先进，自动化程度高，技术力量雄厚，检测手段完善，公司生产的人造板系列产品，经省级和国家级质量监督检验部门鉴定，各项指标均达到国家标准，取得了生产许可证和产品合格证，1992年荣获省级“用户满意、质量信得过”“金缨”产品奖，1993年获省级“全面质量管理合格证书”，1994年、1995年获楚雄州“质量管理先进企业”称号和云南省优秀QC成果奖，1995年该厂雕花纤维板产品经云南省乡镇企业名牌产品审定委员会评为“省级金奖”，同年10月又获国家农业部“全面质量管理达标证书”。1991年以来，连续五年被县人民政府授予“重合同守信用单位”称号，1996年被云南省授予“重合同、守信用先进单位”；董事长冷忠福1993年被省命名为“质量厂长”、省州“优秀企业家”称号，1994年被国家农业部授予“全国乡镇企业家”称号。产品取得了出口权，畅销省内外并出口东南亚一些国家，产值、税利连年增长，由1991年总产值154万元、税利17.1万元，到1998年总产值4599万元，税利286.2万元，与1991年相比产值增26.28倍，税利增16.73倍，1999年总产值4521万元，上缴税金127万元，是县内产值高、税利高、贡献大的乡镇企业，成为牟定县林业发展和林产品制造、加工的龙头企业。

厂　址：牟定县城新南路万寿宫

董事长、总经理：冷忠福

电　话：（0878）5220598、5211198

传　真：5211008

邮　编：675500

昆明雪兰牛奶有限责任公司

昆明雪兰牛奶有限责任公司于2000年1月1日开始运作，5月16日正式揭牌，是一个由昆明市牛奶公司，昆明市一农场奶牛场、食品厂，昆明市二农场奶牛场、饲料厂，昆明市三农场奶牛场、饲料厂，昆明市红星农场奶牛场，昆明市乳畜所，昆明市农垦总公司以及云南省种畜场奶牛场，昆明市西郊农场奶牛场共同组建的有限责任公司，董事长张藻、总经理朱宝。公司下属8个奶牛场（有5000头优质健康的荷斯坦奶牛和扶持农村专业户饲养的杂交奶牛10000多头）、2个乳品加工厂（有20条国内外较先进的乳品加工生产线）和具有国内先进检测手段的化验室，有净资产3000多万元，拥有职工809人，（其中高职技术人员5人，中职技术人员29人，初职技术人员113人），日加工鲜奶可达100吨。其产品有雪兰牌（1000ML、500ML、250ML）纯牛奶、雪兰牌瓶（袋）装消毒牛奶、雪兰牌果味系列奶、雪兰牌瓶装和塑杯系列酸牛奶。以上产品除供应昆明市属区县外，还远销到曲靖、思茅、文山、红河、楚雄、西双版纳等地州县市。

本公司历来奉行以质量求信誉、以服务求效益的宗旨。公司连续12年被省、市评为“重合同、守信用”单位，是昆明市的优秀企业和市级精神文明单位。其产品荣获“99年第五届云南省消费者喜爱商品”称号和中国食品工业协会“国家质量达标食品”的荣誉，2000年5月28日被中国食品工业协会评为“中国知名乳制品信誉品牌”。

董事长：张　藻
总经理：朱　宝
电　话：（0871）5151988
邮　编：650051
地　址：昆明市环城北路100号

昆明圣火制药有限责任公司

昆明圣火制药有限责任公司　是云南省科委下属的一家民营高新科技股份制企业，系云维集团控股公司。公司以开发利用云南省丰富的生物资源，进行中成药的生产及销售为主，并重点针对云南的名贵特色药材“三七”进行全面、系统的深度研究和开发。

目前，公司由国家药品监督管理局正式批准生产的“理洫王”牌血塞通软胶囊不仅是云南省第一个获批国药准字的产品，也是国内目前惟一获批国药准字的三七类制品，该产品拥有广阔的市场前景。同时，公司自行研究、开发的“玉容露”系列产品，取得了保健药品的批准文号，还获得了国家轻工总会颁发的功能性化妆品批准文号，“玉容露”有面乳、面霜、面膜、洗发香波等不同产品，并分为女士、男士、中老年、儿童四大系列，配方以多种名贵中药材组成，填补了国内目前纯中药保健型化妆品的空白。此外，已获准生产的药品多达10余个，形成以药品为龙头，兼顾化妆品、保健食品的科学、合理的产品格局。

公司以7万余元的资金起家，经过五年艰苦创业，资产已净增近千倍。云维集团投资控股后，公司全面实施《三七高技术产品规模化生产项目》，该项目已经国家计委批准列入《西部大开发国家高技术产业化示范工程》，公司新厂区一期工程已顺利启动，预计2000年12月底竣工，新厂严格按制药企业GMP标准设计建造，建成后，将形成原料药提取、软胶囊、片剂、颗粒剂、硬胶囊、针剂等完善的生产线。其中，在现有软胶囊生产线的基础上，将从美国引进2条目前国际最为先进的软胶囊生产线，一期工程完成后，年生产能力将达到10亿元以上。

进入新千年，圣火制药将禀承“团结进取、科技立业、锲而不舍、精益求精”的企业精神，积极进取、勇于开拓、稳步发展，争取成为云南生物制药高新技术龙头企业。

法人代表：李剑秋
地　址：昆明经济技术开发区牛街片区
总经理：兰桂华
联系电话：0871－7261422
传　真：0871－7261422
E－mail：Kmshzygs@public.km.yn.cn
网　址：www.kmholyfire.com.cn
邮　编：650217

云南康和工贸集团有限公司

云南康和工贸集团有限公司　前身是云南省弥勒县弥东乡“五小”企业，始建于1978年。在党的十一届三中全会路线的指引下，弥东乡“五小”企业在以杨正元为首的领导班子率领下，提出以“人和”为贵，以市场为导向，围绕大厂办小厂的经营管理思路和战略决策，率领全体干部职工，发扬艰苦奋斗、团结拼搏、求实进取的优良传统和作风，使“五小”企业至1993年迅速发展成为具有一定规模和实力的云南省弥勒县工贸总公司。当时任总经理的杨正元紧紧依靠全体干部职工，真抓实干，创建了完整的工业小区，建立了现代化生产的卷烟辅料、建筑建材、精细化工、储运和运输等五大支柱产业，其中包括铝箔、包装箱、木制地板等14个厂和分公司，3个合资企业。至1996年，经过18年的艰苦创业，始被云南省首批批准为乡镇企业集团，即云南康和工贸集团有限公司。杨正元总经理被评为云南省优秀企业家。

1998～1999两年来，在董事长杨正元的率领下，全体干部职工共同努力，下设17个企业逐渐复苏运转，现有固定资产7578万元，有职工1300余人。公司地占210亩，厂、库房和职工宿舍楼建筑面积15万平方米，工业区有从西德、意大利等国进口的科技含量较高的自动流水线和中外结合的电脑全自动高速彩印生产线等设备。主要产品“包装制品”、“高级木地板”、“水松纸”等产品，远销云、贵、川、广东、上海、海南等省市和越南。

1998年完成生产总值7812万元，实现税金357万元，利润404万元。1999年完成生产总值1.15亿元，实现税金592万元，利润523万元。1998年被红河州委、州政府评为发展非公有制经济先进单位。1999年被评为红河州私营企业38强之一，被省政府评为云南省100户私营企业重点扶持户之一，包装制品评为省优产品。

法人代表：杨正元
总经理：郑志刚
地　址：弥勒县军校工业区
邮　编：652300
电　话：6127139　6134893

罗平县自来水公司

罗平县自来水公司　建于1976年，地处县城中心文化路，现有在职职工90人，担负着县城4000多户50000多人的生产、生活用水的重任。1999年该公司在县委、政府的重视和建设局直接领导及支持下，职工求实进取，产水水质综合达标率有了大幅度提高。新装主管道，建立了趋于科学的管理方式和建立竣工图标档案，主水管道的安装技能有所提高，物资供应计划逐渐走向完善和及时化，水费回收和查处私拉乱接比往年力度加大，加强了宣传与自我宣传力度，对外协调已取得初步效果。

1999年，自来水公司取得了一定成绩，完成了各项任务，从1月至11月份产水量为355万m^3，与上年同期相比增加了11.3%；水处理厂2000多平方米的草坪绿化，花木的管理，在公司的要求下都由制水人员监管，并且划成片区，各组管理一片，各负其责，一旦发现由于管理不善而造成的损失由管理人员承担部分责任。因而厂区绿化取得效果。

2000年，在公司领导和水厂负责人的大胆管理下，制水人员翻填滤料4次，冲洗沉淀池12次，排泥12次，填写化验报表200余份，修理机械数十次，有效地保障了正常供水。同时，生产技术人员办理了水表户籍872户，其中新装水表738户，改装134户，实现经济收入20余万元，组织实施安装直径为80毫米以上的主水管道7000多米。

通过营业所全体职工的共同努力，1999年1～10月份完成水费回收274.05万m^3，以去年同期相比增长了9.8%，检验水表1220只，修理主输水管道爆裂8次，为用户修理分支管理100余次，获得修理费收入4649元，为公司经济增长发挥了重要作用。

安装队作为公司的前线先锋，无论是风和日丽还是严寒酷暑，他们都站在工作的第一线，一个个以饱满的精神状态、吃苦耐劳的工作作风和辛勤的汗水换来了公司的经济效益，同时也受到广大用户的好评，在没有安装任务的时候，安装人员主动到各部门联系清洗水池，1～10月份，共清洗水池180个，比去年同期增长18.5%。随着观音小区建设的迅速发展，安装队在观音小区设置了安装服务点，方便、快捷为建房户提供了安装业务，赢得了社会的好评。

1999年公司完成总产值234万元，全员劳动生产率3.1万元，供水327万m^3，单位成本0.95元/m^3，平均售价0.75元/m^3，千吨水耗电353度，千吨水耗药0.9mg，千吨水耗氯0.65mg，职工年平均收入9600元，资产总计1342万元。

罗平县自来水公司全体职工，正以饱满的精神状态，迎接新世纪的到来。

经　理：唐正贤
副经理：陈　维
电　话：(0874) 8212267
邮　编：655800
地　址：罗平县城文华路

安宁市自来水公司

安宁市自来水公司 于1964年5月成立。在市委、市政府、市水利局的正确领导下，公司遵循以效益为中心，以优质供水为重点，以服务为手段，全公司牢固树立全心全意服务大众的行业道德，在激烈的市场竞争中，克服困难，求真务实，开拓进取。

1999年，较好地完成了上级下达的各项工作目标；1999年度累计完成总产值577万元，实现利润134.44万元，完成售水量793.04万吨，售水收入575.48万元，上缴税利88.3万元，全面完成了上级下达的各项生产任务。累计实现利润134.44万元，比上一年实际完成数68.13万元增加了66.31万元，递增97.32%，人均创利2.79万元。全员劳动生产率为12.04万元，比上年同期10.49万元增加了1.55万元，递增了14.78%。做到全年无重大人员伤亡事故和设备运行事故，设备良好率年度达85%以上。水质综合合格率年度在95%以上，完全符合国家饮用水标准。年度无故停水未超过72小时。

1999年，公司精神文明建设取得新成果：公司除保持昆明市文明单位，安宁市文明单位外，年初又有五个科室被授予“文明科室”、一个岗位争创“巾帼文明岗”获得授牌，被评为“二星级”绿化单位和安宁市先进企业。公司分批组织全体职工参观了“中国昆明’99世博会；还组织职工参观了“安宁地区建国50周年成就展”。通过参观，开阔了眼界，鼓舞了信心。结合该司建厂历程，职工们表示：要以自己的奉献精神，把安宁市建设得更加美丽，经济更加发达。

经该公司近3年的努力，在上级的领导和大力支持下，安宁市供水工程已获省计委、建设厅批准立项，即将开工建设，该工程以车木河水库为水源，管道铺设近40公里，总投资预计9049万元。计划于2002年建成使用，建成后其日供水能力将达4万m^3，完全能够满足安宁市区2020年前城市发展需求。

公司还积极开展各种文体活动：参加安宁市建国50周年歌咏比赛获二等奖；11月份参加水电局青年运动会获得好成绩。年度内组织职工捐款达6135元。在让安宁“绿起来，亮起来，美起来”迎世博活动中，该公司被授予安宁市二星级“花园式单位”称号。

经理： 张萍明（1999年获安宁市先进厂长、经理等光荣称号）

地址： 安宁市城区百花西路35号

电话： （0871）8699106

邮编： 650300

安宁市畜牧兽医站

安宁市畜牧兽医站　成立于1957年，至今已有40多年的历史。主要任务是：贯彻执行畜牧业发展的方针、政策、法律，组织指导协调管理全市的畜牧业生产，推广良种和先进实用技术，发展全市的高产、优质、高效、低耗的畜牧业。经过多年的建设和发展，该站已发展成为畜禽良种繁育推广，商品禽蛋生产，新技术试验示范、推广，技术咨询、培训，信息服务等综合型事业单位，固定资产达1000多万元，拥有蛋鸡、乌鸡饲养场，乌鸡种鸡场，良种母猪扩繁场，技术开发服务部等实体，常年饲养新太湖、梅山良种母猪400头，年提供新太湖、长梅二元杂良种母猪3000多头，饲养蛋鸡3万只，产鲜蛋42万千克，饲养土乌鸡种鸡4000套，年提供鸡苗40万只，年批发零售兽药饲料300万元。

该站多年来为全市的畜牧业生产的发展做出积极的努力和贡献，多次荣获省市业务部门的奖励：1996年—1998年连续三年获昆明市政府禽蛋生产先进单位。1999年3月和1998年2月，两次分别获省政府畜牧业丰产二等奖。

1999年3月安宁市禽蛋商品基地建设项目获省畜牧局科技推广二等奖。1999年3月《半开放式蛋鸡舍采用纵向通风规模化饲养工艺的应用》获省畜牧局科技推广三等奖。1999年10月《半开放式蛋鸡舍采用纵向通风规模化饲养工艺的应用》获昆明市农业局科技推广二等奖。

安宁市畜禽良种场，是安宁市畜牧兽医站所属的事业实体。该场全部采用工厂化养猪、养鸡的成套设备，多年来加强对生产技术难题的研究，生产技术水平稳步提高。

安宁市畜牧兽医站技术力量雄厚，基础扎实，职工年轻有为，富有朝气，平均年龄33岁，具有较强的开拓进取精神和创新能力。这里交通方便，离昆明仅30公里，竭诚欢迎各界朋友、同仁光临指导，交流合作，共创畜牧业的新天地！

（安宁市畜牧兽医站）站长：周亚平
电话：（0871）8698122
（安宁市畜禽良种场）场长：施文华
电话：（0871）8697180
地址：云南省安宁市龙宝寺
（昆明西郊30公里处）
邮编：650300

云南开远水泥股份有限公司

云南开远水泥股份有限公司　位于滇南重镇开远市南郊。1969年底建成投产，经过两次技改扩建后，现已形成四条湿法回转窑水泥生产线。为适应市场需要，1996年10月又在昆明呈贡建成生产能力20万吨的水泥粉磨厂（云南开远水泥股份有限公司昆明公司）。总公司、分公司年生产能力为80万吨，为国家大二型企业，拥有净资产3.92亿元，在职员工1901人，各类专业技术人员376人。公司工艺设备先进、技术力量雄厚，是全国大中型水泥和云南省重点骨干企业之一。是全国最早使用低热褐煤煅烧高标号水泥熟料的湿法旋窑企业。

主要产品有：部优产品“红河牌”525＃（早强型）普通硅酸盐水泥、525（早强型）矿渣硅酸盐水泥和省优产品425＃矿渣硅酸盐水泥，同时可生产硅酸盐水泥、中热低热硅酸盐水泥、道路水泥；还可以根据用户的要求生产各种施工需要的特需水泥。其中525＃（早强型）普通硅酸盐水泥被中国矿产进出口公司授予免检产品，畅销省内外及出口缅甸、老挝、越南等东南亚国家，并成为日本大成公司承建鲁布格电站主体工程的指定产品；云南省“八五”重点工程蒙自五里冲水库以及许多现代高层建筑，如昆明工人文化宫、云南日报社大楼以及中外合资建造的高达36层的佳华广场大体积混凝土板块等都使用本公司生产的通用或特种水泥，工程质量上乘，深受国内用户和外商的信赖和欢迎。

公司产品连续保持了省名牌和部优产品称号，在1994年全国水泥产品质量评比活动中获“百佳企业”称号；1995年被中国科协中华科技精品推展活动组委会和中国硅酸盐学会推荐为“中华水泥精品”，同年底经中国名牌商品库组委会审定，加入“中国名牌商品库”。企业于1988年质量、消耗、经济效率和安全生产四项指标均达到国家二级企业标准，成为云南省建材行业第一个国家二级企业。

董事长、总经理兼党委书记：俞志尧
电　话：（0871）7122959
地　址：云南·开远·西南路
邮　编：661600

云南省林业调查规划设计院

云南省林业调查规划设计院　始建于1951年，总院下设大理、昆明、营林3个分院和9个直属队（室、研究所）。该院除从事林业调查规划设计工作外，还具有全省森林资源管理和森林资源监测的职能，实行一套班子，三块牌子（云南省林业调查规划设计院、云南省森林资源管理总站、云南省森林资源监测中心）。该院是国家林业局评审认定的“调查规划设计甲A级”资格单位，建设部评审认定的“工程勘察甲级”、“工程设计甲级”和“工程总承包甲级”资格单位，云南省城乡建设委员会评审认定的“云南省建设项目可行性研究甲级”资格单位。

该院始终坚持“质量第一，用户至上”的服务宗旨，以质量求生存，以信誉促发展。坚持贯彻“抓院风、抓管理、抓质量、抓科技”的十二字方针，努力提高调查规划设计质量，加大科技含量，以适应社会主义市场经济和林业可持续发展的需要。主要承担林业调查、规划、设计任务，包括如全省森林资源连续清查，县级森林资源二类调查与编制森林经营方案，自然保护区考察与规划设计，大江大河防护林体系建设总体规划，小流域生态环境综合治理设计，山区林业综合开发规划设计，飞播造林和荒山绿化造林规划设计，森林旅游规划与森林公园设计；长期进行森林调查积累的基础数据和各项总体规划的基本素材，可以有效地为云南林业发展宏观决策服务和广大林农脱贫致富服务。此外，该院还担负着全省森林资源管理与监测的行政职能，具有对基层林业生产单位监督检查与服务、指导功能。

为适应西部大开发和建设云南绿色经济强省的需要，充分发挥我院在生态环境建设和生物资源开发创新方面的作用，近年来，该院重点发展“3S”技术应用，即利用卫星遥感信息、全球定位系统和地理信息系统进行森林资源、生物多样性、生态环境调查与监测。同时，充分发挥技术优势，积极与省内外、国内外有关林业科研院所和大专院校开展协作，承担多项对外合作项目和国内大型项目的前期工作。大型国际合作项目有：世行贷款造林项目；中德合作造林项目（SGAP）；全球环境基金会生物多样性保护项目（GEF）；中荷合作森林保护与社区发展项目（FC-CDP）；中美合作滇西北保护与发展行动计划。近年来，该院已出版科学专著23部，发表科技论文640余篇，获省、部级科技进步、优秀设计一、二等奖7项，三等奖19项。

面对新的机遇，新的挑战，该院将继续发挥专业优势，以现代林业的理论和方法为指导，以满腔的热情投入到西部大开发的伟大事业中去。

陆良县建筑设计院

陆良县建筑设计院　成立于1981年，隶属于县建设局，原名陆良县建设局设计室，在社会各界的关心、支持下，在各级领导的带领下，经过多年的发展，于1996年1月1日正式更名为陆良县建筑设计院，发展至今已成为具有建筑学、建筑规划、建筑结构、建筑电气、给排水、室内设计等专业的综合性设计院，多次荣获优秀设计奖。

随着市场经济的发展，该院不断深化改革，转换经营机制，完善内部管理，并按照建筑方针进行精心设计，深入不断地开展“转机制、练内功、抓管理、上水平”活动，使该院的实力得到很大的提高，在建筑行业取得了较好的社会效益和经济效益，所有设计的项目至今未出现过任何安全质量事故，得到了市县主管部门的认可，并在技术力量和技术装备上给予肯定，设计资质也由原来的丁级提高到丙级。

该院现有计算机AST4/66d　4套,联想PⅡ6/266　7套,奔月6/300　8套,HP—DJ350C彩色喷墨绘图机2台，针式打印机2台，彩色喷墨打印机1台，晒图机1台，扫描仪1台，软件方面配备有中国建筑科学研究院出版的PK、PM等全套正版软件，AUTOCAOR14制图软件等，设计人员均能较好地应用各类软件，计算机出图率在98%以上，大大提高了出图质量及出图速度。各专业人员齐全，年龄结构合理，专业性强，能够很好地完成所承接的工业与民用建筑设计。

地址：陆良县城北大街34号

院长：杨　敏

电话：（0874）6222226

邮编：655600

陆　良　县　第　二　中　学

陆良县第二中学　是爨文化的故乡，是二级二类完全中学。校内绿树成荫，繁花似锦。占地31300平方米，建筑面积14000平方米。有两幢规范的学生宿舍，建筑面积4400平方米，现代化的教学楼可容纳2000余人，还有3幢教师宿舍和2幢餐厅以及标准宽广的运动场地。办学规模大，教学设备日趋完善。在长期的教育教学实践中形成了“严谨的治学态度，勤奋的学习风气，艰苦的创业精神，优良的育人环境”。

陆良二中创办之始便具有了旺盛的生命力。在第一任校长薛明仁的带领下，全校教职员工团结奋战，克服困难，教学质量优异，中考成绩均在原曲靖地区前8名，多次位于全县之首。高考、中考历年以来是同类学校第一名，尤其是1988年考入大学130多人，居陆良县第一名，在曲靖市名列前茅。该校为社会培养了一大批优秀人才，陆良教育界的许多老前辈，老干部和知名人士，就是毕业于该校的，1959年参加北京群英会的原县教委主任郭举正老师便是其中之一，生产排毒养颜胶囊的企业总经理焦加良是该校的毕业生。

学校狠抓教研工作，向教研要质量，该校教师在国家级重点刊物上发表论文5篇，省、市级刊物上发表论文20余篇。

几度春秋，在历任校长的带领下，学校经过不断调整改革，管理日趋科学化、规范化，是一所特色学校，荣获省“绿化甲级学校”称号、曲靖市“德育工作先进单位”；多次荣获县级“文明单位”、“文明学校”和“教育教学优胜学校”称号，还是市级农村中学体育传统项目（足球）定点学校。

该校拥有全市最好的足球场，被列为曲靖市足球训练基地，2000年3月代表陆良县参加曲靖市的足球比赛，荣获第一名，2000年5月代表曲靖地区参加全国中学生《华晨杯》足球比赛，荣获云南赛区第3名。

该校有一支团结进取、开拓创新、笔耕讲坛，为人师表，丹心献教育的领导班子。他们精神振奋，斗志昂扬，将率领全校师生，以全新的面貌，迈进二十一世纪。

校　长：王利红（曲靖市优秀教师）

书　记：田荣光

副校长：肖成阳、杨永能

地　址：陆良县马街镇马街办事处骏马东路17号

电　话：（0874）6981384

邮　编：655605

陆　良　县　第　三　中　学

陆良县第三中学　是省二级完中，背靠龙海大山，傍依盘江大河，有悠久的办学历史。辛亥革命之初，就办起了私塾；民国4年，官方正式兴办高级小学，始称新民小学；之后不断更名为鼎兴小学、国民小学、永宴小学等，40年代初，地方富绅孙玉山（孙渡之弟）在此创办玉山中学，1945年改称紫溪中学。解放后人民政府在原址兴办三岔河小学（60年代中期附设有初中班）。1970年，经省有关部门批准，正式命名为陆良县第三中学，延续至今。

陆良三中不仅是一个文明摇篮，而且是一个革命的堡垒，早在20年代中后期，中共地下党员就曾在这里从事革命活动，涌现了大批革命志士投身革命洪流。牺牲在重庆中美合作所的革命先烈刘国志同志，就曾经在这里任过教务主任；原省总工会主席、昆明市教育局长骆彪同志，曾经也在这里任过教务主任、校长，秘密指挥陆良地区的地下革命活动；中国工农红军暂编38军军长吴永康同志，曾在这里以教书作掩护，领导革命斗争。云南师大现任副校长骆小所曾在此学习过。

今朝沐浴改革开放的春风，陆良三中旧貌换新颜，生机盎然，办学规模不断扩大，办学效益日趋良好。现在学校校园占地面积81.35亩，学校折合资产1500万元，有33个教学班，2100多学生，143名教职工，高级教师4人，中学一级教师43人。

1999年7月，该校率先在全县实施全方位班主任聘任方案和教学质量综合量化考评机制，亮出了教师下岗的黄牌警告，受到陆良县教育局的高度赞赏，这一经验已成为“陆良三中效应”，在《曲靖日报》、《陆良版》上报道发表，并被陆良县的许多中学借鉴推广。

1999年9月，该校被中共三岔河镇党委、政府授予教研教学优秀奖。1999年10月荣获陆良县教育局“完中组教学质量综合考评一等奖”。1999年，高考和中考升学成绩名列全县同类学校第一名，2000年，高考应届升学成绩名列全县同类学校第一名。多次被评为“教学优胜学校”。2000年，该校有五位教师被录取就读研究生。

地址：陆良县三岔河镇

校长：陈万祥

书记：栾红泉

电话：（0874）6971205

邮编：655603

陆　良　县　第　八　中　学

陆良县第八中学　位于县城西域，创建于1981年，占地61.5亩，校舍建筑面积为1.8万平方米。在上级有关部门的领导、关心、帮助下，经历届学校领导的努力，全校教职工的艰苦奋斗，办学条件已初具规模，成为陆良县一所直属省二级一等完全中学。现有教职工151人，在校学生1800多人。

近几年来，学校坚持以邓小平同志“三个面向”为指针，将德育放在首位。严格治校，分层管理，全面贯彻党的教育方针，全面提高教育教学质量。务实创新，真抓实干，以教学为中心，重视教改、教研，变应试教育为素质教育，学校的教育成绩十分显著。先后有5名教师获过省级课堂教学竞赛奖励，20人次分别获市、县级课堂教学竞赛奖励；有15人次获陆良县教育基金特别奖励；有30多篇论文分别在国家、省、市级刊物上发表，近40多篇论文分别获国家、省、市级奖励。教育科研发挥了在教育改革和发展中的第一生产力的作用，提高了课堂教学的科技含量，提高了办学效益。1991年获“云南省电化教育先进单位”称号，1992年被评为“曲靖地区电化教育先进试点学校”，1994年获“陆良县德育先进集体”、“教学优胜学校”奖励，1997年获县“完中组高中教学综合评估一等奖”、被定为“云南师范大学教育实习基地”，1998年获县“初、高中教学综合评估一等奖”、“陆良县先进教工之家”、教育系统“先进党支部”、“县精神文明学校”奖励。1999年荣获“曲靖市文明中学”称号。

转变教育思想，改革教育模式，充分发挥特长，办出学校特色，美术教育成绩斐然。在这几年中，该校高考美术专业录取的学生，占全县录取总人数的30%左右；全县小学中的美术教师，一半以上是从该校毕业的学生，为全县的基础教育立下不朽的功勋，发挥出极佳的社会效益。在曲靖市乃至云南省都有较大影响，前来参观学习者络绎不绝。

校　址：陆良县城西域

校　长：马　专

电　话：（0874）6221300

邮　编：655600

陆良县三岔河镇赵家沟学校

赵家沟学校 是地处三岔河镇公路沿线中段的一所学校，在校学生1000余名，有教学班23个班，教职工35人，入学率达100%。该校办学历史悠久，在80年代，学校有初中班，初中班的升学率在全县有名，在全市榜上有名。学校注重抓德育工作：1986年3月，被曲靖市命名为："曲靖市先进学校"；1986年6月，被陆良县人民政府命名为"陆良县先进班组"，被中共陆良县委授予"文明单位"并颁发了奖状。自1986年以后，获得各级各类"先进学校"、"文明单位"的殊荣层出不穷。在"普六"、"普九"以及"两其"、"两全"工作中，赵家沟学校每年的中专生，更是驰名曲靖地区，走在三岔河镇的前列。

二十多年来，学校坚持社会主义办学方向，加强德育教育，以教学为中心，全面贯彻教育方针，依法治校，依法施教，大胆改革，锐意创新，务真求实地搞教学，把学校办得生机勃勃，充满活力。为上级学校输送了一批又一批合格人才，为社会培养了一批又一批新型农民，使广大干群体验到办好教育的重要性和直接利益，赢得各级领导和当地干群的大力支持。多年来，赵家沟村支部书记李国生、村委会主任高志外两位领导带领村支部村委会全体员工，为赵家沟经济腾飞、文化发展费尽了心血，特别是为赵家沟学校建盖校舍立了功绩，多年来赵家沟村委会四次集资建盖校舍，经费达200多万元。从"一无所有"向标准化、规范化、规模化发展。

1999年12月赵家沟村支部、村委会为校建盖了一幢1500M^{2}的教职工宿舍，绿化了1000多平方米的校园，赢得了各级领导和当地人民的高度称赞，受到了市、县镇的表彰，1999年被县教委立为申报县级"文明学校"，2000年被立为申报市级"文明学校"。该校师资力量较强，有高级教师4名，有一级教师29名，有专科及以上学历教师8名、中专学历的25名。该校教师教学效果显著，特别是各级教师论文的发表效果很好，有1位教师多次获国家级优秀论文奖，获县、镇论文奖的20多篇，学生各类竞赛成绩很好，获县、市级竞赛获奖的20多人。多年来，学校在文艺、体育、绿化、美化等方面都取得累累硕果，多次获得镇级、县级和地区级的"文明单位"、"先进学校"绿化美化甲级学校"、"业余教育先进单位"、"优秀党员"、"优秀团员"、"地区三好生"、"优秀教师"、"模范班主任"、"文明班级"、"先进少先队大队"、"先进教师"等各级各类的表彰奖励。

该校历届领导，如过去的张老定、俞鹏、谢康发以及现任校长许光富同志等，都是些务真求实、努力创新、勇于开拓进取的实干家，优秀的教育工作者，在他们的辛勤耕耘下，赵家沟学校已是一路春风一路歌。

该校校长许光富，获镇"优秀党员"、县"优秀校长"、市"优秀团员干部"、云南省"星火科技带头人"等光荣称号。

校址：陆良县三岔河镇赵家沟村

电话：(0874) 6871213

邮编：655603

文山壮族苗族自治州财贸学校

文山壮族苗族自治州财贸学校　创建于1958年8月，始称“文山州财贸干部学校”。1978年经云南省人民政府批准，改为全日制中等专业学校，并更名为“云南省文山壮族苗族自治州财贸学校。”

该校占地面积近四十亩，建筑面积1.5万平方米，现有藏书6.2万册，学校固定资产800余万元。全校有教职工136人。教师教研科研成果显著，主编、参编教材35种，在国家、省、州级报刊发表论文近百篇，数十篇专业论文获奖，校长、党委书记左立竞、副校长何文忠的论文荣获2000年新世纪国际教育论坛紫荆花教育科研成果奖。现有全日制中专和大中专函授在校生1684人。先后开设商业会计、工业会计、市场营销、商品储运、国有资产管理、行政财务管理、财务会计、财会电算化、文书与秘书、经济信息管理、经济法律事务、办公自动化等专业33个。学校拥有586以上品牌微机136台，联通了全国网和英特网。建有3个多媒体网络教室，全校各科室均配备了微机，基本实现了办公自动化。共培养大、中专和职高毕业生上万名，毕业生遍布全州各条战线；近300名毕业生走上了副科以上领导岗位，数十名毕业生成为部门和系统的总会计师、会计师、总稽核、稽核，成为推动全州社会经济发展的一支不可缺少的强大的生力军，被全州社会各界誉为“财贸干部的摇篮”。

党的十一届三中全会后，特别是党的十五大以来，文山财校不断解放思想，积极深化改革，锐意开拓进取，大胆探索新形势下独具特色的中等职业学校的办学路子，坚持“德育放首位、教学为中心、纪律是保证、后勤作保障”的办学指导思想，坚持“从严治校，质量第一”的治校原则，确立了“团结、求实、进取”的财校精神和培养具有较扎实的科学文化基础知识，一专多能全面发展的“复合型”人才的目标。在师生中大力开展和实施“三创”（争创省部级重点中专学校、争创社会治安综合治理先进单位和争创一流教育教学管理水平）活动和“八八工程”（教师八好：好思想、好师德、好仪表、好教案、好口才、好板书、好教法、好书法，学生八一个：树一个好思想、练一口好口才、打一手好算盘、记一本好帐目、打一手好微机、写一篇好文章、写一手规范字、炼一副好身体）。

为了进一步适应社会主义市场经济建设和发展的需要，文山财校积极推进多层次、多渠道、多功能办学，建立了招、教、分一起抓，长短班相结合的联合办学新机制，形成了以全日制中专教育和函授成人教育为两只翅膀，集长短班、职高、中专、成人中专、大专、本科为一体的“一体两翼”办学模式，与云南财贸学院，北京机械工业学院、西南林学院和云南民族学院联合开办成人函授本、专科学历教育。先后被国家劳动部、州人事劳动局、州教委等批准为“计算机信息技术考试站”、“文山州国家机关公务员计算机培训点”、“文山州财校职业介绍所”和“高等教育自学考试辅导站”。文山财校多次受到省州和上级主管部门的表彰，被命名为州甲级校园、州教育先进单位、州德育先进单位、州“学理论、用理论”先进单位、省合格中专学校、省文明学校和省文明单位，连续两年被评为文山县社会治安综合治理先进单位和内保先进单位。依托于文山壮族苗族自治州财贸学校办学的中华会计函授学校文山分校，由于治学严谨，管理有方，亦四次获“全省先进分校”、三次获“全国先进分校”称号。

党委书记、校长：左立竞
校长室：（0876）2187760
地　址：文山城螺峰路
邮　编：663000

东方民族民间医药学院
云南中医药中等专业学校

经云南省政府同意，省教委云教计字［94］038号文批准成立的全日制高等学校——**民办东方联合学院民间医药学院**，1995年开始招生至今，学校以艰苦奋斗、自力更生、开拓进取、务实求真的精神，以“不以盈利为目的”、“不为钱财为育才”的办学宗旨，忠实贯彻党的教育方针，扎扎实实地走过了5个春秋的发展历程，取得了较好的办学效果。

在云南民办高校中，学校经批准首家加入全国民办高校协会和云南高校师资研究会会员行列，与全国民办高校名校建立校际交流关系。1998年接受中央人民广播电台专题采访报道，同年8月3日，《云南日报》以《管理作基础，教育为中心，育人为根本——东方民族民间医药学院创佳绩》为题，报道了学校的办学业绩。先后接待国家民办高教委负责同志和美国美洲中医学院等单位领导和专家的考察与访问，受到好评。

1998年，经省教委批准，正式成立**民办云南中医药中等专业学校**，进行普通中专学历教育，并开始列入省统招计划。学校的承办单位是云南黄家医圈。在誉满海内外的抗癌专家、全国民办高教委副主任黄传贵院长（校长）的直接领导下，有一支业务内行，经验丰富，有敬业精神的领导班子。党团组织健全，管理机构齐全：设有院办公室、教务处、学生处（招生就业指导处）、后勤处、学生会等。同时，具有一支由教授、副教授、讲师组成的专兼职教师队伍，他们在教学、科研和专业临床实践等方面，知识渊博、经验丰富、执教严谨，教学质量得到保证。

办学五年来，学校坚持实事求是、稳中求发展的指导思想，逐步扩大专业设置，年年超额完成招生计划。在校生由90人发展到700余人。以特有的魅力吸引着全国16个省市和省内各地州市的学生，共有16个民族，充分体现了民族民间医药学院特色。办学五年来，共表彰优秀生70余名。有140余名学生申请入党，其中有10名优秀生光荣入党。迄今，有大专毕业生两届，综合毕业率达60.5%，其中绝大部分学生已就业。1997年学校被评为“全国民办高校先进单位”，并编入《全国民办高校20年》一书。

院　长：黄传贵

常务副院长：萧世清

副院长：周申生　陈升祥

地　址：昆明市北郊茨坝镇花鱼沟

邮　编：650204

电　话：（0871）5150175

罗平县第一中学

罗平一中　的前身为罗平县乡村师范学校，创办于1932年，1938年招收初中学生，正式命名为“罗平县立初级中学”，简称罗平中学。1958年始招高中学生，命名为“罗平第一中学”（面向罗平师宗两县招生）。1978年罗平一中定为县、地区重点中学。建校初期校址在关圣宫，1935年迁至县城北郊黉学宫（现县医院所在地）；1963年秋迁至现址：罗雄镇文笔路。现任校长韩书良。

罗平一中是一所具有光荣革命传统的学校。第一个中共罗平地下党支部就是在罗平一中为据点建立的。学校一贯重视全面贯彻教育方针，全面提高教学质量，学校始终将德育工作摆在学校工作首位，一贯重视加强青少年的爱国主义教育和良好的行为习惯教育；一贯注重教书育人，管理育人和服务育人；一贯注重多渠道、多途径、广泛开展德育活动，引导学生认识社会、了解国情，培养学生正确的人生观、价值观，增强立志成才、建设祖国、振兴中华的责任感。学校的中心工作是教学，为保证教学质量的稳步提高，学校狠抓教师队伍建设，狠抓青年教师的培养，采取多种激励方式，调动教师的积极性。学校注重教学研究，取得了一批教研成果。全校8个教研组都有自己的“知识园地”，以橱窗的形式给学生提供课本、课堂以外的文化科学知识；成立了10多个兴趣活动小组，语文组成立的“九龙文学社”办得生机盎然，每学期出社刊《九龙文学》1期；组织学科竞赛研究和赛前辅导，近几年来，有50余位学生获国家级、省级竞赛奖。教学经验的总结和教学理论的探讨呈现出了喜人的势头，10位教师的数10篇论文分别见诸省内外的相关刊物上。

近几年来，学校多次评为先进集体，受到县委、政府表彰。1995年评为曲靖地区国防教育先进集体；1996年获曲靖地区重点中学教学质量优秀奖；1997年评为曲靖德育工作先进集体，同年评为曲靖市文明单位，云南省文明学校。

罗平一中现为云南省二级完中，将积极创条件，力争在短期晋升为省一级完中，以崭新的姿态迎接新世纪的挑战。

校长：韩书良（全国优秀教师，云南省百优校长）
副校长：唐孝生（中学高级教师）
地址：罗平县罗雄镇文笔路5号
电话：（0874）8212346
邮编：655800

陆良县三岔河镇第一中学

三岔河镇一中　原名陆良十三中，是三岔河镇的一所镇办中学。她座落在陆良县城以东7公里的坝子中央，交通便利。学校周围一马平川，田园风光，景色秀丽；校内绿树成荫，花锦点缀，是理想的育人佳境。镇一中以严明活泼的校风，严谨踏实的教风，勤劳刻苦的学风为人称道，更以过硬的教学质量为社会注目，教育教学质量连续十年居全县同级同类学校第一，成为家长放心、学生向往的学校。1995年被陆良县列为初级示范学校，1996年市普九验收为一级一等学校，1998年获“省精神文明学校，”“市德育先进学校”，被市教委定为素质教育示范学校，半军事化管理试点学校。

三岔河镇一中创办于1978年。二十多年来，得到各级领导的关怀、历届党委政府的支持、三岔河10万人民的信赖，学校不断发展壮大，现已初具规模。学校现有教学班31个，学生1912人；有教职工164人，其中专任教师92人，学历达标率为90%；高级职称4人，中职40人。学校占地68亩，建筑面积22000平方米。现有教学楼3幢，轩敞明亮；科技楼一幢，设备齐全；有学生宿舍4幢，床位2000多个，学生全部在校住宿；有教师宿舍3幢，舒展雅致。学校建有德育、理、化、生、音、体、美、图书、团队、科技、微机（32台）室等，十室齐全。几年来，为各级各类学校和地方经济建设培养了大批优秀人才，成为人才培养的摇篮，是学生向往的天堂、社会公认的人才培养基地。

学校始终把德育工作放在首位，全面培养“四有”新人。学校以教学为中心，狠抓教学常规管理，大力推进教研工作，向课堂要质量求效益。教育教学年年硕果累累，连续9年获得县同级同类学校第一的好成绩，成为该县教育教学优胜学校。该校有6名教师获市级以上表彰，16名教职工受县级表彰奖励，30名教师获优质课称号，55名教师分别获国家级、省级优秀辅导奖，5名教师经常参加省市中考研讨会并主讲。有195名同学在县级以上的各类竞赛中获奖。学生获奖人次中，有国家级一等奖15名，二等奖44名，三等奖50名；省级一等奖46名，二等奖79名，三等奖52名。1995年初二数学竞赛中，囊括了市5个一等奖，1998年，学校被市教委定为市教育示范学校。2000年全国英语竞赛，30名同学获国家级奖。

学校先后被评为县精神文明单位，市精神文明学校，市德育先进学校，县连续9年教育教学优胜学校，陆良县初级中学示范学校，市素质教育示范学校，市半军事化管理试点学校，团市委授予新风杯奖，多次被评为县镇先进党支部，先进团支部，市县体育先进学校，绿化美化甲级学校，市后勤工作先进单位，市先进职工之家几十种荣誉称号。

书　记：张玉界
校　长：高树生（中学高级教师）
副校长：张朗生（中学高级教师）
副校长：张　荣（中学高级教师）
电　话：（0874）6871155　6871154
地　址：陆良县三岔河镇
邮　编：655603

陆良县三岔河镇三岔河小学

三岔河小学　地处陆良县三岔河镇黄金地带，是全镇政治、经济、文化中心所在地的一所完小，是全镇的窗口学校。近年来，在镇党委、政府和村民委员会领导关心支持下，经过全体教职工的辛勤工作，该校在硬件建设和软件购置以及教育教学方面，都取得了显著的成绩，为该镇的教育、教学起到了示范带头作用。1998年6月8日，镇党委、政府以及教管会批准该校申报镇级示范小学。

该校具有较悠久的历史，现有教学班18个，学生807人，入学率达100%。学校拥有一批素质高、教学能力强的教师队伍，在校领导的带领下，全体教师勇于实践，大胆探索，乐于奉献。学校连续三年（1997～1999年）统考成绩第二名，综合考评获全镇一等奖。学校的各项工作以德育工作为龙头，建立了学校、班级德育工作管理目标，同时办好家长学校联系网，把社教、校教、家教连为一体，多渠道强化学生的思想品德教育，激发学生爱国热情，加大德育的力度和广度。该校的各项管理体制，处处以“严”字当头，从严治教，从严治学。对认真履行职责的优秀教师给予表扬和奖励，领导间、教师间、干群间团结协作，密切配合，融洽相处。该校形成了一种教书育人、管理育人、服务育人的良好风气。

该校已建成全镇惟一的一支初具规模的仪仗队，镇上举办的各种大型会议、活动，都借调该校的仪仗队参加表演。仪仗队还多次代表三岔河镇参加县上的表演比赛，深得县委、政府、镇党委好评，对推动镇少先队工作起到了表率作用。

该校曾先后被评为“县级文明学校”、“德育工作先进单位”、“先进少先队大队”，少先队活动荣获特别奖；学校荣获镇级绿化、美化甲级学校；还荣获先进党小组、“教育教学优秀学校”、“先进职工之家”等光荣称号，已成为县教育局大面积提高教育教学的示范点。自1996年迄今，在各科成绩统考检测中该校连续三年获全镇第二名，1997～1998学年获一等奖，1998～1999学年获优秀奖。几年来，六年级毕业生毕业率都达100%，体育合格率均为100%。毕业生在各级各类学生竞赛中，共有14名同学获奖，其中国家级2人，市级2人，县级6人，镇级4人。

教师在各级各类教研、辅导、竞赛中取得了优异成绩。在优质课大赛中，学校有5名教师获县级一等奖和二等奖；在各种竞赛中，有1名教师获市级优秀辅导奖；教帅教研论文评比，有2名获市级奖，28名获县级奖。

地址：陆良县三岔河镇
校长：李秋生（小学高级教师、镇优秀校长）
电话：（0874）6971227
邮编：655603

嵩明县嵩阳小学

嵩明县嵩阳小学　始建于清朝宣统二年（1910年），原名崇正小学。1924年改为嵩阳高级小学。1951年1月，人民政府接管后，改名为嵩阳中心小学，1989年，确定该校为县示范小学，通常简称嵩阳小学。现学校的学生入学率100%，巩固率99.87%，普及率100%，毕业率100%。学校管理工作走上规范化、科学化的轨道。

几年来，学校在上级部门的关心支持下，在业务部门的指导下，始终把德育工作放在首位，长期坚持对学生进行爱国主义教育，培养他们的民族自尊心、自信心、自豪感和自强不息的奋斗精神。教育学生尊重他人，互助互爱，遵纪守法，诚实正直。学校成立了以李升校长为组长的德育工作领导小组，定期不定期研究德育工作的开展情况。学校德育工作始终贯穿“爱祖国、爱家乡、爱嵩小”这一主题，开展丰富多采的教学活动。

学校以教学为中心，重视推进素质教育，全面贯彻教育方针，依法治校，依法施教。学校的目标是坚持方向，深化改革，强化管理，改善条件，争创一流。全校有68名专任教师，教师合格率达100%。学校重视强化教师五项基本功训练，学校教师4人参加教育局组织的教师基本功竞赛，4人全部获奖，获奖面居全县9个乡镇之首，受到上级领导的好评。同时学校还重视教学研究，积极开展不同层次的教学研究活动，有10名教师撰写的教学论文获市级以上奖励，并在省市有关刊物上登载。学校形成老、中、青搭配合理的骨干教师队伍，有优秀小学校长、1名国家级优秀教师、1名省模范班主任、4名昆明市“双百”教坛新秀、1名学科带头人、3名骨干教师、2个市级先进教研组。几年来，教职工获奖达324人次之多。

学校重视学生艺术教育。教学中，教师付出了大量心血，换来了艺术教育的累累硕果，学生多次参加县，市组织的文艺比赛多次获奖，为学校争得了荣誉。杨卫等19名学生美术作品参加“中国北京——日本，中日儿童画展；高小涛等学生获市文化局颁发的儿童画优秀奖；王莹等同学获“我心中的红十字”云南赛区绘画一等奖；邵永杰等5名学生获全国“天女杯”少儿绘画比赛大赛优秀奖。1995年，第二届全国小百花书法绘画大赛，李倩等10名学生获二、三等奖和优秀奖；18名学生在参加1997年“中国少年儿童书法绘画”大赛中获一等奖2名、二等奖6名，其余获三等奖。

学校党支部多次被评为县、市先进党支部，学校奖状锦旗100余面，1997年该校被评为昆明市示范性学校，1998年获昆明市文明学校称号。

该校党支部书记兼校长李升是昆明市优秀小学校长，获镇优秀校长，还获市教委优秀特教工作者。

校长：李　升

校址：嵩明县城西北角（北街92号）

电话：（0871）7911144

邮编：651700

昆明市西山区龙庆小学

龙庆小学　地处昆禄公路旁的西山区龙庆办事处，全校有6个教学点，15个教学班，一个复式班，教职工25人。学生369人。学校在1988年、1992年的评估验收中，被评为云南省半寄宿制优级学校，1989年获省半寄宿制优秀单项奖，市区教委曾多次在该校召开半寄宿制工作管理现场会。在区教委历年的检查评估中学校得分95分以上，受到上级领导的好评。

多年来，龙庆小学坚持全面贯彻党的教育方针，不断深化教育教学改革和学校内部的管理体制改革。现任校长张正发，扎根山区，在山区教育园中辛勤耕耘了31个春秋，把自己的青春年华奉献给大山，奉献给了孩子，他把自己的情和爱无私奉献给了党和国家的教育事业，他身在大山情系大山，被山里的人民和孩子誉为他们心中的明灯。张正发校长为山区的教育事业做出了突出的贡献，曾被评为全国优秀教师，云南省特级教师，昆明市有突出贡献的优秀专家，昆明市劳动模范，西山区第三届特等劳动模范等荣誉；获国家级、省级、市级、区级奖状证书50余本。龙庆小学在张校长的带领下，学校新的育教学率，普及率，巩固率，毕业率，升学率均达100%。体育达标率达95%以上。

学校多年来开展国情、省情、区情和读书读报知识竞赛活动，全校学生的作文分别在《孩子天地》、《民族少年》、《蜜蜂报》等省级、国家级刊物上发表76篇。学生参加省级、国家级的各类竞赛活动，共有116人次获奖。该校先后有30多名教师受到区、市、省、国家级的表彰奖励。

学校1998年普实工作已验收合格，1998年学校被西山区人民政府评为一级二等学校，该校的教育、教研成果已刊载《中国当代教育教研成果概览》、《云南教育大观》、《绿沃高原》等书发表。

校长：张正发

电话：（0871）8406773（办公室）
8406774（值班室）

邮编：650103

校址：昆明市西山区沙朗白族乡龙庆小学

昆明理工大学幼儿园

昆明理工大学幼儿园　是昆明理工大学直属全日制幼儿园，现有幼儿270名，按年龄分为7个班级。全园占地面积3亩，户外场地宽敞，环境优美，鲜花四季常开，绿树环抱的园舍为幼儿创造了一个多彩的世界，琳琅满目的玩具，形象优美的墙壁画，使幼儿置身于一个充满生机、富有情趣的童话乐园。户外活动内容丰富多彩。

该园有一支蓬勃向上、充满朝气的教师队伍，师资力量雄厚，现有教职工35人，其中教师16人，具有本科、大专、中专合格学历，各岗位人员均经过岗位培训，并持有上岗合格证，10多篇教学论文获市、区级奖励，多名教师获市级优秀、先进教师称号。在园领导带领下全园教职工树立了爱岗敬业，热爱尊重幼儿，一切为孩子，为人师表的良好形象，具备优良的道德修养，高度事业责任感，工作中上下一心，团结协作积极进取，形成良好园风。该园自九十年代初，注重了多样化活动对幼儿的教育作用，强化办园特色，利用废旧物品为幼儿制作大量玩教具，开辟种植园地，注重教育教学科研工作，大力开展市、区观摩教学，使全园幼儿整体素质得到提高。

该园能认真贯彻执行国家教育方针，政策法规，坚持社会主义办园方向，全面落实《幼儿园工作规程》精神，不断端正办园指导思想，明确保教目标，坚持保教结合，切实做好卫生保健工作，不断改善办园条件，优化教育环境，积极探索幼教改革，全面提高保教质量，促进幼儿体、智、德、美全面发展，受到社会和家长的好评，得到了学校及教委的肯定，多次被评为市区保健工作先进单位，教育教学先进单位，中国有色金属总公司先进集体，1997年评为昆明市一级幼儿园，1999年评为云南省一级幼儿园。

该园取得今天的成绩，是全体教职工勤勤恳恳、默默奉献、辛勤耕耘的结果才换来的。随着时代的不断进步，我们有信心，肩负起培养新一代接班人的重任，以迎接跨世纪的挑战。

园　长：张秀梅
副园长：任　文
电　话：5193243
地址：昆明市一二一大街文昌巷1号
邮　编：650093

昆明市工人疗养院

昆明市工人疗养院　是中华全国总工会定点成立的面向全国机关、企事业单位职工疗、休、养的疗养院之一。占地面积55亩，设置床位350张，具备完善的医疗检测设备和各种康复治疗器械。拥有高、中、初职专业技术人和各种技术工人100余人。这里，面临碧波浩瀚的五百里滇池，背靠绿树成荫的佛教圣地观音山，整个院内为庭院式建筑风格，绿化环境占总面积的65%。疗养院内松柏滴翠，百花争妍，可谓春棠樱红，夏缅桂香，秋菊争艳，冬梅傲霜。晨眺滇池，水面祥云喷薄，冉冉红日映水腾空；夜赏皓月，水面繁星点点，波光粼粼。由于有宽阔的湖面，茂密的树木，空气清新，而无工业、噪音的污染，微小气候中负氧离子超过工业区的30倍，能使人陶醉而心旷神怡。

迈入二十一世纪，在昆明市总工会的关怀及昆明市工人文化宫的直接领导下，该院具备医疗康复的同时，投入大量资金，新建水疗桑拿中心；室内外游泳池；网球场；门球场；室内运动馆；健身体疗中心；歌舞厅；卡拉OK包房；棋牌娱乐室；会议培训中心；垂钓中心。疗养院以丰富多彩的娱乐健身活动，迎接着省内外的会议培训、旅游渡假、职工疗休养、娱乐健身。

该院开设的职工旅行社，以黄金精选旅游线路，为全国职工游览领略名山大川、边寨风情、民乡民俗、异国风光提供优质服务。

100张床位的老年康复护理中心，旨在我国人口逐步进入老龄化社会之际，从养老、托老、助老、疗老的康复医学领域中，研究开发抗衰老延长寿命的方法，为社会、为家庭提供一个安享晚年的住所。

该院全体职工正以饱满的工作热情，为全国职工会议培训、休闲度假提供热诚的服务。

院　长：孙滇云
手机号：13808794666
电　话：0871－8410924　3198564
传　真：0871－8410624
邮　编：650115
地　址：昆明市西郊小观音山

文 山 州 幼 儿 园

文山州幼儿园　隶属于文山州政府、州教委，创建于1952年。全校占地面积12969.53m^2，拥有21个教学班，900余名幼儿。

学校坚持走教学为中心，德育为首位的路子，以“一切为了孩子的发展”为宗旨，实行园长负责制、教职工三级聘任制和优化组合制。初步形成具有本园特色的园风——团结奋斗、自强不息、求真务实、奋进不止；园训——追求卓越、力求发展；教职工座右铭——一切为了孩子的发展；倡导性价值观——教职工应有努力成为中华民族脊梁的追求。校领导班子勇于开拓和创新，先后开辟了幼儿嬉水池、玩沙地、幼儿迷宫、海洋球池、弹跳球室，购置各种大、中、小型玩具，开创“娃娃乐园”。

1992年，被省教委列为首批实施《规程》园之一，1999年被省教委评为省一级二等幼儿园。仅1998～1999年，该园教师就有22篇论文获国家级奖，16篇获省级奖，30篇获级奖。1997～1998年全国第三、四届少儿书法大赛中有35人分别获一、二、三等奖；1999年全国十二届双龙杯少儿书画大赛中有1人获银奖，4人获铜奖；1999年在“迈向新世纪”云南少儿书法绘画竞赛中有5人获奖，10月幼儿集体创作的《欢度国庆》获云南艺术作品展览一等奖；《池塘边的小朋友》获’97中国·新加坡国际少年儿童美术书法摄影比赛优秀奖。

伴随着一批批健康活泼、和谐发展的儿童从这里走出，文山州幼儿园也在不断发展壮大。相信他们一定会在现有的基础上，励精图治，再创辉煌，坚定豪迈地向更高的办园目标迈进。

园　长：黄厚芬
电　话：0876－2137683
邮　编：663000
地　址：文山县城

昆明市交通技工学校

昆明市交通技工学校　创建于1974年9月，是经省劳动厅批准的具有培养汽车驾驶、汽车修理等专业的合格中等专业技校之一。

学校拥有6000平方米的现代化教学综合楼和15000平方米的学习训练场地，拥有大小教练车50辆，设有教学解剖车、电教室 、微机室、阅览室、修理实习车间、钳工实习车间、餐厅、招待所、沐浴室等。学校有完整的管理机构、合理的教学计划、雄厚的师资力量。学校开设的主要专业有汽车驾驶、汽车修理、钳工、特种焊接、微机应用、摩托车修理等专业。

长期以来，学校在党支部和书记、校长刘兴汉同志的领导下，以“坚定正确的政治方向，刻苦钻研的学习风气，实事求是的科学态度，艰苦朴素的生活作风，反腐倡廉、奋发、进取”的校训，本着“社会效益为主，经济效益为辅”的办学方针，本着“培养四有新人”的办学宗旨，上下一条心，不断开拓进取，锐意创新，力争在昆明地区职业教育领域中发挥应有的作用。

书　记、校长：刘兴汉
校　址：昆明市西郊下普坪174号（可乘坐公交车6号、附6路、51路到石咀站下车即到）
电　话：(0871) 8420749　8420750
邮　编：650109

昆明市少年文艺学校

昆明市少年文艺学校　于1982年7月经昆明市政府批准正式创立。是昆明市惟一的一所专业艺术学校。学校目前开设了舞蹈、声乐、器乐、影视话剧、花灯、滇剧、舞台美术、杂技等8个专业，在校学生400余人。

建校18年来，中央和省市各级领导对市少年文艺学校的成长、发展给予了极大的关怀和支持。江泽民总书记、军委迟浩田副主席亲切接见了学校演出的师生。文化部副部长高占祥、陈昌本亲临学校视察并题词鼓励。联合国官员和十几个国家的外宾到校参观访问。

在省市领导的关怀下，在市文化局、市教委领导的具体支持下，该校得到了飞跃发展，建立了一支专业素质较强的教师队伍，同时在国内外专家名流的指导下，教学水平得到了极大提高。建校18年来，该校连续保持市级文明单位、盘龙区文明学校，多次获得市委、市教委、市文化局颁发的先进集体、先进单位、先进党支部称号，教师多人获先进个人称号。培养毕业了十四届1000余名各类艺术人才，分别输送到国家和省市级专业文艺团体、部队、工矿企业和大专艺术院校，大批学生均成为艺术骨干。学校学生还在全国和省市各类艺术比赛中获得一、二、三等奖50余个，在全国和省市具有一定影响。学校将以务实的高质量的教学和管理，为培养出更多全面发展的优秀艺术人才，为党的艺术教育事业的发展而努力奋斗。

地　址：昆明市人民东路47路
电　话：3198365

云南省弥勒县劲草科技发展有限公司

云南省弥勒县劲草科技发展有限公司　位于全国封闭综合改革试点县和全省企业改革试点县之一的弥勒军校工业区。东面成排的防护林形成独特的风景线，再后是驼骆山峰争雄；南接天然湖泊，湖水清澈见底；西接三那线（国防公路）；北连数十家工业企业并肩争优。交通发达、通讯流畅，供电正常。社会化服务设施配套刘全，是企业界内引外联，接受城市工业辐射，开发本地资源的风水宝地。

公司组建于1996年。占地222.4亩，固定资产3500万元；公司下辖有年产30万平方米卷式镶拼木质地毯厂、年产10万张防水宝丽板厂、年产1.5万支储粮保险柜厂各一个，年产1500万块红砖厂两座，年产1200万块轻型真空砖厂一座，铝、塑门窗厂各一个，车队和大型机械队各一支。另外，公司还成立了弥勒劲草工程处，拥有机构化施工队、装修队各一支。公司还附设有会议室、档案室、招待室、娱乐室及综合餐厅。

诚挚欢迎广大用户、国内外企业人士前来参观、洽谈，采取各种方式联合合作开发。劲草公司将竭诚为您提供服务。

董事长：杨志云
总经理：杨云松
手　机：13908737188　13708639188
手　机：13808776674
传　呼：1270060488　1270063449
传　真：（0873）6130281
邮　编：652300
地　址：云南省弥勒县城南军校工业区

云南省弥勒蜂业公司

云南省弥勒蜂业公司　是一个由600元起家的个体养蜂户，经过20年的艰苦努力，不断积累壮大，发展成为了集养殖、加工、销售于一体的大型绿色食品企业。总资产2400万元，年产值600万元，职工108人。公司含养蜂场和蜂产品系列加工厂。

养蜂场始建于1980年。现拥有蜂群5400群（箱），年产蜂蜜400吨，规模属亚洲之首。近20年的辛勤创业，养蜂场积累了丰富的养蜂经验，培养了一批基本功扎实、技术过硬的骨干队伍。公司董事长陈宝坤业绩累累，已成为闻名遐迩的“亚洲养蜂大王”。

蜂产品系列加工厂筹建于1997年，总投资1050万元，其中厂房投资650万元，设备投资400万元，于1997年12月17正式投产。加工厂生产产品为“红蜂”牌高原蜂宝、高原纯蜜、高原花粉、高原蜂王浆、蜂蜜微生物发酵低度营养酒等五大类40余种产品。高原蜂宝系列产品荣获1997年日本东京第四届国际蜂疗保健品博览会金奖；1998年4月，公司被省人民政府命名为全省首批100强私营企业；连年分别荣获红河州人民政府和县政府的“先进个体私营企业”、“私营企业100强”等光荣称号。

法人代表、董事长：陈保坤
电　　话：0873－6381091
地　　址：弥勒县新哨
传　　真：0873－6381485

云南省铁路总公司

云南省铁路总公司　是1992年7月经云南省人民政府批准成立的省属国有大型综合施工企业，注册资金6.9亿元人民币，被省政府确定为云南省交通事业发展的重点和改革试点单位，持有国家建设部颁发的《建筑企业铁路综合工程施工壹级企业资质证书》，取得准入铁道部建设工程市场资格。

公司主要经营范围有：铁路、公路工程及中小型民用建筑的勘测设计、施工及线路管道的安装；交通工程技术的研究咨询；承包在越南、老挝、缅甸等国外工程及国际招标工程所需设备、材料和零配件的进出口；物资供应；房地产开发；铁路专用器材的生产；特种爆破的设计、咨询、施工等。

该公司是一个经济实力雄厚、设备先进、施工技术力量强大、管理经验丰富的综合建筑施工企业。在工程施工中，遵循“质量第一，科学管理，坚持标准，严格过程，奉献精品”的宗旨。

地　　址：云南省昆明市人民西路131号
邮政编码：650118
联系电话：0871－8180982
传　　真：0871－8180982

云南磷肥工业有限公司

云南磷肥工业有限公司　是当今中国最大的黄磷及云南最大的高浓度磷复肥生产企业，已走过3年不平坦的历程。

公司自1997年7月建成投产以来，克服困难，发挥装置工艺独特、技术先进的优势，生产出达到国际质量标准的黄磷、磷酸和重钙产品，远销欧洲和东南亚各国。1999年以来，公司的生产经营、改革与发展又取得新进展，考核产量超设计能力18%，工程通过国家验收，实施债转股，享受0.2144元/度的优惠电价，建成云南惟一黄磷专用罐装线，参股组建的宝益磷化工有限公司正式运营。

今后，公司将以市场为导向，按照“热化湿肥”的发展方针，抓住西部开发的机遇，调整工艺路线和产品结构，把公司建成国家级的磷化工基地。

欢迎国内外厂商前来参与技改、投资及合作，共谋发展。

总经理：杨志明
电　话：8750289
地　址：昆明安宁市草铺镇

中国建设银行云南省分行

中国建设银行云南省分行　是以经办中长期信用为主的综合性、全方位、多功能的国有商业银行一级分行。成立46年来，特别是党的十一届三中全会以来，贯彻执行改革开放的方针，转机建制，推进业务发展和经营方式的转变，金融服务品种和服务领域不断拓宽，电子化服务覆盖各项业务领域。其中，建成和正在建设的项目有贵昆铁路、成昆铁路、南昆铁路、内昆铁路、鲁布革电站、漫湾电站、大朝山电站、6条干线公路建设改造、世博会配套工程等。到1999年底，全行一般性存款余额达398.6亿元，贷款余额262.45亿元。除传统的存贷款业务外，还可提供房地产金融、汽车消费贷款、电子汇款、委托代理、审价咨询、外币存贷款、国际结算、代收代付、信用卡、储蓄卡、保管箱等金融服务。

地址：昆明市永安路37号
邮编：650041
电话：（0871）3544508
传真：（0871）3559355

中国建设银行云南省分行海埂培训中心

中国建设银行云南省分行海埂培训中心　座落在自然景观异彩纷呈、人文景观多姿多彩的昆明滇池国家旅游度假区内，南临云南民族村，西濒五百里滇池，与西山龙门隔水相望，环境优美，交通便捷，有双向单行高等级公路与昆明市区衔接，距机场仅25分钟车程。

中心设施完善，配套齐全，服务周到。拥有标准客房、豪华套房共100间；餐厅由资深名厨主理，可同时容纳200人就餐；设有各类报告厅、会议室，可接待20～200人的各类会议；拥有乒乓球、桌球、网球、游泳、桑拿、棋牌室、KTV、美发美容、保健按摩等齐备的服务项目及娱乐设施；中心有蕴藏在地底千米以下的优质温泉，水温高达60多度，水质温润醇和，可供泳浴，更令人神清气爽。热情周到的服务，将带给您高雅的享受。

地　址：昆明市滇池旅游度假区明珠村七组团
电　话：（0871）4312278（总台）
传　真：（0871）4317098
邮　编：650228

云南省水利水电勘测设计研究院

云南省水利水电勘测设计研究院　成立于1964年。全院设有：规划分院、勘察分院及设计处、地电处、施工概算处等生产单位。

该院是建设部审定的甲级勘测设计单位，承担水利水电规划，流域或地区水利规划，大中型水利工程勘测设计，中型水电工程勘测设计。设有水工、地质、测绘、钻探、水文、规划、试验、概算、经评、金结、环评、水保、机电等十多个专业；配备有红外测距仪、大型工程复印机等先进设备。

建院以来，完成了全省20余条河流的水利水电规划。完成了松华坝、渔洞、柴石滩、麻栗坝、五里冲等大型水利工程的规划、勘测、设计以及高桥、糯租、大华等水电站的规划、勘测设计。截至目前为止，已建在建拟建水利水电工程已达200余体。其中宾川大银甸水库获国家优秀设计银质奖；松华坝水库获部优秀勘测、设计二等奖；曲靖花山水库获省优秀勘测设计三等奖。近十年来该院还先后完成了缅甸、老挝等国家6个电站。该院积极扩大业务，承担了武定新村水库、勐海那达勐电站等工程总承包，每年完成勘测设计项目约40项，完成产值的2000万元。

云南省国防科工办研究设计院

云南省国防科工办研究设计院　成立于1979年，其前身为云南省国防科工办综合研究所。成立之初，该院以承担国防装备的新产品、新技术、新工艺的研制与开发为任务。近年来，随看整个国防工业“军转民”工作的开展和深入，该院从单一的军工研究机构转向集研究、设计、生产经营为一体化，集科技信息产业、网络工程、生物温室与太阳能工程、建筑工程设计与监理等经营方向多元化的科工贸发展格局。

目前，该院有正式职工108人，拥有固定资产千万余元。组建了云南国防科技公司、云南先达机电厂、云南云岭建设监理有限责任公司等经济实体，同时设立了建筑设计所、机电设计所、温室工程所等设计部门和环境监测中心。并按照国防科工委的统一规划，建立了中国工程技术昆明信息网络中心、国防科技信息云南省站、国防科技成果云南省推广站。在云南省国防工业系统发挥着重要的作用，并据此向社会提供全方位的服务。

在今后的发展中，该院决定创办为一个科工贸实体，充分利用现有的各种技术力量，形成在温室太阳能、建筑设计施工和监理及计算机网络技术的多方位多元化的发展格局，为进一步的科技体制改革奠定坚实的基础，也为该院最后实现自负盈亏做好准备。

电　话：0871－5362026、5324189
传　真：0871－5362026

云南省轻工业科学研究所

云南省轻工业科学研究所　创建于1958年，是省属轻工业行业技术开发应用综合性科研机构，下设食品、制糖、造纸、企业自动化、情报信息等研究室和云南省造纸产品、玻搪陶产品质量监督检验站，还建有云南轻工科技食品厂。主要从事以上行业新工艺、新技术、新产品及工厂副产物综合利用研究，同时承担筹建新厂、技术改造、环保治理等方面的技术服务。

近期开发的项目主要有：食品保鲜及加工中护色、复色技术；板栗、核桃、竹笋、大蒜系列产品深加工；果蔬、植物蛋白饮料开发；精制速溶糖、微晶糖、液体糖系列产品生产；酒精废液综合治理；特种纸生产工艺；计算机集散系统在制糖、造纸及食品加工等行业的应用。

欢迎各轻工企业、乡镇企业来人来电垂询、洽谈。

法人代表（所长）：吴家驹
党委书记：杨文禄
地　　址：昆明市气象路13号
电　　话：0871－4142483、4144340
传　　真：0871－4142483
邮　　编：650034

中国医学科学院医学生物研究所

中国医学科学院医学生物研究所　是一个集科研和生物制品生产为一体的研究所。主要从事医学病毒学、微生物学、免疫学、分子生物学、医学遗传学、实验动物学、生物工程等基础和应用研究，并进行疫苗、免疫制品和基因工程产品的规模生产。

该所是我国最大的小儿麻痹疫苗生产研究基地。迄今已累计为全国儿童计划免疫提供340亿人份疫苗。该所研制的甲型肝炎减毒活疫苗于1996年获得正式生产文号，现具备年产800万人份的能力。除此，近年还进行了甲型肝炎诊断试剂盒、白细胞介素—11、重组人结缔组织生长因子、重组人粒细胞巨噬细胞集落刺激因子等生物制剂和基因工程产品的开发研究。

地址：昆明市茭菱路379号
法人代表：褚嘉佑
电话：8191521、8183326
传真：（0871）8181483、8403316
邮编：650118

昆明衡器制造公司

昆明衡器制造公司暨昆明市衡器厂　建于1958年，有专业生产衡器的丰富经验，有较完善的质量保证体系。是云南省先进企业、二级计量合格单位、质量管理先进单位和云南省重守合同先进单位。

该公司技术力量雄厚，具有生产衡器较先进的设备；有可靠完善的计量检测手段，为企业生产各种优质的衡器产品和新品开发奠定了坚实的基础。近年来，又投资完成了大型衡器的技术改造项目，极大地增强了企业的实力和后劲。

注册的"春城牌"和"钻石牌"衡器产品商标，其产品畅销二十几个省、市、自治区，并远销东南亚、俄罗斯及西班牙等国家和地区，深受国内外用户赞誉。产品的规格从5公斤的民用衡器到80吨的工业用衡器共60多个品种，其中包括无基坑静态电子汽车衡、电子计价秤、地上衡、地中衡、钢材秤、非金属薄板抗折机、电子定量包装秤、机电结合秤及各种专用衡器、民用衡器等。

厂　址：昆明市大观路250号

电　话：（0871）5324279　5320360

传　真：（0871）5314262

联系人：金　能

云南防伪印章公司

云南防伪印章公司　创建于1993年，是集科、工、贸为一体的高新技术企业，下设12个分公司及研究所。公司拥有一批高素质管理人才和研发队伍，勇于开发不断创新，使公司不断发展壮大，形成高科技印章防伪技术及其设备、材料生产的专业厂家。产品获多项国家专利，在"中国昆明科技成果暨新技术、新产品展交会"上获金奖和银奖。公司所开发的集电脑、机、光、电、化、磁卡为一体的最新一代综合加密防伪印章，通过公安部专家组考察，获得中国防伪技术协会的监制，并由云南省委两办、省公安厅、省保密局、省科委确立为秘密级国家秘密，于1996年行文在全省推广实施，在国内首先实现了在全省范围内的电脑网络管理。现在，公司在省公安厅的指导下，按照上级指示完成了印章治安的高科技现代化的管理，为印章行业现代化作出了积极贡献。

地址：中国昆明高新技术产业开发区鑫苑别墅4号

邮编：650118

电话：0871－8311456

传真：0871－8311455

E—mail：YJLFV@Km169.met

昆明重泰科技印章有限公司

昆明重泰科技印章有限公司　系工商局注册，经相关职能部门批示、指定的印章雕刻、制作单位。从事各种印章、招牌、标牌、名片、工艺品的雕刻制作。钢印、铜章的制作占昆明市场的90%以上。

公司自行发明、研制出“激光雕刻机”、“腐蚀机”，提高了制作效率和产品质量，得到了省内外广大用户的好评，产品还销往香港、台湾等地区。

总 经 理：李莲芝
经营地点：
昆明市文庙直街117号
电　　话：3632690
昆明市崇仁街48号
昆明市文庙直街119号
电　　话：3632690
昆明市新闻路224号
电　　话：4144291
昆明市滇池路30号
电　　话：4165603
生产车间：昆明市鱼翅路红庙村180号（红联小学对面）
电　　话：5378473
公司地址：昆明市西站10号
电　　话：8191538

云南萃星草坪公司

云南萃星草坪公司　是专业草坪实业公司。以荟草坪之萃，成绿化业之星为指导思想；精于建设大中型草坪，园林绿化工程及足球场草坪；从规划设计、喷排灌系统到养护管理提供全方位优质服务。公司主要从事：草坪卷生产、销售，草籽、花木、园林机械及其它草坪专用品的销售。

公司从1997年5月成立以来，已承建了昆明市东风广场绿化工程；龙都国际疗养中心，省人大办公楼外环境绿化工程；呈贡体育训练基地足球场草坪工程；楚大公路护坡绿化工程的建设等，质量可靠，服务优质，受到社会的好评。

地　址：昆明市三合营28号
基　地：呈贡赛马场内
总经理：朱绍先
电　话：0871－3614385
手　机：13908847498；13808714857
传　呼：98800－301198；128－800513

昆明格林温室园艺有限公司

昆明格林温室园艺有限公司　是专业设计生产各型钢架塑料大棚、玻璃温室、园艺设备设施的温室公司。配套经营园艺材料、花卉贸易等业务，并承接金属结构、喷滴灌工程、绿化工作等。

公司位于滇池湖畔的海埂路中段，交通便利，场地宽敞，设备齐全。现有冲、剪、折、车、铣、钻、磨等通用设备及专用轧机等多台。通、专用工模夹具齐全。公司下设生产部、工程部、财务部和业务部，并在滇西设有办事处，业务遍及全省并涉足周边地区，承建了高、中、低档温室大棚约50万平方米。典型工程有：省农业厅优质农产品基地花卉大棚；泰国正大生物公司景洪基地花卉荫棚；江川英茂公司花卉大棚；嵩明木作园艺区花卉、蔬菜大棚，呈贡斗南滇中示范大棚；德宏木康边检站PC温室；宣威农业局全自动科研温室等。

法人代表：陈振林
电　　话：（0871）4582175
邮　　编：650228
地　　址：昆明海埂路红庙办事处

昆明市自来水总公司

昆明市自来水总公司　始建于1915年，至今已有85年历史，是国家大型供水企业。

总公司承担着昆明市178万人口及工商企事业单位的生产、生活和消防用水任务。日供水设计能力65.5万立方米，最高日供水量达75.06万立方米；供水区域面积为126.54平方公里；输配水管网总长2000多公里；固定资产原值6.69亿元人民币；待转在建工程6.7亿元人民币。目前，总公司拥有6座自来水厂以及工程施工、管材生产、设备制造安装、物资供销和综合服务等10多家专业性公司。在长期的建设发展中，形成了集供水经营、给水设计、工程建设和配套服务为一体的综合性大型供水企业。

公司给终坚持以“供水为主，全面发展”的企业经营方针和“严细、奉献、团结、创新”的企业精神，立足于“提高经济效益、注重社会效益、提供优质服务、满足人民需要”，在建立健全生产调度运行、水质监测检验、信息资料管理、“110”联动服务等较为完善的服务体系的基础上，为昆明市的人民生活和城市建设发展提供了重要保证。公司先后荣获国家建设部先进单位和思想政治工作先进集体、全国建设系统精神文明先进单位、云南省精神文明建设先进单位、云南省建设系统先进单位和昆明市文明单位等荣誉称号。

地　址：昆明市北京路626号
电　话：（0871）3161091
邮　编：650051

云南塑料厂

云南塑料厂　是省内以支农产品、建材产品、化工防腐产品为主要发展方向的中型企业，年设计生产能力10000吨。1983年被轻工业部定为全国农地膜定点生产厂家，1988年荣获省政府授予的“省级先进企业”称号，曾被省经委授予“云南省质量管理奖”。

“迎春花牌”三层共挤复合大棚膜及农地膜、建筑用管材、管件深受广大用户的喜爱。特别是新开发的双色复合PE饮水管，具有防紫外线耐老化的特点，是农村改水的首选材料。PVC－U给水管采用自动密封圈连接，安装方便，被建设部、化学工业部、中国轻工部、国家建材局、中国石化总公司定为2010年发展纲要强制推广使用产品。

三十多年来，通过企业的诚实服务，得到了农业、化工、机械、军工、建筑业各界用户的普遍赞誉。

厂　长：柴本桐

地　址：云南省昆明市北郊茨坝

电　话：（0871）5150230　5150493

邮　编：650203

嵩明县阿子营建筑公司

嵩明县阿子营建筑公司　始建于1975年，属国家建筑施工三级企业。拥有固定资产2500万元，流动资金1500万元，年产值3000万元，创税利超百万元，所建工程优良率在25%以上，合格率100%。公司抓住市场经济规律，认真做好产业结构调整，成功创办了西南最大食品批发市场广丰食品城光明市场、公司红砖厂、盘江源食品保健品厂，并结合中国西部大开发战略，所创建的集种植、养殖为一体的“盘江源生态基地”也全面顺利展开。

公司宗旨为：“说真话，办实事，重全同，讲信誉”，努力提高经济效益和社会效益。

经理：侯光正

电话：（0871）4578198

传真：4611906

邮编：650034

地址：昆明市官渡区前卫镇马家办事处孙家地96号

云南天润科工贸有限公司

云南天润科工贸有限公司　是根据云南省人民政府（1996）157 号文件和云南省人民政府“18 生物资源开发工程”领导小组要求组建的股份合作制企业。注册资金 1000 万元，其中昆明百货大楼（集团）股份有限公司出资占总股本的 87%；云南天润食品饮料公司出资占总股本的 8%；云南省林业科学院出资占总股本的 5%。云南天润科工贸有限公司董事长由昆明百货大楼（集团）股份有限公司副总经理成辉担任。

公司立足于云南得天独厚的松林资源优势，在国内外率先进行云南松花粉的产业开发，经过 5 年努力，查清了云南的松花粉资源储量及分布规律，解决了松花粉大规模采收贮存问题，完成了营养成份测定及安全性试验，突破了花粉破壁难关，细胞破壁率达 95%以上，推出了松花粉保健食品、药品及美容护肤品系列。其中云润松花粉通过了中国卫生部保健食品的审评，目前已批量上市，其它高科技松系列产品将逐步进入市场。

公司诚恳希望您能常用松花粉，使生命如松柏常青，也希望您加入这个新兴产业的开发行列，让我们明天的生活质量更上层次。

地址：昆明经济技术开发区经邮路 2 号
邮编：650217
电话：（0871）7263301　7263305
传真：（0871）7263301
联系人：季磊　孙鸿斌
E－mail：yunrun@public.km.yn.cn

云南铜业股份有限公司

云南铜业股份有限公司　是云南铜业（集团）有限公司控股企业，系云南冶炼厂的主体经营部分，经资产评估后，折为国家法人股，于 1998 年 5 月以社会募集方式成立的上市股份公司。作为国家“一五”计划兴建的 156 项重点工程之一，国家 512 户重点企业之一，公司的目标是：创“国内一流、国际闻名”的现代企业。

公司的主产品为“铁峰”牌高纯阴极铜、电工用铜线坯、工业硫酸、金锭、银锭、电工圆铜线、硫酸铜等，并能综合回收金、银、铅、铋、硒、铂、钯等多种有色金属和稀贵金属。1999 年公司生产电解铜 12 万吨、硫酸 27 万吨、黄金 2.3 吨、白银 130 吨，总资产达到 28.84 亿元，净资产达到 13.3 亿元。“云南铜业”股票以良好的业绩为基础，在 1999 年中国股票市场表现活跃突出，被选为深圳指数成份股。

维伦电子科技有限公司

维伦电子科技有限公司　是一家以专业音响、灯光公共语音系统器材经营及工程安装为主营项目的专业工程技术公司，并拥有一流的专业设计、安装后续服务力量。

公司自成立以来，已为省内数十家大型商场、机关、学校、大型夜总会等企事业单位设计安装了音响扩声系统，为体育场馆、宾馆会议系统公共广播设计安装灯光音响等系统设备。昆明东方夜总会、银天大酒店、锦华大酒店山茶厅、金利夜总会、博佩夜总会等项目具有档次高、技术难度大的特点，经过本公司的精心设计、配置与施工，使这些项目成为昆明地区具有代表的杰作。

云南生源农业技术有限公司

云南生源农业技术有限公司　从事蔬菜作物和经济林木的育种、引种，负责选育、引进与云南立体气候相适应的国内外优良蔬菜种子、经济林木种子、种苗及先进生产技术、生产工艺，并从事农业、花卉、温室大棚、农业喷灌、现代滴灌等与农业、园林园艺相关设施的设计、制作、生产。建有经济林木种苗基地、蔬菜育种基地和草坪卷生产基地。公司技术、设备先进，实力雄厚，拥有一支有名望的专家队伍，竭诚致力云南生态农业与经济的发展。

地　址：云南省昆明市穿金路739号附三楼
总经理：陈春涛
电　话：0871－5612122；5612900
传　真：0871－5612850

“掌旗兵”旗业公司

“掌旗兵”旗业公司　系中共云南省委、省人大、省政府、省政协荣誉指定的惟一专业国旗提供单位，并成立了云南省首家规模化、专业化、系列化专营店—“掌旗兵”旗帜专营店。

1995年在国家技术监督局实施的净化国旗市场的质量监督检查中，经省、市产品质量监督检验所检验为全省惟一全部指标合格单位，并在国家技术监督局通报表扬的经营企业中名列榜首。

产品在各地州、市、县委，各州、市县人民政府，各地区行署，省委各部委，省级国家机关各委、办、厅、局，各大专院校，各人民团体，各大型企事业单位被广泛使用。

“掌旗兵”旗帜专营店专业为您提供规范标准的各规格室内外国旗、党旗、团旗、少先队旗和外国国旗、彩旗，以及室内国旗悬挂装置和完善、优质的服务。同时承接旗林、升降旗连接器（专利号ZL95229626·8）、企业旗、不锈钢户外旗杆、不锈钢护栏的设计、施工和制作。

地址：昆明市北京路688号（穿心古楼）
电话：0871－5164297
手机：13708703708
邮编：650051

北門書屋

楚图南

北门书屋　系著名爱国民主人士李公朴先生于1942年在昆明创建，1985年7月由公朴生前秘书、原云南省政协副秘书长方仲伯在征得公朴亲属及友好同意后组织恢复的。自恢复至今，一直由阚闳任总经理兼法人代表。

北门书屋自恢复以来，得到了省内外不少领导或知名人士如楚图南、张光年（光未然）、高治国、马继孔、赵沨、李乔及公朴亲属张国男、李国友等的关怀。在李、闻烈士殉难50周年、北门书屋成立54周年之际，中共云南省委副书记、宣传部长王天玺专门到北门书屋视察并书赠条幅勉励。昆明市人民政府还以"昆政复（1992）106号文件"批复市文化局，支持北门书屋的振兴发展。

北门书屋在书店林立的图书市场内，办出了自己的特色。既以丰富的品种、优惠的折扣、完善的服务，供单位图书馆放心采购，又突出了一些专业品种满足教育界、法律界、知识界、书画界及不同层次读者的需求。

地　　址：昆明市新闻路429号（图书批发市场内）
邮　　编：650032
电　　话：4178837、4179512
传　　真：4178974

云南滑模工程和专家杨国生

滑模工程　是改进传统建筑施工，进一步确保工程技术质量，加快施工进程的重要施工新方法、新技术，是建筑史上的重大革命。云南滑模工程高级工程师杨国生和他的事业伙伴们，竭诚致力于该项技术的推广应用。多年的实践中，获得了良好的经验，攻克了众多技术难题。在云南建筑事业上写下了浓墨重彩的一笔。

由杨国生带领的滑模工程处，业务范围遍及全省，近几年滑模施工的倒锥壳塔100m^3—500m^{3}100余座，钢筋混凝土烟囱60米—150米30余座，68米高的大型框架10余幢，钢筋混凝土筒仓132个。由该处建筑沾化尿素造粒塔高93M，直径15M，属全国最大粒塔，施工质量优良。同时，由该处施工的云峰公司硝铵造粒塔（直径12M，高67M）更是获得了质量高、价格优、施工速度快的好评。

1993年以来，该处承建云南建筑项目150余项，优良工程占有率达96%以上，多次获各级奖项。得到了各级职能部门及社会各界的肯定。

多年的艰苦奋斗，锤炼了施工队伍，增强了战斗力、攻关能力，扩大了企业知名度和市场占有率。

本着社会化的经营理念，杨国生和他的同事们，将进一步努力奋斗，继往开来，不断开拓进取，迈开坚定扎实的步伐，为云南建筑事业的发展，为云南经济全面腾飞作贡献。

地址：昆明市大板桥官渡工业园内
法人代表：杨国生
电话：13908713784　13708467894
传呼：95950－118790

云南汝智美容机构

玉溪市汝智医学美容门诊部　于1993年成立以来，经过8年的不懈努力，现已成为省内外具有较高知名度的集医疗美容、科研、教学、美容职业技能鉴定、化妆品研制及生产的美容机构，拥有3000平方米的汝智美容大厦及医疗美容门诊部。

主任曹汝智取得了澳大利亚La Trobe大学研究生学历，从事皮肤科专业15年，曾到第四军医大学、西安医科大学、中国医学科学院皮肤病研究所进修学习，并到港澳地区和澳大利亚、意大利、德国、比利时、荷兰、法国、美国、日本等国家研修，结合副主任谢凤仙深厚的药学专业知识，利用云南得天独厚的植物资源，研究了大量国际国内有关资料，得到了国内外著名教授的精心指导，结合自己多年的皮肤科临床经验，创制了“汝智美容疗法”，经过8年10万例临床验证，“汝智美容疗法”对黄褐斑、雀斑、痤疮、脱发等有良好的效果，终于实现了将云南独特植物用于美容的梦想。

多年来，“汝智美容疗法”在无广告宣传，仅靠口碑的情况下，渐为省内外美容界及皮肤科学界朋友认同，目前国内拥有上百家“汝智美容疗法”技术连锁店，都取得了较好的经济和社会效益。

门诊部始终致力于新技术、新产品的研制，并积极总结经验，所撰写的20余篇论文发表在《中华医学美容杂志》、《中国皮肤性病学杂志》等国家级专业刊物上，参与主编《实用医学美容》专著，由北京新时代出版社出版，具有较高的学术价值及临床指导意义。门诊部还积极参加国际学术交流，以使自己的产品质量更上一层楼，更好的为美容者服务。

汝智美容机构所属单位如下：（1）玉溪市汝智美容制品有限公司（生产“汝智美容疗法”系列美容制品，对黄褐斑、雀斑、痤疮、脱发、扁平疣有良好效果）；（2）玉溪市汝智医学美容门诊部（设皮肤美容部、整形美容部、生发育发部、美体部、Q开关美肤激光中心，皮肤专科部，连锁店培训部）；（3）玉溪市汝智美容师职业技能培训站；（4）玉溪市汝智美容师职业技能鉴定所；（5）昆明市汝智美容总院。

主任：曹汝智
副主任：谢凤仙
地址：云南省玉溪市朱瑾路6号
电话：0877－2030886　2037896
邮编：653100
昆明市新迎北区新园路66号
电话：0871－5626361

云南省肿瘤医院（昆医附三院）

云南省肿瘤医院（昆医附三院）是我省第一家集医疗、教学、科研及预防为一体的省级肿瘤专科医院，开诊于1992年12月26日，医院总体规模700张病床，是市级花园单位及物价信得过单位。

医院为医疗、教学、科研工作提供了现代化设备，先后进口全身CT、800毫安X光机、医用直线加速器、钴60治疗机、后装治疗机等价值4000余万元的先进设备。医院肿瘤诊治分科专业性强，设有肿瘤16个临床科室、9个医技科室，及云南省肿瘤研究所、云南省中西医结合肿瘤临床研究中心，开展肿瘤手术、放疗、化疗等治疗。

地址：昆明人民西路174号

昆明市西山区人民医院

昆明市西山区人民医院 成立于1958年7月1日。现有固定资产1179万元；开设病床154张。该院是一所综合性医院，担负着全区人民的医疗、预防、保健等工作。业务科室开设内儿科、外科、妇产科、五官科、口腔科、医疗美容科、麻醉科、检验科、影像科、中医科、骨伤科、皮肤性病科、急诊科、功能科；中药房、西药房、供应室等临床、医技科室；还设有院办公室、医务科、护理部、财务科、总务科等职能部门。医院将充分发挥医改后区县级综合医院和拓展社区医疗服务站的职能，为广大患者服务。

昆明市西山区中医医院

昆明市西山区中医医院 始建于1983年。现开设病床60张，为区属二级中医院。

主要业务科室有：西医内科、外科、妇产科、儿科、口腔科，中医内、外、妇、儿科、针灸科，推拿按摩科；中西医结合骨伤科等。医技科室有放射科、B超室、化验室、心电图室。医院设备齐全，收费合理。该院为适应广大患者要求和突出专科特色，在政府和主管部门的支持下，医院已和上级医院取得联系，将开设西医眼科（白内障手术）、中医痔瘘科、中医抗衰老科等，届时将有专科专家定时坐诊。

医院始终坚持“以病人为中心”的办院宗旨，努力改善服务态度，不断加强服务的艺术性，全面提高医疗质量和护理质量。

中国煤矿工人昆明疗养院

中国煤矿工人昆明疗养院　始建于1983年，是国家煤炭工业局直属事业单位，是昆明涉外旅游定点单位和'99世博会定点接待单位之一。该院位于风景秀丽的昆明滇池国家旅游度假区内，与西山风景名胜区隔湖相望，与展示云南少数民族人文风情的云南民族村毗邻。院区占地120亩，三面环水，绿树成荫，曲桥碧水，小径通幽。院内独具特色的园林建筑风格与秀丽的西山滇池风光融为一体。

该院现有7幢花园别墅式客房楼，拥有套房、单人房、标间及普通3人间等各类客房400余个床位；水上餐乐厅、大小会议室、迷你高尔夫球场、歌舞厅、棋牌室、进口旅行车及室内外温泉游泳池、桑拿浴等，设施配套齐全。

十多年来，该院坚持“宾客至上、服务一流”的宗旨，以市场为导向，不断完善服务设施，积极拓宽经营渠道，使该院成为集疗（休）养、旅游度假、会议接待于一体的综合接待单位。

法人代表：魏光宁
电　　话：（0871）4311819、4311123
传　　真：（0871）4311817
邮　　编：650208
地　　址：云南省昆明市海埂

昆明联盟绿化中心

昆明联盟绿化中心　是昆明城镇绿化建设中选定的专业单位，该中心在昆明从事苗木、花卉生产经营、绿化工程施工、管养。中心20多年来，为省市区新建单位提供了大批量、多品种、各规格的绿化苗木和室内观赏植物花卉，现有绿化苗木、室内观赏植物、花卉、草坪生产基地360余亩，经营信誉在昆明同行业中具有质好、价优、品种规格齐全之称。几年来承接了昆明30%的小区及城镇绿化工程；承租了部分酒店、宾馆、大厦美化的观赏植物花卉和摆放业务；承接了'99世界园艺博览会部分绿化工程，得到了政府的肯定和社会的赞誉。

该中心现发展苗木生产基地5个。1999年，经云南省建设厅认证颁发了风景园林绿化、设计、施工经营资格证，是一家人力、物力、技术实力雄厚，集苗木花卉生产、公关设计、绿化工程施工和养护、机械技术服务为一体的综合性绿化实体企业。

主要经营项目：

销售：各种品种规格齐全的绿化苗木、花卉、室内观赏植物、盆景、草坪（草籽）、多规格的花盆。

承接：城镇、单位、小区、公园景区的园林绿化工程施工、管养，承租室内观赏植物、花卉摆设业务。

提供：园林绿化方案设计、绿化苗木、花卉、栽培技术咨询有偿服务。

中心竭诚为社会各界提供优质、快捷、周全的绿化单项或成套业务服务，热忱欢迎光临合作！

总经理：陈晓喜
地　址：昆明市金殿清水河
电　话：0871－5619283　5636143
手　机：13708496869
传　真：0871－5191350
邮　编：650205

玉溪市龙马大酒店

龙马大酒店 位于玉溪中心广场对面，由主楼23层（拟三星级）、副楼6层，标准二星组合而成。共有标准间、VIP客房、豪华套房计292间（套），可同时接待500多人住宿用餐。1996年开业，1997～1999年连获“玉溪市优秀星级酒店”称号，是玉溪市目前拥有客房最多的酒店。酒店设施完备：有游泳池、桑拿、保龄球、健身、练歌厅、咖啡厅、迪高厅及规模较大的购物商场——龙马百货。龙马大酒店隶属云南省私营企业100强（第8强）龙马集团公司。

法人代表： 薛志斌
地　址： 玉溪市凤凰路44号
联系人： 刘秀瑜
电　话： 0877－2067105
传　真： 0877－2067106
邮　编： 653100

永宏水上娱乐城

永宏水上娱乐城 集餐饮、住宿为一体，交通方便，有专车接送。

主要设施：房间级别一级，共有90个床位。设有娱乐、休闲、餐饮、住宿、钓鱼、划船、天然温泉。

法人代表： 毛成斌
地　　址： 昭通市民航路中段
邮政编码： 657000
电　　话： 0870－2224358
2233938

昆　明　飞　龙　电　器　厂

昆明飞龙电器厂　是1988年建立的民营科技企业，该厂生产的“辰龙”牌电器，已形成家用厨房设备系列产品；其中“CLK”系列电灶是在综合国内外同类产品优点，经多次实验与改进研制而成的新产品，科技含量高，其性能和技术经济指标均超过国内市场同类产品：如热效率高的点式炉盘，性能可靠并能互接的功率调节开关，设计美观的电灶外型，获国家三项专利，1992年被评为云南省省级新产品。

该厂还开发设计各种工业电炉、厨房专用电炉及相关设备新产品。

该厂宗旨：热诚为广大用户提供安全可靠、物美价廉、经久耐用的电器产品。

厂址：昆明小石坝民办科技园
电话：(0871) 7426969　7427886
厂长：彭祖昌
手机：13908853678
邮编：650501
销售公司：昆明老民航路27号2-44
(403厂内)
电话：(0871) 3328886
传真：(0871) 3327872
邮编：650041

INTRODUCTION

Kunming Fei Long Electricl Equipment works, a private - managed enterprise is established in 1988. The main products, “Chenlong” brand electrical appliances have been made as a series house - hold kitchen appliances after years of improvement. The “CLK” series electrical ranges are newly manufactured in combine with the merit of the domestic and abroad products and after times of test and improvement. The specifications and performance of this series of range range are much better than the same kind of products in the domestic market. The high thermal efficiency point - type topplate, reliable and interchangeable power regulator and the beautiful shape have gained the national patent. In 1992, it is selected as a provincial new product of Yunnan Province.

We can also deevelop and design various kind of electrical fumace for industrial purposes, special fumace for the kitchen and other relevant equipment and products.

The aim of our factory is: To provide the reliable, safety, good quality, low priced and heavy - duty products for the all our users.

云南省通海工艺美术厂

云南省通海工艺美术厂　为集体大二型企业

主要名牌工艺产品有：宏声、龙凤呈祥、钟山、石林、福牌、恭贺新禧、红塔山、红梅、人和、玉溪、阿诗玛彩印包装产品等。

主要经营范围：彩印装潢、出口彩印包装产品。

法人代表（厂长）：常　俊

地　址：云南省通海桑园工业区

邮政编码：652700

联系人：王琼

电　话：0877－3802073

传　真：0877－3802215

昆明市五华彩印纸盒厂

昆明市五华彩印纸盒厂　系工商注册的新型现代股份制企业，致力于云南印刷包装业的发展。该厂前身是建于1970年的街道企业，发展至今拥有总资产近1000万元。1994年改为股份制企业后，发展更为迅速，技术装备得到了较大的改善。目前拥有进口自动数控胶印机2台、国产自动胶印机4台、引进台湾先进全自动数控纸盒折糊盒机1台及其它印刷包装加工设备共计30台套。该厂注重现代科技与生产相结合，配置了功能齐全的计算机设计网络和管理网络，能为客户提供集设计、制版、彩印、印后加工为一体的完善的服务。

近几年来，由于全厂职工的竭诚努力和规范的内部管理，该厂发展较快，连续4年被评为五华区先进企业。在云南省工商局评审资质时取得了本省为数不多的《印制商标单位》资质证书。1999年在云南省技术监督局和中国物品编码中心的联合检查评审中，又被列为首批23家取得《云南省条码标志承印企业资格认可证书》单位。在广大客户中有着良好的信誉。

电　话：（0871）5381642　5372460
5355751

传　真：（0871）5355751

邮　编：650101

厂　址：昆明西郊黄土坡学府路644号
（金鼎科技园）

思　茅　市

思茅市　位于云南省南部，东隔曼老江与江城县相邻，南与景洪市接壤，西与澜沧、勐海两县隔澜沧江相望，西北部与景谷县以小黑江为界，北与普洱县相连，全市面积3953.6平方千米，总人口24万人。

思茅市境内森林覆盖率为76.4%，享有"绿海明珠"的盛誉。拥有5600多种野生植物，470多种野生动物，是名符其实的"动植物王国"。思茅市属南亚热带季风气候，年平均气温18.2℃，四季如春，自然生态旅游资源丰富，旅游景点主要有：菜阳河国家森林公园；澜沧江生态旅游区；梅子湖公园；佛莲山公园；营盘山万亩观光茶园；洗马河公园；芙蓉湖公园；曼中回温泉，这些景点都是避寒避暑及旅游度假的理想场所。

思茅市居住着包括傣、彝、哈尼、白、佤、拉祜等25个少数民族，其茶艺、茶道及独特的民风民俗，构成了思茅独有的人文景观。

思茅市还是中外闻名的普洱茶的故乡，改革开放以来，全市经济迅速发展，特别是以茶叶为主的绿色产业不断扩大，尤以生态茶闻名。此外，松香、松节油、冰片、胶合板、中密度纤维板等系列林产品及咖啡、水果、野生蔬菜等系列绿色生态食品，也有较高知名度。

思茅市是滇西南的交通要道，澜沧江上的国家级对外开放口岸思茅港是中国通往东南亚各国的最便捷水道。城市综合治理成效显著，先后被评为"云南甲级卫生城市"、"全国城市环境综合整治优秀市"、"云南省双拥模范城"和"云南省精神文明建设创建工作先进市。"

为了提高与外界的联系，1992年在昆明市设立了思茅市政府驻昆办事处，成为思茅市在昆明的对外窗口。办事处建有采购住宿楼和招待所住宿楼；设有停车场、医务室、小卖部及可供100余人就餐的餐厅，环境优美，安全卫生，地理位置适中，距机场、火车站、汽车站及各类批发市场较近，是您出差办事的理想住处。

联系人：李云波（主任）
联系电话：0871－3513989、3510392
驻昆办地址：昆明市明通路南窑村6号
（新粤港大酒店后）

兰坪白族普米族自治县

兰坪白族普米族自治县　位于滇西北高原横断山脉，全县辖3镇5乡，总人口18.5万人，土地面积4325平方公里，有白族、普米族等11个民族。

兰坪境内有丰富的矿产资源、林业资源、生物资源、水能资源、旅游资源，其中兰坪铅锌矿是我国最大的铅锌矿群，储量为1439万个金属吨。2000年，县里确定了"抓住机遇、调整结构、打牢基础、抓农稳县、兴工强县、促商活县、科教兴县、以法治县"的32字发展思路，并以矿业、电力作为县的支柱产业来建设，以带动其它各产业的发展。县坚持"互利互惠、优势互补、共同发展"的方针，本着"你来发财我发展"的原则，以最优惠的政策竭诚欢迎国内有识之士前来兰坪开发投资和观光旅游。

兰坪县政府在昆设立了"驻昆办事处"，欢迎咨询。

联系人：田荣进（副主任）、杨帆
电　话：0871－8180256
经协办：0886－3211070
地　址：昆明市丰宁小区近华浦路口

维西傈僳族自治县

维西傈僳族自治县 是一个傈僳、纳西、藏、白、普米、彝等16个民族聚居，并以傈僳族为主体民族的全国惟一的傈僳族自治县。它位于云南省的西北隅，地处青藏高原南缘、负有盛名的国家自然风景区“三江并流”腹地，为迪庆“香格里拉”的重要组成部分，是’99中国昆明世界园艺博览会吉祥物“灵灵”的故乡。全县国土面积4661平方公里，县城保和镇距省城昆明740公里，距州府中甸210公里。

维西以特殊的地理环境和特有的立体气候条件，多民族聚居，悠久的历史渊源，造就了惟我独有的动植物生物机因库、矿产资源库和博大精深的民族文化内涵。多年来，维西县委、县人民政府在中央和各级党委、政府领导的关怀、支持、帮助下，解放思想，更新观念，深化改革，抓住机遇，扩大开放，致力于改变边疆贫穷落后面貌。然而，由于历史和区位等诸多原因，维西至今仍是一块尚未开发的“处女地”。时值西部大开发历史机遇的到来，中共维西县委、县人民政府，将以更优惠的政策和优厚的条件，热忱欢迎海内外、省内外有识之士，同该县各级领导和各族人民一道，共同拨开这一深山“娇女”的面纱。

地　址：维西县人民政府驻昆明办事处
联系电话：（传真）（0871）8193971

孟连傣族拉祜族佤族自治县

孟连傣族拉祜族佤族自治县 位于云南省西南部，隶属思茅地区，国境线长133.399公里。全县国土面积1893.42平方公里，耕地面积37.55万亩，森林覆盖率达49.7%。全县辖7个乡（镇）40个村（办事处），385个自然村，525个生产合作社，至1999年末，总人口为107908人，其中农业人口96345人，占总人口的89.3%，是个典型的农业小县。有14个世居民族，少数民族人口占总人口的78.3%。“边、少、山、穷”是孟连傣族拉祜族佤族自治县的基本特点，扶贫攻坚任务十分艰巨。

1999年末，全县国民生产总值20285万元，工农业总产值26387万元，县级财政收入1986万元，农民人均纯收入760元。孟连具有得天独厚的热区资源、旅游资源和对外开放的前沿优势，并于1991年被云南省人民政府列为省级对外开放口岸，现正极积申报国家级一类口岸。

面对未来，孟连县委、政府抓住国家实施西部大开发之机，制定了长远的发展思想。即抓好经济结构一个调整；加强基础设施和生态环境两个建设；实施对内对外开放、科教兴县和可持续发展三个战略；实现热区经济强县、民族旅游富县和通往东南亚的国家一类口岸三个目标。

师 宗 县

师宗县 位于云南东部，介于东经103°42′—104°34′和北纬24°20′—25°之间，这里交通发达，社会稳定，民风淳厚，劳力充裕，资源丰富，通信快捷。

全县国土总面积2782平方公里。由于地带性因素和非地带性因素的共同作用，造就了师宗独特的山川地貌，也造就了师宗立体性气候的垂直分布状况，因而形成了具有相当开发价值的旅游景点和生态资源开发带。

占全县国土总面积54.37%的高良、五龙、龙庆三乡，南盘江横贯中部，汉、壮、苗、瑶多族杂居，具有地方特色的瓜果、蔬菜、农作物品种繁多，是进行集约化、规模化生产绿色食品的绝佳地带。

在这三个乡1500多平方公里的土地上，五龙的南丹山和岩峰洞枝里相连，横空出世，清泉淙淙，茂林修竹，一览不逊黄山、华山之险雄奇秀；龙庆的千亩杜鹃花和黑耳瀑布，落英缤纷，飞花碎玉，玉液四泄，人言兽语，相交成趣，细品之，其味不亚于九寨沟之自然流畅；高良的丁累大箐，古木参天，苍翠欲滴，飞禽走兽，追于天，逐于地，置身其间，让人恍惚中似有隔世之感……

师宗的别致与独特，难以说全道尽。该县诚挚地恭候国内外有识之士来师宗共谋发展。

师宗县驻昆办事处

电　话：(0871) 3167108

景谷傣族彝族自治县

景谷傣族彝族自治县 山川秀丽，物华天宝，是北回归线上一块丰绕的土地。在这片宽广肥沃的土地上，草木繁茂，沟河成网，气候温和，岁岁年年花果飘香，农林牧副渔五业兴旺。景谷素有“绿色宝地”之称，也是驰名中外的“普洱茶”的主要产地之一，又以盛产果大、核小、皮薄、肉厚、汁多、香甜的象牙芒果为主的芒果而负有“中国芒果之乡”的美誉。

昔时兴景谷功在不舍，今日绘芒乡志益弥坚。我们热忱欢迎海内外有识之士前来景谷施展才干，与景谷各族人民一道共同开发利用这块宝地！

县人民政府驻昆明办事处

联系人：徐崇灵（主任）

电　话（传真）：0871－7175231

地　址：昆明市官渡区关上关兴路口景谷大酒店内

贡山独龙族怒族自治县

贡山独龙族怒族自治县　位于云南省西北部的滇藏结合部，怒江州的最北端，紧邻缅甸，有172公里的边境线。境内“三山两江”的峡谷山川地貌构成许多神秘莫测的自然景观，使贡山成为一块自然资源极其丰富的绿色宝地，是怒江峡谷深处待开发的一颗明珠。

县内有得天独厚的水能、矿产、木材、经济林木、野生食品资源以及珍禽异兽、天然植被、花卉、药材等数不尽的宝物。

独龙族、怒族是贡山县的主体民族，有极其神奇的民族文化。

贡山，山奇、水秀，神秘的峡谷，独特的民族风情，丰富的资源，无一不等待着远方的朋友前来开发，探奇览胜，采摘这颗峡谷明珠。

贡山县人民政府驻昆办事处
联系人：杨润新
电话：（0871）8185900

寻甸回族彝族自治县

寻甸回族彝族自治县　位于云南省东北部，1998年行政区划调整后，划归昆明管辖。该县工农业生产发达，是全省烤烟十强县之一，一批具有较高经济价值的农特产品，如彩虹鳟鱼、板栗、脱毒马铃薯、花卉、中药材、无公害蔬菜、畜产品的加工等已初具产业化，浅色蜡、黄磷、化肥等工业产品远销省内外。320、213国道、昆曲高速公路以及正在新建的嵩待高速公路和贵昆铁路穿境而过，县城距昆明100公里，区位条件优越，交通运输便捷。县内褐煤、磷矿、硅藻土等矿产资源储量丰富，自然风光旖旎多姿，民族文化、人文景观丰富多彩，高原明珠清水海、河口水旱溶洞群、凤龙湾北大营万亩人工草场、钟陵山国家级森林公园、黑颈鹤自然保护区，红军长征纪念馆等一批具开发潜力的自然人文旅游资源正以崭新的姿态笑迎各届有识之士前来开发。为进一步扩大开放，迎接西部大开发，县委政府出台了一系列对外开放的优惠政策。县内民族团结，社会稳定，政策优惠，投资环境优越，是有志之士和各届朋友投资置业，大展宏图的理想之地。

寻甸回族彝族自治县人民政府驻昆办事处，是寻甸县委、政府驻昆的办事机构，是寻甸对外开放的窗口和桥梁，肩负着信息沟通、对外宣传、接待谈治、协调服务和招商引资、引援、引人以及县委政府授权在昆处理有关事务的职责。驻昆办位于北市区繁华路段，区位优越，交通便利，办公接待设施齐备，功能配套。以穆斯林为特色的三星级酒店——寻甸宾馆装修典雅，设施完善，设有套房、标准客房50间，大小会议室及娱乐餐饮设施一应俱全，是昆明市惟一一家以经营清真美食为特色的二星级酒店，是休闲娱乐和举办会议的理想选择。

寻甸回族彝族自治县人民政府驻昆办事处自2000年4月正式挂牌开展工作以来，始终以服务地方经济建设为己任，在社会各届的大力支持下，各项工作已走入正轨，正以优质高效、务实创新的崭新姿态迈向新世纪。

联系人：陈正金
地址：昆明市联盟路中段
电话：（0871）5700172

马龙县人民政府驻昆明办事处

马龙县　素有云南“滇东门户”之称，是具有极大开发前景的一块热土。

马龙是一个古老而年轻的县，这里马可奋蹄，龙可腾云，举目四望，收入眼帘的是令人心驰神往的锦绣热土，这里有耕耘者崛起的英姿和秋天累累的硕果，这里更是有识之士大展宏图的沃土，热忱欢迎海内外各界人士、朋友到马龙观光旅游、投资开发，共谋改革开放之大计，共兴马龙经济社会发展大业。

马龙县人民政府驻昆办事处　是马龙县委、县政府驻昆的办事机构。根据县委县政府授权在昆处理有关事务和政务。根据县区位优势、交通优势、资源优势及人文景观，在分析实际的基础上，为引进资金、技术、人才拓展市场做好牵线搭桥和协调服务工作。及时准确地收集和传递对我县发展有适用价值的信息供领导和有关部门决策参考，联络沟通与省各有关部门的信息；承办县各部门委托办理的工作，为县级各部门及企业和马龙县各界群众到昆出差、探亲访友提供联络、接待服务，为马龙县经济建设和社会发展提供有关服务，促进马龙县经济和社会发展。

马龙县人民政府驻昆办事处：
主　任：施家辅
联系人：陈建荣
地　址：关上北路113号
电　话：0871－7173180
邮　编：650200

巧　家　县

巧家县　位于云南省东北部，金沙江环流于县境西北，境内流长138公里，牛栏江萦绕于县境东北，境内流长81公里，纳县地径流面积超过30平方公里的河流20条，年均流量15.06亿立方米，3000多个泉点，年均产水量4.4亿立方米。现已探明县级水电资源理论蕴藏量为41.82万千瓦。矿藏资源丰富，铅锌、石膏、铜、煤、砂金、重晶石、铝土、磷、莹石等亦有分布。云岭南干分支的尖山山系、玉屏山山系、绛云霞山山系崛起于两江怀抱之间，绵延起伏，衍生出56座著名的山岭，境内最低海拔517米，最高海拔4040米，相对高差3523米，属典型亚高山深切割地貌，地表特征多变，地貌类型众多，属亚热带与温带共存的高原立体气候，按各种界限温度及积温分布划分，巧家一地几乎包罗了从海南岛至黑龙江的气候类型。是民谚“一山分四季、十里不同天”的真实写照。

复杂多变的自然条件，造就了多姿多彩的小区生态环境，动植物种类繁多，境内林木、果木、花木种类近千种，牧草种类680种，地产药材131科属376种408样，野生动物种类繁多。

巧家县历史悠久、资源丰富、民风朴实，是一块具有较好开发前景的宝地。我们正期待着国内外各界有识之士前来考察投资、旅游观光，洽谈开发巧家之大计，未来的巧家必将成为金沙江畔一颗璀璨耀眼的明珠。

巧家县人民政府驻昆办
电　话：4140164
地　址：王家坝小区22号
联系人：邹太云（主任）

墨江哈尼族自治县

墨江哈尼族自治县　历史悠久，历来都是少数民族聚居的地方，而且素有云南通往缅甸、泰国、老挝等邻国进行经商贸易、文化交流的“南丝绸之路”咽喉要塞重镇之称。

墨江县是全国惟一的哈尼族自治县，集山、少、边、贫为一体的国定特困县，位于云南南部、思茅地区东北部，与镇沅、普洱、绿春、红河、元江、新平7县相接壤。国道213线和省道楚江公路贯穿东西南北，县城距昆明340公里，距景洪380公里，是西双版纳和思茅通往昆明的必经之地。全县辖区内有18个乡（镇），168个村公所（办事处），2343个合作社，72117户，353056人，其中农业人口33万人，非农业人口2.3万人，县内居住着以哈尼族为主的25个少数民族。全县土地面积5312平方公里，其中山区面积占99.8%，耕地面积72万亩，农业人口人均占有耕地面积2.3亩，是一个典型的农业山区县。

墨江县座落于横断山系纵谷区东南段的北回归线上，海拔高差较为悬殊，最低海拔440米，最高海拔2278米。墨江水土气候条件良好，最冷月气温均在11.1℃以上，最热月气温均在22.7℃以下，年平均降水量为1345.4毫米左右，县城可谓是“四季如春”的美丽小城市。

墨江县的资源极其丰富，有金、铝、锌、镍、铜、银、石棉、煤等矿产品；药材也十分丰富，境内就有上百种野生药材；近几年来农业经济也得到不断发展，如橡胶、咖啡、烟、松香、竹子等已具有一定的规模；药材、紫胶基地正准备开发之中。

墨江山好、水好、人也好，欢迎各界有识之士前来墨江开发发展。

墨江县人民政府驻昆办事处

联系人：白光荣

电话：3546366

地址：昆明市明通路51号

龙陵县人民政府驻昆明办事处

龙陵县　地处滇西，与缅甸山水相连，交通便利，县域面积2884平方公里，居住着汉、傈僳、傣、阿昌等23个民族，具有独特的区位优势、交通优势、资源优势及人文景观。龙陵县热忱欢迎海内外各界人士、朋友到龙陵观光、旅游，投资龙陵，开发龙陵，共谋龙陵改革开放大计，共兴龙陵经济社会发展大业。

龙陵县人民政府驻昆办事处　是龙陵县委、县政府驻昆明的办事机构，据县委、县政府授权，在昆处理有关事务和政务。

驻昆办在分析实际的基础上，为引进资金、技术、人才，拓展市场，做好牵线搭桥和协调服务工作；及时准确地收集、传递对我县发展有适用价值的信息，供县领导和有关部门决策参考；联络沟通与省各有关部门的信息，承办县各部门委托、办理的工作；为县级各部门及企业和龙陵县各界群众到昆出差提供联络、接待服务。为振兴家乡出谋划策做出贡献，为县经济建设和社会发展提供服务，促进县的经济和社会的发展。

龙陵县人民政府驻昆明办事处

地址：昆明市棕树营小区中心组团10幢

电话：0871－5316380

邮编：650031

施甸县人民政府驻昆明办事处

施甸县　位于滇西边陲、怒江东岸，与昌宁县接壤；西以怒江为界，与龙陵县相望；南有勐波罗河与永德县为邻；北与保山市村寨相连，形成三水环抱之势。

施甸县水电资源十分丰富，人均占有量高于全国平均水平，溪川河流69条，年径流量7.3亿立方米，东、西、南三面环水。沿河两岸乃施甸之粮仓，境内地下水大小泉水490处，其中热泉11处，尤以“氤氲嘉庆双塘水，沐浴能消万病身”的石瓢澡塘和对皮肤病有特效的“娲女”澡塘出名。众多江河流经陡峭的峡谷，形成了可利用的落差，蕴藏着丰富的水电资源。

施甸县历史远源流长，有姚关渣平洞、摩苍寺等明代邓子龙驻兵遗迹、名胜古迹及民族风情文化；有四季不断的瓜果、蔬菜，质量优良的烤烟、甘蔗、茶叶等农副产品；还有数量充足、质量上乘的畜产品。施甸人民有着“热情、好客”的美称。我们期待着各界人士、海内外朋友到施甸观光旅游，共谋发展大计，把施甸建设得更加美好！

施甸驻昆办主任：杨金应
联系人：赵莉青
地址：昆明市华山东路42号
电话：0871－3628711
邮编：650200

昆明市西山区马街镇

昆明市西山区马街镇　东托五华，西连官渡，依山傍水，是西山区政治、经济、文化、科技中心。总面积38.4平方公里，辖9个农村办事处，31个村民委员会，77个生产合作社，驻镇的中央、省、市、区属企业、事业单位217个，辖区人口25万，其中农村人口1.3万。马街镇党委下辖10个党总支，3个直属支部，54个村级支部，共有党员1092名。随着城市面积不断扩大，马街镇交通方便，信息灵通，人才聚集，产品交易便捷，文化氛围浓郁，市场消费量大，地理位置十分优越。

截至1999年底止，马街镇经济总收入83.6亿元，乡镇企业发展到4778个，乡镇企业营业总收入达82.3亿元，财政收入7690万元，农村人均纯收入5176元。

马街镇1997年起，在全省综合实力评比和全省社会总产值排序中跃居首位，成为“云南第一镇”，镇党委1996年荣获中组部“先进基层组织”称号并荣登云南省“乡镇之星”榜首。

马街镇人均耕地面积仅0.3亩。近几年来，经过马街镇党委、政府的不懈努力，马街镇初步形成4个经济群体：（1）以明波生产资料市场长廊为代表的市场群体；（2）以生活资料、餐饮、娱乐业为主的红联商场为代表的商贸群体；（3）以云安建筑公司和腾龙房地产公司为代表的建筑群体；（4）以工业、加工业、第二产业为主的马街工业群体。在这些经济群体的带动下，全镇经济正朝着健康、稳步的轨道向前发展。

镇党委书记：杨仕祥
镇长：李志华

福　贡　县

福贡县　地处滇西北怒江峡谷中段，全县面积2756.44平方公里，总人口8.85万，其中少数民族占人口总数的98.6%，是一个以傈僳族和怒族为主的少数民族聚居的边疆山区贫困县。福贡地处高黎贡山东坡至碧罗雪山西坡，怒江纵贯全境，地貌为一条狭长的南北向“V”型谷地，是“三江并流”风景名胜区怒江片区的主要地段之一。

福贡县境内奇峰突起，有着秀丽的自然风光和独特的民俗风情，是一块尚未开发的神奇的旅游宝地。

怒江峡谷独有的奇山异水，蕴育了福贡得天独厚的自然资源。水资源丰富，年径流量达455.4亿立方米，全县水资源理论蕴藏量为37.5万千瓦（怒江干流不计在内），可开发利用5.4万千瓦。矿藏资源品种繁多，其中大理石资源理论储量为24.6亿立方米，汉白玉、采共石尤为出名。林业资源丰富，活立木蓄积量达3586.8万立方米，有种子植物1000余种，林木近百种，观赏花卉110种，其中“蝴蝶兰”在省内外享有盛名。福贡得天独厚的天然环境，为各种野生动物的生存和繁衍提供了良好条件，境内野生动物主要有野牛、岩羊、滇西金丝猴、小熊猫、穿山甲等。

福贡县资源丰富，景色秀丽，民风民情淳朴，是省内外各界有识之士投资开发、旅游观光的理想场所。福贡将为前来投资开发、旅游观光的各位朋友提供良好服务及优惠政策。

福贡县人民政府驻昆办
联系人：和术君
电话：8180257
地址：昆明市人民西路丰宁小区
怒江大峡谷酒店内

泸　水　县

泸水县　位于云南省西部偏北，与缅甸接壤的国境线长136.24公里，全县总面积3203.04平方公里，辖3镇、6乡、73个行政村（办事处）、833个自然村。县城设在高黎贡山东麓的鲁掌镇，南距州府六库31公里，东距省府昆明699公里。县城海拔1800米，年均气温15.7℃，年降水量1036毫米。

全县少数民族人口占总人口的86%，是国家级贫困县。县境内自然资源丰富，如：旅游、森林、矿产、水力等资源都具有较好开发前景。

泸水县政府驻昆办旨在为泸水县社会主义市场经济建设服务，为开发泸水资源起到招商引资、牵线搭桥、内引外联的作用。

我们热忱欢迎国内外有识之士前来泸水县观光旅游、投资开发，共同发展。

泸水县人民政府驻昆办事处
地　址：昆明市丰宁小区怒江大酒店内
电　话、（传真）：0871－8185783
邮　编：650118
联系人：尹菊慧（主任）

附录：

云南省行政区划表

昆 明 市	盘龙区　五华区　西山区　官渡区　东川区　安宁市 呈贡县　晋宁县　富民县　宜良县　嵩明县 石林彝族自治县　禄劝彝族苗族自治县　寻甸回族彝族自治县	5 市辖区 1 市 8 县
曲 靖 市	麒麟区　宣威市　沾益县　马龙县　富源县　罗平县 师宗县　陆良县　会泽县	1 市辖区 1 市 7 县
玉 溪 市	红塔区　江川县　澄江县　通海县　华宁县　易门县 峨山彝族自治县　新平彝族傣族自治县 元江哈尼族彝族傣族自治县	1 市辖区 8 县
昭通地区	昭通市　鲁甸县　巧家县　盐津县　大关县　永善县　绥江县 镇雄县　彝良县　威信县　水富县	1 市 10 县
楚雄彝族自治州	楚雄市　双柏县　牟定县　南华县　姚安县　大姚县 永仁县　元谋县　武定县　禄丰县	1 市 9 县
红河哈尼族彝族自治州	个旧市　开远市　蒙自县　建水县　石屏县　弥勒县　泸西县 元阳县　红河县　绿春县 屏边苗族自治县　河口瑶族自治县　金平苗族瑶族傣族自治县	2 市 11 县
文山壮族苗族自治州	文山县　砚山县　西畴县　马关县　丘北县　广南县 富宁县　麻栗坡县	8 县
思茅地区	思茅市　镇沅彝族哈尼族拉祜族自治县　普洱哈尼族彝族自治县 景东彝族自治县　景谷傣族彝族自治县　墨江哈尼族自治县 孟连傣族拉祜族佤族自治县　澜沧拉祜族自治县 西盟佤族自治县　江城哈尼族彝族自治县	1 市 9 县
西双版纳傣族自治州	景洪市　勐海县　勐腊县	1 市 2 县
大理白族自治州	大理市　祥云县　宾川县　弥渡县　永平县　云龙县　洱源县 剑川县　鹤庆县 南涧彝族自治县　巍山彝族回族自治县　漾濞彝族自治县	1 市 11 县
保山地区	保山市　施甸县　腾冲县　龙陵县　昌宁县	1 市 4 县
德宏傣族景颇族自治州	潞西市　瑞丽市　梁河县　盈江县　陇川县	2 市 3 县
丽江地区	丽江纳西族自治县　永胜县　华坪县　宁蒗彝族自治县	4 县
怒江傈僳族自治州	泸水县　福贡县　兰坪白族普米族自治县　贡山独龙族怒族自治县	4 县
迪庆藏族自治州	中甸县　德钦县　维西傈僳族自治县	3 县
临沧地区	临沧县　凤庆县　云　县　永德县　镇康县 双江拉祜族佤族布朗族傣族自治县　耿马傣族佤族自治县 沧源佤族自治县	8 县
合　计	3 地级市　5 地区　8 自治州 12 县级市　80 县　29 自治县 7 市辖区	128 个县市、区

（云南省民政厅提供）　2000 年 1 月

（滇）新登字06号

责任编辑：思继春
特约编审：张淑静
装帧设计：筱　青　　麦书睿

云南经济年鉴（年刊）

（2000年）　·总第9期·

主　　编：车志敏　　张淑静　　祝培礼

主管单位：云南省人民政府经济技术研究中心、云南省人民政府研究室
编辑单位：《云南经济年鉴》编辑部
地　　址：中国·昆明市五华山，云南省人民政府办公大楼
邮　　编：650021　　电话：（0871）3621538、3623087　　传真：（0871）3619083

出版·发行：云南德宏民族出版社　　出版日期：2000年9月第一版
地　　址：中国·云南省潞西市青年路1号　　邮　　编：100044
印　　制：新兴印刷厂
开　　本：889×1194　1/16　　印　　张：35　　字　　数：120万
彩色插页：64P
国际发行：中国·北京市·中国国际图书贸易总公司
地　　址：北京市车公庄西路35号　　电　　话：（010）68412055

·国内外发行·

出版号：ISBN7—80525—536—9 / Z·131　　国内定价：120元

云南交通路图

Transportation Of Yunnan

云南省测绘局
第一测绘大队编制
审图号：云S(2000)019号
(注：行政区域界线不作划界依据)